JN496808

알기 쉬운

학교폭력·성폭력 관련 법령의 이해

변호사 **김용수** 지음

진원사

서 문

2011년 12월 말부터 학교폭력문제로 온 나라가 들끓고 있다. 학교폭력으로 언론에서 보도된 주요 사건만 하더라도 대구, 영주, 대전 광주에서 학교폭력으로 어린 학생이 자살에 이르게 된 사건, 인사를 하지 않는다고 중학교 3학년 학생들이 중학교 2학년 학생들을 집단 폭행하여 사망에 이른 사건, 유행처럼 전국적으로 번지고 있는 친구를 노예화 시킨 빵셔틀 사건, 돈 없고 힘없는 친구들에 대한 집단몰매, 지속적으로 도둑질을 일삼은 절도 및 상해사건, 방학 기간 동안 금품을 상납하지 않았다는 이유로 개학과 더불어 발생된 집단폭행사건, 졸업식 뒤풀이로 여중생의 옷을 벗겨 집단으로 괴롭힌 사건, 또래 여고생들을 1년여 동안 앵벌이 시키고 감금과 폭행, 집단성폭행까지 일삼은 사건, 폭행에 옷 벗기 게임을 강요하여 동영상까지 촬영한 중학생 집단폭행 사건, 교사에게 피해 사실을 알렸다는 이유로 중학생이 친구로부터 폭행을 당해 사망한 사건 등 이제는 충격적이라는 말이 식상할 정도로 그저 많은 뉴스거리 중 하나의 뉴스처럼 들려오는 소식들이다.

학교폭력문제는 우리나라만의 문제도 아니며, 최근 들어 새롭게 나타난 문제도 아니다. 학교폭력문제에 대하여 누구나 문제가 많다는 점을 인정하면서도 일상생활 중 일어나는 많은 사고들 중 하나로, 또한 학생들이 성장해 나가면서 청소년기에 흔히 하는 장난으로 생각해 버리거나 사회적으로 문제가 되었을 때 반짝하고 일회성으로 관심을 가지지만 곧 잊어버리고 지속적인 관심과 실효성 있는 예방대책과 조치에 소홀한 이유일 것이다.

그러나 굳이 학생의 인권을 보호하고 건전한 사회 구성원으로 육성한다는 학교폭력 예방 및 대책에 관한 법률의 목적에 미루어보지 않더라도 아침에 학교에 간 아이가 저녁에 돌아오지 못한다거나 다치고 돌아온다거나 공포에 떨면서 학교에 가기 싫어한다면 피해학생이나 그 부모의 심정은 어떠할까?

학교폭력 가해자가 무서워서 부모님에게조차 이야기하지 못하고 불안과 공포에 떨면서 세상의 도움을 기다리면서 심장이 오그라드는 아이들을 그대로 방치하거나 그 피해학생들을 보호해 줄 울타리가 되어 주거나 그들이 다시 학교폭력 피해를 입기 이전의 상태로 돌아가는데 어떤 도움도 주지 못한다면 학교폭력 피해학생들에게는 학생인권이라는 말이 오히려 사치일 것이다.

매일매일 학교폭력 피해를 입은 고통으로 삶과 죽음의 경계를 생각하는 학교폭력 피해 학생들이 점점 늘어나고 있는 심각성을 고려하여 최근 학교폭력 예방 및 대책에 관한 법률 및 동법 시행령, 초·중등교육법 및 시행령, 학교안전사고 예방 및 보상에 관한 법률 및 시행령 등이 개정되고, 아동·청소년의 성보호에 관한 법률 등에 규정된 법률조력인제도 등이 시행되는 등 많은 관련 법령이 개정되거나 시행되고 있다.

이 책은 학교폭력 및 성폭력 사건과 관련하여 일선 학교에서 학교폭력 및 성폭력 사건을 어떻게 조사하고 자치위원회를 개최하고, 피해학생에 대한 보호조치 및 가해학생에 대한 선도·징계조치를 취하는 절차 및 이에 대한 불복방법으로 재심청구 및 피해학생의 치료비 등의 청구와 피해학생 측과 가해학생 측과의 민사상 손해배상 청구 및 분쟁조정과 형사고소절차 등에 대하여 사례와 판례를 중심으로 관련 법령을 알기 쉽게 설명하고자 필자가 변호사 명예교사, 변호사 명예담임교사, 서울지방변호사회 청소년지킴이 변호사단 운영위원, 학교폭력대책자치위원, 재단법인 청예단(청소년폭력예방재단) 법률 상담위원·자문변호사·고문변호사 겸 이사, 학교폭력 SOS지원단 운영위원·중재사례회의 슈퍼바이저로 활동하면서 수많은 학교폭력 사건에 대한 법률자문과 분쟁조정을 담당하였고, 학교폭력 관련 민사소송사건의 소송대리와 형사사건의 고소대리인이나 변호인으로 활동하였던 경험을 바탕으로 교육관련 법령 전반에 대한 법률적 문제를 알기 쉽게 사례 및 판례를 중심으로 각종 절차도와 도표를 사용하여 관련 내용을 알기 쉽게 비교하였으며, 판례의 경우는 주제나 사례별로 구분하여 사실관계를 충실히 반영하였고, 사례문제는 삽화를 이용하여 사실관계와 사건의 결말을 이해하기 쉽게 집필하였다.

이 책은 총 5편으로 구성되었다. 제1편은 '학교폭력 예방 및 대책에 관한 법률의 이해', 제2편은 '성폭력 관련 법령의 이해', 제3편은 '학교폭력 관련 판례 해설', 제4편은 '학교폭력 관련 사례문제', 제5편은 '학교폭력 관련 Q&A'로 구성되었다.

제1편 '학교폭력 예방 및 대책에 관한 법률의 이해'는 총 21개의 장으로 구성되었으며, 학교폭력·성폭력 사건에 대한 예방교육과 사건이 발생한 경우 학교에서 취해야 하는 조치뿐만 아니라 형사고소와 민사상 손해배상청구 및 고소 등 형사절차로 진행되기도 하고, 관련 교사나 학교 교육감의 책임 등이 문제되며, 교원이 징계책임을 지게 되기도 하는 점을 고려하였으며, 교권과 학생인권의 문제, 학생체벌의 문제 등도 함께 설명하였다.

제1장에서는 '학교폭력의 정의와 유형 및 특징', 제2장은 '학교폭력 예방 및 대책에 관한 법률의 적용범위 및 학교폭력 사건의 처리절차', 제3장은 '학교폭력 피해학생 및 가해학생의 징후와 교육감 및 학교장의 임무와 특별교육이수' 제4장은 '학교폭력 대책자치위원회의 기능과 역할 및 구성과 운영 및 심의·의결', 제5장은 '학교폭력 전담기구 및 학교폭력 예방교육', 제6장은 '학교폭력 피해학생에 대한 보호조치', 제7장은 '학교폭력 가해학생에 대한 조치 및 재심', 제8장은 '학교폭력 대책자치위원회의 분쟁조정', 제9장은 '학교폭력 신고의무와 직무유기죄의 성립여부 및 긴급전화의 설치 및 비밀누설금지 및 회의록 공개의 문제', 제10장은 '학교폭력 가해학생에 대한 고소 및 검사의 불기소처분에 대한 불복방법 및 배상명령', 제11장은 '학교폭력 가해학생과 소년법', 제12장은 '학교폭력 피해학생과 학교안전공제회의 공제급여청구', 제13장은 '학교폭력과 성폭력', 제14장은 '학교폭력과 민사상 손해배상청구', 제15장은 '학교폭력과 교원의 징계책임', 제16장은 '교원징계와 교원소청심사위원회', 제17장은 '교원에 대한 직위해제와 그 불복방법', 제18장은 '사립학교 교원의 권리구제 및 교육부분에서의 대안적 분쟁해결제도', 제19장은 '교원의 지위와 교원근로의 특수성', 제20장은 '학생체벌과 학생인권', 제21장은 '성희롱의 개념과 성립요건'에 대해서 설명하였다.

제2편 총 6장으로 구성되었으며, '성폭력 관련 법령의 이해'에서는 제1장은 '성폭력의 개념과 유형', 제2장은 '형사절차상 성폭력범죄 피해자의 보호방안', 제3장은 '성폭력범죄자의 신상정보 등록 및 공개', 제4장은 '특정범죄자에 대한 위치추적 전자장치 부착', 제5장은 '성폭력범죄의 처벌 등에 관한 특례법 관련 사례', 제6장은 '성폭력 관련 판례정리'를 통해서 성폭력 범죄에 대한 피해자의 보호 및 2차 피해방지를 위한 법령의 규정과 현재 시행되고 있는 제도에 대해서 설명하였다.

제3편 '학교폭력 관련 판례 해설'에서는 학교폭력 사건이 문제된 대표적인 사건 14개(대법원 판결 및 하급심 판결)와 헌법재판소 결정 1개를 소개함으로써 학교폭력의 구체적인 유형과 가해학생에 대한 책임 및 가해학생 보호자의 책임 등을 쉽게 알 수 있도록 ❶ 사건의 개요, ❷ 사건의 경과, ❸ 사건의 결말, ❹ 판결의 의의 순으로 세분화 하여 판례를 구체적으로 분석하였다.

제4편 '학교폭력 관련 사례문제'에서는 종합적인 사례문제를 소개했다. 학교폭력사건이 발생하였을 경우 신고, 전담기구의 사안조사, 자치위원회 회의 개최, 회의개최와 회의비공

개와 회의록 공개의 문제, 분쟁조정절차, 피해학생에 대한 보호조치, 가해학생에 대한 선도·징계조치, 교사나 학교의 책임, 교원의 징계책임과 구제방법, 학교안전공제회에 급여청구, 고소 및 불기소처분에 대한 불복방법, 가해학생에 대한 고소와 소년법의 내용, 성폭력 사건에서의 외상 후 스트레스 장애가 상해의 개념에 포함되는 지 등에 대하여 판례와 실제 사례에서 문제되었던 쟁점 위주로 ❶ 사례를 통해서 알아볼 내용, ❷ 사건의 개요, ❸ 사건의 쟁점, ❹ 사례 관련 내용의 이해, ❺ 사건의 결말, ❻ 사례의 종합정리로 나눠서 설명하여 실제 실무에서 관련 법령을 적용하는데 참고가 될 수 있도록 하였다.

제1장은 '집단 따돌림으로 인한 피해학생의 자살과 책임문제', 제2장은 '학교폭력 대책자치위원회의 기능 및 서로 싸운 경우 손해배상청구의 문제', 제3장은 '학교폭력 사건에서 가해학생에 대한 조치 및 재심 가능여부', 제4장은 '학교폭력 피해학생 및 장애학생의 보호와 공제급여청구 및 개인정보 제공의 문제', 제5장은 '학교폭력 분쟁조정절차와 분쟁조정의 거부 및 중지', 제6장은 '학교폭력 사건과 학교안전공제회의 공제급여', 제7장은 '학교폭력 가해학생과 소년법', 제8장은 '학교폭력 가해학생에 대한 고소 및 검사의 불기소처분에 대한 불복방법과 배상명령', 제9장은 '학교폭력과 성폭력의 관계 및 강간죄에서 상해죄의 의미', 제10장은 '학교폭력 대책자치위원회 회의 비공개 및 회의록 공개의 문제와 녹음의 법적 문제'에 대해서 설명하였다.

제5편 '학교폭력 관련 Q&A'에서는 학교폭력·성폭력 관련 법령과 판례 중에서 중요한 내용을 질문과 답변 형태로 알기 쉽게 설명하였다.

이 책은 학교폭력·성폭력 사건을 처리하는 일선 학교 교사 및 학교폭력 예방교육을 담당하는 선생님 및 전문상담 교사나 생활지도부장 선생님들 및 학교폭력대책자치위원 및 자녀들의 교육 및 학교폭력·성폭력 문제에 대해서 궁금해 하시는 학부모님들에게 관련 법령을 좀 더 알기 쉽게 사례 및 판례를 통하여 설명하고자 집필한 책이다. 실제 학교폭력·성폭력 사건을 처리하는데 이 책이 조금이나마 도움이 될 수 있기를 바라며, 학생들이 학교폭력·성폭력으로부터 걱정 없이 밝고 활기차게 청소년답게 자라나면서 자신의 꿈을 키워나가기를 간절히 바란다.

2012. 6.

변호사 김 용 수

차 례

제2장 | 학교폭력 예방 및 대책에 관한 법률의 적용범위 및 학교폭력 사건 처리절차 / 74

제3편 학교폭력 관련 판례 해설 517

제4편 학교폭력 관련 사례문제 563

제5편 학교폭력 관련 Q & A 699

부 록 779

제1편

학교폭력 예방 및 대책에 관한 법률의 이해

제1장 | 학교폭력의 정의와 유형 및 특징

Ⅰ 학교폭력의 개념

1. 학교폭력 예방 및 대책에 관한 법률상의 정의

가. 학교폭력 예방 및 대책에 관한 법률상의 규정

"학교폭력"이란 학교 내외에서 학생을 대상[1])으로 발생한 상해, 폭행, 감금, 협박, 약취·유인, 명예훼손·모욕, 공갈, 강요·강제적인 심부름 및 성폭력, 따돌림, 사이버 따돌림, 정보통신망을 이용한 음란·폭력 정보 등에 의하여 신체·정신 또는 재산상의 피해를 수반하는 행위를 말한다(학교폭력 예방 및 대책에 관한 법률 제2조 제1호).

"따돌림"이란 학교 내외에서 2명 이상의 학생들이 특정인이나 특정집단의 학생들을 대상으로 지속적이거나 반복적으로 신체적 또는 심리적 공격을 가하여 상대방이 고통을 느끼도록 하는 일체의 행위를 말한다(학교폭력 예방 및 대책에 관한 법률 제2조 제1의2호).

"사이버 따돌림"이란 인터넷, 휴대전화 등 정보통신기기를 이용하여 학생들이 특정 학생들을 대상으로 지속적, 반복적으로 심리적 공격을 가하거나, 특정 학생과 관련된 개인정보 또는 허위사실을 유포하여 상대방이 고통을 느끼도록 하는 일체의 행위를 말한다(학교폭력 예방 및 대책에 관한 법률 제2조 제1의3호).

형법이나 특별형법상 처벌규정이 없는 따돌림·집단 따돌림·사이버 따돌림 등의 행위 그 자체만으로는 형사처벌을 할 수 없으며, 따돌림·집단 따돌림·사이버 따돌림을 하는 방법으로 명예훼손이나 모욕, 공갈, 협박 등의 행위를 할 경우에는 그 수단으로 사용한 명예훼손이나 모욕, 공갈, 협박 등의 행위에 대해서 처벌을 할 수 있다. 따돌림·집단 따돌림·사이버 따돌림 행위로 인하여 피해학생이 진료를 받거나 손해가 발생한 경우에는 치료비 및 위자료 등에 대하여 민사상 손해배상 청구를 할 수 있다.

---

1) 개정이유를 살펴보면 기존 학교폭력의 범위를 '학생 간에 발생한' 사건에서 '학생을 대상으로 발생한' 사건으로 확대하여 학교 밖 청소년 등에 의한 학교폭력도 이 법에 따라 지원을 받을 수 있게 한 것으로 되어 있다.

나. 판례의 태도

판례는 "집단 따돌림이란 학교 또는 학급 등 집단에서 복수의 학생들이 한 명 또는 소수의 학생들을 대상으로 의도와 적극성을 가지고, 지속적이면서도 반복적으로 관계에서 소외시키거나 괴롭히는 현상을 의미한다."라고 판시한바 있다.2)

다. 집단괴롭힘(bullying)

놀라게 하거나 위협하거나 괴롭히거나 약점을 들추어내거나 모함하거나 은근히 혹은 공개적으로 비난하거나 하는 일마다 시비를 걸거나 그와 가깝게 지내려는 다른 사람으로부터 고립시키거나 바보같이 만들거나 장난을 빙자하여 괴롭히는 등 역할 수행에 제약을 가하거나 인격적으로 무시하거나 음해하거나 그 외 방법으로 한 개인이나 집단이 다른 개인을 일부러 신체적 상처를 입히거나 정신적으로 고통을 주어 따돌리는 행위를 따돌림, 왕따 또는 불링(Bullying)이라 한다.

결국 집단괴롭힘(bullying)이란 한 학생이 반복적으로 지속적으로 한 명 혹은 그 이상의 다른 학생들의 부정적인 행동에 노출되는 현상으로 이에는 구타, 폭행 등 직접적인 폭력과 소외, 심리적 배제 등 간접적인 폭력 모두를 포함한다.

2. 가해학생과 피해학생

가. 가해학생, 피해학생의 정의

가해학생이란 가해자 중에서 학교폭력을 행사하거나 그 행위에 가담한 학생을 말하며(학교폭력 예방 및 대책에 관한 법률 제2조 제3호), 피해학생이란 학교폭력으로 인하여 피해를 입은 학생을 말한다(학교폭력 예방 및 대책에 관한 법률 제2조 제4호).

나. 서로 싸우다가 다친 경우의 문제

서로 싸우다가 어느 한 학생이 더 많이 다치고, 다른 학생은 조금 덜 다친 경우라면

2) 대법원 2007.11.15. 선고 2005다16034 판결, 손해배상(기), [집단 따돌림 자살 사건].

싸움을 한 두 학생 모두 가해학생이자 피해학생이 된다. 가해학생과 피해학생에 대해서 어떠한 조치를 취할 것인가는 학교폭력대책자치위원회에서 의결한다. 이때 가해학생에게 반드시 학교폭력 예방 및 대책에 관한 법률 제17조(가해학생에 대한 조치) 제1항의 조치를 취해야 하는 것은 아니며 학교폭력 사안 조사결과 가해학생에게 선도·교육을 취해야 할 필요성이 있다고 인정하는 때에는 동법 제17조 제1항의 조치를 취하는 것이다.

Ⅱ 학교폭력 예방 및 대책에 관한 법률상 학교폭력의 범위

1. 상해죄

가. 의 의

고의로 사람의 신체를 상해함으로써 성립하는 범죄이며(형법 제257조 제1항), 형사사건의 수사 또는 재판과 관련하여 고소·증언 등에 대한 보복 등의 목적으로 상해한 경우에는 '특정범죄 가중처벌 등에 관한 법률'에 의하여, 야간 또는 2인 이상이 공동하여 상해한 경우나 특수상해는 '폭력행위 등 처벌에 관한 법률'에 의하여 가중처벌 된다. 또한 상해죄의 미수범은 처벌한다(형법 제257조 제2항).

나. 상해의 개념

상해란 생리적 기능의 훼손, 즉 건강침해로서 육체적·정신적 병적 상태의 야기와 증가를 의미한다.

다. 상해죄의 예

신체상처(㉨ 피하출혈, 종창, 찰과상, 처녀막파열), 일부박리(㉨ 치아탈락), 성병전염(㉨ 성병감염), 기능장애(보행불능, 수면장애, 식욕감퇴, 일시적이 아닌 인사불성) 등이 포함된다. 상해의 수단·방법에는 제한 없으며 유형적방법(㉨ 폭행), 무형적방법(㉨ 협박, 경악), 직접적·간접적, 작위·부작위를 불문한다.

라. 죄 수

신체의 완전성은 사람에 대한 일신전속적인 법익에 해당하므로 상해를 입은 피해자의 수에 따라 상해죄의 죄수가 결정된다.

마. 중상해죄

사람의 신체를 상해하여 ① 생명에 대한 위험을 발생하게 하거나, ② 불구에 이르게 하거나, ③ 불치나 난치의 질병에 이르게 함으로써 성립되는 범죄이며(형법 제258조 제1항, 제2항), 상해죄에 비하여 비난가능성이 높기 때문에 상해죄보다 가중 처벌된다. 또한 중한 결과에 대하여 과실 이외에 고의가 있는 경우에도 중상해죄가 성립한다. 생명에 대하여 치명상을 입힌 경우(생명에 대한 위험), 신체의 중요부분이 절단되거나 고유한 기능이 상실되는 경우(불구), 치료의 가능성이 없거나 현저히 곤란한 질병(불치 또는 난치의 질병)에 이르게 된 경우에는 중상해죄가 성립한다.

신체의 중요한 부분인가를 판단함에 있어서는 피해자 개인의 사정을 고려하지 않고 신체조직상의 기능을 객관적으로 판단하여 결정하여야 한다. 상해를 가하여 실명하게 하거나 혀가 절단되거나 청력을 상실하거나 정신병을 유발하거나 기억상실증에 걸리게 하거나 척추장애가 발생한 경우에는 중상해에 해당한다.

바. 상해의 동시범의 특례

상해의 동시범의 경우 원인행위가 판명되지 아니한 때에도 서로 의사연락이 있었던 것과 같이 공동정범으로 처벌한다는 규정이 상해의 동시범의 특례규정이다. 이 규정은 검사가 상해결과에 대한 원인의 입증곤란을 구제하기 위하여 정책적으로 둔 규정이다. 공동정범이란 2인 이상의 자가 공동의 범행계획에 따라 각자 실행의 단계에서 본질적인 기능을 분담하여 이행함으로써 성립하는 정범형태를 말한다.

상해죄의 동시범의 특례에 대하여, 형법 제263조에서는 “독립행위가 경합하여 상해의 결과를 발생하게 한 경우에 있어서 원인된 행위가 판명되지 아니한 때에는 공동정범의 예에 의한다.”라고 규정되어 있다. 즉 상해의 동시범에 있어서는 원인행위가 판명되지 아니한 때에도 의사연락이 있었던 것과 같이 공동정범으로 처벌한다는 특례규정이다.

이 규정의 적용요건으로는 ① 2인 이상의 행위가 서로 의사연락 없이 동시 또는 이시에 동일객체에 대하여 행해져야 하며, ② 상해의 결과는 상해행위에 의한 것이건 폭행행위에 의한 것이건 불문하며, ③ 누구의 행위가 원인이 되어 상해의 결과가 발생하였는지 원인관계의 증명이 불가능하여야 한다.

상해의 동시범의 특례규정이 적용되면 ① 가해자가 서로 상해의 고의와 상해의 고의를 가지고 있었을 경우 상해죄의 공동정범이 성립하며, ② 가해자 중 일부는 상해의 고의로, 가해자 중 일부는 과실치상의 경우 상해죄와 과실치상죄의 공동정법이 성립하며, ③ 가해자들의 과실치상죄가 경합하는 경우 과실치상죄의 공동정범이 성립한다.

상해죄의 동시범의 특례규정은 상해죄나 폭행치상죄의 경우 및 상해치사죄나 폭행치사죄의 경우에는 적용되지만, 강간치상죄나 강도치상죄의 경우에는 적용되지 않는다.

상해죄 관련 판례정리

(1) 교사자가 피교사자에게 피해자를 "정신차릴 정도로 때려주라"고 교사하였다면 이는 상해에 대한 교사로 봄이 상당하다.[3)]

(2) **협박과 폭행으로 실신한 경우, 상해에 해당된다고 본 사례**

오랜 시간 동안의 협박과 폭행을 이기지 못하고 실신하여 범인들이 불러온 구급차 안에서야 정신을 차리게 되었다면, 외부적으로 어떤 상처가 발생하지 않았다고 하더라도 생리적 기능에 훼손을 입어 신체에 대한 상해가 있었다고 본 사례 [4)]

(3) **상해 또는 중상해를 교사하였는데 피교사자가 살인을 실행한 경우 교사자의죄책**

교사자가 피교사자에 대하여 상해 또는 중상해를 교사하였는데 피교사자가 이를 넘어 살인을 실행한 경우 일반적으로 교사자는 상해죄 또는 중상해죄의 교사범이 되지만 이 경우 교사자에게 피해자의 사망이라는 결과에 대하여 과실 내지 예견가능성이 있는 때에는 상해치사죄의 교사범으로서의 죄책을 지울 수 있다.[5)]

(4) **상해치사에 있어서 공동정범의 주관적 성립요건**

결과적 가중범인 상해치사의 공동정범은 폭행 기타의 신체침해행위를 공동으로 할 의사가 있으면 성립되고, 결과를 공동으로 할 의사는 필요 없다.[6)]

(5) **상해부위의 판시 없는 상해죄 인정의 적법 여부(소극)**

상해죄의 성립에는 상해의 고의가 있는 행위와 이로 인하여 발생하는 인과관계 있는 상해의 결과가 있어야 하므로 이러한 행위와 그로 인한 상해의 부위와 정도가 증거에 의하여 명백하게 확정되어야 하고 상해부위의 판시 없는 상해죄의 인정은 위법하다.[7)]

(6) **상해의 공모자 중 일부가 피해자를 상해하여 사망케 한 경우, 실행행위에 관여하지 아니한 공모**

---

3) 대법원 1997.6.24. 선고 97도1075 판결.
4) 대법원 1996.12.10. 선고 96도2529 판결.
5) 대법원 1993.10.8. 선고 93도1873 판결.
6) 대법원 1993.8.24. 선고 93도1674 판결.
7) 대법원 1993.5.11. 선고 93도711 판결.

자가 상해치사범죄의 공동정범에 해당하는지 여부(적극)

공동정범의 주관적 요건인 공모는 공범자 상호간에 범죄의 공동실행에 관한 의사의 결합만 있으면 족하고, 이와 같은 공모가 이루어진 이상 실행행위에 관여하지 않더라도 다른 공범자의 행위에 대하여 형사책임을 지는 것인바, 피고인이 여러 공범들과 피해자를 상해하기로 공모하고, 피고인 등은 상피고인의 사무실에서 대기하고, 실행행위를 분담한 공모자 일부가 사건현장에 가서 위 피해자를 상해하여 사망케 하였다면 피고인은 상해치사범죄의 공동정범에 해당한다.[8)]

(7) 교사가 국민학교 5학년생을 징계하기 위하여 지휘봉으로 엉덩이와 허리를 때려 6주간의 치료를 요하는 상해를 입힌 경우 교사의 징계권행사로서 정당행위가 되는지 여부(소극)

교사가 국민학교 5학년생을 징계하기 위하여 양손으로 교탁을 잡게 하고 길이 50cm, 직경 3cm 가량 되는 나무 지휘봉으로 엉덩이를 두 번 때리고, 학생이 아파서 무릎을 굽히며 허리를 옆으로 틀자 다시 허리부분을 때려 6주간의 치료를 받아야 할 상해를 입힌 경우 위 징계행위는 그 방법 및 정도가 교사의 징계권행사의 허용한도를 넘어선 것으로서 정당한 행위로 볼 수 없다.[9)]

(8) 행위자 일방의 가공의사와 공동정범의 성부

공동정범은 행위자 상호간에 범죄행위를 공동으로 한다는 공동가공의 의사를 가지고 범죄를 공동실행하는 경우에 성립하는 것으로서, 여기에서의 공동가공의 의사는 공동행위자 상호간에 있어야 하며 행위자 일방의 가공의사만으로는 공동정범관계가 성립할 수 없다.[10)]

(9) 마이오네즈병을 들고 구타한 행위가 위험한 물건을 휴대한 경우에의 해당여부

마이오네즈병은 이로써 사람을 구타하거나 깨어진 부분으로 찌른다면 생명신체에 해를 끼칠 수 있어 사람을 해할 목적으로 이를 들고 대하면 그 상대방이나 일반 제3자가 위험성을 느낄 수 있음은 경험칙에 속한다 할 것이므로 마이오네즈병을 들고 구타하는 행위는 폭력행위등처벌에관한법률 제3조 제1항 소정의 "위험한 물건"을 휴대한 경우에 해당한다 할 것이다.[11)]

(10) 이시의 독립행위가 경합하여 치사의 결과가 발생하였는데 그 결과발생의 원인행위가 판명되지 아니한 경우 업무상과실치사죄에는 미수범의 처벌규정이 없기 때문에 형법 제19조를 적용할 수 없고, 범죄의 증명이 없는 것으로 보아 무죄를 선고하여야 한다.[12)]

(11) 상해치사죄에도 형법 제263조 (동시범의 특례)가 적용되는지 여부

동시범의 특례를 규정한 형법 제263조는 상해치사죄에도 적용된다.[13)]

(12) 가해행위를 한 것 자체가 불분명한 자에 대한 상해죄의 동시범으로 의율가부

상해죄에 있어서의 동시범은 두 사람 이상이 가해행위를 하여 상해의 결과를 가져올 경우에 그 상해가 어느 사람의 가해행위로 인한 것인지가 분명치 않다면 가해자 모두를 공동정범으로

---

8) 대법원 1991.10.11. 선고 91도1755 판결.
9) 대법원 1990.10.30. 선고 90도1456 판결.
10) 대법원 1985.5.14. 선고 84도2118 판결.
11) 대법원 1984.6.12. 선고 84도647 판결.
12) 광주고법 1961.2.20. 선고 4293형공817 판결.
13) 대법원 1985.5.14. 선고 84도2118 판결.

본다는 것이므로 가해행위를 한 것 자체가 분명치 않은 사람에 대하여는 동시범으로 다스릴 수 없다.[14)]

(13) 강간치상죄와 동시범 규정 적용 가부(소극)

형법 제263조의 동시범은 상해와 폭행죄에 관한 특별규정으로서 동 규정은 그 보호법익을 달리하는 강간치상죄에는 적용할 수 없다.[15)]

(14) 이시의 독립행위가 경합하여 사망의 결과가 일어난 경우와 공동정범에 의한 처벌

이시의 독립된 상해행위가 경합하여 사망의 결과가 일어난 경우에 그 원인된 행위가 판명되지 아니한 때에는 공동정범의 예에 의하여야 한다.[16)]

(15) 폭행치상의 범죄에 대하여 폭력행위등처벌에관한법률 제2조 제2항을 적용할 수 있는지 여부

폭력행위등처벌에관한법률 제2조 제1항에는 형법 제262조 소정의 폭행치상죄는 열거되어 있지 아니하므로 폭행치상의 정범에 대하여는 폭력행위등 처벌에 관한 법률 제2조 제2항을 적용하여서는 아니된다.[17)]

(16) 결과적가중죄의 공동정범의 법리

결과적가중범인 상해치사죄의 공동정범은 폭행 기타의 신체침해행위를 공동으로 할 의사가 있으면 성립되고 결과를 공동으로 할 의사는 필요없다 할 것이므로 패싸움중 한사람이 칼로 찔러 상대방을 죽게 한 경우에 다른 공범자가 그 결과 인식이 없다 하여 상해치사죄의 책임이 없다고 할 수 없다.[18)]

(17) 타인의 신체에 폭행을 가하여 보행불능 수면장애 식욕감퇴 등 기능의 장해를 일으킨 때에는 형법상 상해를 입힌 경우에 해당한다.[19)]

(18) 특수체질을 가진 자의 사망의 결과에 대한 책임

피해자가 특수체질이어서 보통 사람이면 쇼크를 일으키지 않을 경우에도 쇼크를 일으킬 수 있는 체질이고, 피고인의 소위로 피해자가 쇼크를 일으켜 죽은 것은 피해자의 위와 같은 특수체질에 인한 것이고, 위 피해자의 체질상의 특수점은 외관만으로는 알 수 없는 경우, 피고인은 별단의 사정이 없는 한 피해자의 체질상의 특수성을 몰랐고 따라서 피해자가 쇼크를 일으켜서 사망하리라는 것을 예견할 수 없었다고 할 것이다.[20)]

(19) 상해치사사건에 있어서의 상해사실의 특정

상해죄의 결과적 가중범인 상해치사죄를 판단하기 위하여는 첫째 피고인이 그 원인되는 상해행

---

14) 대법원 1984.5.15. 선고 84도488 판결.
15) 대법원 1984.4.24. 선고 84도372 판결.
16) 대법원 1981.3.10. 선고 80도3321 판결.
17) 대법원 1981.3.24. 선고 81도415 판결.
18) 대법원 1978.1.17. 선고 77도2193 판결.
19) 대법원 1969.3.11. 선고 69도161 판결.
20) 서울고법 1968.8.29. 선고 68노268 판결.

위를 어떠한 방법으로 가하였느냐를 밝혀야 할 것이고 둘째로는 그 상해 및 사망원인과 사망의 사이에 인과관계가 있음을 밝혀야 한다.[21)]

(20) 목적한 사람이 아닌 다른 사람에게 상해를 입한 경우 상해죄의 성부

갑이 을등 3명과 싸우다가 힘이 달리자 식칼을 가지고 이들 3명을 상대로 휘두르다가 이를 말리면서 식칼을 빼앗으려던 피해자 병에게 상해를 입혔다면 갑에게 상해의 범의가 인정되며 상해를 입은 사람이 목적한 사람이 아닌 다른 사람이라 하여 과실상해죄에 해당한다고 할 수 없다.[22)]

(21) 폭력행위등처벌에관한법률 제3조 제1항 소정의 "전조의 죄" 또는 "그 죄"의 의미

폭력행위등처벌에관한법률 제3조 제1항 소정의 "전조의 죄" 또는 "그 죄"는 제2조 제1항 게기의 각 형법 본조의 죄만을 가리키는 것이고, 제2조 제1항 게기의 각 형법 본조의 죄의 상습범을 가리키는 것은 아니다.[23)]

(22) 구타와 치사의 인과관계

안면 및 흉부에 대한 구타는 생리적 작용에 중대한 영향을 줄 뿐 아니라 신경에 강대한 자극을 줌으로써 정신의 흥분과 이에 따르는 혈압의 항진을 초래하여 뇌일혈을 야기케 할 수 있고 이는 누구든지 예견할 수 있음으로 구타와 뇌일혈 사이에 인과관계가 있다 할 것이다.[24)]

2. 폭 행 죄

가. 의 의

사람의 신체에 대하여 폭행을 가함으로써 성립하는 범죄이며(형법 제260조 제1항), 형사사건의 수사 또는 재판과 관련하여 고소·증언 등에 대한 보복 등의 목적으로 폭행한 경우에는 '특정범죄 가중처벌 등에 관한 법률'에 의하여, 야간 또는 2인 이상이 공동하여 폭행한 경우에는 '폭력행위 등 처벌에 관한 법률'에 의하여 가중처벌 된다.

나. 폭행죄에서 폭행의 개념

폭행죄의 폭행은 협의의 폭행으로서 사람의 신체에 대한 유형력의 행사를 의미하며, 사람의 신체에 대한 직접폭행만을 의미하며, 간접폭행은 폭행죄의 폭행에 포함되지 않으며, 반드시 상대방에게 육체적이나 생리적으로 고통을 줄 필요는 없으나 심리적 고통을 비롯하여 성질상 무엇인가 고통을 줄 수 있는 정도여야 폭행죄의 폭행이라고 할 수 있다.

---

21) 서울고법 1963.5.8. 선고 63노26 판결, [상해치사사건].
22) 대법원 1987.10.26. 선고 87도1745 판결.
23) 대법원 1987.10.26 선고 87도1745 판결.
24) 대법원 1955.6.7. 선고 4288형상88 판결.

유형력이란 광의의 물리력을 말하므로 무형력을 수단으로 하는 협박죄와 구별된다. 역학적 작용인 구타행위, 밀치는 행위, 손·옷을 세차게 잡아당기는 행위, 얼굴에 침을 뱉는 행위, 좁은 공간에서 칼이나 흉기를 휘두르는 행위, 돌을 던지는 행위, 수염·모발의 절단, 일시적인 자유의 구속 등의 경우와 화학적·생리적작용인 심한 소음·음향, 계속 전화를 걸어 벨을 울리게 하는 경우, 폭언의 수차 반복, 고함을 질러서 놀라게 하는 경우, 최면술을 거는 경우, 마취약을 사용한 경우 등의 경우와 에너지 작용인 빛, 열, 전기, 냄새 등의 경우에도 폭행에 해당될 수 있다.

폭행죄의 폭행은 사람의 신체에 대한 것이어야 하므로 단순히 물건에 대한 유형력의 행사는 폭행이 아니며, 폭행의 수단이나 방법에는 제한이 없으며, 사람의 신체에 대한 유형력의 행사가 있으면 곧 폭행죄의 기수가 되며, 구체적으로 어떤 결과가 나타나야 하는 것은 아니다.

상해의 고의로 폭행의 결과를 발생시킨 경우에는 상해미수죄가 성립하며, 폭행의 고의로 상해의 결과를 발생시킨 경우에는 폭행치상죄가 성립하며, 형법상 폭행죄는 피해자의 명시한 의사에 반하여 공소를 제기할 수 없는 반의사불벌죄에 해당하지만(형법 제260조 제3항), 폭행이 폭력행위 등 처벌에 관한 법률에 해당될 때에는 반의사불벌죄가 아니다.

[학교폭력과 관련한 형법상 친고죄와 반의사불벌죄]

친고죄	간통죄(제241조 1항), 강간죄(제297조), 강제추행죄(298조), 준강간·준강제추행죄(제299조), 미성년자 등에 대한 간음죄(제302조), 업무상 위력 등에 의한 간음죄(제303조), 미성년자에 대한 간음추행죄(제305조), 사자의 명예훼손죄(제308조), 모욕죄(제311조)
반의사불벌죄	단순 폭행죄(제260조 1항), 존속폭행죄(제260조 2항), 과실상해죄(제266조 2항), 협박·존속협박죄(제283조), 명예훼손죄(제307조), 출판물 등에 의한 명예훼손죄(제309조)

❖ 폭행죄 관련 판례정리

(1) 속칭 '생일빵'을 한다는 명목 하에 피해자를 가격하였다면 폭행죄가 성립하고, 가격행위의 동기, 방법, 횟수 등 제반 사정에 비추어 사회상규에 위배되지 아니하는 정당행위에 해당하지 않는다고 한 원심판단을 수긍한 사례

형법 제20조 소정의 '사회상규에 위배되지 아니하는 행위'라 함은 법질서 전체의 정신이나 그 배후에 놓여 있는 사회윤리 내지 사회통념에 비추어 용인될 수 있는 행위를 말하고, 어떠한 행위가 사회상규에 위배되지 아니하는 정당한 행위로서 위법성이 조각되는 것인지는 구체적인 사정 아래서 합목적적, 합리적으로 고찰하여 개별적으로 판단되어야 할 것인바, 이와 같은 정당행위를 인정하려면 첫째 그 행위의 동기나 목적의 정당성, 둘째 행위의 수단이나 방법의 상당성, 셋째 보호이익과 침해이익과의 법익권형성, 넷째 긴급성, 다섯째 그 행위 외에 다른 수단이나 방법이 없다는 보충성 등의 요건을 갖추어야 한다.[25)]

(2) 폭행죄 등 반의사불벌죄에서 처벌불원의 의사표시는 의사능력 있는 피해자가 단독으로 할 수 있는지 여부(적극) 및 피해자 사망 후 상속인이 그 의사표시를 대신할 수 있는지 여부(소극)

폭행죄는 피해자의 명시한 의사에 반하여 공소를 제기할 수 없는 반의사불벌죄로서 처벌불원의 의사표시는 의사능력이 있는 피해자가 단독으로 할 수 있는 것이고, 피해자가 사망한 후 그 상속인이 피해자를 대신하여 처벌불원의 의사표시를 할 수는 없다고 보아야 한다.

(3) 반의사불벌죄에 있어서 피해자가 피고인의 처벌에 관한 아무런 의사표시를 하지 않고 사망한 경우, 그 의사표시에 관한 권한이 배우자 등 유족에게 승계되는지 여부(소극)

반의사불벌죄에 있어서 피해자가 피고인의 처벌에 관한 아무런 의사표시를 하지 않고 사망한 경우에 그 의사표시에 관한 권한이 배우자 등 유족에게 승계되는 것은 아니다.[26)]

(4) 속칭 '생일빵'을 한다는 명목 하에 피해자를 가격하여 사망에 이르게 한 사안에서, 폭행과 사망 간에 인과관계는 인정되지만 폭행 당시 피해자의 사망을 예견할 수 없었다는 이유로 폭행치사의 공소사실에 대하여 무죄를 선고한 원심판단을 수긍한 사례

폭행치사죄는 결과적 가중범으로서 폭행과 사망의 결과 사이에 인과관계가 있는 외에 사망의 결과에 대한 예견가능성 즉 과실이 있어야 하고, 이러한 예견가능성의 유무는 폭행의 정도와 피해자의 대응상태 등 구체적 상황을 살펴서 엄격하게 가려야 한다.[27)]

(5) 폭행과 사망 사이에 피해자나 제3자의 과실 등이 경합한 경우, 상당인과관계의 인정 여부(적극) 및 사망 결과에 대한 예견가능성 유무를 판단하는 방법

폭행치사죄는 결과적 가중범이므로, 그 행위와 중한 결과 사이에 상당인과관계가 있어야 할 뿐만 아니라 사망의 결과에 대한 예견가능성이 있어야 한다. 먼저, 상당인과관계는 피고인의 행위가 피해자의 사망이라는 결과를 발생케 한 유일한 원인이거나 직접적인 원인이 되어야 하는 것은 아니며, 피해자나 제3자의 과실 등이 경합하여 결과가 발생한 경우에도 이를 인정할 수 있다. 예컨대, 피해자가 평소 병약한 상태에 있었고 피고인의 폭행으로 그가 사망함에 있어서 지병이 또한 사망 결과에 영향을 주었다고 하여 폭행과 사망 간에 인과관계가 없다고 할 수 없다. 다음으로 예견가능성의 유무는 피고인의 폭행의 부위·정도 및 방법, 피해자가 특별한 병이나 특이체질을 지니고 있었는지 여부, 피해자의 사인, 피고인과 피해자의 관계 등 구체적 상황을 살펴서 엄격하게 가려야 한다.[28)]

---

25) 대법원 2010.5.27. 선고 2010도2680 판결.
26) 서울고법 2006.5.26. 선고 2005노1861 판결.
27) 대법원 2010.5.27. 선고 2010도2680 판결.

(5) 폭력행위 등 처벌에 관한 법률 제3조 제1항에서 말하는 '다중의 위력'의 의미

폭력행위 등 처벌에 관한 법률 제3조 제1항 소정의 '다중'이라 함은 단체를 이루지 못한 다수인의 집합을 말하는 것으로, 이는 결국 집단적 위력을 보일 정도의 다수 혹은 그에 의해 압력을 느끼게 해 불안을 줄 정도의 다수를 의미한다 할 것이고, 다중의 '위력'이라 함은 다중의 형태로 집결한 다수 인원으로 사람의 의사를 제압하기에 족한 세력을 지칭하는 것으로서 그 인원수가 다수에 해당하는가는 행위 당시의 여러 사정을 참작하여 결정하여야 할 것이며, 이 경우 상대방의 의사가 현실적으로 제압될 것을 요하지는 않는다고 할 것이지만 상대방의 의사를 제압할 만한 세력을 인식시킬 정도는 되어야 한다.

(6) 폭행죄에 있어서 유형력의 행사에 신체의 청각기관을 자극하는 음향도 포함되는지 여부(한정적극)

형법 제260조에 규정된 폭행죄는 사람의 신체에 대한 유형력의 행사를 가리키며, 그 유형력의 행사는 신체적 고통을 주는 물리력의 작용을 의미하므로 신체의 청각기관을 직접적으로 자극하는 음향도 경우에 따라서는 유형력에 포함될 수 있다.[29)]

(7) 거리상 멀리 떨어져 있는 사람에게 전화기를 이용하여 전화하면서 고성을 내거나 그 전화 대화를 녹음 후 듣게 하는 경우, 폭행죄에 있어서의 신체에 대한 유형력의 행사를 한 것으로 볼 수 있는지 여부(한정 적극)

피해자의 신체에 공간적으로 근접하여 고성으로 폭언이나 욕설을 하거나 동시에 손발이나 물건을 휘두르거나 던지는 행위는 직접 피해자의 신체에 접촉하지 아니하였다 하더라도 피해자에 대한 불법한 유형력의 행사로서 폭행에 해당될 수 있는 것이지만, 거리상 멀리 떨어져 있는 사람에게 전화기를 이용하여 전화하면서 고성을 내거나 그 전화 대화를 녹음 후 듣게 하는 경우에는 특수한 방법으로 수화자의 청각기관을 자극하여 그 수화자로 하여금 고통스럽게 느끼게 할 정도의 음향을 이용하였다는 등의 특별한 사정이 없는 한 신체에 대한 유형력의 행사를 한 것으로 보기 어렵다.[30)]

(8) 폭력행위등처벌에관한법률 제3조 제1항 소정의 '위험한 물건'의 위험성 여부 판단 기준

폭력행위등처벌에관한법률 제3조 제1항에서 정한 '위험한 물건'의 위험성 여부는 구체적인 사안에 따라서 사회통념에 비추어 그 물건을 사용하면 상대방이나 제3자가 곧 살상의 위험을 느낄 수 있으리라고 인정되는 물건인가에 따라 이를 판단하여야 한다.

(9) 폭력행위등처벌에관한법률 제2조 제2항의 "2인 이상이 공동하여 제1항에 열거된 죄를 범한 때"의 의미

폭력행위등처벌에관한법률 제2조 제2항의 "2인 이상이 공동하여 제1항에 열거된 죄를 범한 때"라고 함은 그 수인 사이에 공범관계가 존재하는 것을 요건으로 하고, 수인이 동일 장소에서 동일 기회에 상호 다른 자의 범행을 인식하고 이를 이용하여 범행을 한 경우임을 요한다.[31)]

---

28) 대구지법 2008.12.17. 선고 2008고합783 판결.
29) 대법원 2003.1.10. 선고 2000도5716 판결.
30) 대법원 2003.1.10. 선고 2000도5716 판결.
31) 대법원 1997.2.14. 선고 96도1959 판결.

(10) 폭행의 공범으로 공소제기된 1인의 폭행을 다른 1인이 만류한 경우 폭력행위등처벌에관한법률 제2조 제2항의 죄에 해당하지 않는다고 본 사례

폭력행위등처벌에관한법률 제2조 제2항의 '2인 이상이 공동하여 폭행의 죄를 범한 때'라고 함은 그 수인 간에 소위 공범관계가 존재하는 것을 요건으로 하고, 또 수인이 동일 장소에서 동일 기회에 상호 다른 자의 범행을 인식하고 이를 이용하여 범행을 한 경우임을 요한다 할 것이므로, 이 사건에 있어서와 같이 피고인 2는 피고인 1이 피해자와 상호 다투면서 폭행을 하는 것을 만류한 것이라면, 피고인 1은 피고인 2와 공동하여 피해자를 폭행하였다고 할 수 없다 할 것이다.[32]

(11) 특정범죄가중처벌등에관한법률 제5조의7 제1항 소정의 "흉기 기타 위험한 물건을 휴대하여"의 의미

특정범죄가중처벌등에관한법률 제5조의7 제1항 소정의 "흉기 기타 위험한 물건을 휴대하여"라고 함은 강간범행 현장에서 그 범행에 사용하려는 의도 아래 흉기 등을 소지하거나 몸에 지니는 경우를 가리키는 것이지 그 범행과는 전혀 무관하게 우연히 이를 소지하게 된 경우까지를 포함하는 것은 아니다.

(12) 폭력행위등처벌에관한법률 제2조 제2항 소정의 상해 또는 폭행의 공동범의 구성요건

폭력행위등처벌에관한법률 제2조 제2항의 "2인 이상이 공동하여 상해 또는 폭행의 죄를 범한 때"라고 함은 그 수인간에 소위 공범관계가 존재하는 것을 요건으로 하는 것이고, 또 수인이 동일 장소에서 동일기회에 상호 다른 자의 범행을 인식하고 이를 이용하여 범행을 한 경우임을 요한다 할 것이므로 갑이 피고인의 폭행을 만류한 것이라면 피고인이 갑과 공동하여 위 법률 위반죄를 범하였다고 할 수는 없을 것이다.[33]

(13) 피해자에게 욕설을 한 것이나 또는 피해자 집의 대문을 발로 찬 것만으로 당연히 폭행이 되는지 여부(소극)

형법 제260조에서 말하는 폭행이란 사람의 신체에 대하여 유형력을 행사하는 것을 의미하는 것으로서 피고인이 피해자에게 욕설을 한 것만을 가지고 당연히 폭행을 한 것이라고 할 수는 없을 것이고, 피해자 집의 대문을 발로 찬 것이 막바로 또는 당연히 피해자의 신체에 대하여 유형력을 행사한 경우에 해당한다고 할 수도 없다.[34]

(14) 폭력행위등처벌에관한법률 제3조 제1항 소정의 "전조의 죄" 또는 "그 죄"의 의미

폭력행위등처벌에관한법률 제3조 제1항 소정의 "전조의 죄" 또는 "그 죄"는 제2조 제1항 게기의 각 형법 본조의 죄만을 가리키는 것이고, 제2조 제1항 게기의 각 형법 본조의 죄의 상습범을 가리키는 것은 아니다.[35]

(15) 폭행과 긴급피난의 관계

피고인이 피해자의 목을 잡아끌고 올라온 행위 그 자체는 피해자에 대한 폭행에 해당하는 것이

---

32) 대법원 1996.2.23. 선고 95도1642 판결.
33) 대법원 1991.1.29. 선고 90도2153 판결.
34) 대법원 1991.1.29. 선고 90도2153 판결.
35) 대법원 1987.10.26. 선고 87도1745 판결.

고, 위 폭행이 피해자의 생명이라는 법익에 대한 현재의 위난을 피하기 위한 행위로서 긴급피난에 해당한다면 그 위법성이 없게 되는 것에 불과한 것이지 그 행위가 폭행이 되지 않거나 폭행의 고의가 없는 것은 아니다.36)

(16) 폭행과 사망 간에 인과관계가 불명인 경우, 그 폭행으로 인한 사망의 결과발생을 예견할 수 없었다고 인정한 사례

피고인과 피해자가 같은 학과급우로서 사소한 일로 불편한 관계에 있다가 다른 급우들의 권유로 화해하기로 하고, 우정을 회복하자는 뜻으로 서로 상대방을 한대씩 때리기로 하여, 피고인이 피해자의 가슴을 한대 때린 것이 피해자의 사망이란 결과에 이르게 한 경우, 피해자의 사망에 있어 그 원인이 될 만한 아무런 외상이 없어 신경성 쇼크사로 감정되어 폭행과 사망간에 인과관계가 불명이고, 특히 위와 같은 폭행의 경위로 보아 피고인 자신은 물론 일반경험에 비추어 보더라도 피고인의 폭행이 피해자의 사망이라는 결과발생을 가져오리라고는 예견할 수 없었다고 할 것이다.37)

(17) 피해자를 뿌리쳐 넘어뜨린 행위가 본능적, 반사적 방위행위라 하여 고의를 부정한 사례

술에 취한 피해자가 뒤에서 자기와 씨름을 하려고 허리를 잡아당기자 뒤로 물러서면서 손으로 뿌리쳐 피해자를 넘어뜨린 것이라면 고의로 피해자를 폭행하였다기보다는 갑자기 뒤에서 자신의 몸을 잡는 것을 떼어내기 위한 본능적, 반사적, 방위적 행위라 할 것이어서 사회상규에 위배되지 않는다.38)

(18) 피해자가 시비를 걸려고 양팔을 잡는 것을 피하고자 몸을 틀어 뿌리친 행위가 폭행에 해당하는지 여부(소극)

피해자가 시비를 걸려고 양팔을 잡는 것을 피하고자 몸을 틀어 뿌리친 것뿐인 행위는 이를 폭행에 해당한다고 할 수 없을 뿐만 아니라 설사 폭행에 해당한다고 하더라도 위 행위는 피해자의 불법한 공격으로부터 자신을 보호하고 이를 벗어나기 위하여 필요한 최소한도의 방어를 한 것으로서 사회상규에 어긋나지 아니하여 위법성이 없다.39)

(19) 부하를 훈계하기 위한 폭행행위와 사회상규 위반여부

부하를 훈계하기 위한 것이라 하여도 폭행행위가 훈계권의 범위를 넘었다고 보여지고 그로 인하여 상해를 입은 이상 그 행위를 사회상규에 위배되지 아니한 행위로서 위법성이 조각된다고 할 수 없다.40)

(20) 부당한 공격에서 벗어나려고 한 폭행과 위법성

피해자가 피고인에게 다가와 폭언을 하면서 피고인의 오른손 둘째손가락을 물어 뜯으므로 피고인이 이를 피하려고 손을 뿌리치면서 두 손으로 피해자의 양어깨를 누르게 되었다면, 피고인의

---

36) 대구고법 1987.9.16. 선고 87노787 판결.
37) 서울고법 1987.4.23. 선고 86노2880 판결.
38) 대구고법 1986.8.27. 선고 86노334 판결.
39) 대법원 1985.10.8. 선고 85도1915 판결.
40) 대법원 1984.6.26. 84도603 판결.

소위는 피해자의 부당한 공격에서 벗어나려고 한 행위로서 그 행위에 이르게 된 경위, 목적, 수단, 의사 등 제반사정에 비추어 사회통념상 허용될 만한 정도의 상당성 있는 것으로 위법성이 결여되어 폭행죄를 구성하지 아니한다.41)

(21) 시정된 방문을 발로 찬 행위의 폭행죄에 해당여부

공소외인이 피고인을 만나주지 않는다는 이유로 시정된 탁구장문과 주방문을 부수고 주방으로 들어가 방문을 열어주지 않으면 모두 죽여버린다고 폭언하면서 시정된 방문을 수회 발로 찬 피고인의 행위는 재물손괴죄 또는 숙소안의 자에게 해악을 고지하여 외포케 하는 단순 협박죄에 해당함은 별론으로 하고, 단순히 방문을 발로 몇 번 찼다고 하여 그것이 피해자들의 신체에 대한 유형력의 행사로는 볼 수 없어 폭행죄에 해당한다 할 수 없다.42)

(22) 소극적인 저항방법으로 부득이 행한 폭력행위가 사회상규에 위배되지 아니한다고 본 사례

피해자가 과부로 홀로 살고 있는 피고인의 집터를 자기소유라 주장하면서 출입문과 변소문을 폐쇄하고 피고인의 집으로 들어오는 전기선을 잘라버리는 등의 행패를 부리고 그 가족과 합세하여 피고인의 머리카락을 쥐어 잡고 발버둥침에도 불구하고 자기집 안으로 끌고 들어가서는 안에서 문을 잠가 감금시킨 상태에서 피고인의 목을 조르는 등 폭행을 가함에 피고인이 이를 뿌리치기 위한 소극적인 저항방법으로 부득이 피해자의 멱살을 잡고 밀고 당기게 되었다면 이 폭력행위는 그에 이르게 된 과정과 목적, 수단 및 피고인의 의사 등 여러 사정에 비추어 볼 때 사회통념상 허용될 상당성이 있는 위법성이 결여된 행위이다.43)

(23) 사회상규에 위배되지 않는 행위(폭행)라고 본 사례

피해자가 피고인을 따라다니면서 귀찮게 싸움을 걸어오는 것을 막으려고 피고인이 피해자의 멱살을 잡고 밀어 넘어뜨렸다면 이는 사회통념상 용인되는 행위로서 위법성이 없다.44)

(24) 사회상규에 위반되지 않는 폭행행위로 본 사례

강제연행을 모면하기 의하여 팔꿈치로 뿌리치면서 가슴을 잡고 벽에 밀어부친 행위는 소극적인 저항으로 사회상규에 위반되지 아니한다.45)

(25) 폭행치상의 범죄에 대하여 폭력행위등처벌에관한법률 제2조 제2항을 적용할 수 있는지 여부

폭력행위등처벌에관한법률 제2조 제1항에는 형법 제262조 소정의 폭행치상죄는 열거되어 있지 아니하므로 폭행치상의 정범에 대하여는 폭력행위등 처벌에 관한 법률 제2조 제2항을 적용하여서는 아니된다.46)

(26) 사회상규에 반하지 아니하는 행위

피고인이 술이 취해서 시비하려는 피해자를 피해서 문밖으로 나오려는 순간 피해자가 뒤따라

---

41) 대법원 1984.4.24. 선고 84도242 판결.
42) 대법원 1984.2.14. 선고 83도3186 판결.
43) 대법원 1982.7.26. 선고 83도1418 판결.
44) 대법원 1983.5.24. 선고 83도942 판결.
45) 대법원 1982.2.23. 선고 81도2958 판결.
46) 대법원 1981.3.24. 선고 81도415 판결.

나오며 피고인의 오른팔을 잡자 피고인이 잡힌 팔을 빼기 위하여 뿌리친 행위는 불법적으로 붙잡힌 팔을 빼기 위한 본능적 방어행위로서 사회상규에 어긋나는 행위가 아니므로 이로 인하여 피해자가 사망하였다고 하더라도 피고인에게 폭행치사죄의 책임을 지울 수 없다.[47]

(27) **폭행으로 보기 어렵다고 한 사례**

피고인이 피해자로부터 멱살을 붙잡혀 넘어지지 아니하려고 그의 팔을 잡고 매달려 있는 사실만으로는 동인에게 폭행을 가한 것이라고 하기 어렵다.[48]

(28) **강간죄에 대한 고소취소가 있은 경우 그 수단인 폭행만을 분리하여 폭력행위등 처벌에 관한 법률위반죄로 처벌할 수 있는가의 여부**

2인 이상이 공동하여 폭행으로 부녀를 강간한 경우에는 형법 297조 소정의 강간죄만 해당하고 별도로 폭력행위등처벌에관한법률 2조 2항의 죄를 구성한다고는 볼 수 없고 이 두개의 죄는 법조경합의 관계가 있을 뿐 상상적 경합관계에 있다고 볼 수 없으므로 강간죄에 대한 고소취소가 있은 후 그 수단인 폭행만을 분리하여 폭력행위등처벌에관한위반죄로 처벌할 수 없다.[49]

3. 감 금 죄

가. 의 의

사람을 일정한 장소 밖으로 나가지 못하게 하여 신체활동의 자유를 장소적으로 제한하여 신체의 자유를 침해하는 내용의 범죄이다(형법 제276조 제1항).

나. 감금죄의 객체인 사람

감금죄의 객체인 사람은 현실적으로 신체활동의 자유가 없을지라도 곧 활동이 기대되는 잠재적 자유를 가진 사람을 말하므로 잠을 자고 있는 사람, 명정자(술에 취한 사람), 정신병자나 불구자도 감금죄의 객체인 사람에 해당된다.

다. 감금의 의의

감금이란 사람을 일정한 장소 밖으로 나가지 못하게 하여 신체활동의 자유를 장소적으로 제한하는 것을 말한다. 따라서 감금된 사람이 감금되었는지를 인식하지 못했다고 하더라도 객관적으로 감금된 사람의 신체적 활동의 자유를 침해한 것으로 볼 수 있다면 감금죄가 성립한다.

---

47) 대법원 1980.9.24. 선고 80도1898 판결.
48) 서울고법 1977.11.3. 선고 75노212 판결.
49) 대법원 1974.6.11. 선고 73도2817 판결.

라. 감금의 수단과 방법

감금의 수단으로는 유형적 방법(자물쇠를 채우는 것, 감시인, 맹견, 폭력, 포박, 마취)·무형적 방법(협박, 위계, 수치심)을 불문한다. 목욕중인 부녀의 옷을 숨겨 나오지 못하게 하는 것, 내리지 못하게 차를 질주하는 것도 감금에 해당할 수 있다. 작위·부작위를 불문하므로 방에 사람이 있는 줄 모르고 잠근 후에 그 사실을 알고서도 문을 열어주지 않은 경우도 감금죄에 해당할 수 있다. 탈출이 절대적으로 불가능한 경우뿐만 아니라 곤란한 경우도 감금이 된다. 또한 한정된 장소 내에서 어느 정도의 자유가 주어졌을지라도 감금이 된다. 허위신고를 하여 수사기관에 구속시키는 것은 간접정범에 의한 감금이 된다.

마. 감금의 정도 및 계속범인지 여부

감금된 장소에서 밖으로 탈출하는 것이 절대적으로 불가능한 경우뿐만 아니라 한정된 장소 내에서 어느 정도의 자유가 주어졌더라도 감금죄의 감금이 된다. 또한 감금죄는 감금된 사람의 신체활동의 자유가 어느 정도 일정시간 계속되어야 기수에 이르므로, 일시적으로 일정한 장소 밖으로 나가지 못하게 하였을 뿐 계속성이 인정되지 않는다면 감금죄의 미수범 또는 폭행죄에 해당될 수 있다.

감금죄 관련 판례정리

(1) 미성년자를 유인한 자가 계속하여 이를 불법하게 감금하였을 때에는 미성년자유인죄 이외에 감금죄가 성립한다.[50][51]

(2) **감금행위가 강도상해 범행의 수단에 그치지 아니하고 강도상해의 범행이 끝난 뒤에도 계속된 경우, 감금죄와 강도상해죄의 죄수**

감금행위가 단순히 강도상해 범행의 수단이 되는 데 그치지 아니하고 강도상해의 범행이 끝난 뒤에도 계속된 경우에는 1개의 행위가 감금죄와 강도상해죄에 해당하는 경우라고 볼 수 없고, 이 경우 감금죄와 강도상해죄는 형법 제37조의 경합범 관계에 있다.[52]

(3) **정신병자에 대한 감금죄의 성립 여부(적극)**

정신병자도 감금죄의 객체가 될 수 있다.[53]

---

50) 대법원 1961.9.21. 선고 4294형상455 판결.
51) 대법원 1998.5.26. 선고 98도1036 판결.
52) 대법원 2003.1.10. 선고 2002도4380 판결.
53) 대법원 2002.10.11. 선고 2002도4315 판결.

(4) 감금죄의 성립요건

감금죄는 사람의 행동의 자유를 그 보호법익으로 하여 사람이 특정한 구역에서 나가는 것을 불가능하게 하거나 또는 심히 곤란하게 하는 죄로서 이와 같이 사람이 특정한 구역에서 나가는 것을 불가능하게 하거나 심히 곤란하게 하는 그 장해는 물리적, 유형적 장해뿐만 아니라 심리적, 무형적 장해에 의하여서도 가능하고, 또 감금의 본질은 사람의 행동의 자유를 구속하는 것으로 행동의 자유를 구속하는 그 수단과 방법에는 아무런 제한이 없어서 유형적인 것이거나 무형적인 것이거나를 가리지 아니하며, 감금에 있어서의 사람의 행동의 자유의 박탈은 반드시 전면적이어야 할 필요도 없다.[54)]

(5) 승용차로 피해자를 가로막아 승차하게 한 후 피해자의 하차 요구를 무시한 채 당초 목적지가 아닌 다른 장소를 향하여 시속 약 60km 내지 70km의 속도로 진행하여 피해자를 차량에서 내리지 못하게 한 경우, 감금죄에 해당하는지 여부(적극) 및 피해자가 그와 같은 감금상태를 벗어날 목적으로 차량을 빠져 나오려다가 길바닥에 떨어져 상해를 입고 그 결과 사망한 경우, 감금치사죄에 해당하는지 여부(적극)

승용차로 피해자를 가로막아 승차하게 한 후 피해자의 하차 요구를 무시한 채 당초 목적지가 아닌 다른 장소를 향하여 시속 약 60km 내지 70km의 속도로 진행하여 피해자를 차량에서 내리지 못하게 한 행위는 감금죄에 해당하고, 피해자가 그와 같은 감금상태를 벗어날 목적으로 차량을 빠져 나오려다가 길바닥에 떨어져 상해를 입고 그 결과 사망에 이르렀다면 감금행위와 피해자의 사망 사이에는 상당인과관계가 있다고 할 것이므로 감금치사죄에 해당한다.[55)]

(6) 감금죄의 수단과 방법 및 일정한 장소적 제약하에서 제한된 행동의 자유를 허용한 경우, 감금죄의 성립 여부(적극)

감금죄는 사람의 행동의 자유를 그 보호법익으로 하여 사람이 특정한 구역에서 벗어나는 것을 불가능하게 하거나 또는 매우 곤란하게 하는 죄로서 그 본질은 사람의 행동의 자유를 구속하는 데에 있다. 이와 같이 행동의 자유를 구속하는 수단과 방법에는 아무런 제한이 없고, 사람이 특정한 구역에서 벗어나는 것을 불가능하게 하거나 매우 곤란하게 하는 장애는 물리적·유형적 장애뿐만 아니라 심리적·무형적 장애에 의하여서도 가능하므로 감금죄의 수단과 방법은 유형적인 것이거나 무형적인 것이거나를 가리지 아니한다. 또한 감금죄가 성립하기 위하여 반드시 사람의 행동의 자유를 전면적으로 박탈할 필요는 없고, 감금된 특정한 구역 범위 안에서 일정한 생활의 자유가 허용되어 있었다고 하더라도 유형적이거나 무형적인 수단과 방법에 의하여 사람이 특정한 구역에서 벗어나는 것을 불가능하게 하거나 매우 곤란하게 한 이상 감금죄의 성립에는 아무런 지장이 없다.[56)]

(7) 감금죄는 사람의 행동의 자유를 그 보호법익으로 하여 사람이 특정한 구역에서 벗어나는 것을 불가능하게 하거나 또는 매우 곤란하게 하는 죄로서 그 본질은 사람의 행동의 자유를 구속하는 데에 있다. 이와 같이 행동의 자유를 구속하는 수단과 방법에는 아무런 제한이 없고, 사람이 특

---

54) 대법원 2000.2.11. 선고 99도5286 판결.
55) 대법원 2000.2.11. 선고 99도5286 판결.
56) 대법원 1998.5.26. 선고 98도1036 판결.

정한 구역에서 벗어나는 것을 불가능하게 하거나 매우 곤란하게 하는 장애는 물리적·유형적 장애뿐만 아니라 심리적·무형적 장애에 의하여서도 가능하므로 감금죄의 수단과 방법은 유형적인 것이거나 무형적인 것이거나를 가리지 아니한다. 또한 감금죄가 성립하기 위하여 반드시 사람의 행동의 자유를 전면적으로 박탈할 필요는 없고, 감금된 특정한 구역 범위 안에서 일정한 생활의 자유가 허용되어 있었다고 하더라도 유형적이거나 무형적인 수단과 방법에 의하여 사람이 특정한 구역에서 벗어나는 것을 불가능하게 하거나 매우 곤란하게 한 이상 감금죄의 성립에는 아무런 지장이 없다.[57]

(8) 언제든지 쉽게 감금장소를 벗어나 밖으로 나갈 수 있는 경우, 감금죄의 성립 여부(한정 소극)

사람의 행동의 자유를 그 보호법익으로 하는 형법 제276조 제1항 감금죄의 구성요건으로서의 감금이라 함은 사람이 특정한 구역에서 나가는 것을 불가능하게 하거나 또는 심히 곤란하게 하는 것으로서 이와 같은 장해는 물리적 유형적 장해뿐만 아니라 심리적 무형적 장해에 의하여서도 가능하고, 그 본질은 사람의 행동의 자유를 구속하는 것으로 그 수단과 방법에는 유형적인 것이거나 또는 무형적인 것이든 관계없으며, 또 감금에 있어서의 사람의 행동의 자유의 박탈은 반드시 전면적이어야 할 필요가 없다 할 것이므로 협박 등 무형적 심리적 장해로 인하여 피해자들이 외포됨으로써 쉽게 감금장소를 벗어날 수 있음에도 스스로 밖으로 나가기를 포기하는 등의 사정이 없는 이상 피해자들이 언제든지 쉽게 감금장소를 벗어나 밖으로 나갈 수 있는 상황이었다면 감금죄에 있어서의 감금에 해당한다고 볼 수는 없다.[58]

(9) 감금행위가 강간죄나 강도죄의 수단이 된 경우, 감금죄가 별죄를 구성하는지 여부(적극)

감금행위가 강간죄나 강도죄의 수단이 된 경우에도 감금죄는 강간죄나 강도죄에 흡수되지 아니하고 별죄를 구성한다.[59]

(10) 심리적, 무형적 장애에 의한 감금행위의 성부

감금죄에 있어서의 감금행위는 사람으로 하여금 일정한 장소 밖으로 나가지 못하도록 하여 신체의 자유를 제한하는 행위를 가리키는 것으로서 그 방법은 반드시 물리적, 유형적 장애를 사용하는 경우뿐만 아니라 심리적, 무형적 장애에 의하는 경우도 포함되는 것인바, 설사 피해자가 경찰서 안에서 자유스럽게 활동하였다 하여도 피해자를 경찰서 밖으로 나가지 못하도록 그 신체의 자유를 제한하는 유형, 무형의 억압이 있었다면, 이는 바로 감금행위에 해당할 수 있다.[60]

(11) 아파트 안방에 감금된 피해자가 가혹행위를 피하려고 창문을 통하여 아파트 아래 잔디밭에 뛰어 내리다가 사망한 경우, 중감금행위와 피해자의 사망 사이에 인과관계가 있어 중감금치사죄가 성립된다고 본 사례

피고인이 아파트 안방에서 안방 문에 못질을 하여 동거하던 피해자가 술집에 나갈 수 없게 감금하고, 피해자를 때리고 옷을 벗기는 등 가혹한 행위를 하여 피해자가 이를 피하기 위하여 창문을

57) 대법원 1998.5.26. 선고 98도1036 판결.
58) 제주지법 1998.4.1. 선고 97노489 판결.
59) 대법원 1997.1.21. 선고 96도2715 판결.
60) 대법원 1994.3.16.자 94모2 결정.

통해 밖으로 뛰어 내리려 하자 피고인이 이를 제지한 후, 피고인이 거실로 나오는 사이에 갑자기 안방 창문을 통하여 알몸으로 아파트 아래 잔디밭에 뛰어 내리다가 다발성 실질장기파열상 등을 입고 사망한 경우, 피고인의 중감금행위와 피해자의 사망 사이에는 인과관계가 있어 피고인은 중감금치사죄의 죄책을 진다고 본 사례 61)

(12) 감금행위의 방법

형법 제276조 제1항에 규정된 감금죄에 있어서의 감금행위는 사람으로 하여금 일정한 장소 밖으로 나가지 못하도록 신체의 자유를 제한하는 행위를 가리키며 그 방법은 반드시 물리적인 장애를 사용하는 경우뿐만 아니라 무형적인 수단으로서 공포심에 의하여 나갈 수 없게 한 경우도 포함한다.62)

(13) 감금행위가 강간미수죄의 수단인 경우에 독립하여 별개의 감금죄가 성립하는지 여부 및 위 강간미수죄에 대한 고소의 취소가 감금죄에도 영향을 미치는지 여부

강간죄의 성립에는 언제나 필요한 수단으로 감금행위를 수반하는 것은 아니므로 감금행위가 강간죄의 목적을 달하려고 일정한 장소에 인치하기 위한 수단이 되었다 하여 그 감금행위가 강간죄에 흡수되어 범죄를 구성하지 않는다고 할 수 없고, 위 감금행위가 독립한 별개의 죄가 되는 이상 피해자가 강간죄의 고소를 취소하였다 하더라도 이는 위 감금죄에 대하여는 아무런 영향을 미치지 아니한다.63)

(14) 강간목적으로 피해자를 강제승차 시켜 주행한 경우 위 피해자를 강제승차 시킨 운행자 이외의 동승자를 감금죄의 공범으로 볼 수 있는지 여부

피해자가 피고인에 의하여 강제로 자동차에 태워지고 피해자의 하차요청을 묵살한 채 하차할 수 없는 상태로 운행이 강행되었다면 그 운행자가 피고인 아닌 피고인의 친구이었다 하더라도 그 감금행위에는 피고인이 그 운행자와 암묵적으로 의사연락하여 범행에 공동가공한 것으로 못 볼 바 아니다.64)

(15) 감금죄의 요건

감금죄는 사람의 행동의 자유를 그 보호법익으로 하여 사람이 특정한 구역에서 나가는 것을 불가능하게 하거나 또는 심히 곤란하게 하는 죄로서 이와 같이 사람이 특정한 구역에서 나가는 것을 불가능하게 하거나 심히 곤란하게 하는 그 장해는 물리적, 유형적 장해뿐만 아니라 심리적, 무형적 장해에 의하여서도 가능하고 또 감금의 본질은 사람의 행동의 자유를 구속하는 것으로 행동의 자유를 구속하는 그 수단과 방법에는 아무런 제한이 없으므로 그 수단과 방법에는 유형적인 것이거나 무형적인 것이거나를 가리지 아니하며 감금에 있어서의 사람의 행동의 자유의 박탈은 반드시 전면적이어야 할 필요가 없으므로 감금된 특정구역 내부에서 일정한 생활의 자유가 허용되어 있었다고 하더라도 감금죄의 성립에는 아무 소장이 없다.65)

---

61) 대법원 1991.10.25. 선고 91도2085 판결.
62) 대법원 1985.6.25. 선고 84도2083 판결.
63) 대법원 1984.8.21. 선고 84도1550 판결.
64) 대법원 1984.8.21. 선고 84도1550 판결.

(16) 감금된 특정구역안에서 일정한 생활의 자유가 주어진 경우 감금죄의 성부

피해자가 여관 등에서 8일간 있는 동안 그의 처와 만났으며 피고인 등과 같이 술을 마신 일이 있는 등 특정지역 내에서 일정한 생활의 자유가 허용되었고, 피고인이 피해자에게 폭행을 가한 것은 감금을 위한 것이라기보다는 피해자의 채무불이행에 대한 분노에서 행하여진 것으로 보인다든지 또는 피해자가 피고인 등과 민·형사간문제를 삼지 않겠다는 합의서를 경찰에 제출한 사실 또는 피해자나 그의 가족이 감금사실에 대하여 고소, 고발을 하지 않았다는 사정 등이 있다 하더라도 피고인 일행이 밤마다 폭행하고 괴롭히고 있으니 경찰에 신고하라고 피해자가 전화한 사실이 있을 뿐 아니라 감금에서 풀려난 것이 피해자의 얼굴 등이 많이 상해 있는 것을 본 공소외(갑)이 경찰에 신고하여 경찰관이 와서 피고인 등을 연행해 감으로써 풀려난 것임에 비추어 볼 때, 피해자가 그의 행동의 자유에 아무런 제약도 받지 아니하고 그의 자유로운 의사에 의하여 8일간을 여관 등에서 보내게 된 것이라고 볼 수 없다.[66]

(17) 감금행위가 강간미수죄의 수단인 경우에 감금죄의 성부 및 죄수

강간죄의 성립에 언제나 직접적으로 또 필요한 수단으로서 감금행위를 수반하는 것은 아니므로 감금행위가 강간미수죄의 수단이 되었다 하여 감금행위는 강간미수죄에 흡수되어 범죄를 구성하지 않는다고 할 수는 없는 것이고, 그때에는 감금죄와 강간미수죄는 일개의 행위에 의하여 실현된 경우로서 형법 제40조의 상상적 경합관계에 있다.[67]

(18) 강간의 목적으로 피해자를 차에 태워 주행, 외포케한 행위가 감금죄와 강간죄의 실행의 착수에 해당하는지 여부(적극)

피고인이 피해자가 자동차에서 내릴 수 없는 상태에 있음을 이용하여 강간하려고 결의하고, 주행중인 자동차에서 탈출불가능하게 하여 외포케 하고 50킬로미터를 운행하여 여관 앞까지 강제연행한 후 강간하려다 미수에 그친 경우 위 협박은 감금죄의 실행의 착수임과 동시에 강간미수죄의 실행의 착수라고 할 것이다.[68]

(19) 상상적 경합관계에 있는 1죄에 관하여 고소취하가 있는 경우 타죄에 대한 처벌

형법 제40조의 소위 상상적 경합은 1개의 행위가 수개의 죄에 해당하는 경우에는 과형상 1죄로서 처벌한다는 것이고, 또 가장 중한 죄에 정한 형으로 처벌한다는 것은 경한 죄는 중한 죄에 정한 형으로 처단된다는 것이지, 경한 죄는 그 처벌을 면한다는 것은 아니므로, 이 사건에서 중한 강간미수죄가 친고죄로서 고소가 취소되었다 하더라도 경한 감금죄(폭력행위등처벌에 관한 법률 위반)에 대하여는 아무런 영향을 미치지 않는다.[69]

(20) 감금수단으로써 한 단순협박의 경우 협박죄 구성여부(소극)

감금을 하기 위한 수단으로서 행사된 단순한 협박행위는 감금죄에 흡수되어 따로 협박죄를 구성

65) 대법원 1984.5.15. 선고 84도655 판결.
66) 대법원 1984.5.15. 선고 84도655 판결.
67) 대법원 1983.4.26. 선고 83도323 판결.
68) 대법원 1983.4.26. 83도323 판결.
69) 대법원 1983.4.26. 선고 83도323 판결.

하지 아니한다.[70)]

(21) 감금행위와 강간과의 관계

감금행위가 강간치상행위가 있기 2시간 전에 장소를 달리하여 이루어졌다면 별도의 감금죄가 성립된다.[71)]

4. 협 박 죄

가. 협박죄의 의의

사람을 협박함으로써 성립하는 범죄이며(형법 제283조 제1항), 형사사건의 수사 또는 재판과 관련하여 고소·증언 등에 대한 보복 등의 목적으로 협박한 경우에는 '특정범죄 가중처벌 등에 관한 법률'에 의하여, 야간 또는 2인 이상이 공동하여 폭행한 경우에는 '폭력행위 등 처벌에 관한 법률'에 의하여 가중처벌 된다.

나. 협박죄의 객체

해악을 고지함으로써 개인의 의사결정의 자유를 침해하는 것을 내용으로 하는 범죄이며, 해악의 고지에 의하여 공포심을 일으킬만한 정신적 능력을 갖진 사람이 협박죄의 객체가 될 수 있다.

다. 협박죄에서의 협박의 개념

협박죄에서의 협박은 상대방이 현실적으로 공포심을 느낄 수 있을 정도의 해악을 고지하는 것을 말하며, 상대방이 공포심을 느껴야 하지만, 상대방의 반항을 불가능하게 하거나 현저히 곤란하게 할 정도는 아닐지라도 현실적으로 공포심을 일으키고 이에 의하여 일정한 행위를 강제할 수 있을 정도여야 한다.

라. 협박과 경고와의 구별

협박과 구별해야 할 개념으로 경고가 있다. 경고는 해악발생에 대하여 상대방의 경계를 촉구하는 충고라는 점에서 공포심을 생기게 하는 협박과 구별된다. 경고는 해악의 발생이 직접 또는 간접적으로 행위자에 의하여 좌우될지 않는 점에서 협박과 구별이 되며,

70) 대법원 1982.6.22. 선고 82도705 판결.
71) 광주고법 1976.7.13. 선고 76노192 판결.

형법상 처벌할 수 없다.

마. 해악의 내용과 고지의 방법

해악의 내용은 모든 법익에 대한 일체의 해악이 포함되며, 해악은 상대방에 대한 것이든 상대방과 밀접한 관계에 있는 제3자에 대한 것이든 불문하며, 해악의 내용은 합리적이거나 실현가능성이 있을 것도 요하지 않고 불법하거나 범죄가 될 것도 요하지 않으므로 형사고소를 하겠다는 고지도 협박이 될 수 있다.

해악은 상대방이 공포심을 일으킬 수 있는 정도의 것이어야 하는데 그 판단은 상대방의 개인적 정서와 주위사정을 종합하여 객관적으로 해야 한다. 해악 고지의 방법에는 제한이 없으므로 말로 하거나 문서로 하거나 명시적으로 하거나 묵시적으로 하거나 허무인명의로 하거나 익명의 방법으로 하거나 제한이 없다.

해악을 조건부로 하거나 제3자를 통하여 하거나 직접 하거나 제한이 없다. 해악이 현실적으로 발생가능성이 있어야 하는 것도 아니며, 해악을 고지하는 사람이 현실적으로 실현의사가 있어야 하는 것도 아니다.

바. 협박죄의 기수와 미수

해악의 고지로 인하여 상대방에게 현실적으로 공포심이 일어났을 때 협박죄는 기수가 되지만, 해악을 고지하였으나 상대방에게 도달하지 않았거나, 해악의 고지가 상대방에게 도달했을지라도 상대방이 전혀 공포심을 일으키지 않았을 경우에는 협박죄의 미수가 되며, 협박죄의 미수범은 처벌한다(형법 제286조).

사. 정당한 권리행사와 협박죄

정당한 권리행사를 하는 과정에서 상대방에게 협박을 하였을 경우 권리행사의 목적과 협박의 수단과를 비교하여 협박이 사회상규에 반하지 않으면 위법성이 조각되어 협박죄가 성립되지 않으나, 권리남용으로 볼 수 있는 경우에는 협박죄가 성립하므로 채권자가 채무변제를 독촉하면서 채무자의 생명이나 신체 및 가족들에 대한 위해를 고지한 경우에는 협박죄가 성립한다.

아. 형사고소를 하겠다고 하는 것이 협박죄가 될 수 있는지 여부

고소권자가 진실로 고소를 할 의사가 있었는지가 기준이 아니라 고소권을 어떤 목적을 위하여 남용했는가를 기준으로 판단하여 형사고소를 하겠다고 상대방에게 알리는 것이 권리남용에 해당하는지 여부를 기준으로 협박죄가 성립하는지를 판단하여 형사고소라는 수단과 목적 사이에 내적 연관이 단절된 경우에는 협박죄가 성립한다.

협박죄 관련 판례정리

(1) 정당한 권리를 가진 자라도 권리행사를 빙자하여 상대방을 협박 외포심을 야기케 하여 재물의 교부를 받으면 공갈죄가 성립된다.[72)]

(2) 협박죄의 기수에 이르기 위하여 상대방이 현실적으로 공포심을 일으킬 것을 요하는지 여부(소극)

협박죄가 성립하려면 고지된 해악의 내용이 행위자와 상대방의 성향, 고지 당시의 주변 상황, 행위자와 상대방 사이의 친숙의 정도 및 지위 등의 상호관계 등 행위 전후의 여러 사정을 종합하여 볼 때에 일반적으로 사람으로 하여금 공포심을 일으키게 하기에 충분한 것이어야 하지만, 상대방이 그에 의하여 현실적으로 공포심을 일으킬 것까지 요구되는 것은 아니며, 그와 같은 정도의 해악을 고지함으로써 상대방이 그 의미를 인식한 이상, 상대방이 현실적으로 공포심을 일으켰는지 여부와 관계없이 그로써 구성요건은 충족되어 협박죄의 기수에 이르는 것으로 해석하여야 한다. 협박죄에서 해악을 고지하는 행위는 통상 언어에 의하는 것이나 경우에 따라서는 거동으로 해악을 고지할 수도 있다.[73)]

(3) 협박죄에서 해악을 고지하는 방법

피고인은 피해자와 횟집에서 술을 마시던 중 피해자가 모래 채취에 관하여 항의하는 데에 화가 나서, 횟집 주방에 있던 회칼 2자루를 들고 나와 죽어버리겠다며 자해하려고 하였다는 것이다. 이를 앞서 본 법리에 비추어 보면, 피고인의 행위는 단순한 자해행위 시늉에 불과한 것이 아니라 피고인의 요구에 응하지 않으면 피해자에게 어떠한 해악을 가할 듯한 위세를 보인 행위로서 협박에 해당한다고도 볼 수 있다.[74)]

(4) '제3자'의 법익을 침해하겠다는 내용의 해악 고지가 피해자 본인에 대한 협박죄를 구성하는지 여부의 판단 기준 및 위 제3자에 '법인'이 포함되는지 여부(적극)

협박죄에서 협박이란 일반적으로 보아 사람으로 하여금 공포심을 일으킬 정도의 해악을 고지하는 것을 의미하며, 그 고지되는 해악의 내용, 즉 침해하겠다는 법익의 종류나 법익의 향유 주체 등에는 아무런 제한이 없다. 따라서 피해자 본인이나 그 친족뿐만 아니라 그 밖의 '제3자'에 대한 법익 침해를 내용으로 하는 해악을 고지하는 것이라고 하더라도 피해자 본인과 제3자가 밀접한 관계에 있어 그 해악의 내용이 피해자 본인에게 공포심을 일으킬 만한 정도의 것이라면 협박죄가 성립할 수 있다. 이 때 '제3자'에는 자연인뿐만 아니라 법인도 포함된다 할 것인데, 피해자 본인에게 법인에 대한 법익을 침해하겠다는 내용의 해악을 고지한 것이 피해자 본인에 대하여 공포심을

---

72) 대법원 1961.9.21. 선고 4294형상385 판결.
73) 대법원 2011.1.27. 선고 2010도14316 판결.
74) 대법원 2011.1.27. 선고 2010도14316 판결.

일으킬 만한 정도가 되는지 여부는 고지된 해악의 구체적 내용 및 그 표현방법, 피해자와 법인의 관계, 법인 내에서의 피해자의 지위와 역할, 해악의 고지에 이르게 된 경위, 당시 법인의 활동 및 경제적 상황 등 여러 사정을 종합하여 판단하여야 한다.[75)]

(5) '법인'이 협박죄의 객체가 될 수 있는지 여부(소극)

협박죄는 사람의 의사결정의 자유를 보호법익으로 하는 범죄로서 형법규정의 체계상 개인적 법익, 특히 사람의 자유에 대한 죄 중 하나로 구성되어 있는바, 위와 같은 협박죄의 보호법익, 형법규정상 체계, 협박의 행위 개념 등에 비추어 볼 때, 협박죄는 자연인만을 그 대상으로 예정하고 있을 뿐 법인은 협박죄의 객체가 될 수 없다.[76)]

(6) 협박죄의 기수에 이르기 위하여 상대방이 현실적으로 공포심을 일으킬 것을 요하는지 여부(소극)

협박죄가 성립하려면 고지된 해악의 내용이 행위자와 상대방의 성향, 고지 당시의 주변 상황, 행위자와 상대방 사이의 친숙의 정도 및 지위 등의 상호관계, 제3자에 의한 해악을 고지한 경우에는 그에 포함되거나 암시된 제3자와 행위자 사이의 관계 등 행위 전후의 여러 사정을 종합하여 볼 때에 일반적으로 사람으로 하여금 공포심을 일으키게 하기에 충분한 것이어야 하지만, 상대방이 그에 의하여 현실적으로 공포심을 일으킬 것까지 요구하는 것은 아니며, 그와 같은 정도의 해악을 고지함으로써 상대방이 그 의미를 인식한 이상, 상대방이 현실적으로 공포심을 일으켰는지 여부와 관계없이 그로써 구성요건은 충족되어 협박죄의 기수에 이르는 것으로 해석하여야 한다.

결국, 협박죄는 사람의 의사결정의 자유를 보호법익으로 하는 위험범이라 봄이 상당하고, 협박죄의 미수범 처벌조항은 해악의 고지가 현실적으로 상대방에게 도달하지 아니한 경우나, 도달은 하였으나 상대방이 이를 지각하지 못하였거나 고지된 해악의 의미를 인식하지 못한 경우 등에 적용될 뿐이다.[77)]

(7) 권리행사나 직무집행의 일환으로 해악을 고지한 경우, 협박죄의 성립 여부

권리행사나 직무집행의 일환으로 상대방에게 일정한 해악을 고지한 경우, 그 해악의 고지가 정당한 권리행사나 직무집행으로서 사회상규에 반하지 아니하는 때에는 협박죄가 성립하지 아니하나, 외관상 권리행사나 직무집행으로 보이더라도 실질적으로 권리나 직무권한의 남용이 되어 사회상규에 반하는 때에는 협박죄가 성립한다고 보아야 할 것인바, 구체적으로는 그 해악의 고지가 정당한 목적을 위한 상당한 수단이라고 볼 수 있으면 위법성이 조각되지만, 위와 같은 관련성이 인정되지 아니하는 경우에는 그 위법성이 조각되지 아니한다.[78)]

(8) 제3자로 하여금 해악을 가하도록 하겠다는 방식으로 해악을 고지하는 경우 협박죄를 구성하기 위한 요건

협박의 경우 행위자가 직접 해악을 가하겠다고 고지하는 것은 물론, 제3자로 하여금 해악을 가하도록 하겠다는 방식으로도 해악의 고지는 얼마든지 가능하지만, 이 경우 고지자가 제3자의 행위

---

75) 대법원 2010.7.15. 선고 2010도1017 판결.
76) 대법원 2010.7.15. 선고 2010도1017 판결.
77) 대법원 2007.9.28. 선고 2007도606 판결.
78) 대법원 2007.9.28. 선고 2007도606 판결.

를 사실상 지배하거나 제3자에게 영향을 미칠 수 있는 지위에 있는 것으로 믿게 하는 명시적·묵시적 언동을 하였거나 제3자의 행위가 고지자의 의사에 의하여 좌우될 수 있는 것으로 상대방이 인식한 경우에 한하여 비로소 고지자가 직접 해악을 가하겠다고 고지한 것과 마찬가지의 행위로 평가할 수 있고, 만약 고지자가 위와 같은 명시적·묵시적 언동을 하거나 상대방이 위와 같이 인식을 한 적이 없다면 비록 상대방이 현실적으로 외포심을 느꼈다고 하더라도 이러한 고지자의 행위가 협박죄를 구성한다고 볼 수는 없다.[79)]

(9) 협박죄에 있어서 '협박'의 의미 및 제3자로 하여금 해악을 가하도록 하겠다는 방식으로 해악을 고지하는 경우 협박죄를 구성하기 위한 요건

협박죄에 있어서의 협박이라 함은 사람으로 하여금 공포심을 일으킬 수 있을 정도의 해악을 고지하는 것을 의미하고, 행위자가 직접 해악을 가하겠다고 고지하는 것은 물론 제3자로 하여금 해악을 가하도록 하겠다는 방식으로도 해악의 고지는 가능한바, 고지자가 제3자의 행위를 사실상 지배하거나 제3자에게 영향을 미칠 수 있는 지위에 있는 것으로 믿게 하는 명시적·묵시적 언동을 하였거나 제3자의 행위가 고지자의 의사에 의하여 좌우될 수 있는 것으로 상대방이 인식한 경우에는 고지자가 직접 해악을 가하겠다고 고지한 것과 마찬가지의 행위로 평가할 수 있다.[80)]

(10) 피고인이 피해자의 장모가 있는 자리에서 서류를 보이면서 "피고인의 요구를 들어주지 않으면 서류를 세무서로 보내 세무조사를 받게 하여 피해자를 망하게 하겠다"라고 말하여 피해자의 장모로 하여금 피해자에게 위와 같은 사실을 전하게 하고, 그 다음날 피해자의 처에게 전화를 하여 "며칠 있으면 국세청에서 조사가 나올 것이니 그렇게 아시오"라고 말한 경우, 위 각 행위는 협박죄에 있어서 해악의 고지에 해당한다고 한 사례[81)]

(11) 협박죄에 있어서 '협박'의 의미 및 협박행위 내지 협박의사의 유무에 대한 판단 방법

협박죄에 있어서의 협박이라 함은, 일반적으로 보아 사람으로 하여금 공포심을 일으킬 수 있는 정도의 해악을 고지하는 것을 의미하므로 그 주관적 구성요건으로서의 고의는 행위자가 그러한 정도의 해악을 고지한다는 것을 인식, 인용하는 것을 그 내용으로 하고 고지한 해악을 실제로 실현할 의도나 욕구는 필요로 하지 아니한다고 할 것이고, 다만 행위자의 언동이 단순한 감정적인 욕설 내지 일시적 분노의 표시에 불과하여 주위사정에 비추어 가해의 의사가 없음이 객관적으로 명백한 때에는 협박행위 내지 협박의 의사를 인정할 수 없다 할 것이나 위와 같은 의미의 협박행위 내지 협박의사가 있었는지의 여부는 행위의 외형뿐만 아니라 그러한 행위에 이르게 된 경위, 피해자와의 관계 등 주위상황을 종합적으로 고려하여 판단해야 할 것이다.[82)]

(12) 피고인이 피해자에게 한 말이 감정적인 욕설 내지 일시적인 분노 표시에 불과하고 해악을 고지한다는 인식을 갖고 한 것이라고 보기 어렵다고 한 사례

피고인이 공소사실 기재 일시, 장소에서 자신의 동거남과 성관계를 가진 바 있던 피해자에게 "사람을 사서 쥐도 새도 모르게 파묻어버리겠다. 너까지 것 쉽게 죽일 수 있다."라고 한 말에

---

79) 대법원 2006.12.8. 선고 2006도6155 판결.
80) 대법원 2007.6.1. 선고 2006도1125 판결.
81) 대법원 2007.6.1. 선고 2006도1125 판결.
82) 대법원 2006.8.25. 선고 2006도546 판결.

관하여 이는 언성을 높이면서 말다툼으로 흥분한 나머지 단순히 감정적인 욕설 내지 일시적 분노의 표시를 한 것에 불과하고 해악을 고지한다는 인식을 갖고 한 것이라고 보기 어렵다고 판단한 것은 수긍이 가고, 거기에 채증법칙을 위반하여 사실을 오인하거나 협박죄에 관한 법리를 오해하여 판결에 영향을 미친 위법이 있다고 할 수 없다.[83)]

(13) 협박죄에서 '협박'의 의미

협박죄에서 '협박'은 사람으로 하여금 공포심을 일으킬 수 있을 정도의 해악의 고지를 의미하고, 여기에서의 해악은 법익의 침해를 의미하는데 침해될 법익의 종류에는 제한이 없고 의사결정이나 행동의 자유도 포함된다.[84)]

협박죄에 있어서 '협박'은 사람으로 하여금 공포심을 일으킬 수 있을 정도의 해악의 고지를 의미한다. 여기에서 해악은 법익의 침해를 의미하는데 침해될 법익의 종류에는 제한이 없고 의사결정이나 행동의 자유도 포함된다. 그런데 피고인의 행동, 즉 집 안에 있던 물건을 집어던지고 부엌칼로 손가락을 자르거나 배를 갈라 자해하려는 시늉을 하면서 피고인의 요구를 거절하지 못하게 하는 행동은, 여성인 피해자에게 공포심을 일으켜 의사결정이나 행동의 자유를 침해할 수 있는 행위라고 인정된다. 따라서 피고인의 공소사실과 같은 행위는 거동이나 태도로 피해자에게 해악의 고지를 한 것으로서 협박죄의 '협박'에 해당한다.[85)]

(14) 협박의 실행의 착수가 야간에 이루어졌으나 해악의 고지가 피해자에게 도달하여 기수에 이른 시기가 주간인 경우, 폭력행위등처벌에관한법률 제2조 제2항 이 규정하는 야간협박죄에 해당하는지 여부(소극)

폭력행위등처벌에관한법률 제2조 제2항, 제1항은 야간에 형법 제283조 제1항의 협박죄를 범한 때에는 그 형의 2분의 1까지 가중한다고 규정하고 있는바, 폭력행위등처벌에관한법률이 제1조에서 집단적, 상습적 또는 야간에 폭력행위 등을 자행하는 자 등을 처벌함을 목적으로 한다고 규정하면서, 제6조에서 위와 같은 야간 협박죄의 미수범을 처벌하는 규정을 따로 두고 있으며, 형법 제283조 제1항의 협박죄의 미수범 처벌규정도 형법 제286조에 별도로 규정되어 있는 점에 비추어 보면, 폭력행위등처벌에관한법률 제2조 제2항, 제1항, 형법 제283조 제1항이 규정하는 범죄는 협박죄의 기수범이 야간이라는 시간적 제한 아래 이루어진 것을 말하므로, 위 죄가 성립하기 위해서는 해악의 고지가 피해자에게 도달하여 협박이 기수에 이른 시기가 야간에 해당하여야 하고, 실행의 착수가 야간에 이루어졌더라도 기수에 이른 시기가 주간인 경우에는 형법 제283조 제1항이 적용될 뿐 폭력행위등처벌에관한법률 제2조 제2항은 적용되지 않는다고 보아야 한다.[86)]

(15) 협박죄에 있어서 협박의 의미

협박죄에 있어서의 협박이라 함은 사람으로 하여금 공포심을 일으킬 수 있을 정도의 해악을 고지하는 것을 의미하고, 협박죄가 성립하기 위하여는 적어도 발생 가능한 것으로 생각될 수

---

83) 대법원 2006.8.25. 선고 2006도546 판결.
84) 대전고법 2006.7.28. 선고 2006노172 판결.
85) 대전고법 2006.7.28. 선고 2006노172 판결.
86) 대법원 2002.12.10. 선고 2002도4940 판결.

있는 정도의 구체적인 해악의 고지가 있어야 한다. 또한 해악의 고지가 있다 하더라도 그것이 사회의 관습이나 윤리관념 등에 비추어 볼 때에 사회통념상 용인할 수 있을 정도의 것이라면 협박죄는 성립하지 아니한다.[87)]

(16) 협박죄의 성립에 필요한 해악 고지의 정도

협박죄에 있어서 협박이라 함은 일반적으로 보아 사람으로 하여금 공포심을 일으킬 수 있을 정도의 해악을 고지하는 것을 의미하므로, 그러한 해악의 고지는 구체적이어서 해악의 발생이 일응 가능한 것으로 생각될 수 있을 정도일 것을 필요로 한다.[88)]

(17) 협박죄를 구성할 만한 해악을 고지할 의사가 있었다고 보지 아니한 사례

피해자의 딸에게 "피해자로부터 맞아 4주진단이 났는데 2주를 추가하여 6주진단을 받을 수 있으니 고소할 수 있다"라는 취지로 한 말은 그와 같은 폭언을 한 동기, 피고인과 피해자측과의 관계 및 그 당시 주위 사정 등을 종합하여 볼 때 그 속에 다소 위협적인 내용이 포함되어 있다고 하여도 자신이 형사고소를 당할 것을 염려하여 이를 저지할 의도에서 취하여진 것으로서 협박죄를 구성할 만한 해악을 고지할 의사가 있었다고는 보기 어렵다.[89)]

(18) 다른 사람의 폭언에 막연히 동조한 행위가 폭력행위등처벌에관한법률 제2조 제2항 소정의 "공동하여"에 해당하는지 여부

위와 같은 폭언에 대하여 "그럴 수 있다"라고 막연히 동조한 행위를 두고 협박행위를 인식하고 이를 이용하여 공동으로 해악을 고지하였다고는 보기 어렵다.[90)]

(19) 감금수단으로써 한 단순협박의 경우 협박죄 구성여부(소극)

감금을 하기 위한 수단으로서 행사된 단순한 협박행위는 감금죄에 흡수되어 따로 협박죄를 구성하지 아니한다.[91)]

5. 약취·유인죄

가. 의 의

사람을 보호받는 상태 내지 자유로운 생활관계로부터 자기 또는 제3자의 실력적 지배하에 옮겨 실력적 지배하에 둠으로써 개인의 자유로운 생활관계를 침해하는 것을 내용으로 하는 범죄이며, 피인취자의 자유권이 주된 보호법익이지만 부차적으로 보호자의 감독권도 보호법익이다.

87) 대법원 1998.3.10. 선고 98도70 판결.
88) 대법원 1995.9.29. 선고 94도2187 판결.
89) 전주지법 정주지원 1987.5.6. 선고 86고단221 판결.
90) 전주지법 정주지원 1987.5.6. 선고 86고단221 판결.
91) 대법원 1982.6.22. 선고 82도705 판결.

미성년자 약취·유인죄는 미성년자를 약취·유인함으로써 성립하는 범죄이며(형법 제287조), 미수범은 처벌한다(형법 제294조).

나. 약취·유인의 의의

약취·유인이란 사람을 보호받는 상태 내지 자유로운 생활관계로부터 자기 또는 제3자의 실력적 지배하에 옮기는 것을 말한다. 약취란 폭행·협박을 수단으로 하는 것을 말하며, 유인이란 기망·유혹을 수단으로 하는 것을 말한다.

다. 약취·유인의 수단

미성년자 약취·유인죄에서 약취·유인의 수단으로서 폭행·협박은 미성년자를 실력적으로 지배하에 둘 수 있는 정도면 충분하고 반항을 억압할 정도일 필요는 없다. 심신상실·항거불능상태의 이용, 수면제·마취제의 사용도 본죄의 폭행에 해당한다. 미성년자 약취·유인죄에서 약취·유인의 수단으로서 기망이란 허위의 사실로 상대방을 착오에 빠지게 하는 것이며, 유혹이란 감언으로 상대방을 현혹시켜 그르치게 하는 것이다. 기망·유혹은 상대방의 하자있는 의사를 이용하는 것이므로 의사능력이 있는 자만이 유인의 객체가 될 수 있다.

폭행·협박·기망·유혹의 상대방은 피인취자뿐만 아니라 보호감독자에 대해서 행해지는 경우도 포함된다.

라. 실력적 지배 및 장소이전이 필요한지 여부

약취·유인이 있다고 하기 위해서는 폭행·협박·기망·유혹에 의해서 피인취자를 자기 또는 제3자의 지배상태에 두어야 하며, 실력적 지배를 설정하지 못하면 미성년자 약취·유인죄는 성립하지 않는다. 피인취자를 장소적으로 이전시키지 않는 경우라도 보호자의 실력적 지배를 제거한 경우처럼 장소적 이전이 없는 경우에도 미성년자 약취·유인죄가 성립한다. 피인취자를 실력적 지배하에 두고 어느 정도 시간적 계속성이 인정될 때 기수가 되는 계속범이다.

마. 감금죄와의 관계

미성년자를 약취·유인한 자가 피인취자를 계속하여 감금한 경우에는 미성년자 약취·유인죄와 감금죄의 경합범이 된다. 경합범이란 한사람에 의하여 범해진 판결이 확정되지 아니한 수개의 죄 또는 판결이 확정된 죄와 그 판결확정전에 범한 죄를 말한다.

약취·유인죄 관련 판례정리

(1) 미성년자를 유인한 자가 계속하여 이를 불법하게 감금하였을 때에는 미성년자유인죄 이외에 감금죄가 성립한다.[92)]

(2) **형법 제288조에 규정된 간음목적유인죄에서 '유인'의 의미**

형법 제288조에서 말하는 '유인'이란 기망 또는 유혹을 수단으로 사람을 꾀어 하자 있는 의사에 따라 사람을 자유로운 생활관계 또는 보호관계에서 이탈하게 하여 자기 또는 제3자의 사실적 지배 아래로 옮기는 행위를 말한다. 여기서 '사실적 지배'란 사람에 대한 물리적·실력적인 지배관계를 의미하는데, 사실적 지배 아래에 놓여 있는지는 장소의 특성, 지배관계의 설정이나 유지를 위한 행위자의 구체적 행태 및 행위자와 상대방이 전후에 보여준 모습, 행위자가 당초 의도하였던 실력적 지배의 시간적 계속성, 특히 행위자가 다른 목적의 수단으로서 일회적·일시적으로 상대방을 자신의 지배 아래로 옮겼는지 여부, 행위자가 사실적 지배를 통하여 달성하고자 한 목적 등을 종합하여 판단하여야 한다.[93)]

(3) **간음하기 위하여 일시적으로 장소를 이동할 때 기망 또는 유혹의 수단을 사용한 것에 불과한 경우, 간음목적유인죄의 '유인행위'에 해당하는지 여부(소극)**

간음목적유인죄는 실질적으로 보아 간음행위로 나아가기 전 단계에 해당하는 범죄인데, 그 목적을 달성하였다고 볼 수 있는 청소년 준강간 또는 위계·위력에 의한 청소년 간음을 내용으로 하는 아동·청소년의 성보호에 관한 법률 위반(강간등)죄의 법정형이 5년 이상의 징역형인 데 비하여, 특정범죄 가중처벌 등에 관한 법률 제5조의2 제4항에서 정한 간음의 목적으로 사람을 약취, 유인한 자에 대한 법정형이 무기 또는 5년 이상의 징역형인 점을 고려하면, 형법 제288조가 규정하고 있는 '유인'의 의미는 엄격하게 해석되어야 한다. 따라서 간음하기 위하여 일시적으로 장소를 이동할 때 기망 또는 유혹의 수단을 사용한 것에 불과하다면 간음목적유인죄의 유인행위에 해당하지는 않는다고 보는 것이 타당하다.[94)]

(4) **형법상 미성년자약취죄의 약취행위에서 장소적 이전이 갖는 의미**

형법 제287조에 규정된 약취행위는 폭행 또는 협박을 수단으로 하여 미성년자를 그 의사에 반하여 자유로운 생활관계 또는 보호관계로부터 이탈시켜 범인이나 제3자의 사실상 지배하에 옮기는 행위를 말하는 것이다. 물론, 여기에는 미성년자를 장소적으로 이전시키는 경우뿐만 아니라 장소적 이전 없이 기존의 자유로운 생활관계 또는 부모와의 보호관계로부터 이탈시켜 범인이나 제3자의 사실상 지배하에 두는 경우도 포함된다고 보아야 한다. 다만, 미성년자와 보호자의 일상생활의 장소적 중심인 주거에서 장소적 이전을 전제로 하지 아니한 채 폭행 또는 협박이 이루어진 경우에는, 그로 인하여 미성년자와 부모의 보호관계가 제한 혹은 박탈되는 모든 경우에 형법 제287조

92) 대법원 1961.9.21. 선고 4294형상455 판결.
93) 서울고법 2011.5.26. 선고 2011노573, 2011전노68 판결.
94) 서울고법 2011.5.26. 선고 2011노573, 2011전노68 판결.

의 미성년자약취죄가 성립하는 것으로 볼 수는 없고, 무엇보다 미성년자를 기존의 생활관계 및 보호관계로부터 이탈시킬 의도가 없는 경우에는 실행의 착수조차 인정하기 어려우며, 범행의 목적과 수단, 시간적 간격 등을 고려할 때 사회통념상 실제로 기존의 생활관계 및 보호관계로부터 이탈시킨 것으로 인정되어야만 기수가 성립한다.[95)]

(5) 미성년자와 그 부모의 주거에 침입하여 장소적 이전 없이 미성년자에게 폭행·협박을 가한 것이 형법 제287조의 미성년자약취죄를 구성하는지 여부의 판단 기준

미성년자가 혼자 머무는 주거에 침입하여 그를 감금한 뒤 폭행 또는 협박에 의하여 부모의 출입을 봉쇄하거나, 미성년자와 부모가 거주하는 주거에 침입하여 부모만을 강제로 퇴거시키고 독자적인 생활관계를 형성하기에 이르렀다면 비록 장소적 이전이 없었다 할지라도 형법 제287조의 미성년자약취죄에 해당함이 명백하지만, 강도 범행을 하는 과정에서 혼자 주거에 머무르고 있는 미성년자를 체포·감금하거나 혹은 미성년자와 그의 부모를 함께 체포·감금, 또는 폭행·협박을 가하는 경우, 나아가 주거지에 침입하여 미성년자의 신체에 위해를 가할 것처럼 협박하여 부모로부터 금품을 강취하는 경우와 같이, 일시적으로 부모와의 보호관계가 사실상 침해·배제되었다 할지라도, 그 의도가 미성년자를 기존의 생활관계 및 보호관계로부터 이탈시키는 데 있었던 것이 아니라 단지 금품 강취를 위하여 반항을 제압하는 데 있었다거나 금품 강취를 위하여 고지한 해악의 대상이 그곳에 거주하는 미성년자였던 것에 불과하다면, 특별한 사정이 없는 한 미성년자를 약취한다는 범의를 인정하기 곤란할 뿐 아니라, 보통의 경우 시간적 간격이 짧아 그 주거지를 중심으로 영위되었던 기존의 생활관계로부터 완전히 이탈되었다고 평가하기도 곤란하다.[96)]

(6) 미성년자 혼자 머무는 주거에 침입하여 강도 범행을 하는 과정에서 일시적으로 부모와의 보호관계가 사실상 침해·배제된 경우 형법 제287조의 미성년자약취죄가 성립하지 않는다고 한 사례[97)]

미성년자 혼자 머무는 주거에 침입하여 강도 범행을 하는 과정에서 미성년자와 그 부모에게 폭행·협박을 가하여 일시적으로 부모와의 보호관계가 사실상 침해·배제되었더라도, 미성년자가 기존의 생활관계로부터 완전히 이탈되었다거나 새로운 생활관계가 형성되었다고 볼 수 없고 범인의 의도도 위와 같은 생활관계의 이탈이 아니라 단지 금품 강취를 위한 반항 억압에 있었으므로, 형법 제287조의 미성년자약취죄가 성립하지 않는다고 한 사례이다.

(7) 미성년자를 보호감독하는 사람이 당해 미성년자에 대한 약취·유인죄의 주체가 될 수 있는지 여부(한정 적극)

미성년자를 보호감독하는 자라 하더라도 다른 보호감독자의 감호권을 침해하거나 자신의 감호권을 남용하여 미성년자 본인의 이익을 침해하는 경우에는 미성년자 약취·유인죄의 주체가 될 수 있다.[98)]

(8) 형법 제288조에 정한 '유인'의 의미

형법 제288조에서 말하는 '유인'이란 기망 또는 유혹을 수단으로 사람을 꾀어 그 하자 있는 의사

---

95) 대법원 2008.1.17. 선고 2007도8485 판결.
96) 대법원 2008.1.17. 선고 2007도8485 판결.
97) 대법원 2008.1.17. 선고 2007도8485 판결.
98) 대법원 2008.1.31. 선고 2007도8011 판결.

에 따라 그 사람을 자유로운 생활관계 또는 보호관계로부터 이탈하게 하여 자기 또는 제3자의 사실적 지배 아래로 옮기는 행위를 말하고, 여기서 사실적 지배라고 함은 미성년자에 대한 물리적·실력적인 지배관계를 의미한다고 할 것이다.

(9) 미성년자약취죄의 입법 취지와 보호법익 및 피고인이 미성년자의 동의하에 그 부의 감호권을 침해하여 미성년자를 피고인의 사실상 지배하로 옮긴 경우, 미성년자약취죄가 성립하는지 여부(적극)

형법 제287조에 규정된 미성년자약취죄의 입법 취지는 심신의 발육이 불충분하고 지려와 경험이 풍부하지 못한 미성년자를 특별히 보호하기 위하여 그를 약취하는 행위를 처벌하려는 데 그 입법의 취지가 있으며, 미성년자의 자유 외에 보호감독자의 감호권도 그 보호법익으로 하고 있다는 점을 고려하면, 피고인과 공범들이 미성년자를 보호·감독하고 있던 그 아버지의 감호권을 침해하여 그녀를 자신들의 사실상 지배하로 옮긴 이상 미성년자약취죄가 성립한다 할 것이고, 약취행위에 미성년자의 동의가 있었다 하더라도 본죄의 성립에는 변함이 없다.[99]

(10) 형법 제288조 제1항 소정의 '유인'의 의미

특정범죄가중처벌등에관한법률 제5조의2 제4항에서 영리의 목적으로 사람을 약취, 유인한 자를 무기 또는 5년 이상의 징역형에 처하도록 가중처벌하고 있는 취지에 비추어 볼 때 형법 제288조가 규정하고 있는 '유인'의 의미는 엄격하게 해석하여야 할 것이므로, 단순히 감언이설을 하는 정도로는 부족하고, 상대방을 기망하지는 않더라도 적어도 기망에 준하는 정도의 적극적인 유혹이 있고 상대방이 그러한 유혹에 현혹되어 경백히 하자 있는 의사표시를 하는 경우라야 위 범죄의 구성요건을 충족한다고 볼 수 있다.[100]

(11) 미성년자를 유인한 자가 미성년자를 감금한 경우, 미성년자유인죄 외에 별도로 감금죄가 성립하는지 여부(적극)

미성년자를 유인한 자가 계속하여 미성년자를 불법하게 감금하였을 때에는 미성년자유인죄 이외에 감금죄가 별도로 성립한다.[101]

(12) 미성년자유인죄의 성립요건

형법 제287조의 미성년자유인죄란 기망 또는 유혹을 수단으로 하여 미성년자를 꾀어 그 하자 있는 의사에 따라 미성년자를 자유로운 생활관계 또는 보호관계로부터 이탈하게 하여 자기 또는 제3자의 사실적 지배하에 옮기는 행위를 말하고, 여기서 사실적 지배라고 함은 미성년자에 대한 물리적·실력적인 지배관계를 의미한다고 할 것이며, 특정범죄가중처벌등에관한법률 제5조의2 제2항 제3호 후단은 위 미성년자유인죄를 범한 자에 대한 가중처벌을 규정한 것이므로, 위의 어느 죄든 그것이 성립하기 위하여는 피고인이 미성년자를 자기 또는 제3자의 물리적·실력적인 지배하로 옮길 범의를 가지고 미성년자를 기망 또는 유혹하여 미성년자를 위와 같은 지배하에 두었음이 증거에 의하여 입증되어야 한다.[102]

99) 대법원 2003.2.11. 선고 2002도7115 판결.
100) 서울고법 2002.4.12. 선고 2001노3042 판결.
101) 대법원 1998.5.26. 선고 98도1036 판결.

(13) 미성년자유인죄에 있어서 유혹의 의미

미성년자유인죄라 함은 기망 또는 유혹을 수단으로 하여 미성년자를 꾀어 현재의 보호상태로부터 이탈케 하여 자기 또는 제3자의 사실적 지배하로 옮기는 행위를 말하고, 여기서의 유혹이라 함은 기망의 정도에는 이르지 아니하나 감언이설로써 상대방을 현혹시켜 판단의 적정을 그르치게 하는 것이므로 반드시 그 유혹의 내용이 허위일 것을 요하지는 않는다.[103)]

6. 명예훼손죄

가. 의 의

공연히 사실 또는 허위의 사실을 적시하여 명예를 훼손함으로써 성립하는 범죄이다(형법 제307조 제1항, 제2항). 명예란 사람의 인격적 가치에 대한 사회일반의 평가를 말하며, 사람의 지불능력이나 지불의사에 대한 경제적 평가 즉 신용에 대해서는 신용훼손죄(형법 제313조)에 규정되어 있기 때문에 여기서의 명예에서 제외된다.

나. 명예의 주체

모든 자연인은 명예의 주체가 되므로 유아나 정신병자나 범죄자도 명예의 주체가 된다. 사자(죽은 사람)의 경우에는 역사적 존재자로서의 인격적 가치는 보호되어야 하므로 명예의 주체가 된다.

다. 공 연 성

공연성이란 불특정 또는 다수인이 인식할 수 있는 상태를 의미하며 불특정이면 다수인·소수인을 불문하고, 다수인이면 특정·불특정을 불문한다. 불특정인이란 상대방이 특수한 관계에 의하여 한정된 범위에 속하는 사람이 아닌 경우(공도상의 통행인, 공개광장의 청중) 다수인이란 단순히 복수를 말하는 것이 아니고, 개인의 명예가 사회적으로 훼손되었다고 평가될 수 있을 정도의 상당한 다수임을 요한다.

불특정 또는 다수인이 현실적으로 인식할 필요는 없지만 적어도 불특정 또는 다수인이 직접 인식할 수 있는 상태에 이르러야 공연성을 인정할 수 있다.

---

102) 대법원 1998.5.15. 선고 98도690 판결.
103) 대법원 1996.2.27. 선고 95도2980 판결.

라. 전파성이론

사실을 적시한 상대방이 특정된 1인인 경우에도 그 사람이 불특정 또는 다수인에게 전파할 가능성이 있으면 공연성을 인정하는 견해이다.

마. 사실의 적시

명예훼손죄에서 사실의 적시란 현실적으로 발생하고 증명할 수 있는 과거와 현재의 상태이며 사람의 사회적 평가를 저하시킬 만한 것이면 그 내용은 불문한다. 따라서 악사·추행에 제한되지 않으며, 공지의 사실도 포함한다.

장래의 사실도 현재사실에 대한 주장을 포함할 경우에는 사실에 포함되며, 직접 경험한 사실 이외에 추측·소문에 의한 사실도 포함된다. 사실은 피해자에 관한 사실이어야 하며, 허위의 사실인 경우에는 형이 가중된다.

적시란 사람의 사회적 가치 내지 평가를 저하시키는 데 충분한 사실을 지적·표시하는 것이며, 사실의 적시는 특정인의 명예가 침해될 수 있을 정도로 구체적이어야 하며 추상적 사실·가치판단의 표시는 모욕죄에 해당한다. 명예훼손은 불특정 또는 다수인이 직접 인식할 수 있는 상태에 이르면 기수가 되며, 현실적으로 상대방이 인지 할 것은 요하지 않으며, 명예가 현실적으로 침해될 것을 요하지 않는다.

적시의 방법에는 제한이 없으므로 말(언어)나 문서나 도화나 신문이나 출판물 등에 의한 방법도 포함된다. 신문·잡지·라디오 기타 출판물에 의한 경우에 비방이 목적이 있으면 출판물에 의한 명예훼손죄(형법 제309조)가 성립한다.

바. 허위사실을 진실한 사실로 오인하고 적시한 경우

허위사실을 진실한 사실로 오인하고 적시한 경우에는 형법 제307조 제1항의 명예훼손죄가 성립한다.

사. 진실한 사실을 허위사실로 오인하고 적시한 경우

진실한 사실을 허위사실로 오인하고 적시한 경우에는 형법 제307조 제1항의 명예훼손죄가 성립한다.

아. 명예훼손죄에서의 형법 제310조의 위법성조각사유

형법 제310조는 "형법 제307조 제1항의 행위가 진실한 사실로서 오로지 공공의 이익에 관한 때에는 처벌하지 아니한다."라고 규정하여 개인의 명예보호와 표현의 자유와의 충돌을 조정하고 있다.

적시된 사실이 진실한 사실이어야 하므로 형법 제307조 제1항의 죄에 대해서만 적용되며, 적시사실의 중요부분이 진실과 합치되면 충분하므로 세부에서 약간 다르거나 다소 과장된 표현이 있어도 무방하다.

사실의 적시가 오로지 공공의 이익에 관한 것이어야 하지만 그 내용은 공적사실에 관한 것이든 사적 생활에 관한 것이든 불문하며, 공공의 이익이란 국가나 사회 기타 다수인 일반의 이익을 말하며 공공의 이익은 개인의 이익보다 우월성이 인정되어야 한다.

진실한 사실을 공익을 위하여 적시한다는 동기나 목적이 있어야 하지만 유일한 동기나 목적일 필요는 없으며, 주된 동기나 목적이 공공의 이익을 위한 것이면 충분하다.

형법 제310조에 해당하면 위법성이 조각되어 명예훼손죄가 성립하지 않으며, 적시한 사실의 진실성·공익성에 대한 거증책임은 피고인이 부담한다. 여기서 위법성조각사유란 구성요건에 해당하는 행위의 위법성을 배제하는 특별한 사유를 말하며, 위법성이 조각되면 가벌성이 탈락하여 적법한 행위가 되므로 행위자는 형벌이나 보안처분을 받지 않는다.

자. 반의사불벌죄 및 친고죄

명예훼손죄(형법 제307조)와 출판물 등에 의한 명예훼손죄(형법 제309조)는 반의사불벌죄이므로 피해자의 명시한 의사에 반하여 공소를 제기할 수 없다(형법 제312조 제2항).

사자의 명예훼손죄(형법 제308조)는 공연히 허위의 사실을 적시하여 사자의 명예를 훼손함으로써 성립하는 범죄이며, 친고죄이므로(형법 제312조) 고소가 있어야 공소를 제기할 수 있으며, 고소권자는 사자의 친족 또는 자손이다.

명예훼손죄 관련 판례정리

(1) 명예훼손죄가 성립하기 위하여는 사실의 적시가 있어야 하고, 적시된 사실은 이로써 특정인의 사회적 가치 내지 평가가 침해될 가능성이 있을 정도로 구체성을 띠어야 한다. 그리고 특정인의 사회적 가치나 평가를 저하시키기에 충분한 구체적인 사실의 적시가 있다고 하기 위해서는, 반드시 그러한 구체적인 사실이 직접적으로 명시되어 있을 것을 요구하는 것은 아니지만, 적어도 적시된 내용 중의 특정 문구에 의하여 그러한 사실이 곧바로 유추될 수 있을 정도는 되어야 한다.[104)]

(2) 명예훼손죄 구성요건 중 '공연성'의 의미

명예훼손죄에서 '공연성'은 불특정 또는 다수인이 인식할 수 있는 상태를 의미하므로 비록 개별적으로 한 사람에 대하여 사실을 유포하더라도 이로부터 불특정 또는 다수인에게 전파될 가능성이 있다면 공연성의 요건을 충족하지만, 이와 달리 전파될 가능성이 없다면 특정한 한 사람에 대한 사실의 유포는 공연성이 없다.105)

(3) 피고인이 자신의 아들 등에게 폭행을 당하여 입원한 피해자의 병실로 찾아가 그의 모(母) 甲과 대화하던 중 甲의 이웃 乙 및 피고인의 일행 丙 등이 있는 자리에서 "학교에 알아보니 피해자에게 원래 정신병이 있었다고 하더라."라고 허위사실을 말하여 피해자의 명예를 훼손하였다는 내용으로 기소된 사안에서, 피고인의 발언에 공연성이 있다고 보아 유죄를 인정한 원심판단에 법리오해 등의 위법이 있다고 한 사례 106)

(4) 명예훼손죄에서 '공연성'의 의미

명예훼손죄의 구성요건인 공연성은 불특정 또는 다수인이 인식할 수 있는 상태를 말하고, 비록 개별적으로 한 사람에게 사실을 유포하였다고 하더라도 그로부터 불특정 또는 다수인에게 전파될 가능성이 있다면 공연성의 요건을 충족하지만, 반대로 전파될 가능성이 없다면 특정한 한 사람에게 한 사실의 유포는 공연성이 없다고 할 것이다. 한편 위와 같이 전파가능성을 이유로 명예훼손죄의 공연성을 인정하는 경우에는 범죄구성요건의 주관적 요소로서 적어도 미필적 고의가 필요하므로 전파가능성에 관한 인식이 있음은 물론 나아가 그 위험을 용인하는 내심의 의사가 있어야 하고, 그 행위자가 전파가능성을 용인하고 있었는지의 여부는 외부에 나타난 행위의 형태와 행위의 상황 등 구체적인 사정을 기초로 하여 일반인이라면 그 전파가능성을 어떻게 평가할 것인가를 고려하면서 행위자의 입장에서 그 심리상태를 추인하여야 한다.107)

(5) 전파가능성을 이유로 명예훼손죄의 공연성을 인정하는 경우, 주관적 요소로서 고의의 내용 및 고의 유무의 판단 방법

허위사실적시 명예훼손이든, 사실적시 명예훼손이든 명예훼손죄가 성립하기 위해서는 주관적 요소로서 타인의 명예를 훼손한다고 하는 고의를 가지고 사람의 사회적 평가를 저하시키는 데 충분한 구체적 사실을 적시하는 행위를 할 것이 요구된다.108)

(6) 사실을 발설하였는지에 관한 질문에 대답하는 과정에서 명예훼손 사실을 발설한 경우, 명예훼손죄의 성립 여부(소극)

명예훼손 사실을 발설한 것이 정말이냐는 질문에 대답하는 과정에서 타인의 명예를 훼손하는 사실을 발설하게 된 것이라면, 그 발설내용과 동기에 비추어 명예훼손의 범의를 인정할 수 없다.109)

---

104) 대법원 2011.8.18. 선고 2011도6904 판결.
105) 대법원 2011.9.8. 선고 2010도7497 판결.
106) 대법원 2011.9.8. 선고 2010도7497 판결.
107) 대법원 2010.10.28. 선고 2010도2877 판결.
108) 대법원 2010.10.28. 선고 2010도2877 판결.
109) 대법원 2010.10.28. 선고 2010도2877 판결.

(7) 명예훼손죄가 성립하기 위한 사실의 적시와 그 정도

명예훼손죄가 성립하기 위해서는 사실의 적시가 있어야 하고, 적시된 사실은 이로써 특정인의 사회적 가치 내지 평가가 침해될 가능성이 있을 정도로 구체성을 띠어야 한다. 비록 허위의 사실을 적시하였더라도 그 허위의 사실이 특정인의 사회적 가치 내지 평가를 침해할 수 있는 내용이 아니라면 형법 제307조 소정의 명예훼손죄는 성립하지 않는다.[110)]

(8) 범죄를 고발하였다는 사실이 주위에 알려진 경우, 고발인의 사회적 가치나 평가가 침해될 가능성이 있는지 여부(한정 적극)

누구든지 범죄가 있다고 생각하는 때에는 고발할 수 있는 것이므로 어떤 사람이 범죄를 고발하였다는 사실이 주위에 알려졌다고 하여 그 고발사실 자체만으로 고발인의 사회적 가치나 평가가 침해될 가능성이 있다고 볼 수는 없다. 다만, 그 고발의 동기나 경위가 불순하다거나 온당하지 못하다는 등의 사정이 함께 알려진 경우에는 고발인의 명예가 침해될 가능성이 있다.[111)]

(9) 명예훼손죄 성립에 필요한 사실 적시의 정도와 명예훼손적 표현인지 여부의 판단 기준

명예훼손죄가 성립하기 위하여는 특정인의 사회적 가치 내지 평가가 침해될 가능성이 있는 구체적인 사실을 적시하여야 하는바, 어떤 표현이 명예훼손적인지 여부는 그 표현에 대한 사회통념에 따른 객관적 평가에 의하여 판단하여야 하고, 가치중립적인 표현을 사용하였다 하여도 사회통념상 그로 인하여 특정인의 사회적 평가가 저하되었다고 판단된다면 명예훼손죄가 성립할 수 있다.[112)]

(10) 명예훼손 사실을 발설하였는지에 관한 질문에 대답하는 과정에서 명예훼손사실을 발설한 경우, 명예훼손죄의 성립 여부(소극)

명예훼손사실을 발설한 것이 사실이냐는 질문에 대답하는 과정에서 타인의 명예를 훼손하는 사실을 발설하게 된 것이라면, 그 발설내용과 동기에 비추어 명예훼손의 범의를 인정할 수 없고, 질문에 대한 단순한 확인대답이 명예훼손에서 말하는 사실적시라고도 할 수 없다.

(11) 형법 제310조의 위법성조각사유에 해당하기 위한 요건인 '진실한 사실', '오로지 공공의 이익에 관한 때'의 의미와 판단 기준

공연히 사실을 적시하여 사람의 명예를 훼손한 행위가 형법 제310조에 따라서 위법성이 조각되어 처벌되지 않기 위해서는 적시된 사실이 객관적으로 볼 때 공공의 이익에 관한 것으로서 행위자도 공공의 이익을 위하여 그 사실을 적시한 것이어야 하는데, 여기서 공공의 이익에 관한 것이라 함은 널리 국가·사회 기타 일반 다수인의 이익에 관한 것뿐만 아니라 특정한 사회집단이나 그 구성원 전체의 이익에 관한 것도 포함된다고 할 것인바, 공공의 이익에 관한 것인지 여부는 적시된 사실 자체의 내용과 성질, 당해 사실의 공표가 이루어진 상대방의 범위, 그 표현의 방법 등 그 표현 자체에 관한 여러 사정을 감안함과 동시에 그 표현에 의하여 훼손되거나 훼손될 수 있는 명예의 침해 정도 등을 비교·고려하여 결정하여야 하고, 사실을 적시한 행위자의 주요

---

110) 대법원 2009.9.24. 선고 2009도6687 판결.

111) 대법원 2009.9.24. 선고 2009도6687 판결.

112) 대법원 2008.11.27. 선고 2008도6728 판결.

한 목적이 공공의 이익을 위한 것이면 부수적으로 다른 목적이 있었다고 하더라도 형법 제310조의 적용을 배제할 수 없다.[113)]

(12) 형법 제307조 제2항에 정한 '허위의 사실' 해당 여부의 판단 기준

형법 제307조 제2항을 적용하기 위하여 적시된 사실이 허위의 사실인지 여부를 판단하는 경우, 적시된 사실의 내용 전체의 취지를 살펴볼 때 중요한 부분이 객관적 사실과 합치되면 세부에 있어서 진실과 약간 차이가 나거나 다소 과장된 표현이 있다 하더라도 이를 허위의 사실이라고 볼 수 없다.[114)]

(13) 명예훼손죄에서 '사실의 적시'의 의미 및 그 판단 방법

명예훼손죄에 있어서의 '사실의 적시'란 가치판단이나 평가를 내용으로 하는 의견표현에 대치되는 개념으로서 시간과 공간적으로 구체적인 과거 또는 현재의 사실관계에 관한 보고 내지 진술을 의미하는 것이며, 그 표현내용이 증거에 의한 입증이 가능한 것을 말한다. 또한, 판단할 진술이 사실인가 또는 의견인가를 구별할 때는 언어의 통상적 의미와 용법, 입증가능성, 문제된 말이 사용된 문맥, 그 표현이 행하여진 사회적 상황 등 전체적 정황을 고려하여 판단하여야 한다.[115)]

(14) 형법 제307조 제2항을 적용하기 위하여 적시된 사실이 허위의 사실인지 여부를 판단함에 있어서는 적시된 사실의 내용 전체의 취지를 살펴볼 때 중요한 부분이 객관적 사실과 합치되는 경우에는 세부에 있어서 진실과 약간 차이가 나거나 다소 과장된 표현이 있다 하더라도 이를 허위의 사실이라고 볼 수는 없다.[116)]

(15) 형법 제310조의 위법성조각사유에 해당하기 위한 요건 및 그 증명 책임의 소재

방송 등 언론매체가 사실을 적시하여 타인의 명예를 훼손하는 행위를 한 경우 형법 제310조에 의하여 처벌되지 않기 위해서는 적시된 사실이 객관적으로 볼 때 공공의 이익에 관한 것으로서 행위자도 공공의 이익을 위하여 그 사실을 적시한 것이어야 될 뿐만 아니라, 그 적시된 사실이 진실한 것이거나 적어도 행위자가 그 사실을 진실한 것으로 믿었고, 또 그렇게 믿을 만한 상당한 이유가 있어야 할 것이며, 한편 그것이 진실한 사실로서 오로지 공공의 이익에 관한 때에 해당된다는 점은 행위자가 증명하여야 한다.[117)]

(16) 형법 제309조 제2항의 허위사실적시 출판물에 의한 명예훼손죄에서 공표사실의 허위성에 관한 증명책임 및 증명의 정도

형법 제309조 제2항의 허위사실적시 출판물에 의한 명예훼손의 공소사실에는 같은 조 제1항 소정의 사실적시 출판물에 의한 명예훼손의 공소사실도 포함되어 있으므로, 피고인이 적시한 사실이 허위사실이 아니거나 피고인에게 적시한 사실이 허위사실이라는 인식이 없다면 법원은 공소장변경절차 없이도 형법 제309조 제1항의 사실적시 출판물에 의한 명예훼손죄로 인정할

113) 대법원 2008.11.13. 선고 2008도6342 판결.
114) 대법원 2008.10.9. 선고 2007도1220 판결.
115) 대법원 2008.10.9. 선고 2007도1220 판결.
116) 대법원 2008.10.9. 선고 2007도1220 판결.
117) 대법원 2007.5.10. 선고 2006도8544 판결.

수 있다.[118)]

(17) 형법 제309조에 정한 '사람을 비방할 목적'의 의미 및 판단 방법

한편, 형법 제309조 소정의 '사람을 비방할 목적'이란 가해의 의사 내지 목적을 요하는 것으로서 공공의 이익을 위한 것과는 행위자의 주관적 의도의 방향에 있어 서로 상반되는 관계에 있으므로, 적시한 사실이 공공의 이익에 관한 것인 경우에는 특별한 사정이 없는 한 비방할 목적은 부인될 수밖에 없다. '적시한 사실이 공공의 이익에 관한 경우'라 함은 적시된 사실이 객관적으로 볼 때 공공의 이익에 관한 것으로서 행위자도 주관적으로 공공의 이익을 위하여 그 사실을 적시한 것이어야 하는데, 여기에서 공공의 이익이라 함은 널리 국가·사회 기타 일반 다수인의 이익에 관한 것 뿐 아니라 특정한 사회집단이나 그 구성원 전체의 관심과 이익을 포함한다. 나아가 그 적시한 사실이 공공의 이익에 관한 것인지 여부는 당해 명예훼손적 표현으로 인한 피해자가 공무원 내지 공적 인물과 같은 공인인지 아니면 사인에 불과한지, 그 표현이 객관적으로 국민이 알아야 할 공공성·사회성을 갖춘 공적 관심사안에 관한 것으로 사회의 여론형성 내지 공개토론에 기여하는 것인지 아니면 순수한 사적인 영역에 속하는 것인지, 피해자가 그와 같은 명예훼손적 표현의 위험을 자초한 것인지, 그리고 그 표현에 의하여 훼손되는 명예의 성격과 침해의 정도, 그 표현의 방법과 동기 등의 여러 사정에 비추어 판단하여야 할 것이다.[119)]

(18) 어떠한 표현행위가 명예훼손적 사실의 적시에 해당하는지 여부의 판단 기준

어떠한 표현행위가 명예훼손과 관련하여 문제가 되는 경우 그 표현이 사실을 적시하는 것인가, 아니면 단순히 의견 또는 논평을 표명하는 것인가, 또는 의견 또는 논평을 표명하는 것이라면 그와 동시에 묵시적으로라도 그 전제가 되는 사실을 적시하고 있는 것인가 그렇지 아니한가의 구별은, 당해 표현의 객관적인 내용과 아울러 일반의 독자가 보통의 주의로 표현을 접하는 방법을 전제로 표현에 사용된 어휘의 통상적인 의미, 표현의 전체적인 흐름, 문구의 연결 방법 등을 기준으로 판단하여야 하고, 여기에다가 당해 표현이 게재된 보다 넓은 문맥이나 배경이 되는 사회적 흐름 등도 함께 고려하여야 한다.[120)]

(19) 형법 제307조 제2항의 '허위사실 적시에 의한 명예훼손죄'의 성립 요건 및 '허위의 사실' 해당 여부의 판단 기준

형법 제307조 제2항 소정의 '허위사실 적시에 의한 명예훼손죄'가 성립하기 위해서는, 범인이 공연히 사실의 적시를 하여야 하고, 그 적시한 사실이 사람의 사회적 평가를 저하시키는 것으로서 허위이어야 하며, 범인이 그와 같은 사실이 허위라고 인식하였어야 하는바, 여기서 중요한 부분이 객관적 사실과 합치되는 경우에는 세부에 있어서 진실과 약간 차이가 나거나 다소 과장된 표현이 있다 하더라도 이를 허위의 사실이라고 볼 수는 없으나, 허위의 사실인지 여부를 판단함에 있어서는 그 적시된 사실의 내용 전체의 취지를 살펴 객관적 사실과 합치하지 않는 부분이 중요한 부분인지 여부를 결정하여야 한다.[121)]

---

118) 대법원 2008.11.13. 선고 2006도7915 판결.
119) 대법원 2008.11.13. 선고 2006도7915 판결.
120) 대법원 2007.7.13. 선고 2006도6322 판결.
121) 대법원 2007.7.13. 선고 2006도6322 판결.

(20) 명예훼손죄의 주관적 요건에 대한 판단 기준

피고인이 주관적 구성요건 등을 다투는 경우 피고인이 표현행위를 할 당시에 구체적으로 인식하고 있었던 사실관계, 그 지위 및 업무 등과 같은 개별적인 사정을 종합적으로 고려하여 그 범죄의 성립 여부를 판단하여야 한다.122)

(21) 형법 제310조에 정한 '오로지 공공의 이익에 관한 때'의 의미 및 그 판단 기준

형법 제310조에서 '오로지 공공의 이익에 관한 때'라 함은 적시된 사실이 객관적으로 볼 때, 공공의 이익에 관한 것으로서 행위자도 주관적으로 공공의 이익을 위하여 그 사실을 적시한 것이어야 하는 것인데, 여기의 공공의 이익에 관한 것에는 널리 국가·사회 기타 일반 다수인의 이익에 관한 것뿐만 아니라 특정한 사회집단이나 그 구성원 전체의 관심과 이익에 관한 것도 포함하는 것이고, 적시된 사실이 공공의 이익에 관한 것인지 여부는 당해 적시사실의 내용과 성질, 당해 사실의 공표가 이루어진 상대방의 범위, 그 표현의 방법 등 그 표현 자체에 관한 제반 사정을 감안함과 동시에 그 표현에 의하여 훼손되거나 훼손될 수 있는 명예의 침해 정도 등을 비교·고려하여 결정하여야 한다.123)

(22) 형법 제310조의 위법성조각사유에 해당하기 위한 요건인 '진실한 사실', '오로지 공공의 이익에 관한 때'의 의미와 그 판단 기준

공연히 사실을 적시하여 사람의 명예를 훼손하는 행위가 진실한 사실로서 오로지 공공의 이익에 관한 때에는 형법 제310조에 따라 처벌할 수 없는데, 여기서 '진실한 사실'이란 그 내용 전체의 취지를 살펴볼 때 중요한 부분이 객관적 사실과 합치되는 사실이라는 의미로서 세부(細部)에 있어 진실과 약간 차이가 나거나 다소 과장된 표현이 있더라도 무방하고, '오로지 공공의 이익에 관한 때'라 함은 적시된 사실이 객관적으로 볼 때 공공의 이익에 관한 것으로서 행위자도 주관적으로 공공의 이익을 위하여 그 사실을 적시한 것이어야 하는 것인데, 여기의 공공의 이익에 관한 것에는 널리 국가·사회 기타 일반 다수인의 이익에 관한 것뿐만 아니라 특정한 사회집단이나 그 구성원 전체의 관심과 이익에 관한 것도 포함하는 것이고, 적시된 사실이 공공의 이익에 관한 것인지 여부는 당해 적시 사실의 내용과 성질, 당해 사실의 공표가 이루어진 상대방의 범위, 그 표현의 방법 등 그 표현 자체에 관한 제반 사정을 감안함과 동시에 그 표현에 의하여 훼손되거나 훼손될 수 있는 명예의 침해 정도 등을 비교·고려하여 결정하여야 하며, 행위자의 주요한 동기 내지 목적이 공공의 이익을 위한 것이라면 부수적으로 다른 사익적 목적이나 동기가 내포되어 있더라도 형법 제310조의 적용을 배제할 수 없다.124)

(23) 명예훼손행위자가 적시한 사실을 진실한 것으로 믿었고 그렇게 믿을 만한 상당한 이유가 있는 경우에도 위법성이 조각되는지 여부(적극)

형법 제310조의 규정은 인격권으로서의 개인의 명예의 보호와 헌법 제21조에 의한 정당한 표현의 자유의 보장이라는 상충되는 두 법익의 조화를 꾀한 것이라고 보아야 할 것이므로, 두 법익간

122) 대법원 2007.7.13. 선고 2006도6322 판결.
123) 대법원 2008.3.14. 선고 2006도6049 판결.
124) 대법원 2007.12.14. 선고 2006도2074 판결.

의 조화와 균형을 고려한다면 적시된 사실이 진실한 것이라는 증명이 없더라도 행위자가 진실한 것으로 믿었고 또 그렇게 믿을 만한 상당한 이유가 있는 경우에는 위법성이 없다고 보아야 할 것이다.125)

(24) 어떠한 표현행위가 명예훼손적 사실의 적시에 해당하는지 여부의 판단 기준

어떠한 표현행위가 명예훼손과 관련하여 문제가 되는 경우 그 표현이 사실을 적시하는 것인가, 아니면 단순히 의견 또는 논평을 표명하는 것인가, 또는 의견 또는 논평을 표명하는 것이라면 그와 동시에 묵시적으로라도 그 전제가 되는 사실을 적시하고 있는 것인가 그렇지 아니한가의 구별은, 당해 표현의 객관적인 내용과 아울러 일반의 독자가 보통의 주의로 표현을 접하는 방법을 전제로 표현에 사용된 어휘의 통상적인 의미, 표현의 전체적인 흐름, 문구의 연결 방법 등을 기준으로 판단하여야 하고, 여기에다가 당해 표현이 게재된 보다 넓은 문맥이나 배경이 되는 사회적 흐름 등도 함께 고려하여야 한다.126)

(25) 형법 제309조 제1항에 정한 '사람을 비방할 목적'의 의미

형법 제309조 제1항 소정의 '사람을 비방할 목적'이란 가해의 의사 내지 목적을 요하는 것으로서 공공의 이익을 위한 것과는 행위자의 주관적 의도의 방향에 있어 서로 상반되는 관계에 있다고 할 것이므로, 적시한 사실이 공공의 이익에 관한 것인 경우에는 특별한 사정이 없는 한 비방목적은 부인된다고 봄이 상당하고, 공공의 이익에 관한 것에는 널리 국가·사회 기타 일반 다수인의 이익에 관한 것뿐만 아니라 특정한 사회집단이나 그 구성원 전체의 관심과 이익에 관한 것도 포함하는 것이며, 행위자의 주요한 동기 내지 목적이 공공의 이익을 위한 것이라면 부수적으로 다른 사익적 목적이나 동기가 내포되어 있더라도 비방할 목적이 있다고 보기는 어렵다고 할 것이다.127)

(26) 민사상 명예훼손행위의 위법성조각사유 및 적시된 사실이 공공의 이익에 관한 것인지 여부의 판단 기준

민사상으로 타인의 명예를 훼손하는 행위를 한 경우에도 그것이 공공의 이해에 관한 사항으로서 그 목적이 오로지 공공의 이익을 위한 것일 때에는 진실한 사실이라는 증명이 있거나, 그 증명이 없더라도 행위자가 그것이 진실이라고 믿을 만한 상당한 이유가 있는 때에는 위법성이 없고, 적시된 사실이 공공의 이익에 관한 것인지 여부는 당해 적시 사실의 구체적 내용, 당해 사실의 공표가 이루어진 상대방의 범위의 광협, 그 표현의 방법 등 그 표현 자체에 관한 제반 사항을 감안함과 동시에 그 표현에 의하여 훼손되거나 훼손될 수 있는 타인의 명예의 침해의 정도 등을 비교·고려하여 결정하여야 하고, 일반적으로 대중 매체의 범죄사건 보도는 범죄 행태를 비판적으로 조명하고, 사회적 규범이 어떠한 내용이고, 그것을 위반하는 경우 그에 대한 법적 제재가 어떻게, 어떠한 내용으로 실현되는가를 알리고, 나아가 범죄의 사회문화적 여건을 밝히고 그에 대한 사회적 대책을 강구하는 등 여론형성에 필요한 정보를 제공하는 등의 역할을 하므로, 대중 매체의 범죄사건 보도는 공공성이 있는 것으로 취급할 수 있으나, 범죄 자체를 보도하기 위하여

125) 대법원 2007.12.14. 선고 2006도2074 판결.
126) 대법원 2006.8.25. 선고 2006도648 판결.
127) 대법원 2006.8.25. 선고 2006도648 판결.

반드시 범인이나 범죄혐의자의 신원을 명시할 필요는 없고, 범인이나 범죄혐의자에 관한 보도가 반드시 범죄 자체에 관한 보도와 같은 공공성을 가진다고 볼 수 없다.[128]

(27) 사생활과 관련된 사항의 공개가 사생활의 비밀을 침해하는 것으로서 위법하다고 하기 위한 요건

사생활과 관련된 사항의 공개가 사생활의 비밀을 침해하는 것으로서 위법하다고 하기 위하여는 적어도 공표된 사항이 일반인의 감수성을 기준으로 하여 그 개인의 입장에 섰을 때 공개되기를 바라지 않을 것에 해당하고 아울러 일반인에게 아직 알려지지 않은 것으로서 그것이 공개됨으로써 그 개인이 불쾌감이나 불안감을 가질 사항 등에 해당하여야 한다.[129]

(28) 타인의 명예감정에 대한 침해행위가 불법행위를 구성하는 경우

사람은 자신의 인격적 형성에 대해 자부심을 가지고 있는바, 이것이 주관적인 평가에 그친다는 이유로 타인이 정당한 사유 없이 이를 부정하여 정신적 고통을 주는 것이 아무런 제약 없이 허용되어서는 아니되므로, 타인의 명예감정에 대하여 간과하기 어렵고 명확하면서도 그 정도가 심한 침해행위를 한 경우, 그 침해행위는 그 타인에 대하여 불법행위를 구성한다.[130]

(29) 의견을 표명하는 표현행위가 타인에 대한 명예훼손에 해당하는 경우

민사상 타인에 대한 명예훼손은 사실을 적시하는 방법으로 행해질 수도 있고 의견을 표명하는 방법으로 행해질 수도 있는바, 사실의 적시를 전제로 하지 않은 순수한 의견 또는 논평의 경우에는 명예훼손으로 인한 손해배상책임은 성립되지 아니하고, 반면에 어떤 의견의 표현이 그 전제로서 사실을 직접적으로 표현한 경우이거나 간접적이고 우회적인 방법에 의하더라도 그 표현의 전체 취지에 비추어 어떤 사실의 존재를 암시하고 또 이로써 특정인의 사회적 가치 내지 평가를 침해할 가능성이 있으면 명예훼손으로 된다. 그리고 신문 등 언론매체의 어떤 기사가 타인의 명예를 훼손하는지의 여부는 일반 독자가 기사를 접하는 통상의 방법을 전제로 그 기사의 전체적인 취지와의 연관하에서 기사의 객관적 내용, 사용된 어휘의 통상적인 의미, 문구의 연결방법 등을 종합적으로 고려하여 그 기사가 독자에게 주는 전체적인 인상을 기준으로 판단하여야 하고, 여기에다가 당해 기사의 배경이 된 사회적 흐름 속에서 당해 표현이 가지는 의미를 함께 고려하여야 한다.[131]

(30) 표현행위로 인한 타인의 명예훼손에 있어서 위법성 조각 사유의 내용과 의미 및 행위자가 보도 내용이 '진실이라고 믿을 만한 상당한 이유'가 있는지 여부의 판단 기준

행위자가 보도 내용이 '진실이라고 믿을 만한 상당한 이유'가 있는지의 여부는 적시된 사실의 내용, 진실이라고 믿게 된 근거나 자료의 확실성과 신빙성, 사실 확인의 용이성, 보도로 인한 피해자의 피해 정도 등 여러 사정을 종합하여 행위자가 보도 내용의 진위 여부를 확인하기 위하여 적절하고도 충분한 조사를 다하였는가, 그 진실성이 객관적이고도 합리적인 자료나 근거에 의하여 뒷받침되는가 하는 점에 비추어 판단하여야 한다.[132]

---

128) 대법원 2007.7.12. 선고 2006다65620 판결.
129) 대법원 2006.12.22. 선고 2006다15922 판결.
130) 서울고법 2008.1.16. 선고 2006나92006 판결.
131) 대법원 2008.2.14. 선고 2005다75736 판결.

(31) 명예훼손으로 인한 손해배상청구소송에서 적시된 사실의 허위성 및 위법성조각사유에 대한 증명책임의 분배

언론·출판을 통해 사실을 적시함으로써 타인의 명예를 훼손한 경우, 원고가 청구원인으로 그 적시된 사실이 허위사실이거나 허위평가라고 주장하며 손해배상을 구하는 때에는 그 허위성에 대한 입증책임은 원고에게 있고, 다만 피고가 그 적시된 사실이 진실한 사실로서 오로지 공공의 이익에 관한 것이므로 위법성이 없다고 항변할 경우 그 위법성을 조각시키는 사유에 대한 증명책임은 피고에게 있다.[133)]

(32) 명예훼손적 표현이 사실의 적시인지 또는 의견·논평의 표명에 해당하는지 여부의 구별 기준

타인에 대한 명예훼손은 사실을 적시하는 방법으로 행해질 수도 있고, 의견을 표명하는 방법으로 행해질 수도 있는바, 그 표현이 사실을 적시하는 것인가, 아니면 단순히 의견 또는 논평을 표명하는 것인가, 또는 의견 또는 논평을 표명하는 것이라면 그와 동시에 묵시적으로라도 그 전제가 되는 사실을 적시하고 있는 것인가 그렇지 아니한가의 구별은, 당해 표현의 객관적인 내용과 아울러 일반인이 보통의 주의로 그 표현을 접하는 방법을 전제로 거기에 사용된 어휘의 통상적인 의미, 전체적인 흐름, 문구의 연결 방법 등을 기준으로 판단하여야 하고, 여기에다가 당해 표현이 게재된 보다 넓은 문맥이나 배경이 되는 사회적 흐름 등도 함께 고려하여야 하는 것이다.[134)]

(33) 명예훼손 행위자가 적시한 사실을 진실이라고 믿을 상당한 이유가 있는지 여부의 판단 시점 및 증거자료의 범위

타인의 명예를 훼손하는 표현이 진실한 사실인지, 행위자가 그것을 진실이라고 믿을 상당한 이유가 있는지 여부는 표현 당시의 시점에서 판단되어야 하지만, 그렇더라도 그 전후에 밝혀진 사실들을 참고하여 표현 시점에서의 진실성 및 상당성 유무를 가릴 수 있으므로, 표현 행위 후에 수집된 증거자료도 그 판단의 증거로 삼을 수 있다.[135)]

(34) 언론·출판을 통한 명예훼손행위의 위법성 조각사유의 내용 및 판단 기준

언론·출판을 통해 사실을 적시함으로써 타인의 명예를 훼손하는 행위를 한 경우에도 그것이 공공의 이해에 관한 사항으로서 그 목적이 오로지 공공의 이익을 위한 것인 때에는 진실한 사실이라는 것이 증명되면 그 행위에 위법성이 없고, 또한 그 진실성이 증명되지 아니하더라도 행위자가 그것을 진실이라고 믿을 만한 상당한 이유가 있는 경우에는 위법성이 없다고 보아야 할 것이나, 그 표현 내용이 진실이라고 믿을 만한 상당한 이유가 있는지의 여부는 적시된 사실의 내용, 진실이라고 믿게 된 근거나 자료의 확실성과 신빙성, 사실 확인의 용이성, 피해자의 피해 정도 등 여러 사정을 종합하여 행위자가 적시 내용의 진위 여부를 확인하기 위하여 적절하고도 충분한 조사를 다하였는가, 그 진실성이 객관적이고도 합리적인 자료나 근거에 의하여 뒷받침되는가 하는 점에 비추어 판단하여야 한다.[136)]

---

132) 대법원 2008.2.14. 선고 2005다75736 판결.
133) 대법원 2008.1.24. 선고 2005다58823 판결.
134) 대법원 2008.1.24. 선고 2005다58823 판결.
135) 대법원 2008.1.24. 선고 2005다58823 판결.

(35) **명예훼손에 의한 불법행위가 성립하기 위한 요건으로서의 피해자의 특정 정도**

명예훼손에 의한 불법행위가 성립하려면 피해자가 특정되어 있어야 하지만, 그 특정을 할 때 반드시 사람의 성명이나 단체의 명칭을 명시해야만 하는 것은 아니고, 사람의 성명을 명시하지 않거나 또는 두문자(頭文字)나 이니셜만 사용한 경우라도 그 표현의 내용을 주위 사정과 종합하여 볼 때 그 표시가 피해자를 지목하는 것을 알아차릴 수 있을 정도이면 피해자가 특정되었다고 할 것이다.137)

(36) **범죄혐의사실 보도로 인한 명예훼손의 경우, 그 진실성에 관한 오신의 상당성 여부의 판단 기준시점 및 보도 후에 수집된 증거자료도 상당성 인정의 증거로 사용할 수 있는지 여부(적극)**

보도한 범죄혐의사실의 진실성에 관한 오신에 상당성이 있는지 여부는 보도 당시의 시점에서 판단되어야 하지만 보도 당시의 시점에서 판단한다고 하더라도 그 전후의 수사과정과 밝혀진 사실들을 참고하여야 보도시점에서의 상당성 여부를 가릴 수 있는 것이므로, 보도 후에 수집된 증거자료도 상당성 인정의 증거로 사용할 수 있다.138)

(37) **전파가능성을 이유로 명예훼손죄의 공연성을 인정하는 경우, 주관적 요소로서 고의의 내용 및 고의 유무의 판단 방법**

전파가능성을 이유로 명예훼손죄의 공연성을 인정하는 경우에는 적어도 범죄구성요건의 주관적 요소로서 미필적 고의가 필요하므로 전파가능성에 대한 인식이 있음은 물론 나아가 그 위험을 용인하는 내심의 의사가 있어야 하고, 그 행위자가 전파가능성을 용인하고 있었는지의 여부는 외부에 나타난 행위의 형태와 행위의 상황 등 구체적인 사정을 기초로 하여 일반인이라면 그 전파가능성을 어떻게 평가할 것인가를 고려하면서 행위자의 입장에서 그 심리상태를 추인하여야 한다.139)

(38) **초등학교 여성 기간제교사가 같은 학교 교장의 차 접대 요구의 부당성을 주장하는 글을 해당 군청의 홈페이지에 게재한 사안에서, 형법 제310조에 의하여 위법성이 조각된다고 본 사례**

초등학교 여성 기간제교사가 같은 학교 교장의 차 접대 요구의 부당성을 주장하는 글을 해당 군청의 홈페이지에 게재한 사안에서, 교장에 대한 명예훼손은 인정되나 위 글의 주요한 동기 내지 목적이 공공의 이익에 관한 것이고 그 글이 헌법이 보장하고 있는 언론의 자유의 한계 내에 있다고 보아 형법 제310조에 의하여 위법성이 조각된다고 본 사례이다.140)

(39) **형법 제309조 제1항과 제310조와의 관계**

형법 제309조 제1항 소정의 '사람을 비방할 목적'이란 가해의 의사 내지 목적을 요하는 것으로서 공공의 이익을 위한 것과는 행위자의 주관적 의도의 방향에 있어 서로 상반되는 관계에 있다고 할 것이므로, 형법 제310조의 공공의 이익에 관한 때에는 처벌하지 아니한다는 규정은 사람

---

136) 대법원 2008.1.24. 선고 2005다58823 판결.
137) 대법원 2007.6.29. 2005다55510 판결.
138) 대법원 2007.6.29. 2005다55510 판결.
139) 대법원 2004.4.9. 2004도340 판결.
140) 대전지법 홍성지원 2007.2.7. 선고 2004고단230 판결.

을 비방할 목적이 있어야 하는 형법 제309조 제1항 소정의 행위에 대하여는 적용되지 아니하고 그 목적을 필요로 하지 않는 형법 제307조 제1항의 행위에 한하여 적용되는 것이고, 반면에 적시한 사실이 공공의 이익에 관한 것인 경우에는 특별한 사정이 없는 한 비방 목적은 부인된다고 봄이 상당하므로 이와 같은 경우에는 형법 제307조 제1항 소정의 명예훼손죄의 성립 여부가 문제될 수 있고 이에 대하여는 다시 형법 제310조에 의한 위법성 조각 여부가 문제로 될 수 있다.[141)]

(40) 인터넷에서 무료로 취득한 공개 정보를 근거로, 달리 사실관계의 조사나 확인 없이 다른 사람의 사회적 평판을 저하할 만한 사실의 적시를 한 경우, 적시한 내용이 진실이라고 믿을 만한 상당한 이유가 있다고 볼 수 있는지 여부(소극)

인터넷에서 무료로 취득한 공개 정보는 누구나 손쉽게 복사·가공하여 게시·전송할 수 있는 것으로서, 그 내용의 진위가 불명확함은 물론 궁극적 출처도 특정하기 어려우므로, 특정한 사안에 관하여 관심이 있는 사람들이 접속하는 인터넷상의 가상공동체(cyber community)의 자료실이나 게시판 등에 게시·저장된 자료를 보고 그에 터잡아 달리 사실관계의 조사나 확인이 없이 다른 사람의 사회적 평판을 저하할 만한 사실의 적시를 하였다면, 가사 행위자가 그 내용이 진실이라 믿었다 한들, 그렇게 믿을 만한 상당한 이유가 있다고 보기 어렵다.[142)]

(41) 피고인이 경찰관을 상대로 진정한 사건이 혐의 인정되지 않아 내사종결 처리되었음에도 불구하고 공연히 "사건을 조사한 경찰관이 내일부로 검찰청에서 구속영장이 떨어진다."고 말한 것은 현재의 사실을 기초로 하거나 이에 대한 주장을 포함하여 장래의 일을 적시한 것으로 볼 수 있어 명예훼손죄에 있어서의 사실의 적시에 해당한다고 한 사례[143)]

(42) 직장의 전산망에 설치된 전자게시판에 타인의 명예를 훼손하는 내용의 글을 게시한 행위가 명예훼손죄를 구성한다고 한 사례[144)]

(43) 기자를 통하여 사실을 적시함에 있어 기자가 취재를 한 상태에서 아직 기사화하여 보도하지 않은 경우, 공연성 여부(소극)

통상 기자가 아닌 보통 사람에게 사실을 적시할 경우에는 그 자체로서 적시된 사실이 외부에 공표되는 것이므로 그 때부터 곧 전파가능성을 따져 공연성 여부를 판단하여야 할 것이지만, 그와는 달리 기자를 통해 사실을 적시하는 경우에는 기사화되어 보도되어야만 적시된 사실이 외부에 공표된다고 보아야 할 것이므로 기자가 취재를 한 상태에서 아직 기사화하여 보도하지 아니한 경우에는 전파가능성이 없다고 할 것이어서 공연성이 없다고 봄이 상당하다.[145)]

(44) 형법 제310조에 의하여 위법성이 조각되는 경우는 형법 제307조 제1항의 행위가 진실한 사실로서 오로지 공공의 이익에 관한 때에 한하며, 사람을 비방할 목적으로 출판물에 의하여 허위의 사실을 적시하여 사람의 명예를 훼손한 형법 제309조 제2항 위반죄에는 위법성조각에 관한

141) 대법원 2003.12.26. 선고 2003도6036 판결.
142) 대법원 2006.1.27. 선고 2003다66806 판결.
143) 대법원 2003.5.13. 선고 2002도7420 판결.
144) 대법원 2000.5.12. 선고 99도5734 판결.
145) 대법원 2000.5.16. 선고 99도5622 판결.

형법 제310조는 적용될 여지가 없다.[146)]

(45) "애꾸눈, 병신"이라는 발언내용이 구체적 사실을 적시한 것인지 여부

"애꾸눈, 병신"이라는 발언 내용은 피고인이 피해자를 모욕하기 위하여 경멸적인 언사를 사용하면서 욕설을 한 것에 지나지 아니하고, 피해자의 사회적 가치나 평가를 저하시키기에 충분한 구체적 사실을 적시한 것이라고 보기는 어렵다.[147)]

(46) 범죄를 고발하였다는 사실이 주위에 알려지면 고발인의 사회적 가치나 평가가 침해될 가능성이 있는지 여부

누구든지 범죄가 있다고 생각하는 때에는 고발할 수 있는 것이므로, 어떤 사람이 범죄를 고발하였다는 사실이 주위에 알려졌다고 하여 그 고발사실 자체만으로 고발인의 사회적 가치나 평가가 침해될 가능성이 있다고 볼 수는 없을 터이고, 다만 그 고발의 동기나 경위가 불순하다거나 온당하지 못하다는 등의 사정이 있고 이러한 사정이 함께 알려진 경우에 고발인의 명예가 침해될 가능성이 있다.[148)]

(47) 피해자와 일면식이 없는 사람들이 이미 알고 있는 내용의 명예훼손발언을 들은 경우 공연성 유무(적극)

명예훼손의 발언(피해자들이 전과가 많다는 내용)을 들은 사람들이 피해자들과는 일면식이 없다거나 이미 피해자들의 전과사실을 알고 있었다고 하더라도 공연성 즉 발언이 전파될 가능성이 없다고 볼 수 없다.[149)]

(48) 교수가 학생들 앞에서 피해자의 이성관계를 암시하는 발언을 한 것에 대하여 명예훼손죄의 성립을 인정한 사례[150)]

(49) 명예훼손죄의 요건인 공연성은 불특정 또는 다수인이 인식할 수 있는 상태를 말하는 것이므로, 진정서와 고소장을 특정 사람들에게 개별적으로 우송하여도 다수인(19명, 193명)에게 배포하였고, 또 그 내용이 다른 사람에게 전파될 가능성도 있어 공연성의 요건이 충족된다고 본 사례[151)]

(50) 사단법인의 이사장이 이사회 또는 임시총회를 진행하다가 회원 10여명 또는 30여명이 있는 자리에서 허위사실을 말하였다면 그 공연성이 있다 할 것이다.[152)]

(51) 전문한 사실의 적시도 명예훼손죄에 있어서의 사실의 적시에 해당하는지 여부(적극)

명예훼손죄에 있어서의 사실의 적시는 그 사실의 적시자가 스스로 실험한 것으로 적시하던 타인으로부터 전문한 것으로 적시하던 불문한다.[153)]

---

146) 대법원 1999.4.23. 선고 99도636 판결.
147) 대법원 1994.10.25. 선고 94도1770 판결.
148) 대법원 1994.6.28. 93도696 판결.
149) 대법원 1993.3.23. 선고 92도455 판결.
150) 대법원 1991.5.14. 선고 91도420 판결.
151) 대법원 1991.6.25. 선고 91도347 판결.
152) 대법원 1990.12.26. 선고 90도2473 판결.

(52) 한 사람에 대한 사실의 유포와 공연성

명예훼손죄의 구성요건인 공연성은 불특정 또는 다수인이 인식할 수 있는 상태를 의미하므로 비록 개별적으로 한 사람에 대하여 사실을 유포하였다 하더라도 그로부터 불특정 또는 다수인에게 전파될 가능성이 있다면 공연성의 요건을 충족한다.[154)]

(53) 동일교회에 소속된 교인 15인에게 출판물을 배부한 경우 명예훼손죄에 있어서의 공연성

명예훼손죄의 요건인 공연성은 불특정 또는 다수인이 인식할 수 있는 상태를 말하므로, 피고인들이 이 사건 출판물 15부를 피고인들이 소속된 교회의 교인 15인에게 배부한 이상 공연성의 요건은 충족된 것이라고 보겠으며, 배부받은 사람중 일부가 위 출판물작성에 가담한 사람들이라고 하여도 결론에는 아무런 소장이 없다.[155)]

(54) 2인 앞에서의 명예훼손과 공연성

피고인이 공소외 (갑)의 집앞에서 공소외 (을) 및 피해자의 시어머니(병)이 있는 자리에서 피해자의 명예를 훼손하는 말을 한 사실이 인정된다면, 말의 전파가능성이 없어서 공연성이 결여되었다는 주장은 허용될 수 없다.[156)]

(55) 교사의 비행을 적은 진정서를 학교 이사장에게 제출한 경우에 있어서 공연성 유무(소극)

중학교 교사에 대해 "전과범으로서 교사직을 팔아가며 이웃을 해치고 고발을 일삼는 악덕 교사"라는 취지의 진정서를 그가 근무하는 학교법인 이사장 앞으로 제출한 행위 자체는 위 진정서의 내용과 진정서의 수취인인 학교법인 이사장과 위 교사의 관계등에 비추어 볼 때 위 이사장이 위 진정서 내용을 타에 전파할 가능성이 있다고 보기 어려우므로 명예훼손죄의 구성요건인 공연성이 있다고 보기 어렵다.[157)]

(56) 진정서를 우송한 행위와 공연성

명예훼손죄의 구성요건인 "공연성"은 불특정다수인이 인식할 수 있는 상태를 뜻하는 것으로 사실을 적시하는 행위가 불특정다수인에 대하여 행하여지거나 또는 이와 같은 사실이 불특정다수인에게 전파될 가능성이 있어야 하므로 타인을 비방하는 내용의 진정서를 우송한 행위는 공연성이 없다.[158)]

(57) 확인요구에 대한 대답으로서 한 명예훼손 내용의 발설과 명예훼손죄의 성부

명예훼손내용의 사실을 발설하게 된 경위가 그 사실에 대한 확인요구에 대답하는 과정에서 나오게 된 것이라면 그 발설내용과 동기에 비추어 명예훼손의 범의를 인정할 수 없고 또 질문에 대한 단순한 확인대답이 명예훼손의 사실적시라고 할 수 없다.[159)]

---

153) 대법원 1985.4.23. 선고 85도431 판결.
154) 대법원 1985.4.23. 선고 85도431 판결.
155) 대법원 1984.2.28. 선고 83도3124 판결.
156) 대법원 1983.10.11. 선고 83도2222 판결.
157) 대법원 1983.10.25. 선고 83도2190 판결.
158) 대법원 1983.9.27. 선고 83도2040 판결.
159) 대법원 1983.8.23. 선고 83도1017 판결.

(58) 개별적으로 한 사람에 대하여 한 사실유포와 공연성

명예훼손죄에 있어서의 공연성은, 불특정 다수인이 인식할 수 있는 상태를 뜻하므로 비밀이 보장되고 전파될 우려가 없는 경우가 아니라면 비록 개별적으로 한 사람에 대하여 사실을 유포하였다고 하여도 그 사람이 외부에 유포하여 그것이 전파된 개연성이 있다면 공연성이 있다.160)

(59) 명예훼손죄에 있어서 "사실의 적시"의 의미 및 단지 "빨갱이 계집년" "첩년" 등이라고 욕한 경우의 죄책(= 모욕)

명예훼손죄에 있어서 '사실의 적시'라 함은 사람의 사회적 평가를 저하시키는데 충분한 구체적 사실을 적시하는 것을 말하므로, 이를 적시하지 아니하고 단지 모멸적인 언사를 사용하여 타인의 사회적 평가를 경멸하는, 자기의 추상적 판단을 표시하는 것("빨갱이 계집년" "만신(무당)" "첩년"이라고 말한 것)은 사람을 모욕한 경우에 해당하고, 명예훼손죄에는 해당하지 아니한다.161)

(60) 71명의 회원에게 유인물을 우송한 행위의 공연성 여부(적극)

피고인이 타인의 명예를 훼손할 만한 사실을 기재한 유인물을 71명의 회원에게 우송으로 배포한 소위는 비록 위 유인물을 배포받은 자의 범위에 다소의 제한이 있고, 또 수취인이 특정되어 있다 하더라도 공연성이 있다 할 것이므로 명예훼손죄가 성립한다.162)

7. 모 욕 죄

가. 의 의

공연히 사람을 모욕함으로써 성립하는 범죄이며(형법 제311조), 자연인인 이상 유아나 정신병자도 모욕죄의 객체인 사람에 해당되나 사자는 제외된다.

나. 공 연 성

불특정 또는 다수인이 인식할 수 있는 상태를 말한다.

다. 모 욕

구체적 사실을 적시하지 아니하고 사람의 인격을 경멸하는 추상적 가치판단을 표시하는 것이다(죽일 놈, 망할 년). 모욕의 수단·방법에는 제한이 없으며 언어·서면·거동을 불문하나, 사람을 경멸하는 내용의 설명가치를 가져야 한다. 이러한 가치의 존부는 구체적 상황을 고려하여 객관적 의미내용에 따라 판단하며 단순히 무뢰한 행동은 모욕이 아니다.

---

160) 대법원 1982.3.23. 선고 81도2491 판결.
161) 대법원 1981.11.24. 선고 81도2280 판결.
162) 대법원 1981.8.25. 선고 81도149 판결.

라. 모욕죄와 형법 제310조의 위법성조각사유

모욕죄의 경우에는 형법 제310조의 위법성조각사유를 적용할 수 없다.

마. 친고죄

모욕죄는 친고죄이므로(형법 제312조 제1항) 피해자의 고소가 있어야 공소를 제기할 수 있다.

바. 모욕죄와 명예훼손죄와의 관계

모욕과 동시에 명예훼손을 한 경우에는 명예훼손죄만 성립한다.

사. 모욕죄와 폭행죄와의 관계

사람에게 폭행을 가하여 경멸의 의사를 표시한 경우 폭행죄와 모욕죄의 상상적 경합이 된다.

여기서 상상적 경합이란 한 개의 행위가 수개의 죄에 해당하는 경우를 말하며, 상상적 경합은 실질상 수죄지만 과형상 일죄이므로 1개의 형으로 처벌하되 가장 중한 죄에 정한 형(법정형)으로 처벌한다(형법 제40조).

모욕죄 관련 판례정리

(1) 아파트 관리사무소장인 피고인이 관리사무소 내 회의실에서 아파트 동대표 등 10여 명이 듣고 있는 가운데 입주자대표회의 회장에게 "말도 안 되는 소리 씨부리고 있네. 들고 차버릴라"라고 말하여 공연히 모욕하였다는 공소사실에 대하여, 회의의 개최 경위 및 내용, 회의 당시 참석자들과 피해자 사이의 대화 내용 및 분위기, 특히 참석자들의 해명요구에 대하여 피해자가 반응한 태도 등에 비추어 보면, 피고인의 위 발언이 비속어를 사용하여 다소 무례하거나 불손하게 느껴질 수 있기는 하지만, 객관적으로 피해자의 인격적 가치에 대한 사회적 평가를 훼손할 만한 모욕적 언사라고 단정하기는 어렵고, 설령 피고인의 위 발언이 피해자에 대한 경멸적 감정이 내포되어 있어 이를 모욕에 해당한다고 볼 여지가 있다고 하더라도, 회의에 임하는 피해자의 태도, 피고인이 위 발언을 하게 된 경위, 위 발언이 피고인의 발언 중에 차지하는 비중 및 모욕적 표현의 정도, 피고인의 발언을 전후한 피해자의 응대 내용 등 여러 사정을 고려할 때, 피고인의 행위는 사회상규에 위배되지 않는다고 봄이 상당하다는 이유로 무죄를 선고한 사례 163)

(2) 모욕죄에서 말하는 '모욕'의 의미

모욕죄에서 말하는 '모욕'이란 사실을 적시하지 아니하고 사람의 사회적 평가를 저하시킬 만한

163) 부산지법 2009.11.5. 선고 2009노2161 판결.

추상적 판단이나 경멸적 감정을 표현하는 것이다.[164)]

(3) 임대아파트의 분양전환과 관련하여 임차인이 아파트 관리사무소의 방송시설을 이용하여 임차인 대표회의의 전임회장을 비판하며 "전 회장의 개인적인 의사에 의하여 주택공사의 일방적인 견해에 놀아나고 있기 때문에"라고 한 표현이 전체 문언상 모욕죄의 '모욕'에 해당하지 않는다고 한 사례[165)]

(4) 모욕죄에서 말하는 모욕의 의미 및 위법성조각사유

모욕죄에서 말하는 모욕이란, 사실을 적시하지 아니하고 사람의 사회적 평가를 저하시킬 만한 추상적 판단이나 경멸적 감정을 표현하는 것으로, 어떤 글이 특히 모욕적인 표현을 포함하는 판단 또는 의견의 표현을 담고 있는 경우에도 그 시대의 건전한 사회통념에 비추어 그 표현이 사회상규에 위배되지 않는 행위로 볼 수 있는 때에는 형법 제20조에 의하여 예외적으로 위법성이 조각된다.[166)]

(5) 골프클럽 경기보조원들의 구직편의를 위해 제작된 인터넷 사이트 내 회원 게시판에 특정 골프클럽의 운영상 불합리성을 비난하는 글을 게시하면서 위 클럽담당자에 대하여 한심하고 불쌍한 인간이라는 등 경멸적 표현을 한 사안에서, 게시의 동기와 경위, 모욕적 표현의 정도와 비중 등에 비추어 사회상규에 위배되지 않는다고 보아 모욕죄의 성립을 부정한 사례[167)]

(6) "부모가 그런 식이니 자식도 그런 것이다"와 같은 표현으로 인하여 상대방의 기분이 다소 상할 수 있다고 하더라도 그 내용이 너무나 막연하여 그것만으로 곧 상대방의 명예감정을 해하여 형법상 모욕죄를 구성한다고 보기는 어렵다고 한 사례[168)]

(7) 인터넷 게시판에 타인을 비방하는 글을 게시한 행위가 모욕죄에 해당한다고 한 사례[169)]

(8) 모욕죄에서 말하는 모욕의 의미

모욕죄에서 말하는 모욕이란 사실을 적시하지 아니하고 사람의 사회적 평가를 저하시킬 만한 추상적 판단이나 경멸적 감정을 표현하는 것이다.[170)]

(9) 피고인이 방송국 시사프로그램을 시청한 후 방송국 홈페이지의 시청자 의견란에 작성·게시한 글 중 특히, "그렇게 소중한 자식을 범법행위의 변명의 방패로 쓰시다니 정말 대단하십니다."는 등의 표현은 그 게시글 전체를 두고 보더라도, 그 출연자인 피해자에 대한 사회적 평가를 훼손할 만한 모욕적 언사라고 한 사례[171)]

(10) 피고인이 방송국 홈페이지의 시청자 의견란에 작성·게시한 글 중 일부의 표현은 이미 방송된

---

164) 대법원 2008.12.11. 선고 2008도8917 판결.
165) 대법원 2008.12.11. 선고 2008도8917 판결.
166) 대법원 2008.7.10. 선고 2008도1433 판결.
167) 대법원 2008.7.10. 선고 2008도1433 판결.
168) 대법원 2007.2.22. 선고 2006도8915 판결.
169) 대법원 2004.6.25. 선고 2003도4934 판결.
170) 대법원 2003.11.28. 선고 2003도3972 판결.
171) 대법원 2003.11.28. 선고 2003도3972 판결.

프로그램에 나타난 기본적인 사실을 전제로 한 뒤, 그 사실관계나 이를 둘러싼 문제에 관한 자신의 판단과 나아가 이러한 경우에 피해자가 취한 태도와 주장한 내용이 합당한가 하는 점에 대하여 자신의 의견을 개진하고, 피해자에게 자신의 의견에 대한 반박이나 반론을 구하면서, 자신의 판단과 의견의 타당함을 강조하는 과정에서 부분적으로 그와 같은 표현을 사용한 것으로서 사회상규에 위배되지 않는다고 봄이 상당하다고 한 사례[172)]

(11) 명예훼손죄에 있어서의 사실의 적시에 해당되지 않는다고 한 사례

"아무것도 아닌 똥꼬다리 같은 놈"이라는 구절은 모욕적인 언사일 뿐 구체적인 사실의 적시라고 할 수 없고 "잘 운영되어 가는 어촌계를 파괴하려 한다"는 구절도 구체적인 사실의 적시라고 할 수 없으므로 명예훼손죄에 있어서의 사실의 적시에 해당한다고 볼 수 없다.[173)]

(12) 단순한 욕설이 명예훼손죄에 해당하는지 여부

"늙은 화냥년의 간나, 너가 화냥질을 했잖아" 라고 한 피고인의 발언내용은 그 자체가 피해자의 사회적 평가를 저하시킬 만한 구체적 사실의 적시라기보다는 피고인이 피해자의 도덕성에 관하여 경멸적인 감정표현을 과장되게 강조한 욕설에 불과한 것으로서 이를 막바로 명예훼손죄로 의율할 수는 없다.[174)]

아. 모욕죄와 명예훼손죄의 구별기준에 관한 판례정리

(1) 명예훼손죄와 모욕죄의 구별기준

명예훼손죄에 있어서의 사실의 적시는 사람의 사회적 가치 내지 평가를 저하시키는 구체적 사실의 적시를 요하며 단지 모욕적 언사를 사용하는 것은 모욕죄에 해당할 뿐 명예훼손죄에 해당하지는 않는다.[175)]

(2) 명예훼손죄 및 모욕죄의 보호법익과 그 구별의 기준

명예훼손죄와 모욕죄의 보호법익은 다 같이 사람의 가치에 대한 사회적 평가인 이른바 외부적 명예인 점에서는 차이가 없으나 다만 명예훼손은 사람의 사회적 평가를 저하시킬 만한 구체적 사실의 적시를 하여 명예를 침해함을 요하는 것으로서 구체적 사실이 아닌 단순한 추상적 판단이나 경멸적 감정의 표현으로서 사회적 평가를 저하시키는 모욕죄와 다르다.[176)]

---

172) 대법원 2003.11.28. 선고 2003도3972 판결.
173) 대법원 1989.3.14. 선고 88도1397 판결.
174) 대법원 1987.5.12. 선고 87도739 판결.
175) 대법원 1989.3.14. 선고 88도1397 판결.
176) 대법원 1987.5.12. 선고 87도739 판결.

8. 공갈죄

가. 의 의

사람을 공갈하여 재물의 교부를 받거나 재산상의 이익을 취득하거나 제3자로 하여금 취득하게 함으로써 성립하는 범죄이다(형법 제350조). 특수공갈은 '폭력행위 등 처벌에 관한 법률'에 의하여 가중처벌 된다. 공갈죄의 미수범은 처벌한다(형법 제352조).

나. 객 체

재물 또는 재산상 이익이다. 여기서 재물은 타인소유, 타인점유의 재물을 말하며 동산·부동산을 불문한다. 재산상이익은 적극적 이익(채무면제나 채무변제의 유예), 일시적 이익, 영속적 이익을 불문하며 그 이익의 취득이 사법상 유효할 것을 요하지 않는다.

다. 공갈행위

재물을 교부받거나 재산상의 이익을 취득하기 위하여 폭행 또는 협박으로 외포심을 일으키게 하는 것을 말한다. 폭행은 사람에 대한 일체의 유형력의 행사를 말하므로 강제적 폭력에 한하며, 절대적 폭력은 포함되지 않는다. 협박은 해악을 고지하여 상대방에게 외포심을 일으키는 것을 말하며, 해악의 내용과 그 고지의 방법에는 제한이 없다.

폭행·협박은 사람의 의사결정과 행동의 자유를 제한하는 정도로 충분하므로 상대방의 반항을 억압할 정도일 경우에는 강도죄가 성립한다. 폭행·협박의 정도가 어느 정도인가 여부는 행위 당시의 구체적 사정을 고려하여 일반인의 입장에서 객관적으로 판단해야 하며 공갈의 상대방은 재산에 대하여 처분행위를 할 수 있는 권한·지위에 있는 자이어야 하나 재산상의 피해자와 동일인일 필요는 없다. 행위자의 공갈행위로 인하여 피공갈자에게 외포심이 야기되어야 하며, 외포심이란 공포심을 느껴 의사결정 및 실행의 자유가 방해된 심적 상태를 말한다.

공갈죄 관련 판례정리

(1) 강도 및 공갈죄에 있어서의 폭행과 협박타인에 대하여 폭행 또는 협박을 가하여 재물을 탈취한 경우에 그것이 강도죄가 되느냐 공갈죄가 되느냐는 그 폭행 또는 협박이 사회통념상 일반적으로 피해자의 반항을 억압할 수 있는 척도의 것인가 아닌가를 기준으로 하여 정한다.[177)]

177) 대법원 1956.5.8. 선고 4289형상50 판결.

(2) 정당한 권리를 가진 자라도 권리행사를 빙자하여 상대방을 협박 외포심을 야기케 하여 재물의 교부를 받으면 공갈죄가 성립된다.[178)]

(3) 갈취한 현금카드를 사용하여 현금자동지급기에서 예금을 인출한 행위가 공갈죄와 별도로 절도죄를 구성하는지 여부(소극)

예금주인 현금카드 소유자를 협박하여 그 카드를 갈취한 다음 피해자의 승낙에 의하여 현금카드를 사용할 권한을 부여받아 이를 이용하여 현금자동지급기에서 현금을 인출한 행위는 모두 피해자의 예금을 갈취하고자 하는 피고인의 단일하고 계속된 범의 아래에서 이루어진 일련의 행위로서 포괄하여 하나의 공갈죄를 구성하므로, 현금자동지급기에서 피해자의 예금을 인출한 행위를 현금카드 갈취행위와 분리하여 따로 절도죄로 처단할 수는 없다. 왜냐하면 위 예금 인출 행위는 하자 있는 의사표시이기는 하지만 피해자의 승낙에 기한 것이고, 피해자가 그 승낙의 의사표시를 취소하기까지는 현금카드를 적법, 유효하게 사용할 수 있으므로, 은행으로서도 피해자의 지급정지 신청이 없는 한 그의 의사에 따라 그의 계산으로 적법하게 예금을 지급할 수밖에 없기 때문이다.[179)]

(4) 공갈죄의 수단인 협박의 의미

공갈죄의 수단으로서 협박은 사람의 의사결정의 자유를 제한하거나 의사실행의 자유를 방해할 정도로 겁을 먹게 할 만한 해악을 고지하는 것을 말하고, 해악의 고지는 반드시 명시의 방법에 의할 것을 요하지 아니하며 언어나 거동 등에 의하여 상대방으로 하여금 어떠한 해악을 입을 수 있을 것이라는 인식을 갖게 하는 것이면 족하고, 또한 직접적이 아니더라도 피공갈자 이외의 제3자를 통해서 간접적으로 할 수도 있으며, 행위자가 그의 직업, 지위, 불량한 성행, 경력 등에 기하여 불법한 위세를 이용하여 재물의 교부나 재산상 이익을 요구하고 상대방으로 하여금 그 요구에 응하지 아니할 때에는 부당한 불이익을 초래할 위험이 있을 수 있다는 위구심을 야기하게 하는 경우에도 해악의 고지가 된다.[180)]

(5) 폭력조직의 두목 또는 조직원이 제3자를 통해 피해자들에게 암묵적인 방법으로 재물의 교부를 요구하고 이에 응하지 아니할 때에는 부당한 불이익을 초래할 위험이 있을 수 있다는 위구심을 야기하게 하고, 나아가 피해자들이 곤경에 빠진 제3자를 위해 마지못해 돈을 준 경우, 공갈죄의 성립을 긍정한 사례[181)]

(6) 공갈죄의 수단으로서 협박의 의미

공갈죄의 수단으로서 협박은 사람의 의사결정의 자유를 제한하거나 의사실행의 자유를 방해할 정도로 겁을 먹게 할 만한 해악을 고지하는 것을 말하고, 해악의 고지는 반드시 명시의 방법에 의할 것을 요하지 아니하며 언어나 거동에 의하여 상대방으로 하여금 어떠한 해악에 이르게 할 것이라는 인식을 갖게 하는 것이면 족한 것이고, 또한 직접적이 아니더라도 피공갈자 이외의 제3자를 통해서 간접적으로 할 수도 있으며, 행위자가 그의 직업, 지위 등에 기하여 불법한 위세를 이용하여 재물의 교부나 재산상 이익을 요구하고 상대방으로 하여금 그 요구에 응하지 아니한

178) 대법원 1961.9.21. 선고 4294형상385 판결.
179) 대법원 2007.5.10. 선고 2007도1375 판결.
180) 대법원 2005.7.15. 선고 2004도1565 판결.
181) 대법원 2005.7.15. 선고 2004도1565 판결.

때에는 부당한 불이익을 초래할 위험이 있다는 위구심을 야기하게 하는 경우에도 해악의 고지가 된다.[182)]

(7) 폭력배와 잘 알고 있다는 지위를 이용하여 불법한 위세를 보임으로써 해악의 고지를 하였다고 본 사례

피고인 등이 취한 일련의 거동은, 폭력배와 잘 알고 있다는 지위를 이용하여 불법한 위세를 보임으로써 재산상 이익을 요구하고 상대방으로 하여금 그 요구에 응하지 아니한 때에는 부당한 불이익을 초래할 위험이 있다는 위구심을 야기하게 하는 해악의 고지에 해당한다고 보아야 할 것이다.[183)]

(8) 공갈죄의 수단으로써 협박의 의미

공갈죄의 수단으로써의 협박은 객관적으로 사람의 의사결정의 자유를 제한하거나 의사실행의 자유를 방해할 정도로 겁을 먹게 할 만한 해악을 고지하는 것을 말하고, 그 해악에는 인위적인 것뿐만 아니라 천재지변 또는 신력이나 길흉화복에 관한 것도 포함될 수 있으나, 다만 천재지변 또는 신력이나 길흉화복을 해악으로 고지하는 경우에는 상대방으로 하여금 행위자 자신이 그 천재지변 또는 신력이나 길흉화복을 사실상 지배하거나 그에 영향을 미칠 수 있는 것으로 믿게 하는 명시적 또는 묵시적 행위가 있어야 공갈죄가 성립한다.[184)]

(9) 조상천도제를 지내지 아니하면 좋지 않은 일이 생긴다는 취지의 해악의 고지가 공갈죄의 수단으로써의 협박으로 평가될 수 없다고 한 사례

조상천도제를 지내지 아니하면 좋지 않은 일이 생긴다는 취지의 해악의 고지는 길흉화복이나 천재지변의 예고로서 행위자에 의하여 직접, 간접적으로 좌우될 수 없는 것이고 가해자가 현실적으로 특정되어 있지도 않으며 해악의 발생가능성이 합리적으로 예견될 수 있는 것이 아니므로 협박으로 평가될 수 없다고 한 사례이다.[185)]

(10) 피해자에 대한 금전채권이 있다 하더라도 사회통념상 용인되기 어려운 협박 수단을 이용한 경우 공갈죄가 성립한다고 본 사례

피고인이 피해자와의 동거를 정산하는 과정에서 피해자에 대하여 금전채권이 있다고 하더라도, 그 권리행사를 빙자하여 사회통념상 용인되기 어려운 정도를 넘는 협박을 수단으로 사용하였다면, 공갈죄가 성립한다고 본 사례이다.[186)]

(11) 신문의 부실공사 관련 기사에 대한 해당 건설업체의 반박광고가 있었음에도 재차 부실공사 관련 기사가 나가는 등 그 신문사 기자들과 그 건설업체 대표이사의 감정이 악화되어 있는 상태에서, 그 신문사 사주 및 광고국장이 보도자제를 요청하는 그 건설업체 대표이사에게 자사 신문에 사과광고를 싣지 않으면 그 건설업체의 신용을 해치는 기사가 계속 게재될 것 같다는 기

182) 대법원 2003.5.13. 선고 2003도709 판결.
183) 대법원 2003.5.13. 선고 2003도709 판결.
184) 대법원 2002.2.8. 선고 2000도3245 판결.
185) 대법원 2002.2.8. 선고 2000도3245 판결.
186) 대법원 1996. 9.24. 선고 96도2151 판결.

자들의 분위기를 전달하는 방식으로 사과광고를 게재토록 하면서 과다한 광고료를 받은 행위가 공갈죄의 구성요건에 해당한다고 본 사례[187]

(12) 공모공동정범에 있어서 공범관계의 성립요건

2인 이상이 공모하여 범죄에 공동 가공하는 공범관계에 있어서 공모는 법률상 어떤 정형을 요구하는 것이 아니고 공범자 상호간에 직접 또는 간접으로 범죄의 공동실행에 관한 암묵적인 의사연락이 있으면 족한 것으로 비록 전체의 모의과정이 없었다고 하더라도 수인 사이에 의사의 결합이 있으면 공동정범이 성립되는 것이므로, 공범자가 공갈행위의 실행에 착수한 후 그 범행을 인식하면서 그와 공동의 범의를 가지고 그 후의 공갈행위를 계속하여 재물의 교부나 재산상 이익의 취득에 이른 때에는 공갈죄의 공동정범이 성립한다.[188]

(13) 권리행사를 빙자하여 사회통념상 용인되기 어려운 협박을 하여 상대방을 외포케 한 경우 공갈죄의 성부(적극)

정당한 권리가 있다 하더라도 그 권리행사를 빙자하여 사회통념상 용인되기 어려운 정도를 넘는 협박을 수단으로 상대방을 외포케 하여 재물의 교부 또는 재산상의 이익을 받으려 하였다면 공갈죄가 성립한다.[189]

(14) 공갈죄의 수단으로서의 협박의 의의와 판단기준

공갈죄의 수단으로서 협박은 사람의 의사결정의 자유를 제한하거나 의사실행의 자유를 방해할 정도로 겁을 먹게 할 만한 해악을 고지하는 것을 말하고, 해악의 고지는 반드시 명시의 방법에 의할 것을 요하지 않고 언어나 거동에 의하여 상대방으로 하여금 어떠한 해악에 이르게 할 것이라는 인식을 갖게 한 것이면 족한 것이며, 이러한 해악의 고지가 비록 정당한 권리의 실현 수단으로 사용된 경우라고 하여도 그 권리실현의 수단방법이 사회통념상 허용되는 정도나 범위를 넘는 것인 이상 공갈죄의 실행에 착수한 것으로 보아야 하고, 여기서 어떠한 행위가 구체적으로 사회통념상 허용되는 정도나 범위를 넘는 것이냐의 여부는 그 행위의 주관적인 측면과 객관적인 측면, 즉 추구된 목적과 선택된 수단을 전체적으로 종합하여 판단하여야 한다.[190]

(15) 공갈죄가 야간에 범하여져 폭력행위등처벌에관한법률 제2조 제2항에 의해 가중처벌되는 경우 친족상도례의 적용이 있는지 여부

공갈죄가 야간에 범하여져 폭력행위등처벌에관한법률 제2조 제2항에 의해 가중처벌되는 경우에도 형법상 공갈죄의 성질은 그대로 유지되는 것이고, 특별법인 위 법률에 친족상도례에 관한 형법 제354조, 제328조의 적용을 배제한다는 명시적인 규정이 없으므로, 형법 제354조는 위 특별법 제2조 제2항 위반죄에도 그대로 적용된다고 보아야 할 것이며, 위 특별법 제2조 제4항에서 공갈죄의 수단이 되는 형법 제260조 제1항, 제2항 소정의 폭행 및 존속폭행죄와 형법 제283조 제1항, 제2항 소정의 협박 및 존속협박죄가 위 특별법 제2조 제2항, 제3항에 의하여 가중처벌

187) 대법원 1997.2.14. 선고 96도1959 판결.
188) 대법원 1997.2.14. 선고 96도1959 판결.
189) 대법원1996.3.22. 선고 95도2801 판결.
190) 대법원 1995.3.10. 선고 94도2422 판결.

되는 경우에 그 각 죄에 대하여 피해자의 명시한 의사에 반하여 논할 수 없다는 형법 제260조 제3항, 제283조 제3항을 적용하지 않는다고 규정하고 있다 하여 이를 달리 새길 것이 아니다.191)

(16) 공갈죄에 있어서 협박의 의미 및 해악의 고지가 권리실현의 수단으로 사용된 경우 공갈죄의 성부

공갈죄의 수단으로서의 협박은 사람의 의사결정의 자유를 제한하거나 의사실행의 자유를 방해할 정도로 겁을 먹게 할 만한 해악을 고지하는 것을 말하고, 해악의 고지가 권리실현의 수단으로 사용된 경우라도 그것이 권리행사를 빙자하여 협박을 수단으로 상대방을 겁을 먹게 하였고, 그 권리실행의 수단 방법이 사회통념상 허용되는 정도나 범위를 넘는다면 공갈죄의 실행에 착수한 것으로 보아야 한다.192)

(17) 공갈죄의 수단으로서의 협박의 의의 및 해악의 고지가 권리실행의 수단으로 사용된 경우의 공갈죄의 성부

공갈죄의 수단으로서의 협박은 사람의 의사결정의 자유를 제한하거나 의사실행의 자유를 방해할 정도로 겁을 먹게 할 만한 해악을 고지하는 것을 말하고, 여기에서 고지된 해악의 실현은 반드시 그 자체가 위법한 것임을 요하지 않으며, 해악의 고지가 권리실현의 수단으로 사용된 경우라고 하여도 그것이 권리행사를 빙자하여 협박을 수단으로 상대방을 겁을 먹게 하였고 그 권리 실행의 수단 방법이 사회통념상 허용되는 정도나 범위를 넘는다면 공갈죄가 성립한다.193)

(18) 공사부실로 하자가 발생하여 공사를 중단한 수급인이 도급인으로부터 공사대금 명목의 금품을 받은 소위가 정당한 권리행사에도 해당되지 않고 그 수단이 사회통념상 허용되는 범위를 넘는 것이어서 공갈죄에 해당한다고 본 사례

정당한 권리가 있다 하더라도 그 권리행사에 빙자하여 사회통념상 허용되는 범위를 넘어 협박을 수단으로 상대방을 외포시켜 재물의 교부 또는 재산상의 이익을 받는 경우와 같이 그 행위가 정당한 권리행사라고 인정되지 아니하는 경우에는 공갈죄가 성립된다고 할 것인바, 공사 수급인의 공사부실로 하자가 발생되어 도급인측에서 하자보수시까지 기성고 잔액의 지급을 거절하자 수급인이 일방적으로 공사를 중단하여 수급인에게 자신이 임의로 결가계산한 기성고 잔액 등 금 199,000,000원의 지급청구권이 있다고 볼 수 없을 뿐만 아니라, 비록 그렇지 않다 하더라도 수급인이 권리행사에 빙자하여 도급인측에 대하여 비리를 관계기관에 고발하겠다는 내용의 협박 내지 사무실의 장시간 무단점거 및 직원들에 대한 폭행 등의 위법수단을 써서 기성고 공사대금 명목으로 금 80,000,000원을 교부받은 소위는 사회통념상 허용되는 범위를 넘는 것으로서 이는 공갈죄에 해당한다.194)

(19) 공갈범행으로 인하여 취득한 이득액 산정의 기준시기

공갈폭행으로 인하여 취득한 이득액은 공갈범행으로 인하여 취득하기로 약정된 즉 불법영득의

---

191) 대법원 1994.5.27. 선고 94도617 판결.
192) 대법원 1993.9.14. 선고 93도915 판결.
193) 대법원 1991.11.26. 선고 91도2344 판결.
194) 대법원 1991.12.13. 선고 91도2127 판결.

대상이 된 재물이나 재산상의 이익의 가액이 기준이 되어야 하고, 범죄의 기수시기를 기준으로 하여 산정할 것이며 그 후의 사정변경을 고려할 것이 아니고 그와 같은 사정변경의 가능성이 공갈 행위시 예견 가능한 것이라고 하여도 마찬가지이다.[195)]

(20) 공갈죄의 수단으로서의 "협박"의 의미

공갈죄의 수단으로서의 협박은 사람으로 하여금 의사결정의. 자유를 제한하거나 의사실행의. 자유를 방해할 정도로 겁을 먹게 할만한 해악을 고지하는 것을 말하고, 여기서 고지된 해악의 실현은 반드시 그. 자체가 위법한 것임을 요하지 않으며, 또한 그 해악고지의 수단방법은 명시적이거나 직접적이 아니더라도 묵시적으로 피공갈자 이외의 제3자를 통해서 간접적으로 할 수도 있는 것이나, 그것이 정당한 권리자에 의하여 권리실행의 수단으로서 사용된 경우 행위의 주관적인 측면과 객관적인 측면을 종합적으로 판단하여 그 방법이 사회통념상 허용되는 정도를 넘지 않는 한 공갈죄의 성립을 인정할 수는 없는 것이다.[196)]

(21) 피고인이 그 소유건물에 인접한 대지 위에 건축허가조건에 위반되게 건물을 신축, 사용하는 소유자로부터 일조권 침해 등으로 인한 손해배상에 관한 합의금을 받은 것이 사회통념상 용인되는 범위를 넘지 않는 것이어서 공갈죄가 성립되지 않는다고 본 사례[197)]

(22) 사회통념상 허용범위를 넘은 권리실행과 공갈죄의 성부

정당한 권리자라 하더라도 그 권리실행의 수단, 방법이 사회통념상 허용되는 범위를 넘는 경우에는 공갈죄의 성립을 방해하지 않는다.[198)]

(23) 폭행·협박을 사용한 권리행사와 공갈죄의 성부

재물의 교부를 받거나 재산상 이익을 취득할 권리가 있는 자라고 할지라도 사회통념상 일반적으로 용인될 수 없는 정도의 폭행, 협박의 방법을 사용하여 재물의 교부를 받거나 재산상 이익을 취득한 때에는 이는 정당한 권리행사라고 볼 수 없으므로 공갈죄를 구성한다.[199)]

(24) 허용범위를 넘은 권리실행과 공갈죄의 성부

정당한 권리자(당연히 받을 이익금의 분배)라 하더라도 그 권리실행의 수단, 방법이 사회통념상 허용되는 범위를 넘은 경우에는 공갈죄의 성립을 방해하지 않는다.[200)]

(25) 종전상처까지 포함된 치료비 및 합의금수령과 공갈죄

피고인의 코 부분을 촬영한 X선사진에 나타난 비골골절상은 오래전에 생긴 것이기는 하나 피고인이 공소외인들과 서로 다투다가 땅에 넘어지는 바람에 비부좌상으로 심한 출혈과 비부주위에 종창이 있어 그 때문에 X선촬영까지 하게 된 이상 피고인이 공소외인들과의 싸움으로 비부좌상 외에 종전상처인 비골골절상까지 그때 입은 것으로 믿고 치료비 및 합의금 명목으로 돈을 받았

---

195) 대법원 1990.10.16. 선고 90도1815 판결.
196) 대법원 1990.8.14. 선고 90도114 판결.
197) 대법원 1990.8.14. 선고 90도114 판결.
198) 대법원 1985.9.10. 선고 84도2644 판결.
199) 대법원 1985.6.25. 선고 84도2083 판결.
200) 대법원 1984.3.27. 선고 83도3204 판결.

다 하여 공갈죄를 구성한다고 할 수 없다.[201)]

9. 강 요 죄

가. 의 의

폭행 또는 협박으로 사람의 권리행사를 방해하거나 의무 없는 일을 하게 하는 것을 내용으로 하는 범죄이며(형법 제324조), 미수범은 처벌한다(형법 제324조의5). 강요는 의사의 자유를 보호법익으로 하므로 강요죄의 객체는 의사결정 및 활동의 자유를 가진 사람에 제한된다.

나. 폭행·협박의 상대방과 피강요자가 다른 경우

폭행·협박의 상대방과 피강요자 사이에 일정한 공감관계가 있으면 피강요자에 대해서 강요죄가 성립하지만 폭행·협박의 상대방에 대해서는 폭행죄·협박죄가 성립한다.

본죄의 상습범과 야간 또는 2인 이상이 공동하여 본죄를 범한 경우 및 특수강요(단체나 다중의 위력으로써 또는 단체나 집단을 가장하여 위력을 보임으로써 강요죄를 범한 자 또는 흉기 기타 위험한 물건을 휴대하여 그 죄를 범한 자)는 '폭력행위 등 처벌에 관한 법률'에 의하여 가중처벌 된다.

다. 폭 행

사람의 의사결정이나 의사활동에 영향을 미쳐 강제효과를 발생시킬 수 있는 유형력의 행사를 말하며, 직접적이든 간접적이든 불문한다. 장애인의 wheel chair 손괴, 자동차 타이어를 펑크 내는 것, 마취제·수면제 사용하는 경우도 강요죄의 폭행에 해당하며, 상대방의 의사형성을 불가능하게 하는 절대적 폭력과 상대방의 의사에 심리적 영향을 미치는 강제적 폭력을 포함한다.

라. 협 박

강요죄에서의 협박은 해악을 고지하여 상대방에게 현실적으로 공포심을 일으키는 협의의 협박을 말하며 해악의 내용에는 제한이 없다. 강요죄에서 협박은 반항을 불가능하

---

201) 대법원 1984.1.24. 선고 83도3023 판결.

게 하거나 곤란하게 할 정도일 것은 요하지 않으나, 적어도 상대방에게 공포심을 주어 그의 의사결정·의사활동에 영향을 미칠 수 있는 정도여야 한다.

마. 권리행사방해

강요죄에서의 권리행사 방해란 행사할 수 있는 권리를 행사하지 못하게 하는 것을 말하며, 권리의 행사여부가 권리자의 자유에 속하는 것을 말한다. 권리는 반드시 법적근거가 있을 것은 요하지 않고, 재산적권리·비재산적권리를 불문한다.

강요죄에서 의무 없는 일의 강요란 의무 없는 자에게 일정한 작위·부작위 또는 수인을 강요하는 것을 말한다. 의무의 범위는 법률상의 의무를 마하며, 공법상의 의무이거나 사법상의 의무이거나를 불문하며, 의무 없는 일은 법률행위든 사실행위든 불문한다.

바. 기수시기

폭행·협박에 의하여 권리행사가 현실적으로 방해되거나 의무 없는 일을 현실적으로 했을 때 기수가 되며, 폭행·협박을 하였으나 권리행사를 방해하지 못한 경우 및 폭행·협박 그 자체가 미수에 그 친 경우에는 강요죄의 미수범이 된다.

사. 타죄와의 관계

강요죄는 자유를 침해하는 범죄 중 가장 일반적인 범죄이므로 체포, 감금, 약취, 유인 등의 죄가 성립하는 경우에는 특별규정인 이들 범죄만 성립되고 강요죄의 적용은 배제된다.

아. 중강요죄

강요죄를 범하여 사람의 생명에 대한 위험을 발생하게 함으로써 성립하는 범죄이다(형법 제326조).

강요죄 관련 판례정리

(1) 법률상 의무없는 진술서를 작성케 한 행위의 형벌규정

피고인이 피해자를 협박하여 동인으로 하여금 법률상 의무없는 진술서를 작성케 한 행위는 사람의 자유권행사를 방해한 것이므로 형법 324조의 폭력에 의한 권리행사방해죄를 구성한다.[202)]

---

202) 대법원 1974.5.14. 선고 73도2578 판결.

(2) 강요죄의 수단인 '협박'의 의미 및 그 유무와 정도에 대한 판단 기준

강요죄의 수단인 협박은 일반적으로 사람으로 하여금 공포심을 일으키게 하는 정도의 해악을 고지하는 것으로 그 방법은 통상 언어에 의하는 것이나 경우에 따라서 한마디 말도 없이 거동에 의하여서도 할 수 있는데, 그 행위가 있었는지는 행위의 외형뿐 아니라 그 행위에 이르게 된 경위, 피해자와의 관계 등 주위상황을 종합적으로 고려하여 판단해야 하는 것이며, 강요죄에서 협박당하는 사람으로 하여금 공포심을 일으키게 하는 정도의 해악의 고지인지는 그 행위 당사자 쌍방의 직무, 사회적 지위, 강요된 권리, 의무에 관련된 상호관계 등 관련 사정을 고려하여 판단되어야 할 것이다.[203)]

(3) 환경단체 소속 회원들이 축산 농가들의 폐수 배출 단속활동을 벌이면서 폐수 배출현장을 사진촬영하거나 지적하는 한편 폐수 배출사실을 확인하는 내용의 사실확인서를 징구하는 과정에서 서명하지 아니할 경우 법에 저촉된다고 겁을 주는 등 행한 일련의 행위가 '협박'에 의한 강요행위에 해당한다고 한 사례 [204)]

(4) 강요죄에 있어서 협박의 의미

강요죄라 함은 폭행 또는 협박으로 사람의 권리행사를 방해하거나 의무 없는 일을 하게 하는 것을 말하고, 여기에서의 협박은 객관적으로 사람의 의사결정의 자유를 제한하거나 의사실행의 자유를 방해할 정도로 겁을 먹게 할 만한 해악을 고지하는 것을 말한다.[205)]

(5) 골프시설의 운영자가 골프회원에게 불리하게 변경된 내용의 회칙에 대하여 동의한다는 내용의 등록신청서를 제출하지 아니하면 회원으로 대우하지 아니하겠다고 통지한 것이 강요죄에 해당한다고 한 사례 [206)]

(6) 피해자를 협박하여 여권을 강제 회수한 경우 형법 제324조 소정의 폭력에 의한 권리행사방해죄의 성부

형법 제324조 소정의 폭력에 의한 권리행사방해죄는 폭행 또는 협박에 의하여 권리행사가 현실적으로 방해되어야 할 것인바, 피해자의 해외도피를 방지하기 위하여 피해자를 협박하고 이에 피해자가 겁을 먹고 있는 상태를 이용하여 동인 소유의 여권을 교부하게 하여 피해자가 그의 여권을 강제 회수당하였다면 피해자가 해외여행을 할 권리는 사실상 침해되었다고 볼 것이므로 권리행사방해죄의 기수로 보아야 한다.[207)]

(7) 직장 상사가 범죄행위를 저지른 부하직원에게 사직을 단순히 권유한 것만으로는 강요죄의 협박에 해당하지 않는다고 한 사례

강요죄라 함은 폭행 또는 협박으로 사람의 권리행사를 방해하거나 의무 없는 일을 하게 하는 것을 말하고, 여기에서의 협박은 객관적으로 사람의 의사결정의 자유를 제한하거나 의사실행의

203) 대법원 2010.4.29. 선고 2007도7064 판결.
204) 대법원 2010.4.29. 선고 2007도7064 판결.
205) 대법원 2003.9.26. 선고 2003도763 판결.
206) 대법원 2003.9.26. 선고 2003도763 판결.
207) 대법원 1993.7.27. 선고 93도901 판결.

자유를 방해할 정도로 겁을 먹게 할 만한 해악을 고지하는 것을 말하는바, 직장에서 상사가 범죄행위를 저지른 부하직원에게 징계절차에 앞서 자진하여 사직할 것을 단순히 권유하였다고 하여 이를 강요죄에서의 협박에 해당한다고 볼 수는 없다.

(8) 강요죄의 수단인 '협박'의 의미 및 그 유무와 정도에 대한 판단 기준

강요죄의 수단인 협박은 일반적으로 사람으로 하여금 공포심을 일으키게 하는 정도의 해악을 고지하는 것으로 그 방법은 통상 언어에 의하는 것이나 경우에 따라서 한마디 말도 없이 거동에 의하여서도 할 수 있는데, 그 행위가 있었는지는 행위의 외형뿐 아니라 그 행위에 이르게 된 경위, 피해자와의 관계 등 주위상황을 종합적으로 고려하여 판단해야 하는 것이며, 강요죄에서 협박당하는 사람으로 하여금 공포심을 일으키게 하는 정도의 해악의 고지인지는 그 행위 당사자 쌍방의 직무, 사회적 지위, 강요된 권리, 의무에 관련된 상호관계 등 관련 사정을 고려하여 판단되어야 할 것이다.[208)]

(9) 상사 계급의 피고인이 그의 잦은 폭력으로 신체에 위해를 느끼고 겁을 먹은 상태에 있던 부대원들에게 청소 불량 등을 이유로 40분 내지 50분간 머리박아(속칭 '원산폭격')를 시키거나 양손을 깍지 낀 상태에서 약 2시간 동안 팔굽혀펴기를 50-60회 정도 하게 한 행위가 형법 제324조에서 정한 강요죄에 해당한다고 한 사례 [209)]

(10) 타인을 협박하여 지불각서를 쓰게 한 행위가 강도죄를 구성하는지 여부

재산상 이득에 관한 강도죄가 성립하려면 적어도 외형상으로나마 권리의무관계의 불법적인 변동이 있어야만 할 것이고, 설사 범인이 폭행, 협박에 의하여 피해자로 하여금 강제로 어떤 행위를 하게 하였으나 그로 말미암아 권리의무관계의 외형적인 변동조차도 일어나지 아니하는 경우라면, 형법 제324조의 권리행사방해죄가 성립할 수 있음은 별론으로 하고 강도죄가 성립할 수는 없다고 봄이 상당하므로, 피해자를 협박하여 제3자에게 일정금액을 지불하겠다는 내용의 지불각서를 피고인이 부르는 대로 쓰게 한 행위는 강도죄를 구성하지 않는다.[210)]

10. 강제적인 심부름

가. 의 의

셔틀은 중·고등학교에서 힘센 학생들의 강요에 의해 빵이나 담배 등을 대신 사다주거나 와이파이 등을 제공하는 행위나 대리로 시험을 쳐 주는 행위, 그 행위를 하는 사람을 뜻하는 대한민국의 신조어로, 학교폭력을 배경으로 탄생한 용어이다.

빵셔틀은 자신보다 힘이 센 학생들에게 강요당해 빵을 사오는 등의 잔심부름을 하는

---

208) 대법원 2010.4.29. 선고 2007도7064 판결.
209) 대법원 2006.4.27. 선고 2003도4151 판결.
210) 대구고법 1993.1.13. 선고 92노706 판결.

학생이나 혹은 그 행위 자체를 일컫는 말이다.

나. 강제적인 심부름이 학교폭력에 해당하는 이유

이는 '빵셔틀'이 그 명령을 거부하면 당연히 폭력적인 보복이 뒤따르므로 단순히 빵을 사 오는 개념이 아닌 일종의 학교폭력이며, 심각한 사회 문제이기도 하다. 왕따를 당하는 학생에게 돈을 주지 않거나 주더라도 아주 소액만을 주고는 빵 등 간식이나 담배 등을 사오라고 강제적으로 심부름을 시키는 행위를 일컫는다.

다. 강제적인 심부름의 유형

빵셔틀에서 "셔틀"(Shuttle)은 전략 시뮬레이션 게임 스타크래프트의 가상의 종족인 프로토스의 병력 수송선인 '셔틀'에서 유래했다. 다른 일진에게 빵을 뺏기면 "셔틀추락", 심부름 속도가 빠르면 "속업셔틀"이라고 부른다. 심부름의 종류에 따라 "돈셔틀", "담배셔틀", "시험셔틀", "버스셔틀", "가방셔틀", "와이파이셔틀"이라고도 부르지만, 대개 "빵셔틀"이라고 부른다. 와이파이셔틀'은 불량학생들이 힘없는 학생들에게 3G 통신 데이터를 무제한으로 쓸 수 있는 5만5000원 이상 휴대전화 요금제에 가입하게 한 뒤, 스마트폰의 테더링 또는 핫스팟 기능을 통해 자신들은 공짜로 인터넷을 사용하는 것을 말한다.

11. 따돌림

가. 따돌림

"따돌림"이란 학교 내외에서 2명 이상의 학생들이 특정인이나 특정집단의 학생들을 대상으로 지속적이거나 반복적으로 신체적 또는 심리적 공격을 가하여 상대방이 고통을 느끼도록 하는 일체의 행위를 말한다(학교폭력 예방 및 대책에 관한 법률 제2조 제1의2호).

나. 집단 따돌림

집단 따돌림이란 학급에서 복수의 학생들이 한 명 또는 소수의 학생들을 대상으로 의도와 적극성을 가지고 지속적으로 그리고 반복적으로 관계에서 소외시키거나 괴롭히는 일체의 행위. 전혀 말을 걸지 않거나

사사건건 놀린다거나 이유 없이 툭툭 치거나 욕설을 하거나 심부름을 시키는 것으로서 그 특징적 요소로는 공격적인 행동이거나 고의적으로 해를 입히는 것, 반복적이고 지속적으로 이루어지고, 힘의 불균형을 특징으로 하는 대인관계에서 일어난다.

다. 따돌림과 방관자

가해자는 또래집단 내에서 일반 학생들 이상의 큰 영향력을 가지며 심지어 인기가 있는 경우도 있으며, 피해자는 잘난 척을 하고 타인을 무시하는 학생과, 유약하고 수동적인 태도를 보이는 학생의 두 가지 유형으로 분류되며, 방관자는 집단 따돌림에서 방관자는 가해자처럼 적극적이지는 않지만 동시에 그들이 목격한 문제 상황에 대해 어떤 조치도 취하지 않음으로써 문제 상황을 유지시키는데 일조한다. 따라서 방관자가 피해자 편에 선다면 집단 따돌림 행동을 중단시키거나 예방도 할 수 있는 중요한 역할을 할 수 있다.

12. 사이버 따돌림

"사이버 따돌림"이란 인터넷, 휴대전화 등 정보통신기기를 이용하여 학생들이 특정 학생들을 대상으로 지속적, 반복적으로 심리적 공격을 가하거나, 특정 학생과 관련된 개인정보 또는 허위사실을 유포하여 상대방이 고통을 느끼도록 하는 일체의 행위를 말한다 (학교폭력 예방 및 대책에 관한 법률 제2조 제1의3호).

인터넷 상에서 특정인을 집단적으로 괴롭히는 사이버블링(Cyber Bullying)은 스마트폰과 페이스북, 트위터 등 소셜 네트워크 서비스(SNS)를 이용하여 이메일, 메신저 등의 방법으로 특정인을 비난하는 근거 없는 소문전파, 메신저 집단차단, 인터넷 카페공격, 이메일 해킹, 욕설과 비방, 모함, 강제삭제, 안티카페 개설, 일촌 집단거부 등을 이용하여 교묘하고도 계속적으로 집요한 괴롭힘을 가하여 사이버상 공간과 실제공간을 구별하지 못하는 등, 피해자에게 심리적 압박을 가하고, 실제공간상에서의 폭력으로까지 이어지는 등의 심각한 사회문제로 나타나고 있다.

13. 성 폭 력

가. 성폭력을 학교폭력에 포함시킨 경위

2008. 3. 14. 개정법률에서는 성폭력을 학교폭력의 범위에 포함시켰다. 학교폭력 예방교육에서 성폭력 교육을 시킬 수 있는 근거를 마련한 것이다.

나. 성폭력의 정의

성폭력범죄의 처벌 등에 관한 특례법상 성폭력범죄의 정의에 따른 성폭력범죄

(1) 「형법」 제2편 제22장 성풍속에 관한 죄 중 제242조(음행매개), 제243조(음화반포등), 제244조(음화제조등) 및 제245조(공연음란)의 죄

(2) 「형법」 제2편 제31장 약취와 유인의 죄 중 추행 또는 간음을 목적으로 하거나 추업(醜業)에 사용할 목적으로 범한 제288조(영리 등을 위한 약취, 유인, 매매등), 제292조(약취, 유인, 매매된 자의 수수 또는 은닉. 다만, 제288조의 약취, 유인이나 매매된 사람을 수수 또는 은닉한 죄로 한정한다), 제293조(상습범. 다만, 제288조의 약취, 유인이나 매매된 사람 또는 제289조의 이송된 사람을 수수 또는 은닉한 죄의 상습범으로 한정한다) 및 제294조(미수범. 다만, 제288조의 미수범 및 제292조의 미수범 중 제288조의 약취, 유인이나 매매된 사람을 수수 또는 은닉한 죄의 미수범과 제293조의 상습범의 미수범 중 제288조의 약취, 유인이나 매매된 사람을 수수 또는 은닉한 죄의 상습범의 미수범으로 한정한다)의 죄

(3) 「형법」 제2편 제32장 강간과 추행의 죄 중 제297조(강간), 제298조(강제추행), 제299조(준강간, 준강제추행), 제300조(미수범), 제301조(강간등 상해·치상), 제301조의2(강간등 살인·치사), 제302조(미성년자등에 대한 간음), 제303조(업무상위력등에 의한 간음) 및 제305조(미성년자에 대한 간음, 추행)의 죄

(4) 「형법」 제339조(강도강간)의 죄

(5) 이 법 제3조(특수강도강간 등)부터 제14조(미수범)까지의 죄

및 위 범죄로서 다른 법률에 따라 가중처벌되는 죄는 성폭력범죄로 본다.

14. 정보통신망을 이용한 음란·폭력 정보 등에 의하여 신체·정신 또는 재산상의 피해를 수반하는 행위

가. 의 의

인터넷, 휴대전화 등 정보통신기기를 이용하여 음란·폭력 정보 등에 의하여 신체·정신 또는 재산상의 피해를 수반하는 행위를 말한다.

나. 사람을 비방할 목적

정보통신망 이용촉진 및 정보보호 등에 관한 법률 제70조는 제1항에서 “사람을 비방

할 목적으로 정보통신망을 통하여 공공연하게 사실을 드러내어 다른 사람의 명예를 훼손한 자는 3년 이하의 징역이나 금고 또는 2천만원 이하의 벌금에 처한다."고 규정하고 있으며, 제2항에서는 "사람을 비방할 목적으로 정보통신망을 통하여 공공연하게 거짓의 사실을 드러내어 다른 사람의 명예를 훼손한 자는 7년 이하의 징역, 10년 이하의 자격정지 또는 5천만원 이하의 벌금에 처한다."고 규정하고 있으며, 제3항에서는 "피해자가 구체적으로 밝힌 의사에 반하여 공소를 제기할 수 없다."고하여 반의사불벌죄로 규정하고 있다.

다. 처벌규정

또한 동법 제44조의7 (불법정보의 유통금지 등) 제1항에서 "누구든지 정보통신망을 통하여 공포심이나 불안감을 유발하는 부호·문언·음향·화상 또는 영상을 반복적으로 상대방에게 도달하도록 하는 내용의 정보를 유통하여서는 아니 된다."고 규정하고 있으며, 이를 위반한 경우에는 "1년 이하의 징역 또는 1천만원 이하의 벌금에 처한다."고 규정하고 (동법 제74조), "피해자가 구체적으로 밝힌 의사에 반하여 공소를 제기할 수 없다."고 규정하여 반의사불벌죄로 규정하고 있다(동법 제74조 제2항).

정보통신망 이용촉진 및 정보보호 등에 관한 법률 관련 판례정리

(1) 정보통신망 이용촉진 및 정보보호 등에 관한 법률 제72조 제1항 제1호, 제48조 제1항 위반죄의 성립 요건

정보통신망 이용촉진 및 정보보호 등에 관한 법률 제72조 제1항 제1호, 제48조 제1항 위반죄는, 정당한 접근권한 없이 또는 허용된 접근권한을 넘어 정보통신망에 침입하면 성립한다.[211]

(2) 정보통신망을 이용한 불안감 조성행위가 '정보통신망 이용촉진 및 정보보호 등에 관한 법률' 제74조 제1항 제3호, 제44조의7 제1항 제3호 위반죄에 해당하기 위한 요건

정보통신망 이용촉진 및 정보보호 등에 관한 법률 제74조 제1항 제3호, 제44조의7 제1항 제3호는 '정보통신망을 통하여 공포심이나 불안감을 유발하는 문언 등을 반복적으로 상대방에게 도달하게 하는 자'를 벌하고 있는바, 공포심이나 불안감을 유발하는 문언 등을 반복적으로 상대방에게 도달하게 하였는지 여부는 단순히 발송된 문자메시지의 내용만을 기초로 판단할 것이 아니라 그와 더불어 그와 같은 문자메시지를 보내게 된 경위, 피고인과 피해자 사이의 관계, 피고인이 문자메시지를 보내기 전후의 피해자가 처한 상황 등을 종합적으로 고려해서 판단하여야 한다. 또한 이 범죄는 구성요건상 위 조항에서 정한 정보통신망을 이용하여 상대방의 불안감 등을 조성하는 일정 행위의 반복을 필수적인 요건으로 삼고 있을 뿐만 아니라 그 입법 취지에 비추어 보더

211) 대법원 2011.7.28. 선고 2011도5299 판결.

라도 위 정보통신망을 이용한 일련의 불안감 조성행위가 이에 해당한다고 하기 위해서는 각 행위 상호간에 일시·장소의 근접, 방법의 유사성, 기회의 동일, 범의의 계속 등 밀접한 관계가 있어 그 전체를 일련의 반복적인 행위로 평가할 수 있는 경우라야 하고, 그와 같이 평가될 수 없는 일회성 내지 비연속적인 단발성 행위가 수차 이루어진 것에 불과한 경우에는 그 문언의 구체적 내용 및 정도에 따라 협박죄나 경범죄처벌법상 불안감 조성행위 등 별개의 범죄로 처벌함은 별론으로 하더라도 위 법 위반죄로 처벌할 수 없다.212)

(3) 구 정보통신망 이용촉진 및 정보보호 등에 관한 법률 제70조 제2항의 허위사실 적시 정보통신망을 통한 명예훼손죄에서 '허위의 인식' 등에 관한 증명책임의 소재(=검사) 및 그 증명 여부의 판단 기준

형사재판에서 공소가 제기된 범죄의 구성요건을 이루는 사실은 그것이 주관적 요건이든 객관적 요건이든 그 증명책임이 검사에게 있으므로, 구 정보통신망 이용촉진 및 정보보호 등에 관한 법률(2008. 6. 13. 법률 제9119호로 개정되기 전의 것) 제70조 제2항의 허위사실 적시 정보통신망을 통한 명예훼손죄로 기소된 사건에서 사람의 사회적 평가를 떨어뜨리는 사실이 적시되었다는 점, 그 적시된 사실이 객관적으로 진실에 부합하지 아니하여 허위일 뿐만 아니라 그 적시된 사실이 허위라는 것을 피고인이 인식하고서 이를 적시하였다는 점은 모두 검사가 증명하여야 한다. 그런데 위 증명책임을 다하였는지 여부를 결정할 때에는, 어느 사실이 적극적으로 존재한다는 것의 증명은 물론, 그 사실의 부존재의 증명이라도 특정 기간과 특정 장소에서의 특정행위의 부존재에 관한 것이라면 적극적 당사자인 검사가 이를 합리적 의심의 여지가 없이 증명하여야 할 것이지만, 특정되지 아니한 기간과 공간에서의 구체화되지 아니한 사실의 부존재를 증명한다는 것은 사회통념상 불가능한 반면 그 사실이 존재한다고 주장·증명하는 것이 보다 용이하므로 이러한 사정은 검사가 그 증명책임을 다하였는지를 판단할 때에 고려되면 된다.213)

(4) 구 정보통신망 이용촉진 및 정보보호 등에 관한 법률 제70조에서 정한 '사람을 비방할 목적'이 있는지 여부의 판단 기준 및 '공공의 이익'과의 관계

구 정보통신망 이용촉진 및 정보보호 등에 관한 법률(2008. 6. 13. 법률 제9119호로 개정되기 전의 것) 제70조 제1, 2항에서 정한 '사람을 비방할 목적'이란 가해의 의사 내지 목적을 요하는 것으로서, 사람을 비방할 목적이 있는지 여부는 당해 적시 사실의 내용과 성질, 당해 사실의 공표가 이루어진 상대방의 범위, 그 표현의 방법 등 그 표현 자체에 관한 제반 사정을 감안함과 동시에 그 표현에 의하여 훼손되거나 훼손될 수 있는 명예의 침해 정도 등을 비교, 고려하여 결정하여야 하는데, 공공의 이익을 위한 것과는 행위자의 주관적 의도의 방향에 있어 서로 상반되는 관계에 있으므로, 적시한 사실이 공공의 이익에 관한 것인 경우에는 특별한 사정이 없는 한 비방할 목적은 부인된다고 보아야 하고, 공공의 이익에 관한 것에는 널리 국가·사회 기타 일반 다수인의 이익에 관한 것뿐만 아니라 특정한 사회집단이나 그 구성원 전체의 관심과 이익에 관한 것도 포함하는 것이고, 행위자의 주요한 동기 내지 목적이 공공의 이익을 위한 것이라면 부수적으로 다른 사익적 목적이나 동기가 내포되어 있더라도 비방할 목적이 있다고 보기는 어렵다.214)

212) 수원지법 2011.1.6. 선고 2010노4714 판결.
213) 대법원 2010.11.25. 선고 2009도12132 판결.

(5) 정보통신망 이용촉진 및 정보보호 등에 관한 법률 제44조의7 제1항 제2호의 '사람을 비방할 목적'이 부인되는 '적시한 사실이 공공의 이익에 관한 것'인지 여부의 판단 기준

정보통신망 이용촉진 및 정보보호 등에 관한 법률 제44조의7 제1항 제2호의 '사람을 비방할 목적'이란 형법 제309조 제1항의 '사람을 비방할 목적'과 마찬가지로 가해의 의사 내지 목적을 요하는 것으로서 공공의 이익을 위한 것과는 행위자의 주관적 의도의 방향에 있어 서로 상반되는 관계에 있다고 할 것이므로, 적시한 사실이 공공의 이익에 관한 것인 경우에는 특별한 사정이 없는 한 비방할 목적은 부인된다고 봄이 상당하다. 여기에서 '적시한 사실이 공공의 이익에 관한 경우'란 적시된 사실이 객관적으로 볼 때 공공의 이익에 관한 것으로서 행위자도 주관적으로 공공의 이익을 위하여 그 사실을 적시한 것이어야 하는데, 공공의 이익에 관한 것에는 널리 국가·사회 기타 일반 다수인의 이익에 관한 것뿐만 아니라 특정한 사회집단이나 그 구성원 전체의 관심과 이익에 관한 것도 포함한다. 적시한 사실이 공공의 이익에 관한 것인지 여부는 당해 명예훼손적 표현으로 인한 피해자가 공무원 내지 공적 인물과 같은 공인인지 아니면 사인에 불과한지 여부, 그 표현이 객관적으로 국민이 알아야 할 공공성·사회성을 갖춘 공적 관심 사안에 관한 것으로 사회의 여론형성 내지 공개토론에 기여하는 것인지 아니면 순수한 사적인 영역에 속하는 것인지 여부, 피해자가 그와 같은 명예훼손적 표현의 위험을 자초한 것인지 여부, 그리고 그 표현에 의하여 훼손되는 명예의 성격과 그 침해의 정도, 그 표현의 방법과 동기 등 제반 사정을 고려하여 판단하여야 한다.[215)]

(6) 정보통신망을 이용한 불안감 조성행위가 정보통신망 이용촉진 및 정보보호 등에 관한 법률 제74조 제1항 제3호 위반죄에 해당하기 위한 요건

정보통신망 이용촉진 및 정보보호 등에 관한 법률 제74조 제1항 제3호, 제44조의7 제1항 제3호는 '정보통신망을 통하여 공포심이나 불안감을 유발하는 문언을 반복적으로 상대방에게 도달하게 한 자'를 처벌하고 있다. 이 범죄는 구성요건상 위 조항에서 정한 정보통신망을 이용하여 상대방의 불안감 등을 조성하는 일정 행위의 반복을 필수적인 요건으로 삼고 있을 뿐만 아니라, 그 입법 취지에 비추어 보더라도 위 정보통신망을 이용한 일련의 불안감 조성행위가 이에 해당한다고 하기 위해서는 각 행위 상호간에 일시·장소의 근접, 방법의 유사성, 기회의 동일, 범의의 계속 등 밀접한 관계가 있어 그 전체를 일련의 반복적인 행위로 평가할 수 있는 경우라야 한다. 따라서 그와 같이 평가될 수 없는 일회성 내지 비연속적인 단발성 행위가 수차 이루어진 것에 불과한 경우에는 그 문언의 구체적 내용 및 정도에 따라 협박죄나 경범죄처벌법상 불안감 조성행위 등 별개의 범죄로 처벌함은 별론으로 하더라도 위 법 위반죄로 처벌할 수는 없다.[216)]

(7) 구 정보통신망 이용촉진 및 정보보호 등에 관한 법률 제61조 제1항에 정한 '사실의 적시'의 의미 및 그 판단 방법

구 정보통신망 이용촉진 및 정보보호 등에 관한 법률(2007. 12. 21. 법률 제8778호로 개정되기 전의 것) 제61조 제1항에 정한 '사실의 적시'란 가치판단이나 평가를 내용으로 하는 의견표현에

---

214) 대법원 2010.11.25. 선고 2009도12132 판결.
215) 서울행법 2010.2.11. 선고 2009구합35924 판결.
216) 대법원 2009.4.23. 선고 2008도11595 판결.

대치되는 개념으로서 시간과 공간적으로 구체적인 과거 또는 현재의 사실관계에 관한 보고 내지 진술을 의미하는 것이며, 그 표현내용이 증거에 의한 입증이 가능한 것을 말하고, 판단할 진술이 사실인가 또는 의견인가를 구별하는 때에는 언어의 통상적 의미와 용법, 입증가능성, 문제된 말이 사용된 문맥, 그 표현이 행하여진 사회적 상황 등 전체적 정황을 고려하여 판단하여야 한다.217)

Ⅲ 학교폭력의 유형 및 증가하는 폭력형태

1. 학교폭력의 유형

가. 학교폭력 피해를 호소하는 학생은 오히려 증가하고, 협박이나 집단괴롭힘의 피해유형이 늘어나고 있으며, 학교폭력 피해장소가 교사의 감독권을 벗어난 등하교길, 학교주변, 오락실, pc방 등으로 확산되고, 초등학생과 여학생의 학교폭력 가해비율이 지속적으로 증가하고 있으며 일부 음란·폭행성 영상물을 모방한 심각한 학교폭력 사안도 발생하고 있다.

나. 동전을 뚫어 낚시 줄을 매달아 친구의 목에 밀어 넣고 숨이 멈출 듯하면 꺼내고 또 다시 밀어 넣고, 목을 조여 기절시켜 마구 때려서 깨우는 기절게임, 컴퍼스로 손등찍기, 양팔·다리를 붙들고 흔들다 집어 던지는 그네놀이, 배에 칼등으로 긁는 수술놀이, 왕따를 당하기보다는 맞는 게 낫다는 아이들, 괴롭힘을 당하느니 남을 괴롭혀 폭력의 고통에서 벗어나고 싶어 하며 내가 맞지 않기 위해서는 무리 속에 섞여 같이 폭행을 하고, 집단 따돌림을 시키는 등 최근의 학생폭력은 대부분 집단 폭력의 형태로 이루어지고 있다.

다. 심리적 괴롭힘, 집단적 따돌림, 사이버 상 명의도용 및 명예훼손 등이 증가하고 있다. 특히 사이버 집단 괴롭힘은 익명성으로 인하여 사실관계를 확인해보지도 않고 거침없는 인신공격으로 나타나고 있다.

특정인에 대하여 모욕적인 욕설 등을 인터넷 게시판에 올리거나 메모 또는 채팅 상에서 행하는 행위나 같은 반 학생들끼리 안티카페를 만들어, 특정 학생을 비방하는 글을 인터넷 게시판에 올리고 서로 공유하는 행위나, 특정인에 대한 허위의 글이나 개인의 사

217) 대법원 2009.5.28. 선고 2008도8812 판결.

생활에 관한 사실이나 허위 사실을 인터넷 게시판 등에 올려 불특정 다수인에게 공개하는 행위나 자신이 싫어하는 학생의 실명을 인터넷 게시판에 공개하고 소문으로 떠도는 사실을 올리는 행위 등이 증가하고 있다.

2. 최근 학교폭력의 추이와 특징[218)]

가. 학교폭력 피해학생이 학교폭력 가해학생이 되는 비율이 높아지고 있다.

최근 발생하는 학교폭력은 저연령화, 집단화, 폭력에 대한 인식 부족, 폭력의 잔인화 등 학교폭력이 또 다른 양상으로 계속 학생들의 사이에서 심각한 문제로 나타나고 있다. 또한 가해학생들의 학교폭력에 대한 인식이 무뎌지고, 일상화 되어 폭력으로 인식되지 못하며 목격 학생 역시 학교폭력에 적절하게 대처하지 못하고 있다. 더군다나 학교폭력 피해학생이 가해학생으로 되는 비율이 점점 높아지고 있다.

나. 학교폭력으로 인한 피해학생의 심리적 고통이 심각한 수준이다.

학교폭력으로 인한 피해학생이 자살하는 사건 수의 증가 및 상납을 위한 또 다른 범죄 등으로 이어지고 있으며, 피해자의 심리적 고통, 가해학생의 무감각, 방관하는 학생의 침묵으로 인하여, 학교폭력이 일상화되어 학교 내에서조차 안전하지 못하다.

다. 학교폭력피해로 인한 자살하는 학생이 발생

가해학생의 지속적이고 잔인하고 교묘한 집단 따돌림과 신체폭행 및 금품갈취로 인하여 피해학생이 더 이상 학교나 선생님 심지어 부모님에게조차 도움을 요청하지 못하는 절망적인 상태에 빠져 결국 극단적인 선택으로 인하여 자살하는 사례가 발생하고 있다.

라. 학교폭력 발생시기가 점점 낮아지고 있다.

초등학교 시기는 또래관계에서 친밀감을 형성해야 하며, 친밀감을 토대로 자신의 사회적 자리를 매김 하는 시기임에도 불구하고 초등학교 저학년 때부터 학교폭력이 발생하고 있다.

마. 학교폭력의 집단화

학교폭력 가해학생이 2인 이상인 경우가 점점 증가하고 있으며, 집단적 따돌림이나 집

---

218) 청소년폭력예방재단이 2012년 발표한 2011년도 학교폭력 실태조사를 분석·요약한 자료이다.

단 폭행이나 상해로 인하여 피해학생의 자존감이 낮아지고 학교폭력을 목격하고도 신고하지 못하고 가해학생들의 눈치를 보고 자기 자신만 학교폭력의 피해자가 되지 않기를 바라면서 항상 불안한 마음으로 학교에 다니는 학생이 증가하고 있다.

바. 학교폭력 피해학생

(1) 재학기간 중 학교폭력 피해경험 처음당한 시기

재학기간 동안 학교폭력 피해경험이 있는 학생이 약 30% 정도이며, 피해학생 중 약 70%는 초등학교 시기 처음으로 학교폭력 피해를 당했다.

(2) 최근 1년간 학교폭력 피해경험·기간

최근 1년간 학교폭력 피해경험이 있는 학생은 약 20% 정도이며, 피해학생 중 약 30%는 3개월 이상 학교폭력 피해를 지속적으로 당한 것으로 나타났다.

(3) 피해유형

학교폭력 피해유형은 '맞았다'(1위), '욕설이나 모욕적인 말을 들었다'(2위), '말로 협박이나 위협을 당했다'(3위) 순으로 나타났다. 이러한 피해유형은 전년도 연구에서도 마찬가지로 나타났다. 남녀 성별 학교폭력 피해유형은 남학생의 경우 '맞았다'가 약 50%로 나타나 가장 높은 비중을 차지했으며, 여학생의 경우 '욕설이나 모욕적인 말을 들었다'가 약 35%로 나타나 가장 비중이 높았다. 특히 '집단적으로 따돌림을 당했다'의 경우 남학생은 약 5%인데 비해, 여학생은 약 20%로 나타나 4배 이상 차이를 보여 여학생의 집단적인 행동과 따돌림현상이 심각한 것으로 나타났다.

(4) 학교폭력으로 피해를 당한 학생의 자살생각 정도

학교폭력으로 인한 피해학생이 자살에 대해서 생각해본 적이 있는지에 대해서 약 30% 학생이 자살에 대해서 생각해 본적이 있는 것으로 나타났다. 특히 정서적으로 예민한 여학생의 경우 학교폭력으로 피해를 당하여 자살을 생각해본 경우가 약 40%에 달할 정도로 남학생의 약 28%보다 높게 나타났다.

(5) 학교폭력으로 인한 심리적 고통

학교폭력 피해학생의 경우 학교에 등교하기를 거부할 충동을 느낀 경우가 약 50% 정도로 나타났다. 학교폭력 피해학생의 경우 학교에 등교하는 것조차도 심리적 고통을 수반하는 것임을 알 수 있다.

사. 학교폭력 가해학생

(1) 재학기간 중 학교폭력 가해경험

재학기간 동안의 학교폭력 가해경험이 있는 학생은 약 24%로 나타났으며, 가해경험이 있는 학생 중 약 75%는 초등학교 시기에 처음으로 학교폭력 가해를 한 것으로 나타났다.

(2) 최근 1년간 학교폭력 가해경험

최근 1년간 학교폭력 가해경험에 대해서는 약 15%가 학교폭력 가해경험이 있는 것으로 나타났으며, 남학생은 약 20%, 여학생은 약 10%가 학교폭력 가해경험이 있는 것으로 나타났다.

(3) 학교폭력 가해 이유

학교폭력 가해 이유에 대하여, '장난'(1순위), '상대학생이 잘못해서'(2순위), '이유없음'(3순위)로 나타났다. 또한 가해행동에 대한 인식을 살펴보면 '피해학생에게 미안하다고 생각한다'(50.7%), '감정을 조절하지 못하고 과하게 반응했다고 생각한다'(28.6%), '정당한 행동이었다고 생각한다'(11.1%), '아무런 생각도 들지 않는다'(9.6%) 라고 응답하여 가해행동에 대하여 죄의식을 느끼지 못하는 경우가 약 20%로 나타났다.

(4) 가해행동 이후 조치

최근 1년간 학교폭력 가해 후 어떤 조치를 받았는지에 대해서 약 35%가 아무런 조치도 받지 않은 것으로 나타나 학교폭력 예방 및 대책에 관한 법률에 규정된 가해학생에 대한 조치가 이루어지지 않은 것으로 나타났다.

(5) 가해행동을 하지 않게 된 이유

최근 1년 동안 학교폭력 가해행동을 하지 않게 된 이유에 대해서 1순위로 '스스로 나쁜 행동임을 알게 되어서'가 가장 높게 나타났고, 다음으로(2순위) '학교 선생님이 아셔서 꾸지람을 들었다', 3순위로 '피해학생 부모님이 연락을 해서 꾸지람을 들었다'가 높은 수치를 보였다. 그리고 '학교폭력 예방교육을 받고 생각이 변했다'라는 의견이 4순위로 나타나, 가해학생이 스스로 나쁜 행동임을 인지함으로서 학교폭력을 가해행동이 멈춘 것으로 나타났다.

아. 학교폭력 목격학생

(1) 도와주었을 때, 학생들이 요청한 방법 순위

학교폭력을 목격한 후, 피해학생이 도움을 요청한다면 어떠한 방법이 가장 안심이 되냐는 질문에는 '선생님께 직접 말함'(36.9%)이 가장 높게 나타났다. 이외에 '학교폭력 신고함에 신고한다'(26.9%), '어떤 방법도 안심되진 않는다'(20.5%) 순으로 나타났다.

(2) 학교폭력 목격 후, 모른 척한 이유

학교폭력을 목격한 후 모른 척한 이유를 살펴보면, 1순위가 '같이 피해를 당할까봐 모르는 척했다'(29.9%)고 응답하였고, 2순위로 '어떻게 해야 할지 몰라서 모르는 척했다'(25.3%), '관심이 없어서 모르는 척했다'(18.9%), '개입을 해도 소용이 없어서 모르는 척했다'(14.8%) 등으로 나타났다.

제2장 | 학교폭력 예방 및 대책에 관한 법률의 적용범위 및 학교 폭력 사건 처리절차

Ⅰ 학교폭력 예방 및 대책에 관한 법률의 적용범위

1. 학교폭력 예방 및 대책에 관한 법률과 다른 법률과의 관계

학교폭력의 규제, 피해학생의 보호 및 가해학생에 대한 조치에 있어서 다른 법률에 특별한 규정이 있는 경우를 제외하고는 이 법을 적용하도록 하고 있다(학교폭력 예방 및 대책에 관한 법률 제5조 제1항). 성폭력의 경우 학교폭력의 개념 속에 포함시켰으나(학교폭력 예방 및 대책에 관한 법률 제2조 제1호), 다른 법률에 규정이 있는 경우에는 이 법을 적용하지 아니하도록 하여(학교폭력 예방 및 대책에 관한 법률 제5조 제2항) 성폭력 피해자의 프라이버시 보호를 강화하였다.

2. 특정강력범죄의 처벌에 관한 특례법의 규정

가. 특정강력범죄의 처벌에 관한 특례법 제3조는 성폭력 사건 등에 관하여 누범의 형을 그 죄에 대하여 정하여진 형의 장기 및 단기의 2배까지 가중한다고 규정하고 있다.

나. 형법 제2편 제32장 강간과 추행의 죄 중 제301조(강간등 상해·치상), 제301조의2(강간등 살인·치사)의 죄 및 흉기나 그 밖의 위험한 물건을 휴대하거나 2명 이상이 합동하여 범한 제297조(강간), 제298조(강제추행), 제299조(준강간·준강제추행), 제300조(미수범) 및 제305조(미성년자에 대한 간음, 추행)의 죄(특정강력범죄의 처벌에 관한 특례법 제2조 제1항 제3호)

다. 형법 제2편 제32장 강간과 추행의 죄, 성폭력범죄의 처벌 등에 관한 특례법 제3조부터 제10조까지 및 제14조(제13조의 미수범은 제외한다)의 죄 또는 아동·청소년의 성보호에 관한 법률 제10조의 죄로 두 번 이상 실형을 선고받은 사람이 범한 「형법」 제297조, 제298조, 제299조, 제300조, 제305조 및 아동·청소년의 성보호에 관한 법률 제10조의 죄(특정강력범죄의 처벌에 관한 특례법 제2조 제1항 제4호)

라. 형법 제2편 제38장 절도와 강도의 죄 중 제339조(강도강간), 제341조(상습범) 및 제

342조(미수범. 다만, 제329조부터 제331조까지, 제331조의2 및 제332조의 미수범은 제외한다)의 죄(특정강력범죄의 처벌에 관한 특례법 제2조 제1항 제5호)의 형을 선고받고 그 집행이 끝나거나 면제된 후 3년 이내에 다시 특정강력범죄를 범한 경우에는 그 죄에 대하여 정하여진 형의 장기 및 단기의 2배까지 가중한다(특정강력범죄의 처벌에 관한 특례법 제2조 제1항 제5호).

3. 특정범죄 가중처벌 등에 관한 법률

가. 특정범죄 가중처벌 등에 관한 법률은 성폭력 범죄의 경우에 가중처벌하는 규정을 두고 있다.

나. 제5조의2(약취·유인죄의 가중처벌)

형법 제288조·제289조 또는 제292조 제1항의 죄를 범한 사람은 무기 또는 5년 이상의 징역에 처한다(특정범죄 가중처벌 등에 관한 법률 제5조의2 제4항).

상습적으로 제4항의 죄를 범한 사람은 그 죄에 대하여 정한 형의 2분의 1까지 가중한다(특정범죄 가중처벌 등에 관한 법률 제5조의2 제4항).

제4항에 규정된 죄의 미수범은 처벌한다(특정범죄 가중처벌 등에 관한 법률 제5조의2 제4항).

제1항부터 제6항까지의 죄를 범한 사람을 은닉하거나 도피하게 한 사람은 3년 이상의 유기징역에 처한다(특정범죄 가중처벌 등에 관한 법률 제5조의2 제4항).

다. 특정범죄 가중처벌 등에 관한 법률 제5조의5(강도상해 등 재범자의 가중처벌)

형법 제339조(강도강간)의 죄 또는 그 미수죄로 형을 선고받고 그 집행이 끝나거나 면제된 후 3년 내에 다시 이들 죄를 범한 사람은 사형, 무기 또는 10년 이상의 징역에 처한다.

Ⅱ 학교폭력과 성폭력

1. 다른 법률에 규정이 있는 경우

학교폭력 중 성폭력의 경우 다른 법률에 규정이 있는 경우에는 학교폭력 예방 및 대책에 관한 법률을 적용되지 않는다. 강간과 같은 성폭력은 경미한 비행이 아니라 중대한 성격의 범죄 또는 비행이기 때문에 학교폭력 예방 및 대책에 관한 법률이 아니라 형법, 성폭력범죄의 처벌 등에 관한 특례법, 특정강력범죄의 처벌에 관한 특례법, 아동·청소년의 성보호에 관한 법률, 소년법이 적용되어야 한다. 즉 일반적인 성폭력범죄의 피해자의 보호·지원 및 가해자의 처벌을 목적으로 성폭력범죄의 범위를 정하고 있는 법률에는 성폭력범죄의 처벌 등에 관한 특례법이 있고, 아동·청소년에 대한 성폭력범죄에 관하여는 아동·청소년의 성보호에 관한 법률에서 다루고 있다.[1)]

2. 학교폭력 예방 및 대책에 관한 법률과 다른 법률이 중첩되는 사례의 경우

특정한 폭력행위가 학교폭력 예방 및 대책에 관한 법률과 형법상의 범죄구성요건에 모두 해당하는 사례(즉 중첩되는 사례)에서 형법등과 배타적관계에 있는 것인지 또는 학교폭력 예방 및 대책에 관한 법률이 적용되고 중대한 범죄는 소년법만 적용해야 하는지가 문제된다. 경미한 학교폭력에서는 학교차원의 대응을 우선시하고, 소년법의 적용을 배제하되 중대한 학교폭력에 대해서는 소년사법이 개입하는 것이 타당하다고 보여 진다. 즉 적어도 경미한 학교폭력행위에 대해서는 고소권자(피해학생 또는 법정대리인)의 사법기관에 대한 고소가 없는 한 학교 내에서의 선도·징계조치와 분쟁조정만으로 학교폭력사건을 해결하는 것이 타당하다고 볼 수 있다.

3. 성폭력범죄의 경우 피해자의 프라이버시 보호

성폭력범죄의 경우 피해자의 프라이버시 보호가 중요하고, 증거 확보 및 피해자 보호 등이 중요하며 전문성과 경험을 가진 수사기관이 사건을 조사하는 것이 타당하다. 학교폭력문제를 담당하는 전담기구에서 성폭력 사건의 사안을 조사하는 경우 피해자의 프라이버시 보호에 문제점이 있을 수 있고 피해자가 사건조사과정에서 제2차적 피해를 입게 될 수도 있다.

2008. 9. 15. 시행(2008. 3. 14. 전부개정)된 학교폭력 예방 및 대책에 관한 법률 개정이유를 살펴보면 학교폭력 개념 속에 성폭력을 포함시키도록 하되 다른 법률에 특별한 규정

---

1) 아동·청소년의 성보호에 관한 법률 제22조(아동·청소년대상 성범죄의 신고)
② 다음 각 호의 어느 하나에 해당하는 기관·시설 또는 단체의 장과 그 종사자는 직무상 아동·청소년대상 성범죄의 발생 사실을 알게 된 때에는 즉시 수사기관에 신고하여야 한다.
2. 「초·중등교육법」 제2조의 학교

이 있는 경우에는 이 법은 적용하지 않도록 하여 성폭력 피해자의 프라이버시 보호를 강화하였다.

학교폭력 예방 및 대책에 관한 법률은 "전담기구는 성폭력 등 특수한 학교폭력사건에 대한 실태조사의 전문성을 확보하기 위하여 필요한 경우 전문기관에 그 실태조사를 의뢰할 수 있다. 이 경우 그 의뢰는 자치위원회 위원장의 심의를 거쳐 학교장 명의로 하여야 한다."라고 규정하고 있다(학교폭력 예방 및 대책에 관한 법률 제14조 제7항). 위 규정은 성폭력실태조사를 학교폭력대책자치위원회에서 전문기관에 실태조사[2]를 의뢰할 수 있도록 하여 연계시키는 취지의 규정이다.

학교폭력 중 성폭력 사건의 경우 전담기구에서 사안조사를 할 수 없으며, 학교폭력자치위원회에서 가해학생에 대한 선도·징계조치나 피해학생에 대한 보호조치를 의결할 수 없는 것으로 보는 것이 타당하다. 학교의 장과 교직원은 학교폭력 중 성폭력 사건의 발생 사실을 알게 된 경우 아동·청소년의 성보호에 관한 법률 제22조(아동·청소년대상 성범죄의 신고)에 따라 즉시 수사기관에 신고를 하여야 한다.

4. 학교폭력 중 성폭력의 처리

가. 성폭력 사안도 학교폭력에 포함되나?

2008. 9. 15.시행(2008. 3. 14. 전부개정)된 학교폭력 예방 및 대책에 관한 법률에 따르면 성폭력 사안도 학교폭력에 포함된다. 즉 학교폭력 예방 및 대책에 관한 법률 제2조 제1호의 학교폭력의 정의 속에 성폭력을 포함시켰다.

그러나 학교폭력 예방 및 대책에 관한 법률 제5조 제2항은 "제2조 제1호 중 성폭력은 다른 법률에 규정이 있는 경우에는 이 법을 적용하지 아니한다."라고 규정하고 있다.

나. 성폭력 사안은 학교폭력대책자치위원회에서 처리하나?

2008. 9. 15.자로 전면 개정된 학교폭력 예방 및 대책에 관한 법률에서 학교폭력에 성폭력을 포함시켰기 때문에 여러 가지 해석의 여지가 있지만, 개정이유가 "학교폭력의 개념 속에 성폭력을 포함시키도록 하되 다른 법률에 특별한 규정이 있는 경우에는 이 법을 적용하지 아니하도록 하여 성폭력 피해자의 프라이버시 보호를 강화하였다."고 되어 있

2) 실태조사란 "실제의 상태나 사정 따위를 살펴 알아보는 것"을 말한다.

는 취지로 보아 학교폭력대책자치위원회에서 성폭력문제까지 자율적으로 해결하는 것으로 해석해서는 안 된다.

성폭력은 상당히 심각한 범죄행위로 '성폭력범죄의 처벌 등에 관한 특례법', '아동·청소년의 성보호에 관한 법률'로 처리되기 때문에 학교공동체 내에서의 해결이 아니라 직접적인 형사절차를 통해 처리되는 것으로 보아야 한다.

다만 성폭력문제가 학교폭력의 개념에 포함된 것은 학교폭력 예방교육의 내용에 성폭력의 내용이 포함되어 교육되어야 한다는 것을 의미하는 것으로 볼 수 있다.

따라서 성폭력이 학교폭력의 정의에 포함되었지만 특별법인 '성폭력범죄의 처벌 등에 관한 특례법', '아동·청소년의 성보호에 관한 법률' 등에 의해 처리되어야 하기 때문에, 일반법인 '학교폭력 예방 및 대책에 관한 법률'에 의해서 운영되는 학교폭력대책자치위원회에서는 처리할 수 없다. 따라서 선도위원회에서 처리해야 한다.

다. 성폭력 사안 발생 시 유의할 점

학교장 및 교직원은 성폭력 사안을 인지하면 즉시 경찰에 신고를 해야 한다.

비밀유지, 가해학생과의 격리조치 등 성폭력 피해학생 보호에 최선을 다해야 한다. 선도위원회에서 가해학생에 대한 조치를 취해야 한다.

라. 성폭력 신고 및 비밀누설금지

(1) 아동·청소년의 성보호에 관한 법률 제22조 제2항

다음 각 호의 어느 하나에 해당하는 기관·시설 또는 단체의 장과 그 종사자는 직무상 아동·청소년대상 성범죄의 발생 사실을 알게 된 때에는 즉시 수사기관에 신고하여야 한다.

1. 「유아교육법」 제2조 제2호의 유치원
2. 「초·중등교육법」 제2조의 학교

(2) 아동·청소년의 성보호에 관한 법률 제19조 제2항

제30조 및 제31조의 기관·시설 또는 단체의 장이나 이를 보조하는 자 또는 그 직에 있었던 자는 직무상 알게 된 비밀을 타인에게 누설하여서는 아니 된다.

(3) 학교폭력 예방 및 대책에 관한 법률 제5조 제2항

제2조 제1호 중 성폭력은 다른 법률에 규정이 있는 경우에는 이 법을 적용하지 아니

한다.

마. 성폭력 피해학생이 가해학생의 전학조치를 요구할 때 가해학생의 전학조치가 가능한가?

(1) 피해학생이 요구할 경우 전학조치를 하도록 노력해야 한다. 성폭력 사안은 초·중등교육법에 근거한 선도위원회에서 처리한다. 초·중등교육법상 징계의 종류에는 전학조치가 없으나, 학교장이 학생의 교육상 교육환경을 바꾸어줄 필요가 있다고 인정하여 추천하면 교육장(교육감)은 전학할 학교를 배정할 수 있도록 법령에 규정되어 있다. 따라서 선도위원회를 개최하여 피해자의 요구에 따라 전학조치를 하여 가해학생으로부터 분리시키는 것이 바람직하다.

(2) 관련 법령

① 아동·청소년의 성보호에 관한 법률 제5조

모든 국민은 아동·청소년이 이 법에서 정한 범죄의 상대방이나 피해자가 되거나 이 법에서 정한 범죄를 저지르지 아니하도록 사회 환경을 정비하고 아동·청소년을 보호·선도·교육하는 데에 최선을 다하여야 한다.

② 초·중등교육법시행령 제73조 제5항

교육장은 중학교의 장이 학생의 교육상 교육환경을 바꾸어 줄 필요가 있다고 인정하여 다른 학교로의 전학 또는 편입학을 추천한 자와 퇴학한 자로서 재입학을 지원하는 자에 대하여는 제1항 본문의 규정에 불구하고 전학 또는 편입학이나 재입학할 학교를 지정하여 배정할 수 있다.

③ 초·중등교육법시행령 제89조 제5항

제73조 제5항의 규정은 고등학교의 경우에 이를 준용한다.

바. 성폭력 피해학생이 가해학생의 처벌을 원치 않을 경우에도 경찰에 신고해야 하나?

(1) 아동·청소년의 성보호에 관한 법률에 의하면 성폭력을 경찰에 신고하는 것은 학교 및 교직원의 법적 의무사항으로 반드시 신고해야 한다. 신고의 의무를 이행하지 않았을 경우 300만원 이하의 과태료를 부과한다.

(2) 아동·청소년의 성보호에 관한 법률 제5조 제3항

제22조 제2항 각 호의 어느 하나에 해당하는 기관·시설 또는 단체의 장과 그 종사자가

직무상 아동·청소년대상 성범죄 발생 사실을 알고 수사기관에 신고하지 아니한 경우에는 300만원 이하의 과태료를 부과한다.

5. 성희롱의 법적 정의

가. 국가인권위원회법상 성희롱의 정의

"성희롱"이란 업무, 고용, 그 밖의 관계에서 공공기관(국가기관, 지방자치단체, 「초·중등교육법」 제2조, 「고등교육법」 제2조와 그 밖의 다른 법률에 따라 설치된 각급 학교, 「공직자윤리법」 제3조의2 제1항에 따른 공직유관단체를 말한다)의 종사자, 사용자 또는 근로자가 그 직위를 이용하여 또는 업무 등과 관련하여 성적 언동 등으로 성적 굴욕감 또는 혐오감을 느끼게 하거나 성적 언동 또는 그 밖의 요구 등에 따르지 아니한다는 이유로 고용상의 불이익을 주는 것을 말한다.

나. 남녀고용평등과 일·가정 양립지원에 관한 법률상 성희롱의 정의

"직장 내 성희롱"이란 사업주·상급자 또는 근로자가 직장 내의 지위를 이용하거나 업무와 관련하여 다른 근로자에게 성적 언동 등으로 성적 굴욕감 또는 혐오감을 느끼게 하거나 성적 언동 또는 그 밖의 요구 등에 따르지 아니하였다는 이유로 고용에서 불이익을 주는 것을 말한다.

다. 여성발전기본법상 성희롱의 정의

"성희롱"이란 업무, 고용, 그 밖의 관계에서 국가기관·지방자치단체 또는 대통령령으로 정하는 공공단체(이하 "국가기관등"이라 한다)의 종사자, 사용자 또는 근로자가 다음 각 목의 어느 하나에 해당하는 행위를 하는 경우를 말한다.

가. 지위를 이용하거나 업무 등과 관련하여 성적(性的) 언동(言動) 등으로 상대방에게 성적 굴욕감이나 혐오감을 느끼게 하는 행위
나. 상대방이 성적 언동이나 그 밖의 요구 등에 따르지 아니하였다는 이유로 고용상의 불이익을 주는 행위

성희롱[3]은 업무, 고용 기타 관계에서 발생되는 것을 성립요건으로 하며, 성희롱을 성

3) 성희롱이라 함은 업무, 고용 기타 관계에서 공공기관의 종사자, 사용자 또는 근로자가 그 지위를 이용하거나 업무 등과 관련하여 성적 언동 등으로 성적 굴욕감 또는 혐오감을 느끼게 하거나 성적

폭력범죄에 포함시키는 것은 국가형벌권의 과잉을 초래할 가능성이 크다고 할 수 있으므로 단순한 성희롱은 민사상 손해배상청구나 행정적 제재로 처리하는 것이 타당하므로 학교폭력의 범위에 포함 되지 않는다.

6. 학교 내외에서 학생을 대상으로 발생한 행위

이 법에서는 학교 내외에서 학생을 대상으로 발생한 행위를 학교폭력으로 정하고 있다. 개정전 법률에서는 학생 간에 발생한 행위만을 학교폭력으로 규정하고 있었으나 개정된 법률에서는 학생을 대상으로 발생한 행위로 규정하고 있다.

또한 법률 개정이유에서 분명히 밝히고 있는 바와 같이 기존의 학교폭력의 범위를 '학생 간에 발생한 사건'에서 '학생을 대상으로 발생한' 사건으로 확대하여 학교 밖 청소년(퇴학생, 자퇴생) 등에 의한 학교폭력도 학교폭력 예방 및 대책에 관한 법률에 따라 피해학생의 치료비 등을 지원 받을 수 있도록 부담을 완화하기 위한 것이므로, 학교 내외에서 성인이 학생을 대상으로 폭력을 행사한 경우이거나, 학교폭력 사건 피해학생의 보호자가 가해학생을 찾아가 때리거나, 가정폭력의 피해자나 교사가 학생을 체벌한 경우나 학생이 교사를 폭행한 경우에는 학교폭력 예방 및 대책에 관한 법률이 적용되지 않는다.

Ⅲ 학교폭력 사건의 처리절차

[학교폭력 사건의 처리절차 도표]

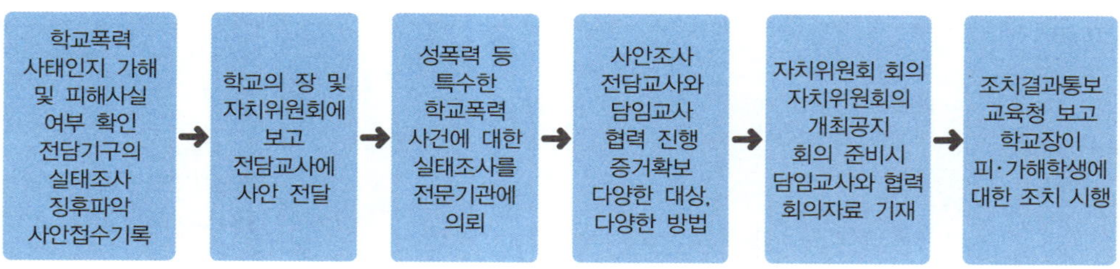

언동 기타 요구 등에 대한 불응을 이유로 고용상의 불이익을 주는 것을 말한다.

[학교폭력 사건의 처리절차 및 내용]

단 계	처리내용	담 당	근거규정
폭력 사건 발생 인지	학교폭력현장을 보거나 그 사실을 알게 된 자는 학교 등 관계기관에 즉시 신고		학교폭력예방 및 대책에 관한 법률 제20조 제1항
통보 및 신고 접수 및 학교장 보고	신고받은 기관은 이를 가해학생 및 피해학생의 보호자와 소속 학교의 장에게 통보, 통보받은 학교의 장은 이를 자치위원회에 지체없이 통보 학교폭력 전담기구는 신고된 사안을 신고대장에 반드시 기록하고, 학교장, 담임교사에게 보고하고, 가·피해학생 학부모에게 통지	학교의 장 및 학교폭력 전담기구	학교폭력예방 및 대책에 관한 법률 제20조 제2항, 3항
즉시 조치	피해학생과 가해학생 즉시 격리 신고·고발한 학생도 피해학생의 수준에서 가해학생으로부터 보복행위를 당하지 않도록 조치 〈피해학생〉 「아동·청소년의 성보호에 관한 법률」에 따라 성폭행에 대해서는 반드시 수사기관에 신고하고, 성폭력 전문상담기관 및 병원을 지정하여 정신적·신체적 피해 치유 및 성폭력 등 특수한 학교폭력사건에 대하여 필요한 경우 실태조사 의뢰 피해학생의 신체적·정신적 피해를 치유하기 위한 조치 실시 〈가해학생〉 2인 이상의 학생이 고의적·지속적으로 폭력을 행사하는 경우 등에 해당하는 사안이라면 학교장은 가해학생에 대해 우선출석정지 가해학생의 선도가 긴급한 경우, 「학교폭력예방 및 대책에 관한 법률」 제17조 제4항에 따라 학교장은 가해학생에 대한 조치를 취한 후, 자치위원회에 즉시 보고하여 추인 받음	학교장 학교폭력 전담기구 담임교사	학교폭력예방 및 대책에 관한 법률 제17조, 14조 제7항, 학교폭력예방 및 대책에 관한 법률 시행령 제21조
사안조사	학교폭력전담기구에서 구체적인 사안조사 실시 가·피해학생 면담, 주변학생 조사, 설문조사, 객관적인 입증자료 수집 등 가·피해학생 심층상담 조사한 결과를 바탕으로 가해자와 피해자 확정 성폭력의 경우 비밀유지에 유의	학교폭력 전담기구 담임교사	학교폭력예방 및 대책에 관한 법률 제14조, 학교폭력예방 및 대책에 관한 법률 시행령 제16조
가·피해학생	조사결과에 대해 부모에게 알리고,	학교폭력	

부모면담	향후 처리 절차 등에 대해 통보	전담기구 담임교사	
처리방향 심의	자치위원회 회부여부 결정	학교폭력 전담기구	
처리방향 결정	전담기구의 심의결과를 바탕으로 자치위원회 개최 요구	학교장, 자치위원회 위원장	학교폭력예방 및 대책에 관한 법률 제13조, 학교폭력예방 및 대책에 관한 법률 시행령 제14조
자치위원회 개최 및 조치	자치위원회를 개최하여 가·피해학생 및 보호자에게 의견진술의 기회를 부여하고, 조치 의결 후 학교장에게 조치 요청	자치위원회	학교폭력예방 및 대책에 관한 법률 제16조, 제17조
결정통보 및 재심 안내	자치위원회의 결정을 가해자와 피해자 및 그 보호자에게 통보 통보시 재심을 받을 수 있는 방법 안내	학교장	학교폭력예방 및 대책에 관한 법률 제16조, 제17조, 17조의2
조치 실행 및 사후 관리	학교장은 자치위원회의 조치 요청이 있는 경우, 피해학생에 대한 조치의 경우 보호자의 동의를 얻어 7일 이내에 조치를 취하고, 가해학생에 대한 조치는 14일 이내에 해당 조치를 해야 함. 가해학생과 그 보호자가 조치를 거부하거나 회피하는 경우 자치위원회는 추가조치를 학교장에게 요청 교육감에게 조치 및 그 결과 보고	학교장, 자치위원회	학교폭력예방 및 대책에 관한 법률 제17조, 제19조

1. 자치위원회의 사안 조사

자치위원회가 소집되면 우선적으로 당해 사안에 관한 조사에 착수하여야 한다. 학교폭력 사건의 처리과정에 있어서 초기 단계에서 중요한 것은 '사건의 진실'을 밝히는 것이다. 학교폭력 사건의 정확한 진실이 밝혀지고 잘잘못이 가려져야만 피해·가해학생에 대한 적절한 조치, 공정한 중재가 가능하다.

2. 조사책임자

학교폭력사안에 대한 조사책임은 원칙적으로 자치위원회에 있지만, 직접적인 조사는 자치위원회의 지시를 받아 학교폭력책임교사가 담당하는 것이 일반적이다. 학교폭력책임교사는 피해·가해학생의 담임교사 및 전문상담교사 등의 협조를 얻어 사안의 진상을 조사하고 증인 및 물증을 확보한다. 학교폭력책임교사는 조사된 내용을 수시로 정리하여 자치위원회에 보고하고 필요한 지시를 받아야 한다.

3. 조사를 통해 알아내야 할 사항

가. 가해자 및 피해자

학교폭력에서는 가해자와 피해자의 구분이 명확하지 않은 경우가 많다. 표면적인 관계에만 주목할 것이 아니라, 그 이면에 감추어진 다양한 관계를 분석하여 가해자와 피해자를 구분하여야 한다. 가해-피해 관계가 불분명한 경우 시간적인 여유를 가지고 접근해야 하며, 당사자뿐만 아니라 주변 인물들의 이야기를 주의 깊게 경청하고, 관련 정보를 수집하여야 한다.

나. 폭력장소와 폭력의 형태

폭력장소와 폭력의 형태를 파악해야 한다. 그래야만 자치위원회는 해당폭력에 내재된 요인이 무엇인지를 확인할 수 있고, 문제해결의 방법을 합리적으로 모색할 수 있을 것이다. 물론 폭력이 복합적인 장소에서 복합적인 형태로 나타날 수도 있다.

다. 피해의 정도

조사의 경우 피해의 정도 역시 확인하여야 한다. 피해의 정도는 폭력의 심각성 정도를 드러내 주는 것으로 이에 따라 적정한 대처방법이 달라질 수 있다.

4. 조사 방법

조사는 서면조사·해당학생 및 증인의 면담조사·사건현장조사 등을 모두 포함한다. 필요한 경우 자치위원회나 학교장은 전문상담교사로부터 피해학생 및 가해학생과의 상담결과를 보고받을 수도 있다(법 제14조 제2항). 면담조사의 경우에는 관련자들의 진술서를 받아두는 것이 바람직하다.

5. 전담기구의 조사

피해학생 또는 피해학생의 보호자가 피해사실 확인을 위해 전담기구에 조사를 요구한 경우 이러한 전담기구의 조사 결과를 사용할 수 있다. 또한 전담기구의 조사와는 별도로 자치위원회의 조사를 진행할 수 있다. 다만 이런 경우에는 피해자에게 조사의 중복 등으로 인한 피해를 주지 않는지 여부 등에 대한 고려가 필요하다.

6. 조사결과의 통보

조사가 종결됨과 동시에 자치위원회는 조사결과보고서를 작성하고, 조사결과를 피해 및 가해학생의 보호자에게 통보한다.

7. 학교장에게 처리 요청

학교폭력대책자치위원회는 해당사건에 대해 결정한 피해학생에 대한 조치, 가해학생에 대한 조치 등을 학교장에게 통보하여야 한다. 이는 해당학생에 대한 조치권 등은 학교폭력대책자치위원회가 가지고 있는 것이 아니라 학교장이 가지고 있기 때문이다.

8. 학교장의 처리

학교폭력대책자치위원회에서 통보한 결과에 따라 학교장은 해당학생에 대해서 14일 이내에 조치를 하여야 한다(학교폭력 예방 및 대책에 관한 법률 제17조 제6항). 가해학생에 대한 조치에 대해 학교장은 수정 처리 또는 거부 할 수 없다.

자치위원회가 심의를 거쳐 학교장에게 피해학생에 대한 일정한 보호조치를 요청하였을 때 학교장은 피해학생 보호자의 동의를 받아 7일 이내에 해당조치를 하여야 하고 이를 자치위원회에 보고하여야 한다(학교폭력 예방 및 대책에 관한 법률 제16조 제3항).

9. 교육감에게 보고

학교의 장은 학교폭력 사안 발생 사실에 대한 보고뿐만 아니라 해당 사건과 관련된 피해학생에 대한 조치, 장애학생에 대한 조치, 가해학생에 대한 조치재심청구에 따른 조치, 분쟁조정에 따른 조치를 한 경우 이러한 처리 결과에 대해서도 교육감에게 보고하여야 한다(법 제19조).

Ⅳ 학교폭력 예방 및 대책에 관한 법률과 초·중등교육법 및 초·중등교육법 시행령과의 관계

1. 선도위원회와 자치위원회의 차이

선도위원회는 학교폭력을 제외한 학생의 제반 비행에 대한 징계를 담당하는 학교자치기구이며 교원으로 구성되어있다. 학교폭력대책자치위원회는 학교폭력 사건을 다루는 법정기구이며 교원 외에도 학부모와 외부인사로 구성되어있다. 따라서 학교폭력 사건은 필수적으로 학교 내 법정기구인 "학교폭력대책자치위원회"를 통해 해결하도록 하고 학교폭력을 제외한 학생 비행 건은 학교 자치기구인 '선도위원회'를 통해 해결하여야 한다.

따라서 학교폭력과 관련한 사안에 대하여 학교 내 "학교폭력대책자치위원회"가 이를 심의하였다면 이것은 학교폭력 예방 및 대책에 관한 법률 제12조에서 위원회의 기능 중 징계기능을 수행하는 것이다. 따라서 이 과정에서 별도의 선도위원회가 열리지 않더라도 자치위원회 자체에서 학생을 징계하거나 조치할 수 있으며, 자치위원회는 징계학생에 대하여 별도의 '선도위원회'를 소집할 필요가 없다.

2. 가해학생에 대한 조치의 종류

가. 학교폭력 예방 및 대책에 관한 법률 제17조

학교폭력 예방 및 대책에 관한 법률 제17조(가해학생에 대한 조치)는 ① 피해학생에 대한 서면사과, ② 피해학생에 대한 접촉, 협박 및 보복행위의 금지, ③ 학교에서의 봉사, ④ 사회봉사, ⑤ 학내외 전문가에 의한 특별교육이수 또는 심리치료, ⑥ 출석정지, ⑦ 학급교체, ⑧ 전학, ⑨ 퇴학처분을 규정하고 있으며, 위 순서는 학교폭력 가해학생에 대한 조치를 '경한조치'에서 '중한조치'순으로 규정한 것이다.

나. 초·중등교육법 시행령 제31조 제1항

초·중등교육법 시행령 제31조 제1항에 따른 징계조치의 종류는 학교의 장은 교육상 필요하다고 인정할 때에는 학생에 대하여 ① 학교 내의 봉사, ② 사회봉사, ③ 특별교육이수, ④ 1회 10일 이내, 연간 30일 이내의 출석정지, ⑤ 퇴학처분이 있다.

3. 학교폭력 예방 및 대책에 관한 법률상의 가해학생에 대한 조치와 초·중

등교육법 및 동법 시행령에 규정된 학생의 징계의 비교

가. 학교폭력 예방 및 대책에 관한 법률 제17조(가해학생에 대한 조치)는 ① 피해학생에 대한 서면사과, ② 피해학생에 대한 접촉, 협박 및 보복행위의 금지, ③ 학교에서의 봉사, ④ 사회봉사, ⑤ 학내외 전문가에 의한 특별교육이수 또는 심리치료, ⑥ 출석정지, ⑦ 학급교체, ⑧ 전학, ⑨ 퇴학처분을 규정하고 있으며, 위순서는 학교폭력 가해학생에 대한 조치를 '경한조치'에서 '중한조치'순으로 규정한 것이다.

나. 학교의 장은 교육상 필요한 때에는 법령 및 학칙이 정하는 바에 의하여 학생을 징계하거나 기타의 방법으로 지도할 수 있다. 다만, 의무교육과정에 있는 학생을 퇴학시킬 수 없다. 학교의 장은 학생을 징계하고자 하는 경우 해당 학생 또는 학부모에게 의견진술의 기회를 부여하는 등 적정한 절차를 거쳐야 한다(초·중등교육법 제18조).

징계처분 중 퇴학조치에 대하여 이의가 있는 학생 또는 그 보호자는 그 조치를 받은 날부터 15일 이내 또는 그 조치가 있음을 안 날부터 10일 이내에 시·도학생징계조정위원회에 그 재심을 청구할 수 있다. 시·도학생징계조정위원회는 재심청구를 받은 때에는 30일 이내에 이를 심사·결정하여 청구인에게 통보하여야 한다. 심사결정에 이의가 있는 청구인은 그 통보를 받은 날부터 60일 이내에 행정심판을 제기할 수 있다(초·중등교육법 제18조의2).

다. 학교의 장은 교육상 필요하다고 인정할 때에는 학생에 대하여 ① 학교 내의 봉사, ② 사회봉사, ③ 특별교육이수, ④ 1회 10일 이내, 연간 30일 이내의 출석정지, ⑤ 퇴학처분의 어느 하나에 해당하는 징계를 할 수 있다.

학교의 장은 징계를 할 때에는 학생의 인격이 존중되는 교육적인 방법으로 하여야 하며, 그 사유의 경중에 따라 징계의 종류를 단계별로 적용하여 학생에게 개전의 기회를 주어야 한다.

학교의 장은 징계를 할 때에는 학생의 보호자와 학생의 지도에 관하여 상담을 할 수 있다. 교육감은 특별교육이수 및 출석정지의 징계를 받은 학생을 교육하는데 필요한 교육방법을 마련·운영하고, 이에 따른 교원 및 시설·설비의 확보 등 필요한 조치를 하여야 한다.

라. 퇴학처분은 의무교육과정에 있는 학생외의 자로서 ① 품행이 불량하여 개전의 가

망이 없다고 인정된 자, ② 정당한 이유없이 결석이 잦은 자, ③ 기타 학칙에 위반한 자의 어느 하나에 해당하는 자에 한하여 행하여야 한다.

학교의 장은 퇴학처분을 하기 전에 일정기간동안 가정학습을 하게 할 수 있다. 학교의 장은 퇴학처분을 한 때에는 당해 학생 및 보호자와 진로상담을 하여야 하며, 지역사회와 협력하여 다른 학교 또는 직업교육훈련기관 등을 알선하는데 노력하여야 한다.

학교의 장은 지도를 할 때에는 학칙으로 정하는 바에 따라 훈육·훈계 등의 방법으로 하되, 도구, 신체 등을 이용하여 학생의 신체에 고통을 가하는 방법을 사용해서는 아니 된다(초·중등교육법 시행령 제31조).

마. 퇴학 처분된 자의 재심청구

학생 또는 그 보호자가 시·도학생징계조정위원회에 재심을 청구할 때에는 ① 청구인의 이름, 주소 및 연락처, ② 피청구인, ③ 퇴학조치가 있음을 안 날, ④ 청구의 취지 및 이유의 사항을 적어 서면으로 하여야 한다.

징계조정위원회는 청구인이나 피청구인에게 심사에 필요한 자료 또는 정보의 제출을 요구할 수 있고, 청구인이나 피청구인은 특별한 사유가 없는 한 이를 즉시 제출하여야 한다. 징계조정위원회는 직권 또는 신청에 따라 청구인, 피청구인 또는 관련 교원 등을 징계조정위원회에 출석하여 진술하게 할 수 있다.

징계조정위원회는 필요하다고 인정하는 때에는 전문가 등 참고인을 출석하게 하거나 서면으로 의견을 들을 수 있다. 징계조정위원회의 회의는 비공개를 원칙으로 한다.

징계조정위원회는 재심청구에 대하여 결정을 하였을 경우 지체 없이 ① 사건번호 및 사건명, ② 청구인의 이름과 주소, ③ 퇴학조치의 원인, ④ 결정내용, ⑤ 결정의 이유, ⑥ 결정한 날짜의 사항을 적은 결정서의 정본을 청구인 및 피청구인에게 송부하여야 한다(초·중등교육법 시행령 제31조의2).

4. 전학처분

가. 전학처분의 의의 및 조치기간

가해학생을 피해학생으로부터 격리하기 위하여 가해학생의 소속을 다른 학교로 옮기는 조치이며, 자치위원회에서 가해학생에 대해서 전학조치를 의결하면 학교의 장은 14일 이내에 전학조치를 취해야 한다.

전학조치에 대하여 이의가 있는 학생 또는 그 보호자는 그 조치를 받은 날부터 15일 이내, 그 조치가 있음을 안 날로부터 10일 이내에 초·중등교육법 제18조의3에 따른 시·도학생징계조정위원회에 재심을 청구할 수 있다. 즉 학교폭력 예방 및 대책에 관한 법률은 자치위원회의 의결에 따라 학교의 장의 전학조치와 퇴학조치를 내린 경우 조치에 대하여 이의가 있는 학생 또는 그 보호자는 그 조치를 받은 날부터 15일 이내, 그 조치가 있음을 안 날로부터 10일 이내에 초·중등교육법 제18조의3에 따른 시·도학생징계조정위원회에 재심을 청구할 수 있고, 재심청구, 심사절차, 결정통보 등은 초·중등교육법 제18조의2 제2항부터 제4항까지의 규정을 준용한다."라고 규정하고 있다.

나. 전학조치를 거부하거나 기피하는 경우의 추가조치

학교폭력 예방 및 대책에 관한 법률 제17조 제1항 제2호부터 제9호까지의 처분(② 피해학생에 대한 접촉, 협박 및 보복행위의 금지, ③ 학교에서의 봉사, ④ 사회봉사, ⑤ 학내외 전문가에 의한 특별교육이수 또는 심리치료, ⑥ 출석정지, ⑦ 학급교체, ⑧ 전학, ⑨ 퇴학처분)을 받은 가해학생이 해당조치를 거부하거나 기피하는 경우 자치위원회는 제7항(긴급한 경우 선도조치의 거부나 회피시의 징계)에도 불구하고 추가로 다른 조치를 취할 것을 학교의 장에게 요청할 수 있다(학교폭력 예방 및 대책에 관한 법률 제17조 제11항). 즉 자치위원회는 학교폭력 예방 및 대책에 관한 법률 제17조 제1항 제2호부터 제9호까지의 조치를 받은 학생이 해당조치를 거부하거나 기피하는 경우에는 법 제17조 제11항에 따라 학교이 장으로부터 그 사실을 통보받은 날로부터 7일 이내에 추가로 다른 조치를 할 것을 학교의 장에게 요청할 수 있다(학교폭력 예방 및 대책에 관한 법률 시행령 제22조).

초·중등교육법 시행령 제73조(중학교의 전학 등) 제5항 및 동 시행령 제89조(고등학교의 전학 등) 제5조에서 거주지와 상관없이 전학을 할 수 있는 예외 규정을 두고 있다. 학교폭력의 경우에도 거주지와 상관없이 전학을 할 수 있는 근거규정으로 볼 수 있다. 즉 현행 초중등교육법 시행령은 제21조에서 초등학교의 전학을 규정하고 있으며, 시행령 제73조에서 중학교의 전학의 경우에는 교육장이 배정하도록 규정하고 있으며, 시행령 제89조에서 고등학교의 전학의 경우에는 교육감이 전학을 허용하도록 규정하고 있다.

다. 전학처분과 전학할 학교의 배정

초등학교·중학교·고등학교의 장은 자치위원회가 법 제17조 제1항에 따라 학교폭력 가해학생에 대한 전학조치를 요청하는 경우에는 초등학교·중학교의 장은 교육장에게, 고등학교의 장은 교육감에게 해당 학생이 전학할 학교의 배정을 지체 없이 요청하여야 한다.

교육감 또는 교육장은 학교폭력 가해학생이 전학할 학교를 배정할 때에는 학교폭력 피해학생의 보호에 충분한 거리 등을 고려하여야 하며, 관할구역 외의 학교를 배정하려는 경우에는 해당 교육감 또는 교육장에게 이를 통보하여야 한다. 통보를 받은 교육감 또는 교육장은 해당 가해학생이 전학할 학교를 배정하여야 한다.

라. 전학처분에 대한 이의와 재심청구

전학조치에 대하여 이의가 있는 학생 또는 그 보호자는 그 조치를 받은 날부터 15일 이내, 그 조치가 있음을 안 날로부터 10일 이내에 「초·중등교육법」 제18조의3에 따른 시·도학생징계조정위원회에 재심을 청구할 수 있다

5. 퇴학처분

피해학생을 보호하고 가해학생을 선도·교육할 수 없다고 인정될 때 취하는 최후의 조치이다. 학교의 장은 가해학생을 퇴학처분하기 전에 일정기간 동안 가정학습을 하게 할 수 있으며(초·중등교육법 시행령 제31조 5항), 퇴학처분을 할 때는 당해 학생 및 보호자와 진로상담을 하여야 하며, 지역사회와 협력하여 다른 학교 또는 직업교육훈련기관 등을 알선하는데 노력하여야 한다(초·중등교육법 시행령 제31조 6항). 그러나 의무교육과정에 있는 초등학교와 중학교 학생에게는 퇴학처분을 내릴 수 없다.

퇴학조치에 대하여 이의가 있는 학생 또는 그 보호자는 그 조치를 받은 날부터 15일 이내, 그 조치가 있음을 안 날로부터 10일 이내에 초·중등교육법 제18조의3에 따른 시·도학생징계조정위원회에 재심을 청구할 수 있다.

6. 학교폭력 예방 및 대책에 관한 법률과 학교안전사고 및 보상에 관한 법률과의 관계

가. 학교안전사고의 의의

학교안전사고를 예방하고 학생·교직원 등이 사고로부터 입은 피해를 신속·적정하게 보상하여 학생과 교직원이 안심하고 교육활동에 전념할 수 있는 학교안전망을 구축하기

위해서 제정된 법률이 '학교안전사고 예방 및 보상에 관한 법률'이며, 동법률에서는 "학교안전사고"라 함은 '교육활동 중에 발생한 사고로서 학생·교직원 또는 교육활동참여자의 생명 또는 신체에 피해를 주는 모든 사고 및 학교급식 등 학교장의 관리·감독에 속하는 업무가 직접 원인이 되어 학생·교직원 또는 교육활동 참여자에게 발생하는 질병으로서 대통령령이 정하는 것을 말한다.'라고 정의하고 있다.

나. 학교폭력도 학교안전사고와의 관계

학교폭력도 학교안전사고이며 동법률에서 공제급여를 제한하는 경우에 해당하지 않기 때문에 학교안전공제회의 공제급여를 지급받을 수 있다.

다. 치료 및 치료를 위한 요양비용 등과 구상권

학교폭력으로 인한 사고의 경우 피해자와 가해자간에 해결하는 것이 원칙이다. 학교폭력 예방 및 대책에 관한 법률 제16조 제5항에서 "피해학생이 전문단체나 전문가로부터 제1항 제1호(심리상담 및 조언), 2호(일시보호), 3호(치료 및 치료를 위한 요양)의 규정에 따른 상담 등을 받는 데에 사용되는 비용은 가해학생의 보호자가 부담하여야 한다. 다만, 피해학생의 신속한 치료를 위하여 학교의 장 또는 피해학생의 보호자가 원하는 경우에는 학교안전사고 예방 및 보상에 관한 법률 제15조에 따른 학교안전공제회 또는 시·도교육청이 부담하고 이에 대한 구상권을 행사할 수 있다."라고 규정하고 있다.

라. 공제급여의 직접청구

학교의 장 또는 피해학생의 보호자는 필요한 경우 학교안전사고 예방 및 보상에 관한 법 제34조의 공제급여를 학교안전공제회에 직접 청구할 수 있다.

제3장 | 학교폭력 피해학생 및 가해학생의 징후와 교육감 및 학교장의 임무와 특별교육이수

Ⅰ 학교폭력 피해학생의 징후와 가해학생의 징후

1. 학교폭력 피해학생의 징후

① 몸이 아프다고 하며 학교가기를 싫어하거나 지각 또는 조퇴가 잦아진다.

② 몸에 상처나 멍 자국이 있어 물어보면 그냥 넘어졌다거나 운동하다 다쳤다고 하며 자세한 이야기를 피한다.

③ 소지품, 새로 산 운동화, 옷 등이 자주 망가지거나 잃어버렸다고 한다.

④ 노트 등에 욕설, 폭언, 협박이나 "죽고 싶다"는 등의 낙서가 있다.

⑤ 용돈을 요구하는 횟수가 늘어나거나 말없이 돈을 가져간다.

⑥ 웃음이 없어지고 풀이 죽어서 맥없이 있거나 자기 방에 틀어 박혀 나오려 하지 않는다.

⑦ 자면서 식은땀을 흘리며 잠꼬대를 하거나 갑자기 성적이 떨어진다.

⑧ 갑자기 짜증이 많아지고 엄마나 동생 등 자신에게 만만한 대상에게 폭력을 쓰거나 공격적으로 변한다.

⑨ 수업시간에 다른 학생들로부터 야유나 험담을 많이 듣는다.

⑩ 잘못했을 때 놀리거나 비웃는 학생들이 많다

⑪ 체육시간, 점심시간, 야외활동시간 등에 혼자 있는 학생이 있다.

⑫ 옷이 지저분하거나 단추가 떨어지고 구겨져 있다.

⑬ 안색이 안 좋고 평소보다 기운이 없다.

⑭ 친구가 시키는 대로 그대로 따른다.

⑮ 항상 학생들이 힘겨루기를 할 때 그 상대가 된다.

⑯ 자주 친구의 심부름을 해준다.

⑰ 혼자 하는 행동이 많다.

⑱ 주변 학생들한테 계속 험담을 들어도 반발하지 않는다.

⑲ 성적이 갑자기 떨어진다.
⑳ 청소당번을 도맡아 한다.
㉑ 다른 학생들에게 눈치를 많이 받는다.
㉒ 자주 지각을 하거나 몸이 아프다는 이유로 조퇴하거나 결석한다.
㉓ 평소보다 어두운 얼굴표정으로 수심이 있어 보이고 수업에 열중하지 못한다.
㉔ 담임교사나 교무실, 상담실 주위를 서성이거나 보건실을 찾아오는 횟수가 많다.
㉕ 전학가고 싶다는 말을 한다.
㉖ 수업이 시작한 후에 화장실에 가려고 한다.

2. 학교폭력 가해학생의 징후

① 다른 아이들을 종종 때리는 모습을 보인다.
② 다른 아이들을 괴롭히거나 위협하는 행동이 목격된다.
③ 부모에게 이유 없이 화를 낸다.
④ 사주지 않은 물건을 가지고 있거나 돈 씀씀이가 커진다.
⑤ 귀가 시간이 늦어지거나 외출이 잦아진다.
⑥ 교실에서 큰 소리를 많이 치고 반 분위기를 주도한다.
⑦ 교사와 눈길을 자주 마주치며 수업분위기를 독점하려 한다.
⑧ 교사가 질문할 때 다른 학생의 이름을 대면서 그 학생이 대답하게 한다.
⑨ 교사의 권위에 도전하는 행동을 종종 나타낸다.
⑩ 자신의 문제 행동에 대해서 이유와 핑계가 많다.
⑪ 성미가 급하고 충동적이다.
⑫ 화를 잘 내고 공격적이다.
⑬ 친구에게 받았다고 하면서 비싼 물건을 가지고 다닌다.
⑭ 자기 자신에 대해 과도하게 자존심이 강하다.
⑮ 작은 칼 등 흉기를 소지하고 다닌다.
⑯ 등하교 시 책가방을 들어주는 친구나 후배가 있다.
⑰ 손이나 팔 등에 종종 붕대를 감고 다니거나 문신 등이 있다.
⑱ 친구나 후배에게 돈을 빌리고는 갚지 않는다.

Ⅱ 학교폭력대책지역위원회와 학교폭력대책지역협의회

1. 학교폭력대책지역위원회의 설치

지역의 학교폭력 문제를 해결하기 위하여 시·도에 학교폭력대책지역위원회(이하 "지역위원회"라 한다)를 둔다. 특별시장·광역시장·특별자치시장·도지사 및 특별자치도지사는 지역위원회의 운영 및 활동에 관하여 시·도의 교육감(이하 "교육감"이라 한다)과 협의하여야 하며, 그 효율적인 운영을 위하여 실무위원회를 둘 수 있다. 지역위원회는 위원장 1인을 포함한 11인 이내의 위원으로 구성한다(학교폭력 예방 및 대책에 관한 법률 제9조).

2. 학교폭력대책지역위원회의 구성·운영

학교폭력대책지역위원회의 위원장은 특별시·광역시·특별자치시·도·특별자치도의 부단체장(특별시의 경우에는 행정(1)부시장, 광역시 및 도의 경우에는 행정부시장 및 행정부지사를 말한다)으로 하며, 지역위원회의 위원장은 회의를 소집하고, 그 의장이 되며, 지역위원회의 위원장이 부득이한 사유로 직무를 수행할 수 없을 때에는 지역위원회 위원장이 미리 지명하는 위원이 그 직무를 대행한다.

지역위원회의 위원은 학식과 경험이 풍부하고 청소년보호에 투철한 사명감이 있는 사람으로서 ① 해당 시·도의 청소년보호 업무 담당 국장 및 시·도교육청 생활지도 담당 국장, ② 해당 시·도의회 의원 또는 교육위원회 위원, ③ 시·도 지방경찰청 소속 경찰공무원, ④ 학생생활지도 경력이 5년 이상인 교원, ⑤ 판사·검사·변호사, ⑥ 고등교육법 제2조에 따른 학교의 조교수 이상 또는 청소년 관련 연구기관에서 이에 상당하는 직위에 재직하고 있거나 재직하였던 사람으로서 학교폭력 문제에 대한 전문지식이 있는 사람, ⑦ 청소년 선도 및 보호 단체에서 청소년보호활동을 5년 이상 전문적으로 담당한 사람, ⑧ 초·중등교육법 제31조 제1항에 따른 학교운영위원회의 위원 또는 법 제12조 제1항에 따른 학교폭력대책자치위원회 위원으로 활동하고 있거나 활동한 경험이 있는 학부모 대표, ⑨ 그 밖에 학교폭력 예방 및 청소년 보호에 대한 지식과 경험이 있는 사람의 어느 하나에 해당하는 사람 중에서 특별시장·광역시장·특별자치시장·도지사·특별자치도지사가 교육감과 협의하여 임명하거나 위촉한다.

지역위원회 위원의 임기는 2년으로 한다. 다만, 지역위원회 위원의 사임 등으로 새로 위촉되는 위원의 임기는 전임위원 임기의 남은 기간으로 한다. 지역위원회의 사무를 처리하기 위하여 간사 1명을 두며, 지역위원회의 위원장과 교육감이 시·도 또는 시·도교육청 소속 공무원 중에서 협의하여 정하는 사람으로 한다(학교폭력 예방 및 대책에 관한 법률 시행령 제5조).

학교폭력대책지역실무위원회는 7명 이내의 학교폭력 예방 및 대책에 관한 실무자 및 민간 전문가로 구성한다(학교폭력 예방 및 대책에 관한 법률 시행령 제6조).

3. 학교폭력대책지역위원회의 기능

지역위원회는 기본계획에 따라 지역의 학교폭력 예방대책을 매년 수립하며, 해당 지역에서 발생한 학교폭력에 대하여 교육감 및 지방경찰청장에게 관련 자료를 요청할 수 있다. 교육감은 지역위원회의 의견을 들어 제16조 제1항 제1호부터 제3호까지나 제17조 제1항 제5호에 따른 상담·치료 및 교육을 담당할 상담·치료·교육 기관을 지정하여야 한다.

교육감은 제3항에 따른 상담·치료·교육 기관을 지정한 때에는 해당 기관의 명칭, 소재지, 업무를 인터넷 홈페이지에 게시하고, 그 밖에 다양한 방법으로 학부모에게 알릴 수 있도록 노력하여야 한다(학교폭력 예방 및 대책에 관한 법률 제10조).

4. 학교폭력대책지역협의회의 설치·운영

학교폭력 예방 대책을 수립하고 기관별 추진계획 및 상호 협력·지원 방안 등을 협의하기 위하여 시·군·구에 학교폭력대책지역협의회를 둔다. 지역협의회는 위원장 1명을 포함한 20명 내외의 위원으로 구성한다(학교폭력 예방 및 대책에 관한 법률 제10조의2).

5. 학교폭력대책지역협의회의 구성·운영

학교폭력대책지역협의회의 위원장은 시·군·구의 부단체장이 되며, 지역협의회의 위원장은 회의를 소집하고, 그 의장이 되며, 지역협의회의 위원장이 부득이한 사유로 직무를 수행할 수 없을 때에는 위원장이 미리 지정하는 위원이 그 직무를 대행한다.

지역협의회의 위원은 학식과 경험이 풍부하고 청소년보호에 투철한 사명감이 있는 사람으로서 ① 해당 시·군·구의 청소년보호 업무 담당 국장(국장이 없는 시·군·구는 과장을 말한다) 및 지역교육청의 생활지도 담당 국장(국장이 없는 지역교육청은 과장을 말한다), ② 해당 시·군·구의회 의원, ③ 해당 시·군·구를 관할하는 경찰서 소속 경찰공무원, ④ 학생생활 지도 경력이 5년 이상인 교원, ⑤ 판사·검사·변호사, ⑥ 고등교육법 제2조에 따른 학교의 조교수 이상 또는 청소년 관련 연구기관에서 이에 상당하는 직위에 재직하고 있거나 재직하였던 사람으로서 학교폭력 문제에 대하여 전문지식이 있는 사람, ⑦ 청소년 선도 및 보호 단체에서 청소년보호활동을 5년 이상 전문적으로 담당한 사람, ⑧ 학교운영위원회 위원 또는 자치위원회 위원으로 활동하거나 활동한 경험이 있는 학부모 대표, ⑨ 그 밖에 학교폭력 예방 및 청소년보호에 대한 지식과 경험을 가진 사람의 어느 하나에 해당하는 사람 중에서 시장·군수·구청장이 해당 지역교육청의 교육장과 협의하여 임명하거나 위촉한다.

지역협의회 위원의 임기는 2년으로 한다. 다만, 지역위원회 위원의 사임 등으로 새로 위촉되는 위원의 임기는 전임위원 임기의 남은 기간으로 한다. 지역협의회에는 사무를 처리하기 위해 간사 1명을 두며, 간사는 지역협의회의 위원장과 교육장이 시·군·구 또는 지역교육청 소속 공무원 중에서 협의하여 정하는 사람으로 한다(학교폭력 예방 및 대책에 관한 법률 시행령 제7조).

Ⅲ 학교폭력과 교육감의 임무

1. 전담부서의 설치·운영 등

교육감은 시·도교육청에 학교폭력의 예방과 대책을 담당하는 전담부서를 설치·운영하여야 하며, 관할 구역 안에서 학교폭력이 발생한 때에는 해당 학교의 장 및 관련 학교의 장에게 그 경과 및 결과의 보고를 요구할 수 있다. 교육감은 관할 구역 안의 학교폭력이 관할 구역 외의 학교폭력과 관련이 있는 때에는 그 관할 교육감과 협의하여 적절한 조치를 취하여야 하며, 학교의 장으로 하여금 학교폭력의 예방 및 대책에 관한 실시계획을 수립·시행하도록 하여야 하며, 법 제12조에 따른 자치위원회가 처리한 학교의 학교폭력빈도를 학교의 장에 대한 업무수행 평가에 부정적 자료로 사용하여서는 아니 된다.

교육감은 제17조 제1항 제8호에 따른 전학의 경우 그 실현을 위하여 필요한 조치를 취하여야 하며, 제17조 제1항 제9호에 따른 퇴학처분의 경우 해당 학생의 건전한 성장을 위하여 다른 학교 재입학 등의 적절한 대책을 강구하여야 한다.

교육감은 대책위원회 및 지역위원회에 관할 구역 안의 학교폭력의 실태 및 대책에 관한 사항을 보고하고 공표하여야 하며, 관할 구역 밖의 학교폭력 관련 사항 중 관할 구역 안의 학교와 관련된 경우에도 학교폭력의 실태 및 대책에 관한 사항을 보고하고 공표하여야 한다.

교육감은 학교폭력의 실태를 파악하고 학교폭력에 대한 효율적인 예방대책을 수립하기 위하여 학교폭력 실태조사를 연 2회 이상 실시하여야 하며, 학교폭력 등에 관한 조사·상담·치유프로그램 운영 등을 위한 전문기관을 설치·운영할 수 있다.

교육감은 관할 구역 안에서 학교폭력이 발생한 때에 해당 학교의 장 또는 소속 교원이 그 경과 및 결과를 보고함에 있어 축소 및 은폐를 시도한 경우에는 교육공무원법 제50조[1] 및 사립학교법 제62조[2]에 따른 징계위원회에 징계의결을 요구하여야 한다.

교육감은 관할 구역 안에서 학교폭력의 예방 및 대책 마련에 기여한 바가 큰 학교 또는 소속 교원의 근무성적 평정에 가산점을 부여하거나 상훈을 수여할 수 있다(학교폭력 예방 및 대책에 관한 법률 제11조).

---

1) 제50조(징계위원회의 설치) ① 교육공무원의 징계처분 및 제10조의3 제1항 각 호 외의 부분 단서에 따른 교원의 채용에 관한 사항을 의결하게 하기 위하여 대통령령으로 정하는 교육기관, 교육행정기관, 지방자치단체 및 교육연구기관에 교육공무원 징계위원회(이하 "징계위원회"라 한다)를 둔다. ② 징계위원회의 종류·구성·권한·심의절차, 징계위원회 위원의 제척이나 기피에 관한 사항 및 징계대상자의 진술권 등 필요한 사항은 대통령령으로 정한다. ③ 징계대상자에게 의견을 진술할 기회를 주지 아니한 징계의 의결은 무효로 한다.

2) 제62조(교원징계위원회의 설치) ① 사립학교의 교원의 징계사건 및 제54조의3 제5항 각 호 외의 부분 단서에 따른 교원의 임명에 관한 사항을 심의·의결하기 위하여 그 임면권자의 구분에 따라 학교법인·사립학교경영자 및 당해 학교에 교원징계위원회를 둔다. 다만, 사립유치원 교원의 징계사건은 「교육공무원법」 제50조의 규정에 의하여 설치되는 교육공무원징계위원회에서 심의·의결한다. ② 제1항의 규정에 의한 교원징계위원회는 5인 이상 9인 이하의 위원으로 구성하되, 그 위원은 당해 학교의 교원 또는 학교법인의 이사 중에서 당해 학교법인 또는 사립학교경영자가 임명한다. 다만, 학교법인인 경우에는 당해 학교법인의 이사인 위원의 수가 전체위원의 2분의 1을 초과할 수 없다. ③ 교원징계위원회의 조직·권한 및 심의절차 등에 관하여 필요한 사항은 대통령령으로 정한다.

2. 전담부서의 구성 등

학교폭력 예방 및 대책에 관한 법률 제11조 제1항에 따라 ① 학교폭력 예방과 근절을 위한 대책의 수립과 추진에 관한 사항, ② 학교폭력 피해학생의 치료 및 가해학생에 대한 조치에 관한 사항, ③ 그 밖에 학교폭력의 예방 및 대책과 관련하여 교육감이 정하는 사항의 업무를 수행하기 위하여 시·도교육청 및 지역교육청에 과·담당관 또는 팀을 둔다(학교폭력 예방 및 대책에 관한 법률 시행령 제8조).

3. 실태조사

학교폭력 예방 및 대책에 관한 법률 제11조 제8항에 따라 교육감이 실시하는 학교폭력 실태조사는 교육과학기술부장관과 협의하여 다른 교육감과 공동으로 실시할 수 있으며, 교육감은 학교폭력 실태조사를 교육 관련 연구·조사기관에 위탁할 수 있다(학교폭력 예방 및 대책에 관한 법률 시행령 제9조).

4. 전문기관의 설치 등

교육감은 학교폭력 예방 및 대책에 관한 법률 제11조 제9항에 따라 시·도교육청 또는 지역교육청에 ① 법 제11조의2 제1항에 따른 조사·상담 등의 업무, ② 학교폭력 피해학생·가해학생에 대한 치유프로그램 운영 업무의 업무를 수행하는 전문기관을 설치·운영할 수 있다.

교육감은 치유프로그램 운영 업무를 ① 청소년복지지원법 제14조에 따른 청소년쉼터, 청소년보호법 제33조의2에 따른 청소년보호센터 등 청소년을 보호하기 위하여 국가·지방자치단체가 운영하는 시설, ② 청소년활동진흥법 제10조에 따른 청소년활동시설, ③ 학교폭력의 예방과 피해학생 및 가해학생의 치료·교육을 수행하는 청소년 관련 단체, ④ 청소년 정신치료 전문인력이 배치된 병원, ⑤ 학교폭력 피해학생·가해학생 및 학부모를 위한 프로그램을 운영 하는 종교기관 등의 기관, ⑥ 그 밖에 교육감이 치유프로그램의 운영에 적합하다고 인정하는 기관의 어느 하나에 해당하는 기관·단체·시설에 위탁하여 수행하게 할 수 있다. 전문기관의 설치·운영에 관한 세부사항은 교육감이 정한다(학교폭력 예방 및 대책에 관한 법률 시행령 제10조).

5. 학교폭력조사·상담 등

교육감은 학교폭력 예방과 사후조치 등을 위해 ① 학교폭력 피해학생 상담 및 가해학생 조사, ② 필요한 경우 가해학생 학부모 조사, ③ 학교폭력 예방 및 대책에 관한 계획의 이행지도, ④ 관할 구역 학교폭력서클 단속, ⑤ 학교폭력 예방을 위한 민간기관 및 업소 출입·검사 감독, ⑥ 그 밖에 학교폭력 등과 관련하여 필요로 하는 사항의 조사·상담 등을 수행할 수 있으며, 조사·상담 등의 업무를 대통령령으로 정하는 기관 또는 단체에 위탁할 수 있다.

교육감 및 조사·상담 등의 업무를 위탁받은 위탁기관의 장이 조사·상담 등의 업무를 수행함에 있어 필요한 경우 관계기관의 장에게 협조를 요청할 수 있다. 조사·상담 등을 하는 관계 직원은 그 권한을 표시하는 증표를 소지하고 관계인에게 제시하여야 하며, 조사 결과는 학교의 장 및 보호자에게 통보하여야 한다(학교폭력 예방 및 대책에 관한 법률 제11조의2).

6. 학교폭력 조사·상담 업무의 위탁 등

교육감은 학교폭력 예방 및 대책에 관한 법률 제11조의2 제2항에 따라 학교폭력 예방에 관한 사업을 3년 이상 수행한 기관 또는 단체 중에서 학교폭력의 예방 및 사후조치 등을 수행하는 데 적합하다고 인정하는 기관 또는 단체에 법 제11조의2 제1항의 업무를 위탁할 수 있다(학교폭력 예방 및 대책에 관한 법률 시행령 제11조).

7. 관계 기관과의 협조 등

교육과학기술부장관, 교육감, 지역 교육장, 학교의 장은 학교폭력과 관련한 개인정보 등을 경찰청장, 지방경찰청장, 관할 경찰서장 및 관련기관의 장에게 요청할 수 있으며, 정보제공을 요청받은 경찰청장, 지방경찰청장, 관할 경찰서장 및 관계기관의 장은 이에 응하여야 한다(학교폭력 예방 및 대책에 관한 법률 제11조의3).

8. 관계 기관과의 협조 사항 등

학교폭력 예방 및 대책에 관한 법률 제11조의3에 따라 학교폭력과 관련한 개인정보 등을 협조를 요청할 때에는 문서로 하여야 한다(학교폭력 예방 및 대책에 관한 법률 시행령

제12조).

9. 분쟁조정과 교육감의 의무

시·도교육청 관할 구역 안의 소속 학교가 다른 학생 간에 분쟁이 있는 경우에는 교육감이 해당 학교의 자치위원회위원장과의 협의를 거쳐 직접 분쟁을 조정한다. 관할 구역을 달리하는 시·도교육청 소속 학교의 학생 간에 분쟁이 있는 경우에는 피해학생을 감독하는 교육감이 가해학생을 감독하는 교육감 및 관련 해당 학교의 자치위원회위원장과의 협의를 거쳐 직접 분쟁을 조정한다(학교폭력 예방 및 대책에 관한 법률 제18조).

Ⅳ 학교폭력과 학교장의 임무

1. 학교의 장의 전문상담교사 배치 및 전담기구 구성

학교의 장은 학교에 대통령령으로 정하는 바에 따라 상담실을 설치하고, 초·중등교육법 제19조의2[3]에 따라 전문상담교사를 둔다. 전문상담교사는 학교의 장 및 자치위원회의 요구가 있는 때에는 학교폭력에 관련된 피해학생 및 가해학생과의 상담결과를 보고하여야 한다.

학교의 장은 교감, 전문상담교사, 보건교사 및 책임교사(학교폭력문제를 담당하는 교사를 말한다) 등으로 학교폭력문제를 담당하는 전담기구(이하 "전담기구"라 한다)를 구성하며, 학교폭력 사태를 인지한 경우 지체 없이 전담기구 또는 소속 교원으로 하여금 가해 및 피해 사실여부를 확인하도록 한다.

전담기구는 학교폭력에 대한 실태조사와 학교폭력 예방 프로그램을 구성·실시하며, 학교의 장 및 자치위원회의 요구가 있는 때에는 학교폭력에 관련된 실태조사결과 등 활동결과를 보고하여야 한다. 피해학생 또는 피해학생의 보호자는 피해사실 확인을 위하여

---

3) 초·중등교육법 제19조의2(전문상담교사의 배치 등) ① 학교에 전문상담교사를 두거나 시·도 교육행정기관에 「교육공무원법」 제22조의2에 따라 전문상담순회교사를 둔다. ② 제1항의 전문상담순회교사의 정원·배치 기준 등에 필요한 사항은 대통령령으로 정한다.

전담기구에 실태조사를 요구할 수 있다.

국가 및 지방자치단체는 실태조사에 관한 예산을 지원하고, 관계 행정기관은 실태조사에 협조하여야 하며, 학교의 장은 전담기구에 행정적·재정적 지원을 할 수 있다

전담기구는 성폭력 등 특수한 학교폭력사건에 대한 실태조사의 전문성을 확보하기 위하여 필요한 경우 전문기관에 그 실태조사를 의뢰할 수 있다. 이 경우 그 의뢰는 자치위원회 위원장의 심의를 거쳐 학교의 장 명의로 하여야 한다(학교폭력 예방 및 대책에 관한 법률 제14조).

2. 상담실 설치

학교폭력 예방 및 대책에 관한 법률 제14조 제1항에 따른 상담실은 ① 인터넷 이용시설, 전화 등 상담에 필요한 시설 및 장비, ② 상담을 받는 사람의 사생활 노출 방지를 위한 칸막이 및 방음시설의 시설·장비를 갖추어 상담활동이 편리한 장소에 설치하여야 한다(학교폭력 예방 및 대책에 관한 법률 시행령 제15조).

3. 전담기구 운영 등

학교폭력 예방 및 대책에 관한 법률 제14조 제3항에 따른 전담기구는 가해 및 피해사실 여부에 관하여 확인한 사항을 학교의 장 및 자치위원회(자치위원회의 요청이 있는 경우만을 말한다)에 보고하여야 한다(학교폭력 예방 및 대책에 관한 법률 시행령 제16조).

4. 학교폭력 예방교육

학교의 장은 학생의 육체적·정신적 보호와 학교폭력의 예방을 위한 학생들에 대한 교육(학교폭력의 개념·실태·대처방안 등을 포함하여야 한다)을 학기별로 1회 이상 실시하여야 한다. 학교의 장은 학교폭력의 예방 및 대책 등을 위한 교직원에 대한 교육을 학기별로 1회 이상 실시하여야 한다.

학교의 장은 학교폭력 예방교육 프로그램의 구성 및 그 운용 등을 전담기구와 협의하여 전문단체 또는 전문가에게 위탁할 수 있다. 교육장은 예방교육 프로그램의 구성과 운용계획을 학부모가 쉽게 확인할 수 있도록 인터넷 홈페이지에 게시하고 그 밖에 다양한 방법으로 학부모에게 알릴 수 있도록 노력하여야 한다(학교폭력 예방 및 대책에 관한 법률

제15조).

5. 학교폭력 예방교육의 기준

학교의 장은 학교폭력 예방 및 대책에 관한 법률 제15조 제5항에 따라 학생과 교직원 및 학부모에 대한 학교폭력 예방교육을 학기별로 1회 이상 실시하고, 교육 횟수·시간 및 강사 등 세부적인 사항은 학교 여건에 따라 학교의 장이 정한다. 학생에 대한 학교폭력 예방교육은 학급 단위로 실시함을 원칙으로 하되, 학교 여건에 따라 전체 학생을 대상으로 한 장소에서 동시에 실시할 수 있으며, 학생과 교직원, 학부모를 따로 교육하는 것을 원칙으로 하되, 내용에 따라 함께 교육할 수 있다.

학교폭력 예방교육은 강의, 토론 및 역할연기 등 다양한 방법으로 하고, 다양한 자료나 프로그램 등을 활용하여야 하며, 교직원에 대한 학교폭력 예방교육은 학교폭력 관련 법령에 대한 내용, 학교폭력 발생 시 대응요령, 학생 대상 학교폭력 예방 프로그램 운영 방법 등을 포함하여야 하며, 학부모에 대한 학교폭력 예방교육은 학교폭력 징후 판별, 학교폭력 발생 시 대응요령, 가정에서의 인성교육에 관한 사항을 포함하여야 한다(학교폭력 예방 및 대책에 관한 법률 시행령 제17조).

6. 피해학생의 보호와 학교장의 의무

자치위원회는 피해학생의 보호를 위하여 필요하다고 인정하는 때에는 피해학생에 대하여 해당하는 조치(수 개의 조치를 병과하는 경우를 포함한다)를 할 것을 학교의 장에게 요청할 수 있다. 자치위원회는 학교의 장에게 조치를 요청하기 전에 피해학생 및 그 보호자에게 의견진술의 기회를 부여하는 등 적정한 절차를 거쳐야 한다. 다만, 학교의 장은 피해학생의 보호를 위하여 긴급하다고 인정할 경우 자치위원회의 요청 전에 심리상담 및 조언, 일시보호, 그 밖에 피해학생의 보호를 위하여 필요한 조치를 할 수 있다. 이 경우 자치위원회에 즉시 보고하여야 한다. 자치위원회의 요청이 있는 때에는 학교의 장은 피해학생의 보호자의 동의를 받아 7일 이내에 해당 조치를 하여야 하고 이를 자치위원회에 보고하여야 한다.

보호가 필요한 학생에 대하여 학교의 장이 인정하는 경우 그 조치에 필요한 결석을 출석일수에 산입할 수 있다. 학교의 장은 성적 등을 평가함에 있어서 피해학생에 대한 조치로 인하여 학생에게 불이익을 주지 아니하도록 노력하여야 한다(학교폭력 예방 및 대책에 관한 법률 제16조).

7. 장애학생의 보호와 학교장의 의무

자치위원회는 학교폭력으로 피해를 입은 장애학생의 보호를 위하여 장애인전문 상담가의 상담 또는 장애인전문 치료기관의 요양 조치를 학교의 장에게 요청할 수 있다. 자치위원회의 요청이 있는 때에는 학교의 장은 해당 조치를 하여야 한다. 이 경우 학교폭력 예방 및 대책에 관한 법률 제16조 제6항이 준용되므로 피해학생의 치료 및 치료를 위한 요양비용은 학교안전공제회 또는 시·도교육청이 부담하고 가해학생의 보호자에게 구상할 수 있다(학교폭력 예방 및 대책에 관한 법률 제16조의2).

8. 가해학생에 대한 조치와 학교장의 의무

자치위원회는 피해학생의 보호와 가해학생의 선도·교육을 위하여 필요하다고 인정하는 때에는 가해학생에 대하여 해당하는 조치(수 개의 조치를 병과하는 경우를 포함한다)를 할 것을 학교의 장에게 요청하여야 한다.

학교의 장은 가해학생에 대한 선도가 긴급하다고 인정할 경우 우선 피해학생에 대한 서면사과(1호) 피해학생에 대한 접촉, 협박 및 보복행위의 금지(2호), 학교에서의 봉사(3호), 학내외 전문가에 의한 특별교육이수 또는 심리치료(5호), 출석정지(6호)를 할 수 있다. 5호와 6호는 병과 조치할 수 있다. 이 경우 자치위원회에 즉시 보고하여 추인을 받아야 한다.

학교의 장이 가해학생에 대한 조치를 한 때에는 가해학생과 그 보호자에게 이를 통지하여야 하며, 가해학생이 이를 거부하거나 회피하는 때에는 초·중등교육법 제18조에 따라 선도위원회를 개최하여 징계하여야 한다.

가해학생이 학교에서의 봉사, 사회봉사, 학내외 전문가에 의한 특별교육이수 또는 심리치료의 규정에 따른 조치를 받은 경우 이와 관련된 결석은 학교의 장이 인정하는 때에는 이를 출석일수에 산입할 수 있다(학교폭력 예방 및 대책에 관한 법률 제17조).

9. 학교폭력 발생 사실 및 결과 보고 및 학교폭력 단체의 결성예방 및 해체 노력과 학교의 장의 의무

학교의 장은 교육감에게 학교폭력이 발생한 사실 및 피해학생에 대한 보호, 장애학생의 보호, 가해학생에 대한 조치 및 그 결과를 보고하고, 관계 기관과 협력하여 교내 학교폭력 단체의 결성예방 및 해체에 노력하여야 한다(학교폭력 예방 및 대책에 관한 법률 제19조).

10. 학교폭력의 신고의무와 학교장의 의무

학교폭력 신고에 따른 통보받은 소속 학교의 장은 이를 자치위원회에 지체 없이 통보하여야 한다(학교폭력 예방 및 대책에 관한 법률 제20조).

Ⅴ 특별교육이수

1. 가해학생에 대한 특별교육이수 조치

피해학생에 대한 접촉, 협박 및 보복행위의 금지, 학교에서의 봉사, 사회봉사, 출석정지, 학급교체, 전학처분을 받은 가해학생은 교육감이 정한 기관에서 특별교육을 이수하여야 하며, 특별교육 기간은 자치위원회에서 정한다. 자치위원회는 가해학생이 특별교육을 이수할 경우 해당 학생의 보호자도 함께 교육을 받게 하여야 한다.

2. 별도의 특별교육 동시 부과

자치위원회에서의 학교폭력 가해학생에 대해 "2. 피해학생에 대한 접촉, 협박 및 보복행위의 금지, 3. 학교에서의 봉사, 4. 사회봉사, 6. 출석정지, 7. 학급교체, 8. 전학" 조치를 결정하는 경우 조치와는 별도로 법에서 정한 특별교육의 기간을 결정하여야 한다(학교폭력 예방 및 대책에 관한 법률 제17조 제3항).

3. 특별교육이 동시에 부과되는 선도·교육조치의 종류

특별교육은 가해학생에 대해 자치위원회에서 정하는 모든 조치에 부과하는 것이 아니다. '서면사과', '퇴학처분', '학내외 전문가에 의한 특별교육이수 또는 심리치료(법 제17조 제1항 제5호)'의 경우는 특별교육을 추가로 부과하지 못한다.

4. 자치위원회의 특별교육기간의 결정

특별교육기간은 자치위원회에서 결정한 후 이를 특별교육기관에 통보하여야 한다. 즉, 특별교육의 기간은 해당 특별교육기관이 정하는 것이 아니다.

5. 출석정지와 특별교육기간의 결정

출석정지를 부과하는 경우 법에 의해 특별교육도 동시에 부과된다. 그러나 이 경우에는 출석정지기간 내에 특별교육일자를 정하지 않아야 한다. 특별교육기간은 출석일수로 인정될 수 있지만, 출석정지기간은 출석일수로 산정할 수 없기 때문이다. 따라서 출석정지기간과 특별교육기간은 분리하여 정하여야 한다. 그러나 학교폭력 예방 및 대책에 관한 법률 제17조 제1항 제5호 "학내외 전문가에 의한 특별교육 이수 또는 심리치료"의 경우에는 출석일수에 산입할 수 있다(학교폭력 예방 및 대책에 관한 법률 제17조 제8항).

예 2012년 3월 19일(월)에서 22일(목)까지 4일간의 출석정지를 결정하고 특별교육 1일을 결정한 경우 이러한 특별교육을 출석정지기간 내에 이행하게 한다면 출석정지는 사실상 3일을 부과한 것이 된다.

6. 학교폭력 사건에서의 특별교육의 구별

'학내외 전문가에 의한 특별교육이수 또는 심리치료(법 제17조 제1항 제5호)'와 선도처분 부과 시 동시에 부과되는 '특별교육(법 제17조 제3항)'은 모두 특별교육이라는 동일한 명칭을 사용하고 있으나 이는 구별하여야 한다.

[가해학생에 대한 조치 중 특별교육의 구별]

	학내외 전문가에 의한 특별교육이수 또는 심리치료	특별교육
법적 근거	법 제17조 제1항 제5호	법 제17조 제3항
징계의 독립성	독립적 조치	부가적 조치 (징계를 부과하는 경우 법에 의해 자동적으로 추가 조치부여)

교육기관의 지정	학교폭력대책지역위원회	해당 시도 교육감
출석일수 산입	학교장 인정시 가능 (법 제17조 8항)	명문규정 없음

7. 보호자에 대한 특별교육 부과

자치위원회는 가해학생이 특별교육을 이수하는 경우 해당학생의 보호자도 함께 교육을 받게 하여야 한다(법 제17조 제9항).

여기서의 특별교육이 '학내외 전문가에 의한 특별교육(법 제17조 제1항 제5호)'를 의미하는 것인지, 다른 조치와 같이 부과되는 '특별교육(법 제17조 제3항)'인지는 명확하지 않다.

따라서 모든 특별교육에서 보호자에 대해서도 교육을 진행할 수 있다고 할 것이다. 제17조 제9항을 위반한 보호자에게는 300만원 이하의 과태료를 부과한다(학교폭력 예방 및 대책에 관한 법률 제22조 제2항).

가해학생의 보호자가 특별교육에 불응한 경우 학교의 장은 법률에 의하여 과태료가 부과됨을 안내하고 특별교육을 이수할 것을 재통보하여야 하며, 재통보시에도 불응하는 경우 학교의 장은 가해학생 보호자명단을 교육감에게 보고하여야 하며, 교육감은 학교폭력 예방 및 대책에 관한 법률 제22조 제2항에 따라 300만원 이하의 과태료를 부과한다.

제4장 | 학교폭력 대책자치위원회의 기능과 역할 및 구성과 운영 및 심의·의결

Ⅰ 학교폭력대책자치위원회의 기능 및 역할

1. 학교폭력대책자치위원회의 설치 및 기능

학교폭력 예방 및 대책에 관한 법률 제12조 제2항에 규정된 사항에 대해서는 자치위원회의 심의가 필수적이다. 만약 학교의 장이나 교사 등이 자치위원회의 심의를 거치지 않고 독자적으로 처리하거나, 자치위원회가 아닌 다른 기구의 심의를 거쳐 처리하는 것은 법률에 위배된다.

학교폭력 사건에 관한 조치는 반드시 자치위원회의 심의를 거쳐 이루어져야 하며, 당해학교의 교칙, 선도규정, 또는 학생생활지도 규정 등에 의거하여 선도위원회를 거쳐 결정이 이루어졌다고 하더라도 위법이다. 선도위원회와 자치위원회는 그 성격과 구성이 완전히 다르기 때문에 학교폭력사건을 자치위원회가 아닌 선도위원회에서 처리할 수 없다.

학교폭력 예방 및 대책에 관한 법률은 가해학생이나 보호자 또는 피해학생이나 보호자의 의사와 상관없이 학교폭력 사건이 발생하면 당연이 적용되어야 하는 법률이며, 피해학생측과 가해학생측의 합의로 적용을 배제할 수 는 없다. 따라서 피해학생측이 자치위원회 개최를 원하지 않거나, 서로 싸운 경우 등 서로 가해학생이자 피해학생인 경우 가해학생과 피해학생이 자치위원회 개최를 서로 원하지 않는다고 하더라도 반드시 자치위원회를 개최하여야 한다.[1)]

학교폭력의 예방 및 대책에 관련된 사항을 심의하기 위하여 학교에 학교폭력대책자치

---

1) 학교생활기록 작성 및 관리지침[시행 2012.3.1] [교육과학기술부훈령 제239호, 2012. 1. 27, 일부개정]으로 인하여 학교폭력 관련 징계사항을 학교생활기록부에 기재하도록 되었기 때문에 피해학생측이나 가해학생측에서 학교폭력사건으로 처리하지 않기를 바라거나 학교측에서도 피해학생측과 가해학생측이 서로 합의하여 문제 삼지 않기를 원한다면 학교폭력사건으로 처리하지 않거나 자치위원회를 개최하지 않으려고 할 가능성도 있지만, 학교폭력사건이 발생하였을 경우에는 반드시 학교폭력 사건으로 처리하고 자치위원회를 개최하여야 한다.

위원회를 둔다. 다만, 자치위원회 구성에 있어 대통령령으로 정하는 사유가 있는 경우에는 교육감의 보고를 거쳐 둘 이상의 학교가 공동으로 자치위원회를 구성할 수 있다(학교폭력 예방 및 대책에 관한 법률 제12조 제1항).

[학교폭력대책 자치위원회와 선도위원회의 비교]

구분	학교폭력대책 자치위원회	선도위원회
사유	학교폭력 사건의 경우	음주, 흡연, 도박, 도벽, 기물파손, 부정행위, 불건전한 이성관계, 교사지시불이행, 교사폭행 등의 경우
조치·징계	가해학생에 대한 조치 1. 피해학생에 대한 서면사과 2. 피해학생에 대한 접촉, 협박 및 보복행위의 금지 3. 학교에서의 봉사 4. 사회봉사 5. 학내외 전문가에 의한 특별교육이수 또는 심리치료 6. 출석정지 7. 학급교체 8. 전학 9. 퇴학처분	징계의 종류 1. 학교내의 봉사 2. 사회봉사 3. 특별교육이수 4. 1회 10일 이내, 연간 30일 이내의 출석정지 5. 퇴학처분
근거규정	학교폭력 예방 및 대책에 관한 법률 제17조	초·중등교육법 제18조 제1항, 초·등교육법 시행령 31조 제1항

2. 경미한 학교폭력 사안의 경우

경미한 학교폭력사안에서도 자치위원회를 소집하는 것이 타당하다. 학교폭력이 조직적 혹은 지속적으로 행해졌거나 피해사실이 중대한 경우가 아니라고 학교의 장이 판단하여 자치위원회의 소집을 요청하지 않는다면 사실상 자치위원회가 소집되지 않고 비공식적으로 사건을 처리하게 될 가능성이 있다.

처음에는 학교폭력이 심각한 사건이 아니며, 피해가 크지 않게 보이는 경우라고 하더라도 사건의 원인과 더 이상의 피해방지를 위하여 적절한 조치를 취하는 것이 중요하므로 학교폭력 사안이 심각하지 않다고 보이더라도 일단 자치위원회를 소집하여 적절한 조치를 심의하는 것이 바람직하다.

학교폭력 사건으로 신고되거나 접수되어 전담기구에서 사안조사를 하였으나 학교폭력으로 볼 만한 사건이 아닌 경우에는 자치위원회를 개최하여 사안조사 결과 학교폭력 사건이 아니며, 가해학생이나 피해학생이 존재하지 않으므로 어떠한 조치도 할 만한 사항이 아니라고 의결하는 것은 무방하다.

3. 자치위원회의 심의 사항

자치위원회는 학교폭력의 예방 및 대책 등을 위하여 ① 학교폭력의 예방 및 대책을 위한 학교의 체제 구축, ② 피해학생의 보호, ③ 가해학생에 대한 선도 및 징계, ④ 피해학생과 가해학생 간의 분쟁조정, ⑤ 학교폭력 문제를 담당하는 책임교사 또는 학생회의 대표가 건의하는 사항을 심의한다. 학교폭력이 발생하였을 경우 학교폭력 예방 및 대책에 관한 법률 제12조에 근거하여 가해자와 피해자를 대상으로 자치위원회를 소집하여 분쟁을 해결하고 대응하는 것, 그리고 가해자의 행동을 처벌, 치료하고, 피해자가 극복될 수 있도록 도와준다(학교폭력 예방 및 대책에 관한 법률 제12조 제2항).

4. 학교폭력 관련 자료의 요청

자치위원회는 해당 지역에서 발생한 학교폭력에 대하여 학교장 및 관할 경찰서장에게 관련 자료를 요청할 수 있다(학교폭력 예방 및 대책에 관한 법률 제12조 제3항).

Ⅱ 자치위원회의 구성 및 운영

1. 자치위원회의 구성

자치위원회는 위원장 1인을 포함하여 5인 이상 10인 이하의 위원으로 구성하되, 대통령령으로 정하는 바에 따라 전체위원의 과반수를 학부모전체회의에서 직접 선출된 학부모대표로 위촉하여야 한다. 다만, 학부모전체회의에서 학부모대표를 선출하기 곤란한 사유가 있는 경우에는 학급별 대표로 구성된 학부모대표회의에서 선출된 학부모대표로 위촉할 수 있다(학교폭력 예방 및 대책에 관한 법률 제13조 제1항).

자치위원회의 위원은 ① 해당 학교의 교감, ② 해당 학교의 교사 중 학생생활지도 경력이 있는 교사, ③ 법 제13조 제1항에 따라 선출된 학부모대표, ④ 판사·검사·변호사, ⑤ 해당 학교를 관할하는 경찰서 소속 경찰공무원, ⑥ 의사 자격이 있는 사람, ⑦ 그 밖에 학교폭력 예방 및 청소년보호에 대한 지식과 경험이 풍부한 사람 중에서 해당 학교의 장이 임명하거나 위촉한다(학교폭력 예방 및 대책에 관한 법률 시행령 제14조 제1항).

자치위원회의 위원장은 위원 중에서 호선하며, 위원장이 부득이한 사유로 직무를 수행할 수 없을 때에는 위원장이 미리 지정하는 위원이 그 직무를 대행한다(학교폭력 예방 및 대책에 관한 법률 시행령 제14조 제2항).

[학교폭력대책자치위원 위촉장 양식]

위 촉(임 명) 장

성명 :

주소(소속):

위촉(임명)기간 : 20　년　월　일 ~ 20　년　월　일

위 사람을 학교폭력 예방 및 대책에 관한 법률 제13조의 규정의 의하여 OO 학교의 학교폭력대책자치위원회 위원으로 위촉(임명) 합니다.

년　　월　　일

OO 학교장　　㊞

[학교폭력대책자치위원회 위원 위촉 동의서 양식]

학교폭력대책자치위원회 위원 위촉 동의서

<table>
<tr><td>성 명</td><td colspan="2"></td><td>생년월일</td><td></td></tr>
<tr><td>소 속</td><td colspan="2"></td><td>직 급</td><td></td></tr>
<tr><td>주 소</td><td colspan="4"></td></tr>
<tr><td rowspan="2">연락처</td><td>근무처</td><td></td><td>E-mail</td><td></td></tr>
<tr><td>자 택</td><td></td><td>휴대전화</td><td></td></tr>
<tr><td>위촉기간</td><td colspan="4">20 년 월 일 ~ 20 년 월 일</td></tr>
</table>

상기 본인은 OO 학교의 학교폭력대책자치위원회 위원 위촉에 동의하며, 위원으로서의 직무를 성실히 수행하겠습니다.

20 년 월 일

성 명 (서명)

OO 학교장 귀하

2. 자치위원회의 운영

가. 자치위원회의 개최

자치위원회는 분기별 1회 이상 회의를 개최하고, 자치위원회의 위원장은 ① 자치위원회 재적위원 4분의 1 이상이 요청하는 경우, ② 학교의 장이 요청하는 경우, ③ 피해학생 또는 그 보호자가 요청하는 경우, ④ 학교폭력이 발생한 사실을 신고받거나 보고받은 경우, ⑤ 가해학생이 협박 또는 보복한 사실을 신고받거나 보고받은 경우, ⑥ 그 밖에 위원장이 필요하다고 인정하는 경우에 회의를 소집하여야 한다(학교폭력 예방 및 대책에 관한 법률 제13조 제2항).

[학교폭력대책자치위원회 소집통보 양식]

【학교폭력대책자치위원회 참석요청】

본 위원회는 학교폭력 예방 및 대책에 관한 법률 제12조에 의거하여 제 회 학교폭력대책자치위원회를 아래와 같이 개최하고자 하오니 참석하여 주시기 바랍니다.

1. 일시 : 년 월 일 시

2. 장소 :

3. 안건 :

년 월 일

학교폭력대책자치위원회 위원장 (직인)

나. 회의록 작성

자치위원회는 회의의 일시, 장소, 출석위원, 토의내용 및 의결사항 등이 기록된 회의록을 작성·보존하여야 한다(학교폭력 예방 및 대책에 관한 법률 제13조 제3항).

다. 자치위원회의 위원의 임기

자치위원회의 위원의 임기는 2년으로 한다. 다만, 자치위원회 위원의 사임 등으로 새로 위촉되는 위원의 임기는 전임위원 임기의 남은 기간으로 한다(학교폭력 예방 및 대책에 관한 법률 시행령 제14조 제3항).

라. 자치위원회 회의의 개의와 의결

자치위원회의 회의는 재적위원 과반수의 출석으로 개의하고, 출석위원 과반수의 찬성으로 의결한다(학교폭력 예방 및 대책에 관한 법률 시행령 제14조 제4항).

마. 자치위원회의 간사

자치위원회의 위원장은 해당 학교의 교직원에서 자치위원회의 사무를 처리할 간사 1명을 지명한다(학교폭력 예방 및 대책에 관한 법률 시행령 제14조 제5항).

바. 자치위원에 대한 수당과 여비

자치위원회의 회의에 출석한 위원에게는 예산의 범위에서 수당과 여비를 지급할 수 있다. 다만, 공무원인 위원이 그 소관 업무와 직접적으로 관련하여 회의에 출석한 경우에는 그러하지 아니하다(학교폭력 예방 및 대책에 관한 법률 시행령 제14조 제6항).

사. 회의의 일시

자치위원회의 위원장은 회의 일시를 정할 때에는 일과 후, 주말 등 위원들이 참석하기 편리한 시간으로 정하여야 한다(학교폭력 예방 및 대책에 관한법률 시행령 제14조 제7항).

3. 자치위원회의 설치 및 심의 사항

학교폭력 예방 및 대책에 관한 법률 제12조 제1항 단서에서 "대통령령으로 정하는 사유가 있는 경우"란 학교폭력 피해학생과 가해학생이 각각 다른 학교에 재학 중인 경우를 말한다(학교폭력 예방 및 대책에 관한 법률 시행령 제13조 제1항).

학교폭력 예방 및 대책에 관한 법률 제12조 제2항 제5호에서 "대통령령으로 정하는 사항"이란 학교폭력의 예방 및 대책과 관련하여 법 제14조 제3항에 따른 책임교사 또는 학생회의 대표가 건의하는 사항을 말한다(학교폭력 예방 및 대책에 관한 법률 시행령 제13조 제2항).

Ⅲ 자치위원의 자격과 구성 비율

1. 학교의 장이 자치위원이 될 수 있는지 여부

각 급 학교의 장이 학교폭력 예방 및 청소년 보호에 지식과 경험을 가지고 있을지라도 학교폭력 예방 및 대책에 관한 법률에서 학교장을 자치위원회에서 제외한 목적은 자치위원회와 학교의 장을 엄격하게 분리하기 위한 것이므로 학교의 장은 어떠한 경우에도 자치위원회의 위원이 될 수 없다. 따라서 자치위원이 학교의 장을 수임인으로 하여 자치위원회에서 심의하거나 의결하도록 권한을 위임하는 것도 금지된다.

2. 자치위원회 위원의 정수 및 구성 비율

학교폭력 예방 및 대책에 관한 법률 및 동법 시행령에서는 위원의 자격요건을 규정하고 있을 뿐, 위원의 정수 및 구성 비율에 대해서는 규정하고 있지 않다. 자치위원 위촉권은 원칙적으로 학교의 장에게 맡겨져 있기 때문에 위원의 자격요건을 갖춘 사람 중에서 누구를 위촉할 것인가는 학교의 장의 재량이다. 그러나 학교와 지역사회가 유기적으로 협력하여 학교폭력 문제를 자율적으로 해결하고자 마련된 자치위원회제도의 취지를 살리기 위해서는 위원회의 중립성·객관성·전문성이 보장되어야만 하므로 가급적이면 자치위원회의 '학교외 전문가 위원'의 구성 비율을 높게 구성하는 것이 바람직하다.

3. 위원의 결격과 자격상실 및 사임과 결원

가. 위원의 결격

학교폭력 예방 및 대책에 관한 법률은 위원이 될 수 없는 자에 대해 규정하고 있지 않다. 그러나 자치위원회 위원직무의 성질상 국가공무원법 규정하고 있는 결격사유인 ① 금치산자 또는 한정치산자, ② 파산자로서 복권되지 아니한 자, ③ 금고 이상의 형을 받고 그 집행이 종료되거나 집행을 받지 아니하기로 확정된 후 5년을 경과하지 아니한 자, ④ 금고 이상의 형을 받고 그 집행유예의 기간이 완료된 날로부터 2년을 경과하지 아니한 자, ⑤ 금고 이상의 형의 선고유예를 받은 경우에 그 선고유예기간 중에 있는 자, ⑥ 법원의 판결 또는 다른 법률에 의하여 자격이 상실 또는 정지된 자, ⑦ 징계에 의하여 파면의 처분을 받은 때로부터 5년을 경과하지 아니한 자, ⑧ 징계에 의하여 해임의 처분을 받은 때로부터 3년을 경과하지 아니한 자에 해당하는 경우에는 자치위원회 위원으로 위촉하지 않는 것이 바람직하다.

나. 위원의 자격상실

위원으로 위촉된 후 ① 교사인 위원이 전근, 퇴직 등으로 인하여 당해 학교에 소속하지 않게 된 경우, ② 경찰공무원인 위원이 전근, 퇴직 등으로 인하여 당해학교를 관할하는 경찰서에 소속하지 않게 된 경우, ③ 학부모 위원이 자녀학생의 졸업 및 전학·퇴학 등을 이유로 운영위원 자격을 상실하는 경우, ④ 각 학교의 자치위원회규정에 규정된 위원자격상실 요건에 해당하는 경우의 사유가 발생한 경우에는 해당위원의 위원자격이 상실된다. 위원의 자격상실의 경우 추가로 위원을 위촉하는 등의 조치가 필요하지만 나머지 위원으로도 위원회 운영이 가능한 경우에는 반드시 위촉하여야 하는 것은 아니다.

다. 위원의 사임

자치위원회 위원은 개인적인 사정으로 위원직을 계속 수행하기 어려운 경우 본인의 의사에 따라 자유롭게 사임할 수 있다. 사임의 의사를 위원장에게 서면 또는 구두로 표명함으로써 곧바로 위원직에서 탈퇴할 수 있으며, 자치위원회의 허가는 필요하지 않다.

라. 위원의 결원이 생긴 경우의 위촉

위원의 자격상실 혹은 사임으로 인하여 자치위원회에 결원이 생긴 경우 위원장은 자치위원회 운영에 지장이 없도록 신속하게 새로운 보궐위원을 위촉하여야 한다. 다만, 결원이 생겼더라도 학교폭력 예방 및 대책에 관한 법률법과 그에 의한 해당 학교의 자치위원회 규정이 정해 놓은 최소 위원 수에 미달하지 아니하고 위원의 잔여임기가 얼마 남지 않은 시점이라면 굳이 보궐위원을 위촉하지 않더라도 무방하다.

4. 자치위원회의 소집과 사안조사

가. 사안조사 착수

자치위원회가 소집되면 우선적으로 당해 사안에 관한 조사에 착수하여야 한다. 학교폭력 사건의 처리과정에 있어서 초기 단계에서 중요한 것은 '사건의 진실'을 밝히는 것이다. 학교폭력 사건의 정확한 진실이 밝혀지고 잘잘못이 가려져야만 피해·가해학생에 대한 적절한 조치, 공정한 중재가 가능하다. 학교폭력사안에 대한 조사책임은 원칙적으로

자치위원회에 있지만, 직접적인 조사는 자치위원회의 지시를 받아 학교폭력책임교사가 담당하는 것이 일반적이다. 학교폭력책임교사는 피해·가해학생의 담임교사 및 전문상담교사 등의 협조를 얻어 사안의 진상을 조사하고 증인 및 물증을 확보하고, 학교폭력책임교사는 조사된 내용을 수시로 정리하여 자치위원회에 보고하고 필요한 지시를 받아야 한다.

나. 전담기구의 조사

피해학생 또는 피해학생의 보호자가 피해사실 확인을 위해전담기구에 조사를 요구한 경우 이러한 전담기구의 조사 결과를 사용할 수 있다. 또한 전담기구의 조사와는 별도로 자치위원회의 조사를 진행할 수 있다.

다. 자치위원회의 심의

자치위원회의 조사가 종료되면 지금까지의 조사결과를 토대로 피해학생 및 가해학생에 대한 조치를 심의·의결하여 학교의 장이 이를 이행하도록 요청한다. 또한 학교폭력사건과 관련하여 분쟁의 당사자가 조정을 신청한 경우에는 분쟁조정을 위한 심의도 진행한다. 피해·가해학생에 대한 조치의 심의와 분쟁조정관련 심의가 경우에 따라서는 동일한 기회에 진행될 수도 있다. 그러나 이 경우에도 피해학생에 대한 조치, 가해학생에 대한 조치, 분쟁조정관련 심의는 각각 별도의 안건으로 다루어져야 한다.

라. 조사활동의 중지

분쟁당사자가 고소·고발을 하거나 민사상 소를 제기한 경우라고 하더라도 원칙적으로 학교차원에서의 피해·가해학생에 대한 조치는 가능하다. 다만, 공정한 수사나 재판에 영향을 미칠 수 있는 조사활동은 중지하는 것이 바람직하다. 또한 가해학생에 대한 선도 및 징계조치와 관련하여 지금까지 자치위원회의 조사결과 가해학생에 대한 협의내용이 분명히 규명되지 못한 경우에는 가해학생에 대한 최종 조치를 사법적 판단이 내려진 이후로 유보하고 일시적인 조치만 취하는 것이 바람직하다. 그러나 분쟁조정에 있어 분쟁당사자가 고소·고발을 하거나 민사상 소를 제기한 경우 자치위원회는 분쟁조정의 개시를 거부하거나 이미 개시된 분쟁조정을 중단할 수 있다.

바. 학생신분의 아닌 자에 대한 조사 금지

학생신분이 아닌 자에 대해서는 자치위원회가 조치를 심의·의결할 수 없으며, 분쟁조정의 권한도 행사할 수 없다. 학교폭력사건에 학생신분이 아닌 자가 개입되어 있는 경우에는 학생신분이 아닌 자를 제외한 가해·피해학생에 대해서만 각각 해당 학교의 자치위원회에서 조치를 심의한다.

[학교폭력사안 조사 보고서]

<table>
<tr><td colspan="2">사건발생 일시</td><td colspan="6"></td></tr>
<tr><td colspan="2">학교폭력의 유형</td><td colspan="6"></td></tr>
<tr><td rowspan="4">1. 가해학생
신 상</td><td>성 명</td><td></td><td>성별</td><td></td><td>주민번호</td><td colspan="2">(만 세)</td></tr>
<tr><td>가족상황</td><td colspan="4"></td><td>출결상황</td><td></td></tr>
<tr><td>학년 반</td><td colspan="4"></td><td rowspan="2">전화번호</td><td rowspan="2"></td></tr>
<tr><td>주 소</td><td colspan="4"></td></tr>
<tr><td rowspan="4">2. 피해학생
신 상</td><td>성 명</td><td></td><td>성별</td><td></td><td>주민번호</td><td colspan="2">(만 세)</td></tr>
<tr><td>가족상황</td><td colspan="4"></td><td>출결상황</td><td></td></tr>
<tr><td>학년 반</td><td colspan="4"></td><td rowspan="2">전화번호</td><td rowspan="2"></td></tr>
<tr><td>주 소</td><td colspan="4"></td></tr>
<tr><td>3. 피해학생
주 장</td><td colspan="7">* 사건의 발단
* 사고과정
* 사고결과
* 요구사항</td></tr>
<tr><td>4. 가해학생
주 장</td><td colspan="7"></td></tr>
<tr><td>5. 피해학생
보호자의 주장</td><td colspan="7"></td></tr>
<tr><td>6. 가해학생
보호자의 주장</td><td colspan="7"></td></tr>
<tr><td>7. 참고인(목격자)
의 견</td><td colspan="7"></td></tr>
<tr><td>8. 책임교사
의 견</td><td colspan="7"></td></tr>
<tr><td>9. 전문상담
의 견</td><td colspan="7"></td></tr>
<tr><td>10. 특기사항</td><td colspan="7"></td></tr>
<tr><td>11. 문제점
진 단</td><td colspan="7"></td></tr>
</table>

5. 학교폭력자치위원회를 소집과 자치위원의 위임장

가. 자치위원회 개의 정족수와 위임장

자치위원회의 개의 정족수를 위임장으로 대체가 가능한지가 문제된다. 학교폭력대책자치위원회 구성에서 외부위원의 위촉은 학교 구성원만으로 학교폭력대책자치위원회를 개최할 경우 부족할 수 있는 객관성을 확보하고자 하는 조치이다. 학교폭력대책자치위원회 외부위원의 경우, 매번 참석하기 힘들어 부득이 참석이 불가능할 경우에만 제한적으로 위임장을 출석으로 갈음할 수 있다. 그러나 외부위원이 아닌 경우에는 위임장만으로 출석을 인정할 수 없다고 할 것이다. 따라서 모든 위원의 위임장으로 회의 개의 정족수를 충족할 수 없다고 보아야 할 것이다.

나. 자치위원회의 심의·의결과 위임장

학교폭력 사안의 심의·의결은 위원장이 결정하는 것이 아니라 출석한 위원들이 하는 것이다. 따라서 위임장이 아닌 출석위원 과반수가 실제로 출석한 후 심의하는 것이 법의 취지와 법적용의 객관성을 확보할 수 있다고 볼 수 있다. 외부위원에 대한 위임장의 인정 부분은 학교폭력자치위원회 개의의 융통성을 부여한 것이지 위임장이 학교폭력 사안의 심의, 의결 권한까지 인정한 것은 아니라고 할 것이다.

따라서 해당 학교에서 5명의 위임장을 출석으로 인정하여 학교폭력 사안을 심의, 의결하였다면 자치위원회 개의 정족수와 의결 정족수를 충족하였다고 볼 수 없을 것이다. 따라서 개의 정족수와 의결정족수를 충족하지 못한 자치위원회에서 피해학생에 대한 조치나 가해학생에 대한 조치를 의결할 수 없다고 보아야 할 것이다.

다. 자치위원회 소집방식

자치위원회 소집은 원칙적으로 위원장이 서면으로 통보한다. 다만, 긴급을 요하는 사안이 있는 경우에는 전화통화 등을 이용하여 신속하게 소집을 통보할 수 있다. 서면통보를 하는 경우에도 미리 위원들에게 전화로 안건에 관해 간략하게 보고하고 구체적인 일시와 장소를 협의한 후, 서면통보 하는 것이 보통이다. 자치위원회 소집을 통보하는 서면에는 회의의 일시·장소 및 구체적인 안건이 명시되어 있어야 한다.

[학교폭력대책자치위원회 위임장 양식]

위 임 장

수임인

OO학교폭력대책자치위원
성 명 :

위 수임인을 대리인으로 정하고 다음 위임사항을 위임합니다.

위 임 사 항

20 년 월 일 OO학교의 학교폭력대책자치위원회의 심의 및 의결 내용.

20 년 월 일

위임인

OO학교폭력대책자치위원
성 명 : 서명 또는 날인

OO 학교폭력대책자치위원장 귀하

6. 자치위원회의 회의 진행

가. 위원장 호선

위원장은 대책자치위원회 위원들이 호선하여 선출하게 된다. 과거 당해 학교장이 법에 의하여 당연직으로 위원장에 선출되었지만 위원에 학교장이 제외됨으로 인하여 위원들의 호선을 통하여 선출하게 되었다.

나. 위원장 직무의 대행

위원장이 사고로 직무를 수행할 수 없을 때에는 위원장이 지정하는 위원이 위원장의 직무를 대행한다. 직무대행이 요구되는 '사고'에는 위원의 사망이 대표적이다. 이외에 위원장이 교원인 경우에는 해직 등으로 인하여 해당 교원의 직위가 일시적으로 공석이 된 경우 및 휴가, 출장 또는 결원 보충이 없는 휴직 등으로 인하여 일시적으로 교원의 직무수행이 불가능하게 된 경우가 이에 해당된다.

다. 간사의 임명과 역할

각 급 학교의 자치위원회 위원장은 해당 학교의 교직원 중 자치위원회의 사무를 처리할 1명을 간사로 지명하여 임명하여야 한다. 자치위원회 위원장이 학교 내부인사가 아닌 경우에는 자치위원회를 소집하고 운영하는데 있어서 간사의 도움은 절대적이라고 할 것이다. 간사로 지명되는 교직원은 교사뿐만 아니라 교육행정직원도 포함된다. 따라서 위원장은 당해 학교 소속 학생지도 담당교사나 교육행정직원 중에서 적합한 자를 간사로 지명하면 된다. 그러나 자치위원회 위원을 간사로 임명할 수는 없다.

라. 간사의 사무처리

간사는 기본적으로 위원장의 지시에 따라 자치위원회의 사무를 처리한다. 이러한 사무에는 구체적으로 자치위원회 회의 소집 통보, 위원회 회의 진행시 사회, 자치위원회 회의록 작성 및 보존 등이 있다.

7. 회의록 작성과 수정 및 삭제나 추가 기재

가. 회의록 작성·보존

자치위원회는 회의의 일시, 장소, 출석위원, 토의내용 및 의결사항 등이 기록된 회의록을 작성·보존하여야 한다. 자치위원회 회의록은 단순히 학교폭력 예방 및 대책관련 심의내용을 기록한 것 뿐 아니라 분쟁조정 심의내용을 기록한 것까지를 모두 포함된다.

즉 자치위원회 회의록은 자치위원회 회의에서 작성된 모든 서류를 말한다. 회의에 참석한 위원들은 회의록이 작성된 후 그 내용을 확인하여야 하고 문제가 없는 경우 각자 회의록에 기명·날인하여야 한다. 만약 사실과 다른 기재가 있거나 누락된 사항이 있는 경우 위원들이 수정 및 삭제나 추가 기재를 요구할 수 있다.

나. 회의록에 기재할 사항

① 위원회 개최일시 및 장소 ② 출석위원 ③ 각종 보고사항 ④ 심의내용 및 의결·결정사항 ⑤ 보고서 제출현황 ⑥ 그 밖의 토의사항은 회의록에 반드시 기록해야 하는 사항이다.

[자치위원회 회의록 양식]

제 회 ______학교 학교폭력대책자치위원회

회 의 록

○ **일 시** : 년 월 일(요일) 시 분
○ **장 소** :
○ **위원정수** : 명
○ **참석위원** : 명
○ **불참위원** : 명

○ **회 순**

1. 개회	2. 국민의례	3. 위원장 말씀
4. 안건발의	5. 안건심의	5. 기타 협의
6. 폐회		

○ **의사일정(부의된 안건)**
1.
2.

○ **회의내용**
(발언 순서에 따라 기재)

○ **확인**
위원장 __________ ㊞

위원	__________	㊞	위원	__________	㊞
위원	__________	㊞	위원	__________	㊞
위원	__________	㊞	위원	__________	㊞
위원	__________	㊞	위원	__________	㊞
위원	__________	㊞			

Ⅳ 학교폭력대책자치위원회의 진행절차

[학교폭력대책자치위원회 개최 절차]

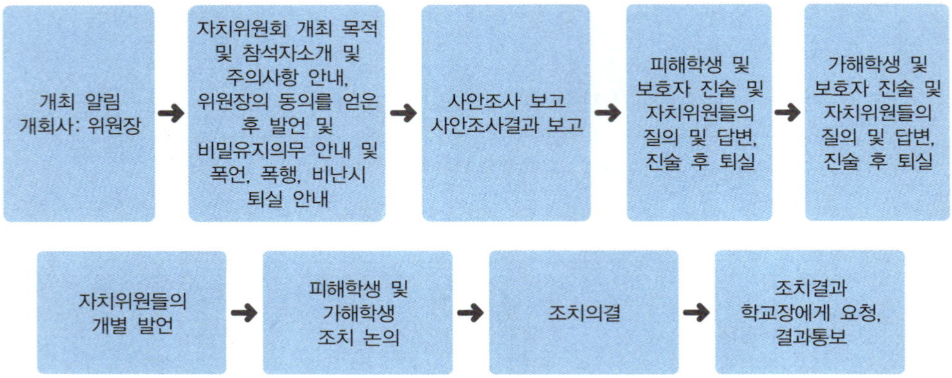

1. 자치위원회 개최 시 준비사항

가. 서류준비 및 입증방법 준비

전담기구가 조사한 사안 조사서, 피해학생의 진단서, 가해학생 및 피해학생 및 목격자 등 관련 학생 진술서, 학교폭력 사안을 입증할 수 있는 증거자료 등 자치위원들이 가해학생에 대한 조치나 피해학생에 대한 보호조치를 의결할 수 있는 자료 등 필요한 서류를 미리 준비한다.

자료를 충분히 숙지한 후에 의결할 수 있도록 위와 같이 준비한 자료들을 자치위원회 시작 전에 자치위원과 위원장에 배포 하도록 한다.

나. 회의장소 및 대기장소 준비

피해학생 및 보호자와 가해학생 및 보호자가 의견진술을 할 수 있는 기회를 부여하기 위하여 자치위원회에 참석을 할 경우 책임교사가 미리 피해학생 측과 가해학생 측이 의견진술을 할 때까지 대기할 수 있는 장소를 지정하여 알려주도록 한다.

자치위원들의 좌석배치 등은 회의의 원활한 진행과 피해학생 측과 가해학생 측이 감정대립 등을 완화할 수 있도록 적절히 배치한다.

다. 자치위원의 수당과 여비

자치위원회에 출석한 위원에게는 예산의 범위 내에서 수당과 여비를 지급할 수 있다. 학교의 장은 학교 회계 예산 편성시 자치위원회에 출석한 자치위원에게 현실성 있는 수당이나 여비가 지급될 수 있도록 하는 것이 자치위원들의 참석률을 높이는 방법이 될 수 있을 것이다.

2. 자치위원회 진행과정

(1) 개회사 : 위원장
위원장이 자치위원회 개회를 알린다.

(2) 책임교사가 참석자 소개 및 자치위원회 개최의 목적, 진행절차, 비밀유지의무, 주의사항 등을 알린다.

(3) 책임교사가 전담기구의 학교폭력 사안조사 결과를 보고한다.
사건조사 결과 보고를 한다.

(4) 자치위원회는 피해학생 및 보호자에게 의견진술의 기회를 부여한다. 이때 자치위원들은 피해학생 및 보호자에게 질문을 할 수 있다. 피해학생 및 보호자는 의견진술이 끝나면 회의 장소에서 퇴장한다.

(5) 피해학생 및 보호자의 의견진술이 끝난 후 퇴장하면 가해학생 및 보호자를 입장하게 하여 의견진술의 기회를 부여한다. 이때 자치위원들은 가해학생 및 보호자에게 질문을 할 수 있다. 가해학생 및 보호자는 의견진술이 끝나면 회의 장소에서 퇴장한다.

(6) 자치위원들은 개인별 발언을 통해 피해학생에 대한 보호조치, 가해학생에 대한 선도·징계조치 및 가해학생 보호자에 대한 특별교육이수 등의 조치에 대하여 논의하여 의결한다.

(7) 자치위원회에서 피해학생에 대한 조치 및 가해학생에 대한 조치 외에 분쟁조정까지 할 수 있으며, 분쟁조정 만 별도의 자치위원회를 개최하여 진행시킬 수도 있다.

(8) 피해학생 측과 가해학생 측에게 자치위원회의 조치 결과를 학교장이 통보하여야 한다.

(9) 자치위원회가 의결하여 학교장에게 조치를 요청한 경우 피해학생에 대한 조치의 경우에는 피해학생 보호자의 동의를 얻어 학교의 장이 7일 이내에 조치를 취해야 하며, 가해학생에 대한 조치의 경우에는 14일 이내에 조치를 취해야 한다. 조치를 취한 경우 학교장은 자치위원회에 보고하여야 한다.

[자치위원회의 피해학생 및 가해학생에 대한 조치]

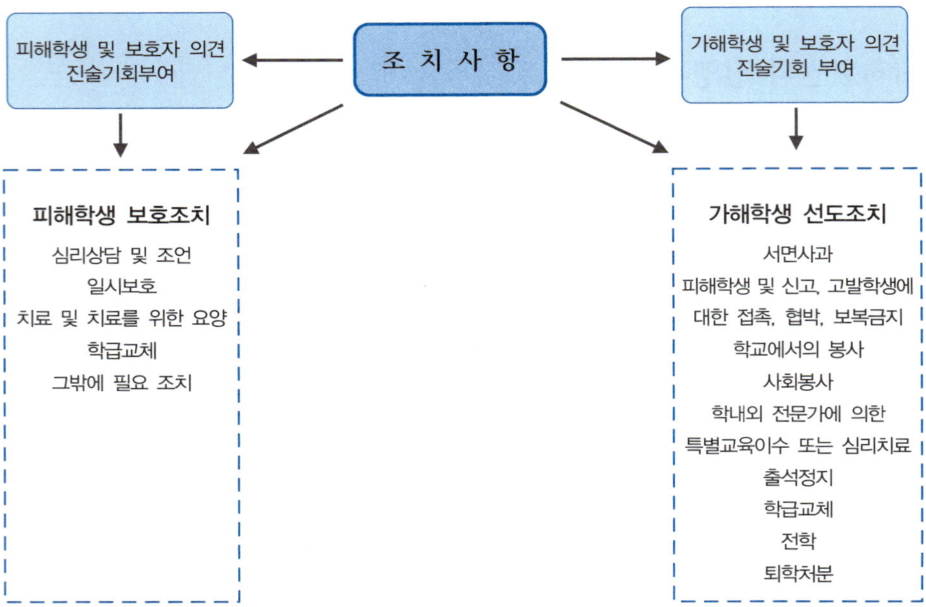

제5장 | 학교폭력 전담기구 및 학교폭력 예방교육

Ⅰ 학교폭력 전담기구

1. 전문상담교사 배치

가. 전문상담교사

학교의 장은 학교에 대통령령으로 정하는 바에 따라 상담실을 설치하고, 초·중등교육법 제19조의2[1])에 따라 전문상담교사를 둔다(학교폭력 예방 및 대책에 관한 법률 제14조 제1항). 전문상담교사는 학교의 장 및 자치위원회의 요구가 있는 때에는 학교폭력에 관련된 피해학생 및 가해학생과의 상담결과를 보고하여야 한다(학교폭력 예방 및 대책에 관한 법률 제14조 제2항).

학교의 장은 전문상담교사, 보건교사 및 책임교사(학교폭력문제를 담당하는 교사를 말한다) 등으로 학교폭력 문제를 담당하는 전담기구를 구성하며, 학교폭력 사태를 인지한 경우 지체 없이 전담기구 또는 소속 교원으로 하여금 가해 및 피해 사실 여부를 확인하도록 한다(학교폭력 예방 및 대책에 관한 법률 제14조 제3항). 전담기구는 학교폭력에 대한 실태조사(이하 "실태조사"라 한다)와 학교폭력 예방 프로그램을 구성·실시하며, 학교의 장 및 자치위원회의 요구가 있는 때에는 학교폭력에 관련된 조사결과 등 활동결과를 보고하여야 한다(학교폭력 예방 및 대책에 관한 법률 제14조 제4항).

피해학생 또는 피해학생의 보호자는 피해사실 확인을 위하여 전담기구에 실태조사를 요구할 수 있다(학교폭력 예방 및 대책에 관한 법률 제14조 제5항). 국가 및 지방자치단체는 실태조사에 관한 예산을 지원하고, 관계 행정기관은 실태조사에 협조하여야 하며, 학교의

1) 초·중등교육법 제19조의2(전문상담교사의 배치 등) ① 학교에 전문상담교사를 두거나 시·도 교육행정기관에 「교육공무원법」 제22조의2에 따라 전문상담순회교사를 둔다. ② 제1항의 전문상담순회교사의 정원·배치 기준 등에 필요한 사항은 대통령령으로 정한다.

장은 전담기구에 행정적·재정적 지원을 할 수 있다(학교폭력 예방 및 대책에 관한 법률 제14조 제6항).

전담기구는 성폭력 등 특수한 학교폭력사건에 대한 실태조사의 전문성을 확보하기 위하여 필요한 경우 전문기관에 그 실태조사를 의뢰할 수 있다. 이 경우 그 의뢰는 자치위원회 위원장의 심의를 거쳐 학교의 장 명의로 하여야 한다(학교폭력 예방 및 대책에 관한 법률 제14조 제7항).

나. 상담실 설치

상담실은 ① 인터넷 이용시설, 전화 등 상담에 필요한 시설 및 장비, ② 상담을 받는 사람의 사생활 노출 방지를 위한 칸막이 및 방음시설의 시설·장비를 갖추어 상담활동이 편리한 장소에 설치하여야 한다.

다. 학교폭력 전담기구의 역할

학교폭력 문제에 적극적으로 대처하고 예방교육을 강화하고 교사들의 과중한 업무로 인한 학교폭력 상담 및 조사의 부담을 덜어주기 위하여 각급 학교에 설치한 각급 학교의 학교폭력 예방에 있어서 가장 핵심적인 기능을 담당하는 기구라고 볼 수 있을 것이다.

2. 전담기구의 설치

[학교폭력 전담기구의 구성]

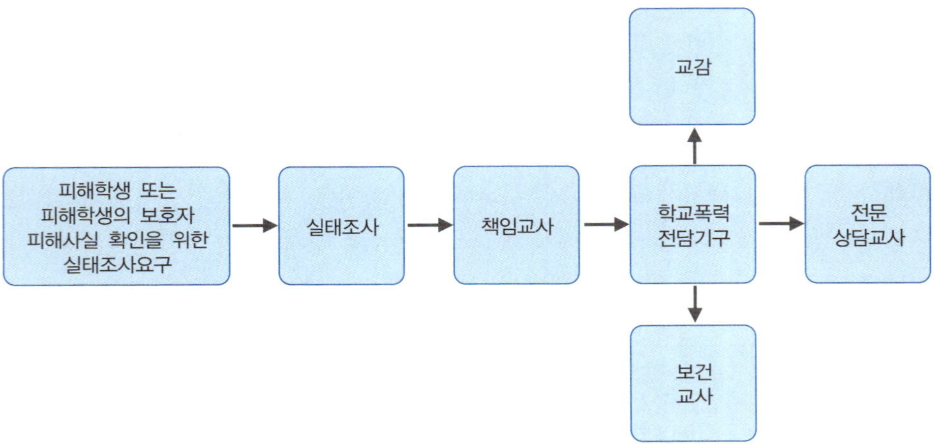

가. 전담기구의 구성원

학교장은 전문상담교사, 보건교사 및 책임교사 등으로 학교폭력문제를 담당하는 전담기구를 구성하여야 한다. 여기서의 책임교사는 학교폭력문제를 담당하는 교사를 의미한다. 보통 학교에서는 생활지도부를 구성하고 이에 교사가 부장과 부원으로 참여하게 된다. 또한 생활지도부에 속하는 교사 중 참여 의사가 있다면 전담기구에 참여할 수 있다. 이러한 교사를 중심으로 다른 교사 등이 참여하여 전담기구를 구성하게 된다.

학교폭력 예방 및 대책에 관한 법률에서 말하는 전문상담교사는 전문상담순회교사 등을 포함하는 넓은 의미로 해석하여야 한다. 따라서 학생상담에 대해 어느 정도 전문성이나 경험을 가지고 있다면 다른 교사도 이에 해당될 수 있다.

나. 전담기구의 역할

(1) 학교폭력에 대한 실태 조사

해당 학교의 학교폭력에 대한 실태조사를 전담하여 실시하게 된다. 그동안 학기초 또는 학기말 등에 전 학생을 대상으로 실시하던 학교폭력 관련 설문 등의 실태조사를 전담기구에서 담당하게 된다. 이러한 실태조사는 그 시기 등에 대해서는 규정되어 있지 않다. 따라서 학교의 상황이나 발생한 학교폭력 사건에 따라 수시로 실태조사를 실시할 수 있다.

(2) 학교폭력 예방 프로그램의 구성 및 실시

학교폭력 예방교육이 강화되고 의무화 되면서 기존에 이를 담당하던 생활지도부장 등 담당 교사만으로는 이를 수행하기 힘들게 되었다. 따라서 강화된 학교폭력 예방교육을 전담하여 그 구성에서 실시까지를 총괄하게 된다.

(3) 학교장 및 자치위원회의 요구 시 학교폭력 조사 결과 보고

학교장이나 자치위원회가 전담기구의 학교폭력 조사 결과에 대해 자료를 요청하는 경우 전담기구는 그 결과를 보고하여야 한다. 이 경우 학교장이나 자치위원회 모두 자료요청의 권한이 있다. 이러한 보고에는 전담기구에서 실시한 학교폭력 조사 결과뿐만 아니라 그동안의 활동결과까지 포함된다.

학교폭력 예방 및 대책에 관한 법률 제14조제3항에 따른 전담기구는 가해 및 피해 사실 여부에 관하여 확인한 사항을 학교의 장 및 자치위원회(자치위원회의 요청이 있는 경우만을 말한다)에 보고하여야 한다(학교폭력 예방 및 대책에 관한 법률 시행령 제16조).

(4) 피해사실의 확인을 위한 학교폭력 사건의 조사

전담기구의 구성원은 학교에서 학교폭력에 대해 전문성을 지닌 사람들로 구성되어 있다. 이러한 전문성을 활용하기 위하여 법에서는 피해학생이나 피해학생의 보호자가 피해사실 확인을 위해 전담기구에 조사를 요구할 수 있도록 하고 있다.

전담기구는 이미 직권으로 해당 학교의 학교폭력실태조사를 실시하고 있다. 그러나 이러한 실태조사와는 별도로 피해학생 또는 피해학생의 보호자에게도 피해사실 확인을 위한 조사요구 권한을 부여하여 학교폭력피해자의 권리를 보다 강화하려는 것이다

다. 전담기구에 대한 지원

전담기구는 그 업무 수행에 있어서 많은 지원이 필수적이다. 따라서 「학교폭력 예방 및 대책에 관한 법률」에서는 국가 및 지방자치단체에는 조사에 관한 예산을 지원할 수 있도록 규정하고 있다. 또한 해당 학교장은 전담기구에 행정적·재정적 지원을 할 수 있도록 하고 있다. 따라서 학교장은 전담기구가 실태조사 등을 하는 경우에 행정업무 조정, 회의실 등 기자재 사용 허락 등 적극적인 협조를 하여야 한다.

3. 학교폭력 전담기구의 사안조사

가. 사안조사

학교폭력 사안이 접수되면 학교폭력 전담기구가 사안을 조사하여, 학교폭력 대책자치위원회에 보고하고, 자치위원회는 피해학생 보호자 및 가해학생 보호자에게 자치위원회 개최일시를 통보한다.

나. 사안조사의 원칙

① 서면 조사, 해당학생 및 증인의 면담 조사, 사안현장 조사 등을 모두 실시한다.

② 면담 조사를 하는 경우에는 관련자들의 진술서를 받는다.

③ 전담기구 소속교사는 학생, 학부모, 목격자, 담임교사 등을 면담 조사한 후에 면담 조사 일지를 작성한다.

④ 학생조사 및 지도는 학생의 수업권이 침해되지 않도록 수업시간 이외에 함을 원칙

으로 하되, 부득이한 경우에는 해당 교과 교사에게 사전 통보하여 협조를 얻은 후 수업시간을 하도록 한다. 물론 이 경우에도 학생의 동의를 구하는 것이 바람직하다.

다. 피해·가해학생 면담 및 조사 방법

(1) 면담 및 정보수집

① 신뢰감과 안정감 주어야 한다. 대화는 자연스럽게 최근 학교생활의 근황 등을 물어보며 시작한다. 처음부터 바로 사안 파악을 위한 질문을 하면 학생이 부담감을 느끼고 움츠러들 수 있다.

② 심리·정서 상태를 파악한다. 전문상담교사 등 상담전문가에게 학생의 심리·정서적 상태를 파악하도록 도움을 요청한다. 일반적인 경우 교사는 학생들의 언행을 주의 깊게 살펴봄으로써 심리·정서적 상태를 파악할 수 있다. 해당학생의 눈맞춤, 눈빛, 손 떨림, 목소리 크기 및 높낮이 등을 통해 학생의 불안, 분노, 우울 등을 파악한다. 진단 및 조치가 필요한 경우에는 학교 내 전문상담교사를 통해 전문적인 심리검사를 받도록 하거나, 인근 신경정신과, 정신보건센터, 상담소 등에 연계하도록 한다.

③ 사안에 대한 정보를 수집한다. 피해학생에 대해서 학년, 성별, 인적 사항, 피해학생 수, 교우관계, 장애 유무, 평소 학교생활, 특이사항 등을 파악한다.

사안에 대한 상황, 즉 폭력유형(신체폭행, 금품갈취, 따돌림 등), 폭력형태(집단폭력, 일대일 폭력 등), 발생기간(1회적인 사안 또는 지속적 사안), 발생장소, 발생원인, 정황, 치료비, 피해금액 등을 파악한다.

가해학생에 대해서 학년, 성별, 인적 사항, 가해학생 수, 가해 동기, 다른 피해자 및 유사 사안의 관련 유무 등을 파악한다.

(2) 증거자료 확보

① 피해, 가해학생 진술서, 목격학생 진술서를 육하원칙에 따라 기재한다.

② 해당 학급 및 학생을 대상으로 설문조사를 한다.

③ 이메일, 채팅, 블로그, 사이월드, 게시판 게시글이나 화면을 캡처하여 자료 출력하는 등 사이버상 자료를 확보한다.

④ 문자 메시지, 사진, 동영상 자료 보관 및 출력, 음성 메시지 보관 및 녹음 등 휴대폰이나 스마트폰에 저장된 자료를 확보한다.

⑤ 폭력 피해를 증명할 수 있는 신체적·정신적 진단서, 의사 소견서, 관련 사진 등을 확보한다.
⑥ 상대방의 말을 녹음해 두거나 기록해두는 등 녹취 및 축어록을 확보한다.
⑦ 증거자료가 없을 시에는 설문조사를 실시하여 증거를 확보하거나, 주변시설 거주자를 조사하여 목격자를 확보한다.

(3) 진위파악

① 피해측과 가해측이 면담을 통해 진술한 것과 정보 수집을 통해 밝혀낸 결과들이 일치하는지를 파악한다.
② 조사 결과를 가해학생측과 피해학생 측이 서로 인정하는지 확인한다.
③ 목격학생 등 주변 진술과 피해학생 측의 진술과 가해학생측의 진술이 일치하는지를 확인한다.

(4) 욕구파악 및 정황파악

① 학생과 학부모의 사안 해결에 대한 욕구를 파악한다. 피해·가해 상황에 대한 수용정도 및 사과, 처벌, 치료비 등에 대한 합의 욕구 등 및 재발 방지 욕구를 파악한다.
② 피해학생의 현재 상태에 대한 대처능력, 적응능력 및 피해학생측(학부모 포함)의 현재까지의 대처상황을 확인하고, 가해학생측의 대응방법 파악 등을 파악한다.

(5) 면담일지 및 보고서 작성

① 관련학생과 학부모, 관련학생의 담임교사와 면담을 한 후에는 면담일지를 작성한다.
② 조사가 끝난 후에는 보고서를 작성해 학교장과 소속 교육청에 보고하도록 한다.

라. 면담시 유의사항

(1) 피해학생 면담시 유의사항

피해학생에게 적절한 위로와 지지를 해주며, 피해 상황과 욕구를 파악하고, 면담 내용에 대해서는 비밀이 보장됨을 안내 해준다. 가해학생으로부터 보복을 당하지 않도록 교사가 책임감을 가지고 지도·관리해 줄 것을 인지 시켜준다. 자치위원회 절차 및 내용에 대해서 설명해주고, 진행 과정, 준비 사항(진술서, 증거자료 등), 보호조치의 종류와 내용 등을 설명해준다. 피해학생의 진술 내용에 대하여 가해학생 혹은 목격학생의 진술과 비교·확인하여 객관적 자료를 확보한다.

(2) 가해학생 면담시 유의사항

폭력에 대한 왜곡된 인식을 교정시켜주며, 폭력은 용인되지 않으며 가해학생이 저지른 행동은 잘못된 것이라는 사실을 알려준다. 또한 피해학생이 당한 충격과 상처를 이해시키고, 가해학생들이 폭력을 사용하게 된 상황에 대해 충분히 탐색하며 듣는다. 가해학생에게 어떤 과정을 거쳐 조치가 내려지는지 조치의 종류와 내용 및 절차를 알려준다. 추후에 가해행동이 재발되지 않도록 주의를 주고, 재발할 경우 심각한 수준의 처벌을 받을 수 있음을 알려준다. 면담 내용에 대한 비밀보장이 됨을 알려주고, 조사과정에서 가해학생을 낙인찍거나 체벌해서는 안 되며, 피해학생 혹은 목격학생의 진술과 비교하여 확인하여 객관적 자료를 확보한다.

마. 관련학생 면담

(1) 학교폭력에 가담한 학생

관련 정황을 구체적으로 진술서에 쓰도록 한다. 진술 내용에 대하여 피해학생 혹은 가해학생의 진술과 비교하여 다시 확인하여 객관적 자료를 확보한다.

(2) 목격한 학생

비밀 보장에 대해 충분히 안내해서 보복에 대한 두려움을 갖지 않도록 하고, 관련 정황을 구체적으로 진술서에 쓰도록 하고, 피해학생 혹은 가해학생의 진술을 비교하고 확인하여 객관적 자료를 확보한다.

바. 학부모 면담

(1) 피해학생 학부모 면담

확인된 사실을 부모가 정확히 알고 있는지, 오해가 있는지 등에 대해 파악하고, 조사한 사실에 대한 추가 의견이나 자료 여부에 대해 점검하고, 학교에 학부모의 요구 사항이 있는지 물어본다. 피해 측이 가해 측을 직접 만났을 경우 흥분한 상태에서 대응하게 되면 갈등이 심화되거나 다른 문제가 생길 수 있으므로 직

접 만나지 않도록 한다.

(2) 가해학생 학부모 면담

가해학생의 부모가 '우리 아이도 피해자다'라고 주장하는 경우에는 명확한 자료를 근거로 의견을 말할 수 있도록 유도하고, 조사한 사실에 대한 추가 의견이나 자료 여부에 대해 점검하고, 학교에 학부모의 요구 사항이 있는지 물어본다.

사. 성폭력의 경우

성폭력 전문기관 또는 성폭력 피해자 보호시설에 연계하여 전문적인 사안조사 및 처리의 도움을 받는 것이 효과적이며, 성폭력 피해자는 우선적으로 가해자와 분리 조치하여 심리적인 안정을 취하도록 한다. 조사를 한 번에 끝낼 수 있도록 철저히 준비하고, 피해학생의 동의하에 진술을 녹음할 수 있다. 또 조사과정에서 2차 피해가 발생하지 않도록 유의한다.

전담기구는 성폭력 등 특수한 학교폭력사건에 대한 조사의 전문성을 확보하기 위하여 필요한 경우 전문기관에 그 실태조사를 의뢰할 수 있다. 이 경우 그 의뢰는 자치위원회 위원장의 심의를 거쳐 학교장 명의로 하여야 한다.

4. 자치위원회 조사시 구성원의 역할

가. 학교장의 역할

사안 조사 내용을 수시로 보고받고 확인하여 사안을 이해하고, 조사를 위한 학생, 교원 등의 적극적인 협조를 유도하여 원활하게 조사가 이루어질 수 있도록 한다.

나. 위원장의 역할

사안 조사시 책임교사와 함께 진행과정 및 문제점을 점검하며 방향을 제시하고, 책임교사의 보고를 통해 사안을 정확하게 이해한다.

다. 전담기구 소속 교사의 역할

(1) 책임교사

피해·가해학생의 담임교사 및 전문상담교사 등의 협조를 얻어 사안의 진상을 조사하고 증인 및 물증을 확보하고, 조사된 내용을 정리하여 자치위원회에 보고한다.

(2) 상담교사의 역할 책임교사의 요청이 있는 경우 피해·가해학생에 대한 심리검사 및 상담을 실시하여 학생의 상태에 대한 소견을 밝힌다.

(3) 보건교사의 역할

피해학생의 신체적 피해 정도를 파악하고, 진단서 및 소견서를 확인한다.

(4) 담임교사의 역할

사건초기에 조사를 실시한다. 담당학생에 대한 사실 확인 및 신체적·정신적 상태를 파악하고, 정서적·교육적 개입을 함으로써 사안의 악화를 방지하도록 하고 초기조사의 내용을 책임교사에게 보고한다. 피해·가해학생에 대한 생활 보고서를 작성하여 책임교사에게 제출하고, 사안조사 과정 중에는 피해·가해학생과 주변학생들을 세심하게 관찰하며 지도하고, 피해·가해 학부모에게 출석하여 진술할 것을 통보한다. 원칙적으로 학교폭력에 대한 조사 및 조치는 자치위원회의 권한이므로 담임교사의 역할은 제한 적이다. 그러나 피해학생이나 가해학생을 잘 아는 담임교사가 1차적으로 정서적·교육적으로 개입하는 것은 사안 악화 방지와 해결에 중요하다. 사안초기에 담임교사의 개입은 2차 폭력 방지 및 피해의 발생을 방지하고 원만한 해결을 위해서 중요하다.

Ⅱ 학교폭력 예방교육

1. 학교폭력 예방교육의 의미

가. 학교폭력 예방 및 대책에 관한 법률 및 동법 시행령의 규정 내용

학교의 장은 학생의 육체적·정신적 보호와 학교폭력의 예방을 위한 학생들에 대한 교육을 학기별로 1회 이상 실시하여야 한다. 학교의 장은 학교폭력의 예방 및 대책 등을 위한 교직원에 대한 교육을 학기별로 1회 이상 실시하여야 한다.

학교의 장은 학교폭력 예방교육 프로그램의 구성

및 그 운용 등을 전담기구와 협의하여 전문단체 또는 전문가에게 위탁할 수 있다. 교육장은 예방교육 프로그램의 구성과 운용계획을 학부모가 쉽게 확인할 수 있도록 인터넷 홈페이지에 게시하고 그 밖에 다양한 방법으로 학부모에게 알릴 수 있도록 노력하여야 한다.

학생 및 교직원에 대한 학교폭력 예방교육은 학기별로 1회 이상 실시하되, 교육 횟수·시간 및 강사 등 세부적인 사항은 학교의 여건에 따라 학교의 장이 정하고, 학급단위로 실시함을 원칙으로 하되, 학교의 여건에 따라 전체 학생을 대상으로 한 장소에서 동시에 실시할 수 있으며, 학생과 교직원을 별도로 교육함을 원칙으로 하되, 내용에 따라 함께 교육할 수 있으며, 강의, 토론 및 역할연기 등 다양한 방법으로 하되, 다양한 자료나 프로그램 등을 활용하여 학교폭력 예방교육을 실시한다.

나. 학교폭력 예방교육의 목적은 궁극적으로 학교폭력에 대한 청소년들의 그릇된 인식과 태도를 변화시켜 가해학생 또는 가해의 위험징후가 있는 학생들에게 학교폭력은 범죄라는 인식을 심어주고 바람직한 태도 변화를 유도하거나, 일반학생들에게는 언제 당할지 모를 학교폭력에 대해 효과적으로 대처할 수 있도록 교육시킴으로써 학교폭력의 잠재적 가능성을 최소화하여 안전하고 즐거운 학교를 만드는 것이다.

다. 예방교육은 교사에게 학급 내 사건에 대한 신속한 대처능력을 기르게 하여 학교폭력 사건이 확대되지 않으면서 원만하게 해결될 수 있도록 하며, 사건 자체의 발생 가능성도 줄일 수 있는 역할을 하게 된다.

또한 이는 학교폭력 사안이 교사나 학교의 책임여부에 대한 법적 분쟁으로 확대되는 경우에 스스로를 보호할 수 있는 최소한의 조치가 될 수 있다. 학교폭력에서 교사의 책임과 관련된 사건 발생에 대한 예측 가능성과 그에 따른 적극적인 조치를 이행하였는가의 판단에 있어서 학교폭력 예방교육은 학교에서 취할 수 있는 적극적인 조치 중 하나로 제시될 수 있다.

2. 학교폭력 예방교육의 실시

가. 학교폭력 예방 및 대책에 관한 법률은 학교폭력 예방교육에 대해 구체적으로 그 실시 등을 규정하고 있다. 학교장은 학교폭력 예방교육을 학생과 교직원에 대한 교육을

모두 각각 실시하여야 한다. 학교폭력 예방교육의 횟수·시간 및 강사 등 세부적인 사항은 학교의 여건에 따라 학교장이 정하게 된다.

나. 학생 대상 예방교육

학교장은 학생의 육체적·정신적 보호와 학교폭력의 예방을 위하여 학생들에 대한 교육을 학기별로 1회 이상 실시하도록 정하고 있다. 학생 대상 예방교육은 '학급단위로 실시하는 것이 원칙'이다. 그러나 현실적으로 학급단위로 시행하기에는 교사에게 큰 부담이다. 또한 상황에 따라 학급단위수업이 어려울 수도 있다. 따라서 학교의 여건에 따라 전체 학생을 대상으로 한 장소에서 동시에 실시할 수 있다.

다. 교직원 대상 예방교육

학교장은 학교폭력의 예방 및 대책 등을 위한 교직원에 대한 교육을 학기별로 1회 이상 실시하여야 한다. 여기서의 교직원은 생활지도 교사에 한정되는 것이 아니라 모든 교사와 학교의 직원까지도 포함된다. 교직원 대상교육은 기본적으로 학생대상 교육과 분리하여 진행하여야 한다.

다만 예방교육의 내용 등에 따라 같이 하는 것이 가능한 경우에는 교육을 함께 진행하여도 가능하다

라. 예방교육에서 주의할 점

예방교육은 단지 담임교사나 학교장이 독자적으로 하여야 할 일이 아니며, 생활지도부만의 역할도 아니므로 예방교육의 추진은 모든 교사가 하게 되지만 각급 학교에 설치된 전담기구의 역할 중 하나가 이러한 예방교육에 대한 프로그램의 구성 및 실시이므로 전담기구의 역할이 그만큼 더 중요하다.

교사와 학생대상 학교폭력 예방교육은 학기별 1회 이상 실시되어야 한다. 학교의 사정이 있다고 하여 다음 학기로 연기하거나 하지 않을 수 있는 것이 아니다. 이는 학교폭력 예방 및 대책에 관한 법률에서 규정하고 있는 것으로 학교의 사정, 학교장의 결정 등의 이유로 연기하거나 실시하지 않으면 학교폭력 예방 및 대책에 관한법률을 위반하는 것이다.

3. 학교폭력 예방교육의 위탁과 학부모에게 홍보

학교의 장은 학생의 육체적·정신적 보호와 학교폭력의 예방을 위한 학생들에 대한 교육(학교폭력의 개념·실태·대처방안 등을 포함하여야 한다)을 학기별로 1회 이상 실시하여야 한다. 학교의 장은 학교폭력의 예방 및 대책 등을 위한 교직원에 대한 교육을 학기별로 1회 이상 실시하여야 한다.

학교의 장은 학교폭력 예방교육 프로그램의 구성 및 그 운용 등을 전담기구와 협의하여 전문단체 또는 전문가에게 위탁할 수 있다. 교육장은 예방교육 프로그램의 구성과 운용계획을 학부모가 쉽게 확인할 수 있도록 인터넷 홈페이지에 게시하고 그 밖에 다양한 방법으로 학부모에게 알릴 수 있도록 노력하여야 한다(학교폭력 예방 및 대책에 관한 법률 제15조).

4 학교폭력 예방교육의 기준

학교의 장은 학교폭력 예방 및 대책에 관한 법률 제15조 제5항에 따라 학생과 교직원 및 학부모에 대한 학교폭력 예방교육을 학기별로 1회 이상 실시하고, 교육 횟수·시간 및 강사 등 세부적인 사항은 학교 여건에 따라 학교의 장이 정한다. 학생에 대한 학교폭력 예방교육은 학급 단위로 실시함을 원칙으로 하되, 학교 여건에 따라 전체 학생을 대상으로 한 장소에서 동시에 실시할 수 있으며, 학생과 교직원, 학부모를 따로 교육하는 것을 원칙으로 하되, 내용에 따라 함께 교육할 수 있다.

학교폭력 예방교육은 강의, 토론 및 역할연기 등 다양한 방법으로 하고, 다양한 자료나 프로그램 등을 활용하여야 하며, 교직원에 대한 학교폭력 예방교육은 학교폭력 관련 법령에 대한 내용, 학교폭력 발생 시 대응요령, 학생 대상 학교폭력 예방 프로그램 운영 방법 등을 포함하여야 하며, 학부모에 대한 학교폭력 예방교육은 학교폭력 징후 판별, 학교폭력 발생 시 대응요령, 가정에서의 인성교육에 관한 사항을 포함하여야 한다(학교폭력 예방 및 대책에 관한 법률 시행령 제17조).

제6장 | 학교폭력 피해학생에 대한 보호조치

Ⅰ 피해학생의 보호 및 장애학생의 보호 규정

1. 학교폭력 예방 및 대책에 관한 법률상 피해학생의 보호 규정

가. 피해학생 보호조치

자치위원회는 피해학생의 보호를 위하여 필요하다고 인정하는 때에는 피해학생에 대하여 ① 심리상담 및 조언, ② 일시보호, ③ 치료를 위한 요양, ④ 학급교체, ⑤ 그 밖에 피해학생의 보호를 위하여 필요한 조치의 어느 하나에 해당하는 조치(수 개의 조치를 병과하는 경우를 포함한다)를 할 것을 학교의 장에게 요청할 수 있다. 다만, 학교의 장은 피해학생의 보호를 위하여 긴급하다고 인정할 경우 자치위원회의 요청 전에 심리상담 및 조언, 일시보호 및 그 밖에 피해학생의 보호를 위하여 필요한 조치를 할 수 있다. 이 경우 자치위원회에 즉시 보고하여야 한다(학교폭력 예방 및 대책에 관한 법률 제16조 제1항).

자치위원회의 피해학생에 대한 조치 요청이 있는 때에는 학교의 장은 피해학생의 보호자의 동의를 받아 7일 이내에 해당 조치를 하여야 하고 이를 자치위원회에 보고하여야 한다(학교폭력 예방 및 대책에 관한 법률 제16조 제3항).

피해학생에 대한 보호조치 등 보호가 필요한 학생에 대하여 학교의 장이 인정하는 경우 그 조치에 필요한 결석을 출석일수에 산입할 수 있다(학교폭력 예방 및 대책에 관한 법률 제16조 제14).

학교의 장은 성적 등을 평가함에 있어서 피해학생에 대한 보호조치에 따른 조치로 인하여 학생에게 불이익을 주지 아니하도록 노력하여야 한다(학교폭력 예방 및 대책에 관한 법률 제16조 제5항).

나. 피해학생 보호조치에 필요한 비용

피해학생이 전문단체나 전문가에게 ① 심리상담 및 조언, ② 일시보호, ③ 치료 및 치료를 위한 요양의 규정에 따른 상담 등을 받는 데에 사용되는 비용은 가해학생의 보호자가 부담하여야 한다. 다만, 피해학생의 신속한 치료를 위하여 학교의 장 또는 피해학생의 보호자가 원하는 경우에는 학교안전사고 예방 및 보상에 관한 법률 제15조[1]에 따른 학교안전공제회 또는 시·도교육청이 부담하고 이에 대한 구상권을 행사할 수 있다(학교폭력 예방 및 대책에 관한 법률 제16조 제6항).

학교의 장 또는 피해학생의 보호자는 필요한 경우 학교안전사고 예방 및 보상에 관한 법률 제34조[2]의 공제급여를 학교안전공제회에 직접 청구할 수 있다(학교폭력 예방 및 대책에 관한 법률 제16조 제7항).

2. 학교폭력 예방 및 대책에 관한 법률상 장애학생의 보호 규정

가. 장애학생 보호규정 명문화

누구든지 장애 등을 이유로 장애학생에게 학교폭력을 행사하여서는 아니 된다(학교폭력 예방 및 대책에 관한 법률 제16조의2 제2항).

나. 학교폭력 피해 장애학생에 대한 특화된 조치

학교폭력 사안이 발생하여 장애학생이 피해학생인 경우에 자치위원회는 장애인 전문상담가의 상담이나 장애인 전문치료기관의 요양조치를 학교의 장에게 요청할 수 있다(학교폭력 예방 및 대책에 관한 법률 제16조의2 제2항). 학교폭력 피해학생에 대해 할 수 있는 보호조치 중 하나인 '심리상담 및 조언'과 '치료를 위한 요양'이 장애학생에 대해서도 적용되지만 이와는 별도로 규정하고 있다. 장애학생의 경우에는 자치위원회에서는 '심리상담 및 조언'과 '치료를 위한 요양'에 대해 일반적인 조치 이외에 장애학생에 대한 특화된 조치를 할 수 있다.

다. 보호조치 의무화

자치위원회에서 요청한 장애학생에 대한 보호조치에 대해 학교장은 이를 반드시 조치하여야 한다(학교폭력 예방 및 대책에 관한 법률 제16조의2 제3항). 장애학생에 대해 자치위원

---

1) 학교안전사고 예방 및 보상에 관한 법률 제15조(학교안전공제회의 설립 등) ① 교육감은 학교안전공제사업을 실시하기 위하여 해당 시·도에 학교안전공제회(이하 "공제회"라 한다)를 설립한다. ② 공제회는 법인으로 한다. ③ 공제회는 주된 사무소의 소재지에서 설립등기함으로써 성립된다.

2) 학교안전사고 예방 및 보상에 관한 법률 제34조(공제급여의 종류) 공제회가 지급하는 공제급여의 종류는 다음 각 호와 같다. 1. 요양급여 2. 장해급여 3. 간병급여 4. 유족급여 5. 장의비

회에서 요청한 보호조치에 대해 학교장은 반드시 따라야 한다.

3. 학교폭력 피해학생에 대한 조치

[학교폭력 피해학생에 대한 보호조치(학교폭력 예방 및 대책에 관한 법률 제16조)]

(학교의 장은 피해학생의 보호자의 동의를 받아 7일 이내에 해당 조치를 하여야 하고 이를 자치위원회에 보고하여야 한다)

조 치	조치의 내용	관련내용
심리상담 및 조언 제1호 긴급한 경우 학교장의 긴급조치	학교폭력으로 받은 정신적·심리적 충격으로부터 회복할 수 있도록 하기 위하여 학교 내의 교사 또는 학교외의 전문상담기관의 전문가에게 심리상담 및 조언을 받도록 하는 조치 피해학생이 심리적·정신적 충격을 겪고 있다고 판단될 때 내리는 조치 학교 내 상담교사가 없을 때는 외부 상담기관과 연계	피해학생이 전문단체나 전문가로부터 제1항 제1호부터 제3호까지의 규정에 따른 상담 등을 받는 데에 사용되는 비용은 가해학생의 보호자가 부담. 다만, 피해학생의 신속한 치료를 위하여 학교의 장 또는 피해학생의 보호자가 원하는 경우에는 「학교안전사고 예방 및 보상에 관한 법률」 제15조에 따른 학교안전공제회 또는 시·도교육청이 부담하고 이에 대한 구상권을 행사
일시보호 제2호 긴급한 경우 학교장의 긴급조치	지속적인 폭력이나 보복을 당할 우려가 있는 경우 일시적으로 보호시설이나 집 또는 학교상담실 등에서 보호를 받을 수 있도록 하기 위한 조치	학교의 장 또는 피해학생의 보호자는 필요한 경우 「학교안전사고 예방 및 보상에 관한 법률」 제34조의 공제급여를 학교안전공제회에 직접 청구
치료 및 치료를 위한 요양 제3호	학교폭력으로 인하여 생긴 신체적·정신적 상처의 치유를 위하여 일정기간 출석을 하지 아니하고 의료기관 등에서 치료를 받도록 하는 조치 치료기간이 명시된 진단서 또는 관련 증빙자료를 첨부하여 자치위원회에 제출하도록 학부모에게 안내	① 법 제16조 제6항 단서에 따른 학교안전공제회 또는 시·도교육청이 부담하는 피해학생의 지원범위는 1. 교육감이 정한 전문심리상담기관에서 심리상담 및 조언을 받는 데 드는 비용 2. 교육감이 정한 기관에서 일시보호를 받는 데 드는 비용 3. 「의료법」에 따라 개설된 의료기관, 「지역보건법」에 따라 설치된 보건소·보건의료원 및 보건지소, 「농어촌 등 보건의료를 위한 특별조치법」에 따라 설치된 보건진료소, 「약사법」에 따라 등록된 약국 및 같은 법 제91조에 따라 설립된 한국희귀의약품센터에서 치료 및 치료를 위

		한 요양을 받거나 의약품을 공급받는데 드는 비용
학급교체 제4호	지속적인 학교폭력 상황으로부터 벗어나기 위해서, 또는 학교폭력으로 인해 생긴 정신적 상처에서 벗어나도록 하기 위해서 피해학생을 동일 학교 내의 다른 학급으로 소속을 옮겨주는 조치 피해·가해학생이 같은 학급에 있는 경우 심리적인 불안감을 가질 수 있기 때문에 피해·가해학생을 분리하기 위한 조치 피해학생 입장에서는 새로운 학급에 적응해야 하는 부담이 있으므로, 피해학생이 적극 원하는 경우와 다른 조치로 피해학생 보호가 어렵다고 판단되는 경우에 행하는 것이 타당	
그 밖에 피해학생의 보호를 위하여 필요한 조치 제6호 긴급한 경우 학교장의 긴급조치	학교폭력 예방 및 대책에 관한 법률에서는 규정하고 있지 않지만 피해학생을 위하여 필요하다고 판단되는 다양한 조치 치료 등을 위한 의료기관에의 인도, 법률 구조 기관 등에 필요한 협조와 지원요청, 신변보호지원 등	

가. 자치위원회를 개최하기 전 긴급한 경우의 조치

학교의 장이 피해학생의 보호를 위하여 긴급하다고 인정할 경우 자치위원회의 요청 전에 ① 심리상담 및 조언, ② 일시보호, ③ 그 밖에 피해학생의 보호를 위하여 필요한 조치를 취할 수 있다. 이 경우 학교의 장은 자치위원회에 즉시 보고하여야 한다.

나. 피해학생에 대한 조치

(1) 심리상담 및 조언

학교폭력으로 받은 정신적·심리적 충격으로부터 회복할 수 있도록 하기 위하여 학교 내의 교사 또는 학교외의 전문상담기관의 전문가에게 심리상담 및 조언을 받도록 하는 조치로서, 피해학생이 심리적·정신적 충격을 겪고 있다고 판단될 때 내리는 조치이다. 학교 내 상담교사가 없을 때는 외부 상담기관과 연계한다.

(2) 일시보호

지속적인 폭력이나 보복을 당할 우려가 있는 경우 일시적으로 보호시설이나 집 또는 학교상담실 등에서 보호를 받을 수 있도록 하기 위한 조치이다.

(3) 치료 및 치료를 위한 요양

학교폭력으로 인하여 생긴 신체적·정신적 상처의 치유를 위하여 일정기간 출석을 하지 아니하고 의료기관 등에서 치료를 받도록 하는 조치로서 치료기간이 명시된 진단서 또는 관련 증빙자료를 첨부하여 자치위원회에 제출하도록 학부모에게 안내하는 것이 좋다.

(4) 학급교체

지속적인 학교폭력 상황으로부터 벗어나기 위해서, 또는 학교폭력으로 인해 생긴 정신적 상처에서 벗어나도록 하기 위해서 피해학생을 동일 학교 내의 다른 학급으로 소속을 옮겨주는 조치로서, 피해·가해학생이 같은 학급에 있는 경우 심리적인 불안감을 가질 수 있기 때문에 피해·가해학생을 분리하기 위한 조치이다. 피해학생 입장에서는 새로운 학급에 적응해야 하는 부담이 있으므로, 피해학생이 적극 원하는 경우와 다른 조치로 피해학생 보호가 어렵다고 판단되는 경우에 행하는 것이 타당할 것이다.

(5) 그 밖에 피해학생의 보호를 위하여 필요한 조치

학교폭력 예방 및 대책에 관한 법률에서는 규정하고 있지 않지만 피해학생을 위하여 필요하다고 판단되는 다양한 조치를 할 수 있다. 치료 등을 위한 의료기관에의 인도, 법률 구조 기관 등에 필요한 협조와 지원요청, 신변보호지원 등을 할 수 있다.

4. 자치위원회의 피해학생 보호조치 결정에 대한 보호자의 동의 여부

가. 피해학생 보호자의 동의

자치위원회의 요청이 있는 경우 학교의 장은 피해학생 보호자의 동의를 얻어 당해 조치를 취해야 한다. 동의가 없는 경우 당해 조치를 취할 수 없다. 따라서 심리상담 및 조언 조치를 내리는 경우에도 수업시간이나 외부 상담기관의 이용 등에 대한 구체적인 사항은 피해학생 측의 요구를 최대한 반영하여 학교장이

조치를 취하도록 해야 한다.

피해학생의 보호자가 다른 보호조치를 요구하는 경우에는 당해 조치를 취할 수 없다. 자치위원회는 피해학생보호자의 의견을 경청하고 이를 최대한 반영하여 결정하도록 해야 한다. 보호조치는 피해학생의 보호 및 이후 학교생활의 적응을 위한 것이므로 피해학생과 학부모의 욕구를 반영하여 결정하여야 한다.

장애학생에 대한 보호조치의 경우에는 장애학생 보호자의 동의를 얻도록 하는 명문규정은 없으나, 장애학생도 피해학생이므로 당연히 피해학생인 장애학생에 대한 보호조치를 취하기 전에 피해학생인 장애학생 보호자의 동의를 얻어야 한다.

나. 학교장의 조치

자치위원회는 학교의 장에게 피해학생에 대한 조치를 요청하기 전에 피해학생 및 그 보호자에게 의견진술의 기회를 부여하는 등 적정한 절차를 거쳐야 한다. 자치위원회의 요청이 있는 때에는 학교의 장은 피해학생의 보호자의 동의를 받아 7일 이내에 해당 조치를 하여야 하고 이를 자치위원회에 보고하여야 한다.

5. 피해학생 또는 보호자의 재심청구

자치위원회 또는 학교의 장이 제16조 제1항 및 제17조 제1항에 따라 내린 조치에 대하여 이의가 있는 피해학생 또는 그 보호자는 그 조치를 받은 날부터 15일 이내, 그 조치가 있음을 안 날부터 10일 이내에 지역위원회에 재심을 청구할 수 있다(학교폭력 예방 및 대책에 관한 법률 제17조의2 제1항).

피해학생 또는 그 보호자는 피해학생에 대하여 내려진 조치에 대해서 뿐만 아니라 가해학생에 대해서 내려진 조치에 대해서도 지역위원회에 재심을 청구할 수 있도록 한 규정이다.

자치위원회를 개최하여 학교폭력 사건이 아니며, 가해학생이나 피해학생이 존재하지 않으므로 어떠한 조치도 취하지 않을 경우에도 피해학생 또는 그 보호자는 재심을 청구할 수 있다고 보아야 할 것이다. 이는 자치위원회를 개최조차 하지 않은 경우와는 달리 자치위원회가 개최되었지만 가해학생에 대한 경미한 조치를 취한 경우와 마찬가지로 볼 수 있기 때문이다.

피해학생이나 그 보호자가 가해학생이 지나치게 중한 조치를 받았다고 생각할 경우(전학이나 퇴학조치의 경우에는 가해학생 측에서도 재심을 청구할 수 있으므로 그 이외의 조치를 취한 경우)에도 피해학생이나 그 보호자가 가해학생을 위하여 재심을 청구할 수 있는지가 문제될 수 있다. 그러나 ① 학교폭력 예방 및 대책에 관한 법률에 재심을 청구할 수 있도록 규정한 취지는 자신에게 불리한 처분(즉 이 경우는 피해학생에게 불리한 처분)에 대해서 불복할 수 있도록 한 것으로 보여 지며, ② 재심은 자신에게 불리한 피해학생이나 그 보호자에게 가해학생에 대한 조치의 경우에 대해서도 재심을 청구할 수 있도록 한 취지는 가해학생이 지나치게 경미한 조치를 받은 경우에 피해학생이나 그 보호자가 다시 한 번 가해학생에 대한 중한 조치를 취할 것을 청구할 수 있도록 한 것이라고 보이므로 피해학생이나 그 보호자가 가해학생이 지나치게 중한 조치를 받았다고 생각할 경우에는 피해학생이나 그 보호자가 가해학생을 위하여 재심을 청구할 수 없다고 보아야 할 것이다.

피해학생 또는 그 보호자가 학교폭력 예방 및 대책에 관한 법률 제16조 제1항에 따라 내린 피해학생에 대한 조치에 대해서 재심을 청구할 수 있는 대표적인 경우는 학교폭력 예방 및 대책에 관한 법률 제16조 제2항의 "자치위원회는 제1항에 따른 조치를 요청하기 전에 피해학생 및 그 보호자에게 의견진술의 기회를 부여하는 등 적정한 절차를 거쳐야 한다."는 규정 위반이나, 학교폭력 예방 및 대책에 관한 법률 제16조 제3항의 "제1항에 따른 요청이 있는 때에는 학교의 장은 피해학생의 보호자의 동의를 받아 … "의 규정을 위반한 경우일 것이다.

6. 불이익 금지

가. 출석인정

피해학생이 학교폭력으로 인해 장기간 학교에 나오지 못했을 경우, 상당한 이유가 있을 경우에 학교의 장이 인정하면 출석으로 인정할 수 있다. 피해학생이 등교거부로 결석했을 경우 원칙적으로 자치위원회의 결과조치로써 피해학생이 치료 및 요양을 할 수 있으나, 자치위원회 소집 전에 피해학생이 등교거부를 하는 경우도 있다. 이때에도 역시 학교에서는 피해학생이 그 기간 동안 치료를 받은 것이 증명된다면(병원 의사의 진단서 등) 출석일수로 산입하는 것이 바람직하다.

나. 피해학생이 심리상담 및 조언이나 그 밖의 보호조치 결정을 받고 결석한 경우

피해학생이 심리상담 및 조언이나 그 밖의 보호조치 결정을 받고 결석한 경우 초·중·고등학교 학교생활기록부 전산처리 및 관리 지침에 따르면 "기타 부득이한 사유로 학교의 장의 허가를 받아 결석하는 경우"에는 이를 출석으로 인정하는 규정을 두고 있으므로 학교장이 피해학생이 심리상담 및 조언이나 그 밖의 보호조치 결정을 받고 이를 이행하기 위하여 결석한 경우에는 학교장이 인정시 출석으로 인정할 수 있다.

다. 성적처리에서의 불이익 금지와 학습권보장

교장은 피해학생에 대한 조치로 인해 성적 등을 평가함에 있어서 피해학생이 불이익을 받지 않도록 노력해야 한다. 보호조치를 받았다는 사실 자체가 성적평가 등에서 불이익으로 작용하지 않도록 해야 한다. 또한 일시보호나 치료를 위한 요양조치 등으로 인하여 피해학생이 장·단기간 결석하게 되어 부득이하게 성적평가를 위한 시험에 응하지 못하게 된 경우에도 학교학업 성적관리규정에 의거하여 불이익이 없도록 조치해야 한다. 피해학생이 장·단기간 결석하게 되는 경우 교장은 가정학습에 대한 지원 등 교육상 필요한 조치를 마련해 주는 것이 바람직하다.

7. 장애학생의 보호

가. 장애학생의 정의

학교폭력 예방 및 대책에 관한 법률 제2조 (정의)에서는 제5호에서 "장애학생이란 신체적·정신적·지적 장애 등으로 장애인 등에 대한 특수교육법 제15조에서 규정하는 특수교육을 필요로 하는 학생을 말한다."라고 규정하고 있다.

장애인 등에 대한 특수교육법 제15조 (특수교육대상자의 선정)는 제1항에서 "교육장 또는 교육감은 다음 각 호의 어느 하나에 해당하는 사람 중 특수교육을 필요로 하는 사람으로 진단·평가된 사람을 특수교육대상자로 선정한다."고 규정하면서, ① 시각장애, ② 청각장애, ③ 정신지체, ④ 지체장애, ⑤ 정서·행동장애, ⑥ 자폐성장애(이와 관련된 장애를 포함한다), ⑦ 의사소통장애, ⑧ 학습장애, ⑨ 건강장애, ⑩ 발달지체, ⑪ 그 밖에 대통령령으로 정하는 장애를 규정하고 있다.

나. 학교폭력 예방 및 대책에 관한 법률상 장애학생 보호 규정

학교폭력 예방 및 대책에 관한 법률은 누구든지 장애 등을 이유로 장애학생에게 학교폭력을 행사하여서는 안 된다고 규정하고 있다. 학교폭력은 학생간의 폭력사안이므로 결국 학생이 장애학생에게 폭력을 행사하는 경우에만 이 내용이 적용된다고 할 것이나, 누구든지 어떠한 경우에도 폭력자체가 정당화되지 않는다는 점, 장애학생도 비록 장애가 있지만 학교폭력에서 보호받아야 하는 학생이라는 점을 감안한 장애학생에 대한 선언적인 규정이다.

학교폭력 사안이 발생하여 장애학생이 피해학생인 경우에 자치위원회는 장애인 전문상담가의 상담이나 장애인 전문치료기관의 요양조치를 학교의 장에게 요청할 수 있다(법 제16조의2 제2항). 학교폭력 피해학생에 대해 할 수 있는 보호조치 중 하나인 '심리상담 및 조언'과 '치료를 위한 요양'이 장애학생에 대해서도 적용되지만 이와는 별도로 규정하고 있다.

학교폭력과 관련하여 현행 초·중등 교육법 제19조의2[3])에서는 전문당삼교사나 전문상담순회교사를 두어 성폭력·진로상담 등 학생들이 직면하는 다른 문제와 함께 전문적인 상담을 받을 수 있도록 시행하고 있다. 그럼에도 불구하고 학교폭력 예방 및 대책에 관한 법률에서 장애학생에 대한 조치를 특별히 규정한 것은 현행 제도 이상의 특별한 조치를 요구하고 있는 것이다. 또한 장애학생의 경우에는 자치위원회에서는 '심리상담 및 조언'과 '치료를 위한 요양'에 대해 일반적인 조치(법 제16조) 이외에 장애학생에 대한 특화된 조치(법 제16조의2)를 할 수 있다.

다. 장애인차별금지 및 권리구제 등에 관한 법률

장애인차별금지 및 권리구제 등에 관한 법률은 모든 생활영역에서 장애를 이유로 한 차별을 금지하고 장애를 이유로 차별받은 사람의 권익을 효과적으로 구제함으로써 장애인의 완전한 사회참여와 평등권 실현을 통하여 인간으로서의 존엄과 가치를 구현함을

3) 초·중등 교육법 제19조의2 (전문상담교사의 배치 등) ① 학교에 전문상담교사를 두거나 시·도 교육행정기관에 「교육공무원법」 제22조의2에 따라 전문상담순회교사를 둔다. ② 제1항의 전문상담순회교사의 정원·배치 기준 등에 필요한 사항은 대통령령으로 정한다.

목적한 법률이다.

8. 피해학생의 치료비용 등의 부담문제

피해학생이 전문단체나 전문가로부터 ① 심리치료 및 조언, ② 일시보호, ③ 치료 및 치료를 위한 요양의 규정에 따른 상담 등을 받는 데에 사용되는 비용은 가해학생의 보호자가 부담하여야 한다.

다만, 피해학생의 신속한 치료를 위하여 학교의 장 또는 피해학생의 보호자가 원하는 경우에는 학교안전사고 예방 및 보상에 관한 법률 제15조에 따른 학교안전공제회 또는 시·도교육청이 부담하고 이에 대한 구상권을 행사할 수 있다.

학교의 장 또는 피해학생의 보호자는 필요한 경우 학교안전사고 예방 및 보상에 관한 법률 제34조의 공제급여를 학교안전공제회에 직접 청구할 수 있다.

9. 피해학생의 지원범위 등

학교폭력 예방 및 대책에 관한 법률 제16조 제6항 단서에 따른 학교안전공제회 또는 시·도교육청이 부담하는 피해학생의 지원범위는 ① 교육감이 정한 전문심리상담기관에서 심리상담 및 조언을 받는 데 드는 비용, ② 교육감이 정한 기관에서 일시보호를 받는 데 드는 비용, ③ 의료법에 따라 개설된 의료기관, 지역보건법에 따라 설치된 보건소·보건의료원 및 보건지소, 농어촌 등 보건의료를 위한 특별조치법에 따라 설치된 보건진료소, 약사법에 따라 등록된 약국 및 같은 법 제91조에 따라 설립된 한국희귀의약품센터에서 치료 및 치료를 위한 요양을 받거나 의약품을 공급받는데 드는 비용을 지원한다.

비용을 지원 받으려는 피해학생 및 보호자가 학교안전공제회 또는 시·도교육청에 비용을 청구하는 절차와 학교안전공제회 또는 시·도교육청이 비용을 지급하는 절차는 학교안전사고 예방 및 보상에 관한 법률 제41조[4]를 준용한다.

---

4) 학교안전사고 예방 및 보상에 관한 법률 제41조 (공제급여의 청구 및 지급 등) ① 제36조 내지 제40조의 규정에 따른 공제급여를 지급받고자 하는 자는 교육과학기술부령이 정하는 절차와 방식에 따라

학교안전공제회 또는 시·도교육청이 법 제16조 제6항에 따라 가해학생의 보호자에게 구상하는 범위는 제2항에 따라 피해학생에게 지급하는 모든 비용으로 한다(학교폭력 예방 및 대책에 관한 법률 시행령 제18조).

10. 개정된 학교폭력 예방 및 대책에 관한 법률 중 피해학생의 보호 규정

구 분	개정 전	개정 후	관련규정
가해학생에 대한 우선 출석정지 등	근거규정 없음	학교장은 가해학생에 대한 선도가 긴급하다고 인정할 경우에 1. 2명 이상의 학생이 고의적·지속적으로 폭력을 행사한 경우 2. 학교폭력을 행사하여 전치 2주 이상의 상해를 입힌 경우 3. 학교폭력에 대한 신고, 진술, 자료제공 등에 대한 보복을 목적으로 폭력을 행사한 경우 4. 학교의 장이 피해학생을 가해학생으로부터 긴급하게 보호할 필요가 있다고 판단하는 경우 해당 학생 또는 보호자의 의견을 들어 출석정지 조치를 할 수 있다. 다만, 학교의 장이 해당 학생 또는 보호자의 의견을 들으려 하였으나 이에 따르지 아니한 경우에는 해당 학생 또는 보호자의 의견을 듣지 않고 출석정지 조치를 할 수 있다.	학교폭력 예방 및 대책에 관한 법률 제17조 제4항, 학교폭력 예방 및 대책에 관한 법률 시행령 제21조
피해학생에 대한 전학권고 폐지	학교폭력 예방 및 대책에 관한 법률 제16조 제1항 제5호	삭제	
피해학생	상급학교 진학시	상급학교 진학시 피해학생과 가해학생이 동일학교에	학교폭력 예

공제회에 공제급여의 지급을 청구하여야 한다. ② 제1항의 규정에 따라 청구를 받은 공제회는 공제급여를 청구 받은 날부터 14일 이내에 공제급여의 지급 여부를 결정하여야 한다. 다만, 제42조의 규정에 따른 조사의 필요성 등 정당한 사유가 있어 14일 이내에 공제급여의 지급 여부 결정이 어려운 때에는 14일을 연장할 수 있다. ③ 제2항의 규정에 따라 공제급여에 대한 지급 여부의 결정기간을 연장한 때에는 최초 지급 여부 결정기간이 만료되기 전까지 그 사유를 명시하여 공제급여의 지급을 청구한 자에게 통지하여야 한다. ④ 공제회가 공제급여를 지급하기로 결정한 경우에는 지체 없이 공제급여의 지급을 청구한 자에게 공제급여를 지급하여야 한다. 다만, 공제급여의 지급을 청구한 자의 신청이 있거나 공제회가 필요하다고 인정하는 경우에는 지급결정일 전이라도 공제급여의 전부 또는 일부를 먼저 지급할 수 있다. ⑤ 공제회는 제43조의 규정에 따라 공제급여의 전부 또는 일부를 지급하지 아니하기로 결정한 때에는 공제가입자와 공제급여의 지급을 청구한 자에게 지체 없이 그 이유를 통지하여야 한다. 이 경우 공제회는 공제급여의 지급을 청구한 자에게 제57조의 규정에 따라 심사청구를 할 수 있다는 사실과 심사 청구 절차 및 기간 등을 알려야 한다.

가해학생 동일학교 진학 금지	동일학교 배정	배정되지 않도록 법적 근거 마련 교육감 또는 교육장은 전학 조치된 가해학생과 피해학생이 상급학교에 진학할 때에는 각각 다른 학교를 배정하여야 하며, 피해학생이 입학할 학교를 우선적으로 배정한다.	방 및 대책에 관한 법률 시행령 제20조 제4항
피해학생 심리상담 및 조언, 일시보호, 치료 및 치료를 위한 요양비용	가해학생보호자와 합의 또는 피해학생보호자 자비 부담 및 일정한 제약하에 학교안전공제회 등에 청구	피해학생의 신속한 치료를 위하여 학교의 장 또는 피해학생의 보호자가 원하는 경우에는 학교안전공제회 또는 시·도교육청이 부담하고 이에 대한 구상권을 행사할 수 있다. 학교안전공제회 또는 시·도교육청이 부담하는 피해학생의 지원범위 1. 교육감이 정한 전문심리상담기관에서 심리상담 및 조언을 받는 데 드는 비용 2. 교육감이 정한 기관에서 일시보호를 받는 데 드는 비용 3. 「의료법」에 따라 개설된 의료기관, 「지역보건법」에 따라 설치된 보건소·보건의료원 및 보건지소, 「농어촌 등 보건의료를 위한 특별조치법」에 따라 설치된 보건진료소, 「약사법」에 따라 등록된 약국 및 같은 법 제91조에 따라 설립된 한국희귀의약품센터에서 치료 및 치료를 위한 요양을 받거나 의약품을 공급받는데 드는 비용	학교폭력 예방 및 대책에 관한 법률 제16조 제6항, 학교폭력 예방 및 대책에 관한 법률 시행령 제18조

제7장 | 학교폭력 가해학생에 대한 조치 및 재심

Ⅰ 학교폭력 가해학생에 대한 조치

1. 가해학생에 대한 조치의 종류

학교폭력 예방 및 대책에 관한 법률 제17조 (가해학생에 대한 조치)는 ① 피해학생에 대한 서면사과, ② 피해학생에 대한 접촉, 협박 및 보복행위의 금지, ③ 학교에서의 봉사, ④ 사회봉사, ⑤ 학내외 전문가에 의한 특별교육이수 또는 심리치료, ⑥ 출석정지, ⑦ 학급교체, ⑧ 전학, ⑨ 퇴학처분을 규정하고 있으며, 위 순서는 학교폭력 가해학생에 대한 조치를 '경한조치'에서 '중한조치' 순으로 규정한 것이다.

2. 가해학생에 대한 조치의 내용

[학교폭력 가해학생에 대한 조치의 내용]

1. 서면사과(긴급선도조치)
2. 피해학생 및 신고, 고발학생에 대한 접촉, 협박, 보복금지(긴급선도조치)
3. 학교봉사(긴급선도조치)
4. 사회봉사
5. 학내외 전문가에 의한 특별교육이수 또는 심리치료(긴급선도조치)
6. 출석정지(긴급선도조치)
7. 학급교체
8. 전학
9. 퇴학처분

→ 피해학생이나 신고·고발학생에 대한 협박, 보복행위의 경우 병과하거나 조치내용 가중 가능

→ 2호,3호,4호,6호,7호,8호 처분을 받은 가해학생 특별교육 이수하거나 심리치료 받아야 함

→ 학교장의 긴급한 경우 선도조치거부시 초·중등교육법 18조 징계, 조치거부·기피시 추가 다른 조치

→ 3호,4호,5호조치를 받은 경우 이와 관련된 결석은 학교장이 인정하는 때 출석일수에 산입가능
출석일수 산입 가능

→ 가해학생이 특별교육 이수할 경우 보호자도 함께 교육 받도록 하여야 함 – 300만원 이하 과태료

가. 피해학생에 대한 서면사과

가해학생이 피해학생에게 서면으로 그동안의 폭력행위에 대하여 사과를 함으로써 서로 화해하도록 하는 조치이다.

나. 피해학생에 대한 접촉 및 협박의 금지

피해학생에 대한 가해학생의 접근을 막아 더 이상의 폭력이나 보복을 막기 위한 조치이다.

다. 학교에서의 봉사

가해학생에게 반성의 기회를 주고, 봉사에서 오는 기쁨을 알게 하기 위한 조치이며, 가해학생에게 학교 내의 화단 정리, 교실의 교구 정리, 화장실 청소, 장애학생의 등교 도우미 등을 하도록 하는 조치이며, 수업시간에 학교봉사를 실시하는 방법과 등교하여 수업시간에 참여한 후, 수업시간 이외의 시간에 실시하는 방법이 있다.

라. 사회봉사

사회구성원으로서의 책임감을 느끼게 하고, 자신의 행동에 대한 반성의 기회를 주기 위한 조치이며, 가해학생에게 학교를 벗어나 복지시설에서의 봉사, 관공서에서의 심부름, 거리에서의 휴지 줍기, 교통안내 등의 사회봉사를 하도록 하는 조치이다.

마. 학내외 전문가에 의한 특별교육이수 또는 심리치료

폭력적 행동을 스스로 제어하지 못하는 경우 학교 내외 특별전문가에게 특별교육이나 심리치료를 받도록 하는 조치이며, 가해학생에게 공격성, 분노, 불안, 우울 등의 문제가 있는지 확인하고 이를 치료할 수 있도록 하는 조치이다. 이때 교육감이 지정한 특별교육기관에서 특별교육을 이수하여야 한다. 자치위원회는 가해학생이 특별교육을 이수할 경우 해당 학생의 보호자도 함께 교육을 받게 하여야 한다.

바. 출석정지[1)]

가해학생을 학교에 출석하지 못하게 함으로써 반성의 기회를 주고 일시적으로나마 피

1) 초·중등교육법 시행령
제45조 (수업일수) ① 법 제24조 제3항에 따른 학교의 수업일수는 다음 각 호의 기준에 따라 학교의 장이 정한다. 다만, 학교의 장은 천재지변, 연구학교의 운영 또는 제105조에 따른 자율학교의

해학생과 격리시킴으로써 피해학생을 보호하기 위한 조치이다. 가해학생에 대한 출석정지 기간은 '무단결석'으로 처리한다. '무단결석'이란 합당하지 않은 사유나 고의로 결석한 경우(태만, 가출, 고의적 출석 거부, 범법행위로 관련기관 연행·도피 등)를 말한다. 학교생활기록의 출결상황 관리를 함에 있어서 학생생활기록부의 '특기사항란'에는 특기사항 중 학교폭력과 관련된 사항은 학교폭력 예방 및 대책에 관한법률 제17조에 규정된 가해학생에 대한 조치사항을 입력한다.

사. 학급교체

가해학생을 피해학생으로부터 격리하기 위하여 같은 학교 내의 다른 학급으로 옮기는 조치이다.

아. 전 학

가해학생을 피해학생으로부터 격리하기 위하여 가해학생의 소속을 다른 학교로 옮기는 조치이며, 자치위원회에서 가해학생에 대해서 전학조치를 의결하면 학교의 장은 14일 이내에 전학조치를 취해야 하며, 가해학생이 다른 학교로 전학을 간 이후에는 전학 전의 피해학생 소속 학교로 다시 전학 올 수 없도록 하여야 한다.

초등학교·중학교·고등학교의 장은 자치위원회가 법 제17조 제1항에 따라 학교폭력 가해학생에 대한 전학조치를 요청하는 경우에는 초등학교·중학교의 장은 교육장에게, 고등

운영 등 교육과정의 운영상 필요한 경우에는 다음 각 호의 기준의 10분의 1의 범위에서 수업일수를 줄일 수 있으며, 이 경우 다음 학년도 개시 30일 전까지 관할청에 보고하여야 한다.
1. 초등학교·중학교·고등학교·고등기술학교 및 특수학교(유치부를 제외한다)
가. 주 5일 수업을 실시하지 아니하는 경우 : 매 학년 220일 이상
나. 주 5일 수업을 월 2회 실시하는 경우 : 매 학년 205일 이상
다. 주 5일 수업을 전면 실시하는 경우 : 매 학년 190일 이상
2. 공민학교 및 고등공민학교 : 매 학년 170일 이상
② 초등학교·중학교·고등학교 및 특수학교의 장은 제1항 제1호 나목 또는 다목의 기준에 따라 주 5일 수업을 실시하는 경우에 수업일수를 정하려면 법 제31조 제1항에 따른 학교운영위원회의 심의 또는 자문을 거쳐야 한다.
제50조 (수료 및 졸업 등) ① 학교의 장은 학생의 교육과정의 이수정도 등을 평가하여 학생의 각 학년과정의 수료 또는 졸업을 인정한다.
② 학생의 각 학년과정의 수료에 필요한 출석일수는 제45조의 규정에 의한 수업일수의 3분의 2 이상으로 한다.
③ 학교의 장은 당해 학교의 교육과정을 이수하였다고 인정하는 자에게 졸업장을 수여한다.

학교의 장은 교육감에게 해당 학생이 전학할 학교의 배정을 지체 없이 요청하여야 한다.

교육감 또는 교육장은 학교폭력 가해학생이 전학할 학교를 배정할 때에는 학교폭력 피해학생의 보호에 충분한 거리 등을 고려하여야 하며, 관할구역 외의 학교를 배정하려는 경우에는 해당 교육감 또는 교육장에게 이를 통보하여야 한다. 통보를 받은 교육감 또는 교육장은 해당 가해학생이 전학할 학교를 배정하여야 한다.

전학조치에 대하여 이의가 있는 학생 또는 그 보호자는 그 조치를 받은 날부터 15일 이내, 그 조치가 있음을 안 날로부터 10일 이내에 초·중등교육법 제18조의3에 따른 시·도학생징계조정위원회에 재심을 청구할 수 있다

자. 퇴학처분

피해학생을 보호하고 가해학생을 선도·교육할 수 없다고 인정될 때 취하는 최후의 조치이다. 학교의 장은 가해학생을 퇴학처분하기 전에 일정기간 동안 가정학습을 하게 할 수 있으며(초·중등교육법 제31조 제5항), 퇴학처분을 할 때에는 당해 학생 및 보호자와 진로상담을 하여야 하며, 지역사회와 협력하여 다른 학교 또는 직업교육훈련기관 등을 알선하는데 노력하여야 한다(초·중등교육법 시행령 제31조 제6항). 그러나 의무교육과정에 있는 초등학교와 중학교 학생에게는 퇴학처분을 내릴 수 없다.

퇴학조치에 대하여 이의가 있는 학생 또는 그 보호자는 그 조치를 받은 날부터 15일 이내, 그 조치가 있음을 안 날로부터 10일 이내에 「초·중등교육법」 제18조의3에 따른 시·도학생징계조정위원회에 재심을 청구할 수 있다

3. 가해학생에 대한 조치의 병과

자치위원회는 피해학생의 보호와 가해학생의 선도·교육을 위하여 필요하다고 인정하는 때에는 가해학생에 대하여 학교폭력 예방 및 대책에 관한 법률 제17조 제1항의 9가지 조치를 의결할 수 있으며, 수 개의 조치를 병과하는 조치를 의결할 수 있다(학교폭력 예방 및 대책에 관한 법률 제17조 제1항).

4. 학교의 장의 긴급한 경우 선도조치

학교의 장은 가해학생에 대한 선도가 긴급하다고 인정할 경우 자치위원회의 요청 전에 ① 피해학생에 대한 서면사과, ② 피해학생에 대한 접촉 및 협박의 금지, ③ 학교에서의 봉사, ④ 학내외 전문가에 의한 특별교육이수, ⑤ 출석정지의 선도조치를 취할 수 있다. 이 경우 자치위원회에 즉시 보고하여 추인을 받아야 한다(학교폭력 예방 및 대책에 관한 법률 제17조 제4항).

5. 가해학생에 대한 학교장의 조치와 가해학생에 대한 의견진술의 기회 보장 및 가해학생 및 보호자에게 통지

가. 자치위원회는 피해학생의 보호와 가해학생의 선도·교육을 위하여 필요하다고 인정하는 때에는 가해학생에 대하여 학교폭력 예방 및 대책에 관한 법률 제17조 제1항의 9가지 조치를 의결할 수 있으며, 이러한 조치 중에서 구체적인 사정에 맞게 가해학생의 선도 및 교육을 위하여 필요하다고 인정되는 조치를 취할 수 있으며, 수 개의 조치를 병과하는 조치를 의결할 수 있다. 자치위원회가 가해학생에 대하여 조치를 의결하고 학교장에게 조치를 할 것을 요청할 수 있다.

자치위원회가 가해학생에 대한 조치를 의결하여 학교장에게 가해학생에 대하여 의결한 조치를 할 것을 학교의 장에게 요청할 때에는 학교의 장은 해당 조치를 하여야 한다. 이 경우 학교장은 자치위원회가 의결하여 요청한 조치에 반드시 따라야 하며, 수정하여 조치를 취하거나 조치를 거부할 수 없다.

나. 의견진술의 기회보장

자치위원회가 가해학생에 대한 조치를 심의함에 있어서는 가해학생과 보호자에게 의견 진술의 기회를 부여하는 등 적정한 절차를 거쳐야 한다. 그러나 가해학생과 보호자에게 의견진술의 기회를 적정하게 보장하였음에도 가해학생이나 보호자가 출석하지 않는다거나 의견진술을 하지 않은 경우에도 가해학생에 대한 조치를 취할 수 있다. 자치위원회에서 가해학생에 대한 조치를 의결할 경우에는 가해학생과 보호자 모두에게 의견진술의 기회를 주어야 한다(학교폭력 예방 및 대책에 관한 법률 제17조 제5항).

다. 가해학생 및 보호자에게 통지

자치위원회의 요청에 따라 학교장이 가해학생에 대한 조치를 취한 때에는 가해학생과 그 보호자에게 이를 통지하여야 한다(학교폭력 예방 및 대책에 관한 법률 제17조 제7항).

6. 특별교육이수 및 불이행시 보호자에 대한 과태료 부과

가. 특별교육이수 조치

피해학생에 대한 접촉, 협박 및 보복행위의 금지, 학교에서의 봉사, 사회봉사, 출석정지, 학급교체, 전학처분을 받은 가해학생은 교육감이 정한 기관에서 특별교육을 이수하여야 하며, 특별교육 기간은 자치위원회에서 정한다. 자치위원회는 가해학생이 특별교육을 이수할 경우 해당 학생의 보호자도 함께 교육을 받게 하여야 한다(학교폭력 예방 및 대책에 관한 법률 제17조 제9항).

나. 특별교육이수 조치 불이행시 보호자에 대한 과태료 부과

학교폭력 예방 및 대책에 관한 법률 제17조 제9항에 따른 자치위원회의 교육 이수 조치를 따르지 아니한 보호자에게는 300만원 이하의 과태료를 부과한다(학교폭력 예방 및 대책에 관한 법률 제22조 제2항).

가해학생의 보호자가 특별교육에 불응한 경우 학교의 장은 법률에 의하여 과태료가 부과됨을 안내하고 특별교육을 이수할 것을 재통보하여야 하며, 재통보시에도 불응하는 경우 학교의 장은 가해학생 보호자명단을 교육감에게 보고하여야 하며, 교육감은 학교폭력 예방 및 대책에 관한 법률 제22조 제2항에 따라 300만원 이하의 과태료를 부과한다.

7. 실무상 특별교육이수 내용과 절차

가. 특별교육의 목적

학교생활 부적응 및 비행, 폭력 등으로 징계를 받은 학생의 학교 적응력을 신장하고 학교생활에서 위기에 노출된 학생들의 심리적 치료와 정서적 성장을 지원하는 상담 및 교육프로그램 운영함을 목적으로 한다.

나. 법적 근거 및 대상

초·중등교육법 시행령 제31조 제1항 제3호에 의해 특별교육이수 명령을 받은 학생 및 학교폭력 예방 및 대책에 관한 법률 제17조에서 특별교육이수조치를 받은 학교폭력 가해학생을 대상으로 한다.

다. 운영방침

대안교실, 학생교육원, Wee센터에 위탁하여 실시하거나 단위학교에서 자체적으로 실시할 수 있으나 학교에서는 가급적 생활지도 담당부서가 주관하여 실시한다.

라. 학교폭력 가해학생의 경우 수준별로 특별교육을 실시하여 이수하도록 체계화한다.

1 수준(2호 ~ 5호) : 단위학교 및 지역아동센터 등

2 수준(5호 ~ 6호) : 지역아동센터, 대안교실 등

3 수준(5호 ~ 8호) : 대안교실, 학생교육원, Wee센터 등

마. 가해학생 보호자에 대한 특별교육

가해학생에 대한 조치내용	이수 시간	교육 운영	기 관	비 고
2-4호 처분	4시간 이내	일반 학부모 교육과 통합 가능	단위학교, Wee센터 등	이수증 제출 대체
5-8호 처분	5시간 이상	가해학생 학부모 별도 과정 이수	단위학교, Wee센터, 학생교육원 등	학부모·학생 공동교육 가능

양식 1 〔학교용〕 → Wee센터

〈특별교육이수 의뢰신청서〉

1. 학교

학교명		연락처	사무실:
담당자			핸드폰:

2. 학생 정보

성　명		성 별	□ 남 □ 여	부모님	자 택 :
					핸드폰:
				학　생	
학년 반	학년　　반	생 년 월 일		년　　월　　일	

처분결과	□ 피해학생 및 신고·고발 학생에 대한 접촉, 협박 및 보복행위의 금지 □ 학교에서의 봉사 □ 사회봉사 □ 학내외 전문가에 의한 특별교육 이수 또는 심리치료 □ 출석정지 □ 학급교체 □ 전학

학생 개인의 특성	학업성취 정도	최근학기 성적 : □ 상　□ 중　□ 하
	심리 정서적 측면	□ 가족갈등 □ 사회성부족 □ 진로선택의 어려움 □ 주의력 결핍 □ 교우관계 □ 소극적 성격 □ 정서 불안/우울　□ 본인의 신체장애 □ 기타 (　　　　　　　)
	학교생활 태도의 문제	□ 음주/흡연　□ 이성문제 □ 폭력사용　□ 약물남용　□ 수업태도 불량 □ 상습결석/지각 □ 학습부진 □ 가출　□ 도벽　□ 기타 (　　　　　)
	기타	

상담경험	유 □ (학교내, 외) 무 □	시 기	년　월　일 ~　　년　월　일
		기 관	

∴ 참고사항

상기인을 ○○교육지원청 Wee센터에 특별교육이수를 의뢰합니다.

년　　　월　　　일

학교장 :　　　　　　　　(직인)

양식 2 〔Wee센터용〕 → 학교

〈특별교육이수 안내서〉

1. 의뢰 대상

학교명		학생명		의뢰 날짜	

2. 특별교육 이수 구분

1) 단위학교에서 특별교육 이수
2) 대안교실
3) 학생교육원
4) Wee센터
5) 기타

3. 특별교육 이수 안내

년 월 일 (○○ Wee센터)담당자 : (인 / 서명)

○○○ 학교장 귀하

양식 3 〔기관용〕 → 학교 → Wee센터

특별교육이수 결과보고서

1. 학생 인적사항

<table>
<tr><td rowspan="2">이 름</td><td rowspan="2"></td><td>학 교</td><td></td></tr>
<tr><td>학년, 반</td><td></td></tr>
</table>

2. 특별교육이수 담당기관

<table>
<tr><td rowspan="2">기관명</td><td rowspan="2"></td><td>담당자명</td><td></td></tr>
<tr><td>연락처</td><td>사무실)
핸드폰)</td></tr>
</table>

3. 프로그램 내용

순	일시	프로그램 활동 내용
1		
2		
3		
4		
5		

4. 평 가

2012 . . .

○○ 센터장 : (직인)

※ 단위학교에서 주관하여 실시했을 경우는 학교장 직인 날인

Ⅱ 가해학생에 대한 조치와 재심

1. 가해학생에 대한 조치의 이행강제

가. 협박 또는 보복행위와 조치 가중

자치위원회가 학교의 장에게 가해학생에 대한 조치를 요청할 때 그 이유가 피해학생이나 신고·고발 학생에 대한 협박 또는 보복행위일 경우에는 제1항 각호의 조치를 병과하거나 조치내용을 가중할 수 있다(학교폭력 예방 및 대책에 관한 법률 제17조 제2항).

나. 긴급한 경우 선도조치의 거부나 회피시의 징계

가해학생이 학교장의 조치를 이행하지 아니하는 경우 중 학교폭력 예방 및 대책에 관한 법률 제17조 제4항의 긴급한 경우 선도조치를 거부하거나 회피하는 때에는 초·중등교육법 제18조(학생의 징계) 및 초·중등교육법시행령 제31조에 의거하여 ① 학교 내의 봉사, ② 사회봉사, ③ 특별교육이수, ④ 1회 10일 이내, 연간 30일 이내의 출석정지, ⑤ 퇴학처분(단, 의무교육과정에 있는 학생은 제외)의 징계처분을 내릴 수 있다(학교폭력 예방 및 대책에 관한 법률 제17조 제7항).

다. 가해학생이 조치를 거부하거나 기피하는 경우의 추가조치

학교폭력 예방 및 대책에 관한 법률 제17조 제1항 제2호부터 제9호까지의 처분(② 피해학생에 대한 접촉, 협박 및 보복행위의 금지, ③ 학교에서의 봉사, ④ 사회봉사, ⑤ 학내외 전문가에 의한 특별교육이수 또는 심리치료, ⑥ 출석정지, ⑦ 학급교체, ⑧ 전학, ⑨ 퇴학처분)을 받은 가해학생이 해당조치를 거부하거나 기피하는 경우 자치위원회는 제7항(긴급한 경우 선도조치의 거부나 회피시의 징계)에도 불구하고 추가로 다른 조치를 취할 것을 학교의 장에게 요청할 수 있다(학교폭력 예방 및 대책에 관한 법률 제17조 제11항).

즉 자치위원회는 학교폭력 예방 및 대책에 관한 법률 제17조 제1항 제2호부터 제9호까지의 조치를 받은 학생이 해당조치를 거부하거나 기피하는 경우에는 법 제17조 제11항에 따라 학교이 장으로부터 그 사실을 통보받은 날로부터 7일 이내에 추가로 다른 조치를 할 것을 학교의 장에게 요청할 수 있다(학교폭력 예방 및 대책에 관한 법률 시행령 제22조).

라. 가해학생에 대한 긴급한 경우 선도조치

학교의 장이 가해학생에 대한 선도가 긴급하다고 인정할 경우 우선 ① 피해학생에 대한 서면사과, ② 피해학생 및 신고·고발 학생에 대한 접촉, 협박 및 보복행위의 금지, ③ 학교에서의 봉사, ④ 학내외 전문가에 의한 특별 교육이수 또는 심리치료, ⑤ 출석정지의 조치를 할 수 있으며, 제5호의 학내외 전문가에 의한 특별 교육이수 또는 심리치료와 제6호의 출석정지 조치는 병과조치할 수 있다.

가해학생이 긴급한 경우 선도조치를 거부하거나 회피하는 때에는 초·중등교육법 제18조에 따라 징계하여야 한다(학교폭력 예방 및 대책에 관한 법률 제17조 제7항).

2. 가해학생에 대한 조치와 재심청구

가. 피해학생 또는 보호자의 재심청구

자치위원회 또는 학교의 장이 제16조 제1항 및 제17조 제1항에 따라 내린 조치에 대하여 이의가 있는 피해학생 또는 그 보호자는 그 조치를 받은 날부터 15일 이내, 그 조치가 있음을 안 날부터 10일 이내에 지역위원회에 재심을 청구할 수 있다(학교폭력 예방 및 대책에 관한 법률 제17조의2 제1항).

재심청구의 피청구인은 가해학생에 대한 조치(선도·징계처분)를 내린 학교의 장이 된다.

피해학생 또는 그 보호자는 피해학생에 대하여 내려진 조치에 대해서 뿐만 아니라 가해학생에 대해서 내려진 조치에 대해서도 지역위원회에 재심을 청구할 수 있도록 한 규정이다.

피해학생 또는 그 보호자가 학교폭력 예방 및 대책에 관한 법률 제16조 제1항에 따라 내린 피해학생에 대한 조치에 대해서 재심을 청구할 수 있는 대표적인 경우는 학교폭력 예방 및 대책에 관한 법률 제16조 제2항의 "자치위원회는 제1항에 따른 조치를 요청하기 전에 피해학생 및 그 보호자에게 의견진술의 기회를 부여하는 등 적정한 절차를 거쳐야 한다."는 규정 위반이나, 학교폭력 예방 및 대책에 관한 법률 제16조 제3항의 "제1항에 따른 요청이 있는 때에는 학교의 장은 피해학생의 보호자의 동의를 받아 … "의 규정을 위반한 경우일 것이다.

나. 가해학생에 대한 전학조치 및 퇴학처분에 대한 재심청구

자치위원회가 제17조 제1항 제8호와 제9호에 따라 내린 조치에 대하여 이의가 있는 학생 또는 그 보호자는 그 조치를 받은 날부터 15일 이내, 그 조치가 있음을 안 날로부터 10일 이내에 초·중등교육법 제18조의3[2)]에 따른 시·도학생징계조정위원회에 재심을 청구할 수 있다(학교폭력 예방 및 대책에 관한 법률 제17조의2 제2항).

가해학생 또는 그 보호자는 가해학생에게 내려진 조치 중 전학과 퇴학처분에 대하여만 이의가 있는 경우 시·도학생징계조정위원회에 재심을 청구할 수 있도록 한 규정이다. 따라서 가해학생 및 그 보호자는 전학과 퇴학처분 이외의 조치에 대하여는 재심을 청구할 수 없다.

다. 재심에 대한 심사·결정 기간

지역위원회가 제1항에 따른 재심청구를 받은 때에는 30일 이내에 이를 심사·결정하여 청구인에게 통보하여야 한다(학교폭력 예방 및 대책에 관한 법률 제17조의2 제3항).

라. 재심결정에 대한 이의와 행정심판 제기

재심사 결정에 이의가 있는 청구인은 그 통보를 받은 날부터 60일 이내에 행정심판을 제기할 수 있다(학교폭력 예방 및 대책에 관한 법률 제17조의2 제4항).

마. 초·중등교육법상 심사절차 등 준용

재심청구, 심사절차, 결정통보 등은 초·중등교육법 제18조의2[3)] 제2항부터 제4항까지의 규정을 준용한다(학교폭력 예방 및 대책에 관한 법률 제17조의2 제6항).

---

2) 초·중등교육법 제18조의3 (시·도학생징계조정위원회의 설치) ① 제18조의2 제1항에 따른 재심청구를 심사·결정하기 위하여 교육감 소속으로 시·도학생징계조정위원회(이하 “징계조정위원회”라 한다)를 둔다. ② 징계조정위원회의 조직·운영 등에 필요한 사항은 대통령령으로 정한다.

3) 초·중등교육법 제18조의2(재심청구) ① 제18조 제1항에 따른 징계처분 중 퇴학 조치에 대하여 이의가 있는 학생 또는 그 보호자는 퇴학 조치를 받은 날부터 15일 이내 또는 그 조치가 있음을 알게 된 날부터 10일 이내에 제18조의3에 따른 시·도학생징계조정위원회에 재심을 청구할 수 있다. ② 제18조의3에 따른 시·도학생징계조정위원회는 제1항에 따른 재심청구를 받으면 30일 이내에 심사·결정하여 청구인에게 통보하여야 한다. ③ 제2항의 심사결정에 이의가 있는 청구인은 통보를 받은 날부터 60일 이내에 행정심판을 제기할 수 있다. ④ 제1항에 따른 재심청구, 제2항에 따른 심사 절차와 결정 통보 등에 필요한 사항은 대통령령으로 정한다.

바. 퇴학조치된 자의 재심청구 등[4)]

학생 또는 그 보호자가 시·도학생징계조정위원회에 재심을 청구할 때에는 ① 청구인의 이름, 주소 및 연락처, ② 피청구인, ③ 퇴학조치가 있음을 안 날, ④ 청구의 취지 및 이유를 적어 서면으로 하여야 한다. 징계조정위원회는 청구인이나 피청구인에게 심사에 필요한 자료 또는 정보의 제출을 요구할 수 있고, 청구인이나 피청구인은 특별한 사유가 없는 한 이를 즉시 제출하여야 한다. 징계조정위원회는 직권 또는 신청에 따라 청구인, 피청구인 또는 관련 교원 등을 징계조정위원회에 출석하여 진술하게 할 수 있다. 징계조정위원회는 필요하다고 인정하는 때에는 전문가 등 참고인을 출석하게 하거나 서면으로 의견을 들을 수 있다. 징계조정위원회의 회의는 비공개를 원칙으로 한다.

징계조정위원회는 재심청구에 대하여 결정을 하였을 경우 지체 없이 ① 사건번호 및 사건명, ② 청구인의 이름과 주소, ③ 퇴학조치의 원인, ④ 결정내용, ⑤ 결정의 이유, ⑥ 결정한 날짜를 적은 결정서의 정본을 청구인 및 피청구인에게 송부하여야 한다.

사. 징계조정위원회의 운영 등[5)]

위원장은 회의를 소집하고, 그 의장이 되며, 위원장이 회의를 소집하는 경우에는 회의 개최 5일 전까지 회의개최의 일시, 장소 및 안건을 각 위원에게 서면 또는 정보통신매체 등을 이용하여 통지하여야 한다. 다만, 긴급을 요하는 때에는 그러하지 아니하다.

징계조정위원회는 위원장을 포함한 재적위원 과반수의 출석으로 개의하고, 출석위원 과반수의 찬성으로 의결하며, 징계조정위원회의 사무를 담당하기 위하여 간사 1명을 두되, 간사는 시·도 교육청 소속 공무원 중에서 위원장이 지명한다.

위원은 ① 퇴학 조치된 학생 또는 그 보호자와 친족관계에 있거나 있었던 경우, ② 해당 퇴학 조치에 관여한 경우에 해당하는 경우에는 해당 사건에서 제척된다.

청구인은 위원이 불공정한 결정을 할 우려가 있다고 인정되는 상당한 사유가 있는 때에는 그 사실을 서면으로 소명하고 기피를 신청할 수 있으며, 기피신청이 있는 때에는 징계조정위원회의 의결로 해당 위원의 기피 여부를 결정한다.

위원이 제척·기피의 사유에 해당하는 경우에는 스스로 해당 사건의 심사·결정에서 회

---

4) 초·중등교육법 시행령 제31조의2.

5) 초·중등교육법 시행령 제31조의4.

피할 수 있다.

회의에 출석한 위원, 전문가에 대하여는 예산의 범위에서 수당과 여비를 지급할 수 있다. 다만, 공무원인 위원이 그 소관 업무와 직접적으로 관련하여 회의에 출석하는 경우에는 그러하지 아니하다. 위원회의 운영 등에 필요한 사항은 위원회의 의결을 거쳐 위원장이 정한다.

[학교폭력 피·가해학생에 대한 조치와 재심청구]

	피해학생에 대한조치	가해학생에 대한 조치	재심청구의 상대방 재심청구 기관 재심청구기간	관련규정	비 고
피해학생 또는 보호자	자치위원회 또는 학교의 장이 제16조 제1항에 따라 내린 조치에 대하여 이의가 있는 피해학생 또는 그 보호자	자치위원회 또는 학교의 장이 제17조 제1항에 따라 내린 조치에 대하여 이의가 있는 피해학생 또는 그 보호자	학교장을 피청구인으로 하여 그 조치를 받은 날부터 15일 이내, 그 조치가 있음을 안 날부터 10일 이내에 지역위원회에 재심을 청구	학교폭력 예방 및 대책에 관한 법률 제17조의2 제1항	학교폭력 예방 및 대책에 관한 법률 제16조 제3항의 "제1항에 따른 요청이 있는 때에는 학교의 장은 피해학생의 보호자의 동의를 받아…"의 규정을 위반한 경우피해학생 또는 그 보호자는 피해학생에 대하여 내려진 조치에 대해서 뿐만 아니라 가해학생에 대해서 내려진 조치에 대해서도 지역위원회에 재심을 청구할 수 있도록 한 규정 자치위원회를 개최하여 학교폭력 사건이 아니며, 가해학생이나 피해학생이 존재하지 않으므로 어떠한 조치도 취하지 않을 경우에도 피해학생 또는 그 보호자는 재심을 청구할 수 있다고 보아야 할 것 피해학생이나 그 보호자가 가해학생이 지나치게 중한 조치를 받았다고 생각할 경우에는 피해학생이나 그 보호자가 가해학생을 위하여 재심을 청구할 수 없다고 보아야 할 것
가해학생 또는 보호자		자치위원회가 제17조 제1항 제8호	학교의 장을 피청구인으로 하여 그	학교폭력 예방 및	가해학생 또는 그 보호자는 가해학생에게 내려진 조치

		와 제9호에 따라 내린 조치에 대하여 이의가 있는 학생 또는 그 보호자	조치를 받은 날부터 15일 이내, 그 조치가 있음을 안 날로부터 10일 이내에 초·중등교육법 제18조의3에 따른 시·도학생징계조정위원회에 재심을 청구	대책에 관한 법률 제17조의2 제2항	중 전학과 퇴학처분에 대하여만 이의가 있는 경우 시·도학생징계조정위원회에 재심을 청구
피해학생 또는 보호자의 재심에 대한 심사·결정	지역위원회가 제1항에 따른 재심청구를 받은 때에는 30일 이내에 이를 심사·결정하여 청구인에게 통보			학교폭력 예방 및 대책에 관한 법률 제17조의2 제3항)	
피해학생 또는 보호자의 행정심판제기	재심사 결정에 이의가 있는 청구인은 그 통보를 받은 날부터 60일 이내에 행정심판을 제기		학교장을 상대로 행정심판위원회에 행정심판제기	학교폭력 예방 및 대책에 관한 법률 제17조의2 제4항	
가해학생 또는 보호자의 재심에 대한 심사·결정		시·도학생징계조정위원회는 제1항에 따른 재심청구를 받으면 30일 이내에 심사·결정하여 청구인에게 통보		초·중등교육법 제18조의2 제2항	
가해학생 또는 보호자의 행정심판 제기		심사결정에 이의가 있는 청구인은 통보를 받은 날부터 60일 이내에 행정심판을 제기	학교장을 상대로 행정심판위원회에 행정소송제기	초·중등교육법 제18조의2 제3항	

3. 가해학생에 대한 조치별 적용 기준

학교폭력 예방 및 대책에 관한 법률 제17조 제1항의 조치별 적용 기준은 ① 가해학생이 행사한 학교폭력의 심각성·지속성·고의성, ② 가해학생의 반성 정도, ③ 해당 조치로 인한 가해학생의 선도 가능성, ④ 가해학생 및 보호자와 피해학생 및 보호자 간의 화해의 정도, ⑤ 피해학생이 장애학생인지 여부를 고려하여 결정하고, 그 세부적인 기준은 교육과학기술부장관이 정하여 고시한다(학교폭력 예방 및 대책에 관한 법률 시행령 제19조).

4. 가해학생에 대한 전학 조치

초등학교·중학교·고등학교의 장은 자치위원회가 학교폭력 예방 및 대책에 관한 법률 제17조 제1항에 따라 가해학생에 대한 전학 조치를 요청하는 경우에는 초등학교·중학교의 장은 교육장에게, 고등학교의 장은 교육감에게 해당 학생이 전학할 학교의 배정을 지체 없이 요청하여야 한다.

교육감 또는 교육장은 가해학생이 전학할 학교를 배정할 때 피해학생의 보호에 충분한 거리 등을 고려하여야 하며, 관할구역 외의 학교를 배정하려는 경우에는 해당 교육감 또는 교육장에게 이를 통보하여야 하며, 통보를 받은 교육감 또는 교육장은 해당 가해학생이 전학할 학교를 배정하여야 한다.

교육감 또는 교육장은 전학 조치된 가해학생과 피해학생이 상급학교에 진학할 때에는 각각 다른 학교를 배정하여야 하여야 하며, 이 경우 피해학생이 입학할 학교를 우선적으로 배정한다(학교폭력 예방 및 대책에 관한 법률 시행령 제20조).

5. 가해학생에 대한 우선 출석정지 등

학교폭력 예방 및 대책에 관한 법률 제17조 제4항에 따라 ① 2명 이상의 학생이 고의적·지속적으로 폭력을 행사한 경우, ② 학교폭력을 행사하여 전치 2주 이상의 상해를 입힌 경우, ③ 학교폭력에 대한 신고, 진술, 자료제공 등에 대한 보복을 목적으로 폭력을 행사한 경우, ④ 학교의 장이 피해학생을 가해학생으로부터 긴급하게 보호할 필요가 있다고 판단하는 경우에는 학교의 장이 출석정지 조치를 할 수 있으며, 학교의 장은 출석정지 조치를 하려는 경우에는 해당 학생 또는 보호자의 의견을 들어야 한다.

다만, 학교의 장이 해당 학생 또는 보호자의 의견을 들으려 하였으나 이에 따르지 아니한 경우에는 해당 학생 또는 보호자의 의견을 듣지 않아도 무방하다(학교폭력 예방 및 대책에 관한 법률 시행령 제21조).

6. 퇴학학생의 재입학 등

교육감은 학교폭력 예방 및 대책에 관한 법률 제17조 제1항 제9호에 따라 퇴학 처분을 받은 학생에 대하여 법 제17조 제12항에 따라 해당 학생의 선도의 정도, 교육 가능성 등을 종합적으로 고려하여 초·중등교육법 제60조의3[6]에 따른 대안학교로의 입학 등 해당 학생의 건전한 성장에 적합한 대책을 마련하여야 한다(학교폭력 예방 및 대책에 관한 법률 시행령 제23조).

7. 피해학생 재심청구 및 심사 절차 및 결정 통보 등

학교폭력 예방 및 대책에 관한 법률 제17조의2 제5항에 따라 피해학생 또는 보호자가 지역위원회에 재심을 청구할 때에는 ① 청구인의 이름, 주소 및 연락처, ② 가해학생, ③ 청구의 대상이 되는 조치를 받은 날 및 조치가 있음을 안 날, ④ 청구의 취지 및 이유를 적어 서면으로 하여야 한다.

지역위원회는 청구인, 가해학생 및 보호자 또는 해당 학교에 심사에 필요한 자료 또는 정보의 제출을 요구할 수 있고, 청구인, 가해학생 또는 해당 학교는 특별한 사유가 없으면 이를 즉시 제출하여야 한다.

지역위원회는 직권으로 또는 신청에 따라 청구인, 가해학생 및 보호자 또는 관련 교원 등을 지역위원회에 출석하여 진술하게 할 수 있으며, 지역위원회는 필요하다고 인정할 때에는 전문가 등 참고인을 출석하게 하거나 서면으로 의견을 들을 수 있다. 지역위원회의 회의는 비공개를 원칙으로 한다.

지역위원회는 재심사 결정 시 학교폭력 예방 및 대책에 관한 법률 제16조 제1항 각 호

---

6) 초·중등교육법 제60조의3 (대안학교) ① 학업을 중단하거나 개인적 특성에 맞는 교육을 받으려는 학생을 대상으로 현장 실습 등 체험 위주의 교육, 인성 위주의 교육 또는 개인의 소질·적성 개발 위주의 교육 등 다양한 교육을 하는 학교로서 각종학교에 해당하는 학교(이하 "대안학교"라 한다)에 대하여는 제21조 제1항, 제23조 제2항·제3항, 제24조부터 제26조까지, 제29조 및 제30조의4부터 제30조의7까지를 적용하지 아니한다. ② 대안학교는 초등학교·중학교·고등학교의 과정을 통합하여 운영할 수 있다. ③ 대안학교의 설립기준, 교육과정, 수업연한, 학력인정, 그 밖에 설립·운영에 필요한 사항은 대통령령으로 정한다.

와 제17조 제1항 각 호의 어느 하나에 해당하는 조치(수 개의 조치를 병과하는 경우를 포함한다)를 할 것을 해당 학교의 장에게 요청할 수 있다.

지역위원회의 재심 결과는 결정의 취지와 내용을 적어 청구인과 가해학생에게 서면으로 통보한다(학교폭력 예방 및 대책에 관한 법률 시행령 제24조).

[재심청구 관련 서식]

피해학생 재심청구서

피해학생	청구인	( ) (남, 여)		전화	(☎)	
	주소					
	관계	(보호자, 본인)				
	학생		학교		학년-반	
	조치를 받은 날	년 월 일		조치가 있음을 안 날	년 월 일	
가해학생	성명		학교		학년-반	
	성명		학교		학년-반	
	성명		학교		학년-반	

【재심청구의 취지 및 이유】

상기 본인은 위와 같은 사유로 재심을 청구합니다.

신청일 : 년 월 일

신청인 : (서명)

학교폭력대책지역위원회 위원장 귀하

【학교폭력 예방 및 대책에 관한 법률 제17조 제1항 제8호 및 제9호】

(전학·퇴학) 조치에 따른 재심청구서

<table>
<tr><td rowspan="5">청구인
(가해학생)</td><td>이름</td><td colspan="3">( ) (남, 여)</td><td>전화</td><td colspan="2">(☎)</td></tr>
<tr><td>주소</td><td colspan="7"></td></tr>
<tr><td>학생과의 관계</td><td colspan="7">(보호자, 본인)</td></tr>
<tr><td>학생</td><td></td><td>학교</td><td colspan="2"></td><td>학년-반</td><td colspan="2"></td></tr>
<tr><td>조치를 받은 날</td><td colspan="2">년 월 일</td><td colspan="2">조치가 있음을 안 날</td><td colspan="3">년 월 일</td></tr>
<tr><td>피청구인</td><td>전·퇴학조치학교명</td><td colspan="6">학교</td></tr>
<tr><td colspan="8">【재심청구의 취지 및 이유】</td></tr>
</table>

상기 본인은 위와 같은 사유로 재심을 청구합니다.

신청일 : 년 월 일

신청인 : (서명)

○○ 시·도학생징계조정위원회 위원장 귀하

Ⅲ 행정심판 청구

1. 행정심판의 의의

행정심판이란 행정청의 위법·부당한 처분 그 밖의 공권력의 행사·불행사 등으로 인하여 권리나 이익을 침해받은 국민이 행정기관에 제기하는 권리구제절차를 말한다. 행정심판은 법원의 행정소송에 비하여 비용이 무료이고 절차가 간편하며 신속하게 처리된다.

2. 행정심판의 절차

가. 행정심판의 청구서 제출

행정심판청구서를 작성하여 2부를 처분청(처분을 한 행정기관)이나 위원회에 제출하면 된다. 취소심판은 처분이 있음을 안 날부터 90일 이내 또는 처분이 있은 날로부터 180일 이내에 제기하여야 하며, 정당한 사유없이 위의 기간 중 하나라도 경과하여 행정심판을 청구하면 부적법한 청구가 된다. 단, 처분청이 심판청구기간을 알리지 아니한 때에는 처분이 있은 날로부터 180일 이내에 청구할 수 있다.

나. 답변서 제출

청구인의 행정심판청구가 있으면 행정심판의 상대방인 처분청은 청구인의 청구에 대한 반박인 답변서를 심판청구서를 받은 날부터 10일 이내에 작성하여 심판청구서와 함께 위원회에 제출한다. 행정심판위원회는 피청구인의 답변서를 청구인에게 송달하여 청구인이 처분청의 주장을 알 수 있도록 한다.

다. 사건회부

처분청은 제출된 청구인의 청구서와 답변서를 지체없이 행정심판위원회에 회부하여 행정심판위원회가 심판청구사건을 신속히 심리할 수 있도록 한다.

라. 심 리

행정심판위원회는 처분청으로부터 회부된 사건에 대하여 청구인과 피청구인의 주장을 충분히 검토한 후, 심리기일을 정하여 행정처분의 위법·부당여부를 판단하는 심리를 한다. 심리가 이루어지면 행정심판위원회는 심리결과를 처분청 및 청구인에게 송부한다.

마. 재 결

행정심판위원회의 재결은 행정심판청구사건에 대한 판단을 대외적으로 청구인과 피청구인에게 알리는 것으로 재결서를 청구인과 피청구인에게 송달한다. 행정심판의 효력은 재결서가 송달되어야 발생한다.

3. 행정심판위원회

가. 행정심판위원회의 의의

행정심판위원회는 행정심판사건을 심리·재결하기 위하여 설치한 합의제 의결기관으로서 공정하고 객관적인 심리를 위하여 처분청이나 직근상급 행정기관으로부터 독립적으로 운영되고 있다. 또한, 매 회의에 참석하는 위원 중 과반수 이상의 위원은 공무원이 아닌 변호사·교수 기타 전문가 등 민간위원이 참석하도록 법으로 정하여 심리의 객관성을 제도적으로 보장하고 있다.

나. 행정심판위원회의 종류

행정심판위원회는 국민권익위원회 소속하에 설치된 중앙행정심판위원회와 16개 특별시장·광역시장·도지사 소속하에 설치된 시·도행정심판위원회가 대표적인 행정심판위원회이며, 그 외에 입법부 및 사법부 등에도 행정심판위원회가 운영되고 있다.

(1) 중앙행정심판위원회

중앙행정기관(각 부·처·청 등), 특별시·광역시·도, 중앙행정기관 소속 특별지방행정기관(지방경찰청, 지방병무청, 지방식품의약품안전청, 지방환경청, 지방노동청 등)의 처분 또는 부작위에 대한 심판청구사건을 심리·의결한다.

(2) 시·도행정심판위원회

시, 군, 구의 처분 또는 부작위에 대한 심판청구사건을 심리·의결한다.

4. 행정심판법의 주요내용

가. 용어의 정의

① “처분”이란 행정청이 행하는 구체적 사실에 관한 법집행으로서의 공권력의 행사 또는 그 거부, 그 밖에 이에 준하는 행정작용을 말한다.

② "부작위"란 행정청이 당사자의 신청에 대하여 상당한 기간 내에 일정한 처분을 하여야 할 법률상 의무가 있는데도 처분을 하지 아니하는 것을 말한다.

③ "재결(裁決)"이란 행정심판의 청구에 대하여 제6조에 따른 행정심판위원회가 행하는 판단을 말한다.

④ "행정청"이란 행정에 관한 의사를 결정하여 표시하는 국가 또는 지방자치단체의 기관, 그 밖에 법령 또는 자치법규에 따라 행정권한을 가지고 있거나 위탁을 받은 공공단체나 그 기관 또는 사인(私人)을 말한다.

나. 행정심판의 대상

행정청의 처분 또는 부작위에 대하여는 다른 법률에 특별한 규정이 있는 경우 외에는 이 법에 따라 행정심판을 청구할 수 있다(행정심판법 제3조 제1항).

다. 청구인 적격

취소심판은 처분의 취소 또는 변경을 구할 법률상 이익이 있는 자가 청구할 수 있다. 처분의 효과가 기간의 경과, 처분의 집행, 그 밖의 사유로 소멸된 뒤에도 그 처분의 취소로 회복되는 법률상 이익이 있는 자의 경우에도 또한 같다(행정심판법 제13조 제1항).

라. 피청구인의 적격

행정심판은 처분을 한 행정청(의무이행심판의 경우에는 청구인의 신청을 받은 행정청)을 피청구인으로 하여 청구하여야 한다(행정심판법 제17조 제 1항).

마. 심판청구서의 제출

행정심판을 청구하려는 자는 심판청구서를 작성하여 피청구인이나 위원회에 제출하여야 한다. 이 경우 피청구인의 수만큼 심판청구서 부본을 함께 제출하여야 한다(행정심판법 제23조 제1항).

바. 심판청구의 방식

심판청구는 서면으로 하여야 한다(행정심판법 제28조 제1항). 처분에 대한 심판청구의 경우에는 심판청구서에 ① 청구인의 이름과 주소 또는 사무소(주소 또는 사무소 외의 장소에서 송달받기를 원하면 송달장소를 추가로 적어야 한다), ② 피청구인과 위원회, ③ 심판청구의 대상이 되는 처분의 내용, ④ 처분이 있음을 알게 된 날, ⑤ 심판청구의 취지와 이유, ⑥

피청구인의 행정심판 고지 유무와 그 내용이 포함되어야 한다(행정심판법 제28조 제2항).

심판청구서에는 청구인·대표자·관리인·선정대표자 또는 대리인이 서명하거나 날인하여야 한다(행정심판법 제28조 제5항).

사. 집행정지

심판청구는 처분의 효력이나 그 집행 또는 절차의 속행(續行)에 영향을 주지 아니한다(행정심판법 제30조 제1항). 위원회는 처분, 처분의 집행 또는 절차의 속행 때문에 중대한 손해가 생기는 것을 예방할 필요성이 긴급하다고 인정할 때에는 직권으로 또는 당사자의 신청에 의하여 처분의 효력, 처분의 집행 또는 절차의 속행의 전부 또는 일부의 정지를 결정할 수 있다. 다만, 처분의 효력정지는 처분의 집행 또는 절차의 속행을 정지함으로써 그 목적을 달성할 수 있을 때에는 허용되지 아니한다(행정심판법 제30조 제2항).

집행정지는 공공복리에 중대한 영향을 미칠 우려가 있을 때에는 허용되지 아니한다(행정심판법 제30조 제3항). 집행정지 신청은 심판청구와 동시에 또는 심판청구에 대한 위원회나 소위원회의 의결이 있기 전까지, 집행정지 결정의 취소신청은 심판청구에 대한 위원회나 소위원회의 의결이 있기 전까지 신청의 취지와 원인을 적은 서면을 위원회에 제출하여야 한다. 다만, 심판청구서를 피청구인에게 제출한 경우로서 심판청구와 동시에 집행정지 신청을 할 때에는 심판청구서 사본과 접수증명서를 함께 제출하여야 한다(행정심판법 제30조 제5항). 위원회는 집행정지 또는 집행정지의 취소에 관하여 심리·결정하면 지체 없이 당사자에게 결정서 정본을 송달하여야 한다(행정심판법 제30조 제7항).

아. 직권심리

위원회는 필요하면 당사자가 주장하지 아니한 사실에 대하여도 심리할 수 있다(행정심판법 제39조).

자. 재결의 구분

위원회는 심판청구가 적법하지 아니하면 그 심판청구를 각하(却下)한다. 위원회는 심판청구가 이유가 없다고 인정하면 그 심판청구를 기각(棄却)한다.

위원회는 취소심판의 청구가 이유가 있다고 인정하면 처분을 취소 또는 다른 처분으로 변경하거나 처분을 다른 처분으로 변경할 것을 피청구인에게 명한다. 위원회는 무효

등확인심판의 청구가 이유가 있다고 인정하면 처분의 효력 유무 또는 처분의 존재 여부를 확인한다. 위원회는 의무이행심판의 청구가 이유가 있다고 인정하면 지체 없이 신청에 따른 처분을 하거나 처분을 할 것을 피청구인에게 명한다(행정심판법 제43조).

차. 재결의 송달과 효력 발생

위원회는 지체 없이 당사자에게 재결서의 정본을 송달하여야 한다. 이 경우 중앙행정심판위원회는 재결 결과를 소관 중앙행정기관의 장에게도 알려야 한다. 재결은 청구인에게 송달되었을 때에 그 효력이 생긴다. 위원회는 재결서의 등본을 지체 없이 참가인에게 송달하여야 한다. 처분의 상대방이 아닌 제3자가 심판청구를 한 경우 위원회는 재결서의 등본을 지체 없이 피청구인을 거쳐 처분의 상대방에게 송달하여야 한다(행정심판법 제48조).

카. 위원회의 직접 처분

위원회는 피청구인이 처분을 하지 아니하는 경우에는 당사자가 신청하면 기간을 정하여 서면으로 시정을 명하고 그 기간에 이행하지 아니하면 직접 처분을 할 수 있다. 다만, 그 처분의 성질이나 그 밖의 불가피한 사유로 위원회가 직접 처분을 할 수 없는 경우에는 그러하지 아니하다. 위원회는 제1항 본문에 따라 직접 처분을 하였을 때에는 그 사실을 해당 행정청에 통보하여야 하며, 그 통보를 받은 행정청은 위원회가 한 처분을 자기가 한 처분으로 보아 관계 법령에 따라 관리·감독 등 필요한 조치를 하여야 한다(행정심판법 제50조).

타. 행정심판 재청구의 금지

심판청구에 대한 재결이 있으면 그 재결 및 같은 처분 또는 부작위에 대하여 다시 행정심판을 청구할 수 없다(행정심판법 제51조).

5. 행정심판에 대한 불복과 행정소송 등의 제기

시·도학생징계조정위원회는 재심청구일로부터 30일 이내에 이를 심사·결정하여 청구인에게 통보하여야 하도록 되어 있다. 재심결정에 이의가 있는 학생이나 학부모는 그 통보를 받은 날부터 60일 이내에 학교장을 피청구인으로 하여 행정심판을 제기할 수 있다. 이때 행정심판은 시·도 교육청에 설치된 행정심판위원회에 제기할 수 있다.

행정심판의 결과에 불복할 경우 국·공립학교 학생의 경우에는 학교장을 피고로 하여 법원에 행정소송을 제기할 수 있으며, 사립학교 학생의 경우에는 사립 학교법인을 피고로 하여 법원에 민사소송을 제기할 수 있다.

[행정심판청구서 작성 양식]

[별지 제30호 서식]

행정심판 청구서				
청 구 인	① 이름	○ ○ ○	② 주민(법인)등록번호	○○○○○○ -○○○○○○○
	③ 주소	청구인의 주소 및 연락가능한 전화번호를 기재합니다. (송달주소 : 주민등록지가 아닌 장소에서 수령하기를 원할 경우에는 해당 주소를 기재합니다) (전화번호:)		
대 표 자, 관 리 인, 선정대표자, 대 리 인	④ 이름		⑤ 주민(법인)등록번호	
	⑥ 주소	(전화번호:)		
⑦ 피 청 구 인		처분을 한 행정청(처분청)을 기재합니다.		
⑧ 소 관 행정심판위원회		□ 중앙행정심판위원회 □ ( )시·도 행정심판위원회 □ 그 밖의 ( ) 행정심판위원회		
⑨ 청구 대상인 처분 내용 및 날짜(부작위의 전제가 되는 신청 내용 및 날짜)		피청구인이 201○. ○○. ○○. 청구인에 대하여 한 ○○처분		
⑩ 처분이 있음을 안 날		201○. ○○. ○○. (처분통지서를 받은 날을 기재합니다.)		
⑪ 청구 취지와 청구 이유		별지에 적은 내용과 같음 (작성방법은 다음 면의 작성요령참조)		
⑫ 처분청의 고지 유무		처분시 행정심판청구에 대한 고지 (안내)가 있었는지를 기재합니다.	⑬ 고지내용	처분청의 고지(안내)내용을 기재합니다.
⑭ 증거서류(증거물)		1. (청구인이 자신의 주장을 입증하거나, 기타 참고자료로 제출하기를 2. 바라는 서류의 목록을 기재합니다.)		
⑮ 근거 법조문		「행정심판법」 제28조, 같은 법 시행령 제20조		
위와 같이 행정심판을 청구합니다. . . . 청구인 (서명 또는 인) 귀하				

210mm×297mm
[일반용지 60g/㎡(재활용품)]

〈별지작성 예시〉

청 구 취 지

'피청구인이 201○. ○○. ○○. 청구인에 대하여 한 ○○처분은 이를 취소한다'라는 재결을 구합니다.

청 구 원 인

1. 이 건 처분에 이르게 된 경위

(청구인이 피청구인으로부터 이 건 처분을 받게 된 경위를 육하원칙에 의해 시간적인 순서에 따라 기재합니다.)

2. 이 건 처분의 위법·부당성

가. 이 건 처분의 위법성

(피청구인이 이 건 처분이나 이 건 처분의 원인이 되는 사실에서 적법한 절차를 준수하였는지 여부 등 적법성에 대하여 기재합니다.)

나. 이 건 처분의 부당성

(이 건 처분으로 인해 청구인이 입게 되는 어려움 등 처분의 가혹성에 대하여 기재합니다.)

3. 결 론

따라서, 이 건 처분은 ····하여(위법·부당사유를 요약합니다) 위법·부당하므로 취소되어야 합니다.

증 거 서 류

(청구인이 제출하는 증거서류의 목록을 기재하고 뒤에 첨부합니다.)

청구인 ○ ○ ○ (서명 또는 날인)

□ 청구서작성 방법

구 분	내 용
청구인	먼저 청구인이 개인인지 법인·단체인지를 먼저 선택합니다. 〈개인의 경우〉 1. 청구인의 성명과 주민등록번호를 기재합니다. 주민등록번호는 사건 진행 현황 조회시 사건번호를 모르는 경우 필요합니다. ※ 청구인이 여러 명일 경우에는 별도의 용지에 청구인들의 이름, 주민등록번호, 주소 등을 각각 기재하여 첨부할 수 있으며, 필요에 따라 3명 이하의 대표자를 선정할 수 있습니다. 2. 연락가능한 전화번호, 휴대전화번호, E-mail 주소 등을 기재합니다. 휴대전화번호, E-mail주소는 심판진행 과정에서의 각종 SMS, E-mail 안내를 위하여 필요합니다. 3. 주소는 주민등록표상 주소, 거주하는 장소를 기재하여, 주소 외에 행정심판 관련서류를 받고자 하는 장소가 있는 경우에는 송달장소란에 기재할 수 있습니다. 4. 사망한 자, 소멸한 법인, 사업장, 법인의 지점 등 청구인이 될 수 없는 자의 이름을 기재하면 부적법한 청구가 되어 각하재결되니 주의하시길 바랍니다. 〈법인 또는 단체의 경우〉 1. 법인이나 단체의 이름을 법인/단체명란에 기재하고 대표자의 성명을 대표자성명란에 기재하며, 법인이나 단체의 법인번호나 사업자등록번호 또는 대표자 주민등록번호 등을 기재합니다. 법인번호나 사업자등록번호, 대표자 주민등록번호는 사건진행 현황 조회시 필요합니다. 2. 대표자의 연락가능한 전화번호, 휴대전화번호, E-mail 주소 등을 기재합니다. 휴대전화번호, E-mail주소는 심판진행 과정에서의 각종 SMS, E-mail 안내를 위하여 필요합니다. 3. 주소는 법인인 경우 법인의 주된 사무소가 소재하는 곳(법인등기부상의 주소)를 기재하고, 단체인 경우 단체의 주된 사무소가 소재하는 곳 또는 대표자의 주소를 기재합니다. 주소 외에 행정심판 관련서류를 받고자 하는 장소가 있는 경우에는 송달장소란에 기재할 수 있습니다.
대리인	1. 행정심판법에서 정하는 **아래의 대리인이 선임된 경우 기재**합니다. - 법정대리인 - 청구인의 배우자, 청구인 또는 배우자의 사촌 이내의 혈족 - 청구인이 법인이거나 청구인 능력이 있는 법인이 아닌 사단 또는 재단인 경우 그 소속 임직원 - 변호사 - 다른 법률의 규정에 의하여 심판청구의 대리를 할 수 있는 자 - 그 밖에 위원회의 허가를 받은 자 2. 대리인이 개인인 경우, 대리인의 성명과 주민등록번호를 기재하며, 법인이나 단체인

	경우 법인이나 단체의 이름을 법인/단체명란에 기재하고 대표자의 성명을 대표자성명란에 기재한 후, 법인이나 단체의 법인번호나 사업자등록번호 또는 대표자 주민등록번호 등을 기재합니다. 대리인이 법무법인, 노무법인 등의 구성원인 변호사 또는 노무사인 경우에는 해당 구성원을 대표자란에 기재합니다. 대리인의 기재사항은 법인·단체인 청구인의 기재사항을 참고하시기 바랍니다. 3. 대리인의 유형은 반드시 기재하여야 합니다. 4. 대리인의 주소를 기재합니다. 대리인이 선임된 사건은 심판진행과정에서 발생하는 각종 통지 및 문서의 송달을 대리인의 주소지나 연락처로 합니다.
피청구인	1. 행정심판의 상대방으로 **반드시 기재**하여야 합니다. 2. 피청구인이란 귀하께서 행정심판을 청구한 행정기관으로서, 귀하께서 무효·위법 또는 부당하다고 주장하시는 행정처분을 행한 행정기관을 말합니다. 3. 피청구인의 명칭은 보통 귀하에 대한 처분을 한 행정기관의 장이 됩니다. 4. 피청구인의 기관검색 목록에 없는 기관은 온라인 행정심판이 지원되지 않거나 중앙행정심판위원회의 소관이 아닌 기관입니다.
처분내용	1. 심판청구에서 다투고자 하는 행정기관의 처분내용을 기재합니다. **(예시)** 제0종 자동차운전면허 취소·정지처분, 허가거부처분, 과징금부과처분, 영업(업무)정지·취소처분 등 2. 일정한 신청 또는 청구에 대하여 아무런 처분을 하지 아니하는 것에 대한 심판청구인 경우에는 "○○○부 작위처분"으로 기재합니다. 3. 처분의 내용은 행정심판의 대상물을 확정하는 것이므로 **반드시 기재**하여야 합니다.
처분일	1. 심판대상인 처분을 알게 된 날을 기재합니다. 문서로써 처분을 통지받은 경우 문서에 기재된 날이 아닌 실제로 처분을 알게 된 날을 기재합니다. **(예시)** 행정관청으로부터 2012년 1월 20일부터 2012년 1월 30일까지 처분을 한다는 내용의 문서를 2012년 1월 10일 발송하여 2012년 1월 15일 수령하였다면 처분일은 2012년 1월 15일입니다. 2. 처분일을 잘 모를 경우 기재하지 않아도 됩니다.
고지여부 및 고지내용	1. 행정관청이 처분당시 처분에 대하여 불복하고자 하는 경우의 절차 및 기한 등에 대하여 청구인에게 알려주었는지 여부와 알려준 내용을 기재합니다. 2. 대부분의 고지는 처분을 한 문서에 기재되므로 처분을 한 문서의 내용을 확인 후 고지 유무를 기재하고, 고지의 내용은 처분한 문서에 기재된 내용을 옮겨 적으시면 됩니다. 3. 고지여부 및 고지내용을 잘 모를 경우 기재하지 않아도 됩니다.

<table>
<tr><td>청구취지</td><td>1. 행정심판을 청구하여 재결청으로부터 구하고자 하는 재결의 내용을 간략히 기재합니다.
(예시)
"피청구인이 2012년 1월 1일 청구인에 대하여 한 자동차운전면허취소처분은 이를 취소한다"는 재결을 구함.
"피청구인이 2012년 1월 1일 청구인에게 한 과징금부과처분은 이를 취소한다."라는 재결을 구함.
2. 청구취지는 반드시 기재하여야 합니다.</td></tr>
<tr><td>청구원인</td><td>행정심판을 청구하게 된 이유와 처분의 위법·부당성 등에 대한 청구인의 구체적인 주장으로 반드시 기재하여야 합니다. 청구원인의 기재는 따로 형식이 정하여 진 것은 아니나 일반적으로 다음과 같은 순서로 기재합니다.
1. 이 건 처분에 이르게 된 경위
- 청구인이 처분 등을 받게 된 경위를 육하원칙에 따라 기재합니다.
2. 이 건 처분의 위법·부당성
- 피청구인의 처분이 위법하거나 부당하다고 생각하는 이유와 근거를 제시합니다.
3. 결 론
- 청구인이 결론적으로 주장하고자 하는 바를 기재합니다.
※ 청구원인은 본란에서 직접 작성하거나 워드프로세서로 작성하여 파일로 제출하여도 됩니다.</td></tr>
</table>

1. 앞의 청구서 작성방법을 참고하여 『행정심판청구서』 1부를 작성합니다.

2. 『청구취지와 청구원인』 1부를 앞의 작성예시에 따라 작성합니다.

   ※ 작성시 용지는 규격용지(A4)로 작성하시기 바라며, 매수는 제한이 없습니다.

3. 청구인의 주장을 입증할 증거서류를 첨부합니다.

   ※ 증거서류 외에도 사건과 관련하여 청구인에게 유리하다는 생각되는 모든 자료를 제출할 수 있습니다(㉄ 진정서, 탄원서, 주민등록등·초본, 가족관계증명서, 재직증명서, 표창장 등 각종 상장, 사업자등록증, 장애인수첩 등).

4. 완성된 원본인 『행정심판청구서』, 『청구취지와 청구원인』, 『증거서류』를 피청구인의 수만큼 부본을 만든 후 원본과 함께 피청구인 수의 부본을 피청구인 또는 소관 행정심판위원회에 제출하면 됩니다.

   예시) ▪ 피청구인 수 1 → 청구서 원본 1부와 부본 1부 (총 2부)
   ▪ 피청구인 수 2 → 청구서 원본 1부와 부본 2부 (총 3부)

〈집행정지제도 안내〉

행정심판청구를 하여도 처분의 효력이나 집행에는 영향을 주지 않으므로, 처분의 집행을 정지하고자 하는 경우에는 심판청구와 별도로 집행정지신청을 하여야 합니다(서식란의 집행정지신청서 참조). 집행정지신청이 인용되면 동 심판청구의 재결이 있을 때까지 동 처분은 집행이 정지됩니다.

집행정지신청은 심판청구서를 제출하면서 동시에 또는 심판청구서를 제출한 후 행정심판위원회의 의결이 있기 전까지 당사자가 행정심판위원회에 집행정지신청서를 제출하여 신청할 수 있습니다. 다만, 행정심판청구서가 피청구인에게 제출되고 아직 행정심판위원회에 송부되지 않은 경우 행정심판위원회는 심판이 청구되었다는 사실을 알지 못하므로 집행정지신청서와 함께 행정심판청구서의 사본과 접수증명서를 제출하여야 합니다.

〈임시처분제도 안내〉

임시처분이란 처분 또는 부작위가 위법·부당하다고 상당히 의심되는 경우 처분 또는 부작위 때문에 당사자가 받을 우려가 있는 중대한 불이익이나 당사자에게 생길 급박한 위험을 막기 위하여 임시지위를 정하여 주는 것을 말합니다(임시처분은 집행정지로 그 목적을 달성할 수 있는 경우에 할 수 없도록 규정돼있습니다).

임시처분의 신청은 심판청구서를 제출하면서 동시에 또는 심판청구서를 제출한 후 행정심판위원회의 의결이 있기 전까지 당사자가 행정심판위원회에 임시처분신청서를 제출하여 신청할 수 있습니다. 다만, 행정심판청구서가 피청구인에게 제출되고 아직 행정심판위원회에 송부되지 않은 경우 행정심판위원회는 심판이 청구되었다는 사실을 알지 못하므로 임시처분신청서와 함께 행정심판청구서의 사본과 접수증명서를 제출하여야 합니다.

[학교폭력 가해학생에 대한 선도·징계 조치 (학교폭력 예방 및 대책에 관한 법률 제17조)]

(학교의 장은 자치위원회의 요청이 있는 때에는 14일 이내에 해당 조치를 하여야한다)

조 치	조치내용	관련내용
피해학생에 대한 서면사과 제1호 학교의 장의 긴급한 경우 선도조치	가해학생이 피해학생에게 서면으로 그동안의 폭력행위에 대하여 사과를 함으로써 서로 화해하도록 하는 조치	
피해학생에 대한 접촉 및	피해학생에 대한 가해학생의 접근을 막아	학교폭력 예방 및 대책에 관한 법률 제17

협박의 금지 제2호 학교의 장의 긴급한 경우 선도조치	더 이상의 폭력이나 보복을 막기 위한 조치	조 제3항에 따른 특별교육이수 또는 심리치료
학교에서의 봉사 제3호 학교의 장의 긴급한 경우 선도조치	가해학생에게 반성의 기회를 주고, 봉사에서 오는 기쁨을 알게 하기 위한 조치	가해학생에게 학교 내의 화단 정리, 교실의 교구 정리, 화장실 청소, 장애 학생의 등교 도우미 등을 하도록 하는 조치 수업시간에 학교봉사를 실시하는 방법과 등교하여 수업시간에 참여한 후, 수업시간 이외의 시간에 실시하는 방법 학교폭력 예방 및 대책에 관한 법률 제17조 제3항에 따른 특별교육이수 또는 심리치료
사회봉사 제4호	사회구성원으로서의 책임감을 느끼게 하고, 자신의 행동에 대한 반성의 기회를 주기 위한 조치	가해학생에게 학교를 벗어나 복지시설에서의 봉사, 관공서에서의 심부름, 거리에서의 휴지 줍기, 교통안내 등의 사회봉사를 하도록 하는 조치 학교폭력 예방 및 대책에 관한 법률 제17조 제3항에 따른 특별교육이수 또는 심리치료
학내외 전문가에 의한 특별교육이수 또는 심리치료 제5호 학교의 장의 긴급한 경우 선도조치	폭력적 행동을 스스로 제어하지 못하는 경우 학교 내외 특별전문가에게 특별교육이나 심리치료를 받도록 하는 조치	가해학생에게 공격성, 분노, 불안, 우울 등의 문제가 있는지 확인하고 이를 치료할 수 있도록 하는 조치 교육감 지정한 특별교육기관에서 특별교육을 이수 자치위원회는 가해학생이 특별교육을 이수할 경우 해당 학생의 보호자도 함께 교육을 받게 하여야 함 위반시 300만원 이하의 과태료 부과
출석정지 제6호 학교의 장의 긴급한 경우 선도조치	가해학생을 학교에 출석하지 못하게 함으로써 반성의 기회를 주고 일시적으로나마 피해학생과 격리시킴으로써 피해학생을 보호하기 위한 조치	가해학생에 대한 우선 출석정지 학교폭력 예방 및 대책에 관한 법률 제17조 제4항에 따라 ① 2명 이상의 학생이 고의적·지속적으로 폭력을 행사한 경우, ② 학교폭력을 행사하여 전치 2주 이상의 상해를 입힌 경우, ③ 학교폭력에 대한 신고, 진술, 자료제공 등에 대한 보복을 목적으로 폭력을 행사한 경우, ④ 학교의 장이 피해학생을 가해학생으로부터 긴급하게 보호할 필요가 있다고 판단하는 경우에는 학교의 장이 출석정지 조치를 할 수 있으며, 학교의 장은 출석정지 조치를 하려는 경우에는 해당 학생 또는 보호자의 의견을 들어야 하지만, 학교의 장이 해당 학생 또는 보호자의 의견을 들으려

		하였으나 이에 따르지 아니한 경우에는 해당 학생 또는 보호자의 의견을 듣지 않아도 무방(학교폭력 예방 및 대책에 관한 법률 시행령 제21조) 학교폭력 예방 및 대책에 관한 법률 제17조 제3항에 따른 특별교육이수 또는 심리치료
학급교체 제7호	가해학생을 피해학생으로부터 격리하기 위하여 같은 학교 내의 다른 학급으로 옮기는 조치	가해학생에 대한 출석정지 기간은 '무단결석'으로 처리 학교생활기록의 출결상황 관리를 함에 있어서 학생생활기록부의 '특기사항란'에는 특기사항 중 학교폭력과 관련된 사항은 학교폭력 예방 및 대책에 관한법률 제17조에 규정된 가해학생에 대한 조치사항을 입력 학교폭력 예방 및 대책에 관한 법률 제17조 제3항에 따른 특별교육이수 또는 심리치료
전학 제8호	가해학생을 피해학생으로부터 격리하기 위하여 가해학생의 소속을 다른 학교로 옮기는 조치	자치위원회에서 가해학생에 대해서 전학조치를 의결하면 학교의 장은 14일 이내에 전학조치 가해학생이 다른 학교로 전학을 간 이후에는 전학 전의 피해학생 소속 학교로 다시 전학 올 수 없도록 하여야 함 초등학교·중학교·고등학교의 장은 자치위원회가 법 제17조 제1항에 따라 학교폭력 가해학생에 대한 전학조치를 요청하는 경우에는 초등학교·중학교의 장은 교육장에게, 고등학교의 장은 교육감에게 해당 학생이 전학할 학교의 배정을 지체없이 요청하여야 함 교육감 또는 교육장은 학교폭력 가해학생이 전학할 학교를 배정할 때에는 학교폭력 피해학생의 보호에 충분한 거리 등을 고려하여야 하며, 관할구역 외의 학교를 배정하려는 경우에는 해당 교육감 또는 교육장에게 이를 통보하여야 함 통보를 받은 교육감 또는 교육장은 해당 가해학생이 전학할 학교를 배정하여야 함 전학 조치에 대하여 이의가 있는 학생 또는 그 보호자는 그 조치를 받은 날부터 15일 이내, 그 조치가 있음을 안 날로부터 10일 이내에 초·중등교육법 제18조의3에 따른 시·도학생징계조정위원회에 재심을 청구할 수 있음

		학교폭력 예방 및 대책에 관한 법률 제17조 제3항에 따른 특별교육이수 또는 심리치료
퇴학처분 제9호	피해학생을 보호하고 가해학생을 선도·교육할 수 없다고 인정될 때 취하는 최후의 조치 의무교육과정에 있는 초등학교와 중학교 학생에게는 퇴학처분을 내릴 수 없음	학교의 장은 가해학생을 퇴학처분하기 전에 일정기간 동안 가정학습을 하게 할 수 있으며(초·중등교육법 제31조 제5항), 퇴학처분을 할 때에는 당해 학생 및 보호자와 진로상담을 하여야 하며, 지역사회와 협력하여 다른 학교 또는 직업교육훈련기관 등을 알선하는데 노력하여야 함(초·중등교육법 시행령 제31조 제6항) 퇴학조치에 대하여 이의가 있는 학생 또는 그 보호자는 그 조치를 받은 날부터 15일 이내, 그 조치가 있음을 안 날로부터 10일 이내에 「초·중등교육법」 제18조의3에 따른 시·도학생징계조정위원회에 재심을 청구할 수 있음

Ⅳ 학교폭력 가해학생에 대한 학교생활기록부 기재

1. 관련규정

학교생활기록 작성 및 관리지침[시행 2012. 3. 1] [교육과학기술부훈령 제239호, 2012. 1. 27, 일부개정]

가. 학적사항

'특기사항'란에는 학적변동의 사유를 입력한다. 특기사항 중 학교폭력과 관련된 사항은 학교폭력 예방 및 대책에 관한 법률 제17조에 규정된 가해학생에 대한 조치사항을 입력한다(제7조 제3항).

나. 출결상황

'특기사항'란에는 결석사유 또는 개근 등 특기사항이 있는 경우 학급 담임교사가 입력한다. 특기사항 중 학교폭력과 관련된 사항은 「학교폭력 예방 및 대책에 관한 법률」 제17조에 규정된 가해학생에 대한 조치사항을 입력한다(제8조 제4항).

다. 행동특성 및 종합의견

행동특성 중 학교폭력과 관련된 사항은 학교폭력 예방 및 대책에 관한 법률 제17조에 규정된 가해학생에 대한 조치사항을 입력한다(제16조 제2항).

2. 학교폭력 관련 징계사항 학교생활기록부 기재

학교생활기록부[7]의 출결상황 관리를 함에 있어서 학생생활기록부의 '특기사항란'에는 특기사항 중 학교폭력과 관련된 사항은 학교폭력 예방 및 대책에 관한 법률 제17조에 규정된 가해학생에 대한 조치사항을 입력한다.

3. 2012 학교생활기록부 주요 개정 내용

항목	개정 내용
처리요령	○ 학교생활기록부 작성에 필요한 보조부(각종 누가기록부 등)는 교육정보시스템에서 관리하도록 하고, 누가기록 자료를 별도로 출력하여 결재 받지 않으며 수기장부로 관리하지 않는다.
	○ 2012학년도부터는 초·중·고등학교의 학교폭력대책자치위원회에서 결정된 가해학생에 대한 조치사항을 '학적사항'의 특기사항, '출결상황'의 특기사항, '행동특성 및 종합의견'란에 입력한다.
	○ 학교폭력대책자치위원회를 통해 조치를 받은 가해학생에 대해서는 이후 지속적으로 관찰하여 긍정적인 행동특성의 변화 내용이 있는 경우 '행동특성 및 종합의견'란에 입력해 줌으로써 낙인효과를 예방한다.
학적사항	○ '특기사항'란에 학교폭력대책자치위원회에서 결정한 「학교폭력 예방 및 대책에 관한

7) 학교폭력관련 징계사항 학교생활기록부 기재
- 2012. 3월부터 학교폭력대책자치위원회의 조치사항을 '출결 상황', '학적 사항'의 특기사항과 '행동특성 및 종합의견'란에 기재(2012. 3. 1. 이후 발생한 학교폭력 사안부터 적용)

〈 학교생활기록부 기재 사항 〉

학교생활기록부 기록 영역	가해학생 조치사항 「학교폭력 예방 및 대책에 관한 법률」 제17조 제1항	
학적사항 특기사항	• 8호(전학)	• 9호(퇴학처분)
출결상황 특기사항	• 4호(사회봉사) • 6호(10일 이내의 출석정지)	• 5호(특별교육이수 또는 심리치료)
행동특성 및 종합의견	• 1호(서면사과) • 3호(학교에서의 봉사)	• 2호(접촉, 협박 및 보복행위 금지) • 7호(학급교체)

※ 기록보존기간 : 초등학교·중학교 졸업 후 5년, 고등학교 졸업 후 10년[학생생활기록부 작성 및 관리지침(교육과학기술부 훈령 제239호)]

	법률」 제17조(가해학생에 대한 조치사항) 제1항 제8호, 제9호(2012. 4. 1. 이전은 제1항 제4호, 제9호)에 따른 조치사항, 소년법 제32조(보호처분의 결정) 제1항 제9호, 제10호에 따른 학교폭력 관련 보호처분 내용을 입력한다.
출결상황	○ '특기사항'란에 학교폭력대책자치위원회에서 결정한 「학교폭력 예방 및 대책에 관한 법률」 제17조(가해학생에 대한 조치사항) 제1항 제4호 내지 제6호(2012. 4. 1. 이전은 제1항 제6호 내지 제8호)에 따른 조치사항, 소년법 제32조(보호처분의 결정) 제1항 제6호 내지 제8호에 따른 학교폭력 관련 보호처분 내용을 입력한다.
	○ 소년원과 소년분류심사원에서 운영하는 대안교육과정(비행예방 및 재범방지 또는 사회적응을 위한 체험과 인성위주의 교육과정) 대상 소년이 소년원 또는 소년분류심사원에서 정해진 교육과정을 이수하였을 때에는 그 기간을 재적학교의 출석일수로 인정하여야 한다(보호소년 등의 처우에 관한 법률 시행령 제85조).
행동특성 및 종합의견	○ 학교폭력대책자치위원회에서 결정한 「학교폭력 예방 및 대책에 관한 법률」 제17조(가해학생에 대한 조치사항) 제1항 제1호 내지 제3호, 제7호(2012. 4. 1. 이전은 제1항 제5호)에 따른 조치사항, 소년법 제32조(보호처분의 결정) 제1항 제1호 내지 제5호에 따른 학교폭력 관련 보호처분 내용을 입력한다.
	○ 학교폭력 관련 조치사항 또는 보호처분을 받은 학생이 이후 긍정적인 변화 모습을 보일 경우, 변화된 내용 등을 균형 있게 입력한다.
자료의 보존	○ 학교생활기록부(학교생활기록부Ⅰ)는 해당학생 졸업 후 5년 동안 학교에서 보존·관리하고 이후 관할 교육청 자료관으로 이관하여 '기록물전문관리기관'으로 이관하기 전까지 보존·관리하여야 한다. ※ 학교생활기록부(학교생활기록부Ⅰ) 종이출력물이나 부본 전산매체를 학교에 보관하여 업무에 활용할 수 있음.
	○ 학교생활세부사항기록부(학교생활기록부Ⅱ)는 해당학생 졸업 후 5년 동안 학교에서 보존 · 관리하고 이후 삭제한다. 단, 고등학교는 대학입학 전형자료로 사용할 수 있도록 5년간 추가 보존한 후 폐기처분한다. ※ 학교생활세부사항기록부(학교생활기록부Ⅱ) 종이출력물은 5년의 보존기간 종료 후 폐기·처분함. ※ 고등학교 5년간 추가 보존
	○ 재학생은 학년말에 업무승인 후 전산자료로 보관하고 학교생활기록부 종이출력물을 보관하지 않는다. ○ 졸업생은 졸업과 동시에 교육정보시스템에서 전자결재 후 학교생활기록부Ⅰ·Ⅱ 모두를 출력하여 보관한다(전산자료와 종이출력물로 동시 관리). ※ 학교생활기록부 서식에 맞게 전체 항목을 출력함.
별지 제8호	○ 소년분류심사원에서의 재소기간, 보호관찰소에서 명한 사회봉사 및 수강기간은 재적학교의 출석일수로 인정한다.
	○ 학교폭력 예방 및 대책에 관한 법률(일부개정 2012. 2. 27.) 제16조(피해학생의 보호) 제1항 제2호, 제3호 및 제6호의 규정에 의거하여 학교폭력 피해학생에 대한 일시보호, 치료를 위한 요양 및 그 밖에 피해학생의 보호를 위하여 필요한 조치에 따른 결석은

학교의 장이 인정하는 경우 이를 출석일수에 산입할 수 있다. 그러나 동법 제17조(가해학생에 대한 조치) 제1항 제6호[2012. 4. 1. 이전은 제1항 제8호(10일 이내의 출석정지)]의 출석정지 기간은 무단결석에 해당되며, '특기사항'란에 사유를 입력한다.

Ⅴ 학교폭력 사건에서 가해학생 및 피해학생

1. 가해학생, 피해학생의 정의

가해학생이란 가해자 중에서 학교폭력을 행사하거나 그 행위에 가담한 학생을 말하며(동법 제2조 제3호), 피해학생이란 학교폭력으로 인하여 피해를 입은 학생을 말한다(동법 제2조 제4호).

2. 서로 싸우다가 다친 경우의 문제

서로 싸우다가 어느 한 학생이 더 많이 다치고, 다른 학생은 조금 덜 다친 경우라면 싸움을 한 두 학생 모두 가해학생이자 피해학생이 된다. 가해학생과 피해학생에 대해서 어떠한 조치를 취할 것인가는 학교폭력대책자치위원회에서 의결한다.

이때 가해학생에게 반드시 학교폭력 예방 및 대책에 관한 법률 제17조(가해학생에 대한 조치) 제1항의 조치를 취해야 하는 것은 아니며 학교폭력 사안 조사결과 가해학생에게 선도·교육을 취해야 할 필요성이 있다고 인정하는 때에는 동법 제17조 제1항의 조치를 취하는 것이다.

3. 일사부재리 원칙

일사부재리 원칙이란 판결이 내려진 어떤 사건(확정판결)에 대해 두 번 이상 심리·재판을 하지 않는다는 형사상의 원칙을 말하며, 학생 등 특별권력관계에 있는 경우 하나의 의무위반행위가 징계벌의 대상이 됨과 아울러 형사벌의 대상이 될 수 있다.

따라서 학교폭력 가해학생에 대해서 형사고소가 있거나 학교폭력 가해학생이 형사처벌을 받았다고 하더라도 학교폭력 예방 및 대책에 관한 법률에 근거한 가해학생에 대한 조치를 내릴 수 있으며, 이는 일사부재리의 원칙에 위배되지 않는다.

4. 개정된 학교폭력 예방 및 대책에 관한 법률 중 가해학생에 대한 조치규정

구 분	개정 전	개정 후	관련규정
가해학생 우선 출석정지		학교장의 긴급한 경우 선도조치 시 1. 2명 이상의 학생이 고의적·지속적으로 폭력을 행사한 경우 2. 학교폭력을 행사하여 전치 2주 이상의 상해를 입힌 경우 3. 학교폭력에 대한 신고, 진술, 자료제공 등에 대한 보복을 목적으로 폭력을 행사한 경우 4. 학교의 장이 피해학생을 가해학생으로부터 긴급하게 보호할 필요가 있다고 판단하는 경우에는 학교의 장이 해당 학생 또는 보호자의 의견을 들어 출석정지 조치를 할 수 있다. 다만, 학교의 장이 해당 학생 또는 보호자의 의견을 들으려 하였으나 이에 따르지 아니한 경우에는 그러하지 아니하다.	학교폭력 예방 및 대책에 관한 법률 제17조 제4항, 학교폭력 예방 및 대책에 관한 법률 시행령 제21조
출석정지기간	10일 이내	제한 없음	학교폭력 예방 및 대책에 관한 법률 제17조 제6항
출석정지로 인한 유급	유급 불가능	유급 가능(연간수업일수 3분의 1 미만일 경우 유급)	초·중등교육법 시행령 45조(수업일수), 제50조(수료 및 졸업 등)
보복폭행에 대한 규정	근거 규정 없음	가중조치 또는 병과 피해학생 보호에 필요한 기간 동안 가해학생에 대한 출석정지 제한을 두지 않음	학교폭력 예방 및 대책에 관한 법률 시행령 제21조
전 학	가해학생 학부모 동의 없이는 전학이 어려움	지역교육장(초·중학교), 시·도교육감(고등학교)이 학구나 학교군에 관계없이 피해학생 보호에 충분한 거리를 두어 전학 조치 초등학교·중학교·고등학교의 장은 자치위원회가 법 제17조 제1항에 따라 가해학생에 대한 전학 조치를 요청하는 경우에는 초등학교·중학교의 장은 교육장에게, 고등학교의 장은 교육감에게 해당 학생이 전학할 학교의 배정을 지체 없이 요청하여야 한다. 교육감 또는 교육장은 가해학생이 전학할 학교를 배정할 때 피해학생의 보호에 충분한 거리 등을 고려하여야 하며, 관할구역 외의 학교를 배정하려는 경우에는 해당 교육감 또는 교육장에게 이를 통보하여야 한다.	학교폭력 예방 및 대책에 관한 법률 시행령 제20조

		통보를 받은 교육감 또는 교육장은 해당 가해학생이 전학할 학교를 배정하여야 한다.	
상급학교 진학시 타학교 배정	근거 규정 없음	교육감 또는 교육장은 전학 조치된 가해학생과 피해학생이 상급학교에 진학할 때에는 각각 다른 학교를 배정하여야 한다. 이 경우 피해학생이 입학할 학교를 우선적으로 배정한다.	학교폭력 예방 및 대책에 관한 법률 시행령 제20조 제4항
학부모 특별교육	의무사항 아님	자치위원회는 가해학생이 특별교육을 이수할 경우 해당 학생의 보호자도 함께 교육을 받게 하여야 한다. 제17조 제9항에 따른 자치위원회의 교육 이수 조치를 따르지 아니한 보호자에게는 300만원 이하의 과태료를 부과한다.	학교폭력 예방 및 대책에 관한 법률 제17조 제9항, 22조 제2항
학교생활 기록부 학교폭력 징계사항 기록	학교폭력관련 징계사항 기록의무 없음	학교폭력대책자치위원회의 학교폭력 관련 조치를 학교생활기록부 기재 의무화	학교생활기록 작성 및 관리지침[시행 2012. 3.1] [교육과학기술부훈령 제239호, 2012. 1. 27, 일부개정]

제8장 | 학교폭력대책자치위원회의 분쟁조정

Ⅰ 소송외 분쟁해결의 필요성

1. 학교폭력사건으로 인한 분쟁의 신속한 해결의 필요성

가. 학습권 보장의 문제

학교의 장은 성적 등을 평가함에 있어서 피해학생에 따른 조치로 인하여 학생에게 불이익을 주지 아니하도록 노력해야 한다(법 제16조 제4항). 보호조치는 받았다는 사실 자체가 성적 평가 등에서 불이익으로 작용하지 않도록 해야 함은 물론, 일시 보호조치를 위한 요양의 조치 등으로 인하여 피해학생이 장·단기간 결석하게 되어 부득이하게 성적평가를 위한 시험에 응하지 못하게 된 경우에도 학교학업 성적관리 규정에 의거하여 불이익이 없도록 조치해야 한다.

나. 피해학생 및 학부모나 가해학생 및 학부모의 경제적 부담 가중

학교폭력 피해학생의 경우 현실적으로 치료비 등이 필요하며, 피해학생이 "심리상담 및 조언, 일시보호, 치료 및 치료를 위한 요양" 조치에 대해 사용되는 비용은 가해학생의 보호자가 부담해야 한다.

다만, 피해학생의 신속한 치료를 위하여 학교의 장 또는 피해학생의 보호자가 원하는 경우에는 학교안전사고 예방 및 보상에 관한 법률 제15조에 따른 학교안전공제회 또는 시·도교육청이 부담하고 이에 대한 구성권을 행사할 수 있으나(학교폭력 예방 및 대책에 관한 법률 제16조 제6항), 가해학생 보호자가 자발적으로 지급하는 것보다는 시일이 더 걸리게 된다.

따라서 가해학생과 피해학생의 분쟁이 원만히 해결되면 피해학생의 "심리상담 및 조언, 일시보호, 치료 및 치료를 위한 요양"에 필요한 비용도 신속히 받을 수 있게 된다.

다. 불안한 지위에서의 조기해방

학교폭력 가해자 및 보호자의 입장에서는 공소시효가 남아있는 한 형사처벌의 위험에서 자유로울 수가 없고 불법행위 책임의 소멸시효 기간 내에서는 여전히 손해배상 책임에서 자유로울 수가 없고 가해학생의 보호자는 학교안전공제회 또는 시·도교육청이 구상권을 행사하는 경우 이에 응해야 하는 불안한 지위에 놓여 있으므로 손해배상소송에서도 자유로워질 필요가 있을 것이다.

또한 학교폭력 가해자는 학교폭력대책자치위원회의 조치와 별도로 형사처벌을 받을 가능성이 남아 있고 학교폭력대책자치위원회가 가해학생이 특별교육을 이수할 경우 해당 학생의 보호자도 함께 교육을 받게 할 경우에는 함께 교육을 받아야 한다.

따라서 민사상 해임, 형사상 책임 또는 징계책임에서 조기에 해방되는 것이 가해학생의 학습권 보장 및 민·형사상 소송제기 등의 불안정한 지위에서 벗어나는데 도움이 될 것이다.

라. 정신적 손해(위자료) 산정을 위한 정신감정의 어려움

민사재판과정에서 피해학생의 치료비와 위자료를 청구하기 위해서는 신체감정을 받아야 하는 경우가 있는데 일반적으로 1개월 정도 폐쇄 병동에 갇혀 치료하던 약물도 중지해야 하며, 책도 볼 수 없고 가족조차 면회가 안 되는 상황에서 피해학생의 부모들 손해배상 및 위자료 청구를 위해 자기 자식을 이런 고통 속에 다시 몰아넣어야 할 것인가를 선택해야 하는 또 다른 고통에 직면하는 경우가 있다.

마. 피해학생 보호자와 가해학생 보호자의 감정 대립의 격화

피해학생의 보호자의 입장에서는 가해학생의 보호자가 찾아와서 사과하거나 치료비 등을 지급하겠다고 먼저 이야기를 하지도 않고 가해학생을 두둔하면서 피해학생 보호자가 학교폭력을 기화로 손해배상금을 단단히 한 몫 챙기려고 한다고 생각하고 주위 여론을 환기시키고 있다고 생각하기도 한다.

가해학생의 보호자의 입장에서는 피해학생의 보호자가 아이들끼리 사소한 문제로 학교폭력으로까지 번졌는데 원만히 해결하려고 하기 보다는 바로 병원으로 데리고 가서 진단서를 발급받고 가해학생을 찾아가 윽박지르고 학교를 찾아가 피해상황을 부풀리고 있다고 생각하기도 한다.

이렇게 피해학생 보호자와 가해학생 보호자가 사건 초기부터 서로 감정적 대립을 할 것이 아니라 객관적이고 공정한 제3자의 중재나 조정에 의하여 사건해결의 실마리를 풀어나간다면 지루한 법정 공방과 형사처벌까지 가는 것을 막을 수 있으며 피해학생과 가해학생도 조기에 소송절차에서 해방 시킬 수 있을 것이다.

바. 교사 및 학교운영자의 민사상·국가배상법상 책임문제

교사 등의 보호감독의무자는 학교에서의 교육활동 및 이와 밀접불가분의 관계에 있는 생활관계에서 발생하고, 당해 사고가 학교생활에서 통상 발생하는 것이 예측되거나 또는 예측가능성이 있는 경우에는 손해배상책임을 지기도 한다. 민·형사상 책임이 없다고 하더라도 도의적 책임 등을 언급하는 여론 등의 영향에서 자유롭지 않은 경우가 많을 것이며, 학생들을 위하여 적극적으로 생활지도를 하거나 훈계를 하는 데도 주저하게 되는 경우도 있게 된다.

2. 학교폭력 분쟁조정의 제도적 의의

가. 학교폭력대책자치위원회는 학교폭력과 관련하여 분쟁이 있는 경우에는 그 분쟁을 조정할 수 있다. 즉 '피해학생과 가해학생 또는 그 보호자의 손해배상에 관련된 합의조정과 분쟁조정' 및 '그 밖에 자치위원회가 필요하다고 인정하는 사항'에 대하여 분쟁조정을 할 수 있다.

분쟁조정이란 소송에 대한 대체적 분쟁해결수단으로서, 중립적인 제3자의 주선하에 분쟁당사자간의 자율적인 타협과정을 통해 화해에 이르는 제도를 말한다. 분쟁조정은 소송과 비교하여 절차의 진행이 신속하고 간단하여 시간적으로나 금전적으로 경제적이고, 절차가 비공개로 진행되는 장점이 있다.

나. 중재제도

중재(Arbitration)란 분쟁당사자간의 합의에 따라 사법상의 법률관계에 관한 현존 또는 장래에 발생할 분쟁의 전부 또는 일부를 법원의 판결에 의하지 아니하고 사인인 제3자를 중재인으로 선정하여 중재인의 판정에 맡기는 동시에 그 판정에 복종함으로써 분쟁을 해결하는 자주 법정제도이다.

다. 중재의 장점

분쟁의 신속하고 경제적인 해결을 도모함으로써 일도양단적인 판정보다는 당사자간 감정대립을 남기지 않는 장점이 있다.

라. 중재절차에 의해 성립된 화해제약의 효력 및 집행력 확보 방법

중재절차에서 화해계약이 성립하면 '사법상 합의'로서의 효력이 발생한다. 이 경우 합의내용은 공정증서를 이용하면 집행력을 부여받을 수 있다.

마. 중재제도 활성화를 위해 개선해야할 사항

(1) 현재 법정기구인 학교폭력대책자치위원회는 학교폭력 예방 및 대책뿐만 아니라 분쟁해결도 담당하는 기능이 있다.

객관적이고 공정성을 담보할 수 있는 법률전문가, 의료전문가, 심리치료전문가들이 자치위원으로 참여하여 법적, 의료적, 학생의 학교폭력 후유증, 가해학생의 심리치료 등에 전문적 의견을 제시하면서 분제해결을 주도한다면 모든 학교에서 학교폭력으로 인한 분쟁을 초기에 해결할 수 있을 것으로 보인다.

(2) 이를 위해서는 ① 객관적이고 공정한 전문가가 자치위원회 위원으로 참여하고 ② 학교 측은 학교폭력사건을 숨기지 말고 자치위원회를 통한 분쟁해결 의지를 가져야 할 것이며, ③ 피해자 및 가해자에게 자치위원회를 통한 분쟁해결 방법 및 절차의 장단점을 설명 하는 절차가 필요하고, ④ 합의내용은 법적으로 강제일 수 있는 방법 모색 및 법적 근거를 마련해야 하며, ⑤ 분쟁해결 시 민·형사상 이의제기 금지 약속을 지켜야 할 것이며, ⑥ 분쟁해결 후 피해자 및 가해자를 치료 및 교육으로 연계할 수 있도록 다양한 프로그램을 운영하는 기관과 연계시켜야 하며, ⑦ 자치위원회에서 합의 후 일정 기간 동안은 합의 사항을 이행 하는지를 점검할 수 있는 권한을 부여해야 할 것이다.

Ⅱ 학교폭력대책자치위원회의 분쟁조정

1. 분쟁조정 절차 및 학교폭력대책자치위원회에 분쟁조정을 신청할 수 있는 경우

가. 학교폭력에 대한 분쟁조정은 “분쟁당사자의 신청 → 분쟁조정 개시 → 분쟁조정 일시 및 장소 통보 → 분쟁조정 → 분쟁조정 종료 → 분쟁조정 결과처리” 순으로 그 절차가 진행된다.

나. 피해학생 또는 보호자가 자치위원회의 조치에 대해 불만을 가지는 경우 즉, 피해학생 측에서 자치위원회의 결정에도 불구하고 가해학생에 대한 또 다른 처분이나 징계를 요구하는 경우에는 자치위원회에 분쟁조정을 신청할 수 있다.

다. 피해학생 또는 보호자나 가해학생 또는 보호자가 손해배상에 관련된 합의를 하고자 할 때 즉, 피해학생 측에서 치료비와 요양비 등 금전적 손해에 대한 배상을 요구하는 경우 및 가해학생 측에서 피해학생 측의 치료비 및 요양비에 대해 합의를 하고자 하는 경우에는 자치위원회에 분쟁조정을 신청할 수 있다.

2. 분쟁조정의 신청권자 및 분쟁조정의 기한 및 분쟁조정의 관할권

가. 분쟁당사자(피해·가해측)만이 신청할 수 있다. 당사자는 분쟁조정신청서(분쟁조정 신청인의 성명 및 주소, 보호자의 성명 및 주소, 분쟁조정 신청의 사유를 기재함)를 작성하여 자치위원회나 교육감에게 신청한다.

분쟁조정은 당사자의 서면신청 없이는 개시될 수 없다. 학교폭력 사건의 신고 또는 통보를 받은 경우 학교나 자치위원회는 피해학생 및 가해학생이나 보호자에게 사건에 관한 통보와 함께 자치위원회의 분쟁조정제도에 대해서 안내해주는 것이 바람직하며, 분쟁당사자가 구두로 분쟁조정을 요청하는 경우 분쟁조정신청서의 작성을 안내해주는 것이 바람직하다.

나. 분쟁조정 개시일

(1) 학교폭력 발생 후, 분쟁당사자가 조정을 신청할 경우 신청이 있은 날로부터 5일

이내에 분쟁조정을 시작하여야 한다(학교폭력 예방 및 대책에 관한 법률 시행령 제27조 제1항).

(2) 자치위원회가 분쟁조정을 하고자 할 때에는 이를 피해학생·가해학생 및 그 보호자에게 통보하여야 한다(학교폭력 예방 및 대책에 관한 법률 제18조 제5항). 자치위원회 또는 교육감은 분쟁당사자에게 분쟁조정의 일시 및 장소를 통보하여야 한다(학교폭력 예방 및 대책에 관한 법률 시행령 제27조 제2항).

(3) 통지를 받은 분쟁당사자 중 어느 한 쪽이 불가피한 사유로 출석할 수 없는 경우에는 자치위원회 또는 교육감에게 분쟁조정의 연기를 요청할 수 있다. 이 경우 자치위원회 또는 교육감은 분쟁조정의 기일을 다시 정하여야 한다. 분쟁당사자가 분쟁조정의 연기를 신청하였으나 자치위원회의 판단결과 불가피한 사유로 연기를 인정하기 곤란한 경우에는 분쟁조정기일을 다시 정하지 않을 수 있다(학교폭력 예방 및 대책에 관한 법률 시행령 제27조 제3항).

(4) 자치위원회 또는 교육감은 자치위원회 위원 또는 지역위원회 위원 중에서 분쟁조정 담당자를 지정하거나, 외부 전문기관에 분쟁과 관련한 사항에 대한 자문 등을 할 수 있다(학교폭력 예방 및 대책에 관한 법률 시행령 제27조 제4항).

다. 분쟁조정 기간

분쟁의 조정기간은 1개월을 넘지 못한다(학교폭력 예방 및 대책에 관한 법률 제18조 제2항). 1개월이란 기간의 계산에 관해서는 개별법률 등에서 특별히 규정하고 있지 않을 경우에는 기간계산에 관한 일반규정인 민법이 적용되며(민법 제155조), 민법에 따르면 주(週), 월(月), 또는 년(年)의 처음부터 기간을 기산하지 아니하는 때에는 최후의 주, 월, 년에서 그 기산일에 해당한 날의 전일(前日)로 기간이 만료한다(제160조 제2항).

1개월 이내(또는 1개월을 넘지 못한다)라는 의미는 예를 들어 9월 5일 분쟁조정을 개시하였다면 10월 4일까지(10월 4일을 넘기지 못한다)는 의미로 보아야 할 것이다.

라. 피해·가해학생이 같은 학교일 경우에는 해당 학교 자치위원회에서 분쟁조정을 한다.

마. 피해·가해학생이 다른 학교일 경우에는 ① 동일한 시·도 관할 구역일 경우에는 해당 시·도 교육감이 분쟁조정을 하고, ② 관할구역이 다른 시·도일 경우에는 각 지역의 교육감 간에 협의를 거쳐 분쟁조정을 한다(학교폭력 예방 및 대책에 관한 법률 제18조 제6항,

제7항).

3. 분쟁조정의 거부·중지

가. 분쟁조정의 거부·중지 사유

자치위원회 또는 교육감은 ① 분쟁당사자 중 어느 한 쪽이 분쟁조정을 거부한 경우, ② 피해학생 등이 관련된 학교폭력에 대하여 가해학생을 고소·고발하거나 민사상 소송을 제기한 경우, ③ 분쟁조정의 신청내용이 거짓임이 명백하거나 정당한 이유가 없다고 인정되는 경우에는 분쟁조정의 개시를 거부하거나, 이미 개시된 분쟁조정을 중지할 수 있다(학교폭력 예방 및 대책에 관한 법률 시행령 제29조 제1항).

명시적으로 거부의 의사를 표명한 경우뿐 아니라, 정당한 사유 없이 조정기일에 출석하지 아니한 경우에도 분쟁조정을 거부한 것으로 볼 수 있다.

나. 분쟁조정의 거부·중지의 통보

분쟁조정을 거부하거나 중지할 경우에는 그 사유를 분쟁당사자에게 통보하여야 한다.

다. 분쟁조정의 거부·중지 사유가 있다고 해서 반드시 분쟁조정 시작을 거부하거나 중지해야 하는 것은 아니며 자치위원회 또는 교육감의 판단에 따라 분쟁조정을 계속 진행할 수 있다. 즉, 당사자의 일방이 분쟁조정을 거부하는 의사를 표명했거나 또는 민·형사의 법적절차를 시작한 경우라도 자치위원회는 합의를 하는 것이 법적 절차에 따라 해결하는 것보다 서로에게 더 유리하다는 점을 설명하고 조정에 응하도록 권유할 수 있다.

다만, 피해학생 측이 완강히 거부하는데도 불구하고 차후의 학교생활 등을 언급해가며 합의를 강요해서는 안 되고 가해학생 학부모에게 "합의를 하면 교육적인 관점에서 최대한 관대하게 처리해 주겠다.", 혹은 "합의가 이루어지는 것을 본 후에 가해학생에 대한 처분을 하겠다."는 식으로 징계조치를 담보로 합의를 강요하는 것은 타당하지 않다.

한편, 분쟁조정의 신청 내용 중에 명백한 허위사실이 일부 포함되어 있는 경우에도 신청 내용의 중요부분이 사실이고 그 부분에 관해 분쟁당사자들이 조정을 원하는 경우라면 조정을 지속하는 것이 바람직하다.

라. 분쟁조정에 당사자가 참석을 하겠다고 하였다가 나주에 마음을 바꿔 자치위원회가

참석을 요청하였지만 한 쪽 당사자가 참여를 거부하는 경우에는 자치위원회가 이를 강제할 수 있는 방법이 없으므로, 단순히 일정상 참여할 수 없어 참여를 거부한 경우라면 일정을 연기하거나 조정할 수 있다.

그러나 처음에 참석하겠다는 마음을 바꿔 분쟁조정자체를 거부하는 경우라면 분쟁조정을 개시하는 것을 중단하거나 진행되던 분쟁조정을 중지할 수 있다.

4. 분쟁조정을 위한 학교폭력자치위원회의 조사

가. 자치위원회는 분쟁조정을 위하여 필요하다고 인정하는 때에는 관계기관의 협조를 얻어 학교폭력과 관련한 사항을 조사할 수 있다.

나. 조사권한

조사권한은 자치위원회에 있으나 사실상 직접적인 조사는 자치위원회의 지시 하에 학교폭력 전담기구 소속교사 즉, 책임교사, 보건교사, 상담교사가 담당하는 것이 일반적이다. 자치위원회 또는 교육감은 자치위원회 위원 또는 지역위원회 위원 중에서 분쟁조정 담당자를 지정하거나, 외부 전문기관에 분쟁과 관련한 사항에 대한 자문 등을 할 수 있다.

다. 학교폭력 전담기구의 조사

학교폭력 전담기구 소속교사들이 학교폭력 사안의 진상을 파악하고, 의료기관, 청소년 상담기관, 수사기관 등의 협조를 얻어 분쟁당사자의 주장내용을 확인한다.

라. 조사 결과의 보고

학교폭력 전담기구 소속 교사들은 조사된 내용을 정리하여 자치위원회에 보고한다.

5. 분쟁조정이 성립한 경우의 결과처리와 이행강제의 문제

가. 합의서 작성

자치위원회 또는 교육감은 분쟁조정이 성립되면 ① 분쟁당사자의 주소와 성명, ② 조정대상 분쟁의 내용{㉠ 분쟁의 경위, ㉡ 조정의 쟁점(분쟁당사자의 의견을 기술한다), ㉢ 조정의 결과}를 기재한 합의서를 작성하여 자치위원회는 분쟁당사자에게, 교육감은 피해학생 및 가해학생 소속 학교 자치위원회와 분쟁당사자에게 각각 통보하여야 한다.

나. 합의서의 필수적 기재사항

① 분쟁당사자의 주소와 성명, ② 조정대상 분쟁의 내용, ③ 조정의 결과, ④ 합의서에는 자치위원회가 조정한 경우에는 분쟁당사자와 조정에 참가한 위원이, 교육감이 조정한 경우에는 분쟁당사자와 교육감이 서명·날인하여야 한다.

다. 임의적 기재사항

① 치료비 지급시 구체적인 지급방법과 절차, ② 학교 자체적으로 분쟁조정결과가 이행되는 지 확인 전화나 요청, ③ 피해학생과 가해학생 간에 별도 화해 기회 제공 등을 기재할 수 있다.

라. 교육감에게 보고

자치위원회의 위원장은 분쟁조정의 결과를 교육감에게 보고하여야 한다.

마. 분쟁조정을 통하여 당사자들 간에 합의가 이루어진다 하여도 이는 화해계약이 성립한 것에 지나지 않으므로 강제집행력은 인정되지 않는다. 당사자 일방이 합의내용을 이행하지 않는 경우 법원에 소송을 제기하여 이행을 강제하는 수밖에 없다. 따라서 자치위원회가 나서서 이행을 강제하는 방법은 없다.

그러나 합의금에 대해서 약속어음을 발행하고 집행공증을 하는 경우에는 약속어음의 만기로부터 3년 이내에는 별도의 판결문 없이도 강제집행을 할 수 있다.

6. 분쟁조정의 종료와 분쟁조정이 성립하지 않은 경우 법적 절차의 안내

가. 분쟁조정의 종료 사유

① 분쟁당사자간에 합의가 이루어지거나 자치위원회 또는 교육감이 제시한 조정안을 분쟁당사자가 수락하는 등 분쟁조정이 성립한 경우 ② 분쟁조정 개시일로부터 1개월을 경과하도록 분쟁조정이 성립하지 아니한 경우에는 분쟁조정을 종료하여야 한다(학교폭력 예방 및 대책에 관한 법률 시행령 제28조 제2항).

나. 분쟁조정 종료의 통보

자치위원회 또는 교육감은 분쟁조정의 개시를 거부하거나 분쟁조정을 중지한 경우 또는 분쟁조정 개시일부터 1개월이 지나도록 분쟁조정이 성립하지 아니한 경우에는 그 사유를 분쟁당사자에게 각각 통보하여야 한다(학교폭력 예방 및 대책에 관한 법률 시행령 제28조 제3항).

다. 자치위원회 또는 교육감이 분쟁조정 개시를 거부하거나 분쟁조정을 중지한 경우 또는 분쟁조정 개시일부터 1개월을 경과하도록 분쟁조정이 성립하지 아니하여 분쟁조정이 종료된 경우(예컨대 과도한 피해보상을 요구하여 합의가 되지 않은 경우)에 자치위원회 또는 교육감은 피해·가해학생의 보호자에게 각각의 사유를 통보하는 것 이외에도 차후의 가능한 법적인 절차를 안내해 줄 수 있다.

7. 자치위원회 위원의 제척·기피 및 회피

가. 제척사유

자치위원회의 위원은 법 제16조, 제17조 및 제18조에 따라 피해학생과 가해학생에 대한 조치를 요청하는 경우와 분쟁을 조정하는 경우 ① 위원이나 그 배우자 또는 그 배우자였던 사람이 해당 사건의 피해학생 또는 가해학생의 보호자인 경우 또는 보호자였던 경우, ② 위원이 해당 사건의 피해학생 또는 가해학생과 친족이거나 친족이었던 경우, ③ 그 밖에 위원이 해당 사건의 피해학생 또는 가해학생과 친분이 있거나 관련이 있다고 인정하는 경우에 해당하면 해당 사건에서 제척된다(학교폭력 예방 및 대책에 관한 법률 시행령 제26조 제1항).

나. 기피신청

학교폭력과 관련하여 자치위원회를 개최하는 경우 또는 분쟁이 발생한 경우 자치위원회의 위원에게 공정한 심의를 기대하기 어려운 사정이 있다고 인정할 만한 상당한 사유가 있을 때에는 분쟁당사자는 자치위원회에 그 사실을 서면으로 소명하고 기피신청을 할 수 있다(학교폭력 예방 및 대책에 관한 법률 시행령 제26조 제2항).

자치위원회는 제2항에 따른 기피신청을 받으면 의결로써 해당 위원의 기피 여부를 결정하여야 한다. 이 경우 기피신청 대상이 된 위원은 그 의결에 참여하지 못한다(학교폭력 예방 및 대책에 관한 법률 시행령 제26조 제3항).

다. 회 피

자치위원회의 위원이 제척사유 또는 기피사유에 해당하는 경우에는 스스로 해당 사건을 회피할 수 있다(학교폭력 예방 및 대책에 관한 법률 시행령 제26조 제3항).

라. 자치위원회 위원의 제척·기피·회피와 자치위원회의 진행

제척이유의 유무는 그 문제된 자치위원 자신과 자치위원회의 직권조사사항이다. 따라서 제척사유에 해당하면 그 해당하는 자치위원과 자치위원회가 조사하여 당연히 해당사건에서 자치위원의 직무를 행할 수 없으므로 피해학생 측이나 가해학생 측이 문제 삼지 않더라도 직권으로 조사한 후 자치위원회를 진행하여야 한다. 예를 들면 당해 자치위원회가 열릴 때 자치위원 스스로 제척사유임을 밝히고 직무에서 물러나야 하며, 자치위원장은 자치위원들에게 제척사유가 존재하는지 물어보고 확인하고 나서 자치위원회를 진행해야 한다. 결국 제척의 경우에는 피해학생 측이나 가해학생 측의 신청이나 이의제기 등이 문제되는 경우가 아니며, 이의나 문제제기를 하였더라도 자치위원회가 제척사유가 있는지 직권발동을 촉구하는 의미가 있을 뿐이다.

기피는 분쟁당사자(즉 피해학생 측이나 가해학생 측)이 공정한 심의를 기대하기 어려운 사정을 서면으로 소명하고 기피신청을 하는 경우에 문제가 되기 때문에 자치위원회에서 기피제도가 있음을 알려줄 의무는 없다.

회피는 자치위원 스스로 해당 사건에서 제척 또는 기피이유가 있다고 인정하여 자발적으로 직무집행을 피하는 것이므로 분쟁당사자 즉 피해학생 측이나 가해학생 측의 신청여부와는 관련이 없다.

결론적으로 제척사유에 해당하는지는 각 자치위원 및 자치위원회가 직권으로 조사하여야 하는 것이며, 기피는 분쟁당사자의 신청을 받아서 하는 것이며, 회피는 자치위원스스로 제척, 기피사유가 있다고 인정하여 자발적으로 직무집행에서 물러나는 것이므로 자치위원회 또는 자치위원장이 분쟁당사자에게 제척, 기피, 회피제도에 대해서 설명해 주거나 안내해줄 의무는 없다. 자치위원장은 자치위원회를 개최하면서 또는 평소에 자치위원에게 제척, 기피, 회피제도에 대해서 설명해둘 필요는 있지만 분쟁당사자에게 설명해 주거나 안내해줄 의무는 없다.

[학교폭력대책자치위원회의 분쟁조정]

	당사자	기간·방식·통보	내용	관련규정
분쟁조정 신청·개시	피해학생 또는 가해학생 또는 그 보호자가 조정권한이 있는 자치위원회 또는 교육감에게 신청	1. 분쟁조정 신청인의 성명 및 주소 2. 보호자의 성명 및 주소 3. 분쟁조정 신청의 사유를 적은 문서로 분쟁조정 신청 분쟁조정의 신청을 받은 날부터 5일 이내 분쟁조정 신청 피해학생·가해학생 및 그 보호자에게 통보 분쟁당사자에게 분쟁조정의 일시 및 장소를 통보	학교폭력과 관련하여 분쟁이 있는 경우 피해학생과 가해학생 간 또는 그 보호자 간의 손해배상에 관련된 합의조정 그 밖에 자치위원회가 필요하다고 인정하는 사항	학교폭력 예방 및 대책에 관한 법률 제18조 제1항, 2항, 3항, 5항 학교폭력 예방 및 대책에 관한 법률 시행령 제25조, 27조 제1항, 2항
분쟁조정 관할	자치위원회 교육감 분쟁당사자		시·도교육청 관할 구역 안의 소속 학교가 다른 학생 간에 분쟁이 있는 경우에는 교육감이 해당 학교의 자치위원회위원장과의 협의를 거쳐 직접 분쟁을 조정	학교폭력 예방 및 대책에 관한 법률 제18조 제1항, 6항 학교폭력 예방 및 대책에 관한 법률 시행령 제25조, 27조 제1항
분쟁조정 거부·중지	자치위원회 교육감 분쟁당사자	그 사유를 분쟁당사자에게 각각 통보	① 분쟁당사자 중 어느 한 쪽이 분쟁조정을 거부한 경우, ② 피해학생 등이 관련된 학교폭력에 대하여 가해학생을 고소·고발하거나 민사상 소송을 제기한 경우, ③ 분쟁조정의 신청내용이 거짓임이 명백하거나 정당한 이유가 없다고 인정되는 경우에는 분쟁조정의 개시를 거부하거나, 이미 개시된 분쟁조정을 중지할 수 있음	학교폭력 예방 및 대책에 관한 법률 시행령 제28조 제1항, 3항
분쟁조정 종료	자치위원회 교육감	그 사유를 분쟁당사자에게 각각 통보	분쟁당사자간에 합의가 이루어지거나 자치위원회 또는 교육감이	학교폭력 예방 및 대책에 관한 법률 시행

	분쟁당사자		제시한 조정안을 분쟁당사자가 수락하는 등 분쟁조정이 성립한 경우 분쟁조정 개시일로부터 1개월을 경과하도록 분쟁조정이 성립하지 아니한 경우에는 분쟁조정을 종료하여야 함	령 제28조 제2항, 3항
분쟁조정 결과처리	자치위원회 교육감 분쟁당사자	자치위원회는 분쟁당사자에게, 교육감은 피해학생 및 가해학생 소속 학교 자치위원회와 분쟁당사자에게 각각 통보 자치위원회 위원장은 분쟁조정의 결과를 교육감에게 보고	자치위원회 또는 교육감은 분쟁조정이 성립하면 ① 분쟁당사자의 주소와 성명, ② 조정 대상 분쟁의 내용[분쟁의 경위, 조정의 쟁점(분쟁당사자의 의견을 포함한다)], ③ 조정의 결과를 적은 합의서를 작성하여 자치위원회가 조정한 경우에는 분쟁당사자와 조정에 참가한 위원이, 교육감이 조정한 경우에는 분쟁당사자와 교육감이 각각 서명날인 함	학교폭력 예방 및 대책에 관한 법률 시행령 제29조 제1항, 2항, 3항
제 척	자치위원 분쟁당사자		자치위원회의 위원은 법 제16조, 제17조 및 제18조에 따라 피해학생과 가해학생에 대한 조치를 요청하는 경우와 분쟁을 조정하는 경우 ① 위원이나 그 배우자 또는 그 배우자였던 사람이 해당 사건의 피해학생 또는 가해학생의 보호자인 경우 또는 보호자였던 경우, ② 위원이 해당 사건의 피해학생 또는 가해학생과 친족이거나 친족이었던 경우, ③ 그 밖에 위원이 해당 사건의 피해학생 또는 가해학생과 친분이 있거나 관련이 있다고 인정하는 경우의 어느 하나에 해당하면 해당 사건에서 제척됨	학교폭력 예방 및 대책에 관한 법률 시행령 제26조 제1항
기 피	자치위원 분쟁당사자		학교폭력과 관련하여 자치위원회를 개최하는 경우 또는 분쟁이 발생한 경우 자치위원회의 위원에게 공정한 심의를 기대하기 어려운 사정이 있다고 인정할 만한 상당한 사유가 있을 때에는 분쟁당사자는 자치위원회에 그 사실을 서면으로 소명하고 기피신청을 할	학교폭력 예방 및 대책에 관한 법률 시행령 제26조 제2항, 3항

			수 있음 자치위원회는 기피신청을 받으면 의결로써 해당 위원의 기피 여부를 결정 기피신청 대상이 된 위원은 그 의결에 참여하지 못함	
회 피	자치위원 분쟁당사자		자치위원회의 위원이 제척사유 또는 기피사유에 해당하는 경우에는 스스로 해당 사건을 회피할 수 있음	학교폭력 예방 및 대책에 관한 법률 시행령 제26조 제4항

[피해학생 측과 가해학생 측의 합의서 양식]

【 합 의 서 】

1. 사건내용:

2. 합의내용

(1) 위 사건 학교폭력가해행동에 대해 깊이 반성하며, 진심으로 사과드립니다. 또한 합의금으로 일금______________(₩____________)을 ______년 ___월 ___일까지 배상할 것을 약속합니다.

(2) 위 합의 이전에 발생한 가해학생의 모든 가해행위와 가해학생 측의 행위(명예훼손, 모욕 등)에 대하여 피해학생 및 보호자는 더 이상 일체의 민형사상 이의를 제기하지 않고, 가해학생의 처벌을 원하지 않으며, 학교나 교육청, 기타 기관에 일체의 민원제기나 이의를 제기하지 않겠습니다.

(3) 가해자 OOO은 위의 각서 내용을 어길 시에는 민사, 형사상의 책임을 감수할 것을 약속합니다.

3. 기타사항

위 합의사항을 확실하게 하기 위해 이 합의서를 (3) 부 작성하여 각각 학교 측에 제출하고 나머지는 가해 측과 피해 측에서 1부씩 보관한다.

년 월 일

피해학생		피해학생의 부모	
성 명	(印)	성 명	부 (印) 모 (印)
주 소		주 소	
주민번호		주민번호	부 (印) 모 (印)

가해학생		가해학생의 부모	
성 명	(印)	성 명	부 (印) 모 (印)
주 소		주 소	
주민번호		주민번호	부 (印) 모 (印)

[분쟁조정신청서 양식]

분 쟁 조 정 신 청 서

신청인	성명	(남 여)			
	주소				
	학교명	학년 반 번			
보호자	성명		관계	전 화	
	주소				

신청 사유

상기 본인은 위와 같이 분쟁조정을 신청합니다.

신청일 : 20 년 월 일

신청인 : (서명)

○○○ 학 교

학교폭력대책자치위원회 위원장 귀하

[분쟁조정결과통보(거부/중지/종료된 경우) 양식]

분쟁 조정 결과 통보(거부/중지/종료된 경우)

신청인 (피해학생)	성 명				성 별	
	학교명				학년 반	
	주 소					
보호자	성 명		관계		연락 전화	
	주 소					
피 신청인 (가해학생)	성 명				성 별	
	학교명				학년 반	
	주 소					
보호자	성 명		관계		연락 전화	
	주 소					
사유						

년 월 일

○○○ 학 교

학교폭력대책자치위원회 위원장

[분쟁조정합의서 양식]

분 쟁 조 정 합 의 서

<table>
<tr><td rowspan="3">신청인
(피해학생)</td><td>성명</td><td colspan="3"></td><td>성별</td><td></td></tr>
<tr><td>학교명</td><td colspan="3"></td><td>학년 반</td><td></td></tr>
<tr><td>주소</td><td colspan="5"></td></tr>
<tr><td rowspan="2">보호자</td><td>성명</td><td></td><td>관계</td><td></td><td>연락 전화</td><td></td></tr>
<tr><td>주소</td><td colspan="5"></td></tr>
<tr><td rowspan="3">피 신청인
(가해학생)</td><td>성명</td><td colspan="3"></td><td>성별</td><td></td></tr>
<tr><td>학교명</td><td colspan="3"></td><td>학년 반</td><td></td></tr>
<tr><td>주소</td><td colspan="5"></td></tr>
<tr><td rowspan="2">보호자</td><td>성명</td><td></td><td>관계</td><td></td><td>연락 전화</td><td></td></tr>
<tr><td>주소</td><td colspan="5"></td></tr>
<tr><td colspan="7">◎ 분쟁의 경위

◎ 조정의 쟁점

◎ 조정의 결과</td></tr>
</table>

년 월 일

학교폭력대책자치위원회 위원장 (날인)
학교폭력대책자치위원회 위원 (날인)
(날인)
(날인)
(날인)
(날인)
(날인)
(날인)

분쟁조정 신청인 (날인)
분쟁조정 피신청인 (날인)

제9장 | 학교폭력 신고의무와 직무유기죄의 성립여부 및 긴급전화의 설치 및 비밀누설금지 및 회의록 공개의 문제

Ⅰ 학교폭력 신고의무

1. 학교폭력 신고 및 통보와 보고의무

가. 학교폭력 신고의무

학교폭력 현장을 보거나 그 사실을 알게 된 자는 학교 등 관계 기관에 이를 즉시 신고하여야 한다(학교폭력 예방 및 대책에 관한 법률 제20조 제1항).

나. 학교폭력 신고를 받은 기관의 통보의무

학교폭력 신고를 받은 기관은 이를 가해학생 및 피해학생의 보호자와 소속 학교의 장에게 통보하여야 한다(학교폭력 예방 및 대책에 관한 법률 제20조 제2항).

다. 학교장의 자치위원회에 통보의무

통보받은 소속 학교의 장은 이를 자치위원회에 지체없이 통보하여야 한다(학교폭력 예방 및 대책에 관한 법률 제20조 제3항). 만일 학교의 장이 통보를 받고서 자치위원회에 지체없이 통보를 하지 않은 경우 국·공립학교 학교장이라면 직무유기죄가 성립할 수 있다. 예를 들어 경찰서로부터 학교폭력 사건을 통보 받은 학교의 장은 지체없이 자치위원회에 통보하여야 하며, 자치위원회는 사안조사를 하여야 한다.

라. 학교폭력 예비·음모 등 고발과 교원의 학교폭력 보고의무

누구라도 학교폭력의 예비·음모 등을 알게 된 자는 이를 학교의 장 또는 자치위원회에 고발할 수 있다. 다만, 교원이 이를 알게 되었을 경우에는 학교의 장에게 보고하고 해당 학부모에게 알려야 한다(학교폭력 예방 및 대책에 관한 법률 제20조 제4항).

2. 학교폭력 One-Stop 지원시스템

가. 117 학교폭력 신고센터 설치

그동안 각 기관별로 산재해서 운영해 오던 학교폭력 신고전화{Wee센터 1588-7179, 여성가족부 CYS-Net(1388), 경찰청 One-Stop 지원센터(117)}를 경찰청에서 운영하고 있는 117번으로 통합하고 시·도별로 '117 학교폭력 신고센터'를 설치하여, 24시간 운영체제를 갖추어 학교폭력 발생에 대해 체계적으로 대응하는 시스템을 구축하였다. '117 학교폭력 신고센터'는 모든 학교폭력 신고를 접수한 후 경미한 사안의 경우에는 '학교폭력 One-Stop 지원센터'로 이송하고, 중대한 경우에는 경찰이 즉시 개입하여 조치할 수 있도록 하였다.

나. 교육청 또는 해당 학교에 통보

'학교폭력 One-Stop 지원센터'는 교육지원청 단위로 설치되어 있는 Wee센터(교육과학기술부)나 기초자치단체에 설치된 CYS-Net(여가부)으로 지정하여 이송된 사건을 상시적으로 전담 관리하고, 센터 내에 상담·의료·경찰·사법 전문가 등으로 구성된 팀에서 학생상담·분석·조치방안 마련 후 교육청 또는 해당 학교에 통보한다.

3. 학교폭력의 신고

[학교폭력의 신고 체계]

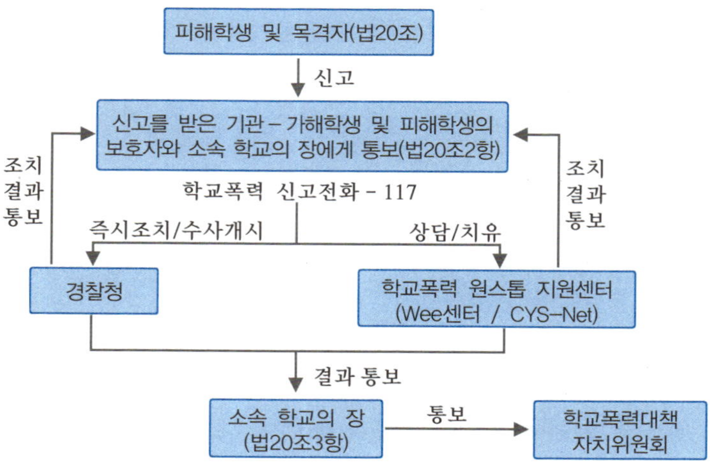

가. 신고주체

학교폭력을 알게 된 사람은 누구라도 신고해야 한다. 교직원(담임교사, 책임교사, 교과목 교사, 학교 직원 등), 학생(피해학생, 사안목격 학생, 사안인지 학생 등), 학부모(피해·가해학생 학부모), 기타 관련 학생 형제·자매, 친척, 학원 강사, 주민, 주변 상인, 상담자 및 사회복지사 등이다.

나. 신고자에 대한 대처

신고서를 작성하면서 인지 경위, 인지 사실, 관련 학생 등에 대해 책임교사에게 많은 정보를 줄 수 있도록 유도하고, 신고자가 사안조사 및 대처하는 과정에서 도움을 줄 수 있도록 협력 관계를 구축한다. 사안 신고 사실에 대해 꼭 비밀 보장해줄 것을 인지시킨다.

다. 신고자에 대한 신변보호

신고한 학생이 신고 후 보복당하지 않도록 신변을 보호해준다. 신고 후 피해학생이 또 다른 피해를 당하지 않도록 신고한 학생에게 최대한 정확히 피해·가해학생의 상태를 알아보도록 한다. 사안조사 과정과 마무리 과정까지 주의해야 할 사항들이 있으면 안내해 주도록 한다.

라. 신고 받을 때 주의사항

담임교사, 교감, 교장 등이 사안을 듣거나 신고를 받게 되면, 전담기구 소속교사나 책임교사에게 알리도록 한다. 사안을 구두로 들었을 때는 신고서를 쓰도록 유도한다. 학부모가 신고를 한 경우에는 사안에 대한 진실파악을 해야 한다. 학부모가 가지고 있는 정보는 학생들을 통해서 들은 간접정보이기 때문에 사실가 차이가 있다. 다른 학교 교사가 자신의 학교 학생들을 조사하다가, 다른 학교 학생이 관계된 것을 알고 연락해올 때는 자치위원회의 절차를 밟아 조사하도록 한다.

학부모나 그 외의 사람들이 전화를 걸어 사안신고를 할 수 있다. 이때 전화를 받는 교직원이 누구이든 간에 대한 내용을 기록하여 책임교사 등의 전담기구 소속교사에게 전달하도록 한다.

마. 신고 방법 안내

학생들이 직접 자신이나 친구가 겪은 사안에 대해 교사에게 말하는 것은 쉽지 않다.

그러므로 학교에서는 학생들이 신고를 할 수 있게끔 주기적으로 신고 방법 안내를 해주어야 한다. 최고의 신고 방법 안내는 학교폭력 예방교육이다.

학교폭력 예방교육은 학교폭력 문제를 해결할 수 있는 가장 좋은 방법이며, 신고유도를 할 수 있는 최고의 방법이다. 신고를 왜 해야 하고, 어떻게 해야 하는 지 등에 대해서 계속적으로 교육해야 효과를 얻을 수 있다. 이때 피해학생이 지속적으로 학교폭력에 노출되었을 때 가지는 위험, 가해학생의 문제행동 심화 등에 대해 말해주고 이를 돕기 위해서는 친구들이 신고를 해야 한다는 신고 필요성에 대해 강조하도록 한다.

바. 설문조사

학교폭력이 의심되거나 신고가 들어와서 관련 학생이나 목격 학생에게 더 심도 있는 정보를 얻고자 할 때는 설문지 조사를 해본다. 평소 학기 단위로 하는 설문조사 시 사용해도 된다. 학생들이 설문지를 편안히 작성할 수 있도록 한다. 설문지 작성시 학생들을 시험대형으로 앉게 하고, 가림판 등으로 서로 적는 것을 보지 못하도록 한다.

설문지 작성 후에는 설문지를 반으로 접어서 내게 하고, 교사가 직접회수하면 학생들이 좀 더 편안한 마음으로 설문에 응할 수 있다. 비밀을 보장한다. 설문결과가 피해·가해학생과 다른 학생들에게 유출되지 않도록 한다. 설문지를 통해 알게 된 사실에 대해서 교사는 비밀을 꼭 지키도록 한다.

사. 신고 안내 이메일 발송

학생들의 이메일로 담임교사가 학교폭력 예방과 신고 안내를 위한 안내문을 정기적으로 보내도록 한다. 이때 학교폭력 신고서를 같이 첨부해서, 학생들이 메일 확인을 하고 신고서를 이메일로 작성해서 보낼 수 있도록 한다. 교실 벽에 학교폭력 신고 안내 포스터를 붙여 학생들의 신고를 유도한다. 신고 안내 방법을 활용하여 다양한 신고방법의 경로를 마련해둔다.

아. 신고방법

구두(학생들이 스스로 교사에게 말하는 경우, 교사가 개별적인 학생 면담 시간을 통해 파악한 경우, 학부모나 목격자가 구두로 신고를 한 경우), 신고함, 이메일(담임교사의 메일, 책임교사의 메일, 학교명의 메일), 홈페이지(학교 홈페이지 비밀 게시판), 휴대폰(전담기구 소속교사인 책임교사, 보건교사, 상담교사의 휴대폰), 담임교사의 휴대폰, 학교 공동 휴대폰(학교 이름으로 되어 있는 휴대폰) 및 문자, 음성녹음, 통화의 방법 등으로 신고를 받는다.

자. 피해학생의 상태 파악과 신변보호

피해 상황을 알게 된 교사는 가정 먼저 피해학생의 상태와 신변보호를 생각해야 한다. 학교폭력 사안으로 인해 신체적으로 다친 곳이 없는지 확인하고, 심리적·정신적 상태도 확인한다. 또한 학교폭력의 위험이 계속될 것이라고 판단되면, 귀가 시 하굣길이 비슷한 친구들과 함께 귀가하도록 지도한다. 그리고 위험도가 매우 높을 시에는 경호서비스를 연계하여 안전을 확보하도록 한다.

[학교폭력신고접수 양식]

학교폭력 신고 접수

연번	일시	신고자 또는 신고기관	신고자 신분 및 전화번호	신고내용	사실 여부	사실 통보	
						피해자	가해자
1							
2							
3							
4							
5							

확 인

담임 교사					폭력책임교사					교 감					교 장				
1	2	3	4	5	1	2	3	4	5	1	2	3	4	5	1	2	3	4	5

Ⅱ 학교폭력과 교원의 직무유기죄 성립여부

1. 직무유기죄

공무원이 정당한 이유없이 그 직무수행을 거부하거나 그 직무를 유기한 때에는 1년 이하의 징역이나 금고 또는 3년 이하의 자격정지에 처한다(형법 제122조).

가. 의 의

공무원[1]이 정당한 이유없이 직무수행을 거부하거나 직무를 유기함으로써 성립하는 범죄이다. 공무원은 국민 전체의 봉사자로서 국가공무원법에 의한 성실의무(형법 제56조)와 복종의무(동법 제57조) 및 직장 이탈금지의무(동법 제58조) 등을 부담하며, 직무상의 의무를 위반하여 직무를 태만하였을 때에는 특별권력관계에 의한 징계사유에 해당한다(동법 제78조).

본죄는 징계사유에 해당하는 모든 직무상의 의무위반을 처벌하는 것이 아니라 그것이 형법에 의한 처벌의 대상이 될 정도로 이를 때에 벌하려는 것이다. 직무유기란 공무원의 추상적인 충근의무를 태만하는 일체의 경우를 이르는 것이 아니고 국가의 기능을 저해하며 국민에게 피해를 야기시킬 가능성이 있는 경우를 말한다.

나. 구성요건

직무유기죄가 성립하기 위하여는 주관적으로 직무의 수행을 거부하거나 이를 버린다는 인식과 객관적으로는 직무 또는 직장을 벗어나는 행위가 있어야 한다. 따라서 공무원이 직무집행과 관련하여 태만·분망·착각 등으로 부당한 결과를 초래하였다고 하여 본죄가 성립하는 것은 아니다.

(1) 주 체

본죄의 주체는 공무원이다. 진정직무범죄에 해당한다.

---

1) 국가 또는 지방자치단체의 공무를 담당하는 자. 헌법·국가공무원법·지방공무원법 등에서 규정하고 있는데, 이러한 실정법상의 공무원의 개념은 최광의·광의·협의로 나누어 설명하기도 한다. 최광의의 공무원이란 공무를 담당하는 모든 자로 국가배상법상이나 형법상의 개념이 이에 해당한다. 광의의 공무원이란 국가 공공단체와 공법상 근무관계를 맺고 공무를 담당하는 기관구성자이며, 협의의 공무원이란 광의의 공무원 중에서 대통령·국회의원·교육위원회 등 선거에 의해서 선임되거나 명예직공무원 등을 제외한 행정기관구성자를 말한다. 일반적으로 행정법상 공무원이라 할 때는 협의의 공무원을 의미한다.

(2) 행 위

직무수행을 거부하거나 직무를 유기하는 것이다.

직무란 공무원법상의 본래의 직무 또는 고유한 직무를 말하며, 공무원인 신분관계로 인하여 부수적·파생적으로 발생하는 직무는 여기에 포함되지 않는다. 따라서 형사소송법에 의한 고발의무를 여기의 직무라 할 수는 없다.

그러나 공무원의 본래의 직무가 모두 본죄의 직무에 해당한다고 할 때에는 역시 본죄가 무제한하게 확대될 염려가 있다. 따라서 여기의 직무는 공무원이 맡은 바 직무를 그 때에 수행하지 않으면 실효를 거둘 수 없는 구체적인 직무임을 요한다고 해야 한다. 그러므로 직무의 내용은 성문으로 된 법령에 근거가 있거나 특별한 지시 또는 명령이 있어야 하며, 이러한 범위의 직무에 속하지 않는 사항에 관하여는 본죄가 성립하지 않는다.

직무수행을 거부하는 것은 직무를 능동적으로 수행할 의무 있는 자가 이를 행하지 않는 것을 말하고, 직무유기란 직무에 관한 의식적인 방임 내지 포기 등 정당한 이유 없이 직무를 수행하지 않는 경우를 말한다. 적극적인가 또는 소극적인가는 묻지 않는다.

직무를 유기할 것을 요하므로 직무를 집행한 때에는 직무집행에 있어서 법정절차를 이행하지 않았거나, 내용이 부실하다고 하여도 본죄는 성립하지 않는다. 직무유기는 또한 직무에 관한 의식적인 포기일 것을 요한다는 점에서 직무태만과 구별해야 한다.

(3) 고 의

본죄의 성립에는 직무를 유기한다는 인식이 있을 것을 요한다. 판례는 무단히 직장을 떠난 때에도 직무유기의 범의를 인정할 수 있다고 하면서, 야간특파근무공무원이 근무상의 관례에 따라 밤 10시경 귀가한 때에는 직무유기의 범의가 있다고 할 수 없다고 하였다.

2. 학교폭력과 교사[2)]의 직무유기죄

교사가 학교폭력 사실을 알면서도 적절히 대응하지 않거나, 가해학생과 피해학생 간에 스스로 해결하는 것이 바람직하다고 생각하여 학교의 장에게 보고하지 않거나 가해학생

2) 교사(敎師)는 국가에서 정한 법령에 따라 학생에게 국가에서 지정한 과목, 종목의 교육 이수의 과정에서 이끌어주거나 도움을 주거나 설명을 하는 사람 혹은 그러한 자격증, 자격을 가진 이를 말한다. 대한민국에서 교사 자격증 소지자 중에 정식으로 공립학교에서 근무하는 교사는 법적으로 신분이 보장되는

학부모 및 피해학생 학부모에게 알리지 않았을 경우 형법상 직무유기죄가 성립하는지가 문제될 수 있다.

직무유기죄는 공무원의 신분을 가진 사람만 주체가 될 수 있다. 국·공립학교 교사는 공무원이므로 직무유기죄의 주체가 될 수 있으나 사립학교 교사의 경우에는 공무원에 준하는 신분보장을 받고 있지만 공무원은 아니다. 따라서 사립학교 교사는 직무유기죄의 주체가 될 수 없다.

학교폭력 예방 및 대책에 관한 법률 제20조는 학교폭력 신고의무를 규정하고 있으며, 제1항에서는 "학교폭력 현장을 보거나 그 사실을 알게 된 자는 학교 등 관계 기관에 이를 즉시 신고하여야 한다."라고 규정하고 있으며, 제4항에서는 "누구라도 학교폭력의 예비·음모를 알게 된 자는 이를 학교의 장 또는 자치위원회에 고발할 수 있다. 다만, 교원이 이를 알게 되었을 경우에는 학교의 장에게 보고하고 해당 학부모에게 알려야 한다."라고 규정하고 있다.

국·공립학교 교사가 학교폭력 피해학생으로부터 피해사실을 직접 들어서 알고 있거나, 학교폭력 피해사실을 어떤 경위로든 알게 되었거나 목격자로부터 신고를 받아 알게 되었음에도 이러한 사실을 의도적으로 학교의 장에게 보고하지 않았을 경우에는 직무유기죄가 성립할 수도 있다.

국·공립학교의 장이 학교폭력 사실을 통보받거나 보고받거나 신고를 받았음에도 의도적으로 자치위원회에 통보하지 않거나 자치위원회 소집을 요구하지 않거나 피해학생이나 가해학생에 대한 적절한 조치를 취하지 않은 경우에는 직무유기죄가 성립할 수 있다.

공무원이다. 사립학교에서 근무하는 교사는 교육공무원법의 적용을 받는, 공무원에 준하는 대우를 받는다는 취지에서 준공무원으로 분류된다. 사립학교 교직원의 신분은 교육공무원법 제2조와, 사립학교법 제55조부터 제60조의 3항에 신분보장이 명시되어 있다. 교육공무원법의 상위 법령인 국가공무원법을 통해 이들의 신분은 법으로 보장된다. 국가공무원법에서 보면 (국가공무원법 제68조)에 의해 "공무원은 형의선고·징계처분 또는 이법에 정하는 사유에 의하지 아니하고는 그 의사에 반하여 휴직·강임 또는 면직을 당하지 아니한다."라고 규정하고 있다. 그러나 국·공립학교 교사는 공무원이지만 사립학교 교사는 공무원이 아니다. 따라서 국·공립학교 교사는 직무유기죄의 주체가 될 수 있지만 사립학교 교사는 직무유기죄의 주체가 될 수 없다.

직무유기죄 관련 판례정리

(1) 직무유기죄에 있어서 '직무를 유기한 때'의 의미

형법 제122조 후단 소정의 공무원이 정당한 이유 없이 직무를 유기한 때라 함은 직무에 관한 의식적인 방임 내지 포기 등 정당한 사유 없이 직무를 수행하지 아니한 경우를 의미하는 것이므로 공무원이 태만, 분망, 착각 등으로 인하여 직무를 성실히 수행하지 아니한 경우나 형식적으로 또는 소홀히 직무를 수행하였기 때문에 성실한 직무수행을 못한 것에 불과한 경우에는 직무유기죄는 성립하지 아니한다.3)

(2) 직무유기죄에 있어서 직무를 유기한 때라 함은 법령 내규 또는 지시 및 통첩에 의한 추상적인 의무를 태만하는 일체의 경우를 이르는 것이 아니고, 직장의 무단이탈, 직무의 의식적인 포기 등과 같이 그것이 국가의 기능을 저해하며 국민에게 피해를 야기시킬 가능성이 있는 경우를 말한다.4)

(3) 직무유기죄의 성립요건

직무유기죄는 구체적으로 그 직무를 수행하여야 할 작위의무가 있는데도 불구하고 이러한 직무를 버린다는 인식하에 그 작위의무를 수행하지 아니하면 성립하는 것이다.5)

(4) 공무원이 태만 착각 등으로 직무를 성실히 수행하지 아니하거나 못한 경우 직무유기죄의 성부

형법 제122조 소정의 공무원이 정당한 이유 없이 직무를 유기한 때라 함은 직무에 관한 의식적인 방임 내지는 포기 등 정당한 사유 없이 직무를 수행하지 아니한 경우를 의미하는 것이므로 공무원이 태만 착각 등으로 인하여 직무를 성실히 수행하지 아니한 경우나 형식적으로 또는 소홀히 직무를 수행하였기 때문에 성실한 직무 수행을 못한 것에 불과한 경우에는 직무유기죄는 성립하지 아니한다.6)

(5) 직무유기죄에서의 주관적 요건

직무유기죄는 이른바 부진정부작위범으로서 구체적으로 그 직무를 수행하여야 할 작위의무가 있는데도 불구하고 이러한 직무를 버린다는 인식하에 그 작위의무를 수행하지 아니함으로써 성립하는 것이다.7)

(6) 직무집행내용이 부실한 경우 직무유기죄의 성부

형법 제122조 소정의 공무원이 정당한 이유없이 그 직무를 유기한 때라 함은 직무에 관한 의식적인 방임 내지는 포기 등 정당한 사유없이 그 직무를 수행하지 아니한 경우를 의미한다고 할 것이므로 공무원이 태만 착각 등으로 인하여 직무집행을 성실히 수행하지 아니 한 것에 불과한 경우나 형식적으로 또는 소홀히 직무를 집행하였기 때문에 성실한 직무수행을 못한 것으로 귀착되는

---

3) 대법원 1997.8.29. 선고 97도675 판결.
4) 대법원 1983.3.22. 선고 82도3065 판결.
5) 대법원 1999.11.26. 선고 99도1904 판결.
6) 대법원 1994.2.8. 선고 93도3568 판결.
7) 대법원 1983.3.22. 선고 82도3065 판결.

경우에는 직무유기죄는 성립하지 아니한다.[8)]

Ⅲ 종범(방조범)

1. 개 념

종범이란 타인의 범죄를 방조하는 자를 말한다. 방조범이라고도 한다.

형법은 제32조(종범)에서 "① 타인의 범죄를 방조한 자는 종범으로 처벌한다. ② 종범의 형은 정범의 형보다 감경한다."라고 규정하고 있다.

2. 구별개념

가. 교사범

종범은 이미 범행결의를 가진 자의 실행행위를 도와주거나 그 결의를 강화시킨다는 점에서, 아직 범죄를 결의하지 아니한 자에게 새로이 범행결의를 생기게 하는 교사범과 구별된다.

나. 공동정범

종범은 의사연락과 행위지배가 없는 공범이라는 점에서, 공동의사를 기초로 기능적 행위지배를 하는 공동정범과 구별된다.

다. 간접정범

종범은 정범에 종속하는 공범이라는 점에서, 고의가 없거나 정범으로 처벌될 수 없는 자를 도구로 이용하여 의사지배를 하는 간접정범과 구별된다.

3. 형법 각칙상의 방조

방조행위가 각칙상 독립된 구성요건으로 특별히 규정된 경우에는 방조행위 자체가 정범의 실행행위에 해당하므로 형법 제32조는 적용되지 않는다.

---

8) 대법원 1982.9.14. 선고 81도2538 판결.

4. 종범의 구성요건

가. 방조자에 관한 요건

(1) 방조자의 방조행위

정범의 범죄실행의 결의를 강화시키거나 그 실행행위를 가능 또는 용이하게 해주는 실행행위 이외에 원조행위를 말한다. 정범의 범죄실행을 용이하게 하는 것이면 방조행위의 수단·방법에는 제한이 없다.

(2) 정신적 방조는 조언, 격려, 충고, 정보제공, 장물처분·알리바이증명의 약속 등 무형적 방법에 의한 방조행위를 말한다.

(3) 물질적 방조는 범행도구의 대여, 범죄장소의 제공, 범죄자금의 제공 등 유형적 방법에 의한 방조행위를 말한다.

(4) 부작위에 의한 방조는 결과발생을 방지해야 할 보증인지위에 있는 경우 부작위에 의한 종범이 성립할 수 있다.

(5) 공동방조는 수인의 방조자 상호간에 공동의사에 의한 기능적 행위지배가 인정되면 방조가 성립한다.

(6) 시 기

정범의 예비행위를 방조한 때에도 그 후 정범의 실행의 착수가 있는 한 방조가 성립하며, 정범의 실행행위가 완료된 후 그 결과가 발생하기 이전, 또한 기수가 된 이후라도 그 종료 이전에는 방조가 가능하지만, 정범의 범죄행위를 종료한 이후에는 더 이상 방조가 성립할 수 없다.

나. 방조자의 고의

(1) 종범은 첫째 종범의 실행행위를 방조한다는 '방조의 고의'와 둘째 정범의 실행행위가 구성요건적 결과를 실현한다는 사실에 대한 '정범의 고의'가 있어야 한다.

(2) 고의의 내용

방조자의 고의는 개별적으로 확정될 수 있는 정범의 범행에 대한 것이어야 한다. 그러나 정범의 정확한 신원 및 정범의 실존유무까지 알 필요는 없다.

방조자는 정범의 실행행위의 본질적 표식을 인식해야 하나 범행의 세부적인 사항까지 인식할 필요는 없다.

다. 피방조자에 관한 요건

정범은 실행의 착수단계를 지나 현실로 실행행위를 하여야 한다. 미수·기수는 불문한다. 정범의 실행행위가 없는 기도된 방조는 교사와 달리 처벌규정이 없어 불가벌이다. 예비행위에 대한 종범도 성립할 수 없다.

정범의 실행행위는 구성요건에 해당하고 위법해야 하나 유책할 필요는 없다

정범의 행위는 고의범이어야 한다. 과실범에 대한 방조는 간접정범이 성립한다(제34조 제1항).

5. 종범의 처벌

가. 필요적 감경

종범의 형은 정범의 형보다 감경한다(제32조 제2항). 정범이 미수에 그친 경우 종범은 2중으로 형이 감경될 수 있다.

나. 특수종범

자기의 지휘·감독을 받는 자를 방조한 때에는 정범의 형으로 처벌한다(제34조 제2항).

6. 학교폭력사건의 경우 교사의 방조죄 성립 여부

교사가 학교폭력 가해학생의 학교폭력 사실을 알면서도 이를 방치함으로써

학교폭력 가해학생의 범죄 실행을 용이하게 하는 것으로 판단되는 경우 학교폭력 예방 및 대책에 관한 법률 제2조의 학교폭력의 정의에 해당하는 상해, 폭행, 감금, 협박, 약취·유인, 명예훼손·모욕, 공갈, 강요, 성폭력, 정보통신망 이용촉진 및 정보보호 등에 관한 법률 위반죄의 종범(방조범)이 성립될 수 있다. 특히 교사는 학교폭력 결과 발생을 방지해야 할 보증인지위에 있으므로 가해학생이 피해학생에 대한 폭력행사를 알면서도 결과발생을 방지하지 않은 경우 부작위에 의한 종범이 성립할 수 있다.

종범(방조범) 관련 판례의 정리

(1) 방조범의 성립요건으로서 '고의'의 의미와 입증 방법

형법상 방조행위는 정범이 범행을 한다는 정을 알면서 그 실행행위를 용이하게 하는 직접, 간접의 모든 행위를 가리키는 것으로서 그 방조는 정범의 실행행위 중에 이를 방조하는 경우뿐만 아니라, 실행 착수 전에 장래의 실행행위를 예상하고 이를 용이하게 하는 행위를 하여 방조한 경우에도 성립한다. 그리고 방조범은 정범의 실행을 방조한다는 이른바 방조의 고의와 정범의 행위가 구성요건에 해당하는 행위인 점에 대한 정범의 고의가 있어야 하나, 이와 같은 고의는 내심적 사실이므로 피고인이 이를 부정하는 경우에는 사물의 성질상 고의와 상당한 관련성이 있는 간접사실을 증명하는 방법에 의하여 입증할 수밖에 없고, 이 때 무엇이 상당한 관련성이 있는 간접사실에 해당할 것인가는 정상적인 경험칙에 바탕을 두고 치밀한 관찰력이나 분석력에 의하여 사실의 연결상태를 합리적으로 판단하는 외에 다른 방법이 없다고 할 것이며, 또한 방조범에 있어서 정범의 고의는 정범에 의하여 실현되는 범죄의 구체적 내용을 인식할 것을 요하는 것은 아니고 미필적 인식 또는 예견으로 족하다(대법원 2010. 2. 25. 선고 2008도4844 판결 등 참조).[9)]

(2) 형법상 방조행위의 의미 및 그 성립 범위

형법상 방조행위는 정범이 범행을 한다는 정을 알면서 그 실행행위를 용이하게 하는 직접·간접의 모든 행위를 가리키는 것으로서 유형적·물질적인 방조뿐만 아니라 정범에게 범행의 결의를 강화하도록 하는 것과 같은 무형적·정신적 방조행위까지도 이에 해당한다(대법원 2007. 4. 27. 선고 2007도1303 판결 참조). 종범은 정범의 실행행위 중에 이를 방조하는 경우뿐만 아니라, 실행 착수 전에 장래의 실행행위를 예상하고 이를 용이하게 하는 행위를 하여 방조한 경우에도 성립한다(대법원 1996. 9. 6. 선고 95도2551 판결, 대법원 2004. 6. 24. 선고 2002도995 판결, 대법원 2008. 12. 24. 선고 2008도9996 판결 등 참조). 종범은 정범의 실행행위 전이나 실행행위 중에 정범을 방조하여 그 실행행위를 용이하게 하는 것을 말하므로 정범의 범죄종료 후의 이른바 사후방조를 종범이라고 볼 수 없다(대법원 1982. 4. 27. 선고 82도122 판결 참조).[10)]

(3) 형법상 방조행위의 의미

형법상 방조행위는 정범이 범행을 한다는 정을 알면서 그 실행행위를 용이하게 하는 직접·간접의 모든 행위를 가리키는 것으로서 유형적·물질적인 방조뿐만 아니라 정범에게 범행의 결의를 강화하도록 하는 것과 같은 무형적·정신적 방조행위까지도 이에 해당한다(대법원 2007. 4. 27. 선고 2007도1303 판결 등 참조).[11)]

(4) 종범의 성립요건

종범은 정범의 실행행위 전이나 실행행위 중에 정범을 방조하여 그 실행행위를 용이하게 하는 것을 말하므로 정범의 실행행위가 있어야 성립한다.[12)]

---

9) 대법원 2010.3.25. 선고 2008도4228 판결.
10) 대법원 2009.6.11. 선고 2009도1518 판결.
11) 대법원 2008.3.13. 선고 2006도3615 판결.

(5) 형법상 방조행위의 의미

형법상 방조행위는 정범의 실행행위를 용이하게 하는 직접, 간접의 모든 행위를 가리키는 것으로서 그 방조는 유형적, 물질적인 방조뿐만 아니라 정범에게 범행의 결의를 강화하도록 하는 것과 같은 무형적, 정신적 방조행위까지도 이에 해당한다고 할 것이다(대법원 1995. 9. 29. 선고 95도456 판결 등 참조).[13]

(6) 형법상 방조행위가 부작위에 의하여도 성립하는지 여부(적극)

형법상 방조행위는 정범의 실행을 용이하게 하는 직접, 간접의 모든 행위를 가리키는 것으로서 작위에 의한 경우뿐만 아니라 부작위에 의하여도 성립되는 것이다.

(7) 인터넷 포털 사이트 내 오락채널 총괄팀장과 위 오락채널 내 만화사업의 운영 직원인 피고인들에게, 콘텐츠제공업체들이 게재하는 음란만화의 삭제를 요구할 조리상의 의무가 있다고 하여, 구 전기통신기본법(2001. 1. 16. 법률 제6360호로 개정되기 전의 것) 제48조의2 위반 방조죄의 성립을 긍정한 사례[14]

(8) 의사인 피고인이 입원치료를 받을 필요가 없는 환자들이 보험금 수령을 위하여 입원치료를 받으려고 하는 사실을 알면서도 입원을 허가하여 형식상으로 입원치료를 받도록 한 후 입원확인서를 발급하여 준 사안에서, 사기방조죄가 성립한다고 한 원심의 판단을 수긍한 사례[15]

(9) 피고인에게 방조범의 고의를 인정할 여지가 있다고 한 사례

금괴를 부가가치세 영세율이 적용되는 수출원자재 명목으로 구입한 후 실제로는 시중에 판매처분하고 허위로 수출신고를 하여 이를 근거로 관세를 부정환급받은 정범의 범행에 대하여, 정범이 설립한 위장수출회사의 직원인 피고인이 미필적으로나마 정범의 범행을 인식 또는 예견하고 그 실행행위를 용이하게 하였다고 볼 여지가 있다.[16]

(10) 보호자가 의학적 권고에도 불구하고 치료를 요하는 환자의 퇴원을 간청하여 담당 전문의와 주치의가 치료중단 및 퇴원을 허용하는 조치를 취함으로써 환자를 사망에 이르게 한 행위에 대하여 보호자, 담당 전문의 및 주치의가 부작위에 의한 살인죄의 공동정범으로 기소된 사안에서, 담당 전문의와 주치의에게 환자의 사망이라는 결과 발생에 대한 정범의 고의는 인정되나 환자의 사망이라는 결과나 그에 이르는 사태의 핵심적 경과를 계획적으로 조종하거나 저지·촉진하는 등으로 지배하고 있었다고 보기는 어려워 공동정범의 객관적 요건인 이른바 기능적 행위지배가 흠결되어 있다는 이유로 작위에 의한 살인방조죄만 성립한다고 한 사례[17]

(11) 정범의 실행행위 착수 이전의 방조행위와 종범의 성부(적극)

종범은 정범의 실행행위 중에 이를 방조하는 경우뿐만 아니라, 실행 착수 전에 장래의 실행행위

12) 대법원 2007.11.29. 선고 2007도8050 판결.
13) 대법원 2007.4.27. 선고 2007도1303 판결.
14) 대법원 2006.4.28. 선고 2003도4128 판결.
15) 대법원 2006.1.12. 선고 2004도6557 판결.
16) 대법원 2005.4.29. 선고 2003도6056 판결.
17) 대법원 2004.6.24. 선고 2002도995 판결.

를 예상하고 이를 용이하게 하는 행위를 하여 방조한 경우에도 성립한다.[18]

(12) 형법상 방조행위의 의미 및 자동차운전면허가 없는 자에게 승용차를 제공하여 무면허운전을 하게 한 것이 도로교통법위반(무면허운전) 범행의 방조행위에 해당하는지 여부(적극)

형법상 방조행위는 정범이 범행을 한다는 정을 알면서 그 실행행위를 용이하게 하는 직접, 간접의 모든 행위를 가리키는 것인바, 자동차운전면허가 없는 자에게 승용차를 제공하여 그로 하여금 무면허운전을 하게 하였다면 이는 도로교통법위반(무면허운전) 범행의 방조행위에 해당한다.[19]

(13) 특수절도의 범행을 하려는 사실을 알면서도 절취할 물건을 운반할 차량을 빌려준 것만으로는 특수절도의 정범성의 표지를 갖추었다고 볼 수 없다는 이유로 특수절도죄의 주위적 공소사실을 인정하지 않고 특수절도방조죄의 예비적 공소사실을 유죄로 인정한 사례[20]

(14) 형법상 방조는 작위에 의하여 정범의 실행을 용이하게 하는 경우는 물론, 직무상의 의무가 있는 자가 정범의 범죄행위를 인식하면서도 그것을 방지하여야 할 제반 조치를 취하지 아니하는 부작위로 인하여 정범의 실행행위를 용이하게 하는 경우에도 성립된다.[21]

(15) 형법상 방조행위는 정범의 실행행위를 용이하게 하는 직접, 간접의 모든 행위를 가리키는 것으로서 그 방조는 유형적, 물질적인 방조뿐만 아니라 정범에게 범행의 결의를 강화하도록 하는 것과 같은 무형적, 정신적 방조행위까지도 이에 해당한다.[22]

(16) 헬스클럽 사장의 지시에 따라 그 종업원이 승용차를 대기시켜 놓고 있다가 사장이 피해자를 승용차에 강제로 태울 때 뒷문을 열어 주고, 사장이 피해자를 강간하려는 정을 알면서도 한적한 곳까지 승용차를 운전하여 가 주차시킨 후, 자리를 비켜줌으로써 그 사이 사장이 피해자를 차안에서 강간하여 치상케 한 경우, 사장이 피해자를 강간하기까지의 과정에서 종업원이 취한 일련의 행위는 사장의 강간행위에 공동가공할 의사로 그 실행행위를 분담한 합동범의 그것이라기보다는 사장의 범행의도를 인식하고도 그 지시에 그대로 따름으로써 결과적으로 이를 도와준 방조행위에 그친다고 봄이 상당하다.[23]

(17) 정범이 실행의 착수에 이른 경우 그 예비행위를 방조한 자의 죄책

방조행위는 반드시 정범이 실행에 착수한 이후에 그 구성요건의 실현을 돕는 것이어야 하는 것은 아니고, 정범이 실행에 착수하기 전에 그 예비행위를 방조한 때에도 그 후에 정범의 실행의 착수가 있는 때에는 방조행위가 성립된다.[24]

(18) 부동산의 명의수탁자가 신탁자의 승낙없이 목적부동산을 제3자에게 매각하려는 것을 알면서도 수탁자에게 매수자를 소개해 준 부동산소개업자의 죄책

형법상 방조행위는 정범이 범행을 한다는 점을 알면서 그 실행행위를 용이하게 하는 직접 간접

18) 대법원 2004.6.24. 선고 2002도995 판결.
19) 대법원 2000.8.18. 선고 2000도1914 판결.
20) 수원지법 1999.6.24. 선고 99노976 판결.
21) 대법원 1996.9.6. 선고 95도2551 판결.
22) 대법원 1995.9.29. 선고 95도456 판결.
23) 부산고법 1994.4.20. 선고 94노39 판결.
24) 부산고법 1993.8.4. 선고 93노713 판결.

의 행위를 말하므로 부동산소개업자로서 부동산의 등기명의수탁자가 그 명의신탁자의 승락없이 이를 제3자에게 매각하여 불법영득하려고 하는 점을 알면서도 그 범행을 도와주기 위하여 수탁자에게 매수할 자를 소개하여 주는 등의 방법으로 그 횡령행위를 용이하게 하였다면 이러한 부동산소개업자의 행위는 횡령죄의 방조범에 해당한다.[25]

(19) 범행결의를 굳힌 본범들에게 알아서 하라고 한 것이 방조가 되는지 여부

본범들이 타인의 업무를 방해하기로 결정한 후이기 때문에 피고인이 이를 말렸다 하더라도 그대로 실행하였을 상황이라면 피고인이 그들에게 알아서 하라고 말한 것이 설사 위 행위에 찬동하는 뜻에서 말한 것이라 하더라도 이를 가리켜 그들의 업무방해의 범행의사를 강화시킨 방조행위에 해당한다고 볼 수는 없다.[26]

(20) 부작위에 의한 종범의 성부

종범의 방조행위는 작위에 의한 경우뿐만 아니라 부작위에 의한 경우도 포함하는 것으로서 법률상 정범의 범행을 방지할 의무있는 자가 그 범행을 알면서도 방지하지 아니하여 범행을 용이하게 한 때에는 부작위에 의한 종범이 성립한다.[27]

(21) 은행지점장이 은행에 대한 부하직원의 범행사실을 발견하고도 손해의 보전에 필요한 조치를 취하지 아니하고 배임행위를 방치한 경우 배임죄의 방조범의 성립여부(적극)

형법상 방조는 작위에 의하여 정범의 실행행위를 용이하게 하는 경우는 물론, 직무상의 의무가 있는 자가 정범의 범죄행위를 인식하면서도 그것을 방지하여야 할 제반조치를 취하지 아니하는 부작위로 인하여 정범의 실행행위를 용이하게 하는 경우에도 성립된다 할 것이므로 은행지점장이 정범인 부하직원들의 범행을 인식하면서도 그들의 은행에 대한 배임행위를 방치하였다면 배임죄의 방조범이 성립된다.[28]

(22) 방조범에 있어서 요구되는 방조의 고의

방조범에 있어서 요구되는 방조의 고의라 함은 정범의 실행행위를 의식하고 자기의 행위가 정범의 실행행위를 용이하게 한다는 것을 인식함을 의미한다고 봄이 상당하며 반드시 구성요건적 결과에 대한 인용이나 적극적인 의도까지는 요구되지 않고 단순히 정범의 실행행위의 수행을 촉진 내지 도와주게 된다는 것의 인식만으로도 충분하다.[29]

(23) 입영기피를 결심한 자에 대하여 "잘 되겠지, 몸조심하라"하고 악수를 나누는 행위가 입영기피의 방조행위에 해당하는지 여부

이미 스스로 입영기피를 결심하고 집을 나서는 공소외 (갑)에게 피고인이 이별을 안타까와 하는 뜻에서 잘 되겠지 몸조심하라 하고 악수를 나눈 행위는 입영기피의 범죄의사를 강화시킨 방조행위에 해당한다고 볼 수 없다.[30]

---

25) 대법원 1988.3.22. 선고 87도2585 판결.
26) 서울형사지법 1985.12.6. 선고 85노1549 판결.
27) 대법원 1985.11.26. 선고 85도1906 판결.
28) 대법원 1984.11.27. 선고 84도1906 판결.
29) 서울고법 1984.4.4. 선고 84노45 판결.

(24) 정범이 변호사법위반 행위를 하려 한다는 정을 알면서 피해자를 정범에게 소개하고 교섭한 행위가 방조행위에 해당하는지 여부(적극)

형법상 방조행위는 정범이 범행을 한다는 정을 알면서 그 실행행위를 용이하게 하는 행위로서 그것은 정범의 실행에 대하여 물질적 방법이건, 정신적 방법이건, 직접적이건, 간접적이건 가리지 아니한다 할 것인바, 피고인들이 정범의 변호사법 위반행위(금 2억원을 제공받고 건축 사업 허가를 받아 주려한 행위)를 하려한다는 정을 알면서 자금능력있는 자를 소개하고 교섭한 행위는 그 방조행위에 해당한다.[31]

(25) 예비행위의 방조행위는 방조범으로서 처단할 수 없는 것이고 그와 같은 법리는 특정범죄가중처벌등에관한법률 및 관세법에 규정된 무면허수입등 예비죄의 방조행위에 있어서도 마찬가지이다.[32]

(26) 예비죄의 종범이 처벌되는지 여부

정범이 실행의 착수에 이르지 아니하고 예비단계에 그친 경우에는, 이에 가공한다 하더라도 예비의 공동정범이 되는 때를 제외하고는 종범으로 처벌할 수 없다.[33]

(27) 정범의 실행행위를 확정함이 없이 방조범의 성립을 인정할 수 있는지 여부

방조죄는 정범의 범죄에 종속하여 성립하는 것으로서 방조의 대상이 되는 정범의 실행행위의 착수가 없는 이상 방조죄만이 독립하여 성립될 수 없다.[34]

(28) 간접적으로 정범을 방조하는 경우 정범이 누구인지 알 필요성이 있는지 여부

외국상품을 수입 통관함에 있어 자기명의로 외국물품을 수입판매하는 것으로 위장하여 수입하였다면 그 명의로 영업세 및 소득세의 원천징수가 있었다 할지라도 이는 외국상품을 국내에서 판매하는 실수요자들의 상품판매에 따른 영업세 및 소득세라고 할 수 없으므로 실수요자들의 영업세등을 포탈하도록 한 방조범이 성립된다. 정범이 범행을 한다는 점을 알면서 그 실행행위를 용이하게 한 이상 그 행위가 간접적이거나 직접적이거나를 가리지 않으며 이 경우 정범이 누구에 의하여 실행되어지는가를 확지할 필요는 없다.[35]

(29) 적극 공모에 가담한 흔적이 없다하여 공동정범의 성립을 부정한 사례

본범의 상사로서 그 부하직원인 본범이 범행하는 것을 잘 알면서도 묵인한 후 그 밀수품을 운반해주기가지 했더라도 적극 공모에 가담한 흔적이 없으면 방조범에 불과하다.[36]

(30) 종범의 종속성

종범은 타인의 범죄에 종속하여 성립되는 것이므로 종범이 성립되려면 적어도 정범이 범죄실행

30) 대법원 1983.4.12. 선고 82도43 판결.
31) 대법원 1982.9.14. 선고 80도2566 판결.
32) 대법원 1979.11.27. 선고 79도2201 판결.
33) 대법원 1979.5.22. 선고 79도552 판결.
34) 대법원 1979.2.27. 선고 78도3113 판결.
35) 대법원 1977.9.28. 선고 76도4133 판결.
36) 대구고법 1973.9.29. 선고 73노438 판결.

에 착수한 사실이 있어야 한다.[37])

Ⅳ 긴급전화의 설치 등

1. 긴급전화의 설치·운영

가. 학교폭력 신고 긴급전화

국가 및 지방자치단체는 학교폭력을 수시로 신고 받고 이에 대한 상담에 응할 수 있도록 긴급전화를 설치하여야 한다. 국가와 지방자치단체는 긴급전화의 설치·운영을 대통령령으로 정하는 기관 또는 단체에 위탁할 수 있다(학교폭력 예방 및 대책에 관한 법률 제20조의2).

나. 긴급전화의 설치·운영

학교폭력 예방 및 대책에 관한 법률 제20조의2에 따른 긴급전화는 경찰청장과 지방경찰청장이 운영하는 학교폭력 관련 기구에 설치한다(학교폭력 예방 및 대책에 관한 법률 시행령 제30조).

2. 정보통신망을 이용한 학교폭력 예방

가. 정보통신망을 이용한 학교폭력 예방업무와 비용 지원

국가·지방자치단체 또는 교육감은 학교폭력 예방 업무 등을 효과적으로 수행하기 위하여 필요한 경우 정보통신망을 이용할 수 있다. 국가·지방자치단체 또는 교육감은 정보통신망을 이용하여 학교 또는 학생(학부모를 포함한다)이 학교폭력 예방 업무 등을 수행하는 경우 ① 학교 또는 학생(학부모를 포함한다)이 전기통신설비를 구입하거나 이용하는 데 소요되는 비용, ② 학교 또는 학생(학부모를 포함한다)에게 부과되는 전기통신역무 요금에 해당하는 비용의 전부 또는 일부를 지원할 수 있다(학교폭력 예방 및 대책에 관한 법률 제20조의4).

---

37) 광주고법 1971.4.16. 선고 70노318 판결.

나. 정보통신망을 이용한 학교폭력 예방업무 위탁

학교폭력 예방 및 대책에 관한 법률 제20조의4 제3항에 따라 국가·지방자치단체 또는 교육감은 정보통신망을 이용한 학교폭력 예방 업무를 ① 한국교육학술정보원법에 따라 설립된 한국교육학술정보원, ② 공공기관의 위탁을 받아 정보통신망을 이용하여 교육사업을 수행한 실적이 있는 기업, ③ 학교폭력 예방에 관한 사업을 3년 이상 수행한 기관 또는 단체에 위탁할 수 있다(학교폭력 예방 및 대책에 관한 법률 시행령 제31조).

3. 학생보호인력의 배치

국가·지방자치단체 또는 학교의 장은 학교폭력을 예방하기 위하여 학교 내에 학생보호인력을 배치하여 활용할 수 있으며, 학생보호인력의 배치 및 활용 업무를 관련 전문기관 또는 단체에 위탁할 수 있다. 학생보호인력의 배치 및 활용 업무를 위탁받은 관련 전문기관 또는 단체는 그 업무를 함에 있어 학교의 장과 충분히 협의하여야 한다(학교폭력 예방 및 대책에 관한 법률 제20조의5).

4. 영상정보처리기기의 통합 관제

국가 및 지방자치단체는 학교폭력 예방 업무를 효과적으로 수행하기 위하여 교육감과 협의하여 학교 내외에 설치된 영상정보처리기기(개인정보 보호법 제2조 제7호[38])에 따른 영상정보처리기기를 말한다)를 통합하여 관제할 수 있다. 이 경우 국가 및 지방자치단체는 통합 관제 목적에 필요한 범위에서 최소한의 개인정보만을 처리하여야 하며, 그 목적 외의 용도로 활용하여서는 아니 된다. 영상정보처리기기를 통합 관제하려는 국가 및 지방자치단체는 공청회·설명회의 개최 등 대통령령으로 정하는 절차를 거쳐 관계 전문가 및 이해관계인의 의견을 수렴하여야 한다.

학교 내외에 설치된 영상정보처리기기가 통합 관제되는 경우 해당 학교의 영상정보처리기기운영자는 개인정보 보호법 제25조 제4항[39])에 따른 조치를 통하여 그 사실을 정보

38) 개인정보보호법 제2조(정의) 이 법에서 사용하는 용어의 뜻은 다음과 같다. 7. "영상정보처리기기"란 일정한 공간에 지속적으로 설치되어 사람 또는 사물의 영상 등을 촬영하거나 이를 유·무선망을 통하여 전송하는 장치로서 대통령령으로 정하는 장치를 말한다.

39) 제25조 (영상정보처리기기의 설치·운영 제한)
④ 제1항 각 호에 따라 영상정보처리기기를 설치·운영하는 자(이하 "영상정보처리기기운영자"라 한다)는 정보주체가 쉽게 인식할 수 있도록 대통령령으로 정하는 바에 따라 안내판 설치 등 필요한

주체에게 알려야 하며, 통합 관제에 관하여 이 법에서 규정한 것을 제외하고는 개인정보 보호법을 적용한다(학교폭력 예방 및 대책에 관한 법률 제20조의6).

학교폭력 예방 및 대책에 관한법률 제20조의6 제1항에 따라 영상정보처리기기를 통합하여 관제하려는 국가 및 지방자치단체는 ① 행정절차법에 따른 행정예고의 실시 또는 의견 청취, ② 학교운영위원회의 심의 절차를 거쳐 관계 전문가와 이해관계인의 의견을 수렴하여야 한다(학교폭력 예방 및 대책에 관한 법률 시행령 제32조).

Ⅴ 비밀누설금지와 회의록공개의 문제

1. 자치위원회 회의록의 작성·보존

자치위원회는 회의의 일시, 장소, 출석위원, 토의내용 및 의결사항 등이 기록된 회의록을 작성·보존하여야 한다(학교폭력 예방 및 대책에 관한 법률 제13조 제3항).

자치위원회 회의록은 단순히 학교폭력 예방 및 대책관련 심의내용을 기록한 것뿐 아니라 분쟁조정 심의내용을 기록한 것까지를 모두 포함된다. 즉 자치위원회 회의록은 자치위원회 회의에서 작성된 모든 서류를 말한다. 회의에 참석한 위원들은 회의록이 작성된 후 그 내용을 확인하여야 하고 문제가 없는 경우 각자 회의록에 기명·날인하여야 한다. 만약 사실과 다른 기재가 있거나 누락된 사항이 있는 경우 위원들이 수정 및 삭제나 추가 기재를 요구할 수 있다.

2. 비밀누설금지

학교폭력 예방 및 대책에 관한 법률에 따라 학교폭력의 예방 및 대책과 관련된 업무를 수행하거나 수행하였던 자는 그 직무로 인하여 알게 된 비밀 또는 가해학생·피해학생 및 신고자나 고발자와 관련된 자료를 누설하여서는 아니 된다. 자치위원회의 회의는 공개하지 아니하지만, 피해학생·가해학생 또는 그 보호자가 회의록의 열람·복사 등 회의록 공개를 신청한 때에는 학생과 그 가족의 성명, 주민등록번호 및 주소, 위원의 성명 등

조치를 하여야 한다. 다만, 대통령령으로 정하는 시설에 대하여는 그러하지 아니하다.

개인정보에 관한 사항을 제외하고 공개하여야 한다(학교폭력 예방 및 대책에 관한 법률 제21조).

학교폭력사건을 해결함에 있어서 자치위원이나 교원 등은 업무수행과정에서 피해학생 및 가해학생에 대한 많은 개인적인 정보를 얻게 된다. 학교폭력 예방 및 대책에 관한 법률은 학교폭력과 관련된 학생들의 사생활과 명예를 보호함으로써 가급적 그들이 정상적인 학교생활을 유지할 수 있도록 하기 위하여, 비밀누설금지 의무와 회의비공개원칙을 규정하고 있다. 즉 피해학생에 대한 보호조치, 가해학생에 대한 선도 및 징계조치, 분쟁조정을 위한 자치위원회의 회의는 공개하지 않는다.

비밀누설금지 의무는 현직 자치위원회 위원은 물론 전직 자치위원회 위원도 이에 해당된다. 또한 자치위원회 위원이 아니더라도 자치위원회 서기나 전문상담교사, 교육감 등 학교폭력 예방 및 대책에 관한 법률의 규정에 의하여 학교폭력 업무를 수행하거나 수행하였던 사람 역시 비밀유지의 의무가 있다.

3. 비밀의 범위

학교폭력 예방 및 대책에 관한법률 제21조 제1항에 따른 비밀의 범위는 ① 학교폭력 가해학생과 피해학생 개인 및 가족의 성명, 주민등록번호 및 주소 등 개인정보에 관한 사항, ② 학교폭력 가해학생과 피해학생에 대한 심의·의결과 관련된 개인별 발언 내용, ③ 그 밖에 외부로 누설될 경우 분쟁당사자 간에 논란을 일으킬 우려가 명백한 사항이다(학교폭력 예방 및 대책에 관한 법률 시행령 제33조).

4. 비밀누설에 대한 벌칙

비밀이란 특정인 또는 일정한 범위의 사람에게만 알려져 있는 사실로서 타인에게 알려지지 아니하는 데 본인에게 이익이 있는 사실을 말한다. 이미 그 사실을 알고 있는 사람이 다수 존재한다고 하더라도 아직 모르는 사람에게 누설하는 행위는 비밀을 누설한 것이 된다. 누설이란 비밀에 속하는 사실을 이를 모르는 사람에게 알게 하는 것을 말하며, 그 방법에는 제한이 없으므로 직접 면전에서 구두로 고지하거나, 서류를 열람시키거나 모두 누설에 해당한다.

학교폭력 예방 및 대책에 관한 법률 제21조 제1항의 비밀누설금지 의무를 위반한 자는 300만원 이하의 벌금에 처한다(학교폭력 예방 및 대책에 관한 법률 제22조 제1항).

Ⅵ 대화를 녹음한 경우의 법적문제

1. 통신비밀보호법의 규정

가. 타인간의 대화 녹음 금지

개인이 타인간의 대화를 몰래 녹음한 테이프의 증거능력에 대해서 통신 및 대화비밀의 보호에 관하여 규정하고 있는 통신비밀보호법은 제3조 본문에서 "누구든지 이 법과 형사소송법 또는 군사법원법의 규정에 의하지 아니하고는 우편물의 검열·전기통신의 감청 또는 통신사실확인자료의 제공을 하거나 공개되지 아니한 타인간의 대화를 녹음 또는 청취하지 못한다."라고 규정하고 있다.

나. 불법감청에 의한 전기통신내용의 증거사용 금지

불법검열에 의한 우편물의 내용과 불법감청에 의한 전기통신내용의 증거사용금지에 관하여 같은 법 제4조는 "제3조의 규정에 위반하여, 불법검열에 의하여 취득한 우편물이나 그 내용 및 불법감청에 의하여 지득 또는 채록된 전기통신의 내용은 재판 또는 징계절차에서 증거로 사용할 수 없다"라고 규정하고 있다.

다. 타인의 대화비밀 침해금지

타인의 대화비밀 침해금지에 관하여 같은 법 제14조는 "① 누구든지 공개되지 아니한 타인간의 대화를 녹음하거나 전자장치 또는 기계적 수단을 이용하여 청취할 수 없다. ② 제4조 내지 제8조, 제9조 제1항 전단 및 제3항, 제9조의2, 제11조 제1항·제3항·제4항 및 제12조의 규정은 제1항의 규정에 의한 녹음 또는 청취에 관하여 이를 적용한다."라고 규정하고 있다.

2. 대화녹음과 관련한 판례의 입장

가. 공개되지 아니한 타인간의 대화 녹음의 증거능력

판례는 녹음테이프 검증조서의 기재 중 피고인과 타인 간의 대화를 녹음한 부분은 공개되지 아니한 타인간의 대화를 녹음한 것이므로 통신비밀보호법 제14조 제2항 및 제4조의 규정에 의하여 그 증거능력이 없고, 피고인들 간의 전화통화를 녹음한 부분은 피고인의 동의 없이 불법감청한 것이므로 위 법 제4조에 의하여 그 증거능력이 없다고 하였다(대법원 2001. 10. 9. 선고 2001도3106 판결).

나. 자기와 제3자간 대화를 몰래 녹음한 테이프의 증거능력

사인이 자기와 피고인 아닌 자와의 대화내용을 상대방 몰래 녹음한 경우 그 녹음테이프 또는 상대방 몰래 비디오로 촬영·녹음한 경우, 그 비디오테이프 중 진술부분의 증거능력에 관하여 판례는 "수사기관이 아닌 사인이 피고인 아닌 사람과의 대화내용을 녹음한 녹음테이프는 형사소송법 제311조, 제312조 규정 이외의 피고인 아닌 자의 진술을 기재한 서류와 다를 바 없으므로, 피고인이 그 녹음테이프를 증거로 할 수 있음에 동의하지 아니하는 이상 그 증거능력을 부여하기 위해서는 첫째, 녹음테이프가 원본이거나 원본으로부터 복사한 사본일 경우(녹음디스크에 복사할 경우에도 동일함)에는 복사과정에서 편집되는 등의 인위적 개작 없이 원본의 내용 그대로 복사된 사본일 것,

둘째, 형사소송법 제313조 제1항에 따라 공판준비나 공판기일에서 원진술자의 진술에 의하여 그 녹음테이프에 녹음된 각자의 진술내용이 자신이 진술한 대로 녹음된 것이라는 점이 인정되어야 할 것이고,

사인이 피고인 아닌 사람과의 대화내용을 대화 상대방 몰래 녹음하였다고 하더라도 위와 같은 조건이 갖추어진 이상 그것만으로는 그 녹음테이프가 위법하게 수집된 증거로서 증거능력이 없다고 할 수 없으며, 사인이 피고인 아닌 사람과의 대화내용을 상대방 몰래 비디오로 촬영·녹음한 경우에도 그 비디오테이프의 진술부분에 대하여도 위와 마찬가지로 취급하여야 할 것이다"라고 하였다(대법원 1997. 3. 28. 선고 96도2417 판결, 1999. 3. 9. 선고 98도3169 판결).

다. 사인이 자기와 피고인 아닌 자와의 대화내용을 몰래 녹음한 경우 그 녹음테이프에 증거능력이 인정되기 위한 요건

사인이 자기와 피고인 아닌 자와의 대화내용을 몰래 녹음한 경우 그 녹음테이프에 증거능력이 인정되기 위해서는 피고인이 그 녹음테이프를 증거로 할 수 있음에 동의하거나, 녹음테이프가 원본이거나 인위적 개작 없는 사본으로서 원진술자의 진술에 의하여 자신이 진술한 대로 녹음된 것이라는 점이 인정되어야 할 것이다. 또한 형사소송에 있어서도 피고인이 범행 후 피해자에게 전화를 걸어오자 피해자가 증거를 수집하려고 그 전화내용을 녹음한 경우 그 녹음테이프가 피고인 모르게 녹음된 것이라 하여 이를 위법하

게 수집된 증거라고 할 수 없다(대법원 1997. 3. 28. 선고 97도240 판결).

녹음테이프의 증거능력과 관련 판례정리

(1) 사인이 피고인 아닌 사람과의 대화내용을 녹음한 녹음테이프의 증거능력을 인정하기 위한 요건

수사기관 아닌 사인이 피고인 아닌 사람과의 대화내용을 녹음한 녹음테이프는 형사소송법 제311조, 제312조 규정 이외의 피고인 아닌 자의 진술을 기재한 서류와 다를 바 없으므로, 피고인이 녹음테이프를 증거로 할 수 있음에 동의하지 아니하는 이상 그 증거능력을 부여하기 위해서는, 첫째 녹음테이프가 원본이거나 원본으로부터 복사한 사본일 경우 복사과정에서 편집되는 등의 인위적 개작 없이 원본 내용 그대로 복사된 사본일 것, 둘째 형사소송법 제313조 제1항에 따라 공판준비나 공판기일에서 원진술자의 진술에 의하여 녹음테이프에 녹음된 각자의 진술내용이 자신이 진술한 대로 녹음된 것이라는 점이 인정되어야 한다.40)

(2) 피고인이 자신의 아들 등에게 폭행을 당하여 입원한 피해자의 병실로 찾아가 그의 모 A와 대화하던 중 허위사실을 적시하여 피해자의 명예를 훼손하였다는 내용으로 기소된 사안에서, 원심이 유죄의 증거로 채용한 녹취록은 A가 A의 이웃 B와 나눈 대화내용을 녹음한 녹음테이프 등을 기초로 작성된 것으로서, 형사소송법 제313조의 진술서에 준하여 피고인의 동의가 있거나 원진술자의 공판준비나 공판기일에서의 진술에 의하여 성립의 진정함이 증명되어야 증거능력을 인정할 수 있는데, 피고인이 녹취록을 증거로 함에 동의하지 않았고, A가 원심 법정에서 "B가 사건 당시 피고인의 말을 다 들었다. 그래서 지금 녹취도 해왔다."고 진술하였을 뿐, 검사가 녹취록 작성의 토대가 된 대화내용을 녹음한 원본 녹음테이프 등을 증거로 제출하지 아니하고, 원진술자인 A와 B의 공판준비나 공판기일에서의 진술에 의하여 자신들이 진술한 대로 기재된 것이라는 점이 인정되지도 아니하는 등 형사소송법 제313조 제1항에 따라 녹취록의 진정성립을 인정할 수 있는 요건이 전혀 갖추어지지 않았으므로, 위 녹취록은 증거능력이 없어 이를 유죄의 증거로 사용할 수 없다고 한 사례 41)

---

40) 대법원 2011.9.8. 선고 2010도7497 판결.
41) 대법원 2011.9.8. 선고 2010도7497 판결.

[학교폭력 사안 처리 체계도]

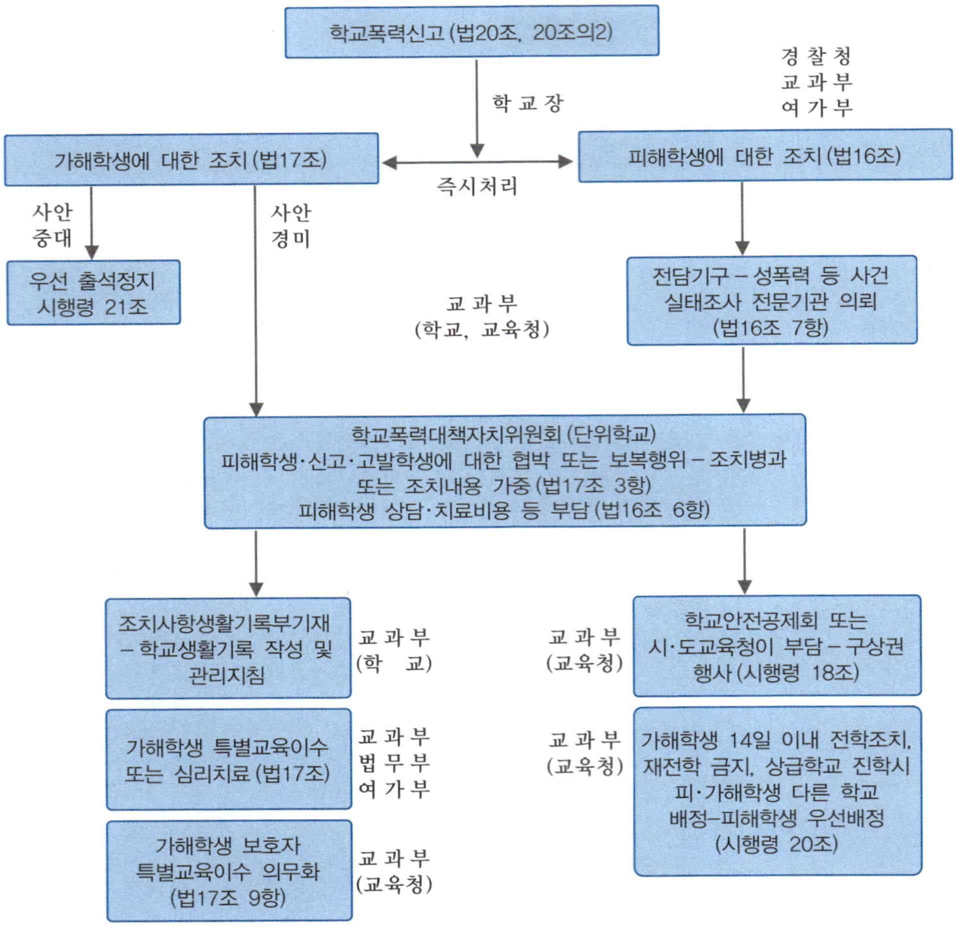

제10장 | 학교폭력 가해학생에 대한 고소 및 검사의 불기소 처분에 대한 불복방법 및 배상명령

Ⅰ 고 소

1. 고소의 의의

고소[1]란 범죄의 피해자 또는 그와 일정한 관계가 있는 고소권자가 수사기관에 대하여 범죄사실을 신고하여 범인의 처벌을 구하는 의사표시를 말한다.

2. 고소권자

가. 고소권자에 의한 고소

고소는 고소권자에 의하여 행하여져야 한다. 따라서 고소권이 없는 자가 한 고소는 고소로서의 효력이 없다. 형사소송법에 규정하는 고소권자는 범죄로 인한 피해자이다(형사소송법 제223조).

나. 고소권자와 관련된 판례정리

(1) 고소를 할 때는 소송행위능력, 즉 고소능력이 있어야 하나, 고소능력은 피해를 입은 사실을 이해하고 고소에 따른 사회생활상의 이해관계를 알아차릴 수 있는 사실상의 의사능력으로 충분하므로, 민법상 행위능력이 없는 사람이라도 위와 같은 능력을 갖추었다면 고소능력이 인정된다.[2]

(2) 피해자의 고소는 고유한 권한이라고 할 것이므로 독립대리권을 가지는 법정대리인

---

1) 고발이란 가해자나 피해자가 아닌 제3자가 어떤 범죄 사실을 경찰서나 검찰청에 신고하여 수사나 기소를 요구한다는 점에서 범죄의 피해자 또는 그와 일정한 관계에 있는 자가 하는 고소와 구별된다. 형사소송법 제234조 (고발) ① 누구든지 범죄가 있다고 사료하는 때에는 고발할 수 있다. ② 공무원은 그 직무를 행함에 있어 범죄가 있다고 사료하는 때에는 고발하여야 한다.

2) 대법원 2011.6.24. 선고 2011도4451,2011전도76 판결.

이 별도로 고소를 하였다가 뒤에 이를 취소하였다 하여 피해자가 한 고소의 효력에는 아무런 영향이 없다.[3]

3. 고소의 제한

가. 자기 또는 직계존속에 대한 고소 금지와 예외

자기 또는 배우자의 직계존속을 고소하지 못한다(형사소송법 제224조). 고발의 경우에도 자기 또는 배우자의 직계존속을 고발하지 못한다(형사소송법 제234조). 다만 성폭력범죄에 대하여는 자기 또는 배우자의 직계존속도 고소할 수 있다(성폭력범죄의 처벌 등에 관한 특례법 제17조).

나. 고소의 제한에 대한 판례정리

상간자중 일방배우자가 사망한 경우 그 피해자의 장남이 한 간통죄에 대한 고소는 형사소송법 제225조 제2항에 의한 고소로 볼 수 있으나 이는 한편 피해자의 배우자 즉 자기의 직계존속에 대한 고소로서 같은법 제224조에 저촉되므로 효력이 없다.[4]

4. 비피해자인 고소권자

가. 피해자의 법정대리인의 고소권

피해자의 법정대리인은 독립하여 고소할 수 있다(형사소송법 제225조 제1항). 피해자의 법정대리인이 피의자이거나 법정대리인의 친족이 피의자인 때에는 피해자의 친족은 독립하여 고소할 수 있다(형사소송법 제226조).

나. 피해자의 사망과 고소

피해자가 사망한 때에는 그 배우자·직계친족 또는 형제자매는 고소할 수 있으나 피해자의 명시한 의사에 반하여 고소하지는 못한다(형사소송법 제225조 제2항).

다. 사자의 명예훼손과 고소

사자의 명예를 훼손한 범죄에 대하여는 그 친족 또는 자손은 고소할 수 있다(형사소송법 제227조).

---

3) 서울고법 1987.1.27. 선고, 86노3013 판결.
4) 서울고법 1978.10.5. 선고 78노822 판결.

라. 비피해자인 고소권자 관련 판례정리

(1) 형사소송법 제225조 제1항이 규정한 법정대리인의 고소권은 무능력자의 보호를 위하여 법정대리인에게 주어진 고유권이므로, 법정대리인은 피해자의 고소권 소멸 여부에 관계없이 고소할 수 있고, 이러한 고소권은 피해자의 명시한 의사에 반하여도 행사할 수 있다.[5]

(2) 형사소송법 제225조 제1항이 규정한 법정대리인의 고소권은 무능력자의 보호를 위하여 법정대리인에게 주어진 고유권으로서 피해자의 고소권 소멸여부에 관계없이 고소할 수 있는 것이므로 법정대리인의 고소기간은 법정대리인 자신이 범인을 알게 된 날로부터 진행한다.[6]

(3) 형법 제241조 제2항에 간통죄는 배우자의 고소가 있어야 논한다는 취지로 규정하였음은 간통죄는 배우자의 상대방 배우자에게 대한 정조에 대한 권리를 침해한 것으로서 배우자의 피해자로서의 고소가 있어야 죄를 논할 수 있도록 규정한 취지이며 형사소송법 제226조에 피해자의 법정대리인이 피의자이거나 법정대리인의 친족이 피의자인 때에는 피해자의 친족은 독립하여 고소할 수 있다.[7]

5. 고소권자의 지정

친고죄에 대하여 고소할 자가 없는 경우에 이해관계인의 신청이 있으면 검사는 10일 이내에 고소할 수 있는 자를 지정해야 한다(형사소송법 제228조).[8]

6. 배우자의 고소

가. 간통죄와 배우자의 고소

형법 제241조(간통죄)의 경우에는 혼인이 해소되거나 이혼소송을 제기한 후가 아니면

---

5) 대법원 1999.12.24. 선고 99도3784 판결.

6) 대법원 1987.6.9. 선고 87도857 판결.

7) 대법원 2010.4.29. 선고 2009도12446 판결.

8) 형사소송규칙 제116조 (고소인의 신분관계 자료제출) ① 법 제225조 내지 제227조의 규정에 의하여 고소할 때에는 고소인과 피해자와의 신분관계를 소명하는 서면을, 법 제229조에 의하여 고소할 때에는 혼인의 해소 또는 이혼소송의 제기사실을 소명하는 서면을 각 제출하여야 한다. ② 법 제228조의 규정에 의하여 검사의 지정을 받은 고소인이 고소할 때에는 그 지정받은 사실을 소명하는 서면을 제출하여야 한다.

고소할 수 없으며(형사소송법 제229조 제1항), 다시 혼인을 하거나 이혼소송을 취하한 때에는 고소를 취소된 것으로 간주한다(형사소송법 제229조 제2항).

나. 간통죄의 고소와 관련된 판례정리

형법 제241조 제2항에 의하여 배우자의 고소가 있어야 논할 수 있는 간통죄에 관하여 형사소송법 제229조 제1항은 "혼인이 해소되거나 이혼소송을 제기한 후가 아니면 고소할 수 없다."고 규정함으로써 혼인관계의 부존재 또는 이혼소송의 계속을 간통고소의 유효조건으로 삼고 있고, 이러한 조건은 공소제기시부터 재판이 종결될 때까지 유지되어야 한다. 따라서 고소인이 피고인과 이혼하였다가 피고인에 대한 간통죄의 재판이 종결되기 전에 다시 피고인과 혼인한 경우 간통고소는 혼인관계의 부존재라는 유효조건을 상실하여 소추조건을 결하게 되므로, 결국 공소제기절차가 법률의 규정을 위반하여 무효인 때에 해당한다.[9)]

7. 고소의 방식과 사법경찰관의 조치

가. 고소의 방식

고소는 서면 또는 구술로 검사 또는 사법경찰관에게 하여야 한다(형사소송법 제237조 제1항).

나. 고소·고발과 사법경찰관의 조치

검사 또는 사법경찰관이 구술에 의한 고소를 받은 때에는 조서를 작성하여야 한다(형사소송법 제237조 제2항). 사법경찰관이 고소를 받은 때에는 신속히 조사하여 관계서류와 증거물을 검사에게 송부하여야 한다(형사소송법 제238조).

다. 고소의 방식 관련 판례정리

(1) 고소라 함은 범죄의 피해자 기타의 고소권자가 수사기관에 대하여 범죄사실을 신고하여 범인의 소추를 구하는 의사표시를 말하는 것으로 그 의사표시의 방법에는 제한이 없으므로 수사당국이 피해자에 대하여 고소의 의사유무를 확인하는 것도 적법하다 할 것인 바, 피해자가 경찰과 검찰에서 참고인으로 조사받을 때 범죄사실을 진술하고 범

---

9) 대법원 2009.12.10. 선고 2009도7681 판결.

인들의 처벌을 희망하고 있다면 위 피해자의 고소도 적법히 이뤄졌다고 할 것이다.[10]

(2) 친고죄에서 적법한 고소가 있었는지는 자유로운 증명의 대상이 되고, 일죄의 관계에 있는 범죄사실 일부에 대한 고소의 효력은 일죄 전부에 대하여 미친다.[11]

(3) 친고죄와 관련하여 고소권자가 수사기관으로부터 피해자 또는 참고인으로 신문 받으면서 범인의 처벌을 요구하는 의사를 표시하고 그 의사표시가 조서에 기재된 경우, 적법한 고소에 해당한다. 피해자가 강제추행 당한 사실을 진술하면서 피고인의 처벌을 요구하는 의사표시를 하였고 이러한 의사표시가 수사기관이 작성한 피해자진술조서에 기재되었다면, 그러한 의사표시가 경찰관의 질문에 답하는 형식으로 이루어졌다고 하더라도 적법한 고소에 해당한다.[12]

(4) 관련 민사사건에서 '이 사건과 관련하여 서로 상대방에 대하여 제기한 형사 고소 사건 일체를 모두 취하한다'는 내용이 포함된 조정이 성립된 것만으로는 고소 취소나 처벌불원의 의사표시를 한 것으로 보기 어렵다. 즉 '서로 상대방에 대하여 제기한 형사 고소 사건 일체를 모두 취하한다.'는 내용이 포함된 조정이 성립된 사실이 있더라도, 고소인이 위 조정이 성립된 이후에도 수사기관 및 제1심 법정에서 여전히 피고인의 처벌을 원한다는 취지로 진술하고 있으며 달리 고소인이 고소취소 또는 처벌불원의 의사를 표시하기 위하여 위 조정조서 사본 등을 수사기관이나 제1심 법정에 제출하지 아니하였다면 위와 같은 조정이 성립된 것만으로는 고소인이 수사기관이나 제1심 법정에 피고인에 대한 고소를 취소하였다거나 처벌을 원하지 아니한다는 의사를 표시한 것으로 보기 어렵다.[13]

(5) 고소는 범죄의 피해자 또는 그와 일정한 관계가 있는 고소권자가 수사기관에 대하여 범죄사실을 신고하여 범인의 처벌을 구하는 의사표시이므로, 고소인은 범죄사실을 특정하여 신고하면 족하고 범인이 누구인지 나아가 범인 중 처벌을 구하는 자가 누구인지를 적시할 필요도 없다.[14]

---

10) 서울고법 1987.1.27. 선고 86노3013 판결.
11) 대법원 2011.6.24. 선고 2011도4451, 2011전도76 판결.
12) 대법원 2009.7.9. 선고 2009도3860 판결.
13) 대법원 2004.3.25. 선고 2003도8136 판결.
14) 대법원 1996.3.12. 선고 94도2423 판결.

(6) 친고죄에서 고소는, 고소권 있는 자가 수사기관에 대하여 범죄사실을 신고하고 범인의 처벌을 구하는 의사표시로서 서면뿐만 아니라 구술로도 할 수 있고, 다만 구술에 의한 고소를 받은 검사 또는 사법경찰관은 조서를 작성하여야 하지만 그 조서가 독립된 조서일 필요는 없으며, 수사기관이 고소권자를 증인 또는 피해자로서 신문한 경우에 그 진술에 범인의 처벌을 요구하는 의사표시가 포함되어 있고 그 의사표시가 조서에 기재되면 고소는 적법하다.[15]

(7) 고소는 서면 또는 구술로써 검사 또는 사법경찰관에게 하여야 하는 것이므로 피해자가 피고인을 심리하고 있는 법원에 대하여 간통사실을 적시하고 피고인을 엄벌에 처하라는 내용의 진술서를 제출하거나 증인으로서 증언하면서 판사의 신문에 대해 피고인의 처벌을 바란다는 취지의 진술을 하였다 하더라도 이는 고소로서의 효력이 없다.[16]

(8) 고소가 어떠한 사항에 관한 것인가의 여부는 고소장에 붙인 죄명에 구애될 것이 아니라 고소의 내용에 의하여 결정하여야 할 것이므로 고소장에 명예훼손죄의 죄명을 붙이고 그 죄에 관한 사실을 적었으나 그 사실이 명예훼손죄를 구성하지 않고 모욕죄를 구성하는 경우에는 위 고소는 모욕죄에 대한 고소로서의 효력을 갖는다.[17]

8. 대리고소 또는 취소

가. 대리고소인에 의한 고소 또는 취소

고소 또는 그 취소는 대리인으로 하여금 하게 할 수 있다(형사소송법 제236조).

나. 대리고소 또는 취소 관련 판례정리

(1) 형사소송법 제236조의 대리인에 의한 고소의 경우, 대리권이 정당한 고소권자에 의하여 수여되었음이 실질적으로 증명되면 충분하고, 그 방식에 특별한 제한은 없으므로, 고소를 할 때 반드시 위임장을 제출한다거나 '대리'라는 표시를 하여야 하는 것은 아니고, 또 고소기간은 대리고소인이 아니라 정당한 고소권자를 기준으로 고소권자가 범인을 알게 된 날부터 기산한다.[18]

---

15) 대법원 2011.6.24. 선고 2011도4451, 2011전도76 판결.
16) 대법원 1984.6.26. 선고 84도709 판결.
17) 대법원 1981.6.23. 선고 81도1250 판결.
18) 대법원 2001.9.4. 선고 2001도3081 판결.

(2) 고소를 함에는 소송행위능력, 즉 고소능력이 있어야 하는바, 고소능력은 피해를 받은 사실을 이해하고 고소에 따른 사회생활상의 이해관계를 알아차릴 수 있는 사실상의 의사능력으로 충분하므로 민법상의 행위능력이 없는 자라도 위와 같은 능력을 갖춘 자에게는 고소능력이 인정된다고 할 것이고, 고소위임을 위한 능력도 위와 마찬가지라고 할 것이다.[19]

(3) 피해자의 부친이 피해자 사망 후에 피해자를 대신하여 그 피해자가 이미 하였던 고소를 취소하더라도 이는 적법한 고소취소라 할 수 없다.[20]

9. 고소기간

가. 친고죄의 고소기간

친고죄에 대하여는 범인을 알게 된 날로부터 6월을 경과하면 고소하지 못한다. 단, 고소할 수 없는 불가항력의 사유가 있는 때에는 그 사유가 없어진 날로부터 기산한다(형사소송법 제230조 제1항). 그러나 친고죄가 아닌 범죄에 대하여는 고소기간의 제한이 없다.

나. 고소기간 관련 판례정리

(1) 형사소송법 제230조 제1항에서 말하는 '범인을 알게 된 날'이란 범죄행위가 종료된 후에 범인을 알게 된 날을 가리키는 것으로서, 고소권자가 범죄행위가 계속되는 도중에 범인을 알았다 하여도, 그 날부터 곧바로 위 조항에서 정한 친고죄의 고소기간이 진행된다고는 볼 수 없고, 이러한 경우 고소기간은 범죄행위가 종료된 때부터 계산하여야 하며, 동종행위의 반복이 당연히 예상되는 영업범 등 포괄일죄의 경우에는 최후의 범죄행위가 종료한 때에 전체 범죄행위가 종료된 것으로 보아야 한다.[21]

(2) 미성년자 간음죄와 관련하여 피해자가 범행 당시 15세로서 고소능력을 갖추고 있었고 범행시로부터 고소기간 1년이 도과한 후에 고소가 있었지만, 피해자가 피고인 이외에 실질적인 가해자라고 할 수 있는 계모 등의 보호·감독 하에 있던 동안은 성폭력범죄의 처벌 및 피해자보호 등에 관한 법률 제19조 제1항 단서에서 말하는 '고소할 수 없는 불가항력의 사유가 있는 때'에 해당한다고 인정하여, 피해자가 더 이상의 학대를 견디다

---

19) 대법원 1999.2.9. 선고 98도2074 판결.
20) 대법원 1969.4.29. 선고 69도376 판결.
21) 대법원 2004.10.28. 선고 2004도5014 판결.

못해 계모 등의 보호·감독 하에서 탈출하여 친할머니에게로 도피한 때로부터 고소기간을 기산하여야 한다.[22]

(3) 고소를 함에는 고소능력이 있어야 하는바, 이는 피해를 받은 사실을 이해하고 고소에 따른 사회생활상의 이해관계를 알아차릴 수 있는 사실상의 의사능력으로 충분하므로 민법상의 행위능력이 없는 자라도 위와 같은 능력을 갖춘 자에게는 고소능력이 인정되고, 범행 당시 고소능력이 없던 피해자가 그 후에 비로소 고소능력이 생겼다면 그 고소기간은 고소능력이 생긴 때로부터 기산하여야 한다.[23]

(4) 형사소송법 제230조 제1항 본문은 친고죄에 대하여는 범인을 알게 된 날로부터 6개월을 경과하면 고소하지 못한다고 규정하고 있는바, 여기서 범인을 알게 된다 함은 범인이 누구인지 특정할 수 있을 정도로 알게 된다는 것을 의미하고, 범인의 동일성을 식별할 수 있을 정도로 인식함으로써 족하며, 범인의 성명, 주소, 연령 등까지 알 필요는 없다.[24]

다. 수인의 고소권자

고소할 수 있는 자가 수인인 경우에는 1인의 기간의 해태는 타인의 고소에 영향을 줄 수 없다. 단, 성폭력범죄 중 친고죄에 대하여는 형사소송법상 규정에도 불구하고 범인을 알게 된 날부터 1년이 지나면 고소하지 못한다. 다만, 고소할 수 없는 불가항력의 사유가 있는 경우에는 그 사유가 없어진 날부터 기산한다.

10. 고소의 취소와 재고소의 금지 및 고소의 포기

가. 고소의 취소

고소는 제1심판결 선고 전까지 취소할 수 있다(형사소송법 제232조 제1항). 형사소송법 제232조에 의하면 고소는 제1심판결 선고 전까지 취소할 수 있되 고소를 취소한 자는 다시 고소할 수 없으며(형사소송법 232조 제2항), 피해자의 명시한 의사에 반하여 죄를 논할 수 없는 사건에 있어서 처벌을 희망하는 의사표시의 철회에 관하여도 처벌불원의 의사표시를 한 후에는 다시 고소하지 못한다(형사소송법 제232조 제3항).

---

22) 부산지법 2008.4.25. 선고 2007고합705 판결.
23) 대법원 2007.10.11. 선고 2007도4962 판결.
24) 대법원 1999.4.23. 선고 99도576 판결.

나. 고소취소의 방법

고소취소의 방법은 고소의 방법과 같다. 다만 공소제기 후의 고소취소는 법원에 대하여 할 수 있다. 따라서 서면과 구술로 할 수 있으며, 검사의 진술조서 작성시에 고소취소의 진술이 있었다면 그 고소는 적법하게 취소되었다고 할 수 있다. 다만 고소의 취소를 서면으로 할 수 있다고 하여 고소인과 가해자 사이에 합의서가 작성된 것만으로는 고소취소라고 할 수 없다. 고소의 취소에 대해서도 대리가 허용된다.

다. 재고소의 금지

고소를 취소한 자는 다시 고소하지 못한다(형사소송법 제232조 제2항). 고소를 취소한 때에는 불기소처분 또는 공소기각의 판결을 하여야 한다.

라. 고소의 포기

고소 또는 고소권의 포기란 친고죄의 고소기간 내에 장차 고소권을 행사하지 아니한다는 의사표시를 하는 것을 말한다. 고소권의 포기를 인정할 때에는 고소권자는 고소권을 상실하게 된다.

[고소장 양식]

고 소 장

고 소 인　　○ ○ ○ (주 민 번 호)
주　　소
전화번호

고소대리인　　◇ ◇ ◇ (주 민 번 호)
주　　소
전화번호

피고소인　　▲ ▲ ▲ (주 민 번 호)
주　　소
전화번호

고 소 취 지

피고소인을 상해의 혐의로 고소합니다.

고 소 사 실

1. 당사자의 신분관계

4. 결 론

피고소인들의 행위는 형법 제257조 제1항의 상해죄에 해당한다고 생각되어 고소장을 제출하오니 철저히 수사하여 엄벌에 처해 주시기 바랍니다.

입 증 자 료

첨 부 서 류

1. 위 입증방법 각 1통
1. 고소대리 위임장 1통

20 . . .

위 고소인 ○ ○ ○ (인)

또는 고소대리인 ◇◇◇ (인)

OO지방검찰청장 귀중
또는 △△경찰서장 귀중

마. 고소의 취소 관련 판례정리

(1) 고소취소는 범인의 처벌을 구하는 의사를 철회하는 수사기관 또는 법원에 대한 고소권자의 의사표시로서 형사소송법 제239조, 제237조에 의하여 서면 또는 구술로써 하면 족한 것이므로, 고소권자가 서면 또는 구술로써 수사기관 또는 법원에 고소를 취소하는 의사표시를 하였다고 보여지는 이상 그 고소는 적법하게 취소되었다고 할 것이고, 그

후 고소취소를 철회하는 의사표시를 다시 하였다고 하여도 그것은 효력이 없다 할 것이다.[25)]

(2) 고소는 범죄의 피해자 기타 고소권자가 수사기관에 대하여 범죄사실을 신고하여 범인의 소추를 구하는 의사표시를 말하는 것으로서, 단순한 피해사실의 신고는 소추·처벌을 구하는 의사표시가 아니므로 고소가 아니다. 또한, 피해자가 고소장을 제출하여 처벌을 희망하는 의사를 분명히 표시한 후 고소를 취소한 바 없다면 비록 고소 전에 피해자가 처벌을 원치 않았다 하더라도 그 후에 한 피해자의 고소는 유효하다.[26)]

(3) 피해자의 명시한 의사에 반하여 죄를 논할 수 없는 사건에 있어서 처벌을 희망하는 의사표시의 철회에 관하여도 고소의 취소에 관한 규정이 준용된다. 따라서 제1심판결 선고 후에 한 처벌희망 의사표시의 철회는 효력이 없다. 반의사불벌죄에 있어서 피해자가 처벌을 희망하지 아니하는 의사표시 또는 그 처벌을 희망하는 의사표시의 철회는 피해자의 진실한 의사가 명백하고 믿을 수 있는 방법으로 표명되어야 한다.[27)]

(4) 반의사불벌죄에 있어서 처벌불원의 의사표시의 부존재는 소극적 소송조건으로서 직권조사사항이라 할 것이므로 당사자가 항소이유로 주장하지 아니하였다고 하더라도 원심은 이를 직권으로 조사·판단하여야 한다.[28)]

(5) 고소취소는 요식행위가 아니므로 고소권자가 검사에 의한 피해자 진술조서작성시 고소를 취소하겠다고 명백히 하고 또 고소취소 후에는 다시 고소할 수 없다는 점도 알고 있다고 진술하였음이 인정된다면 그 고소는 적법하게 취소되었다 할 것이다.[29)]

25) 대법원 2009.9.24. 선고 2009도6779 판결.
26) 대법원 2008.11.27. 선고 2007도4977 판결.
27) 대법원 2010.11.11. 선고 2010도11550, 2010전도83 판결.
28) 대법원 2002.3.15. 선고 2002도158 판결.
29) 대법원 1983.7.26. 선고 83도1431 판결.

Ⅱ 고소사건의 처리기간 및 구속기간

1. 형사고소 한 사건의 처리기간

형사사건의 고소·고발은 검사 또는 사법경찰관에게 하도록 규정되어 있고, 사법경찰관(경찰서 등)에게 고소·고발을 한 경우에는 사법경찰관리 집무규칙에 따라 2개월 이내에 수사를 완료하지 못하면 소정의 서식에 따른 수사기일연장 지휘 건의서를 제출하여 그 지휘를 받아야 한다.

그리고 형사소송법 은 "사법경찰관이 고소 또는 고발을 받은 때에는 신속히 조사하여 관계서류와 증거물을 검사에게 송부하여야 한다."라고 규정하고 있고(형사소송법 제238조), 같은 법 제246조는 "공소는 검사가 제기하여 수행한다."라고 규정하고 있으므로, 모든 고소·고발사건은 검사에게 송치하여야 하고, 검사가 공소제기여부를 결정하는바, 이것은 검사의 기소독점주의의 원칙에 따른 것이다(예외 : 재판상의 준기소절차 및 즉결심판).

고소·고발사건의 처리기간에 관하여는 구속사건과 불구속사건으로 나누어지는데 불구속사건의 경우, 그 처리기간에 관하여 "검사가 고소 또는 고발에 의하여 범죄를 수사할 때에는 고소 또는 고발을 수리한 날로부터 3월 이내에 수사를 완료하여 공소제기여부를 결정하여야 한다."라고 규정하고 있다. 그러므로 검사는 고소·고발을 수리한 날로부터 3개월 이내에 수사를 완료하여 공소제기여부를 결정하여야할 것이나 위와 같은 공소제기 기간에 대한 규정은 훈시규정에 불과하여 3개월경과 후의 공소제기여부의 결정도 유효한 것이라 할 것이다.

2. 구속된 경우 구속수사기간

검사는 범죄의 혐의 있다고 사료하는 때에는 범인, 범죄사실과 증거를 수사하여야 하고, 수사관, 경무관, 총경, 경감, 경위는 사법경찰관으로서 검사의 지휘를 받아 수사를 하여야 하며, 경사 및 순경은 사법경찰리로서 검사 또는 사법경찰관의 지휘를 받아 수사의 보조를 하여야 한다.

이 경우 범인으로 지칭되는 자를 피의자라고 하고, 피의자가 죄를 범하였다고 의심할 만한 상당한 이유가 있으며 형사소송법상의 구속사유 즉, ① 피고인이 일정한 주거가 없는 때, ② 피고인이 증거를 인멸할 염려가 있는 때, ③ 피고인이 도망하거나 도망할 염려가 있는 때 등의 경우 검사는 관할지방법원판사에게 청구하여 구속영장을 받아 피의자를 구속할 수 있고, 사법경찰관은 검사에게 신청하여 검사의 청구로 관할지방법원판사의 구속영장을 받아 피의자를 구속할 수 있다.

사법경찰관이 피의자를 구속한 때에는 10일 이내에 피의자를 검사에게 인치하지 아니하면 석방하여야 하고, 검사가 피의자를 구속한 때 또는 사법경찰관으로부터 피의자의 인치를 받은 때에는 10일 이내에 공소를 제기하지 아니하면 석방하여야 한다.

이 경우 구속기간은 피의자를 체포 또는 구인한 날부터 기산하며, 지방법원판사는 검사의 신청에 의하여 수사를 계속함에 상당한 이유가 있다고 인정한 때에는 10일을 초과하지 아니하는 한도에서 검사의 구속기간의 연장을 1차에 한하여 허가할 수 있다. 따라서 최장 30일 내의 기간을 구속된 상태에서 조사를 받을 수 있다.

3. 공소제기 후 구속기간

공소제기 후에는 2개월간 구속된 채 공판을 진행할 수 있다. 그러나 이 기간도 특히 구속을 계속할 필요가 있는 경우에는 2차에 한하여 결정으로 갱신할 수 있고 갱신한 기간도 2개월로 하기 때문에, 공판절차의 기간은 최장 1심에서 6개월까지도 소요될 수 있다.

다만, 상소심은 피고인 또는 변호인이 신청한 증거의 조사, 상소이유를 보충하는 서면의 제출 등으로 추가 심리가 필요한 부득이한 경우에는 3차에 한하여 갱신할 수 있다.

아울러 제1심 형사공판사건 중 구속사건의 제1회 공판기일 및 판결선고기일의 지정에 대하여 정한 대법원의 구속사건의 신속한 기일 지정에 관한 예규는 제1회 공판기일의 지정에 대하여, 제1심 형사공판사건 중 기소 당시 피고인이 구속된 상태인 사건(1건 수인의 피고인 중 일부 피고인만 구속된 상태인 사건도 포함한다)의 경우 제1회 공판기일은 배당이 완료된 사건기록이 담당재판부에 배부된 후 지체없이 지정하도록 하면서 그 기일을 지정하는 날로부터 14일(1건 수인의 피고인 중 일부 피고인만 구속된 상태인 사건의 경우에는 상당한 기간) 이내의 날로 정하도록 하되, 재판요일 등 담당재판부의 사정에 따라 3일 이내의 범위 내에서 연장할 수 있도록 하고 있다.

판결선고기일의 지정에 대하여는 제1심 형사공판사건 중 변론종결 당시 피고인이 구속된 상태에 있고 간이공판절차에 회부된 사건 및 간이공판절차에 회부되지 않은 사건이더라도 사안이 간단하고 증거에 모두 동의하는 등 기타 간이한 사건의 경우 판결선고 기일은 사안의 복잡, 피고인의 요청 등 특별한 사정이 없는 한 변론종결일로부터 7일 이내의 날로 정하도록 하고 있다.

따라서 기록이 재판부에 배부되자마자 제1회 공판기일이 지정되며, 제1회 공판기일은 14일~17일 사이로 정해지고, 간이공판절차에 회부되는 사건의 경우 7일 이내에 판결이 선고됨으로써 구속사건의 경우 2주~3주 사이에 제1회 공판기일이 열리며, 자백하는 사건의 경우 3주~4주 만에 1심 재판이 종료될 수 있다

4. 형사소송법상 구속기간과 갱신 규정

제92조 (구속기간과 갱신) ① 구속기간은 2개월로 한다.

② 제1항에도 불구하고 특히 구속을 계속할 필요가 있는 경우에는 심급마다 2개월 단위로 2차에 한하여 결정으로 갱신할 수 있다. 다만, 상소심은 피고인 또는 변호인이 신청한 증거의 조사, 상소이유를 보충하는 서면의 제출 등으로 추가 심리가 필요한 부득이한 경우에는 3차에 한하여 갱신할 수 있다.

③ 제22조, 제298조 제4항, 제306조 제1항 및 제2항의 규정에 의하여 공판절차가 정지된 기간 및 공소제기전의 체포·구인·구금 기간은 제1항 및 제2항의 기간에 산입하지 아니한다.

제202조 (사법경찰관의 구속기간) 사법경찰관이 피의자를 구속한 때에는 10일 이내에 피의자를 검사에게 인치하지 아니하면 석방하여야 한다.

제203조 (검사의 구속기간) 검사가 피의자를 구속한 때 또는 사법경찰관으로부터 피의자의 인치를 받은 때에는 10일 이내에 공소를 제기하지 아니하면 석방하여야 한다.

제203조의2 (구속기간에의 산입) 피의자가 제200조의2·제200조의3·제201조의2 제2항 또는 제212조의 규정에 의하여 체포 또는 구인된 경우에는 제202조 또는 제203조의 구속기간은 피의자를 체포 또는 구인한 날부터 기산한다.

제205조 (구속기간의 연장) ① 지방법원판사는 검사의 신청에 의하여 수사를 계속함에 상당한 이유가 있다고 인정한 때에는 10일을 초과하지 아니하는 한도에서 제203조의 구속기간의 연장을 1차에 한하여 허가할 수 있다.

② 전항의 신청에는 구속기간의 연장의 필요를 인정할 수 있는 자료를 제출하여야 한다.

제208조(재구속의 제한) ① 검사 또는 사법경찰관에 의하여 구속되었다가 석방된 자는 다른 중요한 증거를 발견한 경우를 제외하고는 동일한 범죄사실에 관하여 재차 구속하지 못한다.

② 전항의 경우에는 1개의 목적을 위하여 동시 또는 수단결과의 관계에서 행하여진 행위는 동일한 범죄사실로 간주한다.

Ⅲ 검사의 불기소처분에 대한 불복방법

1. 불기소처분

가. 불기소처분의 의의

사건이 죄가 되지 않거나, 범죄의 증거가 없거나 또는 공소의 요건을 갖추지 못하였을 때 검사가 공소를 제기하지 않는 처분을 말한다. 검사의 사건처리에는 공소제기·불기소처분 및 타관송치가 있다. 수사결과 범죄의 객관적 혐의가 충분하고 소송조건을 구비하여 유죄판결을 받을 수 있다고 인정할 때에는 검사는 공소를 제기한다.

나. 불기소처분의 종류

검사의 불기소처분에는 협의의 불기소처분과 기소유예 및 기소중지가 있다. 협의의 불기소처분에는 혐의 없음, 죄가 안 됨, 공소권 없음이 있다.

다. 혐의 없음

혐의 없음이란 피의사건에 관하여 공소를 제기함에 충분한 객관적 혐의가 없는 경우인데, 피의사실이 인정되지 아니하거나 피의사실을 인정할 만한 증거가 없는 경우 또는 피의사실이 범죄를 구성하지 아니하는 경우에 내리는 결정을 말한다.

라. 죄가 안 됨

죄가 안 됨이란 피의사실이 범죄구성요건에 해당하나 법률상 범죄의 성립을 조각하는 사유가 있어 범죄를 구성하지 아니하는 경우에 하는 처분을 말하는데, 법률상조각사유나 책임조각사유가 있는 경우로서 피의자가 형사미성년자 또는 심신상실자인 때가 이에 해당하는 경우이다.

마. 공소권 없음

공소권 없음이란 피의사건에 관하여 소송조건이 결여되었거나 형이 면제되는 경우를 말한다.

바. 각 하

각하란 고소 또는 고발이 있는 사건에 관하여 고소인 또는 고발인의 진술이나 고소장 또는 고발장에 의하여 혐의 없음·죄가 안 됨·공소권 없음의 사유에 해당함이 명백한 경우, 고소·고발이 자기 또는 배우자의 직계존속을 고소 또는 고발한 경우, 고소를 취소한 자가 다시 고소한 경우, 새로이 중요한 증거가 발견된 경우에 고소인 또는 고발인이 그 사유를 소명한 경우를 제외한 동일사건에 관하여 검사의 불기소처분이 있는 경우, 고소권자가 아닌 자가 고소한 경우, 고소·고발장 제출 후 고소인 또는 고발인이 출석요구에 불응하거나 소재불명되어 고소·고발사실에 대한 진술을 청취할 수 없는 경우에는 각하의 결정을 한다.

사. 기소유예

기소유예란 피의사건에 관하여 범죄의 혐의가 인정되고 소송조건이 구비되었으나 범인의 연령, 성행, 지능과 환경, 범행의 동기, 수단과 결과, 범행 후의 정황 등을 참작하여 공소를 제기하지 아니하는 경우를 말한다.

아. 기소중지

기소중지란 검사가 피의자의 소재불명 등의 사유로 수사를 종결할 수 없는 경우에 그 사유가 해소될 때까지 하는 처분이므로 수사의 종결이라기보다는 수사중지처분에 속한다고 할 수 있다. 고소인, 고발인 또는 중요 참고인의 소재가 불명인 때에는 참고인중지의 결정을 할 수 있으며, 피의자의 소재가 불명인 때에도 협의의 불기소처분이나 기소유예를 할 수도 있다.

2. 고소·고발인 통지

검사는 고소 또는 고발 있는 사건에 관하여 공소를 제기하거나 제기하지 아니하는 처분, 공소의 취소 또는 타관송치를 한 때에는 그 처분을 한 날로부터 7일 이내에 서면으로 고소인 또는 고발인에게 그 취지를 통지하여야 하며, 검사는 불기소 또는 타관송치의 처분을 한 때에는 피의자에게 즉시 그 취지를 통지하여야 한다. 검사는 고소 또는 고발 있는 사건에 관하여 공소를 제기하지 아니하는 처분을 한 경우에 고소인 또는 고발인의 청구가 있는 때에는 7일 이내에 고소인 또는 고발인에게 그 이유를 서면으로 설명하여야 한다.

3. 검사의 불기소처분에 대한 불복수단

가. 검사의 불기소처분에 대한 불복 방법

검사의 불기소처분에 대한 고소인 또는 고발인의 불복수단으로는 검찰청법에 의한 항고·재항고 재정신청이 있다.

나. 검찰항고

검사의 불기소처분에 불복이 있는 고소인 또는 고발인은 그 검사가 속하는 지방검찰청 또는 지청을 거쳐 서면으로 관할 고등검찰청의 검사장에게 항고할 수 있다. 이 경우, 지방검찰청 또는 지청의 검사는 항고가 이유 있다고 인정하는 때에는 그 처분을 경정하여야 하며, 고등검찰청검사장은 항고가 이유 있다고 인정하는 때에는 소속 검사로 하여금 지방검찰청 또는 지청 검사의 불기소처분을 직접 경정하게 할 수 있다(검찰청법 제10조).

[검사의 불기소처분에 대한 항고장 양식]

항 고 장

항 고 인(고소인) ○ ○ ○ (전화번호 ○○○ - ○○○○)
○○시 ○○구 ○○로 ○○-○

피고소인 △ △ △ (전화번호 ○○○ - ○○○○)
○○시 ○○구 ○○로 ○○-○

피고소인에 대한 ○○지방검찰청 20○○ 형제 ○○○○○호 사기등 피의사건에 관하여 ○○지방검찰청 검사 ◇◇◇는 피고소인에게 혐의가 없다는 이유로 20○○. ○. ○.자로 불기소처분결정을 한 바, 이에 대하여 고소인은 불복하여 항고를 제기합니다.
(고소인은 위 불기소처분결정통지를 20○○. ○. ○. 수령하였습니다.)

항 고 이 유

검사의 불기소 이유의 요지는 증거 불충분 등의 이유로서 피의 사실에 대한 증거가 없다는 것인 바, 기타 제반 사정을 종합 검토하면 본 건 고소사실에 대한 증거는 충분하여 그 증명이 명백함에도 불구하고 증거가 불충분하다는 이유로 불기소처분한 것은 부당하니 재수사를 명하여 주시기 바랍니다.

첨 부 서 류

1.불기소처분통지서 1통

20 . . .

항 고 인 ○ ○ ○ (인)

OO고등검찰청 귀중

나. 재항고

항고를 한 자는 항고를 기각하는 처분에 불복하거나 항고를 한 날로부터 항고에 대한 처분이 행하여지지 아니하고 3개월이 경과한 때에는 그 검사가 속하는 고등검찰청을 거쳐 서면으로 검찰총장에게 재항고할 수 있다.

다만 형사소송법 제260조에 따라 재정신청할 수 있는 자는 제외하므로, 재항고는 고발인에 대하여만 인정되는 결과가 된다. 이 경우 당해 고등검찰청 검사는 재항고가 이유 있다고 인정하는 때에는 그 처분을 경정하여야 한다. 항고는 고소인 등이 불기소처분 통지를 받은 날로부터 30일 이내에, 재항고는 항고기각결정의 통지를 받은 날 또는 항고 후 항고에 대한 처분이 행하여지지 아니하고 3개월이 경과한 날부터 30일 이내에 하여야 한다.

다만, 항고를 한 자에게 책임이 없는 사유로 인하여 그 기간 내에 항고 또는 재항고를 하지 못한 것을 소명한 때에는 그 사유가 해소된 때부터 기산한다. 기간을 경과하여 접수된 항고 또는 재항고는 기각하여야 한다. 다만, 새로이 중요한 증거가 발견된 경우에 고소인 또는 고발인이 그 사유를 소명한 때에는 기각하지 않는다.

다. 재정신청

재정신청이란 고소권자로서 고소를 한 자(형법 제123조부터 제125조까지의 죄에 대하여는 고발을 한 자도 포함)는 검사로부터 공소를 제기하지 아니한다는 통지를 받은 때에는 그 검사 소속의 지방검찰청 소재지를 관할하는 고등법원에 그 당부에 관한 재정을 신청하는 것을 말한다. 다만, 재정신청을 하려면 검찰청법 제10조에 따른 항고를 거쳐야 한다.

헌법소원은 보충성의 원칙에 따라 다른 법률의 구제 절차가 있는 경우에는 그 절차를 모두 마쳐야 제기할 수 있고, 법원의 재판에 대하여는 헌법소원이 허용되지 않는데, 개정 형사소송법이 재정신청의 대상범죄를 모든 범죄로 전면 확대함에 따라 불기소처분에 대한 헌법소원은 불가능하게 되었다.

[재정신청서 양식]

재 정 신 청 서

신 청 인(고소인)　　○ ○ ○
　　　　　　　　　　OO시 OO구 OO동 OO아파트 OOO동 OOO호

피신청인(피의자)　　△ △ △
　　　　　　　　　　OO시 OO구 OO동 OO아파트 OOO동 OOO호

신 청 취 지

위 피고소인에 대한 20OO형제OOOOO호 OO사건에 대하여 OO지방검찰청 검사 OOO은 20OO. O. O.자로 증거불충분 등의 이유로 불기소처분 결정을 하였고 이에 불복하여 항고(20OO불항 OOO호)하였으나 OO고등검찰청 검사 OOO은 20OO. O. O.자로 항고기각 처분하였습니다. 그러나 다음과 같은 이유로 부당하여 재정신청을 하오니 위 사건을 관할 OO지방검찰청에서 공소제기하도록 하는 결정을 하여주시기 바랍니다.
신청인이 검사로부터 항고기각결정통지를 수령한 날 : 20OO. O. O.

신 청 이 유

1. 피의자 △△△의 범죄사실
2. 피의자의 범죄에 관한 증거설명
3. 검사의 불기소 이유의 요지는 피의사실에 대한 증거가 없어 결국 범죄혐의가 없다는 것인 바, 참고인 진술과 압수한 증거물 기타 제반사정을 종합검토하면 본 건 피의사실에 대한 증거는 충분하여 그 증명이 명백

함에도 불구하고 증거가 불충분하다는 이유로 불기소처분한 것은 부당하고 검사의 기소독점주의를 남용한 것이라 아니할 수 없으므로 재정신청에 이른 것입니다.

첨 부 서 류

1. 불기소처분통지서 1통
2. 항고기각결정통지서 1통
3. 기타 증거서류 사본 2통

20 . . .

재정신청인(고소인) ○ ○ ○ (인)

○○고등법원 귀중

Ⅳ 배상명령

1. 배상명령의 의의

배상명령이란 형사사건의 피해자가 범인의 형사 재판 과정에서 간편한 방법으로 민사적인 손해배상명령까지 받아 낼 수 있는 제도를 말한다(소송촉진 등에 관한 특례법 제25조).

2. 배상명령의 대상이 되는 사건

제1심 또는 제2심의 형사공판절차에서 "상해·존속상해의 죄(형법 제257조 제1항), 중상해·존속중상해의 죄(형법 제258조 제1항 및 제2항), 상해치사의 죄(형법 제259조 제1항), 폭행치사상의 죄{형법 제262조(존속폭행치사상의 죄는 제외)}, 과실치사상의 죄(형법 제266조부터 제268조까지), 강간과 추행의 죄{형법 제297조부터 제306조까지 단, 제304조(혼인빙자 등에 의한 간음죄)}는 제외, 절도와 강도의 죄(형법 제329조부터 제346조까지), 사기와 공갈의 죄(형법 제347조부터 제354조까지), 횡령과 배임의 죄(형법 제355조부터 제361조까지), 손괴의 죄(형법 제366조부터 제372조까지)" (소송촉진 등에 관한 특례법 제25조 제1항) 및 그 이외의 죄에 대한 피고사건에서 피고인과 피해자 사이에 합의된 손해배상액(소송촉진 등에 관한 특례법 제25조 제2항)에 대해서 유죄판결을 선고할 경우에 법원은 직권 또는 피해자나 그 상속인의 신청에 따라 피고사건의 범죄행위로 발생한 직접적인 물적 피해, 치료비 및 위자료의 배상을 명할 수 있다.

3. 배상명령을 하여서는 아니 되는 경우

법원은 ① 피해자의 성명·주소가 분명하지 아니한 경우, ② 피해금액이 특정되지 아니한 경우, ③ 피고인의 배상책임의 유무 또는 그 범위가 명백하지 아니한 경우, ④ 배상명령으로 인하여 공판절차가 현저히 지연될 우려가 있거나 형사소송 절차에서 배상명령을 하는 것이 타당하지 아니하다고 인정되는 경우에는 배상명령을 하여서는 아니 된다(소송촉진 등에 관한 특례법 제25조 제3항).

4. 배상신청사건의 절차

가. 배상신청의 통지

검사는 제25조 제1항에 규정된 죄로 공소를 제기한 경우에는 지체 없이 피해자 또는 그 법정대리인(피해자가 사망한 경우에는 그 배우자·직계친족·형제자매를 포함한다)에게 제26조 제1항에 따라 배상신청을 할 수 있음을 통지하여야 한다(소송촉진 등에 관한 특례법 제25조의2).

나. 배상신청

피해자는 제1심 또는 제2심 공판의 변론이 종결될 때까지 사건이 계속된 법원에 제25조에 따른 피해배상을 신청할 수 있으며, 신청서에 인지를 붙이지 아니한다(소송촉진 등에 관한 특례법 제26조 제1항). 피해자는 배상신청을 할 때에는 신청서와 상대방 피고인 수만큼의 신청서 부본을 제출하여야 한다(소송촉진 등에 관한 특례법 제26조 제2항).

피해자가 증인으로 법정에 출석한 경우에는 말로써 배상을 신청할 수 있으며, 이때에는 공판조서에 신청의 취지를 적어야 한다(소송촉진 등에 관한 특례법 제26조 제5항).

신청인은 배상명령이 확정되기 전까지는 언제든지 배상신청을 취하(取下)할 수 있으며(소송촉진 등에 관한 특례법 제26조 제6항), 피해자는 피고사건의 범죄행위로 인하여 발생한 피해에 관하여 다른 절차에 따른 손해배상청구가 법원에 계속 중일 때에는 배상신청을 할 수 없다(소송촉진 등에 관한 특례법 제26조 제7항).

배상신청은 민사소송에서의 소의 제기와 동일한 효력이 있다(소송촉진 등에 관한 특례법 제26조 제8항).

다. 대리인

피해자는 법원의 허가를 받아 그의 배우자, 직계혈족 또는 형제자매에게 배상신청에 관하여 소송행위를 대리하게 할 수 있으며(소송촉진 등에 관한 특례법 제27조 제1항), 피고인의 변호인은 배상신청에 관하여 피고인의 대리인으로서 소송행위를 할 수 있다(소송촉진 등에 관한 특례법 제27조 제1항).

라. 기록의 열람과 증거조사

신청인 및 그 대리인은 공판절차를 현저히 지연시키지 아니하는 범위에서 재판장의 허가를 받아 소송기록을 열람할 수 있고, 공판기일에 피고인이나 증인을 신문(訊問)할 수 있으며, 그 밖에 필요한 증거를 제출할 수 있으며(소송촉진 등에 관한 특례법 제30조 제1항), 허가를 하지 아니한 재판에 대하여는 불복을 신청하지 못한다(소송촉진 등에 관한 특례법 제30조 제2항).

5. 배상명령의 선고

배상명령은 유죄판결의 선고와 동시에 하여야 한다(소송촉진 등에 관한 특례법 제31조 제1항). 배상명령은 일정액의 금전 지급을 명함으로써 하고 배상의 대상과 금액을 유죄판결의 주문에 표시하여야 한다. 배상명령의 이유는 특히 필요하다고 인정되는 경우가 아니면 적지 아니한다(소송촉진 등에 관한 특례법 제31조 제2항).

배상명령은 가집행할 수 있음을 선고할 수 있다(소송촉진 등에 관한 특례법 제31조 제3항). 배상명령을 하였을 때에는 유죄판결서의 정본(正本)을 피고인과 피해자에게 지체 없이 송달하여야 한다(소송촉진 등에 관한 특례법 제31조 제5항).

6. 배상신청의 각하

법원은 ① 배상신청이 적법하지 아니한 경우, ② 배상신청이 이유 없다고 인정되는 경우, ③ 배상명령을 하는 것이 타당하지 아니하다고 인정되는 경우에는 결정으로 배상신청을 각하하여야 한다(소송촉진 등에 관한 특례법 제32조 제1항). 배상신청을 각하하거나 그 일부를 인용한 재판에 대하여 신청인은 불복을 신청하지 못하며, 다시 동일한 배상신청을 할 수 없다(소송촉진 등에 관한 특례법 제32조 제3항).

7. 불 복

유죄판결에 대한 상소가 제기된 경우에는 배상명령은 피고사건과 함께 상소심으로 이심된다(소송촉진 등에 관한 특례법 제33조 제1항).상소심에서 원심의 유죄판결을 파기하고 피고사건에 대하여 무죄, 면소 또는 공소기각의 재판을 할 때에는 원심의 배상명령을 취소하여야 한다.

이 경우 상소심에서 원심의 배상명령을 취소하지 아니한 경우에는 그 배상명령을 취소한 것으로 본다(소송촉진 등에 관한 특례법 제33조 제2항). 원심에서 제25조 제2항에 따라 배상명령을 하였을 때에는 제2항을 적용하지 아니한다(소송촉진 등에 관한 특례법 제33조 제3항). 상소심에서 원심판결을 유지하는 경우에도 원심의 배상명령을 취소하거나 변경할 수 있다(소송촉진 등에 관한 특례법 제33조 제4항).

피고인은 유죄판결에 대하여 상소를 제기하지 아니하고 배상명령에 대하여만 상소 제기기간에 형사소송법에 따른 즉시항고를 할 수 있다. 다만, 즉시항고 제기 후 상소권자의 적법한 상소가 있는 경우에는 즉시항고는 취하된 것으로 본다(소송촉진 등에 관한 특례법 제33조 제5항).

8. 배상명령의 효력과 강제집행

확정된 배상명령 또는 가집행선고가 있는 배상명령이 기재된 유죄판결서의 정본은 민사집행법에 따른 강제집행에 관하여는 집행력 있는 민사판결 정본과 동일한 효력이 있다(소송촉진 등에 관한 특례법 제34조 제1항).

소송촉진 등에 관한특례법에 따른 배상명령이 확정된 경우 피해자는 그 인용된 금액의 범위에서 다른 절차에 따른 손해배상을 청구할 수 없다(소송촉진 등에 관한 특례법 제34조 제2항).

9. 소송비용

배상명령의 절차비용은 특별히 그 비용을 부담할 자를 정한 경우를 제외하고는 국고의 부담으로 한다(소송촉진 등에 관한 특례법 제35조).

❖ 배상명령 관련 판례정리

(1) 배상명령제도의 취지 및 요건

소송촉진등에관한특례법 제25조 제1항의 규정에 의한 배상명령은 피고인의 범죄행위로 피해자가 입은 직접적인 재산상 손해에 대하여 그 피해금액이 특정되고, 피고인의 배상책임의 범위가 명백한 경우에 한하여 피고인에게 그 배상을 명함으로써 간편하고 신속하게 피해자의 피해회복을 도모하고자 하는 제도로서, 같은 조 제3항 제3호의 규정에 의하면, 피고인의 배상책임의 유무 또는 그 범위가 명백하지 아니한 때에는 배상명령을 하여서는 아니되고, 그와 같은 경우에는 같은 법 제32조 제1항이 정하는 바에 따라 법원은 결정으로 배상명령 신청을 각하하여야 한다.[30)]

(2) 소송촉진등에관한특별법 제25조 제1항, 제3항, 제2호 및 제3호에 의하여 배상명령을 할 수 있는 경우

배상명령에 관한 소송촉진등에 관한 특례법 제25조 제1항, 제3항 제2호 및 제3호 규정의 취지는 피고인의 범죄행위로 피해자가 입은 직접적인 재산상 손해에 대하여 그 피해금액이 특정되고 피고인의 배상책임의 범위가 명백한 경우에 한하여 피고인에게 그 배상을 명함으로써 간편하고 신속하게 피해자의 피해회복을 도모하고자 하는 데에 있다.[31)]

(3) 상대방을 기망하여 매매계약을 체결하고 금원을 편취한 경우, 피해자가 배상명령을 받기 위한 요건

기망에 의한 의사표시는 민법상 당연히 무효가 아니라 취소의 대상이 되는 것뿐이므로 피해자가 피고인들과의 토지매매계약을 기망에 의한 의사표시임을 이유로 취소 또는 해제하지 않는 한 그 계약의 효력은 그대로 존속하는 것으로서 특단의 사정이 없는 한 그 대금전액의 반환을 구하거나 대금전액 상당의 손해배상을 구할 수는 없다.[32)]

(4) 별도의 채무명의를 갖고 있는 경우 배상명령 신청의 이익유무

배상명령제도는 범죄행위로 인하여 재산상 이익을 침해당한 피해자로 하여금 당해 형사소송절차 내에서 신속히 그 피해를 회복하게 하려는데 그 주된 목적이 있으므로 피해자가 이미 그 재산상 피해의 회복에 관한 채무명의를 가지고 있는 경우에는 이와 별도로 배상명령 신청을 할 이익이 없다.[33)]

---

30) 대법원 1996.6.11. 선고 96도945 판결.
31) 대법원 1985.11.12. 선고 85도1765 판결.
32) 대법원 1985.11.12. 선고 85도1765 판결.
33) 대법원 1982.7.27. 선고 82도1217 판결.

[배상명령신청 양식]

배 상 명 령 신 청

사 건 2000 고단 0000호 00사건

신 청 인 ○ ○ ○
00시 00구 00로 000-0 (00동 00)

피 고 인 △ △ △
00시 00구 00로 000-0 (00동 00-0)

신 청 취 지

1. 피고인 △△△은 배상신청인에게 금 ○○○원을 지급하라.
2. 이 명령은 가집행 할 수 있다.

라는 배상명령을 구합니다.

신 청 원 인

(신청원인을 공소장 기재와 같이 자세하게 기재)

불법행위를 하여 배상신청인에게 동액 상당의 손해를 가하였으므로 그 피해금을 보상받기 위하여 본 건 신청에 이르게 된 것입니다.

첨 부 서 류

20 . . .

위 배상신청인 ○ ○ ○ (인)

○ ○ 법 원 귀중

제11장 | 학교폭력 가해학생과 소년법

Ⅰ 소년범죄

1. 소년범죄의 개념

가. 형사미성년자

소년범죄는 성인범죄에 상대되는 개념으로서 범죄인의 연령에 따라 범죄를 분류한 것을 일컫는 말이다. 우리나라 소년법 제2조[1]는 소년범죄의 '소년'을 19세 미만의 자로 규정하고 있지만, 형법 제9조는 14세를 형사책임연령[2]으로 규정하고 있다.[3]

따라서 소년범죄자는 원칙적으로 일반 형사사건을 저지른 14세 이상 19세 미만의 소년인 범죄소년을 가리킨다. 형사미성년자인지 여부는 생물학적 기준에 따라 판단한다.

나. 소년범 감경에 관한 소년법 제60조 제2항 등의 적용대상인 '소년'인지 여부를 판단하는 시기

소년법이 적용되는 '소년'이란 심판시에 19세 미만인 사람을 말하므로, 소년법의 적용을 받으려면 심판시에 19세 미만이어야 한다. 따라서 소년법 제60조 제2항의 적용대상인 '소년'인지의 여부도 심판시, 즉 사실심판결 선고시를 기준으로 판단되어야 한다.[4]

다. 형사미성년자 규정에 대한 헌법재판소 결정

헌법재판소는 14세 미만의 자를 형사미성년자로 규정하고 있는 형법 제9조가 청구인의 재판절차진술권 및 평등권을 침해하여 위헌인지 여부에 대해서 형법 제9조는, 육체

---

1) 소년법 제2조 (소년 및 보호자) 이 법에서 "소년"이란 19세 미만인 자를 말하며, "보호자"란 법률상 감호교육을 할 의무가 있는 자 또는 현재 감호하는 자를 말한다.

2) 형법 제9조 (형사미성년자) 14세 되지 아니한 자의 행위는 벌하지 아니한다.

3) 형사미성년자의 연령에 대해 독일, 이탈리아, 일본의 경우 우리나라와 동일하게 14세 미만으로 정하고 있으며, 덴마크, 필란드, 노르웨이, 스웨덴은 15세 미만, 포르투갈은 16세 미만, 벨기에, 룩셈부르크는 18세 미만으로 정하고 있다.

4) 대법원 2009.5.28. 선고 2009도2682, 2009전도7 판결.

적·정신적으로 미성숙한 소년의 경우 사물의 변별능력과 그 변별에 따른 행동통제능력이 없기 때문에 그 행위에 대한 비난가능성이 없고, 나아가 형사정책적으로 어린 아이들은 교육적 조치에 의한 개선가능성이 있다는 점에서 형벌 이외의 수단에 의존하는 것이 적당하다는 고려에 입각한 것이고 일정한 정신적 성숙의 정도와 사물의 변별능력이나 행동통제능력의 존부·정도를 각 개인마다 판단·추정하는 것은 곤란하고 부적절하므로 일정한 연령을 기준으로 하여 일률적으로 형사책임연령을 정한 것은 합리적인 방법으로 보인다.

형사책임이 면제되는 소년의 연령을 몇 세로 할 것인가의 문제는 현저하게 불합리하고 불공정한 것이 아닌 한 입법자의 재량에 속하는 것인바, 형사미성년자의 연령을 너무 낮게 규정하거나 연령 한계를 없앤다면 책임의 개념은 무의미하게 되고, 14세 미만이라는 연령기준은 다른 국가들의 입법례에 비추어 보더라도 지나치게 높다고 할 수 없다는 점을 고려할 때 이 사건 법률조항은 입법자의 합리적인 재량의 범위를 벗어난 것으로 보기 어려우며, 따라서 청구인의 재판절차진술권이나 평등권을 침해한다고 볼 수 없다고 판시한바 있다.[5)]

2. 소년부 보호사건의 보호대상

소년법 제4조 ①항은, "형벌법령에 저촉되는 행위를 한 10세 이상 14세 미만의 촉법소년"(제2호), 집단적으로 몰려다니며 주위 사람들에게 불안감을 조성하는 성벽이 있거나, 정당한 이유 없이 가출하거나, 술을 마시고 소란을 피우거나 유해환경에 접하는 성벽이 있으면서, 그의 성벽 또는 환경에 비추어 장래 형벌법령에 저촉되는 행위를 할 우려가 있는 10세 이상의 우범소년(제3호)의 경우에도 특별히 소년법의 적용을 받도록 규정하고 있다.

따라서 소년범죄는 14세 이상 19세 미만의 소년으로서 일반 형사사건을 저지른 자와 10세 이상의 촉법소년 및 우범소년을 포괄하는 개념이라고 할 수 있다.

3. 소년사건의 처리

소년사건의 처리는 형사사법기관인 경찰과 검찰 그리고 법원에 의해 처리된다. 다만

5) 헌법재판소 2003.9.25. 선고 2002헌마533 전원재판부, 형법 제9조 위헌확인등.

소년사건은 소년보호사건과 소년형사사건의 이원적 구조를 띠고 있으며, 소년보호사건은 가정법원 소년부나 지방법원 소년부에서(소년법 제3조 제2항), 소년형사사건은 일반형사사건과 동일하게 처리된다(소년법 제48조).

[소년심판 절차도]

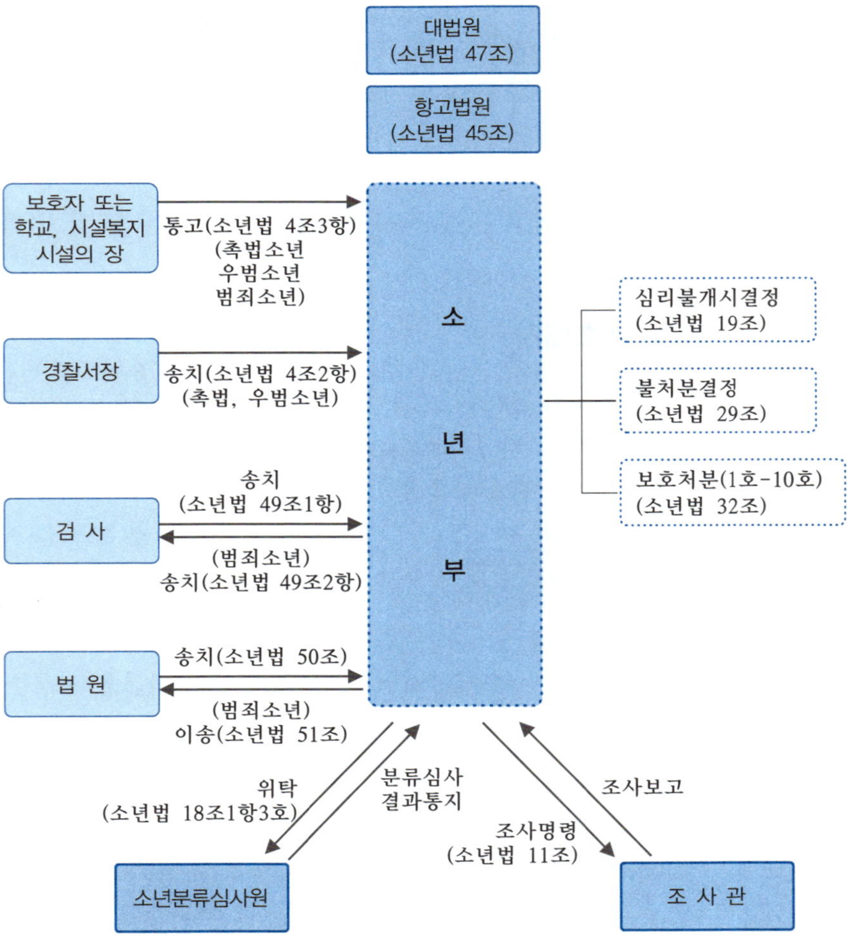

Ⅱ 소년법상 학교장 통고제도

1. 학교장 통고제도의 의의

범죄소년, 촉법소년, 우범소년의 보호자 또는 학교, 사회복리시설, 보호관찰소의장 등이 경찰이나 검찰과 같은 수사기관을 거치지 않고, 직접사건을 법원에 접수시키는 절차를 말한다(소년법 제4조 제3항).

2. 통고제도의 장점

법원의 처리 내용이나 결정이 검·경찰의 수사 자료에 통보되지 않기 때문에 소년의 장래에 어떠한 영향도 미치지 않는다. 학교당국의 결정에 대한 보호자의 불만 최소화하고, 재판과정을 통해 가해학생에게 적절한 조치가능하고, 사건처리 과정에서 가·피해자측의 의견진술 및 피해변상 등 화해권고가 가능하기 때문에 학교폭력의 경우에 전문적이고 실질적인 해결 수단을 제공할 수 있다.

불필요한 수사 단계를 생략하여 절차지연에 따른 문제예방 및 신속한 사건 처리가 가능하기 때문에 소년의 빠른 적응에 많은 도움을 줄 수 있다.

통고제도는 소년의 비행초기에 간편하게 법원에 문제해결을 의뢰 할 수 있는 제도로서 학교의 관심과 지원, 보호자의 감독과 교육, 유관기관과의 협조, 법원의 조기 개입을 통한 협력 체계를 구축하여 비행청소년의 복지적, 교육적 차원에서 접근 할 수 있는 장점이 있는 제도이다.

3. 대 상 자

범죄소년(죄를 범한 소년, 14세 이상 19세 미만), 촉법소년(형벌 법령에 저촉되는 행위를 한 소년, 10세 이상 14세 미만), 우범소년(법령에 저촉되는 행위를 할 우려가 있는 소년, 10세 이상 19세 미만)이다. 우범소년은 10세 이상 19세 미만 소년 중에서, ① 집단적으로 몰려다니며 주위 사람들에게 불안감을 조성하거나, ② 정당한 이유 없이 가출하거나, ③ 술을 마시고 소란을 피우거나 유해환경에 접하는 버릇이 있고, 위 ①부터 ③까지의 어느 하나에 해당하면서 소년의 성격이나 환경에 비추어 앞으로 형벌 법령에 저촉되는 행위를 할 우려가 있는 경우의 소년을 말한다.

소년보호재판은 송치나 통고에 의해서 시작된다.

4. 송 치

가. 송치의 의의

송치란 경찰서장, 검사, 법원 등 송치기관이 소년사건을 소년부에 보내 보호사건으로 계속시키는 것을 말한다. 소년 보호사건을 송치하는 경우에는 송치서에 사건 본인의 주거·성명·생년월일 및 행위의 개요와 가정 상황을 적고, 그 밖의 참고자료를 첨부하여야 한다(소년법 제5조). 소년보호사건을 법원 소년부에 송치하는 경우에는 경찰서장의 송치, 검사의 송치, 법원의 송치의 3가지가 있다.

나. 경찰서장의 송치

경찰서장은 촉법소년과 우범소년에 해당하는 소년이 있을 때에는 경찰서장은 직접 관할 법원 소년부에 송치하여야 한다(소년법 제4조 제2항).

다. 검사의 송치

검사는 소년에 대한 피의사건을 수사한 결과 보호처분에 해당하는 사유가 있다고 인정한 경우에는 사건을 관할 소년부에 송치하여야 한다(소년법 제49조 제1항). 검사의 소년부송치에 대하여는 불복방법이 없고 다만, 송치 받은 소년부가 조사 또는 심리한 결과 그 동기와 죄질이 금고 이상의 형사처분을 할 필요가 있다고 인정할 때에는 결정으로써 해당 검찰청 검사에게 송치할 수 있을 뿐이다(소년법 제49조 제2항).

검사가 소년법 제49조 제2항에 따른 결정을 한 경우에는 위탁받은 자에게 그 결정을 통지하여야 한다(소년심판규칙 제4조 제1항). 검사가 소년법 제49조 제2항에 따라 사건을 송치하거나 이송할 경우에는 지체 없이 그 사유를 사건 본인과 그 보호자에게 알려야 한다(소년심판규칙 제41조).

라. 법원의 송치

법원은 소년에 대한 피고사건을 심리한 결과 보호처분에 해당할 사유가 있다고 인정하면 결정으로써 사건을 관할 소년부에 송치하여야 한다(소년법 제50조).

소년부 판사는 소년 보호사건을 접수한 때에는 소년 및 보호자 또는 보조인 중 적당하다고 인정되는 사람에게 ① 소년의 비행사실, ② 소년 또는 보호자는 보호자 또는 변호사, 그 밖의 소년부 판사의 허가를 받은 사람을 보조인으로 선임할 수 있다는 것, ③ 소년이 소년분류심사원에 위탁된 경우에 소년 또는 보호자가 스스로 보조인을 선임하지 아니할 때에는 법원이 국선보조인을 선정하게 된다는 취지를 서면으로 고지하여야 한다.

다만, 소년법 제50조 (법원의 송치)에 따라 송치된 소년 보호사건에 있어서는 소년의 비행사실은 이를 고지하지 아니할 수 있다(소년심판규칙 제9조).

5. 통 고

가. 통고의 의의

통고란 범죄소년, 촉법소년, 우범소년에 해당하는 소년을 발견한 보호자 또는 학교·사회복리시설·보호관찰소(보호관찰지소를 포함한다)의 장이 비행소년을 경찰서, 검찰청 등의 수사기관을 거치지 않고 직접 사건을 관할 소년부에 알리는 행위이다(소년법 제4조 제3항).

경찰서나 검찰청에 신고 또는 고발을 하는 경우 소년은 수사기관에서 수사를 받게 되는 부담을 가지는데, 법원에 통고하여 바로 소년보호사건으로 처리하는 경우 소년이나 학교로서는 위와 같은 부담을 줄일 수 있다.

나. 통고의 방식

법 제4조 제3항에 따른 통고는 서면 또는 구술로 할 수 있으며(소년심판규칙 제6조 제1항), 소년과 보호자의 성명, 생년월일, 직업, 주거, 등록기준지, 통고자의 성명, 통고하게 된 사유 및 소년의 처우에 관한 의견을 명시하여야 한다(소년심판규칙 제6조 제2항).

구술의 통고가 있는 때에는 소년부 법원서기관, 법원사무관, 법원주사 또는 법원주사보는 이를 조서에 기재하고 서명날인하여야 한다(소년심판규칙 제6조 제3항).

다. 소년 보호사건의 송치방식

검사가 소년법 제4조 제1항 제1호에 해당하는 소년 보호사건을 송치하는 경우에는 소년법 제5조에 따른 송치서에 범죄사실과 적용법조를 명시하여야 하며(소년심판규칙 제7조 제1항), 소년법 제5조의 참고자료는 관계되는 서류와 증거물 전부를 말한다(소년심판규칙 제7조 제2항).

공범이 있거나 그 밖의 사유로 소년법 제5조에 따른 송치서에 참고자료를 첨부할 수 없는 경우에는 그 중 소년 보호사건과 관련되는 부분의 등본을 첨부하여야 한다(소년심판규칙 제7조 제3항).

라. 10세 미만자에 대한 처분

소년부 판사는 심리 중에 소년이 10세 미만인 것이 밝혀진 경우에는 그 심리 개시 결정을 취소하고 심리 불개시 결정을 하여야 한다(소년심판규칙 제42조 제1항). 소년법 제4조 제1항 제1호·제2호의 소년에 대한 보호처분이 계속 중일 때에 그 소년이 행위 당시 10세 미만으로 밝혀진 경우 또는 법 제4조 제1항 제3호의 소년에 대한 보호처분이 계속 중일 때에 그 소년이 처분 당시 10세 미만으로 밝혀진 경우에는 법 제38조 제2항에 따라 그 보호처분을 취소하고 그 심리 개시 결정을 취소하고 심리 불개시 결정을 하여야 한다(소년심판규칙 제42조 제2항).

[통고서 양식]

[앞면]

통 고 서

○○가정(지방)법원 소년부 귀중

통고인	성명			생년월일	. . .
	주소	우편번호 :			
	보호소년과의 관계(□에 ✓ 표시)	□ 학교장	□ 사회복리 시설의 장	□ 보호관찰소장	□ 보호자
	전화번호 (집·직장)	( ) -		전화번호 (휴대전화)	( ) -

위 통고인은 다음과 같이 보호 대상 소년을 발견하였으므로 소년법 제4조 제3항에 따라 귀 법원 소년부에 통고합니다.

소년	성명		생년월일	. . .
	직업			
	주소			
	주거(주소와 다른 경우)			
	등록기준지			

소년의 보호자	성명		생년월일	. . .
	직업			
	주소			
	주거(주소와 다른 경우)			
	등록기준지			

통고하게 된 사유

○ 통고하게 된 사유의 요지(□에 ✓ 표시)

□ 범죄를 저지름(14세 이상 19세 미만)	
□ 형벌법령에 저촉되는 행위를 함(10세 이상 14세 미만)	
□ 형벌법령에 저촉되는 행위를 할 우려가 있음	□ 집단적으로 몰려다니며 주위에 불안감을 조성하는 성벽(버릇)이 있음
	□ 정당한 이유 없이 가출함
	□ 술을 마시고 소란을 피우거나 유해환경에 접촉하는 성벽(버릇)이 있음

[뒷면]

○ 통고하게 된 사유의 상세(필요한 경우 별지 활용)

보호소년은 . . . … 하였다.

소년의 처우에 관한 의견

○ 의견의 요지

□ 1호 : 보호자 감호위탁
□ 1호 : 보호자를 대신하여 소년을 보호할 수 있는 사람에게 감호 위탁
□ 2호 : 수강명령
□ 3호 : 사회봉사명령
□ 4호 : 단기보호관찰(1년)
□ 5호 : 장기보호관찰(2년)
□ 6호 : 아동복지법에 따른 아동복지시설, 그 밖의 소년보호시설에 감호위탁
□ 7호 : 병원, 요양소 또는 '보호소년 등의 처우에 관한 법률'에 따른 소년의료보호시설에 위탁

ㅁ 8호 : 1개월 이내의 소년원 송치
ㅁ 9호 : 단기 소년원 송치(6개월 이내)
ㅁ 10호 : 장기 소년원 송치(2년 이내)

○ 의견의 상세(상세 의견 없는 경우 생략 가능) (필요한 경우 별지 활용)
보호소년은 … 하고, 보호자는 … 하므로, … 처분이 타당하다고 생각합니다.

첨부서류(참고서류)

1. 가족관계증명서(보호소년) 1통
2. 재학증명서(보호소년) 1통
3. 사건경위서(담임교사 ○○○) 1통

20 . . .

통 고 인 ○○○ ㊞

Ⅲ 소년심판절차

1. 관할과 심판대상

가. 관 할

소년보호사건의 관할은 소년의 행위지, 주거지 또는 현재지 가정법원의 소년부에 속하지만, 가정법원이 없는 곳에서는 지방법원의 소년부에 속한다(소년법 제3조 제1, 2항). 소년보호사건의 심리와 처분에 관한 결정은 가정법원 또는 지방법원의 소년부 단독판사가 한다(제3조 제3항).

나. 심판대상

소년보호사건의 대상은 ① 죄를 범한 범죄소년(제4조 제1항 제1호), ② 형벌법령에 저촉되는 행위를 한 10세 이상 14세 미만의 촉법소년(제4조 제1항 제2호), ③ 집단적으로 몰려 다니며 주위 사람들에게 불안감을 조성하는 성벽이 있거나, 정당한 이유 없이 가출하거나, 술을 마시고 소란을 피우거나 유해환경에 접하는 성벽이 있는 자가 그의 성격 또는 환경에 비추어 장래 형벌법령에 저촉되는 행위를 할 우려가 있는 10세 이상의 우범소년(제4조 제1항 제3호) 등이다.

2. 처리절차

가. 송 치

보호소년은 관할소년부에 송치됨으로써 심리가 개시된다. 송치는 보호소년이 범죄소년, 우범소년, 촉법소년인가에 따라서 차이가 있다. 범죄소년의 경우에는 검사와 법원이 사건을 가정법원 또는 지방법원의 소년부에 송치할 수 있다. 검사는 소년에 대한 피의사건을 수사한 결과 보호처분에 해당하는 사유가 있다고 인정한 때에는 사건을 관할소년부에 송치하여야 한다(제49조 제1항).

나. 검사의 결정전 조사

검사는 소년 피의사건에 대하여 소년부 송치, 공소제기, 기소유예 등의 처분을 결정하기 위하여 필요하다고 인정하면 피의자의 주거지 또는 검찰청 소재지를 관할하는 보호관찰소의 장, 소년분류심사원장 또는 소년원장에게 피의자의 품행, 경력, 생활환경이나 그 밖에 필요한 사항에 관한 조사를 요구할 수 있고(제49조의2 제1항), 보호관찰소장 등은 검사의 요구에 따라 지체 없이 조사하여 서면으로 검사에게 통보하여야 하며(제49조의2 제2항), 검사는 보호관찰소장 등으로부터 통보받은 조사결과를 참고하여 소년피의자를 교화·개선하는 데에 가정 적합한 처분을 결정하여야 한다(제49조의2 제4항). 법원은 소년에 대한 피고사건을 심리한 결과 보호처분에 해당할 사유가 있다고 인정한 때에는 결정으로써 사건을 관할소년부에 송치하여야 한다(제50조).

그러나 촉법소년과 우범소년의 경우에는 경찰서장이 직접 이들을 관할소년부에 반드시 송치하도록 되어 있으며, 그 외에도 범죄소년, 촉법소년 그리고 우범소년을 발견한 보호자 또는 학교·사회복리시설·보호관찰소의 장은 이들을 관할소년부에 통고할 수 있다(제4조 제3항).

다. 조사 및 심리

보호대상소년을 송치 또는 통고받은 관할소년부판사는 보호소년에 대한 조사 또는 심리를 한 다음, 처분여부와 그 내용을 결정해야 한다. 이를 위해 소년부판사는 조사관에게 본인·보호자 또는 참고인의 심문이나 그 밖에 필요한 사항의 조사를 명할 수 있고(제11조 제1항), 보호자 또는 학교·사회복리시설·보호관찰소의 장으로부터 통고받은 보호사건에 대해서도 소년을 심리할 필요가 있을 때에는 해당 사건을 조사해야 한다(제11조 제2항).

조사에서 "반사회성이 있는 소년의 건전한 성장"이라는 소년법의 목적(제1조)을 고려하여 그 소년의 환경과 성행의 교정에 필요한 것이 조사되어야 한다. 따라서 조사는 의학·심리학·교육학·사회학 기타 전문지식을 활용하여 보호자 또는 참고인의 성행·경력·가정환경 및 기타 환경 등을 구명하여야 한다(제9조).

소년부 또는 조사관이 범죄사실에 관하여 소년을 조사할 때에는 미리 소년에게 불리한 진술을 거부할 수 있음을 알려야 한다(제10조). 만일 이것을 위반할 경우에는 해당 조사결과의 증거능력은 인정되지 않는다.

소년부판사는 사건의 조사 또는 심리에 필요하다고 인정한 때에는 기일을 지정하여 본인·보호자 또는 참고인을 소환할 수 있다(제13조 제1항). 소년부판사는 사건의 조사·심리에 필요하다고 인정한 경우에는 임시조치를 취할 수 있고(제18조 제1항), 이러한 임시조치의 결과에 따라 소년부판사는 심리불개시 또는 심리개시의 여부를 결정하여야 한다(제19, 20조).

그 결정기준은 송치서 또는 조사관의 조사보고서 등이다. 그것에 대한 평가 결과 사건심리를 개시할 수 없거나 사건의 심리를 개시할 필요가 없을 때에는 심리불개시결정을 하여야 하고, 이를 본인과 보호자에게 통지하여야 한다(제19조 제1항).

라. 이송과 송검

보호사건을 송치받은 소년부는 보호의 적정을 기하기 위해 필요하다고 인정한 때에는 결정으로써 사건을 다른 관할소년부에 이송할 수 있다(제6조 제1항). 또한 소년보호사건이 해당관할에 속하지 않는다고 인정한 때에도 결정으로써 해당 관할소년부에 이송하여야 한다(제6조 제2항).

소년부는 조사 또는 심리한 결과 금고 이상의 형에 해당한 범죄사실이 발견된 때에는 그 동기와 죄질에 의해 형사처분의 필요성이 인정된 때에는 결정으로써 사건을 관할지방법원에 대응한 검찰청의 검사에게 송치하여야 한다(제7조 제1항).

본인이 19세 이상인 것이 판명된 때에도 마찬가지이지만(제7조 제2항), 소년법 제51조의 규정에 의해 법원에 이송해야 할 경우에는 그렇게 하지 않아도 된다(제7조 제2항 후단).

보호소년을 이송받은 검사가 그 피의사건을 조사한 결과 벌금 이하의 형에 해당하는 범죄 또는 형사처분의 사유가 있다고 인정한 때에는 해당 사건을 다시 관할소년부에 송치하여야 한다.

이렇게 사건을 다시 송치받은 소년부는 그것을 조사·심리한 결과 그 동기와 죄질이 금고 이상의 형사처분을 할 필요가 있다고 인정한 때에는 검찰청 검사에게 송치할 수 있다(제49조 제2항). 이것을 역송이라고 한다. 그러나 이때 해당사건을 다시 소년부에 송치하지는 못한다(제49조 제3항).

마. 처분의 결정

소년보호사건을 조사·심리한 소년부판사는 그 결과 이송 또는 송검할 필요가 없다고 결정한 때에는 보호사건의 처분여부에 대한 결정을 내려야 한다. 심리 결과 보호처분이 필요한 것으로 인정되면 소년법 제32조 ①항에 따라 보호처분결정을 내려야 하고(제32조 제1항), 만약 보호처분을 할 수 없거나 할 필요가 없다고 인정한 때에는 불처분결정을 내려야 한다(제29조 제1항).

소년부판사는 사건의 조사·심리에 필요하다고 인정한 때에는 소년감호에 관하여 ① 보호자, 소년을 보호할 수 있는 적당한 자 또는 시설에 위탁할 수 있고(제1호), ② 병원이나 그 밖에 요양소에 위탁할 수 있고(제2호), ③ 소년분류심사원 위탁(제3호) 등의 임시조치를 취할 수 있다.

이 경우 동행된 소년 또는 소년법 제52조 제1항의 규정에 의해 인도된 소년에 대하여는 도착한 때로부터 24시간 이내에 이러한 임시조치를 취해야 한다(제18조 제2항).

그러나 1호와 2호의 처분기간은 3월을 초과할 수 없고, 3호의 처분기간은 1월을 초과하지 못한다. 만약 이러한 조치를 계속할 필요가 있을 때에는 1회에 한하여 연장할 수 있다(제18조 제3항).

Ⅳ 소년보호처분

1. 보호처분의 의의

보호처분은 ① 죄를 범한 소년, ② 형벌법령에 저촉되는 행위를 한 10세 이상 14세 미만의 소년, ③ 집단적으로 몰려다니며 주위 사람들에게 불안감을 조성하는 성벽이 있거나, 정당한 이유 없이 가출하거나, 술을 마시고 소란을 피우거나 유해환경에 접하는 성벽이 있으면서 동시에 장래 형벌법령에 저촉되는 행위를 할 우려가 있는 10세 이상의 소년에 대한 교화·개선·보호를 위해 소년의 환경조정 또는 성행교정에 필요한 처분을 말한다.

소년부판사는 보호소년에 대한 분류심사결과와 의견을 참작한 심리결과에 의해 보호처분의 필요성이 인정된 때에는 보호처분을 하여야 하는데, 그 내용은 보호소년에 대한 개별적이고 과학적인 심리결과를 토대로 보호소년 개개인에 적합하도록 구성하여야 한다. 하지만 보호처분은 해당소년의 장래 신상에 대해 어떤 불이익도 주어서는 안 된다(제32조 제6항).

소년에 대한 피고사건을 심리한 법원이 그 결과에 따라 보호처분에 해당할 사유가 있는지의 여부를 인정하는 것은 법관의 자유재량에 의하여 판정될 사항이다.[6)]

2. 보호처분의 종류

가. 소년법 제32조 제1항에 규정된 보호처분

소년법 제32조 제1항에 규정된 보호처분의 종류는 ① 보호자 또는 보호자를 대신하여 소년을 보호할 수 있는 자에게 감호 위탁(제1호), ② 수강명령(제2호), ③ 사회봉사명령(제3호), ④ 보호관찰관의 단기보호관찰(제4호), ⑤ 보호관찰관의 장기보호관찰(제5호), ⑥ 아동복지법에 따른 아동복지시설이나 그 밖의 소년보호시설에 감호 위탁(제6호), ⑦ 병원, 요양소 또는 보호소년 등의 처우에 관한 법률에 따른 소년의료보호시설에 위탁(제7호), ⑧ 1개월 이내의 소년원 송치(제8호), ⑨ 단기 소년원 송치(제9호), ⑩ 장기 소년원 송치(제10호)가 있다.

---

6) 대법원 1991.1.25. 선고 90도2693 판결.

나. 위탁처분과 수용처분

1호 처분은 사실상 소년을 종전의 환경으로 되돌려 보내는 것으로서 시설 외 처우의 일종이다. 6호와 7호 처분도 이와 유사한 성질을 갖는다. 그러므로 1호, 6호, 7호 처분을 묶어 위탁처분이라고 한다. 4호, 5호 처분은 시설의 처우의 일종이다. 또한 8·9·10호 처분은 보호소년에 대한 조사·심리 결과 비행성이 강하여 소년원에 송치할 필요성이 인정되어 소년원에 송치하는 처분을 말한다. 일정한 공적 시설 내에 수용된다는 점에서 수용처분이라고 한다.

3. 보호처분의 구체적 내용

가. 1호 처분

보호자 또는 보호자를 대신하여 소년을 보호할 수 있는 사람에게 감호(보살피고 보호함)를 위탁하는 처분이다.

보호자란 법률상 감호교육을 할 의무가 있는 사람 또는 현재 감호하는 사람을 말하며, 부모, 동거하는 고용주 등이 이에 속한다. 보호자에게 감호를 위탁하는 처분은 사실상 보호소년을 종래의 환경에 그대로 돌려놓는 것이지만, 법원의 결정에 따라 보호소년의 감호를 위탁하는 것으로서 보호자에 대한 주의의무를 환기시키는 의미가 있고, 보호자에 대한 특별교육명령을 함께 하여 보호자를 교육할 수 있다.

소년부 판사는 보호자에게 소년에 관한 보고서나 의견서를 제출하도록 요구할 수 있고, 소년의 감호에 관한 지시를 할 수도 있다. 소년부 판사는 그 위탁기간 중에 보호처분의 내용을 다른 보호처분으로 변경 할 수 있다.

소년에게 보호자가 없거나 보호자가 있더라도 그 보호자가 소년을 충분히 감호하기 어려운 경우 등에는 보호자를 대신하여 소년을 보호할 수 있는 사람에게 감호를 위탁할 수 있다. 보호자를 대신하여 소년을 보호할 수 있는 사람을 자원보호자라고 한다.

법원장은 보호자를 대신하여 소년의 감호를 위탁받을 사람을 정신과 의사, 심리학자, 사회사업가 또는 학식과 덕망이 있는 사람 중에서 위촉하며(소년심판규칙 제33조 제1항), 위탁보호위원이 소년의 보호에 적당하지 아니하거나 그 밖의 사유로 그 직무를 적절히 수행하기 어렵다고 인정하는 때에는 그 위촉을 해제할 수 있다(소년심판규칙 제33조 제2항).

나. 2호 처분

소년에게 일정한 내용의 강의를 듣도록 명령하는 처분이다.

소년부 판사가 소년법 제32조 제1항 제2호·제3호에 따라 수강명령 또는 사회봉사명령의 처분을 하는 경우에는 소년이 이행하여야 할 총 수강시간 또는 총 사회봉사시간과 집행기한을 정하여야 한다. 이 경우 필요하다고 인정하는 때에는 수강할 강의의 종류나 방법 및 그 시설, 사회봉사의 종류나 방법 및 그 대상이 될 시설 등을 지정할 수 있다(소년심판규칙 제31조 제2항).

법원장은 법 제32조 제1항 제2호·제3호에 따라 소년이 수강 또는 사회봉사할 장소 또는 시설을 지정할 수 있으며(소년심판규칙 제34조 제2항), 지정을 할 때에는 보호관찰소의 장으로 하여금 필요한 보고를 하게 하거나 그 의견을 들을 수 있으며(소년심판규칙 제34조 제3항), 법원장은 소년이 대안교육 또는 상담·교육을 받을 대안교육기관, 단체 또는 시설이나 보호자가 특별교육을 받을 기관을 지정할 수 있다(소년심판규칙 제34조 제4항).

위탁받는 기관 등은 소년에 대한 환경의 조정과 품행의 교정이나 보호자에 대한 특별교육에 적당한 곳이어야 하고, 이를 지정할 때에는 미리 그 시설의 운영자와 협의하여야 한다(소년심판규칙 제34조 제5항).

법원장은 언제든지 법원소속 공무원으로 하여금 지정된 위탁받는 기관 등이 소년의 보호나 보호자 특별교육에 충분한 시설을 가지고 있는가의 여부와 그 운영실태를 조사, 보고하도록 하고 이에 부적당하다고 인정되는 경우에는 그 지정을 취소할 수 있다(소년심판규칙 제34조 제6항).

다. 3호 처분

소년에게 일정한 내용의 사회봉사를 하도록 명령하는 처분이다.

소년부 판사는 총 사회봉사시간과 집행기한을 정한다. 소년부 판사는 사회봉사의 종류나 방법 및 그 대상이 될 시설 등도 지정할 수 있다.

라. 4호 처분

보호관찰관의 단기보호관찰처분이다. 보호관찰은 보호소년이 정상적인 사회생활을 할 수 있도록 하면서 전문가인 보호관찰관의 지도, 감독과 원호 등을 통하여 소년을 바르게 자라도록 하는 보호처분이다. 보호관찰은 소년이 사는 것을 관할하는 보호관찰소의 보호관찰관이 담당한다.

마. 5호 처분

보호관찰관의 장기 보호관찰처분이다. 보호관찰의 내용은 단기 보호관찰과 같다. 단기 보호관찰 기간이 1년인데 비하여, 장기 보호관찰 기간은 2년이고 1년의 범위에서 한 번 연장할 수 있다(소년법 제33조 제3항).

바. 6호 처분

아동복지법에 따른 아동복지시설이나 그 밖의 소년보호시설에 소년의 감호를 위탁하는 처분이다.

법원장은 아동복지시설 그 밖의 소년보호시설, 병원, 요양소, 「보호소년 등의 처우에 관한 법률」 상의 소년의료보호시설 등의 위탁받는 기관을 지정하여야 한다(소년심판규칙 제34조 제1항).

사. 7호 처분

소년을 병원, 요양소 또는 보호소년 등의 처우에 관한 법률에 따른 소년의료보호시설에 위탁하는 처분이다. 소년에게 정신질환이 있거나 약물남용을 한 경우와 같이 의학적인 치료와 요양이 필요한 때 내려지는 처분이다.

병원이나 요양소에의 위탁처분의 결정절차 및 감호에 관한 비용의 국고지급절차에 관하여 필요한 사항은 소년보호절차에 관한 예규에 규정되어 있다.

아. 8호 처분

1개월 이내의 짧은 기간 동안 소년원에 송치하는 처분이다.

단기간 동안 집중적인 교육 프로그램을 통하여 소년원 수용 기간을 최소화하면서 교육의 효과를 최대한으로 높이기 위한 처분이다. 보호처분 결정에서 입교할 소년원과 입교할 날짜를 정하면, 정해진 날짜에 해당 소년원에 입교하게 되며, 보호처분 결정에서 입교할 날짜를 별도로 정하지 않으면 보호처분 결정을 하는 날 바로 소년원에 입교한다.

자. 9호 처분

단기로 소년원에 송치하는 처분이다. 단기로 소년원에 송치된 소년의 보호기간은 최장 6개월이다. 소년원에 수용된 보호소년은 각자의 특성에 따라 학교교육을 계속 받거나 직업훈련을 받게 된다.

차. 10호 처분

장기로 소년원에 송치하는 처분이다. 장기로 소년원에 송치된 소년의 보호기간은 최장 2년이다. 소년원에 수용된 보호소년은 각자의 특성에 따라 학교교육을 계속 받거나 직업훈련을 받게 된다.

[보호처분의 병합 또는 부가 처분 (소년법 제32조 제2항, 제32조의2)]

처분	1호	2호	3호	4호	5호	6호	7호	8호	9호	10호	외출 제한	대안교육 (상담교육)	보호자 특별교육
1호		●	●	●	●								○
2호	●		●	●	●								○
3호	●	●		●	●								○
4호	●	●	●			●					○	○	○
5호	●	●	●			●		●			○	○	○
6호				●	●								○
7호													○
8호					●								○
9호													○
10호													○

4. 보호관찰처분에 따른 부가처분

소년법 제32조 제1항 제4호 또는 제5호의 처분을 할 때에 3개월 이내의 기간을 정하여 보호소년 등의 처우에 관한 법률에 따른 대안교육 또는 소년의 상담·선도·교화와 관련된 단체나 시설에서의 상담·교육을 받을 것을 동시에 명할 수 있다(소년법 제32조의2 제1항).

제32조 제1항 제4호 또는 제5호의 처분을 할 때에 1년 이내의 기간을 정하여 야간 등 특정 시간대의 외출을 제한하는 명령을 보호관찰대상자의 준수 사항으로 부과할 수 있다(소년법 제32조의2 제2항).

소년부 판사는 가정상황 등을 고려하여 필요하다고 판단되면 보호자에게 소년원·소년분류심사원 또는 보호관찰소 등에서 실시하는 소년의 보호를 위한 특별교육을 받을 것을 명할 수 있다(소년법 제32조의2 제3항).

5. 보호처분을 할 수 있는 연령

사회봉사명령(3호 처분)은 14세 이상의 소년에게만 할 수 있고, 수강명령(2호 처분) 및 장기소년원송치(10호 처분)는 12세 이상의 소년에게만 할 수 있다(제32조 제3항, 제4항).

6. 보호처분 기간

보호처분의 기간은 보호처분의 종류에 따라 다르다. 소년법 제32조 제1항 1호(보호자 또는 보호자를 대신하여 소년을 보호할 수 있는 자에게 감호 위탁), 6호(아동복지법에 따른 아동복지시설이나 그 밖의 소년보호시설에 감호 위탁), 7호(병원, 요양소 또는 보호소년 등의 처우에 관한 법률에 따른 소년의료보호시설에 위탁)처분의 위탁기간은 원칙적으로 6월이지만, 소년부판사의 결정에 의해 6월의 범위 안에서 1차에 한해 그 기간을 연장할 수 있다(제33조 제1항).

소년부판사는 더 이상 보호소년을 위탁할 필요가 없다고 인정한 때에는 언제든지 결정으로써 그 위탁기간을 종료시킬 수 있다(제33조 제1항 단서).

4호(보호관찰관의 단기보호관찰)처분의 기간은 1년이며 연장은 불가능하다(제33조 제2항). 5호 처분은 4호 처분과 마찬가지로 보호관찰처분이다. 하지만 5호(보호관찰관의 장기보호관찰) 처분은 2년으로 하고 보호관찰관의 신청이 있으면 소년부판사는 1년의 범위 안에서 1차에 한하여 그 기간을 연장할 수 있다(제33조 제3항).

9호(단기 소년원 송치)처분은 6개월을 초과할 수 없고 10호(장기 소년원 송치)처분은 2년을 초과할 수 없지만 소년부판사의 결정에 따라서 언제든지 중지할 수 있고(소년법원 제43조 제3항), 22세에 이른 때에는 보호소년을 무조건 퇴원시켜야 한다(소년원법 제43조 제1항). 수강명령은 100시간을, 사회봉사명령은 200시간을 초과할 수 없다(소년법 제33조 제4항).

[보호처분의 종류, 내용, 기간 및 연장, 대상연령 (소년법 32조, 33조)]

종 류	내 용	기간(연장)	대상연령
1호	보호자 또는 보호자를 대신하여 소년을 보호할 수 있는 자에게 감호 위탁	6월(+6월)	10세 이상
2호	수강명령	100시간 이내	12세 이상
3호	사회봉사명령	200시간 이내	14세 이상
4호	단기 보호관찰	1년	10세 이상
5호	장기 보호관찰	2년(+1년)	10세 이상
6호	「아동복지법」에 따른 아동복지시설이나 그 밖의 소년보호시설에 감호 위탁	6월(+6월)	10세 이상
7호	병원, 요양원 또는「보호소년 등의 처우에 관한 법률」에 따른 소년의료보호시설에 위탁	6월(+6월)	10세 이상
8호	1개월 이내의 소년원 송치	1월 이내	10세 이상
9호	단기 소년원 송치	6월 이내	10세 이상
10호	장기 소년원 송치	2년 이내	12세 이상

7. 보호처분 결정의 효력

가. 집행력

보호처분의 결정은 고지와 동시에 집행력이 생긴다. 결정의 확정을 기다리지 않고 집행이 가능하다. 항고는 결정의 집행을 정지시키는 효력이 없다(소년법 제46조).

나. 일사부재리의 효력

소년법 제32조의 보호처분을 받은 소년에 대하여는 그 심리가 결정된 사건은 다시 공소를 제기하거나 소년부에 송치할 수 없다. 다만, 제38조 제1항 제1호의 경우에는 공소를 제기할 수 있다(소년법 제53조).

즉 보호처분이 계속 중일 때에 사건 본인이 처분 당시 19세 이상인 것으로 밝혀진 경우에는 소년부 판사는 결정으로써 그 보호처분을 취소하고 검사·경찰서장의 송치 또는 제4조 제3항의 통고에 의한 사건인 경우에는 관할 지방법원에 대응하는 검찰청 검사에게 송치한다(소년법 제38조 제1항 제1호). 따라서 이 경우에는 일사부재리의 효력이 발생하지 않는다.

이미 보호처분을 받은 소년에 대하여 다시 보호절차가 진행되었다면 심리불개시 결정 또는 불처분의 결정을 하여야 한다. 보호처분을 받은 사건에 대해 형사사건으로 다시 공소가 제기되었다면 공소기각의 판결을 하여야 한다.

다. 장래 신상에 영향을 미치지 않는다.

소년의 보호처분은 그 소년의 장래 신상에 어떠한 영향도 미치지 아니한다(소년법 제32조 제6항). 그러나 소년법에 의한 보호처분을 받은 사실도 상습 인정의 자료가 될 수 있다.

8. 보호처분 결정의 고지와 통지 및 집행

소년법 제32조 제1항에 따른 결정은 심리 기일에 결정서에 의하여 고지하여야 하며(소년심판규칙 제3조 제1항), 제1항의 결정 이외의 결정은 법 및 이 규칙에 특별한 정함이 없는 경우에도 소년과 보호자에게 통지하여야 한다(소년심판규칙 제3조 제1항).

보호처분의 결정을 고지할 때에는 소년 및 출석한 보호자에 대하여 보호처분의 취지를 이해할 수 있도록 친절히 설명하여야 하며(소년심판규칙 제31조 제1항), 소년부 판사는 항고기간과 항고법원을 알려주어야 한다(소년심판규칙 제31조 제6항).

소년부판사는 소년법 제32조 제1항·제3항의 결정을 하였을 때에는 조사관·소년부법원서기관·법원사무관·법원주사·법원주사보·보호관찰관·소년원 또는 소년분류심사원 소속 공무원 기타 위탁 또는 송치받을 기관소속 직원에게 그 결정을 집행하게 할 수 있다(소년법 제35조).

한편 6호 처분부터 10호 처분까지 어느 하나에 해당하는 처분을 받은 소년이 시설위탁이나 수용 이후 그 시설을 이탈하였을 때에는 그 처분기간은 진행이 정지되고, 재위탁 또는 재수용된 때로부터 다시 진행한다(소년법 제33조 제7항).

9. 보호처분의 취소

보호처분의 집행 중 본인이 19세 이상인 것이 판명된 경우에는 우선 그 보호처분을 취소하고, 관련사건이 검사 또는 경찰서장의 송치 또는 소년법 제4조 제3항의 통고에 의한 것인 경우에는 관할지방법원에 대응하는 검찰청의 검사에게 송치하여야 한다. 그리고 소년법 제50조의 규정에 의해 법원이 송치한 사건의 경우에는 송치한 법원에 이송해야 한다(소년법 제38조 제1항 제1호, 2호).

범죄소년과 촉법소년에 대한 보호처분이 계속 중일 때 사건 본인이 행위 당시 10세 미만으로 밝혀진 경우 또는 우범소년에 대한 보호처분이 계속 중일 때 사건 본인이 처분 당시 10세 미만으로 밝혀진 경우 소년부판사는 결정으로써 그 보호처분을 취소하여야 한다(소년법 제38조 제2항).

보호처분의 집행 중 본인의 유죄판결이 확정되어 그 처분을 계속할 필요가 없어졌을 때에도 보호처분은 취소할 수 있다(소년법 제39조). 보호처분의 집행 중 본인에게 새로운 보호처분이 경합된 경우에, 새로운 보호처분을 한 소년부판사는 그 전의 보호처분을 한 소년부에 조회하여 어느 하나의 보호처분을 취소하여야 한다(소년법 제40조).

10. 보호처분에 대한 구제

소년법 제32조의 보호처분 및 제32조의2의 부가처분 또는 제37조의 보호처분·부가처분의 변경결정에서 그 결정에 영향을 미칠 법령위반이 있거나 중대한 사실오인이 있는 때 또는 처분이 현저히 부당한 때에는 본인·보호자·보조인 또는 그 법정대리인은 관할 가정법원 또는 지방법원본원 합의부에서 항고할 수 있다(소년법 제43조 제1항).

항고는 보호처분의 결정을 통고받은 날로부터 7일 이내에 제기하여야 하며, 이때 항고장은 반드시 원심소년부에 제출하여야 하고, 항고장을 제출받은 소년부는 3일 이내에 의견서를 첨부하여 항고법원에 송부하여야 한다(소년법 제44조 제1항, 제2항).

항고가 제기되더라도 이미 내려진 보호처분결정의 집행은 중지되지 않는다(소년법 제46조). 이렇게 제출된 항고장을 송부받은 항고법원은 항고절차가 법률의 규정에 위반되거나 항고가 이유 없다고 인정한 때에는 항고를 기각하여야 한다(소년법 제45조 제1항).

항고이유가 있다고 인정되는 경우에는 원결정을 취소하고 사건을 원소년부에 환송하거나 다른 소년부에 이송하여야 하지만, 환송·이송의 여유가 없이 급하거나 그 밖에 필요하다고 인정한 경우에는 원결정을 파기하고 불처분 또는 보호처분이 결정을 할 수 있다(소년법 제45조 제2항).

Ⅴ 소년형사사건

1. 소년형사사건의 의의

소년형사사건이란 죄를 범한 14세 이상 19세 미만의 범죄소년에 대하여 수사기관에서 수사를 하여 공소가 제기되거나 소년법원에서 검사에게 송치 또는 법원에 이송되어 형사법원에서 재판을 받아 형벌 및 그 집행에 이르는 전 과정의 사건을 말한다.

2. 소년형사사건의 대상

소년에 대한 형사사건은 형벌을 수단으로 하는 제재라는 점에서 일반형사사건과 차이가 없으나 소년을 대상으로 하기 때문에 특별규정으로 그 내용과 절차에 몇 가지 예외를 인정하고 있다.

3. 소년에 대한 형사절차상의 특칙

형사절차 면에서는 소년형사사건과 성인형사사건은 크게 다르지 않다. 다만 소년범의 특성상 세부적으로 몇 가지 절차적 특칙을 두고 있다.

가. 검사의 결정전 조사

검사는 소년 피의사건에 대하여 소년부 송치, 공소제기, 기소유예 등의 처분을 결정하기 위하여 필요하다고 인정하면 피의자의 주거지 또는 검찰청 소재지를 관할하는 보호관찰소의 장, 소년분류심사원장 또는 소년원장에게 피의자의 품행, 경력, 생활환경이나 그 밖에 필요한 사항에 관한 조사를 요구할 수 있으며(소년법 제49조의2 제1항), 요구를 받은 보호관찰소장 등은 지체 없이 이를 조사하여 서면으로 해당 검사에게 통보하여야 하며, 조사를 위하여 필요한 경우에는 소속 보호관찰관·분류심사관 등에게 피의자 또는 관계인을 출석하게 하여 진술요구를 하는 등의 방법으로 필요한 사항을 조사하게 할 수 있다(소년법 제49조의2 제2항).

조사를 할 때에는 미리 피의자 또는 관계인에게 조사의 취지를 설명하여야 하고, 피의자 또는 관계인의 인권을 존중하며, 직무상 비밀을 엄수하여야 하며(소년법 제49조의2 제3항), 검사는 보호관찰소장등으로부터 통보받은 조사 결과를 참고하여 소년피의자를 교화·개선하는 데에 가장 적합한 처분을 결정하여야 한다(소년법 제49조의2 제3항).

나 조건부 기소유예

검사는 피의자에 대하여 ① 범죄예방자원봉사위원의 선도, ② 소년의 선도·교육과 관련된 단체·시설에서의 상담·교육·활동 등에 해당하는 선도 등을 받게 하고, 피의사건에 대한 공소를 제기하지 아니할 수 있다. 이 경우 소년과 소년의 친권자·후견인 등 법정대리인의 동의를 받아야 한다(소년법 제49조의3).

다. 소년의 구속 및 수용

소년에 대한 구속영장은 부득이한 경우가 아니면 발부하지 못한다(소년법 제55조 제1항). 소년을 구속하는 경우에는 특별한 사정이 없으면 다른 피의자나 피고인과 분리하여 수용하여야 한다(소년법 제55조 제2항).

라. 공판의 심리

(1) 심리의 방침 및 조사의 위촉

소년에 대한 형사사건의 심리는 친절하고 온화하게 하여야 하며(소년법 제58조 제1항), 심리에는 소년의 심신상태, 품행, 경력, 가정상황, 그 밖의 환경 등에 대하여 정확한 사실을 밝힐 수 있도록 특별히 유의하여야 한다(소년법 제58조 제2항).

법원은 소년에 대한 형사사건에 관하여 필요한 사항을 조사하도록 조사관에게 위촉할 수 있다(소년법 제56조).

(2) 심리의 분리

소년에 대한 형사사건의 심리는 다른 피의사건과 관련된 경우에도 심리에 지장이 없으면 그 절차를 분리하여야 한다(소년법 제57조).

4. 형사처분상의 특칙

가. 사형·무기형의 완화

죄를 범할 당시 18세 미만인 소년에 대하여 사형 또는 무기형(無期刑)으로 처할 경우에는 15년의 유기징역으로 한다(소년법 제59조).

나. 부정기형

소년이 법정형으로 장기 2년 이상의 유기형에 해당하는 죄를 범한 경우에는 그 형의 범위에서 장기와 단기를 정하여 선고한다. 다만, 장기는 10년, 단기는 5년을 초과하지 못한다(소년법 제60조 제1항). 형의 집행유예나 선고유예를 선고할 때에는 제1항을 적용하지 아니한다(소년법 제60조 제3항). 소년의 특성에 비추어 상당하다고 인정되는 때에는 그 형을 감경할 수 있다(소년법 제60조 제2항).

소년에 대한 부정기형을 집행하는 기관의 장은 형의 단기가 지난 소년범의 행형 성적이 양호하고 교정의 목적을 달성하였다고 인정되는 경우에는 관찰 검찰청 검사의 지휘에 따라 그 형의 집행을 종료시킬 수 있다(소년법 제60조 제4항).

다. 미결구금일수의 산입

소년법 제18조 제1항 제3호(소년분류심사원에 위탁)의 조치가 있었을 때에는 그 위탁기간은 형법 제57조 제1항의 판결선고 전 구금일수로 본다(소년법 제61조).

라. 환형처분의 금지

18세 미만인 소년에게는 형법 제70조[7]에 따른 유치선고를 하지 못한다. 다만, 판결선고 전 구속되었거나 제18조 제1항 제3호의 조치가 있었을 때에는 그 구속 또는 위탁의 기간에 해당하는 기간은 노역장에 유치된 것으로 보아 형법 제57조를 적용할 수 있다(소년법 제62조).

7) 형법 제70조 (노역장유치) 벌금 또는 과료를 선고할 때에는 납입하지 아니하는 경우의 유치기간을 정하여 동시에 선고하여야 한다.

5. 행형에 관한 특칙

가. 성인으로부터 분리

징역 또는 금고를 선고받은 소년에 대하여는 특별히 설치된 교도소 또는 일반 교도소 안에 특별히 분리된 장소에서 그 형을 집행한다. 다만, 소년이 형의 집행 중에 23세가 되면 일반 교도소에서 집행할 수 있다(소년법 제63조).

나. 보호처분과 형의 집행

보호처분이 계속 중일 때에 징역, 금고 또는 구류를 선고받은 소년에 대하여는 먼저 그 형을 집행한다(소년법 제64조).

다. 가석방 및 가석방 기간의 종료

징역 또는 금고를 선고받은 소년에 대하여는 ① 무기형의 경우에는 5년, ② 15년 유기형의 경우에는 3년, ③ 부정기형의 경우에는 단기의 3분의 1의 기간이 지나면 가석방을 허가할 수 있다(소년법 제65조).

징역 또는 금고를 선고받은 소년이 가석방된 후 그 처분이 취소되지 아니하고 가석방 전에 집행을 받은 기간과 같은 기간이 지난 경우에는 형의 집행을 종료한 것으로 한다. 다만, 제59조의 형기 또는 제60조 제1항에 따른 장기의 기간이 먼저 지난 경우에는 그 때에 형의 집행을 종료한 것으로 한다(소년법 제66조).

6. 자격에 관한 법령의 적용

소년이었을 때 범한 죄에 의하여 형을 선고받은 자가 그 집행을 종료하거나 면제받은 경우 자격에 관한 법령을 적용할 때에는 장래에 향하여 형의 선고를 받지 아니한 것으로 본다(소년법 제67조).

소년범죄 관련 판례정리

(1) 소년법 제67조의 규정 취지 및 구 특정범죄 가중처벌 등에 관한 법률 제5조의4 제5항의 적용 요건인 과거 전과로서의 징역형에 '소년범'으로서 처벌받은 징역형도 포함되는지 여부(적극)

소년법 제67조는 "소년이었을 때 범한 죄에 의하여 형을 선고받은 자가 그 집행을 종료하거나 면제받은 경우 자격에 관한 법령을 적용할 때에는 장래에 향하여 형의 선고를 받지 아니한 것으로 본다"라고 규정하고 있는바, 위 규정은 「사람의 자격」에 관한 법령의 적용에 있어 장래에 향하여 형의 선고를 받지 아니한 것으로 본다는 취지에 불과할 뿐 전과까지 소멸한다는 것은 아니다. 따라서 특정범죄 가중처벌 등에 관한 법률 제5조의4 제5항을 적용하기 위한 요건으로서 요구되는 과거 전과로서의 징역형에는 소년으로서 처벌받은 징역형도 포함된다고 보아야 한다.8)

(2) 소년범 감경에 관한 소년법 제60조 제2항 등의 적용대상인 '소년'인지 여부를 판단하는 시기(=사실심판결 선고시)

소년법이 적용되는 '소년'이란 심판시에 19세 미만인 사람을 말하므로, 소년법의 적용을 받으려면 심판시에 19세 미만이어야 한다. 따라서 소년법 제60조 제2항의 적용대상인 '소년'인지의 여부도 심판시, 즉 사실심판결 선고시를 기준으로 판단되어야 한다.9)

(3) 소년보호사건에서 항고제기기간 내에 항고이유를 제출하지 않은 항고인에게 항고법원이 별도로 항고이유 제출 기회를 주어야 하는지 여부(소극)

소년법 제43조 제2항은 '항고를 제기할 수 있는 기간은 7일로 한다'고 규정하고 있고, 같은 법 제31조는 '소년보호사건의 심리에 필요한 사항은 대법원규칙으로 정한다'고 규정하고 있으며, 이에 따라 제정된 소년심판규칙 제44조는 '항고장에는 항고의 이유를 간결하게 명시하여야 한다'고 규정하고 있는바, 따라서 소년보호사건의 경우 제1심의 보호처분에 대하여 항고를 제기함에 있어서는 그 항고장에 항고이유를 기재하거나, 적법한 항고제기기간 내에 항고이유를 기재한 서면을 제출하여야 하고, 이와 별도로 항고법원이 항고인에게 항고이유의 제출 기회를 부여하여야 하는 것은 아니다.10)

(4) 소년법상의 보호처분을 받은 사건과 동일한 사건에 대하여 다시 공소를 제기할 수 있는지 여부(소극)

소년법 제32조의 보호처분을 받은 사건과 동일(상습죄 등 포괄일죄 포함)한 사건에 관하여 다시 공소제기가 되었다면, 이는 공소제기 절차가 법률의 규정에 위배하여 무효인 때에 해당한 경우이므로 형사소송법 제327조 제2호의 규정에 의하여 공소기각의 판결을 하여야 한다.11)

(5) 소년보호사건에 있어서 심리기일의 통지를 하지 아니하여 보조인이 출석하지 아니한 채 심리를 종결한 후 고지한 보호처분결정의 효력

소년보호사건의 보조인도 형사소송의 변호인과 마찬가지로 보호소년이 가지는 권리를 행사하는 외에 독자적인 입장에서 보호소년의 이익을 옹호하는 고유의 권리를 가진다고 할 것인데, 보조인에 대한 심리기일의 통지를 하지 아니하여 보조인이 출석하지 아니한 채 심리를 종결하고 보호처분의 결정을 하였다면 그러한 절차상의 위법은 위와 같은 보조인의 고유의 권리를 부당하게 제한하는 것이 되므로, 가사 보호소년이나 그 보호인이 심리기일에 이의를 제기하지 아니하였다 하더라도 그 하자가 치유되어 보호처분의 결정에 영향을 미치지 아니한다고 볼 수는 없어, 그 보호처분결정은 취소되어야 마땅하다.12)

8) 대법원 2010.4.29. 선고 2010도973 판결.
9) 대법원 2009.5.28. 선고 2009도2682, 2009전도7 판결.
10) 대법원 2008.8.12.자 2007트13 결정.
11) 대법원 1996.2.23. 선고 96도47 판결.
12) 대법원 1994.11.5.자 94트10 결정.

(6) 소년법 제60조 제2항 소정의 감경이 필요적인지 여부

소년법 제60조 제2항이 규정한 감경은 필요적인 것이 아니고 법원의 재량에 속하는 것이다.[13)]

(7) 소년법상의 보호처분을 받은 사실을 상습성 인정의 자료로 삼을 수 있는지 여부(적극)

소년법 제1조나 제32조 제5항의 규정이 있다 하여 보호처분을 받은 사실을 상습성 인정의 자료로 삼을 수 없는 것은 아니다.[14)]

(8) 항소심판결 선고후 성년이 된 경우와 부정기형

피고인이 항소심판결선고당시 소년법 제2조 소정의 소년이어서 부정기형이 선고되었다면 그 후 상고심에 와서 성년이 되었더라도 부정기형을 선고한 항소심판결을 파기할 사유가 되지 않는다.[15)]

(9) 무기징역을 작량감경하는 경우 소년에 대한 부정기형 선고의 가부(소극)

구 소년법 제54조 제1항에 의하면 소년이 법정형 장기 2년 이상의 유기형에 해당하는 죄를 범한 때에 그 법정형기의 범위내에서 장기와 단기를 정하여 선고하는 것이므로 법원이 수종의 법정형 중 무기징역형을 선택한 이상 작량감경을 하여 유기징역형을 선고할 경우라도 소년에 대하여 부정기형을 선고할 수 없다.[16)]

(10) 소년부 송치결정과 법관의 자유재량

소년법 제46조의 규정상 소년에 대한 형사피고사건을 심리한 결과 이에 관할 소년부에 송치할 만한 보호처분사유가 있는지의 여부는 법관이 자유재량에 의하여 판정할 사항이다.[17)]

(11) 소년법 제53조 소정의 "사형 또는 무기형으로 처할 것인 때"의 의미

소년법 제53조 소정의 "사형 또는 무기형으로 처할 것인 때에는 15년의 유기징역으로 한다"라는 규정은 소년에 대한 처단형이 사형 또는 무기형일 때에 15년의 유기징역으로 한다는 것이지 법정형이 사형 또는 무기형인 경우를 의미하는 것은 아니다.[18)]

(12) 항소심 판결 당시 미성년이었으나 상고심계속중 곧 성년이 될 자에 대한 부정기형 선고의 적부

상고심의 심판대상은 항소심 판결 당시를 기준으로 하여 그 당부를 심사하는데 있는 것이므로 항소심 판결 당시 미성년인 자에 대한 부정기형의 선고는 피고인이 그 후 상고심에 계속되어 가까운 시일안에 성년이 된다 하더라도 위법이 될 수 없다.[19)]

(13) 상고심계속중 성년이 되었으나 원심판결 당시 미성년인 자에 대한 부정기형선고의 적부

상은 원심판결당시를 기준으로 하여 그 당부를 심사하는데 있는 것이므로 원심판결당시 미성년

13) 대법원 1994.9.27. 선고 94도1892 판결.
14) 대법원 1989.12.12. 선고 89도2097 판결.
15) 대법원 1989.9.29. 선고 89도1440 판결.
16) 대법원 1989.5.9. 선고 89도522 판결.
17) 대법원 1986.5.19.자 86모8 결정.
18) 대법원 1986.12.23. 선고 86도2314 판결.
19) 대법원 1986.11.25. 선고 86도2064 판결.

으로서 부정기형을 선고받은 자가 그 후 상고심 계속중 성년으로 되었다 하더라도 원심의 부정기형 선고가 위법이 될 수 없다.[20]

(14) 소년범에게 법정형중 무기징역형을 선택한 후 작량감경을 하여 유기징역형으로 처단할 경우, 부정기형 선고의 가부

법정형중에서 무기징역형을 선택한 후 작량감경을 한 결과 유기징역을 선고하게 되는 경우에는 소년에게 부정기형을 선고하도록 규정한 소년법 제54조 제1항은 적용되지 아니한다.[21]

(15) 소년범에게 사형이나 무기징역형을 선택한 후 작량감경을 하여 유기징역형을 선고할 경우, 부정기형선고의 가부(소극)

소년법 제54조는 소년이 법정형 장기 2년 이상의 유기형에 해당하는 죄를 범한 때에는 그 법정형기 범위내에서 장기와 단기를 정하여 선고한다고 규정하고 있으므로 법정형이 사형, 무기징역, 유기징역이 있는 때에 그 법정형중 사형이나 무기징역형을 선택하고 작량감경한 결과로 피고인에게 유기징역형을 선고할 경우에는 위 소년법 제54조는 그 적용이 없다.[22]

(16) 소년법 제30조의 보호처분을 받은 사건에 대해 다시 공소가 제기된 경우 법원이 취하여야 할 조치(공소기각 판결)

소년법 제30조의 보호처분을 받은 사건과 동일한 사건에 대하여 다시 공소제기가 되었다면 동조의 보호처분은 확정판결이 아니고 따라서 기판력도 없으므로 이에 대하여 면소판결을 할 것이 아니라 공소제기절차가 동법 제47조의 규정에 위배하여 무효인 때에 해당한 경우이므로 공소기각의 판결을 하여야 한다.[23]

(17) 소년범에 대하여 형법 제37조 후단에 의하여 2개의 형을 선고하는 경우 단기형의 합계가 5년을 초과한 형의 양정의 적부

소년범에 대하여 형법 제37조 후단의 경합범에 해당한다 하여 2개의 형을 선고하는 경우에 그 단기형의 합계가 징역 5년을 초과하더라도 이는 소년법 제54조 제1항 단서의 규정에 저촉된다고 볼 수 없다.[24]

(18) 소년범에 대한 작량감경시 소년법 제54조 제1항 단서의 장, 단기제한도 1/2 감경할 수 있는지 여부

형법 제53조에 의한 작량감경은 법정형을 감경하여 처단형을 정하는 과정이며 법원은 이 처단형의 범위 내에서 선고형을 양정하게 되는 것인바, 소년법 제54조 제1항 단서는 소년에 대한 부정기 선고형의 상한을 정한 것에 불과하고 법정형을 정한 것이 아니므로 피고인에게 형법 제53조에 의한 작량감경 사유가 있다고 하여 위 소년법 소정의 부정기 선고형의 상한도 아울러 감경되어야 하는 것은 아니다.[25]

---

20) 대법원 1986.7.22. 선고 86도1043 판결.
21) 대법원 1986.6.24. 선고 86도971 판결.
22) 대법원 1985.6.25. 선고 85도881 판결.
23) 대법원 1985.5.28. 선고 85도21 판결.
24) 대법원 1983.10.25. 선고 83도2323 판결.

(19) 소년의 경우 법정형이 사형 무기징역형뿐일 때 감형에 의한 부정기형을 선고할 수 있는지 여부

피고인이 소년인 경우 법정형이 사형 또는 무기징역형에 국한되어 있는 범죄에 대해서는 유기징역형으로 감경 처단한 경우라도 소년법 54조에 의해 부정기형을 선고할 수 없고 정기형을 선고해야 한다.[26)]

(20) 소년부 판사가 심리불개시 결정한 사건에 대하여 다시 공소를 제기할 수 있는지 여부

소년부 판사가 심리불개시 결정한 사건에 대하여 다시 공소를 제기한 것은 위법이다.[27)]

---

25) 대법원 1983.6.14. 선고 83도993 판결.
26) 광주고법 1972.12.22. 선고 72노392 판결.
27) 광주고법 1971.3.11. 선고 70노367 판결.

제12장 | 학교폭력 피해학생과 학교안전공제회의 공제급여청구

Ⅰ 학교안전사고의 개념과 특징

1. 학교안전사고의 정의

가. 학교안전사고

학교안전사고라 함은 교육활동 중에 발생한 사고로서 학생·교직원 또는 교육활동참여자의 생명 또는 신체에 피해를 주는 모든 사고 및 학교급식 등 학교장의 관리·감독에 속하는 업무가 직접 원인이 되어 학생·교직원 또는 교육활동참여자에게 발생하는 질병으로서 대통령령이 정하는 것을 말한다(학교안전사고 예방 및 보상에 관한 법률 제2조 제6호).

나. 학 교

학교라 함은 ① 유아교육법 제2조 제2호의 규정에 따른 유치원, ② 초·중등교육법 제2조의 규정에 따른 학교, ③ 평생교육법 제20조 제2항의 규정에 따라 고등학교 졸업 이하의 학력이 인정되는 평생교육시설, ④ 재외국민의 교육지원 등에 관한 법률 제2조 제3호에 따른 한국 학교에 해당하는 기관 또는 시설을 말한다(학교안전사고 예방 및 보상에 관한 법률 제2조 제1호).

다. 학 생

학생이라 함은 학교에 입학하여 수학하고 있는 자를 말한다(학교안전사고 예방 및 보상에 관한 법률 제2조 제2호).

라. 교직원

교직원이라 함은 고용형태 및 명칭을 불문하고 학교에서 학생의 교육 또는 학교의 행정을 담당하거나 보조하는 교원 및 직원 등을 말한다(학교안전사고 예방 및 보상에 관한 법률 제2조 제3호).

마. 교육활동

교육활동이라 함은 ① 학교의 교육과정 또는 학교의 장이 정하는 교육계획 및 교육방침에 따라 학교의 안팎에서 학교장의 관리·감독 하에 행하여지는 수업·특별활동·재량활동·과외활동·수련활동 또는 체육대회 등의 활동, ② 등·하교 및 학교장이 인정하는 각종 행사 또는 대회 등에 참가하여 행하는 활동, ③ 그 밖에 대통령령이 정하는 시간 중의 활동으로서 위 ① 및 ②와 관련된 활동의 어느 하나에 해당하는 활동을 말한다(학교안전사고 예방 및 보상에 관한 법률 제2조 제4호).

학교안전사고 예방 및 보상에 관한 법률 제2조 제4호 다목에서 "대통령령이 정하는 시간"이란 ① 통상적인 경로 및 방법에 의한 등·하교 시간, ② 휴식시간 및 교육활동 전후의 통상적인 학교체류시간, ③ 학교의 장의 지시에 의하여 학교에 있는 시간, ④ 학교장이 인정하는 직업체험, 직장견학 및 현장실습 등의 시간, ⑤ 기숙사에서 생활하는 시간, ⑥ 학교 외의 장소에서 교육활동이 실시될 경우 집합 및 해산 장소와 집 또는 기숙사 간의 합리적 경로와 방법에 의한 왕복 시간의 어느 하나에 해당하는 시간을 말한다(학교안전사고 예방 및 보상에 관한 법률 시행령 제2조).

바. 교육활동참여자

교육활동참여자란 학생 또는 교직원이 아닌 사람으로서 ① 학교장의 승인 또는 학교장의 요청에 따라 교직원의 교육활동을 보조하거나 학생 또는 교직원과 함께 교육활동을 하는 사람, ② 비영리민간단체 지원법 제4조 제1항에 따라 등록된 비영리민간단체에서 학생의 등교·하교 시 교통지도활동 참여에 관하여 미리 서면으로 학교장에게 통지하여 학교장의 승인을 받거나 학교장의 요청에 따라 그 단체의 회원으로서 교통지도활동에 참여하는 사람의 어느 하나에 해당하는 사람을 말한다(학교안전사고 예방 및 보상에 관한 법률 제2조 제4호).

2. 학교안전사고의 특징

가. 책임소재 불분명

학교안전사고는 대부분 학생들이 그 당사자로서 책임소재가 불분명한 경우가 많다는 점이다. 학생들 사이의 장난이나 주의 산만에 기인한 학생 스스로의 사고가 절대적인 경우를 차지한다. 이는 대부분의 학교안전사고가 예기치 못한 우발적이고 돌발적인 사고에 의해 발생한다는 것을 의미한다. 이때에 과연 누구에게 사고의 책임을 물어야 하는지 명확하지 않은 것이다.

나. 발생할 개연성이 높음

학교안전사고는 언제, 어느 상황에서나 발생할 개연성이 늘 잠복해 있는 점이다. 학교에는 판단력이나 분별력이 부족한 어린이들, 혈기왕성한 시기의 청소년들이 많이 모여 있는 곳이다. 일반 교과시간이나, 교육과정상 위험이 내포한 교과시간, 휴식시간 등 교사가 함께 있거나, 함께 있지 못한 상황에서도 학교안전사고의 위험이 늘 존재한다고 볼 수 있다.

다. 학교급별로 학생들의 발달단계에 현저한 차이 존재

학교급별로 학생들의 발달단계에 현저한 차이가 있다는 점이다. 유치원생은 신체적인 면에서나 인지적인 면에서 매우 미숙한 상태에 있어 성인의 보호가 절대적으로 필요로 하고, 초등학생의 경우에도 인지적인 면에서 아직 미숙하여 본인의 행동으로 인한 위험성에 대한 지각능력이 부족한 상황이다.

특히 중·고등학생들은 발달과정상 신체적, 정신적으로 성장의 속도가 빠른 시기이고 혈기왕성하며, 자기가치 표현이나 주장이 강한 시기로 친구들 간의 의견이 맞서는 상황이 벌어질 가능성이 어느 발달단계보다 높다 할 수 있다.

라. 당사자인 학생이 미성년자라는 점

학교안전사고의 당사자인 학생이 미성년자라는 점이다. 민법상 만20세 미만인 사람은 미성년자로서 법률행위 무능력자이다. 또한 만14세 미만은 그 행위를 벌하지 아니하는 형사미성년자이다. 이같이 법률행위 무능력자이거나 책임무능력자인 자가 사고의 당사자라는 점 때문에 학교안전사고의 책임이 이들에 대한 지도·책임 있는 학부모에게 지도·교양의무나 교원들에게 지도·감독의무에 따른 책임이 문제된다.

Ⅱ 학교안전사고 예방 및 보상에 관한 법률의 주요내용

1. 공제급여의 종류

공제회가 지급하는 공제급여의 종류는 ① 요양급여, ② 장해급여, ③ 간병급여, ④ 유족급여가 있다(학교안전사고 예방 및 보상에 관한 법률 제34조).

2. 공제급여의 종류별 구체적 내용

가. 요양급여

요양급여는 학교안전사고로 인하여 피공제자가 부상을 당하거나 질병에 걸린 경우에 피공제자 또는 그 보호자등에게 지급한다(학교안전사고 예방 및 보상에 관한 법률 제36조 제1항).

요양급여는 학교안전사고로 인하여 피공제자가 입은 부상 또는 질병의 치료에 소요된 비용 중 국민건강보험법 제44조[1]의 규정에 따라 피공제자 또는 그 보호자등이 부담한 금액으로 한다. 다만, 법원의 판결 등으로 국민건강보험법 제58조[2]에 따라 공단의 구상권 행사에 따른 손해배상액이 확정된 경우 학교의 장이 부담할 부분은 공제회가 부담한다(학교안전사고 예방 및 보상에 관한 법률 제36조 제2항).

요양급여의 범위는 ① 진찰·검사, ② 약제·치료재료의 지급, ③ 처치·수술 그 밖의 치료, ④ 재활치료, ⑤ 입원, ⑥ 간호, ⑦ 호송, ⑧ 의지·의치, 안경·보청기 등 보장구의 처방 및 구입에 드는 비용이다(학교안전사고 예방 및 보상에 관한 법률 제36조 제3항).

학교안전사고 예방 및 보상에 관한 법률 제1항부터 제3항까지의 규정에도 불구하고 학교폭력 예방 및 대책에 관한 법률 제2조 제1호[3]에 따른 행위로 인한 경우에는 같은

---

1) 국민건강보험법 제44조 (비용의 일부부담) 요양급여를 받는 자는 대통령령으로 정하는 바에 따라 비용의 일부(이하 "본인일부부담금"이라 한다)를 본인이 부담한다.

2) 국민건강보험법 제58조 (구상권) ① 공단은 제3자의 행위로 보험급여사유가 생겨 가입자 또는 피부양자에게 보험급여를 한 경우에는 그 급여에 들어간 비용 한도에서 그 제3자에게 손해배상을 청구할 권리를 얻는다. ② 제1항에 따라 보험급여를 받은 사람이 제3자로부터 이미 손해배상을 받은 경우에는 공단은 그 배상액 한도에서 보험급여를 하지 아니한다.

3) 학교폭력 예방 및 대책에 관한 법률 제2조 (정의) 이 법에서 사용하는 용어의 정의는 다음 각 호와 같다.
1. "학교폭력"이란 학교 내외에서 학생을 대상으로 발생한 상해, 폭행, 감금, 협박, 약취·유인, 명예훼손·

법 제16조 제1항 제1호부터 제3호까지의 조치[4]를 이행하는 데 필요한 비용을 지급하여야 한다(학교안전사고 예방 및 보상에 관한 법률 제36조 제4항).

나. 장해급여

장해급여는 요양급여를 받은 피공제자가 요양을 종료한 후에도 장해가 있는 때에는 국가배상법 제3조 제2항 제3호[5]에서 정한 금액 및 같은 법 제3조 제5항[6]에서 정한 위자료를 피공제자 또는 그 보호자 등에게 지급한다(학교안전사고 예방 및 보상에 관한 법률 제37조 제1항).

[별표 2]

신체장해의 등급과 노동력상실률표(제16조 제1항 관련)

등급	신체장해	노동력 상실률(%)
제1급	1. 두 눈이 실명된 자 2. 씹는 것과 언어의 기능이 전폐(全廢)된 자 3. 정신에 현저한 장해가 남아 항상 간호가 필요한 자 4. 흉복부 장기에 현저한 장해가 남아 항상 곁에서 돌보아 줄 필요가 있는 자	100

모욕, 공갈, 강요·강제적인 심부름 및 성폭력, 따돌림, 사이버 따돌림, 정보통신망을 이용한 음란·폭력 정보 등에 의하여 신체·정신 또는 재산상의 피해를 수반하는 행위를 말한다.

4) 학교폭력 예방 및 대책에 관한 법률 제16조(피해학생의 보호) ① 자치위원회는 피해학생의 보호를 위하여 필요하다고 인정하는 때에는 피해학생에 대하여 다음 각 호의 어느 하나에 해당하는 조치(수개의 조치를 병과하는 경우를 포함한다)를 할 것을 학교의 장에게 요청할 수 있다. 다만, 학교의 장은 피해학생의 보호를 위하여 긴급하다고 인정하거나 피해학생이 긴급보호의 요청을 하는 경우에는 자치위원회의 요청 전에 제1호, 제2호 및 제6호의 조치를 할 수 있다. 이 경우 자치위원회에 즉시 보고하여야 한다.
1. 심리상담 및 조언, 2. 일시보호, 3. 치료 및 치료를 위한 요양

5) 국가배상법 제3조 (배상기준) ② 제2조제1항을 적용할 때 타인의 신체에 해를 입힌 경우에는 피해자에게 다음 각 호의 기준에 따라 배상한다. 3. 피해자가 완치 후 신체에 장해가 있는 경우에는 그 장해로 인한 노동력 상실 정도에 따라 피해를 입은 당시의 월급액이나 월실수입액 또는 평균임금에 장래의 취업가능기간을 곱한 금액의 장해배상

6) 국가배상법 제3조 (배상기준) ⑤ 사망하거나 신체의 해를 입은 피해자의 직계존속·직계비속(직계비속) 및 배우자, 신체의 해나 그 밖의 해를 입은 피해자에게는 대통령령으로 정하는 기준 내에서 피해자의 사회적 지위, 과실의 정도, 생계 상태, 손해배상액 등을 고려하여 그 정신적 고통에 대한 위자료를 배상하여야 한다.

	5. 반신불수가 된 자 6. 두 팔을 팔꿈치관절(肘關節) 이상에서 상실한 자 7. 두 팔의 기능이 전폐된 자 8. 두 다리를 무릎관절(膝關節) 이상에서 상실한 자 9. 두 다리의 기능이 전폐된 자	
제2급	1. 한 눈이 실명되고 다른 눈의 시력이 0.02 이하로 된 자 2. 두 눈의 시력이 0.02 이하로 된 자 3. 두 팔을 손목관절(腕關節) 이상에서 상실한 자 4. 두 다리를 발관절(足關節) 이상에서 상실한 자 5. 정신에 현저한 장애가 남아 수시로 간호가 필요한 자 6. 흉복부 장기에 현저한 장애가 남아 수시로 곁에서 돌보아 줄 필요가 있는 자	100
제3급	1. 한 눈이 실명되고 다른 눈의 시력이 0.06 이하로 된 자 2. 씹는 것 또는 언어의 기능이 전폐된 자 3. 정신에 현저한 장해가 남아 평생 노무에 종사하지 못하는 자 4. 흉복부 장기의 기능에 현저한 장해가 남아 평생 노무에 종사하지 못하는 자 5. 두 손의 손가락을 모두 상실한 자	100
제4급	1. 두 눈의 시력이 0.06 이하로 된 자 2. 씹는 것과 언어의 기능에 현저한 장해가 남은 자 3. 고막의 전부의 결손이나 그 외의 원인으로 인하여 두 귀의 청력을 완전히 상실한 자 4. 한 팔을 팔꿈치관절 이상에서 상실한자 5. 한 다리를 무릎관절 이상에서 상실한 자 6. 두 손의 손가락 기능이 모두 폐용(廢用)된 자 7. 두 발을 “리스프랑” 관절 이상에서 상실한 자	90
제5급	1. 한 눈이 실명되고 다른 눈의 시력이 0.1 이하로 된 자 2. 한 팔을 손목관절 이상에서 상실한 자 3. 한 다리를 발목관절 이상에서 상실한 자 4. 한 팔의 기능이 전폐된 자 5. 한 다리의 기능이 전폐된 자 6. 두 발의 발가락을 모두 상실한 자	80
제6급	1. 두 눈의 시력이 0.1 이하로 된 자 2. 씹는 것 또는 언어의 기능에 현저한 장해가 남은 자 3. 고막의 대부분이 결손이나 그 외의 원인으로 인하여 두 귀의 청력이 귓바퀴에 대지 아니하면 큰 말소리를 알아듣지 못하는 자 4. 척추에 현저한 기형이나 현저한 운동장해가 남은 자 5. 한 팔의 3대 관절 중의 2개 관절이 폐용(廢用)된 자	70

	6. 한 다리의 3대 관절 중의 2개 관절이 폐용된 자 7. 한 손의 5개의 손가락 또는 엄지와 검지를 포함하여 4개의 손가락을 상실한 자	
제7급	1. 한 눈이 실명되고 다른 눈의 시력이 0.6 이하로 된 자 2. 고막의 중등도(中等度)의 결손이나 그 외의 원인으로 두 귀의 청력이 40센티미터 이상의 거리에서는 보통 말소리를 알아듣지 못하는 자 3. 정신에 장해가 남아 간단한 노무 외에는 종사하지 못하는 자 4. 신경계통의 기능에 현저한 장해가 남아 간단한 노무 외에는 종사하지 못하는 자 5. 흉복부 장기의 기능에 장해가 남아 간단한 노무 외에는 종사하지 못하는 자 6. 한 손의 엄지와 검지를 상실한 자 또는 엄지나 검지를 포함하여 3개 이상의 손가락을 상실한 자 7. 한 손의 5개의 손가락 또는 엄지와 검지를 포함하여 4개의 손가락이 폐용된 자 8. 한 발을 "리스프랑" 관절 이상에서 상실한 자 9. 한 팔에 가관절(假關節)이 남아 현저한 운동장해가 남은 자 10. 한 다리에 가관절이 남아 현저한 운동장해가 남은 자 11. 두 발의 발가락이 모두 폐용된 자 12. 외모에 현저한 흉한 모양이 남은 자 13. 양쪽의 고환을 상실한 자	60
제8급	1. 한 눈이 실명되거나 한 눈의 시력이 0.02 이하로 된 자 2. 척추에 운동장해가 남은 자 3. 한 손의 엄지를 포함하여 2개의 손가락을 상실한 자 4. 한 손의 엄지와 검지가 폐용된 자 또는 한 손의 엄지나 검지를 포함하여 3개 이상의 손가락이 폐용된 자 5. 한 다리가 5센티미터 이상 짧아진 자 6. 한 팔의 3대 관절 중의 1개 관절이 폐용된 자 7. 한 다리의 3대 관절 중의 1개 관절이 폐용된 자 8. 한 팔에 가관절이 남은 자 9. 한 다리에 가관절이 남은 자 10. 한 발의 5개의 발가락을 모두 상실한 자 11. 비장 또는 한쪽의 신장을 상실한 자 12. 전신의 40퍼센트 이상에 흉한 모양이 남은 자	50
제9급	1. 두 눈의 시력이 0.6 이하로 된 자 2. 한 눈의 시력이 0.06 이하로 된 자 3. 두 눈에 반맹증(半盲症)·시야협착(視野狹窄) 또는 시야변상(視野變相)이 남은 자 4. 두 눈의 눈꺼풀에 현저한 결손이 남은 자 5. 코가 결손되어 그 기능에 현저한 장해가 남은 자 6. 씹는 것과 언어의 기능에 장해가 남은 자 7. 고막의 전부가 결손이나 그 외의 원인으로 인하여 한 귀의 청력을 완전히	40

	상실한 자 8. 한 손의 엄지를 상실한 자 또는 검지를 포함하여 2개의 손가락을 상실한 자 또는 엄지와 검지 외의 3개의 손가락을 상실한 자 9. 한 손의 엄지를 포함하여 2개의 손가락이 폐용된 자 10. 한 발의 엄지발가락을 포함하여 2개 이상의 발가락을 상실한 자 11. 한 발의 발가락이 모두 폐용된 자 12. 생식기에 현저한 장해가 남은 자 13. 정신에 장해가 남아 종사할 수 있는 노무가 상당한 정도로 제한된 자 14. 신경계통의 기능에 장해가 남아 종사할 수 있는 노무가 상당한 정도로 제한된 자	
제10급	1. 한눈의 시력이 0.1 이하로 된 자 2. 씹는 것 또는 언어의 기능에 장해가 남은 자 3. 14개 이상의 치아에 치과 보철을 한 자 4. 고막의 대부분의 결손이나 그 외의 원인으로 인하여 한 귀의 청력이 귓바퀴에 대지 아니하면 큰 말소리를 알아듣지 못하는 자 5. 한 손의 검지를 상실한 자 또는 엄지와 검지 이외의 2개의 손가락을 상실한 자 6. 한 손의 엄지가 폐용된 자 또는 검지를 포함하여 2개의 손가락이 폐용된 자 또는 엄지와 검지 외의 3개의 손가락이 폐용된 자 7. 한 다리가 3센티미터 이상 단축된 자 8. 한 발의 엄지발가락 또는 그 외의 4개의 발가락을 상실한 자 9. 한 팔에 3대 관절 중의 1개 관절의 기능에 현저한 장해가 남은 자 10. 한 다리의 3대 관절 중의 1개 관절의 기능에 현저한 장해가 남은 자	30
제11급	1. 두 눈의 안구(眼球)에 현저한 조절기능 장해나 또는 현저한 운동 장해가 남은 자 2. 두 눈의 눈꺼풀에 현저한 운동장해가 남은 자 3. 한 눈의 눈꺼풀에 현저한 결손이 남은 자 4. 고막의 중등도의 결손이나 그 외의 원인으로 인하여 한 귀의 청력이 40센티미터 이상의 거리에서는 보통 말소리를 알아듣지 못하는 자 5. 척추에 기형이 남은 자 6. 한 손의 중지 또는 약지를 상실한 자 7. 한 손의 검지가 폐용된 자 또는 엄지와 검지 이외에 2개의 손가락이 폐용된 자 8. 한 발의 엄지발가락을 포함하여 2개 이상의 발가락이 폐용된 자 9. 흉복부 장기에 장해가 남은 자	20
제12급	1. 한 눈의 안구에 현저한 조절기능 장해 또는 현저한 운동장해가 남은 자 2. 한 눈의 눈꺼풀에 현저한 운동장해가 남은 자 3. 7개 이상의 치아에 치과 보철을 한 자 4. 한 귀의 귓바퀴의 대부분이 결손된 자 5. 쇄골·가슴뼈(胸骨)·늑골·어깨뼈(肩胛骨)나 또는 엉덩뼈(骨盤)에 현저한 기형이 남은 자	15

	6. 한 팔의 3대 관절 중의 1개 관절의 기능에 장해가 남은 자 7. 한 다리의 3대 관절 중의 1개 관절의 기능에 장해가 남은 자 8. 장관골(長關骨)에 기형이 남은 자 9. 한 손의 중지 또는 약지가 폐용된 자 10. 한 발의 두 번째 발가락을 상실한 자 또는 두 번째 발가락을 포함하여 2개의 발가락을 상실한 자 또는 세 번째 발가락 이하의 3개의 발가락을 상실한 자 11. 한 발의 엄지발가락 또는 그 외의 4개의 발가락이 폐용된 자 12. 국부에 현저한 신경증상이 남은 자 13. 외모에 흉한 모양이 남은 자	
제13급	1. 한 눈의 시력이 0.6 이하로 된 자 2. 한 눈에 반맹증·시야협착 또는 시야변상이 남은 자 3. 두 눈의 눈꺼풀의 일부에 결손이 남거나 속눈썹에 결손이 남은 자 4. 한 손의 새끼손가락을 상실한 자 5. 한 손의 엄지의 손가락뼈의 일부를 상실한 자 6. 한 손의 검지의 손가락뼈의 일부를 상실한 자 7. 한 손의 검지의 손톱 바로 밑의 관절(末關節)을 굽혔다 폈다를 할 수 없는 자 8. 한 다리가 1센티미터 이상 짧아진 자 9. 한 발의 세 번째 발가락 이하의 1개 또는 2개의 발가락을 상실한 자 10. 한 발의 두 번째 발가락이 폐용된 자 또는 두 번째 발가락을 포함하여 2개의 발가락이 폐용된 자 또는 세 번째 발가락 이하의 3개의 발가락이 폐용된 자	10
제14급	1. 한 눈의 눈꺼풀의 일부에 결손이 남거나 또는 속눈썹에 결손이 남은 자 2. 3개 이상의 치아에 치과 보철을 한 자 3. 팔의 노출면에 손바닥 크기의 흉한 흔적이 남은 자 4. 다리의 노출면에 손바닥 크기의 흉한 흔적이 남은 자 5. 한 손의 새끼손가락이 폐용된 자 6. 한 손의 엄지와 검지 외의 손가락의 손가락뼈 일부를 상실한 자 7. 한 손의 엄지와 검지 외의 손가락의 손톱 바로 밑의 관절을 굽혔다 폈다를 할 수 없는 자 8. 한 발의 세 번째 발가락 이하의 1개 또는 2개의 발가락이 폐용된 자 9. 국부에 신경증상이 남은 자	5

(주) 1. 시력의 측정은 국제식시력표에 의하여 굴절이상(屈折異常)이 있는 자에 대하여는 원칙적으로 교정시력을 측정한다.
2. 손가락의 상실(喪失)이란 엄지의 경우에는 지관절(指關節), 그 밖의 손가락의 경우에는 제1지관절 이상을 상실한 경우를 말한다.
3. 손가락의 폐용이란 손가락 끝부분의 2분의 1 이상을 상실하거나 또는 중추지관절 또는 제1지관절(엄지의 경우에는 지관절)에 현저한 운동장해가 남은 경우를 말한다.
4. 발가락의 상실이란 발가락의 전부를 상실한 경우를 말한다.

5. 발가락의 폐용이란 엄지발가락에 있어서는 발톱 바로 밑의 관절의 2분의 1 이상, 그 밖의 발가락에 있어서는 발톱 바로 밑의 관절 이상을 상실한 경우 또는 중족지관절 또는 제1지관절(엄지발가락의 경우에는 지관절)에 현저한 운동장해가 남은 경우를 말한다.
6. 각 등급의 신체장해에 해당되지 아니하는 장해는 그 노동력상실률에 따라 해당 등급의 신체장해로 본다.

[별표 5]

신체장해에 대한 위자료 기준표 (제19조 관련)

구 분		금 액
가. 피해자 본인	노동력 100퍼센트 상실	2천만원
	그 밖의 경우	2천만원×노동력상실률
나. 배우자(동거 중인 사실혼관계인 자를 포함한다), 미혼자의 부모		피해자 본인의 각 1/2
다. 부모·자녀		피해자 본인의 각 1/4
라. 그 밖의 직계존속 및 직계비속, 형제자매, 동거 중인 시부모·장인·장모		피해자 본인의 각 1/8

(주) 1. 피해자 본인이 세대주인 경우에는 위 표의 금액에 50퍼센트를 가산하고, 10세 이하 또는 60세 이상인 경우에는 위 표의 금액에 20퍼센트를 감액한다.
2. 위 표의 금액이 적당하지 아니하다고 인정되는 특별한 사정이 있는 경우에는 위자료를 가감할 수 있다.

다. 간병급여

간병급여는 요양급여를 받은 자가 치료를 받은 후에도 의학적으로 상시 또는 수시로 간병이 필요한 경우에 실제로 간병을 받는 피공제자 또는 그 보호자 등에게 지급한다(학교안전사고 예방 및 보상에 관한 법률 제38조 제1항).

[별표 4] 〈개정 2010.7.12〉

간병급여의 지급대상 및 지급기준(제17조 제1항 관련)

구 분	지급대상	지급기준
상시간병급여(常時看病給與)	1. 신경계통의 기능, 정신기능 또는 흉복부장기기능의 장해가 장해등급 제1급에 해당하는 자 2. 두 눈·두 팔 또는 두 다리의 장해가 장해등급 제1급에	「산업재해보상보험법」 제37조 제4항 제5호에 따른 간병과 관련하여 고용

	해당하는 장해와 함께 그 밖의 부위에 장해등급 제7급 이상에 해당하는 장해가 있는 자	노동부장관이 고시하는 금액
수시간병급여 (隨時看病給與)	3. 신경계통의 기능, 정신기능 또는 흉복부장기기능의 장해가 장해등급 제2급에 해당하는 자 4. 신경계통의 기능, 정신기능 또는 흉복부장기기능 장해외의 장해가 장해등급 제1급(조정장해 포함)에 해당하는 자 5. 두 눈·두 팔 또는 두 다리의 장해가 장해등급 제2급에 해당하는 장해와 함께 그 밖의 부위에 장해등급 제7급 이상에 해당하는 장해가 있는 자 6. 두 손의 손가락을 모두 잃어 혼자의 힘으로 식사를 할 수 없는 자로서 수시간병을 받아야 하는 자 7. 학교장의 관리·감독하의 질병으로 신체가 몹시 허약하여 다른 사람의 도움 없이는 거동이 전혀 불가능 한 자	상시간병급여액의 3분의 2에 해당하는 금액

참고 : 간병급여 지급대상자가 무료 요양소에 입소하여 간병비용을 지출하지 아니하거나 지출한 간병비용이 간병급여액에 미치지 아니한 것이 명백한 경우에는 간병급여를 지급하지 아니하거나 실제 지출된 간병비용만 지급한다.

라. 유족급여

유족급여는 피공제자가 학교안전사고로 인하여 사망한 경우에 국가배상법 제3조 제1항 제1호[7]에서 정한 금액 및 같은 법 제3조 제5항에서 정한 위자료를 피공제자의 상속인에게 지급하되, 사실상 혼인관계에 있던 자를 포함하여 지급한다(학교안전사고 예방 및 보상에 관한 법률 제39조 제1항).

[별표 6]

사망에 대한 위자료 기준표(제19조 관련)

구 분	금 액
가. 피해자 본인	2천만원

7) 제3조 (배상기준) ① 제2조 제1항을 적용할 때 타인을 사망하게 한 경우(타인의 신체에 해를 입혀 그로 인하여 사망하게 한 경우를 포함한다) 피해자의 상속인(이하 "유족"이라 한다)에게 다음 각 호의 기준에 따라 배상한다.

1. 사망 당시(신체에 해를 입고 그로 인하여 사망한 경우에는 신체에 해를 입은 당시를 말한다)의 월급액이나 월실수입액 또는 평균임금에 장래의 취업가능기간을 곱한 금액의 유족배상

나. 배우자(동거중인 사실혼관계인 자를 포함한다), 미혼자의 부모	피해자 본인의 각 1/2
다. 부모·자녀	피해자 본인의 각 1/4
라. 그 밖의 직계존속 및 직계비속, 형제자매, 동거 중인 시부모·장인·장모	피해자 본인의 각 1/8

(주) 1. 피해자 본인이 세대주인 경우에는 위 표의 금액에 50퍼센트를 가산하고, 10세 이하 또는 60세 이상인 경우에는 위 표의 금액에 20퍼센트를 감액한다.
2. 위 표의 금액이 적당하지 아니하다고 인정되는 특별한 사정이 있는 경우에는 위자료를 가감할 수 있다.

마. 장의비

장의비는 피공제자가 학교안전사고로 인하여 사망한 경우에 국가배상법 제3조 제1항 제2호[8])에서 정한 평균임금의 100일분을 그 장의를 행하는 자에게 지급한다(학교안전사고 예방 및 보상에 관한 법률 제40조 제1항).

바. 위로금

공제회는 피공제자인 학생이 교육활동 중에 학교안전사고 이외의 원인을 알 수 없는 사유로 사망한 경우에는 대통령령으로 정하는 위로금을 지급하여야 하며(학교안전사고 예방 및 보상에 관한 법률 제40조의2 제1항), 공제회는 피공제자인 학생이 교육활동 중에 학교안전사고 이외의 원인을 알 수 없는 사유로 사망한 경우에 법 제40조의2 제1항에 따라 4천만원의 위로금을 지급한다(학교안전사고 예방 및 보상에 관한 법률 시행령 20조의2). 위로금은 제39조 제1항에 따른 상속인에게 지급한다(학교안전사고 예방 및 보상에 관한 법률 제40조의2 제2항).

3. 공제급여액의 결정

공제회는 공제급여의 종류별로 요양급여, 장해급여, 간병급여, 유족급여의 규정에 따라 공제급여액을 결정하며(학교안전사고 예방 및 보상에 관한 법률 제35조 제1항), 이 규정에 불구하고 법원의 판결 등으로 학교안전사고로 인하여 피공제자가 입은 피해에 대하여

---

8) 제3조 (배상기준) ① 제2조 제1항을 적용할 때 타인을 사망하게 한 경우(타인의 신체에 해를 입혀 그로 인하여 사망하게 한 경우를 포함한다) 피해자의 상속인(이하 "유족"이라 한다)에게 다음 각 호의 기준에 따라 배상한다.
2. 대통령령으로 정하는 장례비

공제가입자 또는 피공제자가 지급하여야 할 보상액 또는 배상액이 확정되는 경우 그 확정된 보상액 또는 배상액(지연배상금을 포함한다)은 이 법에 따른 공제급여액으로 보아 공제회가 이를 부담한다(학교안전사고 예방 및 보상에 관한 법률 제35조 제2항).

[국민건강보험법 시행규칙]

[별표] 〈신설 2012.3.30〉

요양급여지급 세부기준 (제2조의2 관련)

구 분	내 용
가. 선택 진료비	1) 선택진료비는 다음의 기간에 대하여 지급할 수 있다. 가) 사고에 의한 부상 또는 질병으로 인하여 입원 요양한 기간 나) 사고에 의한 부상 또는 질병의 상병상태(傷病狀態)가 입원을 필요로 하지 아니하는 경우에는 최초 선택진료를 받은 날부터 14일 이내 2) 선택진료비는 「선택진료에 관한 규칙」에 의하여 산정한 금액으로 한다.
나. 방사선 특수 영상진단료	1) 자기공명영상진단(MRI : Magnetic Resonance Imaging)은 의사의 소견에 따라 1회의 진단료를 지급할 수 있다. 다만, 다음 항목의 어느 하나에 해당하는 경우에는 추가로 지급할 수 있다. 가) 장해상태의 확인을 위한 경우 나) 상병상태가 호전이 없거나 악화된 경우 또는 진료방향을 결정하기 위한 촬영의 필요성이 의학적으로 인정되는 경우 다) 수술 후 상병상태 확인을 위하여 의학적으로 필요성이 인정되는 경우 2) 초음파 검사료는 진료기간의 범위 안에서 의료기관에서 치료상 필요하여 실시한 경우에 지급할 수 있다.
다. 무통 주사제	무통주사제 비용은 치료에 필요한 경우 지급할 수 있다. 다만, 영양제 비용은 지급하지 아니한다.
라. 화상 치료 제등	화상 또는 열상은 의사의 소견에 따라 그 치료제와 치료보조재의 비용을 지급할 수 있다.
마. 성형 수술비	1) 화상 반흔제거 수술비 산정기준은 다음과 같다. 가) 화상 반흔제거 수술은 화상으로 인하여 신체기능에 장애가 있거나 타인에게 혐오감을 주는 경우에 인정한다. 나) 인정횟수는 2회 이내로 하되, 의사의 소견에 따라 추가로 인정할 수 있다. 2) 사고에 의한 질병이나 부상으로 인한 흉터, 반흔 또는 변형 등 성형수술이 필요한 경우 1회에 한하여 인정하되, 의사의 소견에 따라 수술이 필요한 경우 추가로 인정할 수 있다.
바. 응급의료 관리료	영 제14조제2호에 따라 응급환자의 진료에 소요된 응급의료관리료의 산정은 보건복지부장관이 정하는 기준에 따른다. 다만, 휴일이나 야간에 발생한 사고의 진료를 위하여 부득이 휴일 또는 야간에 응급의료센터 등을 이용한 경우에는 응급의료관리료 산정 대상이 아니더라도 응급의료관리료를 지급한다.

사. 물리치료	국민건강보험 급여대상에 해당하는 물리치료는 다음 요건을 모두 충족하는 경우 보건복지부장관이 정하는 물리치료 산정횟수 제한에도 불구하고 이를 추가로 인정할 수 있다. 1) 진료상 반드시 필요하다는 의사의 소견서가 있는 경우 2) 의료기관에서 행하는 물리치료인 경우
아. 치아보철	1) 영 제14조제3호에 따른 도재전장관(陶材前裝冠) 치아보철비는 치아 1대 당 400,000원의 범위 내에서 지급한다. 다만, 2회에 한한다. 2) 캐스트코아는 134,000원, 포스트는 124,000원, 레진은 120,000원의 범위 내에서 인정한다. 3) 임플란트는 1대 당 2,000,000원의 한도 내에서 담당의사의 의학적 소견이 있는 경우에 한하여 인정할 수 있다. 다만, 1)에 따라 치아보철을 한 경우 임플란트는 인정하지 아니한다. 4) 1) ~ 3) 이외의 보철비 등은 의사 소견에 따라 실비를 인정할 수 있다. 다만 장기고정장치는 1)에 준하여 인정한다.
자. 재활보조기구 및 통합재활훈련	1) 의학적 소견이 있는 경우 의지(義肢)·보조기·구두·휠체어·목발·보청기·안경·콘텍트렌즈·의안·가발·흰지팡이·인공후두의 구입에 소요되는 비용을 지급한다. 2) 안경과 보청기는 해당 사고 이전에는 착용하지 아니하다가 해당 사고로 인하여 착용하게 된 경우 1회에 한하여 지급하고, 그 가액은 시중 상품 중 보편적으로 사용하는 정도의 품질로서 실제 구입한 가격으로 한다. 3) 이미 장착하고 있던 재활보조기구가 일부 훼손되어 본래의 기능회복을 위한 수리가 필요한 경우에는 그 비용을 지급할 수 있다. 다만, 근전전동의수(筋電電動義手) 배터리의 경우 내구연한을 2년, 휠체어 배터리의 경우는 내구연한을 1년으로 한다. 4) 의지 및 보조기 장착 후 통합재활훈련 대상은 휠체어를 사용 마비 장애인 등을 대상으로 한다.
차. 진단서 발급수수료	1) 진단서는 진료비가 본인부담 진료비(국민건강보험공단 부담금 제외)가 50만원을 초과한 경우에 제출한다. 다만, 공제회가 공제급여 지급 결정을 위하여 필요하다고 인정하는 경우에는 본인부담 진료비가 50만원 이하인 경우에도 진단서 제출을 요구할 수 있다. 2) 제출된 진단서에 대하여는 실비를 지급한다.
카. 외국 체류 중에 치료를 하고 요양급여 승인을 받은 경우	1) 환율의 적용시점은 외국의료기관에 진료비를 납부한 때로 하며, 외국기관에서 발행한 서류는 원본 또는 사본과 그 번역본을 제출하여야 한다. 2) 외국 요양기관에서 행한 요양에 대한 요양비산정기준은 다음과 같다. 가) 국내의 기준에 상응하는 경우에는 국내의 기준에 따른 금액 나) 국내의 기준으로 산정하기 불가능한 경우에는 해당 외국 요양기관에 지급한 금액

비 고

1. 요양급여의 수가기준은 「국민건강보험법」 제42조제4항에 따라 보건복지부장관이 고시하는 수가에 따른다.
2. 공제회는 피공제자의 진료와 관련하여 법 및 영 등에서 요양급여로 정하지 아니한 진료항목 및 비용 중에서 피공제자의 진료에 필요하다고 판단되는 경우에는 의사의 소견서 등을 참고하여 인정할 수 있다.
3. 공제회는 다음 각 호에 어느 하나에 해당하는 경우에는 피공제자가 치료 받기 전에 치료비를 지급할

때 중간이자를 공제할 수 있으며, 이 경우 공제방식은 호프만식에 의한다.
가. 성장기 등의 사유로 현재로서는 치료 불가능하지만 일정기간 이후 치료 가능한 경우
나. 기타 불가피한 사유로 향후에 치료함이 적당하다는 의학적 소견이 있는 경우

4. 공제급여의 청구 및 지급

공제급여를 지급받고자 하는 자는 교육과학기술부령이 정하는 절차와 방식에 따라 공제회에 공제급여의 지급을 청구하여야 하며(학교안전사고 예방 및 보상에 관한 법률 제41조 제항), 청구를 받은 공제회는 공제급여를 청구 받은 날부터 14일 이내에 공제급여의 지급 여부를 결정하여야 한다.

다만, 제42조의 규정에 따른 조사의 필요성 등 정당한 사유가 있어 14일 이내에 공제급여의 지급 여부 결정이 어려운 때에는 14일을 연장할 수 있다(학교안전사고 예방 및 보상에 관한 법률 제41조 제2항).

공제급여에 대한 지급 여부의 결정기간을 연장한 때에는 최초 지급 여부 결정기간이 만료되기 전까지 그 사유를 명시하여 공제급여의 지급을 청구한 자에게 통지하여야 한다(학교안전사고 예방 및 보상에 관한 법률 제41조 제3항).

공제회가 공제급여를 지급하기로 결정한 경우에는 지체 없이 공제급여의 지급을 청구한 자에게 공제급여를 지급하여야 한다. 다만, 공제급여의 지급을 청구한 자의 신청이 있거나 공제회가 필요하다고 인정하는 경우에는 지급결정일 전이라도 공제급여의 전부 또는 일부를 먼저 지급할 수 있다(학교안전사고 예방 및 보상에 관한 법률 제41조 제4항).

공제회는 공제급여의 제한 규정에 따라 공제급여의 전부 또는 일부를 지급하지 아니하기로 결정한 때에는 공제가입자와 공제급여의 지급을 청구한 자에게 지체 없이 그 이유를 통지하여야 한다. 이 경우 공제회는 공제급여의 지급을 청구한 자에게 심사청구의 제기 규정에 따라 심사 청구를 할 수 있다는 사실과 심사 청구 절차 및 기간 등을 알려야 한다(학교안전사고 예방 및 보상에 관한 법률 제41조 제5항).

■ 학교안전사고 예방 및 보상에 관한 법률 시행규칙 [별지 제1호서식] 〈개정 2012.3.30〉

공제급여(위로금, 보전비용) 청구서(중간, 최종)

(앞쪽)

「학교안전사고 예방 및 보상에 관한 법률」 제40조의2, 제41조 및 제48조에 따라 다음과 같이 공제급여(위로금, 보전비용)를 청구합니다.

년 월 일

OO 공제회 이사장 귀하

<table>
<tr><td rowspan="9">청구인</td><td>성명</td><td colspan="2">(인)</td><td>주민등록번호</td><td></td></tr>
<tr><td>주소</td><td colspan="4"></td></tr>
<tr><td>전화번호</td><td colspan="4"></td></tr>
<tr><td>피공제자와의 관계</td><td colspan="4"></td></tr>
<tr><td colspan="5">공제급여 청구에 관한 모든 권한을 위임함</td></tr>
<tr><td>위임인</td><td>성명</td><td colspan="3"></td></tr>
<tr><td rowspan="3">대리인</td><td>성명</td><td></td><td>주민등록번호</td><td></td></tr>
<tr><td>주소</td><td colspan="3"></td></tr>
<tr><td>전화번호</td><td colspan="3"></td></tr>
</table>

<table>
<tr><td rowspan="3">공제가입자</td><td>학교명</td><td colspan="3"></td></tr>
<tr><td>학교장</td><td colspan="3"></td></tr>
<tr><td>주소</td><td colspan="3"></td></tr>
<tr><td rowspan="3">피공제자</td><td>성명</td><td></td><td>생년월일</td><td></td></tr>
<tr><td>주소</td><td colspan="3"></td></tr>
<tr><td>소속</td><td colspan="3"></td></tr>
<tr><td rowspan="4">사고개요
(상세한 것은 별지에 적음)</td><td>발생일시</td><td colspan="3"></td></tr>
<tr><td>발생장소</td><td colspan="3"></td></tr>
<tr><td>사고관련자 소속</td><td></td><td>성명</td><td></td></tr>
<tr><td>사고경위 및 내용</td><td colspan="3"></td></tr>
<tr><td rowspan="5">청구액</td><td>요양급여</td><td></td><td>장의비</td><td></td></tr>
<tr><td>장해급여</td><td></td><td>보전비용</td><td></td></tr>
<tr><td>간병급여</td><td></td><td>위로금</td><td></td></tr>
<tr><td>유족급여</td><td></td><td>기타</td><td></td></tr>
<tr><td>합계</td><td colspan="3"></td></tr>
<tr><td>구비서류</td><td colspan="4">뒷면참조</td></tr>
</table>

210㎜×297㎜ 보존용지(2종) 70g/㎡

(뒤쪽)

청구서 제출 시 참고사항
1. 청구서는 공제가입자(학교장) 또는 학교안전공제회에 제출하여야 합니다. 2. 청구인이 피공제자가 아닐 때에는 청구할 권리가 있음을 증명하는 서류를 첨부하여야 합니다. 3. 대리인에 의하여 신청을 할 때에는 대리인에게 청구행위를 위임하여야 합니다. 4. 청구시 기재란의 지면이 부족하면 별지를 사용할 수 있습니다. 5. 위의 서류 외에도 사고피해의 내용을 증명할 수 있는 서류·도면·사진 등을 첨부할 수 있습니다.

급여종류	청구인 제출서류(각 1부)	비 고
요양급여	1. 요양급여의 내용을 쓴 의사의 증명서 2. 진료비계산서 영수증 원본(약제비는 처방전에 의한 경우만 지급) 3. 주민등록등본	
장해급여	1. 장해의 종류를 기입한 의사의 증명서 2. 월소득액을 증명하는 관계증명서 3. 주민등록등본 4. 소득금액증명	
간병급여	1. 간병이 필요하다는 의사의 소견서 등 2. 주민등록등본	
유족급여 및 장의비	1. 사망진단서 또는 사체검안서 2. 월소득액을 증명하는 관계증명서 3. 주민등록등본 4. 가족관계증명서 5. 소득금액증명	
보전비용	1. 비용지출에 관련한 여러 증명서 2. 비용지출 영수증 3. 주민등록등본	
위로금	1. 사망진단서 또는 사체검안서 2. 주민등록등본 3. 가족관계증명서	

청구인 (서명 또는 인)

※ 이 신청서는 아래와 같이 처리됩니다.

처리절차										
청구서작성	→	접수	→	확인심사	→	자체심사	→	지급여부(금액)결정	→	통보
신청인 또는 피해자(보호자)		학교안전공제회		학교안전공제회		학교안전공제회		학교안전공제회		

210㎜×297㎜보존용지(2종) 70g/㎡

5. 공제급여의 지급제한

공제회는 학교안전사고 예방 및 보상에 관한 법률 제35조에 따라 공제급여액을 결정할 때 피공제자에게 이미 존재하던 질병, 부상 또는 신체장애 등이 학교안전사고로 인하여 악화된 경우에는 이미 존재하던 질병, 부상 또는 신체장애 등의 치료에 필요한 비용을 제외하고 공제급여를 지급할 수 있다(학교안전사고 예방 및 보상에 관한 법률 시행령 제19조의2 제1항).

공제회는 학교안전사고 예방 및 보상에 관한 법률 제37조부터 제39조까지의 규정에 따른 장해급여, 간병급여 및 유족급여를 산정할 때에는 피공제자에게 과실이 있으면 이를 상계할 수 있다(학교안전사고 예방 및 보상에 관한 법률 시행령 제19조의2 제2항).

과실상계는 초등학교 4학년 이상의 학생을 대상으로 지급액의 100분의 50 이하의 범위에서 할 수 있다. 다만, 인지능력이 현저히 부족하거나 신체적 결함이 있는 등의 원인으로 피공제자에게 과실책임을 묻는 것이 적당하지 아니하다고 판단되는 경우에는 상계하지 아니한다(학교안전사고 예방 및 보상에 관한 법률 시행규칙 제2조의3 제2항).

현장실습과 관련하여 「산업재해보상보험법」 제123조에 따라 보험급여가 지급되는 경우 공제회는 그 보험급여 상당액을 제외한 공제급여를 지급한다(학교안전사고 예방 및 보상에 관한 법률 시행령 제19조의2 제4항).

6. 학교안전사고의 조사

공제회는 공제급여의 지급 여부를 결정하기 위하여 필요하다고 인정하는 경우에는 소속 직원으로 하여금 학교안전사고의 발생 장소를 방문하여 사고경위 등을 조사하게 하거나 사고관계자로 하여금 필요한 서류를 제출하게 하는 등의 조사를 할 수 있으며(학교안전사고 예방 및 보상에 관한 법률 제42조 제1항), 조사를 하고자 하는 경우 공제회는 조사의 목적 및 내용 등을 학교안전사고가 발생한 장소의 관리자, 공제가입자, 당해 피공제자 그 밖의 사고관계자 등에게 미리 알려야 하고, 사고 발생 장소를 방문하는 공제회 소속 직원은 신분증을 제시하여야 한다(학교안전사고 예방 및 보상에 관한 법률 제42조 제3항).

공제회는 공제급여의 지급 여부를 결정하기 위하여 필요하다고 인정하는 경우에는 국민건강보험법 제42조의 규정에 따른 요양기관에 대하여 관계 진료기록의 열람 또는 필요한 자료의 제출을 요청할 수 있다(학교안전사고 예방 및 보상에 관한 법률 제42조 제2항).

학교안전사고가 발생한 장소의 관리자, 공제가입자, 당해 피공제자, 요양기관 또는 그 밖의 사고관계자 등은 정당한 사유 없이 제1항 또는 제2항의 규정에 따른 조사를 방해하거나 자료의 제출을 거부하여서는 아니 된다(학교안전사고 예방 및 보상에 관한 법률 제42조 제4항).

7. 공제급여의 제한

공제회는 ① 피공제자의 자해·자살. 다만, 학교안전사고가 원인이 되어 자해·자살한 경우에는 공제급여의 전부를 지급한다. ② 학교안전사고로 인하여 피해를 입은 피공제자 또는 그 보호자등이 정당한 사유 없이 요양기관의 지시를 따르지 아니하여 피공제자의 부상·질병 또는 장해의 상태가 악화되었거나 요양기관의 치료를 방해한 것이 명백한 경우, ③ 학교안전사고와 관련하여 제36조 내지 제40조의 규정에 따른 공제급여를 받을 권리가 있는 자가 자동차손해배상보장법의 규정에 따른 손해배상을 받은 경우의 어느 하나에 해당하는 경우에는 이 법에 따른 공제급여의 전부 또는 일부를 지급하지 아니할 수 있다.

다만, 제3호(학교안전사고와 관련하여 제36조 내지 제40조의 규정에 따른 공제급여를 받을 권리가 있는 자가 자동차손해배상보장법의 규정에 따른 손해배상을 받은 경우)에 해당하는 경우에는 공제급여를 지급하지 아니한다(학교안전사고 예방 및 보상에 관한 법률 제43조 제1항).

8. 피공제자 등에 대한 공제급여금의 청구

학교안전사고가 ① 피공제자의 고의 또는 중대한 과실로 인하여 학교안전사고가 발생한 경우, ② 피공제자 또는 공제가입자가 아닌 자의 고의·과실로 인하여 학교안전사고가 발생한 경우의 어느 하나에 해당하는 사유로 발생하고, 공제회가 수급권자에게 공제급여를 지급한 경우 공제회는 수급권자에게 지급한 공제급여에 상당하는 금액의 지급을 학교안전사고를 일으킨 자 또는 그 보호자 등에게 청구할 수 있다(학교안전사고 예방 및 보상에 관한 법률 제44조 제1항).

9. 다른 보상·배상과의 관계

학교안전사고로 인하여 발생한 피해에 대하여 수급권자가 이 법에 따른 공제급여를 받은 경우에는 학교안전사고로 인하여 발생한 피해에 대한 보상 또는 배상의 책임이 있는 국가·지방자치단체·공제가입자 또는 피공제자는 그 공제급여 금액의 범위 안에서 다른 법령에 따른 보상 또는 배상의 책임을 면한다(학교안전사고 예방 및 보상에 관한 법률 제45조 제1항).

수급권자가 다른 법령에 따라 이 법의 공제급여에 상당하는 보상 또는 배상을 받은 경우 공제회는 그 보상 또는 배상의 범위 안에서 이 법에 따른 공제급여를 지급하지 아니한다(학교안전사고 예방 및 보상에 관한 법률 제45조 제2항).

10. 부당이득의 환수

공제회는 공제급여가 ① 거짓 그 밖의 부정한 방법으로 공제급여를 받은 경우, ② 요양기관의 거짓 진단에 따라 공제급여가 부당하게 지급된 경우, ③ 그 밖에 공제급여가 잘못 지급된 경우의 어느 하나에 해당하는 사유로 지급된 경우에는 그 공제급여액에 상당하는 금액을 환수하여야 하며(학교안전사고 예방 및 보상에 관한 법률 제46조 제1항), 요양기관의 거짓 진단에 따라 공제급여가 부당하게 지급된 경우에 해당하는 경우 수급권자와 당해 요양기관은 연대하여 공제급여 상당액을 반환하여야 한다(학교안전사고 예방 및 보상에 관한 법률 제46조 제2항).

11. 수급권의 보호

수급권자의 공제급여를 받을 권리는 피공제자의 사망, 학교안전공제에 가입한 학교에서의 졸업·퇴학 등 신분관계의 변동으로 인하여 소멸되지 아니하며(학교안전사고 예방 및 보상에 관한 법률 제47조 제1항), 수급권자의 공제급여를 받을 권리는 이를 양도 또는 압류할 수 없다(학교안전사고 예방 및 보상에 관한 법률 제47조 제2항).

12. 심사청구의 제기

공제회의 공제급여 결정에 대하여 불복이 있는 자는 학교안전공제보상심사위원회에 심사청구를 할 수 있으며(학교안전사고 예방 및 보상에 관한 법률 제57조 제1항), 심사청구는 공제급여에 관한 결정이 있음을 안 날부터 90일 이내에 하여야 한다.

다만, 천재·지변·전쟁·사변 그 밖의 불가항력적인 사유로 심사를 청구할 수 없는 기간은 심사청구기간에 산입하지 아니한다(학교안전사고 예방 및 보상에 관한 법률 제57조 제2항).

13. 심사청구에 대한 심리·결정

심사위원회는 심사청구를 받은 날부터 60일 이내에 심사청구에 대한 결정을 하여야 한다. 다만, 부득이한 사유로 인하여 그 기간 내에 결정을 할 수 없는 때에는 1차에 한하여 1개월을 넘지 아니하는 범위 안에서 그 기간을 연장할 수 있으며(학교안전사고 예방 및 보상에 관한 법률 제59조 제1항), 심사청구의 심리를 위하여 필요하다고 인정하는 경우에는 심사청구인의 신청 또는 직권에 따라 ① 심사청구인 또는 관계인을 지정장소에 출석하게 하여 질문하거나 의견을 진술하게 하는 것, ② 심사청구인 또는 관계인에게 증거가 될 수 있는 문서 또는 그 밖의 물건을 제출하게 하는 것, ③ 전문적인 지식이나 경험을 가진 자로 하여금 감정 또는 진단을 하게 하는 것의 행위를 할 수 있다(학교안전사고 예방 및 보상에 관한 법률 제59조 제2항).

14. 결정의 효력

심사위원회가 결정을 행한 경우에 심사청구인이 심사청구에 대한 결정서 정본이 심사청구인에게 송달된 날부터 90일 이내에 재심사청구 또는 공제급여와 관련된 소송을 제기하지 아니하거나 제기된 재심사청구 또는 소송을 취하한 때에는 공제회와 심사청구인 간에 당해 결정의 내용과 동일한 합의가 성립된 것으로 본다(학교안전사고 예방 및 보상에 관한 법률 제60조).

15. 재심사청구의 제기

심사청구에 대한 결정에 불복이 있는 자는 학교안전공제보상재심사위원회에 재심사청구를 할 수 있으며(학교안전사고 예방 및 보상에 관한 법률 제61조 제1항), 재심사청구는 심사청구에 대한 결정서 정본이 심사청구인에게 송달된 날부터 90일 이내에 제기하여야 한다.

이 경우 천재·지변·전쟁·사변 그 밖에 불가항력 등 재심사 청구인의 책임 없는 사유로 재심사를 청구할 수 없는 기간은 재심사청구기간에 산입하지 아니한다(학교안전사고 예방 및 보상에 관한 법률 제61조 제2항).

16. 재결의 효력

재심위원회가 재결을 행한 경우에 재심사청구인이 재심위원회의 재결서 정본이 재심사청구인에게 송달된 날부터 60일 이내에 공제급여와 관련된 소송을 제기하지 아니하거나 제기한 소송을 취하한 경우에는 공제회와 재심사청구인 간에 당해 재결 내용과 동일한 합의가 성립된 것으로 본다(학교안전사고 예방 및 보상에 관한 법률 제64조).

[심사 및 재심사 청구]

구 분	심사청구 학교안전사고 예방 및 보상에 관한 법률 제57조	재심사청구 학교안전사고 예방 및 보상에 관한 법률 제61조
의 의	공제회의 공제급여 결정에 대하여 불복이 있는 자는 심사청구를 할 수 있음	심사위원회의 심사청구에 대한 결정에 대하여 불복이 있는 자는 재심사청구를 할 수 있음
대상사건	공제회의 공제급여 결정이 있었던 사건	심사위원회의 심사결정이 있었던 사건
청구기간	공제급여에 관한 결정이 있음을 안 날부터 90일 이내	심사청구에 대한 결정서 정본이 심사청구인에게 송달된 날부터 90일 이내
피청구 기 관	시·도별 학교안전공제회 학교안전공제보상심사위원회	학교안전공제중앙회 학교안전공제보상재심사위원회

Ⅲ 학교폭력과 학교안전사고

1. 학교폭력도 학교안전사고인지 여부

학교폭력도 학교안전사고이며 학교안전사고 예방 및 보상에 관한 법률에서 공제급여를 제한하는 경우인 “1. 피공제자의 자해·자살. 다만, 학교안전사고가 원인이 되어 자해·자살한 경우에는 공제급여의 전부를 지급한다. 2. 학교안전사고로 인하여 피해를 입은 피공제자 또는 그 보호자 등이 정당한 사유 없이 요양기관의 지시를 따르지 아니하여 피공제자의 부상·질병 또는 장해의 상태가 악화되었거나 요양기관의 치료를 방해한 것이 명백한 경우, 3. 학교안전사고와 관련하여 제36조 내

지 제40조의 규정에 따른 공제급여를 받을 권리가 있는 자가 자동차손해배상보장법의 규정에 따른 손해배상을 받은 경우"에 해당하지 않기 때문에(학교안전사고 예방 및 보상에 관한 법률 제43조 제1항) 학교안전공제회의 공제급여를 지급받을 수 있다.

2. 집단 따돌림은 학교폭력인지 여부

"따돌림"이란 학교 내외에서 두 명 이상의 학생들이 특정인이나 특정집단의 학생들을 대상으로 지속적이거나 반복적으로 신체적 또는 심리적 공격을 가하여 상대방이 고통을 느끼도록 하는 일체의 행위를 말한다(학교폭력 예방 및 대책에 관한 법률 제2조 제1의2호).

판례는 "집단 따돌림이란 학교 또는 학급 등 집단에서 복수의 학생들이 한 명 또는 소수의 학생들을 대상으로 의도와 적극성을 가지고, 지속적이면서도 반복적으로 관계에서 소외시키거나 괴롭히는 현상을 의미한다."라고 판시한바 있다. 따라서 집단 따돌림은 학교폭력에 해당한다.

결국 집단 따돌림이란 학급에서 복수의 학생들이 한 명 또는 소수의 학생들을 대상으로 의도와 적극성을 가지고 지속적으로 그리고 반복적으로 관계에서 소외시키거나 괴롭히는 일체의 행위 및 전혀 말을 걸지 않거나 사사건건 놀린다거나 이유 없이 툭툭 치거나 욕설을 하거나 심부름을 시키는 것이다.

그 특징적 요소로는 공격적인 행동이거나 고의적으로 해를 입히는 것, 반복적이고 지속적으로 이루어지고, 힘의 불균형을 특징으로 하는 대인관계에서 일어나는 것을 말하며, 집단괴롭힘이란 한 학생이 반복적으로 지속적으로 한 명 혹은 그 이상의 다른 학생들의 부정적인 행동에 노출되는 현상으로 이에는 구타, 폭행 등 직접적인 폭력과 소외, 심리적 배제 등 간접적인 폭력 모두를 포함한다.

Ⅳ 학교안전공제회의 공제급여 지급대상

1. 학교안전공제회의 공제급여 지급대상이 되는 사고

학교의 교육과정 또는 학교장이 정하는 교육계획 및 교육방침에 따라 학교의 안팎에서 학교장의 관리·감독 하에 행하여지는 수업·특별활동·재량활동·과외활동·수련활동 또는 체육대회 등의 활동 중에 발생한 사고로서 학생·교직원 또는 교육활동참여자의 생명 또는 신체에 피해를 주는 모든 사고 및 학교급식 등 학교장의 관리·감독에 속하는 업무가 직접 원인이 되어 학생·교직원 또는 교육활동참여자에게 발생하는 질병으로서 대통령령이 정하는 것은 학교안전공제회의 공제급여지급대상이 되는 사고이다(학교안전사고 예방 및 보상에 관한 법률 제2조 제4호).

2. 학교안전공제회의 공제급여 지급대상에서 제외되는 사고

피공제자의 고의 또는 중대한 과실로 인한 사고(학교안전사고 예방 및 보상에 관한 법률 제43조 제1항 제1호) 및 학교안전사고와 관련 없이 발생한 자살·자해 등의 사고피공제자, 공제가입자 아닌 제3자의 고의 또는 과실로 인한 사고 및 자동차손해배상보장법의 규정에 따른 보상을 받은 사고(학교안전사고 예방 및 보상에 관한 법률 제43조 제1항 제3호)는 학교안전공제회의 공제급여지급대상이 되지 않는 사고이다.

학교안전사고로 인하여 피해를 입은 피공제자 또는 그 보호자 등이 정당한 사유 없이 요양기관의 지시를 따르지 아니하여 부상·질병 또는 장해의 상태가 악화되었거나 요양기관의 치료를 방해한 것이 명백한 경우(학교안전사고 예방 및 보상에 관한 법률 제43조 제1항 제2호)는 학교안전공제회의 공제급여지급대상이 되지 않는다.

3. 공제급여지급 대상이 될 수도 있고 제외될 수도 있는 사고

등·하교 중 발생한 사고는 모두 공제급여 대상이 되는 것이 아니라 통상의 경로와 방법에 의해 등·하교를 하던 중 발생한 사고(통상적인 학교체류시간을 획일적인 기준으로 판단하는 것은 곤란하므로 정규교육활동의 종료시간 및 사고발생 시간, 체류시간 중의 활동 상황, 교사의 체류지시여부 등을 종합적으로 판단하여 결정)의 경우에만 학교안전공제회의 공제급여지급대상이 되는 사고이다.

교육활동 전후 통상적인 학교체류시간을 뜻하는 것으로 통상적이지 않은 학교체류시간 중 발생한 사고는 공제급여 지급대상에서 제외된다. 천재지변에 의한 시설물의 파괴와 그로 인해 신체상 손해를 입은 경우에는 교육시설재난공제회에서, 그 이외의 천재지변으로 인한 직접적인 생명·신체에 피해를 주는 사고에 대해서는 학교안전공제회에서 보상을 하게 된다.

4. 현장학습에서 다른 학교 학생에게 구타당하고 금품을 갈취당한 경우

법 제2조 제4호 및 제6호에서 학교장의 교육계획 및 교육방침에 따라 행하는 수업, 특별활동, 재량활동, 과외활동, 수련활동, 체육활동 중학생, 교직원 등이 입은 생명 또는 신체적 피해를 주는 모든 사고를 학교안전사고로 정의하고 있어 신체적 피해에 대하여는 보상대상이 되나, 금품 갈취에 대해서는 보상대상이 아니다.

실제 공제급여의 지급결정을 함에 있어서는 사고가 발생하게 된 경위와 학생이 교사 또는 동료와 함께 활동하지 아니하고 구타를 당하는 등의 사고가 발생한 제반 경위 및 사고의 신고 등을 게을리 하여 가해자를 찾지 못하게 된 책임 등을 엄격하게 따져 보아야 할 것이다.

5. 학교폭력의 경우 공제급여 청구 및 구상권 행사

가. 학교폭력으로 인한 사고의 경우 피해자와 가해자간에 해결하는 것이 원칙이다.

나. 치료 및 치료를 위한 요양 비용등과 구상권

학교폭력으로 인한 사고의 경우 피해자와 가해자간에 해결하는 것이 원칙이다. 학교폭력 예방 및 대책에 관한 법률 제16조 제5항에서 "피해학생이 전문단체나 전문가로부터 제1항 제1호부터 제3호까지의 규정에 따른 상담 등을 받는 데에 사용되는 비용은 가해학생의 보호자가 부담하여야 한다.

다만, 피해학생의 신속한 치료를 위하여 학교의 장 또는 피해학생의 보호자가 원하는 경우에는 학교안전사고 예방 및 보상에 관한 법률 제15조에 따른 학교안전공제회 또는 시·도교육청이 부담하고 이에 대한 구상권을 행사할 수 있다."라고 규정하고 있다.

가해학생 측의 경제적 사정에 관계없이 학교안전공제회가 피해학생의 심리상담·일시보호·치료 및 치료를 위한 요양에 소요된 비용을 우선 부담한 후 가해학생 보호자에게 구상권을 행사할 수 있게 되었다.

다. 공제급여의 직접청구

학교의 장 또는 피해학생의 보호자는 필요한 경우 학교안전사고 예방 및 보상에 관한 법 제34조의 공제급여를 학교안전공제회에 직접 청구할 수 있다.[9)]

6. 학교폭력사고에 대하여 학교안전공제회가 피해자에게 보상하는 금액

요양급여는 학교안전사고로 인하여 피공제자가 입은 부상 또는 질병의 치료에 소요된 비용 중 「국민건강보험법」 제41조의 규정에 따라 피공제자 또는 그 보호자 등이 부담한 금액으로 한다. 다만, 법원의 판결 등으로 「국민건강보험법」 제58조에 따라 공단의 구상권 행사에 따른 손해배상액이 확정된 경우 학교의 장이 부담할 부분은 공제회가 부담한다.

국민건강보험법 시행령

[별표 2] 〈개정 2012.3.26〉

요양급여비용 중 본인이 부담할 비용의 부담률 및 부담액(제22조 제1항 관련) 4호 다.목은 "4. 제1호부터 제3호까지의 규정에도 불구하고 다음 각 목에 어느 하나에 해당하는 경우에는 보건복지부령으로 정하는 항목의 요양급여비용의 100분의 100의 범위에서 보건복지부령으로 정하는 금액을 부담한다. 다. 「학교폭력 예방 및 대책에 관한 법률」 제2조 제1호에 따른 학교폭력 중학생 간의 폭행에 의한 경우"라고 규정하여 학교폭력 피해자의 경우 요양급여 비용의 경우 본인이 부담할 비용이 없이 국민건강보험에서 100% 비용을 처리하고, 그 금액을 학교안전공제회에서 우선 부담하고 가해학생의 보호자에게 구상할 수 있는 길을 열어 놓았다.

7. 학교폭력 피해학생 치료비 집행 기준

학교안전사고 예방 및 보상에 관한 법률 제53조 제2항에 따라 학교폭력 피해학생의 상담 및 치료기간은 2년으로 하고, 일시보호의 기간은 30일로 한다. 다만, 추가적인 치료 등을 위하여 학교폭력 피해학생 및 보호자가 요청하는 경우에는 법 제58조 제1항에 따른 학교안전공제보상심사위원회의 심의를 거쳐 1년의 범위에서 상담 및 치료기간을 연장할 수 있다(학교안전사고 예방 및 보상에 관한 법률 시행규칙 제9조의3 제1항).

학교폭력 피해학생 및 보호자는 별지 제4호 서식에 따라 치료비 등 청구서를 작성하여 공제회에 제출하여야 한다(학교안전사고 예방 및 보상에 관한 법률 시행규칙 제9조의3 제2항).

---

9) 학교폭력 예방 및 대책에 관한 법률 제16조 ⑦ 학교의 장 또는 피해학생의 보호자는 필요한 경우 「학교안전사고 예방 및 보상에 관한 법률」 제34조의 공제급여를 학교안전공제회에 직접 청구할 수 있다.

■ 학교안전사고 예방 및 보상에 관한 법률 시행규칙 [별지 제4호 서식] 〈신설 2012.3.30〉

학교폭력 피해 치료비 등 청구서

(앞쪽)

「학교안전사고 예방 및 보상에 관한 법률」 제53조 제2항에 따라 다음과 같이 치료비 등을 청구합니다.

년 월 일

ㅇㅇ 공제회 이사장 귀하

<table>
<tr><td rowspan="10">청구인</td><td colspan="2">성명</td><td colspan="2">(인)</td><td>주민등록번호</td><td></td></tr>
<tr><td colspan="2">주소</td><td colspan="4"></td></tr>
<tr><td colspan="2">전화번호</td><td colspan="4"></td></tr>
<tr><td colspan="2">피공제자와의 관계</td><td colspan="4"></td></tr>
<tr><td colspan="6">학교폭력 피해 치료비용 청구에 관한 모든 권한을 위임함</td></tr>
<tr><td>위임인</td><td>성명</td><td colspan="4"></td></tr>
<tr><td rowspan="3">대리인</td><td>성명</td><td colspan="2"></td><td>주민등록번호</td><td></td></tr>
<tr><td>주소</td><td colspan="4"></td></tr>
<tr><td>전화번호</td><td colspan="4"></td></tr>
<tr style="display:none"></tr>
<tr><td rowspan="3">공제가입자</td><td colspan="2">학교명</td><td colspan="4"></td></tr>
<tr><td colspan="2">학교장</td><td colspan="4"></td></tr>
<tr><td colspan="2">주소</td><td colspan="4"></td></tr>
<tr><td rowspan="3">피공제자</td><td>성명</td><td colspan="2"></td><td>주민등록번호</td><td colspan="2"></td></tr>
<tr><td colspan="3">주소</td><td colspan="3"></td></tr>
<tr><td colspan="3">소속</td><td colspan="3"></td></tr>
<tr><td rowspan="4">사고개요
(상세한 것은 별지에 적음)</td><td>발생일시</td><td colspan="5"></td></tr>
<tr><td>발생장소</td><td colspan="5"></td></tr>
<tr><td>사고관련자 소속</td><td colspan="2"></td><td>성명</td><td colspan="2"></td></tr>
<tr><td>사고경위 및 내용</td><td colspan="5"></td></tr>
<tr><td rowspan="4">청구액</td><td colspan="3">심리상담 및 조언</td><td colspan="3"></td></tr>
<tr><td colspan="3">일시보호</td><td colspan="3"></td></tr>
<tr><td colspan="3">치료 및 치료를 위한 요양</td><td colspan="3"></td></tr>
<tr><td colspan="3">합계</td><td colspan="3"></td></tr>
<tr><td>구비서류</td><td colspan="6">뒷면 참조</td></tr>
</table>

210㎜×297㎜ 보존용지(2종) 70g/㎡

(뒤쪽)

청구서 제출 시 참고사항
1. 청구서는 학교안전공제회에 제출하여야 합니다. 2. 청구인이 피공제자가 아닐 때에는 청구할 권리가 있음을 증명하는 서류를 첨부하여야 합니다. 3. 대리인에 의하여 신청을 할 때에는 대리인에게 청구행위를 위임하여야 합니다. 4. 청구시 기재란의 지면이 부족하면 별지를 사용할 수 있습니다. 5. 위의 서류 외에도 사고피해의 내용을 증명할 수 있는 서류·도면·사진 등을 첨부할 수 있습니다.

급여종류	청구인 제출서류(각 1부)	비 고
심리상담 및 조언	1. 학교폭력관련기관장의 의뢰 확인서 2. 치료기관의 청구서 및 영수증 등 3. 주민등록등본	
일시보호	1. 자치위원회의 요청서 사본 또는 학교장의 확인서 2. 일시보호기관의 청구서 및 영수증 등	
치료 및 치료를 위한 요양	1. 요양급여의 내용을 쓴 의사의 증명서 2. 요양급여 청구서 및 영수증 등 3. 주민등록등본	

청구인 (서명 또는 인)

※ 이 신청서는 아래와 같이 처리됩니다.

처리절차										
청구서작성	→	접수	→	확인심사	→	자체심사	→	치료비 등의 지급여부 (금액)결정	→	통보
피해학생 및 보호자		학교안전 공제회		학교안전 공제회		학교안전 공제회		학교안전 공제회		

210㎜×297㎜보존용지(2종) 70g/㎡

공제회는 학교폭력 피해학생에 대한 치료비 등의 지급을 결정하기 전에 학교장이 별지 제5호 서식에 따라 작성하여 제출한 자료 등을 통하여 사실관계를 확인하여야 하고, 필요한 경우에는 관련 전문가의 자문을 받을 수 있다(학교안전사고 예방 및 보상에 관한 법률 시행규칙 제9조의3 제3항).

■ 학교안전사고 예방 및 보상에 관한 법률 시행규칙 [별지 제5호 서식] 〈신설 2012.3.30〉

학교폭력사고발생 확인서

(앞쪽)

피해자	사건번호			보고일자		
	학교명			학년반		
	피해자	성명		주민등록번호		
	지도교사		작성자		작성자연락처	

가해자	학교명	학년반	성명	보호자정보					
				성명	주민등록번호	관계	직업	주소	전화번호

사고내용	사고일자		부상부위	
	사고시간		부상정도	전치 ( )주
	사고장소		사고 의도성	여[ ] 부[ ]
	진단명			
	신고기관	교육청[ ] 경찰서[ ] 학교폭력관련기관[ ] 기타[ ]		

사고개요	
사고 후 학교 지도내용 및 조치사항	
사고발생 후 긴급 조치 내용	

210㎜×297㎜보존용지(2종) 70g/㎡

(뒤쪽)

학교폭력대책자치위원회 또는 학교장 긴급조치 사항	해당여부	[ ] 학교폭력대책자치위원회 [ ] 학교장 긴급조치사항
	개최일시	
	조치사항	
치료 조치 및 계획	치료상황	[ ] 미치료 [ ] 치료중 [ ] 치료완료
	치료기관	[ ] 학교폭력관련기관 [ ] 민간단체 [ ] 병원
	조치사항	[ ] 심리상담 [ ] 일시보호 [ ] 병원치료
가해학생 생활환경	기초생활수급자	[ ] 예 [ ] 아니오
	한부모 가정	[ ] 예 [ ] 아니오
	기타①	[ ] 예 [ ] 아니오
	기타②	[ ] 예 [ ] 아니오
	기타②	[ ] 예 [ ] 아니오
	추가사항	
가해학생 보험가입 여부	일상생활배상 책임보험	[ ] 가입 [ ] 미가입
	보험사고접수번호	
	보험담당자명	
	담당자연락처	
	진행상황	
기타사항		

210㎜×297㎜보존용지(2종) 70g/㎡

공제회는 학교폭력 피해학생에 대한 치료비 등의 지급을 결정한 때에는 지급하기 전에 학교폭력 가해학생 및 보호자에게 알려야 한다(학교안전사고 예방 및 보상에 관한 법률 시행규칙 제9조의3 제4항).

8. 학교안전사고 예방 및 보상에 관한 법률과 다른 법률과의 관계

학교안전사고로 인하여 발생한 피해에 대하여 학교안전공제회로부터 공제급여를 받은 경우에는 학교안전사고로 인하여 발생한 피해에 대한 보상 또는 배상의 책임이 있는 국가·지방자치단체·공제가입자 또는 피공제자는 그 공제급여 금액의 범위 안에서 다른 법령에 따른 보상 또는 배상의 책임을 면한다(법 제45조 제1항).

수급권자가 다른 법령에 따라 공제급여에 상당하는 보상 또는 배상을 받은 경우 공제회는 그 보상 또는 배상의 범위 안에서 공제급여를 지급하지 않는다(법 제45조 제2항).

Ⓥ 학교안전사고와 교원의 책임

1. 학교안전사고에 대한 교원의 법적 책임요건

학교안전사고에 대한 교원의 배상책임에 대해서 법원의 판례는 불법행위책임론을 근거로 들고 있다. 불법행위책임론에 따르면 교원의 책임문제는 민사상 책임(공립, 사립) 또는 국가배상법(국·공립학교)에 따른 손해배상책임 그리고 형사사건의 경우 형사상 책임과 행정상의 책임인 징계책임을 지게 된다.

2. 학교안전사고에서 교원의 주의의무

가. 학교안전사고와 관련된 교원의 주의의무에는 크게 교원의 직접적 교육활동과 관련한 주의의무와 학생 친권자의 대리감독자로서의 주의의무가 있다.

나. 교원의 교수행위는 교사의 직무에 속한다. 교사가 그 직무를 집행하면서 고의나 과실로 인한 위법행위로 타인(학생)에게 손해를 입힌 경우에는 그 교사는 책임을 져야 할 것이다. 이 경우에 국·공립학교 교원은 국가배상법 제2조를, 사립학교 교원은 민법 제750조에 의거 손해배상의 책임을 적용한다.

다. 민법 제755조 의하면 교사는 학생의 친권자에 갈음하여 그를 감독할 법정의무를 지닌 자로서 책임을 지며 그들의 친권자(부모) 또한 연대 책임자로서 책임을 지게 된다.

이때 학생은 책임무능력자인 경우이다. 비록 교원의 책임이 대리감독자의 위치이므로 친권자인 부모가 지는 책임보다 그 범위가 좁다고는 하나 학교안전사고는 그 특성상 항상 잠재해 있으면서 언제 어디서든지 돌발적으로 발생할 수 있기에 그 의무를 성실히 이행하지 않으면 안 된다.

라. 실제 교육활동 중 발생되는 각종 위험 사례로는 실험실습시간에 있어서 주의사항의 전달여부, 체육시간에 있어서 사전준비운동의 실시유무, 학생의 체벌에 있어서 교사의 주의유무, 학생간의 왕따 내지 폭력의 근절지도와 배려여부, 현장체험학습에 안전교육 실시여부 등에 따라 교원의 책임정도가 달라질 수 있다.

마. 판례의 태도는 "교원의 학생 보호 감독·의무는 학생들을 친권자 등 법정감독의무자에 대신하여 감독을 하여야 하는 의무로서 학교 내에서의 학생의 전 생활관계에 미치는 것은 아니고 학교에서의 교육활동 및 이와 밀접 불가분의 관계에 있는 생활관계에만 한하여, 기타 여러 사정을 고려하여 사고가 학교생활에서 통상 발생할 수 있다고 하는 것이 예측되거나 또는 예측가능성(사고 발생의 구체적 위험성)이 있는 경우에 한하여 교장이나 교사에게 그 책임을 묻고 있다.

3. 학생의 보호 감독에 대한 교원의 책임을 인정한 판례

가. 고등학교 입시내신을 위한 체력검사를 실시하던 중 발생한 사고로 학생이 사망한 경우

체력검사종목 중 1,000m 오래달리기는 체력소모가 많고, 체력검사 도중 호흡곤란과 혈압의 급격한 상승으로 인하여 신체에 이상을 초래할 위험성이 있는 종목이므로 이를 실시하는 담당교사들로서는 사전에 학생들을 상대로 신체 및 건강상태의 이상 유무를 세밀하게 확인 점검하여 위 종목의 체력검사에 적합하지 않다고 판단되는 학생은 제외시키거나, 참가하는 학생들에게도 사전에 준비운동을 시키는 등 불의의 사고를 방지하여야 할 주의의무가 있음에도 불구하고 이를 소홀히 한 과실로 이 사건 사고가 발생한 것이므로 손해를 배상할 책임이 있다.

나. 학교폭력으로 자살에 이르게 된 경우

초등학교 6학년생이 가해학생들로부터 수개월에 걸쳐 이유 없이 폭행 등 괴롭힘을 당한 결과 충격 후 스트레스 장애 등의 증상에 시달리다 결국 자살에까지 이르게 되었다.

가해학생들은 위사고 당시 만 12세 전후의 초등학교 6학년 학생들로서 자신의 행위로 인한 법률상 책임을 변식할 능력이 없는 책임무능력자라 할 것이므로, 가해학생들의 부모로서 그들을 감독할 법정의무가 있는 가해학생의 부모들은 보호감독자로서의 주의의무를 해태하지 아니하였음을 입증하지 못하는 이상 민법 제755조 제1항에 따라 가해학생들의 불법행위로 인한 손해를 배상할 의무가 있다. 학교에서의 집단 괴롭힘이 사회문제화 되어 학교에서 이에 대한 예방교육이 실시되고 있었으며, 가해학생들 역시 그와 같은 교육을 받아 그 폐해를 잘 알고 있었다 할 것인바, 가해학생들의 폭행 등 괴롭힘과 자살 사이에는 상당인과관계가 있다 할 것이다.

다. 공립중학교내에서 다수의 중학생들이 같은 반 급우를 집단폭행 한 경우 가해학생들의 학부모와 지방자치단체의 손해배상책임

피해자는 같은 반 친구들로부터 중학교내 교실 안에서 자율학습시간임에도 책상에 엎드려 있다는 이유만으로 주먹으로 맞았고, 며칠 후 학교수업이 끝난 후 청소시간에 장난삼아 주먹으로 수 회 맞았고, 발로 걷어차이고, 놀림을 당하거나 따돌림을 당하는 일이 가끔 있었다.

담임교사는 이 사건 집단폭행이 있기 전에 가해학생들 중 한 명이 피해학생을 괴롭히고 있다는 사실을 듣고 그 가해학생과 상담을 한 적이 있는 사건에서 손해배상책임을 인정하였다.

4. 학생의 보호 감독에 대한 교원의 책임을 인정하지 않은 판례

가. 고등학교 2학년 학생이 점심시간에 장난으로 급우가 앉아 있던 의자를 걷어차 급우로 하여금 뒷머리 부분을 교실 벽에 부딪쳐 상해를 입게 한 사고에 대하여 교장이나 담임교사 등에게 보호감독의무위반의 책임을 물을 수 없다고 한 사례

가해자는 사고 당시 18세 6개월가량 된 고등학교 2학년생이어서 충분한 분별능력이 있었고, 평소 성격이 온순 착실한 편이었으며, 피해자와도 친한 사이였다. 이러한 가해자의 분별능력과 성행, 피해자와의 관계 등을 고려할 때 담임교사 등으로서 이 사건 사고 발생을 예측하였거나 예측이 가능하였다고 보이지 아니한다.

평소 교실에서 학생들끼리 의자를 뒤로 빼놓는 장난을 더러 하고 있었다고 하더라도

그러한 사정만으로는 이 사건 사고의 발생에 대한 구체적 위험성이 있다고 할 수도 없다. 이 사건 사고는 돌발적이거나 우연한 사고로서 교장이나 담임교사 등에게 보호 감독의 무위반의 책임을 물을 수 없다고 할 것이다.

나. 수업시간 사이의 휴식시간에 급우를 폭행하여 상해를 가한 사안에서 담임교사에게 보호·감독의무 위반의 책임을 물을 수 없다고 한 사례

중학교 1학년생이 휴식시간에 먹고 있던 도시락에 급우가 오물을 떨어지게 했다는 이유로 그 급우를 구타하여 상해를 입힌 사안에서, 사고가 일어난 3교시 수업 직후의 휴식시간은 다음 수업을 위하여 잠시 쉬거나 수업의 정리, 준비 등을 하는 시간으로서 교육활동과 질적, 시간적으로 밀접 불가분의 관계에 있어, 그 시간 중의 교실 내에서의 학생의 행위에 대하여는 교사의 일반적 보호·감독의무가 미친다고 할 수 있으나, 가해자가 성격이 거칠어서 평소 자기보다 약한 급우를 괴롭히다가 담임교사로부터 꾸중을 듣기도 하였다고 하더라도 가해자는 중학교 1학년 학급의 반장으로서 학업성적이 우수하고 매사에 적극적이었으며 피해자와는 같은 반 친구로서 지내던 사이였으므로, 이러한 가해자의 성행, 피해자와의 관계, 사고발생의 때와 장소 등을 고려할 때 사고가 담임교사가 이를 예측하였거나 예측할 수 있었다고 보기 어려운 돌발적이거나 우연한 사고로서 담임교사에게 보호·감독의무 위반의 책임을 물을 수 없다.

다. 만 14세 4개월의 중학교 2년생이 체육시간에 피해자의 잘못으로 체육교사로부터 단체기합을 받았다는 이유로 그 직후의 휴식기간에 피해자를 폭행하여 상해를 가한 경우, 가해자의 성행, 피해자와의 관계, 단체기합의 정도 등에 비추어 체육교사 또는 담임교사 등에게 사고에 대한 예측가능성이 없었다고 본 사례

이 사건 사고 당시 가해자는 만 14세 4개월 정도로서 충분한 분별능력이 있고, 비록 공부를 못하고 성격이 급하나 본성이 착하여 평소 친구들을 때리거나 괴롭힌 일이 없으며, 피해자와 같은 급우로서 별 문제 없이 지내왔고, 피해자도 비록 공부는 못하나 심성이 고운 학생으로 친구들 사이에서 별다른 문제가 없는 학생이었으며, 체육교사가 단체기합을 주게 된 동기와 약 5분 정도에 걸쳐 쪼그려뛰기 20회, 엎드렸다 일어나기 20회, 팔벌려뛰기 20회를 실시한 체벌의 방법과 정도로 보아 교육적 차원에서 정당하고, 그 단체기합으로 인하여 같은 반 학생들이 피해자에게 반감을 가질 정도의 것은 아니라고 보

인다.

이러한 가해자의 성행, 피해자와의 관계, 사고발생의 때와 장소 등을 고려할 때 체육교사나 담임교사 등이 이 사건 사고를 예측하였거나 예측할 수 있었다고 보기 어렵고, 사고에 앞서 체육교사가 단체기합을 주었다는 사정만으로 사고의 발생에 대한 구체적 위험성이 있다고도 할 수 없다. 따라서 이 사건 사고는 돌발적이거나 우연한 사고로서 체육교사 등 교사에게 보호·감독의무 위반의 책임을 물을 수 없다고 보아야 할 것이다.

라. 고교 1학년의 씨름부 학생끼리 씨름연습장에서 장난하다가 그 중 한 학생이 다친 사안에서, 교사에게 보호·감독의무 위반의 책임을 지울 수 없다고 한 사례

고교 1년생인 가해자들과 피해자의 연령은 모두 16세가량으로서 상당한 분별능력을 갖출 나이이고, 가해자들의 성격도 온순 착실한 편이었으며 피해자와도 친밀한 사이였으며, 이러한 가해자들의 분별능력과 성행, 피해자와의 관계 등을 고려할 때 씨름연습이 평소보다 빨리 끝나고 자축 회식이 예정되어 있어 학생들의 정신 상태가 해이해지기 쉬운 상황이고, 그로 인하여 학생들이 장난 등 돌발적인 행동을 할 가능성이 많다고 하여 씨름연습장에서 두 사람이 함께 한 사람을 집어던지는 등으로 신체에 커다란 충격을 줄 수 있는 위험한 장난을 하리라는 구체적인 위험성이 있다거나 지도교사 등이 이를 예견 가능 하였다고 보여 지지는 않는다. 이 사건 사고는 돌발적이거나 우연한 사고로서 교사 등에게 보호·감독의무 위반의 책임을 지울 수는 없다고 봄이 상당하다 할 것이다.

학교안전사고 관련 판례정리

학교안전사고 예방 및 보상에 관한 법률에 의한 공제급여의 지급이 학교 측에 법률상 손해배상책임이 있음을 전제로 하는지 여부(소극) 및 학교안전공제회의 공제급여 지급기준 중 피공제자 측에 과실이 있는 경우 과실상계할 수 있다고 정한 규정의 효력(무효)

학교안전사고 예방 및 보상에 관한 법률은 학교안전사고로 인하여 입은 피해를 신속·적정하게 보상하기 위하여 학교안전사고 보상공제사업의 실시에 관하여 규정하고 있고, 공제급여의 지급 대상인 학교안전사고를 학교 측의 책임이 인정되는 사고로 규정하지 않고, 교육활동 중에 발생한 사고로서 학생·교직원 또는 교육활동참여자의 생명 또는 신체에 피해를 주는 모든 사고로 규정하고 있는 점, 학교안전공제회는 학교안전사고로 인하여 생명·신체에 피해를 입은 학생·교직원 및 교육활동참여자에 대한 보상을 하기 위하여 공제사업을 실시하고 있는 점, 공제회는 피공제자인 학생 또는 그 보호자 등에게 직접 공제급여를 지급하게 되어 있는 점, 공제급여의 제한사유로 피공제자의 자해·자살로만 규정하고 있을 뿐 피공제자의 과실을 제한사유로 규정하고 있지 않고 있는 점 등에 비추어 보면,

같은 법 및 그 시행령은 사고에 관한 학교장이나 교사, 감독자 등의 법률상 손해배상책임의 인정 여부를 떠나 피공제자에게 과실이 있는 경우라도 모든 학교안전사고로 인하여 피공제자가 입은 피해를 신속하고 적정하게 보상하기 위함에 그 목적이 있다고 봄이 상당하므로, 학교장이나 교사, 감독자 등의 법률상 손해배상책임이 인정되지 아니하는 경우에도 공제급여를 지급하여야 하고, 피공제자인 학생의 과실을 이유로 과실상계할 수 있다고 보는 학교안전공제회 공제급여 지급기준은 같은 법 및 그 시행령상 근거가 없는 것으로 적용될 수 없다.[10)]

---

10) 서울동부지법 2010.5.28. 선고 2009가합4532 판결.

제13장 | 학교폭력과 성폭력

Ⅰ 성폭력의 개념

1. 성폭력범죄의 범위

성폭력범죄의 처벌 및 피해자보호 등에 관한 법률상 성폭력범죄의 정의에 따른 성폭력범죄는

(1) 형법 제242조(음행매개)·제243조(음화 등의 반포등)·제244조(음화등의 제조등) 및 제245조(공연음란)의 죄,

(2) 형법 제288조(영리 등을 위한 약취, 유인, 매매등)·제292조(약취, 유인, 매매된 자를 수수 또는 은닉. 다만, 제288조의 약취·유인이나 매매된 자를 수수 또는 은닉한 죄에 한한다)·제293조(상습범. 다만, 제288조의 약취·유인이나 매매된 자 또는 이송된 자를 수수 또는 은닉한 죄의 상습범에 한한다)·제294조(미수범. 다만, 제288조의 미수범 및 제292조의 미수범중 제288조의 약취·유인이나 매매된 자를 수수 또는 은닉한 죄의 미수범과 제293조의 상습범의 미수범중 제288조의 약취·유인이나 매매된 자를 수수 또는 은닉한 죄의 상습범의 미수범에 한한다)의 죄,

(3) 형법 제297조(강간)·제298조(강제추행)·제299조(준강간, 준강제추행)·제300조(미수범)·제301조(강간등 상해·치상)·제301조의2(강간등 살인·치사)·제302조(미성년자등에 대한 간음)·제303조(업무상위력등에 의한 간음) 및 제305조(미성년자에 대한 간음, 추행)의 죄,

(4) 형법 제339조(강도강간)의 죄,

(5) 성폭력범죄의 처벌 및 피해자보호 등에 관한 법률 제5조(특수강도강간등)의 죄, 제6조(특수강간등)의 죄, 제7조(친족관계에 의한 강간등)의 죄, 제8조(장애인에 대한 간음등)의 죄, 제8조의2(13세 미만의 미성년자에 대한 강간, 강제추행 등의 죄), 제9조(강간등 상해·치상)의 죄, 제10조(강간 등 살인·치사)의 죄, 제11조(업무상 위력등에 의한 추행)의 죄, 제12조(미수범-제5조 내지 제10조 및 제14조의2의 미수범), 제13조(공중밀집장소에서의 추행)의 죄, 제14조(통신매체이용음란)의 죄, 제14조의2(카메라등 이용촬영)의 죄,

(6) 위 (1) 내지 (5)의 범죄로서 다른 법률에 의하여 가중처벌되는 죄는 성폭력범죄로 본다.

2. 학교폭력 예방 및 대책에 관한 법률의 적용범위와 성폭력의 포함여부

2008. 3. 14. 개정법률에서는 성폭력을 학교폭력의 범위에 포함시켰다(동법 제2조 1호 및 제5조2항). 성폭력은 다른 법률에 규정이 있는 경우에는 학교폭력 예방 및 대책에 관한 법률을 적용하지 아니한다.

이 법 개정논의에서 강간과 같은 성폭력을 경미한 비행이 아니라 중대한 성격의 범죄 또는 비행이기 때문에 학교폭력 예방 및 대책에 관한 법률이 아니라 형법, 성폭력범죄의 처벌 등에 관한 특례법, 특정강력범죄의 처벌에 관한 특례법, 아동·청소년의 성보호에 관한 법률, 소년법이 적용되어야 한다는 주장이 반영된 것이다.

따라서 강간 등 성폭력 사건의 경우에는 학교폭력대책자치위원회가 피해학생에 대해서 조치를 내릴 수 없다.

3. 성폭력범죄의 처벌 등에 관한 특례법의 제정

각종 성폭력범죄가 점차 흉폭화·집단화·지능화·저연령화 되고, 전화·컴퓨터를 이용한 음란행위 등 새로운 유형의 범죄가 빈발하여 기존의 법체계로는 적절히 대처하기 어려워지자 성폭력범죄에 대한 처벌규정을 신설 또는 강화하고 성폭력범죄에 대한 수사·재판 등 사법처리절차에 있어서의 특례를 인정하기 위하여 성폭력범죄의 처벌 등에 관한 특례법을 제정하였다.

4. 성폭력범죄의 처벌 등에 관한 특례법상의 피해자보호 규정 개관

성폭력범죄의 처벌 등에 관한 특례법은 성폭력범죄의 조사와 관련하여

(1) 피해자 또는 법정대리인의 신청에 의하여 피해자가 지정하는 자를 동석하게 할 수 있도록 규정하고 있다(성폭력범죄의 처벌 등에 관한 특례법 제29조, 신뢰관계 있는 사람의 동석).

(2) 조사 횟수는 필요한 범위에서 최소한으로 하는 규정을 둠으로써 반복조사과정에서

피해자가 갖는 심각한 심리적 고통을 최소화하고자 하고 있다(성폭력범죄의 처벌 등에 관한 특례법 제26조 제2항).

(3) 조사 횟수를 최소화할 수 있는 구체적인 방안으로 피해자 진술의 비디오녹화기 등 영상물 녹화장치로 촬영·보존하여야 한다고 규정하고 있다(성폭력범죄의 처벌 등에 관한 특례법 제26조 제3항).

즉 피해자가 16세 미만이거나 신체적인 또는 정신적인 장애로 사물을 변별하거나 의사를 결정할 능력이 미약한 경우에는 피해자 또는 법정대리인이 이를 원하지 아니하는 의사를 표시한 경우가 아니면 피해자의 진술 내용과 조사 과정을 비디오녹화기 등 영상물녹화장치로 촬영·보존하도록 하고 이를 증거로 사용하는 것을 허용하고 있다.

(4) 수사과정에서 증거보전의 특례도 인정되고 있어서 피해자가 공판기일에 출석하여 증언하는 것이 현저히 곤란한 사정이 있는 때에는 피해자 또는 그 법정대리인이 당해 성폭력범죄를 수사하는 검사에게 그 사유를 소명하여 증거보전의 청구를 요청할 수 있도록 규정하고, 피해자가 아동이거나 장애인인 경우에는 공판기일에 출석하여 증언하는 것이 현저히 곤란한 사정이 있는 것으로 간주하는 규정을 두어 피고인, 피의자에 대하여 인정되는 증거보전제도를 피해자에 대하여 인정하고 있다(성폭력범죄의 처벌 등에 관한 특례법 제31조).

(5) 증인에 대한 비디오 등 중계장치에 의한 증인신문을 허용하였으므로 성폭력범죄의 피해자를 증인으로 신문할 경우 법원은 검사, 피고인, 변호인의 의견을 들어 비디오 등 중계장치에 의한 중계를 통하여 신문할 수 있다(성폭력범죄의 처벌 등에 관한 특례법 제30조 제1항).

(6) 성폭력 피해자 보호를 위하여 형사소송절차에 관한 여러 특례 규정으로 증거보전의 특례를 두고 있다. 즉 피해자나 그 법정대리인은 피해자가 공판기일에 출석하여 증언하는 것에 현저히 곤란한 사정이 있을 때에는 그 사유를 소명하여 해당 성폭력범죄를 수사하는 검사에게 형사소송법 제184조(증거보전의 청구와 그 절차) 제1항에 따른 증거보전의 청구를 할 것을 요청할 수 있으며, 이 경우 피해자가 성폭력범죄의 처벌 등에 관한 특례법 제26조 제3항의 요건에 해당하면 공판기일에 출석하여 증언하는 것에 현저히 곤란한 사정이 있는 것으로 본다(성폭력범죄의 처벌 등에 관한 특례법 제31조 제1항, 증거보전의 특례).

검사는 그 요청이 타당하다고 인정할 때에는 증거보전의 청구를 할 수 있다(성폭력범죄의 처벌 등에 관한 특례법 제31조 제2항, 증거보전의 특례).

5. 아동·청소년의 성보호에 관한 법률

아동·청소년의 성을 사거나 이를 알선하는 행위, 청소년을 이용하여 음란물을 제작·배포하는 행위 및 청소년에 대한 성폭력행위 등으로부터 청소년을 보호·구제하여 이들의 인권을 보장하고 건전한 사회구성원으로 성장할 수 있도록 함을 목적으로 제정된 법률이다.

아동·청소년의 성보호에 관한 법률에서는 ① 수사기관과 법원은 아동·청소년대상 성범죄를 수사하거나 심리·재판하는 경우에 아동·청소년의 인권과 특성을 배려하고 그 명예와 존엄을 해치지 아니하도록 주의하여야 한다고 규정하고 있으며(아동·청소년의 성보호에 관한 법률 제18조 제1항), ② 영상물의 촬영·보존 등이 규정을 두고 있으며, ③ 공판기일에 출석하여 증언하는 것에 현저히 곤란한 사정이 있을 때에는 증거보존의 특례를 규정하고 있으며, ④ 수사기관과 법원에서 피해자가 진술을 하거나 증언할 때 신뢰관계 있는 사람의 동석할 수 있도록 규정하고 있으며, ⑤ 재판장의 허가를 받아 소송계속 중의 관계서류 또는 증거물을 열람하거나 등사할 수 있으며, ⑥ 피해아동·청소년 등에 대한 변호인선임의 특례를 규정하고 있으며, ⑦ 아동·청소년대상 성범죄의 수사 또는 재판을 담당하거나 이에 관여하는 공무원 또는 그 직에 있었던 사람에게 비밀누설금지 의무를 부과하고 있다.

Ⅱ 성폭력범죄와 고소와 상해

1. 성폭력범죄의 처벌 및 피해자보호 등에 관한 법률상 고소

가. 고 소

업무상 위력 등에 의한 추행(성폭력범죄의 처벌 등에 관한 특례법 제10조 제1항), 공중밀집장소에서의 추행(성폭력범죄의 처벌 등에 관한 특례법 제11조), 통신매체를 이용한 음란행위(성폭력범죄의 처벌 등에 관한 특례법 제12조)의 죄는 고소가 있어야 공소를 제기할 수 있다(성폭력범죄의 처벌 등에 관한 특례법 제15조).

나. 고소 제한에 대한 예외

성폭력범죄에 대하여는 형사소송법 제224조(고소의 제한)에도 불구하고 자기 또는 배우자의 직계존속을 고소할 수 있다(성폭력범죄의 처벌 등에 관한 특례법 제17조).

다. 고소기간

성폭력범죄 중 친고죄에 대하여는 형사소송법 제230조(고소기간) 제1항에도 불구하고 범인을 알게 된 날부터 1년이 지나면 고소하지 못한다. 다만, 고소할 수 없는 불가항력의 사유가 있는 경우에는 그 사유가 없어진 날부터 기산한다(성폭력범죄의 처벌 등에 관한 특례법 제18조 제1항).

2. 형법상 감경규정에 관한 특례

음주 또는 약물로 인한 심신장애 상태에서 성폭력 범죄의 처벌 등에 관한 특례법 법 제3조(특수강도강간 등), 제4조(특수강간 등), 제5조(친족관계에 의한 강간 등), 제6조(장애인에 대한 강간·강제추행 등), 제7조(13세 미만의 미성년자에 대한강가, 강제추행 등), 제8조(강간 등 상해·치상), 제9조(강간 등 살인·치사), 제10조(업무상 위력 등에 의한 추행), 제11조(공중 밀집장소에서의 추행)의 죄를 범한 때에는 「형법」 제10조 제1항·제2항[1] 및 제11조[2]를 적용하지 아니할 수 있다(성폭력범죄의 처벌 등에 관한 특례법 제19조).

3. 공소시효 기산에 관한 특례

(1) 미성년자에 대한 성폭력범죄의 공소시효는 형사소송법 제252조 제1항[3]에도 불구하고 해당 성폭력범죄로 피해를 당한 미성년자가 성년에 달한 날부터 진행한다(성폭력범죄의 처벌 등에 관한 특례법 제20조 제1항).

---

1) 형법 제10조 (심신장애자) ① 심신장애로 인하여 사물을 변별할 능력이 없거나 의사를 결정할 능력이 없는 자의 행위는 벌하지 아니한다. ② 심신장애로 인하여 전항의 능력이 미약한 자의 행위는 형을 감경한다. ③ 위험의 발생을 예견하고 자의로 심신장애를 야기한 자의 행위에는 전2항의 규정을 적용하지 아니한다.

2) 형법 제11조 (농아자) 농아자의 행위는 형을 감경한다.

3) 형사소송법 제252조 (시효의 기산점) ①시효는 범죄행위의 종료한 때로부터 진행한다.

(2) 성폭력범죄의 처벌 등에 관한 특례법 제2조 제3호 및 제4호의 죄[4]와 제3조부터 제9조까지의 죄는 디엔에이(DNA)증거 등 그 죄를 증명할 수 있는 과학적인 증거가 있는 때에는 공소시효가 10년 연장된다(성폭력범죄의 처벌 등에 관한 특례법 제20조 제2항).

(3) 13세 미만의 여자 및 신체적인 또는 정신적인 장애가 있는 여자에 대하여 형법 제297조(강간) 또는 제299조(준강간, 준강제추행)(준강간에 한정한다)의 죄를 범한 경우에는 제1항과 제2항에도 불구하고 형사소송법 제249조부터 제253조까지 및 군사법원법 제291조부터 제295조까지에 규정된 공소시효를 적용하지 아니한다(성폭력범죄의 처벌 등에 관한 특례법 제20조 제3항).

4. 아동·청소년대상 성범죄의 처벌과 절차에 관한 특례

가. 형법상 감경규정에 관한 특례

음주 또는 약물로 인한 심신장애 상태에서 아동·청소년에 대하여 성폭력범죄의 처벌 등에 관한 특례법 제3조부터 제11조까지의 죄를 범한 때에는 형법 제10조 제1항·제2항 및 제11조를 적용하지 아니할 수 있다(아동·청소년의 성보호에 관한 법률 제7조의2).

나. 공소시효 기산에 관한 특례

아동·청소년대상 성범죄의 공소시효는 형사소송법 제252조 제1항에도 불구하고 해당 성범죄로 피해를 당한 아동·청소년이 성년에 달한 날부터 진행한다(아동·청소년의 성보호에 관한 법률 제7조의3 제1항).

제7조의 죄는 디엔에이(DNA)증거 등 그 죄를 증명할 수 있는 과학적인 증거가 있는 때에는 공소시효가 10년 연장된다(아동·청소년의 성보호에 관한 법률 제7조의3 제2).

13세 미만의 여자 및 신체적인 또는 정신적인 장애가 있는 여자에 대하여 폭행 또는

---

4) 성폭력범죄의 처벌 등에 관한 특례법 제2조(정의) ① 이 법에서 “성폭력범죄”란 다음 각 호의 어느 하나에 해당하는 죄를 말한다.
  3. 「형법」 제2편 제32장 강간과 추행의 죄 중 제297조(강간), 제298조(강제추행), 제299조(준강간, 준강제추행), 제300조(미수범), 제301조(강간등 상해·치상), 제301조의2(강간등 살인·치사), 제302조(미성년자등에 대한 간음), 제303조(업무상위력 등에 의한 간음) 및 제305조(미성년자에 대한 간음, 추행)의 죄
  4. 「형법」 제339조(강도강간)의 죄

협박으로 강간하거나 형법 제299조(준강간에 한정한다)의 죄를 범한 경우에는 제1항과 제2항에도 불구하고 「형사소송법」 제249조부터 제253조까지 및 「군사법원법」 제291조부터 제295조까지에 규정된 공소시효를 적용하지 아니한다(아동·청소년의 성보호에 관한 법률 제7조의3 제3항).

다. 신고의무자의 성범죄에 대한 가중처벌

아동·청소년의 성보호에 관한 법률 제22조 제2항 각 호의 기관·시설 또는 단체의 장과 그 종사자가 자기의 보호·감독 또는 진료를 받는 아동·청소년을 대상으로 성범죄를 범한 경우에는 그 죄에 정한 형의 2분의 1까지 가중처벌한다(아동·청소년의 성보호에 관한 법률 제12조의2).

라. 피해자의 의사

형법 제306조[5] 및 성폭력범죄의 처벌 등에 관한 특례법 제15조[6]에도 불구하고 아동·청소년을 대상으로 한 ① 제7조의 죄,[7] ② 형법 제297조(강간), 형법 제298조(강제추행), 형법 제299조(준강간, 준강제추행), 형법 제300조(형법 제297조 내지 300조의 미수범), 형법 제303조(업무상위력 등에 의한 간음) 및 제305조(미성년자에 대한 간음, 추행)의 죄, ③ 성폭력범죄의 처벌 등에 관한 특례법 제10조 제1항의 죄(업무상 위력 등에 의한 추행)에 대하여는 피해자의 고소가 없어도 공소를 제기할 수 있다.

다만, 아동·청소년을 대상으로 한 성폭력범죄의 처벌 등에 관한 특례법 제11조[8] 및

---

5) 형법 제306조(고소) 제297조 내지 제300조와 제302조 내지 제305조의 죄는 고소가 있어야 공소를 제기할 수 있다.

6) 성폭력범죄의 처벌 등에 관한 특례법 제15조(고소) 제10조 제1항, 제11조 및 제12조의 죄는 고소가 있어야 공소를 제기할 수 있다.

7) 아동·청소년의 성보호에 관한 법률 제7조(아동·청소년에 대한 강간·강제추행 등) ① 폭행 또는 협박으로 아동·청소년을 강간한 사람은 5년 이상의 유기징역에 처한다. ② 아동·청소년에 대하여 폭행이나 협박으로 다음 각 호의 어느 하나에 해당하는 행위를 한 자는 3년 이상의 유기징역에 처한다. 1. 구강·항문 등 신체(성기는 제외한다)의 내부에 성기를 넣는 행위 2. 성기·항문에 손가락 등 신체(성기는 제외한다)의 일부나 도구를 넣는 행위 ③ 아동·청소년에 대하여 「형법」 제298조의 죄를 범한 자는 1년 이상의 유기징역 또는 500만원 이상 2천만원 이하의 벌금에 처한다. ④ 아동·청소년에 대하여 「형법」 제299조의 죄를 범한 자는 제1항부터 제3항까지의 예에 따른다. ⑤ 위계(僞計) 또는 위력으로써 아동·청소년을 간음하거나 아동·청소년을 추행한 자는 제1항부터 제3항까지의 예에 따른다. ⑥ 제1항부터 제5항까지의 미수범은 처벌한다.

8) 성폭력범죄의 처벌 등에 관한 특례법 제11조(공중 밀집 장소에서의 추행) 대중교통수단, 공연·집회

제12조9)의 죄는 피해자의 명시한 의사에 반하여 공소를 제기할 수 없다(아동·청소년의 성보호에 관한 법률 제16조).

마. 피해자 등에 대한 강요행위

폭행이나 협박으로 아동·청소년대상 성폭력범죄의 피해자 또는 아동복지법 제3조 제3호10)에 따른 보호자를 상대로 합의를 강요한 자는 7년 이하의 유기징역에 처한다(아동·청소년의 성보호에 관한 법률 제17조).

바. 아동·청소년대상 성범죄의 신고

누구든지 아동·청소년대상 성범죄의 발생 사실을 알게 된 때에는 수사기관에 신고할 수 있다(아동·청소년의 성보호에 관한 법률 제22조 제1항).

① 유아교육법 제2조 제2호의 유치원, ② 초·중등교육법 제2조의 학교, ③의료법 제3조의 의료기관, ④ 아동복지법 제3조 제10호의 아동복지시설, ⑤장애인복지법 제58조의 장애인복지시설, ⑥ 영유아보육법 제2조 제3호의 어린이집, ⑦ 학원의 설립·운영 및 과외교습에 관한 법률 제2조 제1호의 학원 및 같은 조 제2호의 교습소, ⑧ 성매매방지 및 피해자보호 등에 관한 법률 제5조의 성매매피해자등을 위한 지원시설 및 같은 법 제10조의 성매매피해상담소, ⑨ 한부모가족지원법 제19조에 따른 한부모가족복지시설, ⑩ 가정폭력방지 및 피해자보호 등에 관한 법률 제5조의 가정폭력 관련 상담소 및 같은 법 제7조의 가정폭력피해자 보호시설, ⑪ 성폭력방지 및 피해자보호 등에 관한 법률 제10조의 성폭력피해상담소 및 같은 법 제12조의 성폭력피해자보호시설, ⑫ 청소년활동진흥법 제2조제2호의 청소년활동시설, ⑬ 청소년복지 지원법 제29조 제1항에 따른 청소년상담복지센터 및 같은 법 제31조 제1호에 따른 청소년쉼터, ⑭ 청소년보호법」 제33조의2의

장소, 그 밖에 공중(公衆)이 밀집하는 장소에서 사람을 추행한 사람은 1년 이하의 징역 또는 300만원 이하의 벌금에 처한다.

9) 폭력범죄의 처벌 등에 관한 특례법 제12조(통신매체를 이용한 음란행위) 자기 또는 다른 사람의 성적 욕망을 유발하거나 만족시킬 목적으로 전화, 우편, 컴퓨터, 그 밖의 통신매체를 통하여 성적 수치심이나 혐오감을 일으키는 말, 음향, 글, 그림, 영상 또는 물건을 상대방에게 도달하게 한 사람은 2년 이하의 징역 또는 500만원 이하의 벌금에 처한다.

10) 아동복지법 제3조(정의) 이 법에서 사용하는 용어의 뜻은 다음과 같다.

3. "보호자"란 친권자, 후견인, 아동을 보호·양육·교육하거나 그러한 의무가 있는 자 또는 업무·고용 등의 관계로 사실상 아동을 보호·감독하는 자를 말한다.

청소년보호센터와 청소년재활센터에 해당하는 기관·시설 또는 단체의 장과 그 종사자는 직무상 아동·청소년대상 성범죄의 발생 사실을 알게 된 때에는 즉시 수사기관에 신고하여야 한다(아동·청소년의 성보호에 관한 법률 제22조 제2항).

다른 법률에 규정이 있는 경우를 제외하고는 누구든지 신고자 등의 인적사항이나 사진 등 그 신원을 알 수 있는 정보나 자료를 출판물에 게재하거나 방송 또는 정보통신망을 통하여 공개하여서는 아니 된다(아동·청소년의 성보호에 관한 법률 제22조 제3항).

사. 대상아동·청소년에 대한 수사 등

성매매알선 등 행위의 처벌에 관한 법률 제21조 제1항에도 불구하고 대상아동·청소년에 대하여는 보호 및 재활을 위하여 처벌하지 아니한다(아동·청소년의 성보호에 관한 법률 제26조 제1항). 사법경찰관은 대상아동·청소년을 발견한 경우 신속하게 사건을 수사한 후 소년법에 따라 가정법원소년부 또는 지방법원소년부의 보호사건으로 처리하는 것이 상당한지에 관한 의견을 첨부하여 지체 없이 검사에게 송치하여야 한다(아동·청소년의 성보호에 관한 법률 제26조 제2항).

검사 또는 사법경찰관은 대상아동·청소년을 발견한 경우 특별한 사정이 없으면 그 사실을 대상아동·청소년의 법정대리인 또는 사실상 그 아동·청소년을 보호하는 자에게 통지하여야 한다(아동·청소년의 성보호에 관한 법률 제26조 제3항). 대상아동·청소년의 법정대리인 등 또는 제22조 제2항 각 호에 해당하는 기관·시설 또는 단체의 장은 대상아동·청소년을 발견한 경우에는 이를 관할 법원 소년부에 통고를 할 수 있다(아동·청소년의 성보호에 관한 법률 제26조 제4항).

아. 대상아동·청소년의 송치

아동·청소년의 성보호에 관한 법률 제26조 제2항에 따라 사법경찰관은 대상아동·청소년을 발견한 경우에는 여성가족부장관에게 그 사실을 통보하여야 한다(아동·청소년의 성보호에 관한 법률 시행령 제3조 제1항).

5. 외상 후 스트레스 장애와 상해

성폭력범죄의 처벌 등에 관한 특례법상의 상해는 피해자의 신체의 완전성을 훼손하거나 생리적 기능에 장애를 초래하는 것으로, 반드시 외부적인 상처가 있어야만 하는 것이 아니고, 여기서의 생리적 기능에는 육체적 기능뿐만 아니라 정신적 기능도 포함된다.

강간행위로 인하여 피해자가 불안, 불면, 악몽, 자책감, 우울감정, 대인관계회피, 일상생활에 대한 무관심, 흥미상실 등의 증상을 보여 이로 인하여 6개월간의 치료를 요한다는 진단을 받았다면 이러한 증상은 강간을 당한 모든 피해자가 필연적으로 겪는 증상이라고 할 수 없으므로 성폭력범죄의 처벌 등에 관한 특례법이 정하는 상해를 입은 것이다. 외상 후 스트레스 장애는 성폭력범죄의 처벌 등에 관한 특례법상의 상해에 포함된다.

제14장 | 학교폭력과 민사상 손해배상청구

Ⅰ 불법행위에 의한 손해배상청구

1. 손해배상청구권의 성립요건과 가해학생 및 보호자의 책임

가. 성립요건

학교폭력 사건이 발생했을 경우에 가해학생이나 가해학생의 보호자나 교사나 학교를 설치한 지방자치단체 등에게 불법행위[1] 책임이 성립하기 위해서는 ① 가해자의 고의 또는 과실에 의한 행위가 있을 것, ② 가해자가 책임능력이 있을 것, ③ 가해행위가 위법할 것, ④ 가행행위로 인한 손해가 발생할 것의 요건이 성립해야 불법행위 책임을 물을 수 있다.

나. 고의·과실

고의란 일정한 결과가 발생하리라는 것을 알면서 감히 이를 행하는 심리상태를 말하며, 과실이란 일정한 결과가 발생한다는 것을 알고 있어야 함에도 불구하고 부주의로 그것을 알지 못하고서 어떤 행위를 하는 심리상태를 말한다. 불법행위에서 요구되는 과실은 일반적으로 추상적경과실이다.

추상적경과실은 주의의 기준을 사회 보통의 일반인에게 맞추는 것이며, 구체적 경과실은 행위자 개인의 주의 능력에 맞추는 것이다. 불법행위에 있어서 추상적 경과실과 추상적 중과실이 있는데 보통 과실이라 할 때의 과실은 추상적 경과실을 의미하며, 추상적 경과실의 기준이 되는 것은 구체적인 경우에 있어서의 사회 일반인의 주의 정도이다.

판례에서 나타난 과실인정 기준을 보면 위험한 과목 등에 있어서 사전 연습지도, 주의지시이행 여부, 체험활동으로 나간 수련원이나 수영장 등에서의 감시원의 배치와 시설물의 안전점검 등에 대한 충분한 조사여부, 학교건물 내·외의 시설물 점검이 충분했느냐 여부 등이 있다.

---

1) 고의 또는 과실로 인한 위법행위로 타인에게 손해를 주는 행위.

다. 책임능력

민법은 책임능력에 대한 일반규정을 두지 않고 책임무능력자규정(미성년자로서 행위의 책임을 변식할 능력이 없는 자, 심신상실자)만을 두고 있으며, 책임능력 없는 자의 행위는 불법행위가 되지 않기 때문에 책임 능력을 불법행위 능력이라고도 한다.

자기의 행위의 책임을 변식할 수 있는 능력, 즉 그 결과가 위법한 것이어서 법률상 비난 받는 것임을 인식하는 정신능력을 말한다.

판례는 책임무능력자의 연령기준에 대하여 명확한 기준을 제시하고 있지는 않지만, 대체로 만 12세 미만인 경우는 민법 제753조의 규정에 의거하여 "그 행위의 책임을 변식한 지능이 없는 때"에 해당되는 것으로 보아 손해배상책임을 부담시키지 않는 반면에 만 14세 이상의 미성년자에겐 대체로 책임능력을 인정하고 있다.

교사가 직접적으로 학생에게 피해를 끼치지는 않았으나, 가해학생이 미성년자이므로 교사가 책임을 져야하는 경우이다. 책임능력에 있어서 가해자가 교원인 경우에 문제가 되지 않으나 학생간의 사고에 있어서 교사는 가해학생의 법정대리인인 미성년자에 대하여 갖는 보호·교양의 권리의무(민법 제755조 및 제913조)를 대신하여 책임지는 경우가 있다.

라. 가해행위의 위법성

권리의 침해가 위법한 것의 가장 기본적인 것이라고 할 것이다. 권리의 침해가 발생하고 그것이 법 위반이 있는 것으로 평가받는 경우에는 대체로 위법한 것으로 판정 받게 될 것이다.

위법성의 문제는 교사에 의한 징계, 체벌, 폭행 행위의 위법성 여부와 학생간의 사고에 있어서 가해학생의 가해행위에 대한 위법성이 문제가 된다. 초·중등교육법에서는 "교장은 교무를 통할하고, 소속 교직원을 지도·감독하며, 학생을 교육한다."고 규정하고 있으므로 교사의 행위가 교장의 지시나 허가 없이 이루어질 경우 위법성이 있을 가능성이 높을 것이다.

마. 손해의 발생

불법행위가 성립하려면 가해행위에 의하여 손해가 발생하였어야 하며 그 손해는 현실적으로 발생한 것에 한하여 배상된다. 손해는 유형, 무형의 모든 손해를 포함한다. 손해의 발생과 그 금액은 피해자가 이를 입증하여야 한다.

바. 인과관계

불법행위가 성립하려면 그 손해가 가해자의 행위로 인하여 발생한 것이어야 한다. 가해와 손해사이에 인과관계가 있어야 한다. 인과관계에는 불법행위의 성립요건으로서 요구되는 것과 성립한 불법행위에 있어서 손해배상의 범위를 정하는데 요구되는 인과관계가 있다.

2. 가해학생의 책임

불법행위자인 가해학생 본인이 자신의 불법행위에 대하여 손해배상 책임을 져야 함이 원칙이라고 할 것이나, 민법은 미성년자가 타인에게 불법행위로 인하여 손해를 가할 당시 그 행위의 책임을 변식할 지능이 없는 때에는 배상의 책임을 지지 아니하도록 규정하고 있다(민법 제753조).

여기서 '행위의 책임을 변식할 지능'이라 함은 책임능력이라고도 하는 것으로써, 통상 그 행위가 도덕적으로 허용되지 않는 행위로서 비난을 받는 도덕적 책임이 생긴다는 것을 인식하는 것만으로도 부족하고, 나아가 그 행위의 결과가 위법한 것으로써 법률상 비난을 받고 어떤 법률상 책임이 생긴다는 것을 인식하는 정신능력을 말하는 것으로 보고 있다.

판례는 책임무능력자의 연령기준에 대하여 명확한 기준을 제시하고 있지는 않지만, 대체로 만 12세 미만인 경우는 민법 제753조의 규정에 의거하여 "그 행위의 책임을 변식한 지능이 없는 때"에 해당되는 것으로 보아 손해배상책임을 부담시키지 않는 반면에 만 14세 이상의 미성년자에겐 대체로 책임능력을 인정하고 있다.

3. 학부모의 책임

가해자가 책임능력이 있는 미성년자인 경우에도 실제로 그 친권자가 일반적 지도·교양의무를 다하지 못한 것이 사고발생의 한 원인이 되었다고 하여 친권자에게 불법행위자로서의 손해배상책임을 지우고 있다.

민법은 자녀가 책임능력이 없는 경우에는 그 부모가 이를 감독할 법적 의무가 있으므로 그 무능력자가 제3자에게 가한 손해를 배상할 책임이 있기는 하나, 감독의무를 해태하지 아니한 때에는 책임이 없다고 규정하고 있다(민법 제755조).

미성년자인 가해학생이 책임능력이 있어 그 스스로 손해배상 책임을 지는 경우 그 부모가 민법 제755조 제1항에 의한 책임을 지지 아니함은 명백하다. 그러나 판례는 미성년자에게 책임능력이 있어 부모들이 민법 제755조 제1항에 기한 손해배상 책임을 부담하지 아니하는 경우에도 그 손해가 감독의무자로서 부모의 의무위반과 상당 인과관계가 인정되면 부모는 민법 제750조의 일반불법행위자로서의 손해배상 책임을 부담한다고 보고 있다(대법원 1994. 2. 8. 선고 93다1605 전원합의체 판결).

Ⅱ 교사 및 학교의 설치·경영자의 책임

1. 교사의 보호감독 의무와 범위

가. 주의의무

학교 설치자 또는 교사가 민법상 사용자책임, 불법행위 책임 또는 국가배상법상의 배상 책임을 부담하려면 그 요건으로서 교사의 고의·과실이 인정되어야 하고, 그 전제로써 일반적으로 교사가 학생들을 보호감독할 의무라는 주의의무가 있어야 한다.

나. 보호감독 의무의 범위와 예견가능성

부모 등 친권자의 자녀 등에 대한 보호감독의무는 친권의 내용인 보호·교양할 의무에 포함되는 것으로써 자녀 등의 생활영역 전반에 미치는 것이지만, 교사 등의 보호감독의무는 친권자 등 법정 감독의무자를 대신하여 부담하는 의무로서 교사 등의 교육활동에 부수하여 발생하는 것이어서, 친권자 등이 부담하는 보호감독의무와 동일하다고 할 수 없다.

따라서 교사 등의 보호감독의무는 어디까지나 학교에서의 교육활동 및 이와 밀접불가분의 관계에 있는 생활관계에 한하여 발생하고, 당해 사고가 학교생활에서 통상 발생하는 것이 예측되거나 또는 예측가능성이 있는 경우에 한한다.

구체적인 예측가능성은 개개의 사건에 있어서 학생의 연령, 취학상황(유치원, 초등학교, 중학교 등), 성격, 습벽, 자율판단능력의 상태, 학교교육활동의 구체적 상황(수업시작 전, 수업 중, 휴식시간 중, 방과 후, 클럽활동 중, 운동회·소풍 등의 학교행사 중 등), 가해자와 피해자의 관계, 과거 동종 사고의 발생의 유무 등에 의하여 교육전문가인 평균적 교사를 기준으로 판단되어야 한다.

사고발생을 예견할 수 있는 경우에는 교사나 학교 측에 피해를 회피할 구체적인 주의의무가 생기지만 그러한 단계에 까지 이르지 아니한 채 사고발생의 예견이 불가능한 소위 돌발적·우발적 사고에 대하여는 교사·학교 측의 책임은 부정된다고 할 수 있다

다. 판례의 태도

판례는 "초등학교 내에서 발생하는 폭행 등 괴롭힘은 통상 나이가 어리고 정신적으로 성숙하지 못한 피해자에게 육체적·정신적으로 상당한 고통을 주고, 그 폭행 등 괴롭힘이 상당기간 계속될 경우에는 그 고통과 그에 따른 정신장애로 피해자가 자살에 이를 수도 있다는 것은 예측이 가능하다 할 것인데, 이 사건에서 가해학생들은 12세 남짓 된 초등학교 6학년 학생들로서 비록 책임을 변식할 지능을 갖추지 못하고 있다고 하더라도 상당한 정도의 자율능력, 분별능력은 가지고 있다고 보아야 할 것이고, 당시 학교에서의 집단괴롭힘이 사회문제화 되어 학교에서 이에 대한 예방교육이 실시되고 있었으며, 가해학생들 역시 그와 같은 교육을 받아 그 폐해를 잘 알고 있었다 할 것인바, 이러한 사정들을 종합하여 보면, 가해학생들의 폭행 등 괴롭힘과 망인의 자살 사이에는 상당인과관계가 있다 할 것이다.

나아가 망인이 수학여행에서 다른 급우들로부터 따돌림을 당하였고, 자살 당일 부모로부터 꾸중을 듣는 등 다른 원인이 자살에 일부 작용하였다 하더라도 가해학생들의 폭행 등 괴롭힘이 주된 원인인 이상 상당인과관계는 인정된다 할 것이다."라고 판시한 바 있다(서울고등법원 2005. 3. 31. 선고 2004나52844 판결).

2. 교사의 개인 책임

교사의 개인 책임은 사립학교의 교사와 국·공립학교 교사 사이에 차이가 있다. 불법행

위자로서의 책임과 관련하여 사립학교 교사는 학교폭력사고와 관련하여 고의는 물론이고, 과실이 있는 경우 중과실인지 경과실인지를 불문하고 민사상 손해배상책임을 진다.

이 점이 국가배상법상 중과실인 경우에만 책임을 지는 국·공립학교 교사와 차이가 있다. 교사의 중과실이라 함은 교사에게 통상 요구되는 정도의 상당한 주의를 하지 않더라도 약간의 주의만 한다면 손쉽게 위법, 유해한 결과를 예견할 수 있는 경우임에도 만연히 이를 간과함과 같은 거의 고의에 가까운 현저한 주의를 결여한 상태를 의미한다. 그에 따라 국·공립학교의 교사가 책임을 지는 경우는 사실상 대폭 제한되는 결과가 된다.

3. 학교(설치경영자)의 책임

학교 관계자(교장이나 교사)는 학생들을 친권자 등 법정감독의무자에 대신하여 보호·감독하는 의무로서 학교 내에서의 모든 생활관계에 미치는 것이 아니라 학교에서의 교육활동 및 이와 밀접불가분의 관계에 있는 생활관계에 한정된다. 즉 대리감독자로서 책임을 지는 것이다.

판례는 민법 제755조에 의하여 책임능력 없는 미성년자를 감독할 친권자 등 법정감독의무자의 보호·감독책임은 미성년자의 생활 전반에 미치는 것이고, 법정감독의무자에 대신하여 보호·감독의무를 부담하는 교사 등의 보호·감독의무는 학교 내에서의 학생의 모든 생활관계에 미치는 것이 학교에서의 교육활동 및 이와 밀접 불가분의 관계에 있는 생활관계에 한하며, 이와 같은 대리감독자가 있다는 사실만 가지고 곧 친권자의 법정감독책임이 면탈된다고는 볼 수 없다(대법원 2007. 4. 26. 선고 2005다24318 판결)고 판시한바 있다.

지방자치단체가 설치·경영하는 학교의 교장이나 교사는 학생을 보호·감독할 의무를 지는데, 이러한 보호·감독의무는 교육법에 따라 학생들을 친권자 등 법정감독의무자에 대신하여 감독을 하여야 하는 의무로서 학교 내에서의 학생의 모든 생활관계에 미치는 것은 아니지만, 학교에서의 교육활동 및 이와 밀접 불가분의 관계에 있는 생활관계에 속하고, 교육활동의 때와 장소, 가해자의 분별능력, 가해자의 성행, 가해자와 피해자의 관계, 기타 여러 사정을 고려하여 사고가 학교생활에서 통상 발생할 수 있다고 하는 것이 예측되거나 또는 예측가능성(사고발생의 구체적 위험성)이 있는 경우에는 교장이나 교사는 보호·감독의무 위반에 대한 책임을 진다고 할 것이다(대법원 1994. 8. 23. 선고 93다60588 판결 2001. 4. 24. 선고 2001다5760 판결).

대법원은 “망인은 가해학생들로부터 수개월에 걸쳐 이유 없이 폭행 등 괴롭힘을 당한 결과 충격 후 스트레스 장애 등의 증상에 시달리다 결국 자살에까지 이르게 되었음을 알 수 있고, 가해학생들의 망인에 대한 폭행 등은 거의 대부분 학교 내에서 휴식시간 중에 이루어졌고, 또한 수개월에 걸쳐 지속되었으며 당시 학교 내 집단 괴롭힘이 심각한 사회문제로 대두되어 있었으므로, 망인의 담임교사인 소외 1로서는 학생들의 동향 등을 보다 면밀히 파악하였더라면 망인에 대한 폭행 등을 적발하여 망인의 자살이라는 결과를 사전에 예방할 수 있었던 것으로 보이며, 나아가 망인에 대한 폭행사실이 적발된 후에도 소외 1, 2는 망인의 정신적 피해상태를 과소평가한 나머지 망인의 부모로부터 가해학생들과 망인을 격리해 줄 것을 요청받고도 이를 거절하면서 가해학생들로부터 반성문을 제출받고 가해학생들의 부모들로부터 치료비에 대한 부담과 재발방지 약속을 받는 데 그치는 등 미온적으로 대처하였고, 또한 그 이후의 수학여행 중에도 망인에 대하여 보다 특별한 주의를 기울였어야 함에도 불구하고, 특별교우관계에 있는 학생을 붙여주는 이외에 별다른 조치를 취하지 아니함으로써 결과적으로 망인이 자살에 이르게 하도록 한 원인을 제공한 과실이 있다고 할 것이므로, 피고 경기도는 국가배상법 제2조 제1항에 의하여 그 소속 공무원인 소외 1, 2의 위와 같은 공무수행상의 과실로 인하여 망인 및 원고들이 입은 손해를 배상할 책임이 있다.”고 판시한 바 있다(대법원 2007. 4. 26. 선고 2005다24318판결).

따라서 지방자치단체가 설치한 학교의 교장이나 교사는 학생을 보호·감독할 의무를 지는데, 이러한 보호·감독의무는 교육법에 따라 학생들을 친권자 등 법정감독의무자에 대신하여 감독을 하여야 하는 학교 내에서의 학생의 모든 생활관계에 미치는 것은 아니지만, 학교에서의 교육활동 및 이와 밀접 불가분의 관계에 있는 생활관계에 속하고, 교육활동의 때와 장소, 가해자의 분별능력, 가해자의 성행, 가해자와 피해자의 관계, 기타 여러 사정을 고려하여 학교생활에서 통상 발생할 수 있다고 하는 것이 예측되거나 또는 예측가능성(사고발생의 구체적 위험성)이 있는 경우에는 교장이나 교사는 보호·감독의무 위반에 대한 책임을 진다(대법원 2007. 4. 26. 선고 2005다24318 손해배상(기)-학교폭력 가해학생들의 부모의 과실과 담임교사, 교장의 과실이 경합하여 피해학생의 자살 사건이 발생하였다는 이유로, 부모들과 지방자치단체에게 공동불법행위자로서의 손해배상책임을 인정한 사례).

Ⅲ 보호자의 교사·학교의 설치 경영자의 책임과의 관계 및 구상권

1. 보호자의 책임과 교사 등 학교측의 책임과의 관계

가해학생의 부모의 법정감독의무의 해태로 인한 과실과 담임교사 등 학교측의 보호감독의무의 해태로 인한 과실이 경합하여 학교사고가 발생한 경우, 양자의 책임은 병존할 수 있다고 보아 부모와 학교측은 공동불법행위자로서 각자 그 손해를 배상할 책임이 있다는 것이 판례의 태도이다(대법원 2007. 4. 26. 선고 2005다24318 판결).

판례는 "학교폭력 가해학생들의 부모의 과실과 담임교사, 교장의 과실이 경합하여 피해학생의 자살 사건이 발생하였다는 이유로 부모들과 지방자치단체에게 공동불법행위자로서의 손해배상책임을 인정한 사례. 민법 제755조에 의하여 책임능력 없는 미성년자를 감독할 친권자 등 법정감독의무자의 보호감독책임은 미성년자의 생활 전반에 미치는 것이고, 법정감독의무자에 대신하여 보호감독의무를 부담하는 교사 등의 보호감독책임은 학교 내에서의 학생의 모든 생활관계에 미치는 것이 아니라, 학교에서의 교육활동 및 이와 밀접 불가분의 관계에 있는 생활관계에 한하며, 이와 같은 대리감독자가 있다는 사실만 가지고서 곧 친권자의 법정감독책임이 면탈된다고는 볼 수 없다 할 것이다. 가해학생들의 부모인 위 피고들의 보호감독의무의 해태로 인한 과실을 인정하면서, 위 과실과 담임교사인 소외 1과 교장인 소외 2의 보호감독의무의 해태로 인한 과실이 경합하여 이 사건이 발생하였다는 이유로 위 피고들과 피고 경기도에게 공동불법행위자로서의 손해배상책임을 인정한 것은 정당하다."고 판시한바 있다(대법원 2007. 4. 26. 선고 2005다24318 판결).

이 경우 어느 일방이 피해학생에게 손해배상을 한 경우에는 상대방에 대하여 구상권을 행사할 수 있는데, 구상비율에 대하여는 일반적으로 교사 등 학교 설치자와 부모 등 친권자 측의 사고발생에 대한 각자의 관여비율, 즉 교사와 친권자의 각자 보호·감독의무의 해태의 정도에 따라 결정된다고 할 것이다.

판례는 "원고와 피고들은 R등 피해자들에 대하여 공동불법행위자로서 위 판결에 따라 각자 그 손해금 전액을 배상할 의무가 있으나, 공동불법행위자인 원고와 피고들 사이에는 위 손해금에 대하여 그 손해의 발생 및 확대에 기여한 정도 즉 각자의 책임비율에 따라 이를 부담한다 할 것인데, 원고는 위 R등에게 위 손해배상금을 모두 지급함으로써 공동불법행위자인 피고들이 공동 면책되었으므로, 원고는 피고들의 책임비율에 상응하는 손해금에 대하여 구상권을 취득하였다. 원고가 피고들에 대하여 취득한 구상권의 범위에 관하여 살펴보면, 공동불법행위자들인 원고의 피고들이 각기 부담하여야 할 부분은 형평의 원칙상 원고와 피고들이 이 사건 손해의 발생 및 확대에 기여한 비율, 즉 책임비율에 따라 정하여야 할 것인데, 비록 이 사건 집단괴롭힘이 피고 학생들의 주도하에 이루어진 것이기는 하나 위 집단괴롭힘이 학교 내에서 발생하였고 학교로서는 적극적인 감독 및 보호활동을 펼칠 경우 이를 제지할 수도 있었다는 점에서 원고의 책임이 작다고만은 할 수 없을 것인바, 앞서 본 바와 같은 집단괴롭힘의 경위, 피고 학생들의 가해 정도, 피고 학생들 부모의 감독 소홀, 원고의 피고 학생들에 대한 감독 소홀 및 R에 대한 보호 소홀의 정도 등 모든 사정에 비추어 볼 때 원고 대 피고들의 책임비율은 4 대 6 정도라고 봄이 상당하다."고 판시한 바 있다(서울지방법원 2008가합31880 구상금).

2. 교사의 학교 설치자로부터의 구상책임 및 교장 등 관리책임자의 개인 책임

가. 학교의 설치·경영자가 피해학생에 대하여 손해배상을 한 경우, 보호·감독의무를 위반한 교사에 대하여 구상권을 행사할 수 있다. 그런데 국·공립학교의 경우에는 국가배상법이 적용되는 결과 교사에게 고의 또는 중과실이 있는 경우에 한하여 구상책임을 물을 수 있으나, 사립학교의 경우에는 법률상 제한이 없으므로 이론상으로는 경과실의 경우에도 구상권을 행사할 수 있게 된다.

나. 교장 등 관리책임자의 개인 책임

사립학교의 총장, 학장, 교장, 단장, 이사 등 학교관리책임자는 민법 제756조 제2항의 '사용자에 갈음하여 사무를 감독하는 자'로서의 책임(소위 사업대리감독자의 책임)을 질 수 있다. 그러나 민법 제756조 제2항의 '사무'의 집행에는 국가 또는 지방자치단체의 공권력의 행사는 포함되지 아니하므로, 국·공립학교의 관리직 종사자에 관해서는 민법 제756조 제2항이 적용되지 않는다.

제15장 | 학교폭력과 교원의 징계책임

Ⅰ 교사 및 학교장의 의무

1. 학교폭력 신고 의무

학교폭력 예방 및 대책에 관한 법률 제20조에서는 학교폭력신고의무를 규정하고 있는데 그 내용은 "학교폭력 현장을 보거나 그 사실을 알게 된 자는 학교 등 관계 기관에 즉시 신고하여야 하며, 신고를 받은 기관은 가해학생 및 피해학생의 보호자와 소속 학교의 장에게 통보하여야 하며, 통보를 받은 학교의 장은 이를 자치위원회에 지체없이 통보하여야 하며, 누구라도 학교폭력의 예비·음모를 알게 된 자는 이를 학교의 장 또는 자치위원회에 고발할 수 있고, 교원이 이를 알게 되었을 경우에는 학교의 장에게 보고하고 해당 학부모에게 알려야 한다."라고 규정하고 있다.

2. 학교폭력 예방교육 의무

학교폭력 예방 및 대책에 관한 법률 제15조 (학교폭력 예방교육 등)는 "학교의 장은 학생의 육체적·정신적 보호와 학교폭력의 예방을 위한 학생들에 대한 교육을 학기별로 1회 이상 실시하여야 하고, 학교폭력의 예방 및 대책 등을 위한 교직원에 대한 교육을 학기별로 1회 이상 실시하여야 한다."고 규정하고 있다.

3. 교원의 성실·복종의 의무

교원의 복무에 관한 사항은 교육공무원법과 사립학교법에 따로 규정하지 않고 국가공무원법을 준용하도록 하고 있으므로 교원은 국가공무원법에 규정된 모든 의무를 이행해야 한다.

모든 교원은 법령을 준수하며 성실히 직무를 수행해야 한다. 교원은 고용주인 국가나 학교 법인과 공법상 또는 사법상의 고용관계를 형성함으로 일정한 권리뿐만 아니라, 고용주에 대하여 일정한 역무를 제공한 의무를 진다. 교원의 직무는 공무원복무규정에 세

밀하게 규정되어 있으며, 이러한 규정과 법령을 성실하게 이행하지 않을 경우 성실의 의무를 다하지 않은 데 따르는 각종 행정처분을 받는다.

교원은 직무를 수행함에 있어 소속 상급자의 직무상의 명령에 복종하여야 한다. 여기서 소속 상급자는 당해 교원의 직무에 관해서 지휘·감독권을 가진 직위에 있는 상급자를 말하며 신분상의 상급자보다는 직무상의 상급자를 말한다.

교원의 직무는 일반 행정직 공무원과는 달리 학생을 지도·교육하는 기능과 의무를 갖고 있으므로 상하의 복종관계이기 보다는 상호 협력관계에 있다고 보아야 한다. 교원이 학생을 교육함에 있어서는 자신의 학식과 경험에 의하여 교육자적 양심에 입각하여 자유롭고 창의적인 교육활동에 관한 특례가 인정되며, 교원에 대한 상사의 직무명령은 교육활동 이외의 업무에 국한된다고 보아야 한다.

Ⅱ 교원징계

1. 징계의 의의

가. 공무원이 공무원관계(특별권력관계)에서 부담하는 의무를 위반한 경우에 국가가 공무원관계의 질서를 유지하기 위하여 사용주인 입장에 기하여 그 위반에 대하여 과하는 제재를 징계벌이라고 하는데, 이 징계벌을 받을 지위를 징계책임이라 하고, 징계벌을 과하는 행위를 징계처분이라고 한다.

나. 형벌과 징계벌과의 차이

양자는 '제재'라는 점에서 같으며, 공무원이 하나의 의무위반행위가 징계벌의 대상이 됨과 아울러 형사벌의 대상이 될 수 있으나 ① 형벌은 일반통치권(형벌권)에 그 근거를 두는데, 징계벌은 공무원 내부에서 성립한 사용주의 입장에서 갖는 권력(특별권력)에 근거를 두는 점이 다르며, ② 형벌은 반사회적인 법익침해에 대하여 국가사회의 일반적 법질서를 유지함을 목적으로 과하는 제재인데 반하여, 징계벌은 공무원의 의무위반에 대하여 공무원관계의 질서를 유지함을 목적으로 과하는 제재이며, ③ 징계벌은 의무위반이라는 객관적 사실에 대하여 과하는 제재이기 때문에 형벌에서와 같이 고의 또는 과실이 있음을 요건으로 하지 않으며 부하공무원의 의무위반에 대한 감독상의 책임도 면하지 못한다는 점에서 형벌과 구별되며, ④ 징계벌과 형벌은 그 성질을 달리하기 때문에 양자는 병과될 수 있으며, 병과하더라도 일사부재리의 원칙에 저촉되지 않으며, 현행법은 형사소추 우선의 원칙을 채택하지 않았다.

따라서 공무원에게 징계사유가 인정되는 이상, 관련된 형사사건이 아직 유죄로 확정되지 아니하였다 하더라도 징계처분을 할 수 있음은 물론, 그 징계처분에 대한 행정소송을 진행함에도 아무런 지장이 없으며, 수사기관에서 이를 수사 중에 있다하여도 징계처분은 할 수 있다.

다. 직위해제와의 구분

직위해제란 공무원으로서 신분을 보유하면서 직무담임을 해제하는 행위이다. 직위해제는 본인이 무능력 등으로 인한 제재적 의미를 가진 보직의 해제이며, 복직이 보장되지 않으며, 직위해제가 되면 직무에 종사하지 못하며, 출근할 수도 없다.

직위해제 처분 후에 동일한 사유로 징계처분을 하여도 일사부재리의 원칙에 어긋나지 않는다.

2. 징계의 사유 및 시효와 징계부가금

가. 징계의 사유

징계의 사유란 교원이 징계처분을 받지 않으면 안 될 의무위반행위를 말하는 것으로, 국가공무원법에서 정한 사유로는 ① 국가공무원법 및 동법에 의한 명령에 위반하였을 때, ② 직무상의 의무(다른 법령에서 공무원의 신분으로 인하여 부과된 의무를 포함)에 위반하거나 직무를 태만히 한 때, ③ 직무의 내외를 불문하고 그 체면 또는 위신을 손상하는 행위를 한 때이다(국가공무원법 제78조 제1항).

나. 징계사유의 시효

징계사유 발생일로부터 2년(금품 및 향응수수, 공금횡령·유용의 경우 5년) 징계시효 경과 후면 징계의결요구를 할 수 없다.

다. 징계부가금

공무원의 징계 의결을 요구하는 경우 그 징계 사유가 금품 및 향응 수수, 공금의 횡령·유용인 경우에는 해당 징계 외에 금품 및 향응 수수액, 공금의 횡령액·유용액의 5배 내의 징계부가금 부과 의결을 징계위원회에 요구하여야 한다(국가공무원법 제78조의2 제1항).

징계부가금 부과처분을 받은 사람이 납부기간 내에 그 부가금을 납부하지 아니한 때에는 처분권자(대통령이 처분권자인 경우에는 처분 제청권자)는 국세 체납처분의 예에 따라 징수할 수 있다(국가공무원법 제78조의2 제3항).

3. 징계의 절차

가. 징계의결의 요구

교원이 징계사유에 해당한 때에는 징계요구권자(국·공립학교 교원의 경우 소속기관의 장이 되며, 사립학교 교원인 경우에는 당해 교원의 임면권자가 됨)는 그 징계사건에 대하여 관할 징계위원회에 징계의결을 요구하여야 한다.

징계의결의 요구 이후 징계사유의 변동 또는 징계의결이 불필요하게 된 경우 등 새로운 사정이 발행한 때에는 징계요구를 철회할 수 있으며, 징계의결 요구를 철회한 사건에 대하여 다시 징계의결을 요구할 수도 있다.

나. 사실조사·검정·감정의 실시

징계위원회가 징계혐의 사실에 대하여 필요하다고 인정할 때에는 소속직원으로 하여금 사실조사를 하게 하거나 특별한 학식·경험이 있는 자에게 검정 또는 감정을 의뢰할 수 있다.

다. 징계 혐의자 진술기회 부여

(1) 출석통지

① 징계위원회가 징계혐의자의 출석을 명할 때에는 교육부령이 정하는 출석통지서를 송부하여야 하며, 징계위원회 개최 3일 전에 도달되도록 하여야 한다.

② 출석통지는 소정의 서면에 의하지 아니하더라도 구두, 전화 또는 전언 등의 방법에 의하여 징계혐의자에게 전달되었으면 출석통지로서 족하며, 구두로 통보할 경우에

도 반드시 징계혐의자 본인에게 직접 통보되어야 한다고 할 필요는 없다.

(2) 심문 및 진술

① 징계위원회는 출석한 징계혐의자에게 혐의내용에 관한 심문을 행하고, 필요하다고 인정할 때에는 관계인의 출석을 요구하여 심문할 수 있다.

② 또한, 징계혐의자에게 충분한 진술기회를 부여하여야 하며, 징계혐의자가 진술을 위한 출석을 원하지 아니할 때에는 진술권 포기서를 제출하게 하여 기록에 첨부하고 서면심사만으로 징계의결을 할 수 있다.

(3) 징계위원회의 제척 및 기피

징계위원회 위원 중 징계혐의자의 친족이나 그 징계사유와 관계가 있는 자는 그 징계사건의 심의·의결에 관여하지 못하여, 징계혐의자는 위원장 또는 위원 중 불공정한 의결을 할 우려가 있다고 인정할 만한 상당한 사유가 있을 때에는 그 사실을 서면으로 소명하고 기피를 신청할 수 있다.

라. 징계의 의결

(1) 징계위원회는 징계의결 요구서를 접수한 날로부터 60일 이내에 징계의결을 하여야 하며, 다만 부득이한 사유가 있을 때에는 당해 위원회의 의결로 30일에 한하여 그 기간을 연장할 수 있다.

(2) 징계위원회는 위원장을 포함한 위원 4인 이상의 출석과 출석위원 과반수의 찬성으로 의결한다(교육공무원징계령 제7조 및 제10조).

4. 징계의 집행과 재징계

가. 교원에 대한 징계처분은 징계의결서를 받은 날로부터 15일 이내에(사립학교 교원의 경우는 징계의결 통고를 받을 날로부터 7일) 이를 집행 하여야 한다.

나. 징계처분을 받은 자가 동 처분에 불복이 있을 때에는 그 처분이 있은 것을 안 날로부터 30일 이내에 교원징계재심위원회에 재심을 청구할 수 있으며, 재심위원회의 결정에도 불복이 있는 경우에는 그 결정서의 송달을 받은 날로부터 60일 이내에 행정소송을 제기할 수 있다.

다. 징계위원회의 구성·징계의결 기타 절차상의 하자나 징계양정의 과다를 이유로 재심위원회 또는 법원에서 징계처분의 무효 또는 취소의 결정이나 판결을 한 때에는 징계사유의 시효기간이 경과하거나 그 잔여기간이 3월 미만인 경우에도 그 결정 또는 판결이 확정된 말부터 3월 이내에는 다시 징계의결을 요구할 수 있다.

제16장 | 교원징계와 교원소청심사위원회

Ⅰ 징계의 종류와 관할 및 징계의 효력

1. 징계의 종류

징계의 종류는 파면, 해임, 정직, 감봉, 견책의 5종으로 구분된다(국가공무원법 제79조). 파면, 해임은 교원신분을 완전히 해제함을 내용으로 하는 배제징계이고, 정직·감봉·견책은 교원의 신분을 보유하면서 신분적 이익의 일부를 제한함을 목적으로 하는 교정징계이다.

2. 징계위원회의 종류와 관할(국가공무원법 제78조, 교육공무원 징계령)

종류	설치기관	구성	징계심의 의결대상
대학의장 징계 위원회	교육과학 기술부	위원장, 부위원장 각1인 포함 위원 7인 위원장 : 교육과학기술부 장관, 부위원장 : 차관	* 대학의 장 * 부총장
특별징계 위원회	교육과학 기술부	위원장 1인 포함 위원 5인 이상 9인 이하 (위원장 : 교육과학기술부차관) ※ 외부인사 30% 이상	* 대학의 단과 대학장, 전문대학의 장 및 이에 준하는 각종 학교의 장 * 교육장 * 교육과학기술부와 그 소속기관에 근무하는 교수, 부교수, 전임강사, 장학관, 교육연구관 및 특별시·광역시·도교육청에 근무하는 국장 이상의 장학관
일반징계 위원회	시·도 교육청	위원장 1인 포함 위원 5인 이상 9인 이하 (위원장 : 부교육감) ※ 외부인사 30% 이상 ※ 여성위원 30% 이상	* 공립각급학교 교장(원장), 교감(원감) * 시·도교육청 관할기관의 장학관(교육연구관), 장학사(교육연구사) * 공립고등학교 교사 * 공립유치원, 공립 초·중학교 교사의 중징계
	지역 교육청	위원장 1인 포함 위원 5인 이상 9인 이하(위원장 : 학무국장) - 위원 일부를 관할학교 교장, 교감으로 임명 가능	* 공립유치원, 공립 초·중학교 교사의 경징계

3. 징계의 종류와 효력

종류 (국가공무원법 제79조, 교육공무원징계령 제1조의2)		기간 (국가공무원법 제80조)	신 분 (공무원임용령 제32조)	보수, 퇴직급여 등 (국가공무원법 제80조, 공무원보수규정 제14조, 공무원연금법 시행령 제55조)
중징계	파 면	–	* 공무원 관계로부터 배제 * 5년간 공무원에 임용될 수 없음	* 재직기간 5년 미만자 퇴직급여액의 1/4, 5년 이상인 자 1/2 감액 지급
	해 임	–	* 공무원 관계로부터 배제 * 3년간 공무원에 임용될 수 없음	* 퇴직급여 전액 지급. 다만, 금품 및 향응수수·공금횡령·유용의 경우 재직기간 5년 미만자 1/8, 5년 이상인 자 1/4 감액지급
	강 등	3월	* 동종의 직무 내에서 하위의 직위에 임명 * 공무원신분은 보유하나 3개월간 직무에 종사하지 못함 * 18월+3개월간 승진 제한	* 보수의 2/3감액(다만,「고등교육법」 제14조에 해당하는 교원 및 조교에 대하여는 강등을 적용하지 아니한다.) * 18월+3개월간 승급 제한
	정 직	1월 ~ 3월	* 신분은 보유하나 직무에 종사 못함. * 18개월+정직처분기간 승진 제한 * 처분기간 경력평정에서 제외	* 18개월+정직처분기간 승급 제한 * 보수의 2/3감액
경징계	감 봉	1월 ~ 3월	* 12월+감봉처분기간 승진 제한	* 12월+감봉처분기간 승급 제한 * 보수의 1/3감액
		–	* 6월간 승진 제한	* 6월간 승급 제한

※ 불문(경고) : 징계양정은 '견책'에 해당되나 감경대상 공적이 있거나 성실·능동적 업무 처리 과정에서 발생한 과실에 해당하여 감경한 것임.

※ 금품 및 향응수수, 공금의 횡령·유용으로 인한 징계처분의 경우에는 각각 3개월을 가산한 기간 동안 승급 제한.

4. 교육공무원 징계양정 등에 관한 규칙

비위의 정도 및 과실 / 비위의 유형	비위의 도가 무겁고 고의가 있는 경우	비위의 도가 무겁고 중과실이거나 비위의 도가 가볍고 고의가 있는 경우	비위의 도가 무겁고 경과실이거나 비위의 도가 가볍고 중과실인 경우	비위의 도가 가볍고 경과실인 경우
1. 성실의무 위반 가. 공금횡령·유용, 업무상 배임	파면	파면-해임	해임-강등	정직-감봉

나. 직권남용으로 타인 권리침해	파면-해임	강등-정직	감봉	견책
다. 직무태만 또는 회계질서 문란	파면	해임	강등-정직	감봉-견책
라. 시험문제를 유출하거나 학생성적을 조작하는 등 학생 성적과 관련한 비위	파면	해임	해임-강등-정직	감봉-견책
마. 신규채용, 특별채용, 승진, 전직, 전보 등 인사와 관련한 비위	파면	해임	해임-강등-정직	감봉-견책
바. 그 밖의 성실의무 위반	파면-해임	강등-정직	감봉	견책
2. 복종의무 위반				
가. 지시사항 불이행으로 업무추진에 중대한 차질을 준 경우	파면	해임	강등-정직	감봉-견책
나. 그 밖의 복종의무 위반	파면-해임	강등-정직	감봉	견책
3. 직장이탈금지 위반				
가. 집단행위를 위한 직장 이탈	파면	해임	강등-정직	감봉-견책
나. 무단결근	파면	해임-강등	정직-감봉	
다. 그 밖의 직장이탈금지 위반	파면-해임	강등-정직	감봉	견책
4. 친절공정의무 위반	파면-해임	강등-정직	감봉	견책
5. 비밀엄수의무 위반				
가. 비밀의 누설·유출	파면	파면-해임	강등-정직	감봉-견책
나. 비밀 분실 또는 해킹 등에 의한 비밀 침해 및 유기 또는 무단 방치	파면-해임	강등-정직	정직-감봉	감봉-견책
다. 개인정보 부정이용 및 무단 유출	파면-해임	해임-강등	정직	감봉-견책
라. 개인정보 무단조회·열람 및 관리소홀등	파면-해임	강등-정직	감봉	견책
마. 그 밖의 보안관계 법령 위반	파면-해임	강등-정직	감봉	견책
6. 청렴의무 위반				
가. 금품수수	파면	해임	해임-강등=정직	감봉-견책
나. 그 밖의 청렴의무 위반	파면	해임	강등-정직	감봉-견책
7. 품위유지의무 위반				
가. 성희롱	파면-해임	해임-강등	정직-감봉	견책
나. 성폭력	파면	해임	강등-정직	감봉-견책
다. 미성년자에 대한 성폭력	파면	파만-해임	해임-강등-정직	정직
라. 학생에 대한 상습적이고 심각한 신체적 폭력	파면	해임	해임-강등-정직	감봉-견책
마. 그 밖의 품위유지의무 위반	파면-해임	강등-정직	감봉	견책
8. 영리업무 및 겸직금지의무위반	파면-해임	강등-정직	감봉	견책

9. 정치운동금지 위반	파면	해임	강등-정직	감봉-견책
10. 집단행위금지 위반	파면	해임	강등-정직	감봉-견책
※ 비고 : 제7호에서 "성희롱"이란 「국가인권위원회법」 제2조 제5호에 따른 성희롱을 말한다.				

Ⅱ 교원소청심사위원회

1. 교원소청심사위원회의 설치근거 및 기능

가. 설치근거

(1) 관련법률 : 교원지위향상을위한특별법

(2) 관련시행령 : 교원소청에 관한 규정

나. 기 능

우리위원회는 교원지위향상을 위한 특별법에 의거 교육인적자원부에 설치되어 있는 합의제 행정기관으로서 교원이 받은 징계 등의 불리한 처분에 대해 법령을 근거로 공정하게 심사·결정하는 기능과 교육공무원들의 고충처리를 위한 중앙고충심사위원회의 기능을 수행하고 있다.

2. 소청심사 절차

가. 설치 및 대상

교육인적자원부에 설치하며 각급 학교 교원의 징계처분 기타 그 의사에 반하는 불리한 처분에 대한 재심을 위해 설치한다.

나. 소청심사청구인

청구인은 각급 학교 교원이며, 국·공·사립 구분없이 유치원에서 대학에 이르기까지 초·중등교육법 제19조 및 고등교육법 제14조에 명시된 교원이면 누구나 가능하다. 교원소청심사위원회에 소청심사를 청수할 수 있는 자 즉 소청인은 각 학교에서 원아, 학생을 직접 지도, 교육하는 자인 교원만이 청구할 수 있도록 되어 있다. 여기에서 말하는 소청심사를 청구할 수 있는 자의 대상으로서의 교원의 범주를 교원지위법에서는 초중등교육법과 고등교육법, 사립학교법상의 교원으로 명시하고 있다. 초중등교육법 제19조와 제20조는 교원을 학교에서 학생을 가르치는 사람으로 정의하고 있다. 그리고 학교의 범위를 초·중고등학교 및 공민학교, 고등공민학교, 고등기술학교, 특수학교로 한정하고 있다.

교원은 교원소청심사위원회(교육과학기술부)에, 교원전문직은 소청심사위원회(행정안전부)에 소청(재심)을 청구한다.

다. 교원소청심사위원회의 구성

교원소청심사위원회는 준사법적 합의제 의결기관으로 위원장 1인을 포함한 5인 이상 7인 이내의 위원으로 구성하되, 위원장과 위원 중 1인은 상임으로 하고 있다. 그리고 위원의 자격은 판사, 검사, 변호사와 자격을 갖춘 교원과 고위공무원 그리고 사립학교경영자, 교원단체의 추천인 등 법률로 정하고 있으며, 위원의 임기는 3년으로 하되, 1차에 한하여 연임할 수 있고, 위원장과 상임위원은 대통령령이 정하는 다른 직무를 겸할 수 없다.

신분에 관하여는 국가공무원법 제11조를 준용하고 있다. 또한 심사위원의 제적·기피·회피에 대한 규정도 정해져 있다.

라. 청구의 대상

청구의 대상은 징계처분 그 밖에 그 의사에 반하는 불리한 처분이다.

징계처분에는 파면, 해임, 정직, 감봉, 견책이 있으며, 기타 불리한 처분에는 직권면직, 직위해제, 휴직, 전보, 재임용거부 등이 있다.

교원소청심사의 대상으로는 위법 또는 부당한 명령이나 처분 내지 부작위에 의하여 징계처분(파면, 해임, 정직, 감복, 견책)이나 가혹하거나 위법 또는 부당한 인사처분(진급, 승진, 전보, 전출, 보직, 강임, 휴직, 직위해제, 면직처분 등) 기타 그 의사에 반하는 불리한 처분 등을 받을 경우 교원소청심사를 청구할 수 있다. 특히 '그 의사에 반하는 불리한 처분'에서는 교육공무원법 제11조의3 제4항 및 사립학교법 제53조의2 제6항의 규정인 계약제 임용교원에 대한 재임용 거부처분을 포함하고 있다.

그러나 교원노조의 경우 노동조합 및 노동관계조정법에 의한 노조활동으로 인하여 교원이 해고 기타 불이익을 받은 것을 이유로 당해 교원 또는 노동조합이 같은 법에 의하여 노동위원회에 그 구제를 신청한 경우에는 교원지위향상을 위한 특별법 제9조의 규정에도 불구하고 교원소청심사위원회에 소청심사를 청구할 수 없다.

마. 청구기간

교원이 징계처분과 그 밖에 그 의사에 반하는 불리한 처분에 대하여 불복할 때에는 그 처분이 있었던 것을 안 날부터 30일 이내에 심사위원회에 소청심사를 청구할 수 있다(교원지위향상을 위한 특별법 제9조 제1항). 본인의 의사에 반하여 파면 또는 해임이나 면직처분을 하였을 때에는 그 처분에 대한 심사위원회의 최종결정이 있을 때까지 후임자의 보충발령을 하지 못한다.

바. 청구방식

청구방식은 인편 또는 우편을 통해 서면으로 소청심사청구서를 제출하여 청구할 수 있고, 우편을 이용할 경우 위 청구기간 내에 도달되어야 하며, 온라인 소청심사청구를 할 경우 입증자료 등은 우편 등으로 빠른 시일 내에 도달되어야 한다(교원소청에 관한 규정 제2조).

사. 대리인 선임

대리인을 선임할 수 있으므로 청구인은 변호사를 대리인으로 선임 가능하다(법 제9조 제1항). 피청구인은 소속 직원 또는 변호사를 대리인으로 지정 또는 선임 가능하다(교원소청에 관한 규정 제4조).

아. 청구의 제기시점은 소청심사위원회에 청구서가 제출(접수)된 때이다(행정심판법 제17조 제7항).

자. 사실조사

필요한 경우에는 전문적인 지식과 경험을 갖춘 자에게 검정·감정을 의뢰하거나 소속 직원으로 하여금 당해 소청사건과 관련된 사실조사를 하게 할 수 있다(규정 제11조 제2항).

차. 청구인의 권리

심사위원회가 소청사건을 심사할 때에는 청구인 또는 그 대리인에게 진술의 기회를 부여하여야 한다. 다만, 소청심사청구기간의 경과 등 소청심사의 청구가 부적법하여 각

하결정을 하는 때와 소청심사청구의 대상이 되는 처분의 절차상 하자가 명백하여 그 처분의 취소결정을 하는 때는 당사자의 서면진술만으로 결정할 수 있다.

심사위원회는 출석한 당사자의 진술을 청취하여야 하고, 필요하다고 인정하는 때에는 구술로 신문할 수 있다.

당사자는 증거물 그 밖에 당해 소청사건의 심사에 필요한 자료를 심사위원회에 제출할 수 있다.

당사자는 증인의 소환 또는 증거물 그 밖에 심사위원회의 심사에 필요한 자료의 제출명령을 심사위원회에 신청할 수 있다. 이 경우 심사위원회는 당사자의 증인소환 또는 자료제출명령 신청에 대한 채택 여부를 결정하여야 한다.

심사위원회가 소청사건을 심사하기 위하여 청구인에 대한 징계요구기관 또는 관계 기관의 소속직원을 증인으로 소환할 경우에도 당해 기관의 장은 이에 응하여야 한다.

청구인은 심사위원회의 결정이 있을 때까지는 소청심사청구의 일부 또는 전부를 취하할 수 있다.

카. 심사위원회의 결정

소청사건의 결정은 심사위원회 재적위원 3분의 2 이상의 출석과 재적위원 과반수의 합의에 의하되, 의견이 나뉘어 위원 과반수의 합의에 이르지 못할 경우에는 재적위원 과반수에 이를 때까지 청구인에게 가장 불리한 의견에 차례로 유리한 의견을 더하여 그 중 가장 유리한 의견을 합의된 의견으로 본다.

심사위원회의 결정은 다음과 같이 구분한다.

1. 소청심사청구가 부적법한 것인 때에는 그 청구를 각하한다.
2. 소청심사청구가 이유 없다고 인정하는 때에는 그 청구를 기각한다.
3. 처분의 취소 또는 변경을 구하는 소청심사청구가 이유 있다고 인정하는 때에는 처분을 취소 또는 변경하거나 처분권자에게 그 처분의 취소 또는 변경을 명한다.
4. 처분의 효력 유무 또는 존재 여부에 대한 확인을 구하는 소청심사청구가 이유 있다고 인정하는 때에는 처분의 효력유무 또는 존재여부를 확인한다.
5. 위법 또는 부당한 거부처분에 대하여 의무이행을 구하는 소청심사청구가 이유 있다

고 인정하는 때에는 그 거부처분을 취소하거나 소청심사청구의 취지에 따른 의무이행을 명한다.

심사위원회의 결정이 소청심사의 대상이 된 처분에 있어서 법령의 적용, 증거 및 사실조사에 명백한 흠이 있거나 징계위원회의 구성 또는 징계의결 그 밖에 절차상의 흠이 있음을 이유로 한 경우 처분권자는 다시 청구인에 대한 징계절차를 밟아 심사위원회의 결정서를 받은 날부터 3월 이내에 징계절차를 끝내야 한다.

이 경우 심사위원회가 소청심사청구의 대상이 되는 처분에 대하여 한 취소 또는 변경명령 결정은 그에 따른 징계 그 밖의 처분이 있을 때까지 종전에 행한 처분의 효력에 영향을 미치지 아니한다.

3. 소청심사위원회 결정의 효력

가. 심사위원회의 결정은 기속력, 형성력, 불가변력, 불가쟁력의 효력을 가진다. 즉 심사위원회의 결정은 처분권자를 기속하여, 처분권자는 심사위원회의 결정을 따라야만 한다.

그런데 심사위원회가 기각결정을 한 경우에는 처분권자는 그 처분을 취소 또는 변경할 수 있는데, 이때 취소 변경된 처분의 효력은 처분 시로 소급된다. 뿐만 아니라 심사위원회의 결정은 결정기관이라 할지라도 결정에 오기·착오 등 잘못이 있는 경우를 제외하고는 임의로 취소하거나 변경할 수 없게 된다.

나. 또한 행정심판법 39조에 의해 심사의원회의 결정에 대해서는 심판을 청구할 수 없으며, 행정소송도 심사위원회의 결정에 대하여 교원과 학교법인 또는 사립학교경영자 등 당사자는 그 결정서의 송달을 받은 날부터 90일 이내에 행정소송법이 정하는 바에 의하여 소송을 제기할 수 있는데, 이 기간이 경과되면 행정소송도 제기할 수 없게 된다.

심사위원회는 소청심사청구의 대상이 되는 처분보다 청구인에게 불이익한 결정을 하지 못한다. 심사위원회의 결정은 그 이유를 명시한 결정서로 하여야 한다.

다. 결정서 송부

결정서(경정결정을 한 경우 그 경정결정서를 포함한다)는 그 정본을 작성하여 지체 없이 당사자에게 송부하여야 한다.

심사위원회가결정서를 송부하였으나 그 결정서가 심사위원회의 과실 없이 청구인에게 송달되지 아니한 경우에는 청구인의 주소·성명과 결정주문을 관보에 게재하는 것으로 결정서의 송부를 갈음할 수 있다.

이 경우 관보에 심사위원회의 결정 결과를 게재한 날부터 14일이 경과하는 날에 그 결정서는 청구인에게 도달된 것으로 본다.

4. 행정소송 제기

심사위원회의 결정에 대하여 불복할 때, 교원 및 사립학교를 설치·경영하는 학교법인 또는 사립학교 경영자는 행정소송 제기가 가능하다.

Ⅲ 교원징계와 교원소청심사위원회 관련 사례

1. 사건이 개요

J도가 설치·운영하는 K중학교 교장 A는 2008. 10. 14.부터 같은 달 15일까지 실시되는 2008년도 국가수준학업성취도평가(이하, '이 사건학업성취도평가'라고 한다) 전날인 2008. 10. 13. 15:30경 K중학교교직원회를 개최하여 3학년 담임교사들에게 "이사건 학업성취도평가 응시 여부의 선택권을 학생과학부모에게 부여할 필요가 있으므로 학업성취도평가 대신 현장체험학습을 희망하는 학생들에게 그 신청서를 제출하도록 지도하라."고 지시하였다.

이에 따라 A는 총 15명의 학생들로부터 현장체험학습을 신청 받아, 해당 학생의 담임교사로 하여금 그들의 학부모와 통화하여 동의 여부를 확인하게 한 후, 학부모의 동의를 받은 총9명의 학생들로 하여금 현장체험학습을 하도록 허가하였다. 그 결과 A는 8명의 학생들로 하여금 이사건 학업성취도평가에 결시 하도록 하여 사실상 그들로 하여금 평가를 거부하도록 유도하였다.

아울러, A는 정당한 사유없이 위 행위를 조사하기 위한 J도 교육청의 3회에 걸친 방문조사 및 J도 교육청의 2회에 걸친 출석요구에 모두 불응하였다.

이에 대하여 J도 교육감은 의결에 따라 2009. 1. 28. A에 대하여 초·중등교육법 제9조, 행정감사규정 제19조, 국가공무원법 제56조(성실 의무), 제57조(복종의 의무)를 위반하였으므로 국가공무원법 제78조 제1항을 적용하여 정직3월의 징계처분(이하, '이 사건처분'이라 한다)을 발령하였다.

위 3개월의 징계처분에 대하여 A는 2009. 2. 12. 교원소청심사위원회에 이사건 처분의 취소를 구하는 소청심사를 청구하였으나 2009. 4. 6. 기각되자 A는 J도 교육감을 상대로 2009. 1. 28. 원고에 대하여 한 정직 3월의 처분을 취소하라는 소송을 제기 하였다. A교장의 정직 3월의 처분을 취소하라는 소송은 받아들여 질 수 있는가?

2. 사건의 쟁점

A가 교장으로서 초·중등교육법 제9조, 행정 감사 규정 제19조, 국가공무원법 제56조, 제57조를 위반하였다 할 것이므로, 국가공무원법 제78조 제1항이 정한 징계사유가 존재하는지 여부 및 징계권자인 교육감이 재량권의 행사로서 한 이 사건처분이 사회통념상 현저하게 타당성을 잃어 재량권을 일탈·남용 한 것이라고 할 수 있는지 여부

3. 사례에 대한 해설

공무원이 공무원관계(특별권력관계)에서 부담하는 의무를 위반한 경우에 국가가 공무원관계의 질서를 유지하기 위하여 사용주인 입장에 기하여 그 위반에 대하여 과하는 제재를 징계벌이라고 하는데, 이 징계벌을 받을 지위를 징계책임이라 하고, 징계벌을 과하는 행위를 징계처분이라고 한다.

학교장은 교사들의 대표이면서 교육공무원으로서 학생의 학습권, 부모의 교육권, 교사의 수업권이 조화를 이루면서 보장될 수 있도록 교내교육행정업무를 통괄하는 직무권한을 국가로부터 위임받았다.

그러나 그 직무권한은 무제한적인 것이 아니라 헌법 제31조에 의하여 국가가 형성한 교육에 관한 법질서의 범위 내에서 행사되어야 한다. 즉 학교장은 국민의 대표인 학교교육에 관하여 정한 법률과 그 하위 행정입법 등을 성실히 따르고 존중할 의무가 있으며,

학교장 개인의 교육적 소신에 부합하지 않는다는 이유로 무시하거나 우회적인 방법으로 잠탈하는 행위를 하여서는 아니 된다.

4. 사건의 결말

A는 학교장으로서 초·중등교육법 제9조, 행정 감사 규정 제19조, 국가공무원법 제56조, 제57조를 위반하였다 할 것이므로, 국가공무원법 제78조 제1항이 정한 징계사유가 존재한다.

이 사건 처분의 원인이 된 이 사건 징계사유의 내용과 성질, 법규위반의 정도 및 징계에 의하여 달성하려 하는 행정목적 등을 종합할 때, 징계권자인 J도 교육감이 재량권의 행사로서 한 이 사건처분이사회통념상 현저하게 타당성을 잃어 재량권을 일탈·남용한 것이라고 할 수는 없다. 따라서 A교장의 정직 3개월에 대한 취소청구는 타당하지 않아 기각될 것이다.

제17장 | 교원에 대한 직위해제와 그 불복방법

Ⅰ 직위해제의 의의와 법적성격

1. 직위해제의 의의

직위해제란 공무원 또는 근로자가 신분을 보유하면서 직무담임을 해제하는 행위이다. 일반적으로 공무원 또는 근로자가 직무수행능력이 부족하거나 근무성적 또는 근무태도 등이 불량한 경우, 공무원 또는 근로자에게 징계절차가 진행 중인 경우, 형사사건으로 기소된 경우 등에 있어서 당해 공무원 또는 근로자가 장래에 있어서 계속 직무를 담당하게 될 경우 예상되는 업무상의 장애 등을 예방하기 위하여 일시적으로 당해 공무원 또는 근로자에게 직위를 부여하지 아니함으로써 직무에 종사하지 못하도록 하는 잠정적인 조치로서의 보직의 해제를 의미하므로 공무원 또는 근로자의 과거의 비위행위에 대하여 질서 유지를 목적으로 행하여지는 징벌적 제재로서의 징계와는 그 성질이 다르다.

취업규칙 등에 직위해제에 관한 특별한 절차규정이 있는 경우가 아닌 한 직위해제를 함에 있어서 징계에 관한 절차 등을 거쳐야 하는 것은 아니며, 직위 해제의 성질 및 근로자의 비위행위에 대하여 여러 종류의 징계처분을 할 수 있도록 되어 있는 징계의 경우와는 달리 사용자로 하여금 직위해제 사유가 존재하는 근로자에 대하여 직위해제처분 외의 다른 처분을 하도록 강제할 수 있는 것이 아닌 점 등에 비추어, 근로자에 대한 직위해제처분의 정당성은 근로자에게 당해 직위해제 사유가 존재하는지 여부나 직위해제에 관한 절차 규정을 위반한 것이 당해 직위해제처분을 무효로 할 만한 것이냐에 의하여 판단할 것이고, 단지 당해 직위해제처분이 근로자에게 가혹하고 다른 근로자의 유사한 비위행위에 대한 징계처분 등에 비추어 형평에 어긋난다는 사정만으로 그 정당성이 없는 것이라고 단정할 수 없다.

2. 직위해제의 법적 성질

직위해제처분은 임용권자의 재량행위에 속하며, 시효의 적용을 받지 않는다. 직위해제처분을 받은 자는 어떤 직무에도 종사하지 못하게 될 뿐만 아니라 승급, 승호, 보수지급 등에 있어서 불이익한 처우를 받게 되고 나아가 일정한 경우에는 직위해제를 기초로 하여 직권면직처분을 받을 가능성까지 있으므로 직위해제는 불이익처분에 속한다.

직위해제는 특별한 사전절차를 거침이 없이 일시적으로 직위를 부여하지 아니하여 직무에 종사하지 못하도록 하는 보직의 해제인데 대하여, 징계는 공무원의 비위행위에 대하여 행정질서유지를 목적으로 소정의 절차를 거쳐 파하여 지는 징벌이라는 점에서 구별된다. 따라서 동일한 사유로 직위해제처분을 하고 다시 징계처분을 하든가 직권면직처분을 하여도 일사부재리의 원칙이나 이중처벌금지의 원칙에 저촉되지 아니한다.

또한 면직처분이 직위해제처분을 전제로 한 것이라 하더라도 각각 단계적으로 별개의 법률효과를 발생하는 행정처분이어서 선행직위해제처분의 위법사유가 면직처분에는 승계되지 아니한다 할 것이므로 선행된 직위해제처분의 위법사유를 들어 면직처분의 효력을 다툴 수는 없다.

휴직과 다른 점은 본인의 무능력 등으로 인한 제재적 의미를 가진 보직의 해제이며, 복직이 보장되지 않는다는 점이다.

즉 직위해제는 제재적 의미를 가지는 강제적인 보직의 해제이며 복직이 보장되지 않는다는 점에서, 휴직사유가 소멸되면 당연히 복직이 보장되는 휴직과 구별된다. 따라서 휴직 중인 공무원에 대해서는 국가공무원법 제73조의2 제1항 제3호(징계요구중인 자)와 제4호(형사사건으로 기소된 자)의 사유로는 직위해제처분을 할 수 있으며, 이 경우 휴직기간이 만료되어 복직된 경우에도 직위해제상태는 계속된다고 하겠다. 다만, 같은 조항 제2호(직무수행능력부족이나 근무성적의 극히 불량)의 사유인 경우에는 휴직 중이기 때문에 연구과제의 부여 등 필요한 조치를 할 수 없으므로 직위해제처분을 할 수 없다.

Ⅱ 직위해제의 사유와 직위해제 사유간의 경합

1. 직위해제의 사유

공무원이 다음의 사유에 해당하는 때에는 직위를 부여하지 아니할 수 있다. 즉, ① 직무수행 능력이 부족하거나 근무성적이 극히 나쁜 자, ② 파면·해임 또는 정직에 해당하는 징계 의결이 요구 중인 자, ③ 형사사건으로 기소된 자(약식명령이 청구된 자는 제외한다) 등이 직위해제사유이다(국가공무원법 73조의3 ① 2호·3호·4호). 위의사유에 해당할 경우에 직위해제처분을 할 것인지의 판단은 임면권자의 재량이라고 할 수 있다. 그러나 재량행위가 곧 임면권자의 자의적이고 멋대로의 행위라는 의미는 아니므로 그 재량권행사는 직위해제제도의 목적과 그 입법취지에 맞도록 합리적으로 행사하여야 하며, 재량의 한계를 벗어난 직위해제처분은 재량권의 일탈·남용으로서 위법이 된다.

가. 직무수행 능력이 부족하거나 근무성적이 극히 나쁜 자

직무수행능력의 현저한 부족으로 근무성적이 극히 불령한 때라 함은 정신적·육체적으로 직무를 적절하게 처리할 수 있는 능력의 현저한 부족으로 근무성적이 극히 불량한 때를 의미하고, 징계사유에 해당하는 명령위반, 직무상의 업무위반 또는 직무태만의 행위 등은 이에 해당하지 아니한다.

근무성적이란 일반적으로는 근무실적과 직무수행능력 및 직무수행태도를 포괄하는 개념으로 사용되고 있으나, 이 규정의 경우에는 근무성적과 별개로 직무수행능력을 나열하고 있다는 점을 고려할 때 협의의 근무성적인 근무실적만을 의미한다고 보아야 할 것이다. 근무태도가 불성실한 경우에는 이를 이유로 징계의결을 요구한 후 위 제3호의 규정에 의하여 직위해제를 하여야 할 것이다.

이 사유로 직위해제 할 경우 임용권자는 3월의 범위에서 대기를 명하며(같은 법 73조의3 ③), 이 경우 임용권자 또는 임용제청권자는 능력회복이나 근무성적의 향상을 위한 교육훈련 또는 특별한 연구과제의 부여 등 필요한 조치를 하여야 한다(같은 법 73조의3 ④).

나. 파면·해임 또는 정직에 해당하는 징계의결이 요구 중인 자

비위공무원이 징계위원회에 징계의결요구서가 접수된 경우 사실상 원활한 직무수행을 기대할 수 없기 때문에 담당직위를 해제할 수 있게 한 것이다.

직위해제처분은 실질상 징계처분의 일종인 정직과 비슷한 처분임에도 불구하고 징계절차 또는 기타 이와 유사한 절차에 의하여 직위해제여부를 결정하는 것이 아니라, 징계의결이 요구되어 있다는 사실만을 이유로 해서 임면권자가 일방적인 처분으로 직위해제를 할 수 있게 되어 있고, 징계절차에 있어서와 같은 청문의 기회가 보장되지 아니하여 당해 공무원은 자기에게 유리한 사실을 진술하거나 필요한 증거를 제출할 방법조차 없어 적법절차가 존중되고 있지 못하다.

파면·해임·정직에 해당하는 징계의결을 요구했다는 사유만으로는 안 되고, 직위해제가 불가피하다고 보여지는 그 징계의결요구사안의 심각성, 그에 대한 증거의 확실성, 공무의 공정성을 저해하고 국민의 불신을 야기할 우려가 있는지 등을 구체적이고 개별적으로 판단하여 직위해제여부를 결정해야 할 것이다. 이 사유에 의한 직위해제는 국가공무원법 제33조 제1항 제7호의 파면 및 제8호의 해임에 해당하는 징계의결을 받아 당연퇴직하기 전까지 잠정적 조치라고 보아야 할 것이므로, 객관적으로 볼 때 파면과 해임에 해당하는 징계가 의결될 수 있을 정도의 사안의 심각성과 그 증거의 확실성이 있어야 할 것이다.

다. 형사사건으로 기소된 경우

유죄의 확정판결을 받아 당연퇴직되기 전 단계에서 형사소추를 받은 공무원이 계속 직위를 보유하고 직무를 수행한다면 공무집행 및 행정의 공정성과 그에 대한 국민의 신뢰를 저해할 구체적인 위험이 생길 우려가 있으므로, 이를 사전에 방지하고자 한 것이다. 이러한 직위해제제도의 목적과 헌법상의 무죄추정의 원칙에 비추어볼 때, 형사사건으로 기소되었다는 이유만으로 직위해제처분을 하는 것은 정당화될 수 없고, 당해 공무원이 당연퇴직사유인 국가공무원법 제33조 제1항 제3호 내지 제6호에 해당하는 유죄판결을 받을 고도의 개연성이 있는지 여부, 당해 공무원이 계속 직무를 수행하면 공정한 구체적인 사정을 고려하여 직위해제여부를 판단하여야 할 것이다.

헌법재판소는 형사소추를 받은 공무원이 계속 직무를 집행함으로써 발생할 수 있는 공직 및 공무집행의 공정성과 그에 대한 국민의 신뢰를 해할 위험을 예방하기 위한 것으로 정당하고, 직위해제는 이러한 입법목적을 달성하기에 적합한 수단이다. 이 사건 법률조항이 임용권자로 하여금 구체적인 경우에 따라 개별성과 특수성을 판단하여 직위해제 여부를 결정하도록 한 것이지 직무와 전혀 관련이 없는 범죄나 지극히 경미한 범죄로 기소된 경우까지 임용권자의 자의적인 판단에 따라 직위해제를 할 수 있도록 허용하는 것은 아니고, 기소된 범죄의 법정형이나 범죄의 성질에 따라 그 요건을 보다 한정적, 제한적으로 규정하는 방법을 찾기 어렵다는 점에서 이 사건 법률조항이 필요최소한도를 넘어 공무담임권을 제한하였다고 보기 어렵다. 그리고 이 사건 법률조항에 의한 공무담임권의 제한은 잠정적이고 그 경우에도 공무원의 신분은 유지되고 있다는 점에서 공무원에게 가해지는 신분상 불이익과 보호하려는 공익을 비교할 때 공무집행의 공정성과 그에 대한 국민의 신뢰를 유지하고자 하는 공익이 더욱 크다. 따라서 이 사건 법률조항은 공무담임권을 침해하지 않는다는 입장이다.

헌법재판소는 직위해제처분을 행함에 있어서 구체적이고도 명확한 사실의 적시가 요구되는 처분사유고지서를 반드시 교부하도록 하여 해당 공무원에게 방어의 준비 및 불복의 기회를 보장하고 임용권자의 판단에 신중함과 합리성을 담보하게 하고 있고, 직위해제처분을 받은 공무원은 사후적으로 소청이나 행정소송을 통하여 충분한 의견진술 및 자료제출의 기회를 보장받고 있으므로, 국가공무원법 조항이 적법절차원칙에 위배된다고 볼 수 없다는 입장이다.

헌법재판소는 직위해제처분을 받은 공무원에 대한 범죄사실 인정이나 유죄판결을 전제로 하여 불이익을 과하는 것이 아니므로 국가공무원법 조항이 무죄추정의 원칙에 위배된다고 볼 수 없다는 입장이다.

형사사건으로 기소된 경우의 직위해제는 구속기소여부, 고의·과실여부, 법정형의 경중여부, 범죄의 동기 등 위법성의 정도와 증거의 확실성여부 및 예상되는 판결의 내용, 그리고 계속적으로 업무 수행을 하는 데 문제가 없는지 또한 공무원의 공정성을 저해하고 국민의 불신을 불러일으킬 우려가 있는지 등 직위해제제도의 당위성과 목적을 고려하여 구체적인 경우에 개별적으로 직위해제여부를 결정해야 한다.

헌법재판소는 구 국가공무원법 제73조의2 제1항 단서 위헌제청 사건에서 형사사건으로 기소되기만 하면 그가 국가공무원법 제33조 제1항 제3호 내지 제6호에 해당하는 유죄판결을 받을 고도의 개연성이 있는가의 여부에 무관하게 경우에 따라서는 벌금형이나 무죄가 선고될 가능성이 큰 사건인 경우에 대해서까지도 당해 공무원에게 일률적으로 직위해제처분을 하지 않을 수 없도록 한 이 사건 규정은 헌법 제37조 제2항의 비례의 원칙에 위반되어 직업의 자유를 과도하게 침해하고 헌법 제27조 제4항의 무죄추정의 원칙에도 위반된다는 입장이다.

헌법재판소는 구 국가공무원법 제73조의2 제1항 단서 위헌제청 사건에서 입법자가 임의적 규정으로도 법의 목적을 실현할 수 있는 경우에 구체적 사안의 개별성과 특수성을 고려할 수 있는 가능성을 일체 배제하는 필요적 규정을 둔다면, 이는 비례의 원칙의 한 요소인 '최소침해성의 원칙'에 위배된다는 입장이다.

2. 직위해제 사유간의 경합

직위해제 사유 중 제2호(직무수행능력이 부족하거나 근무성적이 극히 나쁜 자)와 제3호(징계의 결의 요구 중인 자) 또는 제4호(형사사건으로 기소된 자)의 사유가 서로 경합할 경우에는 제3호 또는 제4호의 사유로 직위해제처분을 하여야 한다(국가공무원법 73조의3 ⑤, 사립학교법 58조의2 ⑤).

경합의 요건은 두 가지 요소가 동시에 해당될 경우를 말하며, 본 규정의 입법취지를 볼 때 제2호의 사유로 직권해제 된 자가 추후 징계의결이 요구되거나 형사사건으로 기소된 경우에는 선행직위해제처분 대신에 구 사유를 변경하여 새로 직위해제처분을 하여야 할 것이다. 따라서 각 직위해제 사유는 각각 개별사유에 따라 독립하여 처분되므로 선행처분의 적법여부를 가지고 후행 직위해제의 타당성을 판단할 수는 없다

Ⅲ 직위해제의 절차와 효력

1. 직위해제의 절차

직위해제처분의 절차에 대해서는 법률에 특별한 정함이 없다. 따라서 임용권자가 일방적으로 할 수 있다. 다만, 처분권자는 직위해제처분의 사유를 기재한 설명서를 교부하여야 하는 바(국가공무원법 제75조), 소속기관의 장은 당해 공무원에게 직위해제인사발령통지서위 직위해제처분사유설명서를 교부하여야 한다(공무원인사기록 및 인사사무 처리 규정 제24호 제1항, 제2항).

이와 같이 직위해제처분사유설명서를 교부하도록 한 입법취지는 피처분자에게 그 처분을 받게 된 경위를 알림으로써 대한 방어의 준비 및 불복의 기회를 보장함과 아울러 처분권자가 직위해제사유의 존부를 신중하고 합리적으로 판단하게 하여 그 자의를 배제하도록 함으로써 직위해제처분의 적정을 기하려는데 있는 것이다.

그러므로 처분사유의 내용에는 구체적이고도 명확한 사실적시가 있어야 하고 그 기재가 너무 추상적이고 모호한 경우에는 적법한 처분사유설명서의 요건을 갖추었다고 볼 수 없으므로 처분사유설명서의 교부를 흠결한 하자가 있다고 할 것이다.

대법원 판례는 인사규정에 "직위해제를 명령하였을 때에는 그 사유를 본인에게 통보하여야 한다"고 규정되어 있는 경우, 직위해제가 인사권자의 직권에 의하여 행해지는 직원에 대한 불이익처분이라는 점에 비추어 보면, 직위해제사유 통보에 관한 위 규정의 취지는 본인에게 직위해제를 당하게 된 경위를 알리도록 하여 그에 대한 불복의 기회를 보장함과 아울러 인사권자로 하여금 직위해제사유의 존부를 신중하고 합리적으로 판단하게 하여 그 자의를 배제하도록 함으로써 직위해제에 관한 권한 행사의 적정을 기하려는 데 있다 할 것이고,

위 인사규정 자체 내에 직위해제사유 통보의 시기와 방법에 관하여 아무런 정함이 없다 할지라도 직위해제사유 통보에 관한 인사규정의 취지가 위와 같은 이상 그 직위해제사유 통보는 직위해제와 동시에 또는 직위해제 후 지체 없이 서면이나 구두 등의 적당한 방법에 의하여 행하되 본인이 그 당시의 전후 사정에 의하여 스스로에 대한 구체적인 직위해제사유를 알고 있다고 볼 만한 특별한 사정이 없는 한 그 사유는 사실관계의 동일성을 판별할 수 있을 정도로 통보되어야 한다고 봄이 상당하다고 판시하면서,

"직원은 법령, 정관 또는 이 규정에 의하지 아니하고는 그 의사에 반하여 직권면직, 휴직, 직위해제 기타 불이익한 처분을 받지 아니한다"는 인사규정 내용과 인사규정상 직위해제의 경우에는 징계의 경우와는 달리 해당 직원이 자신에게 유리한 진술을 할 사전의 기회나 사후 재심을 요청할 수 있는 길이 전혀 마련되어 있지 아니하여 인사규정의 취지가 새삼 강조되어야 할 것이라는 점 등을 종합하여 보면 동 조항에 정하여진 사유통보를 흠결한 직위해제는 그 효력이 부정된다고 판시하였다.

2. 직위해제의 효력

가. 직무종사불가

직위해제가 된 때에는 직무에 종사하지 못하며, 따라서 출근할 수도 없다. 다만, 임용권자는 국가공무원법 제73조의3 제1항 제2호에 의하여 직위해제 된 자에 대해서는 3월의 범위 내에서 대기를 명하며(같은 조 ③), 이 경우 임용권자 또는 임용제청권자는 능력

회복이나 근무성적의 향상을 위한 교육훈련 또는 특별한 연구과제의 부여 등 필요한 조치를 하여야 하는 바(같은 조 ④), 직위해제처분을 받은 공무원이라 하더라도 대기명령을 함께 받은 경우에는 임용권자 등의 교육훈련 또는 특별한 연구과제 부여 등의 조치에 응하기 위하여 근무처에 출근하여야 할 의무가 있다.

국가공무원법 제73조의3 제3항, 제4항에 비추어 보면 대기명령을 받은 자가 그 기간 중 능력 또는 근무성적의 향상을 기대하기 어렵다고 인정된 때에는 징계위원회의 동의를 얻어 직권면직시킬 수 있다(국가공무원법 제70조 제1항 제5호, 제2항).

나. 보수의 감액

직위해제가 된 자에 대하여는 봉급의 8할(연봉적용의 경우에는 연봉월액의 7할)을 지급하되, 국가공무원법 제73조의3 제1항 제3호 뚜는 제4호의 사유로 직위해제 된 자가 3월이 경과하여도 직위를 부여받지 못한 때에는 그 3월이 경과한 후의 기간 중에는 5할을 지급한다(연봉적용의 경우에는 연봉월액의 4할).

수당의 감액은 일정하지 아니한데, 정근수당의 경우에는 직위해제 1월에 대하여 정근수당의 30분의 1에 해당하는 금액을 감액하며, 직위해제기간이 3월을 초과한 때에는 초과 1월마다 정근수당의 12분의 1에 해당하는 금액을 감액하고, 장기근속수당·가족수당·자녀학비보조수당 및 주택수당은 수당액의 2할을 감액지급하며, 직위해제로 근무하지 아니한 달의 특수지근무수당·위험근무수당·특수업무수당·정액급식비·교통보조비·명절휴가비·생계지원비·연가보상비·직급보조비 등은 이를 지급하지 아니한다(공무원수당에 관한 규정).

다. 승진·승급·경력평정 등의 제한

직위해제기간 중에 있는 경우에는 승진임용 될 수 없고, 승진소요최저연수에 포함되지 아니하며, 경력평정기간에도 산입하지 아니한다(공무원임용령).

직위해제기간동안은 호봉승급이 제한되며, 호봉의 재획정의 사유가 발생한 경우라고 하더라도 직위해제기간 중에는 할 수 없고 복직일에 재획정한다(공무원보수규정). 직위해제기간은 최저전보제한기간에 산입하지 아니한다(공무원임용령). 연가일수를 정하는 공무원의 근속기간에 직위해제기간은 산입하지 아니하며, 직위해제일수는 연가일수에서 공제한다(공무원복무규정).

Ⅳ 직위해제 사유의 소멸과 불복

1. 직위해제 사유의 소멸

가. 직위해제 소멸의 유형과 원인

(1) 직위해제사유가 소멸한 때에는 임용권자는 지체 없이 직위를 부여하여야 한다.

(2) 직위해제소멸의 원인은 직위해제사유에 따라 일정하지 않다.

① 직무수행능력부족과 근무성적불량사유에 대해서는 같은 조 제4항의 대기명령 후 해당자의 능력회복과 근무성적향상이 구체적·실질적으로 이루어졌다고 판단되는 경우이다. 이 경우에 직위해제가 당연히 실효되는 것이 아니라 처분권자가 그 직위해제를 철회할 수 있는 것이다.

② 징계의결요구 중인 자에 대하여는 당해 징계사건이 의결되어 징계처분이 종료된 경우이다. 이 경우에는 직위해제가 당연히 실효되는 것이다.

지방공무원법 제65조의2, 제1항 제2호의 규정에 "징계의결이 요구 중인 자"에 대하여는 직위를 부여하지 아니할 수 있다는 것은 징계의결이 요구되고 있는 동안만 직위를 부여하지 아니할 수 있다는 취지로 해석되므로, 직위해제처분 후 징계의결이 되거나 징계의결이 취소되었다면 위 직위해제처분은 실효된다. 직위해제처분을 한 후, 그 직위해제 사유와 동일한 사유를 이유로 파면처분을 하였다면 뒤에 하여진 파면처분에 의하여 그 전에 하였던 직위해제처분은 그 효력을 상실한다.

③ 형사사건으로 기소된 자에 대하여는 법원의 확정판결이 난 때에 직위해제의 효력이 실효된다. 하급심판결이 난 경우라 하더라도 항소 또는 상고중인 한 최종심의 확정판결시까지 직위해제는 계속된다. 확정판결시기는 그 선고일을 기준으로 하며, 확정유죄판결의 내용이 국가공무원 제33조의 임용결격사유에 해당되면 확정판결일로 당연퇴직한다. 한편 1심 또는 2심 판결 후 판결내용이 확정되지 아니한 상태에서 계속 구속 중인 경우에는 직위해제처분을 유지할 수 있으나, 불구속의 경우에는 판결내용을 참작하여 직위해제의 계속여부를 판단하여야 한다.

나. 직위해제소멸의 효과

(1) 직위해제사유가 소멸된 때에는 임용권자는 지체 없이 직위를 부여하여야 한다(국가공무원법 73조의3 ②, 사립학교법 58조의2 ②). 부여할 직위해제되기 전의 원래의 직위를 말하며, 직위부여로 인하여 직무에 종사할 수 있게 된다. 그 밖의 직위해제소멸의 효과는 직위해제소멸의 원인에 따라 차이가 나는 바, 직위해제처분이 실효되거나 철회되면 기왕의 직위해제의 효력에는 영향이 없고, 다만 그 직위해제소멸원인이 발생한 시점으로부터 장래에 향하여 직위해제의 효력이 상실된다. 직위해제처분에 하자가 있어서 무효 또는 취소로 되는 경우에는 당초의 직위해제처분시에 소급하여 직위해제의 효력이 상실되어 원래부터 직위해제가 없었던 것과 같은 상태로 된다.

(2) 직위해제처분(징계의결 요구에 따른 직위해제처분을 제외한다)이 무효 또는 취소된 경우에는 복귀일 또는 발령일에 원래의 정기승급일을 기준으로 한 당시의 보수전액 또는 차액을 소급하여 지급한다.

징계의결이 요구되어 직위해제처분을 받은 자가 징계위원회의 의결로 당해 징계의결 요구가 기각되거나, 그 직위해제처분 또는 직위해제처분의 사유가 된 징계처분이 소청심사위원회 또는 법원의 결정이나 판결에 의하여 무효 또는 취소되는 경우와, 형사사건으로 기소되어 직위해제처분을 받은 자가 법원의 판결에 의하여 무죄의 선고를 받은 경우에는 원래의 정기승급일을 기준으로 한 보수액과 그 직위해제처분기간 중에 지급한 보수액과의 차액을 소급하여 지급한다. 연봉제 공무원의 경우에도 동일하다(공무원보수규정).

국가공무원법 제73조의3 제1항 제3호 또는 제4호에 해당하는 자로서 징계위원회의 의결에 의하여 징계의결요구가 기각되거나 법원에서 무죄선고를 받은 경우와 징계처분이나 면직처분 또는 직위해제처분이 소청심사위원회의 결정 또는 법원의 판결로 무효 또는 취소된 때에는 직위해제처분 등으로 인하여 지급하지 아니한 수당 등(시간외근무수당은 정액지급분에 한하고, 연가보상비는 제외한다)을 소급하여 지급한다(공무원수당등에관한규정).

(3) 직위해제처분으로 제한되었던 승급은 직위해제소멸로 원래대로 승급기간에 산입하게 된다. 즉, 징계의결이 요구되어 직위해제처분을 받은 자가 징계위원회의 의결로 당해 징계의결요구가 기각되거나, 그 직위해제처분 또는 직위해제처분의 사유가 된 징계처분이 소청심사위원회 또는 법원의 결정이나 판결에 의하여 무효 또는 취소되는 경우와,

형사사건으로 기소되어 직위해제처분을 받은 자가 법원의 판결에 의하여 무죄의 선고를 받은 경우의 그 직위해제처분기간 및 직무수행능력의 부족이나 근무성적의 불량 등의 사유로 직위해제처분을 받은 자 또는 법령상의 징계사유로 징계처분을 받은 자가 소청심사위원회 또는 법원의 결정이나 판결로 그 직위해제처분 또는 징계처분이 무효 또는 취소된 경우의 그 직위해제처분기간은 승급기간에 산입한다(공무원보수규정).

승진 최저소요연수의 제한도 직위해제소멸로 원래대로 승진소요최저연수에 산입하게 된다. 즉, 법 제73조의3 제1항 제3호의 규정에 의하여 직위해제처분을 받은 자의 경우에 그 처분의 사유가 된 징계처분이 소청심사위원회의 결정 또는 법원의 판결에 의하여 무효 또는 취소로 확정된 경우(징계의결 요구에 대하여 관할 징계위원회가 징계하지 아니하기로 의결한 경우를 포함한다)와 동조 동항 제4호의 규정에 의하여 직위해제처분을 받은 자의 경우에 그 처분의 사유가 된 형사사건이 법원의 판결에 의하여 무죄로 확정된 경우의 그 직위해제기간은 원래의 승진소요최저연수에 산입하고, 경력평정에도 산입한다(공무원임용령).

임용권자 또는 임용제청권자는 직위해제처분이 종료일로부터 2년이 경과한 때와 소청심사위원회나 법원의 직위해제처분 무효 또는 취소의 결정이나 판결이 확정된 때에는 인사기록카드에 등재된 직위해제처분의 기록을 말소하여야 한다(공무원인사기록 및 인사사무 처리 규정).

2. 직위해제에 대한 불복

가. 소청심사청구

직위해제처분은 본인의 의사에 기하지 아니한 불리한 처분이므로 직위해제처분에 불복하고자 하는 교원은 교원소청심사위원회에 소청심사를 청구할 수 있다. 교원이 그 직위해제처분에 대하여 불복이 있을 때에는 그 직위해제처분이 있은 것을 안 날로부터 30일 이내에 재심청구를 하여야 하며, 이 경우에 소청심사청구인은 변호사를 대리인으로 선임할 수 있다.

직위해제처분이 있은 것을 안 날이란 직위해제처분사유설명서를 교부받은 날을 말한다. 이러한 직위해제처분에 대한 불복기간이 도과하면 당연무효가 아닌 한 처분의 위법여부를 다툴 수 없다. 교원소청심사위원회는 소청심사청구를 접수한 날부터 60일 이내에 이에 대한 결정을 하여야 하며, 다만 소청심사위원회가 불가피하다고 인정하는 경우에는 그 의결로 30일을 연장할 수 있다(교원지위향상을 위한 특별법 제10조 제1항).

소청심사위원회의 결정은 처분권자를 기속한다(교원지위향상을 위한 특별법 제10조 제2항). 교원소청심사위원회의 결정은 공·사립 교원에 상관없이 행정심판의 재결에 유사하다.

나. 행정소송

교원은 소청심사위원회의 결정에 대하여 그 결정서를 송달을 받은 날부터 90일 이내에 행정소송법이 정하는 바에 의하여 행정소송을 제기할 수 있다(교원지위향상을 위한 특별법 제10조 제3항). 이와 같이 행정소송은 교원소청심사위원회의 심사·결정을 거치지 아니하면 이를 제기할 수 없다(교육공무원법 제53조 제1항). 소청심사위원회의 결정에 대한 행정소송은 교원, 「사립학교법」 제2조에 따른 학교법인 또는 사립학교 경영자 등 당사자만이 제기할 수 있으며, 처분청은 제기할 수 없고 행정소송의 피고가 된다(교원지위향상을 위한 특별법 제9조 제1항, 제10조 제3항, 행정소송법 제13조).

Ⅴ 직위해제와 불복방법 관련 사례

1. 사건의 개요

K학교법인이 설치 운영하는 K중학교에 근무하는 영어교사 A는 K학교법인 이사장으로부터 무실력 교사라는 이유로 K학교법인 정관 규정에 의하여 직위해제 및 3개월 대기명령을 받고, 그 기간이 만료되어도 능력의 향상이 없다는 이유로 직권면직처분을 받자, 교원지위향상을위한특별법 제9조의 규정에 따라 교육부 교원징계재심위원회에게 재심청구를 하였으나 교육부 교원징계재심위원회가 A의 재심청구를 기각하였다.

A에 대해서 직위해제 및 3개월 대기명령 후 직권면직처분을 하게 된 이유는 A가 부임한 이래 학생들과 학부모들 사이에서 실력 없는 교사로 소문이 나기 시작하여 육성회와 학부모들로부터 여러 차례 퇴직요구를 받아 왔고, A가 자신의 지도능력 부족으로 인한 담당 학생들의 성적 저조를 염려하여 담당 학생들의 성적을 일률적으로 상향 조정하였다가 감봉 3개월의 징계처분까지 받았으며, 학교장과 장학사 등이 참관한 평가수업에서

도 전반적으로 수업능력이 부족하다는 평가를 받았고 학생들에 대한 설문조사 결과에서도 대부분의 학생들이 다른 교사로의 교체를 원하였던 사실, A가 직무수행능력 부족으로 직위해제되어 3개월간의 대기명령과 아울러 영어발음교정, 영어회화훈련 및 영어실력향상을 위한 연수 등 직무수행능력 회복을 위한 과제를 부여받았음에도 불구하고 그 기간 만료 후 직무수행능력 회복여부를 평가하기 위해 1993학년도 고입선발고사 및 대학입학 학력고사, 중등교사 채용고사의 각 영어과 문제지를 이용하여 실시한 평가에서 100점 만점을 기준으로 각 76점 및 40점, 38점을 득점하는데 그쳤고, 채용고사 중 발음능력 및 작문능력 평가에서도 수, 우, 미, 양, 가의 평가기준 중 가장 낮은 "가"로 판정받은 사실이 있었다.

K학교 이사장은 A가 영어교사로서의 직무수행능력이 부족하여 직위해제된 후 직위해제기간이 만료될 때에도 그 직무수행능력이 향상되었다고 볼 수 없다는 이유로 사립학교법 제58조 제1항 제2호 및 K학교법인 정관의 각 규정에 따라 A에 대하여 직권면직처분을 하였다. 교육부 교원징계재심위원회의 재심결정도 A에 대한 처분이 적법한 것이라고 판단하였다.

이에 A는 법원에 직권면직처분취소소송을 제기하였다.

A의 소송제기는 인용될 수 있을 것인가?

2. 사건의 쟁점

중학교 영어 교사로서의 직무수행능력이 부족하여 직위해제된 후 그 직위해제기간이 만료될 때에도 직무수행능력이 향상되었다고 볼 수 없는 사립학교교원에 대한 직권면직처분이 정당하다고 볼 수 있는지 여부

3. 사례에 대한 해설

중학교 영어 교사로서의 직무수행능력이 부족하여 직위해제된 사립학교 교원이 직위해제기간이 만료될 때에도 그 직무수행능력이 향상되었다고 볼 수 없다는 이유로 학교법인이 사립학교법 제58조 제1항 제2호 및 법인 정관의 각 규정에 따라 그 교원에 대하여 한 직권면직처분이 정당하다.

4. 사건의 결말

재심결정의 적법여부에 대해서 살펴보면 K학교법인 은 임면권자는 다음 각 호의 1에 해당하는 교원에 대하여 직위를 부여하지 아니할 수 있다고 규정하면서 제1호로 "직무수행능력이 부족하거나 근무성적이 극히 불량한 자 또는 교원으로서 근무태도가 심히 불성실한 자"를 들고 있고, 같은 조 제8항은 "제2항 제1호의 규정에 의하여 대기발령을 받은 자가 그 기간 중 능력의 항상 또는 개전의 정이 없다고 인정되는 때에는 임면권자는 교원징계위원회의 동의를 얻어 면직시킬 수 있다"고 규정되어 있다.

K학교법인이 A에 대하여 실시한 위 수업참관이나 설문조사 및 영어실력평가의 결과가 다소 객관성이 떨어질 수 있다는 점을 참작하더라도, A가 중학생들에게 영어를 가르치는 교사인 사실에 비추어 볼 때, A는 K학교법인 정관의 직위해제사유인 영어교사로서의 직무수행능력이 부족한 자에 해당한다 할 것이고, 직위해제기간이 만료될 때에도 그 직무수행능력이 향상되었다고 할 수 없어 위 정관에 의하여 한 이 사건 면직처분은 정당하다 할 것이다.

따라서 A의 청구는 인용되지 않을 것이다.

제18장 | 사립학교 교원의 권리구제 및 교육부분에서의 대안적 분쟁해결제도

I 사립학교 교원의 징계 관련 규정

1. 사립학교 교원 징계에 관한 사립학교법 및 사립학교법 시행령의 규정

가. 사립학교법 제61조 제1항은 사립학교의 교원이 다음 각 호의 1에 해당하는 때에는 당해 교원의 임면권자는 징계의결의 요구를 하여야 하고, 징계의결의 결과에 따라 징계처분을 하여야 한다고 하고 그 징계의 사유로서 그 1호에서 이 법과 기타 교육관계 법령에 위반하여 교원의 본분에 배치되는 행위를 한 때를, 그 2호에서 직무상의 의무에 위반하거나 직무를 태만히 한 때를, 그 3호에서 직무의 내외를 불문하고 교원으로서의 품위를 손상하는 행위를 한 때를 각 규정하고, 제2항은 징계의 종류는 파면 해임·정직·감봉·견책으로 한다고 규정하고 있다.

나. 사립학교법 제62조 제1항은 사립학교의 교원의 징계사건을 심의 의결하기 위하여 그 임면권자의 구분에 따라 학교법인·사립학교경영자 및 당해학교에 교원징계위원회를 둔다고 규정하고, 제2항은 제1항의 규정에 의한 교원징계위원회는 5인 이상 9인 이하의 위원으로 구성하되, 그 위원은 당해학교의 교원 또는 학교법인의 이사 중에서 당해학교법인 또는 사립학교경영자가 임명한다. 다만 학교법인인 경우에는 당해학교법인의 이사인 위원의 수가 위원의 2분의 1을 초과할 수 없다고 규정하고 있다.

다. 제64조는 사립학교의 교원의 임면권자는 그 소속 교원 중에 제61조 제1항의 징계사유에 해당하는 자가 있을 때에는 미리 충분한 조사를 한 후 당해 징계사건을 관할하는 교원징계위원회에 그 징계의결을 요구하여야 한다고 규정하고 있다. 제64조의2는 징계의결요구권자가 제64조의 규정에 의하여 징계의결을 요구할 때에는 징계의결요구와 동시에 징계대상자에게 징계사유를 기재한 설명서를 송부하여야 한다고 규정하고 있다.

라. 제65조 제1항은 교원징계위원회는 징계사건을 심리함에 있어서 진상을 조사하여

야 하며, 징계의결을 행하기 전에 본인의 진술을 들어야 한다고 규정하고 있다.

마. 제66조 제1항은 교원징계위원회는 징계사건을 심리한 결과 징계를 의결한 때에는 주문과 이유를 기록한 징계의결서를 작성하고 이를 임명권자에게 통고하여야 한다고 규정하고, 제2항은 임명권자가 제1항의 통고를 받은 때에는 그 통고를 받은 날로부터 7일 이내에 그 의결내용에 따라 징계처분을 하여야 하고, 이 경우에 있어서 임명권자는 징계처분의 사유를 기재한 결정서를 당해 교원에게 교부하여야 한다고 규정하고 있다.

바. 한편 같은 법 시행령 제24조의2는 법 제62조 제1항의 규정에 의한 교원징계위원회는 학교법인 또는 사립학교경영자별로 설치하되, 법 제53조의2 제2항의 규정에 의하여 교원의 임면권이 학교의 장에게 위임된 경우에는 당해학교에 따로 설치할 수 있다고 규정하고 있다.

사. 같은 법 시행령 제24조의5는 징계위원회가 징계사건을 의결함에 있어서는 징계대상자의 소행·근무성적·공적·개전의 정·징계요구의 내용 등의 정상을 참작하여야 한다고 규정하고 있다.

아. 같은 법 시행령 제26조는 법 제66조 제1항의 규정에 의한 징계의결서의 이유에는 징계의 원인이 된 사실, 증거의 판단과 적용 법령을 명시하여야 한다고 규정하고 있다.

2. 교원지위 향상을 위한 특별법의 규정

가. 교원지위 향상을 위한 특별법 제7조 제1항은 각급 학교 교원의 징계처분 기타 그 의사에 반하는 불리한 처분에 대한 재심을 하게 하기 위하여 교육부에 교원징계재심위원회를 둔다고 규정하고 있다.

나. 제9조 제1항은 교원이 징계처분 기타 그 의사에 반하는 불리한 처분에 대하여 불복이 있을 때에는 그 처분이 있은 것을 안 날부터 30일 이내에 재심위원회에 재심을 청구할 수 있다고 규정하고 있다.

다. 제10조 제1항은 심사위원회는 소청심사청구를 접수한 날부터 60일 이내에 이에 대한 결정을 하여야 한다고 규정하며, 제2항은 재심사위원회의 결정은 처분권자를 기속한다고 규정하며, 제3항은 교원은 심사위원회의 결정에 대하여 그 결정서의 송달을 받은 날부터 60일 이내에 행정소송법이 정하는 바에 의하여 소송을 제기할 수 있다고 규정하고, 제4항은 소청심사의 청구·심사 및 결정 등 심사절차에 관하여 필요한 사항은 대통령령으로 정한다고 규정하고 있으며, 이에 따른 교원징계처분등의재심에관한규정 제11조 제2항은 심사위원회는 심사를 함에 이어서 필요한 경우에는 검증·감정 기타 사실조사 또는 증인의 환문을 하거나 관계 서류의 제출을 명할 수 있다고 규정하며, 제12조는 심사위원회는 징계 기타 심사청구의 원인이 된 사실 외의 사실에 대하여 심사하지 못한다고 규정하고 있다.

라. 사립학교법 제55조는 사립학교의 교원의 복무에 관하여는 국·공립학교의 교원에 관한 규정을 준용한다고 규정하고, 교육공무원법은 교육공무원의 직무와 책임의 특수성에 비추어 그 자격, 신분보장 등에 관하여 교육공무원에 적용할 국가공무원법 등에 대한 특례를 규정하고, 공무원의 복무에 관하여 규정하고 있는 국가공무원법 제56조는 모든 공무원은 법령을 준수하며 성실히 직무를 수행하여야 한다고 규정하며, 같은 법 제57조는 공무원은 직무를 수행함에 있어 소속 상관의 직무상 명령에 복종하여야 한다고 규정하고 있다.

Ⅱ 사립학교 교원의 신분보장과 권리구제

1. 사립학교 교원의 신분과 인사관리제도

가. 사학교원의 법적 신분

국·공립학교 교원은 특정직 국가공무원인 교육공무원으로서의 신분을 갖는다. 따라서 이들은 국가공무원법, 교육공무원법, 공무원임용령 등에 근거하여 초·중등교육법에 의한 교원자격증 취득과 공개경쟁채용시험 합격 후, 국가의 공무원 임명과 이에 대한 동의라는 법률관계를 통해 교원으로서의 신분을 획득하게 된다.

학교법인이 설치·경영하는 사립학교는 그 학교의 구성원들 상호간의 관계를 사법상의 계약에 의해 형성하는 특징을 가지므로 사립학교 교원이 사립학교에서 교육활동에 종사하게 되는 법적 근거 역시 학교법인과 맺는 사법상 임용계약에 있다. 구체적으로 사인인 설립자가 학교의 설치·경영이라는 목적을 위하여 세운 사법인으로서 학교법인이 사법상의 계약에 의해 다른 사인을 학교장 및 교직원으로 채용하여 교육에 종사하게 함으로써 신분을 획득하게 되는 것이다.

대법원 판례는 사립학교 교원의 임용계약은 사립학교법 소정의 절차에 따라 이루어지는 것이지만 그 법적 성질은 사법상의 고용계약에 다름 아닌 것으로 누구를 교원으로 임용할 것인지 여부는 원칙적으로 당해 학교법인의 자유의사 내지 판단에 달려 있고, 또한 이러한 임용계약에 조건을 붙일 수도 있는 것이며 그 계약이 조건부일 때에는 당연히 그 조건의 성취 여부에 따라 계약의 효력이 좌우된다고 판시하고 있다.

나. 사립학교법의 규정

사립학교 교원의 임용계약 역시 사법상 계약이라 하더라도 일정한 범위 내에서는 국가 및 교육관계법령의 제한을 받을 수밖에 없다. 이러한 맥락에서 현행 사립학교법 제52조는 사립학교 교원 임용에 있어서도 국가 중심의 교원자격증을 필수적으로 갖출 것을 규정하고 있으며, 국민의 교육기본권 보장 강화라는 차원에서 사학교원에 대해서도 교원지위 법정주의를 적용하여 두터운 신분적 보장을 적용하고 있다.

다. 사학교원 인사관리제도

사학교원의 인사관리 영역 중에서 국·공립학교의 그것과 다른 내용은

(1) 사립학교법 제52조가 사학교원도 국가 중심 교원양성제체의 틀 속에서 국가가 수여하는 교원자격증을 소지할 것을 기본원칙으로 하기 때문이다. 반면, 신규임용의 경우, 사학교원은 사립학교법에 따라 국·공학 교원과 다른 독자적인 신규임용 과정을 거친다. 사립학교법 제52조의2에 의해 사학교원의 임면은 당해 학교장의 제청으로 이사회의 의결을 거쳐 수행된다. 개별학교의 교원인사위원회에게 교원의 임면 등 인사에 관한 중요사항을 심의토록 하고 있는 바, 학교장의 제청 전에는 교원인사위원회의 심의를 거쳐야 한다. 고등학교 이하 각급 학교 교원의 신규채용에 있어서도 공개 전형이 의무화되었다.

(2) 사학의 경우 교장은 내부 승진이 아닌 외부 인사의 신규임용으로 이루어지는 경우가 많기 때문에 그만큼 기회가 적다. 즉, 사립학교법 제53조 제1항은 "각급 학교의 장은 당해 학교를 설치·경영하는 학교법인 또는 사립학교경영자가 임면한다."고 규정하고 있

고 제54조의3에서 임명의 제한 요건만을 규정하고 있을 뿐이기 때문에 외부인사의 학교장으로의 임면이 가능하나 이 경우에도 교장자격증 소지자여야 한다.

(3) 배치전환 과정에 속하는 전직·전보 등 인사교류의 경우 사학교원에 있어서는 임용권자 및 신분의 차이로 인하여 인사교류에 있어서 원천적 제한이 따른다. 장학직·연구직 등 전문직으로의 전직이 사학교원에게는 해당되지 않는다.

(4) 사학교원이 민사상 임용계약에 의한 사인의 신분을 갖고 있으며 사학교원의 보수는 계약 당사자 간의 합의 사항에 속하는 일이 되기 때문에 사립학교법에는 보수 규정이 마련되어 있지 않다. 교원지위 향상을 위한 특별법은 국가 및 지방자치단체에게 교원의 보수를 특별히 우대할 것과 함께 사학 교원의 보수를 공무원인 교원의 보수수준으로 유지할 것을 의무화하고 있다. 또한, 실제로 사학재정결함보조금제도에 의하여 많은 사립학교가 교원의 보수를 국·공립 교원에 준하여 지방교육자치단체로부터 보조를 받고 있다.

(5) 사립학교법에 근거하여 사립학교교직원연금법이 별도로 제정되어 있으며, 그 결과 사학교원도 국·공립교원과 대등한 다양한 연금 혜택을 받고 있다. 그 밖에 보수 및 근무조건 등 각종 복리후생에 있어서도 국·공립 교원과 사학 교원의 차는 거의 존재하지 않는다.

(6) 여섯째, 사학교원의 신분보장에 대해서는 주로 사립학교법과 '교원지위 향상을 위한 특별법'이 규정하고 있다. 사립학교법은 본인의 의사에 반하는 신분상 불리한 처분금지, 권고사직 금지, 불체포특권은 물론 신분상 불이익 처분의 한계로서 당연퇴직, 직권면직, 휴직, 정년 등의 요건을 엄격하게 규정하고 있다. 또한 신분의 안정을 저해할 수 있는 조치들에 대해서 교원징계위원회 등의 엄격한 절차를 거칠 것을 규정하고 있다. '교원지위향상을 위한특별법'도 국·공·사립 구별 없이 모든 교원들에 대한 불체포특권과 의사에 반하는 휴직·강임 등의 금지를 규정하고 있다.

다만, 사학 교원은 사립학교법 제56조 제1항의 단서에 따라 학급·학과의 개폐에 의안 폐직이나 과원의 경우에 의사에 반한 휴직·면직 등 신분상 불이익 처분이 가능하게 되어 있다.

2. 사립학교 교원에 대한 징계와 교원권리구제 절차

가. 교원지위 향상을 위한 특별법

교원지위 향상을 위한 특별법은 사립학교 교원이 징계 등 불이익 처분에 대하여 교육공무원인 국·공립학교 교원과 마찬가지로 교육인적자원부 장관이 설치하는 소청심사위에 재심 청구를 할 수 있도록 하고(제7조), 소청심사위의 재심 결정에 처분권자가 기속되도록 하였다(제10조 제2항). 그리고, 사립학교 교원이 재심 결정에도 불복하는 경우, 민사소송 절차와는 별도로 행정소송법이 정하는 바에 따라 행정소송을 제기할 수 있도록 하였다(제10조 제3항).

불이익 처분에 대한 교원의 권리구제 절차를 마련함에 있어서 국·공립학교 교원과 사립학교 교원 사이에 차이를 두어서는 아니 된다.

나. 교원지위 향상을 위한 특별법상 권리 구제 절차에 관한 대법원의 입장

대법원은 교원징계재심위원회의 결정에 대하여 징계 처분권자인 학교법인이 행정소송을 제기할 수 있는지를 다툰 사건에서, "사립학교 교원과 학교법인의 관계를 공법상 권력관계로 볼 수는 없다고 하더라도, 사립학교는 국가 공교육의 일익을 담당하는 교육기관이며, 사립학교 교원에게는 자격과 복무, 임면 및 신분 보장 등에 있어서 국·공립학교 교원과 동일하게 소청심사위에 재심 청구를 할 수 있고, 동법 제10조 제3항에서 재심 결정에 대하여 교원만이 행정소송을 제기할 수 있도록 규정한 것은 합리적 근거가 있는 것이다."라고 판시하여, 교원지위법상의 권리구제 절차를 실질적으로는 재심위원회 결정으로 파악하여, 행정 처분에 대한 행정심판으로서의 재결에 유사한 것으로 기능하도록 하는 것으로 해석하고 있다.

다. 헌법재판소의 입장

헌법재판소는 교원지위 향상을 위한 특별법 제10조 제3항 위헌제청 등 사건에서 사립학교 교원은 학교법인과의 사법상 고용계약에 의하여 임면되고, 학생을 교육하는 대가로서 학교법인으로부터 임금을 지급받으므로 학교법인과 교원의 관계는 원칙적으로 사법적 법률관계에 기초하고 있다. 비록 학교법인에 대하여 국가의 광범위한 감독 및 통제가 행해지고, 사립학교 교원의 자격, 복무 및 신분보장을 공무원인 국·공립학교 교원과 동일하게 보장하고 있지만, 이 역시 이들 사이의 법률관계가 사법관계임을 전제로 그 신분 등을 교육공무원의 그것과 동일하게 보장한다는 취지에 다름 아니다. 따라서 학교법인의 사립학교 교원에 대한 인사권의 행사로서 징계 등 불리한 처분 또한 사법적 법률행위로서의 성격을 가진다.

행정심판이라 함은 행정청의 처분 등으로 인하여 침해된 국민의 기본권 등 권익을 구제하고, 행정의 자기통제 및 자기감독을 실현함으로써 행정의 적법성을 보장하는 권리구제절차이므로 학교법인과 그 소속 교원 사이의 사법적 고용관계에 기초한 교원에 대한 징계 등 불리한 처분을 그 심판대상으로 삼을 수는 없는 것이다. 따라서 재심위원회를 교육인적자원부 산하의 행정기관으로 설치하는 등의 교원지위법 규정에도 불구하고 여전히 재심절차는 학교법인과 그 교원 사이의 사법적 분쟁을 해결하기 위한 간이분쟁해결절차로서의 성격을 갖는다고 할 것이므로, 재심결정은 특정한 법률관계에 대하여 의문이 있거나 다툼이 있는 경우에 행정청이 공적 권위를 가지고 판단·확정하는 행정처분에 해당한다고 봄이 상당하다.

이 사건 법률조항은 국가의 학교법인에 대한 감독권 행사의 실효성을 보장하고, 재심결정에 불복하는 경우 사립학교 교원에게 행정소송을 제기할 수 있게 함으로써 사립학교 교원의 신분보장과 지위향상에 그 입법목적이 있다고 할 것이므로 그 정당성을 긍정할 수 있고, 재심절차에서 교원의 청구가 인용되는 경우 교원은 확정적·최종적으로 징계 등 불리한 처분에서 벗어나게 되므로 그 수단의 적절성도 인정된다. 그리고 교원이 그 선택에 따라 징계 등 불리한 처분의 효력유무를 다투는 민사소송을 제기하는 경우 학교법인은 이에 대하여 응소하거나 또는 그 소송의 피고로서 재판절차에 참여함으로써 자신의 침해된 권익을 구제받을 수 있고, 나아가 적극적으로 학교법인이 징계 등 처분이 유효함을 전제로 교원지위부존재확인 등 민사소송을 제기하는 방법으로 재심결정의 대상인 불리한 처분을 다툴 수도 있다.

그러나 교원이 제기한 민사소송에 대하여 응소하거나 피고로서 재판절차에 참여함으로써 자신의 권리를 주장하는 것은 어디까지나 상대방인 교원이 교원지위법이 정하는 재심절차와 행정소송절차를 포기하고 민사소송을 제기하는 경우에 비로소 가능한 것이므로 이를 들어 학교법인에게 자신의 침해된 권익을 구제받을 수 있는 실효적인 권리구제절차가 제공되었다고 볼 수 없고, 교원지위부존재확인 등 민사소송절차도 교원이 처분의 취소를 구하는 재심을 따로 청구하거나 또는 재심결정에 불복하여 행정소송을 제기하는 경우에는 민사소송의 판결과 재심결정 또는 행정소송의 판결이 서로 모순·저촉될 가능성이 상존하므로 이 역시 간접적이고 우회적인 권리구제수단에 불과하다.

그리고 학교법인에게 재심결정에 불복할 제소권한을 부여한다고 하여 이 사건 법률조항이 추구하는 사립학교 교원의 신분보장에 특별한 장애사유가 생긴다든가 그 권리구제에 공백이 발생하는 것도 아니므로 이 사건 법률조항은 분쟁의 당사자이자 재심절차의 피청구인인 학교법인의 재판청구권을 침해한다.

또한 학교법인은 그 소속 교원과 사법상의 고용계약관계에 있고 재심절차에서 그 결정의 효력을 받는 일방 당사자의 지위에 있음에도 불구하고 이 사건 법률조항은 합리적인 이유 없이 학교법인의 제소권한을 부인함으로써 헌법 제11조의 평등원칙에 위배되고, 사립학교 교원에 대한 징계 등 불리한 처분의 적법여부에 관하여 재심위원회의 재심결정이 최종적인 것이 되는 결과 일체의 법률적 쟁송에 대한 재판권능을 법원에 부여한 헌법 제101조 제1항에도 위배되며, 행정처분인 재심결정의 적법여부에 관하여 대법원을 최종심으로 하는 법원의 심사를 박탈함으로써 헌법 제107조 제2항에도 아울러 위배된다.

이 사건 법률조항은 헌법에 위반되므로, 우리 재판소가 종전의 1998. 7. 16. 95헌바19 등 결정에서 이와 견해를 달리하여 이 사건 법률조항이 헌법에 위반되지 아니한다고 판시한 의견은 이를 변경하기로 한다고 결정하였다(2005헌가7 결정).

그 후 교원지위 향상을 위한 특별법을 개정하여 제10조 제3항에서 심사위원회의 결정에 대하여 교원, 사립학교법 제2조에 따른 학교법인 또는 사립학교 경영자 등 당사자는 그 결정서를 송달받은 날부터 90일 이내에 행정소송법으로 정하는 바에 따라 소송을 제기할 수 있다고 개정함으로써 학교법인 또는 사립학교 경영자 등 당사자도 행정소송을 제기할 수 있도록 개정되었다.

Ⅲ 교육부분에서의 대안적 분쟁해결제도

1. 교육부문 대안적 분쟁해결제도

가. 교육부문 대안적 분쟁해결제도의 필요성

교육 현장에서 교육 당사자 간 갈등이 증폭하고 교사와 학생 간 갈등, 학생과 학생 간 갈등, 교사와 교사 간 갈등, 교사와 학부모 간 갈등, 교사와 교육행정기관 간 갈등의 양상이 복잡해지고, 갈등의 수위도 높아지는 양상이다.

소송은 소송 과정에서 상당한 비용을 지불하게 될 가능성이 있으며, 소송을 준비하고 진행하는 과정에서 많은 시간을 소모하며 법원 판결 후에 당사자들이 원만한 관계를 형성하기는 쉽지 않다.

이에 따라 소송 아닌 다른 방법을 선택할 수 있다면 바람직한 경우가 적지 않으며, 대안적 분쟁 해결 제도(alternative dispute resolution : ADR)가 주목 받고 있다. 대안적 분쟁 해결 제도는 분쟁 당사자들의 만족을 높이면서도 간이한 방법으로 분쟁을 해결할 수 있는 수단이다.

나. 대안적 분쟁해결제도의 유형

(1) 조정(mediation)은 제3자가 중립적 위치에서 분쟁 당사자들의 동의를 구하여 당사자 또는 그 대리인 간의 협상을 유도하여 분쟁을 해결하도록 도와주는 분쟁 해결 방법이다. 분쟁 당사자들이 협살 과정에서 합의 여부에 대한 결정권을 가지며, 조정위원은 당사자들의 협상을 도와줄 뿐이다. 이에 따라 조정에는 원칙적으로 기판력과 같은 사법상 구속력은 발생하지 않는다.

(2) 화해(settlement)는 법원과 관련 있는 재판상 화해와 법원과 무관하게 이루어지는 사법상 화해로 나뉜다. 재판상 화해는 다시 소송상 화해와 제소전 화해로 나뉜다. 소송상 화해는 소송 개시 후에 당사자가 서로 양보하여 합의한 내용을 법관 앞에서 진술하여 재판을 거치지 않고 소송을 종료시키는 것이다. 제소전 화해는 화해를 하고 싶은 당사자가 법원에 제소전 화해 신청을 하여 법관 앞에서 화해를 하여 분쟁을 종료시키는 것이다.

(3) 중재(arbitration)는 분쟁 당사자가 자신들의 정한 절차 및 제3자(중재인, 사인)의 판정

에 따라 분쟁을 해결하기로 합의하고, 이에 기하여 중재인이 행하는 심판 절차이다. 분쟁을 강행적으로 해결하는 방법으로 일종의 사적 재판이다.

2. 교육부문 대안적 분쟁해결제도 현황

가. 학교교육분쟁조정위원회

학교교육분쟁조정위원회는 각급 학교의 교육활동과 관련한 분쟁이 있는 경우 그 분쟁을 조정하기 위하여 각급 학교에 둘 수 있도록 하고 있다. 이 조정위원회의 법적 근거는 '교원 예우에 관한 규정'이다. 분쟁조정위원회의 구성, 운영에 관하여 필요한 사항은 국립학교의 경우에는 학교 규칙으로, 공립학교의 경우에는 특별시, 광역시 및 도 조례가 정하는 범위 안에서 학교 규칙으로, 사립학교의 경우에는 정관으로 각각 정할 수 있도록 하고 있다. 조정위원회의 위원은 학식과 덕망이 높은 자 중에서 각급 학교의 장이 위촉 또는 임명한다.

학교교육분쟁조정위원회의 조정의 효력은 민법상 화해와 같은 것으로 파악할 수 있다. 조정 결과와 관계없이 당사자는 소송을 선택할 수 있고, 조정 결과에 법적 효력이 발생하지도 않는다.

나. 교원소청심사위원회

교원소청심사제도는 1991년 제정된 교원지위 향상을 위한 특별법에서 규정된 제도로 교원이 징계 처분 및 그밖에 의사에 반하는 불리한 처분(교원에 대한 재임용 거부처분 포함)을 받은 경우, 이 위원회에 소청 심사를 청구하고, 이 위원회의 결정은 징계권자를 기속하도록 한 제도이다. 소청심사에 불복하는 경우는 다시 법원에 행정소송을 제기할 수 있다.

다. 학교폭력대책자치위원회

학교폭력대책자치위원회는 학교폭력 예방 및 대책에 관한 법률에 의거하여 각 학교에 설치된 조직이다. 자치위원회는 학교폭력 예방 프로그램 구성과 실시 및 피해학생 보호 등과 함께, 피해학생과 가해학생 간의 분쟁조정을 한다.

라. 교원노동관계 조정위원회

교원의 노동조합 설립 및 운영 등에 관한 법률에 따라 단체 교섭이 결렬된 경우 당사자 일방 또는 쌍방은 중앙노동위원회에 조정을 신청할 수 있으며, 이 경우 중앙노동위원회는 지체 없이 조정을 개시하여야 한다. 조정은 신청이 있은 날부터 30일 이내에 종료하여야 한다. 단체 교섭이 결렬되어 관계 당사자 쌍방이 함께 중재를 신청한 경우, 중앙노동위원회가 제시한 조정안을 당사자 일방 또는 쌍방이 거부한 경우, 중앙노동위원회 위원장이 직원 또는 노동부 장관의 요청에 의하여 중재에 회부하다는 결정을 한 경우에는 중앙노동위원회에서 중재를 행한다.

교원의 노동 쟁의를 조정, 중재하기 위하여 교원노동관계조정위원회를 둔다. 동 위원회는 중앙노동위원회 위원장이 지명하는 조정 담당 공익위원 3인으로 구성하되, 관계 당사자 간 합의로 중앙노동위원회 조정 담당 공익위원이 아닌 자를 추천하는 경우에는 그 추천된 자를 지명하여야 한다.

중재 재정서 송달 후 15일 아내에 중앙노동위원회 위원장을 피고로 행정소송을 제기할 수 있으며, 그렇지 않으면 중재 재정은 확정되며, 관계 당사자는 이에 기속된다. 중앙노동위원회의 중재 재정은 행정소송 제기에 의하여 그 효력이 정지되지 않으며, 확정된 중재 재정 내용은 단체 협약과 동일한 효력을 갖는다.

마. 학교안전공제보상심사위원회

학교안전공제보상심사위원회는 학교안전사고 예방 및 보상에 관한 법률에 의거하여 설립된 학교안전공제회에 설치된 기구로서, 공제회의 공제 급여 결정에 불복하는 자는 심사위원회에 심사를 청구할 수 있다.

심사위원회는 청구가 있은 날로부터 60일 이내에 결정을 하여야 하며, 1차에 한하여 1개월 범위 내에서 기간을 연장할 수 있다. 심사위원회가 결정을 행한 경우 심사 청구인이 재심사 청구 또는 공제 급여와 관련된 소송을 제기하지 않거나 제기된 재심사 청구 또는 소송을 취하한 때에는 공제회와 심사 청구인 간에 당해 결정의 내용과 동일한 합의가 성립된 것으로 본다.

재심위원회의 결정은 재결로 보며, 재결을 행하고 재결서 정보니 재심사 청구인에게 송달된 날부터 60일 이내에 공제 급여에 관한 소송을 제기하지 않거나 제기한 소송을 취하한 경우에는 공제회와 재심사 청구인 간에 재결 내용과 동일한 합의가 성립된 것으로 본다.

[교육 부문 대안적 분쟁 해결 기구]

명칭	설치근거	대상 분쟁	설치장소	조정위원	성격	효력
학교교육분쟁조정위원회	교원예우에관한규정	생활지도 등 교육활동 관련 학부모와 교원 간 분쟁 및 학생안전사고관련 학교안전공제회의 보상액 등에 의하지 않고 교사에 대한 추가 보상 요구 사건 및 기타 교원 예우 및 교권 보호·존중에 위해가 되거나 위해의 우려가 있는 사항,	각급 학교	5~7인 학운위 위원 중 학교장(위원장) 위촉	조정	민법상 화해
교원소청심사위원회	교원지위향상을위한특별법	교원 징계 및 그 밖의 의사에 반하는 불리한 처분(재임용 거부 처분 포함)에 대한 소청	교원소청심사위원회(교육인적자원부내)	5~7인 법조인, 교육경력자, 교육행정경력자, 사립학교법인임원, 교원단체 추천자 중 교육부 장관 제청으로 대통령 임명	조정	민법상 화해 (피징계자, 사립학교법인) 재판상 화해 (국공립학교 징계권자)
학교폭력대책자치위원회	학교폭력예방및대책에관한법률	학교폭력 피해학생과 가해학생 간 분쟁	각급 학교	교사, 학교운영위원회 학부모 대표, 판사, 검사, 변호사의사, 경찰공무원 중 5~10인을 학교장이 위촉	조정	민법상 화해
교원노동관계조정위원회	교원노동조합설립운영등에관한법률	교원노조와 교육부장관, 교육감, 사립학교 설립, 경영자 간 단체교섭이 결렬된 경우/중앙노동위원회의 조정안을 거부한 경우	중앙노동위원회	중앙노동위원회 조정 담당 공익위원 3인을 중노위 위원장이 위촉/관계 당사자 간 합의로 추천 가능	조정/중재	재판상 화해

학교안전공제보상심의회	학교안전사고예방및보상에관한법률	학교안전공제회의 공제급여결정에 대한 불복	학교안전공제회(시, 도)	공무원, 법조인, 전문의 등 9~15인을 교육감이 임명, 위촉	조정	민법상 화해

Ⅳ 사립학교 교원의 징계와 권리구제 관련 사례

1. 사건의 개요

학교법인 Y고등학교에 근무하는 교사 A는 전체교직원회의에 불참하는 등 교원으로서의 성실의무를 위반하였고, 외국여행허가를 학교장에게 신청하였으나 학교장이 교원연수에 참여함을 이유로 불허하였음에도 물구하고 임의로 국외여행을 감행함으로써 복종의무를 위반하였기 때문에 사립학교법 제61조 제1항 제1호, 제2호 등 소정의 징계사유에 해당한다고 전제하여 Y고등학교교원징계위원회의 의결에 따라 A를 정직 3월에 처한다는 징계처분을 하였다.

이에 A는 위 징계처분이 부당하다고 주장하면서 Y고등학교장에게 위 징계처분의 취소(무효확인)를 구하는 재심청구를 하였고, A는 교직원회의에 무단으로 불참한 사실 및 교장의 거듭된 해외여행 불허 및 교직원연수 참가 지시에도 불구하고 이를 이행하지 아니한 사실들은 인정되나, 두 차례의 전체교직원회의 불참이 중징계 사유에까지 이른다고 보기 어렵고 A의 해외여행 목적이 관광이 아닌 어학연수였던 점 등을 참작하여 볼 때 A의 잘못이 정직 3월의 처분에 처할 정도에까지는 이르지 아니한다는 이유로, 위 정직 3월의 처분은 이를 감봉 3월의 처분으로 변경한다는 결정(재심결정)을 하였다.

이에 A는 교육부 교원재심징계위원회에 징계위원회 구성 시 당해학교교원이 아닌 자가 징계위원으로 구성되었기 때문에 징계위원회 구성이 위법하다고 주장하면서 위 감봉처분의 취소를 구하였다.

A의 청구는 타당한가?

한편 Y는 이 사건 징계위원회의 구성이 위법하다는 사실을 확인하지 못하였다 하더라도 이는 Y의 귀책사유가 될 수 없다 할 것이고, 따라서 이 사건 징계위원회의의 구성에 위법이 있다고 하더라도 A가 재심청구에서 이를 주장하지 않은 이상 그로 말미암아 Y의 이 사건 재심결정이 위법하게 되는 것은 아니라고 주장하였다.

Y의 주장은 타당한가?

2. 이 사건의 쟁점

사립학교법 제62조 제2항 소정의 징계위원이 될 수 있는 '당해 학교의 교원'의 의미 및 사립학교 교원이 교원징계재심절차에서 주장하지 아니한 징계에 관한 위법사유를 들어 교원징계재심위원회 결정의 취소를 청구를 할 수 있는지 여부

3. 사례에 대한 해설

사립학교법 제62조 제2항 소정의 교원징계위원회의 징계위원이 될 수 있는 '당해 학교의 교원'은 징계대상자가 소속되어 있는 학교의 교원만을 의미하고, 같은 학교법인이 경영하는 다른 학교의 교원은 포함되지 않는다.

교원징계재심위원회의 재심결정이 행정처분에 대한 행정심판으로서의 재결 유사의 기능을 가지고 있다는 점에 비추어, 만일 사립학교 교원의 경우 교원징계재심절차에서 주장하지 아니한 위법사유는 행정소송에서 다툴 수 없다고 눈감아 버린다면, 국·공립학교 교원의 경우에 있어서는 원 징계처분에 대한 행정소송에서 재심절차에서 주장하지 않았던 원 징계처분의 위법사유를 다툴 수 있는 점과 비교할 때 현저히 불리한 결과를 초래하고, 이는 교원지위 향상을 위한 특별법이 사립학교 교원으로 하여금 국공립학교 교원과 동일하게 교육부에 설치된 교육징계재심위원회에 재심청구를 할 수 있게 한 입법 취지에 심히 반하므로, 사립학교 교원의 경우에도 교원징계재심절차에서 주장하지 아니한 징계에 관한 위법사유를 들어 교원징계재심위원회 결정의 취소를 청구할 수 있다.

4. 사건의 결말

이 사건 징계위원회는 그 위원 5인 중 A가 소속되어 있는 Y학교의 교원은 1인에 불과하고 나머지 과반수에 달하는 3인은 A가 소속되지 아니한 B학교의 교원이므로 이 사건

징계위원회의 구성에는 위 사립학교법 제62조 제2항을 위반한 위법이 있다 할 것인바, 결국 이 사건 징계처분은 그 징계절차상의 위법이 있다.

이 사건 징계처분은 위법하게 구성된 Y학원의 교원징계위원회의 의결에 터잡아 이루어진 것으로서 취소되어야 할 것이고 Y로서는 응당 A의 재심청구에 대한 판단에 앞서 이 점을 살펴보았어야 할 것임에도, 이에 대하여는 살펴보지 아니한 채 A에 대한 징계양정을 감봉 3개월로 변경함에 그친 이 사건 재심결정은 위법하다.

따라서 A의 청구는 타당하며, Y의 주장은 부당하다.

제19장 | 교원의 지위와 교원근로의 특수성

Ⅰ 교원의 지위

1. 현행 교육관계법상 교원의 지위

현행 교육관계법상 교원의 지위에 관련된 규정들을 종합하여 보면, 사립학교법상 사립학교 교원에 대하여 교육공무원과는 그 임용권자가 서로 다르기 때문에 임용절차에 관한 규정만을 달리할 뿐, 그밖에 현행 교육기본법제는 공적인 제도보장으로서의 교육을 담당하는 교원을 그 소속을 묻지 아니하고 일반 국민에 대한 봉사자로 보고 있고, 교육의 전문성과 관련하여 공·사립학교 교원을 가리지 아니하고 동등한 처우를 하도록 규율하고 있다. 그 소속관계를 초월한 교원의 지위의 특수성과 그 직무의 중요성 및 전문성에 따른 교육제도의 구조적 특성에서 유래하는 것이다.

2. 교육의 목적과 교원직무의 특수성

가. 교육의 목적

우리 헌법이념의 실현은 국민 각자의 자각과 노력이 뒷받침되어야 비로소 가능한 것이므로 궁극에는 교육의 힘에 의존할 수밖에 없는 것이다.

헌법이념을 실현하는 기능을 가진 교육은 그 목적이 국민 개개인의 타고난 저마다의 소질을 계발하여 인격을 완성하게 하고, 자립하여 생활할 수 있는 능력을 증진시킴으로써 그들로 하여금 인간다운 생활을 누릴 수 있도록 함과 아울러 평화적이고 민주적인 국가 및 사회의 형성자로서 세계평화와 인류공영에 이바지하도록 함에 있는 것이다.

교육에 관한 기본법인 교육기본법은 교육의 목적을 "교육은 홍익인간의 이념 아래 모든 국민으로 하여금 인격을 도야하고 자주적 생활능력과 민주시민으로서 필요한 자질을 갖추게 함으로써 인간다운 삶을 영위하게 하고 민주국가의 발전과 인류공영의 이상을 실현하는 데에 이바지하게 함을 목적으로 한다."(교육기본법 제2조)라고 규정하고, 이러한 교육의 목적을 달성하기 위하여 교육의 기본지침을 정하고 있다.

특히 제6조(교육의 중립성) 제1항에서 "교육은 교육 본래의 목적에 따라 그 기능을 다하도록 운영되어야 하며, 정치적·파당적 또는 개인적 편견을 전파하기 위한 방편으로 이용되어서는 아니 된다.라고 규정하여 국민에 대한 교육은 스스로 그 목적에 따르는 제약을 받지 않을 수 없는 것으로서 교육활동은 헌법의 체계와 테두리 안에서 이루어져야 함을 명백히 하고 있다.

나. 교원의 의의

교육의 목적은 학교교육의 분야에서뿐만 아니라 정치·경제·사회·문화의 모든 영역에서도 항상 강력히 실현되어야 하지만, 오늘날의 교육은 주로 조직화·제도화된 공교육기관인 학교에서 이루어지는 학교교육이 그 중심을 이루고 있고, 학교교육의 수행자가 바로 교원이다.

각 학교의 교원은 학생들에 대한 지도교육이라는 노무에 종사하고, 그 노무제공에 대한 대가로 받는 임금·급료 기타 이에 준하는 수입에 의하여 생활하는 사람이므로 교원 역시 근로관계법에서 정의하고 있는 통상적인 의미의 근로자인 성격을 가지고 있음에는 틀림이 없다.

그러나 교원은 그의 수업 및 교육활동에 있어서는 종속된 행정집행자나 법규의 적용자가 아니며, 국가나 지방자치단체 또는 사립학교의 설립·경영자나 학생들의 부모 및 그들에게 영향을 미칠 수 있는 제삼자들의 지시에 단순히 복종하는 사람도 아니다. 교원은 미래지향적, 가치창조적 입장에서 홍수같이 밀려드는 정보를 학생들이 정리할 수 있도록 도와주고, 학생들에게 사고의 방식을 길러주며, 학생들로 하여금 이해력과 통찰력을 개발하도록 하여 지적인 흥미를 유발시킬 수 있는 능력을 배양하도록 하고, 학생들이 사물에 대한 자기 나름의 견해를 가질 수 있도록 가치적인 문제들에 대하여 학생을 지도하는 사람인 것이다.

다. 교원인 근로자는 그 직무에 있어서 각 사업 또는 사업장에서 사용자에 고용되어 직접 근로를 제공하고 그로부터 임금 등의 반대급부를 받는 일반근로자와는 매우 다른 특성이 있다.

① 교원의 직무는 학생들의 건전한 인격의 신장을 목표로 하여 그들을 직접 지도·교육하는 것이고, 이러한 직무는 태어나면서부터 교육을 받고 학습하여 인격체로서 성장해

가는 피교육자인 학생들의 기본적인 권리인 교육을 받을 권리와 서로 앞뒤 면을 이루고 있다는 특징이 있다.

교육을 받을 권리는 국가권력으로부터 국민의 자유를 보장한다고 하는 고전적인 자유권적 기본권의 성격을 넘어 교육의 기회균등이라고 하는 평등이념의 실질적인 보장을 바탕으로 하여 평화의 유지와 문화창조의 방향을 적극적으로 제시하는 현대적 의미의 기본권이다.

따라서 그 내용의 실현은 사회·경제·문화의 총체적인 뒷받침이 있을 때에만 비로소 가능한 것이다. 이러한 교육을 받을 권리의 내용을 이루는 교육에는 가정교육·학교교육·사회교육 등의 여러 가지 형태가 있지만, 특히 학교교육은 현대산업사회에 있어서 근로에 의한 생활유지의 기초가 되는 지식과 기술을 습득케 함으로써 인간다운 생활을 누릴 수 있게 한다는 점에서 그 중요성이 클 뿐만 아니라 사회의 질서형성에 이바지하는 공적인 제도이다.

교원은 미래사회를 이끌어 나갈 새 시대의 주역들로 하여금 자립하여 생활할 수 있는 기초능력을 길러주는 공교육제도의 주관자로서 주도적 지위를 담당하도록 주권자인 국민으로부터 위임받은 사람이며, 교육의 현장에서 그 직무를 통하여 개개 학생들의 인격신장에 이바지할 뿐만 아니라 나아가 평화를 유지하고 문화를 계승·창조하며, 국가·사회의 지속적인 발전의 중추적 역할을 수행하는 사람이다. 교원의 이러한 직무수행과 관련하여 교원에게는 감정이입능력, 반응능력 및 형성능력이 있어야 하고, 더불어 교육환경에 따른 자유로운 재량이 보장되어야 하지만, 이와 함께 개개 교원들의 정상을 벗어난 행동으로부터 학생들이 보호되어야 하며, 그밖에 일반적인 질서기준과 국가의 교육이념의 기준 또한 지켜지지 않으면 아니 된다.

② 교원의 직무가 갖는 특성은 다음의 두 가지 점에서 나타난다.

첫째, 교원의 수업활동과 학생지도에 필요한 기술과 능력은 해당분야에 대한 최신의 연구결과에 대한 식견과 정보뿐 아니라 인간의 성장과 발달, 행동심리, 정신건강과 위생, 학생의 욕구에 관한 고도의 지식을 필요로 하는 정신적 활동이므로 교원 자신이 장기간에 걸친 교육과 훈련을 받지 않고서는 그 직업이 요구하는 소양과 지식을 갖출 수 없는 점이다.

둘째, 교원은 다른 전문직인 의사·변호사 또는 성직자와 같이 고도의 자율성과 사회적 책임성을 아울러 가져야 한다는 사회적·윤리적 특성이 있다는 점이다.

이와 같은 교원직무의 전문성 가운데서 특히 교원의 사회적 역할과 관련하여 문제되는 것은 사회적 윤리적 특성에 관한 것이다. 교원직무 특유의 사회적 봉사기능이라든지 개인적 또는 집단적 자율권과 그 자율의 범위 안에서 행한 행동과 판단에 대하여 광범위한 개인적 책임을 지게 되며, 그 직무수행에 있어서는 높은 수준의 직업윤리의식을 갖추어야 하고, 그 경제적 보수가 사회적 봉사보다 우선할 수 없다는 것 등은 바로 이러한 점에서 기인하는 것이라고 보아야 할 것이다.

Ⅱ 공·사립학교 교원의 동질성

1. 학교의 동질성

일반적으로 국·공립학교는 보편적인 교육이념과 교육의 기회균등 원칙에 따라 표준화된 교육을 실시하여야 할 책무가 있으므로 학교 나름의 특성을 개발·배양하는데 본질적인 한계가 있다. 사립학교는 그 설립자의 특별한 설립이념을 구현하거나 독자적인 교육방침에 따라 개성 있는 교육을 실시할 수 있을 뿐만 아니라 공공의 이익을 위한 재산출연을 통하여 정부의 공교육실시를 위한 재정적 투자능력의 한계를 자발적으로 보완해주는 역할을 담당한다.

이와 같은 사립학교가 그 물적·인적시설을 운영함에 있어서 어느 정도 자율성을 확보해 주어야 하는 것이 상당하고 또 바람직하다고 할 수 있다. 그러나 사립학교가 공교육의 일익을 담당한다는 점에서 국·공립학교와 본질적인 차이가 있을 수 없기 때문에 공적인 학교제도를 보장하여야 할 책무를 진 국가가 일정한 범위 안에서 사립학교의 운영을 감독·통제할 권한과 책임을 지는 것 또한 당연하다 할 것이다.

교육기본법은 그 설립·경영의 주체에 따라 국·공립학교와 사립학교를 구별하고 있으나(제11조), 제14조(교원)에서는 "① 학교교육에서 교원의 전문성은 존중되며, 교원의 경제적·사회적 지위는 우대되고 그 신분은 보장된다. ② 교원은 교육자로서 갖추어야 할 품성과 자질을 향상시키기 위하여 노력하여야 한다. ③ 교원은 교육자로서의 윤리의식을 확립하고, 이를 바탕으로 학생에게 학습윤리를 지도하고 지식을 습득하게 하며, 학생 개개인의 적성을 계발할 수 있도록 노력하여야 한다. ④ 교원은 특정한 정당이나 정파를 지지하거나 반대하기 위하여 학생을 지도하거나 선동하여서는 아니 된다. ⑤ 교원은 법률로 정하는 바에 따라 다른 공직에 취임할 수 있다. ⑥ 교원의 임용·복무·보수 및 연금 등에 관하여 필요한 사항은 따로 법률로 정한다."라고 규정하여 국·공립학교와 사립학교를 동등하게 규정하고 있다.

현행 교육기본법제에 따르면 교육의 내적 조건인 교육목적·교육과정·교과서 등에 있어서 국·공립학교와 사립학교 사이에 차이가 없고, 교육의 외적 조건인 인적·물적 조건 정비에 있어서도 차별을 두고 있지 않다.

2. 교원의 동질성

공립학교 교원은 현행법상의 지위가 공무원이므로 원칙적으로 국가공무원법의 적용을 받지만, 그 직무를 특수성 즉 전문성과 자주성을 고려하여 별도로 제정된 교육공무원법에서 그 자격·임용·보수·연수 및 신분보장에 관하여 일반공무원과 다른 특례를 규정하고 있다.

즉, 교육공무원에게는 직위분류제가 적용되지 아니하며 타 직종 또는 정부기관간의 인사교류가 금지되고, 교원인 공무원에 대하여는 자격·채용 및 임용절차와 승진, 직무훈련 등에 관하여 별도의 규정을 두고 있으며(교육공무원법 제53조 참조), 그 정년을 일반공무원과 구분하여 62세까지 보장하고 있다(교육공무원법 제47조 (정년) 제1항 교육공무원의 정년은 62세로 한다. 다만, 「고등교육법」 제14조에 따른 교원인 교육공무원의 정년은 65세로 한다).

한편 사립학교 교원의 근무관계에 관한 구체적인 규정내용을 살펴보면 사립학교 교원도 교육공무원과 마찬가지로 법정근무조건을 누리고, 법률에 의한 신분보장과 사회보장을 받고 있다(사립학교법 제56조 내지 제60조의2, 사립학교교직원연금법 참조).

사립학교법은 사립학교 교원에 대하여 교육공무원과는 그 임용권자가 서로 다르기 때문에 임용절차에 관한 규정만을 달리할 뿐(제53조, 제53조의2), 그 밖의 자격요건(제52조)·복무(제55조) 신분보장 및 사회보장(제56조 내지 제60조의3) 등에 있어서 교육공무원과 동일하게 처우하고 있다.

또한 사립학교 교원은 교육공무원과 마찬가지로 불체포특권을 가진다(사립학교법 제60조). 사립학교교직원연금법은 공립학교 교원과 동일하게 사립학교 교원에게 그 직무로 인한 질병·부상 및 재해에 대한 단기급여와 퇴직·폐질 및 사망에 대한 장기급여를 지급하도록 하고, 급여 기타 위법을 운영하기 위하여 소요되는 비용의 일부를 국가가 부담하도록 하여 그 운영기금의 확충을 도모하고 있으며, 그 급여의 절차 및 내용에 관한 주요부분은 공무원연금법을 준용하도록 하여 실질적으로 교육공무원과 동일한 수준의 급여를 보장하고 있다.

3. 법제의 동질성

교육관계법상 교원의 지위에 관련된 규정들은 종합하여 보면 현행 교육기본법제는 공적인 제도보장으로서의 교육을 담당하는 교원을 그 소속을 묻지 아니하고 일반국민에 대한 봉사자로 보고 있고, 교육의 전문성과 관련하여 공·사립학교 교원을 가리지 아니하고 동등한 처우를 하도록 규율하고 있음을 알 수 있다. 이는 특히 중등 교육과정에서 사립학교가 차지하는 비중이 공립학교를 상회하고 있는 우리나라의 현실을 감안한 것이라고 할 수도 있겠으나 그에 앞서 그 소속관계를 초월한 교원의 지위의 특수성과 그 직무의 중요성 및 전문성에 따른 교육제도의 구조적 특성에서 유래하는 것이라고 보아야 할 것이다.

현실적으로도 의무교육으로 실시되고 있는 초등교육에서 교육의 공공성이 확보되어야 함은 물론이고, 중등교육의 경우에도 1969년 이래 실시된 공·사립을 불문한 중학교추첨배정제도와 1974년 이래 실시된 평준화지역 내 인문계 고등학교에 있어서의 선발고사 후 학군별 추첨배정제도로 말미암아 사립 중·고등학교는 단지 학생을 배정받을 뿐이고 독자적으로 학생을 선발할 권한행사를 제한받고, 학생으로서는 공립학교 또는 사립학교 중 어느 학교에 진학할 것인지를 스스로 선택할 수 없게 되었다.

이러한 교육제도 아래에서는 공납금에 있어서도 공립학교와 사립학교 사이에 차이를 둘 수 없게 되었고, 모든 국민에게 균등하게 교육을 받을 수 있는 기회를 보장해 주어야 할 책무를 진 국가 또는 지방자치단체로서는 당연히 국·공립학교와 사립학교에 있어서의 물적·인적시설의 균등한 유지와 향상을 도모하지 않으면 아니 되게 되었다.

Ⅲ 교원의 근로관계

1. 근로관계의 특수성

비록 교원이 근로관계법령에서 정한 근로자임에는 틀림이 없다고 하더라도 교원의 근로관계는 각 사업 또는 사업장에서 사용자에 고용되어 직접 근로를 제공하고 그로부터 임금 등의 반대급부를 받는 일반근로자의 근로관계와는 본질적인 구조상의 차이가 있으므로 출발에 있어서 일반 사기업체에 종사하는 근로자를 대상으로 하여 발전된 근로관계법의 원리를 그대로 적용하기 어려운 사정이 있다 하겠다.

첫째, 교원이 제공하는 근로의 내용은 그 소속 학교의 공·사립여부를 가리지 아니하고 직접 원아·학생에게 지식·덕성 및 체력의 함양과 향상을 통하여 그가 속한 시대와 사회의 건전한 인격체로서 독립·발전할 수 있도록 가르치고 보살피는 숭고한 직책의 수행을 본질적인 요소로 하고 있다.

즉, 교육활동은 인간을 대상으로 하고, 아직 미성숙한 아동을 비롯한 교육을 받는 사람을 바람직한 인간으로 성장발달시키는 것을 목적으로 한다는 점에서 일반 노동행위와는 달리 윤리성·자주성·중립성·공공성 및 전문성이 특히 강조된다. 따라서 이를 담당하는 교원은 통상의 일반근로자와는 다른 기능과 역할을 수행한다.

둘째, 교원이 제공하는 근로의 중심적인 수혜자는 헌법상 기본권으로 보장된 교육을 받을 권리를 가진 학생이며, 교육대상자가 가지는 교육을 받을 권리가 존중되어야 한다.

특히 의무교육의 실시는 곧 국민이 그 보호하는 자녀에게 교육을 받게 할 의무를 실현하는 것이 되고, 의무교육비용은 국가 또는 지방자치단체가 부담하는 것이나 궁극에는 조세 등을 통하여 국민의 부담이 된다. 의무교육 이외의 교육비용도 통상 교육을 받는 학생의 학부모가 상당부분을 부담하게 된다. 이러한 점들 때문에 교원들이 근로기본권을 행사하는 상대방인 사용자는 형식적으로는 학교의 설립·경영자이지만 실질적으로는 모든 국민이 된다.

따라서 사립학교 교원의 근로기본권의 행사는 모든 국민을 상대로 하는 셈이 되며, 그 행사가 국민의 교육받을 권리를 침해할 경우에는 그에 따른 제약을 받을 수밖에 없다.

셋째, 일반기업의 경우에는 근로자의 쟁의 행위에 대하여 사용자 측에게도 직장폐쇄 등 대응수단이 인정되고 있고, 근로자가 기업의 지급능력범위를 넘는 과다한 요구를 관철시키는 것은 기업의 경영을 악화시켜서 기업 자체의 존립을 위태롭게 하고, 결국 근로자 자신의 실직이라고 하는 중대한 결과에 이를 수 있기 때문에 근로자의 요구도 이러한 면에서 스스로 제약을 받게 된다.

그러나 교원의 사용자는 다음 세대를 이끌고 갈 젊은이에 대한 교육을 임의로 중단할 수 없고, 교육의 계속성 유지의 필요에 따른 제약으로 말미암아 학교시설의 폐쇄라고 하는 대응수단을 사용할 수 없다. 또한 교원의 근로에 대한 실질적 사용자 또는 수익자의 지위에 있는 학생 및 학부모도 교원의 부당·과다한 쟁의행위 내지 요구에 대응할 마땅한 수단을 가지고 있지 않다.

넷째, 일반기업에서는 그 생산·제공하는 상품이나 용역의 수급은 물론 근로자의 수급도 경기의 변동이나 시장경제의 원리에 따라 탄력적으로 조절될 수 있기 때문에 근로자의 근로조건에 관한 요구도 기업의 이윤 따위의 사정을 참작하여 조정될 수 있다.

그러나 교원이 제공하는 근로는 성질상 시장경제의 원리가 적용될 수 없는 직무의 수행을 그 내용으로 하고 있고, 교원의 신분에 대하여는 강력한 법적보장이 뒷받침되고 있기 때문에 그 인력의 배분은 비탄력적일 뿐 아니라 성질상 교원에게 배분될 이윤이라는 개념이 성립하지도 아니한다.

교원에게 근로기본권을 제한없이 허용하여 쟁의행위까지 인정하는 경우 그 성질상 시장경제의 원리에 따른 자동조절장치가 결여되어 있는 관계로 그들의 쟁의행위는 일방적으로 강력한 압력으로 나타날 수 있기 때문에 오히려 근로조건의 결정절차를 왜곡되게 할 수 있다. 이러한 교원의 쟁의과정에서 직접적이고 무고한 희생자는 바로 적정한 교육을 받을 권리를 가진 학생들이 되고, 결국은 국민전체를 위하여 영구적으로 유지·발전되어야 할 교육제도가 훼손될 염려가 있다.

2. 법적 규율의 특수성

공·사립을 가리지 아니하고 교원의 근로관계에서는 "근로자 대 사용자"라고 하는 이원적 대립구조를 전제로 상호간 갈등과 타협을 통하여, 또한 시장경제의 원리에 따른 수급균형과 통제아래 형성발전되어 온 전통적인 일반 근로관계법을 그대로 적용하기에는 적합하지 아니하므로 변형·수용될 수밖에 없는 것이다.

Ⅳ 교원지위의 법정주의

1. 법정주의의 필요성

교육제도의 특수성과 교원직무의 전문성·자주성은 바로 교원이 일반 근로자와는 달리 교육권이라고 하는 권리를 갖는 사람으로 파악되어야 할 실질적인 근거를 이루는 것으로서 이와 같은 교원의 직무를 수행함에 있어서는 그 직무의 자주성이 보장될 때에 비로소 창의적으로 학생을 지도할 수 있다 할 것이다.

교육제도의 구조적 특성, 교육의 전문성·자주성에 내재하는 두 가지 전제조건이 있다. 하나는 교원직무의 자주성이 교육을 받을 기본권을 가진 피교육자인 학생들의 권익과 복리증진에 저해가 되어서는 아니 된다는 것이고 다른 하나는 그가 속한 한 시대의 국가와 사회 공동체의 이념과 윤리라는 테두리 안에서 직무의 자주성은 제약을 받게 된다는 것이다.

즉, 교원의 자주성은 그 자체가 책임을 수반하는 것으로서 그것이 피교육자인 학생의 권익과 복지증진에 공헌할 것인가와 그 시대의 국가 또는 사회공동체의 공동 이념 또는 윤리와 조화될 수 있는가라는 상대적 관계에서 그 범위가 정해지는 것이다.

현대국가는 국가·사회발전의 장래를 떠맡고 있는 교육제도를 수립함에 있어서 학교의 설립·경영자와 교원의 관계를 단순히 형식적으로 사용자와 근로자의 관계로 파악하여 그들 사이의 사적자치에 맡기지 아니하고 있다.

나라마다 그 나라의 전통과 사회환경에 따라 차이는 있을지언정 교육제도는 어떠한 형태로든 국가나 지방자치단체가 이를 관리·감독하고 있고, 그 실질적 관련당사자인 교원과 학생 및 학부모뿐만 아니라 국가와 지방자치단체 또는 사립학교의 설립·경영자와 지역주민 등 사이의 합의에 의하여, 실제로는 이들 각 계층을 대표하는 입법권자인 국회가 그 사회의 교육에 관한 전통을 참작하고 아울러 교육의 효율성과 능률을 제고시키는 방향으로 교육제도의 발전적 형성을 모색하고 있다.

2. 헌법 제31조 제6항의 의미

우리 헌법 제31조 제4항은 "교육의 자주성·전문성·정치적 중립성 및 대학의 자율성은 법률이 정하는 바에 의하여 보장된다."고 규정하는 한편 제31조 제6항은 "학교교육 및 평생교육을 포함한 교육제도와 그 운영, 교육재정 및 교원의 지위에 관한 기본적인 사항은 법률로 정한다."라고 규정함으로써 교육의 물적 기반이 되는 교육제도와 아울러 교육의 인적기반으로서 가장 중요한 교원의 근로기본권을 포함한 모든 지위에 관한 기본적인 사항을 국민의 대표기관인 입법부의 권한으로 규정하고 있다.

위 헌법조항의 뜻은 넓은 의미에서 교원의 지위를 포함한 교육제도는 한 시대와 국가·사회공동체의 이념 및 윤리와 조화되는 가운데서 형성·발전되어져야 할 성격을 지닌 것이기 때문에 그러한 제도의 구체적 형성과 변경은 국민의 대표기관인 입법부가 그 시대의 구체적인 사회적 여건과 교육의 특수성을 고려하여 민주적인 방법에 의하여 합리적으로 이루어 나가도록 하는 것이 적합하다는데 그 근거를 두고 있는 것으로 해석된다.

"교원의 지위"란 교원의 직무의 중요성 및 그 직무수행능력에 대한 인식의 정도에 따라서 그들에게 주어지는 사회적 대우 또는 존경과 교원의 근무조건·보수 및 그 밖의 물적 급부 등을 모두 포함하는 의미이다.

따라서 헌법 제31조 제6항은 단순히 교원의 권익을 보장하기 위한 규정이라거나 교원의 지위를 행정권력에 의한 부당한 침해로부터 보호하는 것만을 목적으로 한 규정이 아니고, 국민의 교육을 받을 기본권을 실효성 있게 보장하기 위한 것까지 포함하여 교원의 지위를 법률로 정하도록 한 것이다.

이 헌법조항에 근거하여 교원의 지위를 정하는 법률을 제정함에 있어서는 교원의 기본권보장 내지 지위보장과 함께 국민의 교육을 받을 권리를 보다 효율적으로 보장하기 위한 규정도 반드시 함께 담겨 있어야 할 것이다.

그러므로 위 헌법조항을 근거로 하여 제정되는 법률에는 교원의 신분보장·경제적·사회적 지위보장 등 교원의 권리에 해당하는 사항뿐만 아니라 국민의 교육을 받을 권리를 저해할 우려 있는 행위의 금지 등 교원의 의무에 관한 사항도 당연히 규정할 수 있는 것이므로 결과적으로 교원의 기본권을 제한하는 사항까지도 규정할 수 있게 되는 것이다.

3. 사립학교법의 규정

가. 사립학교법 제55조가 사립학교 교원의 복무에 관하여 공립학교 교원에 관한 규정을 준용하도록 한 것은, 공립학교 교원과 사립학교 교원이 직무상 동질성을 가진다는 교육의 본질에 따른 교육제도의 특수성을 고려함과 아울러 사립학교 교원의 직무가 가지는 공공성·자주성 및 전문성 등을 보장하고, 또한 사립학교의 공공성을 높이기 위하여 사립학교의 교원에 대하여 포괄적으로 공립학교의 교원과 같은 신분과 지위를 보장하도록 하는 한편 그 직무에 따르는 의무도 함께 부담시켜야 한다는 취지이다.

이는 교육제도의 보장에 있어서 교원이 수행하는 공적인 역할을 중시하여 소속 학교의 설립주체에 따라 어떠한 차별도 규정하고 있지 아니한 우리 헌법과 교육기본법의 태도와도 그 맥을 같이 하는 것이다.

나. 사립학교법 제58조 제1항 제4호가 사립학교 교원이 "정치운동 또는 노동운동을 하거나 집단적으로 수업을 거부하거나 또는 어느 정당을 지지 또는 반대하기 위하여 학생을 지도, 선동한 때"에는 "당해 교원의 임면권자는 이를 면직 시킬 수 있다."라고 규정한 것은 같은 법 제55조에 의하여 준용되는 교육공무원법 및 국가공무원법에 규정된 교원의 정치운동 및 노동운동 등의 금지의무위반에 대하여 구체적인 제재를 명백히 하고 있는 것이다.

다. 교원, 특히 보통교육과정에 종사하는 교원은 그 직책상 불편부당한 중립적 가치를 제시하여 다양한 가치 및 세계관 가운데 배우는 학생들이 스스로 정당한 가치관과 세계관을 세워나가도록 도와주어야 하는 책무를 부담하고 있다. 따라서 교원은 교육의 본질에 위배되는 정치적·사회적·종교적 세력 등에 의한 부당한 영향을 받지 않도록 신분이 보장되어야 하는 한편 이러한 영향을 거부하고 중립성을 지켜야 할 의무도 함께 지고 있는 것이다.

라. 사립학교법 제58조 제1항 제4호가 정치운동을 금지하고 어느 정당을 지지 또는 반대하기 위하여 학생을 지도·선동한 경우를 제재사유로 하고 있는 것은 바로 이와 같은 취지에서 헌법 제31조 제4항이 선언하고 있는 교육의 정치적 중립성의 보장을 구체적으

로 실현하려는 것이다.

또한 교원의 교수 내지 수업에 관련된 권리는 피교육자의 교육을 받을 권리 이른바 학습권과 앞뒤 면을 이루는 것이다. 특히 수업의 소극적 거부는 피교육자의 교육받을 권리와 정면으로 상충되는 것으로서 교육의 계속성 유지의 중요성은 나라 일의 그 어느 것에도 뒤지지 아니하며, 교육의 공공성에 비추어 보거나 피교육자인 학생이나 학부모 등 교육제도의 다른 한편의 주체들의 이익과 교량해 볼 때 고의로 수업을 거부할 자유는 어떠한 경우에도 인정되지 아니한다.

마. 사립학교법의 법률조항들은 교육기본법 및 교육공무원법과 마찬가지로 바로 헌법 제31조 제6항을 근거로 하고, 교육의 본질에 따른 교육제도의 구조적 특성, 교원직무의 공공성·전문성과 자주성, 교육에 대한 우리나라의 역사적 전통과 국민의식 및 교육현장의 여러 가지 사정 따위를 아울러 고려하여 제정된 것이므로 비록 사립학교법의 위 법률조항들이 교원이 근로자의 근로기본권을 제한하고 있다고 하더라도 그것만으로 근로기본권에 관한 헌법 제33조 제1항의 규정을 내세워 바로 헌법에 위반된다고 단정할 수는 없다.

왜냐하면 헌법 제31조 제6항은 국민의 교육을 받을 기본적인 권리를 보다 효과적으로 보장하기 위하여 교원의 보수 및 근무조건 등을 포함하는 개념인 "교원의 지위"에 관한 기본적인 사항을 법률로서 정하도록 한 것이므로 교원의 지위에 관련된 사항에 관한 한 위 헌법조항이 헌법 제33조 제1항에 우선하여 적용된다고 보아야 할 것이기 때문이다.

바. 특수한 직무에 종사하는 근로자인 교원에 대하여 헌법 제31조 제6항에 근거한 사립학교법·교육공무원법 등 교육관계법은 교육제도의 특수성, 교원직무의 공공성·전문성·자주성 및 우리나라의 교육에 대한 역사적인 전통 등을 참작하여 앞서 본 바와 같이 특별히 교원의 신분보장에 관하여 직접적인 규정을 두고 있는 한편, 교육기본법 제15조가 교원이 그들의 경제적 또는 사회적 지위를 향상시키기 위하여 각 지방자치단체 및 중앙에 교육회를 조직할 수 있도록 규정함으로써 실질적으로 단결권을 보장하고 있다.

Ⓥ 교원의 수업권과 학생의 학습권

1. 교원의 수업권

학교교육에 있어서 교원의 가르치는 권리를 수업권이라고 한다면, 이것은 교원의 지위에서 생기는 학생에 대한 일차적인 교육상의 직무권한이지만 어디까지나 학생의 학습권 실현을 위하여 인정되는 것이므로, 학생의 학습권은 교원의 수업권에 대하여 우월한 지위에 있다.

따라서 학생의 학습권이 왜곡되지 않고 올바로 행사될 수 있도록 하기 위해서라면 교원의 수업권은 일정한 범위 내에서 제약을 받을 수밖에 없고, 학생의 학습권은 개개 교원들의 정상을 벗어난 행동으로부터 보호되어야 한다.

특히, 교원의 수업거부행위는 학생의 학습권과 정면으로 상충하는 것인바, 교육의 계속성 유지의 중요성과 교육의 공공성에 비추어 보거나 학생·학부모 등 다른 교육당사자들의 이익과 교량해 볼 때 교원이 고의로 수업을 거부할 자유는 어떠한 경우에도 인정되지 아니하며, 교원은 계획된 수업을 지속적으로 성실히 이행할 의무가 있다.

2. 교원의 수업거부 행위

교원의 수업거부 행위의 위법성은 그 행위의 목적이 정당하였다는 이유만으로 조각되는 것이 아니다. 물론, 학생의 학습권은 단순히 학교가 운영하는 교육과정을 이수할 권리에 그치지 않고 자신의 인간적인 성장·발달과 인격의 자유로운 발현을 도모하는 적극적이고 포괄적인 권리라고 할 것이나, 그렇다고 하여 교원이 이러한 포괄적 의미의 학습권 실현을 내세우면서 계획된 수업을 거부함으로써 명백히 법률에 위배되는 방법으로 학생이 정상적인 교육과정을 이수하지 못하게 하는 행위까지 허용되는 것은 아니며, 이러한 행위는 오히려 학습권의 본질적인 내용을 침해하는 것이다.

Ⅵ 학생의 학습권과 교원의 수업권 관련 사례

1. 사건의 개요

2001년 4월, 5월 당시 원고들은 소외 학교법인이 운영하는 D고등학교 3학년 학생 또는 그 학부모였으며, 피고들은 교사로서 전국교직원노동조합 서울시지부 사립강서지회 소외 학교법인연합분회 구성원들이었다.

2001년 4월 3일경 피고들은 D고등학교 정문 앞에서 소외 학교법인연합분회 창립기념 및 사립학교법 개정을 위한 궐기대회를 개최하면서 소외 학교법인 측에 대하여 예산결산 공개, 인사위원회 구성, 단체협약안 실시 및 폭력교사 보직해임을 요구하는 결의안을 채택한 다음, 같은 달 4일부터 13일까지 하루 8시간 근무를 이유로 매일 오후 4시에 퇴근하고 학교 현관 앞에서 침묵시위와 피케팅 시위를 하던 중, 같은 달 16일자로 D고등학교 교장직무대리 발령 인사가 이루어지자 그 부당함 등을 주장하며 부패재단 퇴진운동을 전개하였다.

피고들은 위와 같은 주장을 관철하기 위하여 수업을 거부하기로 결의하고, 같은 해 4월 16일부터 같은 해 5월 3일까지 및 같은 해 5월 14일부터 19일까지(5월 4일부터 12일까지는 D고등학교가 가정학습기간으로 정하여 학교에서 수업을 하지 않았다) 담당 수업을 거부하였다.

피고들은 학교 내에서 학생들의 참여를 유도하여 집회를 열기로 결의한 다음, 같은 해 4월 17일부터 28일까지 주로 오전 시간에 D고등학교 운동장에서 학생들과 함께 '전교조가', '임을 위한 행진곡' 등의 노래를 부르거나 스피커를 통하여 노래를 틀어놓고, 소외 학교법인 측을 비방하는 구호를 외치고, 마이크를 이용하여 소외 학교법인을 비방하는 연설을 하고, 학생들이 북과 꽹과리를 치며 운동장 및 수업 진행 중인 교실의 복도를 행진하게 하고, 시위에 참석한 학생 수가 적은 경우에는 학생들로 하여금 교실 쪽을 향하여 함성을 지르면서 '나와라, 나와라'라고 고함을 치게 하는 등의 시위를 하였다.

피고들의 위법한 수업거부 및 수업방해 행위로 인하여 당시 대학진학을 앞둔 고등학교 3학년 학생이던 원고 학생들이 수업을 받지 못하고 평온한 환경에서 학습을 할 수 없게 되는 등 수학권이 침해되었을 뿐만 아니라 원고 학생들의 부모인 원고들의 교육권 또한 침해되었음을 이유로 손해배상(위자료)을 청구하였다. 원고들의 청구는 타당한가?

2. 사건의 쟁점

학생의 학습권이 교원의 수업권보다 우월한 지위에 있는지 여부 및 교원이 수업을 거부할 자유가 인정될 수 있는지 여부와 교원의 수업거부행위의 위법성이 목적의 정당성이나 학생자치단체의 수업거부 결의라는 사유로 조각되는지 여부 및 학원비리 척결을 이유로 한 전국교직원노동조합 소속 교사의 수업거부 및 수업방해 행위로 인하여 학생들의 학습권과 학부모의 교육권이 침해되었는지 여부.

3. 사례에 대한 해설

학교교육에 있어서 교원의 가르치는 권리를 수업권이라고 한다면, 이것은 교원의 지위에서 생기는 학생에 대한 일차적인 교육상의 직무권한이지만 어디까지나 학생의 학습권 실현을 위하여 인정되는 것이므로, 학생의 학습권은 교원의 수업권에 대하여 우월한 지위에 있다. 따라서 학생의 학습권이 왜곡되지 않고 올바로 행사될 수 있도록 하기 위해서라면 교원의 수업권은 일정한 범위 내에서 제약을 받을 수밖에 없고, 학생의 학습권은 개개 교원들의 정상을 벗어난 행동으로부터 보호되어야 한다. 특히, 교원의 수업거부행위는 학생의 학습권과 정면으로 상충하는 것인바, 교육의 계속성 유지의 중요성과 교육의 공공성에 비추어 보거나 학생·학부모 등 다른 교육당사자들의 이익과 교량해 볼 때 교원이 고의로 수업을 거부할 자유는 어떠한 경우에도 인정되지 아니하며, 교원은 계획된 수업을 지속적으로 성실히 이행할 의무가 있다.

교원의 수업거부행위의 위법성은 그 행위의 목적이 정당하였다는 이유만으로 조각되는 것이 아니다. 물론, 학생의 학습권은 단순히 학교가 운영하는 교육과정을 이수할 권리에 그치지 않고 자신의 인간적인 성장·발달과 인격의 자유로운 발현을 도모하는 적극적이고 포괄적인 권리라고 할 것이나, 그렇다고 하여 교원이 이러한 포괄적 의미의 학습권 실현을 내세우면서 계획된 수업을 거부함으로써 명백히 법률에 위배되는 방법으로 학생이 정상적인 교육과정을 이수하지 못하게 하는 행위까지 허용되는 것은 아니며, 이러한 행위는 오히려 학습권의 본질적인 내용을 침해하는 것이다.

학교교육에 있어서 학생의 학습권은 어디까지나 학생 개개인의 개인적 기본권이지 특정 학교에 재학 중인 학생 전체의 집단적인 기본권이 아니어서 다수결에 의한 학생자치단체의 의사결정에 따라 함부로 제한될 수 있는 것이 아니다.

학원비리 척결을 이유로 한 전국교직원노동조합 소속 교사의 수업거부 및 수업방해 행위로 인하여 학생들의 학습권과 학부모의 교육권이 침해되었다.

4. 사건의 결말

학생의 학습권은 교원의 수업권에 대하여 우월한 지위에 있고, 교원의 수업거부행위는 학생의 학습권과 정면으로 상충하는 것인바, 교원이 고의로 수업을 거부할 자유는 어떠한 경우에도 인정되지 아니하며, 교원은 계획된 수업을 지속적으로 성실히 이행할 의무가 있다.

교원의 수업거부행위의 위법성은 그 행위의 목적이 정당하였다는 이유만으로 조각되는 것이 아니다. 학생자치단체의 결의에 따라 일부 학생들이 수업에 참석하지 않았다는 이유만으로 나머지 학생들에 대한 교원의 수업거부행위가 정당화된다고 할 수는 없다. 학원비리 척결을 이유로 한 전국교직원노동조합 소속 교사의 수업거부 및 수업방해 행위로 인하여 학생들의 학습권과 학부모의 교육권이 침해되었다고 보아 위 교사들의 손해배상책임을 인정하였다(대법원 2007. 9. 20. 선고 2005다25298 판결).

제20장 | 학생체벌과 학생인권

Ⅰ 학생징계 및 학생체벌

1. 학생징계 및 체벌과 관련한 법 규정

가. 초중등교육법

학교의 장은 교육상 필요한 때에는 법령 및 학칙이 정하는 바에 의하여 학생을 징계하거나 기타의 방법으로 지도할 수 있다. 다만, 의무교육과정에 있는 학생을 퇴학시킬 수 없다(초중등교육법 제18조 제1항). 학교의 장은 학생을 징계하고자 하는 경우 해당 학생 또는 학부모에게 의견진술의 기회를 부여하는 등 적정한 절차를 거쳐야 한다(초중등교육법 제18조 제2항).

나. 초중등교육법 시행령

학교의 장은 교육상 필요하다고 인정할 때에는 학생에 대하여 ① 학교 내의 봉사, ② 사회봉사, ③ 특별교육이수, ④ 1회 10일 이내, 연간 30일 이내의 출석정지, ⑤ 퇴학처분의 어느 하나에 해당하는 징계를 할 수 있다(제31조 제1항).

학교의 장은 제1항의 규정에 의한 징계를 할 때에는 학생의 인격이 존중되는 교육적인 방법으로 하여야 하며, 그 사유의 경중에 따라 징계의 종류를 단계별로 적용하여 학생에게 개전의 기회를 주어야 한다(제31조 제1항).

학교의 장은 초·중등교육법 제18조 제1항 본문에 따라 지도를 할 때에는 학칙으로 정하는 바에 따라 훈육·훈계 등의 방법으로 하되, 도구, 신체 등을 이용하여 학생의 신체에 고통을 가하는 방법을 사용해서는 아니 된다(제31조 제8항).

다. 위 조항에서도 교사의 학생에 대한 체벌이 허용되는지 여부는 명시되어 있지 않다.

2. 학생인권조례 제정과 체벌금지

일부 교육청에서 학생인권조례가 제정되었다. 학생인권조례에서 규정한 주요 학생인권을 살펴보면 차별받지 않을 권리, 폭력 및 위험으로부터의 자유, 교육에 관한 권리, 사생활의 비밀과 자유 및 정보에 관한 권리, 양심·종교의 자유 및 표현의 자유·자치 및 참여의 권리, 복지에 관한 권리, 징계 등 절차에서의 권리, 권리침해로부터 보호받을 권리, 소수의견의 보장 등을 규정함으로써 대한민국 헌법과 유사한 권리에 대한 규정을 두고 있다.

폭력으로부터 자유로울 권리에서는 "학교에서 체벌은 금지된다."라고 규정하고 있으며, "학교의 교육감은 따돌림, 집단괴롭힘, 성폭력 등 학교폭력 및 체벌을 방지하기 위하여 최선의 노력을 다하여야 한다."라고 규정하고 있다. 이른바 "체벌금지" 규정이다.

체벌을 찬성하는 입장에서는 초중등교육법 시행령 제31조 제8항의 규정이 교육상 불가피한 경우에만 예외적으로 또는 매우 제한적으로 체벌이 허용될 수 있다고 해석되며, 교육상 불가피하였다는 점은 체벌을 실시한 교사가 입증책임을 져야한다고 주장하고 있다.

체벌을 반대하는 입장에서는 초·중등교육법시행령보다 상위법인 교육기본법이나 초·중등교육법에서는 헌법과 국제조약에 명시된 학생인권을 보장해야 한다고 규정하고 있고, 우리 헌법과 국제인권조약 그 어디에도 학생체벌을 허용한다는 내용이 없으므로 위 초·중등교육법 시행령 제31조 제8항이 학생체벌의 근거가 될 수 없다고 주장하고 있다.

3. 체벌에 대한 헌법재판소 결정 내용

교육기본법 제12조 제1항은 "학생을 포함한 학습자의 기본적 학교교육 또는 사회교육 과정에서 존중되고 보호된다"고, 제2항은 "교육내용, 교육방법, 교재 및 교육시설은 학습자의 인격을 존중하고 개성을 중시하여 학습자의 능력이 최대한으로 발휘될 수 있도록 강구되어야 한다"고 규정하고 있고, 초중등교육법(1997. 12. 13. 공포, 1998. 3. 1. 시행) 제18조 제1항은 "학교의 장은 교육상 필요한 때에는 법령 및 학칙이 정하는 바에 의하여 학생을 징계하거나 기타의 방법으로 지도할 수 있다"라고 규정하고, 그 시행령 제31조 제7항(2011. 3. 18. 개정된 시행령 제31조 제8항에 해당)은 "학교의 장은 법 제18조 제1항 본문의 규정에 의한 지도를 하는 때에는 교육상 불가피한 경우를 제외하고는 학생에게 신체적 고통을 가하지 아니하는 훈육·훈계 등의 방법으로 하여야 한다"라고 규정하였다.

즉, 징계방법으로서의 체벌은 허용되지 않으며, 기타 지도방법으로서도 훈육·훈계가 원칙이고 학생에게 신체적 고통을 가하는 체벌은 교육상 불가피한 경우에 예외적으로만 허용된다는 취지다. 이러한 법령들에는 시대적인 조류에 따라 교육과정에서 학생들의 기본적 인권을 특별히 존중하겠다는 입법자의 결단이 서려 있다.

모욕감을 주기 위한 의도로 체벌한 것이라면 교육과정에서 학생들의 인권을 최대한으로 존중하도록 한 교육 관련 법령의 취지에도 어긋난다. 학생생활규정에, 교사가 체벌을 하려면 사전에 체벌의 사유를 분명히 인지시키고 체벌시행은 다른 학생이 없는 별도의 장소에서 반드시 제3자(생활지도부장이나 교감)를 동반하여 하되, 체벌 전에 학생의 신체적, 정신적인 상태를 점검하며, 일정한 규격의 나무 체벌봉으로 둔부에 시행하도록 규정되어 있으며, 교사의 신체를 이용한 체벌이나 얼굴에 가하는 체벌은 금지되어 있다.

이와 같이 체벌의 절차를 신중하게 하고 체벌도구나 체벌부위를 한정한 이유는 교사가 위엄을 유지하면서도 좀 더 냉철한 마음으로 체벌의 필요성과 정도를 헤아려 학생에게 큰 피해가 가지 않는 범위 내에서 체벌을 가하도록 하고, 학생에게는 대체벌을 요구하거나 스스로의 잘못이 무엇인지를 깨달을 수 있는 시간적인 여유를 주기 위한 데 있는 것으로 보인다고 판시하였다.

Ⅱ 교사의 학생체벌이 문제되는 경우와 판례의 태도

1. 교사의 학생체벌과 문제되는 경우

가. 체벌을 일종의 교육방법으로 사용한다면 교육적 성격을 가져야 하며 체벌을 함으로써 문제행동이 제지되거나 개선될 것이라는 합리적 예상에 근거해야 하며 교사가 개인의 감정을 이기지 못하고 보복적인 감정에서 이루어지는 체벌은 그 정당성을 인정받을 수 없다.

교육현장에서는 체벌이 최후의 수단이 아니라 최초의 수단으로서 또한 교육적 목적이 아니라 교사의 권위를 지키거나 학생에 대한 개인적인 감정을 이기지 못하고 행하여지는 경우가 있어 문제되고 있다. 체벌과 관련된 판례들을 살펴보면 교사가 체벌을 교육권 행사가 아닌 학생에 대한 지배권 행사로 인식하면서 나타나고 이를 관철시키기 위하여 상해의 결과까지 나타나는 경우가 있다.

2. 대법원 판례에 나타난 학생체벌이 정당행위가 되기 위한 일반적 요건

체벌이 징계권 행사로서 정당행위에 해당하려면 교육상의 필요가 있고 다른 교육적 수단으로 시정이 불가능한 경우에 한해야 하고 그 방법과 정도에는 사회관념상 비난받지 않을 객관적 타당성이 있어야 한다.

체벌을 하는데 있어서 그것이 기본권을 침해하거나 재량권의 범위를 일탈하지 말아야 하며, 대안적 처벌수단의 이용가능성을 고려하여 학생의 문제행동을 제거하거나 수정하는 방법에는 다른 방법이 없는지를 우선적으로 고려하여야 한다.

체벌이 바람직하지 못한 행동을 제거하는 데 효과가 가장 빠른 방법일 수는 있으나 인권침해의 소지가 있으므로 체벌의 수단을 사용하기 전에 다른 수단으로서 효과를 볼 수 없는 경우에 최후의 수단으로서 사용되어야 한다.

교사가 다른 수단을 강구하여 시도해 보지도 않고 일차적으로 체벌을 행사한다면 이는 효과만을 생각하여 인권을 침해했다고 볼 수 있으므로 정당성을 부여받을 수 없게 된다.

학교체벌이 사회적 상당성을 충족할 수 있는 범위는 매우 좁다고 해야 할 것인데, 좀 더 구체적으로 현행 교육관련 법령 아래서 사회통념상 체벌의 객관적 타당성 여부를 판단하는 기준을 정리해 보면 다음과 같다.

첫째, 체벌은 "교육상 불가피한 경우"에만 행해져야 한다. "교육상 불가피한 경우"란 훈육이나 훈계 등 다른 교육적 수단으로는 교정이 불가능하여 체벌을 할 수밖에 없는 경우를 말한다. 교사의 성격에서 비롯되거나 감정을 내세워 행해지는 폭력행위는 교육상 필요한 목적을 위한 것이라고 하기 어렵고 다른 대체수단으로 지도할 수 있음에도 체벌을 하는 경우에는 체벌의 불가피성을 충족하기 어렵다.

둘째, 체벌의 절차를 준수해야 한다.

체벌 전에 학생에게 체벌의 목적을 알리고 훈계하여 변명과 반성의 기회를 주고, 신체의 이상 유무를 살핀 후 시행해야 한다. 만약 학칙에서 정한 체벌 절차가 따로 있는 경우에는 특별한 사정이 없는 한 그에 따라야 한다.

셋째, 방법이 적정해야 한다.

체벌은 부득이한 사정이 없는 한 정해진 체벌 도구를 사용해야 하고 위험한 도구나 교사의 신체를 이용하여서는 아니 된다. 체벌의 장소는 가능한 한 비공개 장소에서 개별적으로 행해야 한다. 체벌 부위는 상해가 발생할 위험이 적은 둔부 등이어야 한다.

넷째, 그 정도가 지나치지 않아야 한다.

학생의 성별·연령·개인적인 사정에 따라 수인할 수 있는 정도이어야 하고, 특히 견디기 어려운 모욕감을 주어서는 아니 된다.

3. 체벌에 관한 찬반양론의 실질적인 차이

학생체벌에 찬성하는 입장에서도 현행 초·중등교육법 시행령 제31조 제8항의 규정에 어긋나는 방법인 징계의 수단으로서의 체벌을 허용하자고 주장하는 것은 아니며, 헌법재판소의 결정이나 대법원에서 교사의 체벌이 정당행위로 인정되는 정도를 넘어서는 체벌을 찬성하는 것은 아닌 것으로 보인다.

그렇다면 학생인권조례에서 체벌을 전면적으로 금지하는 경우에 교사가 현행 대법원 판례에서 인정하고 있는 체벌의 정당화 요건을 지켰을 때의 체벌을 어떻게 평가할 것이며, 이것마저도 금지해야 하는가의 문제가 남게 된다.

만약 학생인권조례에서 체벌을 금지한 규정이 효력이 있다면 정당화 요건에 해당될 정도의 학생체벌을 한 교사의 경우에는 현행법상 정당행위에 해당되어 형사처벌을 받지 않을 것이지만, 교원의 성실의무위반 등으로 교원징계의 사유가 될 가능성은 있다.

또한 법령준수의무위반에 해당하는가와 관련하여 과연 조례로 학생체벌을 금지한 것이 상위법인 초·중등교육법과 충돌하는가 하는 문제가 발생할 수밖에 없을 것이다.

법령의 근거가 없더라도 지방자치단체가 법령의 범위 안에서 법령보다 강화된 권리로 규정하는 내용의 조례를 지정하는 것은 가능하다고 보는 것이 일반적인 견해이다.

그러나 학생체벌의 경우 현행 초·중등교육법 시행령 제31조 제8항에서 제한된 요건 하에서 허용하고 있으며, 헌법재판소나 대법원에서도 일정한 요건 하에서 체벌을 인정하고 있는 것이 현실이므로 학생인권조례 제정을 이유로 현행 대법원 판례에서 인정하는 정당한 요건을 갖춘 체벌이 이루어진 경우 해당 교사를 법령 위반으로 징계하는 것은 많은 문제점을 내포하고 있다고 보인다.

4. 학생인권과 교권의 합리적인 조화

학생체벌을 찬성하는 입장에서는 학생인권조례에서 학생체벌을 금지함으로써 학생들이 수업시간에 교사에게 욕설을 하고 폭행하고 수업시간에 질서유지가 되지 않는 등 교권이 침해되고 있다고 주장하고 있다.

학생체벌이 현행법상 가능한가의 문제와 학생을 체벌함으로써 교권을 지킬 수 있다고 생각하는 문제는 전혀 다른 차원의 문제로 생각된다. 교권과 교사의 권위는 학생에게 체벌을 가함으로써 확보하려는 생각을 현재 국민의 인권의식과 추구하는 교육이념에도 어긋나는 잘못된 생각이다.

그러나 어떤 학생이 자신의 인권을 주장함으로써 다른 학생의 수업권이나 교사의 가르칠 권리를 침해할 경우에는 헌법 등 기본권 주도의 해결 법리인 이익형량의 원칙, 규범조화적 해석에 의한 해결의 원칙, 즉 과잉금지의 원칙, 대안식 해결방법, 최후수단의 억제 방법 등을 기준으로 해결할 수밖에 없을 것이다.

5. 사회상규에 위반되지 아니하는 행위

형법 제20조가 법령에 의한 행위 또는 업무로 인한 행위 기타 사회상규에 위반되지 아니하는 행위는 벌하지 아니한다고 규정하여 법령에 의한 학생에 대한 징계나 학생에 대한 교육적 지도행위의 경우에는 그 행위의 위법성이 조각되는 것이다.

사회상규에 위반되지 아니하는 행위라 함은 법질서 전체의 정신이나 그의 배후에 놓여 있는 사회윤리 도의적 감정 내지 사회통념에 비추어 용인될 수 있는 행위를 말하는 것이어서 어떠한 행위가 사회상규에 위배되지 아니하는가는 구체적 사정 아래에서 합목적적, 합리적으로 고찰하여 개별적으로 판단되어야 할 것이다

Ⅳ 체벌의 정당성 판단기준

1. 체벌행위시 교사에게 중대한 과실이 있었는지의 여부 판단 기준

교사가 징계목적으로 학생에게 체벌을 가한 행위가 사회관념상 비난받을 행위로서 불

법행위를 구성하는 경우에 그 교사에게 중대한 과실이 있었는지의 여부를 가려보기 위하여서는 체벌을 가하게 된 동기와 경위, 체벌을 가하는 방법과 정도 및 체벌을 가한 신체부위와 그 체벌로 인한 상처의 정도 등을 종합적으로 고려하여 체벌을 가하는 교사로서의 통상 요구되는 주의의무를 현저히 게을리 하였는지의 여부를 판단하여야 한다.

2. 판례에 나타난 교사의 학생에 대한 체벌의 정당성 판단 기준

가. 대법원 판례에 나타난 교사의 학생에 대한 체벌의 정당성을 판단하는 기준은 ① 체벌의 목적, ② 체벌의 정도, ③ 체벌의 방법, ④ 체벌의 부위, ⑤ 체벌의 도구, ⑥ 체벌의 결과, ⑦ 체벌 전 사전조치, ⑧ 체벌 전 교사의 상태, ⑨ 학생이 징계대상인지 여부, ⑩ 보충성 등이었다. 이 중 주로 사용된 기준은 ① 체벌의 목적, ② 체벌의 정도, ③ 체벌의 방법이었다.

나. 교사의 체벌이 정당행위가 되기 위한 대법원 판례의 구체적 기준

(1) 체벌을 가하게 된 동기와 경위

체벌은 폭력의 성격이 있다. 따라서 그 체벌이 교육상 필요가 있고, 다른 교육적 수단으로는 교정이 불가능하여 부득이한 경우에 한정되어야 한다.

판례는 "교실 내에서 다수 학생들을 상대로 교실내의 규율을 바로 잡으면서 소정 교과과정을 이수시켜야 하는 교사의 입장에서는 일반적으로 용인되는 교육 업무상 정당한 행위"로 인정되는 것이긴 하나, "피고가 자신의 인격이 무시당하였다는 다분히 감정적인 면에도 기인"하는 경우와 "지시에 불응하자 격한 감정에서"의 체벌은 인정되지 않는다. 따라서 체벌은 훈육의 최후 수단으로 사용하여야 한다.

(2) 체벌을 가하는 방법과 정도

대법원 재판부는 "타일러 칠판에 손을 대고 엎드리게 하는 등의 자세를 취하게 한 후, 체벌을 가하거나 위 원고가 서있는 자세에서 체벌을 가하는 경우에도 다리, 둔부 등 안전한 부위를 골라서 체벌을 가하여야 함에도 불구하고"라고 기술하고 있다. 즉, 안전한 상태에서 체벌을 하여야 한다.

판례는 "체벌을 가한 방법이 막대기만으로 때린 것이 아니라 구둣발로 여러 번 차는 등 심히 비인격적, 비교육적인 방법에까지 이르고 있음"이나 "격한 감정에서 대걸레자루를 높이 치켜들고 위 원고를 때리려고 휘두르다가” 등은 불법행위로 삼고 있다. “초등학교 5학년인 피해자를 양손으로 교탁을 잡게 한 다음 길이 50센티미터, 직경 3센티미터가량 되는 나무 지휘봉으로” 체벌한 것도 방법과 정도가 지나친 것으로 지적하고 있다. 이는 초등학생이라는 어린 학생에 대한 체벌 방법이나 정도가 지나쳤다는 것을 말한다. 체벌의 필요가 있을 때에는 종아리를 안정된 자세에서 체벌하는 식의 주의가 필요하다.

(3) 체벌을 가한 신체 부위

신체부위 중 가장 중요하고 위험한 머리 부분을 막대기와 구둣발로 구타한 경우와 어깨와 팔, 머리 등을 대걸레 자루로 구타하여 학생에게 치명적인 후유증을 남긴 경우, 허리 부분을 때려서 상해를 입힌 이와 같은 체벌의 신체부위는 위법 기준에 해당된다.

(4) 체벌로 인한 상처의 정도

판례에 따르면 상해의 정도가 심할 경우 불법행위로 인정될 가능성이 많다. 그러나 평소 내포하고 있던 정신질환이 악화되었다는 경우 이를 사전에 교사들이 알 수 없었던 점을 참작하고 있다.

(5) 주의 의무를 소홀히 하지 않았는지

판례에 의하면 “개인적인 감정의 개입을 억제하여 교사로서의 품위를 유지하고 체벌을 가하는 신체부위와 그 정도 및 방법 등에 대하여 조금만 주의를 기울였다면 이 사건에서와 같은 결과를 충분히 예견할 수 있었다” “그 상해가능성을 예견할 수 있었다”고 하면서 주의의무를 소홀히 한 경우 체벌을 불법행위로 간주하고 있다.

Ⅴ 학생체벌 관련 사례

1. 사건의 개요

중학교 3학년 1반 담임교사 C는 2008. 9. 8. 12:00경 3학년 1반 학생들에게 그해 12월경에 시행될 예정인 고등학교 입학시험에 대비하여 토요일이지만 오후에 자율학습을 하도록 지시하였는데 D를 비롯한 10여명의 학생이 인근에 있는 학교운동회를 보러 갔다

오는 등 무단 외출한 사실을 알고서 이들의 무성의한 학습태도를 시정하기 위하여 같은 날 14:00경 위 중학교 정구장에 위 학생들을 모아 엎드려뻗치기를 시켜 놓고 나무막대기(길이 약 50센티미터 두께 약 2센티미터)로 학생들의 엉덩이와 머리등을 때리고 발로 발바닥을 차며 감독을 하던 중 D가 웃어버리자 나무막대기로 머리를 때리고 발로 찼다.

당시 D는 머리가 띵하고 아픈 정도이었으나 크게 다친 줄 모르고 귀가하였다가 저녁식사 후 머리에 심한 통증을 느끼고 갑자기 토하면서 실신함으로써 입원하여 진단하여본 결과 뇌좌상을 입은 것으로 판명되어 응급개두술을 받았다.

이에 D 및 D의 부모는 C의 행위는 징계목적을 넘는 체벌로서 불법행위에 해당된다면서 C에 대해서 손해배상청구 및 위자료청구소송을 제기하였다.

D 및 D의 부모의 청구는 정당한가?

2. 사건의 쟁점

교사의 학생 체벌행위와 관련하여 교사가 징계목적으로 학생에게 체벌을 가한 행위가 징계권의 행사로서 정당행위가 되는지 여부 및 어떠한 행위가 사회상규에 위배되지 아니하는가의 판단방법

3. 사례에 대한 해설

초중등교육법 제18조 제1항은 "학교의 장은 교육상 필요한 때에는 법령 및 학칙이 정하는 바에 의하여 학생을 징계하거나 기타의 방법으로 지도할 수 있다. 다만, 의무교육과정에 있는 학생을 퇴학시킬 수 없다."고 규정하고 있으며, 초중등교육법시행령 제31조 제8항은 "학교의 장은 법 제18조 제1항 본문에 따라 지도를 할 때에는 학칙으로 정하는 바에 따라 훈육·훈계 등의 방법으로 하되, 도구, 신체 등을 이용하여 학생의 신체에 고통을 가하는 방법을 사용해서는 아니 된다."고 규정하고 있다.

교육목적 달성을 위한 지도행위라고 하더라도 학생에게 체벌, 훈계 등의 교육적 의미를 알리지도 않은 채 지도교사의 성격 또는 감정에서 비롯된 지도행위라든가, 다른 사람이 없는 곳에서 개별적으로 훈계, 훈육의 방법으로 지도·교정될 수 있는 상황이었음에도 낯모르는 사람들이 있는 데서 공개적으로 학생에게 체벌·모욕을 가하는 지도행위라든

가, 학생의 신체나 정신건강에 위험한 물건 또는 지도교사의 신체를 이용하여 학생의 신체 중 부상의 위험성이 있는 부위를 때리거나 학생의 성별, 연령, 개인적 사정에서 견디기 어려운 모욕감을 주어 방법·정도가 지나치게 된 지도행위 등은 특별한 사정이 없는 한 사회통념상 객관적 타당성을 갖추었다고 보기 어렵다.

형법 제20조가 법령에 의한 행위 또는 업무로 인한 행위 기타 사회상규에 위반되지 아니하는 행위는 벌하지 아니한다고 규정하여 법령에 의한 학생에 대한 징계나 학생에 대한 교육적 지도행위의 경우에는 그 행위의 위법성이 조각된다.

사회상규에 위반되지 아니하는 행위라 함은 법질서 전체의 정신이나 그의 배후에 놓여 있는 사회윤리 도의적 감정 내지 사회통념에 비추어 용인될 수 있는 행위를 말하는 것이어서 어떠한 행위가 사회상규에 위배되지 아니하는가는 구체적 사정 아래에서 합목적적, 합리적으로 고찰하여 개별적으로 판단되어야 할 것이다.

4. 사건의 결말

D가 C의 행위로 인하여 6주간의 입원, 치료를 요하는 뇌좌상, 급성경막하혈종, 좌측편마비, 좌측안면신경마비 등의 상처를 입고 치료를 종결한 후에도 후유장애가 남아 일반노동능력의 약 70퍼센트를 상실한 사실 및 C가 위 D의 머리를 막대기로 여러 번 때리는데 그치지 아니하고 구둣발로 머리를 여러 번 찬 사실까지 종합하여 볼 때 C가 D에 대하여 특히 중한체벌을 가하게 된 동기가 D가 다른 학생 10여명과 함께 단체로 체벌을 받고 있던 중 갑자기 웃어버린데 있다면 D의 진지하지 못한 태도와 함께 C가 자신의 인격이 무시당하였다는 다분히 감정적인 면에도 기인하고 있다.

또 C가 체벌을 가한 부위가 다리, 둔부 등의 비교적 안전한 부분이 아니라 신체부분 중 가장 중요하고 위험한 머리 부분으로서 그 상처의 종류와 정도가 통상 외부로부터 상당히 강력한 힘이 가하여 질 경우에 발생되는 성질의 것이며 더욱이 체벌을 가한 방법이 막대기만으로 때린 것이 아니라 구둣발로 여러 번 차는 등 심히 비인격적, 비교육적인 방법에까지 이르고 있음을 알 수 있다.

위 사고가 C의 직무의 연장으로서 교육상 학생지도의 징계목적으로 10여명의 학생에게 체벌을 가하는 과정에서 발생하였으며 위 체벌 당시에는 위 D가 별다른 증상을 느끼지 못하였다고 하더라도 적어도 C로서는 개인적인 감정의 개입을 억제하여 교사로서의 품위를 유지하고 체벌을 가하는 신체부위와 그 정도 및 방법 등에 대하여 조금만 주위를 기울였다면 이 사건에서와 같은 결과를 충분히 예견할 수 있었다고 할 것인데도 불구하고 징계의 목적으로 체벌을 가하는 교사로서 통상 요구되는 주의의무를 현저히 게을리 함으로써 위와 같은 결과를 초래한 중대한 과실이 있었다고 봄이 상당하다고 할 것이다.

따라서 D 및 D의 부모가 C의 행위는 징계목적을 넘는 체벌로써 불법행위에 해당된다면서 청구한 손해배상청구 및 위자료청구는 정당하다.

제21장 | 성희롱의 개념과 성립요건

Ⅰ 성희롱의 개념

1. 성희롱의 의의

성희롱이라 함은 업무, 고용 기타 관계에서 공공기관의 종사자, 사용자 또는 근로자가 그 지위를 이용하거나 업무 등과 관련하여 성적 언동 등으로 성적 굴욕감 또는 혐오감을 느끼게 하거나 성적 언동 기타 요구 등에 대한 불응을 이유로 고용상의 불이익을 주는 것을 말한다.

2. 성희롱의 개념적 요소

가. 업무, 고용 기타관계란 직업으로서 행하는 직무관계, 임금을 받고 일하는 관계 및 이에 준하는 관계를 말하며, 이에 준하는 관계란 노동 등을 제공하고 이에 대한 대가로 금전적인 것을 받는 관계를 말한다.

나. 공공기관과 모든 사업 및 사업장의 정규직, 임시직, 계약직 등 모든 형태의 근로계약관계를 포함하며, 근로계약개시 이전 단계(근로계약체결에 이르기 위한 모집·채용 등), 근로관계의 종료 및 이와 관련하여 구체적으로 파생된 절차가 완료되기까지의 모든 과정을 포함한다.

다. 가해자란 직장내 성희롱 행위자는 직장내 사업주, 상급자, 동료, 하급자를 포함하지만 거래처 관계자·고객 등 제3자는 제외된다.

피해자란 사업주를 제외한 모든 남녀근로자(협력업체 및 파견 근로자를 포함)와 모집 및 채용과정에 있는 구직자를 모두 포함한다.

라. 직장내란 직장은 1인 이상의 사업을 말하며 '직장내'는 고정된 공간과 시간을 의미하는 말이 아니라 직장을 매개로 형성되는 인간관계에서 일어나는 것이면 모두 직장내로 분류된다. 즉, 공간적으로 보면 사업장은 물론 회식이나 출장 등 사업장 바깥까지 포

괄하며 시간적으로 보았을 때도 근무시간을 물론 근무시간 외도 포함된다.

Ⅱ 직장내 성희롱의 성립요건

1. 업무, 고용 기타관계에 있을 것

가. 당사자가 될 수 있는 자

직장내 성희롱 행위자는 사업주, 상급자, 근로자(동료, 하급자) 등이며, 상급자는 직장내의 지위를 이용할 수 있는 위치에 있는 자를 통칭하므로 근로기준법상 근로자로 보기 어려운 법인의 대표이사, 등기이사, 비상근임원도 남녀고용평등법상에서는 상급자가 될 수 있으나 거래처 관계자나 고객 등 제3자는 제외된다.

나. 직장내 성희롱 피해자는 사업주를 제외한 모든 남녀 근로자(협력업체 및 파견근로자 포함)모집·채용과정에서의 구직자가 해당된다. 여기서 근로자란 "근로자"라 함은 사업주에게 고용된 자와 취업할 의사를 가진 자를 말한다(남녀고용평등과 일·가정 양립 지원에 관한 법률 제2조 제4호).

2. 직장내의 지위를 이용하거나 업무와 관련

직장내의 지위를 이용하거나 업무와 관련하여 이루어져야 하는데, 직장내 지위이용 또는 업무와의 관련성이 있으면 되고 행위 장소의 사업장내·외 여부 등과는 무관하다.

3. 성적인 언어나 행동

성적인 언어나 행동에 의하거나 또는 이를 조건으로 해야 하며, 직장내 성희롱 여부 판단에 참고토록 하기 위하여 대표적인 성적인 언어나 행동에 의한 성희롱을 의미하며, 상대방이 원하지 아니하는 성적인 언어나 행동이 반복되는 경우 성희롱으로 성립될 수 있으며, 단 한 번의 성적 언동이라도 심한 경우에는 직장내 성희롱이 될 수 있다.

4. 고용상 불이익 또는 성적 굴욕감

고용상의 불이익을 주거나 또는 성적 굴욕감을 유발하여 고용환경을 악화시켜야 하며,

"고용상의 불이익을 주는 것"이란 채용탈락, 감봉, 승진탈락, 전직, 정직, 휴직, 해고 등과 같이 채용 또는 근로조건을 불리하게 하는 것을 말하며, "성적 굴욕감을 유발하여 고용환경을 악화시키는 것"은 성적인 언어나 행동 등으로 위협적, 적대적인 고용환경을 형성하거나 성적 굴욕감으로 업무능력을 저해하는 것을 말한다.

5. 성적 언동

성희롱의 전제요건인 '성적 언동 등'이란 남녀 간의 육체적 관계나 남성 또는 여성의 신체적 특징과 관련된 육체적, 언어적, 시각적 행위로서 사회공동체의 건전한 상식과 관행에 비추어 볼 때 객관적으로 상대방과 같은 처지에 있는 일반적이고도 평균적인 사람으로 하여금 성적 굴욕감이나 혐오감을 느끼게 할 수 있는 행위를 의미한다.

6. 성희롱 판단 기준

성희롱의 여부의 판단은 피해자의 주관적 사정을 고려하되 사회통념상 합리적인 사람이 피해자의 입장이라면 문제가 되는 행동에 대하여 어떻게 판단하고 대응하였을 것인가를 함께 고려해서 판단한다. 객관적으로 상대방과 같은 처지에 있는 일반적이고도 평균적인 사람으로 하여금 성적 굴욕감이나 혐오감을 느낄 수 있게 하는 행위가 있고, 그로 인하여 행위의 상대방이 성적 굴욕감이나 혐오감을 느꼈음이 인정되어야 한다.

성희롱이 성립하기 위해서는 행위자에게 반드시 성적 동기나 의도가 있어야 하는 것은 아니지만, 당사자의 관계, 행위가 행해진 장소 및 상황, 행위에 대한 상대방의 명시적 또는 추정적인 반응의 내용, 행위의 내용 및 정도, 행위가 일회적 또는 단기간의 것인지 아니면 계속적인 것인지 여부 등의 구체적 사정을 참작하여 보아야 한다.

Ⅲ 직장내 성희롱의 유형[1)]

1. 성적인 언동의 예시

가. 육체적 행위

① 입맞춤, 포옹 또는 뒤에서 껴안는 등의 신체적 접촉행위

② 가슴·엉덩이 등 특정 신체부위를 만지는 행위

③ 안마나 애무를 강요하는 행위

나. 언어적 행위

① 음란한 농담을 하거나 음탕하고 상스러운 이야기를 하는 행위(전화통화를 포함한다)

② 외모에 대한 성적인 비유나 평가를 하는 행위

③ 성적인 사실 관계를 묻거나 성적인 내용의 정보를 의도적으로 퍼뜨리는 행위

④ 성적인 관계를 강요하거나 회유하는 행위

⑤ 회식자리 등에서 무리하게 옆에 앉혀 술을 따르도록 강요하는 행위

다. 시각적 행위

① 음란한 사진·그림·낙서·출판물 등을 게시하거나 보여주는 행위(컴퓨터통신이나 팩시밀리 등을 이용하는 경우를 포함한다)

② 성과 관련된 자신의 특정 신체부위를 고의적으로 노출하거나 만지는 행위

라. 그 밖에 사회통념상 성적 굴욕감 또는 혐오감을 느끼게 하는 것으로 인정되는 언어나 행동

2. 고용에서 불이익을 주는 것의 예시

채용탈락, 감봉, 승진탈락, 전직(轉職), 정직(停職), 휴직, 해고 등과 같이 채용 또는 근로조건을 일방적으로 불리하게 하는 것

3. 비고(성희롱 판단 기준)

성희롱 여부를 판단하는 때에는 피해자의 주관적 사정을 고려하되, 사회통념상 합리적인 사람이 피해자의 입장이라면 문제가 되는 행동에 대하여 어떻게 판단하고 대응하였을 것인가를 함께 고려하여야 하며, 결과적으로 위협적·적대적인 고용환경을 형성하여 업무능률을 떨어뜨리게 되는지를 검토하여야 한다.

---

1) 남녀고용평등과 일·가정 양립 지원에 관한 법률 시행규칙 별표 1.의 직장 내 성희롱을 판단하기 위한 기준의 예시.

Ⅳ 성적 굴욕감 또는 혐오감을 느끼게 할 것의 판단기준

1. 사회통념과 피해자의 주관적 사정 고려

성적 언동이 일상생활에서 허용되는 단순한 농담 또는 호의적인 언동의 범주를 넘어 위법한 것인지 여부를 판단함에 있어서는 사회통념상 합리적인 사람이 피해자의 입장이라면 문제가 되는 행동에 대하여 어떻게 판단하고 대응하였을 것인가를 기준으로 하여야 할 것이지만, 피해자의 주관적인 사정도 충분히 고려하여 결과적으로 위협적·적대적인 고용환경을 형성하여 업무능률을 저해하게 되었는지를 검토해야 한다.

2. 구체적 판단기준

가. 구체적으로 쌍방 당사자 간의 연령이나 관계, 행위가 행해진 장소 및 상황, 성적 동기나 의도의 유무, 행위에 대한 상대방의 명시적 또는 추정적인 반응의 내용, 행위의 내용 및 정도, 행위가 일회적 또는 단기간의 것인지 아니면 계속적인 것인지 여부 등의 개별적인 사정을 종합하여 그것이 사회공동체의 건전한 상식과 관행에 비추어 볼 때에 용인될 수 있는 정도의 것인지 여부, 즉 선량한 풍속 또는 사회질서에 위반되는 것인지 여부에 따라 결정된다.

나. 판단기준

(1) 성희롱 가해자의 의도성 여부와는 관계없이 성희롱 피해자의 입장에서 실제로 성적 굴욕감 또는 혐오감을 느꼈는지 여부로 판단한다.

성적 언동이 일상생활에서 허용되는 단순한 농담 또는 호의적인 언동의 범주를 넘어서 상대방이 원하지 않는 행위를 하는 경우에는 성적 모욕감과 혐오감을 느낀 것으로 추정된다.

(2) 성적 언동에 의한 행위일지라도 상호간에 사귀거나 특수한 관계에 있으며 성적 언동에 대하여 별다른 불쾌감을 표출하지 않고 동료직원에게 고충을 토로하거나 힘겨워하기보다는 객관적으로 친근한 관계임을 보여주었다면 성적 수치심을 느꼈다고 보기 어렵다.

(3) 다소 불쾌하고 객관적으로 짓궂고 품위를 잃은 천박한 언동이 여러 차례 지속된 적이 있는 경우 상대방이 그때마다 특별한 거부반응 없이 단순한 농담으로 받아들였다면 성적 굴욕감 또는 혐오감을 느끼게 하는 정도에 이르렀다고 보기 곤란하다.

다. 성적 언동에 의해 피해자가 굴욕감·혐오감을 느끼거나, 고용상의 불이익을 당한다면 당연히 그 원인이 되는 성적 언동은 피해자가 원하지 않은 것으로 추정되며 그로 인하여 피해자는 정신적 고통을 받았음이 경험칙상 명백하여 가해자는 손해를 배상할 책임을 진다.

라. 성희롱 여부의 판단은 피해자의 주관적 상황을 고려하되 사회통념상 합리적인 사람이 피해자의 입장이라면 문제가 되는 행동에 대하여 어떻게 판단하고 대응하였을 것인가를 고려하여야 한다.

Ⅴ 성희롱과 관련된 처벌규정

1. 아동에 대한 성희롱 처벌

아동복지법은 18세 미만의 아동[2]에게 성적 수치심을 주는 성희롱·성폭행 등의 학대행위를 금지하고 있으며, 이를 위반한 경우에는 처벌하는 규정을 두고 있다(아동복지법 제17조 제4호).[3]

2. 성희롱과 형법상 강제추행죄

육체적 성희롱과 강제추행죄의 경우 그 정도나 정황에 따라서 형사처벌의 대상이 되는 강제추행죄가 되거나 형사처벌에 이르지는 않지만 남녀고용평등과 일·가정 양립 지원에 관한 법률상 성희롱이 될 수도 있다.

판례는 강제추행죄의 폭행·협박에 대해 "강제추행죄에 있어서 폭행 또는 협박을 한다

---

2) 제3조 (정의) 이 법에서 사용하는 용어의 뜻은 다음과 같다. 1. "아동"이란 18세 미만인 사람을 말한다.
3) 제17조 (금지행위) 누구든지 다음 각 호의 어느 하나에 해당하는 행위를 하여서는 아니된다.
4. 아동에게 성적 수치심을 주는 성희롱·성폭력 등의 학대행위

함은 먼저 상대방에 대하여 폭행 또는 협박을 가하여 그 항거를 곤란하게 한 뒤에 추행행위를 하는 경우만을 말하는 것이 아니고 폭행행위 자체가 추행행위라고 인정되는 경우도 포함되는 것이라 할 것이고, 이 경우에 있어서의 폭행은 반드시 상대방의 의사를 억압할 정도의 것임을 요하지 않고 다만 상대방의 의사에 반하는 유형력의 행사가 있는 이상 그 힘의 대소강약을 불문한다."고 판시하고 있다.

이와 같이 판례는 강제추행제의 폭행·협박의 범위를 넓게 인정하고 있기 때문이 이 기준에 의할 경우 육체적 성희롱으로 예시되고 있는 유형들은 경우에 따라서 얼마든지 강제추행죄가 성립할 수 있다. 다만 이 정도에 이르지 않은 단순한 성적 접촉은 성희롱에 해당할 수 있다.

대법원 판례는 "추행이라 함은 객관적으로 일반인에게 성적 수치심이나 혐오감을 일으키게 하고 선량한 성적 도덕관념에 반하는 행위로서 피해자의 성적 자유를 침해하는 것이라고 할 것인데, 이에 해당하는지 여부는 피해자의 의사, 성별, 연령, 행위자와 피해자의 이전부터의 관계, 그 행위에 이르게 된 경위, 구체적 행위태양, 주위의 객관적 상황과 그 시대의 성적 도덕관념 등을 종합적으로 고려하여 신중히 결정되어야 한다."고 판시하면서, "피해자와 춤을 추면서 피해자의 유방을 만진 행위가 순간적인 행위에 불과하더라도 피해자의 의사에 반하여 행하여진 유형력의 행사에 해당하고 피해자의 성적 자유를 침해할 뿐만 아니라 일반인의 입장에서도 추행행위라고 평가될 수 있는 것으로서, 폭행행위 자체가 추행행위라고 인정되어 강제추행에 해당된다."고 판시하였다.

판례는 업무상 위력에 의한 성희롱에 해당한 전형적인 경우인 직장 상사가 등 뒤에서 피해자의 의사에 명백히 반하여 어깨를 주무른 경우, 여성에 대한 추행에 있어 신체 부위에 따라 본질적인 차이가 있다고 볼 수 없다는 이유로 추행에 해당한다고 하였다.

또한 병원 응급실에서 당직 근무를 하던 의사가 가벼운 교통사고로 인하여 비교적 경미한 상처를 입고 입원한 여성 환자들의 바지와 속옷을 내리고 음부 윗부분을 진료행위를 가장하여 수회 누른 행위가 업무상 위력 등에 의한 추행에 해당한다고 하였다.

이와 같이 판례는 전형적인 육체적 성희롱 행위에 대해 추행죄의 성립을 넓게 인정하고 있는 경향이다.

직장내가 아니라 대중교통수단이나 공연·집회장소 기타 공중이 밀집하는 장소에서 육체적 성희롱에 해당하는 행위를 통해 사람을 추행한 경우에는 성폭력특별법상 공중밀집장소에서의 추행죄(제13조)가 성립하며 이 범죄의 경우 폭행과 협박을 요건으로 하고 있지 않다.

3. 언어적 성희롱과 형법상 명예훼손(제307조), 모욕죄(제311조)

언어적 성희롱에 해당하는 유형, 예컨대 외모에 대한 성적인 비유나 평가, 성적인 사실관계를 붇거나 성적인 내용을 의도적으로 유포하는 행위 등은 형법상 명예훼손(제307조), 모욕죄(제311조) 등이 성립할 수 있다.

명예훼손죄나 모욕죄의 경우 공연히 사실을 적시하여야 하기 때문에 개인적 관계나 사적인 공간에서 이루어지는 언어적 성희롱의 경우에는 공연히 사실을 적시한 것이 아니기 때문에 명예훼손죄나 모욕죄가 성립하지 않을 것이다.

대법원 판례는 "'추행'이라 함은 객관적으로 일반인에게 성적 수치심이나 혐오감을 일으키게 하고 선량한 성적 도덕관념에 반하는 행위로서 피해자의 성적 자유를 침해하는 것이라고 할 것이고, 이에 해당하는지 여부는 피해자의 의사, 성별, 연령, 행위자와 피해자의 이전부터의 관계, 그 행위에 이르게 된 경위, 구체적 행위태양, 주위의 객관적 상황과 그 시대의 성적 도덕관념 등을 종합적으로 고려하여 신중히 결정되어야 할 것이다"라고 판시하였다.

대법원 판례는 "여성에 대한 추행에 있어 신체 부위에 따라 본질적인 차이가 있다고 볼 수는 없다 할 것인데, 피고인의 어깨를 주무르는 것에 대하여 평소 수치스럽게 생각하여 오던 피해자에 대하여 그 의사에 명백히 반하여 그의 어깨를 주무르고 이로 인하여 피해자로 하여금 소름이 끼치도록 혐오감을 느끼게 하였고, 이어 나중에는 피해자를 껴안기까지 한 일련의 행위에서 드러난 피고인의 추행 성행을 앞서 본 추행에 관한 법리에 비추어 볼 때 이는 20대 초반의 미혼 여성인 피해자의 성적 자유를 침해할 뿐만 아니라 일반인의 입장에서도 도덕적 비난을 넘어 추행행위라고 평가할 만한 것이라 할 것이고, 나아가 추행행위의 행태와 당시의 경위 등에 비추어 볼 때 피고인의 범의나 업무상 위력이 행사된 점 또한 넉넉히 인정할 수 있다."라고 판시하였다.

4. 언어적 성희롱과 형법상 업무상 위력 등에 의한 간음죄(제303조)

언어적 성희롱의 유형 가운데 하나인 성적 관계를 강요하거나 회유하는 행위가 업무상 위력이나 위계에 의한 경우에는 형법상 업무상 위력 등에 의한 간음죄(제303조)가 성립할 수 있다.

회식자리 등에서 무리하게 옆에 앉혀 술을 따르도록 강요하는 행위도 성희롱의 유형에 해당하는데, 이 경우 형법상 강요죄(제324조)가 문제될 수 있다. 강요죄는 폭행 또는 협박으로 사람의 권리행사를 방해하거나 의무 없는 일을 하게 한 경우이기 때문에 술을 따르도록 한 행위에 폭행 또는 협박이 있어야 한다. 따라서 술을 따르지 않으면 불이익이 있을 것처럼 해악을 고지한다든지 심리적으로 저항할 수 없는 물리적 장애를 야기한 경우에는 강요죄가 성립할 수 있다. 다만 이 정도에 미치지 못한 경우에는 단순 성희롱에 해당한다.

5. 시각적 성희롱과 형법상 음화반포 등의 죄(제243조)

음란한 사진·그림·낙서·출판물 등을 게시하거나 보여주는 행위는 형법상 음화반포 등의 죄(제243조)에 해당할 수 있다. 다만 반포에 해당하려면 불특정 또는 다수인에게 무상으로 배포하여야 하기 때문에 특정개인에게 반포하는 것은 이 죄에 해당하지 않는다.

6. 성폭력범죄의 처벌 등에 관한 특례법상 통신매체이용음란죄(제12조) 및 정보통신망이용 촉진 및 정보보호 등에 관한 법률위반(제74조 제1항 제2호)

통신매체를 이용하여 상대방에게 음란물을 보여주는 행위는 성폭력범죄의 처벌 등에 관한 특례법상 통신매체이용음란죄(제12조)에 해당할 수 있다.

그러나 이 죄는 자기 또는 다른 사람의 성적 욕망을 유발하거나 만족시킬 목적으로 전화·우편·컴퓨터 기타 통신매체를 통하여 성적 수치심이나 혐오감을 일으키는 말이나 음향, 글이나 도화, 영상 또는 물건을 상대방에게 도달하게 한 경우에 성립하는 범죄이기 때문에 목적범에 해당하고 이러한 목적이 없이 단순히 음란물이 상대방에게 도착하게 하는 경우에는 '정보통신망이용촉진 및 정보보호 등에 관한 법률' 위반(제74조 제1항 제2호)[4]에 해당할 수 있다.

7. 특정 신체부위 노출과 형법상으로는 공연음란죄(제245조) 또는 경범죄처벌법 위반

성과 관련된 자신의 특정 신체부위를 여러 사람의 눈에 띄는 곳에서 함부로 노출하는 행위는 경범죄처벌법상 과다노출죄가 성립할 수 있으며(제1조 제41호),[5] 형법상으로는 공연음란죄(제245조)가 성립할 수 있다. 공연음란죄는 공연성과 음란한 행위를 구성요건으로 하는데, 공연성은 불특정 또는 다수인이 인식할 수 있는 상태를 말한다.

이와 같이 공연음란죄에 못 미치는 경우, 즉 일반 보통인의 성욕을 자극하여 성적 흥분을 유발하고 정상적인 성적 수치심을 해하는 것이 아니라, 단순히 다른 사람에게 부끄러운 느낌이나 불쾌감을 주는 정도에 불과하다고 인정되는 경우에는 경범죄처벌법상 과다노출죄가 성립할 수 있다.

이 정도에도 미치지 못하면 단순 성희롱에 해당한다.

Ⅵ 교사의 회식과 성희롱 관련 사례

1. 사건의 개요

Y초등학교 여교사(26세) A는 영어전담교사로 근무하면서 3학년 5반 담임을 맡고 있었다. A는 학교 교장 B 및 교감 C, 교무부장 D 및 동료여교사 3명 및 3학년 담임을 맡은

---

4) 정보통신망 이용촉진 및 정보보호 등에 관한 법률 제74조 (벌칙) ① 다음 각 호의 어느 하나에 해당하는 자는 1년 이하의 징역 또는 1천만원 이하의 벌금에 처한다. 제44조의7 제1항 제1호를 위반하여 음란한 부호·문언·음향·화상 또는 영상을 배포·판매·임대하거나 공공연하게 전시한 자
정보통신망 이용촉진 및 정보보호 등에 관한 법률 제44조의7 (불법정보의 유통금지 등) ① 누구든지 정보통신망을 통하여 다음 각 호의 어느 하나에 해당하는 정보를 유통하여서는 아니 된다.
1. 음란한 부호·문언·음향·화상 또는 영상을 배포·판매·임대하거나 공공연하게 전시하는 내용의 정보

5) 제1조 (경범죄의 종류) 다음 각호의 1에 해당하는 사람은 10만원 이하의 벌금, 구류 또는 과료의 형으로 벌한다.
41. (과다노출) 여러 사람의 눈에 뜨이는 곳에서 함부로 알몸을 지나치게 내놓거나 속까지 들여다보이는 옷을 입거나 또는 가려야 할 곳을 내어 놓아 다른 사람에게 부끄러운 느낌이나 불쾌감을 준 사람

모든 선생님과 함께 3학년 부장교사 S의 초청을 받아 저녁 6시경 횟집에서 열리는 3학년 교사 전체회식에 참석하였다.

위 회식자리에서 교감 C는 여교사 3인에게 2회에 걸쳐 교장에게 술을 따르라는 취지의 말을 하였다. 특히 A를 지목하여 교장선생님께 필히 한 잔 따르라고 하였고, 교장 B는 교감 C의 위와 같은 행위를 제지하지 아니하고 묵시적으로 동조한 채 여자교사들이 따르는 술을 받아 마시는 행위를 하였다.

여교사 A는 교장 B와 교감 C의 행위가 성희롱에 해당한다고 주장하였다. 남녀차별개선위원회는 교감 C에 대하여는 교장에게 술을 따르라는 취지의 말을 하여 성희롱을 하였다는 이유로 성희롱으로 결정한다는 의결을, 교장 B에 대하여는 성희롱에 해당하지 아니한다는 의결을, 위 Y초등학교에 대하여는 '향후 교직원들의 회식문화를 개선하고, 전교직원을 대상으로 재발방지를 위한 성희롱 예방교육을 실시할 것을 권고한다는 내용의 의결을 하였다.

위 의결에 대해서 교감 C는 자신의 행위가 성희롱에 해당한다고 본 여성부남녀차별개선위원회의 처분은 위법하여 취소되어야 한다며 소송을 제기하였다. 교장 B와 교감 C의 행위는 성희롱에 해당하는가?

2. 사건의 쟁점

성희롱의 전제요건으로 규정한 '성적 언동 등'의 의미 및 판단 기준이 무엇인지 여부

3. 사례에 대한 해설

성희롱이라 함은 업무, 고용 기타 관계에서 공공기관의 종사자, 사용자 또는 근로자가 그 지위를 이용하거나 업무 등과 관련하여 성적 언동 등으로 성적 굴욕감 또는 혐오감을 느끼게 하거나 성적 언동 기타 요구 등에 대한 불응을 이유로 고용상의 불이익을 주는 것, 즉 상대방의 의사에 반하여 성적인 언동을 함으로써 상대에게 불쾌감과 굴욕감을 주는 것을 말한다.

'업무, 고용 기타관계'란 직업으로서 행하는 직무관계, 임금을 받고 일하는 관계 및 이에 준하는 관계를 말하며, '이에 준하는 관계'란 노동 등을 제공하고 이에 대한 대가로 금전적인 것을 받는 관계를 말합니다. 공공기관과 모든 사업 및 사업장의 정규직, 임시

직, 계약직 등 모든 형태의 근로계약관계를 포함하며, 근로계약 개시 이전 단계(근로계약 체결에 이르기 위한 모집·채용 등), 근로관계의 종료 및 이와 관련하여 구체적으로 파생된 절차가 완료되기까지의 모든 과정을 포함한다.

성희롱이 성립하기 위해서는 고용상의 불이익을 주거나 또는 성적 굴욕감을 유발하여 고용환경을 악화시켜야 하며, '고용상의 불이익을 주는 것'이란 채용탈락, 감봉, 승진탈락, 전직, 정직, 휴직, 해고 등과 같이 채용 또는 근로조건을 불리하게 하는 것을 말하며, '성적 굴욕감을 유발하여 고용환경을 악화시키는 것'이란 성적인 언어나 행동 등으로 위협적, 적대적인 고용환경을 형성하거나 성적 굴욕감으로 업무능력을 저해하는 것을 말한다.

성희롱의 여부의 판단은 피해자의 주관적 사정을 고려하되, 사회통념상 합리적인 사람이 피해자의 입장이라면 문제가 되는 행동에 대하여 어떻게 판단하고 대응하였을 것인가를 함께 고려해서 판단한다.

4. 사건의 결말

실제 위와 같은 사례에서 법원은 위 회식 장소에서의 대화 내용, 교감 C가 위와 같은 말을 하게 된 정황 등에 비추어 교감 C가 성적 의도를 가지고 위와 같은 언행을 하였다기보다 직장 상사인 교장으로부터 술을 받았으면 답례로 술을 권하여야 한다는 차원에서 한 것으로 보여지는 점, 회식에 참석한 여자교사 3명 중 2명이 원고의 언행으로 인하여 성적인 굴욕감 또는 혐오감을 느끼지 않았다고 진술하고 있는 점 등에 비추어 이 사건 회식의 성격, 참석자들의 관계, 장소 및 교감 C가 이 사건 언행을 할 당시의 상황, 성적 동기 또는 의도의 구체적인 사정을 종합하여 보면, 교감 C의 이 사건 언행이 우리 사회공동체의 건전한 상식과 관행에 비추어 볼 때 용인될 수 없는 선량한 풍속 또는 사회질서에 위반되는 것이라고 보기 어렵다고 판단하였다.

교감 C가 단지 여자교사들에 대하여 교장에게 술을 따라 줄 것을 두 차례 권한 이 사건 언행은 여자교사들로 하여금 성적 굴욕감 또는 혐오감을 느끼게 하는 성적 언동에 해당하지 않는다고 할 것이다. 즉 교감 C의 언행은 성희롱에 해당되지 않는다고 하였다. 결국 교장 B의 언행과 교감 C의 언행은 성희롱에 해당하지 않는다.

제2편

성폭력 관련 법령의 이해

제1장 | 성폭력의 개념과 유형

Ⅰ 성폭력의 개념

1. 성범죄와 성폭력범죄

가. 성범죄

성범죄라는 개념이 가장 상위의 개념이며, 성범죄는 ① 폭행·협박을 행사하여 피해자의 성적 자기결정권을 침해한 상태에서 범죄를 범하는 경우, ② 폭행·협박을 사용하지 않았지만 피해자의 의사에 반해 신체적 접촉을 하거나, 음란성 언어 및 통신매체 그리고 카메라 등을 사용하여 범죄를 일으키는 경우, ③ 피해여성과 금전적 거래를 통해 서로 간의 합의하에 성적행위를 하는 것으로 성매매방지법에 해당하는 범죄로 구분할 수 있다.

나. 성폭력범죄

성폭력범죄란 사람에 대한 신체적·언어적·정신적 폭력을 수반하고, 사람의 의사를 무시한 채 저질러지는 범죄행위이다.

다. 성희롱

상대방의 의사에 반해 성적 언행으로 상대방에게 불쾌감과 굴욕감을 주는 행위로서 이를 거부할 경우 피해자의 고용 및 근로조건에 결정적으로 불이익을 주는 행위이다.

성희롱을 성폭력범죄에 포함시키는 것은 국가형벌권의 과잉을 초래할 가능성이 크다고 할 수 있으므로 단순한 성희롱의 경우 민사제재나 행정제재에 의하여 처리하는 것이 타당하다.

2. 성폭력범죄의 처벌 및 피해자보호 등에 관한 법률상 성폭력범죄의 정의

성폭력범죄의 처벌 및 피해자보호 등에 관한 법률상 성폭력범죄의 정의에 따른 성폭력범죄는

(1) 형법 제242조(음행매개)·제243조(음화 등의 반포등)·제244조(음화등의 제조등) 및 제245

조(공연음란)의 죄,

(2) 형법 제288조(영리등을 위한 약취, 유인, 매매등)·제292조(약취, 유인, 매매된 자를 수수 또는 은닉. 다만, 제288조의 약취·유인이나 매매된 자를 수수 또는 은닉한 죄에 한한다)·제293조(상습범. 다만, 제288조의 약취·유인이나 매매된 자 또는 이송된 자를 수수 또는 은닉한 죄의 상습범에 한한다)·제294조(미수범. 다만, 제288조의 미수범 및 제292조의 미수범중 제288조의 약취·유인이나 매매된 자를 수수 또는 은닉한 죄의 미수범과 제293조의 상습범의 미수범중 제288조의 약취·유인이나 매매된 자를 수수 또는 은닉한 죄의 상습범의 미수범에 한한다)의 죄,

(3) 형법 제297조(강간)·제298조(강제추행)·제299조(준강간, 준강제추행)·제300조(미수범)·제301조(강간등 상해·치상)·제301조의2(강간등 살인·치사)·제302조(미성년자등에 대한 간음)·제303조(업무상위력등에 의한 간음) 및 제305조(미성년자에 대한 간음, 추행)의 죄,

(4) 형법 제339조(강도강간)의 죄,

(5) 성폭력범죄의 처벌 및 피해자보호 등에 관한 법률 제5조(특수강도강간등)의 죄, 제6조(특수강간등)의 죄, 제7조(친족관계에 의한 강간등)의 죄, 제8조(장애인에 대한 간음등)의 죄, 제8조의2(13세 미만의 미성년자에 대한 강간, 강제추행 등의 죄), 제9조(강간등 상해·치상)의 죄, 제10조(강간 등 살인·치사)의 죄, 제11조(업무상 위력 등에 의한 추행)의 죄, 제12조(미수범-제5조 내지 제10조 및 제14조의2의 미수범), 제13조(공중밀집장소에서의 추행)의 죄, 제14조(통신매체이용음란)의 죄, 제14조의2(카메라등 이용촬영)의 죄,

(6) 위 (1) 내지 (5)의 범죄로서 다른 법률에 의하여 가중처벌되는 죄는 성폭력범죄로 본다.

Ⅱ 성폭력범죄의 유형

1. 음행매개죄

영리를 목적으로 미성년 또는 음행의 상습이 없는 부녀를 매개하여 간음하게 함으로써 성립하는 범죄이다(형법 제242조). 여기서 미성년의 부녀는 13세 이상 20세[1] 미만의 부녀를

말하며, 13세 미만의 부녀에 대해서는 미성년자의제강간죄(형법 제350조)가 적용된다.

2. 음화반포등의 죄

음란한 문서, 도화, 필름, 기타 물건을 반포, 판매, 또는 임대하거나 공연히 전시 또는 상영함으로써 성립하는 범죄이다(형법 제243조). 음란성이란 그 내용이 사람의 성욕을 자극, 흥분시키는 것으로서 보통인의 성적 수치심을 해하고 선량한 성적 도의관념에 반하는 것을 말한다.

음란성의 판단기준은 사회통념에 따라 객관적으로 판단해야 하므로 행위자의 주관적 목적이나 의도는 고려하지 않는다. 또한 정상적인 성 관념을 가진 보통인을 기준으로 판단해야 하며 작품전체를 평가하는 전체적 고찰방법에 따라 판단해야 하며, 작품의 일부분만 분리하여 판단하지 말고 전체적인 관련성 속에서 판단해야 한다.

3. 음화제조등의 죄

반포, 판매, 임대하거나 공연히 전시 또는 상영할 목적으로 음란한 물건을 제조, 소지, 수입, 또는 수출함으로써 성립하는 범죄이다(형법 제244조). 형법 제244조에서의 음란한 물건이란 형법 제243조의 물건보다 넓은 개념으로서 문서, 도화까지 포함한 개념이다.

4. 공연음란죄

공연히 음란한 행위를 함으로써 성립하는 범죄이며(형법 제245조), 음란한 행위 자체를 처벌하는 규정이다. 공연성을 요하며, 여기서 공연성은 불특정 또는 다수인이 인식할 수 있는 상태를 말한다. 불특정 또는 다수인이 음란행위가 행해지는 장소에 있을 필요는 없으며, 불특정 또는 다수인이 현실적으로 인식할 필요는 없다.

음란행위는 남녀 간을 불문하고 성행위일 것을 요하므로 단순히 나체를 보이는 것, 성기나 유방의 노출, 키스 등은 음란행위가 아니며, 음란한 말을 하는 것은 음란행위에 포함되지 않는다. 강제추행죄나 강간죄를 공연히 범한 경우에는 강제추행죄나 강간죄와 공연음란죄의 상상적 경합이 된다.

---

1) 2013. 7. 1.부터 시행되는 민법 제4조에서는 "사람은 19세로 성년에 이르게 된다."라고 규정하여 성년에 이르게 되는 나이를 현행 20세에서 19세로 낮추고 있다.

5. 영리등을 위한 약취, 유인, 매매 등의 죄

추행, 간음, 영리를 목적으로 사람을 약취, 유인함으로써 성립하는 범죄이며(형법 제288조) 미수범을 처벌한다(형법 제294조). 행위자가 이러한 목적으로 사람을 약취, 유인하면 기수가 되고 그 목적달성여부는 불문하며, 실력적 지배는 어느 정도 시간적 계속성이 인정되어야 한다.

영리의 목적이란 자기 또는 제3자로 하여금 재산상의 이익을 얻게 할 목적을 말한다.

6. 약취, 유인, 매매된 자의 수수 또는 은닉의 죄

추행, 간음, 영리를 목적으로 사람을 약취, 유인이나 매매된 사람을 은닉한 죄의 경우에 한정하여 적용된다. 추행, 간음, 영리를 목적으로 사람을 약취, 유인이나 매매된 사람을 수수 또는 은닉함으로써 성립하는 범죄이다(형법 제292조).

수수란 피인취자를 타인에게 교부하여 타인의 실력적 지배하에 두거나 피인취자를 교부받아 자기의 실력적 지배하에 두는 것을 말하며 유상이든 무상이든 불문한다.

은닉이란 피인취자의 발견을 곤란하게 하는 일체의 행위를 말한다.

7. 형법 제293조(상습범)

다만, 형법 제288조의 약취, 유인이나 매매된 사람 또는 형법 제289조의 이송된 사람을 수수 또는 은닉한 죄의 상습범으로 한정한다.

상습범이란 행위자에게 존재하는 범죄의 습벽이 구성요건의 핵심을 이루는 범죄유형을 말하며, 상습성이란 범죄를 습관적으로 범하는 행위자의 인격적 특성을 말한다. 범죄의 습벽 유무를 판단함에 있어서는 범죄의 전과가 중요한 판단자료가 되지만 전과가 없다고 하더라도 범죄의 횟수, 수단과 방법, 동기 등 제반사정을 참작하여 범행의 습벽이 인정되는 경우에는 상습성이 인정 된다.

8. 형법 제294조(미수범)

다만, 제288조의 미수범 및 제292조의 미수범 중 제288조의 약취, 유인이나 매매된 사람을 수수 또는 은닉한 죄의 미수범과 제293조의 상습범의 미수범 중 제288조의 약취,

유인이나 매매된 사람을 수수 또는 은닉한 죄의 상습범의 미수범으로 한정한다.

9. 강간죄

폭행 또는 협박으로 부녀를 강간함으로써 성립하는 범죄이다(형법 제297조). 강간죄의 주체에는 제한이 없으며, 여자의 경우에도 단독정범은 될 수 없으나 남자를 이용한 간접정범이나 남자와의 공동정범이 될 수 있다. 남자의 경우 성적능력의 유무를 불문하고 강간죄의 주체가 될 수 있다.

정범이란 행위자 자신이 범죄를 직접 실행하는 경우를 말하며, 단독정범이란 1인이 단독으로 범죄를 실행하는 경우를 말하며, 공동정범이란 수인이 공동하여 범죄를 실행하는 경우를 말하며, 간접정범이란 행위자 자신이 범죄를 직접 실행하지 않고 타인을 이용하여 간접적으로 실행하는 경우를 말한다.

강간죄의 객체인 부녀는 여자를 의미하며, 기혼, 미혼, 성년, 미성년을 불문하며, 13세 미만의 부녀도 포함된다.

강간죄에서의 폭행은 사람에 대한 유형력의 행사를 말하며, 그 대상은 피해자인 부녀에 한정되므로 제3자에 대한 폭행은 협박이 된다. 강간죄에서의 협박은 해악을 고지하는 것을 말하며 피해자 이외의 제3자에 대한 해악고지도 포함되며, 해악의 내용에는 제한이 없다.

강간죄에서 폭행이나 협박의 정도는 상대방의 반항을 불가능하게 하는 경우뿐만 아니라 현저히 곤란하게 하는 경우도 포함된다. 절대적 폭력 이외에 강제적 폭력도 포함되므로 마취제나 수면제를 사용한 경우에도 강간죄에서의 폭력에 해당된다. 폭행이나 협박은 간음의 종료 이전에 행해져야 한다.

강간이란 폭행이나 협박에 의하여 상대방의 반항을 곤란하게 하고 부녀를 간음하는 것을 말하며, 간음이란 결혼 아닌 성교행위로서 남자의 성기를 여자의 성기에 삽입하는 것을 말하며, 폭행이나 협박과 간음 사이에는 인과관계가 있어야 하며, 폭행이나 협박을 개시한 때에 실행의 착수가 인정되며, 남자의 성기가 여자의 성기 속에 들어가기 시작하는 순간에 기수가 되며, 성기의 완전삽입이나 사정을 요하지 않는다.

동일한 폭행이나 협박을 이용하여 수회 간음한 경우에는 강간죄의 단순일죄가 된다. 단순일죄란 범죄의 수가 1개인 것, 즉 범죄행위가 1개의 구성요건에 1회 해당하는 경우를 말한다.

강간의 수단으로 폭행이나 협박을 한 경우 강간죄의 일죄만 성립하며, 강간을 하기 위하여 감금을 한 경우에는 강간죄와 감금죄의 상상적 경합이 되며, 주거에 침입하여 강간한 경우 강간죄와 감금죄의 경합범이 되며, 강간시 강제추행을 한 경우 추행은 강간의 불가벌적 수반행위가 되므로 강간죄만 성립한다.

상상적 경합이란 1개의 행위가 수개의 죄에 해당하는 경우를 말하며, (실체적)경합이란 수개의 행위가 수개의 죄에 해당하는 경우를 말한다. 불가벌적 수반행위란 특정한 범죄행위에 필연적인 것은 아니지만 일반적, 전형적으로 결합되어 있는 제3의 경미한 위법행위를 말한다.

형법상 강간죄는 피해자의 고소가 있어야 공소를 제기할 수 있는 친고죄이며, 강간에 대한 고소가 취소된 경우에 폭행이나 협박만을 분리하여 소추할 수 없다.

10. 강제추행죄

폭행 또는 협박으로 사람에 대하여 추행함으로써 성립하는 범죄이며(형법 제298조), 사람의 성적 자기결정의 자유를 보호하기 위한 기본적 구성요건이다.

강제추행죄의 주체에는 제한이 없으며, 여자도 강제추행죄의 단독정범이나 공동정범이 될 수 있다. 객체는 사람이며, 남녀, 기혼, 미혼, 연령의 고하를 불문한다.

강제추행죄에서의 폭행이나 협박은 강간죄와 폭행이나 협박죄의 중간정도의 폭행이나 협박으로서 일반인으로 하여금 반항에 곤란을 느끼게 할 정도면 족하다. 폭행이나 협박은 반드시 추행 이전에 행해질 것을 요하지 않으며, 추행과 동시에 행해지거나 폭행자체가 추행에 해당할 수도 있다.

강제추행죄에서의 추행이란 그 목적을 불문하고 객관적으로 일반인에게 성적 수치나 혐오의 감정을 느끼게 하는 일체의 행위를 말한다. 추행은 객관적으로 수치감이나 도덕감정을 현저히 해할 수 있을 정도의 중요한 행위에 제한되며, 공연성을 요하지 않는다. 나체로 만드는 것, 성기나 여자의 유방을 만지는 것도 추행이다.

11. 준강간, 준강제추행죄

사람의 심신상실 또는 항거불능의 상태를 이용하여 간음 또는 추행함으로써 성립하는 범죄이다(형법 제299조).

심신상실의 상태란 정신기능의 장애로 인하여 정상적인 판단능력이 없는 상태를 말한다. 본죄의 심신상실은 심신장애라는 생물학적 기초에 제한되지 않으므로 형법 제10조에서 말하는 심신상실보다 그 범위가 넓다. 완전 무의식상태뿐만 아니라 동의 또는 반항을 할 수 있더라도 그 정신기능이 정상적이 아니기 때문에 통상인의 동의나 반항이라고 인정할 수 없는 상태도 포함된다.

형법은 심신미약자에 대해서는 형법 제302조에서 규정하고 있으므로 본죄에서는 심신미약의 경우는 포함되지 않는다.

항거불능의 상태란 심신상실 이외의 사유로 인하여 심리적 또는 육체적으로 반항이 불가능한 경우를 말한다. 항거가 절대적으로 불가능한 경우 이외에 현저히 곤란한 경우도 포함되며, 항거불능의 상태에 이르게 된 원인은 불문한다. 행위자가 수면제 등을 사용하여 항거불능상태를 야기한 다음 간음이나 추행을 한 경우는 강간죄나 강제추행죄가 성립한다.

12. 형법 제300조(미수범)

강간(형법 제297조), 강제추행(형법 제298조), 준강간, 준강제추행(형법 제299조)의 미수범은 처벌한다(형법 제300조).

13. 강간 등 상해·치상죄

강간죄, 강제추행죄, 준강간, 준강제추행죄, 미성년자의제강간, 강제추행죄 및 그 미수의 죄를 범한 자가 사람을 상해에 이르게 함으로써 성립하는 범죄이다(형법 제301조).

상해의 결과가 발생해야 하며, 처녀막파열, 회음부찰과상, 보행불능, 수면장애, 식욕감퇴, 성병감염, 히스테리의 경우도 상해에 포함된다. 강간이나 강제추행의 기수나 미수를 불문하고 상해나 사망의 결과가 발생하면 본죄의 기수가 된다. 본죄는 강간이나 강제추행에 대한 고의와 상해의 결과에 대한 과실, 즉 예견가능성이 있어야 한다.

14. 강간등 살인·치사죄

강간죄, 강제추행죄, 준강간, 준강제추행죄, 미성년자의제강간, 강제추행죄 및 그 미수의 죄를 범한 자가 사람을 살해하거나 사망에 이르게 함으로써 성립하는 범죄이다(형법 제301조의2).

15. 미성년자등에 대한 간음죄

미성년자 또는 심신미약자에 대하여 위계 또는 위력으로써 간음 또는 추행을 함으로써 성립하는 범죄이다(형법 제302조).

미성년자란 20세[2] 미만의 자를 말하지만, 미성년자의제강간, 강제추행죄(형법 제305조)에서 13세 미만의 부녀에 대한 규정을 두고 있으므로 본죄에서는 13세 미만자는 제외된다.

본죄에서 심신미약자란 정신기능의 장애로 인하여 정상적인 판단능력이 부족한 자를 말하며, 연령은 불문하므로 성년자도 본죄의 객체가 된다.

본죄에서 위계란 상대방을 착오에 빠지게 하여 정상적인 판단을 그르치게 하는 것을 말하며, 기망이나 유혹 이외에 상대방의 부지를 이용하는 것도 포함된다.

본죄에서 위력이란 사람의 의사를 제압할 수 있는 힘을 말한다. 위력은 강간죄나 강제추행죄에서의 폭행이나 협박에 이르지 않을 정도의 폭행이나 협박이라도 지위나 권세를 이용하여 상대방의 의사를 제압하는 일체의 행위가 포함된다.

16. 업무상위력등에 의한 간음죄

피감호부녀감음죄는 업무, 고용, 기타 관계로 인하여 자기의 보호 또는 감독을 받는 부녀에 대하여 위계 또는 위력으로 간음함으로써 성립하는 범죄(피감호부녀간음죄)이다(형법 제303조 제1항). 본죄에서 업무란 사적업무나 공적업무를 불문하며, 고용이란 사용자와 피용자의 관계에 있는 것이며, 기타 관계란 사실상 보호나 감독을 받는 관계로 그 원인은 불문한다.

본죄에서의 부녀는 형법 제302조와 형법 제305조와의 관계상 심신미약자가 아닌 제20

2) 2013. 7. 1.부터 시행되는 민법 제4조에서는 19세 미만이다.

세 이상인 부녀에 한정된다.

13세 미만의 피감호부녀를 위계 또는 위력으로써 간음한 경우 미성년자의제강간죄만 성립하며, 13세 이상의 미성년자 또는 심신미약자인 피감호부녀를 위계 또는 위력으로써 간음한 경우에는 미성년자·심신상실자 간음죄가 성립한다.

피구금부녀간음죄는 법률에 의하여 구금된 부녀를 감호하는 자가 그 부녀를 간음함으로써 성립하는 범죄(피구금부녀간음죄)이다(형법 제303조 제2항). 피구금부녀의 심리적 열약감 때문에 성적 자유가 쉽게 침해될 수 있으므로 특별한 수단을 요하지 않으며, 폭행이나 협박을 사용하여 간음한 경우에는 강간죄가 성립한다.

피구금부녀의 동의를 얻어 간음한 경우에도 피구금부녀감음죄가 성립한다.

17. 미성년자에 대한 간음, 추행의 죄

13세 미만의 부녀를 간음하거나 13세 미만의 사람에게 추행을 함으로써 성립하는 범죄이다(형법 제305조). 13세 미만자의 정상적인 성적 발육을 보호법익으로 하고 있으며, 13세 미만자의 간음이나 추행에 대한 승낙능력을 부정하여 동의가 있는 경우에도 강간죄나 강제추행죄의 예에 의하여 처벌하는 규정이다.

본죄는 폭행이나 협박이나 위계나 위력 등 별도의 수단은 필요 없으며, 처음부터 폭행이나 협박에 의한 경우에는 강간죄나 강제추행죄가 성립하며, 피해자의 동의가 있는 경우에도 성립한다.

13세 미만자를 간음하거나 추행한다는 고의가 있어야 하므로 13세 미만자를 13세 이상자로 오인한 경우에는 고의가 조각되어 본죄가 성립되지 않으며, 13세 이상자를 13세 미만자로 오인한 경우에는 본죄가 성립하지 않는다.

본죄의 미수범을 처벌된다.

본죄는 친고죄이므로 고소가 있어야 공소를 제기할 수 있다(형법 제306조). 그러나 본죄를 범함에 있어서 사상의 결과가 발생한 경우에는 친고죄가 아니다.

18. 강도강간죄

강도가 부녀를 강간함으로써 성립하는 범죄이다(형법 제339조). 본죄의 강도에는 단순강도, 특수강도, 준강도, 인질강도를 불문하며, 강간범이 강도를 한 경우에는 강간죄와 강도죄의 경합범이 된다.

강도의 실행에 착수하였을 것을 요하며, 강도의 기수나 미수는 불문하며 재물강취의 수단으로 강간하고 강취한 경우에도 강도강간죄가 성립한다.

강도강간죄의 기수·미수는 강간의 기수·미수에 따라 결정되며, 강도의 기수·미수는 불문하며, 강도강간죄의 미수범은 처벌한다.

19. 성폭력범죄의 처벌 등에 관한 특례법 제3조(특수강도강간 등)부터 제14조(미수범)까지의 죄

가. 제3조(특수강도강간 등)

형법 제319조 제1항(주거침입), 제330조(야간주거침입절도), 제331조(특수절도) 또는 제342조(미수범. 다만, 제330조 및 제331조의 미수범으로 한정한다)의 죄를 범한 사람이 같은 법 제297조(강간)부터 제299조(준강간, 준강제추행)까지의 죄를 범한 경우 또는 형법 제334조(특수강도) 또는 제342조(미수범. 다만, 제334조의 미수범으로 한정한다)의 죄를 범한 사람이 같은 법 제297조(강간)부터 제299조(준강간, 준강제추행)까지의 죄를 범한 경우에 성립된다.

나. 제4조(특수강간 등)

흉기나 그 밖의 위험한 물건을 지닌 채 또는 2명 이상이 합동하여 형법 제297조(강간)의 죄를 범한 사람 또는 흉기나 그 밖의 위험한 물건을 지닌 채 또는 2명 이상이 합동하여 형법 제298조(강제추행)의 죄를 범한 사람 또는 흉기나 그 밖의 위험한 물건을 지닌 채 또는 2명 이상이 합동하여 형법 제299조(준강간, 준강제추행)의 죄를 범한 사람의 경우에 성립된다.

다. 제5조(친족관계에 의한 강간 등)

친족관계인 사람이 형법 제297조(강간)의 죄를 범한 경우 또는 친족관계인 사람이 형법 제298조(강제추행)의 죄를 범한 경우 또는 친족관계인 사람이 형법 제299조(준강간, 준강제추행)의 죄를 범한 경우에 성립된다.

라. 제6조(장애인에 대한 강간·강제추행 등)

신체적인 또는 정신적인 장애가 있는 여자에 대하여 형법 제297조(강간)의 죄를 범한 사람 및 신체적인 또는 정신적인 장애가 있는 사람에 대하여 폭행이나 협박으로 "구강·항문 등 신체(성기는 제외한다)의 내부에 성기를 넣는 행위"나 "성기·항문에 손가락 등 신체(성기는 제외한다)의 일부나 도구를 넣는 행위"의 어느 하나에 해당하는 행위를 한 사람 또는 신체적인 또는 정신적인 장애가 있는 사람에 대하여 형법 제298조(강제추행)의 죄를 범한 사람 또는 신체적인 또는 정신적인 장애가 있는 사람에 대하여 형법 제299조(준강간, 준강제추행)의 죄를 범한 사람 또는 위계 또는 위력으로써 신체적인 또는 정신적인 장애가 있는 여자를 간음한 사람 또는 위계 또는 위력으로써 신체적인 또는 정신적인 장애가 있는 사람을 추행한 사람 또는 장애인의 보호, 교육 등을 목적으로 하는 시설의 장 또는 종사자가 보호, 감독의 대상인 장애인에 대하여 제1항부터 제6항까지의 죄를 범한 경우에 성립된다.

마. 제7조(13세 미만의 미성년자에 대한 강간, 강제추행 등)

13세 미만의 여자에 대하여 형법 제297조(강간)의 죄를 범한 사람 또는 13세 미만의 사람에 대하여 폭행이나 협박으로 "구강, 항문 등 신체(성기는 제외한다)의 내부에 성기를 넣는 행위"나 "성기, 항문에 손가락 등 신체(성기는 제외한다)의 일부나 도구를 넣는 행위" 또는 13세 미만의 사람에 대하여 형법 제298조(강제추행)의 죄를 범한 사람 또는 13세 미만의 사람에 대하여 형법 제299조(준강간, 준강제추행)의 죄를 범한 사람 또는 위계 또는 위력으로써 13세 미만의 여자를 간음하거나 13세 미만의 사람에 대하여 추행한 사람에 대하여 성립된다.

바. 제8조(강간 등 상해·치상)

제3조 제1항, 제4조, 제6조, 제7조 또는 제14조(제3조 제1항, 제4조, 제6조 또는 제7조의 미수범으로 한정한다)의 죄를 범한 사람이 다른 사람을 상해하거나 상해에 이르게 한 때 또는 제5조 또는 제14조(제5조의 미수범으로 한정한다)의 죄를 범한 사람이 다른 사람을 상해하거나 상해에 이르게 한 때에 성립된다.

사. 제9조(강간 등 살인·치사)

제3조부터 제7조까지, 제14조(제3조부터 제7조까지의 미수범으로 한정한다)의 죄 또는 형법 제297조(강간)부터 제300조(미수범)까지의 죄를 범한 사람이 다른 사람을 살해한 때 또는 제4조, 제5조 또는 제14조(제4조 또는 제5조의 미수범으로 한정한다)의 죄를 범한 사람이 다른

사람을 사망에 이르게 한 때 또는 제6조, 제7조 또는 제14조(제6조 또는 제7조의 미수범으로 한정한다)의 죄를 범한 사람이 다른 사람을 사망에 이르게 한 때에 성립된다.

아. 제10조(업무상 위력 등에 의한 추행)

업무, 고용이나 그 밖의 관계로 인하여 자기의 보호, 감독을 받는 사람에 대하여 위계 또는 위력으로 추행한 사람 또는 법률에 따라 구금된 사람을 감호하는 사람이 그 사람을 추행한 때에 성립된다.

자. 제11조(공중 밀집 장소에서의 추행)

대중교통수단, 공연·집회 장소, 그 밖에 공중이 밀집하는 장소에서 사람을 추행한 사람에 대하여 성립된다.

차. 제12조(통신매체를 이용한 음란행위)

자기 또는 다른 사람의 성적 욕망을 유발하거나 만족시킬 목적으로 전화, 우편, 컴퓨터, 그 밖의 통신매체를 통하여 성적 수치심이나 혐오감을 일으키는 말, 음향, 글, 그림, 영상 또는 물건을 상대방에게 도달하게 한 사람에 대하여 성립된다.

카. 제13조(카메라 등을 이용한 촬영)

카메라나 그 밖에 이와 유사한 기능을 갖춘 기계장치를 이용하여 성적 욕망 또는 수치심을 유발할 수 있는 다른 사람의 신체를 그 의사에 반하여 촬영하거나 그 촬영물을 반포·판매·임대 또는 공공연하게 전시·상영한 자 또는 영리를 목적으로 제1항의 촬영물을 정보통신망 이용촉진 및 정보보호 등에 관한 법률 제2조 제1항 제1호의 정보통신망을 이용하여 유포한 자에 대하여 성립된다.

타. 제14조(미수범)

제3조부터 제9조까지 및 제13조의 미수범은 처벌한다.

20. 성폭력범죄의 처벌 등에 관한 특례법 제3조(특수강도강간 등)부터 제14조(미수범)까지의 범죄로서 다른 법률에 따라 가중처벌되는 죄

가. 특정강력범죄의 처벌에 관한 특례법 제3조 누범의 형

형법 제2편 제32장 강간과 추행의 죄 중 제301조(강간등 상해·치상), 제301조의2(강간등 살인·치사)의 죄 및 흉기나 그 밖의 위험한 물건을 휴대하거나 2명 이상이 합동하여 범한 제297조(강간), 제298조(강제추행), 제299조(준강간·준강제추행), 제300조(미수범) 및 제305조(미성년자에 대한 간음, 추행)의 죄(특정강력범죄의 처벌에 관한 특례법 제2조 제1항 제3호)

또는 형법 제2편 제32장 강간과 추행의 죄, 성폭력범죄의 처벌 등에 관한 특례법 제3조부터 제10조까지 및 제14조(제13조의 미수범은 제외한다)의 죄 또는 아동·청소년의 성보호에 관한 법률 제10조의 죄로 두 번 이상 실형을 선고받은 사람이 범한 「형법」 제297조, 제298조, 제299조, 제300조, 제305조 및 아동·청소년의 성보호에 관한 법률 제10조의 죄(특정강력범죄의 처벌에 관한 특례법 제2조 제1항 제4호)

또는 형법 제2편 제38장 절도와 강도의 죄 중 제339조(강도강간), 제341조(상습범) 및 제342조(미수범. 다만, 제329조부터 제331조까지, 제331조의2 및 제332조의 미수범은 제외한다)의 죄(특정강력범죄의 처벌에 관한 특례법 제2조 제1항 제5호)로 형을 선고받고 그 집행이 끝나거나 면제된 후 3년 이내에 다시 특정강력범죄를 범한 경우에는 그 죄에 대하여 정하여진 형의 장기 및 단기의 2배까지 가중한다(특정강력범죄의 처벌에 관한 특례법 제2조 제1항 제5호).

나. 특정범죄 가중처벌 등에 관한 법률 제5조의2 (약취·유인죄의 가중처벌)

형법 제288조·제289조 또는 제292조 제1항의 죄를 범한 사람은 무기 또는 5년 이상의 징역에 처한다(특정범죄 가중처벌 등에 관한 법률 제5조의2 제4항).

상습적으로 제4항의 죄를 범한 사람은 그 죄에 대하여 정한 형의 2분의 1까지 가중한다(특정범죄 가중처벌 등에 관한 법률 제5조의2 제4항).

제4항에 규정된 죄의 미수범은 처벌한다(특정범죄 가중처벌 등에 관한 법률 제5조의2 제4항).

제1항부터 제6항까지의 죄를 범한 사람을 은닉하거나 도피하게 한 사람은 3년 이상의 유기징역에 처한다(특정범죄 가중처벌 등에 관한 법률 제5조의2 제4항).

다. 특정범죄 가중처벌 등에 관한 법률 제5조의5 (강도상해 등 재범자의 가중처벌)

형법 제339조(강도강간)의 죄 또는 그 미수죄로 형을 선고받고 그 집행이 끝나거나 면제된 후 3년 내에 다시 이들 죄를 범한 사람은 사형, 무기 또는 10년 이상의 징역에 처한다.

Ⅲ 성폭력 범죄와 법정형

1. 형법상 성폭력범죄

죄 명 (적용법조)	주 체	수단·방법	행 위	객 체	법정형	친고죄 유무
강간 (제297조)	사람	폭행·협박	강간	부녀	3년 이상 징역	친고죄
강제추행 (제298조)	〃	폭행·협박	추행	사람	10년 이하 징역 또는 1500만원 이하 벌금	친고죄
준강간 (제299조)	〃	심신상실·항거불능 상태 이용	간음	부녀	3년 이상 징역	친고죄
준강제추행 (제299조)	〃	심신상실·항거불능 상태 이용	추행	사람	10년 이하 징역 또는 1500만원 이하 벌금	친고죄
미성년자 의제강간 (제305조)	〃	-	간음	13세 미만 부녀	3년 이상 징역	친고죄
미성년자 의제강제추행 (제305조)	〃	-	추행	13세 미만 사람	10년 이하 징역 또는 1500만 이하 벌금	친고죄
강간·강제추행 상해·치상죄 (제301조)	〃	형법 제297조 내지 300조의 죄를 범한 자와 그 미수범이 상해·치상		사람	무기 또는 5년 이상 징역	비친고죄
강간·강제추행 살인·치사죄 (제301조의2)	〃	형법 제297조 내지 300조의 죄를 범한 자와 그 미수범이 살인·치사		사람	무기 또는 10년 이상의 징역	비친고죄
미성년자·심신미약자 간음·추행죄 (제302조)	〃	위계·위력으로 간음·추행		미성년자·심신미약자	5년 이하의 징역	친고죄
피보호·감독부녀 간음죄 (제303조 제1항)	감독자	위계·위력으로 간음		보호감독을 받는 부녀	5년 이하의 징역 또는 1500만원 이하 벌금	친고죄
피구금부녀간음죄 (제303조 제2항)	감호자	-	간음	법률상 구금된 부녀	7년 이하의 징역	친고죄

강도강간죄 (제339조)	강도	폭행·협박	강간	부녀	무기 또는 10년 이상의 징역	비친고죄
해상강도강간죄 (제340조 제3항)	해상 강도	폭행·협박	강간	부녀	사형 또는 무기징역	비친고죄

2. 성폭력범죄의 처벌 등에 관한 특례법상 성폭력 범죄

죄 명	법 정 형	성폭력범죄의 처벌 등에 관한 특례법 적용법조
주거침입, 야간주거침입절도, 특수절도를 범한 자 또는 그 미수범이 강간·준강간·강제추행·준강제추행	무기징역 또는 5년 이상의 징역	제3조 제1항
특수강도죄·특수강도미수범이 강간·준강간·강제추행·준강제추행	사형, 무기징역 또는 10년 이상의 징역	제3조 제2항
특수강간·특수준강간 (2인 이상, 위험한 물건 휴대)	무기징역 또는 5년 이상의 징역	제4조 제1항
특수강제추행·특수준강제추행 (2인 이상, 위험한 물건 휴대)	3년 이상의 유기징역	제4조 제항
친족관계에 의한 강간·준강간	7년 이상의 유기징역	제5조 제1항, 제3항
친족관계에 의한 강제추행·준강제추행	5년 이상의 유기징역	제5조 제2항, 제3항
장애인에 대한 강간, 준강간	무기 또는 7년 이상의 징역	제6조 제1항, 제4항
장애인에 대한 유사강간	5년 이상의 유기 징역	제6조 제2항
장애인에 대한 강제추행, 준강제추행	3년 이상의 유기징역 또는 2천만원 이상 5천만원 이하의 벌금	제6조 제3항, 제4항
위계 또는 위력에 의한 간음	5년 이상의 유기징역	제6조 제6항
장애인을 보호, 교육할 목적으로 하는 시설의 장 또는 종사자가 보호대상인 장애인에 대한 죄	그 죄에 정한 형의 2분의 1까지 가중	제6조 제7항
13세 미만 강간·준강간, 13세 미만 위계·위력 간음	무기 또는 10년 이상의 징역	제7조 제1항, 제4항
13세 미만 유사강간	7년 이상의 유기징역	제7조 제2항, 제4항
13세 미만 강제추행·준강제추행, 13세 미만 위계·위력 추행	5년 이상의 유기징역 또는 3천만원 이상 5천만원 이하의 벌금	제7조 제3항

강간 등 상해·치상	무기징역 또는 10년 이상의 징역	제8조 제1항
친족관계에 의한 강간 등 미수와 상해·치상	무기 또는 7년 이상의 징역	제8조 제2항
강간 등 살인	사형 또는 무기징역	제9조 제1항
강간 등 치사	무기징역 또는 10년 이상의 징역	제9조 제2항
장애인에 대한 강간·강제추행 등 미수와 치사	사형, 무기징역 또는 10년 이상의 징역	제9조 제3항
업무상위력 등에 의한 추행	2년 이하의 징역 또는 500만원 이하의 벌금	제10조 제1항
피구금감호자에 대한 추행	3년 이하의 징역 또는 1천500만원 이하의 벌금	제10조 제2항
공중밀집장소에서의 추행	1년 이하의 징역 또는 300만원 이하 벌금	제11조
통신매체이용음란	2년 이하의 징역 또는 500만원 이하 벌금	제12조
카메라 등 이용촬영	5년 이하의 징역 또는 1천만원 이하 벌금	제13조 제1항
카메라 등 이용촬영 후 유포	7년 이하의 징역 또는 3천만원 이하 벌금	제13조 제2항

3. 아동·청소년의 성보호에 관한 법률상 성폭력 범죄

구 분	죄 명	법정형	적용법조
아동·청소년의 성보호에 관한 법률	아동·청소년 강간·준강간	5년 이상의 유기징역	제7조 제1항, 제4항
	아동·청소년 강제추행·준강제추행	1년 이상·500만원 이상 2천만원 이하 벌금	제7조 제3항, 제4항
	아동·청소년 유사강간·준강간	3년 이상의 유기징역	제7조 제2항, 제4항
	아동·청소년 위계·위력 간음	5년 이상의 유기징역	제7조 제5항
	아동·청소년 위계·위력 추행	1년 이상·500만원 이상 2천만원 이하 벌금	제7조 제5항

제2장 | 형사절차상 성폭력범죄 피해자의 보호방안

Ⅰ 성폭력범죄의 처벌 등에 관한 특례법

1. 현행법상 성폭력범죄의 피해자보호 규정 개관

성폭력범죄의 처벌 등에 관한 특례법은 성폭력범죄의 조사와 관련하여 피해자 또는 법정대리인의 신청에 의하여 피해자가 지정하는 자를 동석하게 할 수 있도록 규정하고(동법 제29조, 신뢰관계 있는 사람의 동석) 조사 횟수는 필요한 범위에서 최소한으로 하는 규정을 둠으로써 반복조사과정에서 피해자가 갖는 심각한 심리적 고통을 최소화하고자 하고 있다(동법 제26조 제2항). 조사 횟수를 최소화할 수 있는 구체적인 방안으로 피해자 진술의 비디오녹화기 등 영상물 녹화장치로 촬영·보존하여야 한다고 규정하고 있다(동법 제26조 제3항).

즉 피해자가 16세 미만이거나 신체적인 또는 정신적인 장애로 사물을 변별하거나 의사를 결정할 능력이 미약한 경우에는 피해자 또는 법정대리인이 이를 원하지 아니하는 의사를 표시한 경우가 아니면 피해자의 진술 내용과 조사 과정을 비디오녹화기 등 영상물녹화장치로 촬영·보존하도록 하고 이를 증거로 사용하는 것을 허용하고 있다.

수사과정에서 증거보전의 특례도 인정되고 있어서 피해자가 공판기일에 출석하여 증언하는 것이 현저히 곤란한 사정이 있는 때에는 피해자 또는 그 법정대리인이 당해 성폭력범죄를 수사하는 검사에게 그 사유를 소명하여 증거보전의 청구를 요청할 수 있도록 규정하고, 피해자가 아동이거나 장애인인 경우에는 공판기일에 출석하여 증언하는 것이 현저히 곤란한 사정이 있는 것으로 간주하는 규정을 두어 피고인, 피의자에 대하여 인정되는 증거보전제도를 피해자에 대하여 인정하고 있다.

증인에 대한 비디오 등 중계장치에 의한 증인신문을 허용하였으므로 성폭력범죄의 피해자를 증인으로 신문할 경우 법원은 검사, 피고인, 변호인의 의견을 들어 비디오 등 중계장치에 의한 중계를 통하여 신문할 수 있다(동법 제30조 제1항).

성폭력범죄의 처벌 등에 관한 특례법은 성폭력 피해자 보호를 위하여 형사소송절차에 관한 여러 특례 규정으로 증거보전의 특례를 두고 있다.

즉 피해자나 그 법정대리인은 피해자가 공판기일에 출석하여 증언하는 것에 현저히 곤란한 사정이 있을 때에는 그 사유를 소명하여 해당 성폭력범죄를 수사하는 검사에게 형사소송법 제184조(증거보전의 청구와 그 절차) 제1항에 따른 증거보전의 청구를 할 것을 요청할 수 있다(동법 제31조 제1항, 증거보전의 특례).

이 경우 피해자가 제26조 제3항의 요건에 해당하면 공판기일에 출석하여 증언하는 것에 현저히 곤란한 사정이 있는 것으로 본다(제31조 제1항). 제1항의 요청을 받은 검사는 그 요청이 타당하다고 인정할 때에는 증거보전의 청구를 할 수 있다(제31조 제2항).

2. 수사 단계에서의 피해자 보호규정

가. 피해자의 신원과 사생활 비밀 누설 금지

성폭력범죄의 처벌 등에 관한 특례법 제22조 제1항은 성폭력범죄의 수사를 담당하거나 이에 관여하는 공무원은 피해자의 주소, 성명, 나이, 직업, 용모 그 밖에 피해자를 특정하여 파악할 수 있게 하는 인적사항과 사진 등을 공개하거나 다른 사람에게 누설하여서는 아니 되며(신원 누설 금지), 동조 제2항은 성폭력범죄의 소추에 필요한 범죄구성사실을 제외한 피해자의 사생활에 관한 비밀을 공개하거나 다른 사람에게 누설하여서는 아니 된다(사생활 비밀 누설 금지)고 규정하고 있다.

또한 제43조는 위와 같은 비밀엄수 의무를 위반한 경우에는 5년 이하의 징역 또는 5천만원 이하의 벌금에 처하도록 규정함으로써 실효성을 담보하고 있다.

나. 출판물 등으로부터의 피해자 보호

성폭력범죄의 처벌 등에 관한 특례법 제21조 는 특정강력범죄의 처벌에 관한 특례법 제8조를 준용하여 성폭력범죄로 수사 또는 심리 중에 있는 사건의 피해자나 사건을 신고하거나 고발한 사람에 대하여는 피해자, 신고하거나 고발한 사람 또는 그 법정대리인(피해자, 신고 또는 고발한 사람이 사망한 경우에는 그 배우자, 직계친족 또는 형제자매)이 명시적으로 동의하지 아니하는 한 성명, 나이, 주소, 직업, 용모 등에 의하여 그가 피해자이거나 또는 고발한 사람임을 미루어 알 수 있는 정도의 사실이나 사진을 신문지 또는 그 밖의 출판물에 싣거나 방송 또는 유선방송하지 못한다고 규정함으로써 피해자 등의 신원 노출로 인한 새로운 피해의 예방을 강화하고 있다(특정강력범죄의 처벌에 관한 특례법 제8조).

또한 제43조는 위와 같은 비밀엄수 의무를 위반한 경우에는 5년 이하의 징역 또는 5천만원 이하의 벌금에 처하도록 규정함으로써 실효성을 담보하고 있다.

다. 증인에 대한 신변 안전 조치

성폭력범죄의 처벌 등에 관한 특례법 제21조는 특정강력범죄의 처벌에 관한 특례법 제7조를 준용하여 성폭력범죄의 증인이 피고인 그 밖의 사람으로부터 생명·신체에 해를 입거나 입을 염려가 있다고 인정될 때에는 검사가 관할 경찰서장에게 증인의 신변 안전을 위하여 필요한 조치를 할 것을 요청할 것을 규정하고 있고, 피해자 또는 재판장은 필요한 경우 검사에게 그 조치를 취할 것을 청구 또는 요청하도록 규정하고 있으며(특정강력범죄의 처벌에 관한 특례법 제7조 제1항), 검사의 요청을 받은 관할 경찰서장은 즉시 증인의 신변안전을 위하여 필요한 조치를 하고 그 사실을 검사에게 통보하여야 한다고 규정하고 있다(특정강력범죄의 처벌에 관한 특례법 제7조 제2항).

라. 성폭력범죄의 피해자에 대한 전담조사제

성폭력범죄의 처벌 등에 관한 특례법 제24조 제1항은 검찰총장은 각 지방검찰청 검사장으로 하여금 성폭력범죄 전담 검사를 지정하도록 하여 특별한 사정이 없으면 이들로 하여금 피해자를 조사하게 하여야 한다고 규정하고 있으며, 동법 제24조 제2항은 경찰청장은 각 경찰서장으로 하여금 성폭력범죄 전담 사법경찰관을 지정하도록 하여 특별한 사정이 없으면 이들로 하여금 피해자를 조사하게 하여야 한다고 규정하고 있으며, 동법 제24조 제3항은 국가는 제1항의 검사 및 제2항의 사법경찰관에게 성폭력범죄의 수사에 필요한 전문지식과 피해자보호를 위한 수사방법 등에 관한 교육을 실시하여야 한다고 규정하고 있다.

마. 조사 횟수의 최소화 노력 명문화

성폭력범죄의 처벌 등에 관한 특례법 제26조 제2항은 검사 또는 사법경찰관은 성폭력범죄의 피해자를 조사할 때 피해자가 편안한 상태에서 진술할 수 있는 조사 환경을 조성하여야 하며, 조사 횟수는 필요한 범위에서 최소한으로 하여야 한다고 규정하고 있다.

바. 영상물의 촬영·보존

(1) 성폭력범죄의 처벌 등에 관한 특례법 제26조 제3항은 성폭력범죄를 당한 피해자가 16세 미만이거나 신체적인 또는 정신적인 장애로 사물을 변별하거나 의사를 결정할 능력이 미약한 경우에는 피해자의 진술 내용과 조사 과정을 비디오녹화기 등 영상물 녹화장치로 촬영·보존하여야 한다. 다만, 피해자 또는 법정대리인이 이를 원하지 아니하는 의사를 표시한 경우에는 촬영을 하여서는 아니 된다고 규정하고 있다.

이 조항은 아동이나 장애인 피해자가 동일한 진술을 경찰과 검찰에서 여러 번 반복 소환되어 진술함으로써 고통이 커지는 것을 방지하기 위한 규정이다.

(2) 촬영에 대한 피해자 등의 동의

성폭력범죄의 처벌 등에 관한 특례법 아동 또는 장애인 피해자의 경우 진술 내용과 조사 과정의 영상물 촬영을 의무화하면서도 피해자 등의 동의를 요구하고 있다(성폭력범죄의 처벌 등에 관한 특례법 제26조 제3항 단서).

(3) 영상촬영물의 증거능력

성폭력범죄의 처벌 등에 관한 특례법 제26조 제4항은 제3항에 따라 촬영한 영상물에 수록된 피해자의 진술은 공판준비기일 또는 공판기일에 피해자나 조사 과정에 동석하였던 신뢰관계에 있는 사람의 진술에 의하여 그 성립의 진정함이 인정된 경우에 증거로 할 수 있다고 규정하고 있다.

(4) 영상물 촬영 과정에서 작성한 조서 사본의 발급 등

성폭력범죄의 처벌 등에 관한 특례법 제26조 제5항은 수사기관은 제3항의 요건에 해당하는 피해자 또는 법정대리인으로부터 신청이 있으면 영상물 촬영 과정에서 작성한 조서의 사본을 신청인에게 발급하여야 한다고 규정하고 있다. 누구든지 제3항에 따라 촬영한 영상물을 수사 및 재판의 용도 외에 다른 목적으로 사용하여서는 아니 된다고 규정하고 있다(제26조 제6항).

사. 증거보전의 특례

성폭력범죄의 처벌 등에 관한 특례법 제31조 제1항은 피해자나 그 법정대리인은 피해자가 공판기일에 출석하여 증언하는 것에 현저히 곤란한 사정이 있을 때에는 그 사유를 소명하여 해당 성폭력범죄를 수사하는 검사에게 형사소송법 제184조(증거보전의 청구와 그 절차) 제1항에 따른 증거보전의 청구를 할 것을 요청할 수 있다. 이 경우 피해자가 제26조 제3항의 요건에 해당하면 공판기일에 출석하여 증언하는 것에 현저히 곤란한 사정이 있는 것으로 본다고 규정하고 있다.

성폭력범죄의 처벌 등에 관한 특례법 제31조 제1항은 제1항의 요청을 받은 검사는 그 요청이 타당하다고 인정할 때에는 증거보전의 청구를 할 수 있다고 규정하고 있다(제31조 제2항).

아. 신뢰관계에 있는 자의 동석 의무화

성폭력범죄의 처벌 등에 관한 특례법 제29조는 법원은 제3조부터 제8조까지, 제10조 및 제14조(제9조의 미수범은 제외한다)의 범죄의 피해자를 증인으로 신문하는 경우에 검사, 피해자 또는 법정대리인이 신청할 때에는 재판에 지장을 줄 우려가 있는 등 부득이한 경우가 아니면 피해자와 신뢰관계에 있는 사람을 동석하게 하여야 한다고 규정하고 있으며, 수사기관이 전단의 피해자를 조사하는 경우에도 이와 같다고 규정하고 있다.

3. 재판 단계에서의 피해자 보호

가. 피해자의 신원과 사생활 비밀 누설 금지

성폭력범죄의 처벌 등에 관한 특례법 제22조 제1항은 성폭력범죄의 수사 담당공무원의 경우와 마찬가지로 재판 담당 공무원에 대해서도 피해자의 신원 누설 금지를, 제2항은 피해자의 사생활 비밀 누설 금지를 규정하고 있고, 제43조는 위와 같은 비밀엄수 의무를 위반한 경우에는 5년 이하의 징역 또는 5천만원 이하의 벌금에 처하도록 규정하고 있다.

나. 소송진행의 협의

성폭력범죄의 처벌 등에 관한 특례법 제21조는 특정강력범죄의 처벌에 관한 특례법 제9조를 준용하여 법원은 검사 및 변호인과 공판기일의 지정이나 그 밖에 소송의 진행에 필요한 사항을 소송진행에 필요한 최소한의 범위 내에서 협의하여야 한다고 규정하고 있다(성폭력범죄의 처벌 등에 관한 특례법 제21조 제1항, 제2항).

증거서류 또는 증거물의 조사를 청구하는 경우에는 상대방에게 미리 열람할 기회를 주어야 한다고 규정하고 있다(성폭력범죄의 처벌 등에 관한 특례법 제21조 제1항, 제3항 본문). 다만 상대방이 이의를 제기하지 아니하는 경우에는 그러하지 아니하다고 규정하고 있다(성폭력범죄의 처벌 등에 관한 특례법 제21조 제1항, 제3항 단서).

다. 신속한 재판의 진행 및 판결 선고

성폭력범죄의 처벌 등에 관한 특례법 제22조는 특정강력범죄의 처벌에 관한 특례법 제12조를 준용하여 성폭력범죄의 피고인이 공판정에서 공소사실을 자백한 경우에는 법원은 간이공판절차에 의하여 심판할 것을 경정할 수 있다고 규정하고 있으며, 성폭력범죄사건에 관하여는 복잡한 사건이거나 그 밖에 특별한 사정이 있는 경우에도 판결의 선고는 변론종결일부터 14일을 초과하지 못한다고 규정하고 있다(특정강력범죄의 처벌에 관한 특례법 제13조).

라. 심리의 비공개

성폭력범죄의 처벌 등에 관한 특례법 제27조는 성폭력범죄에 대한 심리는 그 피해자의 사생활을 보호하기 위하여 결정으로써 공개하지 아니할 수 있다고 규정하고 있으며(제27조 제1항), 증인으로 소환 받은 성폭력범죄의 피해자와 그 가족은 사생활보호 등의 사유로 증인신문의 비공개를 신청할 수 있다고 규정하고 있으며(제27조 제2항), 재판장은 제2항에 따른 신청을 받으면 그 허가 및 공개 여부, 법정 외의 장소에서의 신문 등 증인의 신문 방식 및 장소에 관하여 결정할 수 있다고 규정하고 있다(제27조 제3항).

마. 전문가의 의견 청취

성폭력범죄의 처벌 등에 관한 특례법 제28조는 법원은 정신건강의학과의사, 심리학자, 사회복지학자, 그 밖의 관련 전문가로부터 행위자 또는 피해자의 정신·심리 상태에 대한 진단 소견 및 피해자의 진술 내용에 관한 의견을 조회할 수 있다고 규정하고 있으며(제28조 제1항), 법원은 성폭력범죄를 조사·심리할 때에는 제1항에 따른 의견 조회의 결과를 고려하여야 한다고 규정하고 있으며(제28조 제2항), 법원은 법원행정처장이 정하는 관련 전문가 후보자 중에서 제1항에 따른 전문가를 지정하여야 한다고 규정하고 있다(제28조 제3항).

제1항부터 제3항까지의 규정은 수사기관이 성폭력범죄를 수사하는 경우에 준용한다. 다만, 피해자가 13세 미만이거나 신체적인 또는 정신적인 장애로 사물을 변별하거나 의

사를 결정할 능력이 미약한 경우에는 관련 전문가에게 피해자의 정신·심리 상태에 대한 진단 소견 및 진술 내용에 관한 의견을 조회하여야 한다고 규정하고 있다(제28조 제4항).

바. 신뢰관계에 있는 자 등의 동석

성폭력범죄의 처벌 등에 관한 특례법 제29조는 법원은 제3조부터 제8조까지, 제10조 및 제14조(제9조의 미수범은 제외한다)의 범죄의 피해자를 증인으로 신문하는 경우에 검사, 피해자 또는 법정대리인이 신청할 때에는 재판에 지장을 줄 우려가 있는 등 부득이한 경우가 아니면 피해자와 신뢰관계에 있는 사람을 동석하게 하여야 한다고 규정하고 있다.

수사절차에서뿐만 아니라 증거보전절차, 공판준비 또는 공판기일에서의 증인신문 시에는 물론 비디오 등 중계장치에 의한 증인신문 시에도 신뢰관계에 있는 자를 동석하게 함으로써 피해자의 정서적 안정을 유지할 수 있도록 하여 피해자를 보호하고 있다.

사. 비디오 등 중계장치에 의한 증인 신문

성폭력범죄의 처벌 등에 관한 특례법 제30조 제1항은 법원은 제2조 제1항 제3호부터 제5호까지의 범죄의 피해자를 증인으로 신문하는 경우 검사와 피고인 또는 변호인의 의견을 들어 비디오 등 중계장치에 의한 중계를 통하여 신문할 수 있다 규정하고 있다.

Ⅱ 아동·청소년의 성보호에 관한 법률상의 피해자 보호규정

1. 수사 및 공판절차에서의 배려

수사기관과 법원은 아동·청소년대상 성범죄를 수사하거나 심리·재판하는 경우에 아동·청소년의 인권과 특성을 배려하고 그 명예와 존엄을 해치지 아니하도록 주의하여야 한다(아동·청소년의 성보호에 관한 법률 제18조 제1항).

2. 영상물의 촬영·보존 등

아동·청소년대상 성범죄 피해자의 진술내용과 조사과정은 비디오녹화기 등 영상물 녹화장치로 촬영·보존하여야 하며(아동·청소년의 성보호에 관한 법률 제18조의2 제1항), 영상물

녹화는 피해자 또는 법정대리인이 이를 원하지 아니하는 의사를 표시한 때에는 촬영을 하여서는 아니 된다. 다만, 가해자가 친권자 중 일방인 경우는 그러하지 아니하다(아동·청소년의 성보호에 관한 법률 제18조의2 제2항).

영상녹화는 조사의 개시부터 종료까지의 전 과정 및 객관적 정황을 녹화하여야 하고, 녹화가 완료된 때에는 지체 없이 그 원본을 피해자 또는 변호인 앞에서 봉인하고 피해자로 하여금 기명날인 또는 서명하게 하여야 하며(아동·청소년의 성보호에 관한 법률 제18조의2 제3항), 검사 또는 사법경찰관은 피해자가 제1항의 녹화장소에 도착한 시각, 녹화를 시작하고 마친 시각, 그 밖에 녹화과정의 진행경과를 확인하기 위하여 필요한 사항을 조서 또는 별도의 서면에 기록한 후 수사기록에 편철하여야 한다(아동·청소년의 성보호에 관한 법률 제18조의2 제4항).

검사 또는 사법경찰관은 피해자 또는 법정대리인이 신청하는 경우에는 영상물 촬영과정에서 작성한 조서의 사본을 신청인에게 교부하거나 영상물을 재생하여 시청하게 하여야 하며(아동·청소년의 성보호에 관한 법률 제18조의2 제5항), 촬영한 영상물에 수록된 피해자의 진술은 공판준비 또는 공판기일에 피해자 또는 조사과정에 동석하였던 신뢰관계에 있는 자의 진술에 의하여 그 성립의 진정함이 인정된 때에는 증거로 할 수 있다(아동·청소년의 성보호에 관한 법률 제18조의2 제6항).

누구든지 촬영한 영상물을 수사 및 재판의 용도 외에 다른 목적으로 사용하여서는 아니 된다(아동·청소년의 성보호에 관한 법률 제18조의2 제7항).

3. 증거보전의 특례

아동·청소년대상 성범죄의 피해자, 그 법정대리인 또는 경찰은 피해자가 공판기일에 출석하여 증언하는 것에 현저히 곤란한 사정이 있을 때에는 그 사유를 소명하여 제18조의2에 따라 촬영된 영상물 또는 그 밖의 다른 증거물에 대하여 해당 성범죄를 수사하는 검사에게 「형사소송법」 제184조 제1항에 따른 증거보전의 청구를 할 것을 요청할 수 있으며(아동·청소년의 성보호에 관한 법률 제18조의3 제1항), 요청을 받은 검사는 그 요청이 상당한 이유가 있다고 인정하는 때에는 증거보전의 청구를 하여야 한다(아동·청소년의 성보호에 관한 법률 제18조의3 제2항).

4. 신뢰관계에 있는 사람의 동석

법원은 아동·청소년대상 성범죄의 피해사람을 증인으로 신문하는 경우에 검사, 피해자 또는 법정대리인이 신청하는 경우에는 재판에 지장을 줄 우려가 있는 등 부득이한 경우가 아니면 피해자와 신뢰관계에 있는 사람을 동석하게 하여야 한다(아동·청소년의 성보호에 관한 법률 제18조의4 제1항).

수사기관이 아동·청소년대상 성범죄의 피해자를 조사하는 경우에도 수사에 지장을 줄 우려가 있는 등 부득이한 경우가 아니면 피해자와 신뢰관계에 있는 사람을 동석하게 하여야 한다(아동·청소년의 성보호에 관한 법률 제18조의4 제2항).

법원과 수사기관은 피해자와 신뢰관계에 있는 사람이 피해자에게 불리하거나, 피해자가 원하지 아니하는 경우에는 동석하게 하여서는 아니 된다(아동·청소년의 성보호에 관한 법률 제18조의3 제3항).

5. 서류·증거물의 열람·등사

아동·청소년대상 성범죄의 피해자, 그 법정대리인 또는 변호인은 재판장의 허가를 받아 소송계속 중의 관계 서류 또는 증거물을 열람하거나 등사할 수 있다(아동·청소년의 성보호에 관한 법률 제18조의5).

6. 피해아동·청소년 등에 대한 변호인선임의 특례

아동·청소년대상 성범죄의 피해자 및 그 법정대리인은 형사절차상 입을 수 있는 피해를 방어하고 법률적 조력을 보장하기 위하여 변호인을 선임할 수 있으며(아동·청소년의 성보호에 관한 법률 제18조의6 제1항), 선임된 변호인은 검사 또는 사법경찰관이 피해아동·청소년 등에 대하여 조사할 경우 수사기관에의 출석권을 가지며(아동·청소년의 성보호에 관한 법률 제18조의6 제2항), 변호인은 증거보전절차 청구권 및 참여권, 증거보전 후 증거물에 대한 열람·등사권과 공판절차 출석권을 가지며(아동·청소년의 성보호에 관한 법률 제18조의6 제3항), 선임된 변호인은 형사절차에서 피해아동·청소년 등의 대리가 허용될 수 있는 모든 소송행위에 대한 포괄적인 대리권을 가진다(아동·청소년의 성보호에 관한 법률 제18조의6 제4항).

검사는 피해아동·청소년에게 변호인이 없는 경우 국선변호인을 지정하여 형사절차에서 피해아동·청소년의 권익을 보호할 수 있다(아동·청소년의 성보호에 관한 법률 제18조의6 제5항).

7. 비밀누설 금지

아동·청소년대상 성범죄의 수사 또는 재판을 담당하거나 이에 관여하는 공무원 또는 그 직에 있었던 사람은 피해아동·청소년 또는 대상아동·청소년의 주소·성명·연령·학교 또는 직업·용모 등 그 아동·청소년을 특정할 수 있는 인적사항이나 사진 등 또는 그 아동·청소년의 사생활에 관한 비밀을 공개하거나 타인에게 누설하여서는 아니 되며(아동·청소년의 성보호에 관한 법률 제19조 제1항), 기관·시설 또는 단체의 장이나 이를 보조하는 자 또는 그 직에 있었던 자는 직무상 알게 된 비밀을 타인에게 누설하여서는 아니 된다(아동·청소년의 성보호에 관한 법률 제19조 제2항).

누구든지 피해아동·청소년 및 대상아동·청소년의 주소·성명·연령·학교 또는 직업·용모 등 그 아동·청소년을 특정하여 파악할 수 있는 인적사항이나 사진 등을 신문 등 인쇄물에 싣거나 방송법 제2조 제1호에 따른 방송 또는 정보통신망 이용촉진 및 정보보호 등에 관한 법률 제2조 제1항 제1호에 따른 정보통신망을 통하여 공개하여서는 아니 된다(아동·청소년의 성보호에 관한 법률 제19조 제3항).

Ⅲ 성폭력범죄 피해자의 2차 피해 방지

1. 성폭력범죄의 2차 피해의 개념

성폭력범죄의 1차 피해는 성폭력 피해를 당한 피해자가 직접적인 범죄 피해를 당하는 것을 말하며, 2차 피해는 성폭력범죄 사건을 계기로 또는 성폭력범죄 사건을 처리하는 과정에서 피해자가 정신적 또는 사회적으로 재차 상처를 입는 것을 의미한다.

2. 성폭력범죄 피해자가 느끼는 심리적 감정

성폭력범죄 피해자는 불신, 분노, 불안, 자아 손상감, 2차 희생의 재경험, 오기, 체념, 타협, 후회의 감정을 느끼게 된다. 성폭력범죄 피해자는 성폭력을 당하였다는 사실이 노출되거나 가해자로부터의 보복에 대한 두려움, 사건처리과정에서 느끼는 피해자에 대한 배려심 부족이나 비난, 수사 및 사법 기관, 의료기관, 피해자 지원 기관의 종사자들로부터 2차 피해를 당할 수 있기 때문에 성폭력범죄 피해자의 2차 피해 방지를 위한 노력이 필요하다.

3. 성폭력범죄 피해아동의 진술과 2차 피해

성폭력범죄는 은밀히 이루어지는 경우가 많기 때문에 목격자가 없기 때문에 성폭력을 당한 피해자의 진술이 중요한 증거가 될 수 있다. 그러나 성폭력범죄의 피해자가 나이 어린 아동일 경우 진술이나 증언의 일관성이나 신빙성이 문제되고, 특히 가해자의 경우 형사절차상 대질이나 법정에서 증언시 반대신문권의 보장을 요구하며 피해자와 같이 조사를 받거나 법정에 출석하여 반대신문에 대해서 증언을 해야만 할 수 있다.

성폭력범죄의 구성요건과 관련하여 구체적인 피해상황에 대해서 수사기관인 경찰에서 진술하고 같은 내용을 다시 검찰에서 진술하고 법원에서 증언하는 등 성폭력 피해자의 입장에서는 가해자를 처벌하기 위해서 너무나 힘든 과정을 반복해야 하고 이러한 과정에서 수사기관이나 법원에서 또는 피고인이나 변호인의 신문에 답변해야 하는 등 기억하기조차 싫은 사건을 떠올릴 수밖에 없는 경우가 대부분이다.

4. 수사기관과 재판절차에서의 2차 피해 발생 우려

성폭력범죄로 인하여 피해를 입은 피해자가 정신적 육체적으로 이미 회복하기 어려운 1차적인 피해를 입은 상태에서 또다시 반복되는 신문과정에서 정신적·심리적 2차 피해가 나타나기 때문에 형사절차상 피해아동에 대한 보호방안이 충분히 수립되지 않은 상황에서 피해아동이 정신적·심리적 피해를 받게 되며, 진술이 번복될 위험이 발생하게 되며, 가해자를 처벌하기 어려운 상황에 이르는 경우도 발생할 수 있다.

피해자뿐만 아니라 피해자와 가족관계에 있는 사람 등은 수사절차나 공판절차에 참고인 또는 증인으로 참여하면서 성폭력에 대한 잘못된 통념에 의해 피해자가 사회적으로 불이익을 당하거나 피해자 스스로 심리적인 고통을 겪을 수도 있으므로 2차 피해 방지를 위한 법적 제도적 장치가 마련되어야 비로소 성폭력범죄의 피해자를 제대로 보호할 수 있는 것이다.

Ⅳ 법률조력인 제도

1. 법률조력인의 의의

검사가 성폭력범죄 피해자를 위해 지정한 국선변호인을 말하며, 성폭력 사건 발생 초기부터 수사, 재판에 이르는 전 과정에서 피해자를 위해 법률지원을 하는 사람을 말하며, 법률조력인은 변호사 중에서 지정되며, 그 비용은 국가가 지원한다(아동·청소년의 성보호에 관한 법률 제18조의6 제5항).

2. 법적근거

아동·청소년의 성보호에 관한 법률 제18조의6(피해아동·청소년 등에 대한 변호인선임의 특례)

아동·청소년대상 성범죄의 피해자 및 그 법정대리인(이하 "피해아동·청소년 등"이라 한다)은 형사절차상 입을 수 있는 피해를 방어하고 법률적 조력을 보장하기 위하여 변호인을 선임할 수 있으며(제1항), 선임된 변호인은 검사 또는 사법경찰관이 피해아동·청소년 등에 대하여 조사할 경우 수사기관에의 출석권을 가지며(제2항), 선임된 변호인은 증거보전절차 청구권 및 참여권, 증거보전 후 증거물에 대한 열람·등사권과 공판절차 출석권을 가지며(제3항), 선임된 변호인은 형사절차에서 피해아동·청소년 등의 대리가 허용될 수 있는 모든 소송행위에 대한 포괄적인 대리권을 가진다(제4항).

검사는 피해아동·청소년에게 변호인이 없는 경우 국선변호인을 지정하여 형사절차에서 피해아동·청소년의 권익을 보호할 수 있다(제6항).

3. 법률조력인의 조력을 받을 수 있는 대상자

아동·청소년의 성보호에 관한 법률 제 2조 제2호[1]에 열거된 성범죄 피해자라야 한다.

---

1) 아동·청소년의 성보호에 관한 법률 제 2조 제2호
2. "아동·청소년대상 성범죄"는 다음 각 목의 어느 하나에 해당하는 죄를 말한다.
가. 제7조부터 제12조까지의 죄(제8조 제5항의 죄는 제외한다)
나. 아동·청소년에 대한 「성폭력범죄의 처벌 등에 관한 특례법」 제3조부터 제14조까지의 죄
다. 아동·청소년에 대한 「형법」 제297조부터 제301조까지, 제301조의2, 제302조, 제303조, 제305조 및 제339조의 죄

19세 미만[2] 아동·청소년 및 장애인[3]에 대해서 법률조력인(국선변호인)을 지정할 수 있다.

4. 법률조력인의 권한

검사 또는 사법경찰관이 성폭력 피해아동·청소년 및 장애자 등에 대하여 조사할 경우 수사기관에의 출석권과 증거보전절차 청구권 및 참여권, 증거보전 후 증거물에 대한 열람·등사권과 공판절차 출석권, 형사절차에서 피해아동·청소년 등의 대리가 허용될 수 있는 모든 소송행위에 대한 포괄적 대리권을 가진다. 즉 경찰 수사단계에서는 출석권, 의견개진(조사방법, 장소 등 피해아동의 이익을 보호하기 위한 조사계획에 참여), 증거자료를 제출할 수 있으며, 검찰 수사단계에서는 의견개진(피해아동 재조사 필요시 사전 일정 및 방법 등 협의), 증거 및 양형자료 제출, 증거보전청구권, 열람등사권이 있으며, 법원에서 공판절차 진행 중에는 출석권, 의견진술(피해아동 증인신문시 보호절차 요청, 신문사항 이의), 증거 및 양형자료를 제출할 수 있다.

5. 법률조력인 신청

성폭력범죄 발생시 피해자 및 그 법정대리인이 검사에게 법률조력인을 신청할 수 있으며 신청이 없더라도 그 법률적 지원 필요성이 있다고 판단되는 때에는 검사가 직권으로 지정할 수 있다.

법률조력인의 도움을 받기 위해서는 성폭력범죄 피해자 또는 법정대리인이 경찰서와 검찰청 등의 수사기관에 성폭력 피해사실 신고와 함께 구두 또는 서면으로 신청하거나 성폭력상담소나 한국여성의 전화, 대한법률구조공단 등의 지원센터를 통해서도 요청할 수 있다.[4]

라. 아동·청소년에 대한 「아동복지법」 제29조 제2호 및 제6호의 죄

2) "아동·청소년"은 19세 미만의 자를 말한다. 다만, 19세에 도달하는 해의 1월 1일을 맞이한 자는 제외한다. 성폭력 피해를 본 당시의 연령을 기준으로 운영되고 있으므로 성폭력 피해를 입은 시점이 19세 미만이라면 법률조력인의 도움을 받을 수 있다.

3) 현행법상 19세 이상이라면 장애인의 경우라도 법률조력인을 신청할 수 없다.

4) 검사의 국선변호인 지정 등에 관한 규칙 제10조 (법률조력인 지정 신청) ① 제8조 제1항에 따른 법률조력인 지정 신청(이하 이 조에서 "지정신청"이라 한다)은 구두 또는 서면으로 검사 또는 사법경찰관에게 하여야 한다. 이 경우 법정대리인이 신청할 때에는 피해아동·청소년과의 관계를 증명하는 서류를 제출하여야 한다. ② 피해아동·청소년 및 그 법정대리인은 법률조력인명부에 등재된 예정자

6. 법률조력인의 지정

법률조력인은 각급 검찰청의 성폭력 전담검사가 직권 또는 피해자의 신청 또는 성폭력피해상담소 등의 협조요청[5])으로 지정하게 된다.

19세 미만의 아동 또는 청소년에게 성범죄를 당한 경우에 검사는 피해자인 아동·청소년에게 법률조력인을 임의적으로 지정할 수 있다.

그러나 반드시 의무적으로 법률조력인을 지정해야 하는 경우로는 ① 피해자인 아동·청소년에게 법정대리인이 없는 경우, ② 피해자인 아동·청소년에게 법정대리인이 있더라도 법정대리인이 의사능력이 없거나 미약한 경우, ③ 성폭력범죄의 처벌 등에 관한 특례법 제3조 내지 제8조{제3조(특수강도강간등), 제4조(특수강간등), 제5조(친족관계에 의한 강간등), 제6조(장애인에 대한 강간, 강제추행등), 제7조(13세 미만의 미성년자에 대한 강간, 강제추행등), 제8조(강간 등 상해, 치상)}에 해당하는 성폭력범죄의 피해를 입은 경우 즉 중한 성폭력 범죄의 경우에는 반드시 의무적으로 법률조력인을 지정하여야 한다.[6])

중에서 특정인을 지명하여 법률조력인으로 지정하여 줄 것을 요청할 수 있다. ③ 지정신청은 성범죄 행위자에 대한 사실심(事實審)의 변론종결 전까지 할 수 있다. 다만, 성범죄 행위자가 불기소된 경우에는 그 불기소처분을 한 때(불기소처분에 대한 불복이 있는 경우에는 그 불복절차가 기각결정으로 최종 종결된 때를 말한다)까지 지정신청을 할 수 있다. ④ 사법경찰관이 지정신청을 받았을 때에는 지체 없이 그 사실을 검사에게 보고하여야 한다.

5) 검사의 국선변호인 지정 등에 관한 규칙 제11조 (성폭력피해상담소 등의 협조 요청) 검사는 「성폭력방지 및 피해자보호 등에 관한 법률」에 따른 성폭력피해상담소나 성폭력피해자보호시설로부터 같은 법 제11조 제5호 또는 법 제31조 제2항 제4호에 따른 성폭력 행위자에 대한 형사절차 지원을 요청받은 경우에는 피해아동·청소년을 위한 법률조력인을 지정할 수 있다.

6) 검사의 국선변호인 지정 등에 관한 규칙 제8조 (법률조력인 지정) ① 검사는 피해아동·청소년에게 변호인이 없는 경우에는 직권으로 또는 피해아동·청소년 및 그 법정대리인의 신청에 따라 법률조력인을 지정할 수 있다. 이 경우 법률조력인 지정은 특별한 사정이 없는 한 해당 사건의 관할 검찰청 소속 성폭력범죄 전담검사가 한다. ② 검사는 피해아동·청소년이 다음 각 호의 어느 하나에 해당하는 경우에는 법률조력인을 지정하여야 한다. 다만, 피해아동·청소년이 명시적으로 거부의사를 표시하는 경우에는 법률조력인을 지정하지 아니할 수 있으며, 이 경우 피해아동·청소년의 의사를 적은 서면을 해당 사건기록에 편철하여야 한다.
1. 법정대리인이 없는 경우
2. 법정대리인이 신체 또는 정신적인 장애로 사물을 변별하거나 의사를 결정할 능력이 없거나 미약한 경우
3. 「성폭력범죄의 처벌 등에 관한 특례법」 제3조부터 제8조까지에 해당하는 피해를 입은 경우

③ 사법경찰관은 피해아동·청소년이 제2항 각 호의 어느 하나에 해당하는 사실을 알게 되었을 때에는 지체 없이 그 사실을 검사에게 보고하여야 한다.

7. 피해자의 거부 및 변경신청 및 재지정

검사가 지정한 국선변호사를 피해자가 이를 거부하거나 재선임을 요청할 수도 있다.[7)]피해자의 의사가 가장 중요하기 때문에[8)] 피해자가 거부할 경우 검사는 국선변호사를 지정하지 않을 수 있다.

다만, 지체장애인 등과 같이 의사결정 능력이 부족한 경우 피해자의 의견만 듣고 판단할 수는 없을 것이므로 검사가 판단할 때 법률조력인의 필요성이 있다면 지정할 수 있다. 피해자와 법률조력인 사이에 문제가 발생할 경우 변경신청과 재지정이 가능하다.[9)]

8. 항소나 상고와 법률조력인

원심에서 패소한 후 항소나 상고를 할 경우에도 법률조력인 제도의 지원을 받을 수 있다. 법률조력인 제도는 검사가 기소한 경우 재판이 확정될 때까지 지원을 받을 수 있다. 따라서 원심에서 피고인에게 무죄가 선고되어 항소나 상고를 할 경우 법률조력인의 지정 효력은 계속 이어진다.[10)]

---

7) 검사의 국선변호인 지정 등에 관한 규칙 제14조 (법률조력인 변경 신청) ① 피해아동·청소년 및 그 법정대리인은 검사 또는 사법경찰관에게 법률조력인 변경 신청을 할 수 있다. ② 피해아동·청소년 및 그 법정대리인은 제1항에 따른 변경 신청을 할 때에는 그 사유를 소명하여야 한다. ③ 사법경찰관은 제1항에 따른 법률조력인 변경 신청을 받으면 지체 없이 검사에게 보고하여야 한다.

8) 아동·청소년의 성보호에 관한 법률 시행령 제1조의5 (검사의 국선변호인 지정 등) 제1항 검사는 법 제18조의6 제5항에 따라 국선변호인을 지정할 때에는 아동·청소년대상 성범죄의 피해자 및 그 법정대리인의 의사를 존중하여야 한다.

9) 검사의 국선변호인 지정 등에 관한 규칙 제17조 (법률조력인의 재지정) 검사는 제16조에 따라 법률조력인 지정이 취소된 경우에는 제8조부터 제10조까지 및 제12조에 따라 법률조력인을 다시 지정할 수 있다.

10) 검사의 국선변호인 지정 등에 관한 규칙 제13조 (법률조력인의 지정기간) 법률조력인의 지정기간은 제16조에 따라 지정이 취소되지 않는 한 다음 각 호의 구분에 따른 기간으로 한다.
   1. 아동·청소년 대상 성범죄 행위자가 불기소된 경우 : 검사가 불기소처분을 한 때까지. 다만, 불기소처분에 대한 불복이 있을 때에는 그 불복절차가 기각결정으로 최종 종결된 때까지로 한다.
   2. 아동·청소년 대상 성범죄 행위자가 기소된 경우 : 재판이 확정된 때까지

제3장 | 성폭력범죄자의 신상정보 등록 및 공개

Ⅰ 성폭력범죄의 처벌 등에 관한 특례법상 신상정보 등록 및 등록정보의 공개

1. 신상정보 등록대상자

등록대상 성폭력범죄로 유죄판결이 확정된 자 또는 공개명령이 확정된 자는 신상정보 등록대상자(아동·청소년의 성보호에 관한 법률 제33조에 따른 신상정보 등록대상자는 제외한다)가 되며(성폭력범죄의 처벌 등에 관한 특례법 제32조 제1항), 법원은 등록대상 성폭력범죄로 판결을 선고할 경우에 등록대상자라는 사실과 신상정보 제출 의무가 있음을 등록대상자에게 알려 주어야 하며(성폭력범죄의 처벌 등에 관한 특례법 제32조 제2항), 판결이 확정된 날부터 14일 이내에 제2항의 고지사항을 서면으로 판결문 등본에 첨부하여 법무부장관에게 송달하여야 한다(성폭력범죄의 처벌 등에 관한 특례법 제32조 제3항).

2. 신상정보의 제출 의무

등록대상자는 판결이 확정된 날부터 60일 이내에 ① 성명, ② 주민등록번호, ③ 주소 및 실제거주지, ④ 직업 및 직장 등의 소재지, ⑤ 신체정보(키와 몸무게), ⑥ 사진(등록일 기준으로 6개월 이내에 촬영된 것), ⑦ 소유차량의 등록번호의 신상정보를 자신의 주소지를 관할하는 경찰관서의 장에게 제출하여야 한다. 다만, 등록대상자가 교정시설 또는 치료감호시설에 수용된 경우에는 그 교정시설의 장 또는 치료감호시설의 장에게 신상정보를 제출함으로써 이를 갈음할 수 있다(성폭력범죄의 처벌 등에 관한 특례법 제33조 제1항).

등록대상자는 제출한 신상정보(제출정보)가 변경된 경우에는 그 사유와 변경내용(변경정보)을 변경사유가 발생한 날부터 30일 이내에 제1항에 따라 제출하여야 한다. 다만, 사진은 최초 등록일부터 1년마다 새로 촬영한 사진을 제출하되, 교정시설 또는 치료감호시설에 수용된 자의 경우에는 석방 또는 치료감호 종료 전에 새로 촬영한 사진을 교정시설 등의 장에게 제출하여야 한다(성폭력범죄의 처벌 등에 관한 특례법 제33조 제2항).

등록대상자로부터 제출정보 및 변경정보를 제출받은 관할경찰관서의 장 또는 교정시설 등의 장은 지체 없이 이를 법무부장관에게 송달하여야 한다(성폭력범죄의 처벌 등에 관한 특례법 제33조 제3항).

3. 등록대상 성폭력범죄자의 신상정보 등록

법무부장관은 송달받은 정보와 등록대상자의 등록대상 성폭력범죄 경력정보를 등록하여야 하며(성폭력범죄의 처벌 등에 관한 특례법 제34조 제1항), 등록한 정보(등록정보)에 대하여는 등록일자를 밝혀 등록대상자에게 통지하여야 하며(성폭력범죄의 처벌 등에 관한 특례법 제34조 제2항), 등록에 필요한 정보의 조회를 관계 행정기관의 장에게 요청할 수 있다(성폭력범죄의 처벌 등에 관한 특례법 제34조 제3항).

법무부장관은 등록대상자가 제출정보 또는 변경정보를 정당한 사유 없이 제출하지 아니한 경우에는 신상정보의 등록에 필요한 사항을 관계 행정기관의 장에게 조회를 요청하여 등록할 수 있다(성폭력범죄의 처벌 등에 관한 특례법 제34조 제4항).

4. 등록정보의 관리

법무부장관은 등록정보를 최초 등록일(등록대상자에게 통지한 등록일을 말한다)부터 10년간 보존·관리하여야 하며(성폭력범죄의 처벌 등에 관한 특례법 제35조 제1항), 등록기간이 끝나면 등록정보를 즉시 폐기하고 그 사실을 등록대상자에게 통지하여야 한다. 이 경우 등록대상자가 등록 원인이 된 등록대상 성폭력범죄로 교정시설에 수용된 기간은 등록기간에 넣어 계산하지 아니한다(성폭력범죄의 처벌 등에 관한 특례법 제35조 제2항).

관할경찰관서의 장은 등록기간 중 매년 1회 등록정보의 변경 여부를 확인하여야 한다(성폭력범죄의 처벌 등에 관한 특례법 제35조 제3항).

5. 등록정보의 활용

법무부장관은 등록정보를 등록대상 성폭력범죄와 관련한 범죄예방 및 수사에 활용하게 하기 위하여 검사 또는 각급 경찰관서의 장에게 배포할 수 있다(성폭력범죄의 처벌 등에 관한 특례법 제36조 제1항).

6. 등록정보의 공개

법원은 ① 등록대상 성폭력범죄를 저지른 자, ② 등록대상 성폭력범죄를 범하였으나 형법 제10조 제1항에 따라 처벌할 수 없는 자로서 등록대상 성폭력범죄를 다시 범할 위험성이 있다고 인정되는 자의 어느 하나에 해당하는 자(아동·청소년의 성보호에 관한 법률 제38조에 따른 공개대상자는 제외한다.)에 대하여 판결로 제3항의 공개정보를 등록기간 동안 정보통신망을 이용하여 공개하도록 하는 명령(공개명령)을 등록대상 성폭력범죄 사건의 판결과 동시에 선고하여야 한다. 다만, 신상정보를 공개하여서는 아니 될 특별한 사정이 있다고 판단되는 경우에는 그러하지 아니하다(성폭력범죄의 처벌 등에 관한 특례법 제37조 제1항).

등록정보의 공개기간(형의 실효 등에 관한 법률 제7조에 따른 기간을 초과하지 못한다)은 판결이 확정된 때부터 기산한다. 다만, 공개명령을 받은 자가 실형 또는 치료감호를 선고받은 경우에는 그 형 또는 치료감호의 전부 또는 일부의 집행을 종료하거나 집행이 면제된 때부터 기산한다(성폭력범죄의 처벌 등에 관한 특례법 제37조 제2항).

공개하도록 제공되는 등록정보(공개정보)는 ① 성명, ② 나이, ③ 주소 및 실제거주지(읍·면·동까지로 한다), ④ 신체정보(키와 몸무게), ⑤ 사진, ⑥ 등록대상 성폭력범죄 요지이다(성폭력범죄의 처벌 등에 관한 특례법 제37조 제3항).

공개정보를 정보통신망을 이용하여 열람하려는 자는 민법 제4조에 따른 성년자로서 실명인증 절차를 거쳐야 한다(성폭력범죄의 처벌 등에 관한 특례법 제37조 제5항).

7. 공개명령의 집행

공개명령은 법무부장관이 정보통신망을 이용하여 집행하며(성폭력범죄의 처벌 등에 관한 특례법 제38조 제1항), 법원은 제37조의 판결이 확정되면 판결문 등본을 지체 없이 법무부장관에게 송달하여야 한다(성폭력범죄의 처벌 등에 관한 특례법 제38조 제2항).

8. 비밀준수

등록대상 성폭력범죄자의 신상정보의 등록·공개·보존 및 관리 업무에 종사하거나 종사하였던 자는 직무상 알게 된 등록정보를 누설하여서는 아니 된다(성폭력범죄의 처벌 등에 관한 특례법 제39조).

9. 공개정보의 악용금지

공개정보는 등록대상 성폭력범죄로부터 보호하기 위하여 등록대상 성폭력범죄 우려가 있는 자를 확인할 목적으로만 사용되어야 한다(성폭력범죄의 처벌 등에 관한 특례법 제40조 제1항).

공개정보를 확인한 자는 공개정보를 활용하여 ① 신문·잡지 등 출판물, 방송 또는 정보통신망을 이용한 공개, ② 공개정보의 수정 또는 삭제의 행위를 하여서는 아니 된다(성폭력범죄의 처벌 등에 관한 특례법 제40조 제2항).

10. 등록정보의 고지

법원은 공개대상자 중 ① 등록대상 성폭력범죄를 저지른 자, ② 등록대상 성폭력범죄를 범하였으나 형법 제10조 제1항에 따라 처벌할 수 없는 자로서 등록대상 성폭력범죄를 다시 범할 위험성이 있다고 인정되는 자의 어느 하나에 해당하는 자(고지대상자)에 대하여 판결로 공개명령 기간 동안 고지정보를 고지대상자가 거주하는 읍·면·동의 지역주민, 영유아보육법에 따른 어린이집의 원장, 유아교육법에 따른 유치원의 장과 초·중등교육법 제2조에 따른 학교의 장에게 고지하도록 하는 명령(고지명령)을 등록대상 성폭력범죄 사건의 판결과 동시에 선고하여야 한다.

다만, 신상정보를 공개하여서는 아니 될 특별한 사정이 있다고 판단하는 경우에는 그러하지 아니하다(성폭력범죄의 처벌 등에 관한 특례법 제41조 제1항).

고지명령은 ① 집행유예를 선고받은 고지대상자는 신상정보 최초 등록일부터 1개월 이내, ② 금고 이상의 실형을 선고받은 고지대상자는 출소 후 거주할 지역에 전입한 날부터 1개월 이내, ③ 고지대상자가 다른 지역으로 전출하는 경우에는 변경정보 등록일부터 1개월 이내에 고지하여야 한다(성폭력범죄의 처벌 등에 관한 특례법 제41조 제2항).

고지하여야 하는 고지정보는 ① 고지대상자가 이미 거주하고 있거나 전입하는 경우에는 제37조 제3항의 공개정보(다만, 제37조 제3항 제3호에 따른 주소 및 실제거주지는 상세주소를 포함한다.), ② 고지대상자가 전출하는 경우에는 제1호의 고지정보와 그 대상자의 전출 정보이다(성폭력범죄의 처벌 등에 관한 특례법 제41조 제3항).

11. 고지명령의 집행

고지명령의 집행은 법무부장관이 하며(성폭력범죄의 처벌 등에 관한 특례법 제42조 제1항),

법원은 고지명령의 판결이 확정되면 판결문 등본을 지체 없이 법무부장관에게 송달하여야 한다(성폭력범죄의 처벌 등에 관한 특례법 제42조 제2항).

법무부장관은 고지명령의 집행에 관한 업무 중 고지정보의 우편송부에 관한 업무를 고지대상자가 실제 거주하는 읍·면·동의 장에게 위임할 수 있으며(성폭력범죄의 처벌 등에 관한 특례법 제42조 제3항), 위임을 받은 고지대상자가 거주하는 읍·면사무소의 장 또는 동 주민자치센터의 장은 고지정보를 관할구역에 거주하는 아동·청소년(아동·청소년의 성보호에 관한 법률 제2조 제1호의 "아동·청소년"을 말한다)의 친권자 또는 법정대리인이 있는 가구, 영유아보육법에 따른 어린이집의 원장, 유아교육법에 따른 유치원의 장과 초·중등교육법 제2조에 따른 학교의 장에게 우편으로 송부하여야 한다(성폭력범죄의 처벌 등에 관한 특례법 제42조 제4항).

Ⅱ 아동·청소년의 성보호에 관한 법률상 아동·청소년대상 성범죄로 유죄판결이 확정된 자의 신상정보 등록 및 공개와 취업제한

1. 신상정보 등록대상자

아동·청소년대상 성범죄로 유죄판결이 확정된 자 또는 제38조 제1항 제5호에 따라 공개명령이 확정된 자는 신상정보 등록대상자가 되며(아동·청소년의 성보호에 관한 법률 제33조 제1항), 법원은 아동·청소년대상 성범죄로 판결을 선고할 경우에 등록대상자라는 사실과 제34조에 따른 신상정보 제출 의무가 있음을 등록대상자에게 알려 주어야 한다(아동·청소년의 성보호에 관한 법률 제33조 제2항).

법원은 판결이 확정된 날부터 14일 이내에 고지사항을 서면으로 판결문 등본에 첨부하여 여성가족부장관에게 송달하여야 한다(아동·청소년의 성보호에 관한 법률 제33조 제3항).

2. 신상정보의 제출 의무

등록대상자는 판결이 확정된 날부터 40일 이내에 ① 성명, ② 주민등록번호, ③ 주소 및 실제거주지, ④ 직업 및 직장 등의 소재지, ⑤ 신체정보(키와 몸무게), ⑥ 사진(등록일

기준으로 6개월 이내에 촬영된 것), ⑦ 소유차량의 등록번호의 신상정보를 자신의 주소지를 관할하는 경찰관서의 장에게 제출하여야 한다. 다만, 등록대상자가 교정시설 또는 치료감호시설에 수용된 경우에는 그 교정시설의 장 또는 치료감호시설의 장에게 신상정보를 제출함으로써 이에 갈음할 수 있다(아동·청소년의 성보호에 관한 법률 제34조 제1항).

등록대상자는 제출한 신상정보가 변경된 경우에는 그 사유와 변경내용을 변경사유가 발생한 날부터 30일 이내에 제1항에 따라 제출하여야 한다. 다만, 사진은 최초 등록일부터 1년마다 새로 촬영한 사진을 제출하되, 교정시설 또는 치료감호시설에 수용된 자의 경우에는 석방 또는 치료감호 종료 전에 새로 촬영한 사진을 교정시설 등의 장에게 제출하여야 한다(아동·청소년의 성보호에 관한 법률 제34조 제2항).

등록대상자로부터 제출정보 및 변경정보를 제출받은 관할경찰관서의 장 또는 교정시설 등의 장은 지체 없이 이를 여성가족부 장관에게 송달하여야 한다(아동·청소년의 성보호에 관한 법률 제34조 제3항).

3. 아동·청소년대상 성범죄자의 신상정보 등록

여성가족부 장관은 송달받은 정보와 등록대상자의 아동·청소년대상 성범죄 경력정보를 등록하여야 하며(아동·청소년의 성보호에 관한 법률 제35조 제1항), 등록한 정보에 대하여는 등록일자를 밝혀 등록대상자에게 통지하여야 한다(아동·청소년의 성보호에 관한 법률 제35조 제2항).

여성가족부 장관은 제1항에 따른 등록에 필요한 정보의 조회를 관계 행정기관의 장에게 요청할 수 있으며(아동·청소년의 성보호에 관한 법률 제35조 제3항), 등록대상자가 제출정보 또는 변경정보를 정당한 사유 없이 제출하지 아니한 경우에는 신상정보의 등록에 필요한 사항을 관계 행정기관의 장에게 조회를 요청하여 등록할 수 있다(아동·청소년의 성보호에 관한 법률 제35조 제4항).

■ 아동·청소년의 성보호에 관한 법률 시행규칙 [별지 제8호 서식] 〈개정 2011.2.11〉

신상정보 등록 통지서

<table>
<tr><td rowspan="11">등록
정보</td><td rowspan="2">성 명</td><td colspan="2">한 글</td><td colspan="2">자국어</td></tr>
<tr><td colspan="2">한 자</td><td colspan="2">영 문</td></tr>
<tr><td>주민등록번호</td><td>-</td><td>외국인인 경우 : 국적과 여권번호 또는 외국인 등록번호</td><td colspan="2"></td></tr>
<tr><td>주민등록주소</td><td colspan="4"></td></tr>
<tr><td>실제거주주소</td><td colspan="4"></td></tr>
<tr><td>직 업</td><td></td><td>직장명</td><td colspan="2">(전화번호 :)</td></tr>
<tr><td>직장 주소</td><td colspan="4"></td></tr>
<tr><td>신체정보</td><td colspan="2">키 cm</td><td colspan="2">몸무게 kg</td></tr>
<tr><td>소유차량
등록번호</td><td colspan="4"></td></tr>
</table>

신상정보 등록일		등록종료예정일	

「아동·청소년의 성보호에 관한 법률」 제35조 제2항에 따라 등록대상자의 등록정보 및 등록일을 위와 같이 통지합니다.

년 월 일

여성가족부장관 직인

안내말씀

○ 귀하께서 제출하신 등록정보와 등록일을 통보합니다. 위 내용이 사실과 다른 경우에는 여성가족부장관에게 연락하시기 바랍니다.

○ 귀하의 신상정보는 등록일부터 OO년간 여성가족부에 보존·관리됩니다(교정시설 또는 치료감호시설에 수용된 기간은 제외합니다).

○ 귀하께서는 제출한 신상정보가 변경된 경우 30일 이내에 관할경찰서에 변경정보를 제출해야 하고, 사진은 최초 등록일부터 1년마다 새로 촬영한 사진을 제출해야 합니다. 등록된 신상정보가 변경되었음에도 불구하고 변경이 된 날부터 30일 이내에 제출을 하지 않은 경우 또는 거짓 신상정보를 제출한 경우에는 1년 이하의 징역 또는 500만원 이하의 벌금에 처해집니다.

210㎜×297㎜ [보존용지(2종) 70g/㎡]

4. 등록정보의 관리

여성가족부 장관은 등록정보를 최초 등록일(등록대상자에게 통지한 등록일을 말한다)부터 20년간 보존·관리하여야 하며(아동·청소년의 성보호에 관한 법률 제36조 제1항), 등록기간이 끝나면 등록정보를 즉시 폐기하고 그 사실을 등록대상자에게 통지하여야 한다. 이 경우 등록대상자가 등록 원인이 된 아동·청소년대상 성범죄로 교정시설에 수용된 기간은 등록기간에 넣어 계산하지 아니한다(아동·청소년의 성보호에 관한 법률 제36조 제2항).

관할경찰관서의 장은 등록기간 중 매년 1회 등록정보의 변경 여부를 확인하여야 한다(아동·청소년의 성보호에 관한 법률 제36조 제3항).

5. 등록정보의 활용

여성가족부 장관은 등록정보를 아동·청소년대상 성범죄와 관련한 범죄예방 및 수사에 활용하게 하기 위하여 검사 또는 각급 경찰관서의 장에게 배포할 수 있다(아동·청소년의 성보호에 관한 법률 제37조 제1항).

6. 등록정보의 공개

법원은 ① 아동·청소년대상 성폭력범죄를 저지른 자, ② 아동·청소년의 성보호에 관한 법률에 따른 신상공개 결정 또는 열람명령·공개명령을 선고받고 다시 아동·청소년대상 성폭력범죄를 저지른 자, ③ 13세 미만의 아동·청소년을 대상으로 아동·청소년대상 성범죄를 저지른 자로서 13세 미만의 아동·청소년을 대상으로 아동·청소년대상 성범죄를 다시 범할 위험성이 있다고 인정되는 자, ④ 아동·청소년대상 성폭력범죄를 저지른 자로서 아동·청소년대상 성폭력범죄를 다시 범할 위험성이 있다고 인정되는 자, ⑤ 아동·청소년대상 성폭력범죄를 범하였으나 형법 제10조 제1항에 따라 처벌할 수 없는 자로서 아동·청소년대상 성폭력범죄를 다시 범할 위험성이 있다고 인정되는 자의 어느 하나에 해당하는 자(공개대상자)에 대하여 판결로 제3항의 공개정보를 등록기간 동안 정보통신망을 이용하여 공개하도록 하는 명령(공개명령)을 아동·청소년대상 성범죄 사건의 판결과 동시에 선고하여야 한다.

다만, 아동·청소년대상 성범죄 사건에 대하여 벌금형을 선고하거나 피고인이 아동·청소년인 경우, 그 밖에 신상정보를 공개하여서는 아니 될 특별한 사정이 있다고 판단되는 경우에는 그러하지 아니하다(아동·청소년의 성보호에 관한 법률 제38조 제1항).

등록정보의 공개기간(형의 실효 등에 관한 법률 제7조에 따른 기간을 초과하지 못한다)은 판결이 확정된 때부터 기산한다. 다만, 공개명령을 받은 자가 실형 또는 치료감호를 선고받은 경우에는 그 형 또는 치료감호의 전부 또는 일부의 집행을 종료하거나 집행이 면제된 때부터 기산한다(아동·청소년의 성보호에 관한 법률 제38조 제2항).

공개하도록 제공되는 등록정보(공개정보)는 ① 성명, ② 나이, ③ 주소 및 실제거주지(읍·면·동까지로 한다), ④ 신체정보(키와 몸무게), ⑤ 사진, ⑥ 아동·청소년대상 성범죄 요지이다(아동·청소년의 성보호에 관한 법률 제38조 제3항).

공개정보를 정보통신망을 이용하여 열람하고자 하는 자는 실명인증 절차를 거쳐야 한다(아동·청소년의 성보호에 관한 법률 제38조 제5항).

7. 등록정보의 고지

법원은 공개대상자 중 ① 아동·청소년대상 성폭력범죄를 저지른 자, ② 아동·청소년대상 성폭력범죄를 범하였으나, 형법 제10조 제1항에 따라 처벌할 수 없는 자로서 등록대상 성폭력범죄를 다시 범할 위험성이 있다고 인정되는 자의 어느 하나에 해당하는 자(고지대상자)에 대하여 판결로 공개명령 기간 동안 고지정보를 고지대상자가 거주하는 읍·면·동의 지역주민, 영유아보육법에 따른 어린이집의 원장, 유아교육법에 따른 유치원의 장과 초·중등교육법 제2조에 따른 학교의 장에게 고지하도록 하는 명령(고지명령)을 아동·청소년대상 성범죄 사건의 판결과 동시에 선고하여야 한다.

다만, 아동·청소년대상 성범죄 사건에 대하여 벌금형을 선고하거나 피고인이 아동·청소년인 경우, 그 밖에 신상정보를 공개하여서는 아니 될 특별한 사정이 있다고 판단하는 경우에는 그러하지 아니하다(아동·청소년의 성보호에 관한 법률 제38조의2 제1항).

고지명령은 ① 집행유예를 선고받은 고지대상자는 신상정보 최초 등록일부터 1개월 이내, ② 금고 이상의 실형을 선고받은 고지대상자는 출소 후 거주할 지역에 전입한 날부터 1개월 이내, ③ 고지대상자가 다른 지역으로 전출하는 경우에는 변경정보 등록일부터 1개월 이내의 기간 이내에 하여야 한다(아동·청소년의 성보호에 관한 법률 제38조의2 제2항).

고지하여야 하는 고지정보는 ① 고지대상자가 이미 거주하고 있거나 전입하는 경우에는 제38조 제3항의 공개정보(다만, 제38조 제3항 제3호에 따른 주소 및 실제거주지는 상세주소를 포함한다.), ② 고지대상자가 전출하는 경우에는 제1호의 고지정보와 그 대상자의 전출 정보이다(아동·청소년의 성보호에 관한 법률 제38조의2 제3항).

8. 고지명령의 집행

고지명령의 집행은 여성가족부 장관이 하며(아동·청소년의 성보호에 관한 법률 제38조의3 제1항), 법원은 고지명령의 판결이 확정되면 판결문 등본을 지체 없이 여성가족부 장관에게 송달하여야 한다(아동·청소년의 성보호에 관한 법률 제38조의3 제2항).

법무부장관은 고지대상자가 출소하는 경우 출소 1개월 전까지 ① 고지대상자의 출소 예정일, ② 고지대상자의 출소 후 거주지 상세주소의 정보를 여성가족부 장관에게 송부하여야 한다(아동·청소년의 성보호에 관한 법률 제38조의3 제3항).

여성가족부 장관은 고지명령의 집행에 관한 업무 중 고지정보의 우편송부에 관한 업무를 고지대상자가 실제 거주하는 읍·면사무소의 장 또는 동 주민자치센터의 장에게 위임할 수 있으며(아동·청소년의 성보호에 관한 법률 제38조의3 제4항), 위임을 받은 고지대상자가 거주하는 읍·면사무소의 장 또는 동 주민자치센터의 장은 정보 및 고지정보를 관할구역에 거주하는 아동·청소년의 친권자 또는 법정대리인이 있는 가구, 영유아보육법에 따른 어린이집의 원장 및 유아교육법에 따른 유치원의 장과 초·중등교육법에 따른 학교의 장에게 우편으로 송부하여야 한다(아동·청소년의 성보호에 관한 법률 제38조의3 제5항).

9. 공개명령의 집행

공개명령은 여성가족부 장관이 정보통신망을 이용하여 집행하며(아동·청소년의 성보호에 관한 법률 제39조 제1항), 법원은 판결이 확정되면 판결문 등본을 지체 없이 여성가족부 장관에게 송달하여야 한다(아동·청소년의 성보호에 관한 법률 제39조 제2항).

10. 비밀준수

아동·청소년대상 성범죄자의 신상정보의 등록·공개·보존 및 관리업무에 종사하거나 종사하였던 자는 직무상 알게 된 등록정보를 누설하여서는 아니 된다(아동·청소년의 성보호에 관한 법률 제42조).

11. 공개정보의 악용금지

공개정보는 아동·청소년을 성범죄로부터 보호하기 위하여 성범죄 우려가 있는 자를 확인할 목적으로만 사용되어야 한다(아동·청소년의 성보호에 관한 법률 제43조 제1항).

공개정보를 확인한 자는 공개정보를 활용하여 ① 신문·잡지 등 출판물, 방송 또는 정보통신망을 이용한 공개, ② 공개정보의 수정 또는 삭제의 행위를 하여서는 아니 된다(아동·청소년의 성보호에 관한 법률 제43조 제2항).

12. 아동·청소년 관련 교육기관 등에의 취업제한

아동·청소년대상 성범죄 또는 성인대상 성범죄로 형 또는 치료감호를 선고받아 확정된 자는 그 형 또는 치료감호의 전부 또는 일부의 집행을 종료하거나 집행이 유예·면제된 날부터 10년 동안, 가정을 방문하여 아동·청소년에게 직접교육서비스를 제공하는 업무에 종사할 수 없으며, ① 유아교육법 제2조 제2호의 유치원, ② 초·중등교육법 제2조의 학교, ③ 학원의 설립·운영 및 과외교습에 관한 법률 제2조 제1호의 학원, 같은 조 제2호의 교습소 및 같은 조 제3호의 개인과외교습자(아동·청소년을 대상으로 하는 학원, 교습소 및 개인과외교습자만을 말한다), ④ 청소년보호법 제33조의2의 청소년보호센터와 청소년재활센터, ⑤ 청소년활동진흥법 제2조 제2호의 청소년활동시설, ⑥ 청소년복지 지원법 제29조 제1항에 따른 청소년상담복지센터 및 같은 법 제31조 제1호에 따른 청소년쉼터, ⑦ 영유아보육법 제2조 제3호의 어린이집, ⑧ 아동복지법 제2조 제5호의 아동복지시설, ⑨ 성매매방지 및 피해자보호 등에 관한 법률 제5조 제1항 제2호의 청소년 지원시설과 같은 법 제10조의 성매매피해상담소, ⑩ 주택법 제2조 제2호의 공동주택의 관리사무소, ⑪ 체육시설의 설치·이용에 관한 법률에 따라 설립된 체육시설 중 아동·청소년을 대상으로 하는 체육시설, ⑫ 의료법 제3조의 의료기관에 따른 시설 또는 기관을 운영하거나 아동·청소년 관련 교육기관 등에 취업 또는 사실상 노무를 제공할 수 없다. 다만, 제11호의 경우에는 경비업무에 종사하는 사람, 제13호의 경우에는 의료법 제2조의 의료인에 한한다(아동·청소년의 성보호에 관한 법률 제44조 제1항).

아동·청소년의 성보호에 관한 법률 제44조 제1항 각 호(제11호 및 제13호는 제외한다)의 아동·청소년 관련 교육기관 등의 설치 또는 설립인가·신고를 관할하는 지방자치단체의 장, 교육감 또는 교육장은 아동·청소년 관련 교육기관 등을 운영하려는 자에 대하여 본인의 동의를 받아 관계 기관의 장에게 성범죄의 경력 조회를 요청할 수 있다. 이 경우 관계 기관의 장은 정당한 사유가 없는 한 이에 따라야 한다(아동·청소년의 성보호에 관한 법률 제44조 제2항).

아동·청소년 관련 교육기관 등의 장은 그 기관에 취업 중이거나 사실상 노무를 제공 중인 자 또는 취업하려 하거나 사실상 노무를 제공하려는 자에 대하여 성범죄의 경력을 확인하여야 한다. 이 경우 본인의 동의를 받아 관계 기관의 장에게 성범죄의 경력 조회를 요청하여야 한다(아동·청소년의 성보호에 관한 법률 제44조 제3항).

13. 성범죄의 경력자 취업 점검·확인

여성가족부 장관 또는 관계 중앙행정기관의 장은 ① 교육과학기술부 장관 : 제44조 제1항 제1호의 유치원, 같은 항 제2호의 학교 및 같은 항 제3호의 아동·청소년대상 학원·교습소, ② 문화체육관광부 장관 : 제44조 제1항 제12호의 아동·청소년대상 체육시설, ③ 보건복지부 장관 : 제44조 제1항 제8호의 어린이집, 같은 항 제9호의 아동복지시설 및 같은 항 제13호의 의료기관, ④ 여성가족부 장관 : 제44조 제1항 제5호의 청소년보호센터와 청소년재활센터, 같은 항 제6호의 청소년활동시설, 같은 항 제7호의 청소년상담복지센터와 청소년쉼터 및 같은 항 제10호의 청소년 지원시설 및 성매매피해상담소, 같은 항의 가정을 방문하여 아동·청소년에게 직접교육서비스를 제공하는 업무에 종사하는 사람, ⑤ 국토해양부 장관 : 제44조 제1항 제11호의 공동주택의 관리사무소의 구분에 따라 성범죄로 유죄판결이 확정된 자가 아동·청소년 관련 교육기관 등에 취업하였는지를 직접 또는 관계 기관 조회 등의 방법으로 점검·확인하여야 한다(아동·청소년의 성보호에 관한 법률 제45조 제1항).

14. 취업자의 해임요구

아동·청소년의 성보호에 관한 법률 제45조 제1항 각 호에 따른 중앙행정기관의 장은 제44조 제1항을 위반하여 아동·청소년 관련 교육기관 등에 취업하거나 사실상 노무를 제공하는 자가 있으면 아동·청소년 관련 교육기관 등의 장에게 그의 해임을 요구할 수 있으며(아동·청소년의 성보호에 관한 법률 제46조 제1항), 아동·청소년의 성보호에 관한 법률 제44조 제1항을 위반하여 아동·청소년 관련 교육기관 등을 운영 중인 아동·청소년 관련 교육기관 등의 장에게 운영 중인 아동·청소년 관련 교육기관 등의 폐쇄를 요구할 수 있으며(아동·청소년의 성보호에 관한 법률 제46조 제2항), 아동·청소년 관련 교육기관 등의 장이 제2항의 폐쇄요구를 정당한 사유 없이 거부하거나 1개월 이내에 요구사항을 이행하지 아니하는 경우에는 관계 행정기관의 장에게 대상아동·청소년 관련 교육기관 등의 폐쇄, 등록·허가 등의 취소를 요구할 수 있다(아동·청소년의 성보호에 관한 법률 제46조 제3항).

제4장 | 특정 범죄자에 대한 위치추적 전자장치 부착

Ⅰ 전자감시제도의 법적 성격 및 용어의 정의 및 적용범위

1. 전자감시 제도의 법적 성격

특정 범죄자에 대한 위치추적 전자장치 부착 등에 관한 법률에 의한 성폭력범죄자에 대한 전자감시제도는, 성폭력범죄자의 재범방지와 성행교정을 통한 재사회화를 위하여 그의 행적을 추적하여 위치를 확인할 수 있는 전자장치를 신체에 부착하게 하는 부가적인 조치를 취함으로써 성폭력범죄로부터 국민을 보호함을 목적으로 하는 일종의 보안처분이다. 이러한 전자감시제도의 목적과 성격, 운영에 관한 법률의 규정 내용 및 취지 등을 종합해 보면, 전자감시제도는 범죄행위를 한 자에 대한 응보를 주된 목적으로 책임을 추궁하는 사후적 처분인 형벌과 구별되어 본질을 달리한다.[1)]

2. 용어의 정의

(1) 특정범죄란 성폭력범죄, 미성년자 대상 유괴범죄와 살인범죄를 말한다(특정 범죄자에 대한 위치추적 전자장치 부착 등에 관한 법률 제2조 제1호).

(2) 특정 범죄자에 대한 위치추적 전자장치 부착 등에 관한 법률상 성폭력범죄란 ① 형법 제2편 제32장 강간과 추행의 죄 중 제297조(강간)·제298조(강제추행)·제299조(준강간, 준강제추행)·제300조(미수범)·제301조(강간등 상해·치상)·제301조의2(강간등 살인·치사)·제302조(미성년자등에 대한 간음)·제303조(업무상위력등에 의한 간음)·제305조(미성년자에 대한 간음, 추행), 제2편 제38장 절도와 강도의 죄 중 제339조(강도강간) 및 제340조(해상강도) 제3항(부녀를 강간한 죄만을 말한다)의 죄, ② 성폭력범죄의 처벌 등에 관한 특례법 제3조(특수강도강간 등)부터 제10조(업무상 위력 등에 의한 추행)까지의 죄 및 제14조(미수범)의 죄(제3조부터 제9조까지의 미수범만을 말한다), ③ 아동·청소년의 성보호에 관한 법률 제7조(아동·청소년에 대

1) 대법원 2011.7.28. 선고 2011도5813, 2011전도99 판결, 아동·청소년의 성보호에 관한 법률위반(강간등)·감금·상해·부착명령.

한 강간, 강제추행등)의 죄, ④ 위 ①부터 ③까지의 죄로서 다른 법률에 따라 가중 처벌되는 죄를 말한다(특정 범죄자에 대한 위치추적 전자장치 부착 등에 관한 법률 제2조 제2호).

3. 적용범위

만 19세 미만의 자에 대하여 부착명령을 선고한 때에는 19세에 이르기까지 이 법에 따른 전자장치를 부착할 수 없다(특정 범죄자에 대한 위치추적 전자장치 부착 등에 관한 법률 제4조).

Ⅱ 징역형 종료 이후의 전자장치 부착

1. 전자장치 부착명령의 청구

검사는 ① 성폭력범죄로 징역형의 실형을 선고받은 사람이 그 집행을 종료한 후 또는 집행이 면제된 후 10년 이내에 성폭력범죄를 저지른 때, ② 성폭력범죄로 이 법에 따른 전자장치를 부착 받은 전력이 있는 사람이 다시 성폭력범죄를 저지른 때, ③ 성폭력범죄를 2회 이상 범하여(유죄의 확정판결을 받은 경우를 포함한다) 그 습벽이 인정된 때, ④ 16세 미만의 사람에 대하여 성폭력범죄를 저지른 때의 어느 하나에 해당하고, 성폭력범죄를 다시 범할 위험성이 있다고 인정되는 사람에 대하여 전자장치를 부착하도록 하는 명령(부착명령)을 법원에 청구할 수 있다(특정 범죄자에 대한 위치추적 전자장치 부착 등에 관한 법률 제5조 제1항).

부착명령의 청구는 공소가 제기된 특정범죄사건의 항소심 변론종결 시까지 하여야 한다(특정 범죄자에 대한 위치추적 전자장치 부착 등에 관한 법률 제5조 제4항).

법원은 공소가 제기된 특정범죄사건을 심리한 결과 부착명령을 선고할 필요가 있다고 인정하는 때에는 검사에게 부착명령의 청구를 요구할 수 있다(특정 범죄자에 대한 위치추적 전자장치 부착 등에 관한 법률 제5조 제5항).

특정범죄사건에 대하여 판결의 확정 없이 공소가 제기된 때부터 15년이 경과한 경우에는 부착명령을 청구할 수 없다(특정 범죄자에 대한 위치추적 전자장치 부착 등에 관한 법률

제5조 제6항).

2. 조 사

검사는 부착명령을 청구하기 위하여 필요하다고 인정하는 때에는 피의자의 주거지 또는 소속 검찰청(지청을 포함한다) 소재지를 관할하는 보호관찰소(지소를 포함한다)의 장에게 범죄의 동기, 피해자와의 관계, 심리상태, 재범의 위험성 등 피의자에 관하여 필요한 사항의 조사를 요청할 수 있으며(특정 범죄자에 대한 위치추적 전자장치 부착 등에 관한 법률 제6조 제1항), 요청을 받은 보호관찰소의 장은 조사할 보호관찰관을 지명하여야 한다(특정 범죄자에 대한 위치추적 전자장치 부착 등에 관한 법률 제6조 제2항).

지명된 보호관찰관은 검사의 지휘를 받아 지체 없이 필요한 사항을 조사한 후 검사에게 조사보고서를 제출하여야 하며(특정 범죄자에 대한 위치추적 전자장치 부착 등에 관한 법률 제6조 제3항), 검사는 부착명령을 청구함에 있어서 필요한 경우에는 피의자에 대한 정신감정이나 그 밖에 전문가의 진단 등의 결과를 참고하여야 한다(특정 범죄자에 대한 위치추적 전자장치 부착 등에 관한 법률 제6조 제4항).

3. 부착명령 청구서의 기재사항

부착명령 청구서에는 ① 부착명령 청구대상자(피부착명령청구자)의 성명과 그 밖에 피부착명령청구자를 특정할 수 있는 사항, ② 청구의 원인이 되는 사실, ③ 적용 법조, ④ 그 밖에 대통령령으로 정하는 사항을 기재하여야 한다(특정 범죄자에 대한 위치추적 전자장치 부착 등에 관한 법률 제8조 제1항).

법원은 부착명령 청구가 있는 때에는 지체 없이 부착명령 청구서의 부본을 피부착명령청구자 또는 그의 변호인에게 송부하여야 한다. 이 경우 특정범죄사건에 대한 공소제기와 동시에 부착명령 청구가 있는 때에는 제1회 공판기일 5일 전까지, 특정범죄사건의 심리 중에 부착명령 청구가 있는 때에는 다음 공판기일 5일 전까지 송부하여야 한다(특정 범죄자에 대한 위치추적 전자장치 부착 등에 관한 법률 제8조 제2항).

4. 부착명령의 판결

법원은 부착명령 청구가 이유 있다고 인정하는 때에는 다음 각 호에 따른 기간의 범위

내에서 부착기간을 정하여 판결로 부착명령을 선고하여야 한다. 다만, 13세 미만의 사람에 대하여 특정범죄를 저지른 경우에는 부착기간 하한을 ① 법정형의 상한이 사형 또는 무기징역인 특정범죄 : 10년 이상 30년 이하, ② 법정형 중 징역형의 하한이 3년 이상의 유기징역인 특정범죄(제1호에 해당하는 특정범죄는 제외한다) : 3년 이상 20년 이하, ③ 법정형 중 징역형의 하한이 3년 미만의 유기징역인 특정범죄(제1호 또는 제2호에 해당하는 특정범죄는 제외한다) : 1년 이상 10년 이하에 따른 부착기간 하한의 2배로 한다(특정 범죄자에 대한 위치추적 전자장치 부착 등에 관한 법률 제9조 제1항).

여러 개의 특정범죄에 대하여 동시에 부착명령을 선고할 때에는 법정형이 가장 중한 죄의 부착기간 상한의 2분의 1까지 가중하되, 각 죄의 부착기간의 상한을 합산한 기간을 초과할 수 없다. 다만, 하나의 행위가 여러 특정범죄에 해당하는 경우에는 가장 중한 죄의 부착기간을 부착기간으로 한다(특정 범죄자에 대한 위치추적 전자장치 부착 등에 관한 법률 제9조 제2항).

부착명령을 선고받은 사람은 부착기간 동안 「보호관찰 등에 관한 법률」에 따른 보호관찰을 받는다(특정 범죄자에 대한 위치추적 전자장치 부착 등에 관한 법률 제9조 제3항).

법원은 ① 부착명령 청구가 이유 없다고 인정하는 때, ② 특정범죄사건에 대하여 무죄(심신상실을 이유로 치료감호가 선고된 경우는 제외한다)·면소·공소기각의 판결 또는 결정을 선고하는 때, ③ 특정범죄사건에 대하여 벌금형을 선고하는 때, ④ 특정범죄사건에 대하여 선고유예 또는 집행유예를 선고하는 때(제28조제1항에 따라 전자장치 부착을 명하는 때를 제외한다)의 어느 하나에 해당하는 때에는 판결로 부착명령 청구를 기각하여야 한다(특정 범죄자에 대한 위치추적 전자장치 부착 등에 관한 법률 제9조 제4항).

부착명령 청구사건의 판결은 특정범죄사건의 판결과 동시에 선고하여야 하며(특정 범죄자에 대한 위치추적 전자장치 부착 등에 관한 법률 제9조 제5항), 부착명령 선고의 판결이유에는 요건으로 되는 사실, 증거의 요지 및 적용 법조를 명시하여야 한다(특정 범죄자에 대한 위치추적 전자장치 부착 등에 관한 법률 제9조 제6항).

부착명령의 선고는 특정범죄사건의 양형에 유리하게 참작되어서는 아니 된다(특정 범죄자에 대한 위치추적 전자장치 부착 등에 관한 법률 제9조 제7항).

특정범죄사건의 판결에 대하여 상소 및 상소의 포기·취하가 있는 때에는 부착명령 청구사건의 판결에 대하여도 상소 및 상소의 포기·취하가 있는 것으로 본다. 상소권회복 또는 재심의 청구나 비상상고가 있는 때에도 또한 같다(특정 범죄자에 대한 위치추적 전자장치 부착 등에 관한 법률 제9조 제8항).

검사 또는 피부착명령청구자 및 형사소송법 제340조·제341조에 규정된 자는 부착명령에 대하여 독립하여 상소 및 상소의 포기·취하를 할 수 있다. 상소권회복 또는 재심의 청구나 비상상고의 경우에도 또한 같다(특정 범죄자에 대한 위치추적 전자장치 부착 등에 관한 법률 제9조 제9항).

5. 준수사항

법원은 부착명령을 선고하는 경우 부착기간의 범위에서 준수기간을 정하여 ① 야간 등 특정 시간대의 외출제한, ② 특정지역·장소에의 출입금지, ③ 주거지역의 제한, ④ 피해자 등 특정인에의 접근금지, ⑤ 특정범죄 치료 프로그램의 이수, ⑥ 그 밖에 부착명령을 선고받는 사람의 재범방지와 성행교정을 위하여 필요한 사항의 준수사항 중 하나 이상을 부과할 수 있다. 다만, 특정범죄 치료 프로그램의 이수의 준수사항은 500시간의 범위에서 그 기간을 정하여야 한다(특정 범죄자에 대한 위치추적 전자장치 부착 등에 관한 법률 제9조 의2).

6. 부착명령 판결 등의 통지

법원은 부착명령을 선고한 때에는 그 판결이 확정된 날부터 3일 이내에 부착명령을 선고받은 자(피부착명령자)의 주거지를 관할하는 보호관찰소의 장에게 판결문의 등본을 송부하여야 한다(특정 범죄자에 대한 위치추적 전자장치 부착 등에 관한 법률 제10조 제1항).

교도소, 소년교도소, 구치소, 치료감호소 및 군교도소의 장(이하 "교도소장등"이라 한다)은 피부착명령자가 석방되기 5일 전까지 피부착명령자의 주거지를 관할하는 보호관찰소의 장에게 그 사실을 통보하여야 한다(특정 범죄자에 대한 위치추적 전자장치 부착 등에 관한 법률 제10조 제2항).

7. 집행지휘

부착명령은 검사의 지휘를 받아 보호관찰관이 집행한다(특정 범죄자에 대한 위치추적 전자장치 부착 등에 관한 법률 제12조 제1항).

8. 부착명령의 집행

부착명령은 특정범죄사건에 대한 형의 집행이 종료되거나 면제·가석방되는 날 또는 치료감호의 집행이 종료·가종료되는 날 석방 직전에 피부착명령자의 신체에 전자장치를 부착함으로써 집행한다(특정 범죄자에 대한 위치추적 전자장치 부착 등에 관한 법률 제13조 제1항).

부착명령의 집행은 신체의 완전성을 해하지 아니하는 범위 내에서 이루어져야 한다(특정 범죄자에 대한 위치추적 전자장치 부착 등에 관한 법률 제13조 제2항).

부착명령이 여러 개인 경우 확정된 순서에 따라 집행한다(특정 범죄자에 대한 위치추적 전자장치 부착 등에 관한 법률 제13조 제3항).

① 부착명령의 집행 중 다른 죄를 범하여 구속영장의 집행을 받아 구금된 때, ② 부착명령의 집행 중 다른 죄를 범하여 금고 이상의 형의 집행을 받게 된 때, ③ 가석방 또는 가종료된 자에 대하여 전자장치 부착기간 동안 가석방 또는 가종료가 취소되거나 실효된 때에 해당하는 때에는 부착명령의 집행이 정지된다(특정 범죄자에 대한 위치추적 전자장치 부착 등에 관한 법률 제13조 제4항).

9. 피부착자의 의무

전자장치가 부착된 자(피부착자)는 전자장치의 부착기간 중 전자장치를 신체에서 임의로 분리·손상, 전파 방해 또는 수신자료의 변조, 그 밖의 방법으로 그 효용을 해하여서는 아니 되며(특정 범죄자에 대한 위치추적 전자장치 부착 등에 관한 법률 제14조 제1항), 피부착자는 특정범죄사건에 대한 형의 집행이 종료되거나 면제·가석방되는 날부터 10일 이내에 주거지를 관할하는 보호관찰소에 출석하여 서면으로 신고하여야 한다(특정 범죄자에 대한 위치추적 전자장치 부착 등에 관한 법률 제14조 제2항).

피부착자는 주거를 이전하거나 7일 이상의 국내여행을 하거나 출국할 때에는 미리 보호관찰관의 허가를 받아야 한다(특정 범죄자에 대한 위치추적 전자장치 부착 등에 관한 법률 제14조 제3항).

10. 부착기간의 연장 등

피부착자가 ① 정당한 사유 없이 「보호관찰 등에 관한 법률」 제32조에 따른 준수사항을 위반한 경우, ② 정당한 사유 없이 제14조 제2항을 위반하여 신고하지 아니한 경우, ③ 정당한 사유 없이 제14조 제3항을 위반하여 허가를 받지 아니하고 주거 이전·국내여행 또는 출국을 하거나, 거짓으로 허가를 받은 경우의 어느 하나에 해당하는 경우에는 법원은 보호관찰소의 장의 신청에 따른 검사의 청구로 1년의 범위에서 부착기간을 연장하거나 준수사항을 추가 또는 변경하는 결정을 할 수 있으며(특정 범죄자에 대한 위치추적 전자장치 부착 등에 관한 법률 제14조의2 제1항), 제1항 이외의 사정변경이 있는 경우에도 법원은 상당한 이유가 있다고 인정되면 보호관찰소의 장의 신청에 따른 검사의 청구로 준수사항을 추가, 변경 또는 삭제하는 결정을 할 수 있다(특정 범죄자에 대한 위치추적 전자장치 부착 등에 관한 법률 제14조의2 제2항).

11. 부착명령의 가해제의 신청

보호관찰소의 장 또는 피부착자 및 그 법정대리인은 해당 보호관찰소를 관할하는 심사위원회에 부착명령의 가해제를 신청할 수 있으며(특정 범죄자에 대한 위치추적 전자장치 부착 등에 관한 법률 제17조 제1항), 부착명령의 집행이 개시된 날부터 3개월이 경과한 후에 하여야 한다. 신청이 기각된 경우에는 기각된 날부터 3개월이 경과한 후에 다시 신청할 수 있으며(특정 범죄자에 대한 위치추적 전자장치 부착 등에 관한 법률 제17조 제2항), 가해제의 신청을 할 때에는 신청서에 가해제의 심사에 참고가 될 자료를 첨부하여 제출하여야 한다(특정 범죄자에 대한 위치추적 전자장치 부착 등에 관한 법률 제17조 제3항).

12. 부착명령의 가해제의 심사 및 결정

심사위원회는 가해제를 심사할 때에는 피부착자의 인격, 생활태도, 부착명령 이행상황 및 재범의 위험성에 대한 전문가의 의견 등을 고려하여야 하며(특정 범죄자에 대한 위치추적 전자장치 부착 등에 관한 법률 제18조 제1항), 심사위원회는 가해제의 심사를 위하여 필요한 때에는 보호관찰소의 장으로 하여금 필요한 사항을 조사하게 하거나 피부착자나 그 밖의 관계인을 직접 소환·심문 또는 조사할 수 있으며(특정 범죄자에 대한 위치추적 전자장치 부착 등에 관한 법률 제18조 제2항), 요구를 받은 보호관찰소의 장은 필요한 사항을 조사하여 심사위원회에 통보하여야 한다(특정 범죄자에 대한 위치추적 전자장치 부착 등에 관한 법률 제18조 제3항).

심사위원회는 피부착자가 부착명령이 계속 집행될 필요가 없을 정도로 개선되어 재범의 위험성이 없다고 인정하는 때에는 부착명령의 가해제를 결정할 수 있다. 이 경우 피부착자로 하여금 주거이전 상황 등을 보호관찰소의 장에게 정기적으로 보고하도록 할 수 있다(특정 범죄자에 대한 위치추적 전자장치 부착 등에 관한 법률 제18조 제4항).

심사위원회는 부착명령의 가해제를 하지 아니하기로 결정한 때에는 결정서에 그 이유를 명시하여야 한다(특정 범죄자에 대한 위치추적 전자장치 부착 등에 관한 법률 제18조 제5항).

부착명령이 가해제된 경우에는 보호관찰과 준수사항이 가해제된 것으로 본다(특정 범죄자에 대한 위치추적 전자장치 부착 등에 관한 법률 제18조 제6항).

13. 가해제의 취소

보호관찰소의 장은 부착명령이 가해제된 자가 특정범죄를 저지르거나 주거이전 상황 등의 보고에 불응하는 등 재범의 위험성이 있다고 판단되는 때에는 심사위원회에 가해제의 취소를 신청할 수 있다. 이 경우 심사위원회는 가해제된 자의 재범의 위험성이 현저하다고 인정될 때에는 가해제를 취소하여야 하며(특정 범죄자에 대한 위치추적 전자장치 부착 등에 관한 법률 제19조 제1항), 가해제가 취소된 자는 잔여 부착명령기간 동안 전자장치를 부착하여야 한다. 이 경우 가해제기간은 부착명령기간에 산입하지 아니한다(특정 범죄자에 대한 위치추적 전자장치 부착 등에 관한 법률 제19조 제2항).

14. 부착명령의 집행의 종료

부착명령은 ① 부착명령기간이 경과한 때, ② 부착명령과 함께 선고한 형이 사면되어 그 선고의 효력을 상실하게 된 때, ③ 부착명령이 가해제된 자가 그 가해제가 취소됨이 없이 잔여 부착명령기간을 경과한 때의 어느 하나에 해당하는 때에 그 집행이 종료된다(특정 범죄자에 대한 위치추적 전자장치 부착 등에 관한 법률 제20조).

15. 부착명령의 시효

피부착명령자는 그 판결이 확정된 후 집행을 받지 아니하고 함께 선고된 특정범죄사건의 형의 시효가 완성되면 그 집행이 면제되며(특정 범죄자에 대한 위치추적 전자장치 부착 등에 관한 법률 제21조 제1항), 부착명령의 시효는 피부착명령자를 체포함으로써 중단된다(특정 범죄자에 대한 위치추적 전자장치 부착 등에 관한 법률 제21조 제2항).

Ⅲ 가석방 및 가종료 등과 전자장치 부착

1. 가석방과 전자장치 부착

부착명령 판결을 선고받지 아니한 특정 범죄자로서 형의 집행 중 가석방되어 보호관찰을 받게 되는 자는 준수사항 이행 여부 확인 등을 위하여 가석방기간 동안 전자장치를 부착하여야 하며(특정 범죄자에 대한 위치추적 전자장치 부착 등에 관한 법률 제22조 제1항), 심사위원회는 전자장치를 부착하게 되는 자의 주거지를 관할하는 보호관찰소의 장에게 가석방자의 인적사항 등 전자장치 부착에 필요한 사항을 즉시 통보하여야 한다(특정 범죄자에 대한 위치추적 전자장치 부착 등에 관한 법률 제22조 제2항).

교도소장 등은 가석방 예정자가 석방되기 5일 전까지 그의 주거지를 관할하는 보호관찰소의 장에게 그 사실을 통보하여야 한다(특정 범죄자에 대한 위치추적 전자장치 부착 등에 관한 법률 제22조 제3항).

2. 가종료 등과 전자장치 부착

치료감호법 제37조에 따른 치료감호심의위원회는 제9조에 따른 부착명령 판결을 선고받지 아니한 특정 범죄자로서 치료감호의 집행 중 가종료 또는 치료위탁되는 피치료감호자나 보호감호의 집행 중 가출소되는 피보호감호자에 대하여 치료감호법에 따른 준수사항 이행 여부 확인 등을 위하여 보호관찰기간의 범위에서 기간을 정하여 전자장치를 부착하게 할 수 있다(특정 범죄자에 대한 위치추적 전자장치 부착 등에 관한 법률 제23조 제1항).

치료감호심의위원회는 전자장치 부착을 결정한 경우에는 즉시 피부착결정자의 주거지를 관할하는 보호관찰소의 장에게 통보하여야 한다(특정 범죄자에 대한 위치추적 전자장치 부착 등에 관한 법률 제23조 제2항).

치료감호시설의 장·보호감호시설의 장 또는 교도소의 장은 가종료자 등이 가종료 또는 치료위탁되거나 가출소되기 5일 전까지 가종료자 등의 주거지를 관할하는 보호관찰소의 장에게 그 사실을 통보하여야 한다(특정 범죄자에 대한 위치추적 전자장치 부착 등에 관한 법률 제23조 제3항).

3. 전자장치의 부착

전자장치 부착은 보호관찰관이 집행한다(특정 범죄자에 대한 위치추적 전자장치 부착 등에 관한 법률 제24조 제1항).

전자장치는 ① 가석방되는 날, ② 가종료 또는 치료위탁되거나 가출소되는 날(다만, 치료감호와 형이 병과된 가종료자의 경우 집행할 잔여 형기가 있는 때에는 그 형의 집행이 종료되거나 면제되는 날 부착한다.)의 어느 하나에 해당하는 때 석방 직전에 부착한다(특정 범죄자에 대한 위치추적 전자장치 부착 등에 관한 법률 제24조 제2항).

전자장치 부착집행 중 보호관찰 준수사항 위반으로 유치허가장의 집행을 받아 유치된 때에는 부착집행이 정지된다. 이 경우 심사위원회가 보호관찰소의 장의 가석방 취소신청을 기각한 날 또는 법무부장관이 심사위원회의 허가신청을 불허한 날부터 그 잔여기간을 집행한다(특정 범죄자에 대한 위치추적 전자장치 부착 등에 관한 법률 제24조 제3항).

4. 부착집행의 종료

제22조 및 제23조에 따른 전자장치 부착은 ① 가석방 기간이 경과하거나 가석방이 실효 또는 취소된 때, ② 가종료자 등의 부착기간이 경과하거나 보호관찰이 종료된 때, ③ 가석방된 형이 사면되어 형의 선고의 효력을 상실하게 된 때의 어느 하나에 해당하는 때에 그 집행이 종료된다(특정 범죄자에 대한 위치추적 전자장치 부착 등에 관한 법률 제25조).

Ⅳ 형의 집행유예와 부착명령

1. 형의 집행유예와 부착명령

법원은 특정범죄를 범한 자에 대하여 형의 집행을 유예하면서 보호관찰을 받을 것을 명할 때에는 보호관찰기간의 범위 내에서 기간을 정하여 준수사항의 이행여부 확인 등을 위하여 전자장치를 부착할 것을 명할 수 있으며(특정 범죄자에 대한 위치추적 전자장치 부착 등에 관한 법률 제28조 제1항), 법원은 부착명령기간 중 소재지 인근 의료기관에서의 치료, 지정 상담시설에서의 상담치료 등 대상자의 재범방지를 위하여 필요한 조치들을 과할 수 있다(특정 범죄자에 대한 위치추적 전자장치 부착 등에 관한 법률 제28조 제2항).

법원은 전자장치 부착을 명하기 위하여 필요하다고 인정하는 때에는 피고인의 주거지 또는 그 법원의 소재지를 관할하는 보호관찰소의 장에게 범죄의 동기, 피해자와의 관계, 심리상태, 재범의 위험성 등 피고인에 관하여 필요한 사항의 조사를 요청할 수 있다(특정 범죄자에 대한 위치추적 전자장치 부착 등에 관한 법률 제28조 제3항).

2. 부착명령의 집행

부착명령은 전자장치 부착을 명하는 법원의 판결이 확정된 때부터 집행하며(특정 범죄자에 대한 위치추적 전자장치 부착 등에 관한 법률 제29조 제1항), 부착명령의 집행 중 보호관찰 준수사항 위반으로 유치허가장의 집행을 받아 유치된 때에는 부착명령 집행이 정지된다. 이 경우 검사가 보호관찰소의 장의 집행유예 취소신청을 기각한 날 또는 법원이 검사의 집행유예취소청구를 기각한 날부터 그 잔여기간을 집행한다(특정 범죄자에 대한 위치추적 전자장치 부착 등에 관한 법률 제29조 제1항).

3. 부착명령의 집행의 종료

부착명령은 ① 부착명령기간이 경과한 때, ② 집행유예가 실효 또는 취소된 때, 집행유예된 형이 사면되어 형의 선고의 효력을 상실하게 된 때의 어느 하나에 해당하는 때에 그 집행이 종료된다(특정 범죄자에 대한 위치추적 전자장치 부착 등에 관한 법률 제30조).

제5장 | 성폭력범죄의 처벌 등에 관한 특례법 관련 사례

Ⅰ 강간죄의 상해와 외상 후 스트레스 장애

1. 사건의 개요

35세 남성 A는 22세 여성 B를 강간하였고, 이로 인해 B는 불안, 불면, 악몽, 자책감, 우울감정, 대인관계 회피, 일상생활에 대한 무관심, 흥미상실 등의 증상을 보여 정신과적 증상인 '외상 후 스트레스 장애'로 6개월간의 치료를 요한다는 진단을 받았다. 이 경우 A의 행위는 어떤 죄에 해당하는가?

2. 사건에 대한 해설

성폭력범죄의 처벌 등에 관한 특례법 제8조 제1항의 상해는 피해자의 신체의 완전성을 훼손하거나 생리적 기능에 장애를 초래하는 것으로, 반드시 외부적인 상처가 있어야 하는 것이 아니고, 여기서의 생리적 기능에는 육체적 기능뿐만 아니라 정신적 기능도 포함되며, 강간행위로 인하여 피해자가 불안 불면, 악몽, 자책감, 우울감정, 대인관계회피, 일상생활에 대한 무관심, 흥미상실 등의 증상을 보여 이로 인하여 6개월간의 치료를 요한다는 진단을 받았다면 이러한 증상은 강간을 당한 모든 피해자가 필연적으로 겪는 증상이라고 할 수 없으므로 성폭력범죄의 처벌 등에 관한 특례법 제8조 제1항이 정하는 상해를 입은 것이다(대법원 1999. 1. 26. 선고 98도3732 판결).

따라서 위 사건의 경우 B의 '외상 후 스트레스 장애'는 성폭력범죄의 처벌 등에 관한 특례법 제8조의 상해에 포함되며, A의 행위는 성폭력범죄의 처벌 등에 관한 특례법상 강간등상해죄에 해당한다.

Ⅱ 공중밀집장소에서의 추행죄

1. 사건의 개요

B는 찜질방 수면실에서 옆에 누워있던 30세 여성 C의 가슴 등을 손으로 만졌다. 이 경우 A의 행위는 어떤 죄에 해당하는가?

2. 사건에 대한 해설

위 사건과 관련하여 공중밀집장소에서의 추행죄를 규정한 성폭력범죄의 처벌 등에 관한 특례법 제11조의 입법 취지, 위 법률 조항에서 그 범행장소를 공중이 '밀집한' 장소로 한정하는 대신 공중이 '밀집하는' 장소로 달리 규정하고 있는 문언의 내용, 그 규정상 예시적으로 열거한 대중교통수단, 공연·집회 장소 등의 가능한 다양한 형태 등에 비추어 보면, 여기서 말하는 '공중이 밀집하는 장소'에는 현실적으로 사람들이 빽빽이 들어서 있어 서로간의 신체적 접촉이 이루어지고 있는 곳만을 의미하는 것이 아니라, 찜질방 등과 같이 공중의 이용에 상시적으로 제공·개방된 상태에 놓여 있는 곳 일반을 의미한다.

또한, 위 공중밀집장소의 의미를 이와 같이 해석하는 한 그 장소의 성격과 이용현황, 피고인과 피해자 사이의 친분관계 등 구체적 사실관계에 비추어, 공중밀집장소의 일반적 특성을 이용한 추행행위라고 보기 어려운 특별한 사정이 있는 경우에 해당하지 않는 한, 그 행위 당시의 현실적인 밀집도 내지 혼잡도에 따라 그 규정의 적용 여부를 달리한다고 할 수는 없다(대법원 2009.10.29. 선고 2009도5704 판결).

위 사건의 경우 찜질방 수면실에서 옆에 누워 있던 피해자 C의 가슴 등을 손으로 만진 행위가 성폭력범죄의 처벌 등에 관한 특례법 법 제11조에서 정한 공중밀집장소에서의 추행행위에 해당한다.

Ⅲ 카메라 등 이용촬영죄

1. 사건의 개요

C는 밤 10시경 마을버스를 타고 귀가하다가 18세 여학생 G가 바로 옆자리에 앉아 있는 것을 보고 G의 치마 밑으로 드러난 무릎 위 허벅다리 부분을 휴대폰 카메라를 이용하여 불과 30cm 정도의 거리에서 정면으로 촬영하였다. 이 경우 C의 행위는 어떤 죄에 해당하는가?

2. 사건에 대한 해설

카메라 기타 이와 유사한 기능을 갖춘 기계장치를 이용하여 성적 욕망 또는 수치심을 유발할 수 있는 타인의 신체를 그 의사에 반하여 촬영하는 행위를 처벌하는 성폭력범죄의 처벌 등에 관한 특례법 제13조 제1항은 인격체인 피해자의 성적 자유 및 함부로 촬영당하지 않을 자유를 보호하기 위한 것이다.

촬영한 부위가 '성적 욕망 또는 수치심을 유발할 수 있는 타인의 신체'에 해당하는지 여부는 객관적으로 피해자와 같은 성별, 연령대의 일반적이고도 평균적인 사람들의 입장에서 성적 욕망 또는 수치심을 유발할 수 있는 신체에 해당되는지 여부를 고려함과 아울러, 당해 피해자의 옷차림, 노출의 정도 등은 물론, 촬영자의 의도와 촬영에 이르게 된 경위, 촬영 장소와 촬영 각도 및 촬영 거리, 촬영된 원판의 이미지, 특정 신체 부위의 부각 여부 등을 종합적으로 고려하여 구체적·개별적·상대적으로 결정하여야 한다(대법원 2008. 9.25. 선고 2008도7007 판결).

위 사건의의 경우 야간에 버스 안에서 휴대폰 카메라로 옆 좌석에 앉은 G의 치마 밑으로 드러난 허벅다리 부분을 촬영한 C의 행위는 그 촬영 부위가 성폭력범죄의 처벌 등에 관한 특례법 제13조 제1항의 '성적 욕망 또는 수치심을 유발할 수 있는 타인의 신체'에 해당한다고 볼 수 있으므로 C의 행위는 성폭력범죄의 처벌 등에 관한 특례법상 카메라 등 이용촬영죄에 해당한다.

Ⅳ 카메라 등 이용촬영죄에 해당하지 않는 경우

1. 사건의 개요

D는 집에서 인터넷 채팅용 화상카메라를 이용하여 화상채팅을 하던 도중 상대방 여성 H가 춤을 추며 옷을 모두 벗고 자신의 음부를 보여주는 모습이 채팅창을 통해 D의 컴퓨터에 중계되어 전송되자 D는 '캠VIEW'라는 프로그램의 '저장화면'을 클릭하여 위 장면들을 컴퓨터에 저장하였다. 이 경우 D의 행위는 어떤 죄에 해당하는가?

2. 사건에 대한 해설

위 사건과 관련하여 인터넷 채팅용 화상카메라를 이용하여 화상채팅을 하던 도중 상대방 여성이 스스로 나체를 찍어 전송한 영상을 컴퓨터에 저장한 행위가 성폭력범죄의 처벌 등에 관한 특례법 제13조 제1항의 카메라 등 이용촬영죄에서 정한 촬영행위에 해당하지 않는다(대법원 2005.10.13. 선고 2005도5396 판결).

위 사건의 경우 집에서 그 곳에 있던 컴퓨터에 인터넷 채팅용 화상카메라를 설치한 후 이를 이용하여 H와 화상채팅을 하고 있던 중 H가 춤을 추며 옷을 모두 벗고 자신의 음부를 보여주는 모습이 채팅창을 통해 컴퓨터에 중계되자 D의 의사에 반하여 위 컴퓨터의 '캠VIEW'라는 프로그램의 '저장화면'을 클릭하여 위 장면들을 저장함으로써 성적 수치심을 유발할 수 있는 H의 신체를 그 의사에 반하여 촬영하였다고 볼 수 있는지 살펴보면, H가 화상채팅 시스템을 이용하여 자신의 모습을 D에게 영상으로 보여주기 위하여, 스스로 자신의 특정 동작이나 신체의 부위를 선택하여 화상카메라에 비추었고, 이후 소정의 프로그램에 의하여 카메라 렌즈를 통과한 상의 정보가 디지털화되어 최종적으로 D의 컴퓨터에 전송되었으며, D는 수신한 정보가 영상으로 변환된 것을 소정의 프로그램을 이용하여 컴퓨터에 저장한 것이므로, D는 H가 자신을 카메라에 비춤으로써 스스로 구성한 영상을 소극적으로 수신하였을 뿐이다. 따라서 성폭력범죄의 처벌 등에 관한 특례법 제13조 제1항의 카메라 등 이용촬영죄에 해당하지 아니한다.

따라서 위 사례에서 D의 행위는 아무런 죄에도 해당하지 않는다.

제6장 | 성폭력 관련 판례정리

Ⅰ 강간죄 관련 판례정리

(1) 강간죄의 구성요건 중 '폭행·협박'의 정도 및 그 판단 기준

강간죄가 성립하려면 가해자의 폭행·협박은 피해자의 항거를 불가능하게 하거나 현저히 곤란하게 할 정도의 것이어야 하고, 그 폭행·협박이 피해자의 항거를 불가능하게 하거나 현저히 곤란하게 할 정도의 것이었는지 여부는 그 폭행·협박의 내용과 정도는 물론, 유형력을 행사하게 된 경위, 피해자와의 관계, 성교 당시와 그 후의 정황 등 모든 사정을 종합하여 판단하여야 한다.[1)]

(2) 강간의 실행행위 계속 중에 강도행위를 한 경우 '강도강간죄'를 구성하는지 여부(적극) 및 특수강간범이 강간행위 종료 전에 특수강도의 행위를 한 경우 구 성폭력범죄의 처벌 및 피해자보호 등에 관한 법률 제5조 제2항에 정한 '특수강도강간죄'로 의율할 수 있는지 여부(원칙적 적극)

강간범이 강간행위 후에 강도의 범의를 일으켜 그 부녀의 재물을 강취하는 경우에는 강도강간죄가 아니라 강간죄와 강도죄의 경합범이 성립될 수 있을 뿐이지만, 강간행위의 종료 전 즉 그 실행행위의 계속 중에 강도의 행위를 할 경우에는 이때에 바로 강도의 신분을 취득하는 것이므로 이후에 그 자리에서 강간행위를 계속하는 때에는 강도가 부녀를 강간한 때에 해당하여 형법 제339조에 정한 강도강간죄를 구성하고, 구 성폭력범죄의 처벌 및 피해자보호 등에 관한 법률(2010. 4. 15. 법률 제10258호 성폭력범죄의 피해자보호 등에 관한 법률로 개정되기 전의 것) 제5조 제2항은 형법 제334조(특수강도) 등의 죄를 범한 자가 형법 제297조(강간) 등의 죄를 범한 경우에 이를 특수강도강간 등의 죄로 가중하여 처벌하는 것이므로, 다른 특별한 사정이 없는 한 특수강간범이 강간행위 종료 전에 특수강도의 행위를 한 이후에 그 자리에서 강간행위를 계속하는 때에도 특수강도가 부녀를 강간한 때에 해당하여 구 성폭력범죄의 처벌 및 피해자보호 등에 관한 법률 제5조 제2항에 정한 특수강도강간죄로 의율할 수 있다.[2)]

(3) 강도죄에서 '폭행, 협박'과 '재물의 탈취'와의 관계 및 강간범인이 폭행, 협박에 의한 반항억압 상태가 계속 중임을 이용하여 재물을 탈취하는 경우 새로운 폭행, 협박을 요하는지 여부(소극)

강도죄는 재물탈취의 방법으로 폭행, 협박을 사용하는 행위를 처벌하는 것이므로 폭행, 협박으로 타인의 재물을 탈취한 이상 피해자가 우연히 재물탈취 사실을 알지 못하였다고 하더라도 강도죄는 성립하고, 폭행, 협박당한 자가 탈취당한 재물의 소유자 또는 점유자일 것을 요하지도 아니하며, 강간범인이 부녀를 강간할 목적으로 폭행, 협박에 의하여 반항을 억압한 후 반항억압 상태가 계속 중임을 이용하여 재물을 탈취하는 경우에는 재물탈취를 위한 새로운 폭행, 협박이 없더라도 강도죄가 성립한다.[3)]

---

1) 대법원 2010.11.11. 선고 2010도9633 판결.
2) 대법원 2010.12.9. 선고 2010도9630 판결.

(4) 甲에 대한 특수강간 행위 도중 범행현장에 있던 乙 소유의 핸드백을 가져간 피고인의 행위를 포괄하여 구 성폭력범죄의 처벌 및 피해자보호 등에 관한 법률 위반(특수강도강간등)죄에 해당한다고 판단한 원심의 조치를 수긍한 사례

강도죄는 재물탈취의 방법으로 폭행, 협박을 사용하는 행위를 처벌하는 것이므로 폭행, 협박으로 타인의 재물을 탈취한 이상 피해자가 우연히 재물탈취 사실을 알지 못하였다고 하더라도 강도죄는 성립하고, 폭행, 협박당한 자가 탈취당한 재물의 소유자 또는 점유자일 것을 요하지도 아니하며, 강간범인이 부녀를 강간할 목적으로 폭행, 협박에 의하여 반항을 억압한 후 반항억압 상태가 계속 중임을 이용하여 재물을 탈취하는 경우에는 재물탈취를 위한 새로운 폭행, 협박이 없더라도 강도죄가 성립한다.4)

(5) 단순 강간 행위에 의한 강간 등 상해·치상의 죄가 2010. 3. 31. 개정된 특정강력범죄의 처벌에 관한 특례법 제2조 제1항 제3호에 규정된 '특정강력범죄'에 해당하는지 여부(소극)

2010. 3. 31. 법률 제10209호로 개정된 특정강력범죄의 처벌에 관한 특례법(이하 '개정 후 특례법'이라고 한다) 제2조 제1항 제3호에서 규정한 각 해당 조문의 배열순서와 체계, 개정 전 특례법 제2조 제1항 제3호의 해석상 강간 등에 의한 치사상죄가 흉기 기타 위험한 물건을 휴대하거나 2인 이상이 합동하여 저질러진 경우뿐만 아니라 단순 강간 행위에 의하여 저질러진 경우로서 사안이 매우 경미한 경우에도 특정강력범죄에 해당하는 것으로 보아 위 특례법을 적용하는 것이 바람직스럽지 못하다는 비판이 존재했던 사정 등에 비추어 보면, 위 '흉기나 그 밖의 위험한 물건을 휴대하거나 2인 이상이 합동하여 범한'이라는 요건은 개정 전 특례법에서의 해석과 달리 형법 제301조에도 요구되는 것으로 보는 것이 합리적인 해석이다. 나아가 개정 후 특례법 부칙에서 그에 관한 별도의 경과규정을 두지 아니하였지만, 위 개정된 조항의 의미와 취지 등에 비추어 피고인에게 유리하게 이루어진 것으로 형법 제1조 제2항에 규정된 범죄 후 법률의 변경에 해당한다. 따라서 위 특례법 개정 전에 이루어진 강간 등 상해·치상의 행위가 흉기나 그 밖의 위험한 물건을 휴대하거나 2인 이상이 합동하여 저질러진 경우가 아니라 단순 강간 행위에 의하여 저질러진 경우에는 그 범죄행위에 의하여 상해라는 중한 결과가 발생하였더라도 그 강간 등 상해·치상의 죄(형법 제301조의 죄)는 개정 후 특례법 제2조 제1항 제3호에 규정된 '특정강력범죄'에 해당하지 않는다.5)

(6) 강간의 실행행위의 계속 중에 강도행위를 한 경우 '강도강간죄'를 구성하는지 여부(적극)

강도강간죄는 강도라는 신분을 가진 범인이 강간죄를 범하였을 때 성립하는 범죄이므로, 강간범이 강간행위 후에 강도의 범의를 일으켜 그 부녀의 재물을 강취하는 경우에는 강도강간죄가 아니라 강도죄와 강간죄의 경합범이 성립될 수 있을 뿐이나, 강간범이 강간행위 종료전, 즉 그 실행행위의 계속 중에 강도의 행위를 할 경우에는 이때에 바로 강도의 신분을 취득하는 것이므로 이후에 그 자리에서 강간행위를 계속하는 때에는 강도가 부녀를 강간한 때에 해당하여 「형법」 제339조 소정의 강도강간죄를 구성한다 할 것이다.6)

---

3) 대법원 2010.12.9. 선고 2010도9630 판결.
4) 대법원 2010.12.9. 선고 2010도9630 판결.
5) 대법원 2010.10.28. 선고 2010도7997 판결.

(7) 특수강간범이 강간행위 종료 전에 특수강도의 행위를 한 경우, 구 성폭력범죄의 처벌 및 피해자보호 등에 관한 법률 제5조 제2항에 정한 '특수강도강간죄'로 의율할 수 있는지 여부(원칙적 적극)

구성폭력범죄의 처벌 및 피해자보호 등에 관한 법률 제5조 제2항은 형법 제334조(특수강도) 등의 죄를 범한 자가 형법 제297조(강간) 등의 죄를 범한 경우에 이를 특수강도강간 등의 죄로 가중하여 처벌하는 것이므로, 다른 특별한 사정이 없는 한 특수강간범이 강간행위 종료 전에 특수강도의 행위를 한 이후에 그 자리에서 강간행위를 계속하는 때에도 특수강도가 부녀를 강간한 때에 해당하여 구성폭력범죄의 처벌 및 피해자보호 등에 관한 법률 제5조 제2항에 정한 특수강도강간죄로 의율할 수 있다.[7)]

(8) 형법 제299조 준강간·강제추행죄에서 '항거불능의 상태'의 의미

형법 제299조는 사람의 심신상실 또는 항거불능의 상태를 이용하여 간음 또는 추행을 한 자를 형법 제297조, 제298조의 강간 또는 강제추행의 죄와 같이 처벌하도록 규정하고 있다. 여기서 항거불능의 상태라 함은 형법 제297조, 제298조와의 균형상 심신상실 이외의 원인 때문에 심리적 또는 물리적으로 반항이 절대적으로 불가능하거나 현저히 곤란한 경우를 의미한다.[8)]

(9) 교회 노회장이 교회 여신도들을 간음·추행한 사안에서, 교회 여신도들이 종교적 믿음에 대한 충격 등 정신적 혼란으로 인한 항거불능의 상태에 있었다고 보아 교회 노회장에게 준강간·강제추행죄 등을 인정한 사례[9)]

(10) 피고인의 유형력 행사가 강간죄의 '폭행'에 해당된다고 한 사례

피고인은 체육학과 교수이고 태권도 유단자로서 한국인의 평균체형과 비교해 볼 때 키가 크고 체격이 건장한 점, 피고인은 각 강간과정에서 피해자의 머리를 세게 내리치거나 피해자의 뒷목과 등을 누르거나 자신의 몸으로 밀어붙여 눕힌 상태에서 몸을 짓누르는 등 완력으로 피해자를 제압한 점, 피해자는 피해를 당할 당시 피고인의 제자로서 피고인의 지도를 받아 박사학위를 취득하여 대학 강단에 서는 것이 삶의 목표였기에 피고인으로부터 강간을 당하면서도 피해 당시에도 소리를 크게 질러 도움을 요청하거나 강간당한 후에도 즉시 수사관서에 이를 신고하지는 못한 점, 피해자는 당시 강간시도를 저지하고자 몸으로 저항하였고, 그에 따라 피고인으로서는 강간에 이르기까지 피해자를 제압하는 과정에서 상당 시간이 소요된 점 등에 비추어, 피고인의 위와 같은 행위는 강간죄에 있어서의 '폭행'에 해당된다고 한 사례[10)]

(11) 미성년자의제강간·강제추행죄를 규정한 형법 제305조에 의하여 미수범도 처벌할 수 있는지 여부(적극)

미성년자의제강간·강제추행죄를 규정한 형법 제305조가 "13세 미만의 부녀를 간음하거나 13세 미만의 사람에게 추행을 한 자는 제297조, 제298조, 제301조 또는 제301조의2의 예에 의한다"로

---

6) 대법원 2010.7.15. 선고 2010도3594 판결.
7) 대법원 2010.7.15. 선고 2010도3594 판결.
8) 대법원 2009.4.23. 선고 2009도2001 판결.
9) 대법원 2009.4.23. 선고 2009도2001 판결.
10) 서울고법 2010.4.22. 선고 2009노2853, 3244 판결.

되어 있어 강간죄와 강제추행죄의 미수범의 처벌에 관한 형법 제300조를 명시적으로 인용하고 있지 아니하나, 형법 제305조의 입법 취지는 성적으로 미성숙한 13세 미만의 미성년자를 특별히 보호하기 위한 것으로 보이는바 이러한 입법 취지에 비추어 보면 동조에서 규정한 형법 제297조와 제298조의 '예에 의한다'는 의미는 미성년자의제강간·강제추행죄의 처벌에 있어 그 법정형뿐만 아니라 미수범에 관하여도 강간죄와 강제추행죄의 예에 따른다는 취지로 해석되고, 이러한 해석이 형벌법규의 명확성의 원칙에 반하는 것이거나 죄형법정주의에 의하여 금지되는 확장해석이나 유추해석에 해당하는 것으로 볼 수 없다.11)

(12) 강간죄의 성립요건으로서 폭행·협박의 정도 및 그 판단 기준

강간죄가 성립하려면 가해자의 폭행·협박은 피해자의 항거를 불가능하게 하거나 현저히 곤란하게 할 정도의 것이어야 하고, 그 폭행·협박이 피해자의 항거를 불가능하게 하거나 현저히 곤란하게 할 정도의 것이었는지 여부는 그 폭행·협박의 내용과 정도는 물론, 유형력을 행사하게 된 경위, 피해자와의 관계, 성교 당시와 그 후의 정황 등 모든 사정을 종합하여 판단하여야 한다.12)

(13) 강간죄가 성립하기 위한 폭행·협박이 있었는지 여부의 판단 기준

강간죄가 성립하기 위한 가해자의 폭행·협박이 있었는지 여부는 그 폭행·협박의 내용과 정도는 물론 유형력을 행사하게 된 경위, 피해자와의 관계, 성교 당시와 그 후의 정황 등 모든 사정을 종합하여 피해자가 성교 당시 처하였던 구체적인 상황을 기준으로 판단하여야 하며, 사후적으로 보아 피해자가 성교 이전에 범행 현장을 벗어날 수 있었다거나 피해자가 사력을 다하여 반항하지 않았다는 사정만으로 가해자의 폭행·협박이 피해자의 항거를 현저히 곤란하게 할 정도에 이르지 않았다고 섣불리 단정하여서는 안 된다.13)

(14) 강간치상죄에 있어서 상해의 판단 기준

강간행위에 수반하여 생긴 상해가 극히 경미한 것으로서 굳이 치료할 필요가 없어서 자연적으로 치유되며 일상생활을 하는 데 아무런 지장이 없는 경우에는 강간치상죄의 상해에 해당되지 아니한다고 할 수 있을 터이나, 그러한 논거는 피해자의 반항을 억압할 만한 폭행 또는 협박이 없어도 일상생활 중 발생할 수 있는 것이거나 합의에 따른 성교행위에서도 통상 발생할 수 있는 상해와 같은 정도임을 전제로 하는 것이므로 그러한 정도를 넘는 상해가 그 폭행 또는 협박에 의하여 생긴 경우라면 상해에 해당된다고 할 것이며, 피해자의 건강상태가 나쁘게 변경되고 생활기능에 장애가 초래된 것인지는 객관적, 일률적으로 판단될 것이 아니라 피해자의 연령, 성별, 체격 등 신체, 정신상의 구체적 상태를 기준으로 판단되어야 한다.14)

(15) 피해자가 소형승용차 안에서 강간범행을 모면하려고 저항하는 과정에서 피고인과의 물리적 충돌로 인하여 입은 '우측 슬관절 부위 찰과상' 등이 강간치상죄의 상해에 해당하지 않는다고 본 원심판결을 파기한 사례15)

11) 대법원 2007.3.15. 선고 2006도9453 판결.
12) 대법원 2007.1.25. 선고 2006도5979 판결.
13) 대법원 2005.7.28. 선고 2005도3071 판결.
14) 대법원 2005.5.26. 선고 2005도1039 판결.
15) 대법원 2005.5.26. 선고 2005도1039 판결.

(16) 강간치상죄에 있어서의 상해의 의미

강간치상죄에 있어서의 상해는 피해자의 신체의 건강상태가 불량하게 변경되고 생활기능에 장애가 초래되는 것을 말하는 것으로서, 피해자가 입은 상처가 극히 경미하여 굳이 치료할 필요가 없고 치료를 받지 않더라도 일상생활을 하는 데 아무런 지장이 없으며 시일이 경과함에 따라 자연적으로 치유될 수 있는 정도라면, 그로 인하여 피해자의 신체의 건강상태가 불량하게 변경되었다거나 생활기능에 장애가 초래된 것으로 보기 어려워 강간치상죄에 있어서의 상해에 해당한다고 할 수 없다.[16)]

(17) 강간행위로 입은 상처인 처녀막 타박상 및 질전정부 찰과상 등이 그 정도가 경미하여 굳이 따로 치료를 받지 않아도 자연적으로 치유될 수 있으며, 일상생활을 하는 데 아무런 지장이 없는 경우에 해당한다고 보아 이를 강간치상죄에 있어서 상해로 볼 수 없다고 한 사례[17)]

(18) 피해자에게 발생한 상처가 강간치상죄에서 정한 상해에 해당하지 않는다고 판단한 원심판결을 파기한 사례

정식의 상해진단서는 제출되어 있지 아니하나 피해자가 입은 상처의 부위와 내용, 그 상해의 정도나 치유기간 등에 비추어 보아 그러한 정도의 상처로 인하여 피해자의 신체의 건강상태가 불량하게 변경되고 생활기능에 장애가 초래된 것이 아니라고 단정할 수 없음에도 불구하고 피해자에게 발생한 상처가 강간치상죄에서 정한 상해에 해당하지 않는다고 판단한 원심판결을 파기한 사례이다.[18)]

(19) 강간치상죄로 공소제기된 사건에서 치상의 점에 관하여 증명이 없는 경우 공소장 변경없이 강간의 점에 관하여 심리판단할 수 있는지 여부(적극) 및 이 때 피해자가 고소를 취소한 경우 법원의 조치

강간치상죄는 강간죄의 결과적 가중범으로서 강간치상의 공소사실 중에는 강간죄의 공소사실도 포함되어 있는 것이어서 강간치상죄로 공소가 제기된 사건에 있어서 그 치상의 점에 관하여 증명이 없더라도 법원으로서는 공소장 변경절차 없이 강간의 점에 대하여 심리판단할 수 있다고 할 것인데, 다만 이 경우에 있어서 공소제기 전에 그 소추요건인 고소의 취소가 있었다면, 형사소송법 제327조 제2호에 의하여 공소기각의 판결을 선고하여야 할 것이지 범죄의 증명이 없다고 하여 무죄의 선고를 할 수는 없다.[19)]

(20) 강간죄에 있어서 폭행·협박의 정도 및 그 판단 기준

강간죄가 성립하려면 가해자의 폭행·협박은 피해자의 항거를 불가능하게 하거나 현저히 곤란하게 할 정도의 것이어야 하고, 폭행·협박이 피해자의 항거를 불가능하게 하거나 현저히 곤란하게 할 정도의 것이었는지 여부는 그 폭행·협박의 내용과 정도는 물론, 유형력을 행사하게 된 경위, 피해자와의 관계, 성교 당시와 그 후의 정황 등 모든 사정을 종합하여 판단하여야 한다.[20)]

---

16) 대법원 2004.3.11. 선고 2004도483 판결.
17) 부산지법 동부지원 2004.11.5. 선고 2004고합187 판결.
18) 대법원 2003.9.26. 선고 2003도4606 판결.
19) 대법원 2002.7.12. 선고 2001도6777 판결.

(21) 피고인이 피해자를 여관방으로 유인하여 방문을 걸어 잠근 후 성교할 것을 요구한 사안에서, 피해자의 항거를 현저하게 곤란하게 할 정도의 유형력을 행사한 것으로 인정한 사례

피고인이 피해자를 원심 판시 여관방으로 유인한 다음 방문을 걸어 잠근 후 피해자에게 성교할 것을 요구하였으나 피해자가 이를 거부하자 "옆방에 내 친구들이 많이 있다. 소리지르면 다 들을 것이다. 조용히 해라. 한 명하고 할 것이냐? 여러 명하고 할 것이냐?"라고 말하면서 성행위를 요구한 사실이 인정되는바, 이러한 사실과 피해자의 연령이 어린 점, 다른 사람의 출입이 곤란한 심야의 여관방에 피고인과 피해자 단둘이 있는 상황인 점 등 기록에 나타난 모든 사정을 종합하면 피고인이 피해자의 항거를 현저히 곤란하게 할 정도의 유형력을 행사한 사실은 충분히 인정된다고 보아야 할 것이므로, 피고인의 성폭력범죄의처벌및피해자보호등에관한법률위반 범죄사실에 대하여 범죄의 증명이 있다고 한 제1심판결을 그대로 유지한 원심판결에 상고이유로 주장하는 강간죄에 있어서의 폭행, 협박에 관한 법리오해의 위법이 있다고 할 수 없다.[21]

(22) 강간죄의 실행의 착수시기

강간죄에 있어서 폭행 또는 협박은 피해자의 항거를 불능하게 하거나 현저히 곤란하게 할 정도의 것이어야 하고, 그 폭행 또는 협박이 피해자의 항거를 불능하게 하거나 현저히 곤란하게 할 정도의 것이었는지 여부는 유형력을 행사한 당해 폭행 및 협박의 내용과 정도는 물론이고 유형력을 행사하게 된 경위, 피해자와의 관계, 범행 당시의 정황 등 제반 사정을 종합하여 판단하여야 한다.[22]

(23) 준강간죄의 실행에 착수하였다고 한 사례

피고인이 잠을 자고 있는 피해자의 옷을 벗긴 후 자신의 바지를 내린 상태에서 피해자의 음부 등을 만지고 자신의 성기를 피해자의 음부에 삽입하려고 하였으나 피해자가 몸을 뒤척이고 비트는 등 잠에서 깨어 거부하는 듯한 기색을 보이자 더 이상 간음행위에 나아가는 것을 포기한 경우, 준강간죄의 실행에 착수하였다고 본 사례 [23]

(24) 강간치상죄에 있어서 상해의 결과는 간음행위 자체나 강간에 수반된 추행행위에서 발생한 경우도 포함하는지 여부(적극)

강간이 미수에 그치거나 간음의 결과 사정을 하지 않은 경우라도 그로 인하여 피해자가 상해를 입었으면 강간치상죄가 성립하는 것이고, 강간치상죄에 있어 상해의 결과는 강간의 수단으로 사용한 폭행으로부터 발생한 경우뿐 아니라 간음행위 그 자체로부터 발생한 경우나 강간에 수반하는 행위에서 발생한 경우도 포함하는 것이다.[24]

(25) 형법 제299조 소정의 '항거불능의 상태'의 의미

형법 제299조에서의 항거불능의 상태라 함은 같은 법 제297조, 제298조와의 균형상 심신상실

---

20) 대법원 2001.10.30. 선고 2001도4462 판결.
21) 대법원 2000.8.18. 선고 2000도1914 판결.
22) 대법원 2000.6.9. 선고 2000도1253 판결.
23) 대법원 2000.1.14. 선고 99도5187 판결.
24) 대법원 1999.4.9. 선고 99도519 판결.

이외의 원인 때문에 심리적 또는 물리적으로 반항이 절대적으로 불가능하거나 현저히 곤란한 경우를 의미한다. 형법 제299조는 사람의 심신상실 또는 항거불능의 상태를 이용하여 간음 또는 추행을 한 자를 같은 법 제297조, 제298조의 강간 또는 강제추행의 죄와 같이 처벌하도록 규정하고 있는바, 이 죄가 정신적 또는 신체적 사정으로 인하여 성적인 자기방어를 할 수 없는 사람에게 성적 자기결정권을 보호해 주는 것을 보호법익으로 하고 있고, 같은 법 제302조에서 미성년자 또는 심신미약자에 대하여 위계 또는 위력으로써 간음 또는 추행을 한 자의 처벌에 관하여 따로 규정하고 있는 점 등에 비추어 보면, 형법 제299조에서의 항거불능의 상태라 함은 위 제297조, 제298조와의 균형상 심신상실 이외의 원인때문에 심리적 또는 물리적으로 반항이 절대적으로 불가능하거나 현저히 곤란한 경우를 의미한다고 보아야 할 것이다.[25)]

(26) 강간 후 계속 추행하면서 또다시 강간하려고 하였으나 미수에 그친 경우, 강제추행죄가 따로 성립하지 않는다고 본 사례

피고인이 피해자를 강간 후 이어 과도를 옆에 두고서 피해자를 계속 추행하면서 또다시 강간하려 하였으나 미수에 그친 경우, 강제추행의 경위, 피고인의 의사 및 강간과 강제추행의 장소가 동일하고 시간적으로 밀접한 점에 비추어 추행행위는 처음에 한 강간행위의 계속으로 보여진다는 이유로, 위 각 범행은 강간죄와 강제추행죄의 실체적 경합범이 아니라 단순일죄라고 본 사례이다.[26)]

(27) 구 성폭력범죄의처벌및피해자보호등에관한법률 제8조에 규정된 '신체장애'에 정신장애가 포함되는지 여부(소극)

구 성폭력범죄의처벌및피해자보호등에관한법률(1997. 8. 22. 법률 제5343호로 개정되기 전의 것) 제8조는, 신체장애로 항거불능인 상태에 있음을 이용하여 여자를 간음하거나 사람에 대하여 추행한 자는 형법 제297조(강간) 또는 제298조(강제추행)에 정한 형으로 처벌한다고 규정하고 있는바, 관련 법률의 장애인에 관한 규정과 형법상의 유추해석 금지의 원칙에 비추어 볼 때, 이 규정에서 말하는 '신체장애'에 정신박약 등으로 인한 정신장애도 포함된다고 보아 그러한 정신장애로 인하여 항거불능 상태에 있는 여자를 간음한 경우에도 이 규정에 해당한다고 해석하기는 어렵다.[27)]

(28) 피해자의 경추부좌상 및 우측주관절부염좌상이 강간치상죄에 있어서의 상해에 해당한다고 본 사례

피고인이 범행 당시 양쪽 손으로 피해자의 팔을 붙잡아 내리누르고 비틀었으며, 엄지와 검지 손가락으로 약 10초간 피해자의 목을 내리눌러 피해자에게 경추부좌상 및 우측주관절부염좌상이 발생하였다면, 이러한 상처로 인하여 피해자의 신체의 건강상태가 불량하게 변경되고 생활기능에 장애가 초래된 것이 아니라고 볼 수 없음에도 불구하고 강간치상죄에 있어서의 상해에 해당하지 않는다고 판단한 원심판결을 채증법칙 위배 등을 이유로 파기한다.[28)]

---

25) 대법원 2000.5.26. 선고 98도3257 판결.
26) 서울고법 1998.3.18. 선고 98노97 판결.
27) 대법원 1998.3.24. 선고 97도2956 판결.
28) 대법원 1997.9.5. 선고 97도1725 판결.

(29) 단순 강간 행위에 의하여 강간치사상죄가 된 경우 특정강력범죄의처벌에관한특례법 제2조 제1항 제3호 소정의 '특정강력범죄'에 해당하는지 여부(적극)

특정강력범죄의처벌에관한특례법 제2조 제1항 제3호 소정의 '특정강력범죄'라 함은 "형법 제32장의 정조에 관한 죄 중 흉기 기타 위험한 물건을 휴대하거나 2인 이상이 합동하여 범한 제297조(강간), 제298조(강제추행), 제299조(준강간·준강제추행), 제300조(미수범), 제305조(미성년자에 대한 간음·추행)의 죄 및 제301조(강간등에의한치사상)의 죄"라고 규정하고 있어 형법 제301조의 죄를 앞서의 형법 제297조 내지 제300조, 제305조의 각 죄와 분리하여 규정하고 있고, 형법 제297조 내지 제300조, 제305조의 각 죄는 모두 친고죄인 반면 형법 제301조는 친고죄가 아닌 점 및 그 각 조문의 배열순서로 보아, '흉기 기타 위험한 물건을 휴대하거나 2인 이상이 합동하여 범한'이라는 요건은 형법 제297조 내지 제300조, 제305조의 각 죄에만 필요하고, 형법 제301조에는 필요하지 아니한 것으로 해석함이 상당하므로, 형법 제301조 소정의 강간치사상의 행위가 흉기 기타 위험한 물건을 휴대하거나 2인 이상이 합동하여 저질러진 경우뿐만 아니라 단순 강간 행위에 의하여 저질러진 경우라 하더라도, 그 범죄행위에 의하여 일단 상해 또는 사망이라는 중한 결과가 발생하면 그 강간치사상의 죄(형법 제301조의 죄)는 특정강력범죄의처벌에관한특례법 제2조 제1항 제3호 소정의 특정강력범죄에 해당하는 것으로 보아야 한다.29)

(30) 피해자의 외음부염증이 미성년자의제강제추행치상죄에 있어서 상해에 해당한다고 본 사례

미성년자에 대한 추행행위로 인하여 그 피해자의 외음부 부위에 염증이 발생한 것이라면, 그 증상이 약간의 발적과 경도의 염증이 수반된 정도에 불과하다고 하더라도 그로 인하여 피해자 신체의 건강상태가 불량하게 변경되고 생활기능에 장애가 초래된 것이 아니라고 볼 수 없으니, 이러한 상해는 미성년자의제강제추행치상죄의 상해의 개념에 해당한다.30)

(31) 강간하려는 행위와 이를 피하려다 사상에 이르게 된 사실 사이에 상당인과관계를 인정할 수 있는지 여부 나. 피고인의 강간미수행위와 피해자의 추락사 사이에 상당인과관계가 있다고 보아 피고인을 강간치사죄로 처단한 사례

폭행이나 협박을 가하여 간음을 하려는 행위와 이에 극도의 흥분을 느끼고 공포심에 사로잡혀 이를 피하려다 사상에 이르게 된 사실과는 이른바 상당인과관계가 있어 강간치사상죄로 다스릴 수 있다. 나. 피고인이 자신이 경영하는 속셈학원의 강사로 피해자를 채용하고 학습교재를 설명하겠다는 구실로 유인하여 호텔 객실에 감금한 후 강간하려 하자, 피해자가 완강히 반항하던 중 피고인이 대실시간 연장을 위해 전화하는 사이에 객실 창문을 통해 탈출하려다가 지상에 추락하여 사망한 사안에서, 피고인의 강간미수행위와 피해자의 사망과의 사이에 상당인과관계가 있다고 보아 피고인을 강간치사죄로 처단한 원심의 판단을 수긍한 사례이다.31)

(32) 강간치사상죄에 있어서 사상의 결과는 강간에 수반하는 행위에서 발생한 경우도 포함하는지 여부 나. 스스로 야기한 강간범행의 와중에서 피해자가 손가락을 깨물며 반항하자 물린 손가락을 비틀며 잡아 뽑다가 피해자에게 치아결손의 상해를 입힌 소위를 긴급피난행위라 할 수 있는

29) 대법원 1996.9.20. 선고 96도1893 판결.
30) 대법원 1996.11.22. 선고 96도1395 판결.
31) 대법원 1995.5.12. 선고 95도425 판결.

지 여부

강간 등에 의한 치사상죄에 있어서 사상의 결과는 간음행위 그 자체로부터 발생한 경우나 강간의 수단으로 사용한 폭행으로부터 발생한 경우는 물론 강간에 수반하는 행위에서 발생한 경우도 포함한다. 나. 피고인이 스스로 야기한 강간범행의 와중에서 피해자가 피고인의 손가락을 깨물며 반항하자 물린 손가락을 비틀며 잡아 뽑다가 피해자에게 치아결손의 상해를 입힌 소위를 가리켜 법에 의하여 용인되는 피난행위라 할 수 없다.[32)]

(33) 성경험을 가진 여자의 특이체질로 인해 새로 형성된 처녀막의 파열이 강간치상죄를 구성하는 상처에 해당되는지 여부

처녀막은 부녀자의 신체에 있어서 생리조직의 일부를 구성하는 것으로서, 그것이 파열되면 정도의 차이는 있어도 생활기능에 장애가 오는 것이라고 보아야 하고, 처녀막 파열이 그와 같은 성질의 것인 한 비록 피해자가 성경험을 가진 여자로서 특이체질로 인해 새로 형성된 처녀막이 파열되었다 하더라도 강간치상죄를 구성하는 상처에 해당된다.[33)]

(34) 경부 및 전흉부 피하출혈, 통증으로 약 7일 간의 가료를 요하는 상처만으로는 강간치상죄의 상해에 해당하지 않는다고 한 사례

피해자를 강간하려다가 미수에 그치고 그 과정에서 피해자에게 경부 및 전흉부 피하출혈, 통증으로 약 7일 간의 가료를 요하는 상처가 발생하였으나 그 상처가 굳이 치료를 받지 않더라도 일상생활을 하는 데 아무런 지장이 없고 시일이 경과함에 따라 자연적으로 치유될 수 있는 정도라면 그로 인하여 신체의 완전성이 손상되고 생활기능에 장애가 왔다거나 건강상태가 불량하게 변경되었다고 보기는 어려워 강간치상죄의 상해에 해당하지 않는다.[34)]

(35) 다음에 만나 친해지면 응해 주겠다는 피해자의 간곡한 부탁에 따라 강간행위의 실행을 중지한 경우를 중지미수로 본 사례

피고인이 피해자를 강간하려다가 피해자의 다음번에 만나 친해지면 응해 주겠다는 취지의 간곡한 부탁으로 인하여 그 목적을 이루지 못한 후 피해자를 자신의 차에 태워 집에까지 데려다 주었다면 피고인은 자의로 피해자에 대한 강간행위를 중지한 것이고 피해자의 다음에 만나 친해지면 응해 주겠다는 취지의 간곡한 부탁은 사회통념상 범죄실행에 대한 장애라고 여겨지지는 아니하므로 피고인의 행위는 중지미수에 해당한다.[35)]

(36) 좌전경부흡입상[36)]이 강간치상죄의 상해에 해당되지 않는다고 본 사례

강간 피해자가 입은 좌전경부흡입상은 인체의 생활기능에 장애를 주고 건강상태를 불량하게 변경하였다고도 보기 어려워 강간치상죄의 상해에 해당한다 할 수 없다.[37)]

---

32) 대법원 1995.1.12. 선고 94도2781 판결.
33) 대법원 1995.7.25. 선고 94도1351 판결.
34) 대법원 1994.11.4. 선고 94도1311 판결.
35) 대법원 1993.10.12. 선고 93도1851 판결.
36) 강간시 흥분해서 입으로 빨아서 생긴 자국을 말한다.
37) 대법원 1991.11.8. 선고 91도2188 판결.

(37) 특정범죄가중처벌등에관한법률 제5조의7 제1항 소정의 "흉기 기타 위험한 물건을 휴대하여" 라고 함은 강간범행 현장에서 그 범행에 사용하려는 의도 아래 흉기 등을 소지하거나 몸에 지니는 경우를 가리키는 것이지 그 범행과는 전혀 무관하게 우연히 이를 소지하게 된 경우까지를 포함하는 것은 아니다. 직장에서 업무상 사용하던 칼날통을 양복주머니에 우연히 소지하고 있다가 피해자를 강간한 뒤 피해자가 그대로 집에 들어가느니 차라리 죽겠다고 말하자 칼날통을 보이면서 "여기 칼이 있으니 죽으려면 언제든지 같이 죽을 수 있다"고 말한 것만으로는 위 법조항에서 말하는 "흉기를 휴대하여" 강간한 경우에 해당하지 아니한다고 본 사례[38]

(38) 피해자의 승낙이 있은 것으로 오신하여 성교를 하려고 한 과정에서 상해를 입힌 경우, 강간치상죄의 성부

강간치상죄는 강간죄와 마찬가지로 폭행 또는 협박으로 부녀자를 강간하려 한 경우에 성립하는 고의범으로서 피해자가 성교행위를 승낙하고 있는 경우에는 구성요건해당성이 없어 범죄가 성립할 수 없음은 물론 피해자가 겉으로는 승낙하지 않고 있다고 하더라도 내심의 진의는 승낙하고 있는 것이라고 행위자가 오신하여 성교를 하려고 한 과정에서 상해를 입힌 경우에도 강간치상죄의 고의는 조각되므로 같은 죄로 처벌할 수 없다.[39]

(39) 강간범이 살해의 미필적고의를 가지고 폭행과 강간을 하여 피해자를 사망케 한 경우의 죄수(=살인죄와 강간치사죄의 상상적경합관계)

강간범인이 피해자를 사망에 이르게 한 경우에 그 사망의 결과가 간음행위 자체뿐만 아니라 강간의 수단으로 사용한 폭행으로 인하여 초래된 경우에도 강간치사죄가 성립하는 것이나, 다만 범인이 강간의 목적으로 피해자에게 폭행을 가할 때에 살해의 범의가 있었다면 살인죄와 강간치사죄의 상상적경합범이 성립한다고 할 것이므로, 강간범인이 살해의 미필적고의를 가지고 피해자의 입을 막고 경부를 눌러 피해자를 질식으로 인한 실신상태에 빠뜨려 강간한 후 그즈음 피해자를 경부압박으로 인한 질식으로 사망케 하였다면 살인죄와 강간치사죄의 상상적경합범으로 보아 가장 무거운 살인죄에 정한 형으로 처벌한 원심판결은 정당하다.[40]

(40) 강간을 목적으로 피해자의 집에 침입하여 안방에서 자고 있는 피해자의 가슴과 엉덩이를 만지면서 간음을 기도하였다는 사실만으로 강간죄의 실행의 착수가 있었다고 볼 수 있는지 여부(소극)

강간죄의 실행의 착수가 있었다고 하려면 강간의 수단으로서 폭행이나 협박을 한 사실이 있어야 할 터인데 피고인이 강간할 목적으로 피해자의 집에 침입하였다 하더라도 안방에 들어가 누워 자고 있는 피해자의 가슴과 엉덩이를 만지면서 간음을 기도하였다는 사실만으로는 강간의 수단으로 피해자에게 폭행이나 협박을 개시하였다고 하기는 어렵다.[41]

(41) 미성년자의제강간치상죄의 경우 고소의 요부(소극)

형법 제305조의 미성년자에 대한 추행에는 이로 인한 치상이 있게 되면 같은법 제301조의 강간등에 의한 치사상의 예에 의하여 처벌하므로 고소가 없거나 고소가 취소되어도 이를 논할 수

38) 서울형사지법 1992.4.1. 선고 91고합2114 판결.
39) 부산지법 1991.8.20. 선고 91고합291 판결.
40) 대법원 1990.5.8. 선고 90도670 판결.
41) 대법원 1990.5.25. 선고 90도607 판결.

있다.[42)]

(42) 요치 2일의 피하일혈반을 미성년자의제강제추행치상죄에 있어서의 상해로 본 사례

피고인이 7세 1월 남짓밖에 안 되는 피해자의 질내에 손가락을 넣어 만지는 등 추행을 하여 피해자의 음순 좌우 양측에 생긴 남적색 피하일혈반이 타박이나 마찰로 말미암아 음순내부에 피멍이 든 것으로서 그 상처부위에 소변의 독소가 들어가면 염증이 생길 수도 있는 것이라면, 그 상처를 치료하는데 필요한 기간이 2일에 불과하더라도, 형법 제301조 소정의 상해의 개념에 해당하는 것으로 보아야 한다.[43)]

(43) 상해죄의 동시범 처벌에 관한 특례를 인정한 형법 제263조 가 강간치상죄에 대하여도 적용되는지 여부

피고인이 공소외 갑 및 그로부터 강간당한 피해인 을과 함께 이야기하던 중 을과 단 둘이 있게 되자 갑으로부터 당한 강간으로 항거불능의 상태에 있던 을을 다시 강간함으로써 을이 회음부 찰과상을 입게 되었다 하더라도 피고인과 갑이 강간을 공모하였음을 인정할 만한 증거가 없고 위 상처가 누구의 강간행위로 인하여 생긴 것인지를 인정할 자료가 없다면 치상의 공소사실에 대하여는 그 증명이 없는 때에 해당하고 강간치상죄에 대하여는 상해죄의 동시범 처벌에 관한 특례를 인정한 형법 제263조가 적용되지 아니하는 것이므로 피고인은 단지 강간죄로 밖에 처벌할 수 없다.[44)]

(44) 강간죄에 있어서의 폭행 또는 협박의 정도

강간죄에 있어서의 폭행 또는 협박은 피해자의 반항을 현저히 곤란하게 할 정도의 것이어야 한다.[45)]

(45) 강간미수와 강간치상죄

강간이 미수에 그친 경우라도 그 수단이 된 폭행에 의하여 피해자가 상해를 입었으면 강간치상죄가 성립하는 것이며, 미수에 그친 것이 피고인이 자의로 실행에 착수한 행위를 중지한 경우이든 실행에 착수하여 행위를 종료하지 못한 경우이든 가리지 않는다.[46)]

(46) 강간미수의 경우 강간치상죄의 성립여부

강간치상죄의 경우 강간이 미수에 그쳤다고 해도 강간치상죄의 성립에는 영향이 없다.[47)]

(47) 강간치상죄에 있어서의 치상에 해당한다고 본 사례

강간치상죄에 있어서 치상은 강간의 수단인 폭행 또는 협박의 과정에서 발생한 상해뿐만 아니라 이와 밀접한 관련이 있는 기회에 발생한 상해도 이에 포함된다고 보아야 할 것이고, 피해자가 강간을 피하기 위하여 소극적으로 범인에 대하여 저항하는 데 그치지 아니하고 적극적으로 그의

---

42) 대법원 1990.4.10. 선고 90도335 판결.
43) 대법원 1990.4.13. 선고 90도154 판결.
44) 서울고법 1990.12.6. 선고 90노3345 판결.
45) 대법원 1988.11.8. 선고 88도1628 판결.
46) 대법원 1988.11.8. 선고 88도1628 판결.
47) 대법원 1988.8.23. 선고 88도1212 판결.

낭심과 윗옷자락을 잡아당긴 행위는 피해자가 범인을 체포하려는 의사가 포함되었다 하더라도 궁극적으로는 범인의 피해자의 신체에 대한 침해를 방어하기 위한 저항으로서 범인이 이를 제압하기 위하여 가한 폭행으로 인하여 피해자가 입은 상해는 강간치상죄에 있어서 치상에 해당한다.48)

(48) 강간치상죄가 성립하기 위하여는 최소한 강간죄의 실행의 착수가 있어야 하는지 여부(적극)

강간치상죄라 함은 강간죄를 범하여 부녀를 상해에 이르게 한 죄로서 그 전제로 되는 강간죄는 기수 이를 것을 요하지 아니하고 미수라도 족하나 예비의 단계에서 나아가 실행의 착수가 있음을 요하므로 적어도 부녀를 간음하기 위하여 폭행·협박이 개시되었음을 요한다.49)

(49) 강간치상죄의 상해에 해당되지 않는다고 본 사례

피고인이 피해자를 강간하려다가 미수에 그치고 그 과정에서 위 피해자의 왼쪽 손바닥에 약 2센티미터 정도의 긁힌 가벼운 상처가 발생한 경우라면 그 정도의 상처(소상)는 일상생활에서 얼마든지 생길 수 있는 극히 경미한 상처로서 굳이 치료할 필요도 없는 것이어서 그로 인하여 인체의 완전성을 해하거나 건강상태를 불량하게 변경하였다고 보기 어려우므로 피해자가 입은 위 소상을 가지고서 강간치상죄의 상해에 해당된다고는 할 수 없다.50)

(50) 강간치상을 범한 자가 범행의 은폐를 위하여 피해자를 살해한 경우, 동인의 죄책

피해자를 2회 강간하여 2주간 치료를 요하는 질입구파열창을 입힌 자가 피해자에게 용서를 구하였으나 피해자가 이에 불응하면서 위 강간사실을 부모에게 알리겠다고 하자 피해자를 살해하여 위 범행을 은폐시키기로 마음먹고 철사줄과 양손으로 피해자의 목을 졸라 질식 사망케 하였다면, 동인의 위와 같은 소위는 강간치상죄와 살인죄의 경합범이 된다.51)

(51) 강간이 미수에 그친 경우, 강간치상죄의 성부

강간치상죄는 강간이 미수에 그친 경우라도 강간의 수단이 된 폭행에 의하여 피해자에게 상해를 입히면 성립한다.52)

(52) 강간치상죄에 있어서 치상의 결과를 초래한 것으로 볼 수 없다고 판단한 사례

강간함에 있어 피해자의 엉덩이와 허벅지를 2회 차고 주먹으로 가슴을 2회 정도 때렸으나 피해자가 발로 차인 부위에 약간의 통증을 느꼈을 뿐 외관상 상처는 물론 멍든 곳도 없어 병원에 갈 필요조차 없었다고 한다면 이러한 정도의 피해는 강간죄의 요건인 폭행에 당연히 수반되는 피해일 뿐 이를 초과하여 상해라는 결과가 새로이 초래된 피해라고는 할 수 없다.53)

(53) 강간도중 흥분하여 피해자의 어깨를 입으로 빨아서 생긴 반상출혈상이 강간치상죄의 상해에 해당하는지 여부

48) 서울고법 1988.12.20. 선고 88노2923 판결.
49) 제주지법 1988.12.23. 선고 88고합114 판결.
50) 대법원 1987.10.26. 선고 87도1880 판결.
51) 대법원 1987.1.20. 선고 86도2360 판결.
52) 대법원 1986.6.10. 선고 86도887 판결.
53) 수원지법 1986.5.30. 선고 86고합88 판결.

강간도중 흥분하여 피해자의 왼쪽 어깨를 입으로 빨아서 생긴 동전크기 정도의 반상출혈상은 별다른 통증이나 자각증상도 없어 피해자는 그 상처를 알아차릴 수도 없었는데 의사가 진찰을 하던 과정에서 우연히 발견한 것이고 의학상 치료를 받지 아니하더라도 자연흡수되어 보통 1주 정도가 지나면 자연치유되는 것으로서 인체의 생활기능에 장해를 주고 건강상태를 불량하게 변경하는 것이 아니어서 강간치상죄의 상해에 해당한다 할 수 없다.[54]

(54) 상해의 결과를 예견할 수 없어 강간치상죄로 처단할 수 없다고 판단한 사례

피고인과 피해자가 여관에 투숙하여 별다른 저항이나 마찰없이 성행위를 한 후, 피고인이 잠시 방밖으로 나간 사이에 피해자가 방문을 안에서 잠그고 구내전화를 통하여 여관종업원에게 구조요청까지 한 후라면, 일반경험칙상 이러한 상황아래에서 피해자가 피고인의 방문 흔드는 소리에 겁을 먹고 강간을 모면하기 위하여 3층에서 창문을 넘어 탈출하다가 상해를 입을 것이라고 예견할 수는 없다고 볼 것이므로 이를 강간치상죄로 처단할 수 없다.[55]

(55) 피해자의 반항을 억압할 정도의 협박에 이르지 못했다고 본 예

피해자가 피고인의 "너는 유부녀이고 나는 총각이니 들키면 누가 망신이냐"는 말에 주관적으로 수치심을 느껴 소리치지도 못하고 반항을 억압당하였다고 하더라도 그것만으로는 강간죄에서 요구되는 협박으로 볼 수 없다.[56]

(56) 강간은 미수이나 상해의 결과가 발생한 경우 강간치상죄의 성부

강간미수의 경우에도 그 행위와 치상의 결과 간에 인과관계가 인정되면 강간치상죄가 성립한다고 할 것이므로, 설령 피고인의 생식기가 피해자의 성기에 삽입되지 아니하였다 하여도 피해자를 협박하여 억지로 성교하려 하고 그로 인하여 피해자에게 요치 1주일 간의 좌둔부 찰과상을 입게 한 피고인의 행위는 강간치상죄에 해당한다.[57]

(57) 공범이 강간하는 동안 피해자의 입을 손으로 틀어막고 얼굴을 때린 자의 죄책(=강간죄의 공동정범)

피고인과 공소외(갑)이 공모하여 (갑)이 피해자를 강간하고 있는 동안 동 피해자가 반항하지 못하도록 그의 입을 손으로 틀어막고 주먹으로 얼굴을 2회 때렸다면 피고인은 강간죄의 공동정범의 죄책을 면할 수 없다.[58]

(58) 강도가 강간의 범의를 일으켜 강간하려 하였으나 강간 자체는 이루지 못하고 피해자에게 상해만 입힌 경우의 죄책

강도의 실행에 착수한 후, 강간의 범의를 일으켜 강간하려고 하였으나, 강간 자체는 이루지 못하고 그 기회에 피해자에게 상처를 입힌 경우, 위 소위는 강도강간미수와 강간치상의 상상적 경합일 뿐, 따로 강도상해의 죄책을 구성하지 않는다.[59]

---

54) 대법원 1986.7.8. 선고 85도2042 판결.
55) 대법원 1985.10.8. 선고 85도1537 판결.
56) 서울지법 남부지원 1985.11.29. 선고 85고합907 판결.
57) 대법원 1984.7.24. 선고 84도1209 판결.
58) 대법원 1984.6.12. 선고 84도780 판결.

(59) 상호의사의 연락없이 동일인에 대하여 강간을 시도한 자 중의 1인의 강간치상죄에 대한 타방의 공동정범의 성부(소극)

피고인이 1심상피고인과 함께 술집에서 같이 자다가 깨어 옆에서 잠든 접대부를 강간하려다가 피해자의 반항으로 목적을 이루지 못하고 포기한 뒤, 뒤이어 잠을 깬 1심상피고인이 피해자를 강간코자 하였으나 역시 피해자의 반항으로 목적을 이루지 못하고 피해자를 구타하는 것을 적극 만류한 사실이 인정된다면, 피고인에 대하여는 1심상피고인의 강간치상행위에 대한 공모 공동정범의 죄책을 물을 수 없다.60)

(60) 고소의 취소와 강간치상죄의 성부

강간치상사실이 인정된 이상 피고인에 대한 고소가 취소되었다 하여도 공소기각의 판결을 한 것이 아니다.61)

(61) 동일한 일시, 장소에서 동일한 목적으로 피해자를 달리하여 상해한 경우의 죄수

상해를 입힌 행위가 동일한 일시, 장소에서 동일한 목적으로 저질러진 것이라 하더라도 피해자를 달리하고 있으면 피해자별로 각각 별개의 상해죄를 구성한다고 보아야 할 것이고 1개의 행위가 수개의 죄에 해당하는 경우라고 볼 수 없다.62)

(62) 감금행위가 강간미수죄의 수단인 경우에 감금죄의 성부 및 죄수

강간죄의 성립에 언제나 직접적으로 또 필요한 수단으로서 감금행위를 수반하는 것은 아니므로 감금행위가 강간미수죄의 수단이 되었다 하여 감금행위는 강간미수죄에 흡수되어 범죄를 구성하지 않는다고 할 수는 없는 것이고, 그때에는 감금죄와 강간미수죄는 일개의 행위에 의하여 실현된 경우로서 형법 제40조의 상상적 경합관계에 있다.63)

(63) 강간의 목적으로 피해자를 차에 태워 주행, 외포케한 행위가 감금죄와 강간죄의 실행의 착수에 해당하는지 여부(적극)

피고인이 피해자가 자동차에서 내릴 수 없는 상태에 있음을 이용하여 강간하려고 결의하고, 주행중인 자동차에서 탈출불가능하게 하여 외포케 하고 50킬로미터를 운행하여 여관 앞까지 강제연행한 후 강간하려다 미수에 그친 경우 위 협박은 감금죄의 실행의 착수임과 동시에 강간미수죄의 실행의 착수라고 할 것이다.64)

(64) 상상적 경합관계에 있는 1죄에 관하여 고소취하가 있는 경우 타죄에 대한 처벌

형법 제40조의 소위 상상적 경합은 1개의 행위가 수개의 죄에 해당하는 경우에는 과형상 1죄로서 처벌한다는 것이고, 또 가장 중한 죄에 정한 형으로 처벌한다는 것은 경한 죄는 중한 죄에 정한 형으로 처단된다는 것이지, 경한 죄는 그 처벌을 면한다는 것은 아니므로, 이 사건에서

---

59) 서울고법 1984.12.14. 선고 84노2765 판결.
60) 대법원 1983.9.27. 선고 83도1787 판결.
61) 대법원 1983.5.24. 선고 83도559 판결.
62) 대법원 1983.4.26. 선고 83도524 판결.
63) 대법원 1983.4.26. 선고 83도323 판결.
64) 대법원 1983.4.26. 선고 83도323 판결.

중한 강간미수죄가 친고죄로서 고소가 취소되었다 하더라도 경한 감금죄(폭력행위등처벌에 관한 법률 위반)에 대하여는 아무런 영향을 미치지 않는다.[65)]

(65) 강도 행위의 공모자의 타인의 강도상해 행위에 대한 죄책 유무(적극)

공동하여 강도의 죄를 범한 이상 범행시 피해자를 폭행하거나 상해를 입힌 바가 없다 하더라도 강도상해죄의 책임을 면할 수 없는 것이다.[66)]

(66) 강간행위와 그것이 원인이 된 피해자의 자살행위 간에 인과관계의 유무(소극)

강간을 당한 피해자가 집에 돌아가 음독자살하기에 이른 원인이 강간을 당함으로 인하여 생긴 수치심과 장래에 대한 절망감 등에 있었다 하더라도 그 자살행위가 바로 강간행위로 인하여 생긴 당연의 결과라고 볼 수는 없으므로 강간행위와 피해자의 자살행위 사이에 인과관계를 인정할 수는 없다.[67)]

(67) 피고인등 3인이 피해자들 3인을 강간하기로 공모하고 각각 그중 1인씩을 강간하여 상해를 입힌 경우의 죄수

피고인등 3인이 피해자들 3인을 강간하기로 공모하고 각각 그 중 1인씩을 강간하여 상해를 입힌 경우, 이와 같은 피고인등의 행위는 피해자의 수에 따라 3개의 강간치상죄를 구성하며 위 각 죄는 서로 실체적 경합관계에 있다.[68)]

(68) 피해자가 부끄럽고 무서워서 피고인의 성교 요구에 응한 경우와 강간죄의 성부

피고인이 부록크 담벽에 밀어부치고 상박부 및 흉부 타박상을 가하고 소리치면 죽인다고 위협하여 피해자가 가정주부로서 부끄럽고 무서워서 동인을 방으로 유인하여 피고인의 요구에 응해준 것이라면 피고인은 피해자의 반항을 억압할 정도의 강제력을 행사하였다고 볼 수 있다.[69)]

(69) 실신한 강간치상죄의 피해자를 현장에 그대로 방치한 경우와 유기죄의 성부

강간치상의 범행을 저지른 자가 그 범행으로 인하여 실신상태에 있는 피해자를 구호하지 아니하고 방치하였다고 하더라도 그 행위는 포괄적으로 단일의 강간치상죄만을 구성한다.[70)]

(70) 준강간죄에 있어서 항거불능의 상태라고 인정하기 어렵다고 본 사례

주점을 경영하는 유부녀가 3인의 남자와 간음하였다 하여 항거불능상태가 아니고서는 3인과 간음할리 없다고 인정할 수는 없고 항거 불능된 사실을 인정하려면 달리 충분한 증거가 있어야 한다.[71)]

(71) 강간이 미수에 그친 경우에 강간미수치사죄의 성립을 인정한 사례

비록 강간미수에 그친 경우라도 강간의 수단이 된 폭행으로 인하여 치사케 하였다면 강간미수치

65) 대법원 1983.4.26. 선고 83도323 판결.
66) 대법원 1983.4.26. 선고 83도210 판결.
67) 대법원 1982.11.23. 선고 82도1446 판결.
68) 서울고법 1983.2.10. 선고 82노3102 판결.
69) 광주고법 1983.5.26. 선고 82노852 판결.
70) 대법원 1980.6.24. 선고 80도726 판결.
71) 대법원 1978.1.10. 선고 77도3678 판결.

사죄가 성립한다.[72]

Ⅱ 강제추행죄 관련 판례정리

(1) 강제추행죄에서 '추행'의 개념 및 판단 기준

추행은 객관적으로 일반인에게 성적 수치심이나 혐오감을 일으키게 하고 선량한 성적 도덕관념에 반하는 행위로서 피해자의 성적 자유를 침해하는 것을 말하는바, 이에 해당하는지 여부는 피해자의 의사, 성별, 연령, 행위자와 피해자의 관계, 그 행위에 이르게 된 경위, 구체적 행위태양, 주위의 객관적 상황과 그 시대의 성적 도덕관념 등을 종합적으로 고려하여 신중히 결정하여야 한다. 피고인이 엘리베이터라는 폐쇄된 공간에서 피해자들을 칼로 위협하는 등으로 꼼짝하지 못하도록 자신의 실력적인 지배하에 둔 다음 피해자들에게 성적 수치심과 혐오감을 일으키는 자신의 자위행위 모습을 보여 주고 피해자들로 하여금 이를 외면하거나 피할 수 없게 한 행위는 강제추행죄의 추행에 해당한다고 판단한 제1심판결을 유지한 것은 정당하고, 달리 거기에 강제추행죄의 추행의 개념에 관한 법리오해 등의 잘못이 없다.[73]

(2) 형법 제299조 준강간·강제추행죄에서 '항거불능의 상태'의 의미

형법 제299조는 사람의 심신상실 또는 항거불능의 상태를 이용하여 간음 또는 추행을 한 자를 형법 제297조, 제298조의 강간 또는 강제추행의 죄와 같이 처벌하도록 규정하고 있다. 여기서 항거불능의 상태라 함은 형법 제297조, 제298조와의 균형상 심신상실 이외의 원인 때문에 심리적 또는 물리적으로 반항이 절대적으로 불가능하거나 현저히 곤란한 경우를 의미한다.[74]

(3) 교회 노회장이 교회 여신도들을 간음·추행한 사안에서, 교회 여신도들이 종교적 믿음에 대한 충격 등 정신적 혼란으로 인한 항거불능의 상태에 있었다고 보아 교회 노회장에게 준강간·강제추행죄 등을 인정한 사례[75]

(4) 고의범인 상해죄로 처벌한 상해를 다시 결과적 가중범인 강제추행치상죄의 상해로 인정할 수 있는지 여부(소극)

강제추행치상죄에서 상해의 결과는 강제추행의 수단으로 사용한 폭행이나 추행행위 그 자체 또는 강제추행에 수반하는 행위로부터 발생한 것이어야 한다. 따라서 상해를 가한 부분을 고의범인 상해죄로 처벌하면서 이를 다시 결과적 가중범인 강제추행치상죄의 상해로 인정하여 이중으로 처벌할 수는 없다.[76]

---

72) 서울고법 1976.8.31. 선고 76노1043 판결.
73) 대법원 2010.2.25. 선고 2009도13716 판결.
74) 대법원 2009.4.23. 선고 2009도2001 판결.
75) 대법원 2009.4.23. 선고 2009도2001 판결.
76) 대법원 2009.7.23. 선고 2009도1934 판결.

(5) 강제추행 과정에서 입힌 가슴부 찰과상 등이 강제추행치상죄의 '상해'에 해당한다고 본 원심판결을 파기한 사례

강제추행 과정에서 입힌 가슴부 찰과상 등이 별도의 치료를 받지 않더라도 일상생활을 하는 데 아무런 지장이 없고 시일이 경과함에 따라 자연적으로 치유되었다면 강제추행치상죄의 상해에 해당하지 않을 여지가 있다는 이유로, 이를 강제추행치상죄의 상해에 해당한다고 본 원심판결을 파기한 사례 77)

(6) 피고인이 술에 취한 상태에서 한 동네에 사는 9세의 여자 아이가 지나가자 아이를 불러 아이의 의사에 반하여 껴안고 볼에 뽀뽀한 후 엉덩이를 툭툭 친 사안에서, 강제추행죄를 인정한 사례 78)

(7) 강제추행죄의 성립요건으로서 '추행'의 의미 및 판단 기준

강제추행죄는 상대방에 대하여 항거를 곤란하게 할 정도의 폭행 또는 협박을 가하여 추행행위를 하는 경우에 성립하고, 이 경우의 '추행'은 객관적으로 일반인에게 성적 수치심이나 혐오감을 일으키게 하고 선량한 성적 도덕관념에 반하는 행위로서 피해자의 성적 자유를 침해하는 것이라고 할 것인데, 이에 해당하는지 여부는 피해자의 의사, 성별, 연령, 행위자와 피해자의 이전부터의 관계, 그 행위에 이르게 된 경위, 구체적 행위태양, 주위의 객관적 상황과 그 시대의 성적 도덕관념 등을 종합적으로 고려하여 결정되어야 한다.79)

(8) 골프장 여종업원들이 거부의사를 밝혔음에도, 골프장 사장과의 친분관계를 내세워 함께 술을 마시지 않을 경우 신분상의 불이익을 가할 것처럼 협박하여 이른바 러브샷의 방법으로 술을 마시게 한 사안에서 강제추행죄를 인정한 사례 80)

(9) 미성년자의제강간·강제추행죄를 규정한 형법 제305조에 의하여 미수범도 처벌할 수 있는지 여부(적극)

미성년자의제강간·강제추행죄를 규정한 형법 제305조가 "13세 미만의 부녀를 간음하거나 13세 미만의 사람에게 추행을 한 자는 제297조, 제298조, 제301조 또는 제301조의2의 예에 의한다"로 되어 있어 강간죄와 강제추행죄의 미수범의 처벌에 관한 형법 제300조를 명시적으로 인용하고 있지 아니하나, 형법 제305조의 입법 취지는 성적으로 미성숙한 13세 미만의 미성년자를 특별히 보호하기 위한 것으로 보이는바 이러한 입법 취지에 비추어 보면 동조에서 규정한 형법 제297조와 제298조의 '예에 의한다'는 의미는 미성년자의제강간·강제추행죄의 처벌에 있어 그 법정형뿐만 아니라 미수범에 관하여도 강간죄와 강제추행죄의 예에 따른다는 취지로 해석되고, 이러한 해석이 형벌법규의 명확성의 원칙에 반하는 것이거나 죄형법정주의에 의하여 금지되는 확장해석이나 유추해석에 해당하는 것으로 볼 수 없다.81)

(10) 폭행을 수반함이 없이 협박만을 수단으로 피해자를 간음 또는 추행하였고 그 협박과 간음 또는

77) 대법원 2009.7.23. 선고 2009도1934 판결.
78) 수원지법 2009.9.30. 선고 2009고합11 판결.
79) 대법원 2008.3.13. 선고 2007도10050 판결.
80) 대법원 2008.3.13. 선고 2007도10050 판결.
81) 대법원 2007.3.15. 선고 2006도9453 판결.

추행 사이에 시간적 간격이 있더라도, 강간죄나 강제추행죄의 성립요건으로서의 협박의 정도에 해당하고 그 협박으로 인하여 간음 또는 추행이 이루어졌다고 볼 수 있는 경우, 강간죄 또는 강제추행죄가 성립하는지 여부(적극)

가해자가 폭행을 수반함이 없이 오직 협박만을 수단으로 피해자를 간음 또는 추행한 경우에도 그 협박의 정도가 피해자의 항거를 불가능하게 하거나 현저히 곤란하게 할 정도의 것(강간죄)이거나 또는 피해자의 항거를 곤란하게 할 정도의 것(강제추행죄)이면 강간죄 또는 강제추행죄가 성립하고, 협박과 간음 또는 추행 사이에 시간적 간격이 있더라도 협박에 의하여 간음 또는 추행이 이루어진 것으로 인정될 수 있다면 달리 볼 것은 아니다.[82)]

(11) 유부녀에 대하여 혼인 외 성관계 사실을 폭로하겠다는 등의 내용으로 협박한 것이 강간죄, 강제추행죄의 성립요건으로서 협박에 해당하는지 여부에 대한 판단 방법

유부녀인 피해자에 대하여 혼인 외 성관계 사실을 폭로하겠다는 등의 내용으로 협박하여 피해자를 간음 또는 추행한 경우에 있어서 그 협박이 강간죄와 강제추행죄에 해당하는 폭행의 정도의 것이었는지 여부에 관하여는, 일반적으로 혼인한 여성에 대하여 정조의 가치를 특히 중시하는 우리 사회의 현실이나 형법상 간통죄로 처벌하는 조항이 있는 사정 등을 감안할 때 혼인 외 성관계 사실의 폭로 자체가 여성의 명예손상, 가족관계의 파탄, 경제적 생활기반의 상실 등 생활상의 이익에 막대한 영향을 미칠 수 있고 경우에 따라서는 간통죄로 처벌받는 신체상의 불이익이 초래될 수도 있으며, 나아가 폭로의 상대방이나 범위 및 방법(예를 들면 인터넷 공개, 가족들에 대한 공개, 자녀들의 학교에 대한 공개 등)에 따라서는 그 심리적 압박의 정도가 심각할 수 있으므로, 단순히 협박의 내용만으로 그 정도를 단정할 수는 없고, 그 밖에도 협박의 경위, 가해자 및 피해자의 신분이나 사회적 지위, 피해자와의 관계, 간음 또는 추행 당시와 그 후의 정황, 그 협박이 피해자에게 미칠 수 있는 심리적 압박의 내용과 정도 등 모든 사정을 종합하여 신중하게 판단하여야 한다.[83)]

(12) 혼인 외 성관계 사실을 폭로하겠다는 등의 내용으로 유부녀인 피해자를 협박하여 간음 또는 추행한 사안에서 강간죄 및 강제추행죄가 성립한다고 한 사례

유부녀인 피해자에 대하여 혼인 외 성관계 사실을 폭로하겠다는 등의 내용으로 협박하여 피해자를 간음 또는 추행한 사안에서 위와 같은 협박이 피해자를 단순히 외포시킨 정도를 넘어 적어도 피해자의 항거를 현저히 곤란하게 할 정도의 것이었다고 보기에 충분하다는 이유로, 강간죄 및 강제추행죄가 성립한다고 한 사례 [84)]

(13) 치킨 가게 업주가 아르바이트를 하기 위해 찾아온 15세 여학생의 엉덩이를 가볍게 친 행위가 형법의 강제추행죄에서 말하는 '추행'에 해당한다고 한 사례

치킨 가게 업주가 아르바이트를 하기 위해 찾아온 15세 여학생의 엉덩이를 가볍게 친 행위가 순간적인 행위에 불과하더라도 피해자의 의사에 반하여 행하여진 유형력의 행사에 해당하고, 성적으로 중요한 의미를 갖는 여성의 엉덩이를 손으로 건드림으로써 객관적으로도 일반인에게

82) 대법원 2007.1.25. 선고 2006도5979 판결.
83) 대법원 2007.1.25. 선고 2006도5979 판결.
84) 대법원 2007.1.25. 선고 2006도5979 판결.

성적 수치심을 일으켰다고 봄이 상당하다는 이유로, 위와 같은 행위가 형법의 강제추행죄에서 말하는 '추행'에 해당한다고 한 사례 85)

(14) 강제추행죄에서 말하는 '추행'이 성욕을 만족시킬 목적이나 주관적인 동기를 요건으로 하는지 여부(소극)

강제추행죄에서 말하는 '추행'은 반드시 성욕을 만족시킬 목적이나 주관적인 동기를 요건으로 하는 것은 아니다.86)

(15) 강제추행죄에 있어서 추행의 의미 및 판단 기준

'추행'이라 함은 객관적으로 일반인에게 성적 수치심이나 혐오감을 일으키게 하고 선량한 성적 도덕관념에 반하는 행위로서 피해자의 성적 자유를 침해하는 것이라고 할 것이고, 이에 해당하는지 여부는 피해자의 의사, 성별, 연령, 행위자와 피해자의 이전부터의 관계, 그 행위에 이르게 된 경위, 구체적 행위태양, 주위의 객관적 상황과 그 시대의 성적 도덕관념 등을 종합적으로 고려하여 신중히 결정되어야 할 것이다.87)

(16) 직장 상사가 등 뒤에서 피해자의 의사에 명백히 반하여 어깨를 주무른 경우, 여성에 대한 추행에 있어 신체 부위에 따라 본질적인 차이가 있다고 볼 수 없다는 이유로 추행에 해당한다고 한 사례 88)

(17) 강제추행죄에 있어서 폭행의 형태와 정도

강제추행죄는 상대방에 대하여 폭행 또는 협박을 가하여 항거를 곤란하게 한 뒤에 추행행위를 하는 경우뿐만 아니라 폭행행위 자체가 추행행위라고 인정되는 경우도 포함되는 것이며, 이 경우에 있어서의 폭행은 반드시 상대방의 의사를 억압할 정도의 것임을 요하지 않고 상대방의 의사에 반하는 유형력의 행사가 있는 이상 그 힘의 대소강약을 불문한다.89)

(18) 피해자와 춤을 추면서 순간적으로 피해자의 유방을 만진 행위가 강제추행에 해당된다고 한 사례 90)

피해자와 춤을 추면서 피해자의 유방을 만진 행위가 순간적인 행위에 불과하더라도 피해자의 의사에 반하여 행하여진 유형력의 행사에 해당하고 피해자의 성적 자유를 침해할 뿐만 아니라 일반인의 입장에서도 추행행위라고 평가될 수 있는 것으로서, 폭행행위 자체가 추행행위라고 인정되어 강제추행에 해당된다고 한 사례 91)

(19) 강제추행 과정에서 피해자가 젖가슴에 약 10일 요치의 좌상을 입고, 그 압통과 종창을 치료하기 위하여 주사를 맞고 3일간 투약한 경우, 강제추행치상죄의 상해에 해당한다고 한 사례

85) 광주지법 2006.8.11. 선고 2006노737 판결.
86) 광주지법 2006.8.11. 선고 2006노737 판결.
87) 대법원 2004.4.16. 선고 2004도52 판결.
88) 대법원 2004.4.16. 선고 2004도52 판결.
89) 대법원 2002.4.26. 선고 2001도2417 판결.
90) 대법원 2002.4.26. 선고 2001도2417 판결.
91) 대법원 2002.4.26. 선고 2001도2417 판결.

피해자가 강제추행 과정에서 가해자로부터 왼쪽 젖가슴을 꽉 움켜잡힘으로 인하여 왼쪽 젖가슴에 약 10일간의 치료를 요하는 좌상을 입고, 심한 압통과 약간의 종창이 있어 그 치료를 위하여 병원에서 주사를 맞고 3일간 투약을 한 경우, 피해자는 위와 같은 상처로 인하여 신체의 건강상태가 불량하게 변경되고 생활기능에 장애가 초래되었다 할 것이어서 이는 강제추행치상죄에 있어서의 상해의 개념에 해당한다고 한 사례[92)]

(20) 강제추행치상죄에 있어서의 상해의 의미

강제추행치상죄에 있어서의 상해는 피해자의 신체의 건강상태가 불량하게 변경되고 생활기능에 장애가 초래되는 것을 말하는 것으로서, 신체의 외모에 변화가 생겼다고 하더라도 신체의 생리적 기능에 장애를 초래하지 아니하는 이상 상해에 해당한다고 할 수 없다.[93)]

(21) 부녀의 음모를 1회용 면도기로 일부 깎은 것이 강제추행치상죄에 있어서의 상해에 해당하는지 여부(소극)

음모는 성적 성숙함을 나타내거나 치부를 가려주는 등의 시각적·감각적인 기능 이외에 특별한 생리적 기능이 없는 것이므로, 피해자의 음모의 모근(毛根) 부분을 남기고 모간(毛幹) 부분만을 일부 잘라냄으로써 음모의 전체적인 외관에 변형만이 생겼다면, 이로 인하여 피해자에게 수치심을 야기하기는 하겠지만, 병리적으로 보아 피해자의 신체의 건강상태가 불량하게 변경되거나 생활기능에 장애가 초래되었다고 할 수는 없을 것이므로, 그것이 폭행에 해당할 수 있음은 별론으로 하고 강제추행치상죄의 상해에 해당한다고 할 수는 없다.[94)]

(22) 형법 제299조 소정의 '항거불능의 상태'의 의미

형법 제299조에서의 항거불능의 상태라 함은 같은 법 제297조, 제298조와의 균형상 심신상실 이외의 원인때문에 심리적 또는 물리적으로 반항이 절대적으로 불가능하거나 현저히 곤란한 경우를 의미한다. 형법 제299조는 사람의 심신상실 또는 항거불능의 상태를 이용하여 간음 또는 추행을 한 자를 같은 법 제297조, 제298조의 강간 또는 강제추행의 죄와 같이 처벌하도록 규정하고 있는바, 이 죄가 정신적 또는 신체적 사정으로 인하여 성적인 자기방어를 할 수 없는 사람에게 성적 자기결정권을 보호해 주는 것을 보호법익으로 하고 있고, 같은 법 제302조에서 미성년자 또는 심신미약자에 대하여 위계 또는 위력으로써 간음 또는 추행을 한 자의 처벌에 관하여 따로 규정하고 있는 점 등에 비추어 보면, 형법 제299조에서의 항거불능의 상태라 함은 위 제297조, 제298조와의 균형상 심신상실 이외의 원인때문에 심리적 또는 물리적으로 반항이 절대적으로 불가능하거나 현저히 곤란한 경우를 의미한다고 보아야 할 것이다.[95)]

(23) 머리카락이나 음모를 깍는 행위가 강제추행치상죄에 있어서의 상해에 해당하는지 여부(소극)

강제추행치상죄에 있어서의 상해는 신체의 생리적 기능을 훼손하는 행위를 의미하므로 머리카락이나 음모를 깎거나 절단하는 행위는 상해에 해당하지 않는다.[96)]

---

92) 대법원 2000.2.11. 선고 99도4794 판결.
93) 대법원 2000.3.23. 선고 99도3099 판결.
94) 대법원 2000.3.23. 선고 99도3099 판결.
95) 대법원 2000.5.26. 선고 98도3257 판결.

(24) 강제추행치상죄에 있어서의 상해의 의미

강제추행치상죄에 있어서의 상해는 피해자의 신체의 건강상태가 불량하게 변경되고 생활기능에 장애가 초래되는 것을 말하는 것으로서, 신체의 외모에 변화가 생겼다고 하더라도 신체의 생리적 기능에 장애를 초래하지 아니하는 이상 상해에 해당한다고 할 수 없다.[97]

Ⅲ 성폭력범죄의 처벌 등에 관한 특례법 및 아동·청소년의 성보호에 관한 법률위반 관련 판례정리

(1) 아동·청소년 대상 성폭력범죄를 저지른 자가 성폭력범죄의 처벌 등에 관한 특례법 제32조 제1항에 규정된 등록대상 성폭력범죄를 범한 자에도 해당하는 경우, 같은 법 제41조에 의한 고지명령의 대상이 되는지 여부(소극)

성폭력범죄의 처벌 등에 관한 특례법은 신상정보 고지명령의 대상에서 아동·청소년 대상 성폭력범죄를 저지른 자를 제외함으로써 대상을 성인 대상 성폭력범죄를 저지른 자로 제한하고 있고, 대상 범죄가 행하여진 시기에 대해서도 신상정보 고지명령에 관한 규정 시행 후에 범한 범죄로 한정하는 부칙 규정을 두고 있는 아동·청소년의 성보호에 관한 법률(이하 '아청법'이라 한다)과 달리 아무런 제한을 두고 있지 아니한 점, 아청법이 아동·청소년 대상 성폭력범죄에 대하여 신상정보 고지명령을 도입한 것은 아동·청소년 대상 성범죄를 미연에 예방하고자 함에 입법취지가 있는 데 비하여, 성폭법이 성인 대상 성폭력범죄에 대하여 신상정보 고지명령을 도입한 것은 아동·청소년 대상 성범죄를 미연에 예방하고자 함은 물론 성인 대상 성범죄의 재범을 방지하고자 함에도 입법취지가 있는 점, 신상정보 고지명령을 담당하는 행정기관에 관하여도 성폭법은 형사정책 등 법무에 관한 사무를 관장하는 법무부로 정하고 있는 데 비하여, 아청법은 아동·청소년의 보호 등 아동·청소년에 관한 사무를 관장하는 여성가족부로 정하고 있는 점 등에 비추어 보면, 아청법 제38조 제1항 제1호에 규정된 아동·청소년 대상 성폭력범죄를 저지른 자에 대해서는 범죄가 행하여진 시기에 따라 아청법 제38조의2에 의한 고지명령의 대상이 되는지만이 문제될 뿐, 비록 성폭법 제32조 제1항에 규정된 등록대상 성폭력범죄를 저지른 자에 해당되더라도 같은 법 제41조에 의한 고지명령의 대상이 되지 아니한다고 해석하여야 한다.[98]

(2) 피고인이 위력으로 청소년인 피해자(여, 14세)를 간음하였다고 하여 아동·청소년의 성보호에 관한 법률(이하 '아청법'이라 한다) 위반(강간등)으로 기소된 사안에서, 위 범행이 성폭력범죄의 처벌 등에 관한 특례법(이하 '성폭법'이라 한다) 제32조 제1항에 규정된 등록대상 성폭력범죄에 해당하더라도 아청법 제38조 제1항 제1호에 규정된 아동·청소년 대상 성폭력범죄에도 해당되는 이상 성폭법 제41조에 의한 고지명령의 대상이 되지 아니하므로, 피고인에게 성폭법 제41조

96) 서울고법 1998.7.1. 선고 98노1042 판결.
97) 대법원 2000.3.23. 선고 99도3099 판결.
98) 대법원 2011.11.24. 선고 2011도12296 판결.

에 의한 고지명령을 선고할 수 없다고 한 사례[99)]

(3) 성폭력범죄의 처벌 등에 관한 특례법 제32조 제1항에 규정된 등록대상 성폭력범죄를 범한 자가 같은 법 제37조, 제41조 시행 전에 범죄를 범하여 공소제기되었더라도, 그 시행 당시까지 공개명령 또는 고지명령이 선고되지 아니하였다면 같은 법 제37조, 제41조에 의한 신상정보 공개명령 또는 고지명령의 대상이 되는지 여부(적극)

2010. 4. 15. 법률 제10258호로 제정·공포된 성폭력범죄의 처벌 등에 관한 특례법(이하 '특례법'이라 한다)은 신상정보의 공개명령 및 고지명령 제도에 관하여 제도의 시행시기를 규정하면서도 대상이 되는 범죄가 행하여진 시기에 대해서는, 신상정보의 공개명령 및 고지명령 제도에 관하여 그에 관한 규정 시행 후에 범한 범죄로 한정하는 부칙 규정을 두고 있는 아동·청소년의 성보호에 관한 법률과는 달리 아무런 제한을 두고 있지 아니한 점, 특례법이 성인 대상 성범죄자에 대하여 신상정보 공개명령 및 고지명령 제도를 도입한 것은 성인 대상 성범죄자 역시 재범률이 높을 뿐만 아니라 아동을 대상으로 한 성범죄도 저지르고 있으므로 성인 대상 성범죄자에 대한 신상정보 공개를 통하여 성인 대상 성범죄는 물론 아동·청소년 대상 성범죄를 미연에 예방하고자 하는 데 입법 취지가 있는 점, 신상정보의 공개명령 및 고지명령 제도는 성범죄자에 대한 응보 목적의 형벌과 달리 성범죄의 사전예방을 위한 보안처분적 성격이 강한 점 등에 비추어 보면, 특례법 제32조 제1항에 규정된 등록대상 성폭력범죄를 범한 자에 대해서는 특례법 제37조, 제41조의 시행 전에 그 범죄를 범하고 그에 대한 공소제기가 이루어졌더라도 특례법 제37조, 제41조의 시행 당시 공개명령 또는 고지명령이 선고되지 아니한 이상 특례법 제37조, 제41조에 의한 공개명령 또는 고지명령의 대상이 된다고 보아야 한다.[100)]

(4) 특정 범죄자에 대한 위치추적 전자장치 부착 등에 관한 법률에 의한 '전자감시제도'의 법적 성격(=보안처분의 일종)

특정 범죄자에 대한 위치추적 전자장치 부착 등에 관한 법률에 의한 성폭력범죄자에 대한 전자감시제도는, 성폭력범죄자의 재범방지와 성행교정을 통한 재사회화를 위하여 그의 행적을 추적하여 위치를 확인할 수 있는 전자장치를 신체에 부착하게 하는 부가적인 조치를 취함으로써 성폭력범죄로부터 국민을 보호함을 목적으로 하는 일종의 보안처분이다. 이러한 전자감시제도의 목적과 성격, 운영에 관한 법률의 규정 내용 및 취지 등을 종합해 보면, 전자감시제도는 범죄행위를 한 자에 대한 응보를 주된 목적으로 책임을 추궁하는 사후적 처분인 형벌과 구별되어 본질을 달리한다.[101)]

(5) 특정 범죄자에 대한 위치추적 전자장치 부착 등에 관한 법률 제5조 제1항 제4호에서 전자장치 부착명령 청구 요건의 하나로 규정한 '16세 미만의 사람에 대하여 성폭력범죄를 저지른 때'의 의미 및 이 경우 피부착명령청구자가 피해자가 16세 미만이라는 사실을 인식하여야 하는지 여부(소극)

성폭력범죄를 다시 범할 위험성이 있는 사람에 대한 전자장치 부착명령 청구 요건의 하나로 특정

99) 대법원 2011.11.24. 선고 2011도12296 판결.
100) 대법원 2011.9.29. 선고 2011도9253, 2011전도152 판결.
101) 대법원 2011.7.28. 선고 2011도5813, 2011전도99 판결.

범죄자에 대한 위치추적 전자장치 부착 등에 관한 법률 제5조 제1항 제4호에서 규정한 '16세 미만의 사람에 대하여 성폭력범죄를 저지른 때'란 피부착명령청구자가 저지른 성폭력범죄의 피해자가 16세 미만의 사람인 것을 말하고, 나아가 피부착명령청구자가 자신이 저지른 성폭력범죄의 피해자가 16세 미만이라는 점까지 인식하여야 하는 것은 아니다.[102)]

(6) 피해자들이 '청소년'이라는 점을 알면서 강제추행하거나 위력에 의하여 간음하였다는 내용의 아동·청소년의 성보호에 관한 법률 위반(강간등)죄가 인정된 피고인에게 특정 범죄자에 대한 위치추적 전자장치 부착 등에 관한 법률 제5조 제1항 제4호 요건으로 부착명령이 청구된 사안에서, 성폭력범죄의 피해자들이 모두 15세이고, 피고인이 성폭력범죄를 다시 범할 위험성이 인정된다는 이유로 위치추적 전자장치 부착을 명한 원심의 조치를 수긍한 사례[103)]

(7) 구 성폭력범죄의 처벌 및 피해자보호 등에 관한 법률 제8조의2 제5항의 죄가 친고죄나 반의사불벌죄에 해당하는지 여부(소극)

구 성폭력범죄의 처벌 및 피해자보호 등에 관한 법률(2010. 4. 15. 법률 제10258호 성폭력범죄의 피해자보호 등에 관한 법률로 개정되기 전의 것, 이하 '구 성폭법'이라 한다) 제15조에서 구 성폭법 제8조의2 제5항의 죄를 친고죄로 규정하고 있지 아니하고, 구 아동·청소년의 성보호에 관한 법률(2010. 4. 15. 법률 제10260호로 개정되기 전의 것) 제16조에서 구 성폭법 제11조 제1항의 죄만을 반의사불벌죄로 규정할 뿐 구 성폭법 제8조의2 제5항의 죄를 반의사불벌죄로 규정하고 있지 아니하는데, 위 규정들에 의하면 구 성폭법 제8조의2 제5항의 죄는 친고죄나 반의사불벌죄가 아니라고 해석하는 것이 타당하다.[104)]

(8) 아동·청소년의 성보호에 관한 법률에 의한 공개명령의 전부 또는 일부가 위법한 경우, 위법이 없는 피고사건 부분까지 전부 파기하여야 한다고 한 사례

아동·청소년의 성보호에 관한 법률 제38조 제1항에 규정된 공개명령은 아동·청소년 대상 성범죄 사건의 판결과 동시에 선고하는 부수처분으로서, 공개명령의 전부 또는 일부가 위법한 경우 나머지 피고사건 부분에 위법이 없더라도 그 부분까지 전부 파기하여야 한다고 한 사례[105)]

(9) 아동·청소년 대상 성폭력범죄의 피고인이 위치추적 전자장치의 부착명령에 관해서는 상고를 제기하지 아니하고 피고사건에 관하여만 상고를 제기한 사안에서, 특정 범죄자에 대한 위치추적 전자장치 부착 등에 관한 법률(이하 '전자장치부착법'이라 한다) 제9조 제8항의 규정에 의하여 부착명령청구사건에 관하여도 상고를 제기한 것으로 의제되고, 전자장치부착법 제9조 제5항은 부착명령청구사건의 판결은 특정범죄사건의 판결과 동시에 선고하여야 한다고 규정하고 있으며, 전자장치부착법 제9조 제4항 제3호, 제4호, 제28조 제1항은 특정범죄사건에 대하여 벌금형을 선고하거나 선고유예 또는 집행유예를 선고하는 때에는 부착명령청구를 기각하여야 하고, 다만 특정범죄를 범한 자에 대하여 형의 집행을 유예하면서 보호관찰을 받을 것을 명할 때에는 보호관찰기간의 범위 내에서 기간을 정하여 준수사항의 이행 여부 확인 등을 위하여 전자장치를 부

---

102) 대법원 2011.7.28. 선고 2011도5813, 2011전도99 판결.
103) 대법원 2011.7.28. 선고 2011도5813, 2011전도99 판결.
104) 대법원 2011.4.14. 선고 2011도453, 2011전도12 판결.
105) 대법원 2011.4.14. 선고 2011도453, 2011전도12 판결.

착할 것을 명할 수 있도록 규정하고 있는 점에 비추어, 원심의 피고사건에 대한 판단이 위법하여 파기되는 경우에는 그와 함께 심리되어 동시에 판결이 선고되어야 하는 부착명령청구사건 역시 파기하여야 한다고 한 사례[106)]

(10) 아동·청소년의 성보호에 관한 법률 부칙 제3조 제4항에 따라 적용되는 공개명령에 관한 '제38조'가 2010. 4. 15. 법률 제10261호로 개정되기 전 구 아동·청소년의 성보호에 관한 법률 제38조를 의미하는 것으로 해석하여야 하는지 여부(적극)

구 아동·청소년의 성보호에 관한 법률(2010. 4. 15. 법률 제10260호로 개정되기 전의 것, 이하 '구법'이라고 한다) 부칙(2009. 6. 9.) 제3조 제1항 단서가 '종전의 규정에 따른 신상정보 등록대상자의 등록 및 열람 등에 관하여는 종전 규정에 의한다'고 규정하고 있다가 2010. 7. 23. 부칙 개정을 통하여 단서 부분을 삭제하고 새로 부칙 제3조 제4항을 두어 공개명령을 하도록 하면서 공개명령에 관한 '제38조'의 적용에 관한 구법 부칙 제3조 제1항의 본문 규정은 그대로 두었으므로 부칙에서 말하는 '제38조'는 '구법 제38조'를 말하는 것이 분명하고, 따라서 조문 체계상 같은 부칙 제3조 제4항에서 말하는 '제38조'도 당연히 '구법 제38조'를 의미한다고 보는 것이 논리적이며, 이러한 해석이 새로운 부칙 규정을 제정하여 아동·청소년의 성보호에 관한 법률(2010. 4. 15. 법률 제10260호로 개정된 것) 제38조의 적용시기를 정하지 아니하고 굳이 구법 부칙 조항의 개정 형식을 취한 아동·청소년의 성보호에 관한 법률의 개정(2010. 7. 23. 법률 제10391호) 의도에도 부합한다.[107)]

(11) 성폭력범죄의 처벌 등에 관한 특례법에서 신설된 피고인의 신상정보등록, 공개명령, 고지명령 제도가 해당 규정 시행 전에 '범한' 등록대상 성폭력범죄에 소급하여 적용되는지 여부(소극)

2010. 4. 15. 제정된 성폭력범죄의 처벌 등에 관한 특례법(이하 '성폭법'이라고 한다)에 의하여 신설된 신상정보등록, 공개명령 및 고지명령의 시행시기에 관하여, 성폭법 부칙 제1조는 공포 후 1년이 경과한 날로부터 시행하는 것으로 규정하고, 적용례에 관하여 부칙 제2조는 신상정보 등록에 관한 제32조부터 제36조의 규정은 '규정 시행 후 최초로 유죄판결이 확정된 자'부터, 공개명령과 고지명령에 관한 제37조, 제38조, 제41조, 제42조는 '시행 후 최초로 공개명령 또는 고지명령을 선고받은 대상자'부터 적용한다고 규정하고 있어, 문언상 해당 규정 시행일인 2011. 4. 16. 이전에 등록대상 성폭력범죄를 범한 자라도 시행일 이후 이에 대한 유죄판결이 확정될 경우 위 각 규정이 소급적용되는 것처럼 해석될 여지가 있다. 그러나 공개명령·고지명령이 보안처분이라고 하더라도 피고인에게 불이익한 처분이므로 규정이 명확하지 않은 이상 소급효를 제한하는 것이 법치주의 등 헌법원리에 부합하는 점, 성폭법과 유사한 논의과정을 거친 아동·청소년의 성보호에 관한 법률 부칙(2010. 4. 15. 법률 제10260호) 제1조 및 제4조의 내용, 소급효를 인정하게 되면 소급적용의 범위가 불명확하게 되고 판결의 확정 여부에 따라 같은 시기에 성폭력범죄를 범한 피고인들 사이에 상이한 결과가 발생할 수 있는 점 등을 종합하면, 성폭법 부칙 제2조 제1항에서 정한 '시행 후 최초로 유죄판결이 확정된 자'는 '시행 후 최초로 등록대상 성폭력범죄를 범하여 유죄판결이 확정된 자'로, 제2항에서 정한 '시행 후 최초로 공개명령 또는 고지

106) 대법원 2011.4.14. 선고 2011도453, 2011전도12 판결.
107) 서울고법 2011.7.21. 선고 2011노1393, 2011전노174 판결.

명령을 선고받은 대상자'는 '시행 후 최초로 등록대상 성폭력범죄를 범하여 공개명령 또는 고지명령을 선고받은 대상자'로 해석하는 것이 타당하다.[108)]

(12) '특정 범죄자에 대한 위치추적 전자장치 부착 등에 관한 법률'상 특정범죄를 범한 자에게 형의 집행을 유예하는 경우, 보호관찰을 명하는 때에만 위치추적 전자장치 부착을 명할 수 있는지 여부(적극)

특정 범죄자에 대한 위치추적 전자장치 부착 등에 관한 법률 제28조 제1항에서 "법원은 특정범죄를 범한 자에 대하여 형의 집행을 유예하면서 보호관찰을 받을 것을 명할 때에는 보호관찰기간의 범위 내에서 기간을 정하여 준수사항의 이행 여부 확인 등을 위하여 전자장치를 부착할 것을 명할 수 있다."고 규정하고, 같은 법 제9조 제4항 제4호에서 "법원은 특정범죄사건에 대하여 선고유예 또는 집행유예를 선고하는 때(제28조 제1항에 따라 전자장치 부착을 명하는 때를 제외한다)에는 판결로 부착명령 청구를 기각하여야 한다."고 규정하고 있으며, 같은 법 제12조 제1항에서 "부착명령은 검사의 지휘를 받아 보호관찰관이 집행한다."고 규정하고 있으므로, 법원은 특정범죄를 범한 자에 대하여 형의 집행을 유예하면서 보호관찰을 받을 것을 명하는 때에만 위치추적 전자장치 부착을 명할 수 있다.[109)]

(13) 피고인이 13세 미만의 친딸을 강간한 사안에서, 법령에 의하여 공개명령을 집행하는 과정에서 피해자를 특정할 수 있는 내용을 표기하지 아니하도록 되어 있는 사정을 감안하면 피해자가 피고인의 친딸이라는 이유만으로 다른 성폭력범죄 사건과 달리 취급하여 피고인의 신상정보를 공개하지 아니할 이유가 없다고 보아 '아동·청소년의 성보호에 관한 법률' 제38조 제1항 본문에 따라 공개명령을 선고한 원심의 조치를 정당하다고 한 사례[110)]

(14) 아동·청소년 대상 성폭력범죄의 피고인에게 '징역 15년 및 5년 동안의 위치추적 전자장치 부착명령'을 선고한 제1심판결을 파기한 후 '징역 9년, 5년 동안의 공개명령 및 6년 동안의 위치추적 전자장치 부착명령'을 선고한 원심의 조치가 불이익변경금지원칙에 위배되지 않는다고 한 사례[111)]

(15) 아동·청소년을 상대로 한 구 성폭력범죄의 처벌 및 피해자보호 등에 관한 법률 위반죄나 형법의 강간죄 등으로 공소제기되어 유죄판결을 선고할 경우에도, 피고인이 아동·청소년의 성보호에 관한 법률 부칙 제3조 제4항에 의한 '신상정보 공개명령'의 대상이 되는지 여부(적극)

아동·청소년의 성보호에 관한 법률(이하 '법'이라고 한다) 부칙(2009. 6. 9.) 제3조 제4항(2010. 7. 23. 법률 제10391호로 개정된 것)의 문언, 그리고 위 부칙 조항이 구 청소년의 성보호에 관한 법률(2009. 6. 9. 법률 제9765호 아동·청소년의 성보호에 관한 법률로 전부 개정되기 전의 것)에 따라 신상정보의 열람대상이었던 성범죄자에 대하여 신상정보 공개명령 제도를 소급적용하도록 한 것은, 위 열람 제도만으로는 아동·청소년 대상 성범죄자에 대한 정보를 알기 어려우므로 위 열람대상자에 대한 신상정보를 공개함으로써 아동·청소년 대상 성범죄를 미연에 예방하고자

---

108) 서울고법 2011.6.23. 선고 2011노1146, 2011전노138 판결.
109) 대법원 2011.2.24. 선고 2010도1, 2010전도1 판결.
110) 대법원 2011.4.14. 선고 2010도16939, 2010전도159 판결.
111) 대법원 2011.4.14. 선고 2010도16939, 2010전도159 판결.

하는 데 그 입법 취지가 있는 점 등에 비추어, 위 부칙 제3조 제4항은 법 시행 당시 '법률 제7801호 청소년의 성보호에 관한 법률 일부 개정법률 또는 법률 제8634호 청소년의 성보호에 관한 법률 전부 개정법률에 규정된 범죄(위반행위)를 범하여 열람결정 또는 열람명령의 대상이 되는 자 중에서 그때까지 아직 확정판결을 받지 아니한 자' 일반에 대하여 법 제38조에 따라 공개명령을 할 수 있게 규정하였다고 해석하는 것이 타당하다. 따라서 구 청소년의 성보호에 관한 법률 자체의 위반죄가 아닌 같은 법률이 규율하는 아동·청소년을 상대로 한 구 성폭력범죄의 처벌 및 피해자보호 등에 관한 법률(2010. 4. 15. 법률 제10258호 성폭력범죄의 피해자보호 등에 관한 법률로 개정되기 전의 것) 위반죄나 형법상 강간죄 등으로 공소제기되어 유죄판결을 선고할 경우에도 위 부칙 제3조 제4항이 적용된다.112)

(16) 피고인이 13세 미만 미성년자에 대한 강간죄 및 강제추행죄를 범하여 구 청소년의 성보호에 관한 법률 위반죄가 아닌 구 성폭력범죄의 처벌 및 피해자보호 등에 관한 법률 위반죄로 공소제기된 사안에서, 위 각 범행은 구 청소년의 성보호에 관한 법률 제10조에 규정된 범죄에 해당하므로 아동·청소년의 성보호에 관한 법률 부칙 제3조 제4항에 따라 피고인은 신상정보 공개명령의 대상이 된다고 한 사례113)

(17) 구 성폭력범죄의 처벌 및 피해자보호 등에 관한 법률 제14조의2 제1항에서 정한 '카메라 등 이용 촬영죄'의 기수 시기

구 성폭력범죄의 처벌 및 피해자보호 등에 관한 법률(2010. 4. 15. 법률 제10258호 성폭력범죄의 피해자보호 등에 관한 법률로 개정되기 전의 것) 제14조의2 제1항에서 정한 '카메라 등 이용 촬영죄'는 카메라 기타 이와 유사한 기능을 갖춘 기계장치 속에 들어 있는 필름이나 저장장치에 피사체에 대한 영상정보가 입력됨으로써 기수에 이른다고 보아야 한다. 그런데 최근 기술문명의 발달로 등장한 디지털카메라나 동영상 기능이 탑재된 휴대전화 등의 기계장치는, 촬영된 영상정보가 사용자 등에 의해 전자파일 등의 형태로 저장되기 전이라도 일단 촬영이 시작되면 곧바로 촬영된 피사체의 영상정보가 기계장치 내 RAM(Random Access Memory) 등 주기억장치에 입력되어 임시저장 되었다가 이후 저장명령이 내려지면 기계장치 내 보조기억장치 등에 저장되는 방식을 취하는 경우가 많고, 이러한 저장방식을 취하고 있는 카메라 등 기계장치를 이용하여 동영상 촬영이 이루어졌다면 범행은 촬영 후 일정한 시간이 경과하여 영상정보가 기계장치 내 주기억장치 등에 입력됨으로써 기수에 이르는 것이고, 촬영된 영상정보가 전자파일 등의 형태로 영구저장 되지 않은 채 사용자에 의해 강제종료 되었다고 하여 미수에 그쳤다고 볼 수는 없다.114)

(18) 피고인이 지하철 환승에스컬레이터 내에서 카메라폰으로 피해자의 치마 속 신체 부위를 동영상 촬영하였다고 하여 구 성폭력범죄의 처벌 및 피해자보호 등에 관한 법률 위반으로 기소된 사안에서, 동영상 촬영 중 저장버튼을 누르지 않고 촬영을 종료하였다는 이유만으로 위 범행이 '기수'에 이르지 않았다고 단정한 원심판결에 법리오해로 인한 심리미진 등의 위법이 있다고

---

112) 대법원 2011.3.24. 선고 2010도16448, 2010전도153 판결.

113) 대법원 2011.3.24. 선고 2010도16448, 2010전도153 판결.

114) 대법원 2011.6.9. 선고 2010도10677 판결.

한 사례[115)]

(19) 단순 강간 행위에 의한 강간 등 상해·치상의 죄가 2010. 3. 31. 개정된 특정강력범죄의 처벌에 관한 특례법 제2조 제1항 제3호에 규정된 '특정강력범죄'에 해당하는지 여부(소극)

2010. 3. 31. 법률 제10209호로 개정된 특정강력범죄의 처벌에 관한 특례법(이하 '개정 후 특례법'이라고 한다) 제2조 제1항 제3호에서 규정한 각 해당 조문의 배열순서와 체계, 개정 전 특례법 제2조 제1항 제3호의 해석상 강간 등에 의한 치사상죄가 흉기 기타 위험한 물건을 휴대하거나 2인 이상이 합동하여 저질러진 경우뿐만 아니라 단순 강간 행위에 의하여 저질러진 경우로서 사안이 매우 경미한 경우에도 특정강력범죄에 해당하는 것으로 보아 위 특례법을 적용하는 것이 바람직스럽지 못하다는 비판이 존재했던 사정 등에 비추어 보면, 위 '흉기나 그 밖의 위험한 물건을 휴대하거나 2인 이상이 합동하여 범한'이라는 요건은 개정 전 특례법에서의 해석과 달리 형법 제301조에도 요구되는 것으로 보는 것이 합리적인 해석이다. 나아가 개정 후 특례법 부칙에서 그에 관한 별도의 경과규정을 두지 아니하였지만, 위 개정된 조항의 의미와 취지 등에 비추어 피고인에게 유리하게 이루어진 것으로 형법 제1조 제2항에 규정된 범죄 후 법률의 변경에 해당한다. 따라서 위 특례법 개정 전에 이루어진 강간 등 상해·치상의 행위가 흉기나 그 밖의 위험한 물건을 휴대하거나 2인 이상이 합동하여 저질러진 경우가 아니라 단순 강간 행위에 의하여 저질러진 경우에는 그 범죄행위에 의하여 상해라는 중한 결과가 발생하였더라도 그 강간 등 상해·치상의 죄(형법 제301조의 죄)는 개정 후 특례법 제2조 제1항 제3호에 규정된 '특정강력범죄'에 해당하지 않는다.[116)]

(20) 구 특정 성폭력범죄자에 대한 위치추적 전자장치 부착에 관한 법률에 의한 전자감시 제도의 법적 성격(=보안처분의 일종)

구 특정 성폭력범죄자에 대한 위치추적 전자장치 부착에 관한 법률」에 의한 전자감시 제도는 성폭력범죄자의 재범 방지와 성행교정을 통한 재사회화를 위하여 그의 행적을 추적하여 위치를 확인할 수 있는 전자장치를 신체에 부착하게 하는 부가적인 조치를 취함으로써 성폭력범죄로부터 국민을 보호함을 목적으로 하는 일종의 보안처분으로서 형벌과 구별되어 그 본질을 달리한다.[117)]

(21) 성폭력범죄를 범한 피고인에게 '징역 장기 7년, 단기 5년 및 5년 동안의 위치추적 전자장치 부착명령'을 선고한 제1심판결을 파기한 후 '징역 장기 5년, 단기 3년 및 20년 동안의 위치추적 전자장치 부착명령'을 선고한 항소심판결이 불이익변경금지 원칙에 위배되지 않는다고 한 사례[118)]

(22) 카메라 등 이용 촬영죄를 규정한 구 성폭력범죄의 처벌 및 피해자보호 등에 관한 법률 제14조의2 제1항의 '그 촬영물'에 타인의 승낙을 받아 촬영한 영상물도 포함되는지 여부(소극)

카메라 등 이용 촬영죄를 정한 구 성폭력범죄의 처벌 및 피해자보호 등에 관한 법률 제14조의2

115) 대법원 2011.6.9. 선고 2010도10677 판결.
116) 대법원 2010.10.28. 선고 2010도7997 판결.
117) 대법원 2010.11.11. 선고 2010도7955, 2010전도46 판결.
118) 대법원 2010.11.11. 선고 2010도7955, 2010전도46 판결.

제1항 규정의 문언과 그 입법 취지 및 연혁, 보호법익 등에 비추어, 위 규정에서 말하는 '그 촬영물'이란 성적 욕망 또는 수치심을 유발할 수 있는 타인의 신체를 그 의사에 반하여 촬영한 영상물을 의미하고, 타인의 승낙을 받아 촬영한 영상물은 포함되지 않는다고 해석된다.[119]

(23) 피고인이 피해자의 의사에 반하여 촬영하였음이 인정되지 않는 이상 촬영한 하반신 사진을 반포하였더라도 구 성폭력범죄의 처벌 및 피해자보호 등에 관한 법률 제14조의2 제1항 후단이 규정하는 '그 촬영물을 반포한 자'에 해당하지 않는다고 한 원심판단을 수긍한 사례[120]

(24) 특수강간범이 강간행위 종료 전에 특수강도의 행위를 한 경우, 구 성폭력범죄의 처벌 및 피해자보호 등에 관한 법률 제5조 제2항에 정한 '특수강도강간죄'로 의율할 수 있는지 여부(원칙적 적극)

구성폭력범죄의 처벌 및 피해자보호 등에 관한 법률 제5조 제2항은 형법 제334조(특수강도) 등의 죄를 범한 자가 형법 제297조(강간) 등의 죄를 범한 경우에 이를 특수강도강간 등의 죄로 가중하여 처벌하는 것이므로, 다른 특별한 사정이 없는 한 특수강간범이 강간행위 종료 전에 특수강도의 행위를 한 이후에 그 자리에서 강간행위를 계속하는 때에도 특수강도가 부녀를 강간한 때에 해당하여 구성폭력범죄의 처벌 및 피해자보호 등에 관한 법률 제5조 제2항에 정한 특수강도강간죄로 의율할 수 있다.[121]

(25) 강간치상죄에 있어서 상해의 판단기준

강간행위에 수반하여 생긴 상해가 극히 경미한 것으로서 굳이 치료할 필요가 없어서 자연적으로 치유되며 일상생활을 하는 데 아무런 지장이 없는 경우에는 강간치상죄의 상해에 해당되지 아니한다고 할 수 있을 터이나, 그러한 논거는 피해자의 반항을 억압할 만한 폭행 또는 협박이 없어도 일상생활 중 발생할 수 있는 것이거나 합의에 따른 성교행위에서도 통상 발생할 수 있는 상해와 같은 정도임을 전제로 하는 것이므로 그러한 정도를 넘는 상해가 그 폭행 또는 협박에 의하여 생긴 경우라면 상해에 해당된다고 할 것이며, 피해자의 건강상태가 나쁘게 변경되고 생활기능에 장애가 초래된 것인지는 객관적, 일률적으로 판단될 것이 아니라 피해자의 연령, 성별, 체격 등 신체, 정신상의 구체적 상태를 기준으로 판단되어야 한다.[122]

(26) 강간치상죄에 있어서 상해의 결과는 간음행위 자체나 강간에 수반하는 행위에서 발생한 경우도 포함하는지 여부(적극)

강간이 미수에 그친 경우라도 그로 인하여 피해자가 상해를 입었으면, 강간치상죄가 성립하는 것이고, 강간치상죄에 있어 상해의 결과는 강간의 수단으로 사용한 폭행으로부터 발생한 경우뿐만 아니라 간음행위 그 자체로부터 발생한 경우나 강간에 수반하는 행위에서 발생한 경우도 포함된다.[123]

---

119) 대법원 2010.10.28. 선고 2010도6668 판결.
120) 대법원 2010.10.28. 선고 2010도6668 판결.
121) 대법원 2010.7.15. 선고 2010도3594 판결.
122) 대법원 2003.9.26. 선고 2003도4606 판결.
123) 대법원 2003.5.30. 선고 2003도1256 판결.

(27) 폭행 또는 협박으로 부녀를 강간한 경우 강간죄 외에 폭행죄나 협박죄 또는 폭력행위등처벌에관한법률위반죄를 구성하는지 여부(소극) 및 이들 각 죄의 관계(=법조경합)

폭행 또는 협박으로 부녀를 강간한 경우에는 강간죄만 성립하고, 그것과 별도로 강간의 수단으로 사용된 폭행·협박이 형법상의 폭행죄나 협박죄 또는 폭력행위등처벌에관한법률위반의 죄를 구성한다고는 볼 수 없으며, 강간죄와 이들 각 죄는 이른바 법조경합의 관계일 뿐이다.[124)]

(28) 강간죄에 대하여 고소가 없거나 고소가 취소된 경우 또는 강간죄의 고소기간이 경과된 후에 고소가 있는 경우, 그 강간범행의 수단으로 사용된 또는 그에 수반하여 저질러진 폭행·협박의 점을 따로 떼어내어 폭행죄·협박죄 또는 폭력행위등처벌에관한법률위반죄로 공소제기한 경우의 조치(=공소기각)[125)]

(29) 청소년의성보호에관한법률 제10조와 형법 제297조, 제298조, 제299조 및 제302조의 관계

청소년의성보호에관한법률 제10조는 "① 여자 청소년에 대하여 형법 제297조(강간)의 죄를 범한 자는 5년 이상의 유기징역에 처한다. ② 청소년에 대하여 형법 제298조(강제추행)의 죄를 범한 자는 1년 이상의 유기징역 또는 500만 원 이상 2천만 원 이하의 벌금에 처한다. ③ 청소년에 대하여 형법 제299조(준강간, 준강제추행)의 죄를 범한 자는 제1항 또는 제2항의 예에 의한다. ④ 위계 또는 위력으로써 여자 청소년을 간음하거나 청소년에 대하여 추행을 한 자는 제1항 또는 제2항의 예에 의한다. ⑤ 제1항 내지 제4항의 미수범은 처벌한다."라고 규정하고 있고, 형법 제2편 제32장은 제297조에서 강간, 제298조에서 강제추행, 제299조에서 준강간, 준강제추행에 대하여 각 규정하고 있으며 제302조에서 "미성년자 또는 심신미약자에 대하여 위계 또는 위력으로써 간음 또는 추행을 한 자는 5년 이하의 징역에 처한다."라고 규정하고 있으므로, 청소년의성보호에관한법률 제10조는 형법 제297조, 제298조, 제299조 및 제302조의 죄에 대하여 피해자가 청소년인 경우에 이를 가중처벌하는 규정일 뿐이지 그 구성요건을 형법과 달리하는 규정은 아니다.[126)]

(30) 형법 제302조의 위계에 의한 미성년자간음죄에 있어서 위계의 의미

형법 제302조의 위계에 의한 미성년자간음죄에 있어서 위계라 함은 행위자가 간음의 목적으로 상대방에게 오인, 착각, 부지를 일으키고는 상대방의 그러한 심적 상태를 이용하여 간음의 목적을 달성하는 것을 말하는 것이고, 여기에서 오인, 착각, 부지란 간음행위 자체에 대한 오인, 착각, 부지를 말하는 것이지, 간음행위와 불가분적 관련성이 인정되지 않는 다른 조건에 관한 오인, 선고착각, 부지를 가리키는 것은 아니다.[127)]

(31) 피고인이 청소년에게 성교의 대가로 돈을 주겠다고 거짓말하고 청소년이 이에 속아 피고인과 성교행위를 하였다고 하더라도, 사리판단력이 있는 청소년에 관하여는 그러한 금품의 제공과 성교행위 사이에 불가분의 관련성이 인정되지 아니하는 만큼 이로 인하여 청소년이 간음행위 자체에 대한 착오에 빠졌다거나 이를 알지 못하였다고 할 수 없다는 이유로 피고인의 행위가

124) 대법원 2002.5.16. 선고 2002도51 판결.
125) 대법원 2002.5.16. 선고 2002도51 판결.
126) 대법원 2001.12.24. 선고 2001도5074 판결.
127) 대법원 2001.12.24. 선고 2001도5074 판결.

청소년의성보호에관한법률 제10조 제4항 소정의 위계에 해당하지 아니한다고 본 사례[128)]

(32) 청소년의성보호에관한법률 제10조 제1항 및 제2항의 청소년에 대한 강간 및 강제추행죄가 친고죄인지 여부(적극)

형법 제297조, 제298조, 제306조의 규정을 종합하면, 강간 및 강제추행의 각 죄는 피해자의 고소가 있어야 공소를 제기할 수 있으며, 또한 형법상 강간 및 강제추행죄의 성질은 청소년의성보호에관한법률 제10조 제1항, 제2항에 의해 가중처벌되는 경우에도 그대로 유지되고, 특별법인 청소년의성보호에관한법률에 친고죄에 관한 형법 제297조, 제298조, 제306조의 적용을 배제한다는 명시적인 규정이 없으므로, 형법 제306조는 청소년의성보호에관한법률 제10조 제1항 및 제2항의 죄에도 그대로 적용된다.[129)]

(33) 구 성폭력범죄의처벌및피해자보호등에관한법률 제8조에 규정된 '신체장애'에 정신장애가 포함되는지 여부(소극)

구 성폭력범죄의처벌및피해자보호등에관한법률(1997. 8. 22. 법률 제5343호로 개정되기 전의 것) 제8조는, 신체장애로 항거불능인 상태에 있음을 이용하여 여자를 간음하거나 사람에 대하여 추행한 자는 형법 제297조(강간) 또는 제298조(강제추행)에 정한 형으로 처벌한다고 규정하고 있는바, 관련 법률의 장애인에 관한 규정과 형법상의 유추해석 금지의 원칙에 비추어 볼 때, 이 규정에서 말하는 '신체장애'에 정신박약 등으로 인한 정신장애도 포함된다고 보아 그러한 정신장애로 인하여 항거불능 상태에 있는 여자를 간음한 경우에도 이 규정에 해당한다고 해석하기는 어렵다.[130)]

(34) 단순 강간 행위에 의하여 강간치사상죄가 된 경우 특정강력범죄의처벌에관한특례법 제2조 제1항 제3호 소정의 '특정강력범죄'에 해당하는지 여부(적극)

특정강력범죄의처벌에관한특례법 제2조 제1항 제3호 소정의 '특정강력범죄'라 함은 "형법 제32장의 정조에 관한 죄 중 흉기 기타 위험한 물건을 휴대하거나 2인 이상이 합동하여 범한 제297조(강간), 제298조(강제추행), 제299조(준강간·준강제추행), 제300조(미수범), 제305조(미성년자에 대한 간음·추행)의 죄 및 제301조(강간등에의한치사상)의 죄"라고 규정하고 있어 형법 제301조의 죄를 앞서의 형법 제297조 내지 제300조, 제305조의 각 죄와 분리하여 규정하고 있고, 형법 제297조 내지 제300조, 제305조의 각 죄는 모두 친고죄인 반면 형법 제301조는 친고죄가 아닌 점 및 그 각 조문의 배열순서로 보아, '흉기 기타 위험한 물건을 휴대하거나 2인 이상이 합동하여 범한'이라는 요건은 형법 제297조 내지 제300조, 제305조의 각 죄에만 필요하고, 형법 제301조에는 필요하지 아니한 것으로 해석함이 상당하므로, 형법 제301조 소정의 강간치사상의 행위가 흉기 기타 위험한 물건을 휴대하거나 2인 이상이 합동하여 저질러진 경우뿐만 아니라 단순 강간 행위에 의하여 저질러진 경우라 하더라도, 그 범죄행위에 의하여 일단 상해 또는 사망이라는 중한 결과가 발생하면 그 강간치사상의 죄(형법 제301조의 죄)는 특정강력범죄의처벌에관한특례법 제2조 제1항 제3호 소정의 특정강력범죄에 해당하는 것으로 보아야 한다.[131)]

---

128) 대법원 2001.12.24. 선고 2001도5074 판결.
129) 대법원 2001.5.15. 선고 2001도1391 판결.
130) 대법원 1998.3.24. 선고 97도2956 판결.

(35) 미성년자의제강간의 피해자의 나이가 고소제기일로부터 6개월 전에 이미 13세 7개월이 되어 고소에 따른 이해관계를 이해할 수 있는 사실상의 의사능력을 가지고 있었고, 당시 범인이 누구인지도 알고 있었으므로 그로부터 6개월을 경과하여 제기된 고소는 부적법하다고 본 사례[132]

131) 대법원 1996.9.20. 선고 96도1893 판결.

132) 대전고법 1993.7.9. 선고 93노258 판결.

제3편

학교폭력 관련 판례 해설

1. 대법원 2011. 4. 14. 선고 2011다12675, 손해배상(기)

대법원 2011. 4. 14. 선고 2011다12675 판결, 손해배상(기)

2심 - 서울고등법원 2010. 12. 24. 선고 2010나8893 판결

1심 - 서울동부지방법원 2009. 12. 16. 선고 2008가합16224 판결

가. 사건의 개요

K도 소재 J공립고등학교에 입학한 정신지체 2급의 지적장애를 가진 피해자 남학생을 같은 학교, 같은 학급에 다니는 가해학생 7명이 바보라고 놀리고, 손으로 때리고, 가해학생 들 중 일부학생은 자신에게 장난을 친다는 이유로 피해학생의 뺨을 때렸으며, 가을소풍 날 해수욕장에서 물에 빠지기 싫어하는 피해학생을 물에 빠뜨릴 것처럼 장난을 치고, 난로에 데워진 뜨거운 동전을 피해학생이 줍도록 하는 등의 행위를 계속적으로, 그리고 집단적으로 함으로써 괴롭혀왔다.

이로 인해 피해학생은, 정신분열증 진단을 받았고, 입원치료 및 통원치료를 받았고, 향후 불특정 장기간 동안 외래치료와 상담치료를 요하고, 보호자의 일상생활 관리 및 감독도 지속적으로 요구되는 상태의 정신분열병 진단을 받았다. 한편 가해학생들은 폭행 또는 상해로 각 보호자의 감호에 위탁하는 소년법 제32조 제1항 제1호의 보호처분결정을 받았다.

이에 피해학생과 피해학생의 부모 및 남동생은 가해학생들 및 그들의 부모와 지방자치단체인 K도의 교육책임자인 교육감을 상대로 손해배상청구소송을 제기한 사건이다.

나. 사건의 경과

제1심법원 판결은 피고들은 각자 피해학생 본인에게 56,037,047원, 부에게 10,000,000원, 모에게 52,396,574원, 동생에게 5,000,000원 을 지급하라는 판결을 선고하였으며, 이에 대해 피고들이 항소하여, 항소심인 서울고등법원은 1심보다 적은 금액인 피해학생에게 40,793,074원, 부 및 모에게 각 7,000,000원, 동생에게 3,000,000원을 지급하고 판결하였고, 이에 대해 원고인 피해학생 측이 상고하였으나 상고가 기각되어 2심인 서울고등법원 판결대로 확정되었다.

다. 사건의 결말

이 사건의 경우에는 괴롭힘에 가담한 가해학생들이나 피해학생은 같은 학급의 학생들로서 가해행위도 수업시간을 전후한 쉬는 시간 또는 점심시간, 소풍과 같은 야외활동시간 등에 발생하였고, 당시 담임교사도 이 사건 괴롭힘이 발생하기 전에 가해학생들이 피해학생을 가끔 괴롭히고 있다는 사실을 들어서 알고 있었고, 피해학생의 부모가 담임선생님에게 직접 같은 반 학생들이 괴롭히지 않도록 신경을 써 달라는 부탁을 하였으며, 이에 가해학생들을 불러서 질타를 하기도 한 점에 비추어 보면, 위 담임교사로서는 수업시간 전후로 수시로 교실의 상황을 파악하고, 학급의 반장 등을 통하여 학급 내에서의 집단 따돌림이나 폭행사건이 발생하는지의 여부를 알아보며, 학급 내에서 종종 동료 학생들을 괴롭히는 가해학생들에 대하여는 보다 적극적인 자세로 훈육을 하고 위와 같은 집단 따돌림 등이 발생되지 않도록 필요한 예방조치를 취해야 할 주의의무가 있음에도 불구하고 이를 소홀히 함으로써 결과적으로 피해학생으로 하여금 이 사건 괴롭힘을 당하도록 하는 상황에 이르도록 하였으므로 학교의 교장 및 교사가 보호·감독의무를 다하지 않음으로 말미암아 발생한 것이라고 판단하였고, K도는 J공립고등학교 교사의 사용자로서 지휘·감독의무를 위반한 과실이 있으므로, 이 사건 괴롭힘으로 인하여 피해학생 측이 입은 손해를 배상할 의무가 있다고 판시하였다.

라. 판결의 의의

대법원은 대법원 2000. 4. 11. 선고 99다44205 판결 및 대법원 2007.6.15. 선고 2004다48775 판결 [손해배상(기)]등에서 꾸준히 가해학생 및 가해학생의 보호자, 학교장, 담임교사, 지방자치단체에게도 손해배상책임을 인정하여 왔다.

이러한 판결들은 가해학생이 책임능력이 있는 미성년자라고하더라도 그 보호자에게도 공동불법행위책임을 인정하였고, 또한 학교장이나, 담임교사 및 학교를 설치 운영하는 지방자치단체에게도 공동책임을 인정한 점에서 의미 있는 판결들이라고 할 것이다.

이러한 사건들의 쟁점은 ① 가해학생들이 피해학생에게 가한 행위가 고등학교 남학생들끼리 통상적으로 장난을 치는 정도로 볼 것인가, 아니면 피해학생을 만만하게 보고 지속적으로 놀리고 때리는 등 단순한 장난의 정도를 넘어서는 일종의 집단 따돌림으로 볼 수 있는가 하는 점과, ② 가해학생들이 집단 따돌림으로 인한 행위와 피해학생이 정신분열증의 상해를 입게 된 것과 인과관계가 있는가 하는 점과, ③ 고등학교 1학년이 미성년자인 가해학생들의 책임능력이 인정되는 경우에도 그 보호자에게 불법행위책임을 물을 수 있는가 하는 점과, ④ 지방자치단체가 설치·경영하는 학교의 교장이나 교사는 학생을 보호·감독할 의무를 지는 범위는 어디까지인가 하는 것이 쟁점이었다.

이 사건에서 제1, 2심 모두

(1) 가해학생들의 행위는 피해학생의 정신지체장애를 이유로 약 1년 동안 지속적으로 놀리고 때리는 등의 행위는 당하는 피해학생의 입장에서 종합적으로 보면 단순한 장난의 정도를 넘어서는 일종의 집단 따돌림으로 볼 수도 있다고 판단하였고,

(2) 피해학생은 정신지체 2급의 장애를 가진 학생으로 장애가 없는 학생들에 비하여 정신사회적인 스트레스에 취약한 점, 고등학교 2학년은 감수성이 예민하고 또래와 관계를 중요시하는 시기라는 점에서 정신적 장애가 없는 학생이라도 같은 반 다수의 학생에게 약 1년 동안 지속적으로 집단 따돌림을 받는다면 정신적인 고통을 받고 정신병이 발병할 가능성을 배제할 수 없으므로, 가해학생들의 집단 괴롭힘과 피해학생의 정신분열증 간에는 인과관계가 인정된다고 판단하였다.

(3) 가해학생들은 불법행위자로서 피해학생 및 부모와 동생이 입은 손해를 배상할 의무가 있다고 판시하였고, 가해학생들의 부모는 당시 미성년자였던 가해학생들이 피해학생을 지속적, 집단적으로 괴롭히는 불법행위를 하지 아니하도록 보호 감독하여야 할 주의의무가 있음에도 이를 게을리 한 과실이 인정되므로, 가해학생들과 공동불법행위자로서 이들과 각자 피해학생 측에게 손해를 배상할 책임이 있다고 판시하였다.

(4) 또한 지방자치단체인 K도에 대해서는 지방자치단체가 설치·경영하는 학교의 교장이나 교사는 학생을 보호·감독할 의무를 지는 것이지만, 이러한 보호·감독의무는 교육법에 따라 학생들을 친권자 등 법정감독의무자에 대신하여 감독을 하여야 하는 의무로서 학교 내에서의 학생의 전 생활관계에 미치는 것은 아니고, 학교에서의 교육활동 및 이와 밀접 불가분의 관계에 있는 생활관계에 한하며, 그 의무범위 내의 생활관계라고 하더라도 교육활동의 때와 장소, 가해자의 분별능력, 가해자의 성행, 가해자와 피해자의 관계, 기타 여러 사정을 고려하여 사고가 학교생활에서 통상 발생할 수 있다고 하는 것이 예측되거나 또는 예측가능성(사고발생의 구체적 위험성)이 있는 경우에 한하여 교장이나 교사는

보호·감독의무 위반에 대한 책임을 진다고 보았다.

2. 대법원 2007. 11. 15. 선고 2005다16034, 손해배상(기) 〈집단 따돌림 자살 사건〉

대법원 2007. 11. 15. 선고 2005다16034 판결, 손해배상(기) 〈집단 따돌림 자살 사건〉
2심 - 서울고등법원 2005. 1. 26. 선고 2004나46689 판결, 손해배상(기)
1심 - 춘천지방법원 원주지원 2004. 6. 3. 선고 2002가합157 판결

가. 사건의 개요

(1) K도가 설치·운영하는 W여자중학교 3학년에 재학 중이던 A(망인)는 소외 1, 2, 3과 망인 등 4인은 같은 반 친구들로 2001. 3.경부터 배타적으로 어울리는 작은 집단을 형성하여 지내다가 소외 1이 위 집단을 주도하면서 망인을 집단에서 배척하였다가 다시 끼워주는 것을 되풀이하였다.

(2) 여름방학 이후부터는 망인이 말을 걸어도 아무런 대답을 하지 않는 등 망인을 의도적으로 배제하고, 망인이 교복을 줄여 입은 모습을 보면서 놀리거나 점심시간에 학교 급식소에서 망인이 같은 식탁에 앉아 식사하려고 할 때 다른 식탁으로 옮겨 피하기도 하였다.

(3) 이런 상황에서 2001. 9. 24. 망인의 필통이 없어지자 망인은 소외 1과 소외 2가 이를 숨긴 것으로 알고 다른 학생들 앞에서 이들에게 따졌다가 자신의 오해로 밝혀져 이들에게 사과하였으나 이들이 망인의 사과를 받아주지 않고 오히려 망인을 몰아세움으로써 소외 1등과의 관계가 더욱 악화되었다.

(4) 위와 같은 일이 발생한 후 망인은 2001. 9. 26.경에는 교복 대신 검은 스웨터를 입고 오고 자율학습 시간에 자주 교실을 드나드는 등 상당히 불안한 모습을 보였으며, 소외 3에게 자신과 함께 놀아 줄 것을 요청하였는데 이를 알게 된 소외 1, 2로부터 '소외 3.이 니 쫑이냐'라는 말과 함께 면박을 당하였다.

(5) 망인은 2001. 9. 27. 등굣길에 다른 반 친구에게 전날 소외 1등으로부터 면박 당한 일을 이야기하면서 '왕따 당하니까 괴롭고 힘들다. 소외 2.가 니 쫑이냐고 말하여 상처받았다'고 말하였다.

(6) 같은 날 점심시간에 소외 1과 소외 2가 다른 학생들에게 '망인의 성격이 이상하다, 같이 놀지 마라'며 학교급식소로 몰려가 자신만이 남게 되자, 어머니인 원고에게 전화하여 '엄마, 나 사실은 왕따야. 전학시켜 줘. 죽을 것 같아'라고 울면서 이야기하였다.

(7) 같은 날 하굣길에 소외 1과 소외 2가 망인에게 약을 올리며 몰아세우기도 했는데, 망인은 귀가한 직후인 같은 날 17:00경 자신이 살던 아파트에서 투신하여 자살하였다.

(8) 망인의 어머니인 원고는 망인이 3학년에 들어와 1학기부터 소외 1등과의 교우관계로 문제가 있는 것으로 생각하여 망인에게 필요하면 학교에 도움을 요청하겠다고 하였으나 망인이 스스로 해결하겠다고 하여 달리 담임교사 등과 상담하지 않았고, 망인이 자살 당일 전화할 때까지 망인이 집단 따돌림을 당하고 있고 이로 인하여 심한 고통을 받고 있음을 알지 못하였다.

(9) 망인의 담임교사는 2001. 3.경 다른 중학교에서 폭행사건으로 문제를 일으키고 전학 온 소외 1에 대하여 1교사 1학생 결연상담제도에 따라 소외 1의 학교생활 전반에 관하여 상담지도를 하였는데, 망인이 학기 초에 소외 1과 급속히 가까워지자 이를 염려하여 망인에게 시간을 두면서 천천히 사귈 것을 권유하기도 하였다.

(10) 담임교사는 소외 1등이 망인과 집단을 형성하여 친밀하게 지내면서 망인을 집단에서 배척하였다가 다시 끼워주는 등의 갈등이 있음을 알았으나 학창시절 교우관계에서 겪는 과정의 일부라고 생각하여 별다른 조치를 취하지는 않았고, 필통분실 사건에 대하여도 알지 못하였으나, 2001. 9. 26. 망인이 상당히 불안한 상태에 있다고 느껴 망인에 대한 상담이 필요하다고 판단하였고, 2001. 9. 27. 임원회의에 참석한 원고로부터 망인이 그날 점심 때 울면서 전화한 사정을 듣게 되자, 소외 1등이 봄부터 망인을 집단에 끼워주었다 빼놨다 하는 것을 알고 있었는데 그러면서도 잘 지낼 테니 걱정하지 말아라, 자신이 잘 이야기해 보겠다고 하였다.

(11) 망인은 담임교사와 자주 상담을 하였으나 주로 공부문제에 관하여만 상담하였을 뿐 교우관계에 관한 어려움을 이야기 한 일은 없다.

나. 사건의 경과

원고는 자살한 학생(당시 중3이며, 만 14세 정도)의 어머니이며, 피고는 W여중을 설치·운영한 피고 K도를 상대로 망인이 집단 따돌림으로 인하여 자살에 이르게 된 데 대한 담임교사의 책임이 있다고 주장하며, 담임교사와 K도를 피고로 하여 손해배상청구소송을 제기하였다.

제1심은 "피고 K도는 원고에게 5,000만 원을 지급하고, 원고의 담임선생님에 대한 항소를 취하한다"는 내용의 화해권고결정을 하였고, 피고 담임선생님에 대한 부분은 양 당사자가 이의를 하지 않아 확정되었고, 피고 K도에 대한 청구에 대해서만 제1심은 판결을 선고하게 되었는데, 제1심판결은 원고의 청구를 기각하였다. 이에 원고가 항소를 하였고, 항소심에서는 제1심판결 중 원고의 패소부분을 취소하고 피고 K도에게 금 55,809,675원 및 지연이자를 지급하라고 판결을 선고하였으나 피고가 상고하였다.

상고심인 대법원에서는 항소심이 집단 따돌림으로 인한 피해를 넘어서서 자살의 결과에 대하여 까지도 피고에게 손해배상책임을 인정한 것은 교사의 보호감독의무 위반 책임에 관한 법리를 오해한 위법이 있고, 이는 판결에 영향을 미쳤음이 분명하다고 판시하면서 사건을 항소심으로 파기환송하였다.

다. 사건의 결말

망인의 자살에 직접적인 계기가 된 필통분실 사건 이후 소외 1등의 망인에 대한 행동은, 망인이 필통을 감춘 것으로 오해한 데 대한 사과를 받아주지 않고 망인을 계속 비난한 것으로 이를 사회통념상 허용될 수 없는 악질, 중대한 따돌림에 이를 정도라고는 보기 어렵고,

그 이전에 망인을 집단에서 배제한 행위도 빈번하지는 않았던 것으로 보이며, 행위의 태양도 폭력적인 방법에 의하지 않고 무관심으로 소외시키는 것이 주된 것이었던 점, 망인의 행동에 관하여 보면, 자살 전날 교복 대신 검정 스웨터를 입고 등교하여 불안한 모습을 보인 점이 평소와 다른 행동으로 보이지만, 결석이나 지각을 하지도 않고,

가정에서도 특별히 우울한 모습을 엿볼 수 없었던 점 등에 비추어, 당시 사회적으로 학생들의 집단 따돌림으로 인한 피해 사례들이 보고되고 있었다고 하더라도 이 사건 사고 발생 당시 담임교사가 망인의 자살에 대한 예견가능성이 있었다고 인정하기는 어렵다고 할 것이다.

담임교사로서는 망인이 소외 1등과 친밀한 관계를 맺고 싶어 함에도 이러한 관계를 맺지 못하고 집단에서 배척되었다가 끼워졌다 하는 등의 갈등이 있음을 알고 있었음에

도 이러한 일들이 학창 시절 교우관계에서 발생할 수 있는 일상적인 문제로 생각하고 이에 대한 대처를 소홀히 한 과실을 인정할 수 있으므로, 그의 직무상 불법행위로 발생한 집단 따돌림의 피해에 대하여는 그가 소속한 지방자치단체인 피고가 손해배상책임을 부담한다고 할 것이다.

그러나 집단 따돌림으로 인한 피해를 넘어서서 자살의 결과에 대하여 까지도 피고에게 손해배상책임을 인정한 것은 교사의 보호감독의무 위반의 책임에 관한 법리를 오해한 위법이 있고, 이는 판결에 영향을 미쳤음이 분명하므로 원심(항소심)을 파기하고 사건을 서울고등법원으로 파기환송하였다.

라. 판결의 의의

(1) 집단 따돌림이란 "학교 또는 학급 등 집단에서 복수의 학생들이 한 명 또는 소수의 학생들을 대상으로 의도와 적극성을 가지고, 지속적이면서도 반복적으로 관계에서 소외시키거나 괴롭히는 현상을 의미한다."고 판시하여 집단 따돌림의 정의를 규정하였다.

(2) 집단 따돌림으로 인하여 피해학생이 자살한 경우, 자살의 결과에 대하여 교장이나 교사에게 보호감독의무 위반 책임을 묻기 위한 요건 및 그 판단 기준을 제시하였다.

즉 집단 따돌림으로 인하여 피해학생이 자살한 경우, 자살의 결과에 대하여 학교의 교장이나 교사의 보호감독의무 위반의 책임을 묻기 위하여는 피해학생이 자살에 이른 상황을 객관적으로 보아 교사 등이 예견하였거나 예견할 수 있었음이 인정되어야 한다.

다만, 사회통념상 허용될 수 없는 악질, 중대한 집단 따돌림이 계속되고 그 결과 피해학생이 육체적 또는 정신적으로 궁지에 몰린 상황에 있었음을 예견하였거나 예견할 수 있었던 경우에는 피해학생이 자살에 이른 상황에 대한 예견가능성도 있는 것으로 볼 수 있을 것이나, 집단 따돌림의 내용이 이와 같은 정도에까지 이르지 않은 경우에는 교사 등이 집단 따돌림을 예견하였거나 예견할 수 있었다고 하더라도 이것만으로 피해학생의 자살에 대한 예견이 가능하였던 것으로 볼 수는 없으므로, 교사 등이 집단 따돌림 자체에 대한 보호감독의무 위반의 책임을 부담하는 것은 별론으로 하고 자살의 결과에 대한 보호감독의무 위반의 책임을 부담한다고 할 수는 없다.

(3) 중학교 3학년 여학생이 급우들 사이의 집단 따돌림으로 인하여 자살한 사안에서, 따돌림의 정도와 행위의 태양, 피해학생의 평소 행동 등에 비추어 담임교사에게 피해학

생의 자살에 대한 예견가능성이 있었다고 인정하지 아니하여 자살의 결과에 대한 손해배상책임은 부정하였으나, 다만 학생들 사이의 갈등에 대한 대처를 소홀히 한 과실을 인정하여 교사의 직무상 불법행위로 발생한 집단 따돌림의 피해에 대하여 지방자치단체의 손해배상책임을 긍정한 사례이다.

3. 대법원 2007. 6. 15. 선고 2004다48775, 손해배상(기)

2심 - 서울고등법원 2004. 8. 11. 선고 2003나71916 판결

가. 사건의 개요

평소 망인과 그의 친구들은 학생들을 상대로 폭력을 행사하고 금품을 빼앗는 등의 행동을 해옴으로써 많은 학생들이 피해의식을 느껴왔고, 교사들도 이를 알고 있었던 와중에 망인과 그 친구들이 사고 당일 휴식시간 및 점심시간에 여러 학생들에 대한 폭행을 한 것이 결국 이 사건 사고의 직접적인 원인이 되어 이 사건 가해행위는 이러한 위험성이 구체화되어 나타난 것으로 볼 수 있고, 이 사건 수업시간 중에 담당교사가 수업을 진행하는 면전에서 평소 학교폭력 피해를 당해오던 학생이 평소 자신을 괴롭히던 가해학생을 학교 수업시간에 칼로 찔러 살해한 사건이다.

나. 사건의 결말

폭력성 있는 학생들로 인하여 시작된 폭력이 또 다른 폭력을 야기할 위험성을 내포하고 있었고 이 사건 가해행위는 이러한 위험성이 구체화되어 나타난 것으로 볼 수 있으며, 이 사건은 수업시간 중에 담당교사가 수업을 진행하는 면전에서 일어났다는 점 등을 종합하여 이 사건 사고가 지방자치단체나 그 소속교사들의 예견가능성의 범위를 벗어난 영역에서 발생하였다고 보기는 어렵다고 보아 손해배상책임을 인정하였다.

다. 판결의 의의

(1) 교장 또는 교사의 학생에 대한 보호·감독의무의 범위 및 손해배상책임의 인정 기준을 제시하였다.

지방자치단체가 설치·운영하는 학교의 교장이나 교사는 학생을 보호·감독할 의무를 지는 것이지만, 이러한 보호감독의무는 교육법에 따라 학생을 친권자 등 법정 감독의무자에 대신하여 감독을 하여야 하는 학교 내에서의 학생의 전 생활관계에 미치는 것은

학교에서의 교육활동 및 이와 밀접불가분의 관계에 있는 생활관계에 한하며, 그 의무 범위 내의 생활관계라고 하더라도 교육활동의 때와 장소, 가해자의 분별능력, 가해자의 성행, 가해자와 피해자와의 관계 기타 여러 사정을 고려하여 학교생활에서 통상 발생할 수 있다고 하는 것이 예측되거나 또는 예측가능성(사고발생의 구체적 위험성)이 있는 경우에 한하여 교장이나 교사는 보호감독의무 위반에 대한 책임을 진다고 할 것이다.

(2) 수업 중인 교실에 평소 학교폭력 피해를 당해오던 학생이 평소 자신을 괴롭히던 가해학생을 학교 수업시간에 칼을 들고 들어와 찔러 사망에 이르게 한 사안에서, 소속교사의 보호감독의무 위반을 이유로 지방자치단체의 손해배상책임을 인정한 사례이다.

4. 대법원 2007. 4. 26. 선고 2005다24318, 손해배상(기)

2심 - 서울고등법원 2005. 3. 31. 선고 2004나52844 판결

가. 사건의 개요

(1) K도가 설치·운영하는 G시 소재 M초등학교 6학년에 재학하던 A(망인)는 2001. 11. 15. 망인의 집인 G시 소재 아파트 4층에서 12m 아래 아파트 화단으로 추락하여 2001. 11. 30. 사망하였다.

(2) 망인은 2001. 3.경부터 2001. 10.경까지 사이에 같은 반 급우인 가해학생들로부터 특별한 이유도 없이 자신들이 기분이 좋지 않다는 이유만으로 지속적으로 폭행과 괴롭힘을 당하였는데, 구체적인 일시 장소가 밝혀진 폭행이 2001. 8.경부터 2001. 10. 17.경까지 사이에 7회가 되고 위 폭행 중 2회는 쉬는 시간에 학교 교실에서, 4회는 쉬는 시간에 학교 화장실에서, 1회는 학교 인근 아파트 놀이터에서 이루어졌다.

(3) 망인은 가해학생들로부터 위와 같이 지속적으로 폭행 등을 당하면서도 폭행사실을 어른들에게 알리면 죽여 버리겠다는 가해학생들의 협박 때문에 부모나 담임교사에게 그 사실을 말하지 않았다.

(4) 담임교사 T는 2001. 10. 17. 같은 반 학생으로부터 망인이 가해학생들로부터 폭행을 당하였다는 말을 듣고 망인과 가해학생들을 추궁한 후에야 비로소 망인이 가해학생들로부터 지속적으로 폭행을 당해온 사실을 알게 되었다.

(5) 담임교사 T는 2001. 10. 18. 망인과 가해학생들의 부모를 모두 학교로 불러 대책을 협의하였고 위 자리에서 망인 A의 부모들이 가해학생들을 전학시키거나 다른 반으로 보내는 등 격리시켜 달라고 요구하였으나, 담임교사 T와 학교장 P는 전학 등은 좀 더 지켜본 뒤 결정하고, 일단은 망인과 친한 친구로 하여금 망인을 보살피도록 하고 가해학생들을 철저히 지도하겠다면서 모든 문제를 학교를 믿고 맡기라고 하였다.

(6) 망인은 가해학생들의 위와 같은 폭행 등으로 평소 집중력 장애, 불안, 우울증상에 시달렸고, 이로 인하여 A의 부모가 2001. 9. 25. 담임교사 T와 상담을 하기도 하였는데, 2001. 10. 18. 정신과 의사의 진찰 결과 '충격 후 스트레스 장애'로 상당기간 약물치료와 상담치료가 필요하고 망인의 불안심리가 높아 반을 옮기는 것이 좋겠다는 결과가 나왔으며, 이에 망인 A의 부모가 담임교사 T와 학교장 P에게 반을 옮겨달라고 재차 요구하였으나 거절당하였다.

(7) 망인 A의 부모는 2001. 10. 29.부터 2001. 10. 31.까지 2박 3일간의 수학여행에서 문제가 생길 것을 우려하여 망인을 보내지 않으려고 하였다가, 담임교사 T가 수학여행 중 망인을 가해학생들과 격리해 놓고 다른 남자 교사로 하여금 특별히 감독하겠다는 약속을 함에 따라 망인을 수학여행에 보냈으나, 담임교사 T는 수학여행 중 망인에게 친한 친구 한 명을 붙여주는 이외에 별다른 조치를 취하지 않고, 오히려 가해학생인 B와 같은 방을 사용하도록 배정하고 약속과 달리 남자 교사가 감독도 하지 않아 망인이 다른 학생들로부터 따돌림을 당하도록 하였다.

(8) 망인 A는 자신의 부모가 수학여행에서의 일에 대하여 담임교사 T에게 항의한 일로 인하여 2001. 11. 2. 담임교사 T로부터 심하게 꾸중을 듣게 되고 친구들로부터도 왕따를 당하게 되자, 그 이후에는 우울증세가 더욱 심해지고 정신과 치료를 받는 것을 거부하기에 이르렀다.

(9) 망인은 2001. 11. 15. 학교에서 돌아와 저녁 식사를 마치고 자기 방에 들어가 창문을 열고 의자 위에 올라서서 창문 밖을 쳐다보다가 갑자기 창문 밖으로 투신하였고, 이로 인하여 급성 경막하 혈종, 중증 뇌부종 등의 상해를 입고 U대병원에서 치료를 받다가 2001. 11. 30. 사망하였다.

이에 A의 부모는 망인의 담임교사였던 T 및 M초등학교의 교장 P 및 B, C, D 등 망인과 같은 반에 재학 중인 가해학생의 보호자를 피고로 하여 손해배상청구소송을 제기하였다.

나. 사건의 경과

제1심법원과 항소심법원은 망인은 가해학생들로부터 수개월에 걸쳐 특별한 이유 없이 폭행 등 괴롭힘을 당한 결과 충격 후 스트레스 장애 등의 증상에 시달리다 결국 자살에까지 이르게 되었고, 가해학생들은 12세 전후의 초등학교 6학년 학생들로서 책임무능력자이므로, 가해학생들의 부모로서 그들을 감독할 법정의무가 있는 위 피고들은 가해학생들의 보호감독자로서 주의의무를 해태하지 아니하였음을 입증하지 못하는 이상 원고들에게 민법 제755조 제1항에 따라 가해학생들의 위와 같은 불법행위로 인한 손해를 배상할 책임이 있다고 판시하였다.

또한 M초등학교의 설치·운영자인 피고 K도는 망인에 대한 폭행이 주로 학교 내에서 휴식시간에 이루어졌고 수개월에 걸쳐 장기간 지속되었음에도 담임교사 T는 이를 제대로 파악하지 못하여 자살이라는 결과를 사전에 예방하지 못하였고, 폭행사실이 적발된 이후에도 담임교사 T와 학교장 P는 이에 미온적으로 대처하여 결과적으로 피해자가 자살에 이르게 하는 원인을 제공하였으므로, 피고 K도는 망인 A의 부모에게 국가배상법 제2조 제1항에 따라 소속 공무원인 소외 1, 2의 과실로 인한 손해를 배상할 책임이 있다. 담임교사 T 및 학교장 P에 대한 손해배상 청구소송은 그들의 과실이 경과실에 불과하다는 이유로 제1심에서 원고들의 청구가 기각되었고, 이에 가해학생 B, C, D의 부모 및 K도는 ① 가해학생들의 폭행과 자살 사이에는 상당인과관계가 없으며, ② 망인의 자살에 대한 예측이나 예측가능성이 없었으므로 가해학생들의 폭행 및 담임교사 T 및 학교장 M의 보호감독의무 위반의 점과 자살 사이에는 상당인과관계가 없다는 이유로 대법원에 상고하였다.

다. 사건의 결말

가해학생 B, C, D의 부모 및 K도의 상고를 모두 기각하였다.

라. 판결의 의의

(1) 초등학교 내에서 발생한 폭행 등 괴롭힘이 상당 기간 지속되어 그 고통과 그에 따른 정신장애로 피해학생이 자살에 이른 경우, 다른 요인이 자살에 일부 작용하였다 하더

라도 가해학생들의 폭행 등 괴롭힘이 주된 원인인 이상 상당인과관계가 인정된다고 한 사례이다.

(2) 책임능력 없는 미성년자의 법정감독의무자와 이에 대신하여 보호·감독의무를 부담하는 교사 등이 각각 부담하는 보호·감독책임의 범위 및 양자의 관계에 대해서 "민법 제755조에 의하여 책임능력 없는 미성년자를 감독할 친권자 등 법정감독의무자의 보호·감독책임은 미성년자의 생활 전반에 미치는 것이고, 법정감독의무자에 대신하여 보호·감독의무를 부담하는 교사 등의 보호·감독책임은 학교 내에서의 학생의 모든 생활관계에 미치는 것이 아니라 학교에서의 교육활동 및 이와 밀접 불가분의 관계에 있는 생활관계에 한하며, 이와 같은 대리감독자가 있다는 사실만 가지고 곧 친권자의 법정감독책임이 면탈된다고는 볼 수 없다."고 판시하였다.

(3) 교장 또는 교사의 학생에 대한 보호·감독의무의 범위 및 손해배상책임의 인정 기준에 대해서 "지방자치단체가 설치·경영하는 학교의 교장이나 교사는 학생을 보호·감독할 의무를 지는데, 이러한 보호·감독의무는 교육법에 따라 학생들을 친권자 등 법정감독의무자에 대신하여 감독을 하여야 하는 의무로서 학교 내에서의 학생의 모든 생활관계에 미치는 것은 아니지만, 학교에서의 교육활동 및 이와 밀접 불가분의 관계에 있는 생활관계에 속하고, 교육활동의 때와 장소, 가해자의 분별능력, 가해자의 성행, 가해자와 피해자의 관계, 기타 여러 사정을 고려하여 사고가 학교생활에서 통상 발생할 수 있다고 하는 것이 예측되거나 또는 예측가능성(사고발생의 구체적 위험성)이 있는 경우에는 교장이나 교사는 보호·감독의무 위반에 대한 책임을 진다."고 판시하였다.

(4) 학교폭력 가해학생들의 부모의 과실과 담임교사, 교장의 과실이 경합하여 피해학생의 자살 사건이 발생하였다는 이유로, 부모들과 지방자치단체에게 공동불법행위자로서의 손해배상책임을 인정한 사례이다.

(5) 교사의 보호감독의무위반과 사립학교 설치자 또는 국가(지방자치단체)의 책임에 대해서 "교사는 학교설치자의 피용자인 지위에 있으므로, 사용자인 학교 설치자 또는 사용자에 갈음한 감독자인 교장 등은 민법 제756조에 의하여 교사가 그 업무의 집행 중에 고의·과실로 타인에게 손해를 가한 경우에는 사용자 책임을 부담하게 된다.

그러나 교사에게 민법 제755조 제2항 소정의 대리감독의무자의 배상책임이 있다고 하여 바로 대리감독자의 사용자 또는 사용자에 갈음한 감독자에게 당연히 민법 제755조 제2항에 의한 사용자 책임이 있다고 볼 수는 없고 사용자 책임을 인정하려면 책임무능력자의 가해행위에 관하여 그 대리감독자에게 고의·과실이 인정됨으로써 별도로 불법행위의 일반적 요건을 충족하여야 한다.

국·공립학교의 교사는 공무원이고, 공무원인 교사의 주의의무의 위반내용은 실질적으로 국가배상법 제2조의 공권력작용으로서의 학교교육활동에 관한 것이므로 국·공립학교의 교사의 보호감독의무의 위반으로 인한 손해배상책임에 대하여는 민법 제756조가 적용되지 아니하고 국가배상법 제2조가 우선적으로 적용되어 국가 또는 지방자치단체는 국가배상법 제2조 제1항에 의하여 손해배상책임을 부담하고, 사립학교의 경우에는 학교법인이나 경영자 개인이 민법 제756조에 의하여 손해배상책임을 부담한다. 국·공립학교의 경우 교사는 학교폭력과 관련하여 고의 또는 중과실이 없는 한 경과실만으로는 개인책임을 부담하지 않는다.

5. 대법원 2000. 4. 11. 선고 99다44205, 손해배상(기)

2심 - 인천지방법원 1999. 4. 16. 선고 99나687 판결

가. 사건의 개요

I광역시가 설치·운영하는 H중학교 2학년에 재학 중이던 A(당시 만 14세 4개월 정도)는 1996. 12. 14. 10:00경 체육시간이 끝나고 교실로 들어와 쉬는 시간에 같은 반 학생인 B등으로부터 A등이 체육시간에 학교 담을 넘어 나갔다 오다가 들키는 바람에 체육교사인 소외 T로부터 같은 반 학생들이 단체로 약 5분 정도에 걸쳐 쪼그려뛰기 20회, 엎드렸다 일어나기 20회, 팔벌려뛰기 20회의 벌을 받아 화가 났기 때문에 폭행을 당하여 좌측 안와골절상을 입게 되었다.

B(당시 만 14세 4개월 정도)는 비록 공부를 못하고 성격이 급하나 본성이 착하여 평소 친구들을 때리거나 괴롭힌 일이 없으며, 피해자인 A와 같은 급우로서 별문제 없이 지내왔고, A도 비록 공부는 못하나 심성이 고운 학생으로 친구들 사이에서 별다른 문제가 없는 학생이었다. 이에 A의 보호자는 가해학생 B 및 B의 보호자 및 H중학교를 설치·운영하는 I광역시를 피고로 하여 손해배상청구소송을 제기하였다.

나. 사건의 경과

항소심은 제1심 판결을 인용하여, 가해학생 B 및 B의 보호자에 대해서는 불법행위자로, H중학교 교사 T는 원고 A등의 잘못으로 같은 반 학생들 모두에게 벌을 주었으면 혹시라도 다른 학생들이 이에 불만을 품고 A등에게 앙갚음을 할 가능성이 있으므로 이를 막기 위하여 다른 학생들에게 그러한 짓을 하지 않도록 특별히 지도할 의무가 있음에도 이를 게을리 한 잘못이 있으므로 피고 I광역시는 중학교 교사 T의 사용자로서 각자 A 및 그 부모들이 입은 손해를 배상할 책임이 있다고 판단하면서 피고들의 책임비율을 60%로 제한하였다. 이에 대해 피고 I광역시가 상고하였다.

다. 사건의 결말

상고심인 대법원은 이 사건 사고가 일어난 체육시간 수업 직후의 휴식시간은 다음 수업을 위하여 잠시 쉬거나 수업의 정리·준비 등을 하는 시간으로서 교육활동과 질적·시간적으로 밀접 불가분의 관계에 있어, 그 시간 중의 교실 내에서의 학생의 행위에 대하여는 교사의 일반적 보호·감독의무가 미친다고 할 수 있으나,

이 사건 사고 당시 가해자인 B는 만 14세 4개월 정도로서 충분한 분별능력이 있고, 평소 친구들을 때리거나 괴롭힌 일이 없으며 피해자와도 별문제 없이 지내왔고, 피해자인 A 역시 친구들 사이에서 별다른 문제가 없는 학생이었으며, 체육교사인 T가 실시한 단체기합의 동기와 체벌의 방법 및 정도로 보아 교육적 차원에서 정당한 것으로 이로 인하여 같은 반 학생들이 B등에게 반감을 가질 정도의 것은 아닌 점 등 가해자의 성행, 피해자와의 관계, 사고발생의 때와 장소 등을 고려할 때 체육교사인 T나 담임교사 등이 이 사건 사고를 예측하였거나 예측할 수 있었다고 보기 어렵고,

사고에 앞서 T가 위와 같은 단체기합을 주었다는 사정만으로 사고의 발생에 대한 구체적인 위험성이 있다고도 할 수 없으므로 결국 이 사건 사고는 돌발적이거나 우연한 사고로서 T등 교사에게 보호·감독의무 위반의 책임을 물을 수 없다고 보아 원심이 피고 I광역시에게 손해배상책임을 인정한 것은 교사의 보호·감독의무위반 책임에 대한 법리를 오해하여 판결 결과에 영향을 미친 위법을 저질렀다고 판시하면서 사건을 원심(항소심)인 인천지방법원에 파기환송하였다.

라. 판결의 의의

(1) 교장 또는 교사의 학생에 대한 보호·감독의무의 범위 및 손해배상책임의 인정 기준

지방자치단체가 설치·경영하는 학교의 교장이나 교사는 학생을 보호·감독할 의무를 지는 것이지만, 이러한 보호·감독의무는 교육법에 따라 학생들을 친권자 등 법정감독의무자에 대신하여 감독을 하여야 하는 의무로서 학교 내에서의 학생의 전 생활관계에 미치는 것은 아니고, 학교에서의 교육활동 및 이와 밀접 불가분의 관계에 있는 생활관계에 한하며, 그 의무범위 내의 생활관계라고 하더라도 교육활동의 때와 장소, 가해자의 분별능력, 가해자의 성행, 가해자와 피해자의 관계, 기타 여러 사정을 고려하여 사고가 학교생활에서 통상 발생할 수 있다고 하는 것이 예측되거나 또는 예측가능성(사고발생의 구체적 위험성)이 있는 경우에 한하여 교장이나 교사는 보호·감독의무 위반에 대한 책임을 진다.

(2) 만 14세 4개월의 중학교 2년생이 체육시간에 피해자의 잘못으로 체육교사로부터 단체기합을 받았다는 이유로 그 직후의 휴식기간에 피해자를 폭행하여 상해를 가한 경우, 가해자의 성행, 피해자와의 관계, 단체기합의 정도 등에 비추어 체육교사 또는 담임교사 등에게 사고에 대한 예측가능성이 없었다고 본 사례이다.

6. 서울고등법원 2001. 8. 22. 선고 2001나11132, 구상금

1심 - 서울지방법원 2000. 12. 8. 선고 2000가합31880 판결, 구상금

가. 사건의 개요

(1) 피해학생은 선천성 대동맥판협착 및 폐쇄부전 환자였는데, 가해학생들은 1995년 3월부터 1996년 2월까지 피해학생과 같은 반에 재학하면서, 위 학급의 담임교사로부터 학기 초인 1995년 3월 초순경부터 수회에 걸쳐 피해학생이 심장병 환자라서 몸이 약하다는 사실을 들어서 알고 있음에도 불구하고 피해자의 부모가 피해자를 승용차로 등하교시켜 주고, 담임교사, 체육교사 등으로부터 특별배려를 받는가 하면, 몸이 약해서 급우들과 적극적으로 잘 어울리지 못하고 힘없이 멍청하게 보이며, 때리거나 말을 걸어도 대꾸를 하지 않는 등 다른 학생들과 너무 달라서 재수 없다는 이유로 아래와 같이 피해자를 폭행, 협박하고, 상해를 가하였다.

(2) 가해학생 1은 1995년 3월경 교실에서 "네가 뭔데 담임선생님으로부터 특별대우를 받느냐, 겉으로 보기에는 정상으로 보이는데 아프기는 어디가 아파"라며 주먹으로 피해학생의 얼굴을 3, 4회 때리고 발로 그 양쪽 무릎을 4, 5회 차 치료일수 미상의 슬관절종창 등의 상해를 가하였다.

(3) 가해학생 2는 3월 중순 경 쉬는 시간에 위 교실에서 각 주먹과 발로 피해학생의 얼굴, 머리, 가슴, 다리 등을 수회 때리고, 피해학생에 대한 악의적인 소문을 퍼뜨리는가 하면, 돈을 주지 아니한 채 과자나 담배 등을 사오라고 심부름을 시키기도 하고 이를 듣지 아니하면 때렸다.

(4) 가해학생 3은 3월 말경 쉬는 시간에 교실에서 아무 이유 없이 피해학생의 교과서 1권을 칼로 찢고 주먹과 발로 그의 전신을 때리고 차 교실 바닥에 넘어뜨리고, 가해학생 2도 이에 가세하여 각 주먹과 발로 넘어진 피해학생을 수회 때렸다.

(5) 가해학생 4는 4월 중순경 쉬는 시간에 아무 이유 없이 피해학생에게 "화장실로 따라 와"라면서 그의 옷자락을 잡아끌고 학교 5층 화장실로 데리고 가 각 주먹과 발로 위 원고의 얼굴, 가슴, 정강이 등을 수회 때리고 찼다.

(6) 가해학생 5는 5월 말경 쉬는 시간에 위 교실에서 피해학생에게 다가가 "우리 반에서 제일 무서운 애가 누구냐, 무서운 순서대로 1위부터 10위까지를 말해라"고 하여 피해학생은 당황하여 대강 순서를 대자 위 가해학생들 전원이 합세하여 각자 자신들의 순위가 뒤처졌다며 각 주먹과 발로 위 피해학생의 얼굴, 머리, 가슴, 허리, 배, 다리 등을 수회 때렸다.

(7) 가해학생 6은 6월 초순경 방과 후에 같은 학교 건너편 공터로 피해학생을 데리고 가 "반에서 무서운 아이의 순서를 정했으면 고정을 시켜야지, 왜 순서 변동이 심하냐."며 주먹과 발로 위 피해학생을 수회 때렸다.

(8) 피해학생의 부모가 7월 중순경 피해사실을 알고 학교를 방문하여 담임선생님에게 대책을 강구하여 줄 것을 요구하였으며 담임선생님은 가해학생들을 차례로 교무실로 불러 폭행사실을 확인하고 반성문과 앞으로 피해학생을 괴롭히지 않겠다는 내용의 각서를 제출받았으나 아직 불려가지 않은 채 교실에 남아있던 가해학생들 중 일부 학생들은 "네가 고자질했지, 네가 이런 식으로 나가면 계속 손해 보는 것이 너다"라면서 각 주먹과

발로 피해학생의 전신을 수회 때리고 폭행하였다, 그리고 훈계가 끝난 후 4층 화장실로 피해학생을 데려가 주먹으로 때리고 발로 찼다.

(9) 가해학생 1은 같은 해 9월 초순경 쉬는 시간에 위 교실에서 피해학생에게 다가가 피해학생이 그때그때 위 피고들에게 말해 온 '무서운 순서'가 마음에 들지 않는다며 가해학생 1은 책 모서리로 피해자의 머리를 4, 5회 내리찍고, 위 가해학생 전원이 합세하여 주먹과 발로 피해학생의 전신을 수회 때리고, 교실 바닥에 쓰러진 그를 발로 밟았다.

(10) 가해학생 2는 같은 해 10월 초순경 쉬는 시간에 위 교실에서 피해학생에게 다가가 위 '무서운 순서'를 이유로 시비를 걸고 가해학생 3은 피해학생의 손가락들을 힘껏 쥔 상태에서 손가락 사이에 연필을 끼워 넣어 돌리고, 가해학생 4는 연필 깎는 문구용 칼을 피해학생의 목 밑에 바싹 대고 "내가 무서운 순서 몇 위냐, 바른대로 말해"라며 피해학생을 찌를 듯이 위협하였으며, 가해학생 5는 가해학생 4로부터 위 문구용 칼을 건네받아 같은 방법으로 위협하고, 가해학생 1은 주먹과 발로 피해학생을 수회 때렸고, 다시 위 가해학생들이 합세하여 주먹과 발로 수회 때리다가 피해학생의 머리를 밀어 교실 벽에 부딪히게 하는 등으로 치료일수 불상의 두개부좌상 등의 상해를 가하고는 "고자질하면 너만 손해 본다."고 위협하였다. 한편 피해학생은 부모들에게 계단에서 굴러 넘어져서 머리를 다쳤다고 거짓말하였다.

(11) 위와 같은 폭행을 견디지 못한 피해학생은 같은 해 10월 말경 담임선생님에게 가해학생들로부터 괴롭힘을 당하고 있다고 말하였고, 담임선생님은 가해학생 3을 교무실에 불러서 추궁한 결과 피해학생으로부터 돈을 빌리고 쉬는 시간에 옆자리에서 장난으로 손가락에 연필을 끼워 돌렸다는 사실을 시인받고 다시는 피해학생을 괴롭히지 말도록 타이르고, 가해학생 3의 어머니를 학교로 오도록 하여 가해학생 3이 위 원고를 괴롭힌 사실을 이야기하고 재발하지 않도록 가정에서 교육하여 줄 것을 당부하였다.

(12) 그러나 가해학생 3은 같은 해 11월 초순 피해학생이 위와 같이 고자질하였다는 이유로 각 주먹과 발로 전신을 때리고 피해학생이 교실 바닥에 넘어지면 발로 밟고 차 그의 머리를 교실 벽에 부딪히게 하고 바닥에 쓰러진 피해학생을 발로 밟는 등으로 12일간의 치료를 요하는 좌측 혈슬관절낭 등의 상해를 가하였다. 그러나 피해학생은 부모에게 농구를 하다가 다쳤다고 거짓말하였다.

(13) 가해학생 5는 1996. 2. 5. 위 교실에서 피해학생에게 교실 뒤편으로 나오라고 하여 자신이 위 '무서운 순서'에서 뒤쳐졌다면서 피해학생에게 속칭 "원산폭격"을 시키고 그가 지쳐 넘어지면 발로 차는 등 폭행하고, 같은 달 6일 위 학교 생물실습실에서 가해학생 4는 피해학생을 교실 뒤편으로 불러내 엎드리게 한 다음 라이터 불을 피해학생의 손에 대기도 하였다.

(14) 가해학생들은 같은 달 7일 위 교실에서 위 '무서운 순서'의 변동이 잦다는 이유로 위 가해학생들 전원이 각 주먹과 발로 피해학생을 수회 때리고, 가해학생 2는 보온도시락을 휘둘러 피해학생의의 머리 등을 때렸다.

(15) 가해학생들은 같은 달 8일 09:40경 위 교실에서 가해학생 6이 위 '무서운 순서' 10위권에 처음 들게 된 것을 기화로 전원이 합세하여 피해학생이 위 '무서운 순서'를 자주 바꾼다는 이유로 각 주먹과 발로 피해학생의 전신을 수회 때리고, 10:00경 미술수업시간에 위 교실에서 가해학생 4는 피해학생을 자신의 자리로 오도록 한 후 위 피해학생이 위 '무서운 순서'를 올려놓았다가 낮추었다는 이유로 자신을 다시 1순위로 바꿀 것을 요구하면서 컴퍼스의 뾰족한 부분으로 그의 양쪽 손등을 50여회 찌르고, 이를 본 가해학생 1은 피해학생을 다시 자신의 책상으로 오도록 한 다음 "왜 내가 1등에서 밀리느냐'면서 그의 양쪽 손등을 컴퍼스의 뾰족한 부분으로 수회 찌르다가 "나는 눈감고도 소위 '손가락 사이 빨리 돌려찍기'를 할 수 있다"며 책상 위에 피해학생의 손가락을 펴놓고 컴퍼스의 뾰족한 부분으로 펼쳐진 피해학생의 손가락 사이를 찍다가 손등을 20여회 찔러 치료일수 불상의 수부자창 등의 상해를 가하였다.

(16) 그 외에도 가해학생들은 위 피해학생에게 교사들이 교실 내에 있는 수업시간에 조차 컴퍼스로 허벅지와 손등을 찍기도 하고 교사에게 화장실 간다고 거짓말하고 매점에 가서 과자를 사오라고 시키는가 하면 피해학생의 손가락 사이에 연필을 끼워 돌리며 소리를 지르지 못하게 하였다. 그리고 수업시간 중에 갑자기 일어나서 노래를 부르게 하거나 모자를 계속 쓰고 있도록 시키고 또는 아무 이유 없이 두 손을 들라고 시켜 피해학생으로 하여금 교사나 다른 학생들로부터 이상한 학생이라는 취급을 받게 하였고, 점심시간에 피해학생의 자연식 반찬이 더럽다면서 교실에서

점심을 먹지 못하게 하거나 피해학생의 도시락에 침을 뱉기도 하였다. 위와 같은 피고학생들의 피해학생에 대한 집단적인 폭행, 협박, 놀림 등(집단괴롭힘)은 거의 매일 반복되었다.

(17) 그럼에도 불구하고 같은 반의 다른 학생들은 위 가해학생들의 보복이 무서워 이를 못 본 체하였다.

(18) 담임선생님은 같은 해 5월과 9월 학급의 간부들을 상대로 학급 내의 문제점에 대한 상담을 실시할 때에도 피고학생들의 보복이 무서워 아무도 위와 같은 사실을 이야기하지 않았고, 위 학교에서 1995년 9월경 학교주변 폭력 피해 신고함을 설치하고 같은 달 11월과 12월경 "학교 주변 폭력이 그 정도를 넘어 사회문제로 대두되어 염려되므로 가정에서 관심과 교육에 유의하라"는 취지의 가정통신문을 발송하기도 하고, 같은 달 12월경 전체 학생을 상대로 교내폭력에 대한 조사를 하기도 하였으나 아무도 이를 지적하지 않았다.

(19) 가해학생들은 위와 같은 행위로 인하여 조사받고 기소되어 단기 소년원에 송치되거나 보호관찰을 받는 보호처분을 받았다.

(20) 피해학생은 가해학생들의 위와 같은 폭행으로 인하여 좌측슬곤절 좌상 등과 반월상 연골의 퇴행성 파열상을 입게 되었고, 더욱이 지속적인 불안과 정서적 불안정 상태를 겪어 완치가 불가능한 만성 외상 후 스트레스 장애를 입게 되었으며, 이 때문에 매사에 자신감과 의욕을 잃어 대인 및 사회관계를 회피하게 학교 및 사회생활에 적응이 어려운 상태에 이르게 되었다.

나. 사건의 경과

위 피해학생의 부모 및 동생은 S시(대표자 교육감) 및 가해학생 및 가해학생의 부모를 상대로 서울지방법원에 96가합57823호로 손해배상청구 소송을 제기하였는데,

위 소송에서 ① 위 가해학생들은 위와 같은 불법행위에 대한 가해자로서,

② 위 가해학생들의 부모들에게는 위 집단 괴롭힘 당시 고등학교 1학년생이었던 가해학생들의 학교에서의 생활태도 등에 관심을 가지고 감독하여야 하나 이러한 감독의무를 게을리하였다는 이유로,

③ S시 교육감은 이 사건 사고는 거의 학교 내에서 휴식시간이나 점심시간, 더욱이 수업시간 중에도 발생하였으며, 가해자가 같은 학급의 학생이고, 경우에 따라서는 전 학급의 상당수 학생들이 피해학생에게 집단괴롭힘을 가하였으며, 1년간에 걸쳐 지속적으로 진행된 고의적인 불법행위이고,

피해학생이 위와 같은 심장질환을 겪고 있어 특별한 보호가 필요하다는 것을 위 학교의 교사들이 모두 알고 있었으므로, 위 학교의 교장, 담임교사 등 교사들은 아직 나이가 어리고 장난기가 심한 학생들로부터 피해학생이 위해를 받을 수도 있다는 것을 충분히 예상할 수 있었고 또한 피해학생 및 그 부모가 수차에 걸쳐 담임교사에게 가해학생들로부터 집단괴롭힘을 당한다는 사실을 이야기하였으므로,

위 담임선생님으로서는 적어도 이를 알고 나서는 더 이상의 집단폭행을 막기 위하여 피해학생과 자주 상담을 하고, 집단폭행장소로 알려진 교실이나 화장실, 옥상 등을 수시로 돌아보면서 또 다른 폭행이 발행하지 않도록 주의를 하며 이를 감독해야 함은 물론, 가해학생들에게 훈계를 하였으면 혹시 이에 대한 보복성 폭행이 없는지 피해학생의 안전에 유의하면서 다른 학생들과도 수시로 개인면담을 하거나 혹은 학급 회의시간 등을 통하여 그런 일이 발생하지 않도록 특별한 주의를 주고, 학급 반장 등에게 피해학생과 관련해서 그 학급에서 발생하는 모든 일을 보고하도록 하는 보고체계를 만드는 등의 조치를 취하여야 했으며,

또한 교장이나 다른 교사에게 위와 같은 사실을 알리고 그 대책을 함께 상의하여 가해학생들에 대한 적절한 사후조치나 감독 등 특별관리를 요청하며, 다른 교사들로 하여금 수업시간 등에 피해학생에 대한 세심한 배려와 주의를 부탁하여 했음에도 불구하고 위와 같은 조치들을 전혀 취하지 아니하였다.

위 담임선생님은 단지 가해학생들을 불러 훈계하고 반성문을 쓰게 하거나 가해학생들을 학교로 불러 다짐을 받는 정도로 가볍게 일 처리하는 바람에 오히려 피해학생으로 하여금 보복폭행을 당하도록 하였고, 위 학교의 교장 등 다른 교사들도 학교폭력 예방조치에만 급급해 하는 바람에 교실 및 학교에서 자행되는 위와 같은 집단괴롭힘을 알아차리지 못하였는바,

S시(대표자 교육감)은 그 소속 공무원인 위 담임선생님 및 위 학교장의 교장과 기타 교사들의 위와 같은 공무수행상의 과실에 대하여 손해배상 책임이 있다는 이유로,

공동불법행위자로서 'S시(대표자 교육감) 및 가해학생 및 가해학생의 부모는 연대하여 피해학생 및 그 부모 및, 그 동생에게 금 150,952,313원 및 1996. 2. 12.부터 1998. 10. 30.까지는 연 5%, 그 다음날부터 완제일까지는 연 25%의 각 비율에 의한 금원을 지급하라, 판결금액의 3분의 2는 가집행할 수 있다'고 판시하였고, S시(대표자 교육감)은 1998. 12. 28. 피해학생 등에게 금 100,634,870원을 지급하였다.

한편 S시(대표자 교육감) 및 가해학생 및 그 부모들 중 일부는 위 판결에 대하여 서울고등법원 98나65344호로 항소하였으나 위 법원에서도 'S시 교육감 및 가해학생 및 그 부모들은 연대하여 피해학생 등에게 금 115,266,090원 및 1996. 2. 12.부터 1999. 12. 7.까지는 연 5%, 그 다음날부터 완제일까지는 연 25%의 각 비율에 의한 금원을 지급하라'고 판시하였고, 위 판결은 그 무렵 확정되어, 원고는 2000. 1. 4. 피해학생 등에게 그 32,114,760원{판결금 잔액인 금 14,631,220원(위 115,266,090원 - 원고가 1998. 12. 28. 지급한 100,634,870원) + 지연이자 합계 17,483,541원}을 지급하였다.

위와 같이 S시(대표자 교육감)는 피해학생 및 그 부모 및 동생에게 손해배상금을 지급하고, 가해학생 및 부모에게 구상권을 행사하였다.

다. 사건의 결말

(1) 위 구상금청구소송(서울지방법원 2000가합31880 구상금)에서, S시(대표자 교육감)와 가해학생 및 그 부모 등은 피해학생 및 그 보호자와 동생에 대하여 공동불법행위자로서 위 판결에 따라 각자 그 손해금 전액을 배상할 의무가 있으나, 공동불법행위자인 S시(대표자) 교육감과 가해학생 및 그 부모들 사이에는 위 손해금에 대하여 그 손해의 발생 및 확대에 기여한 정도 즉 각자의 책임비율에 따라 이를 부담한다 할 것인데, S시(대표자 교육감)는 위 피해학생 및 그 보호자와 동생에게 위 손해배상금을 모두 지급함으로써 공동불법행위자인 가해학생 및 그 부모들이 공동 면책되었으므로, S시(대표자 교육감)는 가해학생들의 책임비율에 상응하는 손해금에 대하여 구상권을 취득하였다.

(2) S시(대표자 교육감)가 가해학생 및 그 부모들에 대하여 취득한 구상권의 범위에 관하여 살펴보면, 공동불법행위자들인 S시(대표자 교육감)가 가해학생 및 그 부모들이 각기 부담하여야 할 부분은 형평의 원칙상 S시(대표자 교육감)와 가해학생 및 그 부모들이 이 사건 손해의 발생 및 확대에 기여한 비율, 즉 책임비율에 따라 정하여야 할 것인데, 비록 이 사건 집단괴롭힘이 가해학생들의 주도하에 이루어진 것이기는 하나 위 집단괴롭힘이

학교 내에서 발생하였고 학교로서는 적극적인 감독 및 보호활동을 펼칠 경우 이를 제지할 수도 있었다는 점에서 원고의 책임이 작다고만은 할 수 없을 것인바, 집단괴롭힘의 경위, 가해학생들의 가해 정도, 가해학생들 부모의 감독 소홀, S시 교육감의 가해학생들에 대한 감독 소홀 및 피해학생에 대한 보호 소홀의 정도 등 모든 사정에 비추어 볼 때 S시 교육감 대 가해학생 및 그 부모들의 책임비율은 4 대 6 정도라고 봄이 상당하다고 판결하였다.

(3) 항소심인 서울고등법원(2001나11132 구상금)은 "피고들의 항소 및 원고의 부대항소를 모두 기각한다."한다고 하여 제1심대로 확정되었다.

라. 판결의 의의

공동불법행위자들 중 1인이 피해자에게 손해배상을 하여 공동불법행위자 전원을 공동면책시킨 후에 나머지 공동불법행위자들을 상대로 구상권을 행사하는 경우에 그 구상의무를 부담하는 공동불법행위자들은 부진정연대채무자로서 각자 전체의 부담부분(전체손해액 중 구상권자가 부담할 부분을 제외한 잔액)에 관하여 구상권자의 구상에 응하여야 하는 것이다.

7. 수원지방법원 2008. 7. 24. 선고 2007가합21149, 구상금

가. 사건의 개요

망인 A는(이하 '망인'이라 한다)은 K도가 설치·운영하는 과천시에 있는 M초등학교 6학년 1반에 재학하던 중, M초등학교 학생인 B, C, D(이하 '가해학생들'이라 한다)에 의하여 아래와 같은 집단괴롭힘을 당하고, 2001. 11. 15. 망인의 집인 과천시 소재 아파트에서 창문을 통하여 12m 아래 아파트 화단으로 추락하여 같은 달 30. 사망하였는데, 망인의 부모 및 동생은 가해학생들의 부모 및 K도(대표자 교육감)를 상대로 손해배상청구소송을 제기하여 손해배상을 받았으며, 이에 대해서 K도(대표자 교육감)가 가해학생 부모들을 상대로 구상권을 행사하여 구상금 청구소송을 제기하였다.

나. 사건의 경과

(1) A에 대한 집단 괴롭힘

① 가해학생들은 아래에서 보는 바와 같이 특별한 이유 없이 수회에 걸쳐 망인을 폭행

하였고, 그밖에도 2001. 3.경부터 2001. 10.경까지 사이에 망인이 숙제를 해오지 않았다는 이유로 욕설을 하고, 망인에게 땅바닥에 떨어져 있는 것을 주워 먹도록 시키면서 먹지 않으면 죽인다고 협박하였으며, 플라스틱 막대기로 망인을 때리는 등 망인을 괴롭혔다.

② 가해학생 B, C는 2001. 8. 하순 일자 불상 10:30경 M초등학교 화장실 안에서 망인이 평소 자습시간에 떠드는 등 학교생활이 마음에 들지 않는다는 이유로 주먹과 발로 망인의 온몸을 수회 때렸다.

③ 가해학생 B, C는 2001. 9. 초순 일자 불상 12:30경 과천시 소재 아파트 3단지 놀이터에서 같은 반 친구들이 싸움을 하고 있는 것을 보고 말리지 않고 웃었다는 이유로 주먹으로 망인의 얼굴을 수회 때렸다.

④ 가해학생 B, C는 2001. 9. 초순 일자 불상 10:40경 이유 없이 교실 안에 있던 망인을 학교 화장실 안에 가두고 주먹으로 얼굴을 수회 때렸다.

⑤ 가해학생 B, D는 2001. 9. 초순 일자 불상 12:50경 교실 안에서 이유 없이 망인에게 "너는 축구도 할 줄 모르느냐"며 손바닥으로 망인의 머리를 수회 때렸다.

⑥ 가해학생 B, C는 2001. 10. 초순 일자 불상 10:50경 이유 없이 교실 안에 있던 망인을 학교 화장실 안에 가두고 주먹으로 얼굴을 수회 때렸다.

⑦ 가해학생 B, C는 2001. 10. 초순 일자 불상 10:40경 이유 없이 교실 안에 있던 망인을 학교 화장실 안에 가두고 주먹으로 얼굴을 수회 때렸다.

⑧ 가해학생 B는 2001. 10. 17. 2교시 수업을 마치고 쉬는 시간인 10:30경 친구들에게 카드마술을 보여 주는데 F가 "그게 무슨 마술이냐"며 놀린다는 이유로 F와 말다툼을 하다가 화가 난다는 이유로 갑자기 아무 관련도 없는 망인에게 달려들어 주먹으로 망인의 얼굴을 때렸고, C도 합세하여 주먹과 발로 망인을 때렸으며, D도 망인이 쓰고 있던 안경을 벗겨놓고 주먹으로 망인의 얼굴을 때렸다.

⑨ 망인은 가해학생들로부터 위와 같이 지속적으로 폭행 등을 당하면서도 폭행사실을 어른들에게 알리면 죽여버리겠다는 가해학생들의 협박 때문에 부모나 담임교사에게 그 사실을 말하지 않았고(망인이 2001. 5.경부터 밤에 식은땀을 흘리고 헛소리를 하며 자주 짜증을 부리는 등 정서불안 증세가 있자 망인의 모는 2001. 9. 25. 망인의 담임교사인 T와 상담을 하였고, 이에

따라 담임교사인 T는 2001. 9. 27. 망인을 면담하면서 건강, 급우들과의 관계에 대하여 물어보았으나 망인은 이미 위와 같이 지속적으로 폭행 등을 당하였음에도 불구하고 별 문제가 없다고 대답하였다), 담임교사인 T는 2001. 10. 17. 같은 반 학생으로부터 망인과 가해학생들이 싸운다는 말을 전해 듣고 망인과 가해학생들을 추궁한 후에야 비로소 망인이 가해학생들로부터 지속적으로 폭행을 당해 온 사실을 알게 되었으며, 망인의 부 및 모 역시 담임교사인 T로부터 전화연락을 받고서야 이러한 사실을 알게 되었다.

⑩ 한편 망인은 위와 같은 폭행 등으로 집중력 장애, 불안, 우울증상에 시달렸고, 2001. 10. 17.자 폭행 직후 정신과 의사로부터 진찰을 받은 결과 '충격 후 스트레스 장애'로 약물치료와 상담치료가 필요하다는 진단을 받았다.

(2) 집단괴롭힘 발각 후 학교 측의 조치와 망인의 사망 경위 등

① 담임교사인 T는 위와 같이 망인에 대한 폭행사실이 드러나자 가해학생들에게 반성문을 쓰도록 하고 망인과 가해학생들의 부모에게 그 사실을 알린 다음 2001. 10. 18. 망인의 부 및 망인의 모와 가해학생들의 어머니들이 함께 모인 자리에서 망인에 대한 폭행문제에 관하여 협의를 하였다.

② 위 협의과정에서 망인의 부와 모는 망인과 가해학생들의 격리가 필요하다는 정신과 의사의 견해에 따라 담임교사 T와 교장인 P에게 가해학생들을 전학시키거나 다른 반으로 보내는 등 망인과 가해학생들을 격리하여 줄 것을 요구하였으나, 담임교사인 T, 학교장 P는, 문제 있는 아이라고 해서 임의로 전학을 가도록 할 수는 없고 또한 전학이 근본적인 해결책은 아니라고 하면서 전학과 분반 문제는 더 지켜보도록 하되, 망인과 가깝게 지내던 같은 반 친구인 K로 하여금 망인을 보살피도록 할 것이며, 가해학생들을 철저히 학교를 믿고 맡기라고 하였다. 그리고 가해학생들의 어머니들도 망인의 부 및 모에게 사죄를 하면서 망인에 대한 정신과 진료비 부담과 차후에 같은 일이 발생할 경우 가해학생들의 전학을 약속하는 내용의 각서를 작성해 주었다.

③ 한편 M초등학교 6학년생들은 2001. 10. 29.부터 2001. 10. 31.까지 2박 3일간 수학여행을 가기로 예정되어 있었는데, 망인의 모는 망인이 수학여행을 갈 경우 문제가 생길 것을 우려하여 망인을 보내지 않으려고 하였으나, 수학여행 중 망인을 가해학생들과 격리해 놓고 특별히 감독하겠다는 담임교사 T의 권유에 따라 망인을 수학여행에 보냈다.

④ 그런데 망인은 수학여행 기간 중 가해학생들 중의 한 명인 D와 같은 방을 쓰게 되었고, 친하게 지내던 K로부터도 "저리 꺼져 재수 없어"라는 말을 들었으며, 망인과 같은 방에 배정된 학생들이 망인을 밖에 둔 채 방문을 잠그고 자기들끼리 귓속말을 하는 등 따돌림을 당하였다.

⑤ 망인은 수학여행을 다녀온 후 우울증세가 더욱 심해져 망인의 부 및 모가 학교에서 있었던 일을 물으면 화를 내고, 손톱을 물어뜯거나 다리를 떨면서 불안해하기도 하였으며, 어린애처럼 행동하다가 갑자기 화를 내고 우는 등 자신의 감정을 통제하지 못하였고, 정신과 치료를 받는 것도 거부하였다.

⑥ 그러던 중 망인은 2001. 11. 15. 학교에서 돌아와 저녁 식사를 마치고 자기 방에 들어가 창문을 열고 의자 위에 올라서서 창문 밖을 쳐다보다 갑자기 창문 밖으로 투신하였고, 이로 인하여 급성 경막하 혈종, 중증 뇌부종 등의 상해를 입고병원에서 치료를 받다가 2001. 11. 30. 사망하였다.

(3) 손해배상소송의 진행

① 망인의 부 및 모 및 망인의 동생은 위와 같은 집단괴롭힘에 의한 망인의 사망에 대하여 K도와 피고들을 상대로 수원지방법원 2002가합1935호(서울고등법원 2004나52844호, 대법원 2005다24318호)로 손해배상 청구를 하였고, 위 소송에서 다음과 같은 이유로 K도와 가해학생들은 각자 망인의 부에게 금 64,152,975원, 망인의 모에게 금 62,752,975원, 망인의 동생에게 금 5,000,000원 및 위 각 금원에 대하여 2001. 11. 30.부터 2004. 6. 17.까지 연 5%의, 그 다음날부터 다 갚는 날까지 연 20%의 비율에 의한 금원을 지급하라는 내용의 판결을 선고받아 그대로 확정되었다.

② 또한 국민건강보험공단은 국민건강보험공단이 지급한 망인의 치료비와 장제비에 대하여 K도와 가해학생들을 상대로 서울서부지방법원 2004가소149989호로 구상금 청구를 하였고, 위 소송에서 K도와 가해학생들은 각자 국민건강보험공단에게 치료비와 장제비에 대한 구상금으로 금 6,653,964원 및 그 지연손해금 지급하라는 내용의 판결을 선고받아 그대로 확정되었다.

(4) 손해배상금의 지급

K도는 위 각 판결에 따라, 2007. 5. 28.경 망인의 부, 망인의 모, 망인의 동생에게 합계

금 225,920,556원을 지급하고, 2007. 7. 11.경 국민건강보험공단에게 금 8,523,240원, 2007. 8. 31.경 금 18,230원 합계 금 8,541,470원을 지급하였다.

다. 구상금의 발생 및 범위

(1) 구상금 채무의 발생

공동불법행위자는 채권자에 대한 관계에서는 부진정연대채무를 지되, 공동불법행위자들 내부관계에서는 일정한 부담 부분이 있고, 공동불법행위자 중 1인이 자기의 부담 부분 이상을 변제하여 공동의 면책을 얻게 하였을 때에는 다른 공동불법행위자에게 그 부담 부분의 비율에 따라 구상권을 행사할 수 있는바, K도는 공동불법행위자 중의 1인으로서, 망인의 부, 모, 동생에게 손해배상을 지급함으로써 다른 공동불법행위자인 가해학생들의 부모들을 공동 면책하게 하였으므로, 가해학생의 부모들은 K도에게 구상금으로 위 지급 손해배상금 및 구상금 중 각자의 과실비율에 해당하는 부분과 각 면책된 날로부터의 지연손해금을 지급할 의무가 있다.

(2) 구상금의 범위

① K도와 가해학생 및 부모들의 과실비율

가해학생들의 집단 괴롭힘과 K도의 법정감독의무자에 대신하여 학생들을 보호·감독을 할 의무를 게을리 하여 발생한 사고인 점, K도는 학생들의 동향 등을 더 면밀히 파악하였더라면 망인에 대한 폭행 등을 적발하여 망인의 자살이라는 결과를 사전에 예방할 수 있었던 것으로 보이는 점,

망인에 대한 폭행사실이 적발된 후에도 담임교사인 T, 교장인 P는 망인의 정신적 피해상태를 과소평가한 나머지 망인의 부모로부터 가해학생들과 망인을 격리해 줄 것을 요청받고도 이를 거절하면서 가해학생들로부터 반성문을 제출받고 가해학생들의 부모들로부터 치료비에 대한 부담과 재발방지 약속을 받는데 그치는 등 미온적으로 대처하여 결국 이 사건 사고에 이르게 된 점,

그 이후의 수학여행 중에도 망인에 대하여 보다 특별한 주의를 기울였어야 함에도 불구하고, 특별교우관계에 있는 학생을 붙여주는 이외에 별다른 조치를 취하지 아니함으로써 결과적으로 망인이 자살에 이르게 한 원인을 제공한 과실이 있는 점, 또한 가해학생들의 부모인 피고들은 가해학생들이 집단괴롭힘 등의 행동을 하지 않도록 사전에 지도·

감독을 하였어야 하고, 그러한 망인에 대한 집단괴롭힘의 사실을 안 이후 가해학생들이 망인을 더 이상 괴롭히지 못하도록 주의를 주는 등 지도·감독하였어야 함에도 그러한 지도·감독 의무를 게을리 한 점 등 망인이 사망에 이르게 된 원인 및 과정과 그 결과,

K도와 가해학생 부모들의 지위와 망인과의 관계 등을 고려하면, 결국 K도와 가해학생 부모들의 과실비율은 K도 35%, 피고들 65%로 봄이 상당하다. 또한, 가해학생 부모들 내부적 부담비율은 B, C가 주도적으로 망인을 괴롭혔고, D는 이에 가담한 정도가 약한 점 등 이 사건에 나타난 가해정도 및 빈도, 망인의 사망에 미친 영향 등에 비추어 보면, 가해학생 부모들 65%의 부담비율 중, B의 부모 및 C의 부모 각 25%의 비율로, D의 부모는 15%의 비율로 책임을 부담함이 상당하다.

라. 판결의 의의

가해학생 측의 과실비율과 가해학생(부모)들 간의 책임비율을 과실의 정도 및 가해행위에 가담정도에 따라서 판단하였다.

8. 대구고등법원 2003. 12. 11. 선고 2003나4915, 손해배상(기)

1심 - 대구지방법원 2003. 6. 10. 선고 2002가합13670 판결, 손해배상(기)

가. 사건의 개요 및 경과

(1) 소외 망 A는 2002. 8. 26.경 피고 K도가 설치·운영하는 M중학교 2학년에 재학중 폭행사고(이하 이 사건 폭행사고라고 한다)로 사망한 자이고, 원고 P, Q는 그의 부모이며, 원고 R은 그의 동생이다.

(2) 위 일시경 소외 1-b(1987. 7. 7.생), 6-b(1987. 4. 26.생), 8-b(198 7. 8. 8.생), 2-b(1988. 2. 8.생), 4-b(1987. 6. 26.생)는 M중학교 3학년에 각 재학하고 있었고, 피고 1은 1-b의 모, 피고 6, 7은 6-b의, 피고 8, 9는 8-b의, 피고 2, 3은 2-b의, 피고 4, 5는 4-b의 각 부모인데 1-b, 6-b, 8-b, 2-b, 4-b(이하 1-b 등이라고 한다)는 그의 부모들인 위 피고들에게 경제적인 면에서 전적으로 의존함과 아울러 그들의 보호감독을 받고 있었다.

(3) A는 여름방학기간 중인 2002. 7. 중순경 1-b의 여자 친구인 소외 G-1과 컴퓨터 채팅을 하던 중 G-1이 잠시 자리를 비운 사이 1-b와 채팅을 하면서 상급자인 1-b에게 너는 어떤 새끼냐, 라고 하는 등 욕을 하여, 이에 1-b는 여름방학이 끝나면 A를 폭행하기로

마음먹고 있었다.

(4) 그리고 폭력조직인 이른 바 일진회 회원인 6-b는 여름방학기간 중 M중학교 3학년에 재학 중인 소외 J가 자신의 여자 친구인 소외 G-2와 컴퓨터 채팅을 하면서 자신과 싸움을 하면 이긴다는 얘기를 하였다는 이유로, 같은 소외 N-1, N-2, N-3, N-4가 머리에 염색을 한 것에 대해 같은 일진회 회원으로서 M중학교 2학년에 재학 중인 소외 T-1, T-2로부터 N-1 등에게 머리 염색을 지우도록 하라는 얘기를 들었다는 이유로, 같은 소외 U가 소외 V에게 자신과 어울리지 말라는 얘기를 하였다는 이유로, 같은 Y가 8-b에게 2-b와 어울리지 말라는 얘기를 하였다는 이유로 여름방학이 끝나면 이들을 폭행하기로 마음먹고 있었다.

(5) 이에 6-b가 개학일인 같은 해 8. 26. 15:10경 자신과 절친한 사이인 8-b가 속해 있는 교실문 앞에서 그에게 오늘 N-1 등을 손 좀 봐야 한다, 수업 후 M중학교 내 스탠드에 아이들을 집합시켜 달라고 얘기하자 8-b는 2-b, 4-b에게 함께 N-1 등을 폭행하자고 권유하면서 오늘 오솔길에서 애들을 때리는데 수업을 마치고 스탠드에 모여라라고 얘기하였고, 이어 위 N-1 등이 속해 있는 교실에 가서 그들에게 수업마치고 스탠드 앞으로 나와서 기다려라, 6-b가 볼 일이 있다, 라고 얘기하였다.

(6) 한편 1-b는 4교시 수업을 마친 후인 같은 날 12:00경 내지 13:00경 M중학교 강당에서 운동을 하던 중 A가 위와 같이 자신에게 욕을 한 것이 생각나 소외 Z-1로 하여금 A에게 6교시 수업을 마친 후인 15:30경까지 위 강당으로 오라고 지시하여 이에 위 일시, 장소에서 A에게 야단을 치고 있는데, 8-b로부터 위와 같이 6-b가 동료들을 폭행할 것이라는 얘기를 듣고 그에게 나도 중학교 2학년을 데려가면 되겠냐, 라고 하여 그의 승낙을 받았다.

(7) 이에 6-b를 제외한 1-b 등은 N-1, N-2, N-3, N-4, U, Y, A와 이들을 폭행하는 것을 구경하기 위해 모인 소외 H-1, H-2, H-3, H-4, H-5가 같은 날 16:10경 M중학교 내 스탠드에 모이자 이들 모두를 인솔하고 위 학교로부터 불과 300미터 밖에 떨어져 있지 않은 곳으로서 M중학교 교사 뒤편에 위치한 마을 야산 오솔길(이하 이 사건 폭행지점이라고 한다)에 갔고, 이어 6-b가 약 20분 내지 30분경과 후 J와 L을 데리고 이 사건 폭행지점에 도착하였다.

(8) 그 후 6-b가 같은 날 16:40경 N-1, N-2, N-3, N-4, U, Y, J(이하 N-1 등이라고 한다)와 A에게 옆으로 한 줄로 서라, 그리고 열중쉬어 자세를 취해라, 라고 하면서 그들을 정렬시키자, 8-b가 먼저 Y에게 너는 나한테 한 대 맞고 기분 풀어라, 라고 얘기하면서 우측 주먹으로 그의 가슴부위를 1회 때렸다.

(9) 이어 6-b는 발과 주먹으로 N-1 등의 가슴과 등 부위를 수회 때렸고, 다시 8-b는 오른 발과 주먹으로 그들의 가슴과 배 부위를 각 1회 때렸으며, 2-b, 4-b도 번갈아 가면서 주먹으로 N-1 등의 가슴부위를 1회 때리거나 발로 그들의 허리부위를 걷어차 N-1 등으로 하여금 약 4주 내지 2주간의 치료를 요하는 흉벽좌상 및 피하출혈상 등을 입게 하였다.

(10) 위와 같이 6-b, 8-b, 2-b, 4-b가 N-1 등을 폭행하는 동안 1-b가 A를 폭행하지 못하고 머뭇거리자 8-b가 먼저 A에게 다가가 말 똑바로 해라고 하면서 양손으로 그의 양쪽 얼굴부위를 1회 때렸고 이어 6-b가 1-b에게 야 때려라, 라고 얘기하자, 이에 1-b는 주먹으로 A의 가슴부위를 2회에 걸쳐 힘껏 때렸다.

(11) 위와 같은 폭행으로 A가 바닥으로 쓰러지자 6-b는 A를 향하여 욕을 하면서 일어나라고 하여 A가 다시 일어나자 1-b는 다시 위와 같은 방법으로 그의 가슴부위를 1회 때렸다.

(12) 이에 A가 눈동자가 돌아가면서 쓰러지자, 1-b는 A를 병원으로 데리고 가자고 제의하였으나, 8-b는 병원에 데리고 가면 일이 더 복잡해진다, 라고 하면서 H-2로 하여금 그를 도서관 뒤편 야산으로 데리고 가게 하였으나 W의 인공호흡 실시에도 불구하고 A는 심장진탕으로 사망하게 되었다.

(13) 그 후 1-b 등은 대구지방검찰청에서 상해치사 혐의 등으로 기소되어 같은 해 12. 18. 이 법원 가정지원에 송치되었다.

(14) M중학교 내 일진회는 주로 중학교 3학년 학생이 중학교 2학년 학생 중에서 폭력성이 있는 학생을 선발하는 방식으로 조직을 구성유지 하였는데, 6-b 및 이 사건 폭행지점에 함께 있었던 D 등 8명은 일진회 회원으로서 위 학교 학생들을 자주 폭행하여 학생들은 이들을 매우 두려워하였다.

(15) 그러나 M중학교 교사들은 위와 같은 폭력조직의 현황 및 그 구성원에 대해 개별적으로 관리하지 않았을 뿐만 M중학교 내에 위와 같은 조직이 존재하고 있다는 사실조차 알지 못하였고, 오히려 6-b로 하여금 선도부장으로서 학생선도의 일을 맡기기도 하였다.

(16) 이 사건 폭행지점은 M중학교로부터 불과 300m 정도 밖에 떨어져 있지 않았으나 인적이 드물어 폭행사고가 잦았고, 이 사건 폭행사고 전에 1-b 등과 N-1 등 및 A가 M중학교 내 스탠드는 교사들이 근무하는 교무실에서도 내다볼 수 있는 곳에 위치하고 있었다.

(17) 한편, M중학교 학부모들은 2002. 7. 20.경 M중학교 교장으로부터 학부형님께라는 가정통신문을 통해 학생들 간의 폭력을 예방하기 위해 힘써 줄 것을 당부받은 바 있다.

나. 가해자 및 K도의 책임과 과실 비율

(1) 피고 K도를 제외한 나머지 피고들에 대한 청구에 관한 판단

1-b 등은 이 사건 폭행 전에 이미 N-1 등 및 A를 함께 폭행하기로 공모하였고, 더군다나 6-b, 8-b는 1-b의 A에 대한 폭행에 적극 가담하였으며, 2-b, 4-b 역시 1-b, 6-b, 8-b의 A에 대한 폭행에 있어 N-1 등을 폭행하는 방법으로 A에게 위력을 행사하여 1-b 등의 폭행을 용이하게 하였으므로, A는 1-b 등의 공동불법행위에 의하여 사망하였다 할 것이다.

(2) 미성년자가 책임능력이 있어 그 스스로 불법행위책임을 지는 경우에도 그 손해가 당해 미성년자의 감독의무자의 의무위반과 상당인과관계가 있으면 감독의무자는 일반불법행위자로서 손해배상책임이 있다 할 것인 바, 비록 이 사건 폭행사고 당시 1-b 등이 그 행위의 책임을 변식할 능력이 있었다고 하나 이들은 이 사건 폭행사고 당시 중학교 3학년에 재학하고 있었고, 위 피고들과 주거를 같이 하면서 경제적인 면에서 전적으로 그들에게 의존하며 그 보호와 감독을 받고 있었던 점, 위 피고들은 이 사건 폭행사고 전에 M중학교 내 폭력에 대한 주의와 예방을 당부받았던 점 등에 비추어 보면 1-b 등의 부모인 위 피고들로서는 1-b 등이 폭력을 행사하지 않고 M중학교 생활에 적응할 수 있도록 일상적인 지도 및 조언을 계속하여야 할 보호감독의무가 있음에도 이를 게을리 한

과실로 1-b 등의 이 사건 폭행으로 인하여 A가 위와 같이 사망에 이르게 되었으니 위 피고들은 각자 공동불법행위자로서 A의 사망으로 인하여 A 및 그와 앞서 본 신분관계에 있는 원고들이 입은 모든 손해를 배상할 책임이 있다.

(3) 피고 K도에 대한 청구에 관한 판단

피고 K도는 M중학교를 설치운영하면서 M중학교 교장 또는 교사를 총괄하여 관리감독하는 자로서 교육법에 따라 학생들을 친권자 등 법정감독의무자에 대신하여 감독할 의무가 M중학교에서의 교육활동 및 이와 밀접 불가분의 관계에 있는 생활관계와 관련하여 발생하는 학생들 간의 폭행사고에 대해 가해자의 분별능력, 가해자의 성행, 가해자와 피해자의 관계, 기타 여러 사정 등에 비추어 그 M중학교 생활에서 통상 발생할 수 있다고 예측되거나 또는 예측가능성이 있는 경우 그 배상책임이 있다.

6-b 등 M중학교 학생 8명은 이른 바 폭력조직인 일진회를 구성하여 아무런 이유 없이 M중학교 학생들을 폭행함으로써 학생들의 두려움의 대상이 되었을 뿐만 아니라 소외 T-2 등 타 학교 학생들과도 연계되어 있어 얼마든지 이 사건 폭행사고가 발생할 가능성이 많았음에도 피고 K도 및 위 학교 교사 등은 위와 같은 폭력조직이 존재한다는 사실조차 인식하지 못하였고,

더군다나 6-b는 위 학교 선도부장으로서 학생선도의 일까지 맡도록 하였던 점, 이 사건 폭행사고는 비록 방과 후에 이루어졌다고 하나 1-b 등이 이를 공모한 M중학교 생활이 이루어지고 있던 방과 전이었고, 더군다나 당시는 M중학교 교사들이 퇴근하기 전의 시점이었으며, 위 학교 스탠드는 교사들이 근무하는 교무실에서도 어느 정도 내다볼 수 있는 곳에 위치할 뿐만 아니라 당시 무려 20여명의 학생들이 모여 있었고 6-b를 제외한 1-b 등이 N-1 등과 A에게 위협적인 태도를 취하고 있어 위 교사들이 약간의 주의만 기울였어도 얼마든지 이 사건 폭행사고를 예측할 수 있었던 점,

이 사건 폭행지점은 M중학교 밖에 위치하고 있었다고 하나 잦은 폭력사고로 인해 특별한 주의가 필요한 장소였고, 위 학교로부터 불과 300m 정도 밖에 떨어져 있지 않았을 뿐만 아니라 M중학교 건물 뒤편에 위치하고 있어 위 학교 교사들의 지도감독이 필요한 장소였던 점 등에 비추어 보면 피고 K도 내지 M중학교 교사들로서는 이 사건 폭행사고를 사전에 예측할 수 있었다고 할 것이니 결국 피고 K도는 가해학생들의 부모인 나머지 피고들과 각자 공동불법행위자로서 A 및 원고들이 입은 손해를 배상할 책임이 있다고

할 것이다.

(4) 책임의 제한

A로서도 1-b와 인터넷 채팅을 하면서 별다른 이유 없이 먼저 상급자인 1-b에게 욕을 하여 이 사건 폭행사고를 유발한 잘못이 있다 할 것인 바, 피고들의 책임액을 정함에 있어 이를 참작하기로 하되, 그 비율은 위와 같은 사실관계에 비추어 전체의 20% 정도로 보는 것이 상당하다.

따라서 피고들의 책임액을 나머지 80%(= 100% - 20%)로 제한한다.

다. 사건의 결말

1심 판결에 대하여 피고들이 항소하였으나 항소가 기각되었다.

라. 판결의 쟁점과 의의

학교폭력으로 인한 사망사고에 대하여 학교를 설치·운영하는 지방자치단체와 가해학생 학부모들의 책임을 인정하고 그 책임의 근거와 범위 및 책임의 제한 및 손해배상의 범위와 계산근거에 대해서 자세히 판시한 판례이다.

9. 수원지방법원 2011. 9. 22. 선고 2010가단61539, 손해배상(기)

가. 사건의 개요

(1) 원고 1은 2010. 5. 7.경 같은 반 친구인 피고 1과 사이에 몸을 부딪친 것과 관련하여 말다툼을 벌이던 중 학교 인근 공원에서 피고 1과 상호 폭행을 하였는데, 당시에는 피고 1에게 원고 1이 많은 폭행을 가한 상태였다.

(2) 이에 피고 1은 억울한 나머지 원고 1에게 다시 한 번 더 싸우자는 의사를 표시하였으나 원고 1은 계속 싸움을 피하였는데, 피고 1은 2010. 5. 13. 16:00경 T아파트단지 내에서 원고 1을 수차례 폭행하여 원고 1에게 약 3주간의 치료를 요하는 안면비골골절, 안면부 중등도 타박 및 찰과상 등의 상해를 가하였다(이하 '이 사건 사고'라고 한다).

(3) 이 사건 사고로 인하여 원고 1은 S정형외과에서 안면비골골절정복술 등의 시술을 받았고, 2010. 5. 13.경~2010. 5. 24.경 위 S정형외과, 내과에서 입원치료를 받았으며, 2010. 5. 25.경 Y병원에서 진료를 받았다.

(4) 원고 2, 3은 원고 1의 부모이고, 피고 2는 피고 1의 부친이다.

나. 사건의 결말

피고 1은 원고 1에게 상해를 가한 불법행위자이고, 피고 1은 책임능력 있는 미성년자인 피고 1의 친권자로서 피고 1에 대한 감독의무를 소홀히 하였다고 할 것이므로, 피고들은 각자 이 사건 사고로 인한 원고들의 모든 손해를 배상할 책임이 있다.

다. 판결의 의의

이 사건 사고가 원고 1이 2010. 5. 7.경 피고 1과 상호 언쟁 중 피고 1에게 폭행을 가한 상황에서 피고 1이 보복을 하기 위하여 발생하였던 점, 위 사고 당시 원고 1이 피고 1에게 일부 폭행을 가하였던 점에 비추어 볼 때, 이러한 사정도 위 사고 발생의 한 원인이 되었다고 할 것이므로, 피고들의 원고들에 대한 손해배상책임을 60%(원고들 과실 40%)로 제한하였다.

10. 수원지방법원 2007. 7. 10. 선고 2006가합100, 손해배상(기)

가. 사건의 개요

(1) 중학교 2학년 때부터 피고 학생이 원고들의 자녀 내지 동생인 망인을 수개월에 걸쳐 아무런 이유 없이 폭행하거나 숙제를 대신 시키거나 화장실에 끌고 다니는 등 괴롭혀왔고, 이에 망인이 2006. 2. 14. 16:00경 거주지인 아파트에서 투신하여 자살한 사건이다.

(2) 피고 1은 2학년이던 2005. 3월경부터 특별한 이유 없이

① 숙제가 하기 싫어지면 망인에게 대신 시키곤 했다.

② 2학년 2학기 초반에는 한자 쓰기 숙제를 망인에게 시켰으나, 망인이 이를 거부하자 주먹과 발로 망인의 얼굴과 가슴 등을 심하게 폭행하여 그 사실이 교사에게까지 알려지게 되었다.

③ 화장실에 갈 때도 특별한 이유 없이 망인을 끌고 다녔고, 망인이 이를 거부하면 주먹으로 망인의 얼굴을 여러 차례 폭행하였다.

④ 망인을 폭행하다가 망인이 소리를 치면 더 으슥한 곳으로 끌고 가 폭행을 계속하였고, 그 학교친구들이 보게 하였다.

⑤ 망인이 사망하기 전날인 2006. 2. 13. 21:00경 피고 2가 망인에게 전화하여 망인이 같은 학원에 등록하지 않는다는 이유로 "야 이 개새끼야 너 왜 학원등록 하지 않고 장난하냐.", "이 개새끼야 너 왜 매일 내일로 미루냐."고 욕설을 함으로써 망인을 상습적으로 괴롭히거나 폭행하였다.

나. 사건의 결말

피고 학생이 망인을 괴롭힌 사실은 인정하였으나 망인이 그로 인해 자살한 것으로 단정하기 어려워 망인의 사망에 대한 손해배상청구(주위적 청구)는 기각하였으나, 피고 학생이 망인을 1년가량 괴롭혀와 망인이 학교 내 왕따라고 소문이 나고 그로 인해 고통을 겪었음을 인정하여 이에 대한 위자료를 인정하였다(예비적 청구 인용).

다. 판결의 의의

자살한 학생의 유가족이 학교 내 괴롭힘을 저지른 학생과 그 부모를 상대로 제기한 손해배상청구소송에서 원고 일부승소 판결한 사례 - 이른바 '학교 내 왕따' 사건에서 위자료의 지급을 인정한 사례이다.

피고 학생의 부모들인 나머지 피고들은 민법 제913조에 따라 책임능력은 있지만 경제적으로 부모에게 의존하는 피고 학생에 대한 교육의무를 소홀히 하여 연대책임을 부담하는 것으로 판단하였다.

11. 청주지방법원 충주지원 2006가합777, 손해배상(기)

가. 사건의 개요

(1) 이 사건 폭행사고의 발생

① 충주무술축제 개막식이 열리던 2005. 10. 1. 토요일 23:00시경 충주시 '차 없는 거리' 내 'GG'식당 앞에서 F, G, H, I 4명과 피고 1 등 8명이 마주치게 되었다.

② 위 식당 앞에서 피고 1 "왜 H를 양언니라고 소문내고 다니냐?"면서 앉아 있던 F의 다리를 발로 툭툭 찼고, 기분이 상한 F가 일어나자 손바닥으로 F의 뺨을 1회 때렸다. 이에 F도 손바닥으로 피고 1의 뺨을 1회 맞받아 때리면서 피고 1과 F는 서로 머리를 잡고 싸움을 하였다.

③ 동료 일행들이 피고 1과 F의 싸움을 말린 후 F가 위 식당으로부터 약 10m 가량 떨어진 'B통닭' 앞 건물 계단에 앉아 있자 피고 1이 다시 가 손으로 F의 머리채를 잡고 앞, 뒤로 여러 번 흔들고 손과 발로 F의 머리와 가슴 등을 여러 차례 때리고 차는 등 폭행하였다. 그리고 피고 2는 이에 합세하여 손바닥으로 F의 머리를 여러 번 때렸다(이때부터 F는 일방적으로 폭행을 당하였다).

④ 동료일행들이 피고 1을 말리자 피고 1은 손으로 F의 머리채를 잡고 위 'B통닭' 건물 옆 골목을 지나 M타운 건물 3층에 있는 여자화장실 안으로 F를 끌고 갔다. 가는 도중 피고 1은 F를 손바닥으로 여러 번 때렸고, 피고 5는 손바닥으로 F의 머리를 1회 때릴 듯한 태도를 보였다.

⑤ 피고 1 등이 위 화장실 안으로 들어간 후 피고 7은 "F 친구들은 들어오지 마라."고 말하여 F의 일행을 위 화장실 안으로 들어오지 못하게 하였다. 화장실 안에서 피고 1은 "너에게 맞은 게 쪽팔리다."면서 손바닥으로 F의 얼굴을 여러 차례 때렸고, 피고 2, 6에게 "네가 나와 S를 걸레라고 소문내고 다녔지?"라고 말하면서 손바닥으로 F의 머리를 여러 차례 때렸다.

⑥ 피고 1은 화장실 밖으로 나온 후 F를 따로 불러내어 둘이서 이야기를 나누었고, F에게 "학교에서 봐, 3년 동안 괴롭혀 줄게. 진심이야."라고 말하면서 F의 일행과 헤어졌다.

⑦ 위 폭행으로 인해 F는 오른쪽 귀에서 피와 고름이 나고 눈이 멍들어 붓고 허벅지에 멍이 드는 등의 상처를 입었다.

(2) 이 사건 폭행사고 후 F의 행적

① 평소 유난히 자존심이 강했던 F는 이 사건 폭행사고 직후 L 등에게 "피고 1 일행 때문에 학교도 가기 싫고 창피하니까, 가출하여 안산에 있는 친구 V에게 가서 살겠다."고 말한 후 일행과 헤어져 귀가하였다.

② F는 2005. 10. 2. 새벽 세탁기 바구니 안에 피고 1의 족적 등 폭행 흔적이 남아 있는 옷을 벗어놓고 원고 P, Q에게 "학교 가기가 무서워. 다음 세상에서도 엄마, 아빠 딸로 태어나면 그때는 정말 효도할게."라는 내용의 편지를 남긴 후 가출하였다. 또한 같

은 날 아침 06:27경 친구 W의 미니홈페이지에서는 이 사건 폭행사고의 경위와 함께 "학교 다니기도 싫고, 아무도 만나기 싫다."라며 자신의 심경이 담긴 글을 남겼다.

③ F는 2005. 10. 2. 오전 안산시 소재 안산터미널에 도착하여 친구 W를 만나 시흥 시내를 배회하였고, 다음날에는 W와 함께 오이도를 구경하였다.

④ F는 2005. 10. 4. 18:00경 W의 연락을 받은 고모와 시흥에서 만났고, 고모가 귀가를 종용하였으나 한사코 귀가하기를 거부하였다.

⑤ F는 2005. 10. 4. 자정 무렵 시흥 일대 PC방에서 친구 X, Y와 메신저를 이용하여 대화를 나누면서 "죽어서 다 복수할 거다. 무섭다. 자고 싶다."며 자신의 심경을 밝혔고, 같은 달 5. 01:00경에는 Z에게 전화를 하여 이름을 모르는 초등학교 앞이라고 말하였다.

⑥ F는 2005. 10. 5. 새벽 무렵 시흥시 아파트 101동 도시가스 공급시설 울타리 내에서 투신하여 쓰려져 있는 모습으로 발견되었고, 급히 병원 응급실로 호송되었으나 끝내 사망하였다. 위 투신현장에서는 F가 남긴 유서가 발견되었는데, 위 유서에는 "이 사건 폭행사고의 경위와 함께 피고 1 등이 시비 걸면 맞아주고 욕 들어야 하고, … 죽고 싶다. 죽는 게 더 나을 것 같다. 죽어서 꼭 갚아 줄 것이다. 날 힘들게, 살기 싫게 만든 너희를 후회하게 만들어 주고 싶다. 그리고 다른 아이들에게는 이런 일이 없었으면 좋겠다."라는 내용이 담겨져 있었다.

나. 사건의 결말

(1) 이 사건 폭행사고와 이 F의 자살 사이의 인과관계 여부

피고 1 등의 폭행과 F의 자살 사이에 상당한 인과관계가 있다고 인정하기 어려울 뿐 아니라 피고 1 등에게 F의 자살에 대하여 예견가능성이 있었다고 보기도 어렵다.

(2) 위자료 청구 부분

피고 1 등은 이 사건 폭행사고로 인하여 F와 원고들이 입은 정신적 손해를 배상할 책임이 있다고 할 것인바, 이 사건 폭행사고가 피고 1의 일방적 시비에서 비롯된 것이고 그 폭행행위도 일방적이었던 점, F가 그로 인하여 상당한 육체적 상처를 입었고 또한 심한 정신적 충격과 자존심의 상처를 받았던 점, 이 사건 폭행사고로 인해 F가 자살이라는 극단적인 선택을 취하였던 점 등 여러 사정에 비추어 폭행행로 인한 위자료를 인정하였다.

다. 판결의 의의

가해자의 불법행위와 자살과의 인과관계 인정 기준을 제시하였다. 즉 가해자들의 불법행위로 인하여 피해자가 정신적·육체적 상처를 입고 그 충격으로 자살한 경우라고 할지라도 원칙적으로 그 자살행위는 가해자들의 불법행위로 인하여 생기는 통상의 결과라고 볼 수 없다.

따라서 불법행위로 말미암아 피해자가 심각한 육체적·정신적 후유장애를 입어 일상생활에의 기대를 완전히 상실하고 자신의 삶을 비관할 정도에 이른 경우 또는 피해자가 속한 집단의 통제성과 폐쇄성 등으로 인하여 가해자의 불법행위로 인한 피해의 의미가 일반 사회에서의 그것과 크게 다르다는 등의 특별한 사정이 없는 한 불법행위와 자살 사이에 상당한 인과관계가 있다고 인정하기는 어렵다고 할 것이다.

책임능력 있는 미성년자의 불법행위로 인하여 손해가 발생한 경우 그 손해가 미성년자의 감독의무자의 의무위반과 상당인과관계가 있는 경우 감독의무자는 일반 불법행위자로서 손해배상의무가 있다고 판시하였다.

12. 대구지방법원 포항지원 99가합1661, 손해배상(기)

가. 사건의 개요

(1) 피고가 설치, 운영하던 울산시 K중학교 3학년에 재학 중이던 소외 망 A는 1998. 5. 29. 13:30경 위 학교 건물 4층에서 5층으로 올라가는 복도 창문에서 지상으로 추락하여 사망하였는바, 수사결과 위 사고는 망인의 자살로 인한 것으로 밝혀졌다.

(2) 망인은 이 사건 사고 당시 신장 약 169.6㎝, 체중 약 78㎏인 체구의 소유자로서 부모 및 동생인 원고들과 함께 별다른 문제가 없는 가정에서 성장하였고, 효행상을 받을 만큼 성실하고 착한 학생이었으며, 성적도 상위권에 들 정도였다.

(3) 그런데, 망인이 위 중학교 2학년에 다닐 때부터 같은 반에 재학 중이던 소외 J는 3학년에 재학 중이던 1998. 3월 초순경 1교시 수업을 마치고 휴식시간 중 망인에게 메론맛이 나는 사탕을 사오도록 요구하였는데, 망인이 커피맛이 나는 사탕을 사왔다는 이유로 망인의 얼굴을 주먹으로 4, 5회 가량 구타하였고, 다시 망인이 쵸코맛이 나는 사탕을 바꾸어 오자 이에 격분하여 2교시 수업시간 중 망인으로 하여금 위 사탕 1봉지를 모두

먹도록 한 것을 비롯하여 아래에서 보는 바와 같이 여러 차례에 걸쳐 망인을 폭행하거나 심부름을 시키는 등 망인에게 가혹행위를 일삼았다.

(4) 같은 해 3월 말경 6교시 수업시간 후 화장실 청소시간에 망인이 늦게 왔다는 이유로 나무 빗자루로 망인의 머리, 배, 허벅지 등을 수차례 구타하였다.

(5) 그리고 J는 평소 수업시간 전에 망인에게 수업에 필요한 책과 노트 등을 책상 위에 정리하여 두도록 요구하였는데, 망인이 깜빡 잊고 이를 제대로 이행하지 아니하였다는 이유로 같은 해 4, 5월 사이에 수차례에 걸쳐 욕을 하고 망인을 구타하였다.

(6) 또한 J는 3학년 개학 이후로 망인에게 줄곧 영어 숙제를 대신하여 올 것을 요구하여 망인이 폭행이 두려워 계속 숙제를 해 주었는데, 같은 해 5. 20.경에는 망인이 영어 숙제를 제대로 해오지 아니하였다는 이유로 주먹으로 망인의 얼굴을 7, 8회 구타하였다.

(7) 또한 망인은 J의 폭행이 두려워 토요일 미술수업시간에는 스케치북 또는 4B 연필 등을 빌려와서 J의 책상 위에 준비하여 두곤 하였는데, 같은 해 5. 16. 토요일 미술수업시간에 J는 망인에게 위와 같은 준비물을 준비하여 놓지 않았다는 이유로 주먹으로 망인의 얼굴을 6, 7회 가량 구타하였다.

(8) 한편, J는 망인이 자신의 옆자리에 있는 것이 심부름을 시키는데 편하다는 이유로 같은 해 5. 25.부터는 다른 좌석에 있던 망인을 자신의 옆자리에 앉도록 강요하여 부득이 망인은 J의 옆자리에 앉아서 수업을 들을 수밖에 없었다.

(9) 사고 전날인 같은 해 5. 28. 19:20경 J는 학교 옆 아파트 지하 주차장으로 망인을 불러내어 최근 들어 망인이 말을 잘 듣지 않는다는 이유로 주먹으로 가슴을 수회 폭행하였다.

(10) 그리고 이 사건 사고 당일에도 J는 망인이 3교시 수업을 마치고 4교시 수업시작 전 사회과목 책과 노트, 볼펜 등을 J의 책상위에 정리하여 놓았는데, 복도에 나가서 친구들과 놀다가 들어와 보니 볼펜이 없어졌다는 이유로 망인에게 같은 반 학생이 가지고 있던 주사기를 보여주면서 '똑같은 볼펜을 구해놓지 않으면 죽여버린다, 피를 뽑겠다.'고 협박을 하면서 주먹으로 망인의 얼굴을 수회 때리자 망인이 볼펜을 구해온 일이 있으며, 다시 5교시 수업시간 전 망인에게 줄이 그어져 있는 연습장을 구해올 것을 요구하자, 망

인은 이를 구하러 나갔다가 앞서 본 바와 같은 장소에서 자신의 위와 같은 처지를 비관하여 자살에 이르게 되었다.

(11) 그런데, 위 J는 망인에 대한 위와 같은 폭력 이외에도 같은 학교 3학년 4반에 다니던 D로부터 동인이 2학년에 재학 중이던 1997. 10월경부터 1998. 3월에 이르기까지 수십 차례에 걸쳐 돈을 가져올 것을 요구하고, D가 이에 불응하면 폭행을 하는 방법으로 D로부터 약 금 1,500,000원 상당을 갈취한 적도 있었는데, J의 D에 대한 금품갈취, 음주 등의 비행이 발각되자, 위 중학교 교장은 같은 해 4. 27. 선도위원회를 개최하여 J 등 비행학생 10명에 대하여 4일 이상의 교내 봉사처분(위 처분은 같은 해 5. 18. 해제되었다)이라는 비교적 가벼운 처벌만을 가한 이외에는 사고재발 방지를 위하여 별다른 엄중한 조치를 취하지 아니하는 바람에 J는 위 교내봉사 기간 중 및 그 후에도 앞서 본 바와 같은 망인에 대한 가혹행위를 그치지 아니하였고,

또 망인의 담임선생이던 소외 T는 J가 망인을 자기 옆자리에 앉도록 하였을 뿐만 아니라, 같은 반 학생들이 보는 앞에서 J가 망인을 폭행하는 일이 수회 있었으므로 담임선생으로서 보다 면밀히 아이들의 동태를 관찰하고 평소 폭행을 당하는 학생이 없는지 등의 여부에 관하여 관심을 가지고 J와도 자주 상담을 하고, 교실이나 화장실 등을 수시로 돌아보면서 또 다른 폭행이 발생하지 않도록 항상 주의를 하며 이를 감독함은 물론,

다른 학생들과도 수시로 개인면담을 하거나 학급 반장 등에게 위 J와 관련해서 그 학급에서 발생하는 모든 일을 보고하도록 하는 보고체계를 만드는 등의 조치를 취하고, 다른 교사들로 하여금 수업시간 등에 J에 대한 세심한 관찰과 주의를 부탁하는 등 교내폭력 근절 및 재발방지를 위하여 보다 적극적으로 대처하였으면 J의 위 폭력을 사전에 파악하여 이 사건과 같은 사고를 미연에 방지할 수 있었음에도 불구하고 이에 이르지 아니하고 다만 형식적인 상담 및 조사에 그친 잘못으로 J의 앞서 본 바와 같은 폭력을 못 이긴 망인으로 하여금 자살의 길로 쉽게 들어서도록 하는 한 원인을 제공하였다.

나. 사건의 결말

J의 망인에 대한 폭행은 거의 대부분 학교 내에서 휴식시간이나 점심시간, 수업시간

중에 이루어진 점, 가해자가 같은 학급의 학생이고, 위와 같은 괴롭힘이 수개월간에 걸쳐 지속적으로 진행된 점, 또 J는 망인 이외에도 다른 학생을 폭행하고 금품을 갈취하는 등 비행이 많은 학생이었는데, 위 학교에서도 J의 위와 같은 행적을 발견한 후 정학 등 보다 적극적인 조치를 취하지 아니하고 미온적으로 대처하다 결국 이 사건과 같은 사고가 발생한 점,

또 망인의 담임선생님으로서도 이 사건 사고 전후 같은 반의 학생들의 동향 등을 보다 면밀히 파악하였더라면 위 J의 폭행을 적발하여 망인의 자살이라는 이 사건 사고와 같은 참혹한 결과를 사전에 예방할 수 있었던 것으로 보이는 점, 위와 같은 학교 내 폭력의 예방이나 근절, 그리고 비행학생에 대한 계속적인 지도감독은 학교에서의 교육활동의 한 연장으로서 학교장이나 그 담임교사의 업무인 점 등을 종합하여 볼 때,

교내폭력을 이기지 못하여 자살에 이르게 된 망인의 위 행동의 전 과정은 학교장이나 담임교사 등으로서도 예측가능성이 있었거나 이를 제대로 예상하지 못한 데에 과실이 있었다고 보아 위 중학교의 교장 및 망인의 담임교사인 T의 사용자인 지방자치단체(대표자 교육감)에게 동인들의 위와 같은 업무수행상의 과실로 인하여 망인 및 그와 위와 같은 친족관계에 있는 원고들이 입은 모든 손해를 배상할 책임을 인정하였다.

다. 판결의 의의

지방자치단체가 설치 경영하는 학교의 교장이나 교사는 학생을 보호·감독할 의무를 지는 것으로 보아 피해학생의 자살로 인한 지방자치단체의 책임을 인정하였다.

13. 울산지방법원 2006. 12. 21. 선고 2005가단35270, 손해배상

가. 사건의 개요

(1) M중학교 학생인 L은 2005. 6. 20. 09:05경 동 중학교내 교실 안에서 원고 P가 자율학습시간임에도 책상에 엎드려 있다는 이유만으로 동인의 등을 2회 주먹으로 때렸고, 옆에 있던 위 K는 주먹으로 위 원고의 얼굴과 팔을 때렸으며, C는 옆에서 위 원고의 멱살을 잡았다.

(2) 그런데 L은 2005. 6. 20. 16:15경 학교수업이 끝난 후 청소시간에 장난삼아 주먹으로 원고 P의 등을 수회 때렸고, 이를 보고 있던 위 K, C를 포함한 총 8인의 같은 반 학생

들은 특별한 이유 없이 집단적으로 위 원고의 머리와 등과 팔등의 신체부위를 수회씩 주먹으로 때리거나 발로 걷어찼다.

(3) 원고 P는 평소에도 수업시간에 이따금 엎드려 잠을 자고, 친구들과 말을 거의 하지 않으며, 친구들이 장난을 걸어도 대꾸도 하지 않는다는 등의 이유로 같은 반 친구들로부터 놀림을 당하거나 따돌림을 당하는 일이 가끔 있었다.

(4) 원고 P는 가해학생들의 폭행으로 인하여 안면부 좌상, 구내 열상 등 약 3주간의 치료를 요하는 상해를 입게 되었고, 위와 같이 폭행을 당한 이후 사고 상황에 대한 반복적 회상, 대인관계 기피, 가해자에 대한 적개심, 우울증 등의 증상으로 2005. 7. 12. H병원에서 외상 후 스트레스장애의 진단을 받고 그 무렵부터 2005. 9. 8.까지 위 병원에서 신경정신과적 치료를 받았다.

(5) 피고 소속 교육공무원이자 위 중학교의 담임교사인 T는 이 사건 집단폭행이 있기 전에 가해학생들 중 한 명이 원고 P를 괴롭히고 있다는 사실을 듣고 그 가해학생과 상담을 한 적이 있고, 2005. 6. 11.경 가해학생들이 같은 반의 여학생을 집단적으로 괴롭힌다는 이야기를 듣고 동인들을 불러 질타하기도 하였다.

나. 사건의 쟁점

공립중학교 내에서 다수의 중학생들이 같은 반 급우를 집단폭행한 경우 가해학생들의 학부모들과 지방자치단체의 손해배상책임의 인정여부

다. 사건의 결말

(1) 가해학생들의 학부모들의 손해배상책임 인정

가해학생들은 모두 위 집단폭행 당시 13세 전후한 학생들로서 경제적인 면에서 전적으로 각자의 부모들에게 의존하면서 그 부모들의 보호·감독을 받고 있었는데, 당시 우리 사회에서는 학교 내 폭력과 집단 따돌림 등이 이미 사회문제화 되어 있었으므로, 가해학생들의 부모들로서는 나이가 어려서 변별력이 부족한 가해학생들이 다른 학생을 폭행하거나 집단적으로 괴롭히는 등의 행위를 하지 않도록 교육하고, 보호·감독하여야 할 주의

의무가 있음에도 이를 게을리 한 과실로 가해학생들이 원고 P에게 이 사건 집단폭행을 가하는 것을 방치하였다고 할 것이므로, 가해학생들의 부모들은 민법 제750조에 따라 이 사건 집단폭행으로 인하여 원고들이 입은 손해를 배상할 의무가 있다.

(2) M중학교를 설치, 운영한 지방자치단체의 손해배상책임

이 사건 집단폭행은 두 차례 모두 교실 내에서 수업이 시작되기 전의 자율학습시간과 수업이 끝난 후 청소시간에 같은 반 급우들인 가해학생들에 의하여 이루어진 점, 위 집단폭행이 이루어질 당시 우리 사회에서는 교내폭력과 집단 따돌림 등이 심각한 사회문제로 대두되어 있었던 점, 가해학생들은 모두 한창 장난기가 많을 뿐 아니라 성숙하지 못한 사고로 인하여 때로는 동료 학생들에게 거친 행동을 할 수 있는 연령대의 중학생들인 점,

당시 담임교사인 T도 이 사건 폭행이 발생하기 이전에 가해학생들 중 1명이 원고 P를 가끔 괴롭히고 있다는 것을 들었고, 같은 반 여학생 중 1명이 가해학생들로부터 집단괴롭힘을 당하기도 했다는 이야기를 듣고, 가해학생들을 불러서 질타를 하기도 한 점에 비추어 보면, 담임교사인 T로서는 당시의 사회분위기나 자신이 맡고 있는 학급 내 상황에 비추어 원고 P가 가해학생들로부터 집단괴롭힘이나 집단폭행을 당할 수도 있다는 것을 어느 정도 예상할 수 있었다 할 것이다.

이러한 경우 T로서는 담임교사로서 수업시간 전후로 수시로 돌아보고, 학급의 반장을 통하여 학급 내에서의 집단괴롭힘이나 폭행사건이 발생할 경우 즉각적으로 보고를 하도록 하며, 학급 내에서 종종 동료 학생들을 괴롭히는 가해학생들에 대하여는 보다 적극적인 자세로 훈육을 하고 위와 같은 집단괴롭힘 등이 발생되지 않도록 필요한 예방조치를 취해야 할 주의의무가 있음에도 불구하고 이를 소홀히 함으로써 결과적으로 원고 P로 하여금 위와 같이 집단폭행을 당하도록 하는 상황에 이르도록 하였다고 할 것이므로, 피고 U시는 국가배상법 제2조에 따라 그 소속 공무원인 T의 위와 같은 위법한 공무수행으로 인하여 원고들이 입은 손해를 배상할 책임이 있다.

라. 판결의 의의

학교 내에서 동료급우에 대한 다른 급우들의 집단폭행에 대하여 가해학생들의 학부모들이 피해학생 및 그 부모들에 대하여 손해배상책임을 부담하게 되는 근거 및 인정기준을 명확히 하고, 공립학교의 설치, 운영자인 지방자치단체가 그 소속 공무원인 담임교사

의 학생들에 대한 감독의무위반으로 인하여 발생한 다수의 중학생들이 같은 반 급우를 집단폭행 한 경우 가해학생들의 학부모와 지방자치단체의 손해배상책임을 인정하였다.

14. 헌법재판소 1999. 3. 25. 선고 98헌마303 전원재판부, 불기소처분취소

가. 이른바 교내 집단괴롭힘 사건의 피고소인에 대한 기소유예처분이 기소편의주의의 한계를 초월한 재량권의 남용이라고 본 사례

나. 결정요지

(1) 집단괴롭힘에 대하여는 청소년에 대한 지속적인 사회윤리적 교육과 더불어 그 태양이나 방법에 따라 적절한 처벌이나 사회봉사활동을 병행하는 등 개별적·탄력적 조치를 취하여 이를 해소·추방시킬 수 있는 여건과 분위기를 조성하여야 할 것인바, 범행이 지속적이거나 방법이 비인격적이며 가담정도가 중한 경우에는 형사법이나 소년법에 정한 적정한 제재와 보호조치를 함으로써 범행 후에라도 진정한 반성의 기회를 부여하여야 할 것이다.

(2) 피고소인들 간에는 범행의 횟수, 죄질의 정도, 피해의 경중, 범행 후의 정황 등에 있어 상당한 편차가 인정되므로 피청구인으로서는 적어도 범행을 주도하거나 중한 행위자만이라도 선별하여 형법이나 소년법에 정한 절차에 따라 형벌이나 사회봉사·수강명령 또는 보호관찰 등 적당한 처분을 받을 수 있도록 함이 합당함에도, 피고소인들 각자의 죄질을 고려하지 아니하고 일률적으로 기소유예 처분한 것은 검사에게 주어진 기소편의주의의 한계를 초월하여 재량권을 남용한 자의적인 조치로서 청구인의 평등권과 재판절차진술권을 침해한 것이다.

(3) 소위 집단괴롭힘 사건의 현실과 대책

이 사건은 최근 사회문제로 대두되고 있는 속칭 “왕따” 사건 중에서도 단순한 “집단따돌림”을 넘어 청구인의 급우(級友)들이 집단적 지속적으로 청구인을 폭행, 협박, 강제추행, 공갈하는 등으로 괴롭힌 사안으로서 전형적인 “집단괴롭힘” 사건이다. 집단괴롭힘은 한 집단의 소속원 중 자기보다 약하거나 신체적·정신적으로 부족한 상대를 대상으로 집단으로 신체적·심리적인 공격을 지속적으로 가하거나 반복하여 고통을 주는 행동이라고 할 수 있는바, 이러한 현상은 1998. 1.부터 9.까지만 보더라도 전국의 초·중·고교에서

4,000여건이 보고되었고 그 동안 수명의 피해학생이 자살하는 등 청소년 사회에 심각한 폐해를 낳고 있다.

이러한 집단괴롭힘은 집단생활을 할 수 밖에 없는 현대사회에서 상호이해관계를 조절하며 조화로운 삶을 모색하여야 하는 공동생활의 바탕을 파괴하여 피해학생에게 신체적·육체적인 피해를 넘어서 정신적 고립감과 굴욕감 등을 강요하여 인간성을 황폐화시킴으로서 인간의 존엄성을 말살시키고 치유불가능한 후유증을 남기며, 심할 경우 정신병 또는 자살에 이르게 할 뿐만 아니라, 가해학생 역시 타인의 괴로움으로부터 쾌감을 얻는 악성향의 발현으로 올바른 도덕성·사회성·타인존중성을 기르지 못하여 인격장애자가 되는 등 자라나는 청소년들에게 커다란 악영향을 끼치고 있다.

집단괴롭힘에 대하여는 청소년에 대한 지속적인 사회윤리적 교육과 더불어 그 태양이나 방법에 따라 적절한 처벌이나 사회봉사활동을 병행하는 등 개별적·탄력적 조치를 하여 이를 해소·추방시킬 수 있는 여건과 분위기를 조성하여야 할 것이다. 그리하여 범행이 지속적이거나 방법이 비인격적이며 가담 정도가 중한 경우에는 형사법이나 소년법에 정한 적정한 제재와 보호조치를 함으로써 범행 후에라도 진정한 반성의 기회를 부여하여야 할 것으로 판단된다.

다. 결 론

피청구인이 피고소인들에 대한 수사를 다하지 아니하거나 판단의 잘못으로 인하여 각자의 죄질을 고려치 아니하고 일률적으로 기소유예 처분한 것은 피고소인들의 행위간의 합리적인 차별을 인정하지 아니하고 검사에게 주어진 기소편의주의의 한계를 초월하여 재량권을 남용한 자의적인 조치라고 볼 것이다. 그렇다면 이 사건 심판청구는 청구인의 평등권과 재판절차진술권을 침해한 것이므로 이를 취소한다.

제4편

학교폭력 관련 사례문제

제1장 | 집단 따돌림으로 인한 피해학생의 자살과 책임문제

Ⅰ 사례를 통해서 알아볼 내용

학교폭력으로 인하여 피해학생이 자살에까지 이르게 된 경우 가해행위와 자살 사이의 인관관계가 인정되는지에 대해서 알아보고, 가해학생이 책임능력이 있는 경우에도 그 보호자가 책임을 지는지에 대해서 알아보고, 교사와 학교장 및 지방자치단체가 책임을 지기 위한 요건 및 그 책임의 성질에 대해서 알아본다.

Ⅱ 사건의 개요

J도가 설치 운영하는 K 여자고등학교 2학년에 재학 중이던 A는 2011. 3. 초경부터 자신이 소속된 2학년 3반 학생인 B, C와 친하게 지내다가 2011. 3. 말경 H 고등학교에서 전학 와 같은 반에 배정된 D와도 가까워지게 되어, A자신을 포함한 B, C, D 4명만이 배타적으로 어울리는 작은 집단을 형성하게 되었다. 그런데 위와 같이 집단을 이룬지 얼마 지나지 않은 2011. 4.경부터 B가 위 집단을 주도하면서 A를 위 집단으로부터 배척하였다가 다시 위 집단에 끼워주는 것을 되풀이하였고, 그 때문에 평소 밝고 명랑하였던 A는 2011. 6.중순경부터 말수가 적어지고 우울하여 풀이 죽은 모습을 보이기 시작하였다.

2011. 9.경 B는 ① A의 물건을 몰래 감추었다가 며칠 뒤 다시 제자리에 갖다 놓곤 하였고, ② A가 말을 걸어도 아무런 대답을 하지 않는 등 A를 무시하였으며, ③ A가 교복을 줄여 입은 모습을 보면서 다른 급우들에게 “교복을 왜 저렇게 입고 다니냐. 같이 놀지 마라.”는 식으로 말하여 A를 놀리기도 하였고, ④ 점심시간에 학교 급식소에서 A가 같은

식탁에 앉아 함께 식사하려고 하면 C, D와 다른 식탁으로 옮겨 버리고 A가 따라 오면 다른 식탁으로 다시 피하는 등의 방법으로 A를 괴롭히거나 따돌렸다.

2011. 10. 초가 되면서, B, C, D는 A를 그 집단에서 완전히 배제하여 더 이상 A와 어울리지 않는 한편 같은 반의 다른 학생들에게도 A와 놀지 말 것을 요구하였는데, B는 학교에서 싸움을 잘하는 아이로 요구를 무시하면 어떤 피해를 입지나 않을까 두려워 다른 학생들도 A와 함께 놀아 주지도 않고 A에게 말도 걸지 않게 되었다.

그러던 중 A는 2011. 10. 말경 자신의 전자사전이 없어지자 B나 C가 이를 숨긴 것으로 알고 이들에게 이를 따졌다가 자신의 오해로 밝혀져서 다른 친구들 앞에서 B와 C에게 사과하였는데, 이들은 A의 사과를 받아주지 않고 오히려 A를 몰아세움으로써 B, C, D와 A의 관계는 더욱 악화되었다.

위와 같은 일이 발생한 뒤 A는 넋이 나간 듯한 표정에 아무 말이 없었고, 자율학습 시간에 자주 교실을 드나드는 등 상당히 불안한 모습을 보였으며, 그러한 상황에서 D에게 자신과 함께 놀아 줄 것을 요청하였는데, 이를 알게 된 B, C로부터 "D가 니 좋이냐."라는 말과 함께 면박을 당하였고, 다음 날 점심시간에 B, C는 교실에 있던 다른 학생들에게 "야, A가 성격 이상하다. 같이 놀지 마라."고 하면서 그들과 함께 학교급식소로 몰려가 버렸다. 같은 날 16:00 하교할 무렵 B, C는 교실에서 A에게 약을 올리고 무엇인가를 따지며 A을 몰아세웠고, G와 함께 하교하는 A를 운동장에서 노려보고 지나가기도 하였는데, A는 집으로 가는 길에 G에게 "전교생이 다 알게 될 거다. 나 이제 어떻게 학교를 다닐 수 있겠니?"라고 말하며 흐느껴 울었고, 귀가한 직후인 같은 날 17:00경 자신이 살던 아파트 15층에서 2장의 유서를 남기고 투신하여 자살하였다.

한편 A는 2011. 9. 중순 2학기가 시작된 직 후 담임선생님인 T에게 자신이 B, C, D로부터 따돌림을 당하고 있다고 이야기 하였고, 이에 담임선생님인 T는 A에게 "그런 문제는 친구들끼리 알아서 해결하는 것이 좋으니 서로 잘 이야기 해봐라. 선생님이 나서면 더 문제가 커질 수 있다."라고 하면서 A를 돌려보냈고, 그 후 A의 문제에 대하여 학창시절 교우관계에서 겪는 과정 중의 일부라고 생각하여 별다른 조치를 취하지 않고 평소 조례시간과 종례시간을 통하여 학생들에게 "친구들과 사

이좋게 지내라"는 정도의 말만 하였다.

K여자고등학교 교장 Y는 2010년과 2011년 최근 2년 동안 학교폭력 예방교육을 실시조차 하지 않았으며, A가 자살한 이후 정직 6개월의 징계처분을 받았고 담임선생님인 T는 정직 1개월의 징계처분을 받았다.

한편 A의 아버지 F와 어머니 M은 B, C, D와 그 보호자 및 담임선생님인 T와 J도를 상대로 손해배상청구소송을 제기하였다. A의 아버지 F와 어머니 M의 B, C, D와 그 보호자 및 담임선생님인 T와 J도를 상대로 한 손해배상청구는 받아들여 질 수 있는가?

정직 6개월의 징계처분을 받은 학교장 Y와 담임선생님인 T는 징계처분이 부당하다고 주장하며, 징계처분을 취소하라는 소송을 제기하였다. 학교장 Y와 교사 T의 징계처분을 취소하라는 소송은 받아들여 질 수 있는가?

Ⅲ 사건의 쟁점

1. 가해학생들이 피해학생에게 가한 행위가 고등학교 학생들끼리 통상적으로 장난을 치는 정도로 볼 것인가, 아니면 피해학생을 만만하게 보고 지속적으로 놀리는 등 단순한 장난의 정도를 넘어서는 일종의 집단 따돌림으로 학교폭력으로 볼 수 있는가 하는 점과,

2. 가해학생들의 집단 따돌림으로 인한 행위와 피해학생이 자살하게 된 것과 인과관계가 있는가 하는 점과,

3. 고등학교 2학년의 미성년자인 가해학생들의 책임능력이 인정되는 경우에도 그 보호자에게 불법행위책임을 물을 수 있는가 하는 점과,

4. 지방자치단체가 설치·경영하는 학교의 교장이나 교사가 학생을 보호·감독할 의무를 지는 범위는 어디까지인가 하는 점과,

5. 담임선생님과 학교장의 행위가 학교폭력 예방 및 대책에 관한 법률 중 어떤 규정 위반으로 징계사유에 해당하는가 하는 점이 문제된다.

Ⅳ 사례 관련 내용의 이해

1. 집단 따돌림은 학교폭력에 해당하는가?

가. 학교폭력 예방 및 대책에 관한 법률상의 정의

"학교폭력"이란 학교 내외에서 학생을 대상으로 발생한 상해, 폭행, 감금, 협박, 약취·유인, 명예훼손·모욕, 공갈, 강요·강제적인 심부름 및 성폭력, 따돌림, 사이버 따돌림, 정보통신망을 이용한 음란·폭력 정보 등에 의하여 신체·정신 또는 재산상의 피해를 수반하는 행위를 말하며(학교폭력 예방 및 대책에 관한 법률 제2조 제1호), "따돌림"이란 학교 내외에서 2명 이상의 학생들이 특정인이나 특정집단의 학생들을 대상으로 지속적이거나 반복적으로 신체적 또는 심리적 공격을 가하여 상대방이 고통을 느끼도록 하는 일체의 행위를 말하며(학교폭력 예방 및 대책에 관한 법률 제2조 제1의2호),

"사이버 따돌림"이란 인터넷, 휴대전화 등 정보통신기기를 이용하여 학생들이 특정 학생들을 대상으로 지속적, 반복적으로 심리적 공격을 가하거나, 특정 학생과 관련된 개인정보 또는 허위사실을 유포하여 상대방이 고통을 느끼도록 하는 일체의 행위를 말한다(학교폭력 예방 및 대책에 관한 법률 제2조 제1의3호).

나. 판례의 태도

판례는 "집단 따돌림이란 학교 또는 학급 등 집단에서 복수의 학생들이 한 명 또는 소수의 학생들을 대상으로 의도와 적극성을 가지고, 지속적이면서도 반복적으로 관계에서 소외시키거나 괴롭히는 현상을 의미한다."라고 판시한바 있다{대법원 2007.11.15. 선고 2005다16034 판결, 손해배상(기), [집단 따돌림 자살 사건]}.

다. 집단괴롭힘(bullying)

집단괴롭힘이란 한 학생이 반복적으로 지속적으로 한 명 혹은 그 이상의 다른 학생들의 부정적인 행동에 노출되는 현상으로 이에는 구타, 폭행 등 직접적인 폭력과 소외, 심리적 배제 등 간적적인 폭력 모두를 포함 한다.

라. 가해학생, 피해학생의 정의

가해학생이란 가해자 중에서 학교폭력을 행사하거나 그 행위에 가담한 학생을 말하며

(동법 제2조 제3호), 피해학생이란 학교폭력으로 인하여 피해를 입은 학생을 말한다(동법 제2조 제4호).

마. 서로 싸우다가 다친 경우의 문제

서로 싸우다가 어느 한 학생이 더 많이 다치고, 다른 학생은 조금 덜 다친 경우라면 싸움을 한 두 학생 모두 가해학생이자 피해학생이 된다. 가해학생과 피해학생에 대해서 어떠한 조치를 취할 것인가는 학교폭력대책자치위원회에서 의결한다. 이때 가해학생에게 반드시 학교폭력 예방 및 대책에 관한 법률 제17조(가해학생에 대한 조치) 제1항의 조치를 취해야 하는 것은 아니며 학교폭력 사안 조사결과 가해학생에게 선도·교육을 취해야 할 필요성이 있다고 인정하는 때에는 동법 제17조 제1항의 조치를 취하는 것이다.

2. 가해학생들의 책임능력이 인정되는 경우에도 그 보호자에게 불법행위 책임을 물을 수 있는가?

가. 가해학생 및 학부모(가해학생 감독의무자)의 책임

(1) 가해학생의 책임

불법행위자인 가해학생 본인이 자신의 불법행위에 대하여 손해배상 책임을 져야 함이 원칙이라고 할 것이나, 민법은 미성년자가 타인에게 불법행위로 인하여 손해를 가할 당시 그 행위의 책임을 변식할 지능이 없는 때에는 배상의 책임을 지지 아니하도록 규정하고 있다(민법 제753조). 여기서 '행위의 책임을 변식할 지능'이라 함은 책임능력이라고도 하는 것으로써, 통상 그 행위가 도덕적으로 허용되지 않는 행위로서 비난을 받는 도덕적 책임이 생긴다는 것을 인식하는 것만으로도 부족하고, 나아가 그 행위의 결과가 위법한 것으로써 법률상 비난을 받고 어떤 법률상 책임이 생긴다는 것을 인식하는 정신능력을 말하는 것으로 보고 있다.

판례는 책임무능력자의 연령기준에 대하여 명확한 기준을 제시하고 있지는 않지만, 대체로 만 12세 미만인 경우는 민법 제753조의 규정에 의거하여 "그 행위의 책임을 변식한 지능이 없는 때"에 해당되는 것으로 보아 손해배상책임을 부담시키지 않는 반면에 만 14세 이상의 미성년자에겐 대체로 책임능력을 인정하고 있다.

(2) 학부모의 책임

가해자가 책임능력이 있는 미성년자인 경우에도 실제로 그 친권자가 일반적 지도·교양의무를 다하지 못한 것이 사고발생의 한 원인이 되었다고 하여 친권자에게 불법행위자로서의 손해배상책임을 지우고 있다. 민법은 자녀가 책임능력이 없는 경우에는 그 부모가 이를 감독할 법적 의무가 있으므로 그 무능력자가 제3자에게 가한 손해를 배상할 책임이 있기는 하나, 감독의무를 해태하지 아니한 때에는 책임이 없다고 규정하고 있다(민법 제755조). 미성년자인 가해학생이 책임능력이 있어 그 스스로 손해배상 책임을 지는 경우 그 부모가 민법 제755조 제1항에 의한 책임을 지지 아니함은 명백하다. 그러나 판례는 미성년자에게 책임능력이 있어 부모들이 민법 제755조 제1항에 기한 손해배상 책임을 부담하지 아니하는 경우에도 그 손해가 감독의무자로서 부모의 의무위반과 상당인과관계가 인정되면 부모는 민법 제750조의 일반불법행위자로서의 손해배상 책임을 부담한다고 보고 있다(대법원 1994. 2. 8. 선고 93다1605 전원합의체 판결, 2001. 4. 24. 선고 2001다5760 판결).

나. 교사 및 학교(설치경영자)의 책임 근거

학교 관계자(교장이나 교사)는 학생들을 친권자 등 법정감독의무자에 대신하여 보호·감독하는 의무로서 학교 내에서의 모든 생활관계에 미치는 것이 아니라 학교에서의 교육활동 및 이와 밀접불가분의 관계에 있는 생활관계에 한정된다. 즉 대리감독자로서 책임을 지는 것이다.

지방자치단체가 설치·경영하는 학교의 교장이나 교사는 학생을 보호·감독할 의무를 지는데, 이러한 보호·감독의무는 교육법에 따라 학생들을 친권자 등 법정감독의무자에 대신하여 감독을 하여야 하는 의무로서 학교 내에서의 학생의 모든 생활관계에 미치는 것은 아니지만, 학교에서의 교육활동 및 이와 밀접 불가분의 관계에 있는 생활관계에 속하고, 교육활동의 때와 장소, 가해자의 분별능력, 가해자의 성행, 가해자와 피해자의 관계, 기타 여러 사정을 고려하여 사고가 학교생활에서 통상 발생할 수 있다고 하는 것이 예측되거나 또는 예측가능성(사고발생의 구체적 위험성)이 있는 경우에는 교장이나 교사는 보호·감독의무 위반에 대한 책임을 진다고 할 것이다.

다. 판례의 태도

대법원은 "망인은 가해학생들로부터 수개월에 걸쳐 이유 없이 폭행 등 괴롭힘을 당한 결과 충격 후 스트레스 장애 등의 증상에 시달리다 결국 자살에까지 이르게 되었음을 알 수 있고, 가해학생들의 망인에 대한 폭행 등은 거의 대부분 학교 내에서 휴식시간 중에 이루어졌고, 또한 수개월에 걸쳐 지속되었으며 당시 학교 내 집단 괴롭힘이 심각한 사회문제로 대두되어 있었으므로, 망인의 담임교사인 소외 1로서는 학생들의 동향 등을 보다 면밀히 파악하였더라면 망인에 대한 폭행 등을 적발하여 망인의 자살이라는 결과를 사전에 예방할 수 있었던 것으로 보이며, 나아가 망인에 대한 폭행사실이 적발된 후에도 소외 1, 2는 망인의 정신적 피해상태를 과소평가한 나머지 망인의 부모로부터 가해학생들과 망인을 격리해 줄 것을 요청받고도 이를 거절하면서 가해학생들로부터 반성문을 제출받고 가해학생들의 부모들로부터 치료비에 대한 부담과 재발방지 약속을 받는데 그치는 등 미온적으로 대처하였고, 또한 그 이후의 수학여행 중에도 망인에 대하여 보다 특별한 주의를 기울였어야 함에도 불구하고, 특별교우관계에 있는 학생을 붙여주는 이외에 별다른 조치를 취하지 아니함으로써 결과적으로 망인이 자살에 이르게 하도록 한 원인을 제공한 과실이 있다고 할 것이므로, 피고 경기도는 국가배상법 제2조 제1항에 의하여 그 소속 공무원인 소외 1, 2의 위와 같은 공무수행상의 과실로 인하여 망인 및 원고들이 입은 손해를 배상할 책임이 있다."고 판시한 바 있다(대법원 2007. 4. 26. 선고 2005다24318 판결).

라. 교사의 책임

교사의 개인 책임은 사립학교의 교사와 국·공립학교 교사 사이에 차이가 있다. 사립학교의 교사는 학교폭력 사고의 발생에 있어 그에게 고의는 물론이고, 과실이 있는 경우에는 그 과실이 중과실인지 경과실인지를 불문하고 손해배상 책임을 지게 된다. 국·공립학교 교사의 학교폭력 사고에 대한 책임에 대하여는 국·공립학교에서 발생한 학교폭력 사고에 대하여 학교설치자인 국가 또는 지방자치단체가 배상책임을 부담하는 외에 국·공립학교의 교사 개인도 고의 또는 중과실이 있는 경우에는 불법행위로 인한 손해배상 책임을 진다고 할 것이지만, 그 교사에게 경과실뿐인 경우에는 교사 개인은 손해배상 책임을 부담하지 않는 것이 된다.

교사의 중과실이라 함은 교사에게 통상 요구되는 정도의 상당한 주의를 하지 않더라도 약간의 주의를 한다면 손쉽게 위법, 유해한 결과를 예견할 수 있는 경우임에도 만연히 이를 간과함과 같은 거의 고의에 가까운 현저한 주의를 결여한 상태를 의미한다고 할 것이므로, 국·공립학교의 교사가 책임을 지는 경우는 사실상 대폭 제한된다.

마. 교사의 학교 설치자로부터의 구상책임

학교의 설치·경영자가 피해학생에 대하여 손해배상을 한 경우, 보호·감독의무를 위반한 교사에 대하여 구상권을 행사할 수 있다. 그런데 국·공립학교의 경우에는 국가배상법이 적용되는 결과 교사에게 고의 또는 중과실이 있는 경우에 한하여 구상책임을 물을 수 있으나, 사립학교의 경우에는 법률상 제한이 없으므로 이론상으로는 경과실의 경우에도 구상권을 행사할 수 있게 된다.

바. 가해학생 보호자의 책임과 교사 등 학교 측의 책임과의 관계

가해학생의 부모의 법정감독의무의 해태로 인한 과실과 담임교사 등 학교 측의 보호감독의무의 해태로 인한 과실이 경합하여 학교사고가 발생한 경우, 양자의 책임은 병존할 수 있다고 보아 부모와 학교 측은 공동불법행위자로서 각자 그 손해를 배상할 책임이 있다는 것이 판례의 태도이다(대법원 2007. 4.26. 선고 2005다24318 판결).

이 경우 어느 일방이 피해학생에게 손해배상을 한 경우에는 상대방에 대하여 구상권을 행사할 수 있는데, 구상비율에 대하여는 일반적으로 교사 등 학교 설치자와 부모 등 친권자 측의 사고발생에 대한 각자의 관여비율, 즉 교사와 친권자의 각자 보호·감독의무의 해태의 정도에 따라 결정된다고 할 것이다.

판례는 "원고와 피고들은 R등 피해자들에 대하여 공동불법행위자로서 위 판결에 따라 각자 그 손해금 전액을 배상할 의무가 있으나, 공동불법행위자인 원고와 피고들 사이에는 위 손해금에 대하여 그 손해의 발생 및 확대에 기여한 정도 즉 각자의 책임비율에 따라 이를 부담한다 할 것인데, 원고는 위 R등에게 위 손해배상금을 모두 지급함으로써 공동불법행위자인 피고들이 공동 면책되었으므로, 원고는 피고들의 책임비율에 상응하는 손해금에 대하여 구상권을 취득하였다.

원고가 피고들에 대하여 취득한 구상권의 범위에 관하여 살펴보면, 공동불법행위자들인 원고의 피고들이 각기 부담하여야 할 부분은 형평의 원칙상 원고와 피고들이 이 사건 손해의 발생 및 확대에 기여한 비율, 즉 책임비율에 따라 정하여야 할 것인데, 비록 이

사건 집단괴롭힘이 피고 학생들의 주도하에 이루어진 것이기는 하나 위 집담괴롭힘이 학교 내에서 발생하였고 학교로서는 적극적인 감독 및 보호활동을 펼칠 경우 이를 제지할 수도 있었다는 점에서 원고의 책임이 작다고만은 할 수 없을 것인바, 앞서 본 바와 같은 집단괴롭힘의 경위, 피고 학생들의 가해 정도, 피고 학생들 부모의 감독 소홀, 원고의 피고 학생들에 대한 감독 소홀 및 R에 대한 보호 소홀의 정도 등 모든 사정에 비추어 볼 때 원고 대 피고들의 책임비율은 4 대 6 정도라고 봄이 상당하다."고 판시한 바 있다(서울지방법원 2008가합31880 구상금).

3. 교사 및 학교장의 의무

가. 학교의 교장이나 교사가 학생을 보호·감독할 의무를 지는 범위

대법원은 학교폭력 가해학생들의 부모의 과실과 담임교사, 교장의 과실이 경합하여 피해학생의 자살 사건이 발생한 사건에서 "지방자치단체가 설치한 학교의 교장이나 교사는 학생을 보호·감독할 의무를 지는데, 이러한 보호·감독의무는 교육법에 따라 학생들을 친권자 등 법정감독의무자에 대신하여 감독을 하여야 하는 학교 내에서의 학생의 모든 생활관계에 미치는 것은 아니지만, 학교에서의 교육활동 및 이와 밀접 불가분의 관계에 있는 생활관계에 속하고, 교육활동의 때와 장소, 가해자의 분별능력, 가해자의 성행, 가해자와 피해자의 관계, 기타 여러 사정을 고려하여 학교생활에서 통상 발생할 수 있다고 하는 것이 예측되거나 또는 예측가능성(사고발생의 구체적 위험성)이 있는 경우에는 교장이나 교사는 보호·감독의무 위반에 대한 책임을 진다."라고 판시하여 가해학생의 부모들과 지방자치단체에게 공동불법행위자로서의 손해배상책임을 인정한 바 있다{대법원 2007. 4.26. 선고 2005다24318 판결, 손해배상(기)}.

나. 학교폭력 신고 의무

학교폭력 예방 및 대책에 관한 법률 제20조에서는 학교폭력신고의무를 규정하고 있는데 그 내용은 "학교폭력 현장을 보거나 그 사실을 알게 된 자는 학교 등 관계 기관에 즉시 신고하여야 하며, 신고를 받은 기관은 가해학생 및 피해학생의 보호자와 소속 학교의 장에게 통보하여야 하며, 통보를 받은 학교의 장은 이를 자치위원회에 지체 없이 통보하여야 하며, 누구라도 학교폭력의 예비·음모를 알게 된 자는 이를 학교의 장 또는 자치위원회에 고발할 수 있고, 교원이 이를 알게 되었을 경우에는 학교의 장에게 보고하고 해당 학부모에게 알려야 한다."라고 규정하고 있다.

다. 학교폭력 예방교육

학교폭력 예방 및 대책에 관한 법률 제15조 (학교폭력 예방교육 등)는 '학교의 장은 학생의 육체적·정신적 보호와 학교폭력의 예방을 위한 학생들에 대한 교육을 학기별로 1회 이상 실시하여야 하고, 학교폭력의 예방 및 대책 등을 위한 교직원에 대한 교육을 학기별로 1회 이상 실시하여야 한다."고 규정하고 있다.

라. 교원의 법령준수 의무

모든 교원은 법령을 준수하며 성실히 직무를 수행해야 한다. 교원은 고용주인 국가나 학교법인과 공법상 또는 사법상의 고용관계를 형성함으로 일정한 권리뿐만 아니라, 고용주에 대하여 일정한 역무를 제공한 의무를 진다. 교원의 직무는 공무원복무규정에 세밀하게 규정되어 있으며, 이러한 규정과 법령을 성실하게 이행하지 않을 경우 성실의 의무를 다하지 않은 데 따르는 각종 행정처분을 받는다.

4. 교원징계 사유 및 불복방법

가. 징계의 의의

공무원이 공무원관계(특별권력관계)에서 부담하는 의무를 위반한 경우에 국가가 공무원관계의 질서를 유지하기 위하여 사용주인 입장에 기하여 그 위반에 대하여 과하는 제재를 징계벌이라고 하는데, 이 징계벌을 받을 지위를 징계책임이라 하고, 징계벌을 과하는 행위를 징계처분이라고 한다.

나. 형벌과 징계벌과의 차이

양자는 '제재'라는 점에서 같으며, 공무원이 하나의 의무위반행위가 징계벌의 대상이 됨과 아울러 형사벌의 대상이 될 수 있으나 ① 형벌은 일반통치권(형벌권)에 그 근거를 두는데, 징계벌은 공무원 내부에서 성립한 사용주의 입장에서 갖는 권력(특별권력)에 근거를 두는 점이 다르며, ② 형벌은 반사회적인 법익침해에 대하여 국가사회의 일반적 법질서를 유지함을 목적으로 과하는 제재인데 반하여, 징계벌은 공무원의 의무위반에 대하여 공무원관계의 질서를 유지함을 목적으로 과하는 제재이며, ③ 징계벌은 의무위반이라는 객관적 사실에 대하여 과하는 제재이기 때문에 형벌에서와 같이 고의 또는 과실이 있음을 요건으로 하지 않으며 부하공무원의 의무위반에 대한 감독상의 책임도 면하지 못한다는 점에서 형벌과 구별되며, ④ 징계벌과 형벌은 그 성질을 달리하기 때문에 양자는 병과될 수 있으며, 병과하더라도 일사부재리의 원칙에 저촉되지 않으며, 현행법은 형사소추 우선의 원칙을 채택하지 않았다.

따라서 공무원에게 징계사유가 인정되는 이상, 관련된 형사사건이 아직 유죄로 확정되지 아니하였다 하더라도 징계처분을 할 수 있음은 물론, 그 징계처분에 대한 행정소송을 진행함에도 아무런 지장이 없으며, 수사기관에서 이를 수사 중에 있다하여도 징계처분은 할 수 있다.

다. 징계의 사유 및 시효

징계의 사유란 교원이 징계처분을 받지 않으면 안 될 의무위반행위를 말하는 것으로, 국가공무원법 제78조 및 감사원법 제32조 제1항에서 정한 사유로는 ① 국가공무원법 및 동법에 의한 명령에 위반하였을 때, ② 직무상의 의무(다른 법령에서 공무원의 신분으로 인하여 부과된 의무를 포함)에 위반하거나 직무를 태만히 한 때, ③ 직무의 내외를 불문하고 그 체면 또는 위신을 손상하는 행위를 한 때, ④ 감사원법에 의한 정당한 사유 없이 감사를 거부하거나 자료의 제출을 해태한 때이다.

5. 교원징계와 재량권 일탈 남용

공무원인 피징계자에게 징계사유가 있어서 징계처분을 하는 경우 어떠한 처분을 할 것인가는 징계권자의 재량에 맡겨진 것이고, 다만 징계권자가 재량권의 행사로서 한 징계처분이 사회통념상 현저하게 타당성을 잃어 징계권자에게 맡겨진 재량권을 남용한 것이라고 인정되는 경우에 한하여 그 처분을 위법하다 할 것인데, 공무원에 대한 징계처분이 사회통념상 현저하게 타당성을 잃었다고 하려면 구체적인 사례에 따라 징계의 원인이 된 비위사실의 내용과 성질, 징계에 의하여 달성하려고 하는 행정목적, 징계 양정의 기준 등 여러 요소를 종합하여 판단할 때에 그 징계 내용이 객관적으로 명백히 부당하다고 인정할 수 있는 경우라야 한다(대법원 2010. 11. 11. 선고 2010두16172 판결, 대법원 1997. 1. 24. 선고 96누15763 판결, 대법원 1997. 11. 25. 선고 97누14637 판결, 대법원 1999. 10. 8. 선고 99두6101 판결).

Ⅴ 사건의 결말

① 평소 밝고 쾌활한 성격의 A는 원만한 교우관계를 보여 왔는데, 같은 학급의 B, C, D와 친하게 어울리는 집단을 형성한 이후 2011. 4.경 B 등에 의하여 위 집단에서 반복적으로 배제되기 시작하면서 그로 인하여 우울하고 불안한 상태에 빠지게 된 점, ② 더 나아가 B는 C, D와 함께 의도적으로 A와의 대면, 대화 등을 피하고 A의 소지품을 은닉하며 A의 외모 등을 흉보거나 비난하는 외에 다른 학생들에게 A와 놀지 말 것을 요구함으로써 A로 하여금 소외감, 수치심 등을 갖도록 하여 온 점, ③ 같은 반의 다른 학생들도 B 등의 위 요구에 동조하여 A와의 대화, 놀이 등을 피하는 등으로 A를 소외시켜 온 점, ④ A는 위와 같은 집단적 따돌림에도 불구하고 B, C, D와 친하게 지내기를 원하였으나 2학기가 되어서부터는 더욱 그 따돌리는 정도가 심하여진 점, ⑤ 이러한 상황에서 전자사전 분실 사건 등으로 B 등과 회복하기 어려울 정도로 악화되고 다시 관계회복을 원하는 자신의 요청이 거절되자 상당한 정신적 충격을 받고 극도로 불안한 상태에 빠진 것으로 보이는 점, ⑥ 같은 날 점심시간 후 하교할 때에도 계속하여 B등이 자신을 몰아세우며 놀리자 자살을 암시하는 듯한 말을 하고서 귀가한 직후 아파트에서 투신하여 자살하기에 이른 점을 인정할 수 있다.

따라서 A의 아버지 F와 어머니 M의 B, C, D와 그 보호자 및 담임선생님인 T와 J도를 상대로 손해배상청구는 받아들여 질 수 있을 것이다.

담임선생님 T는 학교폭력 예방 및 대책에 관한 법률 제20조(신고의무) 제4항 "학교폭력의 예비 음모 등을 교원이 알게 되었을 경우에는 학교의 장에게 보고하고 해당 학부모에게 알려야 한다."는 규정을 위반하여 공무원의 의무 중 법령준수의무를 위반하였으므로, 징계사유에 해당한다.

학교장 Y는 학교폭력 예방 및 대책에 관한 법률 제15조(학교폭력 예방교육 등) 제1항 "학교의 장은 학생의 육체적·정신적 보호와 학교폭력의 예방을 위한 학생들에 대한 교육을 학기별로 1회 이상 실시하여야 한다."는 규정과 동조 제2항 "학교의 장은 학교폭력의 예방 및 대책 등을 위한 교직원에 대한 교육을 학기별로 1회 이상 실시하여야 한다."는 규정을 위반하였기 때문에 공무원의 의무 중 법령준수의무 위반에 해당하므로 징계사유에 해당한다.

Y와 T는 학교장 및 교사로서 초·중등교육법 제9조, 행정감사규정 제19조, 국가공무원법 제56조, 제57조를 위반하였다 할 것이므로, 국가공무원법 제78조 제1항이 정한 징계사유가 존재하며, 이 사건 처분의 원인이 된 이 사건 징계사유의 내용과 성질, 법규위반의 정도 및 징계에 의하여 달성하려 하는 행정목적 등을 종합할 때, 징계권자인 J도 교육감이 재량권의 행사로서 한 이 사건처분이 사회통념상 현저하게 타당성을 잃어 재량권을 일탈·남용한 것이라고 할 수는 없다. 따라서 학교장 Y 및 교사 T에 대한 정직처분 취소청구는 타당하지 않아 기각될 것이다.

Ⅵ 사례의 종합정리

"집단 따돌림이란 학교폭력 예방 및 대책에 관한 법률 제2조 제1호 및 제2조 제1의2호에 의하여 학교폭력으로 규정된 학교폭력의 유형이다. 즉 학교 또는 학급 등 집단에서 복수의 학생들이 한 명 또는 소수의 학생들을 대상으로 의도와 적극성을 가지고, 지속적이면서도 반복적으로 관계에서 소외시키거나 괴롭히는 현상으로 피해학생이 자살을 하는 경우가 발생하는 등 학교폭력의 유형중에서도 가장 심각한 유형이라고 할 수 있다.

학교폭력 예방 및 대책에 관한 법률 제15조에서는 학교장의 학교폭력 예방교육의무를 부과하고 있으며, 동법 제20조에서는 학교폭력 신고의무를 규정하고 있으며 특히 제4항에서는 "학교폭력의 예비 음모 등을 교원이 알게 되었을 경우에는 학교의 장에게 보고하고 해당 학부모에게 알려야 한다."고 규정하고 있다.

학교폭력 가해학생들의 부모는 책임능력 있는 미성년자라고 하더라도 가해학생들이 피해학생을 지속적, 집단적으로 괴롭히는 불법행위를 하지 아니하도록 보호 감독하여야 할 주의의무가 있음에도 이를 게을리 한 과실이 인정되는 경우 가해학생들과 공동불법행위자로서 피해학생 측에게 손해를 배상할 책임이 있다.

지방자치단체가 설치·경영하는 학교의 교장이나 교사는 학생을 보호·감독할 의무를 지는 것이지만, 이러한 보호·감독의무는 교육법에 따라 학생들을 친권자 등 법정감독의무자에 대신하여 감독을 하여야 하는 의무로서 학교 내에서의 학생의 전 생활관계에 미치는 것은 아니고, 학교에서의 교육활동 및 이와 밀접 불가분의 관계에 있는 생활관계에 한하며, 그 의무범위 내의 생활관계라고 하더라도 교육활동의 때와 장소, 가해자의 분별능력, 가해자의 성행, 가해자와 피해자의 관계, 기타 여러 사정을 고려하여 사고가 학교생활에서 통상 발생할 수 있다고 하는 것이 예측되거나 또는 예측가능성(사고발생의 구체적 위험성)이 있는 경우에 한하여 교장이나 교사는 보호·감독의무 위반에 대한 책임을 진다.

제2장 | 학교폭력대책자치위원회의 기능 및 서로 싸운 경우 손해배상청구의 문제

Ⅰ 사례를 통해서 알아볼 내용

학교폭력대책자치위원회의 기능과 구성 및 의결에 대해서 알아보고 가해학생에 대한 징계조치가 일사부재리원칙에 위배되지 않는 다는 점 및 서로 싸운 경우 과실상계 문제 및 상계가 금지된다는 점에 대해서 알아본다.

Ⅱ 사건의 개요

G도가 설치·운영하는 K중학교에서 중3 남학생 A와 B, C가 2회에 걸쳐 화장실에서 싸웠다. 첫 번째 싸움은 1층 화장실에서 A와 B가 사소한 일로 말다툼 끝에 싸웠고, 이 과정에서 B는 바닥에 넘어지면서 머리를 다쳐 전치 2주의 상해를 입었다. 곧바로 다시 3층 화장실에 올라가서 A와 B의 친구인 C가 B의 친구들 10여 명이 있는 자리에서 다시 싸웠는데, A는 얼굴 부위와 치아손상으로 전치 4주의 치료를 요하는 상해를 입었고, C도 다리와 팔 등에 전치 3주의 치료를 요하는 상해를 입었다.

이 싸움은 3학교 생활지도부장 선생님에게 발각되었고, 생활지도부장 선생님은 A를 병원에 데려가서 치료를 받게 하였다. 사건 당일 A의 어머니가 곧바로 경찰서에 신고하였고 경찰이 즉시 출동하여 B, C 및 싸움 현장에 있던 친구들을 만나 진술을 받았다. A의 어머니가 B, C에 대하여 고소한 사실을 안 B, C의 부모도 A를 상해죄로 고소하였다. A는 일방적으로 맞았다고 진술하였으나 경찰 최종조사 결과, 2회 모두 쌍방폭행으로 인한 상해로 조사되어 현재 A와 B, C 모두 상해혐의로 불구속으로 검찰에 송치되었다.

K중학교에서는 학교폭력으로 신고되면 학교의 이미지 실추나 교육청으로부터의 조사나 문책 등이 있을 것으로 생각하여 A의 어머니에게 학교폭력으로 학교에 신고하지 말 것을 종용하면서, 만일 학교폭력으로 K중학교에 신고하더라도 이미 형사고소된 사건이기 때문에 가해자들이 형사처벌을 받을 것이므로 일사부재리의 원칙에 의하여 어떠한 징계조치도 취할 수 없다고 하고 있다.

한편 A의 어머니는 고소취하조건으로 치료비 300만원, 향후 예상되는 코뼈 수술비 200만원, 치아손상으로 인한 치료비 300만원 및 위자료로 200만원 등 총 1,000만원을 요구하고 있으며, B의 부모도 전치 2주의 상해진단서를 발급받고 B도 치료비로 300만원이 들었다고 주장하고 있고, C의 부모는 C가 전치 3주로 400만원의 치료비가 든다고 하면서 B 및 C의 부모는 A가 요구하는 치료비 등 1,000만원에서 B의 치료비 300만원과 C의 치료비 400만원의 합계액인 700만원과의 차액인 300만원만 지급하겠다고 주장하고 있다.

K중학교장의 주장처럼 학교 내에서 서로 싸워서 상해를 입은 사건에 대해서 학교폭력으로 처리하지 않아도 되는가?

또한 형사고소된 사건의 경우 일사부재리원칙에 따라 가해학생에게 학교에서 징계를 할 수 없는 것인가?

서로 싸워서 서로 상해를 입은 경우 자신이 입은 상해에 대한 치료비를 공제하고 차액에 대해서만 상대방에 대한 치료비로 지급하겠다는 B 및 C의 부모의 주장은 타당한가?

Ⅲ 사건의 쟁점

학교폭력 사건은 필수적으로 학교 내 법정기구인 "학교폭력대책자치위원회"를 통해 해결하여야 하는가, 아니면 학교 자치기구인 '선도위원회'를 통해 해결할 수 있는가 하는 문제 및 형사고소된 사건의 경우 가해학생들에게 별도로 징계처분을 할 수 없는지 여부 및 서로 싸우는 과정에서 서로 상해를 입어 치료비 등 손해가 발생한 경우 자신이 입은 손해배상청구권을 근거로 상계를 주장하고 치료비 차액만 지급할 수 있는지 여부가 이 사건의 쟁점이다.

Ⅳ 사례 관련 내용의 이해

1. 상해가 학교폭력에 해당하는가?

가. 상해죄

상해죄란 고의로 사람의 신체를 상해함으로써 성립하는 범죄이며, 형사사건의 수사 또는 재판과 관련하여 고소·증언 등에 대한 보복 등의 목적으로 상해한 경우에는 '특정범죄의 가중처벌 등에 관한 법률'에 의하여, 야간 또는 2인 이상이 공동하여 상해한 경우나 특수상해는 '폭력행위 등 처벌에 관한 법률'에 의하여 가중처벌된다.

나. 상해의 구체적인 예

신체상처(예 피하출혈, 종창, 찰과상, 처녀막파열), 일부박리(예 치아탈락), 성병전염(예 성병감염), 기능장애(보행불능, 수면장애, 식욕감퇴, 일시적이 아닌 인사불성) 등이 포함된다. 상해의 수단·방법에는 제한이 없으며 유형적 방법(예 폭행)이나, 무형적 방법(예 협박), 직접적·간접적, 작위·부작위를 불문한다.

다. 상해죄의 동시범의 특례

상해죄의 동시범의 특례규정이 있다. 형법 제263조에서는 "독립행위가 경합하여 상해의 결과를 발생하게 한 경우에 있어서 원인된 행위가 판명되지 아니한 때에는 공동정범의 예에 의한다."라고 규정되어 있다.

즉 상해의 동시범에 있어서는 원인행위가 판명되지 아니한 때에도 의사연락이 있었던 것과 같이 공동정범으로 처벌한다는 특례규정이다. 이 규정의 적용요건으로는 2인 이상의 행위가 서로 의사연락 없이 동시 또는 이시에 동일객체에 대하여 행해져야 하며, 상해의 결과는 상해행위에 의한 것이건 폭행행위에 의한 것이건 불문하며, 누구의 행위가 원인이 되어 상해의 결과가 발생하였는지 원인관계의 증명이 불가능하여야 한다.

라. 학교폭력의 정의

"학교폭력"이란 학교 내외에서 학생을 대상으로 발생한 상해, 폭행, 감금, 협박, 약취·유인, 명예훼손·모욕, 공갈, 강요·강제적인 심부름 및 성폭력, 따돌림, 정보통신망을 이용한 음란·폭력 정보 등에 의하여 신체·정신 또는 재산상의 피해를 수반하는 행위를 말한다(학교폭력 예방 및 대책에 관한 법률 제2조 제1호).

마. 서로 싸우다가 다친 경우의 문제

서로 싸우다가 어느 한 학생이 더 많이 다치고, 다른 학생은 조금 덜 다친 경우라면 싸움을 한 두 학생 모두 가해학생이자 피해학생이 된다.

2. 서로 싸운 경우 정당방위인가?

가. 맞붙어 싸움을 하는 사람 사이에서는 공격행위와 방어행위가 연달아 행하여지고 방어행위가 동시에 공격행위인 양면적 성격을 띠어서 어느 한쪽 당사자의 행위만을 가려내어 방어를 위한 '정당행위'라거나 '정당방위'에 해당한다고 보기 어려운 것이 보통이다.

그러나 겉으로는 서로 싸움을 하는 것처럼 보이더라도 실제로는 한쪽 당사자가 일방적으로 위법한 공격을 가하고 상대방은 이러한 공격으로부터 자신을 보호하고 이를 벗어나기 위한 저항수단으로서 유형력을 행사한 경우에는, 그 행위가 새로운 적극적 공격이라고 평가되지 아니하는 한, 이는 사회관념상 허용될 수 있는 상당성이 있는 것으로서 위법성이 조각된다(대법원 2010.2.11. 선고 2009도12958 판결).

나. 형법 제20조 소정의 '사회상규에 위배되지 아니하는 행위'라 함은 법질서 전체의 정신이나 그 배후에 놓여 있는 사회윤리 내지 사회통념에 비추어 용인될 수 있는 행위를 말하고, 어떠한 행위가 사회상규에 위배되지 아니하는 정당한 행위로서 위법성이 조각되는 것인지는 구체적인 사정 아래서 합목적적, 합리적으로 고찰하여 개별적으로 판단되어야 하므로, 이와 같은 정당행위가 인정되려면, 첫째 그 행위의 동기나 목적의 정당성, 둘째 행위의 수단이나 방법의 상당성, 셋째 보호이익과 침해이익의 법익 균형성, 넷째 긴급성, 다섯째 그 행위 이외의 다른 수단이나 방법이 없다는 보충성 등의 요건을 갖추어야

하고, 형법 제21조 소정의 정당방위가 성립하려면 침해행위에 의하여 침해되는 법익의 종류, 정도, 침해의 방법, 침해행위의 완급과 방위행위에 의하여 침해될 법익의 종류, 정도 등 일체의 구체적 사정들을 참작하여 방위행위가 사회적으로 상당한 것이어야 한다(대법원 2004. 6. 25. 선고 2003도4934 판결).

다. 가해자의 행위가 피해자의 부당한 공격을 방위하기 위한 것이라기보다는 서로 공격할 의사로 싸우다가 먼저 공격을 받고 이에 대항하여 가해하게 된 것이라고 봄이 상당한 경우, 그 가해행위는 방어행위인 동시에 공격행위의 성격을 가지므로 정당방위라고 볼 수 없다(대법원 2000. 3. 28. 선고 2000도228).

3. 학교폭력대책자치위원회의 기능 및 역할

가. 학교폭력대책자치위원회를 법정기구로 둔 이유

발달과정상에 있는 학생 청소년들의 사건을 형사, 민사적으로 확대시키기 이전에 자체적으로 사건을 해결하고 학생들의 정상적인 학교적응을 돕는 것을 목적으로 학교 내 법정기구인 학교폭력대책자치위원회를 둔 것이다. 따라서 자치위원회는 학생들을 보호하기 위한 형사적 법집행과 교육적 해결 과정의 중간적 역할로서의 기능을 수행하는데 그 의미를 두고 있다.

나. 선도위원회와 자치위원회의 차이

(1) 선도위원회 : 학교폭력을 제외한 학생의 제반 비행에 대한 징계를 담당하는 학교자치기구이며 교원으로 구성되어있다(초·중등교육법 제18조, 동법시행령 제31조).

(2) 학교폭력대책자치위원회 : 학교폭력 사건을 다루는 법정기구이며 교원 외에도 학부모와 외부인사로 구성되어있다(학교폭력 예방 및 대책에 관한 법률 제12조, 동법시행령 제14조).

따라서 학교폭력 사건은 필수적으로 학교 내 법정기구인 "학교폭력대책자치위원회"를 통해 해결하도록 하고 학교폭력을 제외한 학생 비행 건은 학교 자치기구인 '선도위원회'를 통해 해결하여야 한다. 따라서 학교폭력과 관련한 사안에 대하여 학교 내 "학교폭력대책자치위원회"가 이를 심의하였다면 이것은 학교폭력 예방 및 대책에 관한 법률 제12조에서 위원회의 기능 중 징계기능을 수행하는 것이다. 따라서 이 과정에서 별도의 선도위원회가 열리지 않더라도 자치위원회 자체에서 학생을 징계하거나 조치할 수 있으며,

자치위원회는 징계학생에 대하여 별도의 '선도위원회'를 소집할 필요가 없다.

다. 자치위원회의 기능 및 역할

학교폭력이 발생하였을 경우 학교폭력 예방 및 대책에 관한 법률 제12조에 근거하여 가해자와 피해자를 대상으로 자치위원회를 소집하여 분쟁을 해결하고 대응하는 것, 그리고 가해자의 행동을 처벌, 치료하고, 피해자가 극복될 수 있도록 도와준다.

4. 일사부재리원칙과 가해학생에 대한 징계조치

일사부재리원칙이란 판결이 내려진 어떤 사건(확정판결)에 대해 두 번 이상 심리·재판을 하지 않는다는 형사상의 원칙을 말한다. 형벌과 징계벌은 '제재'라는 점에서 같으나, 학생 등 특별권력관계에 있는 경우 하나의 의무위반행위가 징계벌의 대상이 됨과 아울러 형사벌의 대상이 될 수 있다.

형벌은 반사회적인 법익침해에 대하여 국가사회의 일반적 법질서를 유지함을 목적으로 과하는 제재인데 반하여, 징계벌은 특별권력관계 내에서의 의무위반에 대하여 질서를 유지함을 목적으로 과하는 제재이기 때문에 형벌에서와 같이 고의 또는 과실이 있음을 요건으로 하지 않는다.

징계벌과 형벌은 그 성질을 달리하기 때문에 양자는 병과 될 수 있으며, 병과 하더라도 일사부재리의 원칙에 저촉되지 않으며, 현행법은 형사소추 우선의 원칙을 채택하지 않고 있으므로 특별권력관계 내에 있는 자에게 징계사유가 인정되는 이상, 관련된 형사사건이 아직 유죄로 확정되지 아니하였다 하더라도 징계처분을 할 수 있음은 물론, 그 징계처분에 대한 행정소송을 진행함에도 아무런 지장이 없으며, 수사기관에서 이를 수사 중에 있다하여도 징계처분은 할 수 있다(대법원 1984. 9. 11. 선고 84누110 판결).

5. 과실상계의 문제

가. 민법 제396조는 "채무불이행에 관하여 채권자에게 과실이 있는 때에는 법원은 손해배상의 책임 및 그 금액을 정함에 이를 참작하여야 한다."고 규정하고 있고, 민법 제763조는 "민법 제396조의 규정은 불법행위로 인한 손해배상에 준용한다."고 규정하고 있다.

과실상계의 대상이 되는 불법행위는 그것이 고의에 의한 것이든 과실에 의한 것이든 아무런 제한이 없다고 할 것이다. 불법행위에 관하여 피해자에게 과실이 있는 때에는 법원은 손해배상의 책임 및 그 금액을 정함에 이를 참작하여야 한다. 그리고 피해자의 과실은 당사자의 주장이 없더라도 법원이 이를 직권으로 심리하여 가해자의 손해배상범위를 정함에 있어 당연히 필요적으로 참작되어야 한다.

나. 가해행위가 생명과 신체의 침해행위인 경우, 가해자의 도발에 의하여 피해자가 반격을 가한 경우와 과실상계를 할 수 있다. 즉 싸움으로 서로 때려서 부상을 입은 경우에는 피해자에게도 일부 과실이 있다고 할 것이고 그 싸움이 가해자의 도발에 의한 것이라는 사유만으로서 피해자의 반격행위가 과실상계의 원인이 될 수 없다고 해석할 수 없을 것이다(대법원 1965. 8. 24. 선고 65다1096 판결).

다. 피해자 측에도 과실이 있는 경우에 불법행위로 인한 손해배상책임을 부정(면책)할 것인가 또는 배상액을 정함에 있어서만 참작할 것인가는 가해자 측과 피해자 측의 과실의 경중과 그 밖의 제반사정을 비교·교량하여 공평의 원칙에 따라 결정해야 한다(대법원 1991. 4. 26. 선고 90다14539 판결).

6. 서로 싸운 경우 손해배상금에 대한 상계의 금지

가. 상계의 의의

상계란 채무자가 채권자에 대하여 자기도 또한 동종의 채권을 갖는 경우에 채무자의 상계의 의사표시만으로 그 채권과 대등액에서 소멸시키는 것을 말한다(민법 제492조, 493조).

예를 들어 A가 B에 대하여 3,000만원의 금전채권을 가지고 있는 한편, B는 A에 대하여 1,000만원의 금전채권을 가지고 있는 경우에 A의 B에 대한 채권과, B의 A에 대한 채권이 모두 이행기에 있을 때에는 A 또는 B는 B 또는 A에게 대등액인 1,000만원에 대하여 상계의 의사표시를 함으로써 1,000만원의 범위에서 채무가 소멸하게 되는데, 이때 B가 상계를 하는 경우, 상계를 하는 측의 채권(B의 1,000만원 채권)을 자동채권이라 하고, 상대방 A의 채권을 수동채권이라고 한다.

나. 상계의 요건

상계의 요건에 관하여 「민법」 제492조 제1항은 "쌍방이 서로 같은 종류를 목적으로 한 채무를 부담한 경우에 그 쌍방의 채무의 이행기가 도래한 때에는 각 채무자는 대등액에 관하여 상계할 수 있다. 그러나 채무의 성질이 상계를 허용하지 아니할 때에는 그러하지 아니하다."라고 규정하고 있고, 상계의 방법 및 효과에 관하여 같은 법 제493조는 "① 상계는 상대방에 대한 의사표시로 한다. 이 의사표시에는 조건 또는 기한을 붙이지 못한다. ② 상계의 의사표시는 각 채무가 상계할 수 있는 때에 대등액에 관하여 소멸한 것으로 본다."라고 규정하고 있다.

다. 고의의 불법행위의 경우

민법 제496조의 취지는, 고의의 불법행위에 의한 손해배상채권에 대하여 상계를 허용한다면 고의로 불법행위를 한 자까지도 상계권 행사로 현실적으로 손해배상을 지급할 필요가 없게 되어 보복적 불법행위를 유발하게 될 우려가 있고, 또 고의의 불법행위로 인한 피해자가 가해자의 상계권 행사로 인하여 현실의 변제를 받을 수 없는 결과가 됨은 사회적 정의관념에 맞지 아니하므로 고의에 의한 불법행위의 발생을 방지함과 아울러 고의의 불법행위로 인한 피해자에게 현실의 변제를 받게 하려는 데 있다(대법원 2002. 1. 25. 선고 2001다52506 판결).

즉 우리 민법과 판례는 쌍방 서로 싸움에서 입은 손해의 경우에도 고의에 의한 불법행위이므로 고의의 불법행위로 인한 손해배상채권을 수동채권으로 하여 상계를 주장하지 못한다고 하고 있다.

고의의 불법행위로 인한 손해배상채권을 수동채권으로 하는 상계는 허용되지 않는 것이며, 이는 그 자동채권이 동시에 행하여진 싸움에서 서로 상해를 가한 경우와 같이 동일한 사안에서 발생한 고의의 불법행위로 인한 손해배상채권인 경우에도 마찬가지이다(대법원 1994. 2. 25. 선고 93다38444 판결).

라. 중과실의 경우

고의의 불법행위에 인한 손해배상채권에 대한 상계금지를 중과실의 불법행위에 인한 손해배상채권에까지 유추 또는 확장 적용하여야 할 필요성이 있다고 할 수 없다(대법원 1994. 8. 12. 선고 93다52808 판결).

마. 상계계약

민법상 상계는 채무자의 단독행위이다. 그러나 계약자유의 원칙상 상계의 목적을 당사자 사이의 계약에 의해서도 달성할 수 있다. 민법이 정하고 있는 상계의 요건이나 상계의 금지에 관한 규정은 상계계약에는 적용되지 않는다.

상계계약에는 조건이나 기한을 붙일 수도 있다. 장래 일정한 사유가 발생한 경우에 당사자 사이에 서로 대립하는 채권에 관하여 상계한다는 것을 내용으로 하는 합의인 상계예약도 유효하다.

7. 싸움의 경우 서로 소송을 제기한 경우 민사판결 주문의 형태

가. 위 사례에서 A가 손해배상청구소송을 제기한 사건에서 B도 반소로서 손해배상청구소송을 제기하였다면 A는 원고이면서 반소피고가 되며, B는 피고이면서 반소원고가 된다. A가 손해배상금(위자료 포함)으로 1,500만원을 청구하고, B가 1,000만원(위자료포함)을 청구했다고 가정하면 쌍방 폭행으로 상해를 입었으므로 민사판결문은 다음과 같은 주문형태가 될 것이다.

나. 주 문

(1) 피고(반소원고)는 원고(반소피고)에게 금 10,000,000원과 이에 대하여 2011. 9. 12.부터 2011. 12. 27.까지는 연 5%의, 그 다음날부터 다 갚는 날까지는 연 20%의 각 비율에 의한 금원을 지급하라.

(2) 원고(반소피고)는 피고(반소원고)에게 금 3,000,000원과 이에 대하여 2011. 9. 12.부터 2011. 12. 27.까지는 연 5%의, 그 다음날부터 다 갚는 날까지는 연 20%의 각 비율에 의한 금원을 지급하라.

(3) 원고(반소피고)의 나머지 본소 청구와 피고(반소원고)의 나머지 반소 청구를 각 기각한다.

(4) 소송비용은 본소와 반소를 합하여 70%는 피고(반소원고)가, 30%는 원고(반소피고)가 각 부담한다.

(5) 제1, 2항은 가집행 할 수 있다.

Ⅴ 사건의 결말

3학년 생활지도부장 선생님이 사건 현장을 목격하였으므로 반드시 K중학교장에게 보고하여야 하며, 학교폭력사안으로 학교폭력대책자치위원회를 열어 징계 등을 심의하여야만 한다. 따라서 학교폭력으로 처리하지 말자는 K중학교장의 설명은 학교폭력 예방 및 대책에 관한 법률에 위반되는 주장이므로 타당하지 않다.

징계벌과 형벌은 그 성질을 달리하기 때문에 양자는 병과 될 수 있으며, 병과 하더라도 일사부재리의 원칙에 저촉되지 않으며, 특별권력관계 내에 있는 자에게 징계사유가 인정되는 이상, 관련된 형사사건이 아직 유죄로 확정되지 아니하였다 하더라도 징계처분을 할 수 있으므로, 형사고소된 사건이므로 가해학생들에게 징계처분을 할 수 없다는 K중학교장의 주장은 타당하지 않다.

서로 싸운 경우, 먼저 의도적으로 싸움을 유발했다거나 일방적으로 폭행이나 상해를 가하였다는 등의 특별한 사정이 없는 한 통상 과실비율을 50% 대 50%로 볼 수 있다. B, C 부모가 자신들이 입은 손해, 즉 치료비 등을 공제하고 나머지 300만원만 A부모에게 주겠다는 주장은 우리 법(판례)상 상계금지규정에 위배되는 주장이다. 고의에 의한 불법행위의 경우, 즉 위와 같은 쌍방 서로 싸움에서 입은 손해의 경우에도 고의에 의한 불법행위이므로 고의의 불법행위로 인한 손해배상채권을 수동채권으로 하여 상계를 주장하지 못하므로, A의 동의나 합의가 없는 경우 위 B, C가 A에게 그 차액인 300만원만 주겠다는 주장은 정당하지 않으므로 받아들일 수 없는 주장이다.

Ⅵ 사례의 종합정리

일사부재리원칙이란 판결이 내려진 어떤 사건(확정판결)에 대해 두 번 이상 심리·재판을 하지 않는다는 형사상의 원칙을 말한다. 형벌과 징계벌은 '제재'라는 점에서 같으나, 학생 등 특별권력관계에 있는 경우 하나의 의무위반행위가 징계벌의 대상이 됨과 아울러 형사벌의 대상이 될 수 있다. 형벌은 반사회적인 법익침해에 대하여 국가사회의 일반적 법질서를 유지함을 목적으로 과하는 제재인데 반하여, 징계벌은 특별권력관계 내에서의 의무위반에 대하여 질서를 유지함을 목적으로 과하는 제재이기 때문에 형벌에서와 같이 고의 또는 과실이 있음을 요건으로 하지 않는다.

징계벌과 형벌은 그 성질을 달리하기 때문에 양자는 병과될 수 있으며, 병과하더라도 일사부재리의 원칙에 저촉되지 않으며, 현행법은 형사소추 우선의 원칙을 채택하지 않고 있으므로 특별권력관계 내에 있는 자에게 징계사유가 인정되는 이상, 관련된 형사사건이 아직 유죄로 확정되지 아니하였다 하더라도 징계처분을 할 수 있음은 물론, 그 징계처분에 대한 행정소송을 진행함에도 아무런 지장이 없으며, 수사기관에서 이를 수사 중에 있다하여도 징계처분은 할 수 있다.

Ⅶ 사례 관련 판례정리

서로 싸운 경우와 정당방위 및 정당행위 관련 판례정리

(1) 겉으로는 서로 싸움을 하는 것처럼 보이는 당사자 중 일방의 유형력 행사의 위법성이 조각되기 위한 요건

맞붙어 싸움을 하는 사람 사이에서는 공격행위와 방어행위가 연달아 행하여지고 방어행위가 동시에 공격행위인 양면적 성격을 띠어서 어느 한쪽 당사자의 행위만을 가려내어 방어를 위한 '정당행위'라거나 '정당방위'에 해당한다고 보기 어려운 것이 보통이다. 그러나 겉으로는 서로 싸움을 하는 것처럼 보이더라도 실제로는 한쪽 당사자가 일방적으로 위법한 공격을 가하고 상대방은 이러한 공격으로부터 자신을 보호하고 이를 벗어나기 위한 저항수단으로서 유형력을 행사한 경우에는, 그 행위가 새로운 적극적 공격이라고 평가되지 아니하는 한, 이는 사회관념상 허용될 수 있는 상당성이 있는 것으로서 위법성이 조각된다.[1]

(2) 상대방 일행이 서로 합세하여 A를 구타하였고, A는 이를 벗어나기 위하여 손을 휘저으며 발버둥치는 과정에서 상대방 등에게 상해를 가하게 된 사안에서, A의 행위의 위법성이 조각된다고 판단한 원심판결을 수긍한 사례

A와 자신의 남편과의 관계를 의심하게 된 상대방이 자신의 아들 등과 함께 A의 아파트에 찾아가 현관문을 발로 차는 등 소란을 피우다가, 출입문을 열어주자 곧바로 A를 밀치고 신발을 신은 채로 거실로 들어가 상대방 일행이 서로 합세하여 A를 구타하기 시작하였고, A는 이를 벗어나기 위하여 손을 휘저으며 발버둥치는 과정에서 상대방 등에게 상해를 가하게 된 사안에서, 상대방의 남편과 A가 불륜을 저지른 것으로 생각하고 이를 따지기 위하여 A의 집을 찾아가 A를 폭행하기

1) 대법원 2010.2.11. 선고 2009도12958 판결.

에 이른 것이라는 것만으로 상대방 등의 위 공격행위가 적법하다고 할 수 없고, A는 그러한 위법한 공격으로부터 자신을 보호하고 이를 벗어나기 위한 사회관념상 상당성 있는 방어행위로서 유형력의 행사에 이르렀다고 할 것이어서 위 행위의 위법성이 조각된다고 판단한 원심판결에 법리오해의 위법이 없다고 한 사례[2)]

(3) 정당행위 및 정당방위의 성립요건

형법 제20조 소정의 '사회상규에 위배되지 아니하는 행위'라 함은 법질서 전체의 정신이나 그 배후에 놓여 있는 사회윤리 내지 사회통념에 비추어 용인될 수 있는 행위를 말하고, 어떠한 행위가 사회상규에 위배되지 아니하는 정당한 행위로서 위법성이 조각되는 것인지는 구체적인 사정 아래서 합목적적, 합리적으로 고찰하여 개별적으로 판단되어야 하므로, 이와 같은 정당행위가 인정되려면, 첫째 그 행위의 동기나 목적의 정당성, 둘째 행위의 수단이나 방법의 상당성, 셋째 보호이익과 침해이익의 법익 균형성, 넷째 긴급성, 다섯째 그 행위 이외의 다른 수단이나 방법이 없다는 보충성 등의 요건을 갖추어야 하고, 형법 제21조 소정의 정당방위가 성립하려면 침해행위에 의하여 침해되는 법익의 종류, 정도, 침해의 방법, 침해행위의 완급과 방위행위에 의하여 침해될 법익의 종류, 정도 등 일체의 구체적 사정들을 참작하여 방위행위가 사회적으로 상당한 것이어야 한다.[3)]

(4) 싸움 중에 이루어진 가해행위가 방어행위인 동시에 공격행위의 성격을 가지는 경우, 정당방위라고 볼 수 있는지 여부(소극)

가해자의 행위가 피해자의 부당한 공격을 방위하기 위한 것이라기보다는 서로 공격할 의사로 싸우다가 먼저 공격을 받고 이에 대항하여 가해하게 된 것이라고 봄이 상당한 경우, 그 가해행위는 방어행위인 동시에 공격행위의 성격을 가지므로 정당방위라고 볼 수 없다.[4)]

A가 먼저 B에게 컵에 든 물을 끼얹고 B의 머리채를 잡아 흔들어 싸움을 유발하자 B가 A의 뺨을 1대 때리고 어깨를 잡고 밀고 당기는 등 A의 폭행에 적극적으로 대항한 점, 당시 A가 임신 중이었고, B 또한, 그러한 사실을 알고 있었던 점 및 B와 A가 싸움에 이르게 된 동기 및 경위, 싸움 전후의 정황 등 제반 사정에 비추어, B의 행위는 A의 부당한 공격에 대한 소극적인 방어의 한도를 넘어 적극적인 반격으로서 공격행위의 성격을 가진다고 봄이 상당하므로 정당방위에 해당하지 않는다.[5)]

(5) 정당방위의 요건

어떠한 행위가 정당방위로 인정되려면 그 행위가 자기 또는 타인의 법익에 대한 현재의 부당한 침해를 방어하기 위한 것으로서 상당성이 있어야 하므로, 위법하지 않은 정당한 침해에 대한 정당방위는 인정되지 아니하고, 방위행위가 사회적으로 상당한 것인지 여부는 침해행위에 의해 침해되는 법익의 종류, 정도, 침해의 방법, 침해행위의 완급과 방위행위에 의해 침해될 법익의 종류, 정도 등 일체의 구체적 사정들을 참작하여 판단하여야 할 것이다.[6)]

---

2) 대법원 2010.2.11. 선고 2009도12958 판결.
3) 대법원 2004.6.25. 선고 2003도4934 판결.
4) 대법원 2004.6.25. 선고 2003도4934 판결.
5) 대법원 2004.6.25. 선고 2003도4934 판결.

(6) 피고인의 행위가 피해자의 부당한 행패를 저지하기 위한 본능적인 소극적 방어행위에 지나지 아니하여 정당행위라고 본 사례

피고인이 피해자로부터 며칠간에 걸쳐 집요한 괴롭힘을 당해 온데다가 피해자가 피고인이 교수로 재직하고 있는 대학교의 강의실 출입구에서 피고인의 진로를 막아서면서 피고인을 물리적으로 저지하려 하자 극도로 흥분된 상태에서 그 행패에서 벗어나기 위하여 피해자의 팔을 뿌리쳐서 피해자가 상해를 입게 된 경우, 피고인의 행위는 피해자의 부당한 행패를 저지하기 위한 본능적인 소극적 방어 행위에 지나지 아니하여 사회통념상 허용될 만한 정도의 상당성이 있어 위법성이 없는 정당행위라고 봄이 상당하다고 한 사례 7)

(7) 교사가 국민학교 5학년생을 징계하기 위하여 지휘봉으로 엉덩이와 허리를 때려 6주간의 치료를 요하는 상해를 입힌 경우 교사의 징계권행사로서 정당행위가 되는지 여부(소극)

교사가 국민학교 5학년생을 징계하기 위하여 양손으로 교탁을 잡게 하고 길이 50cm, 직경 3cm 가량 되는 나무 지휘봉으로 엉덩이를 두 번 때리고, 학생이 아파서 무릎을 굽히며 허리를 옆으로 틀자 다시 허리부분을 때려 6주간의 치료를 받아야 할 상해를 입힌 경우 위 징계행위는 그 방법 및 정도가 교사의 징계권행사의 허용한도를 넘어선 것으로서 정당한 행위로 볼 수 없다.8)

(8) 멱살을 잡아당기는 피해자의 옷자락을 잡고 밀친 행위가 정당행위에 해당된다고 본 사례

피해자가 갑자기 달려 나와 정당한 이유없이 피고인의 멱살을 잡고 파출소로 가자면서 계속하여 끌어당기므로 피고인이 그와 같은 피해자의 행위를 제지하기 위하여 그의 양팔부분의 옷자락을 잡고 밀친 것이라면 이러한 피고인의 행위는 멱살을 잡힌 데서 벗어나기 위한 소극적인 저항행위에 불과하고 그 행위에 이른 경위 등에 비추어 볼 때 사회통념상 허용될만한 정도의 상당성이 있는 행위로서 형법 제20조 소정의 정당행위에 해당한다.9)

(9) 강제추행범의 혀를 깨문 행위가 정당방위에 해당된다고 본 사례

A와 B가 공동으로 인적이 드문 심야에 혼자 귀가중인 병여에게 뒤에서 느닷없이 달려들어 양팔을 붙잡고 어두운 골목길로 끌고 들어가 담벽에 쓰러뜨린 후 A가 음부를 만지며 반항하는 C녀의 옆구리를 무릎으로 차고 억지로 키스를 함으로 C녀가 정조와 신체를 지키려는 일념에서 엉겁결에 갑의 혀를 깨물어 설절단상을 입혔다면 C녀의 범행은 자기의 신체에 대한 현재의 부당한 침해에서 벗어나려고 한 행위로서 그 행위에 이르게 된 경위와 그 목적 및 수단, 행위자의 의사등 제반사정에 비추어 위법성이 결여된 행위이다.10)

(10) 본능적인 소극적 방어행위로 인한 피해자의 사망과 정당행위 여부

피고인이 자기의 앞가슴을 잡고 있는 피해자의 손을 떼어 내기 위하여 피해자의 손을 뿌리친 것에 불과하다면 그와 같은 행위는 피해자의 불법적인 공격으로부터 벗어나기 위한 본능적인

---

6) 대법원 2006.4.27. 선고 2003도4735 판결.
7) 대법원 1995.8.22. 선고 95도936 판결.
8) 대법원 1990.10.30. 선고 90도1456 판결.
9) 대법원 1990.1.23. 선고 89도1328 판결.
10) 대법원 1989.8.8. 선고 89도358 판결.

소극적 방어행위에 지나지 아니하여 사회통념상 허용될 상당성이 있는 위법성이 결여된 행위라고 볼 여지가 있다 할 것이고 위 행위가 사회상규에 위배되지 않는 행위로서 위법성이 결여된 행위로 인정된다면 그 행위의 결과로 피해자가 사망하게 되었다 하더라도 폭행치사죄로 처벌할 수는 없다.[11]

(11) 폭행과 긴급피난의 관계

피고인이 피해자의 목을 잡아끌고 올라온 행위 그 자체는 피해자에 대한 폭행에 해당하는 것이고, 위 폭행이 피해자의 생명이라는 법익에 대한 현재의 위난을 피하기 위한 행위로서 긴급피난에 해당한다면 그 위법성이 없게 되는 것에 불과한 것이지 그 행위가 폭행이 되지 않거나 폭행의 고의가 없는 것은 아니다.[12]

(12) 상호쟁투중에 이루어진 구타행위와 정당방위

일련의 상호쟁투중에 이루어진 구타행위는 서로 상대방의 폭력행위를 유발한 것이므로 정당방위 또는 과잉방위는 성립되지 아니한다.[13]

(13) 피해자를 뿌리쳐 넘어뜨린 행위가 본능적, 반사적 방위행위라 하여 고의를 부정한 사례

술에 취한 피해자가 뒤에서 자기와 씨름을 하려고 허리를 잡아당기자 뒤로 물러서면서 손으로 뿌리쳐 피해자를 넘어뜨린 것이라면 고의로 피해자를 폭행하였다기보다는 갑자기 뒤에서 자신의 몸을 잡는 것을 떼어내기 위한 본능적, 반사적, 방위적 행위라 할 것이어서 사회상규에 위배되지 않는다.[14]

(14) 피해자가 시비를 걸려고 양팔을 잡는 것을 피하고자 몸을 틀어 뿌리친 행위가 폭행에 해당하는지 여부(소극)

피해자가 시비를 걸려고 양팔을 잡는 것을 피하고자 몸을 틀어 뿌리친 것뿐인 행위는 이를 폭행에 해당한다고 할 수 없을 뿐만 아니라 설사 폭행에 해당한다고 하더라도 위 행위는 피해자의 불법한 공격으로부터 자신을 보호하고 이를 벗어나기 위하여 필요한 최소한도의 방어를 한 것으로서 사회상규에 어긋나지 아니하여 위법성이 없다.[15]

(15) 형법 제24조 소정의 위법성이 조각되는 피해자의 승낙의 범위

형법 제24조의 규정에 의하여 위법성이 조각되는 피해자의 승낙은 개인적 법익을 훼손하는 경우에 법률상 이를 처분할 수 있는 사람의 승낙을 말할 뿐만 아니라 그 승낙이 윤리적, 도덕적으로 사회상규에 반하는 것이 아니어야 한다.[16]

(16) 부하를 훈계하기 위한 폭행행위와 사회상규 위반여부

부하를 훈계하기 위한 것이라 하여도 폭행행위가 훈계권의 범위를 넘었다고 보여지고 그로 인하

11) 대법원 1987.10.26. 선고 87도464 판결.
12) 대구고법 1987.9.16. 선고 87노787 판결.
13) 대법원 1986.12.23. 선고 86도1491 판결.
14) 대구고법 1986.8.27. 선고 86노334 판결.
15) 대법원 1985.10.8. 선고 85도1915 판결.
16) 대법원 1985.12.10. 선고 85도1892 판결.

여 상해를 입은 이상 그 행위를 사회상규에 위배되지 아니한 행위로서 위법성이 조각된다고 할 수 없다.17)

(17) 부당한 공격에서 벗어나려고 한 폭행과 위법성

피해자가 피고인에게 다가와 폭언을 하면서 피고인의 오른손 둘째손가락을 물어뜯으므로 피고인이 이를 피하려고 손을 뿌리치면서 두 손으로 피해자의 양어깨를 누르게 되었다면, 피고인의 소위는 피해자의 부당한 공격에서 벗어나려고 한 행위로서 그 행위에 이르게 된 경위, 목적, 수단, 의사 등 제반사정에 비추어 사회통념상 허용될 만한 정도의 상당성 있는 것으로 위법성이 결여되어 폭행죄를 구성하지 아니한다.18)

(18) 소극적인 저항방법으로 부득이 행한 폭력행위가 사회상규에 위배되지 아니한다고 본 사례

피해자가 과부로 홀로 살고 있는 피고인의 집터를 자기소유라 주장하면서 출입문과 변소문을 폐쇄하고 피고인의 집으로 들어오는 전기선을 짤라버리는 등의 행패를 부리고 그 가족과 합세하여 피고인의 머리카락을 쥐어 잡고 발버둥침에도 불구하고 자기집 안으로 끌고 들어가서는 안에서 문을 잠가 감금시킨 상태에서 피고인의 목을 조르는 등 폭행을 가함에 피고인이 이를 뿌리치기 위한 소극적인 저항방법으로 부득이 피해자의 멱살을 잡고 밀고 당기게 되었다면 이 폭력행위는 그에 이르게 된 과정과 목적, 수단 및 피고인의 의사 등 여러 사정에 비추어 볼 때 사회통념상 허용될 상당성이 있는 위법성이 결여된 행위이다.19)

(19) 사회상규에 위배되지 않는 행위(폭행)라고 본 사례

피해자가 피고인을 따라다니면서 귀찮게 싸움을 걸어오는 것을 막으려고 피고인이 피해자의 멱살을 잡고 밀어 넘어뜨렸다면 이는 사회통념상 용인되는 행위로서 위법성이 없다.20)

(20) 사회상규에 위반되지 않는 폭행행위로 본 사례

강제연행을 모면하기 의하여 팔꿈치로 뿌리치면서 가슴을 잡고 벽에 밀어부친 행위는 소극적인 저항으로 사회상규에 위반되지 아니한다.21)

(21) 사회상규에 반하지 아니하는 행위

피고인이 술이 취해서 시비하려는 피해자를 피해서 문밖으로 나오려는 순간 피해자가 뒤따라 나오며 피고인의 오른팔을 잡자 피고인이 잡힌 팔을 빼기 위하여 뿌리친 행위는 불법적으로 붙잡힌 팔을 빼기 위한 본능적 방어행위로서 사회상규에 어긋나는 행위가 아니므로 이로 인하여 피해자가 사망하였다고 하더라도 피고인에게 폭행치사죄의 책임을 지울 수 없다.22)

17) 대법원 1984.6.26. 선고 84도603 판결.
18) 대법원 1984.4.24. 선고 84도242 판결.
19) 대법원 1982.7.26. 선고 83도1418 판결.
20) 대법원 1983.5.24. 선고 83도942 판결.
21) 대법원 1982.2.23. 선고 81도2958 판결.
22) 대법원 1980.9.24. 선고 80도1898 판결.

상해죄의 동시범 특례 관련 판례정리

(1) 이시의 독립행위가 경합하여 치사의 결과가 발생하였는데 그 결과발생의 원인행위가 판명되지 아니한 경우 업무상과실치사죄에는 미수범의 처벌규정이 없기 때문에 형법 제19조를 적용할 수 없고, 범죄의 증명이 없는 것으로 보아 무죄를 선고하여야 한다.[23)]

(2) 상해죄의 동시범 처벌에 관한 특례를 인정한 형법 제263조 가 강간치상죄에 대하여도 적용되는지 여부

피고인이 공소외 A및 그로부터 강간당한 피해인 B와 함께 이야기하던 중 B가 단 둘이 있게 되자 A로부터 당한 강간으로 항거불능의 상태에 있던 B를 다시 강간함으로써 B가 회음부 찰과상을 입게 되었다 하더라도 피고인과 A가 강간을 공모하였음을 인정할 만한 증거가 없고 위 상처가 누구의 강간행위로 인하여 생긴 것인지를 인정할 자료가 없다면 치상의 공소사실에 대하여는 그 증명이 없는 때에 해당하고 강간치상죄에 대하여는 상해죄의 동시범 처벌에 관한 특례를 인정한 형법 제263조가 적용되지 아니하는 것이므로 피고인은 단지 강간죄로 밖에 처벌할 수 없다.[24)]

(3) 공범들의 행위중 결과발생의 원인된 행위가 불명한 경우, 동시범 규정의 적용여부

2인 이상이 상호의사의 연락없이 동시에 범죄구성요건에 해당하는 행위를 하였을 때에는 원칙적으로 각인에 대하여 그 죄를 논하여야 하나 그 결과 발생의 원인이 된 행위가 분명하지 아니한 때에는 각 행위자를 미수범으로 처벌하고(독립행위의 경합), 이 독립행위가 경합하여 특히 상해의 결과를 발생하게 하고 그 결과발생의 원인이 된 행위가 밝혀지지 아니한 경우에는 공동정범의 예에 따라 처단(동시범)하는 것이므로 공범관계에 있어 공동가공의 의사가 있었다면 이에는 도시 동시범 등의 문제는 제기될 여지가 없다.[25)]

(4) 상해치사죄에도 형법 제263조(동시범의 특례)가 적용되는지 여부

동시범의 특례를 규정한 형법 제263조는 상해치사죄에도 적용된다.[26)]

(5) 가해행위를 한 것 자체가 불분명한 자에 대한 상해죄의 동시범으로 의율가부

상해죄에 있어서의 동시범은 두 사람 이상이 가해행위를 하여 상해의 결과를 가져올 경우에 그 상해가 어느 사람의 가해행위로 인한 것인지가 분명치 않다면 가해자 모두를 공동정범으로 본다는 것이므로 가해행위를 한 것 자체가 분명치 않은 사람에 대하여는 동시범으로 다스릴 수 없다.[27)]

(6) 강간치상죄와 동시범 규정 적용 가부(소극)

형법 제263조의 동시범은 상해와 폭행죄에 관한 특별규정으로서 동 규정은 그 보호법익을 달리하는 강간치상죄에는 적용할 수 없다.[28)]

---

23) 광주고법 1961.2.20. 선고 4293형공817 판결.
24) 서울고법 1990.12.6. 선고 90노3345 판결.
25) 대법원 1985.12.10. 선고 85도1892 판결.
26) 대법원 1985.5.14. 선고 84도2118 판결.
27) 대법원 1984.5.15. 선고 84도488 판결.

(7) 상호의사의 연락없이 동일인에 대하여 강간을 시도한 자 중의 1인의 강간치상죄에 대한 타방의 공동정범의 성부(소극)

피고인이 1심상피고인과 함께 술집에서 같이 자다가 깨어 옆에서 잠든 접대부를 강간하려다가 피해자의 반항으로 목적을 이루지 못하고 포기한 뒤, 뒤이어 잠을 깬 1심상피고인이 피해자를 강간코자 하였으나 역시 피해자의 반항으로 목적을 이루지 못하고 피해자를 구타하는 것을 적극 만류한 사실이 인정된다면, 피고인에 대하여는 1심상피고인의 강간치상행위에 대한 공모 공동정범의 죄책을 물을 수 없다.[29)]

(8) 이시의 독립행위가 경합하여 사망의 결과가 일어난 경우와 공동정범에 의한 처벌

이시의 독립된 상해행위가 경합하여 사망의 결과가 일어난 경우에 그 원인된 행위가 판명되지 아니한 때에는 공동정범의 예에 의하여야 한다.[30)]

28) 대법원 1984.4.24. 선고 84도372 판결.
29) 대법원 1983.9.27. 선고 83도1787 판결.
30) 대법원 1981.3.10. 선고 80도3321 판결.

제3장 | 학교폭력 사건에서 가해학생에 대한 조치 및 재심 가능여부

Ⅰ 사례를 통해서 알아볼 내용

학교폭력 예방 및 대책에 관한 법률상 가해학생에 대한 조치의 종류와 이행 및 의견진술의 기회에 대해서 알아보고, 자치위원회의 의결에 따른 학교장의 조치에 대해서 재심청구의 요건에 대해서 알아본다.

Ⅱ 사건의 개요

U시 T중학교 3학년에 재학 중인 B는 2011. 6. 20. 같은 반 친구인 C와 싸우다가 밀리게 되자 옆에 있던 A(만14세 2개월)에게 도움을 청하였으며, A와 B가 합세하여 B는 C의 무릎과 허벅지를 2회씩 차서 쓰러뜨렸고, A는 쓰러진 C의 얼굴과 가슴부위 등을 수차례 걷어차 치료일수 불상의 경막위 출혈 등의 상해를 가하였다.

C는 그 자리에서 쓰러져 병원으로 이송되었으나 처음에는 호전의 기미를 보이다가 상태가 나빠져 의식불명의 상태가 계속 되었다. 한편 A와 B는 서로 상해혐의로 고소를 하였고, B는 기소유예처분을 받았고, A는 정식기소 되어 형사재판절차가 진행 중이었다.

T중학교 학교폭력대책자치위원회는 A 및 A의 보호자와 B 및 B의 보호자에 대하여 자치위원회 개최 일시와 장소 등을 통보하였고 의견진술의 기회를 부여한다는 내용을 함께 통보하였다.

그러나 A 및 B의 보호자는 그날을 바쁘므로 참석하기 곤란하다고 하면서 자치위원회에 참석하지 않았다. T중학교 학교폭력대책자치위원회는 A와 B에 대하여 학교폭력대책자치위원회를 열어 A에게는 사회봉사 5일 및 특별교육이수 5일을, B에게는 출석정지 10일 및 특별교육이수 5일의 조치를 취하였다.

이에 대해서 C의 보호자는 가해학생 A에 대한 조치가 지나치게 경미한 조치라며 C가 현재 의식불명이며 깨어날 가망이 희박하다는 의사의 소견서를 첨부하여 지역위원회에 재심을 청구하였다.

이에 지역위원회는 재심청구를 받아들여 지역위원회를 개최한다는 사실을 충분한 시간을 두고 지역위원회 개최일자를 A 및 B의 보호자에게 통보하였다. 지역위원회는 회의를 개최하여 A에게는 사회봉사 10일 및 출석정지 10일 및 특별교육이수 10일의 조치를, B에게는 사회봉사 20일 및 출석정지 10일 및 전학조치 및 특별교육이수 10일의 조치를 심사 결정하여 T중학교장에게 해당조치를 할 것을 요청하였고, T중학교장은 지역위원회가 의결한 대로 조치를 취하였다.

위 학교폭력 대책자치위원회의 개최 및 의결과 지역위원회의 재심 개최 및 재심 의결에 대하여 A 및 B 학생의 보호자는 ① C도 가해학생인데도 C를 피해학생으로 판단하여 C에 대하여 학교폭력자치위원회를 개최하지도 않은 것은 잘못이며, ② A 및 B에 대하여 다시 재심을 청구하여 조치를 취하는 것은 일사부재리의 원칙에 위반되며, ③ 재심에 따른 지역위원회 개최에 대하여 보호자인 자신들이 참석할 수 없어 지역위원회 개최일자를 변경해줄 것을 요청하였음에도 연기해주지 않는 것은 가해학생 및 보호자의 의견진술의 기회를 보장하지 않고 침해한 것이라고 주장하였다. A 및 B 학생 보호자의 주장은 타당한가?

Ⅲ 사건의 쟁점

학교폭력 사건의 경우 가해학생의 의미는 무엇인지 및 가해학생에 대해서 반드시 자치위원회가 어떠한 조치를 취해야만 하는지 여부 및 자치위원회 개최 시 반드시 가해학생이 참석해야만 하는지 여부 및 지역위원회에서 재심을 하는 것이 일사부재리 원칙에 위배되는지 여부 및 자치위원회 결정에 대해서 재심을 청구할 수 있는지가 문제된다.

Ⅳ 사례 관련 내용의 이해

1. 서로 싸운 경우 누가 가해학생이고 누가 피해학생인가?

가. 가해학생, 피해학생의 정의

가해학생이란 가해자 중에서 학교폭력을 행사하거나 그 행위에 가담한 학생을 말하며(동법 제2조 제3호), 피해학생이란 학교폭력으로 인하여 피해를 입은 학생을 말한다(동법 제2조 제4호).

나. 서로 싸우다가 다친 경우의 문제

서로 싸우다가 어느 한 학생이 더 많이 다치고, 다른 학생은 조금 덜 다친 경우라면 싸움을 한 두 학생 모두 가해학생이자 피해학생이 된다. 가해학생과 피해학생에 대해서 어떠한 조치를 취할 것인가는 학교폭력대책자치위원회에서 의결한다.

이때 가해학생에게 반드시 학교폭력 예방 및 대책에 관한 법률 제17조(가해학생에 대한 조치) 제1항의 조치를 취해야 하는 것은 아니며 학교폭력 사안 조사결과 가해학생에게 선도·교육을 취해야 할 필요성이 있다고 인정하는 때에는 동법 제17조 제1항의 조치를 취하는 것이다.

다. 일사부재리 원칙

일사부재리 원칙이란 판결이 내려진 어떤 사건(확정판결)에 대해 두 번 이상 심리·재판을 하지 않는다는 형사상의 원칙을 말하며, 학생 등 특별권력관계에 있는 경우 하나의 의무위반행위가 징계벌의 대상이 됨과 아울러 형사벌의 대상이 될 수 있다.

2. 가해학생에 대한 조치의 종류

가. 학교폭력 예방 및 대책에 관한 법률 제17조(가해학생에 대한 조치)는

① 피해학생에 대한 서면사과, ② 피해학생에 대한 접촉, 협박 및 보복행위의 금지, ③

학교에서의 봉사, ④ 사회봉사, ⑤ 학내외 전문가에 의한 특별교육이수 또는 심리치료, ⑥ 출석정지, ⑦ 학급교체, ⑧ 전학, ⑨ 퇴학처분을 규정하고 있으며, 위 순서는 학교폭력 가해학생에 대한 조치를 '경한조치'에서 '중한조치' 순으로 규정한 것이다.

나. 학교폭력 가해학생에 대한 조치에 대한 구체적 설명

(1) 피해학생에 대한 서면사과

가해학생이 피해학생에게 서면으로 그 동안의 폭력행위에 대하여 사과를 함으로써 서로 화해하도록 하는 조치이다.

(2) 피해학생에 대한 접촉 및 협박의 금지

피해학생에 대한 가해학생의 접근을 막아 더 이상의 폭력이나 보복을 막기 위한 조치이다.

(3) 학교에서의 봉사

가해학생에게 반성의 기회를 주고, 봉사에서 오는 기쁨을 알게 하기 위한 조치이며, 가해학생에게 학교 내의 화단 정리, 교실의 교구 정리, 화장실 청소, 장애 학생의 등교 도우미 등을 하도록 하는 조치이며, 수업시간에 학교봉사를 실시하는 방법과 등교하여 수업시간에 참여한 후, 수업시간 이외의 시간에 실시하는 방법이 있다.

(4) 사회봉사

사회구성원으로서의 책임감을 느끼게 하고, 자신의 행동에 대한 반성의 기회를 주기 위한 조치이며, 가해학생에게 학교를 벗어나 복지시설에서의 봉사, 관공서에서의 심부름, 거리에서의 휴지 줍기, 교통안내 등의 사회봉사를 하도록 하는 조치이다.

(5) 학교 내외 전문가에 의한 특별교육이수 또는 심리치료

폭력적 행동을 스스로 제어하지 못하는 경우 학교 내외 특별전문가에게 특별교육이나 심리치료를 받도록 하는 조치이며, 가해학생에게 공격성, 분노, 불안, 우울 등의 문제가 있는지 확인하고 이를 치료할 수 있도록 하는 조치이다. 이때 교육청에서 지정한 특별교육기관에서 특별교육을 이수하여야 한다. 자치위원회는 가해학생이 특별교육을 이수할 경우 해당 학생의 보호자도 함께 교육을 받게 할 수 있다.

(6) 출석정지

가해학생을 학교에 출석하지 못하게 함으로써 반성의 기회를 주고 일시적으로나마 피해학생과 격리시킴으로써 피해학생을 보호하기 위한 조치이다. 가해학생에 대한 출석정지 기간은 '무단결석'으로 처리한다. '무단결석'이란 합당하지 않은 사유나 고의로 결석한 경우(태만, 가출, 고의적 출석 거부, 범법행위로 관련기관 연행·도피 등)를 말한다. 학교생활기록의 출결상황 관리를 함에 있어서 학생생활기록부의 '특기사항란'에는 특기사항 중 학교폭력과 관련된 사항은 학교폭력 예방 및 대책에 관한법률 제17조에 규정된 가해학생에 대한 조치사항을 입력한다.

(7) 학급교체

가해학생을 피해학생으로부터 격리하기 위하여 같은 학교 내의 다른 학급으로 옮기는 조치이다.

(8) 전 학

가해학생을 피해학생으로부터 격리하기 위하여 가해학생의 소속을 다른 학교로 옮기는 조치이며, 자치위원회에서 가해학생에 대해서 전학조치를 의결하면 학교의 장은 14일 이내에 전학조치를 취해야 하며, 가해학생이 다른 학교로 전학을 간 이후에는 전학 전의 피해학생 소속 학교로 다시 전학 올 수 없도록 하여야 한다.

전학 조치에 대하여 이의가 있는 학생 또는 그 보호자는 그 조치를 받은 날부터 15일 이내, 그 조치가 있음을 안 날로부터 10일 이내에 초·중등교육법 제18조의3에 따른 시·도학생징계조정위원회에 재심을 청구할 수 있다

(9) 퇴학처분

피해학생을 보호하고 가해학생을 선도·교육할 수 없다고 인정될 때 취하는 최후의 조치이다. 학교의 장은 가해학생을 퇴학처분하기 전에 일정기간 동안 가정학습을 하게 할 수 있으며(초·중등교육법 제31조 5항), 퇴학처분을 할 때에는 당해 학생 및 보호자와 진로상담을 하여야 하며, 지역사회와 협력하여 다른 학교 또는 직업교육훈련기관 등을 알선하는데 노력하여야 한다(초·중등교육법 시행령 제31조 6항). 그러나 의무교육과정에 있는 초등학교와 중학교 학생에게는 퇴학처분을 내릴 수 없다.

퇴학조치에 대하여 이의가 있는 학생 또는 그 보호자는 그 조치를 받은 날부터 15일 이내, 그 조치가 있음을 안 날로부터 10일 이내에 초·중등교육법 제18조의3에 따른 시·도학생징계조정위원회에 재심을 청구할 수 있다

다. 가해학생에 대한 조치의 병과

자치위원회는 피해학생의 보호와 가해학생의 선도·교육을 위하여 필요하다고 인정하는 때에는 가해학생에 대하여 학교폭력 예방 및 대책에 관한 법률 제17조 제1항의 9가지 조치를 의결할 수 있으며, 수 개의 조치를 병과하는 조치를 의결할 수 있다.

라. 학교의 장의 긴급한 경우 선도조치

학교의 장은 가해학생에 대한 선도가 긴급하다고 인정할 경우 자치위원회의 요청 전에 ① 피해학생에 대한 서면사과, ② 피해학생에 대한 접촉 및 협박의 금지, ③ 학교에서의 봉사 ④ 학내외 전문가에 의한 특별교육이수 또는 심리치료, ⑤ 출석정지의 선도조치를 취할 수 있으며, 학내외 전문가에 의한 특별교육이수 또는 심리치료와 출석정지를 병과 할 수 있다. 이 경우 자치위원회에 즉시 보고하여 추인을 받아야 한다.

3. 가해학생에 대한 학교장의 조치

자치위원회는 피해학생의 보호와 가해학생의 선도·교육을 위하여 필요하다고 인정하는 때에는 가해학생에 대하여 학교폭력 예방 및 대책에 관한 법률 제17조 제1항의 9가지 조치를 의결할 수 있으며, 이러한 조치 중에서 구체적인 사정에 맞게 가해학생의 선도 및 교육을 위하여 필요하다고 인정되는 조치를 취할 수 있으며, 수 개의 조치를 병과 하는 조치를 의결할 수 있다.

자치위원회가 가해학생에 대한 조치를 의결하여 학교장에게 가해학생에 대하여 의결한 조치를 할 것을 학교의 장에게 요청할 때에는 학교의 장은 14일 이내에 해당 조치를 하여야 한다. 이 경우 학교장은 자치위원회가 의결하여 요청한 조치에 반드시 따라야 하며, 수정하여 조치를 취하거나 조치를 거부할 수 없다.

4. 가해학생에 대한 의견진술의 기회 보장 및 가해학생 및 보호자에게 통지

가. 의견진술의 기회보장

자치위원회가 가해학생에 대한 조치를 심의함에 있어서는 가해학생과 보호자에게 의견 진술의 기회를 부여하는 등 적정한 절차를 거쳐야 한다. 그러나 가해학생과 보호자에게 의견진술의 기회를 적정하게 보장하였음에도 가해학생이나 보호자가 출석하지 않는다거나 의견진술을 하지 않은 경우에도 가해학생에 대한 조치를 취할 수 있다.

자치위원회에서 가해학생에 대한 조치를 의결할 경우에는 가해학생과 보호자 모두에게 의견진술의 기회를 주어야 한다.

나. 가해학생 및 보호자에게 통지

자치위원회의 요청에 따라 학교장이 가해학생에 대한 조치를 취한 때에는 가해학생과 그 보호자에게 이를 통지하여야 한다.

5. 특별교육이수

피해학생에 대한 접촉, 협박 및 보복행위의 금지, 학교에서의 봉사, 사회봉사, 출석정지, 학급교체, 전학처분을 받은 가해학생은 교육감이 정한 기관에서 특별교육을 이수하여야 하며, 특별교육 기간은 자치위원회에서 정한다. 자치위원회는 가해학생이 특별교육을 이수할 경우 해당 학생의 보호자도 함께 교육을 받게 하여야 한다.

6. 가해학생에 대한 조치의 이행강제

가. 협박 또는 보복행위와 조치 가중

자치위원회가 학교의 장에게 가해학생에 대한 조치를 요청할 때 그 이유가 피해학생이나 신고·고발 학생에 대한 협박 또는 보복행위일 경우에는 제1항 각호의 조치를 병과하거나 조치내용을 가중할 수 있다(학교폭력 예방 및 대책에 관한 법률 제17조 제2항).

나. 긴급한 경우 선도조치의 거부나 회피시의 징계

가해학생이 학교장의 조치를 이행하지 아니하는 경우 중 학교폭력 예방 및 대책에 관한 법률 제17조 제4항의 긴급한 경우 선도조치를 거부하거나 회피하는 때에는 초·중등교육법 제18조(학생의 징계) 및 초·중등교육법시행령 제31조에 의거하여 ① 학교 내의 봉사, ② 사회봉사, ③ 특별교육이수, ④ 1회 10일 이내, 연간 30일 이내의 출석정지, ⑤ 퇴학처분(단, 의무교육과정에 있는 학생은 제외)의 징계처분을 내릴 수 있다(학교폭력 예방 및 대책에 관한 법률 제17조 제7항).

다. 가해학생이 조치를 거부하거나 기피하는 경우의 추가조치

학교폭력 예방 및 대책에 관한 법률 제17조 제1항 제2호부터 제9호까지의 처분(② 피해학생에 대한 접촉, 협박 및 보복행위의 금지, ③ 학교에서의 봉사, ④ 사회봉사, ⑤ 학내외 전문가에 의한 특별교육이수 또는 심리치료, ⑥ 출석정지, ⑦ 학급교체, ⑧ 전학, ⑨ 퇴학처분)을 받은 가해학생이 해당조치를 거부하거나 기피하는 경우 자치위원회는 제7항(긴급한 경우 선도조치의 거부나 회피시의 징계)에도 불구하고 추가로 다른 조치를 취할 것을 학교의 장에게 요청할 수 있다(학교폭력 예방 및 대책에 관한 법률 제17조 제11항). 즉 자치위원회는 학교폭력 예방 및 대책에 관한 법률 제17조 제1항 제2호부터 제9호까지의 조치를 받은 학생이 해당조치를 거부하거나 기피하는 경우에는 법 제17조 제11항에 따라 학교의 장으로부터 그 사실을 통보받은 날로부터 7일 이내에 추가로 다른 조치를 할 것을 학교의 장에게 요청할 수 있다(학교폭력 예방 및 대책에 관한 법률 시행령 제22조).

라. 가해학생에 대한 긴급한 경우 선도조치

학교의 장이 가해학생에 대한 선도가 긴급하다고 인정할 경우 우선 ① 피해학생에 대한 서면사과, ② 피해학생 및 신고·고발 학생에 대한 접촉, 협박 및 보복행위의 금지, ③ 학교에서의 봉사, ④ 학내외 전문가에 의한 특별 교육이수 또는 심리치료, ⑤ 출석정지의 조치를 할 수 있으며, 5호의 학내외 전문가에 의한 특별 교육이수 또는 심리치료와 제6호의 출석정지 조치는 병과조치할 수 있다. 가해학생이 이를 거부하거나 회피하는 때에는 초·중등교육법 제18조에 따라 징계하여야 한다(학교폭력 예방 및 대책에 관한 법률 제17조 제7항).

7. 가해학생에 대한 조치와 재심청구

가. 피해학생 또는 보호자의 재심청구

자치위원회 또는 학교의 장이 제16조 제1항 및 제17조 제1항에 따라 내린 조치에 대하여 이의가 있는 피해학생 또는 그 보호자는 그 조치를 받은 날부터 15일 이내, 그 조치가 있음을 안 날부터 10일 이내에 지역위원회에 재심을 청구할 수 있다(학교폭력 예방 및 대책에 관한 법률 제17조의2 제1항).

피해학생 또는 그 보호자는 피해학생에 대하여 내려진 조치에 대해서 뿐만 아니라 가해학생에 대해서 내려진 조치에 대해서도 지역위원회에 재심을 청구할 수 있도록 한 규정이다.

피해학생 또는 그 보호자가 학교폭력 예방 및 대책에 관한 법률 제16조 제1항에 따라 내린 피해학생에 대한 조치에 대해서 재심을 청구할 수 있는 대표적인 경우는 학교폭력 예방 및 대책에 관한 법률 제16조 제2항의 "자치위원회는 제1항에 따른 조치를 요청하기 전에 피해학생 및 그 보호자에게 의견진술의 기회를 부여하는 등 적정한 절차를 거쳐야 한다."는 규정 위반이나, 학교폭력 예방 및 대책에 관한 법률 제16조 제3항의 "제1항에 따른 요청이 있는 때에는 학교의 장은 피해학생의 보호자의 동의를 받아 … "의 규정을 위반한 경우일 것이다.

나. 가해학생에 대한 전학조치 및 퇴학처분에 대한 재심청구

자치위원회가 제17조 제1항 제8호와 제9호에 따라 내린 조치에 대하여 이의가 있는 학생 또는 그 보호자는 그 조치를 받은 날부터 15일 이내, 그 조치가 있음을 안 날로부터 10일 이내에 초·중등교육법 제18조의3[1])에 따른 시·도학생징계조정위원회에 재심을 청구할 수 있다(학교폭력 예방 및 대책에 관한 법률 제17조의2 제2항).

가해학생 또는 그 보호자는 가해학생에게 내려진 조치 중 전학과 퇴학처분에 대하여만 이의가 있는 경우 시·도학생징계조정위원회에 재심을 청구할 수 있도록 한 규정이다. 따라서 가해학생 및 그 보호자는 전학과 퇴학처분 이외의 조치에 대하여는 재심을 청구할 수 없다.

Ⅴ 사건의 결말

위 사안의 경우 C는 피해학생이자 가해학생으로 볼 수도 있다. 그러나 C가 피해를 입은 정도나 의식불명 상태인 점, 즉시 회복할 것으로 보이지 않아 A에게 어떠한 보복이나 가해행위를 할 것으로 예상되지 않는 점, 만일 동법 제17조의 제1항 제1호 내지 제8호 처벌을 내린다고 하더라도 이를 수행할 수 있는 건강상태가 아닌 점 등을 고려하면 위 C를 가해학생이라고 보더라도 동법 제17조 제1항 제1호 내지 제8호의 조치를 내릴 필요성이 없다고 판단되어 학교폭력대책자치위원회는 C에 대하여 조치를 취하지 않은 것이

1) 초·중등교육법 제18조의3 (시·도학생징계조정위원회의 설치) ① 제18조의2 제1항에 따른 재심청구를 심사·결정하기 위하여 교육감 소속으로 시·도학생징계조정위원회(이하 "징계조정위원회"라 한다)를 둔다. ② 징계조정위원회의 조직·운영 등에 필요한 사항은 대통령령으로 정한다.

므로 C도 가해학생인데 어떠한 조치도 취하지 않아 부당하다는 A 및 B 학생 보호자의 주장은 타당하지 않다.

피해학생 보호자의 재심청구가 있었으며, C가 의식불명이므로 C에 대한 학교폭력대책자치위원회의 조치가 너무 가볍다면서 새로운 증거자료인 C가 의식불명이며 깨어날 가망이 희박하다는 의사의 소견서를 첨부하였다.

자치위원회 또는 학교의 장이 제16조 제1항 및 제17조 제1항에 따라 내린 조치에 대하여 이의가 있는 피해학생 또는 그 보호자는 그 조치를 받은 날부터 15일 이내, 그 조치가 있음을 안 날부터 10일 이내에 지역위원회에 재심을 청구할 수 있다(학교폭력 예방 및 대책에 관한 법률 제17조의2 제1항).

즉 피해학생 또는 그 보호자는 피해학생에 대하여 내려진 조치에 대해서 뿐만 아니라 가해학생에 대해서 내려진 조치에 대해서도 지역위원회에 재심을 청구할 수 있도록 한 규정이다.

위 재심 청구에 대해서 지역위원회가 재심을 받아들여 지역위원회를 개최하고 A에게는 사회봉사 10일 및 출석정지 10일 및 특별교육이수 10일의 조치를, B에게는 사회봉사 20일 및 출석정지 10일 및 전학조치 및 특별교육이수 10일의 조치를 심사 결정하여 T중학교장에게 해당조치를 할 것을 요청하였고, T중학교장은 지역위원회가 의결한 대로 조치를 취한 것은 법률의 근거에 의한 것이므로 타당하다.

가해학생이나 보호자에게 의견진술의 기회를 주기 위하여 사전에 A 및 B의 보호자에게 학교폭력대책자치위원회 개최를 통보하였으나, A 및 B학생의 보호자는 통보된 당일 출석하지 못할 사정이 있다고 하면서 연기를 요청하였다. 그러나 학교폭력대책자치위원회에서는 자치위원들의 일정을 고려하여 자치위원회 개최일자를 통보한 것이며, 충분한 시간을 두고 자치위원회 개최일자를 통보하였으므로 A학생 보호자도 자신의 일정을 조정할 충분한 시간이 있었다볼 수 있다.

A 및 B 학생 보호자 중 한 명이 출석하지 못할 경우 가해학생의 보호자 중 다른 보호자가 참석할 수도 있는 것을 것이다. 단순히 A학생 보호자 중 한 사람이 학교폭력대책자치위원회 당일 참석이 어렵다는 개인적인 이유만으로 가해학생 측의 의견진술권을 침해한 것이라고 보기는 어렵다.

따라서 위 사안의 경우 ① C도 가해학생인데도 C를 피해학생으로 판단하여 C에 대하여 학교폭력자치위원회를 개최하지도 않은 것은 잘못이라는 주장은 타당하지 않으며, ② A 및 B 학생에 대하여 다시 재심을 하여 조치를 취하는 것은 일사부재리의 원칙에 위반되지 않기 때문에 재심을 할 수 있으며, ③ 자치위원회에 보호자인 자신이 참석할 수 없어 학교폭력대책자치위원회 개최일자를 변경해줄 것을 요청하였음에도 연기해주지 않는 것은 가해학생 및 보호자의 의견진술의 기회를 보장하지 않고 침해한 것이라는 주장은 타당하지 않다.

Ⅵ 사례의 종합정리

전학은 가해학생을 피해학생으로부터 격리하기 위하여 가해학생의 소속을 다른 학교로 옮기는 조치이며, 자치위원회에서 가해학생에 대해서 전학조치를 의결하면 학교의 장은 14일 이내에 전학조치를 취해야 하며, 가해학생이 다른 학교로 전학을 간 이후에는 전학 전의 피해학생 소속 학교로 다시 전학 올 수 없도록 하여야 한다.

전학조치에 대하여 이의가 있는 학생 또는 그 보호자는 그 조치를 받은 날부터 15일 이내, 그 조치가 있음을 안 날로부터 10일 이내에 초·중등교육법 제18조의3에 따른 시·도학생징계조정위원회에 재심을 청구할 수 있다.

자치위원회는 피해학생의 보호와 가해학생의 선도·교육을 위하여 필요하다고 인정하는 때에는 가해학생에 대하여 학교폭력 예방 및 대책에 관한 법률 제17조 제1항의 9가지 조치를 의결할 수 있으며, 이러한 조치 중에서 구체적인 사정에 맞게 가해학생의 선도 및 교육을 위하여 필요하다고 인정되는 조치를 취할 수 있으며, 수 개의 조치를 병과 하는 조치를 의결할 수 있다. 자치위원회가 가해학생에 대하여 조치를 의결하고 학교장에게 요청하여야 한다.

제4장 | 학교폭력 피해학생 및 장애학생의 보호와 공제급여 청구 및 개인정보 제공의 문제

Ⅰ 사례를 통해서 알아볼 내용

학교폭력 예방 및 대책에 관한 법률상 피해학생에 대한 조치의 종류와 이행 및 치료를 위한 요양비용과 불이익금지에 대해서 알아보고, 자치위원회가 피해학생 및 그 보호자에게 의견진술의 기회를 부여하지 않고 피해학생에 대한 조치를 의결할 수 있는지 및 자치위원회의 요청이 있는 경우 학교장이 피해학생 보호자의 동의 없이도 자치위원회가 의결하여 요청한 조치를 취할 수 있는지에 대해서 알아보고, 피해학생에 대한 조치를 취할 때 피해학생이 불이익을 당하지 않도록 하는 규정에 대해서 알아본다.

Ⅱ 사건의 개요

P시 소재 J중학교 3학년에 재학 중인 A는 뇌병변장애 2급의 장애인이다. 2011. 10. 12. 점심시간 때 같은 반 친구 B, C, D, E 등이 게임을 하고 있던 중 B가 게임에서 져서 기분이 나쁜 상태에서 게임을 구경하던 A가 자신을 보고 비웃는 것으로 잘못 알고 "웃지 말고 가라"고 하였다. 그러나 A는 B가 자신에게 말하는 것인 줄 모르고 그 자리에서 계속 게임을 구경하고 있었다. 이에 B는 A가 친구들 앞에서 자신을 무시한다고 생각하여 A의 얼굴과 배, 머리를 10대 정도 발로 차면서 "너 갈비뼈 부러져야 정신 차릴래? 선생님께 말하면 죽을 줄 알라."라고 말하였다.

그러나 교실 안에 있던 다른 친구 M이 즉시 담임선생님 T에게 알렸다. 다음 날 담임선생님 T가 B를 불러 A를 괴롭히지 말라고 하자, B는 그날 점심시간 때 M을 화장실로

불러내어 "네가 선생님에게 고자질 했느냐?"면서 주먹을 휘둘러 M에게 코뼈가 부러지는 상해를 가했다. J중학교는 학교폭력대책자치위원회를 개최하였다.

한편 학교폭력대책자치위원회에서는 피해학생 M의 보호자에게 M이 얼마나 다쳤는지, 그리고 치료비가 얼마나 들었으며, 향후 치료비는 얼마나 필요할 것으로 예상되는지에 대하여 진단서 등 자료를 제출해 달라고 하였으나, M의 보호자는 하루 벌어서 하루 먹고사는 처지라 병원에 진단서를 발급받으러 갈 시간이 없다고 하였다.

학교폭력 대책자치위원회에서는 가해학생 및 가해학생의 보호자에게 의견진술의 기회를 부여하고, 가해학생인 B학생에게 피해학생에 대한 접촉, 협박 및 보복행위 금지, 사회봉사 10일, 출석정지 10일, 특별교육이수 10일의 조치를 의결하여 J중학교 교장에게 조치를 요청하였고, J중학교 교장은 자치위원회가 의결하여 요청한 대로 조치를 결정하여 B학생 및 B학생의 보호자에게 통지하였다.

자치위원회는 피해학생 및 피해학생의 보호자에게 의견진술의 기회를 부여하지 않고, 피해학생인 A학생에 대하여는 치료를 위한 요양, 학급교체 조치를 의결하였고, 또 다른 피해학생 M에 대해서는 치료를 위한 요양, 학급교체 조치를 의결하여 J중학교의 장에게 조치를 취할 것을 요청하였다.

자치위원회의 조치 요청을 받은 J중학교의 장은 피해학생 A의 보호자의 동의 없이 자치위원회가 의결하여 요청한 대로 피해학생에 대한 조치를 취하였다.

자치위원회가 피해학생 및 피해학생의 보호자에게 의견진술의 기회를 부여하지 않고 피해학생에 대한 조치를 의결한 것은 정당한가?

J중학교장이 피해학생 보호자의 동의 없이 자치위원회가 의결한 대로 피해학생에 대한 조치를 취한 것은 정당한가?

피해학생이 가해학생으로부터 치료비 등을 받기 전에 신속한 치료를 위하여 치료비 등을 받을 수 있는 방법은 무엇인가?

피해학생 A가 장애학생인 경우이므로, 이 경우는 일반 학교폭력 피해학생과 같이 보호되나? 아니면 일반 학교폭력 피해학생 보호와는 어떤 차이가 있나?

M의 진단서나 치료비 내역 등에 대해서 M이나 M의 보호자가 아닌 다른 사람이 발급받을 수 있는 방법은 무엇인가?

Ⅲ 사건의 쟁점

학교폭력 사건의 경우 학교폭력대책자치위원회가 피해자 및 그 보호자에게 의견진술의 기회를 부여하지 않고 피해학생에 대한 조치를 취할 수 있는지 여부 및 학교의 장은 피해학생에 대한 조치에 대해서 자치위원회가 의결한 조치에 대해서 피해학생 보호자의 동의 없이 조치를 취할 수 있는지 여부 및 피해학생이 가해학생으로부터 치료비 등을 받기 전에 신속한 치료를 위하여 치료비 등을 받을 수 있는 방법은 무엇인지에 대해서 알아보고, 피해학생의 진단서나 과거 병력 등의 개인정보의 제출을 요구하는 경우 그 범위와 방법이 문제된다.

Ⅳ 사례 관련 내용의 이해

1. 학교폭력으로 인한 피해학생에게 어떤 조치를 취해야 하는가?

가. 자치위원회를 개최하기 전 긴급한 경우의 조치

학교의 장이 피해학생의 보호를 위하여 긴급하다고 인정할 경우 자치위원회의 요청 전에 ① 심리상담 및 조언, ② 일시보호, ③ 그 밖에 피해학생의 보호를 위하여 필요한 조치를 취할 수 있다. 이 경우 학교의 장은 자치위원회에 즉시 보고하여야 한다.

나. 피해학생에 대한 조치

(1) 심리상담 및 조언

학교폭력으로 받은 정신적·심리적 충격으로부터 회복할 수 있도록 하기 위하여 학교

내의 교사 또는 학교외의 전문상담기관의 전문가에게 심리상담 및 조언을 받도록 하는 조치로서, 피해학생이 심리적·정신적 충격을 겪고 있다고 판단될 때 내리는 조치이다. 학교 내 상담교사가 없을 때는 외부 상담기관과 연계한다.

(2) 일시보호

지속적인 폭력이나 보복을 당할 우려가 있는 경우 일시적으로 보호시설이나 집 또는 학교상담실 등에서 보호를 받을 수 있도록 하기 위한 조치이다.

(3) 치료 및 치료를 위한 요양

학교폭력으로 인하여 생긴 신체적·정신적 상처의 치유를 위하여 일정기간 출석을 하지 아니하고 의료기관 등에서 치료를 받도록 하는 조치로서 치료기간이 명시된 진단서 또는 관련 증빙자료를 첨부하여 자치위원회에 제출하도록 학부모에게 안내하는 것이 좋다.

(4) 학급교체

지속적인 학교폭력 상황으로부터 벗어나기 위해서, 또는 학교폭력으로 인해 생긴 정신적 상처에서 벗어나도록 하기 위해서 피해학생을 동일 학교 내의 다른 학급으로 소속을 옮겨주는 조치로서, 피해·가해학생이 같은 학급에 있는 경우 심리적인 불안감을 가질 수 있기 때문에 피해·가해학생을 분리하기 위한 조치이다.

피해학생 입장에서는 새로운 학급에 적응해야 하는 부담이 있으므로, 피해학생이 적극 원하는 경우와 다른 조치로 피해학생 보호가 어렵다고 판단되는 경우에 행하는 것이 타당할 것이다.

(5) 그 밖에 피해학생의 보호를 위하여 필요한 조치

학교폭력 예방 및 대책에 관한 법률에서는 규정하고 있지 않지만 피해학생을 위하여 필요하다고 판단되는 다양한 조치를 할 수 있다. 치료 등을 위한 의료기관에의 인도, 법률구조기관 등에 필요한 협조와 지원요청, 신변보호지원 등을 할 수 있다.

2. 학교장의 조치

자치위원회는 학교의 장에게 피해학생에 대한 조치를 요청하기 전에 피해학생 및 그 보호자에게 의견진술의 기회를 부여하는 등 적정한 절차를 거쳐야 한다. 자치위원회의 요청이 있는 때에는 학교의 장은 피해학생의 보호자의 동의를 받아 7일 이내에 해당 조치를 하여야 하고 이를 자치위원회에 보고하여야 한다.

3. 자치위원회의 피해학생 보호조치 결정에 대한 보호자의 동의 여부

가. 피해학생 보호자의 동의

자치위원회의 요청이 있는 경우 학교의 장은 피해학생 보호자의 동의를 얻어 당해 조치를 취해야 한다. 동의가 없는 경우 당해 조치를 취할 수 없다. 따라서 심리상담 및 조언 조치를 내리는 경우에도 수업시간이나 외부 상담기관의 이용 등에 대한 구체적인 사항은 피해학생 측의 요구를 최대한 반영하여 학교장이 조치를 취하도록 해야 한다.

피해학생의 보호자가 다른 보호조치를 요구하는 경우에는 당해 조치를 취할 수 없다. 자치위원회는 피해학생보호자의 의견을 경청하고 이를 최대한 반영하여 결정하도록 해야 한다. 보호조치는 피해학생의 보호 및 이후 학교생활의 적응을 위한 것이므로 피해학생과 학부모의 욕구를 반영하여 결정하여야 한다.

나. 학교장의 조치

자치위원회는 학교의 장에게 피해학생에 대한 조치를 요청하기 전에 피해학생 및 그 보호자에게 의견진술의 기회를 부여하는 등 적정한 절차를 거쳐야 한다. 자치위원회의 요청이 있는 때에는 학교의 장은 피해학생의 보호자의 동의를 받아 7일 이내에 해당 조치를 하여야 하고 이를 자치위원회에 보고하여야 한다.

4. 피해학생 또는 보호자의 재심청구

자치위원회 또는 학교의 장이 제16조 제1항 및 제17조 제1항에 따라 내린 조치에 대하여 이의가 있는 피해학생 또는 그 보호자는 그 조치를 받은 날부터 15일 이내, 그 조치가 있음을 안 날부터 10일 이내에 지역위원회에 재심을 청구할 수 있다(학교폭력 예방 및 대책에 관한 법률 제17조의2 제1항).

피해학생 또는 그 보호자는 피해학생에 대하여 내려진 조치에 대해서 뿐만 아니라 가해학생에 대해서 내려진 조치에 대해서도 지역위원회에 재심을 청구할 수 있도록 한 규정이다.

피해학생 또는 그 보호자가 학교폭력 예방 및 대책에 관한 법률 제16조 제1항에 따라 내린 피해학생에 대한 조치에 대해서 재심을 청구할 수 있는 대표적인 경우는 학교폭력 예방 및 대책에 관한 법률 제16조 제2항의 “자치위원회는 제1항에 따른 조치를 요청하기 전에 피해학생 및 그 보호자에게 의견진술의 기회를 부여하는 등 적정한 절차를 거쳐야 한다.”는 규정 위반이나, 학교폭력 예방 및 대책에 관한 법률 제16조 제3항의 “제1항에 따른 요청이 있는 때에는 학교의 장은 피해학생의 보호자의 동의를 받아 …”의 규정을 위반한 경우일 것이다.

5. 불이익 금지

가. 출석인정

피해학생이 학교폭력으로 인해 장기간 학교에 나오지 못했을 경우, 상당한 이유가 있을 경우에 학교의 장이 인정하면 출석으로 인정할 수 있다. 피해학생이 등교거부로 결석했을 경우 원칙적으로 자치위원회의 결과조치로써 피해학생이 치료 및 요양을 할 수 있으나, 자치위원회 소집 전에 피해학생이 등교거부를 하는 경우도 있다. 이때에도 역시 학교에서는 피해학생이 그 기간 동안 치료를 받은 것이 증명된다면(병원 의사의 진단서 등) 출석일수로 산입하는 것이 바람직하다.

나. 피해학생이 심리상담 및 조언이나 그 밖의 보호조치 결정을 받고 결석한 경우

피해학생이 심리상담 및 조언이나 그 밖의 보호조치 결정을 받고 결석한 경우 초·중·고등학교 학교생활기록부 전산처리 및 관리지침에 따르면 “기타 부득이한 사유로 학교의 장의 허가를 받아 결석하는 경우”에는 이를 출석으로 인정하는 규정을 두고 있으므로 학교장이 피해학생이 심리상담 및 조언이나 그 밖의 보호조치 결정을 받고 이를 이행하기 위하여 결석한 경우에는 학교장이 인정시 출석으로 인정할 수 있다.

다. 성적처리에서의 불이익 금지와 학습권보장

교장은 피해학생에 대한 조치로 인해 성적 등을 평가함에 있어서 피해학생이 불이익을 받지 않도록 노력해야 한다. 보호조치를 받았다는 사실 자체가 성적평가 등에서 불이익으로 작용하지 않도록 해야 한다. 또한 일시보호나 치료를 위한 요양조치 등으로 인하여 피해학생이 장·단기간 결석하게 되어 부득이하게 성적평가를 위한 시험에 응하지 못하게 된 경우에도 학교학업 성적관리규정에 의거하여 불이익이 없도록 조치해야 한다. 피해학생이 장·단기간 결석하게 되는 경우 교장은 가정학습에 대한 지원 등 교육상 필요한 조치를 마련해 주는 것이 바람직하다.

6. 장애학생의 보호

학교폭력 예방 및 대책에 관한 법률은 누구든지 장애 등을 이유로 장애학생에게 학교폭력을 행사하여서는 안 된다고 규정하고 있다. 학교폭력은 학생 간의 폭력사안이므로 결국 학생이 장애학생에게 폭력을 행사하는 경우에만 이 내용이 적용된다고 할 것이나, 누구든지 어떠한 경우에도 폭력자체가 정당화되지 않는다는 점, 장애학생도 비록 장애가 있지만 학교폭력에서 보호받아야 하는 학생이라는 점을 감안한 장애학생에 대한 선언적인 규정이다.

학교폭력 사안이 발생하여 장애학생이 피해학생인 경우에 자치위원회는 장애인 전문상담가의 상담이나 장애인 전문치료기관의 요양조치를 학교의 장에게 요청할 수 있다(법 제16조의2 제2항). 학교폭력 피해학생에 대해 할 수 있는 보호조치 중 하나인 '심리상담 및 조언'과 '치료를 위한 요양'이 장애학생에 대해서도 적용되지만 이와는 별도로 규정하고 있다. 학교폭력과 관련하여 현행 초·중등 교육법 제19조의2[1])에서는 전문당삼교사나 전문상담순회교사를 두어 성폭력·진로상담 등 학생들이 직면하는 다른 문제와 함께 전문적인 상담을 받을 수 있도록 시행하고 있다. 그럼에도 불구하고 학교폭력 예방 및 대책에 관한 법률에서 장애학생에 대한 조치를 특별히 규정한 것은 현행 제도 이상의 특별한 조치를 요구하고 있는 것이다. 또한 장애학생의 경우에는 자치위원회에서는 '심리상담 및 조언'과 '치료를 위한 요양'에 대해 일반적인 조치(법 제16조) 이외에 장애학생에 대한 특화된 조치(법 제16조의2)를 할 수 있다.

자치위원회에서 요청한 장애학생에 대한 보호조치에 대해 학교장은 이를 반드시 하여야 한다(법 제16조의2 제3항). 장애학생에 대해 자치위원회에서 요청한 보호조치에 대해 학교장은 반드시 따라야 한다.

---

1) 초·중등 교육법 제19조의2 (전문상담교사의 배치 등) ① 학교에 전문상담교사를 두거나 시·도 교육행정기관에 「교육공무원법」 제22조의2에 따라 전문상담순회교사를 둔다. ② 제1항의 전문상담순회교사의 정원·배치 기준 등에 필요한 사항은 대통령령으로 정한다.

7. 피해학생의 치료비용 등의 부담문제

피해학생이 전문단체나 전문가로부터 ① 심리치료 및 조언, ② 일시보호, ③ 치료 및 치료를 위한 요양의 규정에 따른 상담 등을 받는 데에 사용되는 비용은 가해학생의 보호자가 부담하여야 한다.

다만, 피해학생의 신속한 치료를 위하여 학교의 장 또는 피해학생의 보호자가 원하는 경우에는 학교안전사고 예방 및 보상에 관한 법률 제15조에 따른 학교안전공제회 또는 시·도교육청이 부담하고 이에 대한 구상권을 행사할 수 있다.

학교의 장 또는 피해학생의 보호자는 필요한 경우 학교안전사고 예방 및 보상에 관한 법률 제34조의 공제급여를 학교안전공제회에 직접 청구할 수 있다.

8. 피해학생의 지원범위 등

학교폭력 예방 및 대책에 관한 법률 제16조 제6항 단서에 따른 학교안전공제회 또는 시·도교육청이 부담하는 피해학생의 지원범위는 ① 교육감이 정한 전문심리상담기관에서 심리상담 및 조언을 받는 데 드는 비용, ② 교육감이 정한 기관에서 일시보호를 받는 데 드는 비용, ③ 의료법에 따라 개설된 의료기관, 지역보건법에 따라 설치된 보건소·보건의료원 및 보건지소, 농어촌 등 보건의료를 위한 특별조치법에 따라 설치된 보건진료소, 약사법에 따라 등록된 약국 및 같은 법 제91조에 따라 설립된 한국희귀의약품센터에서 치료 및 치료를 위한 요양을 받거나 의약품을 공급받는데 드는 비용을 지원한다.

비용을 지원 받으려는 피해학생 및 보호자가 학교안전공제회 또는 시·도교육청에 비용을 청구하는 절차와 학교안전공제회 또는 시·도교육청이 비용을 지급하는 절차는 학교안전사고 예방 및 보상에 관한 법률 제41조를 준용한다.

학교안전공제회 또는 시·도교육청이 법 제16조 제6항에 따라 가해학생의 보호자에게 구상하는 범위는 제2항에 따라 피해학생에게 지급하는 모든 비용으로 한다(학교폭력 예방 및 대책에 관한 법률 시행령 제18조).

9. 피해학생에 대한 진단서나 과거 병력 등 개인정보 제공요청의 법적문제

가. 공공기관의 개인정보보호에 관한 법률 및 동법 시행령의 규정

공공기관의 개인정보보호에 관한 법률은 보유기관의 장은 다른 법률에 따라 보유기관 내부 또는 보유기관 외의 자에 대하여 이용하게 하거나 제공하는 경우를 제외하고는 당해 개인정보파일의 보유목적 외의 목적으로 처리정보를 이용하게 하거나 제공하여서는 아니된다고 규정하고 있다(법 제10조 제1항).

그러나 "정보주체의 동의가 있거나 정보주체에게 제공하는 경우"에는 당해 개인정보파일의 보유목적 외의 목적으로 처리정보를 이용하게 하거나 제공할 수 있도록 하고 있다(법 제10조 제3항 제1호).

정보주체는 처리정보의 열람 등의 청구가 있을 때에는 대통령령이 정하는 바에 따라 대리인으로 하여금 하게 할 수 있도록 규정하고 있으며(법 제16조), 공공기관의 개인정보보호에 관한 법률 시행령에서는 대리인의 범위를 ① 정보주체의 법정대리인, ② 정보주체로부터 위임을 받은 수임인으로 규정하고 있다(동법 시행령 제19조).

나. 개인정보 보호법의 규정

(1) 개인정보의 정의

"개인정보"란 살아 있는 개인에 관한 정보로서 성명, 주민등록번호 및 영상 등을 통하여 개인을 알아볼 수 있는 정보(해당 정보만으로는 특정 개인을 알아볼 수 없더라도 다른 정보와 쉽게 결합하여 알아볼 수 있는 것을 포함한다)를 말한다(개인정보보호법 제2조 제1호). "정보주체"란 처리되는 정보에 의하여 알아볼 수 있는 사람으로서 그 정보의 주체가 되는 사람을 말한다(개인정보보호법 제2조 제3호). "개인정보파일"이란 개인정보를 쉽게 검색할 수 있도록 일정한 규칙에 따라 체계적으로 배열하거나 구성한 개인정보의 집합물을 말한다(개인정보보호법 제2조 제4호). "개인정보처리자"란 업무를 목적으로 개인정보파일을 운용하기 위하여 스스로 또는 다른 사람을 통하여 개인정보를 처리하는 공공기관, 법인, 단체 및 개인 등을 말한다(개인정보보호법 제2조 제5호).

(2) 정보주체의 권리

정보주체는 자신의 개인정보 처리와 관련하여 ① 개인정보의 처리에 관한 정보를 제공받을 권리 ② 개인정보의 처리에 관한 동의 여부, 동의 범위 등을 선택하고 결정할 권리 ③ 개인정보의 처리 여부를 확인하고 개인정보에 대하여 열람(사본의 발급을 포함한다.)을 요구할 권리 개인정보의 처리 정지, 정정·삭제 및 파기를 요구할 권리 ⑤ 개인정보의 처리로 인하여 발생한 피해를 신속하고 공정한 절차에 따라 구제받을 권리를 가진다(개인정보보호법 제4조).

(3) 개인정보의 제공

개인정보처리자는 정보주체의 동의를 받은 경우에는 정보주체의 개인정보를 제3자에게 제공(공유를 포함한다)할 수 있다(개인정보보호법 제17조 제1항).

개인정보처리자는 정보주체의 동의를 받을 때에는 ① 개인정보를 제공받는 자 ② 개인정보를 제공받는 자의 개인정보 이용 목적 ③ 제공하는 개인정보의 항목 ④ 개인정보를 제공받는 자의 개인정보 보유 및 이용 기간 ⑤ 동의를 거부할 권리가 있다는 사실 및 동의 거부에 따른 불이익이 있는 경우에는 그 불이익의 내용을 정보주체에게 알려야 한다. 그 사항을 변경하는 경우에도 이를 알리고 동의를 받아야 한다(개인정보 보호법 제17조 제2항).

(4) 개인정보를 제공받은 자의 이용·제공 제한

개인정보처리자로부터 개인정보를 제공받은 자는 ① 정보주체로부터 별도의 동의를 받은 경우 ② 다른 법률에 특별한 규정이 있는 경우를 제외하고는 개인정보를 제공받은 목적 외의 용도로 이용하거나 이를 제3자에게 제공하여서는 아니 된다(개인정보보호법 제19조).

Ⅴ 사건의 결말

뇌병변장애란 중추신경의 손상으로 인한 복합적인 장애로 뇌성마비, 외상성 뇌 손상, 뇌졸중 등 뇌의 기질적 병변으로 인해 보행 또는 일상생활동작에 제한을 받는 것을 의미한다. 뇌병변장애는 주된 증상인 마비의 정도 및 범위, 불수의 운동(의지와 관계없이 일어나는 근수축에 의한 운동)의 유무 등에 따른 팔 다리의 기능저하로 인한 앉기, 서기, 걷기 등의 이동능력(보행상의 장애 정도)과 일상생활 활동(동작)의 수행능력을 기초로 하여 전체 기능장애 정도를 판정하며, 뇌의 기질적 병변으로 시각, 청각 또는 언어상의 기능장애나 정신지체장애가 동반된 경우는 중복장애 합산 인정기준에 따라 판정한다.

자치위원회가 피해학생 및 피해학생의 보호자에게 의견진술의 기회를 부여하지 않고 피해학생에 대한 조치를 의결한 것은 부당하다. 즉 학교폭력 예방 및 대책에 관한 법률 제16조 제2항은 "자치위원회는 제1항에 따른 조치를 요청하기 전에 피해학생 및 그 보호자에게 의견진술의 기회를 부여하는 등 적정한 절차를 거쳐야 한다."고 규정되어 있음에도 불구하고 피해학생 A 및 A의 보호자와 피해학생 M 및 M의 보호자에게 자치위원회에서 의견진술의 기회를 부여하지 않고 피해학생 A 및 M에 대해서 조치를 의결한 것은 부당하다.

J 중학교장이 피해학생 보호자의 동의 없이 자치위원회가 의결한 대로 피해학생에 대한 조치를 취한 것은 부당하다. 즉 학교폭력 예방 및 대책에 관한 법률 제16조 제3항은 "제1항에 따른 요청이 있는 때에는 학교의 장은 피해학생의 보호자의 동의를 받아 7일 이내에 해당 조치를 하여야 하고 이를 자치위원회에 보고하여야 한다."라고 규정되어 있음에도 J 중학교장이 피해할생 A 및 M의 동의를 받지 않고 자치위원회가 의결한 대로 피해학생 A 및 M에 대해서 조치를 취한 것은 부당하다.

피해학생이 가해학생으로부터 치료비 등을 받기 전에 신속한 치료를 위하여 치료비 등을 받을 수 있는 방법에 대하여 학교폭력 예방 및 대책에 관한 법률 제16조 제6항과 제7항에서는 "피해학생이 전문단체나 전문가로부터 ① 심리치료 및 조언, ② 일시보호, ③ 치료 및 치료를 위한 요양의 규정에 따른 상담 등을 받는 데에 사용되는 비용은 가해학생의 보호자가 부담하여야 한다.

다만, 피해학생의 신속한 치료를 위하여 학교의 장 또는 피해학생의 보호자가 원하는 경우에는 학교안전사고 예방 및 보상에 관한 법률 제15조에 따른 학교안전공제회 또는 시·도교육청이 부담하고 이에 대한 구상권을 행사할 수 있다. 학교의 장 또는 피해학생의 보호자는 필요한 경우 학교안전사고 예방 및 보상에 관한 법률 제34조의 공제급여를 학교안전공제회에 직접 청구할 수 있다."라고 규정하고 있으므로, J 중학교장이나 A의 보호자 및 M의 보호자는 가해학생으로부터 치료비 등을 지급받기 전에 학교안전공제회 또는 시·도교육청으로부터 지급 받을 수 있다.

장애학생의 경우에는 일반 학교폭력 피해학생보다 더 두텁게 보호되며, 장애학생에 대해 자치위원회에서 요청한 보호조치에 대해 학교장은 반드시 따라야 한다.

M의 보호자가 바쁘기 때문에 M에 대한 진단서나 진료비 영수증 등을 발급받지 못할 경우에는 다른 사람이 M의 보호자의 동의를 받아 진단서나 진료비 영수증 등을 발급받을 수 있다.

Ⅵ 사례의 종합정리

교장은 피해학생에 대한 조치로 인해 성적 등을 평가함에 있어서 피해학생이 불이익을 받지 않도록 노력해야 한다. 보호조치를 받았다는 사실 자체가 성적평가 등에서 불이익으로 작용하지 않도록 해야 한다. 또한 일시보호나 치료를 위한 요양조치 등으로 인하여 피해학생이 장·단기간 결석하게 되어 부득이하게 성적평가를 위한 시험에 응하지 못하게 된 경우에도 학교학업 성적관리규정에 의거하여 불이익이 없도록 조치해야 한다.

장애학생이란 신체적·정신적·지적 장애 등으로 장애인 등에 대한 특수교육법 제15조에서 규정하는 특수교육을 필요로 하는 학생을 말한다. 학교폭력 예방 및 대책에 관한 법률은 누구든지 장애 등을 이유로 장애학생에게 학교폭력을 행사하여서는 안 된다고 규정하고 있다. 누구든지 어떠한 경우에도 폭력자체가 정당화되지 않는다는 점, 장애학생도 비록 장애가 있지만 학교폭력에서 보호받아야 하는 학생이라는 점을 감안한 장애학생에 대한 선언적인 규정을 두고 있다.

학교폭력 사안이 발생하여 장애학생이 피해학생인 경우에 자치위원회는 장애인 전문상담가의 상담이나 장애인 전문치료기관의 요양조치를 학교의 장에게 요청할 수 있다. 학교폭력 피해학생에 대해 할 수 있는 보호조치 중 하나인 '심리상담 및 조언'과 '치료를 위한 요양'이 장애학생에 대해서도 적용되지만 이와는 별도로 규정하고 있다. 장애학생의 경우에는 자치위원회에서는 '심리상담 및 조언'과 '치료를 위한 요양'에 대해 일반적인 조치(법 16조) 이외에 장애학생에 대한 특화된 조치를 할 수 있다.

[상해진단서 양식]

상 해 진 단 서

원부대조필인

병록번호

연 번 호 주민등록번호 동반자

환 자 의 성 명		성별 남, 여 / 생년월일 년 월 일	연령 만 세
환 자 의 주 소		전화:	
병명	☐ 임상적추정 ☐ 최종진단		한국질병분류번호
상해 년월일	년 월 일(추정)	진 단 일	년 월 일
상해의 원인			
증상	상해부위와정도		
상해에 대한 소견	진료경과의견		
	외과적수술여부		
	입 원 여 부		
	통 상 활 동 가 능 여 부		
	식사가능여부		
예 상 치 료 기 간	년 월 일 (수상일, 진단일)로부터 일간		
향 후 치료에 대 한 의 견	향후치료 의 견		
	병발증발생 가능여부		
비 고			

위와 같이 진단함.

발 행 일 년 월 일

의 료 기 관

주소 및 명칭

전화 및 FAX

면허번호 제 호 의사성명 인

Ⅶ 사례 관련 판례정리

✤ 진단서 관련 판례정리

(1) 상해의 피해자가 제출하는 '상해진단서'의 증명력

상해죄의 피해자가 제출하는 상해진단서는 일반적으로 의사가 당해 피해자의 진술을 토대로 상해의 원인을 파악한 후 의학적 전문지식을 동원하여 관찰·판단한 상해의 부위와 정도 등을 기재한 것으로서 거기에 기재된 상해가 곧 피고인의 범죄행위로 인하여 발생한 것이라는 사실을 직접 증명하는 증거가 되기에 부족한 것이지만, 그 상해에 대한 진단일자 및 상해진단서 작성일자가 상해 발생시점과 시간상으로 근접하고 상해진단서 발급 경위에 특별히 신빙성을 의심할 만한 사정이 없으며 거기에 기재된 상해 부위와 정도가 피해자가 주장하는 상해의 원인 내지 경위와 일치하는 경우에는, 그 무렵 피해자가 제3자로부터 폭행을 당하는 등으로 달리 상해를 입을 만한 정황이 발견되거나 의사가 허위로 진단서를 작성한 사실이 밝혀지는 등의 특별한 사정이 없는 한, 그 상해진단서는 피해자의 진술과 더불어 피고인의 상해 사실에 대한 유력한 증거가 되고, 합리적인 근거 없이 그 증명력을 함부로 배척할 수 없다.[2)]

(2) 상해진단서의 증명력

형사재판에 있어서 유죄로 인정하기 위한 심증 형성의 정도는 합리적인 의심을 할 여지가 없을 정도이어야 하나 합리성이 없는 모든 가능한 의심을 배제할 정도에 이를 것까지 요구하는 것은 아니며, 증명력이 있는 것으로 인정되는 증거를 합리적인 근거가 없는 의심을 일으켜 배척하는 것은 자유심증주의의 한계를 벗어나는 것으로 허용될 수 없는 것이다. 그리고 상해죄의 피해자가 제출하는 상해진단서는 일반적으로 의사가 당해 피해자의 진술을 토대로 상해의 원인을 파악한 후 의학적 전문지식을 동원하여 관찰·판단한 상해의 부위와 정도 등을 기재한 것으로서 거기에 기재된 상해가 곧 피고인의 범죄행위로 인하여 발생한 것이라는 사실을 직접 증명하는 증거가 되기에 부족한 것이지만, 그 상해에 대한 진단일자 및 상해진단서 작성일자가 상해 발생시점과 시간상으로 근접하고 상해진단서 발급 경위에 특별히 신빙성을 의심할 만한 사정이 없으며 거기에 기재된 상해의 부위와 정도가 피해자가 주장하는 상해의 원인 내지 경위와 일치하는 경우에는, 그 무렵 피해자가 제3자로부터 폭행을 당하는 등으로 달리 상해를 입을 만한 정황이 발견되거나 의사가 허위로 진단서를 작성한 사실이 밝혀지는 등의 특별한 사정이 없는 한, 그 상해진단서는 피해자의 진술과 더불어 피고인의 상해사실에 대한 유력한 증거가 되고, 합리적인 근거 없이 그 증명력을 함부로 배척할 수 없다고 할 것이다.[3)]

(3) 진단서 없이 사진과 피해자의 진술 등에 의하여 상해사실을 인정하고 그 치료일수를 명시하지 않은 원심판결에 위법이 없다고 본 사례

상해의 부위와 정도가 증거에 의하여 명백히 확정되어야 하고 상해부위의 판시 없는 상해죄의

---

2) 대법원 2011.1.27. 선고 2010도12728 판결.

3) 대법원 2007.5.10. 선고 2007도136 판결.

인정은 위법하지만, 피해자들은 의사와 그의 직원들로서 피해자들이 흉기에 찔려 입은 상해의 부위를 촬영한 사진을 제시하면서 상해의 부위와 정도에 관하여 진술하고 있고, 피고인의 공범들 또한 피해자들을 흉기로 찔러 그와 같은 상해를 입힌 사실을 시인하고 있으며, 원심 인정의 범죄사실에 상해부위가 특정되어 있으므로, 원심이 진단서 없이 상해사실을 인정하였고 또한 치료일수를 명시하지 아니하였다고 하더라도 원심판결에 어떤 위법이 있다고 볼 수 없다.[4)]

(4) 의사의 진단서기재의 폭행사실에 대한 증거력

의사작성의 피해자에 대한 진단서의 기재내용만으로는 피고인의 폭행사실에 대한 증거자료가 될 수 없다.[5)]

(5) 상해진단서의 기재와 폭행공소사실에 대한 직접증거

피해자에 대한 상해진단서의 기재내용은 위 피해자의 상해부위와 정도에 대한 증거가 될 뿐 피고인의 폭행으로 인한 공소사실 자체에 대한 직접증거라 할 수 없다.[6)]

(6) 의사의 진술이나 진단서가 폭행, 상해 사실 자체에 대한 직접적인 증거가 될 수 있는지 여부(소극)

상해사건의 경우 상처를 진단한 의사의 진술이나 진단서는 폭행, 상해 등의 사실자체에 대한 직접적인 증거가 되는 것은 아니고, 다른 증거에 의하여 폭행, 상해의 가해행위가 인정되는 경우에 그에 대한 상해의 부위나 정도의 점에 대한 증거가 된다 할 것이므로 의사의 진술이나 그가 작성한 진단서는 의사로서 피해자를 진찰한 결과 외력에 의하여 상처가 있었다는 소견을 나타낸데 불과하고 그것만으로 상해의 원인이 피고인의 폭행에 의한 것이라고 단정할 수 없다.[7)]

(7) 의사의 진술이나 진단서의 기재의 상해사실 등에 대한 증거력

상처를 진단한 의사의 진술이나 진단서의 기재는 폭행·상해 등의 사실자체에 대한 직접증거가 되는 것은 아니고 다른 증거에 의하여 폭행·상해의 가해행위가 인정되는 경우에 그에 대한 상해의 부위나 정도의 점에 대한 증거가 된다.[8)]

(8) 상해의 피해자가 제출하는 '상해진단서'의 증명력

상해죄의 피해자가 제출하는 상해진단서는 일반적으로 의사가 당해 피해자의 진술을 토대로 상해의 원인을 파악한 후 의학적 전문지식을 동원하여 관찰·판단한 상해의 부위와 정도 등을 기재한 것으로서 거기에 기재된 상해가 곧 피고인의 범죄행위로 인하여 발생한 것이라는 사실을 직접 증명하는 증거가 되기에 부족한 것이지만, 그 상해에 대한 진단일자 및 상해진단서 작성일자가 상해 발생시점과 시간상으로 근접하고 상해진단서 발급 경위에 특별히 신빙성을 의심할 만한 사정이 없으며 거기에 기재된 상해 부위와 정도가 피해자가 주장하는 상해의 원인 내지 경위와 일치하는 경우에는, 그 무렵 피해자가 제3자로부터 폭행을 당하는 등으로 달리 상해를 입을 만한 정황이 발견되거나 의사가 허위로 진단서를 작성한 사실이 밝혀지는 등의 특별한 사정이 없는

4) 대법원 1996.12.10. 선고 96도2529 판결.
5) 대법원 1984.6.26. 선고 84도851 판결.
6) 대법원 1983.11.8. 선고 83도2407 판결.
7) 대법원 1983.2.8. 선고 82도3021 판결.
8) 대법원 1983.4.12. 선고 82도2081 판결.

한, 그 상해진단서는 피해자의 진술과 더불어 피고인의 상해 사실에 대한 유력한 증거가 되고, 합리적인 근거 없이 그 증명력을 함부로 배척할 수 없다.[9]

(9) 피해자에게 발생한 상처가 강간치상죄에서 정한 상해에 해당하지 않는다고 판단한 원심판결을 파기한 사례

정식의 상해진단서는 제출되어 있지 아니하나 피해자가 입은 상처의 부위와 내용, 그 상해의 정도나 치유기간 등에 비추어 보아 그러한 정도의 상처로 인하여 피해자의 신체의 건강상태가 불량하게 변경되고 생활기능에 장애가 초래된 것이 아니라고 단정할 수 없음에도 불구하고 피해자에게 발생한 상처가 강간치상죄에서 정한 상해에 해당하지 않는다고 판단한 원심판결을 파기한 사례[10]

(10) 진단서 없이 사진과 피해자의 진술 등에 의하여 상해사실을 인정하고 그 치료일수를 명시하지 않은 원심판결에 위법이 없다고 본 사례

상해의 부위와 정도가 증거에 의하여 명백히 확정되어야 하고 상해부위의 판시 없는 상해죄의 인정은 위법하지만, 피해자들은 의사(醫師)와 그의 직원들로서 피해자들이 흉기에 찔려 입은 상해의 부위를 촬영한 사진을 제시하면서 상해의 부위와 정도에 관하여 진술하고 있고, 피고인의 공범들 또한 피해자들을 흉기로 찔러 그와 같은 상해를 입힌 사실을 시인하고 있으며, 원심 인정의 범죄사실에 상해부위가 특정되어 있으므로, 원심이 진단서 없이 상해사실을 인정하였고 또한 치료일수를 명시하지 아니하였다고 하더라도 원심판결에 어떤 위법이 있다고 볼 수 없다.[11]

(11) 상해부위의 판시 없는 상해죄 인정의 적법 여부(소극)

상해죄의 성립에는 상해의 고의가 있는 행위와 이로 인하여 발생하는 인과관계 있는 상해의 결과가 있어야 하므로 이러한 행위와 그로 인한 상해의 부위와 정도가 증거에 의하여 명백하게 확정되어야 하고 상해부위의 판시 없는 상해죄의 인정은 위법하다.[12]

(12) 상처의 정확한 명칭과 치료기간이 명시되지 않았어도 강간치상의 구성요건을 특정한 것이라고 본 사례

상처의 정확한 명칭과 치료에 소요되는 기간이 명시되지 아니한 채 "음부의 질에 출혈케 하여 치료기간 미상의 상해를 입힌 것"이라고 기재된 것만으로도 형법 제301조 소정의 "사람을 사상에 이르게 한" 구성요건을 특정한 것이라고 볼 수 있다.[13]

(13) 피해자의 증언만으로 상해사실을 인정할 수 있는지 여부

폭행을 가한 사실이 인정되는 경우라 하더라도 피해자가 그 폭행으로 인하여 상해를 입었다는 점은 피해자의 일방적 증언만으로는 인정하기 어렵다.[14]

---

9) 대법원 2011.1.27. 선고 2010도12728 판결.
10) 대법원 2003.9.26. 선고 2003도4606 판결.
11) 대법원 1996.12.10. 선고 96도2529 판결.
12) 대법원 1993.5.11. 선고 93도711 판결.
13) 대법원 1989.12.22. 선고 89도1079 판결.
14) 대법원 1984.1.24. 선고 83도940 판결.

제5장 | 학교폭력 분쟁조정절차와 분쟁조정의 거부 및 중지

Ⅰ 사례를 통해서 알아볼 내용

학교폭력대책자치위원회의 기능 중 분쟁조정기능에 대해서 알아보며, 분쟁조정의 절차 및 분쟁조정을 거부하거나 중지할 수 있는 경우 및 분쟁조정이 성립된 경우와 분쟁조정이 이루어지지 않은 경우 처리절차에 대해서 알아보고, 자치위원이 제척, 기피, 회피할 수 있는 경우에 대해서 알아본다.

Ⅱ 사건의 개요

P시 소재 J고등학교 2학년에 재학 중인 A는 점심시간 때 같은 반 친구인 학생 B가 평소 자신이 호감을 갖고 있는 같은 반 여학생 C에게 장난을 치는 모습에 화가 나서, A는 B에게 "C는 내가 좋아하는 여자 친구다. 함부로 말을 걸지 말라."고 하였다.

이에 B는 A에게 "네가 뭔데 나한테 명령을 하느냐?"고 이야기 하였다. 이에 격분한 A는 B에게 주먹으로 4~5회 가량 얼굴을 가격하였고, B가 얼굴을 감싸고 고개를 숙이자 무릎으로 2~3회 B의 얼굴을 가격하였다.

A의 폭행으로 B는 앞니 3개, 윗니 2개가 파절되고 신경이 손상되어 앞니의 색이 누렇게 변색되고, 코뼈가 부러지는 상해를 입었다. 위 사건이 발생하자 B의 담임선생님인 T는 B의 부모님에게 전화로 연락하였고, B의 아버지인 F는 즉시 학교로 달려와서 B의 상태를 보고 화가 나서 가해학생인 A에게 사실확인을 하겠다며 교실로 들

어가 A를 보고 "어떻게 된 일이냐? 네가 우리아이를 때린 것이 사실이야?"고 물었으나 A가 "B가 맞을 짓을 했다."고 말하면서 자리를 피하려고 하자 분을 참지 못하고 A의 뺨을 때린다는 것이 A의 코뼈를 부러뜨리는 상해를 가하게 되었다.

위 사건으로 J고등학교는 학교폭력대책자치위원회를 개최하여 A 학생에게는 사회봉사 5일과 특별교육이수 5일, A의 보호자에게는 특별교육이수 4시간의 조치가 내려졌다. 치료비에 대한 합의조정을 위하여 피해를 입은 B의 부모는 분쟁조정 신청을 하였고 A의 부모에게 치아 3개의 치료비로 약 2,000만원을 요구하였다. 분쟁조정이 개시된 후 3일이 지나고 분쟁조정이 지지부진하자 B의 부모는 자치위원회의 조치가 가해학생에 대해서 너무 가볍다고 생각하고, 가해학생을 상해죄로 검찰에 고소하였다.

한편 자치위원 중 L위원은 A의 작은아버지였다.

J고등학교 학교폭력대책 자치위원회는 A와 B의 치료비에 대한 분쟁조정을 계속해야 하는가? 아니면 거부하거나 중지할 수 있는가? 위 분쟁조정이 2011. 9. 6. 개시되었다면, 자치위원회의 분쟁조정은 언제까지 가능한가?

자치위원 중 A의 작은아버지 L은 위 자치위원회에 참석하여 피해학생에 대한 조치나 가해학생에 대한 선도·징계조치나 분쟁조정에 참여하여 분쟁조정을 할 수 있는가?

자치위원회는 자치위원 Q를 분쟁조정 담당자로 지정하였고 Q는 A의 부모에게 전화를 하여 합의를 할 생각이 있는지, 합의금은 얼마로 생각하는지 전화통화를 하였다. 이에 A의 부모는 Q에게 "왜 자치위원회에서 논의할 내용을 전화로 물어보느냐? 당신 브로커냐?"라고 이야기하였다. 자치위원회가 Q를 분쟁조정 담당자로 지정한 것은 잘못인가?

Q가 A의 보호자에게 합의와 관련하여 전화한 것은 정당한가?

Ⅲ 사건의 쟁점

학교폭력대책자치위원회가 어떤 경우에 분쟁조정을 거부하거나 중지할 수 있는지 여부 및 자치위원이 제척, 기피, 회피사유 및 분쟁조정기간이 1개월을 넘지 못한다는 의미가 무엇인지, 자치위원회가 분쟁조정 담당자를 지정할 수 있는지, 분쟁조정 담당자는 어떤 역할을 하는지가 문제된다.

Ⅳ 사례 관련 내용의 이해

1. 분쟁조정

가. 학교폭력 분쟁조정의 제도적 의의

학교폭력대책자치위원회는 학교폭력과 관련하여 분쟁이 있는 경우에는 그 분쟁을 조정할 수 있다. 즉 '피해학생과 가해학생 또는 그 보호자의 손해배상에 관련된 합의조정과 분쟁조정' 및 '그 밖에 자치위원회가 필요하다고 인정하는 사항'에 대하여 분쟁조정을 할 수 있다.

분쟁조정이란 소송에 대한 대체적 분쟁해결수단으로서, 중립적인 제3자의 주선하에 분쟁당사자간의 자율적인 타협과정을 통해 화해에 이르는 제도를 말한다. 분쟁조정은 소송과 비교하여 절차의 진행이 신속하고 간단하여 시간적으로나 금전적으로 경제적이고, 절차가 비공개로 진행되는 장점이 있다.

나. 중재제도

중재(Arbitration)란 분쟁당사자간의 합의에 따라 사법상의 법률관계에 관한 현존 또는 장래에 발생 할 분쟁의 전부 또는 일부를 법원의 판결에 의하지 아니하고 사인인 제3자를 중재인으로 선정하여 중재인의 판정에 맡기는 동시에 그 판정에 복종함으로써 분쟁을 해결하는 자주 법정제도이다.

다. 중재의 장점

분쟁의 신속하고 경제적인 해결을 도모함으로써 일도양단적인 판정보다는 당사자간 감정대립을 남기지 않는 장점이 있다.

라. 중재절차에 의해 성립된 화해제약의 효력 및 집행력 확보 방법

중재절차에서 화해계약이 성립하면 '사법상 합의'로서의 효력이 발생한다.

이 경우 합의내용은 공정증서를 이용하면 집행력을 부여받을 수 있다.

마. 피해·가해자 측 욕구

(1) 치료비·합의금이 모두 가장 높은 빈도를 나타내고 있으며 피해자 측은 서면사과

및 재발방지각서가 두 번째이나 가해자 측과 학교 측은 기타의 욕구들이 높은 것으로 나타나고 있다. 이런 결과는 피해자 측은 진정한 사과와 재발방지약속에 대한 의미가 사건 해결의 중요한 의미가 되고 있다.

(2) 가해자 측이나 학교 측은 자신들에게 더 중요한 다양한 기타의 요인으로 가해자 측은 형사고소취하, 사건일부부인, 사실수용거부, 사건의 객관적 조사 등의 억울함이 욕구로 나타나고 있다.

(3) 중재내담자욕구를 전체적으로 보면 가장 결정적인 욕구로는 치료비 및 합의금, 서면사과와 재발방지, 그리고 기타의 요인들이라고 할 수 있다. 또한 중재내담자들의 욕구와 신청사유는 밀접한 관련성을 가지고 비슷한 결과로 나타나고 있다. 피해·가해 측 모두 치료비 및 합의금 조율에 대한 욕구가 높은 것으로 보아 현실적인 부분의 중재가 필요함을 시사하고 있다.

학교 측 욕구는 학교 측의 기타의 요인들로 학교폭력 문제해결의 어려움, 학교폭력자치위원회 전문기관자문, 학교조정의 어려움 해소, 법적절차나 교육적 해결 등으로 학교 측의 한계를 드러내는 측면에서의 욕구를 나타내고 있다.

바. 중재제도 활성화를 위해 개선해야할 사항

(1) 현재 법정기구인 학교폭력대책자치위원회는 학교폭력 예방 및 대책뿐만 아니라 분쟁해결도 담당하는 기능이 있다.

객관적이고 공정성을 담보할 수 있는 법률전문가, 의료전문가, 심리치료전문가들이 자치위원으로 참여하여 법적, 의료적, 학생의 학교폭력 후유증, 가해학생의 심리치료 등에 전문적 의견을 제시하면서 분제해결을 주도한다면 모든 학교에서 학교 폭력으로 인한 분쟁을 초기에 해결할 수 있을 것으로 보인다.

(2) 이를 위해서는 ① 객관적이고 공정한 전문가가 자치위원회 위원으로 참여하고 ② 학교 측은 학교폭력사건을 숨기지 말고 자치위원회를 통한 분쟁해결 의지를 가져야 할 것이며, ③ 피해자 및 가해자에게 자치위원회를 통한 분쟁해결 방법 및 절차의 장단점을 설명 하는 절차가 필요하고, ④ 합의내용은 법적으로 강제일 수 있는 방법 모색 및 법적 근거를 마련해야 하며, ⑤ 분쟁해결 시 민·형사상 이의제기 금지 약속을 지켜야 할 것이며, ⑥ 분쟁해결 후 피해자 및 가해자를 치료 및 교육으로 연계할 수 있도록 다양한 프로

그램을 운영하는 기관과 연계시켜야 하며, ⑦ 자치위원회에서 합의 후 일정기간동안은 합의 사항을 이행 하는지를 점검할 수 있는 권한을 부여해야 할 것이다.

2. 분쟁조정을 신청할 수 있는 경우

가. 피해학생 또는 보호자가 자치위원회의 조치에 대해 불만을 가지는 경우 즉, 피해학생 측에서 자치위원회의 결정에도 불구하고 가해학생에 대한 또 다른 처분이나 징계를 요구하는 경우에는 자치위원회에 분쟁조정을 신청할 수 있다.

나. 피해학생 또는 보호자나 가해학생 또는 보호자가 손해배상에 관련된 합의를 하고자 할 때 즉, 피해학생 측에서 치료비와 요양비 등 금전적 손해에 대한 배상을 요구하는 경우 및 가해학생 측에서 피해학생 측의 치료비 및 요양비에 대해 합의를 하고자 하는 경우에는 자치위원회에 분쟁조정을 신청할 수 있다.

3. 분쟁조정의 신청권자와 기한 및 관할권

가. 신청권자

분쟁당사자(피해·가해 측)만이 신청할 수 있다. 당사자는 분쟁조정신청서(분쟁조정 신청인의 성명 및 주소, 보호자의 성명 및 주소, 분쟁조정 신청의 사유를 기재함)를 작성하여 자치위원회나 교육감에게 신청한다. 분쟁조정은 당사자의 서면신청 없이는 개시될 수 없다. 학교폭력 사건의 신고 또는 통보를 받은 경우 학교나 자치위원회는 피해학생 및 가해학생이나 보호자에게 사건에 관한 통보와 함께 자치위원회의 분쟁조정제도에 대해서 안내하주는 것이 바람직하며, 분쟁당사자가 구두로 분쟁조정을 요청하는 경우 분쟁조정신청서의 작성을 안내하주는 것이 바람직하다.

나. 기 한

(1) 분쟁조정 개시 및 통보와 분쟁조정담당자 지정과 자문

① 학교폭력 발생 후, 분쟁 당사자가 조정을 신청할 경우 신청이 있은 날로부터 5일 이내에 분쟁조정을 시작하여야 한다.

② 자치위원회 또는 교육감은 분쟁당사자에게 분쟁조정의 일시 및 장소를 통보하여야 한다.

③ 통지를 받은 분쟁당사자 중 어느 한 쪽이 불가피한 사유로 출석할 수 없는 경우에는 자치위원회 또는 교육감에게 분쟁조정의 연기를 요청할 수 있다. 이 경우 자치위원회 또는 교육감은 분쟁조정의 기일을 다시 정하여야 한다. 분쟁당사자가 분쟁조정의 연기를 신청하였으나 자치위원회의 판단결과 불가피한 사유로 연기를 인정하기 곤란한 경우에는 분쟁조정기일을 다시 정하지 않을 수 있다.

④ 자치위원회 또는 교육감은 자치위원회 위원 또는 지역위원회 위원 중에서 분쟁조정 담당자를 지정하거나, 외부 전문기관에 분쟁과 관련한 사항에 대한 자문 등을 할 수 있다.

(2) 분쟁조정기간

분쟁의 조정기간은 1개월을 넘지 못한다. 1개월이란 기간의 계산에 관해서는 개별법률 등에서 특별히 규정하고 있지 않을 경우에는 기간계산에 관한 일반규정인 민법이 적용되며(민법 제155조), 민법에 따르면 주(週), 월(月), 또는 년(年)의 처음부터 기간을 기산하지 아니하는 때에는 최후의 주, 월, 년에서 그 기산일에 해당한 날의 전일(前日)로 기간이 만료한다(제160조 제2항). 1개월 이내(또는 1개월을 넘지 못한다)라는 의미는 예를 들어 9월 5일 분쟁조정을 개시하였다면 10월 4일까지(10월 4일을 넘기지 못한다)는 의미로 보아야 할 것이다.

다. 관할권

(1) 피해·가해학생이 같은 학교일 경우에는 해당 학교 자치위원회에서 분쟁조정을 한다.

(2) 피해·가해학생이 다른 학교일 경우에는 ① 동일한 시·도 관할 구역일 경우에는 해당 시·도 교육감이 분쟁조정을 하고, ② 관할구역이 다른 시·도일 경우에는 각 지역의 교육감 간에 협의를 거쳐 분쟁조정을 한다.

4. 분쟁조정의 거부·중지

가. 분쟁조정의 거부·중지 사유

자치위원회 또는 교육감은 ① 분쟁당사자의 일방이 분쟁조정을 거부한 경우 ② 분쟁조정의 신청내용이 허위임이 명백하거나 정당한 이유가 없다고 인정하는 경우 ③ 분쟁당사자가 고소·고발을 하거나 민사소송을 제기한 경우에는 분쟁조정의 개시를 거부하거나,

이미 개시된 분쟁조정을 중지할 수 있다. 명시적으로 거부의 의사를 표명한 경우뿐 아니라, 정당한 사유 없이 조정기일에 출석하지 아니한 경우에도 분쟁조정을 거부한 것으로 볼 수 있다.

나. 분쟁조정의 거부·중지의 통보

분쟁조정을 거부하거나 중지할 경우에는 그 사유를 분쟁당사자에게 통보하여야 한다.

다. 분쟁조정의 거부·중지 사유가 있다고 해서 반드시 분쟁조정 시작을 거부하거나 중지해야 하는 것은 아니며 자치위원회 또는 교육감의 판단에 따라 분쟁조정을 계속 진행할 수 있다. 즉, 당사자의 일방이 분쟁조정을 거부하는 의사를 표명했거나 또는 민·형사의 법적절차를 시작한 경우라도 자치위원회는 합의를 하는 것이 법적 절차에 따라 해결하는 것보다 서로에게 더 유리하다는 점을 설명하고 조정에 응하도록 권유할 수 있다.

다만, 피해학생 측이 완강히 거부하는데도 불구하고 차후의 학교생활 등을 언급해가며 합의를 강요해서는 안 되고 가해학생 학부모에게 "합의를 하면 교육적인 관점에서 최대한 관대하게 처리해 주겠다.", 혹은 "합의가 이루어지는 것을 본 후에 가해학생에 대한 처분을 하겠다."는 식으로 징계조치를 담보로 합의를 강요하는 것은 타당하지 않다. 한편, 분쟁조정의 신청 내용 중에 명백한 허위사실이 일부 포함되어 있는 경우에도 신청 내용의 중요부분이 사실이고 그 부분에 관해 분쟁 당사자들이 조정을 원하는 경우라면 조정을 지속하는 것이 바람직하다.

라. 분쟁조정에 당사자가 참석을 하겠다고 하였다가 나중에 마음을 바꿔 자치위원회가 참석을 요청하였지만 한쪽 당사자가 참여를 거부하는 경우에는 자치위원회가 이를 강제할 수 있는 방법이 없으므로, 단순히 일정상 참여할 수 없어 참여를 거부한 경우라면 일정을 연기하거나 조정할 수 있다. 그러나 처음에 참석하겠다는 마음을 바꿔 분쟁조정자체를 거부하는 경우라면 분쟁조정을 개시하는 것을 중단하거나 진행되던 분쟁조정을 중지할 수 있다.

5. 분쟁조정을 위한 학교폭력자치위원회의 조사

가. 자치위원회는 분쟁조정을 위하여 필요하다고 인정하는 때에는 관계 기관의 협조를 얻어 학교폭력과 관련한 사항을 조사할 수 있다.

나. 조사권한

조사권한은 자치위원회에 있으나 사실상 직접적인 조사는 자치위원회의 지시 하에 학교폭력 전담기구 소속교사 즉, 책임교사, 보건교사, 상담교사가 담당하는 것이 일반적이다. 자치위원회 또는 교육감은 자치위원회 위원 또는 지역위원회 위원 중에서 분쟁조정 담당자를 지정하거나, 외부 전문기관에 분쟁과 관련한 사항에 대한 자문 등을 할 수 있다.

다. 학교폭력 전담기구의 조사

학교폭력 전담기구 소속교사들이 학교폭력 사안의 진상을 파악하고, 의료기관, 청소년 상담기관, 수사기관 등의 협조를 얻어 분쟁당사자의 주장내용을 확인한다.

라. 조사결과의 보고

학교폭력 전담기구 소속 교사들은 조사된 내용을 정리하여 자치위원회에 보고한다.

6. 분쟁조정이 성립한 경우의 결과처리

가. 분쟁조정의 종료 사유

① 분쟁당사자간에 합의가 이루어지거나 자치위원회 또는 교육감이 제시한 조정안을 분쟁당사자가 수락하는 등 분쟁조정이 성립한 경우 ② 분쟁조정 개시일로부터 1개월을 경과하도록 분쟁조정이 성립하지 아니한 경우에는 분쟁조정을 종료하여야 한다.

나. 분쟁조정 종료의 통보

자치위원회 또는 교육감은 분쟁조정을 거부 또는 중지하거나 분쟁조정을 종료한 경우에는 그 사유를 분쟁당사자에게 각각 통보하여야 한다.

다. 합의서 작성

자치위원회 또는 교육감은 분쟁조정이 성립되면 ① 분쟁당사자의 주소와 성명, ② 조정대상 분쟁의 내용{㉠ 분쟁의 경위, ㉡ 조정의 쟁점(분쟁당사자의 의견을 기술한다), ㉢ 조정의 결과}를 기재한 합의서를 작성하여 자치위원회는 분쟁당사자에게, 교육감은 피해학생 및 가해학생 소속 학교 자치위원회와 분쟁당사자에게 각각 통보하여야 한다.

라. 합의서의 필수적 기재사항

① 분쟁당사자의 주소와 성명, ② 조정대상 분쟁의 내용, ③ 조정의 결과, ④ 합의서에

는 자치위원회가 조정한 경우에는 분쟁당사자와 조정에 참가한 위원이, 교육감이 조정한 경우에는 분쟁당사자와 교육감이 서명·날인하여야 한다.

마. 임의적 기재사항

① 치료비 지급시 구체적인 지급방법과 절차, ② 학교 자체적으로 분쟁조정결과가 이행되는 지 확인 전화나 요청, ③ 피해학생과 가해학생 간에 별도 화해 기회 제공 등을 기재할 수 있다.

바. 교육감에게 보고

자치위원회의 위원장은 분쟁조정의 결과를 교육감에게 보고하여야 한다.

사. 분쟁조정의 이행강제의 문제

분쟁조정을 통하여 당사자들 간에 합의가 이루어진다 하여도 이는 화해계약이 성립한 것에 지나지 않으므로 강제집행력은 인정되지 않는다. 당사자 일방이 합의내용을 이행하지 않는 경우 법원에 소송을 제기하여 이행을 강제하는 수밖에 없다. 따라서 자치위원회가 나서서 이행을 강제하는 방법은 없다.

그러나 합의금에 대해서 약속어음을 발행하고 집행공증하는 경우에는 약속어음의 만기로부터 3년 내에서는 별도의 판결문 없이도 강제집행을 할 수 있다.

7. 자치위원회 위원의 제척·기피 및 회피

가. 제척사유

자치위원회의 위원은 피해학생에 대한 보호조치, 가해학생에 대한 선도·징계조치, 분쟁조정의 경우에 ① 위원이나 그 배우자 또는 그 배우자였던 사람이 해당사건의 피해학생 또는 가해학생의 부모 등 보호자인 경우 또는 보호자였던 경우, ② 위원이 해당 사건의 피해학생 또는 가해학생과 친족이거나 친족이었던 경우, ③ 그 밖에 위원이 해당 사건의 피해학생 또는 가해학생과 친분이 있거나 관련이 있다고 인정하는 경우에 해당하면 피해학생과 가해학생에 대한 조치를 요청하는 경우와 분쟁을 조정하는 경우 해당사건에서 제척된다.

나. 기피신청

(1) 학교폭력과 관련하여 분쟁이 발생한 경우 분쟁당사자는 자치위원회의 위원에게 공

정한 심의를 기대하기 어려운 사정이 있다고 인정할 만한 상당한 사유가 있을 때에는 자치위원회에 그 사실을 서면으로 소명하고 기피신청을 할 수 있다.

(2) 자치위원회는 기피신청을 받으면 의결로써 해당 위원의 기피 여부를 결정하여야 한다. 이 경우 기피신청 대상이 된 위원은 그 의결에 참여하지 못한다.

다. 회 피

자치위원회의 위원이 제척 또는 기피의 사유에 해당하는 경우에는 스스로 해당 분쟁조정 사건을 회피할 수 있다.

8. 비밀누설금지 및 회의록 공개의 문제

가. 학교폭력의 예방 및 대책과 관련된 업무를 수행하거나 수행하였던 자는 그 직무로 인하여 알게 된 비밀 또는 가해학생·피해학생과 관련된 자료를 누설하여서는 아니 된다.

나. ① 학교폭력 가해학생과 피해학생 개인 및 가족의 성명, 주민등록번호 및 주소 등 개인정보에 관한 사항, ② 학교폭력 가해학생과 피해학생에 대한 심의·의결과 관련된 개인별 발언 내용, ③ 그 밖에 외부로 누설될 경우 분쟁당사자 간에 논란을 일으킬 우려가 명백한 사항은 누설해서는 아니 되는 비밀의 범위에 속한다.

다. 자치위원회의 회의는 공개하지 아니한다. 다만, 피해학생·가해학생 또는 그 보호자가 회의록의 열람·복사 등 회의록 공개를 신청한 때에는 학생과 그 가족의 성명, 주민등록번호 및 주소, 위원의 성명 등 개인정보에 관한 사항을 제외하고 공개하여야 한다.

Ⅴ 사건의 결말

J고등학교 학교폭력대책자치위원회는 학교폭력과 관련하여 분쟁이 있는 경우에는 그 분쟁을 조정할 수 있다. 분쟁의 조정기간은 1개월을 넘지 못한다. A의 아버지 F가 치료비에 관한 분쟁조정을 신청한 것은 '피해학생과 가해학생 간 또는 그 보호자 간의 손해배상에 관련된 합의조정'이므로 자치위원회의 분쟁조정의 대상이 된다.

자치위원회는 분쟁조정의 신청을 받으면 그 신청을 받은 날부터 5일 이내에 분쟁조정을 시작하여야 한다. '피해학생 등이 관련된 학교폭력 건에 대하여 가해학생을 고소·고발하거나 민사상 소송을 제기한 경우'에는 분쟁조정의 개시를 거부하거나 분쟁조정을 중지할 수 있다. 즉 반드시 거부하거나 중지하여야 하는 것이 아니라 분쟁조정의 개시를 거부하거나 중지할 수 있는 것이므로 사례의 경우에는 분쟁조정이 개시된 이후 B의 아버지가 A를 고소하였다고 하더라도 자치위원회는 분쟁조정을 계속할 수도 있고 중지할 수도 있다.

분쟁조정기간은 1개월을 넘지 못하므로 위 분쟁조정이 2011. 9. 6. 개시되었다면, 자치위원회의 분쟁조정은 2011. 10. 5.까지 종료돼야 한다.

자치위원회의 위원은 '피해학생에 대한 보호조치, 가해학생에 대한 선도·징계조치, 피해학생과 가해학생 간의 분쟁을 조정하는 경우' 해당 사건의 피해학생 또는 가해학생과 친족이거나 친족이었던 경우 해당 사건에서 제척되므로 자치위원 중 A의 작은아버지 L은 위 피해학생에 대한 보호조치, 가해학생에 대한 선도·징계조치 분쟁조정에서 제척되므로 자치위원회에서 피해학생에 대한 조치나 가해학생에 대한 조치, 분쟁조정에 참여하여 심의하거나 의결할 수 없다.

자치위원회 또는 교육감은 자치위원회 위원 또는 지역위원회 위원 중에서 분쟁조정 담당자를 지정하거나, 외부 전문기관에 분쟁조정과 관련한 사항에 대한 자문 등을 할 수 있다. 따라서 자치위원회가 자치위원 중 Q를 분쟁조정 담당자로 지정한 것은 법률에 근거를 둔 정당한 조치이며, Q가 A의 보호자에게 분쟁조정과 관련하여 합의의사가 있는지, 합의금은 얼마 정도로 생각하고 있는지 전화를 한 것은 분쟁조정 담당자로서 정당한 업무수행이다.

Ⅵ 사례의 종합정리

분쟁의 조정기간은 1개월을 넘지 못한다. 1개월이란 기간의 계산에 관해서는 개별법률 등에서 특별히 규정하고 있지 않을 경우에는 기간계산에 관한 일반규정인 민법이 적용된다. 1개월 이내(또는 1개월을 넘지 못한다)라는 의미는 예를 들어 9월 5일 분쟁조정을 개시하였다면 10월 4일까지(10월 4일을 넘기지 못한다)는 의미로 보아야 할 것이다.

피해·가해학생이 같은 학교일 경우에는 해당 학교 자치위원회에서 분쟁조정을 한다.

피해·가해학생이 다른 학교일 경우에는 ① 동일한 시·도 관할 구역일 경우에는 해당 시·도 교육감이 분쟁조정을 하고, ② 관할 구역이 다른 시·도일 경우에는 각 지역의 교육감 간에 협의를 거쳐 분쟁조정을 한다.

조사권한은 자치위원회에 있으나 사실상 직접적인 조사는 자치위원회의 지시 하에 학교폭력 전담기구 소속교사 즉, 책임교사, 보건교사, 상담교사가 담당하는 것이 일반적이다. 자치위원회 또는 교육감은 자치위원회 위원 또는 지역위원회 위원 중에서 분쟁조정 담당자를 지정하거나, 외부 전문기관에 분쟁과 관련한 사항에 대한 자문 등을 할 수 있다.

제6장 | 학교폭력 사건과 학교안전공제회의 공제급여

Ⅰ 사례를 통해서 알아볼 내용

학교폭력으로 인한 사고의 경우도 학교안전사고 예방 및 보상에 관한 법률이 적용될 수 있는 요건에 대해서 알아보고, 학교안전공제회에 공제급여를 청구할 수 있는 절차와 방법에 대해서 알아보고, 학교안전공제회에서 공제급여를 받은 경우 다른 법률과의 관계 및 학교안전공제회가 가해학생 보호자에게 구상권을 청구할 수 있는지에 대해서 알아본다.

Ⅱ 사건의 개요

T시가 설치·운영하는 S고등학교 2학년 여학생 A는 고등학교 1학년 1학기 초부터 같은 반 친구인 B, C, D, E 등으로부터 화장실에 불려가 폭행을 당하기도 하였고, 학용품을 빼앗기고 수업시간에도 지우개로 맞는 등 괴롭힘을 당하고, 1주일에 30,000원씩 1년 이상 돈을 빼앗겨 오다가 선생님에게 도움을 요청하였지만 가해학생들은 고자질을 했다는 이유로 침을 뱉고, 폭행하는 과정에서 피해학생 A는 얼굴에 상처를 입기도 하였다. 교실 내에서도 B, C가 주도적으로 A가 다른 친구들과 어울리지 못하게 하거나, 친구들 앞에서 엄마 말만 듣는 '마마 걸'이라며 비하하기도 하였고, A가 보낸 핸드폰 문자에 아무도 답장을 하지 못하게 하는 등 A와 친하게 지내려는 친구들에게 A의 험담을 하면서 집단 따돌림을 당하게 하였다.

최근에는 B, C, D, E 등이 A에게 누가 가장 무서운지 그 순서를 정하라고 하였고, 점심시간에 교실 내에서 무서운 순서에서 1순위에서 밀린 C, D, E가 집단적으로 폭행을 가하여 전치 6주의 치료를 요하는 상해를 입게 되었다.

B, C, D, E와 그 보호자들이 경제적 능력이 없는 것으로 확인되자 A 및 A의 보호자는 S고등학교장에게 학교안전공제회에 치료비 전액 및 위자료 및 그동안 빼앗긴 돈에 대해서 공제급여를 청구해 달라고 요구하였으나 S고등학교 교장은 학교폭력으로 인한 사고의 경우 학교안전공제회에 공제급여를 청구할 수 없다고 하면서 공제급여 청구를 해주지 않았다. 이에 A의 보호자는 직접 학교안전공제회에 치료비 전액 및 위자료 및 그동안 빼앗긴 돈에 대해서 공제급여를 청구하였다.

S고등학교 교장이 공제급여 청구를 해줄 수 없다는 주장은 타당한가?

A의 부모가 학교안전공제회에 직접 공제급여를 청구한 것은 타당한가?

A의 보호자가 학교안전공제회에 직접 공제급여를 청구한 치료비 전액 및 위자료 및 그동안 빼앗긴 돈에 대해서 공제급여를 청구한 금액은 지급될 수 있는가?

학교안전공제회가 A에게 지급한 금액에 대해서는 B, C, D, E의 보호자에게 구상권을 행사할 수 있는가?

Ⅲ 사건의 쟁점

학교폭력으로 인한 사고의 경우도 학교안전사고 예방 및 보상에 관한 법률이 적용될 수 있는 지 여부 및 피해학생이나 보호자가 학교안전공제회에 직접 공제급여를 청구할 수 있는지 여부 및 공제급여 청구를 할 수 있는 범위가 모든 치료비 및 빼앗긴 금전이나 위자료까지도 가능한지 여부 및 학교안전공제회가 피해학생에게 공제금여를 해준 경우 가해학생에게 구상권을 행사할 수 있는지가 문제된다.

Ⅳ 사례 관련 내용의 이해

1. 학교폭력도 학교안전사고인지 여부

학교폭력도 학교안전사고이며 학교안전사고 예방 및 보상에 관한 법률에서 공제급여를 제한하는 경우인 "① 피공제자의 자해·자살. 다만, 학교안전사고가 원인이 되어 자해·자살한 경우에는 공제급여의 전부를 지급한다. ② 학교안전사고로 인하여 피해를 입은 피공제자 또는 그 보호자 등이 정당한 사유 없이 요양기관의 지시를 따르지 아니하여 피공제자의 부상·질병 또는 장해의 상태가 악화되었거나 요양기관의 치료를 방해한 것이 명백한 경우, ③ 학교안전사고와 관련하여 제36조 내지 제40조의 규정에 따른 공제급여를 받을 권리가 있는 자가 자동차손해배상보장법의 규정에 따른 손해배상을 받은 경우"에 해당하지 않기 때문에(학교안전사고 예방 및 보상에 관한 법률 제43조 제1항) 학교안전공제회의 공제급여를 지급받을 수 있다.

2. 집단 따돌림은 학교폭력인가?

"따돌림"이란 학교 내외에서 두 명 이상의 학생들이 특정인이나 특정집단의 학생들을 대상으로 지속적이거나 반복적으로 신체적 또는 심리적 공격을 가하여 상대방이 고통을 느끼도록 하는 일체의 행위를 말한다(학교폭력 예방 및 대책에 관한 법률 제2조 제1의2호). 판례는 "집단 따돌림이란 학교 또는 학급 등 집단에서 복수의 학생들이 한 명 또는 소수의 학생들을 대상으로 의도와 적극성을 가지고, 지속적이면서도 반복적으로 관계에서 소외시키거나 괴롭히는 현상을 의미한다."라고 판시한바 있다. 따라서 집단 따돌림은 학교폭력에 해당한다.

결국 집단 따돌림이란 학급에서 복수의 학생들이 한 명 또는 소수의 학생들을 대상으로 의도와 적극성을 가지고 지속적으로 그리고 반복적으로 관계에서 소외시키거나 괴롭히는 일체의 행위 및 전혀 말을 걸지 않거나 사사건건 놀린다거나 이유 없이 툭툭 치거나 욕설을 하거나 심부름을 시키는 것으로서, 그 특징적 요소로는 공격적인 행동이거나 고의적으로 해를 입히는 것, 반복적이고 지속적으로 이루어지고, 힘의 불균형을 특징으로 하는 대인관계에서 일어나는 것을 말하며, 집단괴롭힘이란 한 학생이 반복적으로 지속적으로 한 명 혹은 그 이상의 다른 학생들의 부정적인 행동에 노출되는 현상으로 이에는 구타, 폭행 등 직접적인 폭력과 소외, 심리적 배제 등 간접적인 폭력 모두를 포함한다.

3. 학교안전사고의 정의

학교안전사고라 함은 교육활동 중에 발생한 사고로서 학생·교직원 또는 교육활동참여자의 생명 또는 신체에 피해를 주는 모든 사고 및 학교급식 등 학교장의 관리·감독에 속하는 업무가 직접 원인이 되어 학생·교직원 또는 교육활동참여자에게 발생하는 질병으로서 대통령령이 정하는 것을 말한다(학교안전사고 예방 및 보상에 관한 법률 제2조 제6호).

4. 학교안전공제회의 공제급여

가. 지급대상이 되는 사고

학교의 교육과정 또는 학교장이 정하는 교육계획 및 교육방침에 따라 학교의 안팎에서 학교장의 관리·감독 하에 행하여지는 수업·특별활동·재량활동·과외활동·수련활동 또는 체육대회 등의 활동 중에 발생한 사고로서 학생·교직원 또는 교육활동참여자의 생명 또는 신체에 피해를 주는 모든 사고 및 학교급식 등 학교장의 관리·감독에 속하는 업무가 직접 원인이 되어 학생·교직원 또는 교육활동참여자에게 발생하는 질병으로서 대통령령이 정하는 것은 학교안전공제회의 공제급여지급대상이 되는 사고이다.

나. 지급대상에서 제외되는 사고

피공제자의 고의 또는 중대한 과실로 인한 사고(법 제43조 제1항 제1호) 및 학교안전사고와 관련 없이 발생한 자살·자해 등의 사고피공제자, 공제가입자 아닌 제3자의 고의 또는 과실로 인한 사고 및 자동차손해배상보장법의 규정에 따른 보상을 받은 사고(법 제43조 제1항 제3호)는 학교안전공제회의 공제급여지급대상이 되지 않는 사고이다.

학교안전사고로 인하여 피해를 입은 피공제자 또는 그 보호자 등이 정당한 사유 없이 요양기관의 지시를 따르지 아니하여 부상·질병 또는 장해의 상태가 악화되었거나 요양기관의 치료를 방해한 것이 명백한 경우(법 제43조 제1항 제2호)는 학교안전공제회의 공제급여지급대상이 되지 않는다.

다. 지급대상이 될 수도 있고, 제외될 수도 있는 사고

등·하교 중 발생한 사고는 모두 공제급여 대상이 되는 것이 아니라 통상의 경로와 방법에 의해 등·하교를 하던 중 발생한 사고(통상적인 학교체류시간을 획일적인 기준으로 판단하는 것은 곤란하므로 정규교육활동의 종료시간 및 사고발생시간, 체류시간 중의 활동 상황, 교사의 체류지시 여부 등을 종합적으로 판단하여 결정)의 경우에만 학교안전공제회의 공제급여지급대상이 되는 사고이다.

교육활동 전후 통상적인 학교체류시간을 뜻하는 것으로 통상적이지 않은 학교체류시간 중 발생한 사고는 공제급여 지급대상에서 제외된다. 천재지변에 의한 시설물의 파괴와 그로 인해 신체상 손해를 입은 경우에는 교육시설재난공제회에서, 그 이외의 천재지변으로 인한 직접적인 생명·신체에 피해를 주는 사고에 대해서는 학교안전공제회에서 보상을 하게 된다.

5. 현장학습에서 다른 학교 학생에게 구타당하고 금품을 갈취당한 경우

법 제2조 제4호 및 제6호에서 학교장의 교육계획 및 교육방침에 따라 행하는 수업, 특별활동, 재량활동, 과외활동, 수련활동, 체육활동 중 학생, 교직원 등이 입은 생명 또는 신체적 피해를 주는 모든 사고를 학교안전사고로 정의하고 있어 신체적 피해에 대하여는 보상대상이 되나, 금품 갈취에 대해서는 보상대상이 아니다.

실제 공제급여의 지급결정을 함에 있어서는 사고가 발생하게 된 경위와 학생이 교사 또는 동료와 함께 활동하지 아니하고 구타를 당하는 등의 사고가 발생한 제반 경위 및 사고의 신고 등을 게을리 하여 가해자를 찾지 못하게 된 책임 등을 엄격하게 따져 보아야 할 것이다.

6. 학교폭력의 경우 공제급여 청구 및 구상권 행사

가. 학교폭력으로 인한 사고의 경우 피해자와 가해자 간에 해결하는 것이 원칙이다.

나. 치료 및 치료를 위한 요양 비용등과 구상권

학교폭력으로 인한 사고의 경우 피해자와 가해자 간에 해결하는 것이 원칙이다. 학교폭력 예방 및 대책에 관한 법률 제16조 제5항에서 "피해학생이 전문단체나 전문가로부터 제1항 제1호부터 제3호까지의 규정에 따른 상담 등을 받는 데에 사용되는 비용은 가해학생의 보호자가 부담하여야 한다.

다만, 피해학생의 신속한 치료를 위하여 학교의 장 또는 피해학생의 보호자가 원하는 경우에는 학교안전사고 예방 및 보상에 관한 법률 제15조에 따른 학교안전공제회 또는 시·도교육청이 부담하고 이에 대한 구상권을 행사할 수 있다."라고 규정하고 있다.

가해학생 측의 경제적 사정에 관계없이 학교안전공제회가 피해학생의 심리상담·일시보호·치료 및 치료를 위한 요양에 소요된 비용을 우선 부담한 후 가해학생 보호자에게 구상권을 행사할 수 있게 되었다.

다. 공제급여의 직접청구

학교의 장 또는 피해학생의 보호자는 필요한 경우 학교안전사고 예방 및 보상에 관한 법 제34조의 공제급여를 학교안전공제회에 직접 청구할 수 있다.[1)]

7. 학교폭력사고에 대하여 학교안전공제회가 피해자에게 보상하는 금액

요양급여는 학교안전사고로 인하여 피공제자가 입은 부상 또는 질병의 치료에 소요된 비용 중 「국민건강보험법」 제41조의 규정에 따라 피공제자 또는 그 보호자 등이 부담한 금액으로 한다. 다만, 법원의 판결 등으로 「국민건강보험법」 제58조에 따라 공단의 구상권 행사에 따른 손해배상액이 확정된 경우 학교의 장이 부담할 부분은 공제회가 부담한다.

8. 학교폭력 피해학생 치료비 집행 기준

학교안전사고 예방 및 보상에 관한 법률 제53조 제2항에 따라 학교폭력 피해학생의 상담 및 치료기간은 2년으로 하고, 일시보호의 기간은 30일로 한다. 다만, 추가적인 치료 등을 위하여 학교폭력 피해학생 및 보호자가 요청하는 경우에는 법 제58조 제1항에 따른 학교안전공제보상심사위원회의 심의를 거쳐 1년의 범위에서 상담 및 치료기간을 연장할 수 있다(학교안전사고 예방 및 보상에 관한 법률 시행규칙 제9조의3 제1항).

학교폭력 피해학생 및 보호자는 별지 제4호 서식에 따라 치료비 등 청구서를 작성하여 공제회에 제출하여야 한다(학교안전사고 예방 및 보상에 관한 법률 시행규칙 제9조의3 제2항).

공제회는 학교폭력 피해학생에 대한 치료비 등의 지급을 결정하기 전에 학교장이 별지 제5호 서식에 따라 작성하여 제출한 자료 등을 통하여 사실관계를 확인하여야 하고, 필요한 경우에는 관련 전문가의 자문을 받을 수 있다(학교안전사고 예방 및 보상에 관한 법률 시행규칙 제9조의3 제3항).

공제회는 학교폭력 피해학생에 대한 치료비 등의 지급을 결정한 때에는 지급하기 전에 학교폭력 가해학생 및 보호자에게 알려야 한다(학교안전사고 예방 및 보상에 관한 법률 시

---

1) 학교폭력 예방 및 대책에 관한 법률 제16조 ⑦ 학교의 장 또는 피해학생의 보호자는 필요한 경우 「학교안전사고 예방 및 보상에 관한 법률」 제34조의 공제급여를 학교안전공제회에 직접 청구할 수 있다.

행규칙 제9조의3 제4항).

9. 학교안전사고 예방 및 보상에 관한 법률과 다른 법률과의 관계

학교안전사고로 인하여 발생한 피해에 대하여 학교안전공제회로부터 공제급여를 받은 경우에는 학교안전사고로 인하여 발생한 피해에 대한 보상 또는 배상의 책임이 있는 국가·지방자치단체·공제가입자 또는 피공제자는 그 공제급여 금액의 범위 안에서 다른 법령에 따른 보상 또는 배상의 책임을 면한다(법 제45조 제1항).

수급권자가 다른 법령에 따라 공제급여에 상당하는 보상 또는 배상을 받은 경우 공제회는 그 보상 또는 배상의 범위 안에서 공제급여를 지급하지 않는다(법 제45조 제2항).

Ⅴ 사건의 결말

S고등학교장이 학교폭력의 경우에는 학교안전공제회에서 공제급여를 받을 수 없으므로 학교안전공제회에 공제급여를 청구할 수 없다는 주장은 타당하지 않으며, 피해학생의 보호자도 학교안전공제회에 공제급여를 청구할 수 있으므로 A의 보호자가 학교안전공제회에 직접 공제급여를 청구한 것은 타당하다.

A의 보호자가 학교안전공제회에 직접공제급여를 청구한 요양급여는 학교안전사고로 인하여 피공제자가 입은 부상 또는 질병의 치료에 소요된 비용 중 「국민건강보험법」 제41조의 규정에 따라 피공제자 또는 그 보호자 등이 부담한 금액으로 한다. 다만, 법원의 판결 등으로 「국민건강보험법」 제58조에 따라 공단의 구상권 행사에 따른 손해배상액이 확정된 경우 학교의 장이 부담할 부분은 공제회가 부담한다.

그 금액은 「학교폭력 예방 및 대책에 관한 법률」 제2조 제1호에 따른 학교폭력 피해학생 요양급여 비용의 경우 본인이 부담할 비용이 없이 국민건강보험에서 100% 비용을 처리하고, 그 금액을 학교안전공제회에서 우선 부담하고 가해학생의 보호자에게 구상할 수 있는 길을 열어 놓았다.

학교안전사고 예방 및 보상에 관한 법률 제53조 제2항에 따라 학교폭력 피해학생의 상담 및 치료기간은 2년으로 하고, 일시보호의 기간은 30일로 한다. 다만, 추가적인 치료 등을 위하여 학교폭력 피해학생 및 보호자가 요청하는 경우에는 법 제58조 제1항에 따른 학교안전공제보상심사위원회의 심의를 거쳐 1년의 범위에서 상담 및 치료기간을 연장할 수 있다

학교안전공제회가 A에게 지급한 금액에 대해서는 학교안전공제회가 B, C, D, E의 보호자에게 구상권을 행사할 수 있다. 만일 A의 보호자가 시·도교육청에 치료비 등을 청구하였고 이에 대해 시·도교육청이 A의 보호자에게 치료비 등을 지급하였다면, 시·도 교육감이 가해학생 보호자에게 구상권을 행사할 수 있다.

Ⅵ 사례의 종합정리

"따돌림"이란 학교 내외에서 두 명 이상의 학생들이 특정인이나 특정집단의 학생들을 대상으로 지속적이거나 반복적으로 신체적 또는 심리적 공격을 가하여 상대방이 고통을 느끼도록 하는 일체의 행위를 말하며, 집단 따돌림은 학교폭력에 해당한다. 학교장의 교육계획 및 교육방침에 따라 행하는 수업, 특별활동, 재량활동, 과외활동, 수련활동, 체육활동 중 학생, 교직원 등이 입은 생명 또는 신체적 피해를 주는 모든 사고를 학교안전사고로 정의하고 있어 신체적 피해에 대하여는 보상대상이 되나, 금품 갈취에 대해서는 보상대상이 아니다.

A의 보호자가 학교안전공제회에 직접공제급여를 청구한 요양급여는 학교안전사고로 인하여 피공제자가 입은 부상 또는 질병의 치료에 소요된 비용 중 「국민건강보험법」 제41조의 규정에 따라 피공제자 또는 그 보호자 등이 부담한 금액으로 한다. 다만, 법원의 판결 등으로 「국민건강보험법」 제58조에 따라 공단의 구상권 행사에 따른 손해배상액이 확정된 경우 학교의 장이 부담할 부분은 공제회가 부담한다.

그 금액은 학교폭력 예방 및 대책에 관한 법률 제2조 제1호에 따른 학교폭력 중학생 간의 폭행에 의한 경우" 요양급여 비용의 경우 본인이 부담할 비용이 없이 국민건강보험에서 100% 비용을 처리하고, 그 금액을 학교안전공제회에서 우선 부담하고 가해학생의

보호자에게 구상할 수 있는 길을 열어 놓았다.

학교안전사고 예방 및 보상에 관한 법률 제53조 제2항에 따라 학교폭력 피해학생의 상담 및 치료기간은 2년으로 하고, 일시보호의 기간은 30일로 한다. 다만, 추가적인 치료 등을 위하여 학교폭력 피해학생 및 보호자가 요청하는 경우에는 법 제58조 제1항에 따른 학교안전공제보상심사위원회의 심의를 거쳐 1년의 범위에서 상담 및 치료기간을 연장할 수 있다.

제7장 | 학교폭력 가해학생과 소년법

Ⅰ 사례를 통해서 알아볼 내용

학교폭력 사건 가해학생의 연령에 따른 형법 및 소년법이 규정에 대해서 알아보고, 소년법의 적용을 받는 경우 소년보호사건의 보호처분 내용 및 소년에 대한 특칙을 알아보고, 소년형사사건의 경우 소년법의 특칙에 대해서 알아본다. 또한 형사절차가 어떻게 처리되는지 및 소년법의 적용을 받는 경우 소년보호사건의 절차에 대해서 알아본다.

Ⅱ 사건의 개요

H고등학교 2학년에 재학 중인 A(만 17세)는 정신지체 2급의 지적장애를 가진 학생이다. 같은 반에 다니는 B(만 17세), C(만 17세), D(만 17세), E(만 17세), F(만 17세)는 A에게 바보라고 놀리며, 학기 초부터 만만하게 보고 돈도 주지 않으면서 구내매점에서 빵을 사오라고 심부름을 시키고, 교과서를 대신 빌려오라고 하거나 체육복을 빌려오라고 시켰고, 등하굣길에 억지로 동행하게 하였다. 점심시간에는 다른 친구들이 보는 앞에서 아무 이유 없이 툭툭 건드리고 뺨을 때리거나 스마트폰을 빌려달라고 하면서 엄청난 통화료가 나올 정도로 스마트폰을 사용하였고, B는 자신의 생일날이 다가오자 자신의 생일 선물을 현금으로 달라고 하면서 돈 100,000원을 가져오도록 하여 돈을 강제로 뺏었다.

C는 A에게 쉬는 시간에 화장실로 따라오라고 한 후, 화장실에서 여러 아이들이 보는 앞에서 A에게 자위행위를 하도록 하였고 이에 A가 머뭇거리자, 뺨에 침을 뱉으면서 발

로 배를 2회 찬 후 강제를 바지와 팬티를 벗긴 후 자위행위를 하도록 시켰다. 그 자리에서 D는 A의 부모님을 비하하는 발언을 하면서 모욕감을 주었고, B는 A의 얼굴을 때려 코피가 나고 전치 8주의 상해를 입히는 장면을 스마트폰 동영상으로 찍어서 A에게 억지로 보게 하였고, 선생님이나 A의 부모님에게 피해를 당한 사실을 이야기 하면 가만두지 않겠다고 위협하여 왔다.

E와 F는 A를 직접 때리지는 않았으나, B와 C, D가 무서워 B, C, D가 A를 괴롭히거나 때릴 것을 알면서도 B, C, D가 시키는 대로 교실에서 화장실까지 강제로 A를 끌고 가기도 하였고 화장실에서 A가 도망가지 못하게 화장실 입구를 막아서기도 하였으나, 나중에는 담임선생님에게 A가 괴롭힘을 당하고 있다는 사실을 알려 A가 더 이상 괴롭힘을 당하지 않게 하였다.

한편 A의 아버지는 B, C, D, E, F를 검찰에 고소하였다. 검사는 B, C, D에 대해서는 기소를 하였고, E, F에 대해서는 선도조건부 기소유예 처분을 하였다. 법원은 B, C에 대해서는 소년형사사건으로 진행하였고, D에 대해서는 소년보호사건으로 진행시켰다.

B, C에 대한 소년형사사건은 어떤 절차로 진행이 되며, D에 대해서는 소년보호사건은 어떻게 진행이 되며, 소년범의 경우 형사절차에서 어떤 특징이 있나?

만일 보호처분 집행 중 19세 이상인 것이 판명된 경우에는 어떻게 해야 하나?

Ⅲ 사건의 쟁점

학교폭력 가해학생의 경우 형사처벌이나 보호처분을 할 수 있는 연령이 언제부터인지 및 소년법상 소년에 해당하는 경우 소년보호사건으로 처리되는 경우 및 소년형사사건으로 처리되는 기준이나 근거는 무엇인지 및 재판도중 소년의 연령을 초과하는 경우의 기준시는 언제인지 및 소년의 연령을 초과하는 경우 어떠한 형을 선고하는지 및 어떠한 경우 심리불개시 결정을 하는지가 문제된다.

Ⅳ 사례 관련 내용의 이해

1. 소년범죄와 보호처분

소년범죄는 성인범죄에 상대되는 개념으로서 범죄인의 연령에 따라 범죄를 분류한 것을 일컫는 말이다. 우리나라 소년법 제2조는 소년범죄의 '소년'을 19세 미만의 자로 규정하고 있지만, 형법 제9조는 14세를 형사책임연령으로 규정하고 있다. 따라서 소년범죄자는 원칙적으로 일반 형사사건을 저지른 14세 이상 19세 미만의 소년인 범죄소년을 가리킨다.

그러나 소년법 제4조 ①항은, "형벌법령에 저촉되는 행위를 한 10세 이상 14세 미만의 촉법소년"(제2호), 집단적으로 몰려다니며 주위 사람들에게 불안감을 조성하는 성벽이 있거나, 정당한 이유 없이 가출하거나, 술을 마시고 소란을 피우거나 유해환경에 접하는 성벽이 있으면서, 그의 성벽 또는 환경에 비추어 장래 형벌법령에 저촉되는 행위를 할 우려가 있는 10세 이상의 우범소년(제3호)의 경우에도 특별히 소년법의 적용을 받도록 규정하고 있다.

따라서 소년범죄는 14세 이상 19세 미만의 소년으로서 일반 형사사건을 저지른 자와 10세 이상의 촉법소년 및 우범소년을 포괄하는 개념이라고 할 수 있다.

보호처분은 ① 죄를 범한 소년, ② 형벌법령에 저촉되는 행위를 한 10세 이상 14세 미만의 소년, ③ 집단적으로 몰려다니며 주위 사람들에게 불안감을 조성하는 성벽이 있거나, 정당한 이유 없이 가출하거나, 술을 마시고 소란을 피우거나 유해환경에 접하는 성벽이 있으면서 동시에 장래 형벌법령에 저촉되는 행위를 할 우려가 있는 10세 이상의 소년에 대한 교화·개선·보호를 위해 소년의 환경조정 또는 성행교정에 필요한 처분을 말한다.

2. 소년심판절차

가. 관할과 심판대상

소년보호사건의 관할은 소년의 행위지, 주거지 또는 현재지 가정법원의 소년부에 속하지만, 가정법원이 없는 곳에서는 지방법원의 소년부에 속한다(소년법 제3조 제1, 2항). 소년

보호사건의 심리와 처분에 관한 결정은 가정법원 또는 지방법원의 소년부 단독판사가 한다(제3조 제3항).

소년보호사건의 대상은 ① 죄를 범한 범죄소년(제4조 제1항 제1호), ② 형벌법령에 저촉되는 행위를 한 10세 이상 14세 미만의 촉법소년(제4조 제1항 제2호), ③ 집단적으로 몰려다니며 주위 사람들에게 불안감을 조성하는 성벽이 있거나, 정당한 이유 없이 가출하거나, 술을 마시고 소란을 피우거나 유해환경에 접하는 성벽이 있는 자가 그의 성격 또는 환경에 비추어 장래 형벌법령에 저촉되는 행위를 할 우려가 있는 10세 이상의 우범소년(제4조 제1항 제3호) 등이다.

나. 처리절차

(1) 송 치

보호소년은 관할소년부에 송치됨으로써 심리가 개시된다. 송치는 보호소년이 범죄소년, 우범소년, 촉법소년인가에 따라서 차이가 있다. 범죄소년의 경우에는 검사와 법원이 사건을 가정법원 또는 지방법원의 소년부에 송치할 수 있다. 검사는 소년에 대한 피의사건을 수사한 결과 보호처분에 해당하는 사유가 있다고 인정한 때에는 사건을 관할소년부에 송치하여야 한다(제49조 제1항). 그러나 촉법소년과 우범소년의 경우에는 경찰서장이 직접 이들을 관할소년부에 반드시 송치하도록 되어 있으며, 그 외에도 범죄소년, 촉법소년 그리고 우범소년을 발견한 보호자 또는 학교·사회복리시설·보호관찰소의 장은 이들을 관할소년부에 통고할 수 있다(제4조 제3항).

(2) 조사 및 심리

보호대상소년을 송치 또는 통고받은 관할소년부판사는 보호소년에 대한 조사 또는 심리를 한 다음, 처분여부와 그 내용을 결정해야 한다. 이를 위해 소년부판사는 조사관에게 본인·보호자 또는 참고인의 심문이나 그 밖에 필요한 사항의 조사를 명할 수 있고(제11조 제1항), 보호자 또는 학교·사회복리시설·보호관찰소의 장으로부터 통고받은 보호사건에 대해서도 소년을 심리할 필요가 있을 때에는 해당 사건을 조사해야 한다(제11조 제2항).

조사에서 "반사회성이 있는 소년의 건전한 성장"이라는 소년법의 목적(제1조)을 고려하여 그 소년의 환경과 성행의 교정에 필요한 것이 조사되어야 한다. 따라서 조사는 의학·심리학·교육학·사회학 기타 전문지식을 활용하여 보호자 또는 참고인의 성행·경력·

가정환경 및 기타 환경 등을 구명하여야 한다(제9조).

소년부 또는 조사관이 범죄사실에 관하여 소년을 조사할 때에는 미리 소년에게 불리한 진술을 거부할 수 있음을 알려야 한다(제10조). 만일 이것을 위반할 경우에는 해당 조사결과의 증거능력은 인정되지 않는다.

(3) 이송과 송검

보호사건을 송치받은 소년부는 보호의 적정을 기하기 위해 필요하다고 인정한 때에는 결정으로써 사건을 다른 관할소년부에 이송할 수 있다(제6조 제1항). 또한 소년보호사건이 해당관할에 속하지 않는다고 인정한 때에도 결정으로써 해당 관할소년부에 이송하여야 한다(제6조 제2항).

소년부는 조사 또는 심리한 결과 금고 이상의 형에 해당한 범죄사실이 발견된 때에는 그 동기와 죄질에 의해 형사처분의 필요성이 인정된 때에는 결정으로써 사건을 관할지방법원에 대응한 검찰청의 검사에게 송치하여야 한다(제7조 제1항). 본인이 19세 이상인 것이 판명된 때에도 마찬가지이지만(제7조 제2항), 소년법 제51조의 규정에 의해 법원에 이송해야 할 경우에는 그렇게 하지 않아도 된다(제7조 제2항 후단).

(4) 처분의 결정

소년보호사건을 조사·심리한 소년부판사는 그 결과 이송 또는 송검할 필요가 없다고 결정한 때에는 보호사건의 처분여부에 대한 결정을 내려야 한다. 심리 결과 보호처분이 필요한 것으로 인정되면 소년법 제32조 ①항에 따라 보호처분결정을 내려야 하고(제32조 제1항), 만약 보호처분을 할 수 없거나 할 필요가 없다고 인정한 때에는 불처분결정을 내려야 한다(제29조 제1항).

소년부판사는 사건의 조사·심리에 필요하다고 인정한 때에는 소년감호에 관하여 ① 보호자, 소년을 보호할 수 있는 적당한 자 또는 시설에 위탁할 수 있고(제1호), ② 병원이나 그 밖에 요양소에 위탁할 수 있고(제2호), ③ 소년분류심사원 위탁(제3호) 등의 임시조치를 취할 수 있다. 이 경우 동행된 소년 또는 소년법 제52조 제1항의 규정에 의해 인도된 소년에 대하여는 도착한 때로부터 24시간 이내에 이러한 임시조치를 취해야 한다(제18조 제2항).

그러나 1호와 2호의 처분기간은 3월을 초과할 수 없고, 3호의 처분기간은 1월을 초과하지 못한다. 만약 이러한 조치를 계속할 필요가 있을 때에는 1회에 한하여 연장할 수 있다(제18조 제3항).

3. 보호처분의 종류·내용

소년부판사는 보호소년에 대한 분류심사결과와 의견을 참작한 심리결과에 의해 보호처분의 필요성이 인정된 때에는 보호처분을 하여야 하는데, 그 내용은 보호소년에 대한 개별적이고 과학적인 심리결과를 토대로 보호소년 개개인에 적합하도록 구성하여야 한다. 하지만 보호처분은 해당소년의 장래 신상에 대해 어떤 불이익도 주어서는 안 된다(제32조 제6항).

가. 보호처분의 종류

소년법 제32조 제1항에 규정된 보호처분의 종류는 ① 보호자 또는 보호자를 대신하여 소년을 보호할 수 있는 자에게 감호 위탁(제1호), ② 수강명령(제2호), ③ 사회봉사명령(제3호), ④ 보호관찰관의 단기보호관찰(제4호), ⑤ 보호관찰관의 장기보호관찰(제5호), ⑥ 아동복지법에 따른 아동복지시설이나 그 밖의 소년보호시설에 감호 위탁(제6호), ⑦ 병원, 요양소 또는 보호소년 등의 처우에 관한 법률에 따른 소년의료보호시설에 위탁(제7호), ⑧ 1개월 이내의 소년원 송치(제8호), ⑨ 단기 소년원 송치(제9호), ⑩ 장기 소년원 송치(제10호)가 있다.

1호 처분은 사실상 소년을 종전의 환경으로 되돌려 보내는 것으로서 시설 외 처우의 일종이다. 6호와 7호 처분도 이와 유사한 성질을 갖는다. 그러므로 1호, 6호, 7호 처분을 묶어 위탁처분이라고 한다. 4호, 5호 처분은 시설의 처우의 일종이다. 또한 8·9·10호 처분은 보호소년에 대한 조사·심리 결과 비행성이 강하여 소년원에 송치할 필요성이 인정되어 소년원에 송치하는 처분을 말한다. 일정한 공적 시설 내에 수용된다는 점에서 수용처분이라고 한다.

사회봉사명령(3호 처분)은 14세 이상의 소년에게만 할 수 있고, 수강명령(2호 처분) 및 장기소년원송치(10호 처분)는 12세 이상의 소년에게만 할 수 있다(제32조 제3항, 제4항). 보호관찰관의 단기보호관찰(4호 처분), 보호관찰관의 장기보호관찰(5호 처분)을 할 때에는 3개월 이내의 기간을 정하여 보호소년 등의 처우에 관한 법률에 따른 대안교육 또는 소년의 상담·선도·교화와 관련된 단체나 시설에서의 상담·교육을 받을 것을 동시에 명할 수 있다(제32조의2 제1항).

보호관찰관의 단기보호관찰(4호 처분), 보호관찰관의 장기보호관찰(5호 처분)을 할 때에는 1년 이내의 기간을 정하여 야간 등 특정 시간대의 외출을 제한하는 명령을 보호관찰 대상자의 준수사항으로 부과할 수도 있다(제32조의2 제2항).

소년부 판사는 가정상황 등을 고려하여 필요하다고 판단되면 보호자에게 소년원·소년분류심사원 또는 보호관찰소 등에서 실시하는 소년의 보호를 위한 특별교육을 받을 것을 명할 수 있다(제32조의2 제3항). 수강명령은 100시간을, 사회봉사명령은 200시간을 초과할 수 없다.

나. 보호처분기간

보호처분의 기간은 보호처분의 종류에 따라 다르다. 소년법 제32조 제1항 1호(보호자 또는 보호자를 대신하여 소년을 보호할 수 있는 자에게 감호 위탁), 6호(아동복지법에 따른 아동복지시설이나 그 밖의 소년보호시설에 감호 위탁), 7호(병원, 요양소 또는 보호소년 등의 처우에 관한 법률에 따른 소년의료보호시설에 위탁)처분의 위탁기간은 원칙적으로 6월이지만, 소년부판사의 결정에 의해 6월의 범위 안에서 1차에 한해 그 기간을 연장할 수 있다(제33조 제1항). 소년부판사는 더 이상 보호소년을 위탁할 필요가 없다고 인정한 때에는 언제든지 결정으로써 그 위탁기간을 종료시킬 수 있다(제33조 제1항 단서).

4호(보호관찰관의 단기보호관찰)처분의 기간은 1년이며 연장은 불가능하다(제33조 제2항). 5호 처분은 4호 처분과 마찬가지로 보호관찰처분이다. 하지만 5호(보호관찰관의 장기보호관찰) 처분은 2년으로 하고 보호관찰관의 신청이 있으면 소년부판사는 1년의 범위 안에서 1차에 한하여 그 기간을 연장할 수 있다(제33조 제3항).

9호(단기 소년원 송치)처분은 6개월을 초과할 수 없고 10호(장기 소년원 송치)처분은 2년을 초과할 수 없지만 소년부판사의 결정에 따라서 언제든지 중지할 수 있고(소년법원 제43조 제3항), 22세에 이른 때에는 보호소년을 무조건 퇴원시켜야 한다(소년원법 제43조 제1항).

다. 보호처분의 효력

보호처분은 결정과 동시에 효력을 발생한다. 소년부판사는 소년법 제32조 제1항·제3항의 결정을 하였을 때에는 조사관·소년부법원서기관·법원사무관·법원주사·법원주사보·

보호관찰관·소년원 또는 소년분류심사원 소속공무원 기타 위탁 또는 송치받을 기관소속 직원에게 그 결정을 집행하게 할 수 있다(제35조). 한편 6호 처분부터 10호 처분까지 어느 하나에 해당하는 처분을 받은 소년이 시설위탁이나 수용 이후 그 시설을 이탈하였을 때에는 그 처분기간은 진행이 정지되고, 재위탁 또는 재수용된 때로부터 다시 진행한다(제33조 제7항).

보호처분결정(제32조), 부가처분(제32조의2) 또는 처분변경의 결정(제37조) 등의 경우에만 항고(제43조 내지 제47조)를 제기할 수 있으며, 이에 대한 항고가 있더라도 결정의 집행은 정지되지 않는다(제46조). 보호소년이 일단 소년법 제32조의 보호처분을 받게 되면, 그 심리결정된 사건에 대해서도 다시 공소를 제기할 수 없고 소년부에 다시 송치할 수도 없다(제53조 본문). 그러나 예외적으로 검사 또는 경찰서장의 송치나 소년법 제4조 제3항의 통고에 의한 사건의 경우에는 그 보호처분이 계속되는 중 처분당시의 본인의 나이가 19세 이상인 것이 판명되어 보호처분이 취소되면 이를 송치받은 검사는 다시 공소를 제기할 수 있다(제53조 단서).

라. 보호처분의 취소

보호처분의 집행중 본인이 19세 이상인 것이 판명된 경우에는 우선 그 보호처분을 취소하고, 관련사건이 검사 또는 경찰서장의 송치 또는 소년법 제4조 제3항의 통고에 의한 것인 경우에는 관할지방법원에 대응하는 검찰청의 검사에게 송치하여야 한다. 그리고 소년법 제50조의 규정에 의해 법원이 송치한 사건의 경우에는 송치한 법원에 이송해야 한다(제38조 제1항 제1호, 제2호).

범죄소년과 촉법소년에 대한 보호처분이 계속 중일 때 사건 본인이 행위 당시 10세 미만으로 밝혀진 경우 또는 우범소년에 대한 보호처분이 계속 중일 때 사건 본인이 처분 당시 10세 미만으로 밝혀진 경우 소년부판사는 결정으로써 그 보호처분을 취소하여야 한다(제38조 제2항). 보호처분의 집행 중 본인의 유죄판결이 확정되어 그 처분을 계속할 필요가 없어졌을 때에도 보호처분은 취소할 수 있다(제39조). 보호처분의 집행 중 본인에게 새로운 보호처분이 경합된 경우에, 새로운 보호처분을 한 소년부판사는 그 전의 보호처분을 한 소년부에 조회하여 어느 하나의 보호처분을 취소하여야 한다(제40조).

마. 보호처분에 대한 구제

소년법 제32조의 보호처분 및 제32조의2의 부가처분 또는 제37조의 보호처분·부가처분의 변경결정에서 그 결정에 영향을 미칠 법령위반이 있거나 중대한 사실오인이 있는 때 또는 처분이 현저히 부당한 때에는 본인·보호자·보조인 또는 그 법정대리인은 관할 가정법원 또는 지방법원본원 합의부에서 항고할 수 있다(제43조 ①항).

항고는 보호처분의 결정을 통고받은 날로부터 7일 이내에 제기하여야 하며, 이때 항고장은 반드시 원심소년부에 제출하여야 하고, 항고장을 제출받은 소년부는 3일 이내에 의견서를 첨부하여 항고법원에 송부하여야 한다(제44조 제1항, 제2항). 항고가 제기되더라도 이미 내려진 보호처분결정의 집행은 중지되지 않는다(제46조). 이렇게 제출된 항고장을 송부받은 항고법원은 항고절차가 법률의 규정에 위반되거나 항고가 이유 없다고 인정한 때에는 항고를 기각하여야 한다(제45조 제1항).

항고이유가 있다고 인정되는 경우에는 원결정을 취소하고 사건을 원소년부에 환송하거나 다른 소년부에 이송하여야 하지만, 환송·이송의 여유가 없이 급하거나 그 밖에 필요하다고 인정한 경우에는 원결정을 파기하고 불처분 또는 보호처분이 결정을 할 수 있다(제45조 제2항).

4. 형사처분의 의의

형사처분은 형법에 위반된 14세 이상 19세 미만의 소년에게 부과되는 처분을 말한다. 형사처분의 대상은 당해 사건을 조사·심리한 결과 금고 이상의 형사처분을 할 필요가 있다고 인정되는 소년이다. 소년에 대한 형사처분은 형벌을 수단으로 하는 제재라는 점에서 일반형사사건과 차이가 없으나 소년을 대상으로 하기 때문에 특별규정으로 그 내용과 절차에 몇 가지 예외를 인정하고 있다.

5. 소년에 대한 형사처분의 특칙

가. 형사절차상의 특칙

형사절차 면에서는 소년형사사건과 성인형사사건은 크게 다르지 않다. 다만 소년범의 특성상 세부적으로 몇 가지 절차적 특칙을 두고 있다.

(1) 소년형사사건의 심리는 "친절하고 온화하게 하여야 한다."는 심리의 일반적 규정

을 두고 있으며(제58조 제1항), 심리를 할 때 "소년의 심신상태·성행·경력·가정상황, 그 밖의 환경 등에 대하여 정확한 사실을 규명하는 데 특별한 유의를 하여야 한다"(제58조 제2항)는 구체적 방침을 규정해 놓고 있다.

(2) 소년에 대한 구속영장은 부득이한 경우가 아니면 발부할 수 없다(제55조 제1항). 예외적 사정으로 구속될 때에도 원칙적으로 다른 피의자·피고인과 분리수용해야 한다(제55조 제2항).

(3) 일반형사사건은 사형, 무기, 3년 이상의 징역 또는 금고에 해당하는 사건만을 필요적 변론사건으로 하지만(형사소송법 제282조), 소년형사사건은 모든 사건을 필요적 변론사건으로 규정하고 있다(형사소송법 제33조 제1항 제2호, 제283조).

나. 형사처분상의 특칙

(1) 사형 및 무기형의 완화

범행 당시의 나이가 18세 미만인 소년에 대해 사형 또는 무기징역이 선고될 경우에는 15년의 유기징역으로 한다(제59조). 이 규정은 범죄행위시에 18세 미만이었으나 과형 당시에 성인이 된 때에도 적용한다.

(2) 상대적 부정기형

법정형이 장기 2년 이상에 해당되는 범죄를 저지른 소년에게는 그 형의 범위 안에서 장기와 단기를 정하여 선고한다(제60조 제1항 본문). 장기는 10년, 단기는 5년을 초과하지 못하게 하고(제60조 제1항 단서), 소년의 특성에 비추어 상당하다고 인정될 때에는 형을 감경할 수 있도록 하며(제60조 제2항), 형의 선고유예나 집행유예를 선고할 때에는 부정기형을 선고하지 못하도록(제60조 제3항) 규정하고 있다.

(3) 환형처분의 금지

벌금 또는 과료를 선고받은 성인형사범이 이를 납부하지 않은 때에는 유치기간을 정하여 노역장유치를 선고하여야 하는데, 18세 미만의 소년에게는 이와 같은 환형처분을 선고하지 못한다(제62조). 그러나 예외적으로 판결선고 전에 구속되었거나 소년분류심사원에 위탁되었을 때에는(제18조 제1항 제3호), 그 구속 또는 위탁기간은 노역장에 유치된 것으로 보아 구금일수에 산입할 수 있다(제62조 단서).

Ⅴ 사건의 결말

우리 형법상 만 14세 미만자의 행위는 벌하지 아니한다. 그러나 소년법상 소년보호사건의 대상이 되는 소년은 만 10세 이상 19세 미만이다. 소년보호사건의 대상 중 범죄소년은 죄를 범한 소년(행위시 만 14세 이상, 보호처분시 만 19세 미만)이며, 촉법소년은 형벌 법령에 저촉되는 행위를 한 소년(행위시 10세 이상 14세 미만)이며, 우범소년은 집단적으로 몰려다니며 주위 사람들에게 불안감을 조성하는 성벽이 있는 것, 정당한 이유 없이 가출하는 것, 술을 마시고 소란을 피우거나 유해환경에 접하는 성벽이 있는 것의 사유가 있고, 성격이나 환경에 비추어 앞으로 형법 법령에 저촉되는 행위를 할 우려가 있는 소년(보호처분시 10세 이상 19세 미만)을 말한다. 범죄소년은 수사경력자료조회서에 기재되지만, 촉법소년과 우범소년은 수사경력자료조회서에 기재되지 않는다. 한편 소년인지 여부를 판단하는 기준시는 사실심 판결선고시를 기준으로 판단하여야 한다(대법원 2000. 8. 18. 선고 2000도2704 판결).

B, C에 대한 소년형사사건과 D에 대해서는 소년보호사건의 진행절차를 살펴보면, 소년보호사건은 촉법소년, 우범소년은 경찰서장이 송치하고, 범죄소년은 검사가 송치하는 경우(경찰서장 → 검사 → 소년보호사건)와 법원이 송치하는 경우(경찰서장 → 검사 → 법원 형사사건 → 법원 소년보호사건)가 있다.

소년부판사는 통고서, 참고자료 등을 검토하여 사건의 수리 여부를 결정하고, 통고된 사건이 수리된 후에는 조사를 하게 되며, 조사 후에는 심리불개시 결정이나 심리개시 결정을 하고, 심리개시 결정을 한 경우에는 심리 후 ① 보호처분, ② 불처분 결정, ③ 심리개시 결정 취소 및 심리불개시 결정 중 하나를 하게 됩니다.

소년부는 조사 또는 심리한 결과 사건의 본인이 19세 이상인 것으로 밝혀진 경우에는 결정으로써 사건을 관할 지방법원에 대응하는 검찰청 검사에게 송치하여야 하며(소년법 제7조 제2항), 소년에 대한 피고사건을 심리한 결과 보호처분에 해당할 사유가 있다고 인정하면 결정으로써 사건을 관할 소년부에 송치하여야 하는데(소년법 제50조), 송치받은 사건을 조사 또는 심리한 결과 사건의 본인이 19세 이상인 것으로 밝혀지면 결정으로써 송치한 법원에 사건을 다시 이송하여야 한다(소년법 제51조).

만일 보호처분 집행 중 19세 이상이 판명된 경우에는 우선 그 보호처분을 취소하고,

관련사건이 검사 또는 경찰서장의 송치 또는 소년법 제4조 ③항의 통고에 의한 것인 경우에는 관할지방법원에 대응하는 검찰청의 검사에게 송치하여야 한다. 그리고 소년법 제50조의 규정에 의해 법원이 송치한 사건의 경우에는 송치한 법원에 이송해야 한다(제38조 제①항 제1호, 제2호).

Ⅵ 사례의 종합정리

보호소년은 관할소년부에 송치됨으로써 심리가 개시된다. 송치는 보호소년이 범죄소년, 우범소년, 촉법소년인가에 따라서 차이가 있다. 범죄소년의 경우에는 검사와 법원이 사건을 가정법원 또는 지방법원의 소년부에 송치할 수 있다. 검사는 소년에 대한 피의사건을 수사한 결과 보호처분에 해당하는 사유가 있다고 인정한 때에는 사건을 관할소년부에 송치하여야 한다.

촉법소년과 우범소년의 경우에는 경찰서장이 직접 이들을 관할소년부에 반드시 송치하도록 되어 있으며, 그 외에도 범죄소년, 촉법소년 그리고 우범소년을 발견한 보호자 또는 학교·사회복리시설·보호관찰소의 장은 이들을 관할소년부에 통고할 수 있다.

보호소년을 이송받은 검사가 그 피의사건을 조사한 결과 벌금 이하의 형에 해당하는 범죄 또는 형사처분의 사유가 있다고 인정한 때에는 해당 사건을 다시 관할소년부에 송치하여야 한다. 이렇게 사건을 다시 송치받은 소년부는 그것을 조사·심리한 결과 그 동기와 죄질이 금고 이상의 형사처분을 할 필요가 있다고 인정한 때에는 검찰청 검사에게 송치할 수 있다. 그러나 이때 해당사건을 다시 소년부에 송치하지는 못한다.

제8장 | 학교폭력 가해학생에 대한 고소 및 검사의 불기소처분에 대한 불복방법과 배상명령

Ⅰ 사례를 통해서 알아볼 내용

가해학생에 대한 형사고소 절차와 고소권자 및 고소기간, 고소의 취소 및 불기소처분의 종류와 불복방법인 항고, 재항고, 재정신청, 헌법소원과의 관계에 대해서 알아본다.

Ⅱ 사건의 개요

R도에 소재한 S고등학교 2학년에 재학 중인 남학생 A는 2학년에 올라와 같은 반이 된 B, C, D, E, F 등으로부터 돈을 빼앗기고 집단 따돌림을 당해왔다. 그러던 중 2학기 개학을 하자마자 2011. 9. 1. 점심시간 때 교실에서 B는 C, D, E, F 등 다른 친구들이 보는 앞에서 A의 빰을 손바닥으로 4~5회 때려 고막이 파열되는 상해를 입혔다.

이에 A가 대꾸도 하지 않고 아무런 반응도 보이지 않자 B는 A가 자신을 무시한다면서 방과 후에 교실에 남아있으라고 하였다. 수업시간이 끝난 후 A는 B로부터 폭행을 당할 것을 우려하여 B 몰래 교실을 빠져나와 집으로 가려고 복도까지 나갔는데, C가 A를 뒤따라가 A의 다리를 3회 정도 걷어차면서 A를 다시 교실로 끌고 갔다.

복도에서 같은 반 친구 Y 등 10여명이 쳐다보자, C는 Y 등 10여명에게 "A가 내 지갑을 훔쳐 간 도둑놈이기 때문에 지갑을 찾기 위해서 교실로 데리고 간다."고 이야기 하였다. 그러나 실제로 C는 지갑을 잃어버린 적도 없고, A가 C의 지갑을 훔친 적도 없었다.

B는 C에게 잘했다고 하면서 평소 A를 괴롭혀 온 C, D, E, F에게 A를 화장실로 끌고

오라고 하여 C, D, E, F는 B의 말에 따라 A를 화장실로 끌고 갔고, 이때 F는 A의 가슴을 팔꿈치로 2~3회 가격하면서 끌고 갔다. 화장실에서 B는 D에게 A와 복싱을 해보라고 하였다.

A가 D와 복싱을 하기 싫다고 하는데도 C, D, E, F는 화장실 출입구를 막고 A가 화장실에서 빠져나가지 못하게 한 후 C는 A의 얼굴과 배 등을 복싱하는 것처럼 하면서 마구 때려 갈비뼈 등이 부러지는 등 전치 8주의 상해를 가했다.

한편 위와 같이 A가 전치 8주의 상해를 입고 집으로 가려고 운동장을 걸어가는데 Y 등 5명이 A에게 다가와 괜찮냐고 묻자, E는 A에게 "개새끼야. 아픈척하지 말고 꺼져."라며 모욕적인 말을 하였다. F는 A의 급식에 침을 뱉거나 머리에 물을 뿌리고 뒤에서 쿡쿡 찌르기도 하고, 비아냥거리고 투명인간 취급을 하였다.

A 및 A의 보호자는 S고등학교 학교폭력대책자치위원회에 학교폭력대책자치위원회의 개최를 요구하였고, 2일 후 B, C, D, E, F를 상해 등의 혐의로 경찰에 고소하였다. 경찰·검찰 수사결과, 검사는 B와 D를 상해죄로 법원에 공소제기를 하면서 B는 구속되었으나, D는 불구속 기소되었다. 한편 C, E, F에 대해서는 증거불충분으로 무혐의 처분을 내렸다.

A 및 A의 보호자는 C, E, F에 대한 검사의 무혐의 처분에 대해서 항고하였다.

C, E, F에 대한 재수사 결과 Y 등 목격자의 진술이 확보되어 C, E, F에 대해서도 기소가 되었다. 한편 C와 E의 보호자는 C와 E에 대하여 재수사가 이루어지자 A와 합의를 하였고, A는 C와 E에 대하여 고소를 취소하였다. 그러나 고소가 취소되자 C의 보호자는 A와 합의한 합의금을 지급하지 않았다.

A 및 A의 보호자는 C를 다시 고소할 수 있을까?

법원에서 재판을 받고 있는 B와 D에 대해서 형사소송절차에서 치료비나 위자료 등을 청구할 수 있나?

Ⅲ 사건의 쟁점

형사사건에서 친고죄와 비친고죄, 반의사불벌죄가 고소와 고소의 취하에서 어떻게 그 효과가 달라지는 지가 문제되며, 고소취소 후 재고소가 가능한지, 고소를 취소했을 경우 검찰에서는 어떤 결정을 내려야 하는지 및 법원에서는 어떠한 판결을 선고해 하는지가 문제되며, 배생명령신청을 할 수 있는 범죄의 종류에는 어떤 범죄가 있는지 및 배상명령 신청에서 청구할 수 있는 손해배상의 범위가 문제된다.

Ⅳ 사례 관련 내용의 이해

1. 형사사건과 고소

고소란 범죄의 피해자 또는 그와 일정한 관계가 있는 고소권자가 수사기관에 대하여 범죄사실을 신고하여 범인의 처벌을 구하는 의사표시를 말한다. 고소는 고소권자에 의하여 행하여져야 한다. 따라서 고소권이 없는 자가 한 고소는 고소로서의 효력이 없다.

형사소송법에 규정하는 고소권자는 ① 범죄로 인한 피해자이다. 그러나 자기 또는 배우자의 직계존속을 고소하지 못한다. 다만 성폭력범죄에 대하여는 자기 또는 배우자의 직계존속도 고소할 수 있다. ② 피해자의 법정대리인은 독립하여 고소할 수 있다. ③ 피해자의 법정대리인이 피의자이거나 법정대리인의 친족이 피의자인 때에는 피해자의 친족은 독립하여 고소할 수 있다. 피해자가 사망한 때에는 그 배우자·직계친족 또는 형제자매는 고소할 수 있다. ④ 친고죄에 대하여 고소할 자가 없는 경우에 이해관계인의 신청이 있으면 검사는 10일 이내에 고소할 수 있는 자를 지정해야 한다.

고소는 서면 또는 구술로 검사 또는 사법경찰관에게 하여야 한다. 검사 또는 사법경찰관이 구술에 의한 고소를 받은 때에는 조서를 작성하여야 한다. 사법경찰관이 고소를 받은 때에는 신속히 조사하여 관계서류와 증거물을 검사에게 송부하여야 한다.

친고죄에 대하여는 범인을 알게 된 날로부터 6월을 경과하면 고소하지 못한다. 친고죄가 아닌 범죄에 대하여는 고소기간의 제한이 없다. 고소할 수 있는 자가 수인인 경우에는 1인의 기간의 해태는 타인의 고소에 영향을 줄 수 없다.

단, 성폭력범죄 중 친고죄에 대하여는 형사소송법상 규정에도 불구하고 범인을 알게 된 날부터 1년이 지나면 고소하지 못한다. 다만, 고소할 수 없는 불가항력의 사유가 있는 경우에는 그 사유가 없어진 날부터 기산한다.

2. 고소의 취소와 포기

고소는 제1심판결 선고 전까지 취소할 수 있다. 피해자의 명시한 의사에 반하여 죄를 논할 수 없는 사건에 있어서 처벌을 희망하는 의사표시의 철회에 관하여도 고소의 취소에 관한 규정이 준용된다. 따라서 제1심판결 선고 후에 한 처벌희망 의사표시의 철회는 효력이 없다.

고소취소의 방법은 고소의 방법과 같다. 다만 공소제기 후의 고소취소는 법원에 대하여 할 수 있다. 따라서 서면과 구술로 할 수 있으며, 검사의 진술조서 작성시에 고소취소의 진술이 있었다면 그 고소는 적법하게 취소되었다고 할 수 있다.

다만 고소의 취소를 서면으로 할 수 있다고 하여 고소인과 가해자 사이에 합의서가 작성된 것만으로는 고소취소라고 할 수 없다. 고소의 취소에 대해서도 대리가 허용된다.

고소를 취소한 자는 다시 고소하지 못한다. 고소를 취소한 때에는 불기소처분 또는 공소기각의 판결을 하여야 한다.

고소 또는 고소권의 포기란 친고죄의 고소기간 내에 장차 고소권을 행사하지 아니한다는 의사표시를 하는 것을 말한다. 고소권의 포기를 인정할 때에는 고소권자는 고소권을 상실하게 된다.

3. 형사 고소 한 사건의 처리기간

형사사건의 고소·고발은 검사 또는 사법경찰관에게 하도록 규정되어 있고, 사법경찰관(경찰서 등)에게 고소·고발을 한 경우에는 사법경찰관리 집무규칙에 따라 2개월 이내에 수사를 완료하지 못하면 소정의 서식에 따른 수사기일연장 지휘 건의서를 제출하여 그 지휘를 받아야 한다.

그리고 형사소송법은 "사법경찰관이 고소 또는 고발을 받은 때에는 신속히 조사하여

관계서류와 증거물을 검사에게 송부하여야 한다."라고 규정하고 있고, 같은 법 제246조는 "공소는 검사가 제기하여 수행한다."라고 규정하고 있으므로, 모든 고소·고발사건은 검사에게 송치하여야 하고, 검사가 공소제기여부를 결정하는바, 이것은 검사의 기소독점주의의 원칙에 따른 것이다(예외 : 재판상의 준기소절차 및 즉결심판).

고소·고발사건의 처리기간에 관하여는 구속사건과 불구속사건으로 나누어지는데 불구속사건의 경우, 그 처리기간에 관하여 "검사가 고소 또는 고발에 의하여 범죄를 수사할 때에는 고소 또는 고발을 수리한 날로부터 3월 이내에 수사를 완료하여 공소제기여부를 결정하여야 한다."라고 규정하고 있다. 그러므로 검사는 고소·고발을 수리한 날로부터 3개월 이내에 수사를 완료하여 공소제기여부를 결정하여야 할 것이나 위와 같은 공소제기 기간에 대한 규정은 훈시규정에 불과하여 3개월경과 후의 공소제기여부의 결정도 유효한 것이라 할 것이다.

4. 구속된 경우 구속수사기간

검사는 범죄의 혐의가 있다고 사료하는 때에는 범인, 범죄사실과 증거를 수사하여야 하고, 수사관, 경무관, 총경, 경감, 경위는 사법경찰관으로서 검사의 지휘를 받아 수사를 하여야 하며, 경사 및 순경은 사법경찰리로서 검사 또는 사법경찰관의 지휘를 받아 수사의 보조를 하여야 한다.

이 경우 범인으로 지칭되는 자를 피의자라고 하고, 피의자가 죄를 범하였다고 의심할 만한 상당한 이유가 있으며 형사소송법상의 구속사유 즉, ① 피고인이 일정한 주거가 없는 때, ② 피고인이 증거를 인멸할 염려가 있는 때, ③ 피고인이 도망하거나 도망할 염려가 있는 때 등의 경우 검사는 관할지방법원판사에게 청구하여 구속영장을 받아 피의자를 구속할 수 있고, 사법경찰관은 검사에게 신청하여 검사의 청구로 관할지방법원판사의 구속영장을 받아 피의자를 구속할 수 있다.

사법경찰관이 피의자를 구속한 때에는 10일 이내에 피의자를 검사에게 인치하지 아니하면 석방하여야 하고, 검사가 피의자를 구속한 때 또는 사법경찰관으로부터 피의자의 인치를 받은 때에는 10일 이내에 공소를 제기하지 아니하면 석방하여야 한다.

이 경우 구속기간은 피의자를 체포 또는 구인한 날부터 기산하며, 지방법원판사는 검사의 신청에 의하여 수사를 계속함에 상당한 이유가 있다고 인정한 때에는 10일을 초과하지 아니하는 한도에서 검사의 구속기간의 연장을 1차에 한하여 허가할 수 있다. 따라서 최장 30일 내의 기간을 구속된 상태에서 조사를 받을 수 있다.

5. 공소제기 후 구속기간

공소제기 후에는 2개월간 구속된 채 공판을 진행할 수 있다. 그러나 이 기간도 특히 구속을 계속할 필요가 있는 경우에는 2차에 한하여 결정으로 갱신할 수 있고 갱신한 기간도 2개월로 하기 때문에, 공판절차의 기간은 최장 1심에서 6개월까지도 소요될 수 있다.

아울러 제1심 형사공판사건 중 구속사건의 제1회 공판기일 및 판결선고기일의 지정에 대하여 정한 대법원의 구속사건의 신속한 기일 지정에 관한 예규는 제1회 공판기일의 지정에 대하여, 제1심 형사공판사건 중 기소 당시 피고인이 구속된 상태인 사건(1건 수인의 피고인 중 일부 피고인만 구속된 상태인 사건도 포함한다)의 경우 제1회 공판기일은 배당이 완료된 사건기록이 담당재판부에 배부된 후 지체 없이 지정하도록 하면서 그 기일을 지정하는 날로부터 14일(1건 수인의 피고인 중 일부 피고인만 구속된 상태인 사건의 경우에는 상당한 기간) 이내의 날로 정하도록 하되, 재판요일 등 담당재판부의 사정에 따라 3일 이내의 범위 내에서 연장할 수 있도록 하고 있다.

판결선고기일의 지정에 대하여는 제1심 형사공판사건 중 변론종결 당시 피고인이 구속된 상태에 있고 간이공판절차에 회부된 사건 및 간이공판절차에 회부되지 않은 사건이더라도 사안이 간단하고 증거에 모두 동의하는 등 기타 간이한 사건의 경우 판결선고기일은 사안의 복잡, 피고인의 요청 등 특별한 사정이 없는 한 변론종결일로부터 7일 이내의 날로 정하도록 하고 있다.

따라서 기록이 재판부에 배부되자마자 제1회 공판기일이 지정되며, 제1회 공판기일은 14일~17일 사이로 정해지고, 간이공판절차에 회부되는 사건의 경우 7일 이내에 판결이 선고됨으로써 구속사건의 경우 2주~3주 사이에 제1회 공판기일이 열리며, 자백하는 사건의 경우 3주~4주 만에 1심 재판이 종료될 수 있다

6. 불기소처분

검사의 사건처리에는 공소제기·불기소처분 및 타관송치가 있다. 수사결과 범죄의 객관적 혐의가 충분하고 소송조건을 구비하여 유죄판결을 받을 수 있다고 인정할 때에는

검사는 공소를 제기한다.

검사의 불기소처분에는 협의의 불기소처분과 기소유예 및 기소중지가 있다. 협의의 불기소처분에는 혐의 없음, 죄가 안 됨, 공소권 없음이 있다. "혐의 없음"이란 피의사건에 관하여 공소를 제기함에 충분한 객관적 혐의가 없는 경우인데, 피의사실이 인정되지 아니하거나 피의사실을 인정할 만한 증거가 없는 경우 또는 피의사실이 범죄를 구성하지 아니하는 경우에 내리는 결정을 말한다.

"죄가 안 됨"이란 피의사실이 범죄구성요건에 해당하나 법률상 범죄의 성립을 조각하는 사유가 있어 범죄를 구성하지 아니하는 경우에 하는 처분을 말하는데, 법률상조각사유나 책임조각사유가 있는 경우로서 피의자가 형사미성년자 또는 심신상실자인 때가 이에 해당하는 경우이다.

"공소권 없음"이란 피의사건에 관하여 소송조건이 결여되었거나 형이 면제되는 경우를 말한다. "각하"란 고소 또는 고발이 있는 사건에 관하여 고소인 또는 고발인의 진술이나 고소장 또는 고발장에 의하여 혐의 없음·죄가 안 됨·공소권 없음의 사유에 해당함이 명백한 경우, 고소·고발이 자기 또는 배우자의 직계존속을 고소 또는 고발한 경우, 고소를 취소한 자가 다시 고소한 경우, 새로이 중요한 증거가 발견된 경우에 고소인 또는 고발인이 그 사유를 소명한 경우를 제외한 동일사건에 관하여 검사의 불기소처분이 있는 경우, 고소권자가 아닌 자가 고소한 경우, 고소·고발장 제출 후 고소인 또는 고발인이 출석요구에 불응하거나 소재불명되어 고소·고발사실에 대한 진술을 청취할 수 없는 경우에는 각하의 결정을 한다.

"기소유예"란 피의사건에 관하여 범죄의 혐의가 인정되고 소송조건이 구비되었으나 범인의 연령, 성행, 지능과 환경, 범행의 동기, 수단과 결과, 범행 후의 정황 등을 참작하여 공소를 제기하지 아니하는 경우를 말한다.

"기소중지"란 검사가 피의자의 소재불명 등의 사유로 수사를 종결할 수 없는 경우에 그 사유가 해소될 때까지 하는 처분이므로 수사의 종결이라기보다는 수사중지처분에 속한다고 할 수 있다.

고소인, 고발인 또는 중요 참고인의 소재가 불명인 때에는 참고인중지의 결정을 할 수 있으며, 피의자의 소재가 불명인 때에도 협의의 불기소처분이나 기소유예를 할 수도 있다.

검사는 고소 또는 고발 있는 사건에 관하여 공소를 제기하거나 제기하지 아니하는 처분, 공소의 취소 또는 타관송치를 한 때에는 그 처분을 한 날로부터 7일 이내에 서면으로 고소인 또는 고발인에게 그 취지를 통지하여야 하며, 검사는 불기소 또는 타관송치의 처분을 한 때에는 피의자에게 즉시 그 취지를 통지하여야 한다. 검사는 고소 또는 고발 있는 사건에 관하여 공소를 제기하지 아니하는 처분을 한 경우에 고소인 또는 고발인의 청구가 있는 때에는 7일 이내에 고소인 또는 고발인에게 그 이유를 서면으로 설명하여야 한다.

7. 검사의 불기소처분에 대한 불복수단

검사의 불기소처분에 대한 고소인 또는 고발인의 불복수단으로는 검찰청법에 의한 항고·재항고 재정신청이 있다. 검사의 불기소처분에 불복이 있는 고소인 또는 고발인은 그 검사가 속하는 지방검찰청 또는 지청을 거쳐 서면으로 관할 고등검찰청의 검사장에게 항고할 수 있다.

이 경우, 지방검찰청 또는 지청의 검사는 항고가 이유 있다고 인정하는 때에는 그 처분을 경정하여야 하며, 고등검찰청검사장은 항고가 이유 있다고 인정하는 때에는 소속 검사로 하여금 지방검찰청 또는 지청 검사의 불기소처분을 직접 경정하게 할 수 있다.

항고를 한 자는 항고를 기각하는 처분에 불복하거나 항고를 한 날로부터 항고에 대한 처분이 행하여지지 아니하고 3개월이 경과한 때에는 그 검사가 속하는 고등검찰청을 거쳐 서면으로 검찰총장에게 재항고할 수 있다.

다만 형사소송법 제260조에 따라 재정신청 할 수 있는 자는 제외하므로, 재항고는 고발인에 대하여만 인정되는 결과가 된다. 이 경우 당해 고등검찰청 검사는 재항고가 이유 있다고 인정하는 때에는 그 처분을 경정하여야 한다. 항고는 고소인 등이 불기소처분 통지를 받은 날로부터 30일 이내에, 재항고는 항고기각결정의 통지를 받은 날 또는 항고 후 항고에 대한 처분이 행하여지지 아니하고 3개월이 경과한 날부터 30일 이내에 하여야 한다.

다만, 항고를 한 자에게 책임이 없는 사유로 인하여 그 기간 내에 항고 또는 재항고를 하지 못한 것을 소명한 때에는 그 사유가 해소된 때부터 기산한다. 기간을 경과하여 접수된 항고 또는 재항고는 기각하여야 한다. 다만, 새로이 중요한 증거가 발견된 경우에 고소인 또는 고발인이 그 사유를 소명한 때에는 기각하지 않는다.

재정신청이란 고소권자로서 고소를 한 자(형법 제123조부터 제125조까지의 죄에 대하여는 고발을 한 자도 포함)는 검사로부터 공소를 제기하지 아니한다는 통지를 받은 때에는 그 검사 소속의 지방검찰청 소재지를 관할하는 고등법원에 그 당부에 관한 재정을 신청하는 것을 말한다. 다만, 재정신청을 하려면 검찰청법 제10조에 따른 항고를 거쳐야 한다.

헌법소원은 보충성의 원칙에 따라 다른 법률의 구제 절차가 있는 경우에는 그 절차를 모두 마쳐야 제기할 수 있고, 법원의 재판에 대하여는 헌법소원이 허용되지 않는데, 개정 형사소송법이 재정신청의 대상범죄를 모든 범죄로 전면 확대함에 따라 불기소처분에 대한 헌법소원은 불가능하게 되었다.

8. 배상명령

배상명령이란 형사사건의 피해자가 범인의 형사 재판 과정에서 간편한 방법으로 민사적인 손해배상명령까지 받아 낼 수 있는 제도를 말한다.

제1심 또는 제2심의 형사공판절차에서 "상해·존속상해의 죄(형법 제257조 제1항), 중상해·존속중상해의 죄(형법 제258조 제1항 및 제2항), 상해치사의 죄(형법 제259조 제1항), 폭행치사상의 죄{형법 제262조(존속폭행치사상의 죄는 제외)}, 과실치사상의 죄(형법 제266조부터 제268조까지), 강간과 추행의 죄{형법 제297조부터 제306조까지 단, 제304조(혼인빙자 등에 의한 간음죄)}는 제외, 절도와 강도의 죄(형법 제329조부터 제346조까지),사기와 공갈의 죄(형법 제347조부터 제354조까지), 횡령과 배임의 죄(형법 제355조부터 제361조까지), 손괴의 죄(형법 제366조부터 제372조까지)"(소송촉진 등에 관한 특례법 제25조 제1항) 및 그 이외의 죄에 대한 피고사건에서 피고인과 피해자 사이에 합의된 손해배상액에 대해서(소송촉진 등에 관한 특례법 제25조 제2항) 유죄판결을 선고할 경우에 법원은 직권 또는 피해자나 그 상속인의 신청에 따라 피고사건의 범죄행위로 발생한 직접적인 물적 피해, 치료비 및 위자료의 배상을 명할 수 있다.

배상신청은 민사소송에서의 소의 제기와 동일한 효력이 있다. 확정된 배상명령 또는 가집행선고 있는 배상명령이 기재된 유죄판결서의 정본은 민사집행법에 따른 강제집행에 관해서는 집행력 있는 민사판결 정본과 동일한 효력이 있다(소송촉진 등에 관한 특례법 제34조 제1항).

Ⅴ 사건의 결말

A 및 A의 보호자는 C, E, F에 대한 검사의 무혐의 처분에 대해서 검찰항고나 재항고 및 재정신청을 통하여 검사의 불기소 처분에 대하여 불복하여 재수사를 요청할 수 있다.

고소는 제1심판결 선고 전까지 취소할 수 있다. 피해자의 명시한 의사에 반하여 죄를 논할 수 없는 사건(명예훼손죄)에 있어서 처벌을 희망하는 의사표시의 철회에 관하여도 고소의 취소에 관한 규정이 준용되므로 C의 A에 대한 명예훼손("A가 내 지갑을 훔쳐 간 도둑놈이기 때문에 지갑을 찾기 위해서 교실로 데리고 간다."고 이야기 한 사건)에 대해서는 불기소 처분(공소제기전) 또는 공소기각(제1심판결 선고 전에 고소 취소가 있는 경우)의 판결을 하여야 한다.

고소를 취소한 자는 다시 고소하지 못하므로, C의 보호자가 A와 합의한 합의금을 지급하지 않았다고 하더라도 이미 C에 대하여 고소를 취소한 경우라면 다시 고소하지 못한다.

B 및 D는 A에게 상해를 가하였으므로, 배상명령신청 대상 범죄에 해당하므로, A 및 A의 보호자는 법원에서 재판을 받고 있는 B와 D에 대해서 형사소송절차에서 배상명령 제도를 이용하여 치료비 및 위자료 등을 청구할 수 있다.

Ⅵ 사례의 종합정리

친고죄에 대하여는 범인을 알게 된 날로부터 6월을 경과하면 고소하지 못한다. 친고죄가 아닌 범죄에 대하여는 고소기간의 제한이 없다. 고소할 수 있는 자가 수인인 경우에는 1인의 기간의 해태는 타인의 고소에 영향을 줄 수 없다. 단, 성폭력범죄의 처벌 등에 관한 특례법 제18조에는 성폭력범죄 중 친고죄에 대하여는 범인을 알게 된 날부터 1년이 지나면 고소하지 못한다. 다만, 고소할 수 없는 불가항력의 사유가 있는 경우에는 그 사유가 없어진 날부터 기산한다.

고소는 제1심판결 선고 전까지 취소할 수 있다. 피해자의 명시한 의사에 반하여 죄를 논할 수 없는 사건에 있어서 처벌을 희망하는 의사표시의 철회에 관하여도 고소의 취소에 관한 규정이 준용된다. 따라서 제1심판결 선고 후에 한 처벌희망 의사표시의 철회는 효력이 없다.

고소의 취소를 서면으로 할 수 있다고 하여 고소인과 가해자 사이에 합의서가 작성된 것만으로는 고소취소라고 할 수 없다.

고소 또는 고소권의 포기란 친고죄의 고소기간 내에 장차 고소권을 행사하지 아니한다는 의사표시를 하는 것을 말한다. 고소권의 포기를 인정할 때에는 고소권자는 고소권을 상실하게 된다.

Ⅶ 사례 관련 판례정리

반의사불벌죄(反意思不罰罪)란 범죄피해자의 의사와 상관없이 소추는 가능하나 피해자가 가해자의 처벌을 원하지 않을 경우에 그 의사에 따라 처벌할 수 없는 범죄를 말한다. 즉 범죄피해자의 의사와 상관없이 소추는 가능하나 피해자가 명시적으로 가해자의 처벌을 원하지 않을 경우에 그 의사를 존중하여 처벌할 수 없다. 또한 처벌 의사표시를 철회한 경우에는 공소기각 판결을 선고하여야 한다. 반의사불벌죄에는 형법의 외국 원수에 대한 폭행·협박 등의 죄, 외국사절에 대한 폭행·협박 등의 죄, 외국의 국기·국장 모독죄, 단순·존속폭행죄, 과실치상죄, 단순·존속협박죄, 명예훼손죄 및 출판물 등에 의한 명예훼손죄 등이 있다.

✤ 반의사불벌죄와 처벌불원의 의사표시 관련 판례정리

(1) 명예훼손죄에 있어서 제1심판결 선고 후의 처벌희망을 철회하는 의사표시의 효력을 인정하여 공소기각의 판결을 하였음은 형사소송법 제446조 제1호 본문에 이른바 원판결이 법령에 위반한 때에 해당한다.[1)]

(2) 반의사불벌죄에서 '처벌을 희망하지 아니하는 의사표시' 또는 '처벌을 희망하는 의사표시의 철회'를 인정하기 위한 요건

1) 대법원 1962.3.8. 선고 4294형비상1 판결.

반의사불벌죄에 있어서 피해자가 처벌을 희망하지 아니하는 의사표시 또는 그 처벌을 희망하는 의사표시의 철회는 피해자의 진실한 의사가 명백하고 믿을 수 있는 방법으로 표명되어야 한다.[2)]

(3) 공소제기 후 제1심판결 선고 전에 피해자의 피고인에 대한 처벌희망의 의사표시가 유효하게 철회되었다고 보아, 구 청소년의 성보호에 관한 법률 위반의 공소사실에 대한 공소를 기각한 원심판결을 정당하다고 한 사례

피해자가 반의사불벌죄에 해당하는 구 청소년의 성보호에 관한 법률(2009. 6. 9. 법률 제9765호 아동·청소년의 성보호에 관한 법률로 전부 개정되기 전의 것) 위반의 공소사실에 대하여 고소를 한 후, 제1심판결 선고 전인 2010. 3. 30. 제1심법원에 "피해자는 피고인과 합의하였으므로 피고인의 처벌을 바라지 아니한다."는 내용의 피해자 부모들 및 피해자 명의의 합의서가 제출되었는데, 제1심법원이 위 피해자와 피해자의 부(父)에게 전화를 한 결과 "피고인과 합의한 것은 맞지만 피고인에 대한 선처를 바라는 취지일 뿐 여전히 피고인의 처벌을 원한다."는 말을 듣는 한편 위 합의서의 피해자 명의는 피해자의 부모가 피해자를 대신하여 서명·날인하였다는 사실을 확인하였고, 그 후 피고인의 처는 2010. 4. 2. 피해자를 직접 만나 피해자로부터 "피해자와 피고인은 합의하였고 피고인이 선처받기를 탄원한다."는 내용의 합의서를 다시 작성받아 제1심법원에 제출한 사안에서, 피고인의 처는 피해자와의 합의를 위하여 가족들이 거주하는 집을 매각하여 그 매매대금의 대부분을 합의금으로 지급한 점, 피고인의 처가 다시 합의서를 작성받은 이유는 제1심법원으로부터 2010. 3. 30.자 합의서만으로는 피해자의 처벌불원 의사표시가 명확하지 아니하다는 사실을 통보받고 이를 명확히 확인받기 위한 것으로 보이는 점, 피해자는 2010. 4. 2. 합의 당시 고등학교 2학년에 재학 중이고 만 17세에 거의 도달한 청소년으로 기록에 나타난 그의 지능, 지적 수준, 발달성숙도 및 사회적응력에 비추어 위 합의의 목적 및 취지를 충분히 이해할 수 있었다고 보이는 점 등을 종합할 때, 피해자는 위 2010. 4. 2.자 합의서를 통하여 피고인에 대한 처벌희망의 의사표시 철회를 명백하고 믿을 수 있는 방법으로 표현하였다고 할 것이므로, 공소제기 후 제1심판결 선고 전에 피해자의 피고인에 대한 처벌희망의 의사표시가 유효하게 철회되었다고 보아 공소를 기각한 원심판결을 정당하다.[3)]

(4) 반의사불벌죄에서 '처벌불원의 의사표시' 또는 '처벌희망 의사표시 철회'의 유무나 그 효력에 관한 사실이 엄격한 증명의 대상인지 여부(소극)

반의사불벌죄에서 피고인 또는 피의자의 처벌을 희망하지 않는다는 의사표시 또는 처벌희망 의사표시 철회의 유무나 그 효력 여부에 관한 사실은 엄격한 증명의 대상이 아니라 증거능력이 없는 증거나 법률이 규정한 증거조사방법을 거치지 아니한 증거에 의한 증명, 이른바 자유로운 증명의 대상이다.

다른 반의사불벌죄와 마찬가지로 구 청소년의 성보호에 관한 법률(2009. 6. 9. 법률 제9765호 아동·청소년의 성보호에 관한 법률로 전부 개정되기 전의 것) 제16조에 규정된 반의사불벌죄의 경우에도 피해자인 청소년에게 의사능력이 있는 이상 단독으로 피고인 또는 피의자의 처벌을 희망하지 않는다는 의사표시 또는 처벌희망 의사표시의 철회를 할 수 있고, 법정대리인의 동의가

---

2) 대법원 2010.11.11. 선고 2010도11550, 2010전도83 판결.
3) 대법원 2010.11.11. 선고 2010도11550, 2010전도83 판결.

있어야 하는 것은 아니다. 다만, 피해자인 청소년의 의사능력은 그 나이, 지능, 지적 수준, 발달성숙도 및 사회적응력 등에 비추어 그 범죄의 의미, 피해를 당한 정황, 처벌을 희망하지 않는다는 의사표시 또는 처벌희망 의사표시의 철회가 가지는 의미·내용·효과를 이해하고 알아차릴 수 있는 능력을 말하고, 그 의사표시는 흠이 없는 진실한 것이어야 하므로, 법원으로서는 위와 같은 의미에서 피해자인 청소년에게 의사능력이 있는지 여부 및 그러한 의사표시가 진실한 것인지 여부를 세밀하고 신중하게 조사·판단하여야 한다.

(5) 폭행죄 등 반의사불벌죄에서 처벌불원의 의사표시는 의사능력 있는 피해자가 단독으로 할 수 있는지 여부(적극) 및 피해자 사망 후 상속인이 그 의사표시를 대신할 수 있는지 여부(소극)

폭행죄는 피해자의 명시한 의사에 반하여 공소를 제기할 수 없는 반의사불벌죄로서 처벌불원의 의사표시는 의사능력이 있는 피해자가 단독으로 할 수 있는 것이고, 피해자가 사망한 후 그 상속인이 피해자를 대신하여 처벌불원의 의사표시를 할 수는 없다고 보아야 한다.[4)]

(6) 이른바 반의사불벌죄에 있어서 처벌불원의 의사표시의 부존재가 직권조사사항인지 여부(적극)

이른바 반의사불벌죄에 있어서 처벌불원의 의사표시의 부존재는 소위 소극적 소송조건으로서 직권조사사항이라 할 것이므로 당사자가 항소이유로 주장하지 아니하였다고 하더라도 원심은 이를 직권으로 조사·판단하여야 할 것이다.

(7) 피해자가 피고인에 대한 합의서를 법원에 제출한 사안에서, 피고인의 처벌을 희망하지 않는 의사를 명시적으로 표시한 것이라고 본 사례

피해자는 피고인의 제1심 국선변호인을 통하여 2007. 10. 11. "가해자와 피해자 간에 원만한 합의를 하였으므로 이 건을 차후 민·형사상 어떠한 이의도 제기치 않을 것을 서약하면서 합의서를 제출합니다"라는 내용과 "합의금 이백 중 나머지 일백만 원은 11월부터 매월 10만 원씩 송금하기로 함"이라는 내용이 기재된 합의서를 제1심법원에 제출하였음을 알 수 있는바, 그렇다면 위 피해자는 위 합의서를 제출함으로써 피고인에 대한 처벌을 희망하지 아니한다는 의사를 명시적으로 표시한 것으로 봄이 상당하다고 할 것이다.[5)]

(8) 반의사불벌죄에 있어서 피해자가 피고인의 처벌에 관한 아무런 의사표시를 하지 않고 사망한 경우, 그 의사표시에 관한 권한이 배우자 등 유족에게 승계되는지 여부(소극)

반의사불벌죄에 있어서 피해자가 피고인의 처벌에 관한 아무런 의사표시를 하지 않고 사망한 경우에 그 의사표시에 관한 권한이 배우자 등 유족에게 승계되는 것은 아니다.[6)]

(9) 반의사불벌죄에 있어서 처벌불원의 의사표시를 하였다고 인정하기 위한 요건

반의사불벌죄에 있어서 피해자가 처벌을 희망하지 아니하는 의사표시를 하였다거나 처벌을 희망하는 의사표시의 철회를 하였다고 인정하기 위해서는 피해자의 진실한 의사가 명백하고 믿을 수 있는 방법으로 표현되어야 한다.[7)]

---

4) 대법원 2010.5.27. 선고 2010도2680 판결.
5) 대법원 2008.2.29. 선고 2007도11339 판결.
6) 서울고법 2006.5.26. 선고 2005노1861 판결.
7) 대법원 2004.6.25. 선고 2003도4934 판결.

(10) 야간에 형법 제283조 제1항의 죄를 범한 경우 폭력행위등처벌에관한법률 제2조 제4항에 의하여 반의사불벌에 관한 형법 규정이 적용되는지 여부(적극) 및 그 처벌불원 의사표시의 시간적 한계(=제1심판결 선고 전)

형법 제283조 제3항에 의하면 같은 조 제1항의 죄는 피해자의 명시한 의사에 반하여 공소를 제기할 수 없다고 규정하고 있고, 2001. 12. 19. 법률 제6534호로 개정되어 같은 날부터 시행되는 폭력행위등처벌에관한법률 제2조 제4항에 의하면 종전에는 야간에 형법 제283조 제1항의 죄를 범한 경우 같은 조 제3항의 규정의 적용을 배제함으로써 피해자의 의사에 상관없이 처벌할 수 있던 것이 위 반의사불벌에 관한 형법 규정이 그대로 적용되는 것으로 변경되었음이 분명하고, 한편 형사소송법 제232조 제3항, 제1항의 규정에 의하면, 피해자의 명시한 의사에 반하여 죄를 논할 수 없는 사건에서 처벌을 희망하는 의사표시의 철회 또는 처벌을 희망하지 아니하는 의사표시는 제1심판결 선고시까지 할 수 있다.[8)]

(11) 반의사불벌죄에 있어서 피해자가 처벌을 희망하지 아니하는 의사표시나 처벌을 희망하는 의사표시의 철회를 하였다고 인정하기 위한 요건

반의사불벌죄에 있어서 피해자가 처벌을 희망하지 아니하는 의사표시나 처벌을 희망하는 의사표시의 철회를 하였다고 인정하기 위해서는 피해자의 진실한 의사가 명백하고 믿을 수 있는 방법으로 표현되어야 한다.[9)]

8) 대법원 2002.3.15. 선고 2002도158 판결.
9) 대법원 2001.6.15. 2001도1809 판결.

제9장 | 학교폭력과 성폭력의 관계 및 강간죄에서 상해죄의 의미

I 사례를 통해서 알아볼 내용

학교폭력 중 성폭력의 경우 다른 법률에 규정이 있는 경우 학교폭력 예방 및 대책에 관한 법률을 적용하지 않도록 한 법 규정과 관련하여 학교폭력 예방교육에서 성폭력 교육 및 학교폭력 전담기구가 전문조사기관에 조사를 의뢰하도록 한 내용 및 성폭력피해자의 2차 피해를 막기 위한 내용 및 강간죄의 경우 외상 후 스트레스 장애가 상해의 개념에 포함될 수 있는지에 대해서 알아본다.

II 사건의 개요

S고등학교 2학년에 재학 중인 J(만 17세)는 소위 학교에서 '일진 짱'으로 알려진 학생이었다. J는 2011. 12. 8. 후배 남학생 2명을 상대로 성기를 만지면서 자위행위를 하도록 강요하는 등 추행을 하였다. 또한 2011. 12. 중순경 일요일 밤에는 학교 운동장에서 중학교 1학년 여학생(12세) A에게 강제로 술을 먹여 성폭행한 뒤 휴대전화로 성폭행 장면을 동영상 촬영하였다.

또한 2011. 12. 20.경에는 평소 자신에게 호감을 보인다고 생각하던 같은 학교에 재학 중인 2학년 여학생 B에게 할 말이 있다고 불러 낸 다음 강제로 자신의 집으로 데리고 가서 포르노를 보여주고, 가슴을 만지거나 툭툭 치면서 가슴이 작다는 등 성적수치심을 느끼게 한 후 자위행위를 하게 하고, B를 강간하려 하였다. B는 당일 저녁 산부인과 진료를 받고 원스탑지원센터에 신고를 하였고, 원스탑지원센터는 S고등학교로 통보하였다.

S고등학교는 이 사건은 학교폭력 사건이므로 학교폭력대책자치위원회를 개최해야 한다며, 피해학생 및 가해학생 보호자에게 자치위원회를 개최하겠다고 통보하였다. 오랫동안 해당지역에 거주해 온 피해학생의 보호자는 자치위원의 과반수가 학부모라는 사실을 확인하고 피해학생의 프라이버시 보호 및 동네에 소문이 날 것을 우려하여 성폭력의 경우에는 학교폭력대책자치위원회를 개최해서는 안된다고 주장하고 있다.

J의 강간으로 인하여 A와 B는 각각 불안, 불면, 악몽, 자책감, 우울감정, 대인관계 회피, 일상생활에 대한 무관심, 흥미상실 등의 증상을 보여 정신과적 증상인 '외상 후 스트레스 장애'로 6개월간의 치료를 요한다는 진단을 받았다. 한편 A와 B는 J를 경찰서에 고소하였다.

성폭력 사건을 신고 받은 S중학교는 학교폭력대책자치위원회를 개최하여야 하나?

S고등학교 학교폭력대책자치위원회에서는 성폭력 사건에 대해서 어떤 조치를 취해야 하나?

외상 후 스트레스 장애의 경우도 강간죄의 상해에 해당하나?

성폭력범죄자인 J에 대해서는 신상정보 공개나 전자장치를 부착하게 할 수 있나?

성폭력범죄 피해자의 2차 피해를 막기 위한 규정은 어떤 규정이 있나?

Ⅲ 사건의 쟁점

학교폭력 중 성폭력의 경우 다른 법률에 규정이 있는 경우 학교폭력 예방 및 대책에 관한 법률을 적용하지 않도록 한 법 규정과 관련하여 성폭력 사건의 경우 학교폭력대책자치위원회를 개최할 수 있는가 하는 점과, 성폭력 사건이 발생하였을 때, 성폭력 등 특수한 학교폭력사건에 대한 조사의 전문성을 확보하기 위하여 학교에서 취할 수 있는 조치는 어떤 조치가 있는가 하는 점 및 외상 후 스트레스 장애의 경우에도 강간죄의 상해에 해당하는가 하는 점 및 성폭력범죄자에 대한 얼굴 및 신상정보 공개 및 위치추적장치 부착을 할 수 있는지가 문제된다.

Ⅳ 사례 관련 내용의 이해

1. 성폭력범죄의 범위

성폭력범죄의 처벌 및 피해자 보호 등에 관한 법률상 성폭력범죄의 정의에 따른 성폭력범죄는

(1) 형법 제242조(음행매개)·제243조(음화 등의 반포등)·제244조(음화등의 제조등) 및 제245조(공연음란)의 죄,

(2) 형법 제288조(영리 등을 위한 약취, 유인, 매매등)·제292조(약취, 유인, 매매된 자를 수수 또는 은닉. 다만, 제288조의 약취·유인이나 매매된 자를 수수 또는 은닉한 죄에 한한다)·제293조(상습범. 다만, 제288조의 약취·유인이나 매매된 자 또는 이송된 자를 수수 또는 은닉한 죄의 상습범에 한한다)·제294조(미수범. 다만, 제288조의 미수범 및 제292조의 미수범중 제288조의 약취·유인이나 매매된 자를 수수 또는 은닉한 죄의 미수범과 제293조의 상습범의 미수범중 제288조의 약취·유인이나 매매된 자를 수수 또는 은닉한 죄의 상습범의 미수범에 한한다)의 죄,

(3) 형법 제297조(강간)·제298조(강제추행)·제299조(준강간, 준강제추행)·제300조(미수범)·제301조(강간등 상해·치상)·제301조의2(강간등 살인·치사)·제302조(미성년자등에 대한 간음)·제303조(업무상위력등에 의한 간음) 및 제305조(미성년자에 대한 간음, 추행)의 죄,

(4) 형법 제339조(강도강간)의 죄,

(5) 성폭력범죄의 처벌 및 피해자보호 등에 관한 법률 제5조(특수강도강간등)의 죄, 제6조(특수강간등)의 죄, 제7조(친족관계에 의한 강간등)의 죄, 제8조(장애인에 대한 간음등)의 죄, 제8조의2(13세 미만의 미성년자에 대한 강간, 강제추행 등의 죄), 제9조(강간등 상해·치상)의 죄, 제10조(강간등 살인·치사)의 죄, 제11조(업무상 위력등에 의한 추행)의 죄, 제12조(미수범-제5조 내지 제10조 및 제14조의2의 미수범), 제13조(공중밀집장소에서의 추행)의 죄, 제14조(통신매체이용음란)의 죄, 제14조의2(카메라등 이용촬영)의 죄,

(6) 위 (1) 내지 (5)의 범죄로서 다른 법률에 의하여 가중처벌되는 죄는 성폭력범죄로 본다.

2. 학교폭력 예방 및 대책에 관한 법률의 적용범위와 성폭력의 포함여부

2008. 3. 14. 개정법률에서는 성폭력을 학교폭력의 범위에 포함시켰다(동법 제2조 1호 및 제5조 2항). 성폭력은 다른 법률에 규정이 있는 경우에는 학교폭력 예방 및 대책에 관한 법률을 적용하지 아니한다. 이 법 개정논의에서 강간과 같은 성폭력을 경미한 비행이 아니라 중대한 성격의 범죄 또는 비행이기 때문에 학교폭력 예방 및 대책에 관한 법률이 아니라 형법, 성폭력범죄의 처벌 등에 관한 특례법, 특정강력범죄의 처벌에 관한 특례법, 아동·청소년의 성보호에 관한 법률, 소년법이 적용되어야 한다는 주장이 반영된 것이다.

따라서 강간 등 성폭력 사건의 경우에는 학교폭력대책자치위원회가 피해학생에 대해서 조치를 내릴 수 없다.

3. 학교폭력 중 성폭력의 처리

가. 성폭력 사안은 학교폭력대책자치위원에서 처리하나?

2008. 9. 15.자로 전면 개정된 학교폭력 예방 및 대책에 관한 법률에서 학교폭력에 성폭력을 포함시켰기 때문에 여러 가지 해석의 여지가 있지만, 개정이유가 "학교폭력의 개념 속에 성폭력을 포함시키도록 하되 다른 법률에 특별한 규정이 있는 경우에는 이 법을 적용하지 아니하도록 하여 성폭력 피해자의 프라이버시보호를 강화하였다."고 되어 있는 취지로 보아 학교폭력대책자치위원회에서 성폭력 문제까지 자율적으로 해결하는 것으로 해석해서는 안 된다.

성폭력은 상당히 심각한 범죄행위로 '성폭력범죄의 처벌 등에 관한 특례법', '아동·청소년의 성보호에 관한 법률'로 처리되기 때문에 학교공동체 내에서의 해결이 아니라 직접적인 형사절차를 통해 처리되는 것으로 보아야 한다.

다만 성폭력 문제가 학교폭력의 개념에 포함된 것은 학교폭력 예방 교육의 내용에 성폭력의 내용이 포함되어 교육되어야 한다는 것을 의미하는 것으로 볼 수 있다.

따라서 성폭력이 학교폭력의 정의에 포함되었지만 특별법인 '성폭력범죄의 처벌 등에 관한 특례법', '아동·청소년의 성보호에 관한 법률' 등에 의해 처리되어야 하기 때문에, 일반법인 '학교폭력 예방 및 대책에 관한 법률'에 의해서 운영되는 학교폭력대책자치위원회에서는 처리할 수 없다. 따라서 선도위원회에서 처리해야 한다.

나. 성폭력 사안 발생 시 유의할 점

학교장 및 교직원은 성폭력 사안을 인지하면 즉시 경찰에 신고를 해야 한다.

비밀유지, 가해학생과의 격리조치 등 성폭력 피해학생 보호에 최선을 다해야 한다. 선도위원회에서 가해학생에 대한 조치를 취해야 한다.

다. 성폭력 신고 및 비밀누설금지

(1) 아동·청소년의 성보호에 관한 법률 제22조 제2항

다음 각 호의 어느 하나에 해당하는 기관·시설 또는 단체의 장과 그 종사자는 직무상 아동·청소년대상 성범죄의 발생 사실을 알게 된 때에는 즉시 수사기관에 신고하여야 한다.

1. 「유아교육법」 제2조 제2호의 유치원
2. 「초·중등교육법」 제2조의 학교

(2) 아동·청소년의 성보호에 관한 법률 제19조 제2항

제30조 및 제31조의 기관·시설 또는 단체의 장이나 이를 보조하는 자 또는 그 직에 있었던 자는 직무상 알게 된 비밀을 타인에게 누설하여서는 아니 된다.

(3) 학교폭력 예방 및 대책에 관한 법률 제5조 제2항

제2조 제1호 중 성폭력은 다른 법률에 규정이 있는 경우에는 이 법을 적용하지 아니한다.

라. 성폭력 피해학생이 가해학생의 전학조치를 요구할 때 가해학생의 전학조치가 가능한가?

(1) 피해학생이 요구할 경우 전학조치를 하도록 노력해야 한다. 성폭력 사안은 초·중등교육법에 근거한 선도위원회에서 처리한다. 초·중등교육법상 징계의 종류에는 전학조치가 없으나, 학교장이 학생의 교육상 교육환경을 바꾸어줄 필요가 있다고 인정하여 추천하면 교육장(교육감)은 전학할 학교를 배정할 수 있도록 법령에 규정되어 있다. 따라서 선도위원회를 개최하여 피해자의 요구에 따라 전학조치를 하여 가해학생으로부터 분리시키는 것이 바람직하다.

(2) 관련 법령

① 아동·청소년의 성보호에 관한 법률 제5조

모든 국민은 아동·청소년이 이 법에서 정한 범죄의 상대방이나 피해자가 되거나 이 법에서 정한 범죄를 저지르지 아니하도록 사회 환경을 정비하고 아동·청소년을 보호·선도·교육하는 데에 최선을 다하여야 한다.

② 초·중등교육법시행령 제73조 제5항
교육장은 중학교의 장이 학생의 교육상 교육환경을 바꾸어 줄 필요가 있다고 인정하여 다른 학교로의 전학 또는 편입학을 추천한 자와 퇴학한 자로서 재입학을 지원하는 자에 대하여는 제1항 본문의 규정에 불구하고 전학 또는 편입학이나 재입학할 학교를 지정하여 배정할 수 있다.

③ 초·중등교육법시행령 제89조 제5항
제73조 제5항의 규정은 고등학교의 경우에 이를 준용한다.

마. 성폭력 피해학생이 가해학생의 처벌을 원치 않을 경우에도 경찰에 신고해야 하나?

(1) 아동·청소년의 성보호에 관한 법률에 의하면 성폭력을 경찰에 신고하는 것은 학교 및 교직원의 법적 의무사항으로 반드시 신고해야 한다. 신고의 의무를 이행하지 않았을 경우 300만원 이하의 과태료를 부과한다.

(2) 아동·청소년의 성보호에 관한 법률 제5조 제3항

제22조 제2항 각 호의 어느 하나에 해당하는 기관·시설 또는 단체의 장과 그 종사자가 직무상 아동·청소년대상 성범죄 발생사실을 알고 수사기관에 신고하지 아니한 경우에는 300만원 이하의 과태료를 부과한다.

4. 성폭력범죄의 처벌 등에 관한 특례법상의 피해자보호 규정 개관

성폭력범죄의 처벌 등에 관한 특례법은 성폭력범죄의 조사와 관련하여

(1) 피해자 또는 법정대리인의 신청에 의하여 피해자가 지정하는 자를 동석하게 할 수 있도록 규정하고 있다(성폭력범죄의 처벌 등에 관한 특례법 제29조, 신뢰관계 있는 사람의 동석).

(2) 조사 횟수는 필요한 범위에서 최소한으로 하는 규정을 둠으로써 반복조사과정에서 피해자가 갖는 심각한 심리적 고통을 최소화하고자 하고 있다(성폭력범죄의 처벌 등에 관한 특례법 제26조 제2항).

(3) 조사 횟수를 최소화할 수 있는 구체적인 방안으로 피해자 진술의 비디오녹화기 등

영상물 녹화장치로 촬영·보존하여야 한다고 규정하고 있다(성폭력범죄의 처벌 등에 관한 특례법 제26조 제3항). 즉 피해자가 16세 미만이거나 신체적인 또는 정신적인 장애로 사물을 변별하거나 의사를 결정할 능력이 미약한 경우에는 피해자 또는 법정대리인이 이를 원하지 아니하는 의사를 표시한 경우가 아니면 피해자의 진술 내용과 조사 과정을 비디오 녹화기 등 영상물녹화장치로 촬영·보존하도록 하고 이를 증거로 사용하는 것을 허용하고 있다.

(4) 수사과정에서 증거보전의 특례도 인정되고 있어서 피해자가 공판기일에 출석하여 증언하는 것이 현저히 곤란한 사정이 있는 때에는 피해자 또는 그 법정대리인이 당해 성폭력범죄를 수사하는 검사에게 그 사유를 소명하여 증거보전의 청구를 요청할 수 있도록 규정하고, 피해자가 아동이거나 장애인인 경우에는 공판기일에 출석하여 증언하는 것이 현저히 곤란한 사정이 있는 것으로 간주하는 규정을 두어 피고인, 피의자에 대하여 인정되는 증거보전제도를 피해자에 대하여 인정하고 있다(성폭력범죄의 처벌 등에 관한 특례법 제31조).

(5) 증인에 대한 비디오 등 중계장치에 의한 증인신문을 허용하였으므로 성폭력범죄의 피해자를 증인으로 신문할 경우 법원은 검사, 피고인, 변호인의 의견을 들어 비디오 등 중계장치에 의한 중계를 통하여 신문할 수 있다(성폭력범죄의 처벌 등에 관한 특례법 제30조 제1항).

(6) 성폭력 피해자 보호를 위하여 형사소송절차에 관한 여러 특례 규정으로 증거보전의 특례를 두고 있다. 즉 피해자나 그 법정대리인은 피해자가 공판기일에 출석하여 증언하는 것에 현저히 곤란한 사정이 있을 때에는 그 사유를 소명하여 해당 성폭력범죄를 수사하는 검사에게 형사소송법 제184조(증거보전의 청구와 그 절차) 제1항에 따른 증거보전의 청구를 할 것을 요청할 수 있으며, 이 경우 피해자가 성폭력범죄의 처벌 등에 관한 특례법 제26조 제3항의 요건에 해당하면 공판기일에 출석하여 증언하는 것에 현저히 곤란한 사정이 있는 것으로 본다(성폭력범죄의 처벌 등에 관한 특례법 제31조 제1항, 증거보전의 특례).

검사는 그 요청이 타당하다고 인정할 때에는 증거보전의 청구를 할 수 있다(성폭력범죄의 처벌 등에 관한 특례법 제31조 제2항, 증거보전의 특례).

5. 아동·청소년의 성보호에 관한 법률

아동·청소년의 성을 사거나 이를 알선하는 행위, 청소년을 이용하여 음란물을 제작·배포하는 행위 및 청소년에 대한 성폭력행위 등으로부터 청소년을 보호·구제하여 이들의 인권을 보장하고 건전한 사회구성원으로 성장할 수 있도록 함을 목적으로 제정된 법률이다.

아동·청소년의 성보호에 관한 법률에서는 ① 수사기관과 법원은 아동·청소년대상 성범죄를 수사하거나 심리·재판하는 경우에 아동·청소년의 인권과 특성을 배려하고 그 명예와 존엄을 해치지 아니하도록 주의하여야 한다고 규정하고 있으며(아동·청소년의 성보호에 관한 법률 제18조 제1항), ② 영상물의 촬영·보존 등이 규정을 두고 있으며, ③ 공판기일에 출석하여 증언하는 것에 현저히 곤란한 사정이 있을 때에는 증거보존의 특례를 규정하고 있으며, ④ 수사기관과 법원에서 피해자가 진술을 하거나 증언할 때 신뢰관계 있는 사람의 동석할 수 있도록 규정하고 있으며, ⑤ 재판장의 허가를 받아 소송계속 중의 관계서류 또는 증거물을 열람하거나 등사할 수 있으며, ⑥ 피해아동·청소년 등에 대한 변호인선임의 특례를 규정하고 있으며, ⑦ 아동·청소년대상 성범죄의 수사 또는 재판을 담당하거나 이에 관여하는 공무원 또는 그 직에 있었던 사람에게 비밀누설금지 의무를 부과하고 있다.

6. 성폭력범죄의 처벌 등에 관한 특례법상 고소

가. 고 소

업무상 위력 등에 의한 추행(성폭력범죄의 처벌 등에 관한 특례법 제10조 제1항), 공중밀집장소에서의 추행(성폭력범죄의 처벌 등에 관한 특례법 제11조), 통신매체를 이용한 음란행위(성폭력범죄의 처벌 등에 관한 특례법 제12조)의 죄는 고소가 있어야 공소를 제기할 수 있다(성폭력범죄의 처벌 등에 관한 특례법 제15조).

나. 고소 제한에 대한 예외

성폭력범죄에 대하여는 형사소송법 제224조(고소의 제한)에도 불구하고 자기 또는 배우자의 직계존속을 고소할 수 있다(성폭력범죄의 처벌 등에 관한 특례법 제17조).

다. 고소기간

성폭력범죄 중 친고죄에 대하여는 형사소송법 제230조(고소기간) 제1항에도 불구하고 범인을 알게 된 날부터 1년이 지나면 고소하지 못한다. 다만, 고소할 수 없는 불가항력의 사유가 있는 경우에는 그 사유가 없어진 날부터 기산한다(성폭력범죄의 처벌 등에 관한 특례법 제18조 제1항).

7. 형법상 감경규정에 관한 특례

음주 또는 약물로 인한 심신장애 상태에서 성폭력 범죄의 처벌 등에 관한 특례법 법 제3조(특수강도강간 등), 제4조(특수강간 등), 제5조(친족관계에 의한 강간 등), 제6조(장애인에 대한 강간·강제추행 등), 제7조(13세 미만의 미성년자에 대한강가, 강제추행 등), 제8조(강간 등 상해·치상), 제9조(강간 등 살인·치사), 제10조(업무상 위력 등에 의한 추행), 제11조(공중 밀집장소에서의 추행)의 죄를 범한 때에는 「형법」 제10조 제1항·제2항[1] 및 제11조[2]를 적용하지 아니할 수 있다(성폭력범죄의 처벌 등에 관한 특례법 제19조).

8. 외상 후 스트레스 장애와 상해죄

성폭력범죄의 처벌 및 피해자 보호 등에 관한 법률상의 상해는 피해자의 신체의 완전성을 훼손하거나 생리적 기능에 장애를 초래하는 것으로, 반드시 외부적인 상처가 있어야만 하는 것이 아니고, 여기서의 생리적 기능에는 육체적 기능뿐만 아니라 정신적 기능도 포함된다.

강간행위로 인하여 피해자가 불안, 불면, 악몽, 자책감, 우울감정, 대인관계회피, 일상생활에 대한 무관심, 흥미상실 등의 증상을 보여 이로 인하여 6개월간의 치료를 요한다는 진단을 받았다면 이러한 증상은 강간을 당한 모든 피해자가 필연적으로 겪는 증상이라고 할 수 없으므로 성폭력범죄의 처벌 등에 관한 특례법 제8조 제1항이 정하는 상해를 입은 것이다. 따라서 위 외상 후 스트레스 장애는 성폭력범죄의 처벌 및 피해자 보호 등

---

1) 형법 제10조 (심신장애자) ① 심신장애로 인하여 사물을 변별할 능력이 없거나 의사를 결정할 능력이 없는 자의 행위는 벌하지 아니한다. ② 심신장애로 인하여 전항의 능력이 미약한 자의 행위는 형을 감경한다. ③ 위험의 발생을 예견하고 자의로 심신장애를 야기한 자의 행위에는 전2항의 규정을 적용하지 아니한다.

2) 형법 제11조 (농아자) 농아자의 행위는 형을 감경한다.

에관한법률상 상해에 포함된다.

Ⅴ 사건의 결말

학교폭력 예방 및 대책에 관한 법률 제5조 제2항에서는 "제2조 제1호 중 성폭력은 다른 법률에 규정에 있는 경우에는 이 법을 적용하지 아니한다."라고 규정되어 있다. 즉 성폭력의 경우도 학교폭력의 범위 속에 포함시켰으나(동법 제2조 제1호), 다른 법률에 규정이 있는 경우에는 이 법을 적용하지 아니하도록 한(동법 제5조 제2항) 이유는 성폭력피해자의 프라이버시 보호를 강화하려고 하고 있다.

강간과 같은 성폭력은 경미한 범죄가 아니라 중대한 범죄이기 때문에 학교폭력 예방 및 대책에 관한 법률이 아니라 형법이나 성폭력범죄의 처벌 등에 관한 특례법, 아동·청소년의 성보호에 관한 법률이 적용되어야 한다.

학교폭력 문제를 담당하는 전담기구에서 성폭력 사건의 사안을 조사하는 경우 피해자의 프라이버시 보호에 문제점이 있을 수 있고 피해자가 사건조사과정에서 제2차적 피해를 입게 될 수도 있으므로, 성폭력범죄의 경우 피해자의 프라이버시 보호가 중요하고, 증거 확보 및 피해자 보호 등이 중요하며 전문성과 경험을 가진 수사기관이 사건을 조사하는 것이 타당하다.

성폭력이 학교폭력의 정의에 포함되었지만 특별법인 '성폭력범죄의 처벌 등에 관한 특례법', '아동·청소년의 성보호에 관한 법률' 등에 의해 처리되어야 하기 때문에, 일반법인 '학교폭력 예방 및 대책에 관한 법률'에 의해서 운영되는 학교폭력대책자치위원회에서는 처리할 수 없다. 따라서 선도위원회에서 처리해야 한다.

따라서 성폭력 사건을 신고 받은 S중학교는 학교폭력대책자치위원회를 개최하여 성폭력 사건 가해학생 및 피해학생에 대한 조치를 취해서는 아니 될 것이다.

학교폭력 예방 및 대책에 관한 법률 제14조 제7항은 "전담기구는 성폭력 등 특수한 학교폭력사건에 대한 실태조사의 전문성을 확보하기 위하여 필요한 경우 전문기관에 그 실태조사를 의뢰할 수 있다. 이 경우 그 의뢰는 자치위원회 위원장의 심의를 거쳐 학교장 명의로 하여야 한다."라고 규정하고 있다. 따라서 S고등학교의 장은 학교폭력대책자치위원회 심의를 거쳐 S고등학교 장의 명의로 수사기관이나 전문기관에 실태조사를 의뢰하여야 할 것이다.

성폭력범죄의 처벌 등에 관한 특례법 제8조 제1항의 상해는 피해자의 신체의 완전성을 훼손하거나 생리적 기능에 장애를 초래하는 것으로, 반드시 외부적인 상처가 있어야 하는 것이 아니고, 여기서의 생리적 기능에는 육체적 기능뿐만 아니라 정신적 기능도 포함되며, 강간행위로 인하여 피해자가 불안, 불면, 악몽, 자책감, 우울감정, 대인관계회피, 일상생활에 대한 무관심, 흥미상실 등의 증상을 보여 이로 인하여 6개월간의 치료를 요한다는 진단을 받았다면 이러한 증상은 강간을 당한 모든 피해자가 필연적으로 겪는 증상이라고 할 수 없으므로 성폭력범죄의 처벌 등에 관한 특례법 제8조 제1항이 정하는 상해를 입은 것이다. 따라서 외상 후 스트레스 증후군의 경우도 강간죄의 상해에 해당한다.

아동·청소년의 성보호에 관한 법률상의 아동·청소년(만 19세 미만)대상 성범죄로 유죄판결이 확정된 자 또는 공개명령이 확정된 자는 신상정보 등록대상자가 된다(아동·청소년의 성보호에 관한 법률 제33조 제1항).

검사와 사법경찰관은 성폭력범죄의 피의자가 죄를 범하였다고 믿을 만한 충분한 증거가 있고, 국민의 알권리 보장, 피의자의 재범방지 및 범죄예방 등 오로지 공공의 이익을 위하여 필요할 때에는 얼굴, 성명 및 나이 등 피의자의 신상에 관한 정보를 공개할 수 있다(성폭력범죄의 처벌 등에 관한 특례법 제23조[3] 제1항).

법원은 공개대상자에 대하여 판결로 공개정보를 등록기간 동안 정보통신망을 이용하여 공개하도록 하는 명령을 아동·청소년대상 성범죄 사건의 판결과 동시에 선고하여야 한다(아동·청소년의 성보호에 관한 법률 제38조 제1항).

그러나 위 사례에서 J는 만 17세로서 19세 미만의 청소년이므로 성폭력범죄의 처벌

3) 성폭력범죄의 처벌 등에 관한 특례법 제23조 (피의자의 얼굴 등 공개) ① 검사와 사법경찰관은 성폭력범죄의 피의자가 죄를 범하였다고 믿을 만한 충분한 증거가 있고, 국민의 알권리 보장, 피의자의 재범방지 및 범죄예방 등 오로지 공공의 이익을 위하여 필요할 때에는 얼굴, 성명 및 나이 등 피의자의 신상에 관한 정보를 공개할 수 있다. 다만, 피의자가 「청소년 보호법」 제2조 제1호의 청소년에 해당하는 경우에는 공개하지 아니한다. ② 제1항에 따라 공개를 할 때에는 피의자의 인권을 고려하여 신중하게 결정하고 이를 남용하여서는 아니 된다.

등에 관한 특례법 제23조 제1항 단서에 따라 얼굴, 성명 및 나이 등 피의자의 신상에 관한 정보를 공개할 수 없으며, 아동·청소년의 성보호에 관한 법률 제38조 제1항 단서 규정인 "피고인이 아동·청소년인 경우"에 해당하므로 신상정보 공개명령을 선고하지 않는다. 또한 J는 특정 범죄자에 대한 위치추적 전자장치 부착 등에 관한 법률 제4조에서 "만 19세 미만의 자에 대하여 부착명령을 선고한 때에는 19세에 이르기까지 이 법에 따른 전자장치를 부착할 수 없다."고 규정하고 있으므로 만 19세에 이르기까지는 위치추적 전자장치를 부착할 수 없다.

Ⅵ 사례의 종합정리

얼굴공개와 관련하여 성폭력범죄의 처벌 등에 관한 특례법에서는 "① 검사와 사법경찰관은 성폭력범죄의 피의자가 죄를 범하였다고 믿을 만한 충분한 증거가 있고, 국민의 알 권리 보장, 피의자의 재범 방지 및 범죄예방 등 오로지 공공의 이익을 위하여 필요할 때에는 얼굴, 성명 및 나이 등 피의자의 신상에 관한 정보를 공개할 수 있다. 다만, 피의자가 청소년보호법 제2조 제1호의 청소년에 해당하는 경우에는 공개하지 아니한다. ② 제1항에 따라 공개를 할 때에는 피의자의 인권을 고려하여 신중하게 결정하고 이를 남용하여서는 아니된다"라고 규정하고 있다.

성폭력범죄자의 신상정보 등록 및 공개와 관련하여 성폭력범죄의 처벌 등에 관한 특례법에서는 "등록대상 성폭력범죄로 유죄판결이 확정된 자 또는 공개명령이 확정된 자는 신상정보 등록대상자(아동·청소년의 성보호에 관한 법률 제33조에 따른 신상정보 등록대상자는 제외한다. 이하 "등록대상자"라 한다)가 된다. 법원은 등록대상 성폭력범죄로 판결을 선고할 경우에 등록대상자라는 사실과 신상정보 제출 의무가 있음을 등록대상자에게 알려 주어야 한다. 법원은 판결이 확정된 날부터 14일 이내에 고지사항을 서면으로 판결문 등본에 첨부하여 법무부장관에게 송달하여야 한다."라고 규정하고 있다.

제10장 | 학교폭력대책자치위원회 회의 비공개 및 회의록 공개의 문제와 녹음의 법적 문제

Ⅰ 사례를 통해서 알아볼 내용

학교폭력 대책 자치위원회의 운영과 비밀누설금지 의무의 내용과 범위 및 회의록 공개 및 자치위원회에 참석한 피해학생이나 가해학생의 보호자가 회의에서 의견진술을 하면서 녹음한 경우 그 녹음의 법적문제에 대해서 알아본다.

Ⅱ 사건의 개요

K도에 소재한 W고등학교 2학년에 재학 중인 여학생 A는 2학년에 올라온 2011년 3월 초순경부터 같은 반 친구인 B, C, D, E, F, G, H, I, J, K 등 10여명으로부터 특별한 이유 없이 교실이나 복도, 화장실 등에서 어깨를 툭툭 부딪치면서 "앞을 똑바로 보고 다녀라"는 폭언을 듣기도 하였고, 학교 내 매점에서 빵을 사오라거나 스타킹을 사오라고 강요받기도 하였다. A는 어쩔 수 없이 빵이나 스타킹을 사다주었으나 돈이 없을 때는 위와 같은 부탁을 거절하였고, 거절한 경우에는 화장실에 불려가 머리 등을 수차례 손바닥으로 맞기도 하였다.

2011년 5월경부터는 1주일에 2회 정도씩 B, C, D, E, F, G가 A의 부모님이 없는 시간에 A의 집으로 찾아와 음식을 먹기도 하고, 컴퓨터로 게임을 하면서 A의 돈으로 게임머니를 구입하도록 강요하기도 하였다.

한편 2011. 9월경부터는 B, C, D, E, F, G, H, I, J,

K 등 10여명이 A를 집단적으로 따돌리면서 매일 쉬는 시간 마다 찾아와 옆에 음식을 흘려놓고 주워 먹어보라고 이야기 하며, 방과 후에는 화장실이나 학교 근처 공터로 끌고 가 집단적으로 A를 샌드백처럼 때려서 코피가 나거나 멍이 들게 하였다. A가 얼굴에 멍이 들고 오는 등의 모습을 보이고, 집에서조차 불안해하는 태도를 보이자 A의 부모님은 A를 설득하여 그동안 학교 내에서 집단 따돌림을 당하고, 폭행을 당한 사실을 알고, 병원에서 상해진단서를 발급 받는 등 증거를 확보하여, 학교에 알리고 학교폭력대책자치위원회를 개최해 줄 것을 요청하여, W고등학교에서는 학교폭력 사안 조사를 한 후 학교폭력대책자치위원회를 개최하였다. W고등학교의 장은 자치위원 중에 자치위원회에 출석하겠다는 위원이 과반수를 넘을지 불투명해지자, 불출석하는 위원에게 모두 위임장을 받도록 하면서, 교장 자신도 학생지도의 경험이 많으므로 자치위원으로 출석하겠다는 의견을 자치위원장에게 통보하였다.

학교폭력대책자치위원회가 열릴 때 B와 B의 아버지도 자치위원회에 참석하여 의견을 진술하였고, 자치위원들과 대화를 하면서 대화 내용을 다른 자치위원들의 동의 없이 녹음을 하였다.

학교폭력대책자치위원회에서 B 등 가해학생에 대해서 조치를 결정하자, A의 보호자는 가해학생들에 대한 자치위원회의 조치내용이 너무 가벼운 조치이기 때문에 마음에 들지 않는다며 형사고소를 하였다.

학교장도 자치위원이 될 수 있는가?

자치위원들이 참석하기 곤란할 경우 실제로 참석하는 자치위원보다 위임장을 제출한 자치위원이 과반수를 넘을 경우에도 자치위원회에서 피해학생 및 가해학생에 대한 조치를 내릴 수 있는가?

B의 아버지가 자치위원회에서 다른 자치위원들과의 대화 내용을 몰래 녹음한 행위가 위법한 행위인가?

B의 아버지는 학교폭력대책자치위원회의 회의록의 공개를 요청할 수 있는가?

B의 보호자가 자치위원들과의 대화를 공개한다면, 학교폭력 예방 및 대책에 관한 법률상 비밀누설금지의 위반이 되는가?

Ⅲ 사건의 쟁점

학교장도 학교폭력대책자치위원회의 자치위원이 될 수 있는지 여부 및 자치위원들이 참석하기 곤란할 경우 실제로 참석하는 자치위원보다 위임장을 제출한 자치위원이 과반수를 넘을 경우에도 자치위원회에서 피해학생 및 가해학생에 대한 조치를 내릴 수 있는지 여부와 자치위원회에서 다른 자치위원들과의 대화 내용을 몰래 녹음한 행위가 위법한 행위인지 여부 및 피해학생이나 가해학생의 보호자가 학교폭력대책자치위원회의 회의록의 공개를 요청할 수 있는지 여부 및 피해학생의 보호자나 가해학생의 보호자가 자치위원들과의 대화를 녹음한 내용을 공개한다면, 학교폭력 예방 및 대책에 관한 법률상 비밀누설금지의 위반이 되는지 문제된다.

Ⅳ 사례 관련 내용의 이해

1. 개인이 타인간의 대화를 몰래 녹음한 테이프는 증거가 될 수 있는가?

개인이 타인간의 대화를 몰래 녹음한 테이프의 증거능력에 대해서 살펴보면 통신 및 대화비밀의 보호에 관하여 규정하고 있는 통신비밀보호법은 제3조 본문에서 "누구든지 이 법과 형사소송법 또는 군사법원법의 규정에 의하지 아니하고는 우편물의 검열·전기통신의 감청 또는 통신사실확인자료의 제공을 하거나 공개되지 아니한 타인간의 대화를 녹음 또는 청취하지 못한다."라고 규정하고 있고, 불법검열에 의한 우편물의 내용과 불법감청에 의한 전기통신내용의 증거사용금지에 관하여 같은 법 제4조는 "제3조의 규정에 위반하여, 불법검열에 의하여 취득한 우편물이나 그 내용 및 불법감청에 의하여 지득 또는 채록된 전기통신의 내용은 재판 또는 징계절차에서 증거로 사용할 수 없다"라고 규정하고 있다.

또한, 타인의 대화비밀 침해금지에 관하여 같은 법 제14조는 "① 누구든지 공개되지 아니한 타인간의 대화를 녹음하거나 전자장치 또는 기계적 수단을 이용하여 청취할 수 없다. ② 제4조 내지 제8조, 제9조 제1항 전단 및 제3항, 제9조의2, 제11조 제1항·제3항·

제4항 및 제12조의 규정은 제1항의 규정에 의한 녹음 또는 청취에 관하여 이를 적용한다."라고 규정하고 있다.

판례는 "녹음테이프 검증조서의 기재 중 피고인과 공소외인 간의 대화를 녹음한 부분은 공개되지 아니한 타인간의 대화를 녹음한 것이므로 통신비밀보호법 제14조 제2항 및 제4조의 규정에 의하여 그 증거능력이 없고, 피고인들 간의 전화통화를 녹음한 부분은 피고인의 동의 없이 불법감청 한 것이므로 위 법 제4조에 의하여 그 증거능력이 없다"라고 하였다(대법원 2001. 10. 9. 선고 2001도3106 판결).

자기와 제3자간 대화를 몰래 녹음한 테이프의 증거능력에 대해서 살펴보면, 사인이 자기와 피고인 아닌 자와의 대화내용을 상대방 몰래 녹음한 경우 그 녹음테이프 또는 상대방 몰래 비디오로 촬영·녹음한 경우, 그 비디오테이프 중 진술부분의 증거능력에 관하여 판례는 "수사기관이 아닌 사인이 피고인 아닌 사람과의 대화내용을 녹음한 녹음테이프는 형사소송법 제311조, 제312조 규정 이외의 피고인 아닌 자의 진술을 기재한 서류와 다를 바 없으므로, 피고인이 그 녹음테이프를 증거로 할 수 있음에 동의하지 아니하는 이상 그 증거능력을 부여하기 위해서는 첫째, 녹음테이프가 원본이거나 원본으로부터 복사한 사본일 경우(녹음디스크에 복사할 경우에도 동일함)에는 복사과정에서 편집되는 등의 인위적 개작 없이 원본의 내용 그대로 복사된 사본일 것,

둘째, 형사소송법 제313조 제1항에 따라 공판준비나 공판기일에서 원진술자의 진술에 의하여 그 녹음테이프에 녹음된 각자의 진술내용이 자신이 진술한 대로 녹음된 것이라는 점이 인정되어야 할 것이고, 사인이 피고인 아닌 사람과의 대화내용을 대화 상대방 몰래 녹음하였다고 하더라도 위와 같은 조건이 갖추어진 이상 그것만으로는 그 녹음테이프가 위법하게 수집된 증거로서 증거능력이 없다고 할 수 없으며, 사인이 피고인 아닌 사람과의 대화내용을 상대방 몰래 비디오로 촬영·녹음한 경우에도 그 비디오테이프의 진술부분에 대하여도 위와 마찬가지로 취급하여야 할 것이다"라고 하였다(대법원 1997. 3. 28. 선고 96도2417 판결, 1999. 3. 9. 선고 98도3169 판결).

따라서 사인이 자기와 피고인 아닌 자와의 대화내용을 몰래 녹음한 경우 그 녹음테이프에 증거능력이 인정되기 위해서는 피고인이 그 녹음테이프를 증거로 할 수 있음에 동의하거나, 녹음테이프가 원본이거나 인위적 개작없는 사본으로서 원진술자의 진술에 의

하여 자신이 진술한 대로 녹음된 것이라는 점이 인정되어야 할 것이다. 또한 형사소송에 있어서도 피고인이 범행 후 피해자에게 전화를 걸어오자 피해자가 증거를 수집하려고 그 전화내용을 녹음한 경우 그 녹음테이프가 피고인 모르게 녹음된 것이라 하여 이를 위법하게 수집된 증거라고 할 수 없다고 하였다(대법원 1997. 3. 28. 선고 97도240 판결).

진단서란 의사·치과의사 또는 한의사가 사람의 건강상태나 상병 등의 실정을 진단한 결과를 증명하기 위하여 작성하는 문서를 말한다. 의료법에 의하면 진찰하지 않고 진단서를 작성하는 것은 금지되어 있으며, 의사·치과의사·한의사는 진단서의 교부신청이 있는 때는 정당한 사유가 있는 경우에 한해서 교부해주어야 할 의무가 있다. 진료부는 업무의 통상 과정에서 작성된 문서로서 업무상의 신용 때문에 정확한 기재를 기대할 수 있고 기계적 기재로 인하여 허위기재의 우려가 없을 뿐 아니라, 작성자를 일일이 소환하는 것이 부정당하다는 점 때문에 형사소송법 제315조의 당연히 증거능력이 있는 서류에 해당하지만 의사의 진단서는 당연히 증거능력이 있는 문서에 해당하지는 않는다.

판례는 "상해사건 발생 직후 피해자를 진찰한 바 있는 의사의 진술 및 상해진단서를 발행한 의사의 진술이나 진단서는 가해자의 상해사실 자체에 대한 직접적인 증거가 되는 것은 아니고, 다른 증거에 의하여 상해의 가해행위가 인정되는 경우에 그에 대한 상해의 부위나 정도의 점에 대한 증거가 된다"고 판시하고 있다(대법원 1995. 9. 29. 선고 95도852 판결).

진단서의 경우 일반적으로 "수상일 또는 진단일로부터 3주간 또는 21일간 치료를 요함"이라는 내용으로 작성된다. 수상일이란 상해를 입은 날이란 의미이며, 진단일이란 의사가 상처에 대해서 진단한 날을 의미한다.

2. 학교의 장이 자치위원이 될 수 있는가?

각 급 학교의 장이 학교폭력 예방 및 청소년 보호에 지식과 경험을 가지고 있을지라도 학교폭력 예방 및 대책에 관한 법률에서 학교장을 자치위원회에서 제외한 목적은 자치위원회와 학교의 장을 엄격하게 분리하기 위한 것이므로 학교의 장은 어떠한 경우에도 자치위원회의 위원이 될 수 없다.

자치위원이 학교의 장을 수임인으로 하여 자치위원회에서 심의하거나 의결하도록 권한을 위임하는 것도 금지된다.

학교폭력 예방 및 대책에 관한 법률 및 동법 시행령에서는 위원의 자격요건을 규정하고 있을 뿐, 위원의 정수 및 구성 비율에 대해서는 규정하고 있지 않다. 자치위원 위촉권은 원칙적으로 학교의 장에게 맡겨져 있기 때문에 위원의 자격요건을 갖춘 사람 중에서 누구를 위촉할 것인가는 학교의 장의 재량이다.

그러나 학교와 지역사회가 유기적으로 협력하여 학교폭력 문제를 자율적으로 해결하고자 마련된 자치위원회제도의 취지를 살리기 위해서는 위원회의 중립성·객관성·전문성이 보장되어야만 하므로 가급적이면 자치위원회의 '학교외 전문가 위원'의 구성 비율을 높게 구성하는 것이 바람직하다.

3. 학교폭력대책자치위원회의 기능 및 구성

학교폭력 예방 및 대책에 관한 법률 제12조 제2항에 규정된 사항에 대해서는 자치위원회의 심의가 필수적이다. 만약 학교의 장이나 교사 등이 자치위원회의 심의를 거치지 않고 독자적으로 처리하거나, 자치위원회가 아닌 다른 기구의 심의를 거쳐 처리하는 것은 법률에 위배된다.

학교폭력 사건에 관한 조치는 반드시 자치위원회의 심의를 거쳐 이루어져야 하며, 당해학교의 교칙, 선도규정, 또는 학생생활지도 규정 등에 의거하여 선도위원회를 거쳐 결정이 이루어졌다고 하더라도 위법이다. 선도위원회와 자치위원회는 그 성격과 구성이 완전히 다르기 때문에 학교폭력사건을 자치위원회가 아닌 선도위원회에서 처리할 수 없다.

경미한 학교폭력 사안에서도 자치위원회를 소집하는 것이 타당하다. 학교폭력이 조직적 혹은 지속적으로 행해졌거나 피해사실이 중대한 경우가 아니라고 학교의 장이 판단하여 자치위원회의 소집을 요청하지 않는다면 사실상 자치위원회가 소집되지 않고 비공식적으로 사건을 처리하게 될 가능성이 있다.

처음에는 학교폭력이 심각한 사건이 아니며, 피해가 크지 않게 보이는 경우라고 하더라도 사건의 원인과 더 이상의 피해방지를 위하여 적절한 조치를 취하는 것이 중요하므로 학교폭력 사안이 심각하지 않다고 보이더라도 일단 자치위원회를 소집하여 적절한 조치를 심의하는 것이 바람직하다.

자치위원회는 학교폭력의 예방 및 대책 등을 위하여 ① 학교폭력의 예방 및 대책을 위한 학교의 체제 구축, ② 피해학생의 보호, ③ 가해학생에 대한 선도 및 징계, ④ 피해학생과 가해학생 간의 분쟁조정, ⑤ 학교폭력 문제를 담당하는 책임교사 또는 학생회의 대표가 건의하는 사항을 심의한다.

자치위원회는 위원장 1인을 포함하여 5인 이상 10인 이하의 위원으로 구성하며, ① 해당 학교의 교감, ② 해당 학교의 교사 중 학생생활지도의 경력이 있는 교사, ③ 법 제13조 제1항에 따라 선출된 학부모대표, ④ 판사·검사·변호사, ⑤ 해당 학교를 관할하는 경찰서 소속 경찰공무원, ⑥ 의사의 자격을 가진 사람, ⑦ 그 밖에 학교폭력 예방 및 청소년 보호에 대한 지식과 경험을 가진 사람 중에서 해당 학교의 장이 임명하거나 위촉한다.

자치위원회의 위원장은 위원 중에서 호선하며 위원장이 사고로 직무를 대행할 수 없을 때에는 위원장이 미리 지정하는 위원이 그 직무를 대행한다.

자치위원회의 위원의 임기는 2년으로 하되 연임할 수 있다. 다만, 자치위원회 위원의 사임 등으로 새로 위촉되는 위원의 임기는 전임위원 임기의 남은 기간으로 한다.

4. 자치위원회의 소집

자치위원회의 위원장은 ① 자치위원회 재적위원 4분의 1 이상이 요청하는 경우, ② 학교의 장이 요청하는 경우, ③ 피해학생 또는 그 보호자가 요청하는 경우, ④ 학교폭력이 발생한 사실을 신고 받거나 보고받은 경우, ⑤ 그 밖에 위원장이 필요하다고 인정하는 경우에 회의를 소집하여야 한다.

자치위원회가 소집되면 우선적으로 당해 사안에 관한 조사에 착수하여야 한다. 학교폭력 사건의 처리과정에 있어서 초기 단계에서 중요한 것은 '사건의 진실'을 밝히는 것이다. 학교폭력 사건의 정확한 진실이 밝혀지고 잘잘못이 가려져야만 피해·가해학생에 대한 적절한 조치, 공정한 중재가 가능하다.

학교폭력사안에 대한 조사책임은 원칙적으로 자치위원회에 있지만, 직접적인 조사는 자치위원회의 지시를 받아 학교폭력책임교사가 담당하는 것이 일반적이다. 학교폭력책임교사는 피해·가해학생의 담임교사 및 전문상담교사 등의 협조를 얻어 사안의 진상을 조사하고 증인 및 물증을 확보하고, 학교폭력책임교사는 조사된 내용을 수시로 정리하여 자치위원회에 보고하고 필요한 지시를 받아야 한다.

피해학생 또는 피해학생의 보호자가 피해사실 확인을 위해전담기구에 조사를 요구한 경우 이러한 전담기구의 조사 결과를 사용할 수 있다. 또한 전담기구의 조사와는 별도로 자치위원회의 조사를 진행할 수 있다.

5. 학교폭력자치위원회를 소집과 자치위원의 위임장

자치위원회의 개의 정족수를 위임장으로 대체가 가능한지가 문제된다. 학교폭력대책자치위원회 구성에서 외부위원의 위촉은 학교 구성원만으로 학교폭력대책자치위원회를 개최할 경우 부족할 수 있는 객관성을 확보하고자 하는 조치이다.

학교폭력대책자치위원회 외부위원의 경우, 매번 참석하기 힘들어 부득이 참석이 불가능할 경우에만 제한적으로 위임장을 출석으로 갈음할 수 있다. 그러나 외부위원이 아닌 경우에는 위임장만으로 출석을 인정할 수 없다고 할 것이다. 따라서 모든 위원의 위임장으로 회의 개의 정족수를 충족할 수 없다고 보아야 할 것이다.

학교폭력 사안의 심의·의결은 위원장이 결정하는 것이 아니라 출석한 위원들이 하는 것이다. 따라서 위임장이 아닌 출석위원 과반수가 실제로 출석한 후 심의하는 것이 법의 취지와 법적용의 객관성을 확보할 수 있다고 볼 수 있다.

외부위원에 대한 위임장의 인정 부분은 학교폭력자치위원회 개의의 융통성을 부여한 것이지 위임장이 학교폭력 사안의 심의, 의결 권한까지 인정한 것은 아니라고 할 것이다. 따라서 해당 학교에서 5명의 위임장을 출석으로 인정하여 학교폭력 사안을 심의, 의결하였다면 자치위원회 개의 정족수와 의결 정족수를 충족하였다고 볼 수 없을 것이다. 따라서 개의 정족수와 의결정족수를 충족하지 못한 자치위원회에서 피해학생에 대한 조치나 가해학생에 대한 조치를 의결할 수 없다고 보아야 할 것이다.

6. 회의록 작성과 보존

자치위원회는 회의의 일시, 장소, 출석위원, 토의내용 및 의결사항 등이 기록된 회의록을 작성·보존하여야 한다. 자치위원회 회의록은 단순히 학교폭력 예방 및 대책관련 심의내용을 기록한 것뿐 아니라 분쟁조정 심의내용을 기록한 것까지를 모두 포함된다. 즉 자치위원회 회의록은 자치위원회 회의에서 작성된 모든 서류를 말한다. 회의에 참석한 위원들은 회의록이 작성된 후 그 내용을 확인하여야 하고 문제가 없는 경우 각자 회의록에 기명·날인하여야 한다. 만약 사실과 다른 기재가 있거나 누락된 사항이 있는 경우 위원들이 수정 및 삭제나 추가 기재를 요구할 수 있다.

7. 비밀누설금지와 회의 비공개와 회의록 공개

학교폭력사건을 해결함에 있어서 자치위원이나 교원 등은 업무수행과정에서 피해학생 및 가해학생에 대한 많은 개인적인 정보를 얻게 된다. 학교폭력 예방 및 대책에 관한 법률은 학교폭력과 관련된 학생들의 사생활과 명예를 보호함으로써 가급적 그들이 정상적인 학교생활을 유지할 수 있도록 하기 위하여, 비밀누설금지 의무와 회의비공개원칙을 규정하고 있다. 즉 피해학생에 대한 보호조치, 가해학생에 대한 선도 및 징계조치, 분쟁조정을 위한 자치위원회의 회의는 공개하지 않는다.

학교폭력 예방 및 대책에 관한 법률에서는 학교폭력의 예방 및 대책과 관련된 업무를 수행하거나 수행하였던 사람은 그 직무로 인하여 알게 된 비밀 또는 가해학생·피해학생과 관련된 자료를 누설하지 않도록 하고 있으며, 비밀의 범위에 대해서는 동법 시행령에서 ① 학교폭력 가해학생과 피해학생 개인 및 가족의 성명, 주민등록번호 및 주소 등 개인정보에 관한 사항, ② 학교폭력 가해학생과 피해학생에 대한 심의·의결과 관련된 개인별 발언내용, ③ 그 밖에 외부로 누설될 경우 분쟁당사자 간에 논란을 일으킬 우려가 명백한 사항을 규정하고 있다.

비밀누설 금지 의무는 현직 자치위원회 위원은 물론 전직 자치위원회 위원도 이에 해당된다. 또한 자치위원회 위원이 아니더라도 자치위원회 서기나 전문상담교사, 교육감 등 학교폭력 예방 및 대책에 관한 법률의 규정에 의하여 학교폭력 업무를 수행하거나 수행하였던 사람 역시 비밀유지의 의무가 있다.

회의록은 피해학생·가해학생 또는 그 보호자가 회의록의 열람·복사 등 회의록 공개를 신청한 때에는 학생과 그 가족의 성명, 주민등록번호 및 주소, 위원의 성명 등 개인정보에 관한 사항을 제외하고 공개하여야 한다.

자치위원회 회의록을 공개하는 경우에도 ① 자치위원회 위원의 징계·보호조치 관련 개별 발언, ② 당사자와 분쟁이 발생 가능성이 있는 부분, ③ 가해학생에 대해 강력한 징계를 주장한 위원의 발언, ④ 피해학생 및 목격한 학생의 진술은 비공개로 하여야 할 것이다.

비밀이란 특정인 또는 일정한 범위의 사람에게만 알려져 있는 사실로서 타인에게 알려지지 아니하는 데 본인에게 이익이 있는 사실을 말한다. 이미 그 사실을 알고 있는 사람이 다수 존재한다고 하더라도 아직 모르는 사람에게 누설하는 행위는 비밀을 누설한 것이 된다.

누설이란 비밀에 속하는 사실을 이를 모르는 사람에게 알게 하는 것을 말하며, 그 방법에는 제한이 없으므로 직접 면전에서 구두로 고지하거나, 서류를 열람시키거나 모두 누설에 해당한다. 비밀누설금지 의무를 위반한 경우에는 300만 원 이하의 벌금에 처해진다.

Ⅴ 사건의 결말

B 등이 A의 어깨를 툭툭 치고 간 행위는 폭행죄에 해당한다. 또한 빵셔틀은 중·고등학교에서 힘센 학생들의 강요에 의해 빵이나 담배, 스타킹 등을 대신 사다주는 행위나, 그 행위를 하는 사람을 뜻하는 신조어로, 학교폭력의 유형 중 강요에 해당하며 폭행 또는 협박으로 사람의 권리행사를 방해하거나 의무 없는 일을 하게 함으로써 성립하는 범죄이므로 형법상 강요죄(형법 제324조)에 해당하며, 그 미수범도 처벌한다.

학교장은 자치위원이 될 수 없다. 자치위원들이 참석하기 곤란할 경우 실제로 참석하는 자치위원보다 위임장을 제출한 자치위원이 과반수를 넘을 경우에도 자치위원회에서 피해학생 및 가해학생에 대한 조치를 내리는 것은 사실상 의사 정족수 요건이나 의결정족수 요건을 침탈하는 것이므로 자치위원회 개최요건 자체를 충족시킨 것이라고 볼 수 없으므로 이러한 자치위원회에서 피해학생 및 가해학생에 대한 조치를 내릴 수 없다고 보아야 할 것이다.

B의 아버지가 학교폭력대책자치위원회에 참석하여 의견을 진술하고 자치위원들과 대화한 내용을 자치위원들 몰래 녹음하였다고 하더라도 형사상 처벌되지 않는다. 또한 학교폭력 예방 및 대책에 관한 법률 제21조의 비밀누설금지에 위반되었는지를 살펴보면 동법 제21조 제1항은 "이 법에 따라 학교폭력의 예방 및 대책과 관련된 업무를 수행하거나 수행하였던 자는 그 직무로 인하여 알게 된 비밀 또는 가해학생·피해학생과 관련된

자료를 누설하여서는 아니된다."라고 규정되어 있다.

그런데 B의 아버지가 자치위원들과의 대화를 공개하였다고 하더라도 학교폭력대책자치위원회에서 가해학생의 보호자로서 참석하여 의견을 진술하고 자치위원과 대화한 것에 불과한 B의 아버지가 자치위원들의 발언 내용 등을 알게 되었다고 하더라도 직무로 인하여 알게 되었다고 보기는 어려우므로 학교폭력 예방 및 대책에 관한 법률 제21조의 비밀을 누설했다고 보기도 어려울 것이다.

그러나 자치위원회에서의 대화내용을 근거로 공연히 사실 또는 허위의 사실을 적시하여 자치위원이나 피해학생의 명예를 훼손하는 경우에는 명예훼손죄가 성립될 가능성은 있다.

Ⅵ 사례의 종합정리

자치위원회는 회의의 일시, 장소, 출석위원, 토의내용 및 의결사항 등이 기록된 회의록을 작성·보존하여야 한다. 자치위원회 회의록은 단순히 학교폭력 예방 및 대책관련 심의내용을 기록한 것뿐 아니라 분쟁조정 심의내용을 기록한 것까지를 모두 포함된다.

학교폭력사안에 대한 조사책임은 원칙적으로 자치위원회에 있지만, 직접적인 조사는 자치위원회의 지시를 받아 학교폭력책임교사가 담당하는 것이 일반적이다. 학교폭력책임교사는 피해·가해학생의 담임교사 및 전문상담교사 등의 협조를 얻어 사안의 진상을 조사하고 증인 및 물증을 확보하고, 학교폭력책임교사는 조사된 내용을 수시로 정리하여 자치위원회에 보고하고 필요한 지시를 받아야 한다.

학교폭력사건을 해결함에 있어서 자치위원이나 교원 등은 업무수행과정에서 피해학생 및 가해학생에 대한 많은 개인적인 정보를 얻게 된다. 학교폭력 예방 및 대책에 관한 법률은 학교폭력과 관련된 학생들의 사생활과 명예를 보호함으로써 가급적 그들이 정상적인 학교생활을 유지할 수 있도록 하기 위하여, 비밀누

설금지 의무와 회의비공개원칙을 규정하고 있다.

Ⅶ 사례 관련 판례정리

공모공동정범 관련 판례정리

(1) 공모공동정범의 공모자들에게 공모한 범행 외에 부수적으로 파생된 범죄에 대하여도 암묵적 공모와 기능적 행위지배가 있다고 인정하기 위한 판단 기준

공모공동정범의 경우, 범죄의 수단과 태양, 가담하는 인원과 그 성향, 범행 시간과 장소의 특성, 범행과정에서 타인과의 접촉가능성과 예상되는 반응 등 제반 상황에 비추어, 공모자들이 그 공모한 범행을 수행하거나 목적 달성을 위해 나아가는 도중에 부수적인 다른 범죄가 파생되리라고 예상하거나 충분히 예상할 수 있는데도 그러한 가능성을 외면한 채 이를 방지하기에 족한 합리적인 조치를 취하지 아니하고 공모한 범행에 나아갔다가 결국 그와 같이 예상되던 범행들이 발생하였다면, 비록 그 파생적인 범행 하나하나에 대하여 개별적인 의사의 연락이 없었다고 하더라도 당초의 공모자들 사이에 그 범행 전부에 대하여 암묵적인 공모는 물론 그에 대한 기능적 행위지배가 존재한다고 보아야 한다.[1]

(2) 피고인이 노조원들의 폭행, 상해, 특수공무집행방해치상 등 범행들에 대하여 구체적으로 모의하거나 이를 직접 분담·실행한 바 없었더라도, 위 각 범행에 대하여 암묵적인 공모는 물론 본질적 기여를 통한 기능적 행위지배가 있었다고 보아 그 공동정범으로 의율한 원심판단을 수긍한 사례

피고인이 노조원들의 폭행, 상해, 특수공무집행방해치상 등 범행들에 대하여 구체적으로 모의하거나 이를 직접 분담·실행한 바 없었더라도, 피고인이 파업투쟁에 가담하게 된 경위, 위 파업투쟁 및 폭력사태의 경위와 진행 과정, 그 과정에서 피고인의 지위 및 역할, 피고인이 작성한 문건의 내용 및 성격 등을 종합할 때, 위 각 범행에 대하여 암묵적인 공모는 물론 본질적 기여를 통한 기능적 행위지배가 있었다고 보아 그 공동정범으로 의율한 원심판단을 수긍한 사례 [2]

(3) 공모에 주도적으로 참여한 공모자가 공모관계에서 이탈하여 공동정범으로서 책임을 지지 않기 위한 요건

공모공동정범에 있어서 공모자 중의 1인이 다른 공모자가 실행행위에 이르기 전에 그 공모관계에서 이탈한 때에는 그 이후의 다른 공모자의 행위에 관하여는 공동정범으로서의 책임은 지지 않는다 할 것이나, 공모관계에서의 이탈은 공모자가 공모에 의하여 담당한 기능적 행위지배를 해소하는 것이 필요하므로 공모자가 공모에 주도적으로 참여하여 다른 공모자의 실행에 영향을 미친 때에는 범행을 저지하기 위하여 적극적으로 노력하는 등 실행에 미친 영향력을 제거하지 아니하

1) 대법원 2011.1.27. 선고 2010도11030 판결.
2) 대법원 2010.12.23. 선고 2010도7412 판결.

는 한 공모자가 구속되었다는 등의 사유만으로 공모관계에서 이탈하였다고 할 수 없다.[3)]

(4) 공동정범의 주관적 요건인 공동가공의 의사

형법 제30조 소정의 공동정범은 2인 이상이 공동하여 죄를 범하는 것으로서 행위자의 공동가공의 의사를 그 주관적 요건으로 하는 것이나, 그 공동가공의 의사는 상호간에 특정한 범죄행위를 하기 위하여 일체가 되어 자기의 의사를 실행에 옮기려는 공동가공의 인식이 있으면 되는 것이고, 암묵리에 서로 의사가 상통하여도 되는 것이며, 사전에 반드시 어떠한 모의과정이 있어야 하는 것은 아니다.[4)]

(5) 피고인에게 다른 일행의 강간 범행에 공동으로 가공할 의사가 있었다고 볼 수 없다고 한 사례

피해자 일행을 한 사람씩 나누어 강간하자는 피고인 일행의 제의에 아무런 대답도 하지 않고 따라다니다가 자신의 강간 상대방으로 남겨진 공소외인에게 일체의 신체적 접촉도 시도하지 않은 채 다른 일행이 인근 숲 속에서 강간을 마칠 때까지 공소외인과 함께 이야기만 나눈 경우, 피고인에게 다른 일행의 강간 범행에 공동으로 가공할 의사가 있었다고 볼 수 없다.[5)]

(6) 합동범에 있어서 공모나 모의에 대한 입증의 정도

형법 제334조 제2항 소정의 합동범에 있어서의 공모나 모의는 반드시 사전에 이루어진 것만을 필요로 하는 것이 아니고, 범행현장에서 암묵리에 의사상통하는 것도 포함되나, 이와 같은 공모나 모의는 그 '범죄될 사실'이라 할 것이므로 이를 인정하기 위하여는 엄격한 증명에 의하지 않으면 안된다.[6)]

(7) 결과적 가중범인 상해치사죄의 공동정범의 성립에 결과를 공동으로 할 의사가 필요한지 여부(소극) 및 수인이 상해의 범의로 범행 중 한 사람이 중한 상해를 가하여 피해자가 사망에 이르게 된 경우, 나머지 사람들도 상해치사의 죄책을 지는지 여부(한정 적극)

결과적 가중범인 상해치사죄의 공동정범은 폭행 기타의 신체침해 행위를 공동으로 할 의사가 있으면 성립되고 결과를 공동으로 할 의사는 필요 없으며, 여러 사람이 상해의 범의로 범행 중 한 사람이 중한 상해를 가하여 피해자가 사망에 이르게 된 경우 나머지 사람들은 사망의 결과를 예견할 수 없는 때가 아닌 한 상해치사의 죄책을 면할 수 없다.[7)]

(8) 공모공동정범의 성립요건

2인 이상이 범죄에 공동 가공하는 공범관계에서 공모는 법률상 어떤 정형을 요구하는 것이 아니고 2인 이상이 공모하여 어느 범죄에 공동가공하여 그 범죄를 실현하려는 의사의 결합만 있으면 되는 것으로서, 비록 전체의 모의과정이 없었다고 하더라도 수인 사이에 순차적으로 또는 암묵적으로 상통하여 그 의사의 결합이 이루어지면 공모관계가 성립하고, 이러한 공모가 이루어진 이상 실행행위에 직접 관여하지 아니한 자라도 다른 공모자의 행위에 대하여 공동정범으로서의 형사

3) 대법원 2010.9.9. 선고 2010도6924 판결.
4) 대법원 2004.10.28. 선고 2004도4437 판결.
5) 대법원 2003.3.28. 선고 2002도7477 판결.
6) 대법원 2001.12.11. 선고 2001도4013 판결.
7) 대법원 2000.5.12. 선고 2000도745 판결.

책임을 지는 것이다.[8)]

(9) 공모공동정범에 있어서 공범관계의 성립요건

2인 이상이 공모하여 범죄에 공동 가공하는 공범관계에 있어서 공모는 법률상 어떤 정형을 요구하는 것이 아니고 공범자 상호간에 직접 또는 간접으로 범죄의 공동실행에 관한 암묵적인 의사연락이 있으면 족한 것으로 비록 전체의 모의과정이 없었다고 하더라도 수인 사이에 의사의 결합이 있으면 공동정범이 성립되는 것이므로, 공범자가 공갈행위의 실행에 착수한 후 그 범행을 인식하면서 그와 공동의 범의를 가지고 그 후의 공갈행위를 계속하여 재물의 교부나 재산상 이익의 취득에 이른 때에는 공갈죄의 공동정범이 성립한다.[9)]

(10) 폭력행위등처벌에관한법률 제2조 제2항의 '2인 이상이 공동하여 폭행의 죄를 범한 때'의 의미

폭력행위등처벌에관한법률 제2조 제2항의 '2인 이상이 공동하여 폭행의 죄를 범한 때'라고 함은 그 수인 간에 소위 공범관계가 존재하는 것을 요건으로 하고, 또 수인이 동일 장소에서 동일 기회에 상호 다른 자의 범행을 인식하고 이를 이용하여 범행을 한 경우임을 요한다.[10)]

(11) 폭행의 공범으로 공소제기된 1인의 폭행을 다른 1인이 만류한 경우 폭력행위등처벌에관한법률 제2조 제2항의 죄에 해당하지 않는다고 본 사례

폭력행위등처벌에관한법률 제2조 제2항의 '2인 이상이 공동하여 폭행의 죄를 범한 때'라고 함은 그 수인 간에 소위 공범관계가 존재하는 것을 요건으로 하고, 또 수인이 동일 장소에서 동일 기회에 상호 다른 자의 범행을 인식하고 이를 이용하여 범행을 한 경우임을 요한다 할 것이므로, 이 사건에 있어서와 같이 피고인 2는 피고인 1이 피해자와 상호 다투면서 폭행을 하는 것을 만류한 것이라면, 피고인 1은 피고인 2와 공동하여 피해자를 폭행하였다고 할 수 없다 할 것이다.[11)]

(12) 합동범의 성립요건

합동범이 성립하기 위하여는 주관적 요건으로서의 공모와 객관적 요건으로서의 실행행위의 분담이 있어야 하고, 그 실행행위에 있어서는 시간적으로나 장소적으로 합동관계가 있다고 볼 수 있어야 하는데, 이는 현장적 공동정범에 대한 가중유형인 만큼 정범과 공범의 구별기준에 따른 정범의 요건을 갖추어야 할 것이므로, 적어도 공동의 결의 아래 각자가 역할분담에 의하여 전체 계획의 수행에 필요 불가결한 부분을 분업적으로 공동수행하는 관계에 있을 것이 요구된다.[12)]

(13) 특정범죄가중처벌등에관한법률위반(특수강간등)죄로 공소제기된 것을 강간치상죄 및 강간치상 방조죄로 인정한 사례

헬스클럽 사장의 지시에 따라 그 종업원이 승용차를 대기시켜 놓고 있다가 사장이 피해자를 승용차에 강제로 태울 때 뒷문을 열어 주고, 사장이 피해자를 강간하려는 정을 알면서도 한적한

8) 대법원 1999.4.23. 선고 99도636 판결.
9) 대법원 1997.2.14. 선고 96도1959 판결.
10) 대법원 1996.2.23. 선고 95도1642 판결.
11) 대법원 1996.2.23. 선고 95도1642 판결.
12) 부산고법 1994.4.20. 선고 94노39 판결.

곳까지 승용차를 운전하여 가 주차시킨 후, 자리를 비켜줌으로써 그 사이 사장이 피해자를 차안에서 강간하여 치상케 한 경우, 사장이 피해자를 강간하기까지의 과정에서 종업원이 취한 일련의 행위는 사장의 강간행위에 공동가공할 의사로 그 실행행위를 분담한 합동범의 그것이라기보다는 사장의 범행의도를 인식하고도 그 지시에 그대로 따름으로써 결과적으로 이를 도와준 방조행위에 그친다고 봄이 상당하다.13)

(14) 상해치사에 있어서 공동정범의 주관적 성립요건

결과적 가중범인 상해치사의 공동정범은 폭행 기타의 신체침해행위를 공동으로 할 의사가 있으면 성립되고, 결과를 공동으로 할 의사는 필요 없다.14)

(15) 상해의 공모자 중 일부가 피해자를 상해하여 사망케 한 경우, 실행행위에 관여하지 아니한 공모자가 상해치사범죄의 공동정범에 해당하는지 여부(적극)

공동정범의 주관적 요건인 공모는 공범자 상호간에 범죄의 공동실행에 관한 의사의 결합만 있으면 족하고, 이와 같은 공모가 이루어진 이상 실행행위에 관여하지 않더라도 다른 공범자의 행위에 대하여 형사책임을 지는 것인바, 피고인이 여러 공범들과 피해자를 상해하기로 공모하고, 피고인 등은 상피고인의 사무실에서 대기하고, 실행행위를 분담한 공모자 일부가 사건현장에 가서 위 피해자를 상해하여 사망케 하였다면 피고인은 상해치사범죄의 공동정범에 해당한다.15)

(16) 폭행의 실행범과의 공모사실은 인정되나 그와 공동하여 범행에 가담하였거나 범행장소에 있었다고 인정되지 아니하는 경우 폭력행위등처벌에관한법률 제2조 제2항의 "공동하여" 죄를 범한 때에 해당하는지 여부(소극)

폭력행위등처벌에관한법률 제2조 제2항의 "2인 이상이 공동하여 전항 게기의 죄를 범한 때"라고 함은 그 수인간에 소위 공범관계가 존재하는 것을 요건으로 하는 것이고 수인이 동일 장소에서 동일 기회에 상호 다른 자의 범행을 인식하고 이를 이용하여 범행을 한 경우임을 요한다고 할 것이므로 폭행의 실행범과의 공모사실은 인정되나 그와 공동하여 범행에 가담하였거나 범행장소에 있었다고 인정되지 아니하는 경우에는 "공동하여" 죄를 범한 때에 해당하지 아니한다.16)

(17) 다른 사람의 폭언에 막연히 동조한 행위가 폭력행위등처벌에관한법률 제2조 제2항 소정의 "공동하여"에 해당하는지 여부

위와 같은 폭언에 대하여 "그럴 수 있다"라고 막연히 동조한 행위를 두고 협박행위를 인식하고 이를 이용하여 공동으로 해악을 고지하였다고는 보기 어렵다.17)

(18) 공동정범의 성립과 사전모의의 요부

공동정범은 2인 이상이 공동하여 죄를 범하는 것으로 공동가공의 의사를 그 주관적 요건으로 하며 이 공동가공의 의사는 상호적임을 요하나 이는 상호 공동가공의 인식이 있으면 족하고

---

13) 부산고법 1994.4.20. 선고 94노39 판결.
14) 대법원 1993.8.24. 선고 93도1674 판결.
15) 대법원 1991.10.11. 선고 91도1755 판결.
16) 대법원 1990.10.30. 선고 90도2022 판결.
17) 전주지법 정주지원 1987.5.6. 선고 86고단221 판결.

사전에 어떤 모의 과정이 있어야 하는 것은 아니다.[18)]

(19) 행위자 일방의 가공의사와 공동정범의 성부

공동정범은 행위자 상호간에 범죄행위를 공동으로 한다는 공동가공의 의사를 가지고 범죄를 공동실행하는 경우에 성립하는 것으로서, 여기에서의 공동가공의 의사는 공동행위자 상호간에 있어야 하며 행위자 일방의 가공의사만으로는 공동정범관계가 성립할 수 없다.[19)]

(20) 공범이 강간하는 동안 피해자의 입을 손으로 틀어막고 얼굴을 때린 자의 죄책 (=강간죄의 공동정범)

피고인과 공소외(갑)이 공모하여 (갑)이 피해자를 강간하고 있는 동안 동 피해자가 반항하지 못하도록 그의 입을 손으로 틀어막고 주먹으로 얼굴을 2회 때렸다면 피고인은 강간죄의 공동정범의 죄책을 면할 수 없다.[20)]

(21) 범죄실행에 직접 가담하지 않은 강간공모자와 강간치상죄의 공동정범의 죄책

공동정범의 경우에 공모자 전원이 일정한 일시, 장소에 집합하여 모의하지 아니하고 공범자중 수인을 통하여 범의의 연락이 있고 그 범의내용에 대하여 포괄적 또는 개별적인 의사연락이나 그 인식이 있었다면 그들 전원이 공모관계에 있다 할 것이고, 이와 같이 공모한 후 공범자중의 1인이 설사 범죄실행에 직접 가담하지 아니하였다 하더라도 다른 공모자가 분담실행한 공모자가 실행한 행위에 대하여 공동정범의 책임이 있다 할 것이며, 공범자중 수인이 강간의 기회에 상해의 결과를 야기하였다면 다른 공범자가 그 결과의 인식이 없었더라도 강간치상죄의 책임이 없다고 할 수 없다.[21)]

18) 대법원 1985.12.10. 선고 85도1892 판결.
19) 대법원 1985.5.14. 선고 84도2118 판결.
20) 대법원 1984.6.12. 선고 84도780 판결.
21) 대법원 1984.2.14. 선고 83도3120 판결.

제5편

학교폭력 관련 Q&A

학교폭력 관련 Q & A

1. 학교폭력 예방 및 대책에 관한 법률의 적용 범위

Q 학교폭력 예방 및 대책에 관한 법률이 "학생간에 발생한 …"에서 "학생을 대상으로 발생한 …"으로 개정되었는데 피해자가 학생인 경우 가해자가 학생이 아니더라도 모두 학교폭력 예방 및 대책에 관한 법률이 적용되나요?

A 개정전 법률에서는 학생 간에 발생한 행위만을 학교폭력으로 규정하고 있었으나 2012. 03. 21. 법률 제11388호 일부 개정된 학교폭력예방 및 대책에 관한 법률에서는 학생을 대상으로 발생한 행위로 규정하고 있다. 개정이유를 살펴보면 기존 학교폭력의 범위를 '학생 간에 발생한' 사건에서 '학생을 대상으로 발생한' 사건으로 확대하여 학교 밖 청소년 등에 의한 학교폭력도 이 법에 따라 지원을 받을 수 있게 한 것으로 되어 있다.
즉 기존의 학교폭력의 범위를 '학생 간에 발생한' 사건에서 '학생을 대상으로 발생한' 사건으로 확대하여 학교 밖 청소년(퇴학생, 자퇴생) 등에 의한 학교폭력도 학교폭력 예방 및 대책에 관한 법률에 따라 피해학생의 치료비 등을 지원 받을 수 있도록 부담을 완화하기 위한 것이므로, 학교 내외에서 성인이 학생을 대상으로 폭력을 행사한 경우이거나, 학교폭력 사건 피해학생의 보호자가 가해학생을 찾아가 때리거나, 가정폭력의 피해자나 교사가 학생을 체벌한 경우나 학생이 교사를 폭행한 경우에는 학교폭력 예방 및 대책에 관한 법률이 적용되지 않는다.

2. 서로 싸우다가 다친 경우 가해자와 피해자의 구별

Q 서로 싸우다가 다친 경우 누가 가해자이고, 누가 피해자인가요? 어떤 조치를 내려야 하나요?

A 서로 싸우다가 어느 한 학생이 더 많이 다치고, 다른 학생은 조금 덜 다친 경우라면 싸움을 한 두 학생 모두 가해학생이자 피해학생이 된다. 가해학생과 피해학생에 대해서 어떠한 조치를 취할 것인가는 학교폭력대책자치위원회에서 의결한다. 이때 가해학생에게 반드시 학교폭력 예방 및 대책에 관한 법률 제17조(가해학생에 대한 조치) 제1항의 조치를 취해야 하는 것은 아니며 학교폭력 사안 조사결과 가해학생에게 선도·교육을 취해야 할 필요성이 있다고 인정하는 때에는 동법 제17조 제1항의 조치를 취하는 것이다.

3. 학교폭력과 형사처벌 규정

Q 따돌림·집단 따돌림·사이버 따돌림 등의 행위 그 자체만으로는 형사처벌을 할 수 있나요?

A 따돌림·집단 따돌림·사이버 따돌림의 경우 형법이나 특별형법상 처벌규정이 없는 없으며, 따돌림·집단 따돌림·사이버 따돌림을 하는 방법으로 명예훼손이나 모욕, 공갈, 협박 등의 행위를 할 경우에는 그 수단으로 사용한 명예훼손이나 모욕, 공갈, 협박 등의 행위에 대해서 처벌을 할 수 있다.

4. 형사처벌 규정이 없는 학교폭력의 경우 손해배상청구

Q 따돌림·집단 따돌림·사이버 따돌림 행위에 대해서도 손해배상을 청구할 수 있나요?

A 따돌림·집단 따돌림·사이버 따돌림 행위로 인하여 피해학생이 진료를 받거나 손해가 발생한 경우에는 치료비 및 위자료 등에 대하여 민사상 손해배상 청구를 할 수 있다.

5. 상해의 의미

Q 머리카락이나 음모를 자르는 것도 상해인가요?

A 상해란 생리적 기능의 훼손, 즉 건강침해로서 육체적·정신적 병적 상태의 야기와 증가를 의미한다. 신체상처(예 : 피하출혈, 종창, 찰과상, 처녀막파열), 일부박리(예 : 치아탈락), 성병전염(예 : 성병감염), 기능장애(보행불능, 수면장애, 식욕감퇴, 일시적이 아닌 인사불성) 등이 포함된다. 그러나 모발이나 음모를 자르는 행위는 폭행죄에 해당할 수는 있어도 신체의 생리적 기능을 훼손하는 것이 아니므로 상해에 해당하지는 않는다.

6. 상해의 동시범의 특례

Q 상해의 동시범의 특례란 어떤 규정인가요?

A 형법 제263조에서는 "독립행위가 경합하여 상해의 결과를 발생하게 한 경우에 있어서 원인된 행위가 판명되지 아니한 때에는 공동정범의 예에 의한다."라고 규정되어 있다. 즉 상해의 동시범에 있어서는 원인행위가 판명되지 아니한 때에도 의사연락이 있었던 것과 같이 공동정범으로 처벌한다는 특례규정이다. 이 규정의 적용요건으로는 ① 2인 이상의 행위가 서로 의사연락 없이 동시 또는 이시에 동일객체에 대하여 행해져야 하며, ② 상해의 결과는 상해행위에 의한 것이건 폭행행위에 의한 것이건 불문하며, ③ 누구의 행위가 원인이 되어 상해의 결과가 발생하였는지 원인관계의 증명이 불가능하여야 한다.

7. 가해행위를 한 것 자체가 불분명한 경우 상해죄의 동시범의 규정 적용여부

Q 가해행위를 한 것 자체가 불분명한 사람도 상해죄의 동시범의 규정이 적용되나요?

A 상해죄에 있어서의 동시범은 두 사람 이상이 가해행위를 하여 상해의 결과를 가져올 경우에 그 상해가 어느 사람의 가해행위로 인한 것인지가 분명치 않다면 가해자 모두를 공동정범으로 본다는 것이므로 가해행위를 한 것 자체가 분명치 않은 사람에 대하여는 동시범으로 다스릴 수 없다는 것이 판례의 입장이다.

8. 수면장애나 식욕감퇴와 상해

Q 폭행에 의하여 수면장애나 식욕감퇴의 경우에도 상해에 해당되나요?

A 타인의 신체에 폭행을 가하여 보행불능 수면장애 식욕감퇴 등 기능의 장해를 일으킨 때에는 형법상 상해를 입힌 경우에 해당한다고 보는 것이 판례의 입장이다.

9. 교사의 체벌과 상해

Q 교사가 징계를 하기 위하여 지휘봉이나 신체를 사용하여 학생에게 상해를 입힌 경우에도 징계권행사로서 정당행위가 되어 처벌받지 않나요?

A 교사가 초등학교 5학년생을 징계하기 위하여 양손으로 교탁을 잡게 하고 길이 50cm, 직경 3cm 가량 되는 나무 지휘봉으로 엉덩이를 두 번 때리고, 학생이 아파서 무릎을 굽히며 허리를 옆으로 틀자 다시 허리부분을 때려 6주간의 치료를 받아야 할 상해를 입힌 경우 위 징계행위는 그 방법 및 정도가 교사의 징계권행사의 허용한도를 넘어선 것으로서 정당한 행위로 볼 수 없다고 한 판례가 있다. 즉 교사가 지휘봉이나 신체를 사용하여 학생에게 상해를 입힌 경우에는 징계권행사로서 정당행위가 되지 않아 상해죄로 처벌된다.

10. 물건에 대한 유형력의 행사와 폭행죄 성립여부

Q 사람이 들어가 있는 방문을 차거나 교실문을 걷어차는 것도 폭행죄의 폭행에 해당하나요?

A 폭행죄는 사람의 신체에 대하여 폭행을 가함으로써 성립하는 범죄이다(형법 제260조 제1항). 폭행죄의 폭행은 협의의 폭행으로서 사람의 신체에 대한 유형력의 행사를 의미하며, 사람의 신체에 대한 직접폭행만을 의미하며, 간접폭행은 폭행죄의 폭행에 포함되지 않으며, 반드시 상대방에게 육체적이나 생리적으로 고통을 줄 필요는 없으나 심리적 고통을 비롯하여 성질상

무엇인가 고통을 줄 수 있는 정도여야 폭행죄의 폭행이라고 할 수 있다.
따라서 사람의 신체에 대한 직접적인 폭행이 아닌 방문을 걷어차거나 교실문을 걷어차는 행위는 폭행죄의 폭행에 해당되지 않는다.

11. 역학적·화학적·생리적 작용과 폭행

Q 얼굴에 침을 뱉는 행위, 수염·모발의 절단, 계속 전화를 걸어 벨을 울리게 하는 경우, 폭언의 수차 반복, 고함을 질러서 놀라게 하는 경우도 폭행죄의 폭행에 해당하나요?

A 역학적 작용인 구타행위, 밀치는 행위, 손·옷을 세차게 잡아당기는 행위, 얼굴에 침을 뱉는 행위, 좁은 공간에서 칼이나 흉기를 휘두르는 행위, 돌을 던지는 행위, 수염·모발의 절단, 일시적인 자유의 구속 등의 경우와 화학적·생리적 작용인 심한 소음·음향, 계속 전화를 걸어 벨을 울리게 하는 경우, 폭언의 수차 반복, 고함을 질러서 놀라게 하는 경우, 최면술을 거는 경우, 마취약을 사용한 경우 등의 경우와 에너지 작용인 빛, 열, 전기, 냄새 등의 경우에도 폭행에 해당될 수 있다.

12. 친고죄와 반의사불벌죄의 차이점

Q 친고죄와 반의사불벌죄는 어떻게 다른가요?

A 친고죄는 피해자의 명예나 입장을 고려하여 고소가 없으면 처벌할 수 없는 죄이므로 피해자 또는 일정한 고소권자의 고소가 있어야 비로소 처벌받게 되는 범죄이다. 반의사불벌죄는 피해자의 고소와 관계없이 수사기관의 인지 등에 의해 수사를 개시할 수는 있으나 피해자가 가해자의 처벌을 원하지 않을 경우 처벌할 수 없는 범죄이다. 반의사불벌죄의 경우 고소권자의 고소가 있어서 재판진행 중인 경우에도 제1심 판결이 선고되기 전에 고소를 취소하거나 처벌을 희망하지 않는 의사표시를 하면 공소기각판결(형사소송법 제327조 제5항, 제6항)에 의하여 처벌받지 않게 된다.

13. 폭행죄와 사회상규

Q 시비를 걸려고 양팔을 잡는 것을 피하고자 몸을 틀어 뿌리친 행위도 폭행에 해당하나요?

A 피해자가 시비를 걸려고 양팔을 잡는 것을 피하고자 몸을 틀어 뿌리친 것뿐인 행위는 이를 폭행에 해당한다고 할 수 없을 뿐만 아니라 설사 폭행에 해당한다고 하더라도 위 행위는 피해자의 불법한 공격으로부터 자신을 보호하고 이를 벗어나기 위하여 필요한 최소한도의 방어를 한 것으로서 사회상규에 어긋나지 아니하여 위법성이 없다.

14. 감금죄의 객체

Q 잠을 자고 있는 사람, 술에 취해 제대로 몸을 가눌 수 없는 사람에 대해서도 감금죄가 성립하나요?

A 감금죄는 사람을 일정한 장소 밖으로 나가지 못하게 하여 신체활동의 자유를 장소적으로 제한하여 신체의 자유를 침해하는 내용의 범죄이다. 감금죄의 객체인 사람은 현실적으로 신체활동의 자유가 없을지라도 곧 활동이 기대되는 잠재적 자유를 가진 사람을 말하므로 잠을 자고 있는 사람, 명정자(술에 취한 사람), 정신병자나 불구자도 감금죄의 객체인 사람에 해당된다.

15. 감금의 수단·방법

Q 내리지 못하게 차를 질주하는 것도 감금에 해당할 수 있나요?

A 목욕중인 부녀의 옷을 숨겨 나오지 못하게 하는 것, 내리지 못하게 차를 질주하는 것도 감금죄에 해당한다. 방에 사람이 있는 줄 모르고 잠근 후에 그 사실을 알고서도 문을 열어주지 않은 경우도 감금죄에 해당할 수 있다. 탈출이 절대적으로 불가능한 경우뿐만 아니라 곤란한 경우도 감금이 된다. 또한 한정된 장소 내에서 어느 정도의 자유가 주어졌을지라도 감금이 된다.

16. 협박미수

Q 협박을 했는데 상대방이 공포심을 느끼지 않은 경우도 협박죄가 성립되나요?

A 협박죄에서의 협박은 상대방이 현실적으로 공포심을 느낄 수 있을 정도의 해악을 고지하는 것을 말하며, 상대방이 공포심을 느껴야 하지만, 상대방의 반항을 불가능하게 하거나 현저히 곤란하게 할 정도는 아닐지라도 현실적으로 공포심을 일으키고 이에 의하여 일정한 행위를 강제할 수 있을 정도여야 한다. 협박을 하였으나 상대방이 전혀 공포심을 일으키지 않았을 경우에는 협박죄의 미수가 되며, 협박죄의 미수범은 처벌한다.

17. 조건부 또는 실현의사와 협박죄 성립여부

Q 조건부로 또는 현실적으로 실현의사가 없는 해악의 고지도 협박죄가 되나요?

A 해악을 조건부로 하거나 제3자를 통하여 하거나 직접 하거나 제한이 없다. 해악이 현실적으로 발생가능성이 있어야 하는 것도 아니며, 해악을 고지하는 사람이 현실적으로 실현의사가 있어야 하는 것도 아니다.

18. 정당한 권리행사와 협박죄 성립여부

Q 정당한 권리행사를 하는 과정에서 상대방에게 협박을 하였을 경우에도 협박죄가 되나요?

A 정당한 권리행사를 하는 과정에서 상대방에게 협박을 하였을 경우 권리행사의 목적과 협박의 수단과를 비교하여 협박이 사회상규에 반하지 않으면 위법성이 조각되어 협박죄가 성립되지 않으나, 권리남용으로 볼 수 있는 경우에는 협박죄가 성립하므로 채권자가 채무변제를 독촉하면서 채무자의 생명이나 신체 및 가족들에 대한 위해를 고지한 경우에는 협박죄가 성립한다.

19. 형사고소와 협박죄

Q 형사고소를 하겠다고 하는 것이 협박죄가 될 수 있나요?

A 고소권자가 진실로 고소를 할 의사가 있었는지가 기준이 아니라 고소권을 어떤 목적을 위하여 남용했는가를 기준으로 판단하여 형사고소를 하겠다고 상대방에게 알리는 것이 권리남용에 해당하는지 여부를 기준으로 협박죄가 성립하는지를 판단하여 형사고소라는 수단과 목적 사이에 내적 연관이 단절된 경우에는 협박죄가 성립한다.

20. 약취와 유인의 구별

Q 약취와 유인은 어떻게 다른가요?

A 약취·유인이란 사람을 보호받는 상태 내지 자유로운 생활관계로부터 자기 또는 제3자의 실력적 지배하에 옮기는 것을 말한다. 약취란 폭행·협박을 수단으로 하는 것을 말하며, 유인이란 기망·유혹을 수단으로 하는 것을 말한다. 폭행·협박은 미성년자를 실력적으로 지배하에 둘 수 있는 정도면 충분하고 반항을 억압할 정도일 필요는 없다. 기망이란 허위의 사실로 상대방을 착오에 빠지게 하는 것이며, 유혹이란 감언으로 상대방을 현혹시켜 그르치게 하는 것이다. 기망·유혹은 상대방의 하자있는 의사를 이용하는 것이므로 의사능력이 있는 자만이 유인의 객체가 될 수 있다.

21. 사실의 적시와 명예훼손

Q 다른 사람들 앞에서 다른 사람에 대해서 실제로 있었던 사실을 그대로 이야기 하더라도 명예훼손죄에 해당하나요?

A 공연히 사실 또는 허위의 사실을 적시하여 명예를 훼손함으로써 성립하는 범죄이다. 따라서 허위의 사실뿐만 아니라 진실한 사실을 적시하더라도 명예훼손죄가 성립할 수 있다.

22. 명예훼손죄에서 공연성

Q 명예훼손죄에서 공연성이란 무엇인가요?

A 공연성이란 불특정 또는 다수인이 인식할 수 있는 상태를 의미하며 불특정이면 다수인·소수인을 불문하고, 다수인이면 특정·불특정을 불문한다. 불특정인이란 상대방이 특수한 관계에 의하여 한정된 범위에 속하는 사람이 아닌 경우(공도상의 통행인, 공개광장의 청중) 다수인이란 단순히 복수를 말하는 것이 아니고, 개인의 명예가 사회적으로 훼손되었다고 평가될 수 있을 정도의 상당한 다수임을 요한다. 불특정 또는 다수인이 현실적으로 인식할 필요는 없지만 적어도 불특정 또는 다수인이 직접 인식할 수 있는 상태에 이르러야 공연성을 인정할 수 있다.

23. 명예훼손과 전파성 이론

Q 한 사람에게 사실을 적시한 경우에도 명예훼손죄가 성립할 수 있나요?

A 판례는 전파성 이론을 인정하여 사실을 적시한 상대방이 특정된 1인인 경우에도 그 사람이 불특정 또는 다수인에게 전파할 가능성이 있으면 공연성을 인정하고 있다.

24. 허위사실을 진실한 사실로 오인한 경우 명예훼손죄 성립여부

Q 허위사실을 진실한 사실로 오인하고 적시한 경우에도 명예훼손죄가 성립하나요?

A 허위사실을 진실한 사실로 오인하고 적시한 경우에는 형법 제307조 제1항의 명예훼손죄가 성립한다.

25. 진실한 사실을 허위사실로 오인한 경우 명예훼손죄 성립여부

Q 진실한 사실을 허위사실로 오인하고 적시한 경우에도 명예훼손죄가 성립하나요?

A 진실한 사실을 허위사실로 오인하고 적시한 경우에는 형법 제307조 제1항의 명예훼손죄가 성립한다.

26. 명예훼손죄와 형법 제310조의 위법성조각사유

Q 명예훼손죄에서의 형법 제310조의 위법성조각사유란 어떤 규정인가요?

A 적시된 사실이 진실한 사실이어야 하므로 형법 제307조 제1항의 죄에 대해서만 적용되며, 적시사실의 중요부분이 진실과 합치되면 충분하므로 세부에서 약간 다르거나 다소 과장된 표현이 있어도 무방하다. 사실의 적시가 오로지 공공의 이익에 관한 것이어야 하지만 그 내용은 공적사실에 관한 것이든 사적 생활에 관한 것이든 불문하며, 공공의 이익이란 국가나 사회 기타 다수인 일반의 이익을 말하며 공공의 이익은 개인의 이익보다 우월성이 인정되어야 한다. 진실한 사실을 공익을 위하여 적시한다는 동기나 목적이 있어야 하지만 유일한 동기나 목적일 필요는 없으며, 주된 동기나 목적이 공공의 이익을 위한 것이면 충분하다. 형법 제310조에 해당하면 위법성이 조각되어 명예훼손죄가 성립하지 않으며, 적시한 사실의 진실성·공익성에 대한 거증책임은 피고인이 부담한다. 여기서 위법성조각사유란 구성요건에 해당하는 행위의 위법성을 배제하는 특별한 사유를 말하며, 위법성이 조각되면 가벌성이 탈락하여 적법한 행위가 되므로 행위자는 형벌이나 보안처분을 받지 않는다.

27. 진정서 우송과 명예훼손죄에서의 공연성

Q 진정서를 우송한 행위도 공연성이 인정되나요?

A 명예훼손죄의 구성요건인 "공연성"은 불특정다수인이 인식할 수 있는 상태를 뜻하는 것으로 사실을 적시하는 행위가 불특정다수인에 대하여 행하여지거나 또는 이와 같은 사실이 불특정 다수인에게 전파될 가능성이 있어야 하므로 타인을 비방하는 내용의 진정서를 우송한 행위는 공연성이 없다.

28. 확인요구에 대한 대답과 명예훼손죄 성립여부

Q 확인요구에 대한 대답으로서 한 명예훼손 내용의 발설도 명예훼손죄가 되나요?

A 명예훼손내용의 사실을 발설하게 된 경위가 그 사실에 대한 확인요구에 대답하는 과정에서 나오게 된 것이라면 그 발설내용과 동기에 비추어 명예훼손의 범의를 인정할 수 없고 또 질문에 대한 단순한 확인대답이 명예훼손의 사실적시라고 할 수 없다.

29. 유인물을 우송한 행위와 공연성

Q 수십 명의 회원에게 유인물을 우송한 행위도 공연성이 인정되나요?

A 판례는 타인의 명예를 훼손할 만한 사실을 기재한 유인물을 71명의 회원에게 우송으로 배포한 소위는 비록 위 유인물을 배포받은 자의 범위에 다소의 제한이 있고, 또 수취인이 특정되어 있다 하더라도 공연성이 있다 할 것이므로 명예훼손죄가 성립한다고 판시한바 있다.

30. 모욕의 의미

Q 모욕죄에서 모욕이란 무엇인가요?

A 구체적 사실을 적시하지 아니하고 사람의 인격을 경멸하는 추상적 가치판단을 표시하는 것이다(죽일 놈, 망할 년). 모욕의 수단·방법에는 제한이 없으며 언어·서면·거동을 불문하나, 사람을 경멸하는 내용의 설명가치를 가져야 한다. 이러한 가치의 존부는 구체적 상황을 고려하여 객관적 의미내용에 따라 판단하며 단순히 무례한 행동은 모욕이 아니다.

31. 모욕죄와 형법 제310조의 위법성조각사유 적용여부

Q 모욕죄의 경우에도 형법 제310조의 위법성조각사유가 적용되나요?

A 모욕죄의 경우에는 형법 제310조의 위법성조각사유를 적용할 수 없다.

32. 모욕죄와 명예훼손죄의 구별기준

Q 모욕죄와 명예훼손죄는 어떻게 구별하나요?

A 명예훼손죄에 있어서의 사실의 적시는 사람의 사회적 가치 내지 평가를 저하시키는 구체적 사실의 적시를 요하며 단지 모욕적 언사를 사용하는 것은 모욕죄에 해당할 뿐 명예훼손죄에 해당하지는 않는다. 명예훼손죄와 모욕죄의 보호법익은 다 같이 사람의 가치에 대한 사회적

평가인 이른바 외부적 명예인 점에서는 차이가 없으나 다만 명예훼손은 사람의 사회적 평가를 저하시킬 만한 구체적 사실의 적시를 하여 명예를 침해함을 요하는 것으로서 구체적 사실이 아닌 단순한 추상적 판단이나 경멸적 감정의 표현으로서 사회적 평가를 저하시키는 모욕죄와 다르다.

33. 협박죄와 공갈죄의 차이

Q 협박죄와 공갈죄는 어떻게 다른가요?

A 협박죄는 사람을 협박함으로써 성립하는 범죄이며, 해악을 고지함으로써 개인의 의사결정의 자유를 침해하는 것을 내용으로 하는 범죄이다. 공갈죄는 사람을 공갈하여 재물의 교부를 받거나 재산상의 이익을 취득하거나 제3자로 하여금 취득하게 함으로써 성립하는 범죄이다.

34. 공갈행위의 개념

Q 공갈행위란 어떤 행위인가요?

A 재물을 교부받거나 재산상의 이익을 취득하기 위하여 폭행 또는 협박으로 외포심을 일으키게 하는 것을 말한다. 폭행은 사람에 대한 일체의 유형력의 행사를 말하므로 강제적 폭력에 한하며, 절대적 폭력은 포함되지 않는다. 협박은 해악을 고지하여 상대방에게 외포심을 일으키는 것을 말하며, 폭행·협박은 사람의 의사결정과 행동의 자유를 제한하는 정도로 충분하므로 상대방의 반항을 억압할 정도일 경우에는 강도죄가 성립한다.

35. 공갈죄에서 협박의 정도

Q 공갈죄의 수단인 협박은 어느 정도로 협박한 경우인가요?

A 공갈죄의 수단으로서 협박은 사람의 의사결정의 자유를 제한하거나 의사실행의 자유를 방해할 정도로 겁을 먹게 할 만한 해악을 고지하는 것을 말하고, 해악의 고지는 반드시 명시의 방법에 의할 것을 요하지 아니하며 언어나 거동 등에 의하여 상대방으로 하여금 어떠한 해악을 입을 수 있을 것이라는 인식을 갖게 하는 것이면 족하고, 또한 직접적이 아니더라도 피공갈자 이외의 제3자를 통해서 간접적으로 할 수도 있으며, 행위자가 그의 직업, 지위, 불량한 성행, 경력 등에 기하여 불법한 위세를 이용하여 재물의 교부나 재산상 이익을 요구하고 상대방으로 하여금 그 요구에 응하지 아니할 때에는 부당한 불이익을 초래할 위험이 있을 수 있다는 위구심을 야기하게 하는 경우에도 해악의 고지가 된다.

36. 권리행사와 공갈죄 성립여부

Q 권리행사의 경우에도 협박을 하면 공갈죄가 성립할 수 있나요?

A 정당한 권리가 있다 하더라도 그 권리행사를 빙자하여 사회통념상 용인되기 어려운 정도를 넘는 협박을 수단으로 상대방을 외포케 하여 재물의 교부 또는 재산상의 이익을 받으려 하였다면 공갈죄가 성립한다.

37. 공갈죄에서 협박의 판단기준

Q 공갈죄의 수단으로서의 협박인지는 판단하는 기준은 무엇인가요?

A 공갈죄의 수단으로서 협박은 사람의 의사결정의 자유를 제한하거나 의사실행의 자유를 방해할 정도로 겁을 먹게 할 만한 해악을 고지하는 것을 말하고, 해악의 고지는 반드시 명시의 방법에 의할 것을 요하지 않고 언어나 거동에 의하여 상대방으로 하여금 어떠한 해악에 이르게 할 것이라는 인식을 갖게 한 것이면 족한 것이며, 이러한 해악의 고지가 비록 정당한 권리의 실현 수단으로 사용된 경우라고 하여도 그 권리실현의 수단방법이 사회통념상 허용되는 정도나 범위를 넘는 것인 이상 공갈죄의 실행에 착수한 것으로 보아야 하고, 여기서 어떠한 행위가 구체적으로 사회통념상 허용되는 정도나 범위를 넘는 것이냐의 여부는 그 행위의 주관적인 측면과 객관적인 측면, 즉 추구된 목적과 선택된 수단을 전체적으로 종합하여 판단하여야 한다.

38. 폭행·협박을 사용한 권리행사와 공갈죄 성립여부

Q 폭행·협박을 사용한 권리행사의 경우 공갈죄가 성립하나요?

A 재물의 교부를 받거나 재산상 이익을 취득할 권리가 있는 자라고 할지라도 사회통념상 일반적으로 용인될 수 없는 정도의 폭행, 협박의 방법을 사용하여 재물의 교부를 받거나 재산상 이익을 취득한 때에는 이는 정당한 권리행사라고 볼 수 없으므로 공갈죄를 구성한다.

39. 강요죄에서 권리행사를 방해하거나 의무 없는 일을 하게 하는 것의 의미

Q 강요죄에서 권리행사를 방해하거나 의무 없는 일을 하게 하는 것이란 어떤 의미인가요?

A 강요죄는 폭행 또는 협박으로 사람의 권리행사를 방해하거나 의무 없는 일을 하게 하는

것을 내용으로 하는 범죄이며, 강요죄에서의 권리행사 방해란 행사할 수 있는 권리를 행사하지 못하게 하는 것을 말하며, 권리의 행사여부가 권리자의 자유에 속하는 것을 말한다. 권리는 반드시 법적근거가 있을 것은 요하지 않고, 재산적 권리·비재산적 권리를 불문한다. 강요죄에서 의무 없는 일의 강요란 의무 없는 자에게 일정한 작위·부작위 또는 수인을 강요하는 것을 말한다. 의무의 범위는 법률상의 의무를 말하며, 공법상의 의무이거나 사법상의 의무이거나를 불문하며, 의무 없는 일은 법률행위든 사실행위든 불문한다.

40. 법률상 의무없는 진술서를 작성과 강요죄

Q 법률상 의무없는 진술서를 작성케 한 행위도 처벌 받나요?

A 판례는 피고인이 피해자를 협박하여 동인으로 하여금 법률상 의무없는 진술서를 작성케 한 행위는 사람의 자유권행사를 방해한 것이므로 형법 324조의 폭력에 의한 권리행사방해죄를 구성한다고 판시한바 있다.

41. 강제적인 심부름과 학교폭력

Q 강제적인 심부름이 학교폭력에 해당하는 이유는 무엇인가요?

A 강제적인 심부름의 대표적인 사례인 빵셔틀은 자신보다 힘이 센 학생들에게 강요당해 빵을 사오는 등의 잔심부름을 하는 학생이나 혹은 그 행위 자체를 일컫는 말이다. '빵셔틀'이 그 명령을 거부하면 당연히 폭력적인 보복이 뒤따르므로 단순히 빵을 사 오는 개념이 아닌 일종의 학교폭력이다.

42. 정보통신망 이용촉진 및 정보보호 등에 관한 법률과 처벌

Q 학교폭력에서 '정보통신망을 이용한 음란·폭력 정보 등에 의하여 신체·정신 또는 재산상의 피해를 수반하는 행위'는 어떤 법률에 의하여 형사처벌 되나요?

A 인터넷, 휴대전화 등 정보통신기기를 이용하여 음란·폭력 정보 등에 의하여 신체·정신 또는 재산상의 피해를 수반하는 행위를 말한다. 이러한 행위는 정보통신망 이용촉진 및 정보보호 등에 관한 법률 제70조 및 제74조에 의해서 형사처벌 될 수 있다.

43. 학교폭력 예방 및 대책에 관한 법률이 다른 법률의 관계

Q 학교폭력 사건의 경우 학교폭력 예방 및 대책에 관한 법률이 다른 법률보다 우선 적용되나요?

A 학교폭력 예방 및 대책에 관한 법률과 다른 법률과의 관계에 대해서 학교폭력 예방 및 대책에 관한 법률 제5조에서 규정하고 있다. 즉 학교폭력의 규제, 피해학생의 보호 및 가해학생에 대한 조치에 있어서 다른 법률에 특별한 규정이 있는 경우를 제외하고는 이 법을 적용하도록 하고 있다(학교폭력 예방 및 대책에 관한 법률 제5조 제1항). 성폭력의 경우 학교폭력의 개념 속에 포함시켰으나(학교폭력 예방 및 대책에 관한 법률 제2조 제1호), 다른 법률에 규정이 있는 경우에는 이법을 적용하지 아니하도록 하여(학교폭력 예방 및 대책에 관한 법률 제5조 제2항) 성폭력 피해자의 프라이버시 보호를 강화하였다.

44. 학교폭력 중 성폭력과 학교폭력 예방 및 대책에 관한 법률의 적용여부

Q 학교폭력 중 성폭력의 경우 학교폭력 예방 및 대책에 관한 법률이 적용되나요?

A 학교폭력 중 성폭력의 경우 다른 법률에 규정이 있는 경우에는 학교폭력예방 및 대책에 관한 법률을 적용되지 않는다. 강간과 같은 성폭력은 경미한 비행이 아니라 중대한 성격의 범죄 또는 비행이기 때문에 학교폭력 예방 및 대책에 관한 법률이 아니라 형법, 성폭력범죄의 처벌 등에 관한 특례법, 특정강력범죄의 처벌에 관한 특례법, 아동·청소년의 성보호에 관한 법률, 소년법이 적용되어야 한다. 즉 일반적인 성폭력범죄의 피해자의 보호·지원 및 가해자의 처벌을 목적으로 성폭력범죄의 범위를 정하고 있는 법률에는 성폭력범죄의 처벌 등에 관한 특례법이 있고, 아동·청소년에 대한 성폭력범죄에 관하여는 아동·청소년의 성보호에 관한 법률에서 다루고 있다.

45. 학교폭력 중 성폭력의 경우 학교폭력대책자치위원회를 개최할 수 있는지 여부

Q 학교폭력 중 성폭력의 경우 학교폭력대책자치위원회를 개최하여 조치를 취할 수 있나요?

A 성폭력은 상당히 심각한 범죄행위로 '성폭력범죄의 처벌 등에 관한 특례법', '아동·청소년의 성보호에 관한 법률'로 처리되기 때문에 학교공동체 내에서의 해결이 아니라 직접적인 형사절차를 통해 처리되는 것으로 보아야 한다. 다만 성폭력문제가 학교폭력의 개념에 포함된 것은 학교폭력 예방 교육의 내용에 성폭력의 내용이 포함되어 교육되어야 한다는 것을 의미하는 것으로 볼 수 있다. 따라서 성폭력이 학교폭력의 정의에 포함되었지만 특별법인 '성폭력범죄의 처벌 등에 관한 특례법', '아동·청소년의 성보호에 관한 법률' 등에 의해 처리되어야 하기 때문에, 일반법인 '학교폭력 예방 및 대책에 관한 법률'에 의해서 운영되는 학교폭력

대책자치위원회에서는 처리할 수 없다. 따라서 선도위원회에서 처리해야 한다.

46. 학교폭력 중 성폭력의 경우 학교에서의 조치

Q 학교폭력 중 성폭력의 경우 학교에서는 어떤 조치를 취해야 하나요?

A 학교장 및 교직원은 성폭력 사안을 인지하면 즉시 경찰에 신고를 해야 한다. 비밀유지, 가해학생과의 격리조치 등 성폭력 피해학생 보호에 최선을 다해야 한다. 선도위원회에서 가해학생을 조치해야 한다.

47. 학교폭력 중 성폭력과 전학조치

Q 성폭력 피해학생이 가해학생의 전학조치를 요구합니다. 가해학생의 전학조치가 가능합니까?

A 피해학생이 요구할 경우 전학조치를 하도록 노력해야 한다. 성폭력 사안은 선도위원회에서 처리해야 한다. 초·중등교육법상 징계의 종류에는 전학조치가 없으나, 학교장이 학생의 교육상 교육환경을 바꾸어줄 필요가 있다고 인정하여 추천하면 교육장(교육감)은 전학할 학교를 배정할 수 있도록 법령에 규정되어 있다. 따라서 선도위원회를 개최하여 피해자의 요구에 따라 전학조치를 하여 가해학생으로부터 분리시키는 것이 바람직하다.

48. 학교폭력 중 성폭력과 신고의무

Q 성폭력 피해학생이 가해학생의 처벌을 원치 않습니다. 이 경우에도 경찰에 신고해야 하나요?

A 아동·청소년의 성보호에 관한 법률에 의하면 성폭력을 경찰에 신고하는 것은 학교 및 교직원의 법적 의무사항으로 반드시 신고해야 한다. 신고의 의무를 이행하지 않았을 경우 300만원 이하의 과태료를 부과한다.

49. 성희롱의 개념

Q 성희롱이란 무엇인가요?

A 성희롱이라 함은 업무, 고용 기타 관계에서 공공기관의 종사자, 사용자 또는 근로자가 그 지위를 이용하거나 업무 등과 관련하여 성적 언동 등으로 성적 굴욕감 또는 혐오감을 느끼게

하거나 성적 언동, 기타 요구 등에 대한 불응을 이유로 고용상의 불이익을 주는 것을 말한다.

50. 성희롱도 학교폭력 중 성폭력에 해당하는지 여부

Q 성희롱도 학교폭력 예방 및 대책에 규정된 성폭력에 포함되나요?

A 성희롱이란 업무, 고용, 그 밖의 관계에서 국가기관·지방자치단체 또는 대통령령으로 정하는 공공단체의 종사자, 사용자 또는 근로자가 지위를 이용하거나 업무 등과 관련하여 성적 언동 등으로 상대방에게 성적 굴욕감이나 혐오감을 느끼게 하는 행위나 상대방이 성적 언동이나 그 밖의 요구 등에 따르지 아니하였다는 이유로 고용상의 불이익을 주는 행위를 말하므로 성폭력의 개념에 포함되지 않는다. 따라서 학생 간의 성적 언동 등은 법적으로 성희롱 개념에 포함되지 않는다.

51. 선도위원회와 자치위원회의 차이

Q 선도위원회와 자치위원회의 차이는 무엇인가요?

A 선도위원회는 학교폭력을 제외한 학생의 제반 비행에 대한 징계를 담당하는 학교자치기구이며 교원으로 구성되어 있다. 학교폭력대책자치위원회는 학교폭력 사건을 다루는 법정기구이며 교원 외에도 학부모와 외부인사로 구성되어 있다. 따라서 학교폭력 사건은 필수적으로 학교 내 법정기구인 "학교폭력대책자치위원회"를 통해 해결하도록 하고 학교폭력을 제외한 학생 비행 건은 학교 자치기구인 '선도위원회'를 통해 해결하여야 한다.

52. 법령상 교사의 직접적인 체벌이 가능한지 여부

Q 법령상 학생에 대한 교사의 직접적인 체벌이 가능한가요?

A 학교의 장은 지도를 할 때에는 학칙으로 정하는 바에 따라 훈육·훈계 등의 방법으로 하되, 도구, 신체 등을 이용하여 학생의 신체에 고통을 가하는 방법을 사용해서는 아니 된다(초·중등교육법 시행령 제31조). 따라서 학생에 대한 학교장이나 교사의 직접적인 체벌은 금지된다.

53. 퇴학처분 된 자의 재심 청구

Q 퇴학처분 된 자의 재심 청구시 징계조정위원회의 회의는 공개되나요?

A 시·도학생징계조정위원회는 징계조정위원회는 직권 또는 신청에 따라 청구인, 피청구인 또는 관련 교원 등을 징계조정위원회에 출석하여 진술하게 할 수 있다. 징계조정위원회는 필요하다고 인정하는 때에는 전문가 등 참고인을 출석하게 하거나 서면으로 의견을 들을 수 있다. 징계조정위원회의 회의는 비공개를 원칙으로 한다.

54. 학교폭력 가해학생에 대한 전학조치에 대해서 재심을 청구

Q 학교폭력 가해학생에 대한 전학조치에 대해서 재심을 청구할 수 있나요?

A 전학조치는 가해학생을 피해학생으로부터 격리하기 위하여 가해학생의 소속을 다른 학교로 옮기는 조치이며, 자치위원회에서 가해학생에 대해서 전학조치를 의결하면 학교의 장은 14일 이내에 전학조치를 취해야 한다. 전학조치에 대하여 이의가 있는 학생 또는 그 보호자는 그 조치를 받은 날부터 15일 이내, 그 조치가 있음을 안 날로부터 10일 이내에 초·중등교육법 제18조의3에 따른 시·도학생징계조정위원회에 재심을 청구할 수 있다.

55. 학교폭력 가해학생이 전학조치를 거부하거나 기피하는 경우 추가조치

Q 학교폭력 가해학생이 전학조치를 거부하거나 기피하는 경우 추가조치가 가능한가요?

A 학교폭력 예방 및 대책에 관한 법률 제17조 제1항 제2호부터 제9호까지의 처분(② 피해학생에 대한 접촉, 협박 및 보복행위의 금지, ③ 학교에서의 봉사, ④ 사회봉사, ⑤ 학내외 전문가에 의한 특별교육이수 또는 심리치료, ⑥ 출석정지, ⑦ 학급교체, ⑧ 전학, ⑨ 퇴학처분)을 받은 가해학생이 해당조치를 거부하거나 기피하는 경우 자치위원회는 제7항(긴급한 경우 선도조치의 거부나 회피시의 징계)에도 불구하고 추가로 다른 조치를 취할 것을 학교의 장에게 요청할 수 있다(학교폭력 예방 및 대책에 관한 법률 제17조 제11항). 즉 자치위원회는 학교폭력 예방 및 대책에 관한 법률 제17조 제1항 제2호부터 제9호까지의 조치를 받은 학생이 해당조치를 거부하거나 기피하는 경우에는 법 제17조 제11항에 따라 학교의 장으로부터 그 사실을 통보받은 날로부터 7일 이내에 추가로 다른 조치를 할 것을 학교의 장에게 요청할 수 있다(학교폭력 예방 및 대책에 관한 법률 시행령 제22조).
초·중등교육법 시행령 제73조(중학교의 전학 등) 제5항 및 동 시행령 제89조(고등학교의 전학 등) 제5조에서 거주지와 상관없이 전학을 할 수 있는 예외 규정을 두고 있다. 학교폭력의 경우에도 거주지와 상관없이 전학을 할 수 있는 근거규정으로 볼 수 있다. 즉 현행 초중등교육법 시행령은 제21조에서 초등학교의 전학을 규정하고 있으며, 시행령 제73조에서 중학교의 전학의 경우에는 교육장이 배정하도록 규정하고 있으며, 시행령 제89조에서 고등학교의 전학의 경우에는 교육감이 전학을 허용하도록 규정하고 있다.

56. 학교폭력 가해학생에 대해서 전학조치와 학교배정

Q 학교폭력 가해학생에 대해서 전학조치가 내려진 경우 어떻게 전학할 학교를 배정하나요?

A 초등학교·중학교·고등학교의 장은 자치위원회가 법 제17조 제1항에 따라 학교폭력 가해학생에 대한 전학조치를 요청하는 경우에는 초등학교·중학교의 장은 교육장에게, 고등학교의 장은 교육감에게 해당 학생이 전학할 학교의 배정을 지체 없이 요청하여야 한다. 교육감 또는 교육장은 학교폭력 가해학생이 전학할 학교를 배정할 때에는 학교폭력 피해학생의 보호에 충분한 거리 등을 고려하여야 하며, 관할구역 외의 학교를 배정하려는 경우에는 해당 교육감 또는 교육장에게 이를 통보하여야 한다. 통보를 받은 교육감 또는 교육장은 해당 가해학생이 전학할 학교를 배정하여야 한다.

57. 학교폭력과 학교안전사고의 관계

Q 학교폭력도 학교안전사고인가요?

A 학교폭력도 학교안전사고이며 동법률에서 공제급여를 제한하는 경우에 해당하지 않기 때문에 학교안전공제회의 공제급여를 지급받을 수 있다. 학교폭력 예방 및 대책에 관한 법률 제16조 제6항에는 "피해학생이 전문단체나 전문가로부터 심리상담 및 조언, 일시보호, 치료 및 치료를 위한 요양 등을 받는 데에 사용되는 비용은 학교안전공제회 또는 시·도교육청이 부담하고 가해학생 보호자에게 구상할 수 있다."고 규정하고 있다.

58. 학교안전공제회에 공제급여 직접 청구

Q 피해학생의 보호자는 학교안전공제회에 공제급여를 직접 청구할 수 있나요?

A 학교의 장 또는 피해학생의 보호자는 필요한 경우 학교안전사고 예방 및 보상에 관한 법 제34조의 공제급여를 학교안전공제회에 직접 청구할 수 있다.

59. 학교폭력빈도와 학교의 장에 대한 업무수행 평가

Q 자치위원회가 처리한 학교의 학교폭력빈도를 학교의 장에 대한 업무수행 평가에 부정적 자료로 사용할 수 있나요?

A 교육감은 시·도교육청에 학교폭력의 예방과 대책을 담당하는 전담부서를 설치·운영하여야 하며, 관할 구역 안에서 학교폭력이 발생한 때에는 해당 학교의 장 및 관련 학교의 장에게

그 경과 및 결과의 보고를 요구할 수 있다. 교육감은 관할 구역 안의 학교폭력이 관할 구역 외의 학교폭력과 관련이 있는 때에는 그 관할 교육감과 협의하여 적절한 조치를 취하여야 하며, 학교의 장으로 하여금 학교폭력의 예방 및 대책에 관한 실시계획을 수립·시행하도록 하여야 하며, 법 제12조에 따른 자치위원회가 처리한 학교의 학교폭력빈도를 학교의 장에 대한 업무수행 평가에 부정적 자료로 사용하여서는 아니 된다.

60. 학교폭력 축소 및 은폐와 교원 징계

Q 학교폭력이 발생한 때에 해당 학교의 장 또는 소속 교원이 그 경과 및 결과를 보고함에 있어 축소 및 은폐를 시도한 경우에 징계를 할 수 있나요?

A 교육감은 관할 구역 안에서 학교폭력이 발생한 때에 해당 학교의 장 또는 소속 교원이 그 경과 및 결과를 보고함에 있어 축소 및 은폐를 시도한 경우에는 교육공무원법 제50조 및 사립학교법 제62조에 따른 징계위원회에 징계의결을 요구하여야 한다.

61. 학교폭력 예방 및 대책 마련에 대한 기여와 근무성적 평정 가산점

Q 학교폭력의 예방 및 대책 마련에 기여한 바가 큰 학교 또는 소속 교원의 근무성적 평정에 가산점을 부여할 수 있나요?

A 교육감은 관할 구역 안에서 학교폭력의 예방 및 대책 마련에 기여한 바가 큰 학교 또는 소속 교원의 근무성적 평정에 가산점을 부여하거나 상훈을 수여할 수 있다.

62. 학교폭력 사건에 대한 분쟁조정권자

Q 학교폭력 사건에 대한 분쟁조정은 누가, 어떻게 하나요?

A 시·도교육청 관할 구역 안의 소속 학교가 다른 학생 간에 분쟁이 있는 경우에는 교육감이 해당 학교의 자치위원회위원장과의 협의를 거쳐 직접 분쟁을 조정한다. 관할 구역을 달리하는 시·도교육청 소속 학교의 학생 간에 분쟁이 있는 경우에는 피해학생을 감독하는 교육감이 가해학생을 감독하는 교육감 및 관련 해당 학교의 자치위원회위원장과의 협의를 거쳐 직접 분쟁을 조정한다.

63. 전문상담교사의 상담과 보고

Q 전문상담교사는 상담결과를 누구에게 보고하여야 하나요?

A 전문상담교사는 학교의 장 및 자치위원회의 요구가 있는 때에는 학교폭력에 관련된 피해학생 및 가해학생과의 상담결과를 보고하여야 한다.

64. 학교폭력 전담기구의 구성과 역할

Q 학교폭력 전담기구는 어떻게 구성되며, 어떤 일을 하나요?

A 학교의 장은 교감, 전문상담교사, 보건교사 및 책임교사(학교폭력문제를 담당하는 교사를 말한다) 등으로 학교폭력문제를 담당하는 전담기구(이하 "전담기구"라 한다)를 구성하며, 학교폭력 사태를 인지한 경우 지체 없이 전담기구 또는 소속 교원으로 하여금 가해 및 피해 사실여부를 확인하도록 한다. 전담기구는 학교폭력에 대한 실태조사와 학교폭력 예방 프로그램을 구성·실시하며, 학교의 장 및 자치위원회의 요구가 있는 때에는 학교폭력에 관련된 실태조사결과 등 활동결과를 보고하여야 한다. 피해학생 또는 피해학생의 보호자는 피해사실 확인을 위하여 전담기구에 실태조사를 요구할 수 있다. 전담기구는 성폭력 등 특수한 학교폭력 사건에 대한 실태조사의 전문성을 확보하기 위하여 필요한 경우 전문기관에 그 실태조사를 의뢰할 수 있다. 이 경우 그 의뢰는 자치위원회 위원장의 심의를 거쳐 학교의 장 명의로 하여야 한다(학교폭력예방 및 대책에 관한 법률 제14조).

65. 학교폭력 예방교육의 실시와 방법

Q 학교폭력 예방교육은 얼마나 자주 실시하여야 하며, 어떻게 실시하여야 하나요?

A 학교의 장은 학생의 육체적·정신적 보호와 학교폭력의 예방을 위한 학생들에 대한 교육(학교폭력의 개념·실태·대처방안 등을 포함하여야 한다)을 학기별로 1회 이상 실시하여야 한다. 학교의 장은 학교폭력의 예방 및 대책 등을 위한 교직원에 대한 교육을 학기별로 1회 이상 실시하여야 한다.

학교의 장은 학교폭력 예방 및 대책에 관한 법률 제15조 제5항에 따라 학생과 교직원 및 학부모에 대한 학교폭력 예방교육을 학기별로 1회 이상 실시하고, 교육 횟수·시간 및 강사 등 세부적인 사항은 학교 여건에 따라 학교의 장이 정한다. 학생에 대한 학교폭력 예방교육은 학급 단위로 실시함을 원칙으로 하되, 학교 여건에 따라 전체 학생을 대상으로 한 장소에서 동시에 실시할 수 있으며, 학생과 교직원, 학부모를 따로 교육하는 것을 원칙으로 하되, 내용에 따라 함께 교육할 수 있다.

66. 학교폭력 예방교육의 내용

Q 학교폭력 예방교육에는 어떤 내용이 포함되어야 하나요?

A 학교폭력 예방교육은 강의, 토론 및 역할연기 등 다양한 방법으로 하고, 다양한 자료나 프로그램 등을 활용하여야 하며, 교직원에 대한 학교폭력 예방교육은 학교폭력 관련 법령에 대한 내용, 학교폭력 발생 시 대응요령, 학생 대상 학교폭력예방 프로그램 운영 방법 등을 포함하여야 하며, 학부모에 대한 학교폭력 예방교육은 학교폭력 징후 판별, 학교폭력 발생 시 대응요령, 가정에서의 인성교육에 관한 사항을 포함하여야 한다.

67. 피해학생의 보호를 위한 조치와 학교장의 거부나 수정가능 여부

Q 학교장은 피해학생의 보호를 위한 자치위원회가 의결하여 요청한 조치를 거부하거나 수정된 조치를 취할 수 있나요?

A 자치위원회는 피해학생의 보호를 위하여 필요하다고 인정하는 때에는 피해학생에 대하여 해당하는 조치(수 개의 조치를 병과하는 경우를 포함한다)를 할 것을 학교의 장에게 요청할 수 있다. 자치위원회의 요청이 있는 때에는 학교의 장은 피해학생의 보호자의 동의를 받아 7일 이내에 해당 조치를 하여야 하고 이를 자치위원회에 보고하여야 한다. 따라서 학교장은 자치위원회가 의결하여 요청한 조치를 거부하거나 수정된 조치를 취할 수 없다.

68. 피해학생의 보호를 위한 조치와 출석인정 여부

Q 피해학생의 보호를 위한 조치에 필요한 결석의 경우 출석으로 인정될 수 있나요?

A 보호가 필요한 학생에 대하여 학교의 장이 인정하는 경우 그 조치에 필요한 결석을 출석일수에 산입할 수 있다. 학교의 장은 성적 등을 평가함에 있어서 피해학생에 대한 조치로 인하여 학생에게 불이익을 주지 아니하도록 노력하여야 한다.

69. 장애학생의 보호를 위한 조치와 학교장의 거부나 수정가능 여부

Q 장애학생의 보호를 위해 자치위원회가 의결하여 요청한 조치를 학교장이 거부하거나 수정된 조치를 취할 수 있나요?

A 자치위원회는 학교폭력으로 피해를 입은 장애학생의 보호를 위하여 장애인전문 상담가의 상담 또는 장애인전문 치료기관의 요양 조치를 학교의 장에게 요청할 수 있다. 자치위원회의

요청이 있는 때에는 학교의 장은 해당 조치를 하여야 한다. 따라서 학교장은 자치위원회가 의결하여 요청한 조치를 거부하거나 수정된 조치를 취할 수 없다.

70. 가해학생의 징계를 위한 조치와 학교장의 거부나 수정가능 여부

Q 가해학생의 징계를 위해 자치위원회가 의결하여 요청한 조치를 학교장이 거부하거나 수정된 조치를 취할 수 있나요?

A 자치위원회는 피해학생의 보호와 가해학생의 선도·교육을 위하여 필요하다고 인정하는 때에는 가해학생에 대하여 해당하는 조치(수 개의 조치를 병과하는 경우를 포함한다)를 할 것을 학교의 장에게 요청하여야 한다. 자치위원회의 요청이 있는 때에는 학교의 장은 14일 이내에 해당조치를 하여야 한다. 따라서 학교장은 자치위원회가 의결하여 요청한 조치를 거부하거나 수정된 조치를 취할 수 없다.

71. 학교장의 가해학생에 대한 긴급한 경우 선도조치

Q 학교의 장이 가해학생에 대한 선도가 긴급하다고 인정할 경우 우선 취할 수 있는 조치에는 어떤 조치가 있나요?

A 학교의 장은 가해학생에 대한 선도가 긴급하다고 인정할 경우 우선 피해학생에 대한 서면사과(1호), 피해학생에 대한 접촉, 협박 및 보복행위의 금지(2호), 학교에서의 봉사의 조치(3호), 학내외 전문가에 의한 특별교육이수 또는 심리치료(5호), 출석정지(6호)를 할 수 있다. 5호와 6호는 병과조치할 수 있다. 이 경우 자치위원회에 즉시 보고하여 추인을 받아야 한다.

72. 가해학생에 대한 조치 이행과 출석인정 여부

Q 가해학생이 조치를 이행하기 위해 결석한 경우 출석에 산입할 수 있나요?

A 가해학생이 학교에서의 봉사, 사회봉사, 학내외 전문가에 의한 특별교육이수 또는 심리치료의 규정에 따른 조치를 받은 경우 이와 관련된 결석은 학교의 장이 인정하는 때에는 이를 출석일수에 산입할 수 있다.

73. 학교폭력 신고에 따른 통보와 학교장의 조치

Q 학교폭력 신고에 따른 통보를 받은 학교장은 어떻게 해야 하나요?

A 학교폭력 신고에 따른 통보받은 소속 학교의 장은 이를 자치위원회에 지체 없이 통보하여야 한다.

74. 가해학생에 대한 특별교육이수 조치

Q 가해학생에 대한 특별교육이수 조치는 어떤 조치의 경우 내려지나요?

A 피해학생에 대한 접촉, 협박 및 보복행위의 금지, 학교에서의 봉사, 사회봉사, 출석정지, 학급교체, 전학처분을 받은 가해학생은 교육감이 정한 기관에서 특별교육을 이수하여야 하며, 특별교육 기간은 자치위원회에서 정한다.

75. 출석정지조치 기간과 특별교육기간의 중복 가능여부

Q 출석정지조치를 내리는 경우 특별교육기간을 출석정지기간 내에 내릴 수 있나요?

A 출석정지를 부과하는 경우 학교폭력 예방 및 대책에 관한 법률 제17조 제3항에 의하여 특별교육도 동시에 부과된다. 그러나 이 경우에는 출석정지기간 내에 특별교육일자를 정하지 않아야 한다. 특별교육기간은 출석일수로 인정될 수 있지만, 출석정지기간은 출석일수로 산정할 수 없기 때문이다. 따라서 출석정지기간과 특별교육기간은 분리하여 정하여야 한다.
예 : 2012년 3월 19일(월)에서 22일(목)까지 4일간의 출석정지를 결정하고 특별교육 1일을 결정한 경우 이러한 특별교육을 출석정지기간 내에 이행하게 한다면 출석정지는 사실상 3일을 부과한 것이 된다.
그러나 학교폭력 예방 및 대책에 관한 법률 제17조 제1항 제5호 "학내외 전문가에 의한 특별교육이수 또는 심리치료"의 경우에는 출석일수에 산입할 수 있다(학교폭력 예방 및 대책에 관한 법률 제17조 제8항).

76. 학내외 전문가에 의한 특별교육이수 또는 심리치료와 특별교육의 구별

Q 학교폭력 사건에서 학내외 전문가에 의한 특별교육이수 또는 심리치료와 특별교육은 어떻게 다른가요?

A '학내외 전문가에 의한 특별교육이수 또는 심리치료(법 제17조 제1항 제5호)'와 선도처분 부과 시 동시에 부과되는 '특별교육'(법 제17조 제3항)은 모두 특별교육이라는 동일한 명칭을 사용하고 있으나 이는 구별하여야 한다.

[가해학생에 대한 조치 중 특별교육의 구별]

	학내외 전문가에 의한 특별교육이수 또는 심리치료	특별교육
법적 근거	법 제17조 제1항 제5호	법 제17조 제3항
징계의 독립성	독립적 조치	부가적 조치 (징계를 부과하는 경우 법에 의해 자동적으로 추가 조치부여)
교육기관의 지정	학교폭력대책지역위원회	해당 시도 교육감
출석일수 산입	학교장 인정시 가능(법 제17조 제8항)	명문규정 없음

77. 가해학생 보호자에 대한 특별교육 부과

Q 자치위원회는 가해학생이 특별교육을 이수할 경우 해당 학생의 보호자도 함께 교육을 받게 하여야 하나요?

A 자치위원회는 가해학생이 특별교육을 이수할 경우 해당 학생의 보호자도 함께 교육을 받게 하여야 한다.

78. 가해학생 보호자의 특별교육 거부와 제재

Q 가해학생의 보호자가 특별교육을 거부하는 경우 누가, 어떤 제재를 가할 수 있나요?

A 자치위원회는 가해학생이 특별교육을 이수하는 경우 해당학생의 보호자도 함께 교육을 받게 하여야 한다. 여기서의 특별교육이 '학내외 전문가에 의한 특별교육(법 제17조 제1항 제5호)'를 의미하는 것인지, 다른 조치와 같이 부과되는 '특별교육(법 제17조 제3항)'인지는 명확하지 않다. 따라서 모든 특별교육에서 보호자에 대해서도 교육을 진행할 수 있다고 할 것이다.
제17조 제9항을 위반한 보호자에게는 300만원 이하의 과태료를 부과한다.
가해학생의 보호자가 특별교육에 불응할 경우, 학교의 장은 법률에 의하여 과태료가 부과됨을 안내하고 특별교육을 이수할 것을 재 통보하여야 하며, 재통보 시에도 불응하는 경우, 학교의 장은 가해학생의 보호자명단을 교육감에게 보고하여야 하며 교육감은 학교폭력 예방 및 대책에 관한 법률 제22조 제2항에 따라 300만원 이하의 과태료 부과한다.

79. 합의에 의한 학교폭력 예방 및 대책에 관한 법률의 적용배제 가능여부

Q 학교폭력 사건을 가해학생 측과 피해학생 측의 합의로 적용하지 않아도 되나요?

A 학교폭력 예방 및 대책에 관한 법률은 가해학생이나 보호자 또는 피해학생이나 보호자의 의사와 상관없이 학교폭력 사건이 발생하면 당연이 적용되어야 하는 법률이며, 피해학생 측과 가해학생 측의 합의로 적용을 배제할 수는 없다. 따라서 피해학생 측이 자치위원회 개최를 원하지 않거나, 서로 싸운 경우 등 서로 가해학생이자 피해학생인 경우 가해학생과 피해학생이 자치위원회 개최를 서로 원하지 않는다고 하더라도 반드시 자치위원회를 개최하여야 한다.

80. 경미한 학교폭력 사안과 자치위원회 소집

Q 경미한 학교폭력 사안의 경우 자치위원회를 소집하지 않아도 되나요?

A 경미한 학교폭력 사안에서도 자치위원회를 소집하는 것이 타당하다. 학교폭력이 조직적 혹은 지속적으로 행해졌거나 피해사실이 중대한 경우가 아니라고 학교의 장이 판단하여 자치위원회의 소집을 요청하지 않는다면 사실상 자치위원회가 소집되지 않고 비공식적으로 사건을 처리하게 될 가능성이 있다. 처음에는 학교폭력이 심각한 사건이 아니며, 피해가 크지 않게 보이는 경우라고 하더라도 사건의 원인과 더 이상의 피해방지를 위하여 적절한 조치를 취하는 것이 중요하므로 학교폭력 사안이 심각하지 않다고 보이더라도 일단 자치위원회를 소집하여 적절한 조치를 심의하는 것이 바람직하다. 학교폭력 사건으로 신고되거나 접수되어 전담기구에서 사안조사를 하였으나 학교폭력으로 볼 만한 사건이 아닌 경우에는 자치위원회를 개최하여 사안조사 결과 학교폭력 사건이 아니며, 가해학생이나 피해학생이 존재하지 않으므로 어떠한 조치도 할 만한 사항이 아니라고 의결하는 것은 무방하다.

81. 자치위원회의 학교폭력 관련 자료 요청

Q 자치위원회는 누구에게 학교폭력 관련 자료의 요청을 할 수 있나요?

A 자치위원회는 해당 지역에서 발생한 학교폭력에 대하여 학교장 및 관할 경찰서장에게 관련 자료를 요청할 수 있다.

82. 자치위원회의 구성

Q 자치위원회는 어떻게 구성여야 하나요?

A 자치위원회는 위원장 1인을 포함하여 5인 이상 10인 이하의 위원으로 구성하되, 대통령령으로 정하는 바에 따라 전체위원의 과반수를 학부모전체회의에서 직접 선출된 학부모대표로 위촉하여야 한다. 다만, 학부모전체회의에서 학부모대표를 선출하기 곤란한 사유가 있는 경우에는

학급별 대표로 구성된 학부모대표회의에서 선출된 학부모대표로 위촉할 수 있다.

83. 자치위원의 자격

Q 자치위원으로 임명하거나 위촉할 수 있는 사람은 누구인가요?

A 자치위원회의 위원은 ① 해당 학교의 교감, ② 해당 학교의 교사 중 학생생활지도 경력이 있는 교사, ③ 법 제13조 제1항에 따라 선출된 학부모대표, ④ 판사·검사·변호사, ⑤ 해당 학교를 관할하는 경찰서 소속 경찰공무원, ⑥ 의사 자격이 있는 사람, ⑦ 그 밖에 학교폭력 예방 및 청소년 보호에 대한 지식과 경험이 풍부한 사람 중에서 해당 학교의 장이 임명하거나 위촉한다.

84. 자치위원회의 위원장

Q 학교의 교감이 자치위원회의 위원장인가요?

A 자치위원회의 위원장은 위원 중에서 호선하며, 위원장이 부득이한 사유로 직무를 수행할 수 없을 때에는 위원장이 미리 지정하는 위원이 그 직무를 대행한다.

85. 자치위원회의 회의 개최와 시기

Q 자치위원회는 언제 회의를 개최하나요?

A 자치위원회는 분기별 1회 이상 회의를 개최하고, 자치위원회의 위원장은 ① 자치위원회 재적위원 4분의 1 이상이 요청하는 경우, ② 학교의 장이 요청하는 경우, ③ 피해학생 또는 그 보호자가 요청하는 경우, ④ 학교폭력이 발생한 사실을 신고받거나 보고받은 경우, ⑤ 가해학생이 협박 또는 보복한 사실을 신고받거나 보고받은 경우, ⑥ 그 밖에 위원장이 필요하다고 인정하는 경우에 회의를 소집하여야 한다.

86. 자치위원회의 회의와 정족수

Q 자치위원회 회의의 개의와 의결정족수는 몇 명인가요?

A 자치위원회의 회의는 재적위원 과반수의 출석으로 개의하고, 출석위원 과반수의 찬성으로 의결한다.

87. 학교의 장이 자치위원이 될 수 있는지 여부

Q 학교의 장이 자치위원이 될 수 있나요?

A 각 급 학교의 장이 학교폭력 예방 및 청소년 보호에 지식과 경험을 가지고 있을지라도 학교폭력 예방 및 대책에 관한 법률에서 학교장을 자치위원회에서 제외한 목적은 자치위원회와 학교의 장을 엄격하게 분리하기 위한 것이므로 학교의 장은 어떠한 경우에도 자치위원회의 위원이 될 수 없다.

88. 자치위원이 학교의 장에게 권한 위임이 가능한지 여부

Q 자치위원이 학교의 장에게 권한을 위임하는 것이 가능한가요?

A 학교의 장은 어떠한 경우에도 자치위원회의 위원이 될 수 없다. 따라서 자치위원이 학교의 장을 수임인으로 하여 자치위원회에서 심의하거나 의결하도록 위임하는 것도 금지된다.

89. 자치위원회 위원의 정수 및 구성 비율

Q 자치위원회 위원의 정수 및 구성 비율은 어떻게 해야 하나요?

A 학교폭력 예방 및 대책에 관한 법률 및 동법 시행령에서는 위원의 자격요건을 규정하고 있을 뿐, 위원의 정수 및 구성 비율에 대해서는 규정하고 있지 않다. 자치위원 위촉권은 원칙적으로 학교의 장에게 맡겨져 있기 때문에 위원의 자격요건을 갖춘 사람 중에서 누구를 위촉할 것인가는 학교의 장의 재량이다. 그러나 학교와 지역사회가 유기적으로 협력하여 학교폭력 문제를 자율적으로 해결하고자 마련된 자치위원회제도의 취지를 살리기 위해서는 위원회의 중립성·객관성·전문성이 보장되어야만 하므로 가급적이면 자치위원회의 '학교 외 전문가 위원'의 구성 비율을 높게 구성하는 것이 바람직하다.

90. 학교폭력 사안조사 절차

Q 학교폭력 사안조사 절차는 어떻게 이루어지나요?

A 자치위원회가 소집되면 우선적으로 당해 사안에 관한 조사에 착수하여야 한다. 학교폭력 사안에 대한 조사책임은 원칙적으로 자치위원회에 있지만, 직접적인 조사는 자치위원회의 지시를 받아 학교폭력책임교사가 담당하는 것이 일반적이다. 학교폭력책임교사는 피해·가해 학생의 담임교사 및 전문상담교사 등의 협조를 얻어 사안의 진상을 조사하고 증인 및 물증을

확보하고, 학교폭력책임교사는 조사된 내용을 수시로 정리하여 자치위원회에 보고하고 필요한 지시를 받아야 한다.

91. 자치위원회의 사안조사와 전담기구의 조사의 관계

Q 전담기구의 조사 결과를 자치위원회에서 사용할 수 있나요?

A 피해학생 또는 피해학생의 보호자가 피해사실 확인을 위해 전담기구에 조사를 요구한 경우 이러한 전담기구의 조사 결과를 자치위원회가 사용할 수 있다. 또한 전담기구의 조사와는 별도로 자치위원회의 조사를 진행할 수 있다.

92. 피해학생 및 가해학생에 대한 조치와 분쟁조정 안건의 별도 처리

Q 피해학생 및 가해학생에 대한 조치와 분쟁조정은 별도의 안건으로 다뤄야 하나요?

A 자치위원회의 조사가 종료되면 조사결과를 토대로 피해학생 및 가해학생에 대한 조치를 심의·의결하여 학교의 장이 이를 이행하도록 요청한다. 또한 학교폭력 사건과 관련하여 분쟁의 당사자가 조정을 신청한 경우에는 분쟁조정을 위한 심의도 진행한다. 피해·가해학생에 대한 조치의 심의와 분쟁조정 관련 심의가 경우에 따라서는 동일한 기회에 진행될 수도 있다. 그러나 이 경우에도 피해학생에 대한 조치, 가해학생에 대한 조치, 분쟁조정 관련 심의는 각각 별도의 안건으로 다루어져야 한다.

93. 자치위원회는 학생신분의 아닌 자에 대한 조사 가능 여부

Q 자치위원회는 학생신분의 아닌 자에 대한 조사도 가능한가요?

A 학생신분이 아닌 자에 대해서는 자치위원회가 조치를 심의·의결할 수 없으며, 분쟁조정의 권한도 행사할 수 없다. 학교폭력 사건에 학생신분이 아닌 자가 개입되어 있는 경우에는 학생신분이 아닌 자를 제외한 가해·피해학생에 대해서만 각각 해당 학교의 자치위원회에서 조치를 심의한다.

94. 자치위원회의 개의 정족수와 위임장

Q 자치위원회의 개의 정족수를 위임장으로 대체가 가능한가요?

A 학교폭력대책자치위원회 구성에서 외부위원의 위촉은 학교 구성원만으로 학교폭력대책자치위원회를 개최할 경우 부족할 수 있는 객관성을 확보하고자 하는 조치이다. 학교폭력대책자치위원회 외부위원의 경우, 매번 참석하기 힘들어 부득이 참석이 불가능할 경우에만 제한적으로 위임장을 출석으로 갈음할 수 있다. 그러나 외부위원이 아닌 경우에는 위임장만으로 출석을 인정할 수 없다고 할 것이다. 따라서 모든 위원의 위임장으로 회의 개의 정족수를 충족할 수 없다고 보아야 할 것이다.

95. 자치위원회의 심의·의결과 위임장

Q 자치위원회의 심의·의결을 위임장으로 대체가 가능한가요?

A 학교폭력 사안의 심의·의결은 위원장이 결정하는 것이 아니라 출석한 위원들이 하는 것이다. 따라서 위임장이 아닌 출석위원 과반수가 실제로 출석한 후 심의하는 것이 법의 취지와 법적용의 객관성을 확보할 수 있다고 볼 수 있다. 외부위원에 대한 위임장의 인정 부분은 자치위원회 개의의 융통성을 부여한 것이지 위임장이 학교폭력 사안의 심의, 의결 권한까지 인정한 것은 아니라고 할 것이다. 따라서 해당 학교에서 5명의 위임장을 출석으로 인정하여 학교폭력 사안을 심의, 의결하였다면 자치위원회 개의 정족수와 의결 정족수를 충족하였다고 볼 수 없을 것이다. 따라서 개의 정족수와 의결정족수를 충족하지 못한 자치위원회에서 피해학생에 대한 조치나 가해학생에 대한 조치를 의결할 수 없다고 보아야 할 것이다.

96. 자치위원회의 소집방식

Q 자치위원회는 어떤 방식으로 소집하나요?

A 자치위원회 소집은 원칙적으로 위원장이 서면으로 통보한다. 다만, 긴급을 요하는 사안이 있는 경우에는 전화통화 등을 이용하여 신속하게 소집을 통보할 수 있다. 서면통보를 하는 경우에도 미리 위원들에게 전화로 안건에 관해 간략하게 보고하고 구체적인 일시와 장소를 협의한 후, 서면통보 하는 것이 보통이다. 자치위원회 소집을 통보하는 서면에는 회의의 일시·장소 및 구체적인 안건이 명시되어 있어야 한다.

97. 자치위원회의 회의록

Q 자치위원회 회의록에는 어떤 내용을 기재해야 하나요? 자치위원회에서 작성된 서류는 모두 회의록에 포함되나요?

A ① 위원회 개최일시 및 장소 ② 출석위원 ③ 각종 보고사항 ④ 심의내용 및 의결·결정사항 ⑤ 보고서 제출현황 ⑥ 그 밖의 토의사항은 회의록에 반드시 기록해야 하는 사항이다. 자치위원회 회의록은 단순히 학교폭력 예방 및 대책관련 심의 내용을 기록한 것 뿐 아니라 분쟁조정 심의 내용을 기록한 것까지를 모두 포함된다. 즉 자치위원회 회의록은 자치위원회 회의에서 작성된 모든 서류를 말한다. 회의에 참석한 위원들은 회의록이 작성된 후 그 내용을 확인하여야 하고 문제가 없는 경우 각자 회의록에 기명·날인하여야 한다. 만약 사실과 다른 기재가 있거나 누락된 사항이 있는 경우 위원들이 수정 및 삭제나 추가 기재를 요구할 수 있다.

98. 학교폭력 전담기구의 구성원

Q 학교폭력 전담기구의 구성원은 누구인가요?

A 학교의 장은 전문상담교사, 보건교사 및 책임교사(학교폭력문제를 담당하는 교사를 말한다) 등으로 학교폭력문제를 담당하는 전담기구를 구성한다. 학교폭력 예방 및 대책에 관한 법률에서 말하는 전문상담교사는 전문상담순회교사 등을 포함하는 넓은 의미로 해석하여야 한다. 따라서 학생상담에 대해 어느 정도 전문성이나 경험을 가지고 있다면 다른 교사도 이에 해당될 수 있다.

99. 피해학생 또는 피해학생 보호자의 전담기구 조사 요구

Q 피해학생 또는 피해학생의 보호자도 전담기구에 조사를 요구할 수 있나요?

A 피해학생 또는 피해학생의 보호자는 피해사실 확인을 위하여 전담기구에 실태조사를 요구할 수 있다.

100. 성폭력 사안과 실태조사 의뢰

Q 성폭력 사안의 경우 전담기구는 전문기관에 실태조사를 의뢰할 수 있나요?

A 전담기구는 성폭력 등 특수한 학교폭력 사건에 대한 실태조사의 전문성을 확보하기 위하여 필요한 경우 전문기관에 그 실태조사를 의뢰할 수 있다. 이 경우 그 의뢰는 자치위원회 위원장의 심의를 거쳐 학교의 장 명의로 하여야 한다.

101. 학교폭력 전담기구의 역할

Q 학교폭력 전담기구는 어떤 역할을 하나요?

A 학교폭력에 대한 실태 조사, 학교폭력 예방 프로그램의 구성 및 실시, 학교장 및 자치위원회의 요구 시 학교폭력 조사 결과 보고, 피해사실의 확인을 위한 학교폭력 사건의 조사하는 역할을 한다.

102. 학생대상 학교폭력 예방교육

Q 학생 대상 학교폭력 예방교육은 어떻게 실시하나요?

A 학교장은 학생의 육체적·정신적 보호와 학교폭력의 예방을 위하여 학생들에 대한 교육을 학기별로 1회 이상 실시하도록 정하고 있다. 학생 대상 예방교육은 '학급단위로 실시하는 것이 원칙'이다. 그러나 현실적으로 학급단위로 시행하기에는 교사에게 큰 부담이다. 또한 상황에 따라 학급단위수업이 어려울 수도 있다. 따라서 학교의 여건에 따라 전체 학생을 대상으로 한 장소에서 동시에 실시할 수 있다.

103. 교직원 대상 학교폭력 예방교육 실시

Q 교직원 대상 학교폭력 예방교육은 어떻게 실시하나요?

A 학교장은 학교폭력의 예방 및 대책 등을 위한 교직원에 대한 교육을 학기별로 1회 이상 실시하여야 한다. 여기서의 교직원은 생활지도 교사에 한정되는 것이 아니라 모든 교사와 학교의 직원까지도 포함된다. 교직원 대상교육은 기본적으로 학생대상 교육과 분리하여 진행하여야 한다. 다만 예방교육의 내용 등에 따라 같이 하는 것이 가능한 경우에는 교육을 함께 진행하여도 가능하다.

104. 학교의 사정으로 학교폭력 예방교육의 연기나 실시하지 않는 것이 가능한지 여부

Q 학교의 사정이나 학교장의 재량으로 학교폭력 예방교육을 연기하거나 하지 않을 수도 있나요?

A 교사와 학생대상 학교폭력 예방교육은 학기별 1회 이상 실시되어야 한다. 학교의 사정이 있다고 하여 다음 학기로 연기하거나 하지 않을 수 있는 것이 아니다. 이는 학교폭력 예방

및 대책에 관한 법률에서 규정하고 있는 것으로 학교의 사정, 학교장의 결정 등의 이유로 연기하거나 실시하지 않으면 학교폭력 예방 및 대책에 관한 법률을 위반하는 것이다.

105. 학교폭력 예방교육의 내용

Q 학교폭력 예방교육에는 어떤 내용이 포함되어야 하나요?

A 학교폭력 예방교육은 강의, 토론 및 역할연기 등 다양한 방법으로 하고, 다양한 자료나 프로그램 등을 활용하여야 하며, 교직원에 대한 학교폭력 예방교육은 학교폭력 관련 법령에 대한 내용, 학교폭력 발생 시 대응요령, 학생 대상 학교폭력 예방 프로그램 운영 방법 등을 포함하여야 하며, 학부모에 대한 학교폭력 예방교육은 학교폭력 징후 판별, 학교폭력 발생 시 대응요령, 가정에서의 인성교육에 관한 사항을 포함하여야 한다.

106. 학교장이 피해학생 보호자의 동의 없이 피해학생에 대한 조치를 할 수 있는지 여부

Q 학교장은 피해학생 보호자의 동의 없이 피해학생에 대한 조치를 할 수 있나요?

A 자치위원회의 피해학생에 대한 조치 요청이 있는 때에는 학교의 장은 피해학생의 보호자의 동의를 받아 7일 이내에 해당 조치를 하여야 하고 이를 자치위원회에 보고하여야 한다. 따라서 피해학생 보호자의 동의 없이 학교장이 피해학생에 대한 조치를 할 수 없다.

107. 피해학생 보호조치에 필요한 비용 부담

Q 피해학생 보호조치에 필요한 비용은 누가 부담하나요?

A 피해학생이 전문단체나 전문가에게 ① 심리상담 및 조언, ② 일시보호, ③ 치료 및 치료를 위한 요양의 규정에 따른 상담 등을 받는 데에 사용되는 비용은 가해학생의 보호자가 부담하여야 한다. 다만, 피해학생의 신속한 치료를 위하여 학교의 장 또는 피해학생의 보호자가 원하는 경우에는 학교안전사고 예방 및 보상에 관한 법률 제15조에 따른 학교안전공제회 또는 시·도교육청이 부담하고 이에 대한 구상권을 행사할 수 있다.

108. 피해학생의 보호를 위한 조치 중 '그 밖에 피해학생의 보호를 위하여 필요한 조치'

Q 피해학생의 보호를 위한 조치 중 '그 밖에 피해학생의 보호를 위하여 필요한 조치'에는

어떤 조치가 있나요?

A 학교폭력 예방 및 대책에 관한 법률에서는 규정하고 있지 않지만 피해학생을 위하여 필요하다고 판단되는 다양한 조치를 할 수 있다. 치료 등을 위한 의료기관에의 인도, 법률 구조기관 등에 필요한 협조와 지원요청, 신변보호지원 등을 할 수 있다.

109. 피해학생 또는 보호자의 재심청구

Q 피해학생 또는 보호자는 어떤 경우 재심을 청구할 수 있나요?

A 자치위원회 또는 학교의 장이 학교폭력 예방 및 대책에 관한 법률 제16조 제1항 및 제17조 제1항에 따라 내린 조치에 대하여 이의가 있는 피해학생 또는 그 보호자는 그 조치를 받은 날부터 15일 이내, 그 조치가 있음을 안 날부터 10일 이내에 지역위원회에 재심을 청구할 수 있다. 피해학생 또는 그 보호자는 피해학생에 대하여 내려진 조치에 대해서 뿐만 아니라 가해학생에 대해서 내려진 조치에 대해서도 지역위원회에 재심을 청구할 수 있다.

110. 자치위원회를 개최하였으나 가해학생에 대해서 어떠한 조치도 취하지 않은 경우 재심청구 가능 여부

Q 자치위원회를 개최하였으나 가해학생에 대해서 어떠한 조치도 취하지 않았을 경우에도 피해학생 또는 보호자는 재심을 청구할 수 있나요?

A 자치위원회를 개최하여 해당 사안이 학교폭력 사건이 아니며, 가해학생이나 피해학생이 존재하지 않으므로 어떠한 조치도 취하지 않을 경우에도 피해학생 또는 그 보호자는 재심을 청구할 수 있다고 보아야 할 것이다. 이는 자치위원회를 개최조차 하지 않은 경우와는 달리 자치위원회가 개최되었지만 가해학생에 대한 경미한 조치를 취한 경우와 마찬가지로 볼 수 있기 때문이다.

111. 피해학생 또는 피해학생 보호자의 가해학생을 위한 재심청구 가능 여부

Q 피해학생이나 그 보호자가 가해학생이 지나치게 중한 조치를 받았다고 생각할 경우에도 피해학생이나 그 보호자가 가해학생을 위하여 재심을 청구할 수 있나요?

A 피해학생이나 그 보호자가 가해학생이 지나치게 중한 조치를 받았다고 생각할 경우(전학이나 퇴학조치의 경우에는 가해학생 측에서도 재심을 청구할 수 있으므로 그 이외의 조치를 취한 경우)에도 피해학생이나 그 보호자가 가해학생을 위하여 재심을 청구할 수 있는지가 문제될 수 있다. 그러나 ① 학교폭력 예방 및 대책에 관한 법률에 재심을 청구할 수 있도록

규정한 취지는 자신에게 불리한 처분(즉 이 경우는 피해학생에게 불리한 처분)에 대해서 불복할 수 있도록 한 것으로 보여지며, ② 재심은 자신에게 불리한 피해학생이나 그 보호자에게 가해학생에 대한 조치의 경우에 대해서도 재심을 청구할 수 있도록 한 취지는 가해학생이 지나치게 경미한 조치를 받은 경우에 피해학생이나 그 보호자가 다시 한 번 가해학생에 대한 중한 조치를 취할 것을 청구할 수 있도록 한 것이라고 보여지므로 피해학생이나 그 보호자가 가해학생이 지나치게 중한 조치를 받았다고 생각할 경우에는 피해학생이나 그 보호자가 가해학생을 위하여 재심을 청구할 수 없다고 보아야 할 것이다.

112. 피해학생 또는 그 보호자의 피해학생에 대한 조치와 재심청구

Q 피해학생 또는 그 보호자가 학교폭력 예방 및 대책에 관한 법률 제16조 제1항에 따라 내린 피해학생에 대한 조치에 대해서 재심을 청구할 수 있는 경우는 어떤 경우가 있나요?

A 피해학생 또는 그 보호자가 학교폭력 예방 및 대책에 관한 법률 제16조 제1항에 따라 내린 피해학생에 대한 조치에 대해서 재심을 청구할 수 있는 대표적인 경우는 학교폭력 예방 및 대책에 관한 법률 제16조 제2항의 "자치위원회는 제1항에 따른 조치를 요청하기 전에 피해학생 및 그 보호자에게 의견진술의 기회를 부여하는 등 적정한 절차를 거쳐야 한다."는 규정 위반이나, 학교폭력 예방 및 대책에 관한 법률 제16조 제3항의 "제1항에 따른 요청이 있는 때에는 학교의 장은 피해학생의 보호자의 동의를 받아 …"의 규정을 위반한 경우일 것이다.

113. 피해학생이 자치위원회의 조치 전 결석과 출석 인정 여부

Q 피해학생이 자치위원회의 조치 전에 결석하는 경우도 출석으로 인정할 수 있나요?

A 피해학생이 학교폭력으로 인해 장기간 학교에 나오지 못했을 경우, 상당한 이유가 있을 경우에 학교의 장이 인정하면 출석으로 인정할 수 있다. 피해학생이 등교거부로 결석했을 경우 원칙적으로 자치위원회의 결과조치로써 피해학생이 치료 및 요양을 할 수 있으나, 자치위원회 소집 전에 피해학생이 등교거부를 하는 경우도 있다. 이때에도 역시 학교에서는 피해학생이 그 기간 동안 치료를 받은 것이 증명된다면(병원 의사의 진단서 등) 출석일수로 산입하는 것이 바람직하다.

114. 피해학생이 심리상담 및 조언이나 그 밖의 보호조치 결정을 받고 결석한 경우와 출석 인정 여부

Q 피해학생이 심리상담 및 조언이나 그 밖의 보호조치 결정을 받고 결석한 경우에도 출석으

로 인정할 수 있나요?

A 피해학생이 심리상담 및 조언이나 그 밖의 보호조치 결정을 받고 결석한 경우 초·중·고등학교 학교생활기록부 전산처리 및 관리 지침에 따르면 "기타 부득이한 사유로 학교의 장의 허가를 받아 결석하는 경우"에는 이를 출석으로 인정하는 규정을 두고 있으므로 학교장이 피해학생이 심리상담 및 조언이나 그 밖의 보호조치 결정을 받고 이를 이행하기 위하여 결석한 경우에는 학교장이 인정시 출석으로 인정할 수 있다.

115. 피해학생과 성적처리에서 불이익 금지

Q 학교폭력 피해학생은 성적처리에서 불이익을 받나요?

A 학교의 장은 피해학생에 대한 조치로 인해 성적 등을 평가함에 있어서 피해학생이 불이익을 받지 않도록 노력해야 한다. 보호조치를 받았다는 사실 자체가 성적평가 등에서 불이익으로 작용하지 않도록 해야 한다. 또한 일시보호나 치료를 위한 요양조치 등으로 인하여 피해학생이 장·단기간 결석하게 되어 부득이하게 성적평가를 위한 시험에 응하지 못하게 된 경우에도 학교학업 성적관리규정에 의거하여 불이익이 없도록 조치해야 한다. 피해학생이 장·단기간 결석하게 되는 경우 교장은 가정학습에 대한 지원 등 교육상 필요한 조치를 마련해 주는 것이 바람직하다.

116. 장애학생이 학교폭력 피해학생인 경우 특화된 조치

Q 장애학생이 학교폭력 피해학생인 경우 장애학생이 아닌 학교폭력 피해학생보다 특화된 조치를 받을 수 있나요?

A 장애학생이 학교폭력 피해학생인 경우에 자치위원회는 장애인 전문상담가의 상담이나 장애인 전문치료기관의 요양조치를 학교의 장에게 요청할 수 있다. 학교폭력 피해학생에 대해 할 수 있는 보호조치 중 하나인 '심리상담 및 조언'과 '치료를 위한 요양'이 장애학생에 대해서도 적용되지만 이와는 별도로 규정하고 있다. 학교폭력과 관련하여 현행 초·중등교육법 제19조의2에서는 전문당삼교사나 전문상담순회교사를 두어 성폭력·진로상담 등 학생들이 직면하는 다른 문제와 함께 전문적인 상담을 받을 수 있도록 시행하고 있다. 그럼에도 불구하고 학교폭력 예방 및 대책에 관한 법률에서 장애학생에 대한 조치를 특별히 규정한 것은 현행 제도 이상의 특별한 조치를 요구하고 있는 것이다. 또한 장애학생의 경우에는 자치위원회에서는 '심리상담 및 조언'과 '치료를 위한 요양'에 대해 일반적인 조치(법 제16조) 이외에 장애학생에 대한 특화된 조치(법 제16조의2)를 할 수 있다.

117. 학교폭력 피해학생의 지원범위

Q 학교폭력 피해학생의 지원범위는 어디까지인가요?

A 학교폭력 예방 및 대책에 관한 법률 제16조 제6항 단서에 따른 학교안전공제회 또는 시·도교육청이 부담하는 피해학생의 지원범위는 ① 교육감이 정한 전문심리상담기관에서 심리상담 및 조언을 받는 데 드는 비용, ② 교육감이 정한 기관에서 일시보호를 받는 데 드는 비용, ③ 의료법에 따라 개설된 의료기관, 지역보건법에 따라 설치된 보건소·보건의료원 및 보건지소, 농어촌 등 보건의료를 위한 특별조치법에 따라 설치된 보건진료소, 약사법에 따라 등록된 약국 및 같은 법 제91조에 따라 설립된 한국희귀의약품센터에서 치료 및 치료를 위한 요양을 받거나 의약품을 공급받는데 드는 비용을 지원한다.

118. 학교안전공제회 또는 시·도교육청이 가해학생의 보호자에게 구상하는 범위

Q 학교안전공제회 또는 시·도교육청이 가해학생의 보호자에게 구상하는 범위는 어디까지인가요?

A 학교안전공제회 또는 시·도교육청이 법 제16조 제6항에 따라 가해학생의 보호자에게 구상하는 범위는 제2항에 따라 피해학생에게 지급하는 모든 비용으로 한다.

119. 전학조치 요청시 학교장의 조치

Q 학교폭력대책자치위원회가 가해학생에 대해서 전학조치를 요청한 경우 학교장은 어떻게 해야 하나요?

A 초등학교·중학교·고등학교의 장은 자치위원회가 학교폭력 예방 및 대책에 관한 법률 제17조 제1항에 따라 학교폭력 가해학생에 대한 전학조치를 요청하는 경우에는 초등학교·중학교의 장은 교육장에게, 고등학교의 장은 교육감에게 해당 학생이 전학할 학교의 배정을 지체 없이 요청하여야 한다.

120. 교육장 또는 교육감의 학교폭력 가해학생에 대한 전학조치

Q 교육장 또는 교육감은 학교폭력 가해학생에 대한 전학조치에 대해서 어떻게 해야 하나요?

A 교육장 또는 교육감은 학교폭력 가해학생이 전학할 학교를 배정할 때에는 학교폭력 피해학생의 보호에 충분한 거리 등을 고려하여야 하며, 관할구역 외의 학교를 배정하려는 경우에는

해당 교육감 또는 교육장에게 이를 통보하여야 한다. 통보를 받은 교육감 또는 교육장은 해당 가해학생이 전학할 학교를 배정하여야 한다.

121. 전학조치와 재심청구

Q 전학조치에 대해서 이의가 있는 학생 또는 보호자는 재심을 청구할 수 있나요?

A 전학조치에 대하여 이의가 있는 학생 또는 그 보호자는 그 조치를 받은 날 부터 15일 이내, 그 조치가 있음을 안 날로부터 10일 이내에 초·중등교육법 제18조의3에 따른 시·도학생징계조정위원회에 재심을 청구할 수 있다.

122. 퇴학조치와 재심

Q 퇴학조치에 대하여 이의가 있는 학생 또는 그 보호자는 재심을 청구할 수 있나요?

A 퇴학조치에 대하여 이의가 있는 학생 또는 그 보호자는 그 조치를 받은 날부터 15일 이내, 그 조치가 있음을 안 날로부터 10일 이내에 초·중등교육법 제18조의3에 따른 시·도학생징계조정위원회에 재심을 청구할 수 있다.

123. 가해학생에 대한 조치와 의견진술의 기회 보장

Q 자치위원회가 가해학생에 대한 조치를 학교장에게 요청하기 전에 가해학생 측에게 의견진술의 기회를 보장하여야 하나요?

A 자치위원회가 가해학생에 대한 조치를 심의함에 있어서는 가해학생과 보호자에게 의견진술의 기회를 부여하는 등 적정한 절차를 거쳐야 한다. 그러나 가해학생과 보호자에게 의견진술의 기회를 적정하게 보장하였음에도 가해학생이나 보호자가 출석하지 않는다거나 의견진술을 하지 않은 경우에도 가해학생에 대한 조치를 취할 수 있다. 자치위원회에서 가해학생에 대한 조치를 의결할 경우에는 가해학생과 보호자 모두에게 의견진술의 기회를 주어야 한다.

124. 가해학생에 대한 조치결과 통보

Q 가해학생에 대한 조치결과를 가해학생 측에게 통보해야 하나요?

A 자치위원회의 요청에 따라 학교장이 가해학생에 대한 조치를 취한 때에는 가해학생과 그

보호자에게 이를 통지하여야 한다.

125. 협박 또는 보복행위와 가중된 조치

Q 가해학생이 피해학생이나 신고·고발 학생에 대한 협박 또는 보복행위를 할 경우 가중된 조치를 취할 수 있나요?

A 자치위원회가 학교의 장에게 가해학생에 대한 조치를 요청할 때 그 이유가 피해학생이나 신고·고발 학생에 대한 협박 또는 보복행위일 경우에는 학교폭력 예방 및 대책에 관한 법률 제1항 각 호의 조치를 병과하거나 조치내용을 가중할 수 있다.

126. 가해학생에 대한 학교장의 긴급한 경우 선도조치를 가해학생이 거부하거나 회피할 경우의 조치

Q 가해학생에 대한 학교장의 긴급한 경우 선도조치를 가해학생이 거부하거나 회피할 경우 어떤 조치를 취할 수 있나요?

A 가해학생이 학교장의 조치를 이행하지 아니하는 경우 중 학교폭력 예방 및 대책에 관한 법률 제17조 제4항의 긴급한 경우 선도조치를 거부하거나 회피하는 때에는 초·중등교육법 제18조(학생의 징계) 및 초·중등교육법시행령 제31조에 의거하여 ① 학교내의 봉사, ② 사회봉사, ③ 특별교육이수, ④ 1회 10일 이내, 연간 30일 이내의 출석정지, ⑤ 퇴학처분(단, 의무교육과정에 있는 학생은 제외)의 징계처분을 내릴 수 있다(학교폭력 예방 및 대책에 관한 법률 제17조 제7항). 이 경우에는 선도위원회를 개최하여 징계처분을 내릴 수 있다.

127. 가해학생이 자치위원회의 요청에 따른 학교장의 조치를 거부하거나 기피하는 경우의 추가조치

Q 가해학생이 자치위원회의 요청에 따른 학교장의 조치를 거부하거나 기피하는 경우의 추가조치를 취할 수 있나요?

A 학교폭력 예방 및 대책에 관한 법률 제17조 제1항 제2호부터 제9호까지의 처분(② 피해학생에 대한 접촉, 협박 및 보복행위의 금지, ③ 학교에서의 봉사, ④ 사회봉사, ⑤ 학내외 전문가에 의한 특별교육이수 또는 심리치료, ⑥ 출석정지, ⑦ 학급교체, ⑧ 전학, ⑨ 퇴학처분)을 받은 가해학생이 해당조치를 거부하거나 기피하는 경우 자치위원회는 제7항(긴급한 경우 선도조치의 거부나 회피시의 징계)에도 불구하고 추가로 다른 조치를 취할 것을 학교의 장에게 요청할 수 있다.

128. 피해학생 또는 보호자의 재심청구

Q 피해학생 또는 보호자는 가해학생에 대한 조치에 대해서 재심을 청구할 수 있나요?

A 자치위원회 또는 학교의 장이 제16조 제1항 및 제17조 제1항에 따라 내린 조치에 대하여 이의가 있는 피해학생 또는 그 보호자는 그 조치를 받은 날부터 15일 이내, 그 조치가 있음을 안 날부터 10일 이내에 지역위원회에 재심을 청구할 수 있다. 재심청구의 피청구인은 가해학생에 대한 조치(선도·징계처분)를 내린 학교의 장이 된다. 피해학생 또는 그 보호자는 피해학생에 대하여 내려진 조치에 대해서 뿐만 아니라 가해학생에 대해서 내려진 조치에 대해서도 지역위원회에 재심을 청구할 수 있도록 한 규정이다.

129. 가해학생 또는 보호자의 재심청구

Q 가해학생 또는 보호자는 가해학생에 대한 모든 조치에 대해서 재심을 청구할 수 있나요?

A 자치위원회가 제17조 제1항 제8호와 제9호에 따라 내린 조치에 대하여 이의가 있는 학생 또는 그 보호자는 그 조치를 받은 날부터 15일 이내, 그 조치가 있음을 안 날로부터 10일 이내에 초·중등교육법 제18조의3에 따른 시·도학생징계조정위원회에 재심을 청구할 수 있다. 즉 가해학생 또는 그 보호자는 가해학생에게 내려진 조치 중 전학과 퇴학처분에 대하여만 이의가 있는 경우 시·도학생징계조정위원회에 재심을 청구할 수 있도록 한 규정이다. 따라서 가해학생 및 그 보호자는 전학과 퇴학처분 이외의 조치에 대하여는 재심을 청구할 수 없다.

130. 재심결과에 대한 불복과 행정심판 및 행정소송 제기

Q 가해학생이 시·도학생징계조정위원회에 재심을 청구한 후 재심결과에 불복할 경우 어디에 행정심판을 제기하나요? 행정심판 결과에 불복할 경우 행정소송은 어디에 제기하나요?

A 가해학생이 전학처분이나 퇴학처분에 대하여 시·도학생징계조정위원회에 재심을 청구한 경우 시·도학생징계조정위원회는 재심청구일로부터 30일 이내에 이를 심사·결정하여 청구인에게 통보하여야 하도록 되어 있다. 재심결정에 이의가 있는 학생이나 학부모는 그 통보를 받은 날부터 60일 이내에 학교장을 피청구인으로 하여 행정심판을 제기할 수 있다. 이때 행정심판은 시·도 교육청에 설치된 행정심판위원회에 제기할 수 있다.

행정심판의 결과에 불복할 경우 국·공립학교 학생의 경우에는 학교장을 피고로 하여 법원에 행정소송을 제기할 수 있으며, 사립학교 학생의 경우에는 학교법인을 피고로 하여 법원에 민사소송을 제기할 수 있다.

131. 학교폭력 가해학생에 대한 조치 결정시 적용기준

Q 학교폭력 가해학생에 대한 조치를 결정할 때 적용되는 기준은 무엇인가요?

A 학교폭력예방 및 대책에 관한 법률 제17조 제1항의 조치별 적용기준은 ① 가해학생이 행사한 학교폭력의 심각성·지속성·고의성, ② 가해학생의 반성 정도, ③ 해당 조치로 인한 가해학생의 선도 가능성, ④ 가해학생 및 보호자와 피해학생 및 보호자 간의 화해의 정도, ⑤ 피해학생이 장애학생인지 여부를 고려하여 결정하고, 그 세부적인 기준은 교육과학기술부장관이 정하여 고시한다.

132. 가해학생에 대한 전학조치 절차

Q 가해학생에 대한 전학조치 절차는 어떻게 이루어지나요?

A 초등학교·중학교·고등학교의 장은 자치위원회가 학교폭력 예방 및 대책에 관한 법률 제17조 제1항에 따라 가해학생에 대한 전학조치를 요청하는 경우에는 초등학교·중학교의 장은 교육장에게, 고등학교의 장은 교육감에게 해당 학생이 전학할 학교의 배정을 지체 없이 요청하여야 한다. 교육감 또는 교육장은 가해학생이 전학할 학교를 배정할 때 피해학생의 보호에 충분한 거리 등을 고려하여야 하며, 관할구역 외의 학교를 배정하려는 경우에는 해당 교육감 또는 교육장에게 이를 통보하여야 하며, 통보를 받은 교육감 또는 교육장은 해당 가해학생이 전학할 학교를 배정하여야 한다.

교육감 또는 교육장은 전학 조치된 가해학생과 피해학생이 상급학교에 진학할 때에는 각각 다른 학교를 배정하여야 하여야 하며, 이 경우 피해학생이 입학할 학교를 우선적으로 배정한다.

133. 가해학생에 대한 우선 출석정지

Q 학교의 장이 가해학생에 대한 우선 출석정지를 할 수 있는 경우는 어떤 경우인가요?

A 학교폭력 예방 및 대책에 관한 법률 제17조 제4항에 따라 ① 2명 이상의 학생이 고의적·지속적으로 폭력을 행사한 경우, ② 학교폭력을 행사하여 전치 2주 이상의 상해를 입힌 경우, ③ 학교폭력에 대한 신고, 진술, 자료제공 등에 대한 보복을 목적으로 폭력을 행사한 경우, ④ 학교의 장이 피해학생을 가해학생으로부터 긴급하게 보호할 필요가 있다고 판단하는 경우에는 학교의 장이 출석정지 조치를 할 수 있으며, 학교의 장은 출석정지 조치를 하려는 경우에는 해당 학생 또는 보호자의 의견을 들어야 한다. 다만, 학교의 장이 해당 학생 또는 보호자의 의견을 들으려 하였으나 이에 따르지 아니한 경우에는 해당 학생 또는 보호자의 의견을 듣지 않아도 무방하다.

134. 피해학생 측의 재심청구

Q 피해학생 측의 재심청구는 어떻게 이루어지나요?

A 학교폭력 예방 및 대책에 관한 법률 제17조의2 제5항에 따라 피해학생 또는 보호자가 지역위원회에 재심을 청구할 수 있다. 지역위원회는 직권으로 또는 신청에 따라 청구인, 가해학생 및 보호자 또는 관련 교원 등을 지역위원회에 출석하여 진술하게 할 수 있으며, 지역위원회는 필요하다고 인정할 때에는 전문가 등 참고인을 출석하게 하거나 서면으로 의견을 들을 수 있다. 지역위원회의 회의는 비공개를 원칙으로 한다.

지역위원회는 재심사 결정 시 학교폭력 예방 및 대책에 관한 법률 제16조 제1항 각 호와 제17조 제1항 각 호의 어느 하나에 해당하는 조치(수 개의 조치를 병과 하는 경우를 포함한다)를 할 것을 해당 학교의 장에게 요청할 수 있다. 지역위원회의 재심 결과는 결정의 취지와 내용을 적어 청구인과 가해학생에게 서면으로 통보한다.

135. 가해학생에 대한 학교폭력과 관련된 사항의 생활기록부 기재

Q 학교생활기록부에 학교폭력 가해학생에 대한 내용을 기재해야 하나요?

A 학교생활기록부 학적사항에 대해서는 '특기사항'란에는 학적변동의 사유를 입력한다. 특기사항 중 학교폭력과 관련된 사항은 학교폭력 예방 및 대책에 관한 법률 제17조에 규정된 가해학생에 대한 조치사항을 입력한다. 출결사항에 대해서는 '특기사항'란에는 결석사유 또는 개근 등 특기사항이 있는 경우 학급 담임교사가 입력한다. 행동특성 및 종합의견란에는 행동특성 중 학교폭력과 관련된 사항은 학교폭력 예방 및 대책에 관한 법률 제17조에 규정된 가해학생에 대한 조치사항을 입력한다.

136. 학교폭력 가해학생에 대한 징계와 일사부재리 원칙과의 관계

Q 학교폭력 가해학생에 대해서 형사고소가 있거나 학교폭력 가해학생이 형사처벌을 받았을 경우 학교폭력 예방 및 대책에 관한 법률에 근거한 가해학생에 대한 조치를 내릴 수 있나요? 가해학생에 대한 조치를 내린다면 일사부재리 원칙에 위배되지 않나요?

A 일사부재리 원칙이란 판결이 내려진 어떤 사건(확정판결)에 대해 두 번 이상 심리·재판을 하지 않는다는 형사상의 원칙을 말하며, 학생 등 특별권력관계에 있는 경우 하나의 의무위반행위가 징계벌의 대상이 됨과 아울러 형사벌의 대상이 될 수 있다. 따라서 학교폭력 가해학생에 대해서 형사고소가 있거나 학교폭력 가해학생이 형사처벌을 받았다고 하더라도 학교폭력 예방 및 대책에 관한 법률에 근거한 가해학생에 대한 조치를 내릴 수 있으며, 이는 일사부재리의

원칙에 위배되지 않는다.

137. 학교폭력대책자치위원회에 분쟁조정 신청권자

Q 학교폭력대책자치위원회에 분쟁조정을 신청할 수 있는 사람은 누구인가요?

A 분쟁당사자(피해·가해 측)만이 신청할 수 있다. 피해학생 또는 보호자나 가해학생 또는 보호자가 손해배상에 관련된 합의를 하고자 할 때 즉, 피해학생 측에서 치료비와 요양비 등 금전적 손해에 대한 배상을 요구하는 경우 및 가해학생 측에서 피해학생 측의 치료비 및 요양비에 대해 합의를 하고자 하는 경우에는 자치위원회에 분쟁조정을 신청할 수 있다.

138. 분쟁조정과 분쟁조정 담당자 지정 및 외부전문기관의 자문

Q 자치위원회에서 분쟁조정을 하는 경우 자치위원이 가해학생 측과 피해학생 측에 합의금과 관련하여 전화를 하거나 상대방이 제시하는 금액에 대해서 이야기할 수 있나요?

A 자치위원회 또는 교육감은 자치위원회 위원 또는 지역위원회 위원 중에서 분쟁조정 담당자를 지정하거나, 외부전문기관에 분쟁과 관련한 사항에 대한 자문 등을 할 수 있다. 따라서 자치위원회 또는 교육감이 지정한 자치위원이나 지역위원은 분쟁조정이 1회로 끝나지 않고 계속되는 경우 가해학생 측이나 피해학생 측의 입장을 중간에서 전달하거나 합의금액 등에 대해서 양쪽 입장을 전달하고 자치위원회 또는 교육감에게 보고할 수 있다.

139. 분쟁의 조정기간은 1개월을 넘지 못한다는 의미

Q 분쟁의 조정기간은 1개월을 넘지 못한다는 의미는 무엇인가요?

A 분쟁의 조정기간은 1개월을 넘지 못한다. 1개월이란 기간의 계산에 관해서는 개별법률 등에서 특별히 규정하고 있지 않을 경우에는 기간계산에 관한 일반규정인 민법이 적용되며(민법 제155조), 민법에 따르면 주(週), 월(月), 또는 년(年)의 처음부터 기간을 기산하지 아니하는 때에는 최후의 주, 월, 년에서 그 기산일에 해당한 날의 전일(前日)로 기간이 만료한다(제160조 제2항). 1개월 이내 (또는 1개월을 넘지 못한다)라는 의미는 예를 들어 9월 5일 분쟁조정을 개시하였다면 10월 4일까지(10월 4일을 넘기지 못한다)는 의미로 보아야 할 것이다.

140. 분쟁조정의 거부·중지

Q 피해학생 등이 관련된 학교폭력에 대하여 가해학생을 고소·고발하거나 민사상 소송을 제기한 경우 반드시 분쟁조정을 거부·중지해야 하나요?

A 자치위원회 또는 교육감은 ① 분쟁당사자 중 어느 한 쪽이 분쟁조정을 거부한 경우, ② 피해학생 등이 관련된 학교폭력에 대하여 가해학생을 고소·고발하거나 민사상 소송을 제기한 경우, ③ 분쟁조정의 신청내용이 거짓임이 명백하거나 정당한 이유가 없다고 인정되는 경우에는 분쟁조정의 개시를 거부하거나, 이미 개시된 분쟁조정을 중지할 수 있다. 즉 반드시 분쟁조정을 거부·중지해야 하는 것이 아니라 분쟁조정을 거부·중지 할 수 있는 것이다.

141. 자치위원에 대한 제척·기피·회피

Q 자치위원에 대한 제척·기피·회피는 피해학생에 대한 조치, 가해학생에 대한 조치에도 적용되나요? 분쟁조정의 경우에만 적용되나요?

A 자치위원회의 위원은 법 제16조(피해학생에 대한 조치), 제17조(가해학생에 대한 조치) 및 제18조(분쟁조정)의 경우에 모두 적용된다.

142. 자치위원에 대한 제척사유

Q 자치위원에 대한 제척사유는 무엇인가요?

A ① 위원이나 그 배우자 또는 그 배우자였던 사람이 해당 사건의 피해학생 또는 가해학생의 보호자인 경우 또는 보호자였던 경우, ② 위원이 해당 사건의 피해학생 또는 가해학생과 친족이거나 친족이었던 경우, ③ 그 밖에 위원이 해당 사건의 피해학생 또는 가해학생과 친분이 있거나 관련이 있다고 인정하는 경우에 해당하면 해당 사건에서 제척된다.

143. 자치위원에 대한 기피신청

Q 자치위원에 대한 기피신청이 있는 경우 어떻게 해야 하나요?

A 학교폭력과 관련하여 자치위원회를 개최하는 경우 또는 분쟁이 발생한 경우 자치위원회의 위원에게 공정한 심의를 기대하기 어려운 사정이 있다고 인정할 만한 상당한 사유가 있을 때에는 분쟁당사자는 자치위원회에 그 사실을 서면으로 소명하고 기피신청을 할 수 있다. 자치위원회는 기피신청을 받으면 의결로써 해당 위원의 기피 여부를 결정하여야 한다. 이

경우 기피신청 대상이 된 위원은 그 의결에 참여하지 못한다.

144. 자치위원에 대한 기피신청과 고지의무 여부

Q 자치위원회 위원의 제척·기피·회피에 대하여 피해학생 측이나 가해학생 측에게 알려주어야 할 의무가 있나요?

A 제척이유의 유무는 그 문제된 자치위원 자신과 자치위원회의 직권조사사항이다. 따라서 제척사유에 해당하면 그 해당하는 자치위원과 자치위원회가 조사하여 당연히 해당 사건에서 자치위원의 직무를 행할 수 없으므로 피해학생 측이나 가해학생 측이 문제 삼지 않더라도 직권으로 조사한 후 자치위원회를 진행하여야 한다. 예를 들면 당해 자치위원회가 열릴 때 자치위원 스스로 제척사유임을 밝히고 직무에서 물러나야 하며, 자치위원장은 자치위원들에게 제척사유가 존재하는지 물어보고 확인하고 나서 자치위원회를 진행해야 한다. 결국 제척의 경우에는 피해학생 측이나 가해학생 측의 신청이나 이의제기 등이 문제되는 경우가 아니며, 이의나 문제제기를 하였더라도 자치위원회가 제척사유가 있는지 직권발동을 촉구하는 의미가 있을 뿐이다.

기피는 분쟁당사자(즉 피해학생 측이나 가해학생 측)이 공정한 심의를 기대하기 어려운 사정을 서면으로 소명하고 기피신청을 하는 경우에 문제가 되기 때문에 자치위원회에서 기피제도가 있음을 알려줄 의무는 없다.

회피는 자치위원 스스로 해당 사건에서 제척 또는 기피이유가 있다고 인정하여 자발적으로 직무집행을 피하는 것이므로 분쟁당사자 즉 피해학생 측이나 가해학생 측의 신청여부와는 관련이 없다.

결론적으로 제척사유에 해당하는지는 각 자치위원 및 자치위원회가 직권으로 조사하여야 하는 것이며, 기피는 분쟁당사자의 신청을 받아서 하는 것이며, 회피는 자치위원 스스로 제척, 기피사유가 있다고 인정하여 자발적으로 직무집행에서 물러나는 것이므로 자치위원회 또는 자치위원장이 분쟁당사자에게 제척, 기피, 회피제도에 대해서 설명해 주거나 안내해줄 의무는 없다. 자치위원장은 자치위원회를 개최하면서 또는 평소에 자치위원에게 제척, 기피, 회피제도에 대해서 설명해둘 필요는 있지만 분쟁당사자에게 설명해주거나 안내해줄 의무는 없다.

145. 학교폭력 신고와 학교장의 통보

Q 학교폭력을 신고 받은 기관으로부터 통보받은 소속 학교의 장은 어떻게 해야 하나요?

A 학교폭력 신고를 받은 기관은 이를 가해학생 및 피해학생의 보호자와 소속 학교의 장에게 통보하여야 한다. 통보받은 소속 학교의 장은 이를 자치위원회에 지체 없이 통보하여야

한다. 만일 학교의 장이 통보를 받고서 자치위원회에 지체 없이 통보를 하지 않은 경우 국·공립학교 학교장이라면 직무유기죄가 성립할 수 있다. 예를 들어 경찰서로부터 학교폭력 사건을 통보 받은 학교의 장은 지체 없이 자치위원회에 통보하여야 하며, 자치위원회는 사안조사를 하여야 한다.

146. 교원의 학교폭력 신고의무

Q 교원에게 학교폭력 신고의무가 있나요?

A 누구라도 학교폭력의 예비·음모 등을 알게 된 자는 이를 학교의 장 또는 자치위원회에 고발할 수 있다. 다만, 교원이 이를 알게 되었을 경우에는 학교의 장에게 보고하고 해당 학부모에게 알려야 한다. 따라서 교원이 학교폭력 사실을 알면서도 학교의 장에게 보고하지 않거나 피해학생 보호자나 가해학생 보호자에게 알리지 않은 경우 국·공립학교 교사의 경우에는 직무유기죄가 성립될 수 있으며, 학교폭력의 정의에 포함된 범죄의 방조범으로 처벌될 수도 있으며, 징계사유가 될 수도 있다.

147. 학교폭력과 교원의 직무유기죄 성립여부

Q 공무원이 직무집행과 관련하여 태만·분망·착각 등으로 부당한 결과를 초래하였을 경우에도 직무유기죄가 성립하나요?

A 공무원이 정당한 이유 없이 직무수행을 거부하거나 직무를 유기함으로써 성립하는 범죄이다. 직무유기죄가 성립하기 위하여는 주관적으로 직무의 수행을 거부하거나 이를 버린다는 인식과 객관적으로는 직무 또는 직장을 벗어나는 행위가 있어야 한다. 따라서 공무원이 직무집행과 관련하여 태만·분망·착각 등으로 부당한 결과를 초래하였다고 하여 본죄가 성립하는 것은 아니다.

148. 사립학교 교원도 직무유기죄의 주체가 될 수 있는 지 여부

Q 사립학교 교원도 공무원인가요? 사립학교 교원도 직무유기죄의 주체가 될 수 있나요?

A 교사(敎師)는 국가에서 정한 법령에 따라 학생에게 국가에서 지정한 과목, 종목의 교육 이수의 과정에서 이끌어주거나 도움을 주거나 설명을 하는 사람 혹은 그러한 자격증, 자격을 가진 이를 말한다. 대한민국에서 교사 자격증 소지자 중에 정식으로 공립학교에서 근무하는 교사는 법적으로 신분이 보장되는 공무원이다. 사립학교에서 근무하는 교사는 교육공무원법의 적용을 받는, 공무원에 준하는 대우를 받는 다는 취지에서 준공무원으로 분류된다. 사립학교

교직원의 신분은 교육공무원법 제2조와, 사립학교법 제55조부터 제60조의 3항에 신분보장이 명시되어 있다. 교육공무원법의 상위 법령인 국가공무원법을 통해 이들의 신분은 법으로 보장된다. 국가공무원법에서 보면 (국가공무원법 68조)에 의해 "공무원은 형의선고·징계처분 또는 이법에 정하는 사유에 의하지 아니하고는 그 의사에 반하여 휴직·강임 또는 면직을 당하지 아니한다."라고 규정하고 있다. 그러나 국·공립학교 교사는 공무원이지만 사립학교 교사는 공무원이 아니다. 따라서 국·공립학교 교사는 직무유기죄의 주체가 될 수 있지만 사립학교 교사는 직무유기죄의 주체가 될 수 없다.

149. 직무유기죄에서 직무집행의 거부

Q 직무유기죄에서 직무집행의 거부란 어떤 행위인가요?

A 직무수행을 거부하는 것은 직무를 능동적으로 수행할 의무 있는 자가 이를 행하지 않는 것을 말하고, 직무유기란 직무에 관한 의식적인 방임 내지 포기 등 정당한 이유 없이 직무를 수행하지 않는 경우를 말한다. 적극적인가 또는 소극적인가는 묻지 않는다.

150. 직무유기와 직무태만의 구별

Q 직무유기죄에서 직무의 유기는 직무태만과 어떤 점에서 다른가요?

A 직무를 유기할 것을 요하므로 직무를 집행한 때에는 직무집행에 있어서 법정절차를 이행하지 않았거나, 내용이 부실하다고 하여도 직무유기죄는 성립하지 않는다. 직무유기는 또한 직무에 관한 의식적인 포기일 것을 요한다는 점에서 직무태만과 구별해야 한다.

151. 국·공립학교 교사가 직무유기죄로 처벌될 수 있는 경우

Q 학교폭력 사건에서 국·공립학교 교사가 직무유기죄로 처벌될 수 있는 경우는 어떤 경우가 있나요?

A 교사가 학교폭력 사실을 알면서도 적절히 대응하지 않거나, 가해학생과 피해학생 간에 스스로 해결하는 것이 바람직하다고 생각하여 학교의 장에게 보고하지 않거나 가해학생 학부모 및 피해학생 학부모에게 알리지 않았을 경우 형법상 직무유기죄가 성립할 수 있다. 학교폭력 예방 및 대책에 관한 법률 제20조는 학교폭력 신고의무를 규정하고 있으며, 제1항에서는 "학교폭력 현장을 보거나 그 사실을 알게 된 자는 학교 등 관계 기관에 이를 즉시 신고하여야 한다."라고 규정하고 있으며, 제4항에서는 "누구라도 학교폭력의 예비·음모를 알게 된 자는 이를 학교의 장 또는 자치위원회에 고발 할 수 있다. 다만, 교원이 이를 알게 되었을 경우에는

학교의 장에게 보고하고 해당 학부모에게 알려야 한다."라고 규정하고 있다.
국·공립학교 교사가 학교폭력 피해학생으로부터 피해사실을 직접 들어서 알고 있거나, 학교폭력 피해사실을 어떤 경위로든 알게 되었거나 목격자로부터 신고를 받아 알게 되었음에도 이러한 사실을 의도적으로 학교의 장에게 보고하지 않았을 경우에는 직무유기죄가 성립할 수도 있다. 국·공립학교의 장이 학교폭력 사실을 통보받거나 보고받거나 신고를 받았음에도 의도적으로 자치위원회에 통보하지 않거나 자치위원회 소집을 요구하지 않거나 피해학생이나 가해학생에 대한 적절한 조치를 취하지 않은 경우에는 직무유기죄가 성립할 수 있다.

152. 부실한 직무집행과 직무유기죄의 성립 여부

Q 직무집행내용이 부실한 경우에도 직무유기죄가 성립하나요?

A 형법 제122조 소정의 공무원이 정당한 이유 없이 그 직무를 유기한 때라 함은 직무에 관한 의식적인 방임 내지는 포기 등 정당한 사유 없이 그 직무를 수행하지 아니한 경우를 의미한다고 할 것이므로 공무원이 태만, 착각 등으로 인하여 직무집행을 성실히 수행하지 아니 한 것에 불과한 경우나 형식적으로 또는 소홀히 직무를 집행하였기 때문에 성실한 직무수행을 못한 것으로 귀착되는 경우에는 직무유기죄는 성립하지 아니한다.

153. 종범(방조범)의 의미

Q 종범(방조범)이란 어떤 자인가요?

A 종범이란 타인의 범죄를 방조하는 자를 말한다. 방조법이라고도 한다.
종범은 이미 범행결의를 가진 자의 실행행위를 도와주거나 그 결의를 강화시킨다는 점에서, 아직 범죄를 결의하지 아니한 자에게 새로이 범행결의를 생기게 하는 교사범과 구별된다. 종범은 의사연락과 행위지배가 없는 공범이라는 점에서, 공동의사를 기초로 기능적 행위지배를 하는 공동정범과 구별된다.

154. 조언이나 격려와 종법의 성립 여부

Q 정범에게 조언, 격려를 해주는 것도 종범이 될 수 있나요?

A 방조란 정범의 범죄실행의 결의를 강화시키거나 그 실행행위를 가능 또는 용이하게 해주는 실행행위 이외에 원조행위를 말한다. 정범의 범죄실행을 용이하게 하는 것이면 방조행위의 수단·방법에는 제한이 없다. 정신적 방조는 조언, 격려, 충고, 정보제공, 장물처분·알리바이증명의 약속 등 무형적 방법에 의한 방조행위를 말한다. 물질적 방조는 범행도구의 대여,

범죄장소의 제공, 범죄자금의 제공 등 유형적 방법에 의한 방조행위를 말한다.

155. 정범의 신원 인식과 종범의 성립 여부

Q 정범의 정확한 신원까지 몰라도 종범이 성립할 수 있나요?

A 방조자의 고의는 개별적으로 확정될 수 있는 정범의 범행에 대한 것이어야 한다. 그러나 정범의 정확한 신원 및 정범의 실존유무까지 알 필요는 없다. 방조자는 정범의 실행행위의 본질적 표식을 인식해야 하나 범행의 세부적인 사항까지 인식할 필요는 없다.

156. 학교폭력 사건의 경우 교사에게 방조죄가 성립될 수 있는 경우

Q 학교폭력 사건의 경우 교사에게 방조죄가 성립될 수 있는 경우는 어떤 경우인가요?

A 교사가 학교폭력 가해학생의 학교폭력 사실을 알면서도 이를 방치함으로써 학교폭력 가해학생의 범죄 실행을 용이하게 하는 것으로 판단되는 경우 학교폭력 예방 및 대책에 관한 법률 제2조의 학교폭력의 정의에 해당하는 상해, 폭행, 감금, 협박, 약취·유인, 명예훼손·모욕, 공갈, 강요, 성폭력, 정보통신망 이용촉진 및 정보보호 등에 관한 법률 위반죄의 종범(방조범)이 성립될 수 있다. 특히 교사는 학교폭력 결과 발생을 방지해야 할 보증인지위에 있으므로 가해학생이 피해학생에 대한 폭력행사를 알면서도 결과발생을 방지하지 않은 경우 부작위에 의한 종범이 성립할 수 있다.

157. 부작위에 의한 방조

Q 형법상 방조행위가 부작위에 의하여도 성립할 수 있나요?

A 형법상 방조행위는 정범의 실행을 용이하게 하는 직접, 간접의 모든 행위를 가리키는 것으로서 작위에 의한 경우뿐만 아니라 부작위에 의하여도 성립되는 것이다. 법률상 정범의 범행을 방지할 의무있는 자가 그 범행을 알면서도 방지하지 아니하여 범행을 용이하게 한 때에는 부작위에 의한 종범이 성립한다.

158. 자치위원회 회의록의 범위

Q 학교폭력 예방 및 대책 관련 심의내용 및 의결내용을 기록한 것 이외의 서류도 자치위원회

회의록인가요?

A 자치위원회 회의록은 단순히 학교폭력 예방 및 대책관련 심의 내용을 기록한 것 뿐 아니라 분쟁조정 심의 내용을 기록한 것까지를 모두 포함된다. 즉 자치위원회 회의록은 자치위원회 회의에서 작성된 모든 서류를 말한다.

159. 가해학생의 보호자나 피해학생의 보호자도 비밀누설금지 의무가 있는 지 여부

Q 학교폭력 가해학생의 보호자나 피해학생의 보호자도 비밀누설금지 의무가 있나요?

A 학교폭력 예방 및 대책에 관한 법률에 따라 학교폭력의 예방 및 대책과 관련된 업무를 수행하거나 수행하였던 자는 그 직무로 인하여 알게 된 비밀 또는 가해학생·피해학생 및 신고자나 고발자와 관련된 자료를 누설하여서는 아니 된다. 비밀누설금지 의무는 현직 자치위원회 위원은 물론 전직 자치위원회 위원도 이에 해당된다. 또한 자치위원회 위원이 아니더라도 자치위원회 서기나 전문상담교사, 교육감 등 학교폭력 예방 및 대책에 관한 법률의 규정에 의하여 학교폭력 업무를 수행하거나 수행하였던 사람 역시 비밀유지의 의무가 있다. 그러나 학교폭력 가해학생의 보호자나 피해학생의 보호자는 학교폭력 예방 및 대책에 관한 법률에 따라 학교폭력의 예방 및 대책과 관련된 업무를 수행하거나 수행하였던 자로 볼 수 없기 때문에 비밀누설금지 의무가 있는 자에 해당하지 않는다.

160. 자치위원회 회의 및 회의록 공개여부와 범위

Q 자치위원회 회의 및 회의록은 전부 공개해야 하나요?

A 피해학생에 대한 보호조치, 가해학생에 대한 선도 및 징계조치, 분쟁조정을 위한 자치위원회의 회의는 공개하지 않는다. 피해학생·가해학생 또는 그 보호자가 회의록의 열람·복사 등 회의록 공개를 신청한 때에는 학생과 그 가족의 성명, 주민등록번호 및 주소, 위원의 성명 등 개인정보에 관한 사항을 제외하고 공개하여야 한다.

161. 학교폭력과 비밀의 범위

Q 학교폭력 예방 및 대책에 관한법률 제21조 제1항에 따른 비밀의 범위는 어디까지인가요?

A 학교폭력 예방 및 대책에 관한 법률 제21조 제1항에 따른 비밀의 범위 ① 학교폭력 가해학생과 피해학생 개인 및 가족의 성명, 주민등록번호 및 주소 등 개인정보에 관한 사항, ② 학교폭력 가해학생과 피해학생에 대한 심의·의결과 관련된 개인별 발언 내용, ③ 그 밖에 외부로

누설될 경우 분쟁당사자 간에 논란을 일으킬 우려가 명백한 사항이다.

162. 비밀의 의미와 누설의 의미

Q 비밀누설금지에서 비밀이란 무엇이며, 누설이란 무엇인가요?

A 비밀이란 특정인 또는 일정한 범위의 사람에게만 알려져 있는 사실로서 타인에게 알려지지 아니하는 데 본인에게 이익이 있는 사실을 말한다. 이미 그 사실을 알고 있는 사람이 다수 존재한다고 하더라도 아직 모르는 사람에게 누설하는 행위는 비밀을 누설한 것이 된다. 누설이란 비밀에 속하는 사실을 이를 모르는 사람에게 알게 하는 것을 말하며, 그 방법에는 제한이 없으므로 직접 면전에서 구두로 고지하거나, 서류를 열람시키거나 모두 누설에 해당한다.

163. 공개되지 아니한 타인 간의 대화녹음과 증거능력

Q 공개되지 아니한 타인 간의 대화를 녹음한 경우 증거능력이 있나요?

A 판례는 녹음테이프 검증조서의 기재 중 피고인과 타인 간의 대화를 녹음한 부분은 공개되지 아니한 타인 간의 대화를 녹음한 것이므로 통신비밀보호법의 규정에 의하여 그 증거능력이 없고, 피고인들 간의 전화통화를 녹음한 부분은 피고인의 동의 없이 불법감청한 것이므로 위 법 제4조에 의하여 그 증거능력이 없다고 하였다.

164. 자기와 제3자간 대화녹음과 증거능력

Q 자기와 제3자간 대화를 몰래 녹음한 테이프는 증거능력이 있나요?

A 판례는 사인이 자기와 피고인 아닌 자와의 대화내용을 상대방 몰래 녹음한 경우 그 녹음테이프 또는 상대방 몰래 비디오로 촬영·녹음한 경우, 피고인이 그 녹음테이프를 증거로 할 수 있음에 동의하지 아니하는 이상 그 증거능력을 부여하기 위해서는 첫째, 녹음테이프가 원본이거나 원본으로부터 복사한 사본일 경우(녹음디스크에 복사할 경우에도 동일함)에는 복사과정에서 편집되는 등의 인위적 개작 없이 원본의 내용 그대로 복사된 사본일 것, 둘째, 형사소송법 제313조 제1항에 따라 공판준비나 공판기일에서 원진술자의 진술에 의하여 그 녹음테이프에 녹음된 각자의 진술내용이 자신이 진술한 대로 녹음된 것이라는 점이 인정되어야 할 것이고, 사인이 피고인 아닌 사람과의 대화내용을 대화 상대방 몰래 녹음하였다고 하더라도 위와 같은 조건이 갖추어지면 증거능력이 있다. 사인이 피고인 아닌 사람과의 대화내용을 상대방 몰래 비디오로 촬영·녹음한 경우에도 그 비디오테이프의 진술부분에 대하여도 위와 마찬가지

로 취급하여야 할 것이라고 하였다.

165. 사인이 자기와 피고인 아닌 자와의 대화내용을 몰래 녹음한 경우와 증거능력

Q 사인이 자기와 피고인 아닌 자와의 대화내용을 몰래 녹음한 경우 그 녹음테이프는 증거능력이 있나요?

A 판례는 사인이 자기와 피고인 아닌 자와의 대화내용을 몰래 녹음한 경우 그 녹음테이프에 증거능력이 인정되기 위해서는 피고인이 그 녹음테이프를 증거로 할 수 있음에 동의하거나, 녹음테이프가 원본이거나 인위적 개작 없는 사본으로서 원진술자의 진술에 의하여 자신이 진술한 대로 녹음된 것이라는 점이 인정되어야 할 것이다. 피고인이 범행 후 피해자에게 전화를 걸어오자 피해자가 증거를 수집하려고 그 전화내용을 녹음한 경우 그 녹음테이프가 피고인 모르게 녹음된 것이라 하여 이를 위법하게 수집된 증거라고 할 수 없다고 하였다.

166. 고소와 고발의 차이점

Q 고소와 고발은 어떤 차이점이 있나요?

A 고소란 범죄의 피해자 또는 그와 일정한 관계가 있는 고소권자가 수사기관에 대하여 범죄사실을 신고하여 범인의 처벌을 구하는 의사표시를 말한다. 고발이란 가해자나 피해자가 아닌 제3자가 어떤 범죄 사실을 경찰서나 검찰청에 신고하여 수사나 기소를 요구한다는 점에서 범죄의 피해자 또는 그와 일정한 관계에 있는 자가 하는 고소와 구별된다.

167. 고소권 없는 자의 고소와 고소의 효력

Q 고소권 없는 자가 한 고소도 효력이 있나요?

A 고소는 고소권자에 의하여 행하여져야 한다. 따라서 고소권이 없는 자가 한 고소는 고소로서의 효력이 없다. 형사소송법에 규정하는 고소권자는 범죄로 인한 피해자이다.

168. 법정대리인의 고소권

Q 피해자의 고소와 별도로 법정대리인이 고소하였다가 취소하였다면 피해자의 고소도 취소된 것으로 보아야 하나요?

A 피해자의 고소는 고유한 권한이라고 할 것이므로 독립대리권을 가지는 법정대리인이 별도로 고소를 하였다가 뒤에 이를 취소하였다 하여 피해자가 한 고소의 효력에는 아무런 영향이 없다.

169. 자기 또는 직계존속에 대한 고소 금지와 성폭력범죄에서의 예외

Q 자기 또는 직계존속에 대한 고소는 항상 금지 되나요?

A 자기 또는 배우자의 직계존속을 고소하지 못한다. 고발의 경우에도 자기 또는 배우자의 직계존속을 고발하지 못한다. 다만 성폭력범죄에 대하여는 자기 또는 배우자의 직계존속도 고소할 수 있다.

170. 법정대리인의 고소권의 독립성

Q 피해자의 법정대리인은 피해자와 독립하여 고소할 수 있나요?

A 피해자의 법정대리인은 독립하여 고소할 수 있다. 피해자의 법정대리인이 피의자이거나 법정대리인의 친족이 피의자인 때에는 피해자의 친족은 독립하여 고소할 수 있다.

171. 피해자의 사망과 고소

Q 피해자가 사망한 때에도 고소할 수 있나요?

A 피해자가 사망한 때에는 그 배우자·직계친족 또는 형제자매는 고소할 수 있으나 피해자의 명시한 의사에 반하여 고소하지는 못한다.

172. 피해자의 명시한 의사에 반한 법정대리인의 고소

Q 법정대리인은 피해자의 명시한 의사에 반하여 고소할 수 있나요?

A 형사소송법 제225조 제1항이 규정한 법정대리인의 고소권은 무능력자의 보호를 위하여 법정대리인에게 주어진 고유권이므로, 법정대리인은 피해자의 고소권 소멸 여부에 관계없이 고소할 수 있고, 이러한 고소권은 피해자의 명시한 의사에 반하여도 행사할 수 있다.

173. 법정대리인의 고소기간 진행

Q 법정대리인의 고소기간은 피해자가 범인을 알게 된 날부터 진행하나요?

A 형사소송법 제225조 제1항이 규정한 법정대리인의 고소권은 무능력자의 보호를 위하여 법정대리인에게 주어진 고유권으로서 피해자의 고소권 소멸여부에 관계없이 고소할 수 있는 것이므로 법정대리인의 고소기간은 법정대리인 자신이 범인을 알게 된 날로부터 진행한다.

174. 고소와 고소장 제출 여부

Q 고소는 고소장을 제출해야만 하나요?

A 고소는 서면 또는 구술로 검사 또는 사법경찰관에게 하여야 한다. 고소라 함은 범죄의 피해자 기타의 고소권자가 수사기관에 대하여 범죄사실을 신고하여 범인의 소추를 구하는 의사표시를 말하는 것으로 그 의사표시의 방법에는 제한이 없으므로 수사당국이 피해자에 대하여 고소의 의사유무를 확인하는 것도 적법하다 할 것인 바, 피해자가 경찰과 검찰에서 참고인으로 조사받을 때 범죄사실을 진술하고 범인들의 처벌을 희망하고 있다면 위 피해자의 고소도 적법하게 이뤄졌다고 할 것이다.

175. 범인에 대한 처벌을 요구하는 의사표시가 기재된 조서와 고소의 효력

Q 친고죄에서 참고인으로 신문 받으면서 범인의 처벌을 요구하는 의사를 표시하고 그 의사표시가 조서에 기재된 경우, 적법한 고소에 해당하나요?

A 친고죄와 관련하여 고소권자가 수사기관으로부터 피해자 또는 참고인으로 신문 받으면서 범인의 처벌을 요구하는 의사를 표시하고 그 의사표시가 조서에 기재된 경우, 적법한 고소에 해당한다. 피해자가 강제추행 당한 사실을 진술하면서 피고인의 처벌을 요구하는 의사표시를 하였고 이러한 의사표시가 수사기관이 작성한 피해자진술조서에 기재되었다면, 그러한 의사표시가 경찰관의 질문에 답하는 형식으로 이루어졌다고 하더라도 적법한 고소에 해당한다.

176. 고소사실의 적시 정도

Q 고소를 할 때 범인이 누구인지, 범인 중 처벌을 구하는 자가 누구인지 적시해야 하나요?

A 고소는 범죄의 피해자 또는 그와 일정한 관계가 있는 고소권자가 수사기관에 대하여 범죄사실을 신고하여 범인의 처벌을 구하는 의사표시이므로, 고소인은 범죄사실을 특정하여 신고하면

족하고 범인이 누구인지 나아가 범인 중 처벌을 구하는 자가 누구인지를 적시할 필요도 없다.

177. 고소와 죄명

Q 고소가 어떠한 사항에 관한 것인가의 여부는 고소장에 붙인 죄명에 구애되나요?

A 고소가 어떠한 사항에 관한 것인가의 여부는 고소장에 붙인 죄명에 구애될 것이 아니라 고소의 내용에 의하여 결정하여야 할 것이므로 고소장에 명예훼손죄의 죄명을 붙이고 그 죄에 관한 사실을 적었으나 그 사실이 명예훼손죄를 구성하지 않고 모욕죄를 구성하는 경우에는 위 고소는 모욕죄에 대한 고소로서의 효력을 갖는다.

178. 대리인에 의한 고소 및 고소의 취소와 위임장이 필요한지 여부

Q 대리인에 의하여 고소를 할 때 반드시 위임장을 제출해야 하나요?

A 형사소송법 제236조의 대리인에 의한 고소의 경우, 대리권이 정당한 고소권자에 의하여 수여되었음이 실질적으로 증명되면 충분하고, 그 방식에 특별한 제한은 없으므로, 고소를 할 때 반드시 위임장을 제출한다거나 '대리'라는 표시를 하여야 하는 것은 아니다.

179. 대리인에 의한 고소와 고소기간 기산의 기준

Q 대리인에 의한 고소의 경우 고소기간은 대리인을 기준으로 기산하나요?

A 고소기간은 대리고소인이 아니라 정당한 고소권자를 기준으로 고소권자가 범인을 알게 된 날부터 기산한다.

180. 민법상 행위능력과 고소능력

Q 민법상 행위능력이 없는 자는 고소능력이 없나요?

A 고소를 함에는 소송행위능력, 즉 고소능력이 있어야 하는바, 고소능력은 피해를 받은 사실을 이해하고 고소에 따른 사회생활상의 이해관계를 알아차릴 수 있는 사실상의 의사능력으로 충분하므로 민법상의 행위능력이 없는 자라도 위와 같은 능력을 갖춘 자에게는 고소능력이 인정된다고 할 것이고, 고소위임을 위한 능력도 위와 마찬가지라고 할 것이다.

181. 피해자의 사망과 고소의 취소

Q 피해자가 한 고소를 피해자가 사망한 후 피해자의 아버지가 고소를 취소한 것은 적법한 고소의 취소인가요?

A 피해자의 부친이 피해자 사망 후에 피해자를 대신하여 그 피해자가 이미 하였던 고소를 취소하더라도 이는 적법한 고소취소라 할 수 없다.

182. 친고죄의 고소기간

Q 친고죄의 고소기간은 언제까지 인가요?

A 친고죄에 대하여는 범인을 알게 된 날로부터 6개월을 경과하면 고소하지 못한다. 단, 고소할 수 없는 불가항력의 사유가 있는 때에는 그 사유가 없어진 날로부터 기산한다. 단, 성폭력범죄 중 친고죄에 대하여는 형사소송법상 규정에도 불구하고 범인을 알게 된 날부터 1년이 지나면 고소하지 못한다. 다만, 고소할 수 없는 불가항력의 사유가 있는 경우에는 그 사유가 없어진 날부터 기산한다. 그러나 친고죄가 아닌 범죄에 대하여는 고소기간의 제한이 없다.

183. 친고죄의 고소에서 범인을 알게 된 날의 의미

Q 친고죄의 고소에서 범인을 알게 된 날이란 어떤 의미인가요?

A 형사소송법 제230조 제1항 본문은 친고죄에 대하여는 범인을 알게 된 날로부터 6개월을 경과하면 고소하지 못한다고 규정하고 있는바, 이는 범죄행위가 종료된 후에 범인을 알게 된 날을 가리키는 것으로서, 고소권자가 범죄행위가 계속되는 도중에 범인을 알았다 하여도, 그 날부터 곧바로 위 조항에서 정한 친고죄의 고소기간이 진행된다고는 볼 수 없고, 이러한 경우 고소기간은 범죄행위가 종료된 때부터 계산하여야 한다. 여기서 범인을 알게 된다 함은 범인이 누구인지 특정할 수 있을 정도로 알게 된다는 것을 의미하고, 범인의 동일성을 식별할 수 있을 정도로 인식함으로써 족하며, 범인의 성명, 주소, 연령 등까지 알 필요는 없다.

184. 친고죄의 고소에서 '고소할 수 없는 불가항력의 사유가 있는 때'의 의미

Q 친고죄의 고소에서 '고소할 수 없는 불가항력의 사유가 있는 때'란 어떤 의미인가요?

A 판례는 미성년자 간음죄와 관련하여 피해자가 범행 당시 15세로서 고소능력을 갖추고 있었고

범행 시로부터 고소기간 1년이 도과한 후에 고소가 있었지만, 피해자가 피고인 이외에 실질적인 가해자라고 할 수 있는 계모 등의 보호·감독 하에 있던 동안은 성폭력범죄의 처벌 및 피해자 보호 등에 관한 법률 제19조 제1항 단서에서 말하는 '고소할 수 없는 불가항력의 사유가 있는 때'에 해당한다고 인정하여, 피해자가 더 이상의 학대를 견디다 못해 계모 등의 보호·감독 하에서 탈출하여 친할머니에게로 도피한 때로부터 고소기간을 기산하여야 한다고 판시한바 있다.

185. 고소능력이 없던 피해자가 그 후에 비로소 고소능력이 생겼다면 그 고소기간의 기산

Q 고소능력이 없던 피해자가 그 후에 비로소 고소능력이 생겼다면 그 고소기간은 언제부터 기산하여야 하나요?

A 고소를 함에는 고소능력이 있어야 하는바, 이는 피해를 받은 사실을 이해하고 고소에 따른 사회생활상의 이해관계를 알아차릴 수 있는 사실상의 의사능력으로 충분하므로 민법상의 행위능력이 없는 자라도 위와 같은 능력을 갖춘 자에게는 고소능력이 인정되고, 범행 당시 고소능력이 없던 피해자가 그 후에 비로소 고소능력이 생겼다면 그 고소기간은 고소능력이 생긴 때로부터 기산하여야 한다.

186. 고소의 취소와 재고소 금지

Q 고소는 언제까지 취소 할 수 있나요? 고소를 취소한 후 재고소할 수 있나요?

A 고소는 제1심판결 선고 전까지 취소할 수 있다. 형사소송법 제232조에 의하면 고소는 제1심판결 선고 전까지 취소할 수 있되 고소를 취소한 자는 다시 고소할 수 없으며, 피해자의 명시한 의사에 반하여 죄를 논할 수 없는 사건에 있어서 처벌을 희망하는 의사표시의 철회에 관하여도 처벌불원의 의사표시를 한 후에는 다시 고소하지 못한다.

187. 합의서 작성과 고소취소의 효력

Q 고소취소는 어떤 방법으로 하나요? 고소인과 가해자 사이에 합의서가 작성된 것만으로는 고소취소라고 할 수 있나요?

A 고소취소의 방법은 고소의 방법과 같다. 다만 공소제기 후의 고소취소는 법원에 대하여 할 수 있다. 따라서 서면과 구술로 할 수 있으며, 검사의 진술조서 작성 시에 고소취소의 진술이 있었다면 그 고소는 적법하게 취소되었다고 할 수 있다. 다만 고소의 취소를 서면으로 할 수 있다고 하여 고소인과 가해자 사이에 합의서가 작성된 것만으로는 고소취소라고

할 수 없다. 고소의 취소에 대해서도 대리가 허용된다.

188. 고소취소의 의사표시 후 고소취소를 철회하는 의사표시의 효력

Q 고소취소의 의사표시를 한 후 고소취소를 철회하는 의사표시를 하면 효력이 있나요?

A 고소취소는 범인의 처벌을 구하는 의사를 철회하는 수사기관 또는 법원에 대한 고소권자의 의사표시로서 형사소송법 제239조, 제237조에 의하여 서면 또는 구술로써 하면 족한 것이므로, 고소권자가 서면 또는 구술로써 수사기관 또는 법원에 고소를 취소하는 의사표시를 하였다고 보여지는 이상 그 고소는 적법하게 취소되었다고 할 것이고, 그 후 고소취소를 철회하는 의사표시를 다시 하였다고 하여도 그것은 효력이 없다 할 것이다.

189. 단순한 피해사실의 신고와 고소

Q 단순한 피해사실의 신고도 고소인가요?

A 고소는 범죄의 피해자 기타 고소권자가 수사기관에 대하여 범죄사실을 신고하여 범인의 소추를 구하는 의사표시를 말하는 것으로서, 단순한 피해사실의 신고는 소추·처벌을 구하는 의사표시가 아니므로 고소가 아니다. 또한, 피해자가 고소장을 제출하여 처벌을 희망하는 의사를 분명히 표시한 후 고소를 취소한 바 없다면 비록 고소 전에 피해자가 처벌을 원치 않았다 하더라도 그 후에 한 피해자의 고소는 유효하다.

190. 형사소송법상 수사기관의 구속기간

Q 형사소송법상 사법경찰관과 검사의 구속기간은 얼마나 되나요?

A 사법경찰관이 피의자를 구속한 때에는 10일 이내에 피의자를 검사에게 인치하지 아니하면 석방하여야 한다. 검사가 피의자를 구속한 때 또는 사법경찰관으로부터 피의자의 인치를 받은 때에는 10일 이내에 공소를 제기하지 아니하면 석방하여야 한다. 지방법원판사는 검사의 신청에 의하여 수사를 계속함에 상당한 이유가 있다고 인정한 때에는 10일을 초과하지 아니하는 한도에서 구속기간의 연장을 1차에 한하여 허가할 수 있다.

191. 형사소송법상 공소제기 후 구속기간

Q 형사소송법상 공소제기 후 구속기간은 얼마나 되나요?

A 형사사건 구속기간은 2개월로 한다. 특히 구속을 계속할 필요가 있는 경우에는 심급마다 2개월 단위로 2차에 한하여 결정으로 갱신할 수 있다. 다만, 상소심은 피고인 또는 변호인이 신청한 증거의 조사, 상소이유를 보충하는 서면의 제출 등으로 추가 심리가 필요한 부득이한 경우에는 3차에 한하여 갱신할 수 있다.

192. 기소유예처분의 의의

Q '기소유예'란 어떤 처분인가요?

A 기소유예란 피의사건에 관하여 범죄의 혐의가 인정되고 소송조건이 구비되었으나 범인의 연령, 성행, 지능과 환경, 범행의 동기, 수단과 결과, 범행 후의 정황 등을 참작하여 공소를 제기하지 아니하는 경우를 말한다.

193. 기소중지처분의 의의

Q '기소중지'란 어떤 처분인가요?

A 기소중지란 검사가 피의자의 소재불명 등의 사유로 수사를 종결할 수 없는 경우에 그 사유가 해소될 때까지 하는 처분이므로 수사의 종결이라기보다는 수사중지처분에 속한다고 할 수 있다. 고소인, 고발인 또는 중요 참고인의 소재가 불명인 때에는 참고인중지의 결정을 할 수 있으며, 피의자의 소재가 불명인 때에도 혐의의 불기소처분이나 기소유예를 할 수도 있다.

194. 고소인·고발인에 대한 통지

Q 고소·고발 사건에 대하여 고소인·고발인에게 통지를 해주나요?

A 검사는 고소 또는 고발 있는 사건에 관하여 공소를 제기하거나 제기하지 아니하는 처분, 공소의 취소 또는 타관송치를 한 때에는 그 처분을 한 날로부터 7일 이내에 서면으로 고소인 또는 고발인에게 그 취지를 통지하여야 하며, 검사는 불기소 또는 타관송치의 처분을 한 때에는 피의자에게 즉시 그 취지를 통지하여야 한다. 검사는 고소 또는 고발 있는 사건에 관하여 공소를 제기하지 아니하는 처분을 한 경우에 고소인 또는 고발인의 청구가 있는 때에는 7일 이내에 고소인 또는 고발인에게 그 이유를 서면으로 설명하여야 한다.

195. 형사미성년자와 소년범의 연령

Q 형사미성년자와 소년범은 몇 세까지 인가요?

A 우리나라 소년법 제2조는 소년범죄의 '소년'을 19세 미만의 자로 규정하고 있지만, 형법 제9조는 14세를 형사책임연령으로 규정하고 있다. 따라서 소년범죄자는 원칙적으로 일반 형사사건을 저지른 14세 이상 19세 미만의 소년인 범죄소년을 가리킨다.

196. 소년인지 여부를 판단하는 시기

Q 소년범 감경에 관한 소년법 제60조 제2항 등의 적용대상인 '소년'인지 여부를 판단하는 시기는 언제인가요?

A 소년법이 적용되는 '소년'이란 심판 시에 19세 미만인 사람을 말하므로, 소년법의 적용을 받으려면 심판 시에 19세 미만이어야 한다. 따라서 소년법 제60조 제2항의 적용대상인 '소년'인지의 여부도 심판 시, 즉 사실심판결 선고 시를 기준으로 판단되어야 한다.

197. 통고제도의 대상자

Q 통고제도의 대상자는 누구인가요?

A 범죄소년(죄를 범한 소년, 14세 이상 19세 미만), 촉법소년(형벌 법령에 저촉되는 행위를 한 소년, 10세 이상 14세 미만), 우범소년(법령에 저촉되는 행위를 할 우려가 있는 소년, 10세 이상 19세 미만)이다. 우범소년은 10세 이상 19세 미만 소년 중에서, ① 집단적으로 몰려다니며 주위 사람들에게 불안감을 조성하거나, ② 정당한 이유 없이 가출하거나, ③ 술을 마시고 소란을 피우거나 유해환경에 접하는 버릇이 있고, 위 ①부터 ③까지의 어느 하나에 해당하면서 소년의 성격이나 환경에 비추어 앞으로 형벌 법령에 저촉되는 행위를 할 우려가 있는 경우의 소년을 말한다.

198. 보호처분의 하한 연령

Q 10세 미만자에 대해서도 보호처분이 가능한가요?

A 소년부 판사는 심리 중에 소년이 10세 미만인 것이 밝혀진 경우에는 그 심리 개시 결정을 취소하고 심리 불개시 결정을 하여야 한다. 소년법 제4조 제1항 제1호·제2호의 소년에

대한 보호처분이 계속 중일 때에 그 소년이 행위 당시 10세 미만으로 밝혀진 경우 또는 법 제4조 제1항 제3호의 소년에 대한 보호처분이 계속 중일 때에 그 소년이 처분 당시 10세 미만으로 밝혀진 경우에는 법 제38조 제2항에 따라 그 보호처분을 취소하고 그 심리개시 결정을 취소하고 심리 불개시 결정을 하여야 한다. 10세 미만자에 대해서는 보호처분을 할 수 없다.

199. 소년보호사건의 관할

Q 소년보호사건의 관할은 어디인가요?

A 소년보호사건의 관할은 소년의 행위지, 주거지 또는 현재지 가정법원의 소년부에 속하지만, 가정법원이 없는 곳에서는 지방법원의 소년부에 속한다. 소년보호사건의 심리와 처분에 관한 결정은 가정법원 또는 지방법원의 소년부 단독판사가 한다.

200. 소년보호처분의 의의

Q 소년보호처분이란 무엇인가요?

A 보호처분은 ① 죄를 범한 소년, ② 형벌법령에 저촉되는 행위를 한 10세 이상 14세 미만의 소년, ③ 집단적으로 몰려다니며 주위 사람들에게 불안감을 조성하는 성벽이 있거나, 정당한 이유 없이 가출하거나, 술을 마시고 소란을 피우거나 유해환경에 접하는 성벽이 있으면서 동시에 장래 형벌법령에 저촉되는 행위를 할 우려가 있는 10세 이상의 소년에 대한 교화·개선·보호를 위해 소년의 환경조정 또는 성행교정에 필요한 처분을 말한다.

201. 소년법에 규정된 보호처분의 종류

Q 소년법에 규정된 보호처분에는 어떤 처분이 있나요?

A 소년법 제32조 제1항에 규정된 보호처분의 종류는 ① 보호자 또는 보호자를 대신하여 소년을 보호할 수 있는 자에게 감호 위탁(제1호), ② 수강명령(제2호), ③ 사회봉사명령(제3호), ④ 보호관찰관의 단기보호관찰(제4호),⑤ 보호관찰관의 장기보호관찰(제5호), ⑥ 아동복지법에 따른 아동복지시설이나 그 밖의 소년보호시설에 감호 위탁(제6호), ⑦ 병원, 요양소 또는 보호소년 등의 처우에 관한 법률에 따른 소년의료보호시설에 위탁(제7호), ⑧ 1개월 이내의 소년원 송치(제8호), ⑨ 단기 소년원 송치(제9호), ⑩ 장기 소년원 송치(제10호)가 있다.

202. 보호처분과 연령

Q 보호처분을 할 수 있는 연령은 몇 세인가요?

A 사회봉사명령(3호 처분)은 14세 이상의 소년에게만 할 수 있고, 수강명령(2호 처분) 및 장기 소년원 송치(10호 처분)는 12세 이상의 소년에게만 할 수 있다.

203. 보호처분과 일사부재리 효력과의 관계

Q 소년법에 따라 보호처분을 받은 경우 일사부재리의 효력이 미치나요?

A 소년법 제32조의 보호처분을 받은 소년에 대하여는 그 심리가 결정된 사건은 다시 공소를 제기하거나 소년부에 송치할 수 없다. 다만, 제38조 제1항 제1호의 경우에는 공소를 제기할 수 있다. 즉 보호처분이 계속 중일 때에 사건 본인이 처분 당시 19세 이상인 것으로 밝혀진 경우에는 소년부 판사는 결정으로써 그 보호처분을 취소하고 검사·경찰서장의 송치 또는 제4조 제3항의 통고에 의한 사건인 경우에는 관할 지방법원에 대응하는 검찰청 검사에게 송치한다. 따라서 이 경우에는 일사부재리의 효력이 발생하지 않는다. 이미 보호처분을 받은 소년에 대하여 다시 보호절차가 진행되었다면 심리불개시 결정 또는 불처분의 결정을 하여야 한다. 보호처분을 받은 사건에 대해 형사사건으로 다시 공소가 제기되었다면 공소기각의 판결을 하여야 한다.

204. 보호처분과 상습인정의 자료

Q 소년의 보호처분은 장래 신상에 영향을 미치지 않는다고 하는데, 상습인정의 자료가 되지 않나요?

A 소년의 보호처분은 그 소년의 장래 신상에 어떠한 영향도 미치지 아니한다. 그러나 소년법에 의한 보호처분을 받은 사실도 상습인정의 자료가 될 수 있다.

205. 학교안전공제회의 공제급여와 과실상계

Q 학교안전공제회의 공제급여의 경우 과실상계 할 수 있나요?

A 과실상계는 초등학교 4학년 이상의 학생을 대상으로 지급액의 100분의 50 이하의 범위에서 할 수 있다. 다만, 인지능력이 현저히 부족하거나 신체적 결함이 있는 등의 원인으로 피공제자

에게 과실책임을 묻는 것이 적당하지 아니하다고 판단되는 경우에는 상계하지 아니한다.

206. 공제급여의 보장

Q 학교안전공제회의 공제급여는 학교에서 졸업하거나 사망한 경우에도 받을 수 있나요? 공제급여를 받을 권리를 양도할 수 있나요?

A 수급권자의 공제급여를 받을 권리는 피공제자의 사망, 학교안전공제에 가입한 학교에서의 졸업·퇴학 등 신분관계의 변동으로 인하여 소멸되지 아니하며, 수급권자의 공제급여를 받을 권리는 이를 양도 또는 압류할 수 없다.

207. 성폭력의 범위

Q 성폭력범죄의 처벌 및 피해자 보호 등에 관한 법률상 성폭력범죄의 정의에 따른 성폭력범죄의 범위는 어디까지인가요?

A

(1) 형법 제242조(음행매개)·제243조(음화 등의 반포등)·제244조(음화등의 제조등) 및 제245조(공연음란)의 죄,

(2) 형법 제288조(영리 등을 위한 약취, 유인, 매매등)·제292조(약취, 유인, 매매된 자를 수수 또는 은닉. 다만, 제288조의 약취·유인이나 매매된 자를 수수 또는 은닉한 죄에 한한다)·제293조(상습범. 다만, 제288조의 약취·유인이나 매매된 자 또는 이송된 자를 수수 또는 은닉한 죄의 상습범에 한한다)·제294조(미수범. 다만, 제288조의 미수범 및 제292조의 미수범중 제288조의 약취·유인이나 매매된 자를 수수 또는 은닉한 죄의 미수범과 제293조의 상습범의 미수범중 제288조의 약취·유인이나 매매된 자를 수수 또는 은닉한 죄의 상습범의 미수범에 한한다)의 죄,

(3) 형법 제297조(강간)·제298조(강제추행)·제299조(준강간, 준강제추행)·제300조(미수범)·제301조(강간등 상해·치상)·제301조의2(강간등 살인·치사)·제302조(미성년자등에 대한 간음)·제303조(업무상위력등에 의한 간음) 및 제305조(미성년자에 대한 간음, 추행)의 죄,

(4) 형법 제339조(강도강간)의 죄,

(5) 성폭력범죄의 처벌 및 피해자 보호 등에 관한 법률 제5조(특수강도강간등)의 죄, 제6조(특수강간등)의 죄, 제7조(친족관계에 의한 강간등)의 죄, 제8조(장애인에 대한 간음등)의 죄, 제8조의2(13세 미만의 미성년자에 대한 강간, 강제추행 등의 죄), 제9조(강간등 상해·치상)의 죄, 제10조(강간 등 살인·치사)의 죄, 제11조(업무상 위력등에 의한 추행)의 죄, 제12조(미수범-제5조 내지 제10조 및 제14조의2의 미수범), 제13조(공중밀집장소에서의 추행)의 죄, 제14조(통신매체이용음란)의 죄, 제14조의2(카메라등 이용촬영)의 죄,

(6) 위 (1) 내지 (5)의 범죄로서 다른 법률에 의하여 가중처벌되는 죄는 성폭력범죄로 본다.

208. 성폭력 피해자의 진술과 녹화

Q 성폭력 피해자 진술을 비디오녹화기 등 영상물 녹화장치로 촬영·보존하여야 하는 경우는 어떤 경우인가요?

A 피해자가 16세 미만이거나 신체적인 또는 정신적인 장애로 사물을 변별하거나 의사를 결정할 능력이 미약한 경우에는 피해자 또는 법정대리인이 이를 원하지 아니하는 의사를 표시한 경우가 아니면 피해자의 진술 내용과 조사 과정을 비디오녹화기 등 영상물 녹화장치로 촬영·보존하도록 하고 이를 증거로 사용하는 것을 허용하고 있다.

209. 성폭력범죄의 처벌 및 피해자 보호 등에 관한 법률상 친고죄 규정

Q 성폭력범죄의 처벌 및 피해자 보호 등에 관한 법률상 친고죄는 어떤 규정이 있나요?

A 업무상 위력 등에 의한 추행(성폭력범죄의 처벌 등에 관한 특례법 제10조 제1항), 공중밀집장소에서의 추행(성폭력범죄의 처벌 등에 관한 특례법 제11조), 통신매체를 이용한 음란행위(성폭력범죄의 처벌 등에 관한 특례법 제12조)의 죄는 고소가 있어야 공소를 제기할 수 있다.

210. 성폭력범죄와 직계존속 고소

Q 성폭력범죄에 대해서는 직계존속도 고소할 수 있나요?

A 성폭력범죄에 대하여는 형사소송법 제224조(고소의 제한)에도 불구하고 자기 또는 배우자의 직계존속을 고소할 수 있다.

211. 성폭력범죄 중 친고죄에 대한 고소기간

Q 성폭력범죄 중 친고죄에 대한 고소기간은 언제까지인가요?

A 성폭력범죄 중 친고죄에 대하여는 형사소송법 제230조(고소기간) 제1항에도 불구하고 범인을 알게 된 날부터 1년이 지나면 고소하지 못한다. 다만, 고소할 수 없는 불가항력의 사유가 있는 경우에는 그 사유가 없어진 날부터 기산한다.

212. 성폭력범죄와 심신장애 등 감경규정의 적용 여부

Q 술에 취해서 성폭력범죄를 저지른 경우 형법상 감경규정이 적용되나요?

A 음주 또는 약물로 인한 심신장애 상태에서 성폭력범죄의 처벌 등에 관한 특례법 제3조(특수강도강간 등), 제4조(특수강간 등), 제5조(친족관계에 의한 강간 등), 제6조(장애인에 대한 강간·강제추행 등), 제7조(13세 미만의 미성년자에 대한강가, 강제추행 등), 제8조(강간 등 상해·치상), 제9조(강간 등 살인·치사), 제10조(업무상 위력 등에 의한 추행), 제11조(공중 밀집장소에서의 추행)의 죄를 범한 때에는 「형법」 제10조 제1항·제2항 및 제11조를 적용하지 아니할 수 있다(성폭력범죄의 처벌 등에 관한 특례법 제19조)

213. 미성년자에 대한 성폭력범죄의 공소시효의 진행

Q 미성년자에 대한 성폭력범죄의 공소시효는 언제부터 진행되나요?

A 미성년자에 대한 성폭력범죄의 공소시효는 형사소송법 제252조 제1항에도 불구하고 해당 성폭력범죄로 피해를 당한 미성년자가 성년에 달한 날부터 진행한다(성폭력범죄의 처벌 등에 관한 특례법 제20조 제1항).

214. 성폭력범죄의 경우 외상 후 스트레스 장애도 상해에 해당하는 지 여부

Q 성폭력범죄의 경우 외상 후 스트레스 장애도 상해에 해당되나요?

A 성폭력범죄의 처벌 등에 관한 특례법상의 상해는 피해자의 신체의 완전성을 훼손하거나 생리적 기능에 장애를 초래하는 것으로, 반드시 외부적인 상처가 있어야만 하는 것이 아니고, 여기서의 생리적 기능에는 육체적 기능뿐만 아니라 정신적 기능도 포함된다. 강간행위로 인하여 피해자가 불안, 불면, 악몽, 자책감, 우울감정, 대인관계회피, 일상생활에 대한 무관심, 흥미상실 등의 증상을 보여 이로 인하여 6개월간의 치료를 요한다는 진단을 받았다면 이러한 증상은 강간을 당한 모든 피해자가 필연적으로 겪는 증상이라고 할 수 없으므로 성폭력범죄의 처벌 등에 관한 특례법이 정하는 상해를 입은 것이다. 외상 후 스트레스 장애는 성폭력범죄의 처벌 등에 관한 특례법상의 상해에 포함된다.

215. 손해배상청구와 책임능력

Q 책임능력이란 무엇인가요?

A 민법은 책임능력에 대한 일반규정을 두지 않고 책임무능력자규정(미성년자로서 행위의 책임을 변식할 능력이 없는 자, 심신상실자)만을 두고 있으며, 책임능력 없는 자의 행위는 불법행위가 되지 않기 때문에 책임능력을 불법행위 능력이라고도 한다. 자기의 행위의 책임을 변식할 수 있는 능력, 즉 그 결과가 위법한 것이어서 법률상 비난 받는 것임을 인식하는 정신능력을 말한다.

216. 판례에 나타난 책임무능력자의 연령기준

Q 판례에 나타난 책임무능력자의 연령기준은 몇 세 정도인가요?

A 판례는 책임무능력자의 연령기준에 대하여 명확한 기준을 제시하고 있지는 않지만, 대체로 만 12세 미만인 경우는 민법 제753조의 규정에 의거하여 "그 행위의 책임을 변식한 지능이 없는 때"에 해당되는 것으로 보아 손해배상 책임을 부담시키지 않는 반면에 만 14세 이상의 미성년자에겐 대체로 책임능력을 인정하고 있다.

217. 불법행위에서 '행위의 책임을 변식할 지능'의 의미

Q 불법행위에서 '행위의 책임을 변식할 지능'이란 어떤 정신능력을 말하는 것인가요?

A 불법행위자인 가해학생 본인이 자신의 불법행위에 대하여 손해배상 책임을 져야 함이 원칙이라고 할 것이나, 민법은 미성년자가 타인에게 불법행위로 인하여 손해를 가할 당시 그 행위의 책임을 변식할 지능이 없는 때에는 배상의 책임을 지지 아니하도록 규정하고 있다(민법 제753조). 여기서 '행위의 책임을 변식할 지능'이라 함은 책임능력이라고도 하는 것으로써, 통상 그 행위가 도덕적으로 허용되지 않는 행위로서 비난을 받는 도덕적 책임이 생긴다는 것을 인식하는 것만으로도 부족하고, 나아가 그 행위의 결과가 위법한 것으로써 법률상 비난을 받고 어떤 법률상 책임이 생긴다는 것을 인식하는 정신능력을 말하는 것으로 보고 있다. 판례는 책임무능력자의 연령기준에 대하여 명확한 기준을 제시하고 있지는 않지만, 대체로 만 12세 미만인 경우는 민법 제753조의 규정에 의거하여 "그 행위의 책임을 변식한 지능이 없는 때"에 해당되는 것으로 보아 손해배상 책임을 부담시키지 않는 반면에 만 14세 이상의 미성년자에겐 대체로 책임능력을 인정하고 있다.

218. 미성년자인 가해학생이 책임능력이 있어 그 스스로 손해배상 책임을 지는 경우에 그 부모도 손해배상 책임을 지는지 여부

Q 미성년자인 가해학생이 책임능력이 있어 그 스스로 손해배상 책임을 지는 경우에 그

부모도 손해배상 책임을 지나요?

A 판례는 미성년자에게 책임능력이 있어 부모들이 민법 제755조 제1항에 기한 손해배상 책임을 부담하지 아니하는 경우에도 그 손해가 감독의무자로서 부모의 의무위반과 상당 인과관계가 인정되면 부모는 민법 제750조의 일반불법행위자로서의 손해배상 책임을 부담한다고 보고 있다(대법원 1994. 2. 8. 선고 93다1605 전원합의체 판결).

219. 교사 등의 보호감독의무의 범위

Q 교사 등의 보호감독의무의 범위는 친권자와 동일하나요?

A 부모 등 친권자의 자녀 등에 대한 보호감독의무는 친권의 내용인 보호·교양할 의무에 포함되는 것으로써 자녀 등의 생활영역 전반에 미치는 것이지만, 교사 등의 보호감독의무는 친권자 등 법정 감독의무자를 대신하여 부담하는 의무로서 교사 등의 교육활동에 부수하여 발생하는 것이어서, 친권자 등이 부담하는 보호감독의무와 동일하다고 할 수 없다. 따라서 교사 등의 보호감독의무는 어디까지나 학교에서의 교육활동 및 이와 밀접불가분의 관계에 있는 생활관계에 한하여 발생하고, 당해 사고가 학교생활에서 통상 발생하는 것이 예측되거나 또는 예측가능성이 있는 경우에 한한다.

220. 사립학교의 교사와 국·공립학교 교사의 책임과 과실

Q 학교폭력 사건의 경우 교사의 개인 책임은 사립학교의 교사와 국·공립학교 교사가 동일한가요?

A 교사의 개인 책임은 사립학교의 교사와 국·공립학교 교사 사이에 차이가 있다. 불법행위자로서의 책임과 관련하여 사립학교 교사는 학교폭력 사고와 관련하여 고의는 물론이고, 과실이 있는 경우 중과실인지 경과실인지를 불문하고 민사상 손해배상 책임을 진다. 이 점이 국가배상법상 중과실인 경우에만 책임을 지는 국·공립학교 교사와 차이가 있다.

221. 보호자의 책임과 교사 등 학교 측의 책임과의 관계

Q 보호자의 책임과 교사 등 학교 측의 책임과는 어떤 관계가 있나요?

A 가해학생의 부모의 법정감독의무의 해태로 인한 과실과 담임교사 등 학교 측의 보호감독의무의 해태로 인한 과실이 경합하여 학교사고가 발생한 경우, 양자의 책임은 병존할 수 있다고 보아 부모와 학교 측은 공동불법행위자로서 각자 그 손해를 배상할 책임이 있다는 것이

판례의 태도이다(대법원 2007. 4.26. 선고 2005다24318 판결). 이 경우 어느 일방이 피해학생에게 손해배상을 한 경우에는 상대방에 대하여 구상권을 행사할 수 있는데, 구상비율에 대하여는 일반적으로 교사 등 학교 설치자와 부모 등 친권자 측의 사고발생에 대한 각자의 관여비율, 즉 교사와 친권자의 각자 보호·감독의무의 해태의 정도에 따라 결정된다고 할 것이다.

222. 형벌과 징계벌의 차이점

Q 형벌과 징계벌은 어떤 차이가 있나요?

A 양자는 '제재'라는 점에서 같으며, 공무원이 하나의 의무위반행위가 징계벌의 대상이 됨과 아울러 형사벌의 대상이 될 수 있으나 ① 형벌은 일반통치권(형벌권)에 그 근거를 두는데, 징계벌은 공무원 내부에서 성립한 사용주의 입장에서 갖는 권력(특별권력)에 근거를 두는 점이 다르며, ② 형벌은 반사회적인 법익침해에 대하여 국가사회의 일반적 법질서를 유지함을 목적으로 과하는 제재인데 반하여, 징계벌은 공무원의 의무위반에 대하여 공무원 관계의 질서를 유지함을 목적으로 과하는 제재이며, ③ 징계벌은 의무위반이라는 객관적 사실에 대하여 과하는 제재이기 때문에 형벌에서와 같이 고의 또는 과실이 있음을 요건으로 하지 않으며 부하공무원의 의무위반에 대한 감독상의 책임도 면하지 못한다는 점에서 형벌과 구별되며, ④ 징계벌과 형벌은 그 성질을 달리하기 때문에 양자는 병과될 수 있으며, 병과하더라도 일사부재리의 원칙에 저촉되지 않으며, 현행법은 형사소추 우선의 원칙을 채택하지 않았다. 따라서 공무원에게 징계사유가 인정되는 이상, 관련된 형사사건이 아직 유죄로 확정되지 아니하였다 하더라도 징계처분을 할 수 있음은 물론, 그 징계처분에 대한 행정소송을 진행함에도 아무런 지장이 없으며, 수사기관에서 이를 수사 중에 있다하여도 징계처분은 할 수 있다.

223. 징계사유의 시효

Q 징계사유의 시효는 몇 년 인가요?

A 징계사유 발생일로부터 2년(금품 및 향응수수, 공금횡령·유용의 경우 5년) 징계시효 경과 후면 징계의결요구를 할 수 없다.

224. 교원소청심사위원회에 청구할 수 있는 청구의 대상

Q 교원소청심사위원회에 청구할 수 있는 청구의 대상은 무엇인가요?

A 청구의 대상은 징계처분 그 밖에 그 의사에 반하는 불리한 처분이다. 징계처분에는 파면,

해임, 정직, 감봉, 견책이 있으며, 기타 불리한 처분에는 직권면직, 직위해제, 휴직, 전보, 재임용거부 등이 있다. 교원소청심사의 대상으로는 위법 또는 부당한 명령이나 처분 내지 부작위에 의하여 징계처분(파면, 해임, 정직, 감복, 견책)이나 가혹하거나 위법 또는 부당한 인사처분(진급, 승진, 전보, 전출, 보직, 강임, 휴직, 직위해제, 면직처분 등) 기타 그 의사에 반하는 불리한 처분 등을 받을 경우 교원소청심사를 청구할 수 있다. 특히 '그 의사에 반하는 불리한 처분'에서는 교육공무원법 제11조의3 제4항 및 사립학교법 제53조의2 제6항의 규정인 계약제 임용교원에 대한 재임용 거부처분을 포함하고 있다.

그러나 교원노조의 경우 노동조합 및 노동관계조정법에 의한 노조활동으로 인하여 교원이 해고 기타 불이익을 받은 것을 이유로 당해 교원 또는 노동조합이 같은 법에 의하여 노동위원회에 그 구제를 신청한 경우에는 교원지항상을 위한 특별법 9조의 규정에도 불구하고 교원소청심사위원회에 소청심사를 청구할 수 없다.

225. 직위해제의 사유

Q 직위해제의 사유에는 어떤 것이 있나요?

A 공무원이 ① 직무수행 능력이 부족하거나 근무성적이 극히 나쁜 자, ② 파면·해임 또는 정직에 해당하는 징계 의결이 요구 중인 자, ③ 형사사건으로 기소된 자(약식명령이 청구된 자는 제외한다)등이 직위해제사유이다(국가공무원법 제73조의3 제1항 제2호·3호·4호). 즉 위의 사유에 해당하는 때에는 직위를 부여하지 아니할 수 있다.

226. 교원의 수업권과 학생의 학습권과의 관계

Q 학생의 학습권은 교원의 수업권에 대하여 우월한 지위에 있나요?

A 학교교육에 있어서 교원의 가르치는 권리를 수업권이라고 한다면, 이것은 교원의 지위에서 생기는 학생에 대한 일차적인 교육상의 직무권한이지만 어디까지나 학생의 학습권 실현을 위하여 인정되는 것이므로, 학생의 학습권은 교원의 수업권에 대하여 우월한 지위에 있다. 따라서 학생의 학습권이 왜곡되지 않고 올바로 행사될 수 있도록 하기 위해서라면 교원의 수업권은 일정한 범위 내에서 제약을 받을 수밖에 없고, 학생의 학습권은 개개 교원들의 정상을 벗어난 행동으로부터 보호되어야 한다. 특히, 교원의 수업거부행위는 학생의 학습권과 정면으로 상충하는 것인바, 교육의 계속성 유지의 중요성과 교육의 공공성에 비추어 보거나 학생·학부모 등 다른 교육당사자들의 이익과 교량해 볼 때 교원이 고의로 수업을 거부할 자유는 어떠한 경우에도 인정되지 아니하며, 교원은 계획된 수업을 지속적으로 성실히 이행할 의무가 있다.

227. 사회상규에 위반되지 아니하는 행위의 의의와 판단기준

Q 사회상규에 위반되지 아니하는 행위란 어떤 행위인가요?

A 형법 제20조가 법령에 의한 행위 또는 업무로 인한 행위 기타 사회상규에 위반되지 아니하는 행위는 벌하지 아니한다고 규정하여 법령에 의한 학생에 대한 징계나 학생에 대한 교육적 지도행위의 경우에는 그 행위의 위법성이 조각되는 것이다. 사회상규에 위반되지 아니하는 행위라 함은 법질서 전체의 정신이나 그의 배후에 놓여 있는 사회윤리 도의적 감정 내지 사회통념에 비추어 용인될 수 있는 행위를 말하는 것이어서 어떠한 행위가 사회상규에 위배되지 아니하는가는 구체적 사정 아래에서 합목적적, 합리적으로 고찰하여 개별적으로 판단되어야 할 것이다.

228. 성희롱의 전제요건인 '성적 언동 등'의 의미

Q 성희롱의 전제요건인 '성적 언동 등'이란 어떤 의미인가요?

A 성희롱의 전제요건인 '성적 언동 등'이란 남녀 간의 육체적 관계나 남성 또는 여성의 신체적 특징과 관련된 육체적, 언어적, 시각적 행위로서 사회공동체의 건전한 상식과 관행에 비추어 볼 때 객관적으로 상대방과 같은 처지에 있는 일반적이고도 평균적인 사람으로 하여금 성적 굴욕감이나 혐오감을 느끼게 할 수 있는 행위를 의미한다.

229. 성희롱의 여부의 판단기준

Q 성희롱의 여부의 판단기준은 무엇인가요?

A 성희롱의 여부의 판단은 피해자의 주관적 사정을 고려하되 사회통념상 합리적인 사람이 피해자의 입장이라면 문제가 되는 행동에 대하여 어떻게 판단하고 대응하였을 것인가를 함께 고려해서 판단한다. 객관적으로 상대방과 같은 처지에 있는 일반적이고도 평균적인 사람으로 하여금 성적 굴욕감이나 혐오감을 느낄 수 있게 하는 행위가 있고, 그로 인하여 행위의 상대방이 성적 굴욕감이나 혐오감을 느꼈음이 인정되어야 한다. 성희롱이 성립하기 위해서는 행위자에게 반드시 성적 동기나 의도가 있어야 하는 것은 아니지만, 당사자의 관계, 행위가 행해진 장소 및 상황, 행위에 대한 상대방의 명시적 또는 추정적인 반응의 내용, 행위의 내용 및 정도, 행위가 일회적 또는 단기간의 것인지 아니면 계속적인 것인지 여부 등의 구체적 사정을 참작하여 보아야 한다.

230. 성희롱과 형법상 강제추행죄의 구별

Q 성희롱과 형법상 강제추행죄는 어떻게 구별되나요?

A 육체적 성희롱과 강제추행죄의 경우 그 정도나 정황에 따라서 형사처벌의 대상이 되는 강제추행죄가 되거나 형사처벌에 이르지는 않지만 '남녀고용평등과 일·가정 양립 지원에 관한 법률상 성희롱이 될 수도 있다. 판례는 강제추행죄의 폭행·협박에 대해 "강제추행죄에 있어서 폭행 또는 협박을 한다 함은 먼저 상대방에 대하여 폭행 또는 협박을 가하여 그 항거를 곤란하게 한 뒤에 추행행위를 하는 경우만을 말하는 것이 아니고 폭행행위 자체가 추행행위라고 인정되는 경우도 포함되는 것이라 할 것이고, 이 경우에 있어서의 폭행은 반드시 상대방의 의사를 억압할 정도의 것임을 요하지 않고 다만 상대방의 의사에 반하는 유형력의 행사가 있는 이상 그 힘의 대소강약을 불문한다."고 판시하고 있다.

이와 같이 판례는 강제추행제의 폭행·협박의 범위를 넓게 인정하고 있기 때문이 이 기준에 의할 경우 육체적 성희롱으로 예시되고 있는 유형들은 경우에 따라서 얼마든지 강제추행죄가 성립할 수 있다. 다만 이 정도에 이르지 않은 단순한 성적 접촉은 성희롱에 해당할 수 있다.

231. 추행의 의미와 판단기준

Q 추행이란 무엇이며, 어떻게 판단하나요?

A 대법원 판례는 "추행이라 함은 객관적으로 일반인에게 성적 수치심이나 혐오감을 일으키게 하고 선량한 성적 도덕관념에 반하는 행위로서 피해자의 성적 자유를 침해하는 것이라고 할 것인데, 이에 해당하는지 여부는 피해자의 의사, 성별, 연령, 행위자와 피해자의 이전부터의 관계, 그 행위에 이르게 된 경위, 구체적 행위태양, 주위의 객관적 상황과 그 시대의 성적 도덕관념 등을 종합적으로 고려하여 신중히 결정되어야 한다."고 판시하였다.

232. 옷 위로 여자의 유방을 만진 행위와 강제추행죄의 성립여부

Q 옷 위로 여자의 유방을 만진 행위도 강제추행죄에 해당하나요?

A 판례는 "피해자와 춤을 추면서 피해자의 유방을 만진 행위가 순간적인 행위에 불과하더라도 피해자의 의사에 반하여 행하여진 유형력의 행사에 해당하고 피해자의 성적 자유를 침해할 뿐만 아니라 일반인의 입장에서도 추행행위라고 평가될 수 있는 것으로서, 폭행행위 자체가 추행행위라고 인정되어 강제추행에 해당된다."고 판시하였다.

233. 직장 상사가 등 뒤에서 피해자의 의사에 명백히 반하여 어깨를 주무른 경우 강제추행죄의 성립여부

Q 직장 상사가 등 뒤에서 피해자의 의사에 명백히 반하여 어깨를 주무른 경우 강제추행죄에 해당하나요?

A 판례는 업무상 위력에 의한 성희롱에 해당한 전형적인 경우인 직장 상사가 등 뒤에서 피해자의 의사에 명백히 반하여 어깨를 주무른 경우, 여성에 대한 추행에 있어 신체 부위에 따라 본질적인 차이가 있다고 볼 수 없다는 이유로 추행에 해당한다고 하였다. 즉 강제추행죄에 해당한다.

234. 대중교통수단에서의 추행과 성폭력특별법상 공중밀집장소에서의 추행죄

Q 대중교통수단이나 공연·집회장소 기타 공중이 밀집하는 장소에서 육체적 성희롱에 해당하는 행위를 통해 사람을 추행한 경우 어떤 죄가 성립하나요?

A 대중교통수단이나 공연·집회장소 기타 공중이 밀집하는 장소에서 육체적 성희롱에 해당하는 행위를 통해 사람을 추행한 경우에는 성폭력특별법상 공중밀집장소에서의 추행죄(제13조)가 성립하며 이 범죄의 경우 폭행과 협박을 요건으로 하고 있지 않다.

235. 언어적 성희롱과 형법상 명예훼손, 모욕죄 성립여부

Q 언어적 성희롱의 경우 형법상 명예훼손(제307조), 모욕죄(제311조)가 성립될 수 있나요?

A 언어적 성희롱에 해당하는 유형, 예컨대 외모에 대한 성적인 비유나 평가, 성적인 사실관계를 묻거나 성적인 내용을 의도적으로 유포하는 행위 등은 형법상 명예훼손(제307조), 모욕죄(제311조)등이 성립할 수 있다. 명예훼손죄나 모욕죄의 경우 공연히 사실을 적시하여야 하기 때문에 개인적 관계나 사적인 공간에서 이루어지는 언어적 성희롱의 경우에는 공연히 사실을 적시한 것이 아니기 때문에 명예훼손죄나 모욕죄가 성립하지 않을 것이다.

대법원 판례는 "'추행'이라 함은 객관적으로 일반인에게 성적 수치심이나 혐오감을 일으키게 하고 선량한 성적 도덕관념에 반하는 행위로서 피해자의 성적 자유를 침해하는 것이라고 할 것이고, 이에 해당하는지 여부는 피해자의 의사, 성별, 연령, 행위자와 피해자의 이전부터의 관계, 그 행위에 이르게 된 경위, 구체적 행위태양, 주위의 객관적 상황과 그 시대의 성적 도덕관념 등을 종합적으로 고려하여 신중히 결정되어야 할 것이다"라고 판시하였다.

236. 언어적 성희롱의 경우 형법상 업무상 위력 등에 의한 간음죄의 성립여부

Q 언어적 성희롱의 경우 형법상 업무상 위력 등에 의한 간음죄(제303조)가 성립할 수 있나요?

A 언어적 성희롱의 유형 가운데 하나인 성적 관계를 강요하거나 회유하는 행위가 업무상 위력이나 위계에 의한 경우에는 형법상 업무상 위력 등에 의한 간음죄(제303조)가 성립할 수 있다.

237. 회식자리에서 무리하게 술을 따르도록 하는 행위와 형사책임

Q 회식자리 등에서 무리하게 옆에 앉혀 술을 따르도록 강요하는 행위는 어떤 죄에 해당하나요?

A 회식자리 등에서 무리하게 옆에 앉혀 술을 따르도록 강요하는 행위도 성희롱의 유형에 해당하는데, 이 경우 형법상 강요죄(제324조)가 문제될 수 있다. 강요죄는 폭행 또는 협박으로 사람의 권리행사를 방해하거나 의무 없는 일을 하게 한 경우이기 때문에 술을 따르도록 한 행위에 폭행 또는 협박이 있어야 한다. 따라서 술을 따르지 않으면 불이익이 있을 것처럼 해악을 고지한다든지 심리적으로 저항 할 수 없는 물리적 장애를 야기한 경우에는 강요죄가 성립할 수 있다. 다만 이 정도에 미치지 못한 경우에는 단순 성희롱에 해당한다.

238. 시각적 성희롱과 형법상 음화반포 등의 죄 성립여부

Q 시각적 성희롱과 형법상 음화반포 등의 죄(제243조)가 성립될 수 있나요?

A 음란한 사진·그림·낙서·출판물 등을 게시하거나 보여주는 행위는 형법상 음화반포 등의 죄(제243조)에 해당할 수 있다. 다만 반포에 해당하려면 불특정 또는 다수인에게 무상으로 배포하여야 하기 때문에 특정개인에게 반포하는 것은 이 죄에 해당하지 않는다.

239. 통신매체를 이용하여 상대방에게 음란물을 보여주는 행위와 형사책임

Q 통신매체를 이용하여 상대방에게 음란물을 보여주는 행위는 어떤 죄에 해당하나요?

A 통신매체를 이용하여 상대방에게 음란물을 보여주는 행위는 성폭력범죄의 처벌 등에 관한 특례법상 통신매체이용음란죄(제12조)에 해당할 수 있다.
그러나 이 죄는 자기 또는 다른 사람의 성적 욕망을 유발하거나 만족시킬 목적으로 전화·우편·

컴퓨터 기타 통신매체를 통하여 성적 수치심이나 혐오감을 일으키는 말이나 음향, 글이나 도화, 영상 또는 물건을 상대방에게 도달하게 한 경우에 성립하는 범죄이기 때문에 목적범에 해당하고 이러한 목적이 없이 단순히 음란물이 상대방에게 도착하게 하는 경우에는 '정보통신망이용촉진 및 정보보호 등에 관한 법률' 위반(제74조 제1항 제2호)에 해당할 수 있다.

240. 특정 신체부위를 노출과 형사책임

Q 특정 신체부위를 노출하는 것은 어떤 죄에 해당하나요?

A 성과 관련된 자신의 특정 신체부위를 여러 사람의 눈에 띄는 곳에서 함부로 노출하는 행위는 경범죄처벌법상 과다노출죄가 성립할 수 있으며(제1조 제41호), 형법상으로는 공연음란죄(제245조)가 성립할 수 있다. 공연음란죄는 공연성과 음란한 행위를 구성요건으로 하는데, 공연성은 불특정 또는 다수인이 인식할 수 있는 상태를 말한다. 이와 같이 공연음란죄에 못 미치는 경우, 즉 일반 보통인의 성욕을 자극하여 성적 흥분을 유발하고 정상적인 성적 수치심을 해하는 것이 아니라, 단순히 다른 사람에게 부끄러운 느낌이나 불쾌감을 주는 정도에 불과하다고 인정되는 경우에는 경범죄처벌법상 과다노출죄가 성립할 수 있다. 이 정도에도 미치지 못하면 단순 성희롱에 해당한다.

241. 법률조력인 제도의 의의

Q 법률조력인 제도란 어떤 제도인가요?

A 법률조력인이란 검사가 성폭력범죄 피해자를 위해 지정한 국선변호인을 말하며, 성폭력 사건 발생 초기부터 수사, 재판에 이르는 전 과정에서 피해자를 위해 법률지원을 하는 사람을 말하며, 법률조력인은 변호사 중에서 지정되며, 그 비용은 국가가 지원한다(아동·청소년의 성보호에 관한 법률 제18조의6 제5항). 아동·청소년대상 성범죄의 피해자 및 그 법정대리인(이하 "피해아동·청소년 등"이라 한다)은 형사절차상 입을 수 있는 피해를 방어하고 법률적 조력을 보장하기 위하여 변호인을 선임할 수 있으며(제1항), 선임된 변호인은 검사 또는 사법경찰관이 피해아동·청소년 등에 대하여 조사할 경우 수사기관에의 출석권을 가지며(제2항), 선임된 변호인은 증거보전절차 청구권 및 참여권, 증거보전 후 증거물에 대한 열람·등사권과 공판절차 출석권을 가지며(제3항), 선임된 변호인은 형사절차에서 피해아동·청소년 등의 대리가 허용될 수 있는 모든 소송행위에 대한 포괄적인 대리권을 가진다(제4항). 검사는 피해아동·청소년에게 변호인이 없는 경우 국선변호인을 지정하여 형사절차에서 피해아동·청소년의 권익을 보호할 수 있다(제6항).

242. 법률조력인의 조력을 받을 수 있는 대상자

Q 법률조력인의 조력을 받을 수 있는 대상자는 누구인가요?

A 아동·청소년의 성보호에 관한 법률 제2조 제2호에 열거된 성범죄 피해자라야 한다. 19세 미만 아동·청소년 및 장애인에 대해서 법률조력인(국선변호인)을 지정할 수 있다.

243. 법률조력인의 권한

Q 법률조력인은 어떤 권한이 있나요?

A 검사 또는 사법경찰관이 성폭력 피해 아동·청소년 및 장애자 등에 대하여 조사할 경우 수사기관에의 출석권과 증거보전절차 청구권 및 참여권, 증거보전 후 증거물에 대한 열람·등사권과 공판절차 출석권, 형사절차에서 피해아동·청소년 등의 대리가 허용될 수 있는 모든 소송행위에 대한 포괄적 대리권을 가진다. 즉 경찰 수사단계에서는 출석권, 의견개진(조사방법, 장소 등 피해아동의 이익을 보호하기 위한 조사계획에 참여), 증거자료를 제출할 수 있으며, 검찰 수사단계에서는 의견개진(피해아동 재조사 필요시 사전 일정 및 방법 등 협의), 증거 및 양형자료 제출, 증거보전청구권, 열람등사권이 있으며, 법원에서 공판절차 진행 중에는 출석권, 의견진술(피해아동 증인신문시 보호절차 요청, 신문사항 이의), 증거 및 양형자료를 제출할 수 있다.

244. 법률조력인 신청

Q 법률조력인 신청은 어떻게 하나요?

A 성폭력범죄 발생 시 피해자 및 그 법정대리인이 검사에게 법률조력인을 신청할 수 있으며 신청이 없더라도 그 법률적 지원 필요성이 있다고 판단되는 때에는 검사가 직권으로 지정할 수 있다. 법률조력인의 도움을 받기 위해서는 성폭력범죄 피해자 또는 법정대리인이 경찰서와 검찰청 등의 수사기관에 성폭력 피해사실 신고와 함께 구두 또는 서면으로 신청하거나 성폭력상담소나 한국여성의 전화, 대한법률구조공단 등의 지원센터를 통해서도 요청할 수 있다.

245. 의무적으로 법률조력인을 지정해야 하는 경우

Q 어떤 경우에 반드시 의무적으로 법률조력인을 지정해야 하나요?

A 반드시 의무적으로 법률조력인을 지정해야 하는 경우로는 ① 피해자인 아동·청소년에게 법정대리인이 없는 경우, ② 피해자인 아동·청소년에게 법정대리인이 있더라도 법정대리인이 의사능력이 없거나 미약한 경우, ③ 성폭력범죄의 처벌 등에 관한 특례법 제3조 내지 제8조[제3조(특수강도강간등), 제4조(특수강간등), 제5조(친족관계에 의한 강간등), 제6조(장애인에 대한 강간, 강제추행등), 제7조(13세 미만의 미성년자에 대한 강간, 강제추행등), 제8조(강간등 상해, 치상)]에 해당하는 성폭력범죄의 피해를 입은 경우 즉 중한 성폭력범죄의 경우에는 반드시 의무적으로 법률조력인을 지정하여야 한다.

246. 법률조력인 거부나 재선임 요청

Q 검사가 지정한 국선변호사를 피해자가 이를 거부하거나 재선임을 요청할 수도 있나요?

A 검사가 지정한 국선변호사를 피해자가 이를 거부하거나 재선임을 요청할 수도 있다. 피해자의 의사가 가장 중요하기 때문에 피해자가 거부할 경우 검사는 국선변호사를 지정하지 않을 수 있다. 다만, 지체장애인 등과 같이 의사결정 능력이 부족한 경우 피해자의 의견만 듣고 판단할 수는 없을 것이므로 검사가 판단할 때 법률조력인의 필요성이 있다면 지정할 수 있다. 피해자와 법률조력인 사이에 문제가 발생할 경우 변경신청과 재지정이 가능하다.

247. 항소나 상고와 법률조력인의 지원

Q 항소나 상고를 할 경우에도 법률조력인의 지원을 받을 수 있나요?

A 원심에서 패소한 후 항소나 상고를 할 경우에도 법률조력인 제도의 지원을 받을 수 있다. 법률조력인 제도는 검사가 기소한 경우 재판이 확정될 때까지 지원을 받을 수 있다. 따라서 원심에서 피고인에게 무죄가 선고되어 항소나 상고를 할 경우 법률조력인의 지정 효력은 계속 이어진다.

248. 강간죄에서 '폭행·협박'의 정도 및 그 판단 기준

Q 강간죄의 구성요건 중 '폭행·협박'의 정도 및 그 판단 기준은 무엇인가요?

A 강간죄가 성립하려면 가해자의 폭행·협박은 피해자의 항거를 불가능하게 하거나 현저히 곤란하게 할 정도의 것이어야 하고, 그 폭행·협박이 피해자의 항거를 불가능하게 하거나 현저히 곤란하게 할 정도의 것이었는지 여부는 그 폭행·협박의 내용과 정도는 물론, 유형력을 행사하게 된 경위, 피해자와의 관계, 성교 당시와 그 후의 정황 등 모든 사정을 종합하여

판단하여야 한다.

249. 강간치상죄에서 '폭행·협박'의 정도 및 그 판단 기준

Q 강간치상죄에서 '폭행·협박'의 정도 및 그 판단 기준인가요?

A 강간치상죄에 있어서의 상해는 피해자의 신체의 건강상태가 불량하게 변경되고 생활기능에 장애가 초래되는 것을 말하는 것으로서, 피해자가 입은 상처가 극히 경미하여 굳이 치료할 필요가 없고 치료를 받지 않더라도 일상생활을 하는 데 아무런 지장이 없으며 시일이 경과함에 따라 자연적으로 치유될 수 있는 정도라면, 그로 인하여 피해자의 신체의 건강상태가 불량하게 변경되었다거나 생활기능에 장애가 초래된 것으로 보기 어려워 강간치상죄에 있어서의 상해에 해당한다고 할 수 없다.

250. 강간치상죄에서 상해의 정도

Q 강간행위로 입은 상처가 경미하여 굳이 따로 치료를 받지 않아도 자연적으로 치유될 수 있으며, 일상생활을 하는 데 아무런 지장이 없는 경우에도 강간치상죄에서의 상해에 해당하나요?

A 강간행위로 입은 상처인 처녀막 타박상 및 질전정부 찰과상 등이 그 정도가 경미하여 굳이 따로 치료를 받지 않아도 자연적으로 치유될 수 있으며, 일상생활을 하는 데 아무런 지장이 없는 경우에 해당한다고 보아 이를 강간치상죄에 있어서 상해로 볼 수 없다.

251. 준강간죄, 준강제추행죄에서 '항거불능의 상태'의 의미

Q 형법 제299조(준강간, 준강제추행)에서 '항거불능의 상태'란 어떤 상태를 의미하나요?

A 형법 제299조에서의 항거불능의 상태라 함은 같은 법 제297조, 제298조와의 균형상 심신상실 이외의 원인때문에 심리적 또는 물리적으로 반항이 절대적으로 불가능하거나 현저히 곤란한 경우를 의미한다. 형법 제299조는 사람의 심신상실 또는 항거불능의 상태를 이용하여 간음 또는 추행을 한 자를 같은 법 제297조, 제298조의 강간 또는 강제추행의 죄와 같이 처벌하도록 규정하고 있는바, 이 죄가 정신적 또는 신체적 사정으로 인하여 성적인 자기방어를 할 수 없는 사람에게 성적 자기결정권을 보호해 주는 것을 보호법익으로 하고 있고, 같은 법 제302조에서 미성년자 또는 심신미약자에 대하여 위계 또는 위력으로써 간음 또는 추행을 한 자의 처벌에 관하여 따로 규정하고 있는 점 등에 비추어 보면, 형법 제299조에서의 항거불능의 상태라 함은 위 제297조, 제298조와의 균형상 심신상실 이외의 원인때문에 심리적 또는

물리적으로 반항이 절대적으로 불가능하거나 현저히 곤란한 경우를 의미한다고 보아야 할 것이다.

252. 강간의 미수의 경우에도 상해의 결과가 발생하였다면 강간치상죄가 성립하는지 여부

Q 강간은 미수이나 상해의 결과가 발생한 경우 강간치상죄가 성립하나요?

A 판례는 "강간미수의 경우에도 그 행위와 치상의 결과 간에 인과관계가 인정되면 강간치상죄가 성립한다. 피고인의 생식기가 피해자의 성기에 삽입되지 아니하였다 하여도 피해자를 협박하여 억지로 성교하려 하고 그로 인하여 피해자에게 요치 1주일간의 좌둔부 찰과상을 입게 한 피고인의 행위는 강간치상죄에 해당한다."고 판시한 바 있다.

253. 강간죄에서 그 고소가 취소된 경우 그 수단인 폭행·협박의 점을 따로 떼어내어 처벌할 수 있는지 여부

Q 강간죄에 대하여 고소가 없거나 고소가 취소된 경우 또는 강간죄의 고소기간이 경과된 후에 고소가 있는 경우, 그 강간범행의 수단으로 사용된 또는 그에 수반하여 저질러진 폭행·협박의 점을 따로 떼어내어 폭행죄·협박죄 또는 폭력행위 등 처벌에 관한 법률 위반죄로 처벌할 수 있나요?

A 강간죄에 대하여 고소가 없거나 고소가 취소된 경우 또는 강간죄의 고소기간이 경과된 후에 고소가 있는 경우, 그 강간범행의 수단으로 사용된 또는 그에 수반하여 저질러진 폭행·협박의 점을 따로 떼어내어 폭행죄·협박죄 또는 폭력행위 등 처벌에 관한 법률 위반죄로 처벌할 수 없다.

254. 상해진단서의 효력

Q 상해의 피해자가 제출하는 '상해진단서'는 어떤 효력이 있나요?

A 상해죄의 피해자가 제출하는 상해진단서는 일반적으로 의사가 당해 피해자의 진술을 토대로 상해의 원인을 파악한 후 의학적 전문지식을 동원하여 관찰·판단한 상해의 부위와 정도 등을 기재한 것으로서 거기에 기재된 상해가 곧 피고인의 범죄행위로 인하여 발생한 것이라는 사실을 직접 증명하는 증거가 되기에 부족한 것이지만, 그 상해에 대한 진단일자 및 상해진단서 작성일자가 상해 발생시점과 시간상으로 근접하고 상해진단서 발급 경위에 특별히 신빙성을 의심할 만한 사정이 없으며 거기에 기재된 상해 부위와 정도가 피해자가 주장하는 상해의 원인 내지 경위와 일치하는 경우에는, 그 무렵 피해자가 제3자로부터 폭행을 당하는 등으로

달리 상해를 입을 만한 정황이 발견되거나 의사가 허위로 진단서를 작성한 사실이 밝혀지는 등의 특별한 사정이 없는 한, 그 상해진단서는 피해자의 진술과 더불어 피고인의 상해 사실에 대한 유력한 증거가 되고, 합리적인 근거 없이 그 증명력을 함부로 배척할 수 없다.

255. 상해진단서가 상해사실 자체에 대한 직접적인 증거가 될 수 있는지 여부

Q 의사의 진술이나 진단서가 폭행, 상해사실 자체에 대한 직접적인 증거가 될 수 있나요?

A 상해사건의 경우 상처를 진단한 의사의 진술이나 진단서는 폭행, 상해 등의 사실자체에 대한 직접적인 증거가 되는 것은 아니고, 다른 증거에 의하여 폭행, 상해의 가해행위가 인정되는 경우에 그에 대한 상해의 부위나 정도의 점에 대한 증거가 된다 할 것이므로 의사의 진술이나 그가 작성한 진단서는 의사로서 피해자를 진찰한 결과 외력에 의하여 상처가 있었다는 소견을 나타낸데 불과하고 그것만으로 상해의 원인이 피고인의 폭행에 의한 것이라고 단정할 수 없다.

부록

학교폭력 예방 및 대책에 관한 법률
학교폭력 예방 및 대책에 관한 법률 시행령

학교폭력 예방 및 대책에 관한 법률

[시행 2012. 05. 01.] [법률 제11388호, 2012. 03. 21. 일부개정]

제1조(목적) 이 법은 학교폭력의 예방과 대책에 필요한 사항을 규정함으로써 피해학생의 보호, 가해학생의 선도·교육 및 피해학생과 가해학생 간의 분쟁조정을 통하여 학생의 인권을 보호하고 학생을 건전한 사회구성원으로 육성함을 목적으로 한다.

제2조(정의) 이 법에서 사용하는 용어의 정의는 다음 각 호와 같다. 〈개정 2009.5.8, 2012.1.26, 2012.3.21〉

1. "학교폭력"이란 학교 내외에서 학생을 대상으로 발생한 상해, 폭행, 감금, 협박, 약취·유인, 명예훼손·모욕, 공갈, 강요·강제적인 심부름 및 성폭력, 따돌림, 사이버 따돌림, 정보통신망을 이용한 음란·폭력 정보 등에 의하여 신체·정신 또는 재산상의 피해를 수반하는 행위를 말한다.

1의2. "따돌림"이란 학교 내외에서 2명 이상의 학생들이 특정인이나 특정집단의 학생들을 대상으로 지속적이거나 반복적으로 신체적 또는 심리적 공격을 가하여 상대방이 고통을 느끼도록 하는 일체의 행위를 말한다.

1의3. "사이버 따돌림"이란 인터넷, 휴대전화 등 정보통신기기를 이용하여 학생들이 특정 학생들을 대상으로 지속적, 반복적으로 심리적 공격을 가하거나, 특정 학생과 관련된 개인정보 또는 허위사실을 유포하여 상대방이 고통을 느끼도록 하는 일체의 행위를 말한다.

2. "학교"란 「초·중등교육법」 제2조에 따른 초등학교·중학교·고등학교·특수학교 및 각종학교와 같은 법 제61조에 따라 운영하는 학교를 말한다.
3. "가해학생"이란 가해자 중에서 학교폭력을 행사하거나 그 행위에 가담한 학생을 말한다.
4. "피해학생"이란 학교폭력으로 인하여 피해를 입은 학생을 말한다.
5. "장애학생"이란 신체적·정신적·지적 장애 등으로 「장애인 등에 대한 특수교육법」 제15조에서 규정하는 특수교육을 필요로 하는 학생을 말한다.

제3조(해석·적용의 주의의무) 이 법을 해석·적용함에 있어서 국민의 권리가 부당하게 침해되지 아니하도록 주의하여야 한다.

제4조(국가 및 지방자치단체의 책무) ① 국가 및 지방자치단체는 학교폭력을 예방하고 근절하기 위하여 조사·연구·교육·계도 등 필요한 법적·제도적 장치를 마련하여야 한다.

② 국가 및 지방자치단체는 청소년 관련 단체 등 민간의 자율적인 학교폭력 예방활동과 피해학생의 보호 및 가해학생의 선도·교육활동을 장려하여야 한다.

③ 국가 및 지방자치단체는 제2항에 따른 청소년 관련 단체 등 민간이 건의한 사항에 대하여는 관련 시책에 반영하도록 노력하여야 한다.

④ 국가 및 지방자치단체는 제1항부터 제3항까지의 규정에 따른 책무를 다하기 위하여 필요한 행정적·재정적 지원을 하여야 한다. 〈개정 2012.3.21〉

제5조(다른 법률과의 관계) ① 학교폭력의 규제, 피해학생의 보호 및 가해학생에 대한 조치에

있어서 다른 법률에 특별한 규정이 있는 경우를 제외하고는 이 법을 적용한다.
② 제2조제1호 중 성폭력은 다른 법률에 규정이 있는 경우에는 이 법을 적용하지 아니한다.

제6조(기본계획의 수립 등) ① 교육과학기술부장관은 이 법의 목적을 효율적으로 달성하기 위하여 학교폭력의 예방 및 대책에 관한 정책 목표·방향을 설정하고, 이에 따른 학교폭력의 예방 및 대책에 관한 기본계획(이하 "기본계획"이라 한다)을 제7조에 따른 학교폭력대책위원회의 심의를 거쳐 수립·시행하여야 한다. 〈개정 2012.3.21〉
② 기본계획은 다음 각 호의 사항을 포함하여 5년마다 수립하여야 한다. 이 경우 교육과학기술부장관은 관계 중앙행정기관 등의 의견을 수렴하여야 한다. 〈개정 2012.3.21〉
1. 학교폭력의 근절을 위한 조사·연구·교육 및 계도
2. 피해학생에 대한 치료·재활 등의 지원
3. 학교폭력 관련 행정기관 및 교육기관 상호 간의 협조·지원
4. 제14조제1항에 따른 전문상담교사의 배치 및 이에 대한 행정적·재정적 지원
5. 학교폭력의 예방과 피해학생 및 가해학생의 치료·교육을 수행하는 청소년 관련 단체(이하 "전문단체"라 한다) 또는 전문가에 대한 행정적·재정적 지원
6. 그 밖에 학교폭력의 예방 및 대책을 위하여 필요한 사항

③ 교육과학기술부장관은 대통령령으로 정하는 바에 따라 특별시·광역시·특별자치시·도 및 특별자치도(이하 "시·도"라 한다) 교육청의 학교폭력 예방 및 대책과 그에 대한 성과를 평가하고, 이를 공표하여야 한다. 〈신설 2012.1.26〉

제7조(학교폭력대책위원회의 설치·기능) 학교폭력의 예방 및 대책에 관한 다음 각 호의 사항을 심의하기 위하여 국무총리 소속으로 학교폭력대책위원회(이하 "대책위원회"라 한다)를 둔다. 〈개정 2012.3.21〉
1. 학교폭력의 예방 및 대책에 관한 기본계획의 수립 및 시행에 대한 평가
2. 학교폭력과 관련하여 관계 중앙행정기관 및 지방자치단체의 장이 요청하는 사항
3. 학교폭력과 관련하여 교육청, 제9조에 따른 학교폭력대책지역위원회, 제10조의2에 따른 학교폭력대책지역협의회, 제12조에 따른 학교폭력대책자치위원회, 전문단체 및 전문가가 요청하는 사항

[제목개정 2012.3.21]

제8조(대책위원회의 구성) ① 대책위원회는 위원장 2명을 포함하여 20명 이내의 위원으로 구성한다.
② 위원장은 국무총리와 학교폭력 대책에 관한 전문지식과 경험이 풍부한 전문가 중에서 대통령이 위촉하는 사람이 공동으로 되고, 위원장 모두가 부득이한 사유로 직무를 수행할 수 없을 때에는 국무총리가 지명한 위원이 그 직무를 대행한다.
③ 위원은 다음 각 호의 사람 중에서 대통령령이 위촉하는 사람으로 한다. 다만, 제1호의 경우에는 당연직 위원으로 한다.
1. 기획재정부장관, 교육과학기술부장관, 법무부장관, 행정안전부장관, 문화체육관광부장관, 보건복지부장관, 여성가족부장관, 방송통신위원회 위원장, 경찰청장

2. 학교폭력 대책에 관한 전문지식과 경험이 풍부한 전문가 중에서 제1호의 위원이 각각 1명씩 추천하는 사람
3. 관계 중앙행정기관에 소속된 3급 공무원 또는 고위공무원단에 속하는 공무원으로서 청소년 또는 의료 관련 업무를 담당하는 사람
4. 대학이나 공인된 연구기관에서 조교수 이상 또는 이에 상당한 직에 있거나 있었던 사람으로서 학교폭력 문제 및 이에 따른 상담 또는 심리에 관하여 전문지식이 있는 사람
5. 판사·검사·변호사
6. 전문단체에서 청소년보호활동을 5년 이상 전문적으로 담당한 사람
7. 의사의 자격이 있는 사람
8. 학교운영위원회 활동 및 청소년보호활동 경험이 풍부한 학부모

④ 위원장을 포함한 위원의 임기는 2년으로 하되, 1차에 한하여 연임할 수 있다.

⑤ 위원회의 효율적 운영 및 지원을 위하여 간사 1명을 두되, 간사는 교육과학기술부장관이 된다.

⑥ 위원회에 상정할 안건을 미리 검토하는 등 안건 심의를 지원하고, 위원회가 위임한 안건을 심의하기 위하여 대책위원회에 학교폭력대책실무위원회(이하 "실무위원회"라 한다)를 둔다.

⑦ 그 밖에 대책위원회의 운영과 실무위원회의 구성·운영에 필요한 사항은 대통령령으로 정한다.

[전문개정 2012.3.21]

제9조(학교폭력대책지역위원회의 설치) ① 지역의 학교폭력 문제를 해결하기 위하여 시·도에 학교폭력대책지역위원회(이하 "지역위원회"라 한다)를 둔다. 〈개정 2012.1.26〉

② 특별시장·광역시장·특별자치시장·도지사 및 특별자치도지사는 지역위원회의 운영 및 활동에 관하여 시·도의 교육감(이하 "교육감"이라 한다)과 협의하여야 하며, 그 효율적인 운영을 위하여 실무위원회를 둘 수 있다. 〈개정 2012.1.26〉

③ 지역위원회는 위원장 1인을 포함한 11인 이내의 위원으로 구성한다.

④ 지역위원회 및 제2항에 따른 실무위원회의 구성·운영에 필요한 사항은 대통령령으로 정한다.

제10조(학교폭력대책지역위원회의 기능 등) ① 지역위원회는 기본계획에 따라 지역의 학교폭력 예방대책을 매년 수립한다.

② 지역위원회는 해당 지역에서 발생한 학교폭력에 대하여 교육감 및 지방경찰청장에게 관련 자료를 요청할 수 있다.

③ 교육감은 지역위원회의 의견을 들어 제16조제1항제1호부터 제3호까지나 제17조제1항제5호에 따른 상담·치료 및 교육을 담당할 상담·치료·교육 기관을 지정하여야 한다. 〈개정 2012.1.26〉

④ 교육감은 제3항에 따른 상담·치료·교육 기관을 지정한 때에는 해당 기관의 명칭, 소재지, 업무를 인터넷 홈페이지에 게시하고, 그 밖에 다양한 방법으로 학부모에게 알릴 수 있도록 노력하여야 한다. 〈신설 2012.1.26〉

[제목개정 2012.1.26]

제10조의2(학교폭력대책지역협의회의 설치·운영) ① 학교폭력 예방 대책을 수립하고 기관별 추진계

획 및 상호 협력·지원 방안 등을 협의하기 위하여 시·군·구에 학교폭력대책지역협의회(이하 “지역협의회”라 한다)를 둔다.

② 지역협의회는 위원장 1명을 포함한 20명 내외의 위원으로 구성한다.

③ 그 밖에 지역협의회의 구성·운영에 필요한 사항은 대통령령으로 정한다.

[본조신설 2012.3.21]

제11조(교육감의 임무) ① 교육감은 시·도교육청에 학교폭력의 예방과 대책을 담당하는 전담부서를 설치·운영하여야 한다.

② 교육감은 관할 구역 안에서 학교폭력이 발생한 때에는 해당 학교의 장 및 관련 학교의 장에게 그 경과 및 결과의 보고를 요구할 수 있다.

③ 교육감은 관할 구역 안의 학교폭력이 관할 구역 외의 학교폭력과 관련이 있는 때에는 그 관할 교육감과 협의하여 적절한 조치를 취하여야 한다.

④ 교육감은 학교의 장으로 하여금 학교폭력의 예방 및 대책에 관한 실시계획을 수립·시행하도록 하여야 한다.

⑤ 교육감은 제12조에 따른 자치위원회가 처리한 학교의 학교폭력빈도를 학교의 장에 대한 업무수행 평가에 부정적 자료로 사용하여서는 아니 된다.

⑥ 교육감은 제17조제1항제8호에 따른 전학의 경우 그 실현을 위하여 필요한 조치를 취하여야 하며, 제17조제1항제9호에 따른 퇴학처분의 경우 해당 학생의 건전한 성장을 위하여 다른 학교 재입학 등의 적절한 대책을 강구하여야 한다. 〈개정 2012.1.26, 2012.3.21〉

⑦ 교육감은 대책위원회 및 지역위원회에 관할 구역 안의 학교폭력의 실태 및 대책에 관한 사항을 보고하고 공표하여야 한다. 관할 구역 밖의 학교폭력 관련 사항 중 관할 구역 안의 학교와 관련된 경우에도 또한 같다. 〈개정 2012.1.26〉

⑧ 교육감은 학교폭력의 실태를 파악하고 학교폭력에 대한 효율적인 예방대책을 수립하기 위하여 학교폭력 실태조사를 연 2회 이상 실시하여야 한다. 〈신설 2012.3.21〉

⑨ 교육감은 학교폭력 등에 관한 조사, 상담, 치유프로그램 운영 등을 위한 전문기관을 설치·운영할 수 있다. 〈신설 2012.3.21〉

⑩ 교육감은 관할 구역에서 학교폭력이 발생한 때에 해당 학교의 장 또는 소속 교원이 그 경과 및 결과를 보고함에 있어 축소 및 은폐를 시도한 경우에는 「교육공무원법」 제50조 및 「사립학교법」 제62조에 따른 징계위원회에 징계의결을 요구하여야 한다. 〈신설 2012.3.21〉

⑪ 교육감은 관할 구역에서 학교폭력의 예방 및 대책 마련에 기여한 바가 큰 학교 또는 소속 교원에게 상훈을 수여하거나 소속 교원의 근무성적 평정에 가산점을 부여할 수 있다. 〈신설 2012.3.21〉

⑫ 제1항에 따라 설치되는 전담부서의 구성과 제8항에 따라 실시하는 학교폭력 실태조사 및 제9항에 따른 전문기관의 설치에 필요한 사항은 대통령령으로 정한다. 〈개정 2012.3.21〉

제11조의2(학교폭력 조사·상담 등) ① 교육감은 학교폭력 예방과 사후조치 등을 위하여 다음 각 호의 조사·상담 등을 수행할 수 있다.

1. 학교폭력 피해학생 상담 및 가해학생 조사
2. 필요한 경우 가해학생 학부모 조사
3. 학교폭력 예방 및 대책에 관한 계획의 이행 지도
4. 관할 구역 학교폭력서클 단속
5. 학교폭력 예방을 위하여 민간 기관 및 업소 출입·검사
6. 그 밖에 학교폭력 등과 관련하여 필요로 하는 사항

② 교육감은 제1항의 조사·상담 등의 업무를 대통령령으로 정하는 기관 또는 단체에 위탁할 수 있다.

③ 교육감 및 제2항에 따른 위탁 기관 또는 단체의 장은 제1항에 따른 조사·상담 등의 업무를 수행함에 있어 필요한 경우 관계 기관의 장에게 협조를 요청할 수 있다.

④ 제1항에 따라 조사·상담 등을 하는 관계 직원은 그 권한을 표시하는 증표를 지니고 이를 관계인에게 보여주어야 한다.

⑤ 제1항제1호 및 제4호의 조사 등의 결과는 학교의 장 및 보호자에게 통보하여야 한다.

[본조신설 2012.3.21]

제11조의3(관계 기관과의 협조 등) ① 교육과학기술부장관, 교육감, 지역 교육장, 학교의 장은 학교폭력과 관련한 개인정보 등을 경찰청장, 지방경찰청장, 관할 경찰서장 및 관계 기관의 장에게 요청할 수 있다.

② 제1항에 따라 정보제공을 요청받은 경찰청장, 지방경찰청장, 관할 경찰서장 및 관계 기관의 장은 특별한 사정이 없으면 이에 응하여야 한다.

③ 제1항 및 제2항에 따른 관계 기관과의 협조 사항 및 절차 등에 필요한 사항은 대통령령으로 정한다.

[본조신설 2012.3.21]

제12조(학교폭력대책자치위원회의 설치·기능) ① 학교폭력의 예방 및 대책에 관련된 사항을 심의하기 위하여 학교에 학교폭력대책자치위원회(이하 "자치위원회"라 한다)를 둔다. 다만, 자치위원회 구성에 있어 대통령령으로 정하는 사유가 있는 경우에는 교육감의 보고를 거쳐 둘 이상의 학교가 공동으로 자치위원회를 구성할 수 있다. 〈개정 2012.1.26〉

② 자치위원회는 학교폭력의 예방 및 대책 등을 위하여 다음 각 호의 사항을 심의한다. 〈개정 2012.1.26]

1. 학교폭력의 예방 및 대책수립을 위한 학교 체제 구축
2. 피해학생의 보호
3. 가해학생에 대한 선도 및 징계
4. 피해학생과 가해학생 간의 분쟁조정
5. 그 밖에 대통령령으로 정하는 사항

③ 자치위원회는 해당 지역에서 발생한 학교폭력에 대하여 학교장 및 관할 경찰서장에게 관련 자료를 요청할 수 있다. 〈신설 2012.3.21〉

④ 자치위원회의 설치·운영 등에 필요한 사항은 지역 및 학교의 규모 등을 고려하여 대통령령으로 정한다. 〈개정 2012.3.21〉

제13조(자치위원회의 구성·운영) ① 자치위원회는 위원장 1인을 포함하여 5인 이상 10인 이하의 위원으로 구성하되, 대통령령으로 정하는 바에 따라 전체위원의 과반수를 학부모전체회의에서 직접 선출된 학부모대표로 위촉하여야 한다. 다만, 학부모전체회의에서 학부모대표를 선출하기 곤란한 사유가 있는 경우에는 학급별 대표로 구성된 학부모대표회의에서 선출된 학부모대표로 위촉할 수 있다. 〈개정 2011.5.19〉

② 자치위원회는 분기별 1회 이상 회의를 개최하고, 자치위원회의 위원장은 다음 각 호의 어느 하나에 해당하는 경우에 회의를 소집하여야 한다. 〈신설 2011.5.19, 2012.1.26, 2012.3.21〉

1. 자치위원회 재적위원 4분의 1 이상이 요청하는 경우
2. 학교의 장이 요청하는 경우
3. 피해학생 또는 그 보호자가 요청하는 경우
4. 학교폭력이 발생한 사실을 신고받거나 보고받은 경우
5. 가해학생이 협박 또는 보복한 사실을 신고받거나 보고받은 경우
6. 그 밖에 위원장이 필요하다고 인정하는 경우

③ 자치위원회는 회의의 일시, 장소, 출석위원, 토의내용 및 의결사항 등이 기록된 회의록을 작성·보존하여야 한다. 〈신설 2011.5.19〉

④ 그 밖에 자치위원회의 구성·운영에 필요한 사항은 대통령령으로 정한다. 〈개정 2011.5.19〉

[제목개정 2011.5.19]

제14조(전문상담교사 배치 및 전담기구 구성) ① 학교의 장은 학교에 대통령령으로 정하는 바에 따라 상담실을 설치하고, 「초·중등교육법」 제19조의2에 따라 전문상담교사를 둔다.

② 전문상담교사는 학교의 장 및 자치위원회의 요구가 있는 때에는 학교폭력에 관련된 피해학생 및 가해학생과의 상담결과를 보고하여야 한다.

③ 학교의 장은 교감, 전문상담교사, 보건교사 및 책임교사(학교폭력문제를 담당하는 교사를 말한다) 등으로 학교폭력문제를 담당하는 전담기구(이하 "전담기구"라 한다)를 구성하며, 학교폭력 사태를 인지한 경우 지체 없이 전담기구 또는 소속 교원으로 하여금 가해 및 피해 사실 여부를 확인하도록 한다. 〈개정 2012.3.21〉

④ 전담기구는 학교폭력에 대한 실태조사(이하 "실태조사"라 한다)와 학교폭력 예방 프로그램을 구성·실시하며, 학교의 장 및 자치위원회의 요구가 있는 때에는 학교폭력에 관련된 조사결과 등 활동결과를 보고하여야 한다. 〈개정 2012.3.21〉

⑤ 피해학생 또는 피해학생의 보호자는 피해사실 확인을 위하여 전담기구에 실태조사를 요구할 수 있다. 〈신설 2009.5.8, 2012.3.21〉

⑥ 국가 및 지방자치단체는 실태조사에 관한 예산을 지원하고, 관계 행정기관은 실태조사에 협조하여야 하며, 학교의 장은 전담기구에 행정적·재정적 지원을 할 수 있다. 〈개정 2009.5.8, 2012.3.21〉

⑦ 전담기구는 성폭력 등 특수한 학교폭력사건에 대한 실태조사의 전문성을 확보하기 위하여 필요한 경우 전문기관에 그 실태조사를 의뢰할 수 있다. 이 경우 그 의뢰는 자치위원회 위원장의 심의를 거쳐 학교의 장 명의로 하여야 한다. 〈신설 2012.1.26, 2012.3.21〉

⑧ 그 밖에 전담기구 운영 등에 필요한 사항은 대통령령으로 정한다. 〈신설 2012.3.21〉

제15조(학교폭력 예방교육 등) ① 학교의 장은 학생의 육체적·정신적 보호와 학교폭력의 예방을 위한 학생들에 대한 교육(학교폭력의 개념·실태 및 대처방안 등을 포함하여야 한다)을 학기별로 1회 이상 실시하여야 한다. 〈개정 2012.1.26〉

② 학교의 장은 학교폭력의 예방 및 대책 등을 위한 교직원 및 학부모에 대한 교육을 학기별로 1회 이상 실시하여야 한다. 〈개정 2012.3.21〉

③ 학교의 장은 제1항에 따른 학교폭력 예방교육 프로그램의 구성 및 그 운용 등을 전담기구와 협의하여 전문단체 또는 전문가에게 위탁할 수 있다.

④ 교육장은 제1항부터 제3항까지의 규정에 따른 학교폭력 예방교육 프로그램의 구성과 운용계획을 학부모가 쉽게 확인할 수 있도록 인터넷 홈페이지에 게시하고, 그 밖에 다양한 방법으로 학부모에게 알릴 수 있도록 노력하여야 한다. 〈개정 2012.1.26〉

⑤ 그 밖에 학교폭력 예방교육의 실시와 관련한 사항은 대통령령으로 정한다. 〈개정 2011.5.19〉

[제목개정 2011.5.19]

제16조(피해학생의 보호) ① 자치위원회는 피해학생의 보호를 위하여 필요하다고 인정하는 때에는 피해학생에 대하여 다음 각 호의 어느 하나에 해당하는 조치(수 개의 조치를 병과하는 경우를 포함한다)를 할 것을 학교의 장에게 요청할 수 있다. 다만, 학교의 장은 피해학생의 보호를 위하여 긴급하다고 인정하거나 피해학생이 긴급보호의 요청을 하는 경우에는 자치위원회의 요청 전에 제1호, 제2호 및 제6호의 조치를 할 수 있다. 이 경우 자치위원회에 즉시 보고하여야 한다. 〈개정 2012.3.21〉

1. 심리상담 및 조언
2. 일시보호
3. 치료 및 치료를 위한 요양
4. 학급교체
5. 삭제 〈2012.3.21〉
6. 그 밖에 피해학생의 보호를 위하여 필요한 조치

② 자치위원회는 제1항에 따른 조치를 요청하기 전에 피해학생 및 그 보호자에게 의견진술의 기회를 부여하는 등 적정한 절차를 거쳐야 한다. 〈신설 2012.3.21〉

③ 제1항에 따른 요청이 있는 때에는 학교의 장은 피해학생의 보호자의 동의를 받아 7일 이내에 해당 조치를 하여야 하고 이를 자치위원회에 보고하여야 한다. 〈개정 2012.3.21〉

④ 제1항의 조치 등 보호가 필요한 학생에 대하여 학교의 장이 인정하는 경우 그 조치에 필요한 결석을 출석일수에 산입할 수 있다. 〈개정 2012.3.21〉

⑤ 학교의 장은 성적 등을 평가함에 있어서 제3항에 따른 조치로 인하여 학생에게 불이익을

주지 아니하도록 노력하여야 한다. 〈개정 2012.3.21〉

⑥ 피해학생이 전문단체나 전문가로부터 제1항제1호부터 제3호까지의 규정에 따른 상담 등을 받는 데에 사용되는 비용은 가해학생의 보호자가 부담하여야 한다. 다만, 피해학생의 신속한 치료를 위하여 학교의 장 또는 피해학생의 보호자가 원하는 경우에는 「학교안전사고 예방 및 보상에 관한 법률」제15조에 따른 학교안전공제회 또는 시·도교육청이 부담하고 이에 대한 구상권을 행사할 수 있다. 〈개정 2012.1.26, 2012.3.21〉

1. 삭제 〈2012.3.21〉
2. 삭제 〈2012.3.21〉

⑦ 학교의 장 또는 피해학생의 보호자는 필요한 경우 「학교안전사고 예방 및 보상에 관한 법률」 제34조의 공제급여를 학교안전공제회에 직접 청구할 수 있다. 〈신설 2012.1.26, 2012.3.21〉

⑧ 피해학생의 보호 및 제6항에 따른 지원범위, 구상범위, 지급절차 등에 필요한 사항은 대통령령으로 정한다. 〈신설 2012.3.21〉

제16조의2(장애학생의 보호) ① 누구든지 장애 등을 이유로 장애학생에게 학교폭력을 행사하여서는 아니 된다.

② 자치위원회는 학교폭력으로 피해를 입은 장애학생의 보호를 위하여 장애인전문 상담가의 상담 또는 장애인전문 치료기관의 요양 조치를 학교의 장에게 요청할 수 있다.

③ 제2항에 따른 요청이 있는 때에는 학교의 장은 해당 조치를 하여야 한다. 이 경우 제16조제6항을 준용한다. 〈개정 2012.3.21〉

[본조신설 2009.5.8]

제17조(가해학생에 대한 조치) ① 자치위원회는 피해학생의 보호와 가해학생의 선도·교육을 위하여 가해학생에 대하여 다음 각 호의 어느 하나에 해당하는 조치(수 개의 조치를 병과하는 경우를 포함한다)를 할 것을 학교의 장에게 요청하여야 하며, 각 조치별 적용 기준은 대통령령으로 정한다. 다만, 퇴학처분은 의무교육과정에 있는 가해학생에 대하여는 적용하지 아니한다. 〈개정 2009.5.8, 2012.1.26, 2012.3.21〉

1. 피해학생에 대한 서면사과
2. 피해학생 및 신고·고발 학생에 대한 접촉, 협박 및 보복행위의 금지
3. 학교에서의 봉사
4. 사회봉사
5. 학내외 전문가에 의한 특별 교육이수 또는 심리치료
6. 출석정지
7. 학급교체
8. 전학
9. 퇴학처분

② 제1항에 따라 자치위원회가 학교의 장에게 가해학생에 대한 조치를 요청할 때 그 이유가 피해학생이나 신고·고발 학생에 대한 협박 또는 보복 행위일 경우에는 같은 항 각 호의 조치를

병과하거나 조치 내용을 가중할 수 있다. 〈신설 2012.3.21〉

③ 제1항제2호부터 제4호까지 및 제6호부터 제8호까지의 처분을 받은 가해학생은 교육감이 정한 기관에서 특별교육을 이수하거나 심리치료를 받아야 하며, 그 기간은 자치위원회에서 정한다. 〈개정 2012.1.26, 2012.3.21〉

④ 학교의 장은 가해학생에 대한 선도가 긴급하다고 인정할 경우 우선 제1항제1호부터 제3호까지, 제5호 및 제6호의 조치를 할 수 있으며, 제5호와 제6호는 병과조치할 수 있다. 이 경우 자치위원회에 즉시 보고하여 추인을 받아야 한다. 〈개정 2012.1.26, 2012.3.21〉

⑤ 자치위원회는 제1항 또는 제2항에 따른 조치를 요청하기 전에 가해학생 및 보호자에게 의견진술의 기회를 부여하는 등 적정한 절차를 거쳐야 한다. 〈개정 2012.3.21〉

⑥ 제1항에 따른 요청이 있는 때에는 학교의 장은 14일 이내에 해당 조치를 하여야 한다. 〈개정 2012.1.26, 2012.3.21〉

⑦ 학교의 장이 제4항에 따른 조치를 한 때에는 가해학생과 그 보호자에게 이를 통지하여야 하며, 가해학생이 이를 거부하거나 회피하는 때에는 「초·중등교육법」 제18조에 따라 징계하여야 한다. 〈개정 2012.3.21〉

⑧ 가해학생이 제1항제3호부터 제5호까지의 규정에 따른 조치를 받은 경우 이와 관련된 결석은 학교의 장이 인정하는 때에는 이를 출석일수에 산입할 수 있다. 〈개정 2012.1.26, 2012.3.21〉

⑨ 자치위원회는 가해학생이 특별교육을 이수할 경우 해당 학생의 보호자도 함께 교육을 받게 하여야 한다. 〈개정 2012.3.21〉

⑩ 가해학생이 다른 학교로 전학을 간 이후에는 전학 전의 피해학생 소속 학교로 다시 전학올 수 없도록 하여야 한다. 〈신설 2012.1.26, 2012.3.21〉

⑪ 제1항제2호부터 제9호까지의 처분을 받은 학생이 해당 조치를 거부하거나 기피하는 경우 자치위원회는 제7항에도 불구하고 대통령령으로 정하는 바에 따라 추가로 다른 조치를 할 것을 학교의 장에게 요청할 수 있다. 〈신설 2012.3.21〉

⑫ 가해학생에 대한 조치 및 제11조제6항에 따른 재입학 등에 관하여 필요한 사항은 대통령령으로 정한다. 〈신설 2012.3.21〉

제17조의2(재심청구) ① 자치위원회 또는 학교의 장이 제16조제1항 및 제17조제1항에 따라 내린 조치에 대하여 이의가 있는 피해학생 또는 그 보호자는 그 조치를 받은 날부터 15일 이내, 그 조치가 있음을 안 날부터 10일 이내에 지역위원회에 재심을 청구할 수 있다. 〈신설 2012.3.21〉

② 자치위원회가 제17조제1항제8호와 제9호에 따라 내린 조치에 대하여 이의가 있는 학생 또는 그 보호자는 그 조치를 받은 날부터 15일 이내, 그 조치가 있음을 안 날로부터 10일 이내에 「초·중등교육법」 제18조의3에 따른 시·도학생징계조정위원회에 재심을 청구할 수 있다. 〈개정 2012.3.21〉

③ 지역위원회가 제1항에 따른 재심청구를 받은 때에는 30일 이내에 이를 심사·결정하여 청구인에게 통보하여야 한다. 〈신설 2012.3.21〉

④ 제3항의 결정에 이의가 있는 청구인은 그 통보를 받은 날부터 60일 이내에 행정심판을

제기할 수 있다. 〈신설 2012.3.21〉

⑤ 제1항에 따른 재심청구, 제3항에 따른 심사 절차 및 결정 통보 등에 필요한 사항은 대통령령으로 정한다. 〈신설 2012.3.21〉

⑥ 제2항에 따른 재심청구, 심사절차, 결정통보 등은 「초·중등교육법」 제18조의2제2항부터 제4항까지의 규정을 준용한다. 〈개정 2012.3.21〉

[본조신설 2012.1.26]

제18조(분쟁조정) ① 자치위원회는 학교폭력과 관련하여 분쟁이 있는 경우에는 그 분쟁을 조정할 수 있다.

② 제1항에 따른 분쟁의 조정기간은 1개월을 넘지 못한다.

③ 학교폭력과 관련한 분쟁조정에는 다음 각 호의 사항을 포함한다.

1. 피해학생과 가해학생간 또는 그 보호자 간의 손해배상에 관련된 합의조정
2. 그 밖에 자치위원회가 필요하다고 인정하는 사항

④ 자치위원회는 분쟁조정을 위하여 필요하다고 인정하는 때에는 관계 기관의 협조를 얻어 학교폭력과 관련한 사항을 조사할 수 있다.

⑤ 자치위원회가 분쟁조정을 하고자 할 때에는 이를 피해학생·가해학생 및 그 보호자에게 통보하여야 한다.

⑥ 시·도교육청 관할 구역 안의 소속 학교가 다른 학생 간에 분쟁이 있는 경우에는 교육감이 해당 학교의 자치위원회위원장과의 협의를 거쳐 직접 분쟁을 조정한다. 이 경우 제2항부터 제5항까지의 규정을 준용한다.

⑦ 관할 구역을 달리하는 시·도교육청 소속 학교의 학생 간에 분쟁이 있는 경우에는 피해학생을 감독하는 교육감이 가해학생을 감독하는 교육감 및 관련 해당 학교의 자치위원회위원장과의 협의를 거쳐 직접 분쟁을 조정한다. 이 경우 제2항부터 제5항까지의 규정을 준용한다.

제19조(학교의 장의 의무) 학교의 장은 교육감에게 학교폭력이 발생한 사실 및 제16조, 제16조의2, 제17조, 제17조의2 및 제18조에 따른 조치 및 그 결과를 보고하고, 관계 기관과 협력하여 교내 학교폭력 단체의 결성예방 및 해체에 노력하여야 한다. 〈개정 2012.3.21〉

제20조(학교폭력의 신고의무) ① 학교폭력 현장을 보거나 그 사실을 알게 된 자는 학교 등 관계 기관에 이를 즉시 신고하여야 한다.

② 제1항에 따라 신고를 받은 기관은 이를 가해학생 및 피해학생의 보호자와 소속 학교의 장에게 통보하여야 한다. 〈개정 2009.5.8〉

③ 제2항에 따라 통보받은 소속 학교의 장은 이를 자치위원회에 지체 없이 통보하여야 한다. 〈신설 2009.5.8〉

④ 누구라도 학교폭력의 예비·음모 등을 알게 된 자는 이를 학교의 장 또는 자치위원회에 고발할 수 있다. 다만, 교원이 이를 알게 되었을 경우에는 학교의 장에게 보고하고 해당 학부모에게 알려야 한다. 〈개정 2009.5.8, 2012.1.26〉

⑤ 누구든지 제1항부터 제4항까지에 따라 학교폭력을 신고한 사람에게 그 신고행위를 이유로

불이익을 주어서는 아니 된다. 〈신설 2012.3.21〉

제20조의2(긴급전화의 설치 등) ① 국가 및 지방자치단체는 학교폭력을 수시로 신고받고 이에 대한 상담에 응할 수 있도록 긴급전화를 설치하여야 한다.

② 국가와 지방자치단체는 제1항에 따른 긴급전화의 설치·운영을 대통령령으로 정하는 기관 또는 단체에 위탁할 수 있다. 〈신설 2012.1.26〉

③ 제1항과 제2항에 따른 긴급전화의 설치·운영·위탁에 필요한 사항은 대통령령으로 정한다. 〈개정 2012.1.26〉

[본조신설 2009.5.8]

제20조의3(정보통신망에 의한 학교폭력 등) 제2조제1호에 따른 정보통신망을 이용한 음란·폭력 정보 등에 의한 신체상·정신상 피해에 관하여 필요한 사항은 따로 법률로 정한다.

[본조신설 2012.3.21]

제20조의4(정보통신망의 이용 등) ① 국가·지방자치단체 또는 교육감은 학교폭력 예방 업무 등을 효과적으로 수행하기 위하여 필요한 경우 정보통신망을 이용할 수 있다.

② 국가·지방자치단체 또는 교육감은 제1항에 따라 정보통신망을 이용하여 학교 또는 학생(학부모를 포함한다)이 학교폭력 예방 업무 등을 수행하는 경우 다음 각 호의 어느 하나에 해당하는 비용의 전부 또는 일부를 지원할 수 있다.

1. 학교 또는 학생(학부모를 포함한다)이 전기통신설비를 구입하거나 이용하는 데 소요되는 비용
2. 학교 또는 학생(학부모를 포함한다)에게 부과되는 전기통신역무 요금

③ 그 밖에 정보통신망의 이용 등에 관하여 필요한 사항은 대통령령으로 정한다.

[본조신설 2012.3.21]

제20조의5(학생보호인력의 배치 등) ① 국가·지방자치단체 또는 학교의 장은 학교폭력을 예방하기 위하여 학교 내에 학생보호인력을 배치하여 활용할 수 있다.

② 국가·지방자치단체 또는 학교의 장은 제1항에 따른 학생보호인력의 배치 및 활용 업무를 관련 전문기관 또는 단체에 위탁할 수 있다.

③ 제2항에 따라 학생보호인력의 배치 및 활용 업무를 위탁받은 관련 전문기관 또는 단체는 그 업무를 함에 있어 학교의 장과 충분히 협의하여야 한다.

[본조신설 2012.3.21]

제20조의6(영상정보처리기기의 통합 관제) ① 국가 및 지방자치단체는 학교폭력 예방 업무를 효과적으로 수행하기 위하여 교육감과 협의하여 학교 내외에 설치된 영상정보처리기기(「개인정보 보호법」 제2조제7호에 따른 영상정보처리기기를 말한다. 이하 이 조에서 같다)를 통합하여 관제할 수 있다. 이 경우 국가 및 지방자치단체는 통합 관제 목적에 필요한 범위에서 최소한의 개인정보만을 처리하여야 하며, 그 목적 외의 용도로 활용하여서는 아니 된다.

② 제1항에 따라 영상정보처리기기를 통합 관제하려는 국가 및 지방자치단체는 공청회·설명회의

개최 등 대통령령으로 정하는 절차를 거쳐 관계 전문가 및 이해관계인의 의견을 수렴하여야 한다.
③ 제1항에 따라 학교 내외에 설치된 영상정보처리기기가 통합 관제되는 경우 해당 학교의 영상정보처리기기운영자는 「개인정보 보호법」 제25조제4항에 따른 조치를 통하여 그 사실을 정보주체에게 알려야 한다.
④ 통합 관제에 관하여 이 법에서 규정한 것을 제외하고는 「개인정보 보호법」을 적용한다.
⑤ 그 밖에 영상정보처리기기의 통합 관제에 필요한 사항은 대통령령으로 정한다.
[본조신설 2012.3.21]

제21조(비밀누설금지 등) ① 이 법에 따라 학교폭력의 예방 및 대책과 관련된 업무를 수행하거나 수행하였던 자는 그 직무로 인하여 알게 된 비밀 또는 가해학생·피해학생 및 제20조에 따른 신고자·고발자와 관련된 자료를 누설하여서는 아니 된다. 〈개정 2012.1.26〉
② 제1항에 따른 비밀의 구체적인 범위는 대통령령으로 정한다.
③ 제16조, 제16조의2, 제17조, 제17조의2, 제18조에 따른 자치위원회의 회의는 공개하지 아니한다. 다만, 피해학생·가해학생 또는 그 보호자가 회의록의 열람·복사 등 회의록 공개를 신청한 때에는 학생과 그 가족의 성명, 주민등록번호 및 주소, 위원의 성명 등 개인정보에 관한 사항을 제외하고 공개하여야 한다. 〈개정 2011.5.19, 2012.3.21〉

제22조(벌칙) ① 제21조제1항을 위반한 자는 300만원 이하의 벌금에 처한다. 〈개정 2012.3.21〉
② 제17조제9항에 따른 자치위원회의 교육 이수 조치를 따르지 아니한 보호자에게는 300만원 이하의 과태료를 부과한다. 〈신설 2012.3.21〉

부칙 〈제9642호, 2009.5.8〉

이 법은 공포 후 3개월이 경과한 날부터 시행한다.

부칙 〈제9932호, 2010.1.18〉 (정부조직법)

제1조(시행일) 이 법은 공포 후 2개월이 경과한 날부터 시행한다. 〈단서 생략〉

제2조 및 제3조 생략

제4조(다른 법률의 개정) ① 부터 〈125〉 까지 생략
〈126〉 학교폭력 예방 및 대책에 관한 법률 일부를 다음과 같이 개정한다.
제8조제3항제2호를 삭제한다.
〈127〉 부터 〈137〉 까지 생략

제5조 생략

부칙 〈제10642호, 2011.5.19〉

이 법은 공포 후 6개월이 경과한 날부터 시행한다.

부칙 〈제11223호, 2012.1.26〉

제1조(시행일) 이 법은 2012년 5월 1일부터 시행한다. 다만, 제17조제5항의 개정규정은 공포한 날부터 시행하고, 제2조, 제13조제2항, 제15조제1항 및 제4항, 제16조, 제17조(제5항은 제외한다), 제20조제4항의 개정규정은 2012년 4월 1일부터 시행한다.

[전문개정 2012.3.21]

[시행일: 2012.4.1]

제2조(재심청구에 관한 적용례) 제17조제1항제8호의 개정규정에 대한 재심청구는 이 법 시행 후 최초로 전학조치를 받은 학생부터 적용한다.

부칙 〈제11388호, 2012.3.21〉

제1조(시행일) 이 법은 2012년 5월 1일부터 시행한다. 다만, 제2조, 제4조제4항, 제13조제2항, 제15조제2항, 제16조, 제16조의2, 제17조, 제20조제5항, 제20조의3의 개정규정 및 법률 제11223호 학교폭력 예방 및 대책에 관한 법률 일부개정법률 부칙 제1조의 개정규정은 2012년 4월 1일부터 시행한다.

제2조(학교안전공제회 등의 비용부담 및 구상권 행사에 관한 적용례) 제16조제6항의 개정규정은 학교폭력으로 피해를 받아 같은 개정규정 시행 당시 치료 등을 받고 있는 사람부터 적용한다.

학교폭력 예방 및 대책에 관한 법률 시행령

[시행 2012. 05. 01.] [대통령령 제23689호 전면개정 2012. 03. 30.]

제1조(목적) 이 영은 「학교폭력 예방 및 대책에 관한 법률」에서 위임된 사항과 그 시행에 필요한 사항을 규정함을 목적으로 한다.

제2조(성과 평가 및 공표) 「학교폭력 예방 및 대책에 관한 법률」(이하 "법"이라 한다) 제6조제3항에 따른 학교폭력 예방 및 대책에 대한 성과는 「초·중등교육법」 제9조제2항에 따른 지방교육행정기관에 대한 평가에 포함하여 평가하고, 이를 공표하여야 한다.

제3조(학교폭력대책위원회의 운영) ① 법 제7조에 따른 학교폭력대책위원회(이하 "대책위원회"라 한다)의 위원장은 회의를 소집하고, 그 의장이 된다.

② 대책위원회의 회의는 반기별로 1회 소집한다. 다만, 재적위원 3분의 1 이상이 요구하거나 위원장이 필요하다고 인정하는 경우에는 수시로 소집할 수 있다.

③ 대책위원회의 위원장이 회의를 소집할 때에는 회의 개최 5일 전까지 회의 일시·장소 및 안건을 각 위원에게 알려야 한다. 다만, 긴급히 소집하여야 할 때에는 그러하지 아니하다.

④ 대책위원회의 회의는 재적위원 과반수의 출석으로 개의(開議)하고, 출석위원 과반수의 찬성으로 의결한다.

⑤ 대책위원회의 위원장은 필요하다고 인정할 때에는 학교폭력 예방 및 대책과 관련하여 전문가 등을 회의에 출석하여 발언하게 할 수 있다.

⑥ 회의에 출석한 위원과 전문가 등에게는 예산의 범위에서 수당과 여비를 지급할 수 있다. 다만, 공무원인 위원이 그 소관 업무와 직접적으로 관련하여 회의에 출석하는 경우에는 그러하지 아니하다.

제4조(학교폭력대책실무위원회의 구성·운영) ① 법 제8조제6항에 따른 학교폭력대책실무위원회(이하 "실무위원회"라 한다)는 위원장(이하 "실무위원장"이라 한다) 1명을 포함한 11명 이내의 위원으로 구성한다.

② 실무위원장은 교육과학기술부차관 중 교육과학기술부장관이 지명하는 차관이 되고, 위원은 국무총리실, 기획재정부, 교육과학기술부, 법무부, 행정안전부, 문화체육관광부, 보건복지부, 여성가족부, 방송통신위원회의 고위공무원단에 속하는 공무원과 경찰청의 치안감 또는 경무관 중에서 소속 기관의 장이 지명하는 각 1명이 된다.

③ 실무위원회의 사무를 처리하기 위하여 간사 1명을 두며, 간사는 교육과학기술부 소속 공무원 중에서 실무위원장이 지명하는 사람으로 한다.

④ 실무위원장이 부득이한 사유로 직무를 수행할 수 없을 때에는 실무위원장이 미리 지명하는 위원이 그 직무를 대행한다.

⑤ 회의는 대책위원회 개최 전 또는 실무위원장이 필요하다고 인정할 때 소집한다.

⑥ 실무위원회는 대책위원회의 회의에 부칠 안건 검토와 심의 지원 및 그 밖의 업무수행을

위하여 필요한 경우에는 이해관계인 또는 관련 전문가를 출석하게 하여 의견을 듣거나 의견 제출을 요청할 수 있다.

⑦ 실무위원장은 회의를 소집할 때에는 회의 개최 7일 전까지 회의 일시·장소 및 안건을 각 위원에게 알려야 한다. 다만, 긴급히 소집하여야 할 때에는 그러하지 아니하다.

제5조(학교폭력대책지역위원회의 구성·운영) ① 법 제9조제1항에 따른 학교폭력대책지역위원회(이하 "지역위원회"라 한다)의 위원장은특별시·광역시·특별자치시·도·특별자치도(이하 "시·도"라 한다)의 부단체장(특별시의 경우에는 행정(1)부시장, 광역시 및 도의 경우에는 행정부시장 및 행정부지사를 말한다)으로 한다.

② 지역위원회의 위원장은 회의를 소집하고, 그 의장이 된다.

③ 지역위원회의 위원장이 부득이한 사유로 직무를 수행할 수 없을 때에는 지역위원회 위원장이 미리 지명하는 위원이 그 직무를 대행한다.

④ 지역위원회의 위원은 학식과 경험이 풍부하고 청소년보호에 투철한 사명감이 있는 사람으로서 다음 각 호의 어느 하나에 해당하는 사람 중에서 특별시장·광역시장·특별자치시장·도지사·특별자치도지사(이하 "시·도지사"라 한다)가 교육감과 협의하여 임명하거나 위촉한다.

1. 해당 시·도의 청소년보호 업무 담당 국장 및 시·도교육청 생활지도 담당 국장
2. 해당 시·도의회 의원 또는 교육위원회 위원
3. 시·도 지방경찰청 소속 경찰공무원
4. 학생생활지도 경력이 5년 이상인 교원
5. 판사·검사·변호사
6. 「고등교육법」 제2조에 따른 학교의 조교수 이상 또는 청소년 관련 연구기관에서 이에 상당하는 직위에 재직하고 있거나 재직하였던 사람으로서 학교폭력 문제에 대한 전문지식이 있는 사람
7. 청소년 선도 및 보호 단체에서 청소년보호활동을 5년 이상 전문적으로 담당한 사람
8. 「초·중등교육법」 제31조제1항에 따른 학교운영위원회(이하 "학교운영위원회"라 한다)의 위원 또는 법 제12조제1항에 따른 학교폭력대책자치위원회(이하 "자치위원회"라 한다) 위원으로 활동하고 있거나 활동한 경험이 있는 학부모 대표
9. 그 밖에 학교폭력 예방 및 청소년 보호에 대한 지식과 경험이 있는 사람

⑤ 지역위원회 위원의 임기는 2년으로 한다. 다만, 지역위원회 위원의 사임 등으로 새로 위촉되는 위원의 임기는 전임위원 임기의 남은 기간으로 한다.

⑥ 지역위원회의 사무를 처리하기 위하여 간사 1명을 두며, 지역위원회의 위원장과 교육감이 시·도 또는 시·도교육청 소속 공무원 중에서 협의하여 정하는 사람으로 한다.

⑦ 지역위원회 회의의 운영에 관하여는 제3조제2항부터 제6항까지의 규정을 준용한다. 이 경우 "대책위원회"는 "지역위원회"로 본다.

제6조(학교폭력대책지역실무위원회의 구성·운영) 법 제9조제2항에 따른 실무위원회는 7명 이내의 학교폭력 예방 및 대책에 관한 실무자 및 민간 전문가로 구성한다.

제7조(학교폭력대책지역협의회의 구성·운영) ① 법 제10조의2에 따른 학교폭력대책지역협의회(이하 "지역협의회"라 한다)의 위원장은 시·군·구의 부단체장이 된다.

② 지역협의회의 위원장은 회의를 소집하고, 그 의장이 된다.

③ 지역협의회의 위원장이 부득이한 사유로 직무를 수행할 수 없을 때에는 위원장이 미리 지정하는 위원이 그 직무를 대행한다.

④ 지역협의회의 위원은 학식과 경험이 풍부하고 청소년보호에 투철한 사명감이 있는 사람으로서 다음 각 호의 어느 하나에 해당하는 사람 중에서 시장·군수·구청장이 해당 지역교육청의 교육장과 협의하여 임명하거나 위촉한다.

1. 해당 시·군·구의 청소년보호 업무 담당 국장(국장이 없는 시·군·구는 과장을 말한다) 및 지역교육청의 생활지도 담당 국장(국장이 없는 지역교육청은 과장을 말한다)
2. 해당 시·군·구의회 의원
3. 해당 시·군·구를 관할하는 경찰서 소속 경찰공무원
4. 학생생활지도 경력이 5년 이상인 교원
5. 판사·검사·변호사
6. 「고등교육법」 제2조에 따른 학교의 조교수 이상 또는 청소년 관련 연구기관에서 이에 상당하는 직위에 재직하고 있거나 재직하였던 사람으로서 학교폭력 문제에 대하여 전문지식이 있는 사람
7. 청소년 선도 및 보호 단체에서 청소년보호활동을 5년 이상 전문적으로 담당한 사람
8. 학교운영위원회 위원 또는 자치위원회 위원으로 활동하거나 활동한 경험이 있는 학부모 대표
9. 그 밖에 학교폭력 예방 및 청소년보호에 대한 지식과 경험을 가진 사람

⑤ 지역협의회 위원의 임기는 2년으로 한다. 다만, 지역위원회 위원의 사임 등으로 새로 위촉되는 위원의 임기는 전임위원 임기의 남은 기간으로 한다.

⑥ 지역협의회에는 사무를 처리하기 위해 간사 1명을 두며, 간사는 지역협의회의 위원장과 교육장이 시·군·구 또는 지역교육청 소속 공무원 중에서 협의하여 정하는 사람으로 한다.

제8조(전담부서의 구성 등) 법 제11조제1항에 따라 다음 각 호의 업무를 수행하기 위하여 시·도교육청 및 지역교육청에 과·담당관 또는 팀을 둔다.

1. 학교폭력 예방과 근절을 위한 대책의 수립과 추진에 관한 사항
2. 학교폭력 피해학생의 치료 및 가해학생에 대한 조치에 관한 사항
3. 그 밖에 학교폭력의 예방 및 대책과 관련하여 교육감이 정하는 사항

제9조(실태조사) ① 법 제11조제8항에 따라 교육감이 실시하는 학교폭력 실태조사는 교육과학기술부장관과 협의하여 다른 교육감과 공동으로 실시할 수 있다.

② 교육감은 학교폭력 실태조사를 교육 관련 연구·조사기관에 위탁할 수 있다.

제10조(전문기관의 설치 등) ① 교육감은 법 제11조제9항에 따라 시·도교육청 또는 지역교육청에 다음 각 호의 업무를 수행하는 전문기관을 설치·운영할 수 있다.

1. 법 제11조의2제1항에 따른 조사·상담 등의 업무
2. 학교폭력 피해학생·가해학생에 대한 치유프로그램 운영 업무

② 교육감은 제1항제2호에 따른 치유프로그램 운영 업무를 다음 각 호의 어느 하나에 해당하는 기관·단체·시설에 위탁하여 수행하게 할 수 있다.

1. 「청소년복지지원법」 제14조에 따른 청소년쉼터, 「청소년보호법」 제33조의2에 따른 청소년보호센터 등 청소년을 보호하기 위하여 국가·지방자치단체가 운영하는 시설
2. 「청소년활동진흥법」 제10조에 따른 청소년활동시설
3. 학교폭력의 예방과 피해학생 및 가해학생의 치료·교육을 수행하는 청소년 관련 단체
4. 청소년 정신치료 전문인력이 배치된 병원
5. 학교폭력 피해학생·가해학생 및 학부모를 위한 프로그램을 운영 하는 종교기관 등의 기관
6. 그 밖에 교육감이 치유프로그램의 운영에 적합하다고 인정하는 기관

③ 제1항에 따른 전문기관의 설치·운영에 관한 세부사항은 교육감이 정한다.

제11조(학교폭력 조사·상담 업무의 위탁 등) 교육감은 법 제11조의2제2항에 따라 학교폭력 예방에 관한 사업을 3년 이상 수행한 기관 또는 단체 중에서 학교폭력의 예방 및 사후조치 등을 수행하는데 적합하다고 인정하는 기관 또는 단체에 법 제11조의2제1항의 업무를 위탁할 수 있다.

제12조(관계 기관과의 협조 사항 등) 법 제11조의3에 따라 학교폭력과 관련한 개인정보 등을 협조를 요청할 때에는 문서로 하여야 한다.

제13조(자치위원회의 설치 및 심의사항) ① 법 제12조제1항 단서에서 "대통령령으로 정하는 사유가 있는 경우"란 학교폭력 피해학생과 가해학생이 각각 다른 학교에 재학 중인 경우를 말한다.

② 법 제12조제2항제5호에서 "대통령령으로 정하는 사항"이란 학교폭력의 예방 및 대책과 관련하여 법 제14조제3항에 따른 책임교사 또는 학생회의 대표가 건의하는 사항을 말한다.

제14조(자치위원회의 구성·운영) ① 법 제13조제1항에 따른 자치위원회의 위원은 다음 각 호의 어느 하나에 해당하는 사람 중에서 해당 학교의 장이 임명하거나 위촉한다.

1. 해당 학교의 교감
2. 해당 학교의 교사 중 학생생활지도 경력이 있는 교사
3. 법 제13조제1항에 따라 선출된 학부모대표
4. 판사·검사·변호사
5. 해당 학교를 관할하는 경찰서 소속 경찰공무원
6. 의사 자격이 있는 사람
7. 그 밖에 학교폭력 예방 및 청소년보호에 대한 지식과 경험이 풍부한 사람

② 자치위원회의 위원장은 위원 중에서 호선(互選)하며, 위원장이 부득이한 사유로 직무를 수행할 수 없을 때에는 위원장이 미리 지정하는 위원이 그 직무를 대행한다.

③ 자치위원회의 위원의 임기는 2년으로 한다. 다만, 자치위원회 위원의 사임 등으로 새로 위촉되는 위원의 임기는 전임위원 임기의 남은 기간으로 한다.

④ 자치위원회의 회의는 재적위원 과반수의 출석으로 개의하고, 출석위원 과반수의 찬성으로

의결한다.

⑤ 자치위원회의 위원장은 해당 학교의 교직원에서 자치위원회의 사무를 처리할 간사 1명을 지명한다.

⑥ 자치위원회의 회의에 출석한 위원에게는 예산의 범위에서 수당과 여비를 지급할 수 있다. 다만, 공무원인 위원이 그 소관 업무와 직접적으로 관련하여 회의에 출석한 경우에는 그러하지 아니하다.

⑦ 자치위원회의 위원장은 회의 일시를 정할 때에는 일과 후, 주말 등 위원들이 참석하기 편리한 시간으로 정하여야 한다.

제15조(상담실 설치) 법 제14조제1항에 따른 상담실은 다음 각 호의 시설·장비를 갖추어 상담활동이 편리한 장소에 설치하여야 한다.

1. 인터넷 이용시설, 전화 등 상담에 필요한 시설 및 장비
2. 상담을 받는 사람의 사생활 노출 방지를 위한 칸막이 및 방음시설

제16조(전담기구 운영 등) 법 제14조제3항에 따른 전담기구는 가해 및 피해 사실 여부에 관하여 확인한 사항을 학교의 장 및 자치위원회(자치위원회의 요청이 있는 경우만을 말한다)에 보고하여야 한다.

제17조(학교폭력 예방교육) 학교의 장은 법 제15조제5항에 따라 학생과 교직원 및 학부모에 대한 학교폭력 예방교육을 다음 각 호의 기준에 따라 실시한다.

1. 학기별로 1회 이상 실시하고, 교육 횟수·시간 및 강사 등 세부적인 사항은 학교 여건에 따라 학교의 장이 정한다.
2. 학생에 대한 학교폭력 예방교육은 학급 단위로 실시함을 원칙으로 하되, 학교 여건에 따라 전체 학생을 대상으로 한 장소에서 동시에 실시할 수 있다.
3. 학생과 교직원, 학부모를 따로 교육하는 것을 원칙으로 하되, 내용에 따라 함께 교육할 수 있다.
4. 강의, 토론 및 역할연기 등 다양한 방법으로 하고, 다양한 자료나 프로그램 등을 활용하여야 한다.
5. 교직원에 대한 학교폭력 예방교육은 학교폭력 관련 법령에 대한 내용, 학교폭력 발생 시 대응요령, 학생 대상 학교폭력 예방 프로그램 운영 방법 등을 포함하여야 한다.
6. 학부모에 대한 학교폭력 예방교육은 학교폭력 징후 판별, 학교폭력 발생 시 대응요령, 가정에서의 인성교육에 관한 사항을 포함하여야 한다.

제18조(피해학생의 지원범위 등) ① 법 제16조제6항 단서에 따른 하교안전공제회 또는 시·도교육청이 부담하는 피해학생의 지원범위는 다음 각 호와 같다.

1. 교육감이 정한 전문심리상담기관에서 심리상담 및 조언을 받는 데 드는 비용
2. 교육감이 정한 기관에서 일시보호를 받는 데 드는 비용
3. 「의료법」에 따라 개설된 의료기관, 「지역보건법」에 따라 설치된 보건소·보건의료원 및 보건지소, 「농어촌 등 보건의료를 위한 특별조치법」에 따라 설치된 보건진료소, 「약사법」에 따라

등록된 약국 및 같은 법 제91조에 따라 설립된 한국희귀의약품센터에서 치료 및 치료를 위한 요양을 받거나 의약품을 공급받는데 드는 비용

② 제1항의 비용을 지원 받으려는 피해학생 및 보호자가 학교안전공제회 또는 시·도교육청에 비용을 청구하는 절차와 학교안전공제회 또는 시·도교육청이 비용을 지급하는 절차는 「학교안전사고 예방 및 보상에 관한 법률」 제41조를 준용한다.

③ 학교안전공제회 또는 시·도교육청이 법 제16조제6항에 따라 가해학생의 보호자에게 구상(求償)하는 범위는 제2항에 따라 피해학생에게 지급하는 모든 비용으로 한다.

제19조(가해학생에 대한 조치별 적용 기준) 법 제17조제1항의 조치별 적용 기준은 다음 각 호의 사항을 고려하여 결정하고, 그 세부적인 기준은 교육과학기술부장관이 정하여 고시한다.

1. 가해학생이 행사한 학교폭력의 심각성·지속성·고의성
2. 가해학생의 반성 정도
3. 해당 조치로 인한 가해학생의 선도 가능성
4. 가해학생 및 보호자와 피해학생 및 보호자 간의 화해의 정도
5. 피해학생이 장애학생인지 여부

제20조(가해학생에 대한 전학 조치) ① 초등학교·중학교·고등학교의 장은 자치위원회가 법 제17조제1항에 따라 가해학생에 대한 전학 조치를 요청하는 경우에는 초등학교·중학교의 장은 교육장에게, 고등학교의 장은 교육감에게 해당 학생이 전학할 학교의 배정을 지체 없이 요청하여야 한다.

② 교육감 또는 교육장은 가해학생이 전학할 학교를 배정할 때 피해학생의 보호에 충분한 거리 등을 고려하여야 하며, 관할구역 외의 학교를 배정하려는 경우에는 해당 교육감 또는 교육장에게 이를 통보하여야 한다.

③ 제2항에 따른 통보를 받은 교육감 또는 교육장은 해당 가해학생이 전학할 학교를 배정하여야 한다.

④ 교육감 또는 교육장은 제2항과 제3항에 따라 전학 조치된 가해학생과 피해학생이 상급학교에 진학할 때에는 각각 다른 학교를 배정하여야 한다. 이 경우 피해학생이 입학할 학교를 우선적으로 배정한다.

제21조(가해학생에 대한 우선 출석정지 등) ① 법 제17조제4항에 따라 학교의 장이 출석정지 조치를 할 수 있는 경우는 다음 각 호와 같다.

1. 2명 이상의 학생이 고의적·지속적으로 폭력을 행사한 경우
2. 학교폭력을 행사하여 전치 2주 이상의 상해를 입힌 경우
3. 학교폭력에 대한 신고, 진술, 자료제공 등에 대한 보복을 목적으로 폭력을 행사한 경우
4. 학교의 장이 피해학생을 가해학생으로부터 긴급하게 보호할 필요가 있다고 판단하는 경우

② 학교의 장은 제1항에 따라 출석정지 조치를 하려는 경우에는 해당 학생 또는 보호자의 의견을 들어야 한다. 다만, 학교의 장이 해당 학생 또는 보호자의 의견을 들으려 하였으나 이에 따르지 아니한 경우에는 그러하지 아니하다.

제22조(가해학생의 조치 거부·기피에 대한 추가 조치) 자치위원회는 법 제17조제1항제2호부터 제9호까지의 조치를 받은 학생이 해당 조치를 거부하거나 기피하는 경우에는 법 제17조제11항에 따라 학교의 장으로부터 그 사실을 통보받은 날부터 7일 이내에 추가로 다른 조치를 할 것을 학교의 장에게 요청할 수 있다.

제23조(퇴학학생의 재입학 등) ① 교육감은 법 제17조제1항제9호에 따라 퇴학 처분을 받은 학생에 대하여 법 제17조제12항에 따라 해당 학생의 선도의 정도, 교육 가능성 등을 종합적으로 고려하여 「초·중등교육법」 제60조의3에 따른 대안학교로의 입학 등 해당 학생의 건전한 성장에 적합한 대책을 마련하여야 한다.

② 제1항에서 규정한 사항 외에 가해학생에 대한 조치 및 재입학 등에 필요한 세부사항은 교육감이 정한다.

제24조(피해학생 재심청구 및 심사 절차 및 결정 통보 등) ① 법 제17조의2제5항에 따라 피해학생 또는 보호자가 지역위원회에 재심을 청구할 때에는 다음 각 호의 사항을 적어 서면으로 하여야 한다.

1. 청구인의 이름, 주소 및 연락처
2. 가해학생
3. 청구의 대상이 되는 조치를 받은 날 및 조치가 있음을 안 날
4. 청구의 취지 및 이유

② 지역위원회는 청구인, 가해학생 및 보호자 또는 해당 학교에 심사에 필요한 자료 또는 정보의 제출을 요구할 수 있고, 청구인, 가해학생 또는 해당 학교는 특별한 사유가 없으면 이를 즉시 제출하여야 한다.

③ 지역위원회는 직권으로 또는 신청에 따라 청구인, 가해학생 및 보호자 또는 관련 교원 등을 지역위원회에 출석하여 진술하게 할 수 있다.

④ 지역위원회는 필요하다고 인정할 때에는 전문가 등 참고인을 출석하게 하거나 서면으로 의견을 들을 수 있다.

⑤ 지역위원회의 회의는 비공개를 원칙으로 한다.

⑥ 지역위원회는 재심사 결정 시 법 제16조제1항 각 호와 제17조제1항 각 호의 어느 하나에 해당하는 조치(수 개의 조치를 병과하는 경우를 포함한다)를 할 것을 해당 학교의 장에게 요청할 수 있다.

⑦ 지역위원회의 재심 결과는 결정의 취지와 내용을 적어 청구인과 가해학생에게 서면으로 통보한다.

제25조(분쟁조정의 신청) 피해학생, 가해학생 또는 그 보호자(이하 "분쟁당사자"라 한다) 중 어느 한 쪽은 법 제18조에 따라 해당 분쟁사건에 대한 조정권한이 있는 자치위원회 또는 교육감에게 다음 각 호의 사항을 적은 문서로 분쟁조정을 신청할 수 있다.

1. 분쟁조정 신청인의 성명 및 주소
2. 보호자의 성명 및 주소

3. 분쟁조정 신청의 사유

제26조(자치위원회 위원의 제척·기피 및 회피) ① 자치위원회의 위원은 법 제16조, 제17조 및 제18조에 따라 피해학생과 가해학생에 대한 조치를 요청하는 경우와 분쟁을 조정하는 경우 다음 각 호의 어느 하나에 해당하면 해당 사건에서 제척된다.

1. 위원이나 그 배우자 또는 그 배우자였던 사람이 해당 사건의 피해학생 또는 가해학생의 보호자인 경우 또는 보호자였던 경우
2. 위원이 해당 사건의 피해학생 또는 가해학생과 친족이거나 친족이었던 경우
3. 그 밖에 위원이 해당 사건의 피해학생 또는 가해학생과 친분이 있거나 관련이 있다고 인정하는 경우

② 학교폭력과 관련하여 자치위원회를 개최하는 경우 또는 분쟁이 발생한 경우 자치위원회의 위원에게 공정한 심의를 기대하기 어려운 사정이 있다고 인정할 만한 상당한 사유가 있을 때에는 분쟁당사자는 자치위원회에 그 사실을 서면으로 소명하고 기피신청을 할 수 있다.

③ 자치위원회는 제2항에 따른 기피신청을 받으면 의결로써 해당 위원의 기피 여부를 결정하여야 한다. 이 경우 기피신청 대상이 된 위원은 그 의결에 참여하지 못한다.

④ 자치위원회의 위원이 제1항 또는 제2항의 사유에 해당하는 경우에는 스스로 해당 사건을 회피할 수 있다.

제27조(분쟁조정의 개시) ① 자치위원회 또는 교육감은 제25조에 따라 분쟁조정의 신청을 받으면 그 신청을 받은 날부터 5일 이내에 분쟁조정을 시작하여야 한다.

② 자치위원회 또는 교육감은 분쟁당사자에게 분쟁조정의 일시 및 장소를 통보하여야 한다.

③ 제2항에 따라 통지를 받은 분쟁당사자 중 어느 한 쪽이 불가피한 사유로 출석할 수 없는 경우에는 자치위원회 또는 교육감에게 분쟁조정의 연기를 요청할 수 있다. 이 경우 자치위원회 또는 교육감은 분쟁조정의 기일을 다시 정하여야 한다.

④ 자치위원회 또는 교육감은 자치위원회 위원 또는 지역위원회 위원 중에서 분쟁조정 담당자를 지정하거나, 외부 전문기관에 분쟁과 관련한 사항에 대한 자문 등을 할 수 있다.

제28조(분쟁조정의 거부·중지 및 종료) ① 자치위원회 또는 교육감은 다음 각 호의 어느 하나에 해당하는 사유가 발생한 경우에는 분쟁조정의 개시를 거부하거나 분쟁조정을 중지할 수 있다.

1. 분쟁당사자 중 어느 한 쪽이 분쟁조정을 거부한 경우
2. 피해학생 등이 관련된 학교폭력에 대하여 가해학생을 고소·고발하거나 민사상 소송을 제기한 경우
3. 분쟁조정의 신청내용이 거짓임이 명백하거나 정당한 이유가 없다고 인정되는 경우

② 자치위원회 또는 교육감은 다음 각 호의 어느 하나에 해당하는 사유가 발생한 경우에는 분쟁조정을 끝내야 한다.

1. 분쟁당사자 간에 합의가 이루어지거나 자치위원회 또는 교육감이 제시한 조정안을 분쟁당사자가 수락하는 등 분쟁조정이 성립한 경우
2. 분쟁조정 개시일부터 1개월이 지나도록 분쟁조정이 성립하지 아니한 경우

③ 자치위원회 또는 교육감은 제1항에 따라 분쟁조정의 개시를 거부하거나 분쟁조정을 중지한 경우 또는 제2항제2호에 따라 분쟁조정을 끝낸 경우에는 그 사유를 분쟁당사자에게 각각 통보하여야 한다.

제29조(분쟁조정의 결과 처리) ① 자치위원회 또는 교육감은 분쟁조정이 성립하면 다음 각 호의 사항을 적은 합의서를 작성하여 자치위원회는 분쟁당사자에게, 교육감은 피해학생 및 가해학생 소속 학교 자치위원회와 분쟁당사자에게 각각 통보하여야 한다.

1. 분쟁당사자의 주소와 성명
2. 조정 대상 분쟁의 내용
   가. 분쟁의 경위
   나. 조정의 쟁점(분쟁당사자의 의견을 포함한다)
3. 조정의 결과

② 제1항에 따른 합의서에는 자치위원회가 조정한 경우에는 분쟁당사자와 조정에 참가한 위원이, 교육감이 조정한 경우에는 분쟁당사자와 교육감이 각각 서명날인하여야 한다.

③ 자치위원회의 위원장은 분쟁조정의 결과를 교육감에게 보고하여야 한다.

제30조(긴급전화의 설치·운영) 법 제20조의2에 따른 긴급전화는 경찰청장과 지방경찰청장이 운영하는 학교폭력 관련 기구에 설치한다.

제31조(정보통신망의 이용 등) 법 제20조의4제3항에 따라 국가·지방자치단체 또는 교육감은 정보통신망을 이용한 학교폭력 예방 업무를 다음 각 호의 기관 및 단체에 위탁할 수 있다.

1. 「한국교육학술정보원법」에 따라 설립된 한국교육학술정보원
2. 공공기관의 위탁을 받아 정보통신망을 이용하여 교육사업을 수행한 실적이 있는 기업
3. 학교폭력 예방에 관한 사업을 3년 이상 수행한 기관 또는 단체

제32조(영상정보처리기기의 통합 관제) 법 제20조의6제1항에 따라 영상정보처리기기를 통합하여 관제하려는 국가 및 지방자치단체는 다음 각 호의 절차를 거쳐 관계 전문가와 이해관계인의 의견을 수렴하여야 한다.

1. 「행정절차법」에 따른 행정예고의 실시 또는 의견 청취
2. 학교운영위원회의 심의

제33조(비밀의 범위) 법 제21조제1항에 따른 비밀의 범위는 다음 각 호와 같다.

1. 학교폭력 피해학생과 가해학생 개인 및 가족의 성명, 주민등록번호 및 주소 등 개인정보에 관한 사항
2. 학교폭력 피해학생과 가해학생에 대한 심의·의결과 관련된 개인별 발언 내용
3. 그 밖에 외부로 누설될 경우 분쟁당사자 간에 논란을 일으킬 우려가 있음이 명백한 사항

부칙 〈2012.3.30 제23689호〉

이 영은 2012년 5월 1일부터 시행한다. 다만, 제2조, 제13조제1항, 제17조부터 제23조까지의 개정규정은 2012년 4월 1일부터 시행한다.

지은이 **김 용 수** 金 容 秀

- 제42회 사법시험 합격
- 사법연수원 32기 수료
- 동국대학교 법무대학원 수료(문화예술법무전공)
- 동국대학교 외래강사(민사소송법 강의)
- 재단법인 청소년폭력예방재단 고문변호사
- 재단법인 청소년폭력예방재단 이사
- 학교폭력 SOS지원단 운영위원회 운영위원
- 유니텔원격연수원(교사를 위한 로펌교실) 강사
- 유니텔원격연수원(변호사님과 함께하는 학교폭력 수사대) 강사
- 청소년폭력예방재단 원격연수원 강사
- 김앤이합동법률사무소 대표변호사

알기 쉬운 **학교폭력·성폭력** 관련 **법령**의 이해

저　　자 김 용 수　　2012년 6월 19일 초판 인쇄
발 행 인 양 진 수　　2012년 6월 27일 초판 발행
발 행 처 진 원 사

서울시 서초구 서초3동 1714-32 형덕빌딩 1층
전화 : 02) 916-1850 / 팩스 : 02) 916-3442
신고번호 제321-2512007002호
http : //www.jinwonsa.co.kr
http : //www.lawbookstore.co.kr

본서의 전재나 복제를 금합니다.

ISBN : 978-89-6346-204-2　　93360

정가 52,000 원